정보법 판례백선(Ⅲ)

• Informedia Law Precedents Ⅲ

한국정보법학회

Intellectual Property

ICT, Platform & Media

Digital Finance, AI & Emerging Tech

Privacy & Data

박영사

축 사

우리 한국정보법학회는 1996. 4. 20. 법원, 검찰, 변호사 등의 법률실무가와 교수, 관계 및 기업관련 전문가 등 59명의 발기인이 주축이 되어 창립되었습니다. 우리들은 정보혁명과 이에 따른 법제도의 변혁에 대한 대응, 새로운 정보사회의 이해관계를 합리적으로 조정하는 정보법학의 발전에 기여, 실무자, 학계, 관계 등의 전문가 상호간의 격조 높은 학술토론을 위한 열린 포럼을 지향하고자 하였습니다.

우리 학회의 30년 가까운 기간의 활동은 정보법과 관련된 여러 분야를 대상으로 하는 많은 학회의 탄생을 촉발하였고, 그 운영에 있어서도 하나의 전범이 되었다고 하여도 지나친 말은 아니라고 할 것입니다.

우리 회원들은 창립 10주년 및 20주년에 즈음하여 『정보법판례백선(Ⅰ)』과 『정보법판례백선(Ⅱ)』를 각각 세상에 선보였습니다. 이런 작업은 학회의 창립이념의 한 축을 구현하고자 한 것입니다. 이는 실무자, 학계, 관계 등의 전문가 상호간의 수준높은 학술토론의 결실이고, 정보사회의 이해관계를 조정하는 정보법학의 발전을 통해 정보법제의 변혁에 대응하기 위한 우리의 결실입니다.

이제, 우리 학회가 한 세대가 교체되는 창립 30주년을 앞두고, 『정보법판례백선(Ⅲ)』을 출간하고자 합니다. 『정보법판례백선(Ⅲ)』은 선배 회원들의 전통을 계승함과 동시에, 새로운 세대 회원의 출발을 알리는 힘찬 발걸음입니다. 또한, 정보사회가 고도화되는 이 시점에서 참으로 의미 있는 사건이라고 할 것입니다.

끝으로, 『정보법판례백선(Ⅲ)』의 출간에 고생한 이규홍·황창근 공동회장을 비롯한 여러 회원들의 노고에 감사드리고, 귀한 옥고를 내주신 필자들의 앞날에 영광이 있기를 기원합니다.

2026. 2.

초대회장/전 감사원장 황찬현

축 사

1996년 태어난 한국정보법학회가 어느덧 30살의 듬직한 청년으로 성장하였습니다. 한국정보법학회는 우리나라에 인터넷이 본격적으로 보급되기도 전인 1996년에 앞으로 '정보혁명'이 가져올 관련 법제도의 연구를 위하여, 보다 구체적으로는 정보(Information)와 매체(Media)의 융합을 예상한 '정보법(InforMedia Law)'이라는 새로운 법 영역을 연구하고자, 초대 회장이신 황찬현 전 감사원장님 주도로 판사, 검사, 변호사, 교수, 산업계의 선각자들이 모여서 출범하였고, 법조와 학계를 선도하는 신진기예들이 속속 합류하면서 괄목할만한 활동을 이어오고 있습니다. 한국정보법학회는 창립 다음 해인 1997년 '인터넷, 제3의 미디어인가?' 라는 주제로 국제심포지엄을 개최하여 국내외에서 많은 관심을 받기 시작하였습니다.

한국정보법학회는 창립 때부터 매년 1회의 대규모 심포지엄을 포함하여 4차례의 학술세미나를 개최하여 왔습니다. 그리고 창립 다음해인 1997년 그 동안의 연구성과를 담은 학회지 『정보법학』을 창간한 이래로 매년 발행하여 오다가 2000년부터는 연 2회, 2009년부터는 연 3회 발행하여 오고 있으며, 학회지 『정보법학』은 2010년에는 학술진흥재단 등재지로 선정되었습니다. 또한 한국정보법학회는 정보법 분야 실무에서 발생하는 다양한 구체적 사례에 관한 심도 있는 법적 검토와 논의가 필요하다는 인식하에 2002년부터 매년 6차례의 사례연구회를 개최하여 왔습니다.

저는 2002년부터 사례연구회 초대 회장으로 사례연구회의 활발한 활동에 힘써 오다가, 2006년 3월 한국정보법학회의 2대 회장으로 취임하였습니다. 그런데 사례연구회를 이끌면서 지식재산권법을 포함하여 정보법에 관한 우리나라의 선도적인 판례들부터 최신 판례들까지 주요 판례들에 대한 망라된 연구 및 분석의 필요성을 느끼게 되었고, 이에 한국정보법학회 창립 10주년을 기념하는 의미 있는 기획으로 『정보법 판례백선』을 발간하기로 하고 그 준비를 시작하였습니다. 100개의 판례를 선정하고 해당 각 분야의 권위자인 회원들에게 평석을 의뢰하여, 회원들의 헌신적인 열정으로 100개의 판례에 대한 사안 설명 및 간략하면서도 핵심적인 평석 집필이 이루어져, 제가 회장으로 취임하면서 바로 2006년 4월에 『정보법 판례백선(Ⅰ)』을 세상에 내놓았습니다. 『정보법 판례백선(Ⅰ)』은 특허, 상표, 저작권 등 지식재산권 분야, 인터넷 분야, 방송·통신 분야를 망라하고 있어서, 정보법학 전체를 아우르는 최초의 판례 평석집으로 실무자들 및 연구자들에게 많은 도움이 된 것으로 알고 있습니다.

『정보법 판례백선(Ⅰ)』이 토대가 되어 한국정보법학회는 창립 20주년을 맞아 한 단계 더 도약하여 2016년 6월『정보법 판례백선(Ⅱ)』를 발간하였습니다.『정보법 판례백선(Ⅰ)』의 발간사에서의 황찬현 초대 회장의 다짐대로, 2006년 이후 축적된 정보법 분야 관련 판결들에 대해 보다 수준 높은 평석을 담은『정보법 판례백선(Ⅱ)』가 세상에 나온 것입니다.『정보법 판례백선(Ⅱ)』는 지식재산권 분야(52개), 통신·IT 분야(17개), 정보 분야(17개), 방송 분야(14개)의 판결에 대한 평석을 담고 있는데,『정보법 판례백선(Ⅰ)』의 발간 과정에서의 시행착오를 반면교사 삼아 보다 체계적으로 준비를 하였고 눈에 띄게 완성도가 높아졌습니다.

어느덧 또 10년이 흘러 이제 한국정보법학회 창립 30주년을 맞아『정보법 판례백선(Ⅲ)』이 세상에 나왔습니다. 지식재산권 분야(36개), ICT, 플랫폼, 방송 분야(28개), 개인정보, 데이터 분야(21개), 디지털금융, 전자금융, AI등 신기술분야(15개) 관련 판결들에 대하여 해당 분야의 최고 권위 있는 회원들의 주옥 같은 평석이 담겨 있습니다. 20년 전에 정보법 판례백선을 처음 기획하면서 좌충우돌하였던 저로서는 이처럼 정보법 판례백선 시리즈가 나날이 발전하면서 이어져 가는 것에 감회가 새롭고, 정보법 판례백선 시리즈 작업을 이어 나가는 회원들의 헌신과 열정에 찬사를 보냅니다.

더욱더 충실하고 깊이 있는 내용을 담고 있고 더욱더 세련된 디자인을 갖춘『정보법 판례백선(Ⅲ)』은 최신 판례의 의의와 그 함의를 파악하고자 하는 실무자들 및 연구자들에게 훌륭한 길라잡이 역할을 할 것임을 확신합니다.

이제 디지털 및 AI 세상에서의 사회 변화는 상상을 초월할 정도로 매우 급격히 이루어지고 있고, 이에 따라 전혀 예상하지 못한 새로운 사례들이 빠른 속도로 등장하고 있으며, 이에 관한 판례들이 속속 형성되면서 이에 대한 분석 및 평석은 보다 신속히 이루어져야 그 의의가 있을 것입니다. 제 욕심으로는 한국정보법학회가 이에 부응하여 앞으로 정보법 판례백선 시리즈를 10년 단위가 아니라 보다 단축된 기간 단위로 발간하였으면 하는 희망을 가져 봅니다.

2026. 2.

제2대 공동회장/전 방송통신위원장 최성준

축 사

용어도 생소했던 '정보법'을 내걸고 학회가 만들어졌던 1996년은 전세계적으로 인터넷이 대중화되고 산업화되어지는 시기라고 할 수 있습니다. 미국에서는 AOL, CompuServe등과 같은 ISP회사들이 대중화되기 시작했고 가정에서도 인터넷 접속이 가능하게 되었으며 Yahoo 포털, Amazon 온라인시장이 열리기 시작한 시점이기도 합니다.

학회 창립 1년 뒤인 1997년에 '인터넷, 제3의 미디어인가?'라는 주제로 개최했던 학회의 국제학술행사는 인터넷의 미래 중 미디어 시장을 어떤 모습으로 바꿀 것인지를 고민해보자고 기획한 것이었고 당시에는 대단히 미래지향적 주제였지만 30여년의 시간이 지난 지금은 진부하다고 할 정도로 우리의 일생 생활이 크게 바뀐 모습을 발견하게 됩니다. 종이신문을 통해 신문을 구독하는 대신 포털로 텍스트 기사정보를 보는 인구가 더 많아졌고, 인터넷 TV, OTT, 유튜브 1인 미디어 등에 둘러 쌓이면서 도대체 무엇이 미디어인지조차 의식하지 못할 정도가 되어 버렸습니다.

기술이 끌고 가는 인터넷 세상과 법규범 사이에 벌어지는 간격을 좁히기 위해 법과 정책문제를 고민해보자고 시작한 학회가 1년 뒤에 중량감 있는 국제학술행사를 훌륭하게 치루었고 같은 해에 학회지도 만들면서 학회로서의 학문적 저변과 존재감을 드러냈습니다.

학회 창립 10년인 2006년에는 『정보법 판례백선(Ⅰ)』이라는 작품이 법조계와 학계의 많은 분들의 참여와 연구, 토론의 10년 결실로 태어났습니다. 창립때부터 법조계와 학계와의 연합이라는 한국정보법학회의 고유한 전통이 학회로서의 역량과 결합, 10년마다의 주기로 2번째 판례백선을 거쳐 이제 3번째 판례백선으로 결실을 맺게 된 것입니다.

학회지와 학술행사가 학회의 학문적 역량을 파악하게 되는 기본 지표라면 10년마다 '판례백선'과 같은 방대한 결과물을 학회가 3회째 계속 발간할 수 있다는 것은 학회 10년 종합 보고서 성격을 뛰어넘어 한국 사회에서 학회로서의 확고한 위상을 보여준 징표라고 평가할 수 있습니다.

2026년은 숫자로서는 학회 창립 30주년이 되는 해이고, 인터넷 세상을 얘기했던 시대적 기술이 AI로 바뀌었다고 분명하게 말할 수 있는 때이기도 합니다. 다양한 AI 모델들이 일상 생활 속에 자리잡았고, 특히 AI agent, Physical AI라는 이름의 기술 결과물들은 우리가 알고 있는 대리인제도, 법인격등과 같은 법적 상식들도 위협하고 있습니다. 실제로 자율주행 기술이 발전하면서 도로에서 인간의 판단을 대체하고 있고, 의료AI의 발전과 확산에 따라 의료행위의 주체로 의료인외에 AI를 인정해달라는 목소리도 외국 의료계에서 나오고 있을 정도로 도전적 과제들이 한국정보법학회 앞에 이미 놓여 있습니다.

그러나 학회가 창립할 당시 가슴에 품었던 '기술로 바뀌는 세상 속에서 우리가 사는 사회와 법질서, 그리고 인간의 존엄과 가치를 지키면서 동시에 기술변화의 혜택을 확산시키는 해법을 법과 정책이라는 프리즘에서 찾아보자'는 그 이상과 목표는 30년이 지난 지금도 유효하고 또 다른 30년이 지나도 계속되어질 것이기에 학회 앞에 쌓이게 될 과제에 대한 해법 또한 훌륭하게 찾을 것으로 믿습니다.

끝으로 한국정보법학회의 창립 30주년을 맞아 발간하게 된 『정보법 판례백선(Ⅲ)』이 AI 세상에서 학회가 다시 도약하는 발판이 될 것임을 믿고 다시 한번 진심으로 발간을 축하드립니다.

학회의 임원진과 학회를 변함없이 사랑하고 도움을 주셨던 모든 분들께 깊이 감사드립니다.

2026. 2.

제2대 공동회장/전 정보통신정책연구원장 방석호

축 사

존경하는 한국정보법학회 회원 여러분, 그리고 이 책자 발간을 위해 수고하신 모든 집필진과 편집위원들께 우선 감사 인사를 드립니다. 제3대 공동회장으로서 이 귀중한 이 공간에서 축하 인사를 드리게 된 것을 큰 영광으로 생각합니다. 『정보법판례백선(Ⅲ)』의 발간을 진심으로 축하하며, 우리 한국정보법학회의 함께 걸어온 길과 앞으로 나아갈 비전을 되새겨 보고자 합니다.

먼저, 우리 학회의 창립 이념을 되새겨 보면, 1996년 4월 정보통신기술의 급속한 발전과 이에 따른 법제 · 제도상의 과제들이 폭발적으로 제기되던 시점에 "정보혁명이라는 변화의 물결 앞에서 법률 · 책 적응력을 갖추자"라는 공통의 인식에서 학회가 출범했습니다. 정보와 미디어(Information-Media)라는 복합 영역에서 법학과 기술이 접점을 이루는 새로운 학문 지형을 탐구하자는 것이 창립의 출발점이었습니다. 특히 우리 학회는 단지 학술 연구에 머무르지 않고, 법조계 · 학계 · 산업 실무계를 아우르는 열린 포럼으로서 정보법학이 지닌 실용적, 응용적 의미를 구현하고자 했습니다.

이 같은 학회의 이념은 곧바로 구조화된 활동으로 이어졌고, 학술지 『정보법학』의 창간(1997년)을 통해 학문적 토대를 다졌습니다. 이러한 기반 위에 출간된 『정보법판례백선(Ⅰ)』(2006년), 『정보법판례백선(Ⅱ)』(2016년), 『인터넷 그 길을 묻다』(2012년)는 정보법학이 쌓아온 판례와 학술 연구의 흐름을 구조화하고 체계화했다는 점에서 의미가 컸습니다.

다음으로, 우리 학회가 1996년부터 오늘까지 발간한 주요 저작물과 활동을 타임라인 형태로 살펴보면 다음과 같습니다.

1996년 4월: 한국정보법학회 창립. 정보혁명과 법 · 기술의 접점을 모색하며 출발.

1997년대 후반: 학술지 『정보법학』 창간 및 정기 발간 개시.

2006년 4월: 『정보법판례백선(Ⅰ)』 발간. 100건의 주요 정보법 판례를 선별한 본격적 저작물.

2016년 8월: 『정보법판례백선(Ⅱ)』 발간. 전작 이후 10년간 누적된 정보법 판례 가운데 중요 100건을 분야별(지식재산권 · 정보공개 · 통신 · 미디어)로 정리.

2012년 10월: 《인터넷 그 길을 묻다》 출간. 40여 명 전문가 참여로 한국 인터넷과 법이 융합되는 분야를 중심으로 과거 · 현재 · 미래 분석. 교보문고 베스트셀러 등재, 학회 대표 저서로 정책 영향력 발휘.

그리고 2026년: 『정보법판례백선(Ⅲ)』 발간을 통해 새로운 시대, 특히 AI · 디지털융합 시대 정보법의 진화와 그 판례 성과를 집대성하고자 합니다.

이처럼 우리 학회는 출범 이후 판례, 법리, 실무 정리라는 학문 · 실무적 기반을 착실히 쌓아왔고, 이를 통해 정보법학이 단순한 연구 분야가 아닌 사회 · 산업 · 정책 전 영역에 이바지하는 법학의 중요한 축으로 자리매김해 왔습니다. 그 사이 선도적인 우리 학회를 벤치마킹한 수많은 유사 학술단체가 창립되어 명멸해 갔습니다. 그럼에도 우리 학회는 30년 성상을 푸른 소나무처럼 튼튼하게 뿌리를 내리고 저변을 확대해 내공을 키워 왔습니다.

이제, 변화의 격랑 속에 접어든 AI 시대를 맞이하여 우리 학회가 나아가야 할 미래지향적 사명을 사견으로 제시하고자 합니다.

첫째, 우리는 "데이터 · 미디어 · AI"의 융합 속에서 법 · 제도 · 판례를 선도하는 플랫폼이 되어야 합니다. 정보통신 · 미디어 · 인공지능 기술이 폭발적으로 진화하며 기존 법체계가 점차 도전받고 있는 지금, 학회는 기술과 법의 접점에서 혁신적 해석과 정책제언을 이루어내야 합니다. 예컨대, AI가 생성하는 저작물의 권리귀속, 알고리즘 투명성 · 책임의 문제, 디지털 플랫폼의 지배구조 및 개인정보보호의 새로운 패러다임 등 여러 쟁점이 우리의 연구 대상이 될 것입니다.

둘째, 우리는 회원 상호 간의 소통 및 협업을 강화하는 공동체로 거듭나야 합니다. 법조인 · 학자 · 기술전문가가 함께 모여 토론하고, 판례와 법, 제도 변화에 대해 실시간으로 대응하며, 젊은 연구자 및 실무가들과의 네트워크를 확장해야 합니다. 의견 교류와 집단지성의 시너지를 통해 학회는 학술적인 깊이뿐 아니라 현장 적용 가능성과 실천적 영향력을 갖출 수 있을 것입니다.

셋째, 우리는 국제적 지향성과 학제 간 융복합 연구를 확대해야 합니다. 정보법이 단일 법 영역에 머물지 않고 헌법 · 행정법 · 민사법 · 형사법 등과 연결되며, 또한 인접 학문인 기술 · 공학 · 사회학 · 미디어학과의 연결고리를 갖는 만큼, 학회는 이러한 학제 간 연구를 촉진하고 글로벌 스탠더드에 부합하는 학술교류를 활성화해야 합니다.

넷째, 우리는 사회적 책임과 공공성 강화를 실천해야 합니다. 정보사회 · 디지털 사회에서 발생하는 격차와 갈등을 법률적 · 정책적으로 해소하는 것은 학회의 중요한 역할입니다. 특히 AI · 데이터 활용의 확대가 초래하는 개인정보 · 프라이버시 · 윤리 문제 등을 선제적으로 연구하고, 이를 토대로 실천가능한 대안을 제시하며, 국민과 사회에 이바지하는 학회로서 자리매김해야 합니다.

마지막으로, 회원 여러분께 당부의 말씀을 드립니다. 오늘 『정보법판례백선(Ⅲ)』 발간은 우리가 모두 함께 해온 연구 성과이자 미래지향적 기반입니다. 이 책자가 단순히 서가에 꽂히는 저서에 그치지 않고, 여러분 각자의 연구현장 · 실무현장 · 교육현장에서 활발히 활용되기를 희망합니다. 또한, 학회의 차기 세미나 · 워크숍 · 공동연구에 적극 참여하시어 아이디어를 나누고 협업의 폭을 넓혀 주시기를 기대합니다.

우리 학회는 어느 한 사람의 힘으로 이뤄지는 것이 아닙니다. 회원 여러분 한 분 한 분의 열정, 토론, 기여가 모여 오늘의 결과가 있었으며, 앞으로의 발전 또한 그렇게 이루어질 것입니다. 상호 존중하고 격려하며, 지식과 연대의 장을 함께 만들어 나갑시다.

다시 한번 『정보법판례백선(Ⅲ)』 발간을 진심으로 축하하며, 여러분과 우리 학회가 AI 시대를 선도하는 정보법학의 새로운 지평을 열어가는 든든한 동반자가 되기를 기원합니다.

감사합니다.

2026. 2.

제3대 공동회장/전 법원도서관 관장 강민구

축 사

한국정보법학회 회원 여러분, 그리고 정보법의 발전을 위해 애쓰시는 모든 분께 깊은 존경의 마음을 전합니다.

1996년, 정보화 사회의 법적 과제에 응답하고자 첫발을 내디뎠던 우리 한국정보법학회가 어느덧 창립 30주년을 맞이하였습니다. 돌이켜보면 정보법의 새로운 지평을 열기 위한 도전의 연속이었습니다. 학회는 출범 이후 매 10년의 역사를 『정보법판례백선』이라는 귀중한 기록으로 남겨왔습니다. 2006년 『정보법판례백선(Ⅰ)』이 정보법의 태동기를 정리했고, 2016년 『정보법판례백선(Ⅱ)』가 스마트 혁명기의 법적 쟁점들을 담아냈다면, 이제 우리는 『정보법판례백선(Ⅲ)』의 발간이라는 또 하나의 뜻깊은 이정표 앞에 섰습니다.

전임 공동회장으로서 학회의 빛나는 전통을 이어가는 이 귀한 결실의 발간을 진심으로 축하드립니다.

지난 10년(2016~2025)은 그야말로 '데이터 혁명'과 '인공지능의 일상화'가 숨 가쁘게 전개된 시기였습니다. 빅데이터와 클라우드를 넘어, 생성형 AI는 우리 사회의 작동 원리마저 근본적으로 변화시키고 있습니다. 이러한 변화의 중심에서 우리 학회가 천명해 온 '정보법(Informedia law)'의 통합적 접근은 그 어느 때보다 절실했습니다.

이번 『정보법판례백선(Ⅲ)』이 다루는 지난 10년의 궤적은 우리 사회가 얼마나 치열하게 새로운 규범을 모색해왔는지 생생히 보여줍니다.

통신·IT 분야와 정보보호·정보공개 분야에서는 데이터 3법 개정을 통한 가명정보 활용의 길을 열었고, '마이데이터'로 대표되는 정보주체의 자기결정권을 강화하려 노력했습니다. 동시에, AI 알고리즘이 야기하는 편향성과 불투명성의 문제, 그리고 디지털 플랫폼의 독과점적 지위에 대한 법적 통제는 이 시대의 가장 뜨거운 화두가 되었습니다.

방송·미디어 분야는 전통적 매체의 경계가 허물어지고 글로벌 OTT가 미디어 지형을 완전히 재편하는 '대전환기'를 맞았습니다. 망 중립성과 이용 대가 논쟁, 콘텐츠의 국경 없는 유통 속에서 발생하는 규제 공백과 조화의 문제는 우리에게 새로운 법적 상상력을 요구했습니다.

지식재산 분야 역시 AI가 생성한 창작물의 저작권, 데이터베이스의 법적 보호, 메타버스와 같은 가상공간에서의 지식재산권 문제 등 이전에 없던 도전에 직면해야 했습니다.

『정보법판례백선(Ⅲ)』은 이처럼 복잡다단하게 얽힌 쟁점들에 대해 우리 사법부가 내놓은 고뇌의 산물입니다. 본 판례백선은 단순히 지난 10년의 판례를 집대성한 자료집을 넘어, 새로운 기술 환경 속에서 법치주의의 원칙을 확립하고 정보사회의 기본권을 수호하려는 노력의 역사적 기록입니다. 이는 정보법을 연구하는 학자들에게는 깊이 있는 분석의 토대를, 실무가들에게는 정확한 법적 판단의 기준을, 미래 세대에게는 혜안을 주는 나침반이 될 것입니다.

이제 우리는 또 다른 10년을 내다봅니다. 앞으로의 10년은 범용인공지능(AGI)의 등장과 디지털 기술의 완전한 내재화가 이루어지는 시기가 될 것으로 전망됩니다. 기술의 발전 속도를 법이 뒤쫓아 가기 급급했던 과거를 넘어, 이제는 기술의 설계 단계에서부터 인본주의적 가치와 민주적 통제가 내장되는 '법에 의한 설계(Law by Design)'가 핵심 과제로 떠오를 것입니다.

이런 중요한 시기에 『정보법 판례백선(Ⅲ)』을 발간하기까지 헌신적인 노력을 아끼지 않으신 현 집행부와 편집위원회, 그리고 귀한 원고를 집필해 주신 모든 회원 여러분께 전임 회장으로서 깊은 감사와 격려의 말씀을 드립니다.

모쪼록 본 판례백선이 대한민국 정보법학의 새로운 30년을 여는 견고한 초석이 되기를 바라며, 한국정보법학회의 무궁한 발전을 진심으로 기원합니다.

감사합니다.

2026. 2.

제4대 공동회장/전 서울가정법원장 김용대, 중앙대학교 법학전문대학원 교수 이인호

발간사

이번에 한국정보법학회가 『정보법판례백선(Ⅲ)』을 독자 여러분께 선보이게 된 것을 매우 뜻깊게 생각합니다. 우리 학회는 1996년 창립 이래 30여 년 동안 우리나라에 정보법의 씨앗을 뿌리고, 그것이 학문과 실무의 현장에서 뿌리내리고 성장하는 과정을 함께해 왔습니다. 그동안 우리 사회가 정보사회로 이행하고 다시 디지털 사회로 고도화되는 과정에서, 아직 낯설었던 정보법을 꾸준히 개척·발전시킴으로써 우리 학계는 물론 법조계, 정부, 산업계 전반에 적지 않은 기여를 해 왔고 특히 최근 정보법 분야의 여러 신생 학회의 모(母) 학회로 기능하였다고 자부합니다.

이러한 노력의 중요한 결실 가운데 하나가 바로 「정보법판례백선」 시리즈입니다(이하 필요시 '백선'으로 약칭). 학회 창립 10주년이던 2006년에는 당시 국제형사재판소 재판관이시던 송상현 교수님께서 추천의 말씀에서 '7년 가뭄 끝에 쏟아진 시원한 한 줄기 소나기'에 비유하신 『정보법판례백선(Ⅰ)』을 발간하였고, 20주년이던 2016년 『정보법판례백선(Ⅱ)』을 발간하였는데 초대 회장이신 황찬현 전 감사원장님의 추천사에는 '아무나 골라 낼 수 없고, 아무나 써낼 수 없다'고 기재하실 정도로, 그 시기까지 축적된 주요 판례들을 체계적으로 정리하고 해설함으로써 한국 정보법 발전의 이정표를 세웠다고 자부합니다. 특히 황찬현 전 감사원장님께서는 "10년마다 판례백선을 발간하겠다"는 다짐을 『백선(Ⅰ)』 발간사에 남기셨고, 학회는 『백선(Ⅱ)』 발간사에서 그 약속을 지키게 되었음을 확인하였으며 그 이후 10년간 정보법 분야에서 의미 있는 판례를 엄선하고, 해당 분야에 가장 정통한 학자와 법조인 등 전문가들을 모셔 『백선(Ⅲ)』을 발간함으로써 학회의 굳건한 전통을 이어가게 되었습니다.

30년 전과 비교해 보면 정보법의 연구 환경은 크게 달라져 있습니다. 한때 정보법 연구의 중심이었던 특허·저작권 등 지식재산권, 인터넷·도메인, 방송·언론 분야에 더해, 오늘날에는 개인정보, 인공지능, 플랫폼 서비스, 디지털금융 등 새로운 쟁점들이 빠르게 부상하고 있습니다. 이에 따라 연구의 초점 역시 기존 인프라 규율에서 데이터, 알고리즘, 플랫폼을 둘러싼 권리와 책임 등으로 확장되고 있습니다. 『백선(Ⅰ)』과 『백선(Ⅱ)』에 수록된 판례들을 되돌아보면, 이러한 변화의 궤적과 함께 정보법 연구 지형이 어떻게 이동해 왔는지를 한눈에 확인할 수 있습니다.

이번에 발간하는 『백선(Ⅲ)』은 이러한 변화된 환경 속에서 지난 10년간 선고된 중요 판례들을 다시 한 번 가다듬어 정리한 결과물입니다. 정보법의 전통적인 영역인 지식재산과 정보통신, 방송·언론은 물론, 플랫폼, 개인정보와 데이터, 디지털금융, 전자금융, AI 등에 이르기까지 다양한 분야의 판례들을 폭넓게 아우르고 있습니다. 무엇보다 103명의 저자가 100편의 판례를 분담하여 평석함으로써, 단일 저작으로는 담아내기 어려운 저술의 폭과 깊이를 동시에 확보할 수 있었습니다. 그 과정에서 인공지능 등 전대미문의 기술발전 속도 그리고 그에 따라 축적되는 중요 판결의 숫자를 감안한다면 향후 10년의 발간 간격은 너무 긴 것이 아닐까 하는 진지한 문제 제기가 있었고 『백선(Ⅳ)』의 과제로 추가되었습니다.

『백선(Ⅲ)』은 한국정보법학회 창립 30주년을 기념하는 사업의 하나로 추진하였습니다. 2025년 5월 7일 편집위원회 킥오프 회의를 시작으로, 온·오프라인을 넘나드는 수많은 논의를 거쳐 오늘에 이르기까지 책임편집위원과 편집위원, 집필진 모두가 한마음으로 힘을 모았습니다. 김병일 교수님(한양대학교), 박태일 지원장님(수원지방법원 성남지원), 이규호 교수님(중앙대학교), 윤종수 변호사님(법무법인 광장), 최경진 교수님(가천대학교)께서는 각 분과 책임 편집위원으로서 100개의 판례 선정과 저자 구성, 전체 원고의 조정과 점검에 이르기까지 중추적인 역할을 맡아 주셨습니다.

특히 바쁜 공무 일정 속에서도 편집위원회 및 저자들과의 소통, 원고 취합, 교정 및 편집 등 눈에 보이지 않는 대부분의 실무를 도맡아 주신 본 학회 총무이사인 김민철 제천지원장님의 헌신이 없었다면, 이처럼 짧은 기간 안에 방대한 작업을 마무리하는 것은 불가능했을 것입니다. 그러나 『백선(Ⅲ)』의 주연은 당연히 충분한 집필 기간을 드리지 못했음에도 불구하고, 높은 수준의 원고를 정성껏 집필해 주신 학계·법조계·산업계의 모든 집필자 여러분들입니다. 머리 숙여 감사의 말씀을 드립니다.

이 책의 발간을 후원해 주신 주식회사 카카오에도 특별한 감사의 뜻을 전합니다. 디지털 기술과 플랫폼 산업을 선도하는 기업이 정보법 발전과 학술·문화의 저변 확대를 위해 함께해 주셨다는 사실은, 학계와 산업계, 그리고 사회 전체가 정보사회·디지털사회가 안고 있는 도전과 책임을 함께 나누고 있다는 점을 상징적으로 잘 보여줍니다.

『정보법판례백선(Ⅲ)』이 정보법을 연구하는 학자와 학생들뿐 아니라, 실무 현장의 법조인과 공무원, 기업의 실무자, 시민사회 활동가들에게도 유용한 길잡이가 되기를 기대합니다. 이 책이 지난 10년간의 판례를 정리·평석하는 작업에 머무르지 않고, 앞으로 다가올 10년, 나아가 그 이후의 정보법의 방향을 모색하는 데 든든한 이정표로 활용되기를 바랍니다. 독자 여러분의 애정 어린 비판과 제언이 더해질 때, 정보법은 우리 사회의 자유와 인권, 민주성과 공정성을 지키는 데 법적 기반이 됨은 물론이고, 우리 사회가 정보사회 및 인공지능 미래사회로 발전하는데 큰 기여를 할 수 있을 것이라 확신합니다.

끝으로, 『정보법판례백선(Ⅰ)』과 『정보법판례백선(Ⅱ)』에 이어 이번 『정보법판례백선(Ⅲ)』까지 세심한 편집과 인쇄로 훌륭한 책을 만들어 주신 박영사 관계자 여러분께도 감사의 말씀을 전합니다. 또한 이 책의 발간을 위해 힘써주신 모든 분들께 다시 한 번 깊은 감사의 말씀을 드리며, 『정보법판례백선(Ⅲ)』이 우리 사회의 정보법 질서를 성찰하고 미래를 준비하는 데 작은 보탬이 되기를 소망합니다.

2026. 2.

(사)한국정보법학회

공동회장 이규홍, 황창근

편집위원회

편집위원장

- 이규홍(사법정책연구원 수석연구위원, 고등법원 부장판사)
- 황창근(홍익대학교 법과대학 교수)

책임편집위원

- 김병일(한양대학교 법학전문대학원 교수)
- 박태일(수원지방법원 · 수원가정법원 성남지원장)
- 윤종수(법무법인(유한) 광장 변호사)
- 이규호(중앙대학교 법학전문대학원 교수)
- 최경진(가천대학교 교수)

편집위원

지식재산권 분야

- 김광남(서울고등법원 고등법원판사)
- 김인철(상명대학교 교수)
- 염호준(법무법인(유한) 태평양 변호사)

통신 IT, 플랫폼, 방송 분야

- 김민철(청주지방법원 제천지원장)
- 방동희(연세대학교 법학전문대학원 교수)
- 선지원(한양대학교 법학전문대학원 조교수)
- 전응준(법무법인(유한) 린 변호사)

개인정보, 데이터 분야

- 강태욱(법무법인(유한) 태평양 변호사)
- 권창환(부산회생법원 부장판사)
- 김도승(전북대학교 법학전문대학원 교수)
- 이소은(영남대학교 법학전문대학원 교수)

■ 디지털금융, 메타버스, 전자금융, AI 등 신기술 분야

- 김성인(창원지방법원 밀양지원 판사)
- 송도영(법무법인 비트 변호사)
- 신용우(법무법인(유한) 지평 변호사)
- 홍은표(법무법인(유한) 광장 변호사)

▌간사

- 김경석(한국방송통신대학교 전임대우강의교수)
- 김민철(청주지방법원 제천지원장)
- 신용우(법무법인(유한) 지평 변호사)
- 심석찬(인하대학교 AI · 데이터법 센터, 선임연구원)

(이상 가나다순)

집필진

강영수
강태욱
계승균
고학수
구태언
권보원
권창환
권헌영
김경석
김관식
김광남
김민철
김민호
김법연
김병일
김상순
김성인
김성천
김송옥
김수민
김영미
김원오
김윤명
김은영
김인철
김재선
김종근
김진환
김창화
김현경
나종갑
남 현
남형두
류승균
문광진
문선영
박민정
박민철
박소영
박종준
박태일
박형옥
방동희
방석호
선지원
성원영
송도영
신아람
신용우
신혜은
심석찬
안정민
양소연
염호준
오명은
오병철
윤수정
윤아리
윤종수
윤태식
윤혜선
이규호
이규홍
이기숙
이성엽
이소은
이승훈
이유진
이응세
이인호
이지영
이철남
이해원
이혜영
이희옥
임종욱
임철근
임 현
전우정
전응준
정경오
정영수
정원준
정윤형
정종구
정태호
정필운
정혜욱
조동관
조수한
조용혁
차상욱
천창민
최경진
최문영
최성우
최정규
최정열
최진원
한지영
홍은표
홍준호
황창근
(이상 가나다순)

차례

• • • 제1편 지식재산권 분야

• • • 제3편 개인정보, 데이터 분야

• • • 제4편 디지털금융, 전자금융, AI 등 신기술 분야

제 1 편

지식재산권 분야

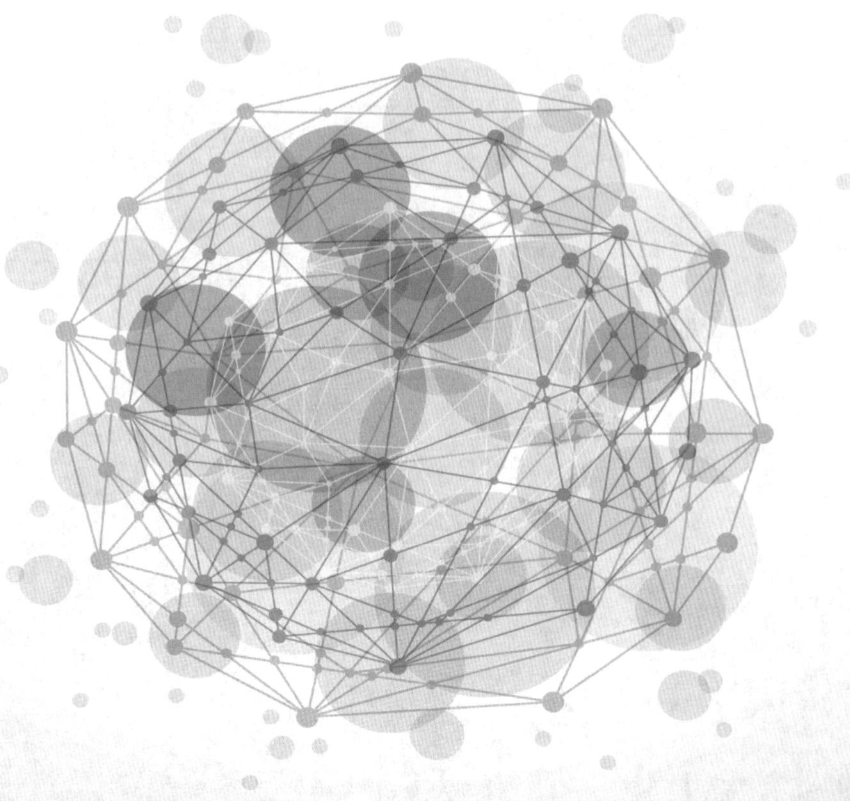

01 전제부 구성의 공지 여부 및 새로운 무효사유 추가와 일사부재리 판단

대법원 2017. 1. 19. 선고 2013후37 전원합의체 판결[1)]

박태일 (수원지방법원·수원가정법원 성남지원장)

1. 사안의 개요

소외 A가 1999. 9. 7. 특허심판원에 이 사건 등록고안이 비교대상고안 7 등에 의하여 진보성 부정된다고 주장하면서 무효심판을 청구하였고,[2)] 특허심판원은 99당1571호로 심리하여 2000. 2. 29. 진보성 부정 취지로 심결하였다. 이에 피청구인 B가 2000. 4. 7. 심결취소의 소를 제기하였는데, 특허법원은 2000허2460호로 심리한 결과 2000. 9. 28. 심결을 취소하였다. 위 판결이 상고 없이 확정되어 특허심판원이 2000당148(취소판결)호로 재심리를 진행하였고 2001. 2. 20. 같은 취지로 재심결을 하였으며 확정되었다.

이후 피고가 원고를 상대로 이 사건 등록고안 침해를 원인으로 손해배상청구의 소를 제기하여 2011. 10. 13. 침해 인정 취지의 제1심판결이 선고되자, 원고는 2011. 10. 24. 특허심판원에 이 사건 등록고안에 대하여 비교대상고안 7과 함께 새로운 비교대상고안들을 추가로 제출하면서 진보성 부정을 주장하고, 신규성 부정 및 확대된 선출원 위배도 주장하면서 무효심판을 청구하였다.

---

1) [참조 및 관련 판례] 대법원 2005. 12. 23. 선고 2004후2031 판결(공2006상, 190)(변경); 대법원 2013. 9. 13. 선고 2012후1057 판결(공2013하, 1851) 등.
[관련 평석 및 문헌] 김창권, “2017년 지식재산권 분야 판례의 동향”, 특별법연구 제15권(2018), 사법발전재단 2018; 박성호, “2017년 지적재산법 중요 판례, 인권과 정의 제473호(2018. 5), 대한변호사협회 2018; 박태일, “출원경과 중 출원인이 공지기술이라는 취지로 전제부에 기재한 구성요소의 평가”, 사법 제40호(2017. 6), 사법발전재단 2017; 박태일, “청구범위의 전제부에 기재한 구성요소는 공지기술로 간주할 것인지”, 법조 통권 721호 (별책)최신판례분석(2017. 2), 법조협회 2017; 조용식, “2016년 분야별 중요판례분석 지식재산권”, 법률신문 제4528호(2017. 7. 20), 법률신문사 2017; 최승재, “청구범위 전제부 구성요소”, 한국특허법학회 편, 특허판례연구 제3판, 박영사 2017 등

2) 당시 이 사건 등록고안의 권리자인 B를 상대로 청구하였다. 이후 B는 피고에게 이 사건 등록고안의 권리를 전부 양도하고 2002. 1. 11. 그 이전등록을 마쳤다.

특허심판원은 2011당2672호로 심리하여 2012. 7. 24. 이 사건 심판청구는 확정심결과의 관계에서 일사부재리의 원칙에 위배되지 않고, 이 사건 등록고안은 원고 제출의 증거들만으로는 신규성 또는 진보성이 부정되지 않고 확대된 선출원에도 위배된다고 볼 수 없다는 취지로 심결하였다(이 사건 심결). 원고가 2012. 8. 2. 심결취소의 소를 제기하였는데, 특허법원은 2012허7123호로 심리한 다음 2012. 12. 13. '이 사건 등록고안이 비교대상고안들에 의하여 진보성이 부정된다고 주장하는 것은 확정심결이 등록된 사건에 대하여 동일사실 및 동일증거에 의하여 다시 주장하는 것에 해당한다 할 것이어서, 2001. 2. 3. 법률 제6411호로 개정되기 전의 구 특허법 제163조에 규정된 일사부재리의 원칙에 위배되어 허용되지 않는다. 이 사건 등록고안의 진보성이 부정되지 않는다는 등의 이유로 이 사건 심판청구를 받아들이지 않은 이 사건 심결은 결론에 있어 정당하다.'고 심결을 유지하는 판결을 하였다(원심판결). 그러자 원고가 2012. 12. 24. 상고하였다.

2. 판결의 요지

가. 전제부 구성의 공지 여부

대상판결은, "명세서의 전체적인 기재와 출원경과를 종합적으로 고려하여 출원인이 일정한 구성요소는 단순히 배경기술 또는 종래기술인 정도를 넘어서 공지기술이라는 취지로 청구범위의 전제부에 기재하였음을 인정할 수 있는 경우에만 별도의 증거 없이도 전제부 기재 구성요소를 출원 전 공지된 것이라고 사실상 추정함이 타당하다. 그러나 이러한 추정이 절대적인 것은 아니므로 출원인이 실제로는 출원 당시 아직 공개되지 아니한 선출원발명이나 출원인의 회사 내부에만 알려져 있었던 기술을 착오로 공지된 것으로 잘못 기재하였음이 밝혀지는 경우와 같이 특별한 사정이 있는 때에는 추정이 번복될 수 있다."고 법리를 선언하고, 이와 달리 출원인이 청구범위의 전제부에 기재한 구성요소나 명세서에 종래기술로 기재한 사항은 출원 전에 공지된 것으로 본다는 취지로 판시한 대법원 2005. 12. 23. 선고 2004후2031 판결 등을 변경하였다.

그리고 이러한 법리에 따라, 이 사건 등록고안의 출원인이 심사과정 중에 특허청 심사관으로부터 진보성이 부정된다는 취지로 거절이유통지를 받고, 구성 1 내지 4를 전제부 형식으로 보정하면서 종래에 알려진 구성을 공지로 인정하여 전제부 형식으로 바꾸어 기재하였다는 취지가 담긴 의견서를 제출하였으므로, 이 사건 등록고안의 전제부에 기재된 구성 1 내지 4가 공지기술에 해당한다고 사실상 추정할 수는 있으나, 위 의견서 기재는 실제로는 의견서 제출 당시에만 공개되었을 뿐 이 사건 등록고안의 출원 당시에는 공개되지 않았던 선출원고안을 착오로 출원 당시 공지된 기술인 양 잘못 기재한 것에 불과함을 알 수 있어, 위와 같은 추정은 번복되었다고 보아야 한다고 판단하면서, 이 사건 등록고안의 청구범위 중 전제부에 기재된 구성 1 내지 4를 공지된 것으로 취급하지 않고 나아가 증거에 의하여 그 공지 여부를 판단한 원심을 수긍하고, 상고이유에서 들고 있는 대법원 2002. 6. 14. 선고 2000후2712 판결은 출원경과 중에 드러난 출원인의 의식적 제외에 근거하여 균등침해의 인정 범위를 제한한 것으로서 사안이 달라 이 사건에 원용하기에 적절하지 아니하다고 판단하였다.

나. 새로운 무효사유 추가와 일사부재리 판단

또한 대상판결은, "특허나 실용신안의 등록무효심판청구에 관하여 종전에 확정된 심결이 있더라도 종전 심판에서 청구원인이 된 무효사유 외에 다른 무효사유가 추가된 경우에는 새로운 심판청구는 그 자체로 동일사실에 의한 것이 아니어서 일사부재리의 원칙에 위배되지는 아니한다. 그러나 모순·저촉되는 복수의 심결이 발생하는 것을 방지하고자 하는 일사부재리 제도의 취지를 고려하면, 위와 같은 경우에도 종전에 확정된 심결에서 판단이 이루어진 청구원인과 공통되는 부분에 대해서는 일사부재리의 원칙 위배 여부의 관점에서 그 확정된 심결을 번복할 수 있을 정도로 유력한 증거가 새로이 제출되었는지를 따져 종전 심결에서와 다른 결론을 내릴 것인지를 판단하여야 한다."고 법리를 설시하였다.

나아가 원심이, 원고가 이 사건에서 한 주장 중 이 사건 등록고안의 진보성이 부정된다는 부분은 종전에 확정된 심결이 있는 등록무효심판에서 청구원인이 된 무효사유와 공통되는데, 이 사건에서 제출된 비교대상고안 7은 이미 확정된 심결의 이유 중에 거론되어 판단되었던 증거이고, 새로이 제출된 비교대상고안 1 내지 6, 8 내지 12 등은 모두 확정된 심결을 번복할 수 있을 정도로 유력한 증거라고 볼 수 없다는 이유로, 이 사건 등록고안의 진보성이 부정된다는 주장을 배척한 것은 위 법리에 따른 것으로서, 거기에 상고이유 주장과 같이 일사부재리 원칙 적용에 관한 법리를 오해하는 등의 잘못이 없다고 판단하였다.

3. 해설

가. 전제부 구성의 공지 여부

(1) 종전 판결들의 태도

전제부 구성은 명세서(주로 '발명의 설명' 중 '발명의 배경이 되는 기술' 항목)에 종래기술로 함께 기재되는 것이 일반적인데, 대법원 2005. 12. 23. 선고 2004후2031 판결은 '실용신안등록출원서에 첨부한 명세서에 종래기술을 기재하는 경우에는 그 종래기술은 특별한 사정이 없는 한 출원된 고안의 신규성 또는 진보성이 부정되는지 여부를 판단함에 있어서 실용신안등록출원 전에 공지된 고안으로 보아야 할 것이다.'고 판시함으로써, 명세서에 종래기술로 기재된 기술은 공지된 것으로 간주하여야 한다는 취지를 설시하였다. 위 기술은 해당 등록고안 청구범위의 전제부에 기재된 구성요소였다. 나아가 위 판결 이후 보다 직접적으로 대법원 2007. 2. 8. 선고 2005후2052 판결은 '특허발명의 청구범위 중 전제부 구성은 그 출원 전에 공지된 소화시스템을 나타내는 것으로서 이를 근거로 하여 진보성이 부정될 수 없다고는 볼 수 없다.'고 판시함으로써, 전제부 구성은 공지된 것으로 간주하여야 한다는 취지를 설시하였다. 그런데 이후의 논의와 실무례를 살펴보면, 위 판결들의 입장에 대하여 학계와 실무계의 비판론 내지 의문이 꾸준히 제기되어 왔고, 이 사건 원심도 공지된 것으로 간주하지 않는 전제에서 공지 여부를 판단하였다.

(2) 대상판결 전 학계와 실무계의 논의

학계에서는, 먼저 종전 판결들의 입장과는 달리 '별도의 증거에 의해 공지 여부를 인정하여야 한다'는 견해가 제시되고 있었다(제1설).[3] 또한, 공지기술로 추정하고 반증에 의해 복멸 가능하도록 보자는 취지의 견해들도 있었다(제2설). 여기에는 종전 판결들에 대한 직접적 언급은 없이 미국의 실무 등을 근거로 들면서 젭슨 청구항의 전제부 구성은 공지기술로 추정하고 반증에 의한 복멸을 인정함이 타당하다는 견해(제2-1설),[4] 위 2004후2031 판결을 문언 그대로 받아들이지 않고 선해하여 간주가 아니라 사실상의 추정 및 반증에 의한 복멸 구도로 적용함이 타당하다는 견해(제2-2설)[5] 등이 포함된다. 나아가 출원인의 의도 중시 및 심사의 효율 지향 등을 논거로 명세서에서 '공지기술'임을 스스로 인정하고 전제부에 기재한 경우에는 별도의 증거 없이 공지기술로 추정하되 반증에 의한 복멸을 인정하자는 견해(제3설)도[6] 제시되었다.

3) 강경태, "특허청구범위 전제부의 의미", 한국특허법학회 편, 특허판례연구(개정판), 박영사, 2012, 537면; 한동수, "전제부 구성을 공지된 구성으로 볼 것인지 여부 등", 한국특허법학회 제29차 정기세미나(2010. 8. 21.) 발표문, 7-8면.

4) 조현래, "특수한 형식의 특허청구범위 해석에 대한 연구", 고려대학교 대학원 박사학위논문, 2007, 93-99면. 이 견해는 위 2004후2031 판결에 대해 비판론이 있다는 소개만 하고 있다.

5) 약간의 뉘앙스 차이는 있으나 세 논문이 같은 취지로 이해된다[최성준, "특허청구범위의 해석에 있어서의 몇 가지 문제에 관하여", "지식재산강국을 향한 도전 30년" 특허청 개청 30주년 기념 논문집 (Ⅰ), 특허청, 2007, 20면; 조영선, "한국의 특허법 관련 실무 동향", Law & technology 제4권 제3호, 서울대학교 기술과법센터, 2008, 15-16면; 김승곤, "기재불비 및 진보성유무 판단 시 명세서에 기재된 배경기술의 취급", 특허소송연구(제6집), 특허법원, 2013, 135-138면].

6) 정차호 · 윤기승, "특허출원인이 종래기술로 기재한 내용의 선행기술로의 채택 가능 여부", 인권과 정의 제

실무를 살펴보면, 위 2004후2031 판결과는 달리 제1설에 가까운 태도를 보이는 특허법원[7] 및 특허청(현 지식재산처, 이하 대상판결 당시 기관 명칭인 특허청으로 표시함)[8] 실무례가 형성되어 있었다. 다만 이러한 실무례는 심판이나 소송의 국면에 국한하여 보면, 이미 출원인이나 권리자가 해당 구성요소의 공지 여부를 다투는 상황에서 형성된 것임을 유의할 필요가 있다. 즉 심판이나 소송 단계에는 이미 해당 구성이 공지기술이 아니라는 출원인(권리자)의 주장이 제기된 상황을 전제로 하게 되므로 객관적 증거조사를 통하여 공지 여부를 확정하여야 한다는 제1설이 당연하게 받아들여질 수도 있을 것이나, 이는 공지 추정을 한 다음 반대 주장에 대한 증거조사를 통해 추정 복멸 여부를 판단하는 과정과 사실상 큰 차이가 없다. 이에 제1설과 가까운 특허법원 등의 일부 실무례가 심사 초기단계를 상정하여서도 심판이나 소송 단계와 완전히 동일하게 보는 태도라고 단정하기는 조심스럽다.

(3) 대상판결에 의한 정리

종전 판결들은 방향성으로는 분명 타당한 측면을 지향하였다고 보이지만,[9] 우리 법령이나 실무 상황에 너무 앞서는 태도를 매우 강한 어조로 설시함으로써 실제 심사·심판 실무를 담당하는 특허청(특허심판원)으로부터 외면 받는 결과가 되었다. 대상판결은 종전 판결들의 방향성 자체는 승계하되 그 법리 구도를 완화하여 대법원 전원합의체 판결로 설시함으로써, 법리와 실무의 괴리 상황을 해소하였다.

한편 출원경과금반언의 원칙은 출원경과 중 밝힌 출원인의 의견 표명에 대하여 일정한 요건 아래 '의식적 제외'로 인정하고 그 영역에 속하는 부분은 해당 특허발명의 침해 여부 판단 시 권리범위에서 배제된 것으로 보는 법리라 할 수 있는데,[10] 자신의 권리범위에서 해

382호, 대한변호사회, 2008, 170-171면.

7) 특허법원 2007. 10. 5. 선고 2007허2469 판결(대법원 2008. 2. 1.자 2007후4380 심리불속행판결로 확정); 특허법원 2007. 10. 5. 선고 2007허869 판결(대법원 2008. 2. 1.자 2007후4373 심리불속행판결로 확정); 특허법원 2009. 7. 16. 선고 2008허10603 판결(대법원 2009. 11. 24.자 2009후2807 심리불속행판결로 확정); 특허법원 2000. 11. 16. 선고 2000허2453 판결(상고없이 확정); 특허법원 2004. 8. 26. 선고 2003허6227 판결(상고없이 확정) 등 참조.

8) 특허청(특허심판원)의 입장을 정리하여 밝히고 있는 이상철, "명세서의 종래기술을 선행기술로 사용할 수 있는지 여부", 지식재산21 2006년 7월호, 특허청, 2006, 77-78면 참조.

9) 특허심사는 특허청 심사관에 의한 거절이유통지와 출원인의 대응에 의하여 서로 의견을 교환하는 과정을 통해 이루어지는 절차인 점을 고려하면, 출원과정에 명세서나 그 보정서 또는 의견서 등에 의하여 출원된 발명의 일부 구성요소가 그 출원 전에 공지된 것이라는 취지가 드러나는 경우에는, 거기에 일단 법률효과를 부여함으로써 이를 토대로 이후의 심사절차가 진행될 수 있도록 할 필요가 있다. 또한 출원인과 그 대리인으로 하여금 선행기술 조사를 가능한 한 충실히 하여 명세서를 작성하도록 유도하는 것이 특허출원실무의 발전방향 지향점이라고 할 것이다. 위 2004후2031 판결 등은 이러한 발전방향을 지향한다는 점에서 방향성으로는 타당한 측면이 있다.

10) 출원경과금반언 원칙의 개념 및 이론적 근거 등은 박태일, "출원경과금반언의 원칙에 의한 균등침해 적용의 제한", Law&technology 제5권 제6호, 서울대학교기술과법센터, 2009, 114면 이하 참조.

당 기술을 의식적으로 제외하겠다는 의사표시는 객관적인 권리범위 판단과 부합하는 것이 아니더라도 해당 부분에 대한 권리포기라는 별도의 법률효과에 의한 결과로 충분히 받아들일 수 있으나, 공지 여부라는 사실인정의 문제를 심사절차에서의 출원인의 의사표시에 의하여 확정적으로 좌우되도록 하는 것은 권리포기 의사표시와는 차원이 다른 문제이다. 따라서 출원경과 중 의식적으로 해당 기술이 공지된 것이라는 취지를 밝혔다고 하여 여기에 금반언의 원칙을 적용함으로써 이후 그 효과를 번복시킬 수 없도록 하는 것은 타당하지 않다. 대상판결은 이 점도 분명하게 하였다.

나. 새로운 무효사유 추가와 일사부재리 판단

(1) 문제점

새로운 무효사유가 추가된 이 사건 심판청구가 종전 확정심결과의 관계에서 일사부재리에 위배되는 심판청구에 해당하지 않는다는 점은 대법원 1976. 12. 28. 선고 76후4 판결 등에 따라 분명하다. 그런데 '무효심판청구를 기각한 확정심결에서 이미 판단된 무효사유에 다른 무효사유를 추가하여 다시 무효심판을 청구하는 경우 종전 심결에서와 공통되는 주장 부분의 판단 방법'을 어떻게 할 것인지는 법리적으로 검토할 필요가 있다.

(2) 대상판결 전 실무의 상황

종전 확정심결에서와 공통되는 진보성 부정 주장에 대하여, 이 사건 심결은 이미 이 사건 심판청구가 일사부재리 원칙 위배에 해당하지 않는다고 전제한 후 심판에서 제출된 모든 선행기술에 의하여 이 사건 등록고안의 진보성이 부정되는지를 살펴 진보성이 부정되지 않는다고 판단하였다. 종전 확정심결에서 진보성 부정되지 않는다는 판단이 있었음을 특별히 고려하지 않는 판단 형식으로 보인다. 이에 비하여, 원심은 이 사건 심판청구 자체는 일사부재리의 원칙에 위배되지 않는 것이지만 심판청구원인 가운데 진보성 부정 주장 부분은 종전 확정심결과의 관계에서 일사부재리 해당 여부를 판단하여야 한다는 전제에서, 새롭게 제출된 증거가 종전 확정심결을 번복할 수 있을 정도로 유력한 증거인지를 판단하였다. 이 점에 관하여 대상판결 전에 대법원의 명확한 법리 선언은 발견되지 않는다. 다만 종래 특허법원 확정판결들은[11] 이 사건 원심과 같은 입장에서 판단해왔다.

---

11) 특허법원 2000. 3. 10. 선고 98허4739 판결(2000후761호로 상고되었으나 상고이유서부제출 기각으로 확정); 특허법원 2007. 12. 5. 선고 2007허1787 판결(상고없이 확정) 등.

(3) 대상판결에 의한 정리

모순·저촉되는 복수의 심결이 발생하는 것을 방지하고자 하는 일사부재리 제도 취지상 종전 확정심결에서와 공통되는 주장 부분을 판단하면서 종전 확정심결의 존재 자체를 완전히 무시하는 방향으로 실무를 운용하는 것은 적절하지 않다. 새로 제출된 무효사유 주장이 있어 후심판청구 자체가 일사부재리에 위배되지는 않지만 공통되는 주장 부분 판단에서는 일사부재리의 취지를 존중할 필요가 있다. 대상판결은 이러한 취지를 법리로 정립하였다.

4. 판결의 의의

대상판결은 청구범위의 전제부 또는 명세서의 종래기술로 기재하였다는 이유만으로는 공지기술로 볼 수 없음을 대법원 전원합의체 판결로 명확하게 하였다. 해당 기술내용이 청구범위의 전제부나 명세서의 종래기술란에 기재되어 있다는 점 자체가 아니라 명세서의 전체적인 기재와 출원경과를 종합적으로 고려할 때 출원인이 그 공지성을 자인하였다고 인정된다는 점을 근거로 하여 공지된 것으로 사실상 추정하되 특별한 사정이 있으면 추정이 번복될 수 있도록 하는 법리를 선언하였다. 대상판결에 의하여, 보충의견이 밝힌 바와 같이,[12]

12) 대상판결은 반대의견 없이 대법원 전원합의체 만장일치로 선고된 판결인데, 법정의견의 법리적 의미를 상세하게 설명하는 주심 대법관 보충의견이 설시되어 있다. "상고이유 제1점은 신규성 또는 진보성 판단의 기초가 되는 '공지 여부에 관한 증명책임의 문제'와 결부되어 있다. 실무상 청구범위에 '-에 있어서(전제부), -로 이루어지는 것을 특징으로 하는 발명(특징부)'과 같은 청구항 기재 형식이 널리 활용되고 있고, 일반적으로 명세서에는 배경기술 또는 종래기술(2007. 1. 3. 법률 제8197호로 개정되기 전의 구 특허법 아래서는 명세서에 '종래기술'을 기재하도록 되어 있었고, 위 개정 이후에는 '배경기술'을 기재하되 그 내용으로 '종래기술'을 기재하도록 되었으므로, '종래기술'과 '배경기술'은 동의어로 볼 수 있다. 이하 '종래기술'이라고만 한다)이 기재된다. 그런데 전제부 기재는 다양한 의미로 이루어질 수 있고, 종래기술이란 공개 여부는 묻지 않고 출원 전 존재한 기술을 말하는 개념에 불과하므로, 청구범위의 전제부에 기재되어 있다는 점이나 명세서에 종래기술로 나타나 있다는 사유는 어느 것이나 모두 그 자체로는 공지성 인정의 근거라고 볼 수 없다. 그럼에도 실제 사건에서는 청구범위의 전제부 기재 구성요소라거나 명세서의 종래기술이라는 이유만으로 공지된 것이라는 주장이 제기되는 경우를 종종 볼 수 있고, 심지어 전제부 기재 구성요소로만 이루어진 발명(이하 '발명'에 대해서만 언급하나 그 취지는 '고안'의 경우에도 마찬가지로 적용된다) 또는 종래기술 자체를 별도로 공지에 관한 자백이나 증명이 없음에도 하나의 선행기술(공지기술 가운데 출원발명이나 특허발명과의 대비를 위하여 제시된 비교대상발명을 의미한다)로서 주장하는 상황도 발견된다. 나아가 이러한 주장을 받아들여 판단이 이루어지는 일부 실무 예도 존재하는 것으로 보인다. 그런데 이러한 일부 실무 예는 출원인(대리인을 포함한다. 이하 같다)이 충분한 선행기술 조사를 거쳐 명세서의 종래기술란에 선행기술만을 기재하고, 이를 청구범위의 전제부 구성요소로 기재하는 출원 실무를 상정하여 형성된 것으로 보이나, 우리나라에서 위와 같은 출원 실무가 정착되어 있다고 볼 만한 근거는 없다. 게다가 특허요건이 선행기술과의 대비를 필요로 하는 신규성과 진보성에 한정되는 것이 아닌 이상 출원인이 명세서에 종래기술로 반드시 선행기술만을 기재하고 이것과 대비하여 출원하는 발명의 내용을 설명할 것이라거나, 청구범위를 전제부와 특징부로 나누어 기재할 경우 전제부에는 당연히 선행기술의 구성요소만을 기재할 것이라고 단정할 수도 없다. 이렇듯 출원인이 어떠한 의도로 기재하였는지 알 수 없는

전제부 또는 종래기술의 공지성 간주에 관하여 오해가 있었던 일부 실무가 바로잡힘과 함께 출원인이 사전에 선행기술 조사를 충실히 하여 명세서와 의견서 등을 작성하는 바람직한 특허 실무가 형성될 수 있으리라고 기대된다.

사항을 명세서의 기재 위치에만 근거하여 공지된 기술로 간주하는 태도는 공지에 관한 확인도 없이 출원인의 지식을 그 출원발명의 진보성을 부정하는 이유로 삼아도 좋다는 것이어서 부당할 뿐만 아니라, 객관적 진실에 반하는 결과를 낳을 위험성을 안고 있다. 한편 위에서 든 일부 실무 예와 정반대의 방향에서, 명세서의 전체적인 기재와 출원경과에 의하여 청구범위의 전제부 기재 구성요소나 명세서에 종래기술로 기재한 사항에 관한 출원인의 의도가 공지를 자인하는 것으로 인정되는 경우에도 무조건적으로 심사관이 별도로 공지의 증거를 찾아야만 이를 선행기술로 사용할 수 있다고 보는 태도 역시 타당하다고 할 수 없다. 이러한 태도는 출원인의 명확한 의사까지도 무시하는 것이어서 심사관과 출원인의 의견 교환을 통하여 이루어져야 하는 심사절차의 본질에 맞지 않을 뿐만 아니라 심사의 효율성을 지나치게 저해하기 때문이다. 나아가 이러한 실무 운용은 출원인으로 하여금 아무런 사전 확인도 없이 함부로 명세서 또는 의견서 등의 출원경과 서류에서 출원발명의 일부 구성요소의 공지성을 인정하여도 괜찮다는 인식을 갖게 하는 것이어서 선행기술의 조사 없이 부실한 명세서와 출원경과 서류를 작성하도록 조장하는 문제도 있다. 결국 위 두 방식 사이에 적정한 조화점을 찾을 필요가 있는데, 그 방향은 명세서의 전체적인 기재와 출원경과를 반영하여 일정한 경우에는 신규성 또는 진보성 판단의 기초가 되는 공지 여부에 관한 증명책임의 원칙, 즉 공지사실을 신규성 또는 진보성이 부정된다고 주장하는 측(심사 단계에서는 심사관이 될 것이다)이 증명하여야 비로소 그 기술내용을 신규성 또는 진보성 부정의 증거로 사용할 수 있다는 원칙을 수정하는 데에서 모색함이 타당하다. 그리고 이러한 원칙 수정의 근거는 해당 기술내용이 청구범위의 전제부나 명세서의 종래기술란에 기재되어 있다는 점 자체가 아니라 명세서의 전체적인 기재와 출원경과를 종합적으로 고려할 때 출원인이 그 공지성을 자인하였다고 인정되는가에서 찾아야 한다. 소송 중에는 공지 자인이 일종의 재판상 자백으로 될 것이어서 별도의 증명 없이 공지로 사실인정이 이루어질 수 있고 다만 민사소송법 제288조 단서에 의하여 위 자백이 진실에 어긋나는 것이고 착오로 말미암은 것임을 증명한 때에는 취소할 수 있다. 명세서 및 출원경과 중의 공지 자인에 대해서는 이러한 법률 규정에 의한 효과를 부여할 수는 없으나 이에 준하여 공지기술임을 사실상 추정하되 특별한 사정이 있는 경우에는 이러한 추정이 번복될 수 있도록 하는 효과를 인정함이 타당하다. 또한 여기의 '특별한 사정'으로는 해당 발명 출원 당시 아직 공개되지 아니한 선출원발명이나 출원인의 회사 내부에만 알려져 있었던 기술을 착오로 공지된 것으로 잘못 기재하였음이 밝혀지는 경우 등을 들 수 있다. 이는 해당 기술 내용이 절대적으로 공지되지 아니하였다는 소극적 사실을 증명하여야만 위 추정의 번복이 인정될 수 있다는 의미는 아니다. 위와 같은 자인에 근거한 사실상의 추정 및 복멸의 허용이라는 구도를 채택함으로써 절차적 효율성과 실체적 정의를 조화롭게 달성할 수 있다. 그리고 추정의 복멸을 허용하는 결과 출원경과 중의 공지 자인에 대해서 금반언을 적용하지는 않게 된다. 대법원 2002. 6. 14. 선고 2000후2712 판결 등이 인정하고 있는 출원경과금반언의 원칙은 출원경과 중에 밝힌 출원인의 의견 표명에 대하여 일정한 요건 아래 '의식적 제외'로 인정하고 그 영역에 속하는 부분은 해당 특허발명의 침해 여부 판단 시 권리범위에서 배제된 것으로 보는 법리인데, 일단 의식적 제외로 인정하는 이상은 그 효과를 번복시킬 수 있는 구조가 아니다. 만일 이러한 강력한 효과를 공지 자인에 대해서도 확장하여 적용하면, 출원인이 출원경과 중 의식적으로 해당 기술이 공지된 것이라는 취지를 밝힌 이상은 객관적 진실에 부합하는지와 무관하게 공지기술로 확정하여야 하므로 매우 부당한 결과를 초래한다. 이러한 점에서 볼 때에도 사실상의 추정 및 복멸의 허용이라는 구도가 타당하다. 이 전원합의체 판결에 의하여 그간 오해가 있었던 일부 실무, 즉 청구범위의 전제부 기재 구성요소 또는 명세서의 종래기술이라는 이유만으로 공지된 것으로 볼 수 있다거나 심지어 이를 하나의 선행기술로 사용할 수 있다고 보는 잘못된 시각이 바로잡히기를 기대한다. 아울러 이번 판결을 계기로 출원인이 명세서나 출원경과 서류 중에 명확한 근거 없이 공지성을 인정할 것이 아니라 사전에 선행기술 조사를 충실히 함으로써 실제로 공지된 기술에 대해서만 공지 자인을 하고 이와 대비하여 출원발명의 신규성 또는 진보성을 분명하게 주장하는 특허 실무가 형성되기를 기대한다."

뿐만 아니라 대상판결은 '무효심판청구를 기각한 확정심결에서 이미 판단된 무효사유에 다른 무효사유를 추가하여 다시 무효심판을 청구하는 경우 종전 심결에서와 공통되는 주장 부분의 판단 방법'에 관한 법리를 최초로 설시한 판결로서도 의의가 있다.

02 특허권 존속기간 연장기간의 산정방법 및 출원인의 귀책사유

대법원 2017. 11. 29 선고 2017후844, 851, 868, 875 판결[1)]

신혜은 (충북대학교 법학전문대학원 교수)

1. 사안의 개요

피고(피상고인)는 '아세트산 아닐리드 유도체를 유효성분으로 하는 과활동방광 치료용 의약품'의 특허권자이고, 해당 특허는 특허권 설정등록일 이후 임상시험 기간(48일)과 수입품목허가 기간(334일)을 합산한 총 382일을 존속기간 연장으로 신청하여, 존속기간 연장등록 결정을 받았다.

원고(상고인)들은 이 연장등록이 '실시할 수 없었던 기간'을 초과하였고, 허가 당시 통상실시권자가 등록되지 않았다는 점을 들어 특허무효심판을 청구하였으나, 특허심판원은 "이 사건 연장등록의 연장기간은 이 사건 연장발명을 실시할 수 없었던 기간을 초과하지 아니하므로, 이 사건 연장등록에는 특허법 제134조 제1항 제3호에서 정한 무효사유가 존재하지 아니한다. 또한 의약품 품목허가 등을 받은 자가 특허권자와 밀접한 관계에 있었다면, 그 허가 등을 받을 당시에 등록된 통상실시권자가 아니었다고 하더라도 특허권 존속기간의 연장등록을 하는 과정에서 통상실시권의 설정 등록을 마친 경우에는 특허법 제134조 제1항 제2호에서 정하는 무효사유에 해당하지 않는다."고 하여 심판청구를 기각하였다.

원고가 특허심판원의 심결에 불복하여 제기한 심결취소소송에서 특허법원 또한 "이 사건 연장등록에 특허법 제134조 제1항 제2호나 동법 동조 동항 제3호의 무효사유가 있다고 볼 수 없다는 취지로 판단한 이 사건 심결에는 위법이 있다고 볼 수 없다."고 하여 원고의 청구를 기각하였다.[2)]

---

1) [관련 평석 및 문헌] 강춘원, "의약품 특허권 존속기간의 연장기간 산정에서 허가 등을 받은 자에게 책임있는 사유로 소요된 기간", 한국특허법학회 2017 TOP10 특허판례세미나(2018. 2. 24); 손천우, "특허권의 존속기간 연장기간의 산정에 관한 판단기준", 대법원판례해설 제114호, 법원도서관, 2018; 신혜은, "특허권 존속기간 연장산정의 기초가 되는 '발명을 실시할 수 없었던 기간'의 의미와 구체적인 산정방법", 과학기술과법 제15권제2호, 충북대학교 법학연구소, 2024.

2. 판결의 요지

대법원은 아래와 같은 이유로 상고를 기각하였다.

가. 의약품 등의 발명을 실시하기 위해서는 국민의 보건위생을 증진하고 안전성 및 유효성을 확보하기 위해 약사법 등에 따라 허가 등을 받아야 하는데, 특허권자는 이러한 허가 등을 받는 과정에서 특허발명을 실시하지 못하는 불이익을 받게 된다. 따라서 위와 같은 불이익을 구제하고 의약품 등의 발명을 보호·장려하기 위해 구 특허법(2014. 6. 11. 법률 제12753호로 개정되기 전의 것, 이하 같다) 제89조 제1항은 "특허발명을 실시하기 위하여 다른 법령의 규정에 의하여 허가를 받거나 등록 등을 하여야 하고, 그 허가 또는 등록 등(이하 '허가 등'이라 한다)을 위하여 필요한 활성·안전성 등의 시험으로 인하여 장기간이 소요되는 대통령령이 정하는 발명인 경우에는 제88조 제1항의 규정에 불구하고 그 실시할 수 없었던 기간에 대하여 5년의 기간 내에서 당해 특허권의 존속기간을 연장할 수 있다."라고 규정하여 약사법 등에 의한 허가 등을 받기 위하여 특허발명을 실시할 수 없었던 기간만큼 특허권의 존속기간을 연장해 주는 제도를 마련하였다.

다만 구 특허법 제89조 제2항은 "제1항을 적용함에 있어서, 특허권자에게 책임 있는 사유로 소요된 기간은 제1항의 '실시할 수 없었던 기간'에 포함되지 아니한다."라고 규정하고 있으므로, 허가 등을 받은 자의 귀책사유로 약사법 등에 따라 허가 등의 절차가 지연된 경우에는 그러한 귀책사유가 인정되는 기간은 특허권 존속기간 연장의 범위에 포함되어서는 안 된다.

나. 특허권 존속기간의 연장등록을 받는 데에 필요한 허가 또는 등록 등(이하 '허가 등'이라 한다)을 신청할 수 있는 자의 범위에는 특허권자 외에 전용실시권자 및 통상실시권자가 포함되므로, 구 특허법(2014. 6. 11. 법률 제12753호로 개정되기 전의 것) 제89조 제2항의 '특허권자에게 책임 있는 사유'를 판단할 경우에도 위 허가 등을 신청한 전용실시권자와 통상실시권자에 관한 사유가 포함된다.

다. 의약품 등의 발명을 실시하기 위해 약사법 등에 따라 허가 또는 등록 등을 받은 자의 귀책사유로 약사법 등에 따른 허가 등의 절차가 지연된 기간이 연장등록에 의하여 연장된 기간 안에 포함되어 있어 연장된 기간이 구 특허법(2014. 6. 11. 법률 제12753호로 개정되기 전의 것, 이하 같다) 제89조 제1항의 특허발명을 실시할 수 없었던 기간을 초과한다는 사유로 구 특허법 제134조 제1항 제3호에 의하여 존속기간 연장등록에 대하여 무효심판을 청구하는 자는 그 사유에 대하여 주장·증명할 책임을 진다.

---

2) 특허법원 2017. 3. 16. 선고 2016허4498, 4504, 4511, 5620 판결.

라. 식품의약품안전처의 의약품 제조판매·수입품목 허가는 그 허가신청에 대하여 의약품 등의 안전에 관한 규칙 제4조 제1항에서 정한 사항별로 해당 심사부서에서 심사를 진행하고 이에 따라 보완요구를 비롯한 구체적인 심사 절차도 해당 심사부서의 내부 사정에 따라 진행된다. 그렇지만 이러한 해당 심사부서별 심사는 식품의약품안전처 내의 업무 분장에 불과하고, 또한 그 심사 등의 절차가 모두 종결되어야 허가가 이루어질 수 있다. 결국 심사부서별 심사 등의 절차 진행은 최종 허가에 이르는 중간 과정으로서, 전체적으로 허가를 위한 하나의 절차로 평가할 수 있다.

이러한 사정에 비추어 보면, 식품의약품안전처 내 어느 심사부서에서 보완요구가 이루어지고 그 결과 보완자료를 제출할 때까지 그 보완요구 사항에 대한 심사가 진행되지 못하였더라도, 그동안 식품의약품안전처의 다른 심사부서에서 그 의약품의 제조판매·수입품목 허가를 위한 심사 등의 절차가 계속 진행되고 있었던 경우에는 다른 특별한 사정이 없는 한 그 기간 역시 허가를 위하여 소요된 기간으로 볼 수 있으므로, 이를 가지고 의약품 등의 발명을 실시하기 위해 약사법 등에 따라 허가 또는 등록 등을 받은 자의 귀책사유로 허가 또는 등록 등의 절차가 지연된 기간이라고 단정할 수 없다.

3. 해설

가. 특허권 존속기간 연장의 취지 및 연혁

(1) 의의 및 취지

제약산업은 특허권에 의한 보호없이는 존재하기 어려운 분야로 알려져 있다. 의약품 개발에는 상당한 비용과 시간이 필요하기 때문에 독점권에 의한 보호없이는 시장진입이 어렵다. 새로운 기술개발에 성공하더라도 제품화를 위해서는 또다시 유효성·안전성 시험을 거쳐야 한다는 점 또한 타기술분야와 구별되는 제약산업의 특징이다.[3] 이와 같은 제약산업의 특징과 타기술분야와의 형평성을 고려하여 유효성·안전성 시험 등으로 인해 실시할 수 없었던 기간에 대해 연장을 허용하는 것이 특허권 존속기간 연장등록 제도이다.

(2) 연혁

우리나라는 1987년에 물질특허제도와 함께 동 제도를 도입하였다. 1987년 동제도 도입

---

3) 신혜은, "투여용법·용량을 포함하는 의약용도발명의 권리범위", 산업재산권 제48호, 한국지식재산학회, 2015, 201-202면.

이후 특허법과 특허법 시행령의 수차례 개정이 있었지만 특허발명을 실시하기 위하여 다른 법령의 규정에 의하여 허가를 받거나 등록 등을 하여야 하고 그 허가등을 위하여 필요한 활성·안전성 등의 시험으로 인하여 장기간이 소요되는 발명인 경우에 그 실시할 수 없었던 기간에 대하여 5년의 기간 내에서 당해 특허권의 존속기간을 연장하여 주는 기본적인 틀이 변한 것은 아니다.[4)]

다만, 특허권 존속기간 연장승인신청에서 연장등록출원으로 전환,[5)] 2년 상한 제한기간 폐지,[6)] 특허권 존속기간 연장대상에 수입의약품도 포함된다는 점을 명확히 하기 위한 시행령 개정,[7)] 특허권 존속기간 연장등록 대상 발명을 신물질을 유효성분으로 하여 제조한 의약품으로서 최초로 품목허가를 받은 의약품으로 한정,[8)] 하나의 특허권에 대한 존속기간 연장 횟수를 1회로 제한,[9)] 존속기간 연장대상에 마약류 포함,[10)] 연장된 특허권 존속기간은 허가 등을 받은 날부터 14년을 초과할 수 없도록 하고, 하나의 허가로 연장 가능한 특허권은 1개로 제한[11)]하는 등 특허권 존속기간 연장대상이 되는 발명의 범위를 보다 명확하게 규정하여 법률해석의 혼란을 방지하고 입법 미비 사항을 정비하고자 하였다.[12)]

나. 발명을 실시할 수 없었던 기간의 의미와 산정방법

(1) '발명을 실시할 수 없었던 기간'의 의미

'발명을 실시할 수 없었던 기간'이란, 법에서 정한 처분을 받는 것이 필요하기 때문에 특허발명의 실시를 하는 것이 불가능했었던 기간이다. 즉, 특허권이 존재하고 해당 발명을

4) 신혜은, "특허권 존속기간 연장산정의 기초가 되는 '발명을 실시할 수 없었던 기간'의 의미와 구체적인 산정방법", 과학기술과법 제15권제2호, 충북대학교 법학연구소, 2024, 33면.

5) 특허법 [시행 1990. 9. 1.] [법률 제4207호, 1990. 1. 13., 전부개정].

6) 특허법 [시행 1999. 1. 1.] [법률 제5576호, 1998. 9. 23., 일부개정].

7) 특허법시행령 일부개정 2000.6.23. 대통령령 제16852호로 개정전 구특허법 시행령 제7조는 특허권 존속기간 연장등록 출원대상에 관한 규정으로서 국내에서 제조된 의약품만을 연장대상으로 열거하고 있어 수입의약품이 특허권 연장대상이 되는지 불명확하였으나, 수입의약품도 대상이 될 수 있도록 특허법 시행령 제7조를 개정하였다.

8) 특허법시행령 일부개정 2000.6.23. 대통령령 제16852호로 개정전 구특허법 시행령 제7조는 특허권 존속기간 연장등록 출원대상에 관한 규정으로서 국내에서 제조된 의약품만을 연장대상으로 열거하고 있어 수입의약품이 특허권 연장대상이 되는지 불명확하였으나, 수입의약품도 대상이 될 수 있도록 특허법 시행령 제7조를 개정하였다.

9) 특허법 [시행 2015. 1. 1.] [법률 제12753호, 2014. 6. 11., 일부개정]. 특허청 고시에 따라 하나의 특허권에 대한 존속기간 연장 횟수를 1회로 제한하는 형태로 운용되고 있던 실무를 반영하여 특허법 개정.

10) 특허법시행령 일부개정 2020.7.14. 대통령령 제30844호.

11) 특허법 [시행 2025. 7. 22.] [법률 제20700호, 2025. 1. 21., 일부개정]

12) 신혜은, "특허권 존속기간 연장등록에 의해 연장된 특허권의 권리범위", 산업재산권 제51호, 한국지식재산학회, 2016, 110면.

실시할 수 있는 의사나 능력이 있음에도 불구하고 식약처의 규제심사로 인해 특허발명을 실시할 수 없었던 기간을 의미한다.

(2) 실시할 수 없었던 기간 산정방법

"발명을 실시할 수 없었던 기간"에 대해 특허법 시행령은 고시에 위임하고 있고,[13] 특허청 고시[14]는 아래와 같이 규정하고 있다.[15]

「제4조 (연장기간의 산정) 법 제89조제1항 규정의 "그 실시할 수 없었던 기간"이라 함은 특허권 설정 등록일 이후의 기간으로서 다음 각 호의 1에 해당하는 기간을 말한다. 다만, 해당 관청의 허가 또는 등록 신청 관련서류의 검토 기간 중 특허권자 또는 신청인의 책임 있는 사유로 인하여 소요된 기간은 "그 실시할 수 없었던 기간"에 포함하지 아니한다.

1. 의약품(동물용 의약품은 제외한다)의 품목허가를 받기 위하여 식품의약품안전처장의 승인을 얻어 실시한 임상시험기간과 식품의약품안전처에서 소요된 허가신청 관련서류의 검토기간을 합산한 기간」

이에 따르면, 발명을 실시할 수 없었던 기간(연장기간)은 임상시험기간과 식약처의 허가서류 검토기간을 합산한 기간에서 출원인의 귀책사유로 인한 기간을 제외하는 방식으로 계산된다.

연장기간 = ① 임상시험기간 + ② 식약처의 허가서류 검토기간 - ③ 출원인의 귀책기간

③ 출원인의 귀책기간은 ① 임상시험기간 또는 ② 식약처의 허가서류 검토기간 중에서

---

13) 제7조(허가등에 따른 특허권의 존속기간의 연장등록출원 대상 발명 등)
① 법 제89조제1항에서 "대통령령으로 정하는 발명"이란 다음 각 호의 어느 하나에 해당하는 발명을 말한다. [개정 1996.6.3, 2000.6.23, 2005.1.31, 2007.6.28, 2008.9.30, 2011.12.2, 2013.4.3, 2020.7.14]
1. 특허발명을 실시하기 위하여 「약사법」 제31조제2항·제3항 또는 제42조제1항에 따라 품목허가를 받은 의약품[신물질(약효를 나타내는 활성부분의 화학구조가 새로운 물질을 말한다. 이하 이 조에서 같다)을 유효성분으로 하여 제조한 의약품으로서 최초로 품목허가를 받은 의약품으로 한정한다] 또는 「마약류 관리에 관한 법률」 제18조제2항 또는 제21조제2항에 따라 품목허가를 받은 마약 또는 향정신성의약품(신물질을 유효성분으로 하여 제조한 마약 또는 향정신성의약품으로서 최초로 품목허가를 받은 마약 또는 향정신성의약품으로 한정한다)의 발명
2. 특허발명을 실시하기 위하여 「농약관리법」 제8조제1항, 제16조제1항 또는 제17조제1항에 따라 등록한 농약 또는 원제(신물질을 유효성분으로 하여 제조한 농약 또는 원제로서 최초로 등록한 농약 또는 원제로 한정한다)의 발명
② 제1항 각 호의 발명과 관련하여 법 제89조제1항에 따른 특허발명을 실시할 수 없었던 기간의 산정 및 그 밖에 특허권의 존속기간 연장등록출원의 심사에 관한 세부적인 사항은 특허청장이 정하여 고시한다. [신설 2020.7.14]

14) 허가등에 따른 특허권 존속기간의 연장제도 운용에 관한 규정[시행 2025. 10. 30.] [지식재산처고시 제2025-4호, 2025. 10. 30., 일부개정]. 해당 고시는 1995. 12. 27 특허청고시 제95-14호로 제정된 이래 몇 차례의 개정이 있었다.

15) 특허법에는 구체적 위임규정이 존재하지 않는다.

출원인으로 인해 지연된 기간을 의미한다.

다. 특허권자의 책임있는 사유로 인해 소요된 기간

(1) 특허법 제89조

의약품은 행정관청(식약처)의 허가가 없이는 생산·판매가 불가능하기 때문에 허가 등을 위해 침식된 기간만큼 존속기간을 연장시켜주는 것이어서 특허권자 등이 허가 등을 받기 위해 필요한 유효성·안전성 등의 시험으로 인해 실시할 수 없었던 기간만큼을 보전해 주는 것이다(제89조 제1항). 즉 해당 기간만큼은 5년을 한도로 1회에 한해 존속기간을 연장시켜주는 것이 원칙이다. 다만 허가 등을 받은 자의 귀책사유로 인한 기간까지 존속기간을 연장시켜 주는 것은 제도적 취지나 제3자와의 형평에 반하는 바 해당 기간은 공제하는 것으로 하고 있다(제89조 제2항).

(2) 입증책임

허가 등을 받은 자의 귀책사유로 인하여 약사법 등에 따른 허가 등의 절차가 지연된 기간이 연장등록에 의하여 연장된 기간 안에 포함되어 있어 연장된 기간이 특허발명을 실시할 수 없었던 기간을 초과한다는 사유로 존속기간 연장등록 무효심판을 청구하는 자는 그 사유에 대하여 주장·증명할 책임을 진다(대법원 2017. 11. 29 선고 2017후844, 851, 868, 875 판결).

(3) 허가 등을 신청한 전용실시권자와 통상실시권자

특허권 존속기간의 연장등록을 받는 데에 필요한 허가 등을 신청할 수 있는 자의 범위에는 특허권자 외에 전용실시권자 및 통상실시권자가 포함되므로, '특허권자에게 책임 있는 사유'를 판단할 경우에도 허가 등을 신청한 전용실시권자와 통상실시권자에 관한 사유가 포함된다고 해석함이 타당하다(대법원 2017. 11. 29 선고 2017후844, 851, 868, 875 판결).

특허법 제134조 제1항 제2호가 연장등록의 무효사유를 규정하면서 등록된 통상실시권을 가진 자가 제89조의 허가등을 받지 아니한 출원에 대하여 연장등록이 된 경우라고 규정한 것은, 특허권 존속기간의 연장등록을 받는 데 필요한 허가 등을 신청할 수 있는 자의 범위에는 특허권자나 전용실시권자 이외에도 통상실시권자도 포함되지만, 그 통상실시권의 등록이 연장등록출원서의 필수적 기재사항 및 증명자료임에 비추어 그것이 누락된 채로 연장등록이 이루어진 경우에는 적법한 연장등록 요건을 갖추지 못한 것이므로 그 등록을 무효로 하겠다는 취지라고 해석함이 상당하고, 이와 달리 허가 등을 신청한 통상실시권자가 그 신청 당시부터 통상실시권의 등록을 마치고 있어야만 한다는 취지를 규정한 것이라고 볼 수는 없다(특허법원 2017. 3. 16. 선고 2016허4498, 4504, 4511, 5620 판결).

4. 판결의 의의

지식재산처 실무는 연장등록기간 산정에 있어서 식약처의 보완기간을 허가신청인의 귀책사유가 있는 기간으로 보아 연장기간에서 제외하는 것을 원칙으로 하되, 다만 그 기간 중 일부 심사항목이라도 다른 부서에서 심사가 진행된 경우는 해당기간은 연장기간에서 제외하지 않고 있다.16)

대상판결의 원심인 특허법원 2017. 3. 16. 선고 2016허4498, 4504, 4511, 5620(병합) 판결은 식약처의 보완자료 요청으로 인한 보완기간이 허가신청인의 귀책사유로 인한 것임을 전제로 하여, "보완자료 요청에 따른 자료보완 등으로 심사가 중단된 기간 동안 다른 심사부서의 심사가 계속 이루어지고 있었으므로, 위 기간과 관련하여 허가신청인의 귀책사유와 허가 등의 지연 사이에 상당인과관계가 인정되지 않는다."고 하여 결과적으로 특허청 심사실무를 지지한바 있다.

반면, 대법원은 "제89조 제1항의 특허발명을 실시할 수 없었던 기간을 초과한다는 사유로 존속기간 연장등록에 대하여 무효심판을 청구하는 자는 그 사유에 대하여 주장·증명할 책임을 진다. … 식품의약품안전처 내 어느 심사부서에서 보완요구가 이루어지고 그 결과 보완자료를 제출할 때까지 그 보완요구 사항에 대한 심사가 진행되지 못하였다 하더라도, 그 동안 식품의약품안전처의 다른 심사부서에서 그 의약품의 제조판매·수입품목 허가를 위한 심사 등의 절차가 계속 진행되고 있었던 경우에는 다른 특별한 사정이 없는 한 그 기간 역시 허가를 위하여 소요된 기간으로 볼 수 있으므로, 이를 가지고 허가 등을 받은 자의 귀책사유로 인하여 허가 등의 절차가 지연된 기간이라고 단정할 수 없다. 원심판결 이유에 의하면 이 사건 연장등록이 이루어진 기간 중에서 식품의약품안전처의 심사가 전혀 진행되지 아니한 기간은 없고 달리 '허가 등을 받은 자의 책임 있는 사유'로 제외되어야 할 기간을 인정할 자료가 없으므로, 이 사건 연장등록에 구 특허법 제134조 제1항 제3호의 무효사유가 있다고 볼 수 없다."고 판시하였다.

즉 대법원은 귀책사유에 대한 증명책임은 무효심판 청구인에게 있음을 전제로 식약처의 보완자료 요청으로 인한 보완기간 동안 다른 심사부서에서 심사 등 절차가 진행되고 있었던 경우에는 허가신청인의 귀책사유라고 보기 어렵다고 판시하여 상당인과관계가 아닌 귀책사유에 대한 증명책임 문제로 판단하였다.17)

---

16) 이혜진, "한국특허법학회 2017 TOP10 특허판례세미나 강춘원 발표에 대한 토론문", 2018. 2. 24.
17) 박진익, "한국특허법학회 2017 TOP10 특허판례세미나 강춘원 발표에 대한 토론문", 2018. 2. 24.

대상판결은 특허권 존속기간 연장에 관한 우리나라 최초의 대법원 판결로서, 자료보완 기간을 특허권자의 책임 있는 사유로 인해 소요된 기간으로 추정할 수는 없다는 점, 책임 있는 사유에는 전용실시권자와 통상실시권자에 관한 사유가 포함된다는 점 등, 의약품 특허권 존속기간 연장의 구체적 기준을 제시했다는 점에서 의의가 있다.

03 숲의 눈으로 나무를 보다 - 특허 균등론에서 과제해결원리 판단과 공지기술 참작 -

대법원 2019. 1. 31. 선고 2017후424 판결[1)]

권보원 (특허법원 판사)

1. 사안의 개요

원고가 특허권자인 피고를 상대로, "확인대상발명은 특허 제515442호(구이김 자동 절단 및 수납장치, '이 사건 특허발명') 청구항 1('이 사건 제1항 발명')의 권리범위에 속하지 않는다."라는 취지의 소극적 권리범위확인심판을 청구하였고, 특허심판원이 '확인대상발명은 이 사건 제1항 발명과 균등관계에 있어 이 사건 제1항 발명의 권리범위에 속한다.'라는 이유로 원고

1) [참조 및 관련 판례] 대법원 2000. 7. 28. 선고 97후2200 판결[공2000.10.1.(115), 1954]; 대법원 2009. 6. 25. 선고 2007후3806 판결(공2009하, 1239); 대법원 2010. 5. 27. 선고 2010후296 판결(공2010하, 1296); 대법원 2011. 7. 28. 선고 2010후67 판결(공2011하, 1853); 대법원 2014. 5. 29. 선고 2012후498 판결(공2014하, 1351); 대법원 2014. 7. 24. 선고 2012후1132 판결(공2014하, 1753)(이 사건 제1항 발명 구성요소 7의 균등관계가 다투어진 적극적 권리범위확인심판 사건); 대법원 2014. 7. 24. 선고 2013다14361 판결; 대법원 2015. 5. 14. 선고 2014후2788 판결(공2015상, 821); 대법원 2018. 5. 30. 선고 2016후2119 판결(공2018하, 1200); 대법원 2019. 1. 31.자 2016마5698 결정(공2019상, 593)(대상판결 피고가 원고를 상대로 신청한 가처분 사건); 대법원 2019. 2. 14. 선고 2015후2327 판결; 대법원 2019. 2. 14. 선고 2018후10350 판결; 대법원 2020. 4. 29. 선고 2016후2546 판결; 대법원 2021. 2. 25. 선고 2019후11152 판결; 대법원 2021. 3. 11. 선고 2019다237302 판결; 대법원 2022. 9. 7. 선고 2021다280835 판결; 대법원 2022. 10. 14. 선고 2022다223358 판결; 대법원 2023. 2. 2. 선고 2022후10210 판결(공2023상, 549); 대법원 2025. 7. 17. 선고 2023후11340 판결(공2025하, 1584) 등.
[관련 평석 및 문헌] 구민승, "특허 균등침해의 제1, 2 요건", 사법 제48호(2019. 6); 민현아, "[2018년 분야별 중요판례분석] 25. 지식재산권", 법률신문(2019. 7. 18); 손천우, "2019년 지식재산권 분야 판례의 동향", 특별법연구 제17권(2020. 4); 김동준, "균등침해요건: 과제해결원리의 동일성 및 작용효과의 동일성", 과학기술과 법 제11권 제1호(2020. 6); 한규현, "과제해결원리의 동일 여부의 판단 방법", 사법 제54호(2020. 12); 이혜진, "특허법원 판사가 말하는 장수특허(14) - 균등침해①", 지식재산뉴스(2021. 6. 21); 김동준, "균등 판단 시 공지기술의 참작", 사법 제59호(2022. 3); 정택수, "구성요소 완비의 원칙과 균등침해", 사법 제60호(2022. 6); 신상훈, "균등침해의 제1,2 요건과 제4 요건의 연계에 관한 고찰", 지식재산연구 제17권 제2호(2022. 6) 등.

심판청구를 기각하였다. 확인대상발명이 이 사건 제1항 발명의 구성요소 1-5(프레임, 절단용 실린더유닛,[2] 승강판, 가압절판, 가압봉), 구성요소 8(포장용기 이송유닛)과 동일한 구성을 포함하고 있음은 원고가 자인하였고,[3] 구성요소 6(가이드케이스), 구성요소 7(격자형 절단날)과 관련하여 확인대상발명의 대응 구성이 균등관계에 있는지가 다투어졌다.

2. 판결의 요지

가. 원심판결(특허법원 2017. 1. 20. 선고 2015허7674 판결)

특허법원은 대법원 2014. 7. 24. 선고 2012후1132 판결, 대법원 2015. 5. 14. 선고 2014후2788 판결 법리를 제시한 뒤, '확인대상발명은 이 사건 제1항 발명과 동일하거나 균등한 구성요소들과 그 구성요소들 사이의 유기적 결합관계를 그대로 포함하면서 이를 이용하고 있어[4] 이 사건 제1항 발명의 권리범위에 속한다.'라는 이유로 심결 취소를 구하는 원고의 청구를 기각하였다.

나. 대법원 판결[5]

"특허발명과 대비되는 확인대상 발명이 특허발명의 권리범위에 속한다고 하기 위해서는 특허발명의 특허청구범위에 기재된 각 구성요소와 그 구성요소 간의 유기적 결합관계가 확인대상 발명에 그대로 포함되어 있어야 한다. 확인대상 발명에 특허발명의 특허청구범위에 기재된 구성 중 변경된 부분이 있는 경우에도 특허발명과 과제 해결원리가 동일하고, 특허발명에서와 실질적으로 동일한 작용효과를 나타내며, 그와 같이 변경하는 것이 그 발명이 속하는 기술분야에서 통상의 지식을 가진 사람(이하 '통상의 기술자'라고 한다)이라면 누구나 쉽게 생각해 낼 수 있는 정도라면, 특별한 사정이 없는 한 확인대상 발명은 특허발명의 특허청구범위에 기재된 구성과 균등한 것으로서 여전히 특허발명의 권리범위에 속한다고 보아야

2) 대법원 판결의 "절단용 실런더유닛"이라는 표기가 일부 문헌에서 재생산되고 있으나, 이 사건 특허발명의 등록특허공보 기재에 비추어 "절단용 실린더유닛"을 잘못 쓴 것이다.

3) 특허법원 판결에는 구성요소 8에 관한 판단이 없으나, 이에 관하여는 심판 단계에서부터 원고가 특별히 다투지 아니하였다. 또한 원고는 특허심판원에서 이 사건 제1항 발명 구성요소 4와 확인대상발명의 대응 구성은 작용효과가 다르다고 주장한 바 있으나, 법원에서 그 주장을 철회한 것으로 보인다.

4) 원심판결에는 대법원 2001. 9. 7. 선고 2001후393 판결을 인용하면서 '확인대상발명의 구성요소 6 대응 구성에 복원스프링이라는 새로운 기술적 요소가 부가되었더라도 이 사건 제1항 발명과 이용관계에 있다.'라고 판단한 단락이 있으나, 대법원 판결에는 확인대상발명의 복원스프링이나 이용관계에 관한 언급이 없다.

5) 따옴표로 인용한 부분은 대법원 판결에 적힌 대로 특허법이 2014. 6. 11. 법률 제12753호로 개정되기 전의 용어("특허청구범위", "발명의 상세한 설명" 등)를 그대로 썼다.

한다.

확인대상 발명과 특허발명의 '과제 해결원리가 동일'한지를 가릴 때에는 특허청구범위에 기재된 구성의 일부를 형식적으로 추출할 것이 아니라, 명세서에 적힌 발명의 상세한 설명의 기재와 출원 당시의 공지기술 등을 참작하여 선행기술과 대비하여 볼 때 특허발명에 특유한 해결수단이 기초하고 있는 기술사상의 핵심이 무엇인가를 실질적으로 탐구하여 판단하여야 한다(대법원 2014. 7. 24. 선고 2012후1132 판결 참조). 특허법이 보호하려는 특허발명의 실질적 가치는 선행기술에서 해결되지 않았던 기술과제를 특허발명이 해결하여 기술발전에 기여하였다는 데에 있으므로, 확인대상 발명의 변경된 구성요소가 특허발명의 대응되는 구성요소와 균등한지를 판단할 때에도 특허발명에 특유한 과제 해결원리를 고려하는 것이다. 그리고 특허발명의 과제 해결원리를 파악할 때 발명의 상세한 설명의 기재뿐만 아니라 출원 당시의 공지기술 등까지 참작하는 것은 전체 선행기술과의 관계에서 특허발명이 기술발전에 기여한 정도에 따라 특허발명의 실질적 가치를 객관적으로 파악하여 그에 합당한 보호를 하기 위한 것이다. 따라서 이러한 선행기술을 참작하여 특허발명이 기술발전에 기여한 정도에 따라 특허발명의 과제 해결원리를 얼마나 넓게 또는 좁게 파악할지 결정하여야 한다. 다만 발명의 상세한 설명에 기재되지 않은 공지기술을 근거로 발명의 상세한 설명에서 파악되는 기술사상의 핵심을 제외한 채 다른 기술사상을 기술사상의 핵심으로 대체하여서는 안 된다. 발명의 상세한 설명을 신뢰한 제3자가 발명의 상세한 설명에서 파악되는 기술사상의 핵심을 이용하지 않았음에도 위와 같이 대체된 기술사상의 핵심을 이용하였다는 이유로 과제 해결원리가 같다고 판단하게 되면 제3자에게 예측할 수 없는 손해를 끼칠 수 있기 때문이다."

발명의 설명 기재로 파악되는 이 사건 제1항 발명에 특유한 해결수단이 기초하고 있는 기술사상의 핵심은 '절단된 각각의 적층 김들이 하강하면서 가이드케이스 하부에 고정 배치되는 격자형 부품 외측 경사면을 따라 서로 사이가 벌어지도록 유도'하는 데 있다(한편 발명의 설명에 구성요소 6 가이드케이스가 "가압절판의 승강작동을 안정적으로 안내"한다는 기재가 있으나, 이러한 기능은 이 사건 제1항 발명 기술사상의 핵심으로 파악할 수 없고, 이 사건 제1항 발명 기술사상의 핵심을 구현하는 데 기여하는 정도에 그친다). 위와 같은 기술사상의 핵심이 이 사건 특허발명 출원 당시 공지되었다고 볼 만한 사정이 보이지 않고, 확인대상발명은 구성의 차이에도 불구하고 기술사상의 핵심에서 이 사건 제1항 발명과 같아 과제해결원리가 동일하다. 또한 확인대상발명에서 구성요소 6, 7에 대응되는 구성은 이 사건 제1항 발명 기술사상의 핵심을 구현할 수 있어 실질적으로 동일한 작용효과를 나타내고, 그러한 구성으로 변경하는 것은 통상의 기술자라면 누구나 쉽게 생각해 낼 수 있다고 볼 수 있다. 따라서 확인대상발명은 이 사건 제1항 발명과 동일하거나 균등한 구성요소들과 그 구성요소들 간의 유기적 결합관계를 그대로 포함하고 있으므로 이 사건 제1항 발명의 권리범위에 속한다. 원심판결 이유에 일부 부적절한 점은 있으나 원심의 결론은 정당하다.

3. 해설

가. 특허 균등론의 의의[6)]

Patent(특허)는 letters patent를 줄인 말로, '열린 편지', '공개된 문서'를 뜻하는 라틴어 litterae patentes에서 비롯되었다.[7)] 기술이 언어라는 옷을 입고 공개 문서라는 집을 얻으면서, 도제식 전승(傳乘)의 한계를 뛰어넘는 진보가 가능해졌다. 주술과 비전(祕傳)은 과학이 되었고, 마법사와 장인은 발명가로 거듭났다. 특허법은 기술진보를 '도전과 응전의 역사'[8)]로 이해한다. 발명의 요체는 기술과제를 포착해 전에 없던 수단으로 해결하는 것이며,[9)] 그 축적이 기술진보를 이룬다. 앞선 사람들이 헤쳐 나간 뒤 활자로 남겨 둔 '구텐베르크 은하계'[10)]의 지도를 보고 미개척지를 감지한 이들이 새로운 발걸음을 내디딘다. 특허제도는 곧 발명을 위한 거대한 매뉴얼이다.

그러나 언어와 존재는 분열되어 있고, 기표(記標, signifiant)는 기의(記意, signifié)에 닿지 못하고 미끄러진다.[11)] 그 어떤 정교한 언어로도 "기술적 사상"[12)] 자체를 정확히 붙들기는 어렵고, 언어로 표현된 발명은 숙명적으로 뒤늦게 드러날 빈틈을 품고 있다.[13)] 더군다나

---

6) 2024년 한국정보법학회 하계 공동 정기학술세미나 발표문 "인공지능이 언어모형으로서 특허제도에 던지는 질문"(미공간)의 문장 일부를 가다듬어 다시 작성하였다.

7) 봉인된 비공개 문서를 뜻하는 letters close(litterae clausae)와 대비되는 말이다. Edward C. Walterscheid, "The Early Evolution of the United States Patent Law: Antecedents (Part 1)", 76 *J. Pat. Off. Soc'y* 694, 700-701 (1994); Oren Bracha, "The Commodification of Patents 1600-1836: How Patents Became Rights and Why We Should Care", 38 *Loy. L.A. L. Rev.* 177, 184 (2004).

8) Arnold J. Toynbee, *A Study of History, Vol. 1*, London: Oxford University Press (1934) 참조.

9) 특허법 제42조, 특허법 시행규칙 제21조 제3항 제4호 등 참조.

10) Marshall McLuhan, *The Gutenberg Galaxy: The Making of Typographic Man*, Tronto: University of Toronto Press (1962) [임상원 역, 구텐베르크 은하계, 커뮤니케이션북스(2001)] 참조.

11) Jacques Derrida, *De la Grammatologie*, Paris: Éditions de Minuit (1967) [김성도 역, 그라마톨로지, 민음사(2010) 또는 김웅권 역, 그라마톨로지에 대하여, 동문선(2004)]는 언어의 의미가 갖는 결정 불가능성을 '차이(差異)'와 '지연(遲延)'의 뜻을 함께 담은 '차연(差延, différance)'이라는 개념으로 설명했다.

12) 특허법 제2조 제1호 참조.

13) 이러한 한계는 모든 언어에 공통되지만, 그 정도는 언어마다 다르다. 이를테면, 영어는 주어와 목적어의 명시, 고정된 어순, 관계사와 전치사 등 형태적으로 드러나는 문법적 표지를 통해 의미가 비교적 명확히(심지어 시각적으로까지) 전달되는 저맥락의 구문(syntax) 중심 언어인 반면, 한국어는 문장 성분의 자유로운 생략, 유연한 어순, 조사와 어미의 미세한 변화를 통한 문법 관계 표현 등 맥락적 단서에 크게 의존하는 화용(pragmatics) 중심 언어여서 특허의 언어로서는 불리한 측면이 있다. 읽는 이의 보충 없이도 자족적인 한국어 문장을 정확히 구사하기가 얼마나 어려운가는 특허법 문장에서도 확인할 수 있다. 예컨대, '진보성'을 특허요건으로 규정한 특허법 제29조 제2항은 "특허출원 전에 그 발명이 속하는 기술분야에서

등록된 특허를 알게 된 경쟁자는 명세서를 그대로 재현하여 침해로 판단될 것이 뻔한 제품을 만들기보다는, 부분적 변형을 가하여 특허발명의 보호범위를 회피하려 할 것이다. 이러한 상황에서 발생할 수 있는 특허권 보호의 공백을 메우기 위하여 요청된 것이 특허 균등론(Doctrine of Equivalents)이다.[14]

나. 과제해결원리 파악의 단위 – 발명 전체

대법원 판결 요지 첫 문단에서 본 바와 같이, 확인대상발명에 청구범위의 구성 중 변경된 부분이 있는 경우에 균등관계가 성립하기 위해서는 ① 특허발명과 과제해결원리가 동일하고, ② 특허발명에서와 실질적으로 동일한 작용효과를 나타내며, ③ 그러한 변경이 통상의 기술자라면 누구나 생각해 낼 수 있는 정도여야 한다. 이는 균등관계 성립요건을 최초로 판시한 대법원 2000. 7. 28. 선고 97후2200 판결 이래 확립된 법리이다. 그러나 ① 요건에 관해서는 과제해결원리를 발명 전체의 관점에서 파악해야 한다는 견해(제1설)와 구성요소별로 과제해결원리를 파악해야 한다는 견해(제2설)가 나뉘어 있다.

제2설의 주된 논거는 다음과 같다: 구성요소 완비 원칙에 따를 경우 균등 판단은 구성요소별로 이루어져야 하므로 균등침해의 각 요건도 구성요소별로 판단되어야 하고, 균등이 문제 된 구성이 특허발명의 특징적 구성과 관련된 것이 아닌 경우에도 여전히 과제해결원리 동일성 판단이 필요하다.[15] 어떤 구성요소가 비교적 중요하지 않은 사항이라고 하여 무시하는 것은 사실상 청구범위 확장을 사후에 인정하는 것이 되어 허용될 수 없는데,[16] 균등이 다투어지는 구성요소가 중요하지 않은 구성('마이너 구성')이라 하여 해당 구성요소의 과제해결원리를 따로 파악하지 않는 것은 '구성요소 무력화(vitiation)'로서 청구범위의 공시 기능을 크게 훼손한다. 침해 판단에 갔을 때 어느 구성요소가 '메이저 구성'으로 등극할지를 합법적 회피 설계 단계에서 미리 알기도 어렵다.[17]

통상의 지식을 가진 사람이 … 쉽게 발명할 수 있'었'으면 … 특허를 받을 수 없다."라고 써야 시제도 통하고 의도한 바에 들어맞는 의미가 된다. 지금의 법문처럼 "쉽게 발명할 수 있으면"이라고 쓰면 '사후적 고찰'을 부추기는 문장으로 읽힐 수도 있다.

14) '균등(均等)'에 '고르고 가지런하여 차별이 없음'이라는 뜻 외에도 '(의미는 다르지만) 진릿값이 같음'의 뜻이 있기는 하나(표준국어대사전 참조), 일본의 번역례를 좇은 용어가 균등론을 둘러싼 오해와 혼란을 빚고 있다고 보이기도 한다. 'equivalent'의 의미를 고려하면 '등가론'이나 '동등론'이 더 정확한 번역이라고도 볼 수 있겠으나, 자리 잡은 용어를 그대로 쓰기로 한다. 김동준, 특허균등침해론, 법문사(2012), 3면 참조.

15) 김동준, "균등침해 요건 중 과제해결원리 동일성 판단방법", 특허소송연구 제7집(2017), 456-457면 등.

16) 대법원 2005. 9. 30. 선고 2004후3553 판결; 대법원 2020. 7. 23. 선고 2019도9547 판결 등.

17) 정택수, "구성요소 완비의 원칙과 균등침해"(주 1), 709, 734-735면 등 참조. 대법원 판결이 일관되게 제1설을 취하고 있다고 해설한 구민승, "특허 균등침해의 제1, 2 요건"(주 1), 45면은 과제해결원리를 직접 구현하는 구성을 '메이저 구성', 과제해결원리와 직접 관련이 없는 구성을 '마이너 구성'으로 분류하였다.

제2설과 같이 구성요소별로 과제해결원리를 파악하여 대비하게 되면 균등이 성립하는 범위가 제1설보다 좁아진다. 확인대상발명(침해제품)이 특허발명의 과제해결원리와 직접 관련되지 않은 마이너 구성을 변경한 경우에 그 변경된 구성요소의 과제해결원리를 별도로 파악하여 과제해결원리가 같지 않다고 보게 되기 때문이다. 확인대상발명(침해제품)이 특허발명의 과제해결원리와 다른 특징적인 과제해결원리를 추가로 가지고 있는 경우에도 제2설은 균등관계 성립을 부정한다. 제1설에 따르면 이러한 경우에도 균등관계가 성립할 수 있고, 다만 ② 작용효과, ③ 변경용이성이 부정될 여지가 남는다.[18]

제2설은 중심한정주의에서 주변한정주의로 전환된 이후에도 살아남은 균등론이 적용범위를 지나치게 넓혀, 구성요소 완비 원칙으로 가까스로 맞춰 둔 '특허권 보호'와 '공정한 경쟁'의 균형이 깨질 것을 우려한다. 그러나 제1설에 따르더라도 구체적으로 대비할 대상은 어디까지나 청구범위에 적힌 구성요소이다.[19] 과제해결원리를 발명 전체의 관점에서 파악해야 하는 까닭은, 던져진 기술과제에 대한 대답으로 제시된 것은 유기적으로 결합된 전체로서의 발명이지 고립된 개별 구성요소가 아니기 때문이다. 발명의 "실질적 가치"를 합당하게 평가하려면 모든 구성요소를 평등하게 취급하여서는 안 되고 기술과제와 그 해결원리에 비추어 핵심적 구성과 주변적 구성을 분별하여 바라보는 관점이 필요하다. 이는 숲의 가치를 온전히 이해하기 위해 숲을 이루는 나무를 하나하나 살펴보더라도 전체 숲에서 각 나무가 차지하는 위치와 역할을 고려해야 하는 것과 같다.

제2설에 따르면 구성요소마다 '당면한 과제에 대한 해답'이라는 의의를 찾을 수 있어야 한다는 결론이 되나, 기술사상의 핵심을 구현하는 데 보조적 역할을 함에 그치는 구성요소(마이너 구성)에서 추출할 수 있는 과제해결원리란 구성요소의 기능에 불과한 경우가 많다.[20] 기술사상의 핵심에서 벗어난 것은 발명의 계기가 된 바로 그 과제가 아니기 때문에 명세서의 초점에서도 벗어나 있을 것이며 따로 과제해결원리가 명시되어 있지 않을 수도 있다. 명세서에도 없는 구성요소별 과제해결원리를 인위적으로 도출하더라도, 엉뚱한 과제해결원리를 사후적으로 만들어 낸 것일 수 있다.[21] 이는 심리 부담을 가중할 뿐 아니라 균등 판단의 예측가능성을 오히려 떨어뜨린다. 늘어나는 부담만큼 효용이 있는지도 의문이다. 마이너 구성은 떼어 놓고 보았을 때 기술진보 역사에서 과거에 제기되고 해결된 과제와 관련된 것으로서 사안의 특허발명이 출원된 시점에는 굳이 따지면 공지기술에 해당할 소지가 크다. 제2

18) 구민승, "특허 균등침해의 제1, 2 요건"(주 1), 79, 88-89, 97면 등 참조. 이용침해 성립 가능성에 관하여는 정택수, "균등침해의 적극적 요건과 이용침해의 성립 요건", 대법원판례해설 제104호(2015), 354면도 참조.

19) 제2설을 주장하는 견해 중, 제1설이 마치 구성요소 구분 없이 전체로서 발명 대 발명을 통으로 대비하자는 주장인 양 비판하는 견해도 있으나, '허수아비 때리기'에 가깝다고 본다.

20) 구민승, "특허 균등침해의 제1, 2 요건"(주 1), 96면. 대법원 판결의 구성요소 6에 관한 서술도 참조.

21) 한규현, "과제해결원리의 동일 여부의 판단 방법"(주 1), 759면.

설에 따라 판단하면 이른바 '개척발명' 등 종래기술에 대비한 공헌도가 커서 균등을 인정하여 보호함이 타당한 특허발명이라도 비본질적 부분을 변경하여 균등을 회피하기가 쉬워진다. 구석에 있는 나무 한 그루를 바꾸어 숲 전체가 달라졌다고 주장할 수 있게 만든다. 그러나 발명의 핵심을 비껴간 제2설의 형식주의적 핀셋 분석은 법률가의 문법으로 발명가들을 특허에서 소외시키는 접근법은 아닐까?

청구범위는 언어적으로 분절(分節)한 기술사상이기 때문에, 구성요소 구분에도 임의성이 개입될 수밖에 없다.[22] 구성요소 완비 원칙은 청구범위에 기재된 구성요소가 '모두' 포함되어 있어야 한다는 원칙일 뿐[23] 구성요소 구분에 관한 지침을 주지는 않는다. 실무에서는 출원인이나 확인심판 청구인이 사용한 쌍반점(;) 등을 참고하기도 하나, 일관된 구분 방식이 있는 것도 아니고, 기능식 기재가 아니더라도 청구범위나 확인대상발명에서 구성요소의 경계가 모호한 경우가 적지 않다. '구성요소'는 분석 편의와 체계적 판단을 위한 도구 개념으로, 특정 방식으로 구분한 개별 구성요소가 발명에 선재(先在)한다거나 특권적 지위를 가지는 것은 아니다. 구성요소를 나누고 묶는 방식 자체가 달라질 수 있다면, 임의로 구획한 구성요소에서 일일이 과제해결원리를 찾는다는 것은 덧없는 일이다.

따라서 과제해결원리는 발명 전체의 관점에서 파악하여야 하고(제1설), 대법원 판결은 이를 재확인하였다.[24] 동일한지 가려야 하는 것은 '확인대상발명과 특허발명의 과제해결원리'이고, 이때 '구성의 일부[구성요소]를 형식적으로 추출'하여서는 아니 되며, "특허발명에 특유한 해결수단이 기초하고 있는 기술사상의 핵심이 무엇인가를 실질적으로 탐구하여 판단하여야 한다." 대법원 판결에서 구성요소 6의 과제해결원리를 별도로 파악하지도 아니하였다.

다. 공지기술 참작의 범위 - 명세서 외 공지기술도 참작

어떤 발명이 특허를 받을 수 있는 이유는 그 발명만의 과제해결수단을 비로소 개시하였기 때문이며,[25] 따라서 특허발명에 특유한 과제해결원리가 기술사상의 핵심이 된다. 그런데

22) Ferdinand de Saussure, *Cours de Linguistique Générale*, éd. Charles Bally et Albert Sechehaye, Paris: Payot (1916) [최승언 역, 일반언어학 강의, 민음사(2006)]에 따르면 기표와 기의의 관계는 자의적이기에 언어는 세계를 있는 그대로 반영하기보다 구성하고, Benjamin Lee Whorf, "Science and Linguistics", *Technology Review* Vol. 42, No. 6 (1940)에 따르면 우리는 언어가 그어 놓은 선을 따라 자연을 분절하여 인식한다. 또한 구성요소 구분 등 청구범위 해석은 사실문제(question of fact)가 아니라 법률문제(question of law)이다. *Markman v. Westview Instruments, Inc.*, 517 U.S. 370, 384 (1996) 참조.

23) 대법원 판결에서 "청구범위에 기재된 각 구성요소와 그 구성요소 간의 유기적 결합관계가 … 그대로 포함" 부분 참조.

24) 김동규, "균등침해에서 과제해결원리의 동일성", 특별법연구 15권(2018), 419-436면도 대법원이 발명 전체의 관점에서 과제해결원리를 파악해 왔다고 평가하고 있다.

25) 특허법 제29조 참조. 대법원 판결에 "특허발명의 실질적 가치는 선행기술에서 해결되지 않았던 기술과제

특허발명의 과제해결원리가 그 발명에 특유한 것인지를 평가하려면 특허출원 당시까지의 선행기술과 대비하는 작업이 필수적이며, 가능하다면 "전체 선행기술"을 검토하는 것이 바람직하다. 대법원 판결은 발명의 설명 기재뿐 아니라 출원 당시 공지기술 등을 참작하여 전체 선행기술과의 관계에서 특허발명이 기술발전에 기여한 정도를 객관적으로 파악해야 한다고 하고, 그에 따라 균등이 성립되는 범위가 넓어지거나 좁아질 수 있다고 한다.[26] 선행기술이라 할 만한 것이 없던 분야에서 기술적 돌파구를 마련한 매우 혁신적인 발명이라면 일반적 해결원리로까지 상위개념화하여 균등범위를 관대하게 설정하고, 이미 선행기술이 빽빽하게 붐비는 분야에서 사소한 개량을 하였음에 불과한 발명이면 세부적 구성에 초점을 맞추어 청구범위에 근접한 좁은 해석을 하는 것이다.[27] 미국 서부 개척 시대에 등기부나 토지 1야드가 갖는 의미가 2025년 맨해튼에서와 같을 수 없을 것임을 떠올려 보면 이는 쉽게 이해할 수 있다.

이때 명세서에 없는 공지기술까지 참작하면 과제해결원리가 변경·확대·축소·왜곡될 위험이 있음을 우려하는 견해가 있고,[28] 그 취지를 충분히 공감할 수 있다. 우리나라에서는 특허명세서의 다층적 의사소통 기능이 소홀히 다뤄지는 경향이 있으나, 발명이 가진 차별점을 부각하고 신속한 심사를 돕는다는 차원에서라도 선행기술은 충실히 기재하는 것이 바람직하다. 그럼에도 명세서에 기재되지 않은 공지기술까지 참작하는 이유는 명세서에 "전체 선행기술"을 직간접적으로 포함하는 것이 현실적으로 어렵기 때문이다. 관련된 모든 발명이 명세서의 하이퍼링크로 몇 다리를 건너서라도 상호 참조 가능하게 연결된 이상적 상태를 상상해 볼 수 있겠지만, 기술발전이 발명이나 특허제도의 틀 안에서만 이루어지는 것도 아니다. 법관 등 심판자가 그 기술분야의 전문가가 아닌 데서 오는 괴리도 있다. 통상의 기술자에게는 너무 당연해서 명세서에 굳이 서술되지 않은 사항이 오히려 중요할 수 있는 것이다.[29] 이에 대법원은, 명세서에 기재되지 않은 공지기술을 참작하는 경우에도 발명의 설명

를 특허발명이 해결하[였]다는 데에 있[다]."라는 서술이 있으나, 이른바 '개척발명'만이 특허를 받을 수 있는 것은 아니므로, 특허발명의 가치는 과제를 해결하였다는 사실만이 아니라 특정한 수단으로 그 과제를 해결하였다는 점까지 종합하여 파악함이 타당하다.

26) 대법원 판결은 "특허발명의 과제 해결원리를 얼마나 넓게 또는 좁게 파악할지 결정하여야 한다."라고 썼고, '과제해결원리의 상위개념화'를 염두에 둔 표현이라고 보이나, 한규현, "과제해결원리의 동일 여부의 판단 방법"(주 1), 774-775면은 '과제해결원리의 동일 범위를 넓게 또는 좁게 본다.'라는 표현이 더 바람직하다고 한다.

27) '개척발명'과 '개량발명'은 이분적 범주라기보다는 선행발명의 밀도에 비춘 기술발전 기여도 스펙트럼에서 상대적 위치를 나타내기 위한 편의상 구분 틀이라고 봄이 타당하다. 김동준, 특허균등침해론(주 14), 453-455면도 同旨.

28) 한규현, "과제해결원리의 동일 여부의 판단 방법"(주 1), 760-762면 등 참조.

29) 인공지능이 인간의 상식을 잘 학습하지 못하는 원인으로 거론되는 '보고 편향(reporting bias)', '선택 편향(selection bias)'을 참고할 수 있다. 사람들은 사건의 실제 빈도에 비례하여 공정하게 보고하거나 무작위로 표본을 수집하지 않고, 흥미롭거나 주목할 만하다고 생각하는 사례를 선별적으로 기록·수집하는 경향

에서 파악되는 기술사상의 핵심을 제외한 채 다른 기술사상을 기술사상의 핵심으로 대체하여서는 안 된다고 경고하였다. 명세서 외 공지기술은 균등범위를 좁히는 방향으로만 참작될 수 있다고 볼 수도 있을 것이다.30)

4. 판결의 의의

대법원은 균등 판단의 ① 요건과 관련하여, 과제해결원리를 발명 전체의 관점에서 파악해야 함을 명확히 하였다(제1설). 제2설은 구성요소 무력화 방지와 객관적 예측가능성 보장을 위해 구성요소별로 과제해결원리를 파악해야 한다고 주장하지만, 이러한 접근은 오히려 침해 회피를 조장하여 발명 자체를 무력화할 우려가 있다. 또한 대법원 판결은 공지기술을 참작함으로써 균등범위의 과도한 확대를 억제하고 '큰 발명은 크게, 작은 발명은 작게' 보호할 수 있는 장치를 마련하였다. 숲의 눈으로 나무를 보는 관점으로, 발명이 세상에 기여한 정도에 따른 차등적 보호를 제공하여 건강한 기술혁신 생태계 조성에 이바지할 수 있는 법리라고 생각한다. 불모지를 숲으로 바꾼 씨가 된 나무와 이미 빽빽한 숲에서 자라난 나무를 똑같이 평가할 수는 없지 않은가.

이 판결은 출원 실무에도 중요한 시사점을 준다. 명세서에 반드시 포함하여야 하는 '해결하려는 과제', '과제의 해결 수단', '발명의 효과'(특허법 제42조 제9항, 특허법 시행규칙 제21조 제3항 제4호), '발명의 배경이 되는 기술'(특허법 제42조 제3항 제2호, 특허법 시행규칙 제21조 제3항 제3호)은 그저 구색을 갖추려고 쓰는 형식적 요건이 아니라는 점이다. 청구범위가 문언침해 판단의 기준이라면, 이들 항목은 균등침해 판단에 고스란히 활용되는 핵심 자료이다. 따라서 선행기술과 차별화되는 특허발명에 특유한 과제해결원리를 선명하게 드러내는 것이 바람직하다. 위 사항을 성실히 기재하여야 나의 나무가 제대로 보호받을 수 있고, 더 많은 숲이 울창하게 자라날 수 있을 것이다.

이 있다. 그 결과, 텍스트 등장 빈도만으로는 바나나가 노랗다는 전형적인 사실보다 바나나가 덜 익어 녹색인 경우와 같은 예외적 상황이 과도하게 대표될 수 있다.

30) 구민승, "특허 균등침해의 제1, 2 요건"(주 1), 93-95면 등 참조.

04 방법발명의 특허권 소진

대법원 2019. 1. 31. 선고 2017다289903 판결[1]

김창화 (국립한밭대학교 교수)

1. 사안의 개요

원고는 명칭이 '마찰이동 용접방법 및 마찰이동 용접용 프로브'인 특허발명의 특허권자이다. 원고는 (보조)참가인에게 특허발명을 실시하는 데 적합한 장비를 제조·판매할 수 있도록 하는 실시권설정계약을 체결하였다. 피고는 참가인으로부터 마찰교반용접기를 매수하여 사용하였다. 원고는 피고가 정당한 권한 없이 용접기를 이용하여 업으로 특허발명을 실시함으로써 원고의 특허권을 침해하였다고 주장하며, 피고를 상대로 손해배상을 구하였다. 이에, 피고는 원고가 참가인에게 용접기의 제작·판매를 허락하였고, 이러한 참가인으로부터 그 용접기를 구입하였으므로, 피고가 용접기를 이용하여 특허발명을 실시하는 행위에 대해서는 원고의 특허권이 소진되었고, 그에 따라 특허권을 침해하지 않았다고 주장하였다.

2. 판결의 요지

가. 원심심결(특허법원 2017. 11. 10. 선고 2017나1001 판결)

물건의 양도에 의한 특허권 소진의 인정 여부는 그 물건이 특허발명을 실질적으로 구현한 것인지 및 양도가 특허권자 등 권한 있는 사람에 의하여 적법하게 이루어졌는지에 따라 좌우되는 것이고 특허발명이 물건발명인지 방법발명인지와는 무관하다.

---

1) [참조 및 관련 판례] 대법원 2009. 9. 10. 선고 2007후3356 판결(공2009하, 1690); 대법원 2002. 12. 26. 선고 2002다56116 판결(공2003상, 488) 등.
[관련 평석 및 문헌] 강명수, "방법발명의 특허권 소진에 관한 비판적 고찰", 사법 제1권 제48호(2019. 6); 박성호, "2019년 지적재산법 중요판례평석", 인권과 정의 Vol. 489(2020. 5); 조영선, "방법발명 특허에 대한 권리소진", 법률신문, 2019. 7. 15.

(1) 특허발명을 실질적으로 구현한 것인지 여부

각 용접기에서 이루어지는 용접 공정이 특허발명의 각 공정 단계를 시계열적으로 모두 포함할 뿐만 아니라 각 용접기의 프로브와 프로브 핀이 특허발명에서 한정한 형상 및 기울기를 모두 구비하고 있으며, 각 용접기가 이 사건 특허발명에 의하여 달성되는 작용효과를 나타내므로, 각 용접기는 특허발명의 특유한 해결수단이 기초한 기술사상의 핵심에 해당하는 구성요소를 모두 포함한 것으로 보아야 한다. 한편, 원고는 각 용접기가 프로브를 다른 공구로 교체할 수 있음을 전제로 특허발명의 실시를 위한 전용품이 아니라고 주장한다. 하지만 원고가 주장하는 다른 용도는 각 용접기의 구성, 특히 헤드부와 제어부의 구성을 변경하지 아니하고는 적용하기 어려울 것으로 보이므로, 이는 이론적, 실험적 용도에 불과할 뿐 경제적, 상업적 또는 실용적인 용도라고 보기는 어렵다. 이러한 점에 비추어 보면, 원고가 주장하는 용도들은 사회통념상 인정되는 각 용접기의 본래 용도에 해당한다고 볼 수 없다.

(2) 참가인이 각 용접기의 제조·판매에 대해 원고로부터 허락을 받았는지 여부

실시계약에서 "원고는 참가인에게 실시지역 내에 위치한 각각의 실시장소에서 이 사건 특허발명을 사용하고, 이 사건 특허발명 실시장비를 제조, 시연, 판매할 수 있는 이 사건 특허발명의 비독점적 실시권을 허락한다"라고 규정하고 있다. 이는 원고가 특허발명 실시장비를 제조·판매할 권한을 참가인에게 명시적으로 부여하였고, 이에 따라 참가인이 피고에 각 용접기를 판매한 것은 특허권자인 원고의 허락하에 이루어진 적법한 양도에 해당한다. 위 계약조항을 근거로 원고가 참가인에게 특허발명 실시장비를 제조·판매하는 것 자체에 대하여 일정한 제한이나 조건을 부과하였다고 볼 수 없으며, 설령 조건을 부과하였다고 보더라도, 원고로부터 특허발명의 실시를 허락받도록 조치하지 아니한 채 특허발명 실시장비를 양도한 경우에 참가인이 원고에 대해 계약상 책임을 부담하는 것은 별론으로 하고 특허권은 소진된다.

(3) 검토 결과 정리

이상에서 본 바와 같이 각 용접기가 특허발명을 실질적으로 구현한 물건에 해당하고, 참가인이 특허권자인 원고로부터 각 용접기의 생산·판매에 대한 허락을 받고 피고에 이를 판매하여 피고가 적법하게 각 용접기의 소유권을 취득하였으므로, 앞서 본 법리에 비추어 각 용접기에 대해서는 특허권이 소진되었다고 봄이 타당하다.

나. 대법원 판결

대법원은 원심이 아래와 같은 이유로 각 용접기가 특허발명을 실질적으로 구현한 물건에 해당하고, 피고가 적법하게 각 용접기의 소유권을 취득하였으므로, 각 용접기에 대해서는 특허발명의 특허권이 소진되었다고 판단한 것에 잘못이 없다고 판단하였다. ① 각 용접기의 본래 용도는 특허발명을 실시하는 것뿐이고, 각 용접기에 사회통념상 통용되고 승인될 수 있는 경제적, 상업적 또는 실용적인 다른 용도가 존재한다고 보기 어렵다; ② 각 용접기를 통해서 이루어지는 용접 공정은 특허발명의 전체 공정에 걸쳐 있고, 각 용접기의 프로브와 프로브 핀이 이 사건 특허발명에서 한정한 형상 및 기울기를 모두 구비하고 있으며, 각 용접기가 특허발명에 의하여 달성되는 작용효과를 나타내므로, 각 용접기는 특허발명의 특유한 해결수단이 기초한 기술사상의 핵심에 해당하는 구성요소를 모두 포함한 것으로 볼 수 있다; ③ 원고는 참가인과 사이에 실시계약을 체결하면서 특허발명을 실시하는 데 적합한 장비를 제조·판매할 권한을 참가인에게 명시적으로 부여하였으므로, 참가인이 피고에 각 용접기를 판매한 것은 특허권자인 원고의 허락하에 이루어진 적법한 양도에 해당한다.

3. 해설

특허권 소진은 특허권자 또는 특허권자로부터 허락을 받은 실시권자가 해당 특허발명이 구현된 제품을 시장에 유통한 경우, 특허권의 효력은 양수인 또는 전득자가 해당 물건을 사용·양도하는 등의 행위에 미치지 않는다는 이론이다. 특허법은 발명을 물건발명, 방법발명, 제법발명으로 구분하고 있으며, 물건발명과 제법발명 중 물건에 대해서는 특허권이 소진된다는 데 대하여 이론이 없다. 하지만 방법발명의 경우에는 논란이 있었다. 단순한 방법발명은 물건의 양도가 전제되지 않아 특허권의 소진이 인정될 수 없었으나, 특허방법의 사용에 쓰이는 물건을 양도한 경우에도 특허권 소진이 인정될 수 없는지가 문제 되었다.[2]

가. 방법발명의 특허권 소진에 관한 해외의 논의

(1) 미국

미국에서 방법발명의 특허권 소진을 다룬 대표적 판례는 연방대법원의 Quanta Computer Inc. v. LG Elctronics Inc. 사건[3]이다. 먼저, 연방대법원은 방법발명 특허의 권리 소

---

2) 이하에서 방법발명의 특허권 소진은 순수한 방법발명이 아니라 특허방법의 사용에 쓰이는 물건을 양도한 경우로 한정한다.

진을 인정하는 않는 경우, 특허권자가 장치(apparatus) 대신 방법으로 청구항을 작성함으로써 특허권 소진을 회피할 수 있게 되어, 권리 소진 원칙을 심각하게 훼손할 수 있다고 하였다.[4] 이후, 방법발명 특허 자체는 제품이나 장치와 같이 판매되지는 않으나, 그 방법발명이 제품에 실질적으로 구현되었다면 특허권은 소진될 수 있다고 하였다.[5] 여기서, 제품에 실질적으로 구현되었는지를 판단하는 기준으로 ① 제품이 타용도를 갖고 있지 않을 것과, ② 제품이 특허발명의 핵심적 특징을 구현하는 요소로 되어야 한다는 2가지 요건을 제시하였다.[6]

(2) 일본

일본은 '리사이클 잉크 카트리지' 사건의 항소심 판결에서 방법발명의 특허권 소진을 다루었다.[7] 원고는 명칭이 '액체수납용기와 그 용기의 제조방법'인 발명의 특허권자였으며, 피고를 상대로 액체수납용기의 제조방법에 관한 침해 등을 주장하였다. 항소심 법원은 물건을 생산하는 방법에 의해 생산된 물건에 대해 물건의 발명과 마찬가지로 특허권이 소진된다고 보았다. 이는 시장에서 상품의 자유로운 유통을 보장해야 하고, 특허권자에게 이중이득의 기회를 부여할 필요가 없다고 보았기 때문이며, 물건발명에 관한 특허권 소진의 근거와 같다고 하였다. 또한, 일본의 학설들은 방법발명의 실시에만 사용되고, 방법발명의 공정을 구현하는 물건을 권리자가 제공한 경우 방법발명의 특허권이 소진된다는 점에서는 일치된 견해를 갖고 있다.[8]

나. 방법발명의 특허권 소진 인정 여부

(1) 인정 근거

방법발명의 특허권 소진을 인정하는 근거로는 다음과 같은 3가지가 있다: ① 소유권설: 대상 물건에 대한 소유권이 특허권에 우선한다는 점에서 권리 소진의 근거를 찾으며, 적법한 소유물의 사용 · 수익 · 처분에 저촉되는 특허권 행사는 저지되어야 한다는 것이다; ② 묵시적 계약설: 특허권자가 특허 물건을 양도하거나 방법의 실시를 허락하는 행위에는 그 이후에 적법한 경로로 이루어지는 물건이나 방법에 대한 제3자의 실시행위에 특허권을 행사하지 않기로 하는 묵시적 허락이 있는 것으로 본다. 영미법의 권리 소진은 특허권자의 최초판

---

3) 128 S. Ct. 2109 (2008).
4) Id. at 2117.
5) Id. at 2118.
6) Id. at 2122.
7) 知財高裁 2006년 1月 31日 平17(ネ)10021 判決.
8) 이헌, "방법의 발명과 특허권 소진", 사법(통권 48호), 사법발전재단, 2019, 138-139면.

매 행위에 포함된 묵시적 허락에서 근거를 찾는 것이 일반적이다; ③ 신의칙 위반 내지 권리남용설: 특허 물건이나 방법을 둘러싼 거래안전, 특허권자가 최초의 거래과정에서 이익을 회수할 기회를 가진 점 등을 감안하여, 특허권 행사와 관련된 신의칙 위반 혹은 권리남용을 정형화한 것이 권리소진 개념이라는 것이다.[9)]

(2) 인정 필요성

방법발명의 특허권 소진을 인정하는 이유는 방법발명도 방법을 실시할 수 있는 장치를 통하여 물건에 특허발명을 실질적으로 구현하는 것이 가능하기 때문이며, 방법발명이 실질적으로 구현된 물건을 특허권자 등으로부터 적법하게 양수한 양수인 등이 그 물건을 이용하여 방법발명을 실시할 때마다 특허권자 등의 허락을 받아야 한다면, 그 물건의 자유로운 유통 및 거래안전을 전해할 수 있다. 또한, 특허권자는 특허법 제127조 제2호에 의하여 방법발명의 실시에만 사용되는 물건을 양도할 권리를 사실상 독점하고 있는 이상 양수인 등이 그 물건으로 방법발명을 사용할 것을 예상하여 그 물건의 양도가액 또는 실시권자에 대한 실시료를 결정할 수 있으므로, 특허발명의 실시 대가를 확보할 수 있는 기회도 주어져 있다. 또한, 물건발명과 방법발명은 실질적으로 동일한 발명일 경우가 적지 않고, 그러한 경우 특허권자는 필요에 따라 특허청구항을 물건발명 또는 방법발명으로 작성할 수 있으므로, 방법발명을 특허권 소진 대상에서 제외할 합리적인 이유가 없다. 오히려 방법발명을 일률적으로 특허권 소진 대상에서 제외한다면 특허권자는 특허청구항에 방법발명을 삽입함으로써 특허권 소진을 손쉽게 회피할 수 있게 된다.

다. 방법발명의 특허권 소진 요건

(1) 방법발명의 실질적 구현

어떤 물건이 방법발명을 실질적으로 구현한 것인지 여부는 사회통념상 인정되는 그 물건의 본래 용도가 방법발명의 실시뿐이고 다른 용도는 없는지 여부, 그 물건에 방법발명의 특유한 해결수단이 기초하고 있는 기술사상의 핵심에 해당하는 구성요소가 모두 포함되었는지 여부, 그 물건을 통해서 이루어지는 공정이 방법발명의 전체 공정에서 차지하는 비중 등 위의 각 요소들을 종합적으로 고려하여 사안에 따라 구체적·개별적으로 판단하여야 한다.

1) 물건의 용도

방법발명이 실질적으로 구현된 물건이기 위해서는 그 물건의 용도가 방법발명의 실시

---

9) 조영선, “판례평석 - 방법발명 특허에 대한 권리소진”, 법률신문(2019. 7. 15) https://www.lawtimes.co.kr/news/154487, 2025. 9. 10. 자.

뿐이고, 다른 용도가 없어야 한다. 사회통념상 인정되는 물건의 본래 용도가 방법발명의 실시뿐이고 다른 용도는 없다고 하기 위해서는, 그 물건에 사회통념상 통용되고 승인될 수 있는 경제적, 상업적 또는 실용적인 다른 용도가 없어야 한다. 이와 달리 단순히 특허방법 이외의 다른 방법에 사용될 이론적, 실험적 또는 일시적 사용가능성이 있는 정도에 불과한 경우에는 그 용도는 사회통념상 인정되는 그 물건의 본래 용도라고 보기 어렵다.[10)]

2) 물건의 구성

양도되는 물건이 특허방법의 핵심적 요소를 포함하고 있지 않다면 특허발명이 실질적으로 구현되었다고 볼 수 없고, 특허권자로서도 특허발명에 대해 적절한 보상을 받을 기회가 있었다고 볼 수 없다. 따라서 권리 소진이 인정되기 위해서는 방법발명의 특유한 해결수단이 기초하고 있는 기술사상의 핵심에 해당하는 구성요소가 모두 포함되어야 한다. 이는 미국 판례에서 요구하고 있는 '특허발명의 핵심적 특징(essential feature)을 구현할 것'과 같은 요건이다.

3) 공정이 차지하는 비중

물건이 방법발명 특허의 단계 중 극히 일부에만 사용된다면 특허발명이 실질적으로 구현되었다고 보기 어려우므로, 실질적 구현 여부를 판단하는 데 그 물건을 통해서 이루어지는 공정이 방법발명의 전체 공정에서 차지하는 비중도 고려할 필요가 있다.

(2) 특허권자 등에 의한 적법한 양도

방법발명의 특허권 소진이 인정되기 위해서는 원칙적으로 ① 특허발명이 구현된 제품이(객체), ② 국내에서(장소), ③ 특허권자의 의사에 따라 적법하게(주체), ④ 무조건부로 판매된 경우(거래 제공)라는 요건이 충족되어야 한다.[11)] 따라서 '판매제품이 특허발명을 실질적으로 구현한 것'이라는 객체 요건 외에 나머지 요건들이 모두 충족되어야 한다. 방법발명을 실질적으로 구현한 물건이 특허권자 또는 특허권자로부터 허락을 받은 실시권자에 의해 국내에서 적법하게 생산되어 유통된 경우에만, 특허권의 소진이 인정될 수 있다.

4. 판결의 의의

미국과 일본 등의 해외에서는 오래전부터 방법발명의 특허권 소진을 인정해왔으며, 종래 우리 하급심 법원들은 방법발명의 특허권 소진의 인정에 대하여 통일된 견해를 갖고 있지 않았다. 대상판결은 이러한 상황에서 방법발명, 특히 방법발명이 물건으로 구현된 경우의

10) 대법원 2009. 9. 10. 선고 2007후3356 판결.
11) 이헌, 앞의 글(각주 8), 154면.

특허권 소진을 최초로 인정한 대법원 판례로서 그 의미가 크다. 또한, 대상판결은 방법발명의 특허권 소진에 대한 인정 이유와 요건에 대해서도 상세하게 제시하고 있다. 인정 이유로는 기존에 국내외에서 많이 제기되었던 물건의 거래 안전, 이중 수익의 금지, 특허권 소진 회피의 방지를 들고 있다. 또한, 인정 요건으로서 '방법발명의 실질적 구현'과 '특허권자 등에 의한 적법한 양도'를 들고 있으며, 실질적 구현에 대한 판단 기준으로써, 방법발명을 구현한 물건이 타용도를 갖지 않고, 그 물건에 기술사상의 핵심에 해당하는 구성요소가 모두 포함되어야 하며, 그 물건을 통해서 이루어지는 공정이 전체 공정의 상당 부분을 차지해야 함을 제시하기도 하였다. 이로써, 방법발명의 특허권 소진을 판단할 수 있게 되었다.

그런데, 대상판결은 여러 측면에서 비판되기도 하였다. 먼저, 대상판결은 권리소진의 주장 주체를 '양수인이나 전득자'라고 전제하고 있어, 권리소진의 근거를 소유권설 측면에서 판단하고 있다. 그리하여 '양도' 이외에 '대여'와 같은 경우를 권리소진에서 제외하고 있어, 권리소진의 범위를 지나치게 제한한다.[12] 방법발명의 특허권 소진을 인정하는 근거가 묵시적 실시허락도 아닌 권리 자체의 소진을 인정하는 것은 지나친 해석이라고도 하였다.[13] 다음으로, 방법발명의 특허권 소진 인정 이유에 대해, 유독 방법발명에 대해서만 거래안전을 근거로 방법발명과 독립된 물건의 양도로 인해 방법발명의 특허권이 소진된다고 볼 이유는 없고, 특허청구항에 방법발명을 삽입함으로써 특허권 소진을 회피하는 것은 우리 특허법이 허용하는 특허전략이기 때문에, 인정 이유가 타당하지 않다고 하였다.[14] 마지막으로, 대상판결은 판단 기준들은 상세하게 제시하고 있으나, 방법발명과 물건의 상관관계를 분명히 반영하지 못하고 있어, 기준이 모호하고 우회적이라고도 하였다.[15] 이러한 비판들은 판례가 누적되지 않은 상태여서 불가피한 측면이 있고, 앞으로 판례들이 축적됨으로써 기준이 더 명확하게 정립될 수 있을 것이다. 나아가, 대상판결에서는 직접 문제 되지 않았던 주체적 요건(실시권자의 문제), 장소 요건(국제소진), 거래 제공 요건(조건부 판매의 경우) 등에 관한 연구도 필요해 보인다.

---

12) 조영선, 앞의 글(각주 9).

13) 강명수, "방법발명의 특허권 소진에 관한 비판적 고찰", 사법(통권 48호), 사법발전재단, 2019, 25면.

14) 위의 글, 21-22면.

15) 조영선, 앞의 글(각주 9).

05 특허와 속지주의

대법원 2019. 10. 17. 선고 2019다222782, 222799(병합) 판결[1)]

최정열 (변호사)

1. 사안의 개요

대상판결은 주로 안면 리프팅[2)] 등을 위하여 의료용 실(봉합사)을 체내에 삽입하고 고정하는 외과적 수술에 사용되는 '의료용 실 삽입장치 및 이를 구비한 의료용 실 삽입 시술 키트'에 관한 특허의[3)] 침해가 문제된 사건이다. 피고들은 시술에 필요한 시술 키트를 구성하는 개개의 요소들(특허발명을 구성하는데 필요한 요소들)을 모두 국내에서 생산하였으나 종속항에 추가된 구성요소인 의료용 실 지지체와 의료용 실의 결합 구성은 결여된 상태, 즉, 의료용 실과 그 지지체가 분리된 상태로 싱가포르를 거쳐 일본으로 수출하였고, 시술 키트들은 처음부터 일본의 특정 병원에서 안면 리프팅 등의 외과적 시술에 사용할 목적으로 계약되어 판매된 것이다.

원심은 피고들이 종속항인 제6항의 특허를 실시하였다고 하기 위해서는 의료용 실과

---

1) [참조 및 관련 판례] 대법원 2001. 8. 21. 선고 98후522 판결(공2001하, 2110); 대법원 2016. 4. 28. 선고 2015후161 판결; 대법원 2009. 10. 15. 선고 2007다45876 판결(공2009하, 1817); 대법원 2006. 4. 27. 선고 2003다15006 판결(공2006상, 879).
[관련 평석 및 문헌] 정차호, 이서영 "미완성품의 국내생산 후 해외수출의 특허권 침해 여부 – 대법원 '봉합사' 판결의 이해 및 적용 –", 성균관법학 제36권 제2호, 성균관 대학교 법학연구소. 2024. 6.; 이서영, 정차호, "특허권에 적용되는 속지주의 및 구성요소완비 원칙의 예외를 인정하는 특허법 개정방안 – 대법원 봉합사 법리 및 미국 특허법 제271(f)조 법리의 반영 –, 성균관법학 제37권 제1호, 성균관 대학교 법학연구소, 2025. 3.; 김동준, "특허법상 속지주의: 대법원 2019다222782, 222799 판결의 의미와 과제", IT와 법연구 제22권, 충남대학교 IT와 법연구소, 2021; 이주환, "특허침해의 역외적용에 대한 우리 법원의 태도 – 대법원 2019. 10. 17. 선고 2019다222782 판결을 중심으로 –" 선진상사법률연구 제94권, 법무부, 2021; 이경은, "반제품의 국내 생산과 특허권 침해 성립 여부[대법원 2019. 10. 17. 선고 2019다 222782, 222799 판결]", LAW & TECHNOLOGY 제17권 제6호, 서울대학교 기술과법센터, 2021 등.
2) 이 사건 특허의 명세서에 의하면 리프팅 시술은 칼을 사용하지 않고 바늘과 실로써 얼굴, 턱, 목, 복부, 질, 가슴, 힙 등의 늘어진 피부 및 조직을 올려주고 주름을 당기고 펴주는 기술이라고 한다.
3) 등록일/등록번호 : 2013. 11. 1./제1326763호, 원고는 세 개의 특허 침해를 주장하였으나 본 평석과 관련된 특허는 위 특허에 한정된다.

그 지지체를 결합하는 추가적인 가공·조립 등을 거쳐야 한다는 이유로 피고의 행위는 특허발명의 침해가 아니라고 판단하였으나 대법원은 의료용 실과 그 지지체를 결합하는 추가적인 가공·조립이 통상의 기술자가 적절하게 선택할 수 있는 정도에 불과하므로 그 결합 구성이 결여된 상태로도 발명의 목적을 실질적으로 달성할 수 있어 제6항의 특허를 '직접침해'한 것이라고 판시하였다.[4)]

2. 판결의 요지

가. 원심판결(특허법원 2019. 2. 19. 선고 2018나1220, 1238 판결)

복수의 개별 물건을 구성요소로 하는 물건 발명의 경우 그 구성요소인 개별 물건을 모두 만들어 낸 것만으로 바로 발명의 대상인 전체 물건을 생산하였다고 할 수는 없지만, 그 발명에서 이들 개별 물건이 추가적으로 가공, 조립 또는 결합되는 것까지 기술 구성으로 하고 있지는 아니하고, 또한 이들 개별 물건이 단일 주체의 지배·관리 아래에서 일체로 처분될 수 있기 때문에 사회적·경제적 측면에서 보았을 때 추가적인 생산과정 없이도 그 발명의 기술 구성이 유기적으로 결합한 일체로서 가지는 것과 마찬가지의 작용효과를 구현할 수 있는 상태에 이르렀다고 판단되는 경우에는 그 물건 발명의 대상인 전체 물건을 생산하였다고 봄이 타당하다.

이 사건 봉합사와 이 사건 봉합사 지지체는 각각 싱가포르로 수출된 사실을 인정할 수 있는바, 이 사건 봉합사에 이 사건 봉합사 지지체를 형성하려면 추가적인 가공을 거쳐야 하므로, 이 사건 봉합사는 '의료용 실 지지체'의 구성이 결여된 것이라고 봄이 타당하다.

나. 대법원 판결

특허권의 속지주의 원칙상 물건의 발명에 관한 특허권자가 물건에 대하여 가지는 독점적인 생산·사용·양도·대여 또는 수입 등의 특허실시에 관한 권리는 특허권이 등록된 국가의 영역 내에서만 효력이 미치는 것이 원칙이다. 그러나 국내에서 특허발명의 실시를 위한 부품 또는 구성 전부가 생산되거나 대부분의 생산단계를 마쳐 주요 구성을 모두 갖춘 반제품이 생산되고, 이것이 하나의 주체에게 수출되어 마지막 단계의 가공·조립이 이루어질 것이 예정되어 있으며, 그와 같은 가공·조립이 극히 사소하거나 간단하여 위와 같은 부품 전

---

4) 이 사건 판결에는 제6항 발명뿐만 아니라 다른 청구항의 침해 여부도 문제가 되었고 관련된 쟁점에 관한 판단도 있었으나 이에 관해서는 본 평석의 논의 대상에서 제외한다.

체의 생산 또는 반제품의 생산만으로도 특허발명의 각 구성요소가 유기적으로 결합한 일체로서 가지는 작용효과를 구현할 수 있는 상태에 이르렀다면, 예외적으로 국내에서 특허발명의 실시제품이 생산된 것과 같이 보는 것이 특허권의 실질적 보호에 부합한다.

이 사건 특허발명의 청구범위와 명세서의 기재를 종합하면, 의료용 실 지지체를 의료용 실의 단부에 결합·고정하는 방법은 통상의 기술자가 적절하게 선택할 수 있는 정도에 불과하므로 이 사건 특허의 침해에 해당한다.

3. 해설

가. 속지주의와 특허 침해

(1) 서론

속지주의(Territoriality Principle)란 일반적으로 특정 국가의 법률은 당해 국가의 주권이 미치는 영토 범위 안에서 발생하는 행위나 법률관계에만 효력이 미친다는 것을 의미하는 원칙을 말한다.[5] 특허법은 법률의 효력 범위에 관하여 속지주의를 명시적으로 선언하고 있지는 않지만,[6] 대법원은 판결을 통하여 "특허권의 속지주의 원칙상 물건의 발명에 관한 특허권자가 그 물건에 대하여 가지는 독점적인 생산·사용·양도·대여 또는 수입 등의 특허 실시에 관한 권리는 특허권이 등록된 국가의 영역 내에서만 효력이 미치는 점"[7] 이라거나 "특허권의 속지주의 원칙상 ~ (중략) ~ 특허 실시에 관한 권리는 특허권이 등록된 국가의 영역 내에서만 그 효력이 미친다고 보아"[8]라고 하여 특허권의 속지주의 원칙을 인정하고 있다.

속지주의 원칙에 따른다면 특허권의 침해 여부를 포함한 특허권의 성립, 소멸, 효력, 침해 여부 또한 해당 발명에 대하여 특허를 부여함으로써 이를 권리로 인정한 국가의 통치권이 미치는 영역 내로 제한되는 것이므로[9] 대한민국에 등록된 특허의 침해는 대한민국 영역 내에서 발생한 실시행위에 의해서만 성립하는 것이고 그 침해 여부도 대한민국의 특허법에 의

5) 예컨대 형법 제2조는 "본법은 대한민국 영역내에서 죄를 범한 내국인과 외국인에게 적용한다"라고 규정하여 형법의 적용범위에 관하여 속지주의 원칙을 선언하고 있다. 다만, 형법은 속지주의 원칙의 예외로 일정한 범위(내란죄 등 일부 중대범죄와 외국인의 내국인에 대한 범죄)의 행위에 대해서는 역외적용을 인정하고 있다.

6) 미국 특허법은 특허 침해에 관하여 "within the United States"이라고 하여 속지주의를 명시적으로 규정하고 있다(35 U.S.C § 271(a)).

7) 대법원 2015. 7. 23. 선고 2014다42110 판결.

8) 대법원 2014. 11. 27. 선고 2012두18356 판결.

9) 이규호, "지식재산법의 역외적용", 국제사법연구 제28권 제1호, 한국국제사법학회, 2022, 244면.

해서만 판단되는 것이다.

(2) 특허의 침해

특허법은 특허 침해행위에 대하여 명문의 규정을 두고 있지는 않지만, 특허법 제94조 제1항은 특허권의 효력에 관하여 "특허권자는 업으로서 특허발명을 실시할 권리를 독점한다"고 규정하는 한편 제2조는 특허발명이 물건의 발명인 경우 "그 물건을 생산·사용·양도·대여·수출 또는 수입하거나 그 물건의 양도 또는 대여의 청약을 하는 행위"를 특허발명의 실시 행위로 정의하고 있다.

이러한 법률의 규정을 종합하면 특허발명이 물건의 발명인 경우에 특허권의 침해행위는 결국 "특허의 존속기간 중 특허권자의 허락이나 그 밖의 정당한 권한 없이 업으로서 특허발명의 물건을 생산·사용·양도·대여·수출 또는 수입하거나 그 물건의 양도 또는 대여의 청약을 함으로써 특허권자의 독점적 실시권을 침해하는 행위"라고 할 수 있다.

그런데 특히 물건의 발명이 여러 개의 구성요소 및 그 결합으로 이루어진 경우,[10] 특허의 대상이 되는 물건을 생산하는 등으로 특허를 침해하였다고 하기 위해서는 그 특허의 청구항에 기재된 부품 및 결합 관계를 모두 그대로 하여야 하고, 침해하였다고 하는 물건에 그 중 일부라도 누락되어 있거나 다른 구성이 채택되었다면 원칙적으로 특허발명을 실시된 것이라고 할 수 없고[11] 따라서 특허침해가 성립하지 않는다고 해석하는 원칙을 이른바 구성요소 완비의 원칙(All Elements Rule, 영어를 그대로 번역하여 전요소주의라고 하기도 한다) 또는 주변한정주의라고 하며 우리 특허법상의 기본원칙으로 이해되고 있다.[12] 또한 최근의 법원 판례도 "~특허권침해소송의 상대방이 제조하는 물건이 특허권을 침해하는 물건에 해당하려면 특허발명의 청구범위에 기재된 각 구성요소와 그 구성요소 간의 유기적 결합관계가 그 물건에 그대로 포함되어 있어야 한다(이른바 '구성요소 완비의 원칙')"라고 판시하여 이를 다시 확인하였다.[13]

---

10) 예컨대 '전기 모터의 회전축에 직접 결합된 3엽 이상의 날개를 갖는 Fan을 구비하고 모터에는 전원을 On, Off 하는 스위치를 갖는 전원 연결부를 구비한 선풍기'라면 구성요소는 전기 모터, 3엽 이상이 날개를 갖는 Fan, 전원 연결부 및 그 결합관계가 모두 구성요소가 된다.

11) 예컨대 위 각주 10)의 선풍기와 관련하여 On, Off 스위치가 없거나 Fan이 회전축에 직접 결합되지 않고 별도의 축에 결합되어 모터와는 피댓줄이나 체인과 기어로 연결되는 경우 등.

12) 자세한 것은 정택수, "구성요소 완비의 원칙과 균등론" 사법 60호, 사법발전재단, 2022. 6. 등 참조.

13) 대법원 2025. 5. 15. 선고 2025다202970 판결[공 2025하 1064], 그 이전에도 대법원 2014. 7. 24. 선고 2013다14361 판결 등에서 구성요소 완비의 원칙이 특허법의 기본원칙임을 선언하고 있다. 한편, 구성요소 가운데 일부가 다른 경우에도 그 다른 부분이 특허발명의 대응되는 구성요소와 기술적으로 등가물(이른바 과제해결의 원리가 동일한 구성)이고, 그 변경(치환)이 용이한 경우에는 일정한 조건 하에서 침해가 인정될 수 있고 이를 균등론이라고 하며 이에 관한 자세한 설명은 위 각주 12)의 논문 참조.

(3) 문제의 소재

특허법이 속지주의와 구성요소 완비의 원칙을 채택한 결과 특허발명을 구성하는 개별 부품을 모두 국내에서 생산하고 발명을 구성하는 중요한 결합구성까지 마쳤으나 아주 사소한 조립이나 결합만을 남겨두어 별다른 어려움 없이 거의 바로 특허 발명을 실시할 수 있는 상태로 제품을 수출하는 경우에도 국내 행위자에게 특허 침해가 인정되지 않는다.[14] 그런데 물품의 국제간 이동이 활발하고 다양한 이유로 국제적 분업이 활성화되어 있는 현실에서[15] 특허의 보호 범위를 이처럼 제한적으로 해석하게 되면 특허권이 제대로 보호받지 못하게 되는 문제가 있다.

우리와 마찬가지로 속지주의 원칙과 구성요소 완비의 원칙을 특허법의 원칙으로 하는 미국이나 일본의 경우에도 동일한 문제가 발생한다.

미국은 Deepsouth Packing 사건[16]에서 속지주의와 구성요소 완비의 원칙을 엄격히 적용한 결과 특허권자의 보호에 있어서 흠결이 발생한다는 점이 확인되었고 이에 대응하여 연방의회가 특허법을 개정하여[17] 일정한 요건 아래 Deepsouth Packing과 같은 사안을 유도침해(35 U.S.C § 271(b)) 또는 기여침해(35 U.S.C § 271(c))에 해당하는 것으로 정의하여 특허권자의 보호를 확대하였다.

일본의 경우에는 사안과 같은 경우에 주로 간접침해의 성립 여부로 논의 되었고 직접침해 여부는 문제가 되지 않았으나[18] 일부 하급심 판결에서는 일본 국내에서 부품을 제조한 후 수출하여 해외에서 최종적으로 조립하는 수출 방식에 있어서[19] 원칙적으로 특허의 직접침해는 성립하지 않지만 해외로 수출하기 이전에 성능시험 등을 목적으로 일본 국내에서 시험적으로 조립·완성한 후 다시 분해하여 수출하는 경우에는 일본 국내에서 특허 제품의 생산이 있었던 것으로 보아 직접침해를 인정한 사례가 있다.[20][21]

---

14) 이때 국내에서의 부품 생산 행위를 특허법상의 간접침해로 보아 특허권을 보호하려는 시도도 있었으나 간접침행의 종속성 원칙에 따라 직접침해가 국내에서 이루어지지 않는 이상 간접침해도 인정할 수 없다는 것이 법원의 입장이다. 예컨대 대법원 2015. 7. 23. 선고 2014다42110 판결 등 참조.

15) 뒤에서 보는 이른바 녹다운 생산도 조립 인건비가 비교적 저렴한 국가에서 조립을 함으로써 원가를 절감하거나 관세절감, 운송의 편의성이나 비용절감 절감 등을 목적으로 행해지는 것이라고 한다. 김동준 앞의 글 29면 각주 82)도 같은 취지.

16) Deepsouth Packing Co. v. Laitram Corp., 406 U.S. 518 (1972) 이 판결에서 연방대법원은 원심을 파기하면서 발명 물건을 구성하는 부품을 생산하여 조립을 하지 않은 상태로 수출하는 것은 특허의 직접침해는 성립하지 않으며 미국 내에서 직접침해가 성립하지 않는 한 기여침해도 성립하지 않는다고 판결하였다.

17) 특허침해를 정의하는 제271조에 (f)항(35 U.S.C § 271(f))을 신설하였다.

18) 간접침해의 성립에 관한 종속설 입장에서 국내에서 직접침해가 없으므로 간접침해도 성립되지 않는다는 것이 일반적인 결론이었다.

19) 일본에서는 이를 녹다운(Knock-Down) 방식이라고 한다.

20) 大阪地判 平成24年3月22日判決 平成21年(ワ)第15096号, 김동준, 앞의 글에서 재인용.

나. 판결의 해설

본 판결은 핵심은 결국 속지주의와 구성요소 완비의 원칙을 적용한 결과 발생하는 특허권자 보호의 공백을 해결하기 위하여 일정한 요건이 충족되면 예외적으로 그 실시 행위를 국내에서의 특허 실시 행위로 보아 특허권자를 실질적으로 보호하여야 한다는 것이다.

특허권자의 실질적 보호를 위하여 판결이 제시한 요건은 ① 국내에서 특허발명의 실시를 위한 부품 또는 구성 전부가 생산되거나 대부분의 생산단계를 마쳐 주요 구성을 모두 갖춘 반제품이 생산되었을 것, ② '하나의 주체'에게 '수출되어' 마지막 단계의 가공·조립이 이루어질 것이 예정된 것, ③ 그 가공·조립은 극히 사소하거나 간단할 것, ④ 부품 전체의 생산 또는 반제품의 생산만으로도 특허발명의 각 구성요소가 유기적으로 결합한 일체로서 가지는 작용효과를 구현할 수 있는 상태에 이를 것 등이다.

대법원은 이러한 요건이 갖추어졌다면 그 법률효과로서 '예외적으로' 그 행위를 국내에서 특허 발명을 실시한 것과 동일하게 취급함으로써 그 행위자에게 특허권 직접침해의 책임을 물을 수 있게 하여 특허권을 '실질적으로' 보호해야 한다는 것이다.[22)]

4. 판결의 의의

본 판결에 관해서는 일반적으로 속지주의 유연한 적용 가능성을 제시한 판결이라는 점에서 긍정적인 평가가 있는 한편[23)] 본 판결이 속지주의의 예외에 관한 것이 아니라 일정한 조건에서 구성요소 완비 원칙의 예외를 창설한 선도적인 판결이라는 견해도 있다.[24)]

그러나 본 판결은 피고들이 봉합사 등을 생산하여 수출에 이르게 된 전체적인 사실관계에[25)] 비추어 특허 침해를 회피하고자 하는 피고들의 악의가 엿보인다는 사정,[26)] 문제가 된 제6항에 있어서 이 사건 봉합사에 봉합사 지지체가 결합된 구성은 시술단계에서 의사가 실의 매듭을 짓는 간단한 행위만으로도 가능하여 통상의 기술자가 적절하게 선택할 수 있는 정도에 불과하여 이른바 '반제품'만으로도[27)] 특허발명의 작용효과를 구현할 수 있는 점[28)]

---

21) 주요국의 법리에 관하여 보다 자세한 내용은 김동준, 앞의 글 8-34면 참조.

22) 원심도 기본적으로는 같은 입장이나 요건 ③에 관한 견해가 달랐던 것이 아닌가 생각된다.

23) 김동준, 앞의 글, 35면, 그 밖에도 본 판결을 속지주의 원칙에 대한 예외를 인정한 것이라는 견해 등 본 판결과 속지주의의 관계에 관한 다양한 견해들이 있다고 한다. 위 글 각주 95) 참조.

24) 정차호, 이서영, 앞의 글 311면 이하.

25) 애초부터 일본의 특정 병원에 수출되어 특허발명과 동일한 목적으로 사용될 의도로 생산된 사정 등.

26) 일본의 병원은 당초 원고로부터 해당 시술 도구들을 수입하여 왔으나 원고와의 가격협상에 실패하자 원고와의 거래를 끊고 피고들로부터 실시품을 수입하여 사용하였다. 이러한 사정은 이 사건 생산을 주도한 피고도 알고 있었다.

27) 정차호, 이서영, 앞의 글 300면 각주 25)는 판결에서는 반제품이라고 표시하였으나 반제품은 전체 부품 중

등을 종합하여 그 정도라면 형평의 원칙이나 구체적 타당성과 같은 법 해석의 원리에 비추어 '예외적으로' 피고들에게 특허 침해의 책임을 묻는 것이 특허권의 실질적 보호를 위하여 타당하다는 점을 판시한 것일 뿐 어떤 원칙의 예외를 선언한 것이라고 단정하여 확대 해석할 것은 아니라고 생각한다.[29)]

다시 말하면, 현재의 단계에서는 본 판결은 관련 사안의 특수한 사실관계에 기초하여 '형평의 원칙과 구체적 타당성'에 부합하는 결론을 도출함으로써 특허권을 실질적으로 보호하기 위하여 피고들의 행위를 구성요소 완비의 원칙을 충족한 것과 동일한 것으로 '예외적인' 취급을 한 것으로 문언 그대로만 이해하고 속지주의나 구성요소 완비의 원칙에 예외가 있을 수 있다는 점을 단정적으로 선언한 것으로 이해할 것은 아니라고 생각한다. 즉, 본 판결은 아주 특수한 사실관계 하에서 예외적이고 제한적으로만 적용될 수 있는 판결이라고 이해하는 것이 옳다고 생각한다.[30)]

한편, 향후 위 판결을 적용함에 있어서는 요건 ③과 ④와 관련하여 구체적으로 어떤 경우에 그 가공이나 조립이 극히 사소한 것이라고 할 수 있는지, 어느 정도의 부품과 조립이 갖추어진 경우에 비로소 특허발명의 유기적 결합관계로 인한 작용효과의 구현이 가능하다고 볼 수 있는 것인지에 대한 평가에 따라 그 결론이 달라질 수 있을 것이다.[31)][32)] 따라서 본

반 정도가 완성된 것이어서 위 판결의 법리가 적용될 수 없고 판결에서 말하는 '반제품'은 완성품에서 사소한 일부가 결여된 미완성품이라고 한다.

28) 이 부분에 관한 대법원의 판시는 다음과 같다.
"이 사건 특허발명의 명세서 기재에 따르면, 실시예의 하나로 의료용 실 단부에 매듭을 형성하여 지지체의 설치 위치를 지정하는 것을 제시하고 있기는 하나, 그 밖에 이를 고정하거나 결합하는 방법을 제시하고 있지 않다. 오히려 명세서에서는 지지체를 '배치'한다는 표현을 더 많이 사용하고 있는데, 이러한 이 사건 제6항 발명의 청구범위와 명세서의 기재를 종합하면, 의료용 실 지지체를 의료용 실의 단부에 결합·고정하는 방법은 통상의 기술자가 적절하게 선택할 수 있는 정도에 불과하다."

29) 판결이 형평의 원칙이나 구체적 타당성을 직접 언급한 것은 아니다.

30) 물론 향후 본 판결이 더욱 발전하여 다양한 사실관계에서 역외적인 행위를 국내에서의 행위에 포섭하기 위한 기준을 좀더 명확히 하거나 다른 조건과 관계없이 극히 사소한 구성이나 결합이 누락된 경우에도 이를 특허발명의 실시로 인정하는 일반적인 기준이 어느 정도 정립된다면 그때는 달리 판단할 수 있을 것이다.

31) 각주 13)의 2025다202970 판결의 사안(원고는 '폐렴구균 백신으로 사용하기 위한 13가 면역원성 조성물'을 대상으로 하는 발명의 특허권자이며 피고는 위 조성물의 합성에 사용되는 13종의 단백질 접합체 원액을 해외의 라이선시에게 수출하여 라이선시 회사로 하여금 특허발명의 조성물(백신)로 합성할 수 있도록 기술지원과 라이선스를 함)에서 제1심(서울중앙지방법원 2020가합591823)은 본 판결의 취지를 원용하여 특허권의 직접침해를 인정하였으나 항소심(특허법원 2023나10914)은 주로 ③의 요건에 흠결이 있음을 들어 직접침해를 부정하였고 항소심 판결은 대법원에서 그대로 확정되었다.

32) 정차호, 이서영 앞의 글 296면에서는 두 번째 요건('하나'의 주체에게 '수출'되어 마지막 단계의 가공·조립이 이루어질 것이 예정된 것)과 관련하여 '수출되어'를 제외하고 이를 '하나의 주체 + 조립 예정 요건'이라고만 표현하고 이를 전제로 본 판결을 구성요소 완비 원칙의 예외에 관한 것일 뿐 속지주의 예외에 관한 것은 아니라고 하고 있다. 이처럼 위 두 번째 요건과 관련하여 '수출되어'가 요건으로 포함되어야 하는지 논란의 여지는 있을 수 있으나 수출되지 않고 국내에서 마지막 단계의 가공·조립이 이루어진다면 그 행위자가 공동으로 또는 단독으로라도 특허침해의 책임을 부담할 것이기 때문에 그 전단계의 행위만이

판결의 적용 여부를 심리함에 있어서는 특허 청구항의 기술적 의미에 관한 정확한 이해를 바탕으로 특허발명의 개별 구성요소와 그 결합관계 및 그 결합의 난이도, 각 개별 구성요소 및 그 결합과 작용효과의 관계, 결합의 곤란성 등에 대한 보다 전문적이고 심도 있는 심리가 필요하다고 할 것이다.[33]

별도로 문제가 되는 일은 실제로는 거의 발생하지 않을 것으로 생각한다.

33) 김동준, 앞의 글, 41면 이하.

06 '판결의 기초로 된 행정처분이 다른 행정처분에 의하여 변경된 때'의 의미와 재심사유

대법원 2020. 1. 22. 선고 2016후2522 전원합의체 판결[1)]

나종갑 (연세대학교 교수)

1. 사안의 개요

가. 원고는 2015. 12. 24. 피고를 상대로 특허심판원에 "롤방충망의 록킹구조"라는 이름의 특허발명(특허출원: 2011. 4. 29, 특허등록: 2013. 2. 13., 특허등록번호 제1234527호)의 진보성이 부정된다고 주장하면서 등록무효심판(2015당5713)을 청구하였다. 특허심판원은 2016. 5. 20. 해당 특허발명은 선행발명 1, 2 또는 선행발명 1, 3의 결합에 의하여 쉽게 발명할 수 없으므로, 그 진보성이 부정되지 않는다는 이유로 원고의 심판청구를 기각하는 심결을 하였다.

나. 원고는 2016. 6. 22. 특허권자인 피고를 상대로 특허법원에 위 특허심판원의 심결의 취소를 구하는 소(2016허4542 판결)를 제기하였다. 특허법원은 2016. 10. 21. 해당 특허발명은 청구범위 제1항(이하 '제1항 발명'), 청구범위 제3항, 제4항 발명은 선행발명 1 내지 3에 의하여 진보성이 부정된다고 판단하면서 진보성을 인정한 특허심판원의 심결을 취소하였다.

다. 위 특허법원 판결로 인하여 피고의 등록 특허가 진보성이 결여되어 무효인 특허로 확정될 위험이 커진 상태에서 특허권자인 피고는 2016. 11. 4. 위 특허법원 판결에 대해 상고를 제기하면서, 다른 한편으로 2016. 11. 28. 제1항 발명의 록킹부의 형성위치를 "슬라이

---

1) [참조 및 관련 판례] 대법원 1992. 7. 24. 선고 91다45691 판결(공1992, 2527); 대법원 1994. 11. 25. 선고 94다33897 판결(공1995상, 97); 대법원 2001. 10. 12. 선고 99후598 판결(공2001하, 2488)(변경); 대법원 2001. 12. 14. 선고 2000다12679 판결(공2002상, 276); 대법원 2004. 10. 28. 선고 2000다69194 판결(공2004하, 1915)(변경); 대법원 2006. 2. 24. 선고 2004후3133 판결(변경); 대법원 2008. 7. 24. 선고 2007후852 판결(변경); 대법원 2010. 9. 9. 선고 2010후36 판결(변경); 대법원 2016. 11. 25. 선고 2014후2184 판결(공2017상, 47); 대법원 2018. 12. 13. 선고 2016후1840 판결(공2019상, 333).
[관련 평석 및 문헌] 김승조, "정정심결의 확정과 재심사유 - 대법원 2020. 1. 22. 선고 2016후2522 전원합의체 판결을 중심으로 -", 지식재산연구 제16호 제3권 (2021년), 지식재산연구원, 2021; 박정희, "특허무효심판절차에서의 특허의 정정", 특허소송연구, 제4집, 특허법원, 2008.

딩 도어의 가운데"로 한정하여 특허권의 권리범위를 축소하는 내용으로 특허심판원에 정정심판청구(2016정139호)를 하였다. 특허심판원은 2017. 2. 8. 제1항 발명을 원고의 청구에 따라 그 권리범위를 축소하는 정정하는 심결을 하였고, 정정심결은 그 무렵 피고에게 송달되어 확정되었다.

정정심결에 의해 특허발명은 소급적으로 정정되었으므로 정정전에 이뤄진 원래의 특허결정은 그 존재가 사라지게 되므로 정전 전 명세성 등으로 특허요건을 판단한 특허심판원(2015당5713) 심결과 그 심결을 취소한 특허법원(2016허4542) 판결의 효력이 문제되었고, 특허권자인 피고는 상고이유로서 정정심결의 확정으로 '2015당5713 사건의 특허심판원 심결을 취소한 2016허4542 사건의 특허법원 판결은 그 기초가 된 특허심판원의 심결이라는 행정처분이 특허청구범위의 정정을 인정한 다른 행정처분(2016정139호)에 의해 변경'되었으므로 민사소송법 제451조 제1항 제8호가 규정한 재심사유가 있으므로 원심판결이 파기되어야 한다고 주장했다. 그 재심사유가 존재하는지가 대법원의 특허요건에 대한 실체적 판단의 선행쟁점이 되었다.

2. 판결의 요지

가. 원심판결(특허법원 2016. 10. 21. 선고 2016허4542 판결)

특허심판원은 이사건 특허발명과 비교대상발명에 대하여 구성, 목적, 효과를 대비한 후, 청구항 제1항 발명은, 그 기술분야가 비교대상발명 1 내지 3과 동일하고, 그 목적은 비교대상발명 1과 동일한 것이지만, 그 구성은 비교대상발명 1, 2 또는 1, 3의 결합에 의하여 통상의 기술자가 용이하게 도출할 수 없는 것이고, 그 효과는 비교대상발명 1, 2 또는 1, 3을 결합하더라도 기대할 수 없는 것이므로, 비교대상발명 1, 2 또는 1, 3의 결합에 의하여 진보성이 부정되지 않는다고 하고, 이 사건 제3항, 제4항 발명은, 이 사건 제1항 발명을 직접 인용하는 종속발명이므로, 당연히 비교대상발명 1, 2 또는 1, 3의 결합에 의하여 진보성이 부정되지 않는다는 이유로 특허무효심판청구에 대하여 기각심결을 하였다(2015당5713). 이에 심판청구인이 특허법원에 기각심결의 취소청구를 하였다. 특허법원은 진보성이 부정된다는 이유로 특허는 무효라고 하면서 특허심판원 심결을 취소했다.

특허법원의 판결로 인하여 특허받은 발명의 진보성이 결여된 것으로 대법원에서도 최종 확정될 위험이 발생했다. 그와 같이 특허가 무효가 될 경우에 특허권자는 통상적으로 특허발명의 권리범위를 축소하는 정정청구 또는 정정심판을 청구하였는데, 본 사건의 특허권자도 정정심판을 통하여 원래의 특허에서 특허의 무효위험이 있는 부분을 제거하는 정정심판을 제기하고(2016정139호), 결국 정정을 통하여 특허범위의 감축에 성공했다.

특허심판원의 심결을 취소하는 특허법원 판결은 대법원에 상고되었으므로, 대법원에서는 그 소송물이 문제되었다. 정정심결의 효력은 특허권이 설정등록된 날로 소급하여 그 효력이 발생하는데[2], 처음부터 정정된 대로 특허가 존속하는 것과 같이 되었다. 그리하여 정정 전의 특허를 대상으로 한 대법원 재판의 소송물은 더 이상 존재하지 않는 정정 전의 심결이고, 특허권자인 피고는 결국 정정후의 발명을 유효한 특허발명으로 가지게 되었다. 이에 정전 전의 발명을 상대로 하는 특허무효심판과 이를 기초로 하는 특허무효심결의 취소소송은 실질적으로 그 소송물이 존재하지 않는 것이 되었다.

나. 대법원 판결

다수의견은, 재심은 확정된 종국판결에 대하여 판결의 효력을 인정할 수 없는 중대한 하자가 있는 경우 예외적으로 판결의 확정에 따른 법적 안정성을 후퇴시켜 그 하자를 시정함으로써 구체적 정의를 실현하고자 마련된 것으로, 행정소송법 제8조에 따라 심결취소소송에 준용되는 민사소송법 제451조 제1항 제8호는 '판결의 기초로 된 행정처분이 다른 행정처분에 의하여 변경된 때'를 재심사유로 규정하고 있는데, 이는 판결의 심리 · 판단 대상이 되는 행정처분 그 자체가 그 후 다른 행정처분에 의하여 확정적 · 소급적으로 변경된 경우를 말하는 것이 아니고, 확정판결에 법률적으로 구속력을 미치거나 또는 그 확정판결에서 사실인정의 자료가 된 행정처분이 다른 행정처분에 의하여 확정적 · 소급적으로 변경된 경우를 말하는 것이라고 판시했다.

'사실인정의 자료가 되었다'는 것은 그 행정처분이 확정판결의 사실인정에서 증거자료로 채택되었고 그 행정처분의 변경이 확정판결의 사실인정에 영향을 미칠 가능성이 있는 경우를 말하는 것으로서, 특허권자가 정정심판을 청구하여 특허무효심판에 대한 심결취소소송의 사실심 변론종결 이후에 특허발명의 명세서 또는 도면에 대하여 정정을 한다는 심결이 확정되더라도 정정 전 명세서 등으로 판단한 원심판결에 민사소송법 제451조 제1항 제8호가 규정한 재심사유가 있다고 볼 수 없다고 판시했다.

대법원 전원합의체 판결의 다수의견은 그 논리적 근거로,

i) 심사관은 특허요건의 결격 등 그 거절이유를 발견할 수 없으면 특허결정을 하여야 하는데, 이러한 특허결정에 대해 불복하고자 할 경우에는 특허결정 자체를 소의 대상으로 삼을 수는 없고 필요적 심판전치주의에 따라 반드시 특허심판원의 심결에 대해서만 소를 제기할 수 있어, 특허결정은 심결취소소송에서 심리 · 판단해야 할 소송물이고, 판결의 기초가

---

2) 특허법 제136조.

된 행정처분[3]으로 볼 수는 없는 것이므로 사실심(특허법원) 변론종결 후에 그 심판청구와 별도로 제기된 정정심결이 확정되어 정정 후의 명세서 등에 따라 특허결정이 된 것으로 보더라도 판결의 기초가 된 행정처분이 변경된 것으로 볼 수 없고,

ii) 특허권자는 특허권 설정등록 후 특허발명의 명세서 등에 불완전한 것이 있을 때에는 명세서 등에 대하여 정정심판을 청구할 수 있는데, 정정심결이 확정된 때부터 이해관계인 등은 정정을 인용한 심결에 대하여 정정의 무효심판[4]을 청구할 수 있을 뿐만 아니라, 그 정정을 무효로 한다는 심결이 확정되는 경우에 특허법 제137조에 의하여 이뤄진 정정은 처음부터 없었던 것으로 보므로, 정정 전 명세서 등에 따른 특허발명의 내용이 정정에 따라 확정적으로 변경되는 것은 아닐 뿐만 아니라 정정의 소급효[5]가 발생하더라도 정정 전의 명세서 등에 따라 발생된 모든 공법적, 사법적 법률관계를 소급적으로 변경시킨다는 취지로 해석하기 어렵고,

iii) 특허권자는 특허무효심판절차에서는 정정청구를 통해, 그 심결취소소송의 사실심에서는 정정심판청구를 통해 얼마든지 특허무효 주장에 대응할 수 있음에도 특허권자가 사실심 변론종결 후에 확정된 정정심결에 따라 청구의 원인이 변경되었다는 이유로 사실심 법원의 판단을 다툴 수 있도록 하는 것은 소송절차뿐만 아니라 분쟁의 해결을 현저하게 지연시키는 것으로서 이는 소송절차가 공정하고 신속하면 경제적으로 이뤄지도록 한 민사소송법 이념에 비추어 허용되지 않는다고 하였다.

위와 같은 다수의견에 대하여 조희대 대법관과 박정화 대법관의 별개의견이 있었는데, 특허권자가 정정심판을 청구하여 특허의 무효심판에 대한 심결취소소송의 사실심 변론종결 이후에 특허발명의 명세서 등에 대하여 정정심결이 확정되면 정정 전 명세서 등으로 판단한 원심판결에 민사소송법 제451조 제1항 제8호가 규정한 재심사유가 있다는 종전의 판결과 동일한 법리를 유지하여야 한다고 하였다.[6]

3. 해설

가. 정정심판의 의의

정정심판은 특허권 등이 설정등록 된 후 명세서 또는 도면에 잘못된 기재 또는 불명료

3) 특허결정이 재심사유로서 판결의 기초가 된 행정처분과 소의 변경원인이 되는 행정처분과는 구별을 하여야 할 것으로 보인다.
4) 특허법 제137조.
5) 특허법 제136조 제10항.
6) 본 대법원 전원합의체 판결의 다수의견에 대한 비판적 견해는, 김승조, 위 논문(주 1) 참조.

한 점이 있거나 특허청구범위가 너무 광범위하게 기재되어 있는 경우 등 제3자의 권리를 침해하지 않는 범위 내에서 청구범위 감축 등을 하거나 보완을 할 수 있도록 하는 제도이다. 다만 특허의 정정이 이뤄지면 그 정정은 정정된 내용에 따라 소급적으로 특허출원과 설정등록이 이루어진 것으로 본다.

정정제도는 특허권자를 보호하는 제도로 인식되었다. 특히 특허취소나 무효심판 또는 침해소송에 있어서 특허발명이 선행발명에 비추어 신규성이나 진보성이 없다고 판단되는 경우에 선행발명에 의하여 영향을 받는 특허청구범위를 감축하여 특허를 유효하게 하는 수단으로 사용되었고, 이러한 정정절차는 특허무효심판 등이 제기되어 특허가 무효 등이 될 위험에 놓이게 될 때 특허권자가 특허정정이나 정정심판 제도를 통하여 자신의 특허를 유효하게 할 수 있는 실행가능한 수단이 되었기 때문에 특허분쟁을 지연시키는 원인이 되었다.[7)]

본 사안과 같이 특허의 정정이 성공하더라도 재심사유가 없다고 한다면, 특허발명은 정정심판에 의해서 소급적으로 정정되므로 특허무효를 다투기 위해서는 그 정점심판에 대하여 무효를 다투든지 또는 정정 후의 특허에 대하여 특허무효심판을 다시 제기하여야 한다. 정정 전의 특허에 대하여 신규성이나 진보성을 결여하였으므로 무효라는 취지의 심판과 이에 대한 판결은 사실상 효력이 없게 된다. 더 이상 존재하지 않는 특허에 대한 심결과 판결이기 때문이다.

나. 정정심판의 효력

특허의 정정심판은 소급적으로 효력이 발생한다.[8)] 특허발명의 명세서 또는 도면에 대하여 정정을 한다는 심결이 확정되었을 때에는 그 정정 후의 명세서 또는 도면에 따라 특허출원, 출원공개, 특허결정 또는 심결 및 특허권의 설정등록이 된 것으로 본다.

본 대법원 전원합의체 판결에 의해 종전 판례가 변경되었는데, 변경전의 대법원 판례는 심결취소소송 및 특허권 침해 민사소송의 사실심 변론종결 후에 특허발명의 명세서 등에 대한 정정심결이 확정되었다면, 정정의 소급효(특허법 제136조 제10항)에 의해 정정 후의 명세서 등에 따라 특허출원 및 설정등록된 것이 되고, 정정심결이 확정된 경우에 정정 전 명세서 등에 기초하여 판단한 판결에 대하여 민사소송법 제451조 제1항 제8호의 재심사유가 있다고 판시하고 있었다.[9)]

---

7) 2001. 2. 3. 법률 제6411호로 개정된 특허법은 제136조 제1항 단서를 신설하여 특허의 무효심판이 특허심판원에 계속되고 있는 경우에는 정정심판을 청구할 수 없도록 하고, 제133조의2에서 무효심판절차 내에서 정정을 청구할 수 있도록 하여, 정정심판의 제기에 의하여 무효심판이 지연되는 것을 방지했다.

8) 특허법 제136조 제10호.

9) 정정심결의 확정이 민사소송법 제451조 제1항 제8호에 규정된 재심사유에 해당한다는 취지로 판시한 심결

다. 재심불가

기존 특허발명을 정정하는 정정심판을 '판결의 기초로 된 행정처분이 다른 행정처분에 의하여 확정적으로 변경된 때'에 해당하지 않는다고 볼 수 있다. 왜냐하면 대법원 전원합의체 판결이 지적하는 바와 같이 정정심판은 정정무효심판에 의하여 원상회복될 수 있기 때문이다. 따라서 이러한 경우에 정정심판이 확정된 경우에 무효심판에 대한 불복의 방법은 재심이 아니라 정정무효심판을 통하여 정정 전의 특허발명을 유효화 하면, 정정심판은 없는 것이 되므로, '판결의 기초로 된 행정처분이 다른 행정처분에 의하여 확정적으로 변경된 때'에 해당하지도 않는다.

본 대법원 판결이 언급하는 바와 같이, 재심제도는 확정된 종국판결에 대하여 판결의 효력을 인정할 수 없는 중대한 하자가 있는 경우 예외적으로 판결의 확정에 따른 법적 안정성을 후퇴시켜 그 하자를 시정함으로써 구체적 정의를 실현하고자 마련된 것이다(대법원 1992. 7. 24. 선고 91다45691 판결 등 참조).

그러나 정정심판에 대하여는 정정무효심판을 통하여 정정의 효력을 다툴 수 있다. 정정무효심판이 받아들여지면 그 정정은 처음부터 없었던 것으로 보게 되므로[10] 정정 전의 특허발명이 다시 유효하게 되고, 그 정정 전의 특허를 대상으로 소송을 제기할 수 있게 된다. 따라서 정정심판이 확정되었다고 하여 재심에 의하여 무효심판에 의한 결정에 대하여 재심사유가 있다고 하여 재심판결을 하더라도 정정무효심판이 확정되는 경우에는 재심판결의 기초가 된 판결이 다른 판결에 의해 바뀐 경우에 해당하여 다시 재심을 하여야 하는 결과가 되므로[11] 오히려 법적 불안정성이 가중될 수 있다.

4. 판결의 의의

본 대법원 전원합의체 판결은 심결취소소송 및 특허권 침해에 관한 민사소송의 사실심 변론종결 후에 특허발명의 명세서 등에 대한 정정심결이 확정되더라도, 정정 전의 명세서에 기재된 특허권의 권리범위를 기준으로 판단한 판결에 대하여도 민사소송법 제451조 제1항 제8호가 규정하는 재심사유가 없다고 판단한 것이다. 따라서 정정 전에 확정된 특허취소나

취소소송에 관한 대법원 2001. 10. 17. 선고 99후598 판결, 대법원 2008. 7. 24. 선고 2007후852 판결, 대법원 2010. 9. 9. 선고 2010후36 판결, 특허권 침해를 원인으로 하는 민사소송에 관한 대법원 2004. 10. 28. 선고 2000다69194 판결뿐만 아니라, 특허무효심판절차에서의 정정청구에 대한 심결의 확정이 민사소송법 제451조 제1항 제8호에 규정된 재심사유에 해당한다는 취지로 판시한 대법원 2006. 2. 24. 선고 2004후3133 판결 등.

10) 특허법 제137조 제5항.

11) 대법원 2015. 12. 23. 선고 2013다17124 판결.

무효 등의 심결은 여전히 유효하게 되고, 이를 바탕으로 이뤄진 민사관계문제에도 영향을 미친다.[12] 정정심결의 확정에 의하여 정정 전 특허는 존재하지 않으므로 정정 전에 특허침해가 인정되어 손해배상을 하였거나 실시계약을 체결하고 실시료를 지급했든 이는 원인이 없는 부당이득이 발생하게 된 것이므로 이미 지급된 손해배상이나 실시료는 반환하여야 한다고 할 수 있다. 그 손해배상이 이뤄진 원인이 법원의 손해배상을 명하는 판결이든 당사자 간의 임의의 합의에 의한 것이든 부당이득이라고 할 것이다.

다만 특허권자의 특허는 정정 후의 상태로 남아 있기 때문에 특허권자는 감축된 특허권의 범위내에서 행사할 수 있게 된다. 따라서 재심 사유로 인정되지 않으므로 특허권자의 정정된 특허권에는 영향은 없다고 할 수 있다.

절차적인 문제로서, 특허무효심판이나 정정의 무효심판 계속 중의 정정청구에는 시기적 제한은 두고 있으나,[13] 권리범위확인심판 또는 침해소송 중에는 정정심판의 시기적 제한을 전혀 두고 있지 않다. 그러므로 사실심 계속중 특허법 제136조의 정정심판이 인용된 경우에는, 정정후의 특허발명으로 소변경을 인정하고, 침해소송 중에 정정심판이 있은 경우에는 청구원인사실의 변경을 인정할 필요가 있다. 이 경우 정정된 발명은 정정 전 발명과 동일한 범위 내이므로 청구의 기초가 된 사실의 변경은 없다고 할 수 있으므로 청구원인사실을 실질적으로 변경하는 것은 아니다.

나아가 본 사건과 같이 사실심 변론종결 후에 대법원의 판결전 정정심판이 확정된 경우에는 그 정정심판의 소급효로 인하여 사실관계와 소송물이 존재하지 않기 때문에 사실관계를 다시 심리하여 재판을 할 필요가 있다. 이에 대법원에서는 본 사안에서 특허법원판결을 파기환송했다. 환송을 받은 특허법원은 정정 후의 특허발명은 진보성이 부인되지 않는다는 취지의 판결을 하면서 원고의 청구를 기각했다.[14]

---

12) 종래의 권리범위확인심판에 대한 심결취소소송, 특허권 침해를 원인으로 하는 민사소송에도 정정심판의 소급효는 본 판결에 따라 더 이상 재심사유로 인정되지 않는다.

13) 특허법 제133조의2, 제137조 제3항.

14) 특허법원 2020. 7. 10. 선고 2020허1731 판결.

07 일사부재리 위반을 이유로 한 각하심결에 대한 취소소송에서 일사부재리 원칙 위반 여부 판단기준 시 및 그 심리범위

대법원 2020. 4. 9. 선고 2018후11360 판결[1)]

윤태식 (수원지방법원 부장판사)

1. 사안의 개요

가. 주식회사 ○○○○○○○는 2014. 4. 8. 피고를 상대로 명칭을 "의료용 실 삽입 장치 및 이를 구비한 의료용 실 삽입 시술 키트"로 하는 이 사건 특허발명의 진보성이 부정된다고 주장하며 등록무효 심판을 청구하였으나 기각되었고, 이에 대한 심결취소를 구하는 소도 기각·확정됨으로써(대법원 2016. 3. 24.자 2015후2204 판결), 위 심결(이하 '선행 확정심결'이라 한다)이 확정되었다.

나. 원고는 2017. 8. 25. 피고를 상대로 이 사건 등록무효 심판을 청구하여 이 사건 특허발명의 진보성이 부정된다고 주장하였으나, 특허심판원은 2017. 12. 27. 이 사건 등록무효 심판이 선행 확정심결과 '동일 사실 및 동일 증거'에 의한 심판청구여서 특허법 제163조에 따른 일사부재리 원칙에 반한다는 이유로 각하하는 심결을 하였다.

다. 원고는 2018. 1. 25. 위 각하 심결의 취소를 구하는 소를 제기하였고, 원심에서 선행 확정심결과 이 사건 등록무효 심판절차에서 주장하지 않았던 기재불비와 신규성 부정 등

1) [참조 및 관련 판례] 대법원 2002. 6. 25. 선고 2000후1290 판결(공2002하, 2616); 대법원 2009. 5. 28. 선고 2007후4410 판결(공2009하, 1043); 대법원 2012. 1. 19. 선고 2009후2234 전원합의체 판결(공2012상, 387).
[관련 평석 및 문헌] 이회기, "일사부재리원칙 위반 여부의 판단 기준시점과 각하심결취소소송의 심리범위 등", 한국특허법학회 제89차 정기 세미나 발표자료(2020. 8. 22.), 강명수, "일사부재리 위반을 이유로 한 각하 심결에 대한 취소소송의 심리범위", 지식재산연구 제15권 제4호, 한국지식재산연구원, 2020, 35면 이하; 박성호, 2020년 지적재산법 중요판례평석, 인권과 정의 제497호, 대한변호사협회, 2021, 187면 이하; 이경은, "심결취소소송의 심리범위와 심결취소소송의 심리범위와 심결취소소송의 법적 성질에 따른 주장·증명의 제한", 서울대학교 법학석사 학위논문, 2021; 최성준, 온주 상표법 제150조(2025. 2. 4.), LAWnB(로앤비).

새로운 무효 사유를 주장하였다.

2. 판결의 요지

가. 원심판결(특허법원 2018. 7. 26. 선고 2018허1523 판결)

원심은 아래와 같이 판단하였다.

이 사건 심결이 원고의 이 사건 등록무효 심판청구가 선행 확정심결과 동일한 사실·증거에 의한 것이어서 일사부재리 원칙에 위반된다는 이유로 이를 각하한 것은 정당하다.

대법원 2012. 1. 19. 선고 2009후2234 전원합의체 판결에 따르면 일사부재리의 원칙 위반 여부를 판단하는 기준 시점은 심판청구 시이므로, 선행 확정심결과 이 사건 등록무효 심판절차에서는 주장되지 않았으나 원심에 이르러 비로소 주장된 새로운 무효 사유는 그 자체로 이유 없다.

예비적으로 위와 같은 새로운 무효 사유를 판단하더라도 이유 없다.

나. 대법원 판결(이하 '대상판결'이라 한다)

특허심판원은 심판청구 후 심결 시까지 보정된 사실과 이에 대한 증거를 모두 고려하여 심결 시를 기준으로 심판청구가 선행 확정심결과 동일한 사실·증거에 기초한 것이라서 일사부재리 원칙에 위반되는지 여부를 판단하여야 한다.

대법원 2012. 1. 19. 선고 2009후2234 전원합의체 판결은 '일사부재리의 원칙에 따라 심판청구가 부적법하게 되는지 여부를 판단하는 기준 시점은 심판청구를 제기하던 당시로 보아야 한다.'고 하였는데, 이는 선행 심결의 확정을 판단하는 기준 시점이 쟁점이 된 사안에서 특허법상 일사부재리 원칙의 대세효로 제3자의 권리 제한을 최소화하기 위하여 부득이하게 선행 심결의 확정과 관련해서만 그 기준 시점을 심결 시에서 심판청구 시로 변경한 것이다.

일사부재리 원칙 위반을 이유로 등록무효 심판청구를 각하한 심결에 대한 취소소송에서 심결 시를 기준으로 동일 사실과 동일 증거를 제출한 것인지를 심리하여 일사부재리 원칙 위반 여부를 판단하여야 한다. 이때 심판청구인이 심판절차에서 주장하지 않은 새로운 등록무효 사유를 주장하는 것은 허용되지 않는다. 따라서 이러한 새로운 등록무효 사유의 주장을 이유로 각하 심결을 취소할 수 없고, 새로운 등록무효 사유에 대하여 판단할 수도 없다.[2)]

---

2) 대상판결은 원심이 위 2009후2234 전원합의체 판결을 들어 심판청구 시를 기준으로 이 사건 등록무효 심

3. 해설

가. 일사부재리

(1) 의의 및 취지

특허법 제163조는 "이 법에 따른 심판의 심결이 확정되었을 때에는 그 사건에 대해서는 누구든지 동일 사실 및 동일 증거에 의하여 다시 심판을 청구할 수 없다. 다만, 확정된 심결이 각하심결인 경우에는 그러하지 아니하다."라고 규정하고 있다.

확정된 심결에 대해 일사부재리의 효력을 인정하는 근거는 서로 모순·저촉되는 각하심결이 발생하는 것을 방지하여 확정된 심결의 신뢰성과 권위를 유지하도록 하고, 심판절차의 경제성을 꾀함으로써 동일심판에 대해 상대방이 다시 심판에 응하여야 하는 번거로움을 면하도록 한다는 데 있다.[3)]

(2) 내용

특허법 제163조에서 "다시 심판을 청구할 수 없다"는 부분에서 말하는 '심판'은 확정된 심결과 청구취지가 동일한 심판, 즉 청구취지의 대상이 되어 있는 권리가 동일하고 종류가 동일한 심판을 의미한다. 심결은 그 자체로 확정될 수 있는 외에 심결취소소송을 거쳐 확정될 수도 있어서 어느 심판청구가 일사부재리에 해당하는지 여부를 판단할 때에는 심결과 심결을 확정시킨 판결의 내용을 함께 고려하여 판단한다.

특허법 제163조에서 '동일 사실'은 해당 특허권과의 관계에서 확정이 요구되는 구체적 사실 내지 같은 특허권에 대하여 동일한 원인을 이유로 하는 특정한 사실이 동일한 것을 말한다.

따라서 특허무효심판에서 무효 효과를 발생시키는 사유로서 특허법 제29조 제1항의 공지, 공연실시 및 반포간행물 기재는 동일한 신규성 상실이라는 원인을 이유로 하므로 위 사유는 모두 동일사실에 해당하고 반면에 무효의 효과를 발생시키는 사유라도 신규성 상실, 진보성 결여, 산업상 이용가능성의 결여, 청구범위의 기재요건, 발명의 설명의 기재요건 등

판청구가 동일한 사실·증거에 기초한 것이라서 일사부재리 원칙에 위배되어 부적법한지를 판단하여야 한다고 한 것은 잘못이라고 하면서도 결과적으로 원심의 결론이 옳은 이상 그 당부는 판결 결과에 영향을 미치지 않는다는 이유로 상고를 기각하였다.

3) 곽부규, 온주 특허법 제163조(2017. 12. 20.), LAWnB(로앤비) 및 이규홍, 온주 디자인보호법 제151조(2020. 3. 30.), LAWnB(로앤비)는 특허법 제163조의 성격을 대세적 효력의 제한 규정으로 이해하기보다는 심판절차의 결과인 심결의 일반적 성질에 대한 예외를 규정한 것으로 이해하여야 한다고 한다.

의 상호관계에서는 각각 다른 별개의 사실이 된다. 특허발명에 관한 권리범위확인심판에서 확정이 요구되는 구체적인 사실은 적극적 권리범위확인심판에서의 그것과 소극적 권리범위 확인심판에서의 그것을 달리 볼 것이 아니므로 소극적 권리범위확인심판의 심결이 확정된 때에는 그 일사부재리의 효력이 적극적 권리범위확인심판 청구사건에 그대로 미치고,[4] 이는 그 역의 경우에도 마찬가지이다.[5]

여기서 '동일 증거'란 증거 내용의 동일성을 말하여 증거자체가 다르더라도 내용이 실질적으로 동일한 경우에는 동일 증거라고 해석된다.

위 동일 증거의 의미에 대하여, 확정심결의 증거와 같은 증거뿐만 아니라 확정심결의 증거에 확정심결을 번복할 수 있을 정도로 유력하지 아니한 증거가 부가된 경우도 포함하는 견해(중요증거설)와 확정심결의 증거와 내용이 실질적으로 동일한 경우에 한하여 일사부재리 효력이 미친다고 보는 견해(동일증거설) 등이 있으나, 실무는 중요증거설을 따르고 있다.[6][7]

이에 따르면 동일 증거에는 전에 확정된 심결의 증거와 같은 증거뿐만이 아니라 그 심결을 번복할 수 있을 정도로 유력하지 아니한 증거도 포함하고 확정된 심결의 결론을 번복할 만한 유력한 증거가 추가 제출된 경우에야 일사부재리 원칙에 저촉되지 않는다.[8]

특허권에 대한 등록무효심판청구에 관하여 종전에 확정된 심결의 심판절차에서 청구원인이 된 무효사유 외에 다른 무효사유가 추가된 경우에도 모순·저촉되는 복수의 심결이 발생하는 것을 방지하고자 하는 일사부재리 제도의 취지를 고려하여 종전에 확정된 심결에서 판단이 이루어진 청구원인과 공통되는 부분에 대해서는 일사부재리의 원칙 위배 여부의 관점에서 그 확정된 심결을 번복할 수 있을 정도로 유력한 증거가 새로 제출되었는지를 따져 종전 심결에서와 다른 결론을 내릴 것인지를 판단한다.

이러한 증거내용의 동일성 여부를 판단함에 있어서는 확정된 심결의 이유에서 거론되었던 증거에 한하여 그 동일성 여부를 대비한다. 확정된 심결의 심판절차에서 제출되었던 증거이더라도 그 하나의 증거 안에 기술내용을 달리하는 다수의 발명이 게재되어 있고, 종전 심판절차에서 그중 어느 하나만이 선행발명으로 인용되어 심결의 이유 중에 그것만이 거론되어 판단이 이루어진 경우, 그 심결이 확정된 후 그 증거를 다시 제출하면서 그 증거 안에 게재되어 있는 다른 발명을 선행발명으로 인용하고 그것이 단독으로 혹은 종전 확정심결의 이유에서 거론된 발명과 결합하여 확정된 심결을 번복할 수 있을 정도의 유력한 증명력

4) 대법원 2012. 5. 24. 선고 2012후757 판결 참조.
5) 대법원 2006. 5. 26. 선고 2003후427 판결.
6) 대법원 2005. 3. 11. 선고 2004후42 판결; 대법원 2013. 9. 13. 선고 2012후1057 판결.
7) 중요증거설의 이론적 문제와 채용 배경에 대한 더욱 상세한 내용은 윤태식, 특허법, 박영사, 2024, 715면 참조.
8) 대법원 1989. 5. 23. 선고 88후73 판결; 대법원 2005. 3. 11. 선고 2004후42 판결; 대법원 2013. 9. 13. 선고 2012후1057 판결; 대법원 2017. 1. 19. 선고 2013후37 판결 참조.

을 지닌 경우에는 이러한 증거에 따라 후행 심판청구를 판단한 결과 종전 확정심결과 그 결론이 달라졌더라도 그 결론이 확정된 심결의 기본이 된 이유와 실질적으로 저촉된다고 할 수 없기 때문에, 위의 증거(같은 증거 내에 있는 다른 선행발명)는 동일 증거에 해당하지 않는다.[9)]

동일 사실에 따른 동일 심판에 대해 종전에 확정된 심결의 증거에 대한 해석을 달리하는 등으로 그 심결의 기본이 된 이유와 실질적으로 저촉되는 판단을 하는 것은 특허법 제163조가 정한 일사부재리 원칙의 취지에 비추어 허용되지 아니하지만, 종전에 확정된 심결의 증거를 그 심결에서 판단하지 아니하였던 사항에 관한 증거로 들어 판단하거나 그 증거의 선행기술을 확정된 심결의 결론을 번복할 만한 유력한 증거의 선행기술에 추가적, 보충적으로 결합하여 판단하는 경우 등과 같이 후행 심판청구에 대한 판단 내용이 확정된 심결의 기본이 된 이유와 실질적으로 저촉된다고 할 수 없는 경우에는 확정된 심결과 그 결론이 결과적으로 달라졌다고 하더라도 일사부재리 원칙에 위배되지 않는다.[10)]

(3) 적용범위

1) 일사부재리 효력이 미치는 범위 일반

일사부재리 효력이 미치는 객관적 범위는 동일 사실 및 동일 증거이고, 그 인적 범위는 확정된 심결의 당사자나 그 승계인뿐만 아니라 모든 사람에 미치므로(대세적 효력) 누구라도 일사부재리의 효력에 반하는 심판청구를 할 수 없다.

여기서 다시 심판을 청구할 수 없다고 할 때의 심판은 청구의 취지 대상으로 되어 있는 권리가 같고 종류가 동일한 심판을 말한다. 청구인의 동일 여부는 동일한 심판인지와는 무관하다.

일사부재리 효력이 미치는 '동일 증거'의 범위에 관하여 실무가 중요증거설을 취하고 있음은 앞에서 이미 설명하였다.

일사부재리 원칙의 적용범위에 관련하여, 법이 확정된 심결이 각하심결인 경우에 적용하지 않는다는 것 외에 제한규정을 두고 있지 않음을 근거로 일사부재리 원칙은 심판사건의 종류에 관계없이 모든 인용심결 및 기각심결에 적용되고, 다만 그중 결정계 심판은 청구인 적격이 한정되어 있고 결정등본을 송달받은 날부터 3개월 내에 심판을 청구하여야 하는 등의 제약이 있어 일사부재리 원칙이 결정계 심판에 실제로 적용되는 경우가 거의 없다는 견해가 있고,[11)] 이에 반하여 일사부재리 원칙은 심판의 심결이 확정등록 되는 때에 한하여 적용되는 것으로 그 성질상 특허무효심판이나 권리범위확인심판 등 등록원부상 등록을 필요로

---

9) 윤태식, 특허법(각주 7), 715면.

10) 위의 책, 716면.

11) 특허법 주해 Ⅱ, 정상조·박성수 공편, 박영사, 2010, 373면(최정열 집필부분), 637면(박정희 집필부분) 및 상표법 주해 Ⅱ, 편집대표 정상조, 박영사, 2019, 305면(설범식 집필부분).

하는 당사자계 심판에만 적용되고 등록원부상 등록을 필요로 하지 않는 결정계 심판에는 적용되지 않는다는 견해가 있다.12)

일사부재리 원칙은 확정된 심결이 각하심결인 경우에는 적용되지 아니한다(특허법 제163조 단서). 위 단서 규정은 새로 제출된 증거가 선행 확정심결을 번복할 수 있을 만큼 유력한 증거인지에 관한 심리·판단이 이루어진 후 선행 확정심결과 동일 증거에 의한 심판청구라는 이유로 각하된 심결인 경우에도 동일하게 적용된다.13)

2) 일사부재리 효력이 미치는 판단시점

선행 심결의 확정과 관련하여 일사부재리 효력이 미치는 시적범위 내지 판단시점에 대하여, 하나의 특허권에 대하여 전후로 동일 사실 및 동일 증거에 의거하여 두 건의 동일한 심판청구가 있고 그 일방의 사건에 대하여만 심결이 되어 그 심결이 확정된 경우, 다른 심판청구를 일사부재리 원칙에 위배됨을 이유로 각하할 수 있는가에 대하여 청구 시를 기준으로 하여 각하할 수 없다고 하는 견해(청구 시설)와 심결 시를 기준으로 하여 각하하여야 한다는 견해(심결 시설)로 나뉘어 있었다.

실무는 선행 심결의 확정과 관련하여 일사부재리의 원칙에 해당하는지를 종전에는 심판청구 시가 아니라 그 심결 시를 기준으로 판단하여 왔다가,14) 그 후 일사부재리의 원칙에 따라 심판청구가 부적법하게 되는지를 판단하는 기준시점은 심판청구를 제기하던 당시이고 심판청구 후에 비로소 동일 사실 및 동일 증거에 의한 다른 심판의 심결이 확정된 경우에는 해당 심판청구를 일사부재리의 원칙에 따라 부적법하다고 할 수 없다는 취지로 판시하여 시적범위 내지 판단 기준 시를 심결 시에서 청구 시로 변경하였다.15)

---

12) 윤태식, 특허법(각주 7), 717면, 문삼섭, 상표법, 세창출판사, 2002, 736-737면. 상표권에 관한 오래 전의 사안이나 대법원 1986. 9. 9. 선고 85후12 판결은 "구 상표법 제51조에 의하여 준용되는 특허법 제147조 소정의 일사부재리의 원칙이 적용되는 경우는 상표원부상 등록사항인 상표등록의 취소·무효 또는 그 권리범위의 확인에 관한 확정심결이나 판결 등에 한하여 인정되는 것이고 상표원부에 등록할 수 없는 거절사정에 대한 불복, 항고심판청구사건에 대한 파기환송의 심결이나 상표등록이의신청에 대한 결정은 이에 해당하지 아니한다."라고 하였다.

13) 대법원 2021. 6. 3. 선고 2021후10077 판결. 그 이유로 ① 특허법 제163조의 '동일 증거'라 함은 전에 확정된 심결의 증거와 동일한 증거만이 아니라 그 심결을 번복할 수 있을 정도로 유력하지 않은 증거가 부가되는 것도 포함하는 것으로 해석함에 따라 후행 심판에서 새로 제출된 증거가 확정된 심결의 증거와 동일 증거인지 판단하기 위해서는 선행 확정심결을 번복할 수 있을지를 심리·판단하게 되고, 그 과정에서 본안에 관한 판단이 선행되는 것과 같은 결과가 발생하기도 하지만 일사부재리 원칙은 심판청구의 적법요건일 뿐이어서, 위와 같은 경우라도 일사부재리 원칙을 위반하여 심판청구가 부적법하다고 한 각하심결을 본안에 관한 실체심리가 이루어진 기각심결과 동일하게 취급하는 것은 문언의 가능한 해석 범위를 넘어서고, ② 심판청구의 남용을 막고, 모순·저촉되는 복수의 심결이 발생하는 것을 방지하고자 하는 일사부재리 제도의 취지를 고려하더라도, 심판청구권 보장 역시 중요한 가치인 점, 현행 제163조는 일사부재리 효력이 제3자에게까지 미치도록 하고 있다는 점에서 특허법 제163조 단서의 예외를 인정하여 그 적용 범위를 확대하는 것은 정당화되기 어려운 점 등을 근거로 한다.

14) 대법원 2000. 6. 23. 선고 97후3661 판결; 대법원 2006. 5. 26. 선고 2003후427 판결 등.

한편 대상판결은 위 판단 기준 시에 관한 변경 법리는 특허법상 일사부재리 원칙의 대세효로 제3자의 권리 제한을 최소화하기 위하여 부득이하게 '선행 심결의 확정과 관련해서만' 기준 시점을 심결 시에서 심판청구 시로 변경한 것이라고 하여 그 변경 법리의 적용범위를 명확히 하였다. 결국 이는 일사부재리 원칙의 획일적인 적용을 막기 위한 합리적인 해석이라 할 수 있다.[16]

이에 대상판결은 특허심판원이 심판청구가 선행 확정심결과 동일한 사실·증거에 기초한 것이어서 특허법 제163조에서 정한 일사부재리 원칙에 위반되는지를 판단하는 기준 시점은 '심결 시'를 기준으로 판단하여야 한다고 설시함과 아울러 일사부재리 원칙 위반을 이유로 등록무효 심판청구를 각하한 심결에 대한 취소소송에서도 심결 시를 기준으로 동일 사실과 동일 증거를 제출한 것인지를 심리하여 일사부재리 원칙 위반 여부를 판단하여야 한다고 설시하였다.[17]

3) 일사부재리 위반을 이유로 한 각하심결에 대한 취소소송에서의 심리범위

대상판결은 '일사부재리 원칙 위반을 이유로 등록무효 심판청구를 각하한 심결에 대한 취소소송에서 심판청구인이 심판절차에서 주장하지 않은 새로운 등록무효 사유를 주장하는 것은 허용되지 않는다.'라고 하여 일사부재리 원칙 위반을 이유로 한 각하심결에 대한 심결취소소송에서 새로운 등록무효 사유의 주장을 이유로 각하심결을 취소할 수 없고, 새로운

---

15) 대법원 2012. 1. 19. 선고 2009후2234 전원합의체 판결 참조. 대법원은 위 판결에서 판단 기준 시를 청구 시로 변경하는 주된 논거로 "종래의 대법원판례에 따르면, 동일 특허에 대하여 동일 사실 및 동일 증거에 의한 복수의 심판청구가 각각 있은 경우에 어느 심판의 심결(이를 '제1차 심결'이라고 한다)에 대한 심결취소소송이 계속되는 동안 다른 심판의 심결이 확정 등록된다면, 법원이 해당 심판에 대한 심결취소의 청구가 이유 있다고 하여 제1차 심결을 취소하더라도 특허심판원이 그 심판청구에 대하여 특허법 제189조 제1항 및 제2항에 의하여 다시 심결을 하는 때에는 일사부재리의 원칙에 의하여 그 심판청구를 각하할 수밖에 없다. 그러나 이는 관련 확정심결의 등록이라는 우연한 사정에 의하여 심판청구인이 자신의 고유한 이익을 위하여 진행하던 절차가 소급적으로 부적법하게 되는 것으로 헌법상 보장된 국민의 재판청구권을 과도하게 침해할 우려가 있고, 그 심판에 대한 특허심판원의 심결을 취소한 법원의 판결을 무의미하게 하는 불합리가 발생하게 된다. 나아가 구 특허법 제163조는 일사부재리의 효력이 미치는 인적 범위에 관하여 '누구든지'라고 정하고 있어서 확정 등록된 심결의 당사자나 그 승계인 이외의 사람이라도 동일사실 및 동일증거에 의하여 동일 심판을 청구할 수 없으므로, 함부로 그 적용의 범위를 넓히는 것은 위와 같이 국민의 재판청구권의 행사를 제한하는 결과가 될 것이다. 그런데 구 특허법 제163조는 '그 심판을 청구할 수 없다'라고 규정하고 있어서, 위 규정의 문언에 따르면 심판의 심결이 확정 등록된 후에는 앞선 심판청구와 동일 사실 및 동일 증거에 기초하여 새로운 심판을 청구하는 것이 허용되지 않는다고 해석될 뿐이다. 그러함에도 이를 넘어서 심판청구를 제기하던 당시에 다른 심판의 심결이 확정 등록되지 아니하였는데 그 심판청구에 관한 심결을 할 때에 다른 심판의 심결이 확정 등록된 경우에까지 그 심판청구가 일사부재리의 원칙에 의하여 소급적으로 부적법하게 될 수 있다고 하는 것은 합리적인 해석이라고 할 수 없다."라고 하였다.

16) 원심판결에 따라 일사부재리 여부의 판단까지 심판청구 당시를 기준으로 동일 사실 및 동일 증거에 해당하는지 여부를 판단하게 되면 심판청구 후 심결 시까지 새로운 사실이나 증거를 제출할 수 없게 될 우려가 있다.

17) 대법원 2020. 4. 9. 선고 2018후11360 판결.

등록무효 사유에 대하여 판단할 수도 없다고 하였다.

대상판결의 위 판시 내용에 대하여 일각에서 반대취지의 견해가 있다.[18]

그러나 대상판결의 위 판시 내용은 반대 견해가 주장하는 바와 같은, 일사부재리 위반을 이유로 한 각하심결에 대한 심결취소소송에서 심리 범위에서의 무제한설의 예외를 인정하여 심리 범위를 제한하겠다는 취지로 보아서는 아니되고, 심결취소소송에서는 해당 심결의 실체적·절차적 위법성만을 판단하여야 한다는 대원칙에 따라 일사부재리 위반을 이유로 한 각하심결에 대한 심결취소소송에서 해당 심결인 각하심결의 위법성만을 판단하여야 하고 이를 넘어 심판청구의 기각 또는 인용 사유인 무효사유까지 판단해서는 안된다는 취지를 강조하거나 부연 설명한 것으로 이해함이 옳다.[19]

나. 일사부재리와 중복심판금지의 관계

일사부재리는 중복심판금지와 구별된다. 중복심판청구에 해당하기 위하여는 당사자와 청구(심판물, 심판청구의 취지로 결정되고 심판청구의 이유에 기재된 개개의 무효나 취소사유는 공격방법에 불과함)가 동일하고 전심판의 계속 중(이는 전심판에서 내려진 심결이 확정되지 아니한 경우를 의미함[20])에 후심판을 제기하였을 것이라는 요건이 충족되어야 한다(특허법 제154조 제8항 참조).

특허심판에서 중복심판청구 금지는 심판청구의 적법요건으로 후심판의 '심결 시'를 기준으로 하여 전심판의 심판계속 여부에 따라 후심판의 적법 여부를 판단한다. 따라서 중복심판청구의 경우는 전심판이 후심판의 심결 시까지 취하·각하 등에 따라 전심판의 심판계

18) 이회기, "일사부재리원칙 위반 여부의 판단 기준시점과 각하심결취소소송의 심리범위 등", 한국특허법학회 제89차 정기 세미나 발표자료, 2020. 8. 22., 5-6면은 "심리무제한설을 다시 한 번 확인하면서도 일사부재리 원칙 위반 여부가 문제된 사안에서는 어떠한 근거로 제한설을 취한 것인지 선뜻 이해되지 않는 면이 있다.", "일사부재리 원칙 위반 여부가 문제되는 사건의 경우에만 어떤 근거로 제한설을 취한 것인지 불분명하다.", 강명수, "일사부재리 위반을 이유로 한 각하심결에 대한 취소소송의 심리범위", 지식재산연구 제15권 제4호, 한국지식재산연구원, 2020, 58-59면에서 "심판청구인의 이익을 보호하면서도 분쟁의 일회적 해결을 기한다는 점에서 당해 심판 절차에서 새로운 사실이나 증거의 제출 기회를 충분히 보장해 주는 것이 타당하고, 심결취소소송 단계에서 심리 범위가 제한되지 않는다는 점을 고려해 볼 때 각하심결 이후 취소소송 단계에서 새로운 주장을 할 수 있는 것으로 보아야 한다.", 박성호, 2020년 지적재산법 중요판례 평석, 인권과 정의 제497호, 대한변호사협회, 2021, 187면에서 "무제한설을 따르는 당사자계 심결취소소송에서의 심리범위에 비추어 의문이다."라고 주장한다.

19) 같은 취지로 이경은, "심결취소소송의 심리범위와 심결취소소송의 심리범위와 심결취소소송의 법적 성질에 따른 주장·증명의 제한", 서울대학교 법학석사 학위논문, 2021, 79면도 대법원 2018후11360 판결은 일사부재리 원칙 위반 여부가 문제되는 경우 심결취소소송의 심리범위를 제한설로 파악한 것이 아니라고 하고, 최성준, 온주 상표법 제150조(2025. 2. 4), LAWnB(로앤비)도 각하심결에 대한 심결취소소송의 심리범위는 각하심결의 당부에 국한되므로, 심결취소소송에서의 심리범위에 관한 무제한설과는 다른 차원에서 새로운 증거에 의한 적법성 주장은 받아들여질 수 없다고 한다.

20) 특허법원 2014. 7. 10. 선고 2013허9805 판결(미상고 확정).

속이 소멸되면 후심판은 중복제소금지에 위반되지 않는다.[21)]

중복제소인지 여부는 직권조사사항이므로 이에 해당하면 피고의 항변을 기다릴 필요 없이 판결로써 후소를 부적법 각하한다.

4. 판결의 의의

대법원 2012. 1. 19. 선고 2009후2234 전원합의체 판결은 '선행 심결의 확정과 관련하여 일사부재리의 원칙에 해당하는지'를 종전의 심결 시에서 '심판청구 시'로 변경하였는데, 이러한 법리를 획일적으로 적용한 원심판결에 대해 대법원은, 일사부재리 원칙 위반을 이유로 등록무효 심판청구를 각하한 심결에 대한 취소소송에서 '심결 시'를 기준으로 동일 사실과 동일 증거를 제출한 것인지를 심리하여 '일사부재리 원칙 위반 여부'를 판단하여야 한다고 판시하면서 위 2009후2234 전원합의체 판결의 적용 범위에 대하여 특허법상 일사부재리 원칙의 대세효로 제3자의 권리 제한을 최소화하기 위하여 부득이하게 선행 심결의 확정과 관련해서만 적용함을 명확히 하였다.

아울러 대상판결이 '심판청구인이 일사부재리 위반을 이유로 한 각하심결의 취소소송에서 심판절차에서 주장하지 않은 새로운 등록무효 사유를 주장하는 것은 허용되지 않고 이러한 새로운 등록무효 사유의 주장을 이유로 각하심결을 취소할 수 없고, 새로운 등록무효 사유에 대하여 판단할 수 없다'고 한 내용은 일사부재리 위반을 이유로 한 각하심결에 대한 심결취소소송에서 대상 심결인 각하심결의 위법성만을 판단하여야 하지 이를 넘어 등록무효 사유에 대하여는 심리, 판단해서는 안 됨을 강조하거나 부연 설명한 내용으로 이해된다.

특허등록무효사건과 같은 당사자계 사건의 경우에 당사자는 심결에서 판단되지 않은 처분의 위법사유도 심결취소소송 단계에서 주장·증명할 수 있고 심결취소소송의 법원은 특별한 사정이 없는 한 제한 없이 이를 심리·판단하여 판결의 기초로 삼을 수 있다는 심리 무제한설 및 심결취소소송과 같은 거절계 사건의 경우에 원칙적으로 동일한 소송물 범위 내에서 당사자계 사건에서 본 바와 같은 심리 무제한설을 기초로 한 지식재산처장에 의한 새로운 거절이유 제한설은 실무에서 그대로 유지되고 있으며 대상판결은 이와 배치되거나 모순되는 것이 아니다.

이들 판시들은 모두 타당하고 관련 실무를 이해하는 데에도 많은 도움이 된다.

---

21) 대법원 2020. 4. 29. 선고 2016후2317 판결. 위 판결에서 "중복심판청구 금지는 동일 당사자에 의한 심판청구권 남용을 방지함으로써 심결의 모순·저촉을 방지하고 심판절차의 경제를 꾀하기 위한 것이어서, 일사부재리 원칙과 일부 취지를 같이하지만 요건 및 적용범위에 차이가 있으므로, 후심판이 중복심판청구에 해당하는지 여부까지 위 2009후2234 전원합의체 판결을 들어 후심판 청구 시를 기준으로 판단할 것은 아니다."라고 한다.

08 선택발명에서 진보성 판단에 관한 패러다임의 변화

대법원 2021. 4. 8. 선고 2019후10609 판결[1)]

한지영 (조선대학교 교수)

1. 사안의 개요

대상판결의 대상이 된 사건은 항응고제 '엘리퀴스'의 주성분인 '아픽사반'에 대한 물질특허(특허 제0909176호)의 권리자인 브리스톨 마이어스 스퀴브(BMS)를 상대로 피고가 선행발명인 국제공개특허(WO00/39131)에 의거하여 진보성 위반을 이유로 특허무효심판을 청구한 사건으로, 특허심판원은 무효심판을 인용심결하였고, 이에 원고(특허권자)가 특허법원에 심결취소소송을 제기하였지만 기각되었다. 원고는 대법원에 상고하였고, 대법원은 원심을 파기환송하였다.

대상판결에서 주요 쟁점은 선행발명이 수억 개의 화합물을 마쿠쉬(Markush) 화학식으로 기재하였는데, 이 화학식으로부터 아픽사반이라는 특정 화합물을 도출하려면 통상의 기술자가 66개의 기본 골격 중 하나를 선택해야 하고, 여러 치환기를 방대한 목록에서 조합해야 하는데, 이론적으로 가능한 화합물의 수가 수억가지 이상에 달하였다는 점이다. 특허심판원과 특허법원은 선택발명에서 진보성 판단을 위한 주요 법리인 '효과의 현저성'과 관련하여 해당 특허발명의 주성분인 아픽사반이 선행발명에 비해 '현저한 효과'를 입증하지 못했다는 이유로 특허무효라고 판단하였다. 반면, 대법원은 선행발명에 상위개념이 개시되었다는 이유만으

1) [참조 및 관련 판례] 대법원 2007. 9. 6. 선고 2005후3284 판결(공2007하, 1582); 대법원 2016. 11. 25. 선고 2014후2184 판결(공2017상, 47); 대법원 2009. 10. 15. 선고 2008후736, 743 판결(공2009하, 1898); 대법원 2002. 8. 23. 선고 2000후3234 판결(공2002하, 2243); 대법원 2003. 4. 25. 선고 2001후2740 판결(공2003상, 1363); 대법원 2010. 3. 25. 선고 2008후3520 판결; 대법원 2002. 12. 26. 선고 2001후2375 판결; 대법원 2007. 9. 6. 선고 2005후3338 판결 등.
[관련 평석 및 문헌] 최승재, 선택발명의 진보성 판단기준으로서의 선택의 곤란성 - 대상판결: 대법원 2021. 4. 8. 선고 2019후10609 판결 -, 인권과 정의, 통권 제499호, 2021; 박운정, "선택발명의 진보성 판단기준의 재조명 - 대법원 2021. 4. 8. 선고 2019후10609 판결 -", 저스티스, 통권 제188호, 2022; 임호, "의약발명의 진보성 - 대법원의 선택발명설을 중심으로", 저스티스, 통권 제189호, 2022 등.

로 수억 개의 화합물 중에서 아픽사반을 특정하는 '구성의 곤란성'을 제대로 심리하지 않은 채 진보성을 부정한 것은 위법하다고 판시하여 이 사건을 파기환송하였다.

2. 판결의 요지

가. 원심판결(특허법원 2019. 3. 29. 선고 2018허2717 판결)

피고들(제네릭 회사들)은 특허권자인 원고(브리스톨-마이어스-스퀴브)를 상대로 '인자 Xa 억제제로서 락탐 함유 화합물'에 관한 특허발명의 진보성이 부정된다며 특허심판원에 등록무효심판을 청구하였는데, 특허심판원은 특허발명의 청구범위 제1항이 선택발명으로서 선행발명에 비하여 이질적 또는 양적으로 현저한 효과가 없으므로 진보성이 부정된다고 하면서 인용심결하였다.[2] 이에 원고는 특허법원에 심결취소소송을 제기하였으나 특허법원은 기각하는 판결을 하였다. 원심(특허법원)은 "특허발명의 청구범위 제1항 발명은 선행발명에 구성요소가 상위개념으로 기재되어 있고 그 상위개념에 포함되는 하위개념만을 구성요소로 하는 것으로서 선택발명에 해당하는데, 선행발명에서 특허발명을 배제하는 부정적 교시 또는 시사가 있는 경우이거나, 특허출원 당시의 기술수준에 비추어 상위개념의 선행발명을 파악할 수 있는 선행문헌에 선행발명의 상위개념으로 일반화하여 당해 특허발명의 하위개념으로까지 확장할 수 있는 내용이 개시되어 있지 않는 경우는 통상의 기술자가 선행발명에 개시된 상위개념에 포함되는 위 특허발명이 동일한 목적을 달성하기 위한 수단으로 동등하게 적합한 것이라고 예상할 수 없고, 따라서 선행발명에서 기술적 의의를 밝힌 하위개념과 공통되는 특성을 가질 것이라고 예상할 수 없는 하위개념인 위 특허발명에까지 선행발명의 내용을 확장할 수 없으므로, 이러한 경우는 선택발명의 진보성 판단에 있어 엄격한 특허요건이 완화되어야 하고 … <중략> 통상의 기술자가 선행발명의 상위개념으로 일반화하여 제1항 발명의 아픽사반과 같은 하위개념으로까지 확장할 수 있다고 봄이 타당하므로, 이 경우는 선택발명의 진보성 판단에 있어 엄격한 특허요건이 완화되어야 하는 경우라고 볼 수 없고, 특허발명 명세서에 제1항 발명이 선행발명에 비해 약동학적 특성 및 병용투여 효과 개선이라는 이질적 효과나 인자 Xa 친화력의 양적으로 현저한 효과에 관한 명확한 기재가 있다고 볼 수 없어 제1항 발명이 위와 같은 효과를 가지고 있다고 보기 어려우므로, 제1항 발명은 진보성이 부정" 된다고 설시하여 효과의 현저성을 중심으로 판단하였다. 이에 원고는 대법원에 상고하였다.

---

2) 특허심판 2018. 2. 28. 2015당1184, 2015당1185(병합), 2015당1186(병합), 2015당1774(병합), 2015당1775(병합).

나. 대법원 판결

대법원은 선택발명의 진보성 유무를 판단할 때 고려해야 할 사항을 다음과 같이 설시하고 있다: "… 특허발명의 진보성을 판단할 때에는 청구항에 기재된 복수의 구성을 분해한 후 각각 분해된 개별 구성요소들이 공지된 것인지 여부만을 따져서는 아니 되고, 특유의 과제 해결원리에 기초하여 유기적으로 결합된 전체로서의 구성의 곤란성을 따져 보아야 하며, 이 때 결합된 전체 구성으로서의 발명이 갖는 특유한 효과도 함께 고려하여야 한다. 위와 같은 진보성 판단기준은 선행 또는 공지의 발명에 상위개념이 기재되어 있고 위 상위개념에 포함되는 하위개념만을 구성요소의 전부 또는 일부로 하는 특허발명의 진보성을 판단할 때에도 마찬가지로 적용되어야 한다.

또한, 선행발명에 특허발명의 상위개념이 공지되어 있는 경우에도 구성의 곤란성이 인정되면 진보성이 부정되지 않는다. 선행발명에 발명을 이루는 구성요소 중 일부를 두 개 이상의 치환기로 하나 이상 선택할 수 있도록 기재하는 이른바 마쿠쉬(Markush) 형식으로 기재된 화학식과 그 치환기의 범위 내에 이론상 포함되기만 할 뿐 구체적으로 개시되지 않은 화합물을 청구범위로 하는 특허발명의 경우에도 진보성 판단을 위하여 구성의 곤란성을 따져 보아야 한다. 위와 같은 특허발명의 구성의 곤란성을 판단할 때에는 선행발명에 마쿠쉬 형식 등으로 기재된 화학식과 그 치환기의 범위 내에 이론상 포함될 수 있는 화합물의 개수, 통상의 기술자가 선행발명에 마쿠쉬 형식 등으로 기재된 화합물 중에서 특정한 화합물이나 특정 치환기를 우선적으로 또는 쉽게 선택할 사정이나 동기 또는 암시의 유무, 선행발명에 구체적으로 기재된 화합물과 특허발명의 구조적 유사성 등을 종합적으로 고려하여야 한다.

특허발명의 진보성을 판단할 때에는 그 발명이 갖는 특유한 효과도 함께 고려하여야 한다 … <중략> … 화학, 의약 등의 기술분야에 속하는 발명은 구성만으로 효과의 예측이 쉽지 않으므로, 선행발명으로부터 특허발명의 구성요소들이 쉽게 도출되는지를 판단할 때 발명의 효과를 참작할 필요가 있고, 발명의 효과가 선행발명에 비하여 현저하다면 구성의 곤란성을 추론하는 유력한 자료가 될 것이다. 나아가 구성의 곤란성 여부의 판단이 불분명한 경우라고 하더라도, 특허발명이 선행발명에 비하여 이질적이거나 양적으로 현저한 효과를 가지고 있다면 진보성이 부정되지 않는다. 효과의 현저성은 특허발명의 명세서에 기재되어 통상의 기술자가 인식하거나 추론할 수 있는 효과를 중심으로 판단하여야 하고, 만일 그 효과가 의심스러울 때에는 그 기재 내용의 범위를 넘지 않는 한도에서 출원일 이후에 추가적인 실험 자료를 제출하는 등의 방법으로 그 효과를 구체적으로 주장·증명하는 것이 허용된다. 또한, … 선행발명에 마쿠쉬(Markush) 형식으로 기재된 화학식과 그 치환기의 범위 내에 포함될 수 있는 화합물이 이론상 수억 가지에 이르는 점 … <중략> … 선행발명에서

제1항 발명의 구조를 우선적으로 또는 쉽게 선택할 사정이나 동기 또는 암시가 있다고 보기도 어려워 통상의 기술자가 선행발명으로부터 기술적 가치가 있는 최적의 조합을 찾아 제1항 발명에 도달하기까지는 수많은 선택지를 조합하면서 거듭된 시행착오를 거쳤을 것인 점 등을 종합하여 보면, 통상의 기술자가 제1항 발명의 내용을 이미 알고 있음을 전제로 사후적으로 판단하지 않는 한 그 구성을 도출하는 것이 쉽다고 볼 수 없으므로, 제1항 발명은 선행발명에 의하여 진보성이 부정되기는 어렵다"고 판시하였다. 대법원은 선택발명의 진보성을 판단할 때 구성의 곤란성과 효과를 종합적으로 고려해야 하고, 특정 분야에서 선행발명에 상위개념이 공지되어 있다는 이유만으로 효과의 현저성만을 기준으로 판단해서는 안되며, 원심판결이 구성의 곤란성을 충분히 검토하지 않은 채 효과의 현저성만을 기준으로 진보성을 부정한 것은 특허발명의 진보성 판단에 관한 법리를 오해한 것이라고 판시하면서 원심을 파기하였다.

3. 해설

가. 선택발명의 의의

선택발명은 선행 또는 공지의 발명에 구성요건이 상위개념으로 기재되어 있고, 상위개념에 포함되는 하위개념만을 구성요건 중의 전부 또는 일부로 하는 발명으로, 주로 화학발명에서 상위개념인 기본적인 화학구조의 얼개는 이미 선행발명으로 공개되어 있지만, 그에 포함되면서도 다른 하위개념과 달리 탁월한 효과가 있는 구체적인 화학 구조식을 새로 특정하거나 할 때 등장한다.[3)]

나. 선택발명의 진보성 판단

(1) 진보성 판단

진보성은 산업상 이용가능성과 신규성과 함께 특허요건 중 하나로, 특허법 제29조 제2항에 규정되어 있다. 그 취지는 공지기술 등에 비추어 자명하거나 용이한 발명 또는 종래 기술과 동일하지 않을 뿐 기술적 효과에서 개선의 정도가 미미한 기술에 대하여 특허권을 부여하는 것은 기술 발달에 공헌한 자에 대하여 그 공개의 대가로 독점배타권을 부여하는 특

3) 대법원 2010. 3. 25. 선고 2008후3520 판결; 대법원 2002. 121. 26. 선고 2001후2375 판결; 대법원 2007. 9. 6. 선고 2005후3338 판결 등. 정상조/박준석, 지식재산권법(제6판), 홍문사, 2024, 105면; 특허청 특허·실용신안 심사기준, 2025, 3301면.

허제도의 취지에 부합하지 않으며, 이러한 부실 특허권에 의해 제3자의 기술 실시가 제한되는 것은 산업발전의 기여라는 특허제도의 목적에 반하기 때문이라고 설명하고 있다.[4] 진보성은 그 발명이 속하는 기술 분야에서 통상의 지식을 가진 자를 기준으로 이미 신규성이 인정된 발명에 대하여, 당해 특허발명의 출원 전 지식을 기준으로, 해당 발명에서 목적의 특이성, 구성의 곤란성 및 효과의 현저성이라는 3가지 요소를 종합적으로 검토하여 판단한다. 위 3가지 요소 중 어느 것을 중시할 것인지와 관련하여 특허청 심사일반기준은 주로 구성의 곤란성을 중심으로 진보성 여부를 판단해야 한다는 입장이다.

(2) 선택발명의 진보성 판단기준

대법원은 선택발명의 진보성 판단과 관련하여, 선택발명이 인용발명에 비하여 개선된 효과를 가져오는 경우는 진보성이 인정될 수 있으며, 이때 선택발명에 포함되는 하위개념들 모두가 인용발명이 갖는 효과와 질적으로 다른 효과를 가지고 있거나 질적인 차이가 없더라도 양적으로 현저한 차이가 있어야 한다고 설시하고 있다.[5] 또한 선택발명에 관한 특허출원을 할 때, 발명의 설명에는 인용발명에 비하여 발명의 효과가 있음을 명확히 기재하면 충분하고, 그 효과의 현저함을 구체적으로 확인할 수 있는 비교 실험자료까지 기재하여야 하는 것은 아니며, 만일 그 효과가 의심스러워 진보성이 인정되지 않는다는 이유로 거절이유가 통지된 때에는 출원인이 비교 실험자료를 제출하는 등의 방법에 의하여 그 효과를 구체적으로 주장 및 입증할 수 있으며 된다고 설시[6]하여 발명의 효과를 중심으로 판단하고 있음을 알 수 있다.

다. 외국에서 선택발명의 진보성 판단기준

외국에서 선택발명에 관한 진보성 판단을 살펴본다. 우선 미국의 경우에는 선택발명을 일관되게 다른 발명과 동일하게 취급하여 왔다. 즉 진보성 판단을 할 때, 상위개념의 크기, 선택 동기, 구조적 유사성 등을 고려하여 일응의 자명성(prima facie obviousness) 성립 여부를 검토하고,[7] 성립한 경우에 특허권자에게 입증책임의 전환을 통해 예상치 못한 결과 등 2차적 고려사항에 의해 추정이 복멸되는지 여부를 판단한다.[8] 미국에서 진보성 판단에서 주요

---

4) 정상조/박준석, 지식재산권법(제6판), 홍문사, 2024, 108면.

5) 대법원 2009. 10. 15. 선고 2008후736, 743 판결; 대법원 2003. 4. 25. 선고 2001후2740 판결; 대법원 2003. 10. 24. 선고 2002후1935 판결; 대법원 2003. 10. 10. 선고 2002후2846 판결; 특허청 특허·실용신안 심사기준, 2025, 3317면.

6) 대법원 2003. 4. 25. 선고 2001후2740 판결; 대법원 2007. 1. 26. 선고 2005후582 판결.

7) 김윤기, "화학물질의 진보성에 관한 소론 – 미국 판례를 중심으로 –". 법률신문, 2005. 1. 31.자.

8) 박운정, "선택발명의 진보성 판단기준의 재조명 – 대법원 2021. 4. 8. 선고 2019후10609 판결 –", 저스티

판단 요소로 고려되는 것은 첫째, 통상의 기술자가 선행기술에 의거하여 해당 하위개념을 선택할 동기가 있었는지를 검토하는 '시도해 볼만한 자명성(Obvious to Try)',[9] 둘째, 상위개념 중에서 선택을 한 하위개념의 발명의 결과가 성공을 할지에 대한 '성공에 대한 합리적 기대(Reasonable Expectation of Success)', 셋째, 위 두 요건이 충족되더라도 예상하지 못한 질적 또는 양적인 발명의 효과가 있는지에 관한 '예상치 못한 결과(Unexpected Results)'를 중심으로 판단하고, 이들이 인정되면 비자명성이 있다고 판단하여 진보성을 인정한다.

유럽특허청(EPO)의 심판원(Board of Appeal)은 발명의 진보성 판단 시 과제-해결 접근법(problem-solution approach)으로 판단한다. 선택발명의 진보성을 판단할 때 EPO 심사기준은 '상위개념으로부터의 선택이 특정한 기술적 효과와 관련되고, 통상의 기술자가 그 선택에 이르도록 하는 어떠한 암시도 없는 경우에는 진보성을 인정하고, 기술적 효과는 선행발명과 동질이라도 상관없지만, 이때 예상치 못한 정도에 도달하여야 한다'고 함으로써 구성의 곤란성과 효과의 현저성을 모두 고려하고 있다. 진보성 판단에 있어서 선택의 곤란성, 이질적 효과 또는 동질의 효과라 하더라도 예상치 못한 효과를 모두 요구하는 것처럼 보일 수 있지만, 유럽특허청의 심결례는 구체적 사안별로 기술적 과제 또는 선택의 곤란성의 정도 등에 따라 다르게 접근하고 있다.[10]

독일의 경우에는 선택발명의 진보성 판단에 있어서는 발명의 구성과 효과를 모두 고려하고, 예상치 못한 효과를 2차적 고려사항으로 활용하고 있다. 진보성을 인정하지 않으려면 통상의 기술자가 해당 기술적 과제를 그 발명의 진보적 수단을 통해 해결하고자 할 추가적인 자극, 암시, 동기부여 등이 있어야 하며,[11] 2차적 고려사항으로서는 예상치 못한 효과, 성공에 대한 기대, 상업적 성공, 장기간 지속된 수요의 충족, 타인의 실패 등을 예시할 수 있다.[12]

한편, 일본에서는 선택발명의 진보성 판단을 할 때, 예기치 못한 특별한 효과가 있는

스, Vol.188, 통권 188호, 2022, 137면 이하 참조.

9) 미국 판례에서 시도의 자명성이 언급된 최초 사건은 1946년 CCPA의 Leum 판결이며, 이 법리는 이후 부침을 거쳐 KSR판결 이후에 다시 미국 특허법 제103조의 진보성 판단에서 결합의 용이성 판단에서 고려되어야 한다고 판시되면서 이후 판결에 사용되었다. 최승재, "선택발명의 진보성 판단기준으로서의 선택의 곤란성 – 대상판결: 대법원 2021. 4. 8. 선고 2019후10609 판결 –", 인권과 정의, vol., no. 499, 통권 499호, 2021, 98면; 박운정, 앞의 논문, 141면 이하.

10) 박운정, 위의 논문, 149면.

11) BGH, Xa ZR 92/05, Urteil vom 30. Apr. 2009 (Betrieb einer Sicherheitseinrichtung); Hyewon Ahn, "Patentability of Chemical Selection Inventions: the Olanzapine and Escitaloporam Decisions", MIPLC Studies, Vol. 12 (2011), pp. 31-33; Think IP Strategy, edited by Duncan Bucknell, Pharmaceutical, Biotechnology, and Chemical Inventions, Vol. I, Oxford University Press, 2011, pp. 668-669.

12) WIPO Standing Committee on the Law of Patents, 28th Session Comments (Germany), Note C8728, https://www.wipo.int/export/sites/www/scp/en/meetings/session_28/comments_received/germany.pdf (2025. 10. 2. 방문) 참조.

발명에 대하여 특허를 부여하고 있다. 일본 특허청의 특허심사기준에 의하면, '이질적 효과 또는 동질의 현저히 우수한 효과'에 주목하여 발명의 효과를 중심으로 판단하고 있다.[13] 따라서 일본에서 선택발명의 진보성은 '효과의 현저성'을 중심으로 판단하고 있는데, 이는 우리나라에도 영향을 미친 것으로 보인다. 다만, 2018년 일본 동경 지적재산고등재판소는 상위개념의 크기, 선택할 동기 등 '구성의 곤란성'을 고려하여 선택발명의 진보성이 부정되지 않는다는 취지로 판시한 사례가 있다.[14]

4. 판결의 의의

선택발명의 진보성에 관한 기존의 대법원 판례에 따르면, 하위개념의 선택 그 자체로는 독립적인 발명으로 보호하기 어렵고, 이질적인 효과 또는 동질의 효과와 관련해서는 현저한 효과가 있어야 진보성을 인정받을 수 있었다.[15] 그런데 대상판결은 선택발명의 진보성을 '효과' 중심으로 경직되게 운영해 온 종전의 법리를 '구성의 곤란성'을 중심으로 유연하고 종합적인 틀로 대체함으로써, 선택발명 법리의 패러다임을 전환시켰다는 평가를 받고 있다.[16] 즉 화학, 제약, 의약 등 바이오 분야에서 선택발명의 진보성 판단기준을 '현저한 효과' 중심의 법리에서 벗어나 '구성의 곤란성'을 핵심적인 판단기준으로 판단한 것이다. 이는 선택발명의 진보성을 판단할 때 선택발명을 특별하게 취급하지 않고, 다른 일반 발명과 동일한 판단기준으로 판단해야 한다는 의미이다. 대상판결과 같이 선택발명의 진보성 판단 시 구성의 곤란성 및 효과의 현저성을 모두 고려해야 한다는 접근방식은 상술한 다른 외국의 진보성 판단에 관한 법리와도 궤를 같이 한다고 할 수 있다. 따라서 실무적으로 선택발명의 효과의 현저성이 인정되지 않는다 할지라도, 구성의 곤란성을 인정받으면 향후 발명의 진보성을 인정받을 수 있게 되었고, 이는 출원인이 발명의 진보성을 입증해야 하는 부담을 덜어줄 것으로 예측된다.

---

13) 일본 특허청 특허심사기준 제3부 제2장 제4절 7.2 진보성 판단: 선택발명의 효과가 아래 (i) 내지 (iii)을 모두 만족시킬 때 심사관은 선택발명의 진보성이 있다고 판단한다.
(i) 그 효과가 간행물 등에 기재 또는 게재되지 않은 유리한 경우,
(ii) 그 효과가 간행물 등에서 상위 개념 또는 선택사항으로 표현된 발명이 가진 효과와는 이질적인 것, 또는 동질이지만 현저하게 우수한 경우,
(iii) 그 효과가 출원 시의 기술 수준으로부터 당업자가 예측할 수 있었던 경우가 아닌 경우.

14) 知的財産高等裁判所 2018.4.13. 判決 [平成28年(行ケ)第10182号、第10184号]. 이 판결에 대한 평석은 井関涼子, "知的財産高等裁判所 2018.4.13. 判決[平成28年(行ケ)第10182号、第10184号]", 特許研究 No. 6, 2018/9, 60-75면.

15) 최승재, "선택발명의 진보성 판단기준으로서의 선택의 곤란성 - 대상판결: 대법원 2021. 4. 8. 선고 2019후10609 판결 -", 인권과정의, Vol., No. 499, 통권 499호, 2021, 90면.

16) 김영동, "대법원 2019후10609 판결", 김영동 특허법률사무소, 2025. 7. 25. 김영동 변리사는 실무적으로 대상판결이 어떠한 영향을 미치는지에 대하여 분석하고 있다.

반면, 대상판결은 의약발명의 특수성을 오해한 잘못된 판결이라는 비판도 제기되고 있다.[17] 또한 화학, 제약 또는 의약 발명의 진보성 판단에 '구성의 곤란성'이라는 요소를 일관성있게 적용할 수 있는지에 대한 문제도 제기될 수 있는 바, 선택발명의 진보성 판단에 있어서 구성의 곤란성과 효과의 현저성을 어떻게 조화롭게 판단해야 할지도 향후 중요한 과제가 될 것이다. 이러한 비판적 시각에 대하여 적확한 평가를 하기 위해서는 관련 판례와 논의가 축적될 필요가 있다.[18] 이 과정에서 선택발명의 진보성 판단 시 구성의 곤란성 및 효과의 현저성을 균형있게 검토한 통합적 법리 개발, 외국에서 선택발명의 진보성 판단기준에 관한 비교법적 분석 및 고찰도 필요하다.

우리나라에서 특허무효율은 2023년 기준 44.4%로 일본(11.5%), 미국(31.3%)보다 높고, 이때 특허무효사유 중 가장 큰 비중을 차지하는 사유는 진보성에 대한 판단[19]으로 분석될 정도로 발명의 진보성 판단은 특허요건에 있어서 가장 어려운 판단이다. 선택발명을 포함한 발명의 진보성 판단에 있어서 특허출원인은 물론 심사관, 심판관, 법관 모두가 예측가능한 진보성에 관한 판단기준 및 법리의 개발을 통하여 일관성있는 적용이 필요하며, 이를 통해 법적 안정성이 도모될 수 있다고 생각한다.

---

17) 대상판결에 대한 비판적 견해에 대해서는 임호, "의약발명의 진보성 - 대법원의 선택발명설을 중심으로", 저스티스, 통권 제189호, 2022, 132-164면 참조.

18) 同旨, 박운정, 위의 논문, 168면.

19) 조승한, "특허무효율 44.4% … 진보성 평가기준 개선 · IP 전문판사제 필요", 연합뉴스, 2025. 4. 3.자.

09 신규성 상실의 예외 적용이 된 공지디자인에 기초한 자유실시디자인 주장의 허부

대법원 2023. 2. 23. 선고 2021후10473 판결[1)]

김관식 (한남대학교 법학과 교수)

1. 사안의 개요

이 사건 원고는 침대용 헤드 디자인에 관한 디자인권자로 피고의 확인대상디자인이 자신의 디자인권의 권리범위에 속한다고 주장하며 적극적 권리범위확인심판을 청구하였다.

한편 피고의 부친은 원고의 부친으로부터 구입한 침대헤드를 이용하여 침대 전체(심결에서 비교대상디자인2, 판결에서 선행디자인 2)를 제작한 뒤 이를 촬영하여 원고의 디자인권등록 출원일 전에 모회사에 이메일로 송부하여 결과적으로 공지 상태에 놓이게 한 바가 있었다.

특허심판원에서는 '확인대상디자인은 출원일 전에 공지된 비교대상디자인 2와 유사한 자유실시디자인에 해당하므로 이 사건 등록디자인의 권리범위에 속하지 않는다'고 판단하여 청구 기각의 심결(2019당3416)을 하였고, 이에 원고가 심결취소의 소를 제기하였다.

---

1) [참조 및 관련 판례] 대법원 2016. 8. 29. 선고 2016후878 판결(공2016하, 1555); 대법원 2017. 1. 12. 선고2014후1341 판결(공2017상, 403); 대법원 2017. 11. 14. 선고 2016후366 판결(공2017하, 2359) 등.
[관련 평석 및 문헌] 이현경, "신규성 상실의 예외에 해당하는 선행디자인에 기초한 자유실시디자인 주장에 관하여 - 대법원 2023. 2. 23. 선고 2021후10473 판결을 중심으로", 사법 제70호, 2024, 755-791면; 정태호, "자유실시디자인과의 관계에 따른 디자인의 신규성 상실의 예외에 관한 개정 규정 관련 입법론의 비판적 검토", 정보법학 28권 1호, 2024, 5-43면; 정차호 · 정여단, "자기공지예외제도가 적용되어 등록된 특허에 대한 권리범위확인심판 또는 침해소송에서의 공지기술의 항변 또는 자유실시기술의 항변의 허용여부", 법학연구 25권 3호, 인하대학교 법학연구소, 2022, 165-213면; 정태호, "신규성 상실의 예외와 관련된 자유실시디자인의 의미에 대한 고찰", 사법 60호, 사법발전재단, 2022, 655-703면; 신기현, "공지예외를 거쳐 등록된 특허의 효력과 자유기술 항변의 충돌", 지식재산연구 14권 4호, 2019, 43-76면; 김관식, "특허권의 문언침해와 자유실시기술 항변의 허부", 사법 41호, 사법발전재단, 2017, 333-365면.

2. 판결의 요지

가. 원심판결(특허법원 2021. 5. 7. 선고 2020허5412 판결)

특허법원에서 피고는 선행디자인 2가 등록디자인의 출원 전에 공지된 자유실시디자인에 해당한다고 주장하였다. 원고는 선행디자인 2의 공지를 부정하며 다투었고 설사 공지되었다 하더라도 이는 디자인보호법 제36조 제1항에 따른 신규성 상실의 예외에 해당하는 디자인이므로, 이에 기초한 자유실시디자인의 주장은 허용될 수 없다고 주장하였다.

법원에서는, ① 신규성 상실 예외 규정은 디자인 등록 요건 판단에 있어 공지 디자인이 공지된 것으로 보지 않겠다는 것으로 명시하고 있을 뿐이다, ② 공지예외의 주장은 '제3자의 권익을 해치지 않는 범위 내에서' 예외적으로 적용되어야 한다(대법원 2017. 1. 12. 선고 2014후1341 판결), ③ 현행 디자인 보호법에서는 공지 디자인의 예외를 인정받을 수 있는 시기를 디자인등록 무효심판에 대한 답변서를 제출할 때까지 가능한 것으로 규정하여, 절차적 요건에 관한 시간적 범위를 매우 확장시키고 있고, 이 경우 제3자의 이익을 해할 개연성은 더욱 높아질 수 있다, ④ 자유실시디자인의 법리는 공지디자인과 확인대상디자인을 그 대상으로 하고 있을 뿐인데, 원고의 주장에 의하면 공지디자인이 등록디자인과의 관계에서 법문상의 등록디자인의 신규성, 창작비용이성 판단에 대한 예외 허용을 위한 각 요건의 충족여부를 판단하여야 하므로, 이는 자유실시디자인의 항변을 허용하는 취지에 부합하지 않는다, ⑤ 예외 대상이 되는 공지디자인과 출원디자인 사이의 동일·유사여부는 신규성 상실 예외 규정이 적용되기 위한 요건이 아니고, 등록디자인권의 권리범위 판단과 자유실시디자인의 항변은 대비의 대상 및 판단 내용을 달리하고 있으므로, 자유실시디자인 항변을 허용하더라도 여전히 디자인권 등록의 실익이 없다고 볼 수 없다, ⑥ 이 사건에서와 같이 창작된 디자인을 입수한 자가 이를 제공 목적에 위반하여 부당하게 사용하는 경우에는 부정경쟁방지 및 영업비밀보호에 관한 법률 등에 의한 보호도 허용될 수 있다는 점 등을 들어, 결국 확인대상디자인은 선행디자인2로부터 쉽게 창작할 수 있는 자유실시디자인이라고 하여 이 사건 등록디자인과 대비할 필요 없이 그 권리범위에 속하지 않는다고 판단하여 원고의 청구를 기각하였고, 원고는 상고하였다.

나. 대법원 판결

대법원에서는 신규성(법 제33조) 및 신규성 상실의 예외 규정(법 제36조)의 취지를 간략히 설시하고, ① 이미 공지된 디자인이라 하더라도 신규성 상실의 예외 규정의 적용을 받아 이미 등록되었다면, 이와 동일·유사한 디자인은 등록디자인이 무효로 확정되지 않는 한, 등록디자인의 독점·배타권의 범위에 포함되는 것이다 ② 신규성 상실의 예외 적용에 따른 제3자의 불이익은, 일정한 시기적·절차적 요건을 정하고 있고, 출원일이 소급되지는 않게 하고 있으므로, 권리자와 제3자의 이익균형을 도모하고 있다 ③ 출원전 자유실시디자인이었다 하더라도 신규성 상실의 예외 규정에 따라 등록된 디자인과 동일·유사한 디자인은 공공의 영역에 있다고 단정할 수 없어 이에 기초한 자유실시디자인 주장은 허용되지 않고, 이를 허용하면 창작에 기여한 바가 없는 자에게 선사용에 따른 통상실시권을 넘어서는 과도한 권리를 부여하게 된다는 점을 들어, 결국 공지예외 규정이 적용된 공지디자인에 기초한 자유실시디자인의 주장은 허용되지 않는다고 판시하고 원심판결을 파기 환송하였다.

3. 해설

가. 자기공지와 신규성 상실의 예외

새로운 발명이나 디자인을 창작한 자가 복수 존재할 때에 누구에게 특허권·디자인권을 부여할 것인지의 문제는 법정책적인 문제일 것인데 이를 선택하는 체제로는, 종전 미국에서 채택한 것으로 출원일의 선후에 불구하고 먼저 발명한 자에게 특허권을 부여하는 이른바 선발명주의 체제가 있고, 이에 반하여 발명이나 디자인의 창작시점의 전후는 현실적으로 정확하게 파악하기 힘들다는 점과 선발명주의 체제 하에서는 창작자가 자신의 창작을 신속하게 출원·공개할 동기가 부여되지 않는다는 점 등에 기인하여 발명 시점의 선후에 불구하고 먼저 출원한 자에게 권리를 부여하는 이른바 선출원주의 체제가 있다. 이러한 선출원주의는 종전에 선발명주의를 거의 유일하게 채택하고 있었던 미국에서 마지막으로 채택하게 되면서 현재 전 세계의 국가에서 채택하고 있다. 선출원주의 하에서는 출원 시점을 기준으로 공지된 발명(디자인)은 이미 공중의 영역에 존재하는 것으로 보아 누구나 자유롭게 실시할 수 있는 것이 되므로 특허권·디자인권과 같은 독점배타적 권리의 대상이 될 수 없고, 이를 신규성 및 진보성(창작비용이성)의 명칭 하에 해당 권리가 설정되기 위한 요건으로 관련 법에서 규정하고 있다.

그런데 선출원주의 하에서 신규성의 상실은 창작자 자신 혹은 타인에 의한 것인지의 여부를 묻지 않으므로, 타인에 의하여 공개된 발명(디자인)에 의하여 발생될 뿐 아니라, 창작자 자신에 의한 공개 행위에 의해서도 발생하게 된다.[2] 따라서 발명·디자인의 창작을 한 자가

2) 한편 선발명주의 하의 종전의 미국에서 신규성의 상실은 단지 타인에 의한 발명에 의하여 발생할 수 있을 뿐이므로, 자신의 발명의 공개에 의해서 신규성 상실은 발생하지 않고, 다만 자신의 공개 후 일정한 기간

자신의 발명·디자인에 관하여 출원을 하기 전에 자신의 발명·디자인을 공개하는 행위를 하게 되면, 자신의 공개행위에 의하여 결국 등록을 받지 못하게 되는 결과가 되고, 이러한 점은 종전 선출원주의 제도에 대한 이해가 부족한 일부 창작자에 의하여 의도하지 않은 결과가 되기도 하였다. 이러한 점을 보완하고 창작자의 권리를 좀 더 실효적으로 보호하기 위한 시도의 일환으로, 자신의 공개행위 후에 일정한 기간이 경과하기 전에 출원을 하는 것을 조건으로 자신의 공개에 의해서는 자신이 출원한 발명·디자인의 신규성 나아가 진보성(창작비용이성)이 부정되지 않도록 제도적인 개선이 있게 되었고, 이러한 것을 '신규성의제', '(자기)공지 예외', '공지되지 아니한 발명(디자인)으로 보는 경우' 등으로 지칭하고 있다(이하 신규성의제라고 함).[3)]

다만 신규성의제 등은 출원된 발명(디자인)이 자신이 공개한 발명(디자인)에 의하여 신규성·진보성(창작비용이성)이 부정되는 것을 방지할 수 있을 뿐이고, 타인에 의하여 독자적으로 창작되어 공개된 발명(디자인)에 의해서는 여전히 그 신규성 등이 부정될 수 있고,[4)] 이는 신규성의제 등의 규정에도 불구하고 창작자가 자신의 발명(디자인)에 대하여 출원을 조속히 하게 하는 동기로 작용하는 긍정적 효과가 발생한다.

한편 특허법과 디자인보호법 상의 신규성의제 관련 규정은 그 기원은 공통되는 것으로 볼 수 있고 종전에는 시기적 절차적 요건에서 큰 차이가 없었으나, 현행 특허법에서는 자기공지일로부터 12개월 이내에 출원해야 할 뿐만 아니라, 자기공지예외의 규정을 적용해 달라는 취지의 주장을 출원시 또는 일정한 기간 내에 하도록 요구되고 있다.[5)] 반면에 디자인보호법에서는 자기공지일로부터 12개월 이내의 출원만이 요구될 뿐, 자기공지예외의 적용을 위한 별도의 주장은 필요 없도록 개정되어 그 절차적 요건이 더욱 완화되었다.[6)]

이 경과하기 이전에 출원이 없다면 자신이 특허를 받지 못하게 될 뿐이다(이른바 Statutory bar). 종전(Pre-AIA) 미국 특허법 제102조(a)항 및 동조 (b)항 참조.

3) 한편 구미(歐美)에서는 Grace period(은혜기간), Non-prejudicial disclosure(불이익이 되지 않는 공개)의 용어를 사용하기도 한다. 신규성 의제 제도의 변천 등에 대해서는, 예를 들어, 김관식, "특허출원 당시 공지예외주장을 하지 않은 경우 분할출원 절차에서 공지예외주장을 할 수 있는지 여부 - 특허법원 2020. 9. 17. 선고 2020허3072 판결 -", 과학기술법연구 제28집 제2호, 2022, 3-45면 중 'Ⅱ. 공지예외주장(신규성의제)의 의의' 부분 참조.

4) 이에 비하여 현재 변형된 선출원주의(이른바 first-to-disclose)를 채택하고 있는 미국의 경우에는, 창작자가 공개한 발명과 동일한 발명의 공개는 이것이 제3자에 의한 독자적인 것이라 하더라도 선행기술에서 제외되므로(미국 특허법 제102조(b)(1)(B)항 및 Janice M. Mueller, Patent Law 6th ed., Walters Kluwer, 2020, p. 387 참조), 제3자의 독자적인 공개에도 불구하고 특허받을 수 있고, 이러한 점에서 종전의 선발명주의의 색채가 여전히 일부 남아 있다고 볼 수 있다.

5) 이러한 공지예외주장이 가능한 시기가 종전에는 출원시로 한정되었으나 점차 완화되어 현재에 이르고 있고, 이러한 변경에 대해서는 창작자의 보호를 강화하기 위한 것으로 보고 있다.

6) 한편 일본에서는 일단 디자인을 시장에 출시하여 시장의 추이를 보아서 필요시 디자인권을 출원하고 있는 디자인 관련 시장의 현황을 반영하기 위하여, 신규성 상실 예외 주장의 시기를 확대할 필요성이 있다는 주장도 있다. 정태호, "자유실시디자인과의 관계에 따른 디자인의 신규성 상실의 예외에 관한 개정 규정 관련 입법론의 비판적 검토", 정보법학 28권 1호, 2024, 39면의 각주 69) 참조. 한편 2025. 6. 1. 시행 일

나. 신규성의제 주장의 기초가 되는 공지사유

신규성의제 주장의 기초가 될 수 있는 공지사유에는 창작자 자신에 의한 모든 유형의 공개[7]가 포함되나, 창작자에 의하여 출원되어 조약·법률의 규정에 따라 국내외 특허청 등에 의한 출원공개·등록공고 등은 이러한 공지사유에서 제외되어 있다. 이는 종전 일본에서의 판결의 취지를 반영한 것으로,[8] 출원공개·등록공고 공보의 발간은 출원인에 의한 적극적 의사에 의한 것이 아니라, 제3자에 의한 독자적 공개에 준하는 것으로 본 해석의 결과로 볼 수 있다. 한편 이러한 제외 사유를 규정하고 있는 특허법, 디자인보호법 상의 규정 중 특히 '법률에 따라 국내에서 출원공개된 경우'를 공지예외 적용 사유에서 제외 하고 있는 부분이 헌법에 위반되는지 여부에 대하여 헌법소원심판이 청구된 바 있으나 헌법재판소에서는 그 합헌성을 인정하였다.[9] 이러한 판단과 관련하여 특히 '법률에 따라 국외에서의 공지' 부분이 포함된 것은 창작자의 권리를 과도하게 침해하는 것으로 헌법적인 문제가 있을 수 있어 삭제가 바람직하다는 견해도 있고,[10] 공지예외가 적용되는 공개의 유형을 엄격히 제한하는 중국, 유럽 등을 고려하여 유지하자는 견해도 있다.[11]

신규성의제 주장의 인정을 위한 실체적·절차적 요건의 광협의 범위를 정하는 것은 그 제도의 취지상, 논리필연적으로 정할 수는 없고, 결국 창작자의 권리의 보호와 공개된 발명(디자인)을 실시하는 제3자의 이익의 균형을 고려하여 정책적으로 결정될 수밖에 없다. 신규성의제 제도는 이미 공지된 발명(디자인)임에도 일정한 경우에 이를 근거로 신규성 등을 부정할 수 없도록 하는 예외적인 절차에서 출발하였으나, 점차 그 실체적·절차적 요건을 완화하여 창작자에 대한 실질적 보호를 강화하는 방향으로 변화되어 왔음은 부정할 수 없고 이러한 방향성에 대하여 어느 정도 긍정적으로 평가할 수도 있다. 하지만 신규성의제 주장의 인정 요건을 지나치게 완화한다면 결과적으로 선발명주의 체제에 근접하여 특허법 등의 기초를 이루는 선출원주의 체제의 근간이 훼손되고 또한 공개된 창작물을 자유롭게 실시할 수

본 의장법 제4조(의장의 신규성 상실의 예외)에 의하면, 신규성 상실의 예외 규정 적용의 취지를 기재한 서면을 출원 시에 제출하고 그 증명서류는 출원일로부터 30일 이내 제출하여야 한다(동조 제3항). 다만 증명서류의 제출은 출원인의 귀책 사유에 의한 것이 아닌 경우, 일정기간 연장이 가능하다(동조 제4항).

7) 이에는 자신의 적극적인 공개행위에 의한 것뿐만 아니라, 제3자에게 공개를 의뢰하여 공개하거나 제3자가 공개의 허락을 받아 공개하는 행위도 포함된다. 특허법원 2016. 10. 20. 선고 2015허7308 판결; 특허청, 특허·실용신안 심사기준, 2023, 3236-3237면 등 참조.

8) 吉藤幸朔 저 YOU ME 특허법률사무소 역, 特許法槪說 제13판, 대광서림, 2000, 113-115면; 이규홍, "신규성 상실의 예외 규정의 적용범위 - 헌법재판소 2023. 7. 20. 선고 2020헌바497 결정 및 '관련판결'에 대하여 -", 정보법학 제28권 제2호, 2024, 8면의 각주 10) 참조.

9) 헌법재판소 2023. 7. 20. 선고 2020헌바497 결정.

10) 이규홍, "신규성 상실의 예외 규정의 적용범위 - 헌법재판소 2023. 7. 20. 선고 2020헌바497 결정 및 '관련판결'에 대하여 -"(주 9), 1-24면.

11) 윤기승, "특허법상 공지예외적용에 관한 연구", 국제법무 제11집 제1호, 2019, 5면.

있는 제3자의 이익이 부당하게 훼손 될 수밖에 없으므로 적절한 균형점을 유지할 필요가 있다. 한편 신규성의제 주장의 기초가 되는 공지의 유형 중에서 '의사에 반한 공지'는 현행 디자인보호법에서는 삭제되어 종전과 달리 특허법에만 규정되어 있다.

다. 자유실시기술(디자인)의 항변

이른바 자유실시기술 혹은 자유실시디자인의 항변은 특허권 또는 디자인권자에 의한 권리 침해의 주장이 있는 경우, 문제가 되는 실시 행위가 형식적으로는 등록 권리범위에 속한다 하더라도, 이러한 실시행위는 출원 당시에 이미 공지된 기술 혹은 디자인으로서 이미 공중에 의한 공유의 영역에 속하는 기술 혹은 디자인을 실시하는 것이어서 권리자에 의한 대항을 받지 않고 자유롭게 그 실시가 허용되어야 한다는 주장이다. 연혁적으로는 독일에서 공지기술을 포함하는 권리범위에 기초한 침해 주장이 있을 때 비침해 주장을 하기 위한 것으로 학설상 도입되었고 그 후 이른바 Formstein 판결에서 균등침해의 법리를 도입할 때에 균등침해에 따른 권리범위의 확장을 저지하기 위한 항변의 하나로 인정되었다.[12] 이러한 점을 들어 자유실시기술(디자인)의 항변은 균등침해에 대한 항변으로만 주장이 가능할 뿐 이른바 문언침해에 대한 항변으로는 주장이 허용되지 않아야 한다는 견해도 있었다.[13] 그런데 자유실시기술(디자인)의 항변은 기본적으로 출원시점에 이미 공중의 영역에 존재한 기술(디자인)은 특정인의 전유물이 될 수 없고 누구나 실시가 가능하여야 한다는 원칙에 기초하고, 일부 국가에서 문언침해에 대해서 자유실시기술(디자인)의 항변이 불허되고 있으나 그 논거에서 전제하고 있는 사정이 국내와는 상이하므로 단순히 일부 국가에서 불허된다는 사정만으로 우리나라에서도 불허되어야 한다고 볼 수는 없고, 오히려 중국의 경우에는 '현유기술의 항변'이라는 이름으로 문언침해·균등침해를 불문하고 자유실시기술의 항변이 명시적으로 허용되고 있다는 점을 들어 자유실시기술의 항변은 허용되어야 한다는 견해도 있었다.[14] 그 후 대법원 판결[15]에 의하여 이를 명시적으로 허용하게 되었다.

다. 공지예외주장 디자인에 기초한 자유실시디자인 주장의 허용 여부

이 사건에서는 창작자에 의한 디자인과 유사한 디자인이, 이를 창작자로부터 입수한 자

12) 상세는 예를 들어, 박성호, "2017년 지적재산법 중요 판례", 인권과정의, 2018. 5., 165면 참조.
13) 정차호, "권리범위확인심판 및 침해소송에서의 공지기술의 항변 및 자유실시기술의 항변", 성균관법학 제27권 제3호, 2015, 271-303면.
14) 김관식, "특허권의 문언침해와 자유실시기술 항변의 허부", 사법 41호, 사법발전재단, 2017, 333-365면.
15) 대법원 2017. 11. 14. 선고 2016후366 판결.

에 의하여 공지상태에 놓이게 되었고,[16] 그 후 창작자의 디자인권이 등록되었다. 원고가 등록 디자인과 동일·유사한 디자인을 실시하는 피고에 대하여 권리범위확인심판을 청구하자, 피고 등은 무효심판을 청구하였고 권리자는 비로소 자기공지예외의 적용을 주장하여[17] 무효심판은 기각되어 확정되었다.[18] 이때 공지된 디자인에 기초한 자유실시디자인의 주장이 허용되어야 하는지 여부는 결국 자유실시디자인과 공지예외주장의 근본적인 취지를 어떻게 보는가에 달려 있는 문제로 볼 수 있다.

전술한 바와 같이 출원시점을 기준으로 이미 공지된 기술(디자인)은 공중의 영역에 있는 것으로 자유실시기술(디자인)으로서 독점·배타권의 대상이 될 수 없는 것이 원칙이지만, 공지예외의 주장을 허용하는 것은 이미 공중의 영역에 있는 기술(디자인)임에도 불구하고 창작자의 권리를 실효적으로 더욱 보호하기 위하여 공개된 기술을 접한 공중이 자유롭게 이를 실시하거나 개량하여 실시하는 일부 공중의 이익이 불가피하게 훼손됨에도 불구하고, 정책적으로 도입된 것으로 보아야 할 것으로 생각된다. 이러한 제도의 도입으로 인하여 공중의 영역에 있는 발명(디자인)에 대하여 제3자의 실시는 사후적으로 금지되고, 이는 공개된 발명(디자인)을 권리자의 대항 없이 자유롭게 그대로 혹은 개량하여 실시할 수 있는 제3자의 이익이 침해되는 결과로 된다. 그런데 이러한 제3자 이익의 훼손은 공중의 영역에 있는 발명(디자인)에 대하여 공지 시점으로부터 일정기간이 경과한 이후에 독점배타적 권리가 형성됨에 따라 불가피하게 발생하는 것이다. 다만 이와 같이 공지 시점으로부터 일정한 시간이 경과한 후에 사후적으로 권리가 형성함에 따라 공중의 영역에 있는 발명(디자인)을 제3자가 자유롭게 실시할 수 있는지 여부가 불명확한 상태에 장기간 놓이게 되면 제3자의 권리가 지나치게 훼손될 우려가 있으므로 이러한 기간을 일정기간 제한할 필요가 있다. 이는 공지예외의 적용을 위한 요건의 하나로, 공지 시점으로부터 일정한 기간(종전에는 6개월, 현재는 12개월)[19] 이내에 출원하여야 한다는 시간적 요건이 규정된 이유로 볼 수 있다. 이러한 시간적 요건에 따라서 제3자는 공개된 발명(디자인)에 대하여 이러한 기간을 경과한 시점에서도 공개된 발명(디자인)을 대상으로 하는 출원이 없다는 점이 확인된다면 자유롭게 그 실시가 가능하게 되고, 이러한 시간적 제한 요건의 부과는 창작자와 제3자 이익의 균형을 찾으려는 노력의 일환으로 볼 수 있다.

한편 종전의 디자인보호법에서는 자기공지예외주장의 적용을 위하여 요구되는 출원의

16) 여기서 창작자에 의한 디자인의 공개가 창작자 자신에 의하여 이루어진 것은 아니고, 이로부터 디자인을 입수한 자가 이메일을 송부함으로써 공지 상태에 놓인 것이다.

17) 당시의 디자인보호법에서는 현재와 달리, 자기공지예외 적용을 위해서는 출원인이 이를 일정한 기간 중에 주장하여야 하는 것으로 되어 있었다.

18) 특허심판원 2022. 2. 25.자 2020당2746 심결.

19) 특허법은 2011. 12. 2. 개정으로, 디자인보호법은 2017. 3. 21. 개정으로 종전의 6개월이 12개월로 연장되었다.

시간적 제한과 더불어 현행의 특허법과 마찬가지로 자기공지예외의 주장을 일정한 시간적 제한 하에서 별도로 하도록 요구되었으나, 이 사건 소송 계속 중에 디자인보호법의 개정이 추진되어 결국 주장에 관한 관련 규정이 삭제되었다.[20] 이러한 삭제의 배경과 관련하여, 이 사건에서 자기공지예외의 주장이 심사 단계가 아닌 심판 단계에서 제기되었는데 이러한 점이 신규성 상실 예외 규정은 '제3자의 권익을 해치지 않는 범위 내에서' 등록여부 및 등록의 유효성 판단에 있어 예외 규정을 둔 것이라는 대법원 판결(대법원 2017. 1. 12. 선고 2014후1341 판결)에 비추어 볼 때, 자유실시디자인의 항변을 불허한다면 이는 제3자의 이익을 해치게 될 우려가 있고 이러한 점이 결국 권리범위확인심판에서 자유실시디자인의 항변을 받아들인 요인의 하나로 된 것이므로, 이 사건 대법원 판결에서 자유실시디자인의 항변이 불허되는 것으로 원심이 파기되었음에도 불구하고 이러한 논거의 기초를 제거하기 위하여 기간의 제한을 삭제한 것이라는 견해가 있다.[21] 이로써 현재는 자기공개가 있은 후 12개월 이내의 출원만으로 자기공지예외 규정이 적용된다.

한편 이 사건은 디자인권에 관한 사안이므로, 동일한 취지의 유사한 규정이 존재하는 특허권에 관한 사안에 대해서도 동일한 결론에 이를 수 있는지 여부가 논의의 대상이 될 수 있다.

이 사건 판결 당시의 관련 대법원 재판연구관의 일원에 의한 것으로 보이는 평석[22]에는 대법원 판결서에 나타나지 않은 일부 논거가 기술되어 있는데 이 중에서 다음의 내용이 주목할 만하다. 즉 특허권의 경우 특허청구범위는 문언침해로 동일성의 영역이고 그 권리범위가 해석상 균등의 범위까지 확장하며 이러한 확장을 저지하는 역할을 하는 것이 자유실시기술의 항변이라는 점을 전제로, 디자인권은 그 법문상 등록된 디자인과 동일한 영역뿐만 아니라 이와 유사한 영역까지 그 권리가 미치게 된다는 점에서 명확한 차이가 있으므로, 결국 디자인권에서는 이미 공중의 영역에 있는 디자인이라 하더라도 자기공지예외 주장의 인정에 따라 디자인권의 독점·배타적 권리가 설정되면, 해당 권리가 무효로 확정되지 않는 한 등록 디자인과 동일·유사한 디자인은 등록디자인권을 침해하게 되므로 자유실시디자인 항변의 여지가 없지만, 특허권의 경우에는 사정이 달라 이와 달리 판단할 여지가 있고 논의의 필요성이 있다는 취지로 기술하고 있다.[23]

---

20) 디자인보호법 제36조(신규성 상실의 예외) 제2항은 2023. 6. 20. 삭제되어 6개월 후 시행되고, 동조항의 시행은 시행일 이후 출원부터 적용한다.

21) 정태호, "자유실시디자인과의 관계에 따른 디자인의 신규성 상실의 예외에 관한 개정 규정 관련 입법론의 비판적 검토"(주 7), 33면 등 참조.

22) 이현경, "신규성 상실의 예외에 해당하는 선행디자인에 기초한 자유실시디자인 주장에 관하여 - 대법원 2023. 2. 23. 선고 2021후10473 판결을 중심으로", 사법 제70호, 2024, 755-791면.

23) 이현경, 위의 글, 783면("앞서 검토한 바와 같이 특허권의 경우에는 특허법에 의하여 부여된 특허권 효력범위보다 해석상 그 배타권의 범위를 확장하는 균등영역이 존재하기 때문에 제3자가 기존의 공지기술을

그런데 특허권과 디자인권은 그 보호체제가 기본적으로 동일하다고 볼 수 있고, 현재 신규성상실의 예외 규정과 관련하여 일부 차이점이 있음에도 불구하고 선출원주의의 원칙, 자유실시기술(디자인) 법리의 채용, 신규성상실의 예외 규정의 원칙적 적용 등의 점에서 차이가 없다고 볼 수 있으며, 특히 디자인권의 범위가 특허권과 달리 이미 동일·유사 영역에 미치므로 균등영역을 대상으로 하는 자유실시디자인의 항변은 가능하지 않음에 반하여 특허권은 그러하지 않으므로 달리 판단할 여지가 있다는 취지의 주장은 자유실시기술의 항변이 균등침해에 대해서만 적용된다는 점을 전제로 하고 있으므로, 특허권의 경우에는 달리 취급될 여지가 있어 향후 추가 검토가 필요하다는 견해에는 의문의 여지가 있다.

4. 판결의 의의

이 판결은 신규성상실의 예외 규정이 적용된 공지디자인에 기초한 자유실시디자인의 주장이 허용되는지 여부와 관련하여, 이를 명시적으로 부정한 최초의 사례로 그 의의가 있다.

이 판결에서 문제가 된 사안은 디자인권에 관한 것인데, 동일한 취지의 규정이 존재하는 특허권에 대해서도 그대로 적용될 수 있는지에 대해서는 논의가 필요하다는 견해도 있다. 다만 전술한 바와 같이 디자인에 관한 이 사건 판결의 취지가 발명에 관한 사안에서 달리 적용되어야 할 타당한 이유는 보이지 않는다고 생각된다. 향후 그 귀추가 주목된다.

이용하여 자유롭게 실시가능한 영역에 대한 고려가 필요하고, 그것이 자유실시기술 주장이 의미를 가지는 부분이다. 그와 달리 디자인권의 경우에는 법문상 등록권리의 독점·배타권이 유사한 디자인의 범위에까지 미치는 것이지 해석상 그 배타권의 범위를 확장하는 것이 아니다. 따라서 기존에 자유실시의 영역이었다 하더라도 법문상 정해진 등록 권리의 독점·배타권의 범위에 속하게 된 이상 자유실시가 더 이상 허용되지 않는다고 보아야 한다.") 및 787면("기술한 바와 같이 특허법과 디자인보호법은 특허권과 디자인권의 독점·배타권의 범위에 관하여 서로 달리 규정하고 있는바, 그와 같은 법 규정의 차이 등을 고려할 때 대상판결에서의 법리가 특허분야에도 그대로 적용될 수 있는지 여부에 관해서는 향후 추가적인 검토가 필요할 것으로 생각된다.") 참조.

10 등록상표 불사용항변의 법정손해배상청구에의 적용 여부

대법원 2016. 9. 30. 선고 2014다59712, 59729 판결[1)]

임철근 (법무법인(유한) 화우 변호사)

1. 사안의 개요

원고는 유전자검사업 등을 지정서비스업으로 하여 서비스표[2)] "크라운진"(이하 '이 사건 서비스표'라 한다)를 2008. 2. 25. 출원하여 2010. 3. 4.자로 등록받은 서비스표권자이고, 원고 승계참가인은 원고가 대표자로 있는 회사로 2010. 12. 6. 원고로부터 이 사건 서비스표에 관한 권리를 매수하여 2013. 2. 7. 참가인 명의로 등록을 마친 자이다. 참가인이 제1심법원에서 권리승계 참가함에 따라 원고는 소송에서 탈퇴하였다. 피고 회사(주식회사 크라운진)는 2008. 1. 16. 설립된 회사로 유전자검사업 등을 영위하는 회사이다.

원고는 피고 회사를 상대로 이 사건 서비스표와 유사한 표장들의 유전자검사업에의 사용금지 등과 손해배상의 일부 청구로 약 1억 원의 지급을 구하였다. 제1심판결(서울남부지방법원 2013. 9. 26. 선고 2012가합14853, 23338(병합) 판결)은 피고 회사의 이 사건 서비스표권 침해는 인정하였으나, 원고 또는 원고 승계참가인이 이 사건 서비스표권을 사용하여 유전자검사업 등 지정서비스업을 영위한 사실이 없다는 이유로 손해배상청구는 인정하지 않았다.

원고는 항소심에서 구 상표법 제67조의2(현행 제111조)에 기초한 법정손해배상청구를 예비적으로 추가하였으나, 원심판결(서울고등법원 2014. 7. 24. 선고 2013나71687 · 71694(병합) 판결)은 ① 피고 회사가 이 사건 서비스표를 침해하여 영업을 하는 동안에 원고 또는 원고 승계

---

1) [참조 및 관련 판례] 대법원 2002. 10. 11. 선고 2002다33175 판결(공2002하, 2705); 대법원 2004. 7. 22. 선고 2003다62910 판결 등.
[관련 평석 및 문헌] 정태호, "등록상표의 불사용(不使用)에 근거한 사용료 상당액의 손해배상책임 및 법정손해배상책임의 부정에 관한 고찰 - 대법원 2016. 9. 30. 선고 2014다59712, 59729 판결을 중심으로 -", 법학논집 제21권 제3호(2017. 3); 조영선, "불사용 상표에 대한 침해와 손해배상", 인권과 정의 437호(2013); 김원오, "상표법상 법정손해배상제도의 위상정립과 입법론적 과제", 지식재산연구 제11권 제1호(2016).

2) 2016년 개정된 상표법(법률 제14033호)에서 상표의 정의에 '서비스표'가 포함되는 것으로 변경되었으나, 이 사건은 동 상표법이 시행되기 전의 상표법이 적용된 사건이다.

참가인이 서비스표권자로서 이 사건 서비스표를 직접 사용하였다고 인정할 만한 자료가 없고, ② 피고 회사가 사용한 표장은 이 사건 서비스표와 유사하지만 그와 같거나 동일성이 있는 서비스표에 해당한다고 단정할 수도 없다는 이유로, 원고의 예비적 청구를 기각하였다.

2. 판결의 요지

(1) 구 상표법(2014. 6. 11. 법률 제12751호로 개정되기 전의 것) 제67조에 의하면, 상표권자는 자기의 상표권을 고의 또는 과실로 침해한 자에 대하여 통상 받을 수 있는 상표권 사용료 상당액을 손해액으로 주장하여 배상을 청구할 수 있다. 이 규정은 손해에 관한 피해자의 주장·증명책임을 경감해 주고자 하는 것이므로, 상표권자는 권리침해 사실과 통상 받을 수 있는 사용료를 주장·증명하면 되고 손해의 발생 사실을 구체적으로 주장·증명할 필요는 없다. 그러나 위 규정이 상표권의 침해 사실만으로 손해의 발생에 대한 법률상의 추정을 하거나 손해의 발생이 없는 것이 분명한 경우까지 손해배상의무를 인정하려는 취지는 아니므로, 침해자는 상표권자에게 손해의 발생이 있을 수 없다는 점을 주장·증명하여 손해배상책임을 면할 수 있다. 한편 상표권은 특허권 등과 달리 등록되어 있는 상표를 타인이 사용하였다는 것만으로 당연히 통상 받을 수 있는 상표권 사용료 상당액이 손해로 인정되는 것은 아니고, 상표권자가 상표를 영업 등에 실제 사용하고 있었음에도 상표권 침해행위가 있었다는 등 구체적 피해 발생이 전제되어야 인정될 수 있다. 따라서 상표권자가 상표를 등록만 해 두고 실제 사용하지는 않았다는 등 손해 발생을 부정할 수 있는 사정을 침해자가 증명한 경우에는 손해배상책임을 인정할 수 없고, 이러한 법리는 서비스표의 경우에도 동일하게 적용된다.

(2) 구 상표법(2014. 6. 11. 법률 제12751호로 개정되기 전의 것) 제67조의2 제1항은, '상표권자는 자기가 사용하고 있는 등록상표와 같거나 동일성이 있는 상표를 그 지정상품과 같거나 동일성이 있는 상품에 사용하여 자기의 상표권을 고의나 과실로 침해한 자에 대하여 손해액의 추정 등에 관한 제67조에 따른 손해배상을 청구하는 대신 5천만 원 이하의 범위에서 상당한 금액을 손해액으로 하여 배상을 청구할 수 있고, 이 경우 법원은 변론전체의 취지와 증거조사의 결과를 고려하여 상당한 손해액을 인정할 수 있다'는 취지로 규정하고 있다. 이는 위조상표의 사용 등으로 인한 상표권 침해행위가 있을 경우에 손해 액수의 증명이 곤란하더라도 일정한 한도의 법정금액을 배상받을 수 있도록 함으로써 피해자가 쉽게 권리구제를 받을 수 있도록 하는 예외적 규정이므로, 그 적용요건은 법문에 규정된 대로 엄격하게 해석하여야 한다. 따라서 상표권자가 이 규정에 따른 손해배상을 청구하려면, 상표권 침해 당시 등록상표를 상표권자가 실제 사용하고 있었어야 하고, 침해자가 사용한 상표가 상표권자의 등록상표와 같거나 동일성이 있어야 하며, 동일성 요건을 갖추지 못한 경우에는 통상

의 방법으로 손해를 증명하여 배상을 청구하여야지 위 규정에서 정한 법정손해배상을 청구할 수는 없고, 이러한 법리는 서비스표의 경우에도 동일하게 적용된다.

3. 해설

가. 상표법상 손해액 추정규정과 손해불발생항변

(1) 지식재산권 관련 법령상 손해액 추정규정의 의의

지식재산권 침해로 인한 손해의 경우, 손해가 무엇인지, 그러한 손해와 침해행위 사이에 인과관계가 있는지, 그 손해액이 얼마인지를 판정하는 것이 매우 어렵다. 특히 지식재산권의 특성상 유형물의 경우와 달리 침해행위의 적발이 어렵고(권리자가 사용하는 데 지장이 없어서), 침해가 어느 정도의 손해를 발생시키는 것인지 평가가 어렵다(권리자가 지식재산권을 사용할 수 있으므로 권리의 시가가 손해라고 보기도 어렵다). 이에 대부분의 법제는 지식재산권 관련 법률과 관련하여 지식재산권자를 두텁게 보호하기 위하여 손해액의 추정조항을 두고 있고, 우리나라 법도 마찬가지이다(특허법 제128조, 디자인보호법 제115조, 상표법 제110조, 부정경쟁방지 및 영업비밀보호에 관한 법률 제14조의2, 저작권법 제125조).

손해액을 추정하는 방법은 침해자의 이익액을 권리자의 손해액으로 추정하거나(특허법 제128조 제4항, 상표법 제110조 제3항 등), 지식재산권의 실시/사용에 대하여 합리적으로 받을 수 있는 실시료/사용료 상당액을 손해액으로 추정하는 등(특허법 제128조 제5항, 상표법 제110조 제4항) 여러 가지인데, 여러 추정조항들이 하나의 조문에 묶여 있기는 하지만 각각의 조항들이 그 연혁, 성질들에 있어 다르므로, 손해액 외에 손해 자체도 추정하는 것인지, 반증을 허용하는지 등에 있어서는 법령별로 그리고 조항별로 개별적인 검토가 필요하다.

(2) 실시료/사용료 상당액 추정조항에서 손해의 성격 – 규범적 의미에서의 손해?

실시료/사용료 상당액 추정조항에서의 합리적 실시료/사용료(특허법 제128조 제5항, 상표법 제110조 제4항)는 지식재산권 침해로 인한 손해배상 소송에서 '법이 정한 최소한의 손해배상'이라는 것이 일반적인 견해이다. 저작권 사건에서 대법원은 "저작권법 제93조 제2항에서는 저작재산권을 침해한 자가 침해행위에 의하여 이익을 받았을 때에는 그 이익의 액을 저작재산권자 등이 입은 손해액으로 추정한다고 규정하고 있고, 그 제3항에서는 저작재산권자 등은 위 제2항의 규정에 의한 손해액 외에 그 권리의 행사로 통상 얻을 수 있는 금액에 상당하는 액을 손해액으로 하여 그 배상을 청구할 수 있다고 규정하고 있는바, 이는 피해 저작재산권자의 손해액에 대한 입증의 편의를 도모하기 위한 규정으로서 최소한 위 제3항의 규정에 의한 금액은 보장해 주려는 것이므로, 결국 위 제2항에 의한 금액과 제3항에 의한 금액 중 더 많은 금액을 한도로 하여 선택적으로 또는 중첩적으로 손해배상을 청구할 수 있다고 보아야 할 것이다."고 판시하였다.[3)]

이처럼 실시료/사용료 상당액 추정조항에서의 합리적 실시료/사용료가 지식재산권 침해로 인한 손해배상 소송에서 '법이 정한 최소한의 손해배상'에 해당한다면, 손해액은 물론 손해의 발생 자체도 간주되는 것인지, 그리하여 침해자가 손해 발생 자체를 부인할 수 없는 것인지, 나아가 여기에서의 손해는 차액설에 따른 손해가 아니라 규범적 의미에서의 손해(normativer Schaden)[4)]에 해당하는 것인지에 대해 논의가 이어진다. 이에 대해서는 무형의 지식재산권 침해의 경우에는 유형물에 대한 침해의 경우와는 달리 침해자의 침해에도 불구하고 권리자가 여전히 그 지식재산권을 이용할 수 있고, 지식재산권의 침해로 인한 손해는 권리자의 독점성을 훼손하여 시장기회를 상실케 한다는 점에서, 그러한 침해로 인한 손해의 산정은 엄격한 차액설에 입각하여 파악할 것이 아니라 규범적 요소를 고려하여야 한다는 견해들이 유력하다(이른바 시장기회상실설,[5)] 기술독점훼손설[6)] 등). 정차호 교수의 "특허권 침해행위가 발생하는 경우 해당 특허권자는 침해행위로 인하여 실시계약을 체결할 수 있는 기회를 상실하고 결과적으로 실시료 상당의 손해를 입게 되므로 그러한 합당한 실시료를 손해액으로 인정하는 것"이라는 설명,[7)] 전효숙 전 헌법재판관의 "특허권은 그 자체만으로 적어도 실시료 수입을 얻을 수 있는 객관적인 이용가치를 가지고 있는 것이다. 특허권이 침해된 경우에는 이러한 객관적 이용가치의 훼손에 대한 대가, 즉 실시료 상당액이 최소한의 손해액이 된다고 할 수 있으며, 이는 부동산의 불법점유로 인하여 그 소유자가 입은 손해를 부동산의 객관적인 사용가치의 상실로 보고 통상 얻을 수 있는 임료 상당액을 손해액으로 산출하는 것과 비슷한 법리라고 할 수 있다"는 설명[8)]도 이러한 견해들의 연장선상에 있다.

---

3) 대법원 1996. 6. 11 선고 95다49639 판결.

4) 가해적 사태의 전후에 재산상태의 차이가 없더라도(즉 차액설에 따른 사실상의 손해가 없더라도) 사태의 진전을 평가적으로 고찰한다면 재산적 손해가 있는 것으로 다루어져야 하는 경우의 손해를 말한다.

5) 田村善之, 知的財産權と損害賠償, 弘文堂(2004), 308-313면; 양창수, "특허권 침해로 인한 손해배상 시론: 특허법 제128조 제1항의 입법취지와 해석론", 법조 588호(2005), 58면[정상조·박성수 공편, 특허법 주해Ⅱ(2010), 170면(박성수 집필부분)에서 재인용].

6) 정상조·박성수 공편, 위의 책, 179면(박성수 집필부분).

7) 정차호, "손해 없는 손해배상? : 통상 실시료 산정", 특허판례연구 개정판, 한국특허법학회(2012), 528면.

8) 전효숙, "특허권 침해로 인한 손해배상", 저스티스 제30권 제1호(1997), 31-32면.

(3) 상표법 제110조 제4항에 따른 실시료/사용료 상당액 청구와 손해불발생항변 - 특허법 등 다른 지식재산권법과의 차이

특허법, 저작권법 등 다른 지식재산권 법률에서는 이러한 규범적 손해개념에 따라 차액설을 일부 수정하거나 대체함으로써 권리자가 경쟁관계에서 지식재산권을 행사하고 있지 아니하다거나 행사할 사실상의 능력이 없다는 점 등은 항변이 되지 아니한다는 견해가 다수설이다(손해발생의제설). 우리 판례도 아직까지 특허권이나 저작권에 관하여 손해의 부존재 증명을 통해 실시료/사용료 상당액 추정조항의 적용을 배제한 예는 없다.

그러나 우리 판례는 상표법에 따른 사용료 상당액 추정조항에 대해서는 손해불발생의 항변을 인정하고 있다. 즉 대법원 2002. 10. 11. 선고 2002다33175 판결은 "구 상표법(2001. 2. 3. 법률 제6414호로 개정되기 전의 것, 이하 '법'이라 한다) 제67조 제2항은 같은 조 제1항과 마찬가지로 불법행위에 기한 손해배상청구에 있어서 손해에 관한 피해자의 주장 · 입증책임을 경감하는 취지의 규정이고 손해의 발생이 없는 것이 분명한 경우까지 침해자에게 손해배상의무를 인정하는 취지는 아니라 할 것이므로, 법 제67조 제2항의 규정에 의하여 상표권자 등이 상표권 등을 침해한 자에 대하여 침해에 의하여 받은 손해의 배상을 청구하는 경우에 상표권자 등은 손해의 발생사실에 관하여 구체적으로 주장 · 입증할 필요는 없고, 권리침해의 사실과 통상 받을 수 있는 금액을 주장 · 입증하면 족하다고 할 것이지만, 침해자도 손해의 발생이 있을 수 없다는 것을 주장 · 입증하여 손해배상책임을 면할 수 있는 것이라고 해석하는 것이 상당하다 할 것이다."는 전제 하에, ① 상표권자가 제3자에게 전용사용권을 부여하여 자신도 그 상표를 사용할 수 없는 경우 손해 발생 자체를 부정하였고, 이후 대법원 2004. 7. 22. 선고 2003다62910 판결에서 ② 일본 상표권자가 일본 내에서는 상표를 부착한 제품을 생산 · 판매하여 왔지만 침해자가 침해품을 유통시킨 대한민국 내에서는 생산 · 판매 등 영업활동을 하지 아니하였다는 사실인정에 터잡아 대한민국 내 침해자의 손해배상책임을 부정하였다.

이러한 실시료/사용료 상당액 추정조항에 따른 청구에서 다른 지식재산권과 달리 상표권의 경우에는 손해불발생항변을 할 수 있는 이유에 대해서는, "특허권이나 저작권은 기술의 발전과 지적 창작에 가치가 있어 그 자체로 재산적 가치를 갖는 것임에 비하여, 상표는 설령 그 창작을 위한 노력과 투자가 큰 경우에 있어서도 영업표지로서 사용에 의하여 업무상 신용이나 고객흡인력을 축적해 나가는 것이기 때문에 이러한 신용이나 고객흡인력이 화체되지 아니한 불사용상표의 객관적 가치는 매우 미미하거나 없을 수도 있다"와 같은 설명을 하는 경우가 대부분이다.[9] 이러한 설명은 일본 최고재판소 판례(이른바 小僧壽し 사건)[10]의

9) 편집대표 정상조, 상표법 주해Ⅱ(2018), 264면(염호준 집필부분).

10) 最高裁判所 平成9(1997)年 3月 11日, 平成6(オ)1102 判決.

'상표권은 특허권이나 실용신안권 등과는 달리 대상이 되는 표장 그 자체에 재산적 가치가 있는 것은 아니고, 권리자의 상품이나 영업활동과 결부될 때 비로소 재산적 가치가 인정되는 것'이라는 취지의 판시에 기초한 것으로 이해된다.[11] 즉 인간의 지적 창작물을 보호하기 위한 특허법, 실용신안법, 저작권법 등과는 달리 상표법의 목적은 상표에 화체된 영업자의 신용 및 이에 대한 소비자의 신뢰를 보호하려는 데에 있으므로, 상표법 제110조 제4항에 따른 청구에 대해 차액설에 따른 기존 이론을 수정할 필요가 없고 손해불발생항변을 인정하지 않을 이유도 없다는 것이다.

한편 이러한 판례와 통설의 태도에 대해, 우리 법제가 상표에 관하여 등록주의를 취하고 있는 이상, 등록되어 독점·배타성이 부여된 상표는 그 자체로 재산적 가치를 가지는 것이지 당해 상표가 실제로 '사용됨으로써' 비로소 재산적 가치가 화체된다는 논리는 근거를 발견하기 어려우며, 이를 관철하는 것은 사실상 사용주의를 강제하는 결과가 된다고 하면서, 상표권 침해의 경우에도 다른 지식재산권 침해의 경우와 마찬가지로 규범적인 손해의 인정 필요성이 있고(즉 손해불발생항변을 특허법과 상표법에 있어 달리 취급할 이유가 없고), 상표의 불사용은 사용료 상당의 손해를 평가/산정하는 하나의 요소로 고려하면 족하다는 비판적 견해도 매우 유력하다.[12]

나. 법정손해배상청구제도(상표법 제111조)와 손해불발생항변

(1) 법정손해배상청구제도의 도입 및 그 의의

법정손해배상청구조항은 한·미 FTA에서 법정손해배상에 관한 미국의 요구를 우리나라가 수용함에 따라 신설된 것으로, 2011년 법률 제11113호 개정 당시에는 상표법 제67조의2로 '5천만 원' 이하의 범위에서 법원이 상당한 손해액을 인정할 수 있도록 하였으나, 현행 법률인 제21065호 상표법 제111조에 의하면 '1억 원(고의적으로 침해한 경우에는 3억 원)' 이하의 범위에서 법원이 상당한 손해액을 인정할 수 있도록 하고 있다.

미국의 법정손해배상제도는 i) 원고의 피해 구제의 편의성, ii) 입증부담 경감기능, iii) 침해억제 기능, iv) 징벌적 기능이 복합적으로 작용하는 제도로,[13] 실손해 입증 완화보다는

---

11) 정태호, "등록상표의 불사용(不使用)에 근거한 사용료 상당액의 손해배상책임 및 법정손해배상책임의 부정에 관한 고찰 - 대법원 2016. 9. 30. 선고 2014다59712, 59729 판결을 중심으로 -", 법학논집 제21권 제3호(2017. 3.), 245면; 조영선, "불사용 상표에 대한 침해와 손해배상", 인권과 정의 437호(2013), 10면.

12) 조영선, 위의 글, 12-15면; 한편 정태호, 위의 글, 258면은 "등록상표가 사용되고 있지 않아도 그 상표 자체의 독특성이나 기발함에 의해서 얼마든지 '잠재적인 고객흡인력'이 인정될 수 있다면, 최저한의 사용료 상당액의 손해배상 책임을 인정하는 것이 최근의 브랜드의 창작적인 개발 동향과 브랜드의 개발에 상당한 투자가 이루어지는 거래계의 현실을 반영하고, 이러한 브랜드 개발에 따른 노력의 보상에도 부합하는 것"이라고 하고 있다.

침해억제를 위한 징벌적 성격이 강한 제도로 평가받고 있으나,[14] 우리나라의 경우 법정손해배상청구제도의 의의가 입증부담 경감에 있는지, 침해억제/징벌적 기능에 있는지는 현재까지의 판례만으로는 알기 어렵다.[15] 입증부담 완화와 관련하여서는 법원의 재량에 의한 손해액 인정 조항(상표법 제110조 제6항)과 어느 정도 차별화가 되는지 알 수 없고, 침해억제/징벌적 기능과 관련하여서는 상표법 제110조 제5항에 따른 5배 배상제도가 별도로 존재하고 있어, 상표법 제111조의 법정손해배상청구제도는 독자적 존재의의를 의심받기도 한다.

(2) 법정손해배상책임의 엄격한 성립요건

상표법 제111조 법문("자기가 사용하고 있는 등록상표와 같거나 동일성이 있는 상표를 그 지정상품과 같거나 동일성이 있는 상품에 사용하여 자기의 상표권 또는 전용사용권을 고의나 과실로 침해한 자") 상 일반적인 상표권 침해의 경우보다 성립요건이 더 엄격하다. 즉 ① '자기가 사용하고 있는 등록상표'여야 하고, ② 기존에 상표권 침해에 관한 법리는 동일·유사를 구분하여 판단하고 있지 않는데 비해 '동일성'이 인정되어야 한다.

대상판결은 본 조항과 관련하여 "위조상표의 사용 등으로 인한 상표권 침해행위가 있을 경우에 손해 액수의 증명이 곤란하더라도 일정한 한도의 법정금액을 배상받을 수 있도록 함으로써 피해자가 쉽게 권리구제를 받을 수 있도록 하는 예외적 규정이므로, 그 적용요건은 법문에 규정된 대로 엄격하게 해석하여야 한다. 따라서 상표권자가 이 규정에 따른 손해배상을 청구하려면, 상표권 침해 당시 등록상표를 상표권자가 실제 사용하고 있었어야 하고, 침해자가 사용한 상표가 상표권자의 등록상표와 같거나 동일성이 있어야 한다"고 판시함으로써 엄격한 해석의 원칙을 추가적으로 강조하였다. 따라서 동일성이 인정되지 않으나 유사성이 인정되는 상표의 경우에는 상표법 제110조 제6항에 따른 손해액 산정이 이루어진다.[16]

(3) 손해불발생항변의 법정손해배상청구에의 적용 여부

상표법 제111조 법문("자기가 사용하고 있는 등록상표")상 권리자가 등록상표를 사용하고 있을 것이 성립요건에 해당하는데, 이처럼 권리자가 등록상표를 사용하고 있는 경우에는 사용에 의하여 업무상 신용이나 고객흡인력이 상표에 축적되므로, 손해 자체가 발생하지 않았

---

13) 김원오, "상표법상 법정손해배상제도의 위상정립과 입법론적 과제", 지식재산연구 제11권 제1호(2016), 5면.

14) 김원오, 위의 글, 8-9면.

15) 다만 강명수, "저작권법 및 상표법상 법정손해배상제도 운용의 법제적 쟁점", 산업재산권 제60호(2019), 153면은 대상판결을 기초로 상표법 제111조의 법정손해배상청구제도가 징벌적 성격보다 손해전보의 성격을 강조하였다고 본다.

16) 상표법 제111조에 따른 청구를 배척하면서 상표법 제110조 제6항에 따라 손해액을 산정한 하급심 판결례로는 특허법원 2018. 11. 22. 선고 2017나2295 판결(상고기각, 확정), 특허법원 2024. 4. 25 선고 2023나10303 판결(미상고, 확정) 등이 있다.

다는 항변을 상정하기 어렵다.

다만 이와 별개로, 기존의 대법원 판례 및 다수설적인 견해에 따를 경우 손해액의 추정과 손해발생의 추정은 다르다는 전제 하에 불사용상표의 경우 영업상 손해가 발생하지 않는다고 해석되는데, 대상판결은 이러한 해석을 법정손해배상액의 산정에도 적용한 것이라고 보는 견해가 있고,[17] 법정손해배상제도의 운용방향 관점에서 보더라도 상표는 상표 그 자체가 아니라 사용에 의해 화체된 신용을 보호대상으로 하는 것이므로, 실손해발생과 전혀 무관하게 인정될 수 있는 제도로 운용하기는 어렵다는 견해가 있다.[18]

4. 판결의 의의

대상판결은 상표법 제110조 제4항에 따른 손해배상청구의 경우 손해불발생항변이 가능하다는 기존의 법리를 재확인하면서, 상표법 제111조에 따른 법정손해배상청구제도는 예외적 규정으로 엄격하게 해석하여야 하므로 등록상표를 실제 사용하고 있지 아니한 권리자는 동 제도에 따른 손해배상을 구할 수 없다는 점을 분명히 하였다.

다만 최근 지식재산권 침해로 인한 손해를 차액설의 관점에서 벗어나 규범적인 관점에서 바라보면서 상표권을 손해불발생항변을 인정하지 않는 특허권 등 다른 지식재산권과 다르게 취급할 필요가 없다는 견해가 유력해지고 있으므로, 향후의 판례 추이를 지켜볼 필요가 있다. 또한 법정손해배상청구제도(상표법 제111조)가 법원의 재량에 의한 손해액 인정 조항(상표법 제110조 제6항)과 차별화되어 능동적으로 활용될 수 있도록 하기 위한 고민도 추가로 필요할 것이다.

17) 정태호, 위의 글(주 11), 256면.
18) 김원오, 위의 글(주 13), 21면.

11 결합상표의 전체관찰과 요부관찰의 관계

대법원 2017. 2. 9. 선고 2015후1690 판결[1)]

최성우 (변리사)

1. 사안의 개요

가. 표장의 대비

이 사건 등록서비스표	선등록서비스표 1, 2, 3	선사용서비스표
자생초	자 생 자생한의원 자생한방병원	자생한방병원
한방의료업, 한의원업	한의원업, 한방병원업	한방병원업

나. 사건의 경위

원고는 2014. 7. 11. 특허심판원에 피고를 상대로 하여, 이 사건 등록서비스표는 그 출원 전부터 주지·저명한 선등록서비스표들과 표장 및 서비스업이 유사하여 수요자를 기만할 우려가 있는 것이고, 피고가 부당한 이익을 얻으려 하거나 원고에게 손해를 입히려고 하는 부정한 목적을 가지고 사용하는 것이어서 상표법 제7조 제1항 제11호 및 제12호의 등록무효

1) [참조 및 관련 판례] 대법원 2024. 10. 25. 선고 2023후11180 판결(공2024하, 1891); 대법원 2018. 8. 30. 선고 2017후981 판결; 대법원 2018. 3. 29. 선고 2017후2697 판결(공2018상, 841); 대법원 2017. 12. 28. 선고 2017후1984 판결; 대법원 2017. 7. 11. 선고 2014후2535 판결; 대법원 2017. 3. 15. 선고 2016후2447 판결 등.
[관련 평석 및 문헌] 박성호, "2017년 지적재산법 중요 판례", 인권과 정의 제473호(2018. 5); 손천우, "동물모양의 도형과 문자를 결합한 상표의 유사 여부에 관한 판단 기준", 사법 제1권 제44호(2018. 6); 이혜진, "의약품 상표의 유사 여부에 관한 판단 기준 - 대상판결", 사법 제1권 제45호(2018. 9) 등.

사유에 해당한다고 주장하면서 등록무효심판을 청구하였다.

이에 대하여 특허심판원은 2015. 5. 19. 이 사건 등록서비스표는 선등록서비스표들과 표장이 유사하지 않아 나머지 점에 관하여 더 살필 필요 없이 선등록서비스표들과의 관계에서 상표법 제7조 제1항 제11호 및 제12호에 해당하지 않는다는 이유로 원고의 위 심판청구를 기각하는 이 사건 심결을 하였고, 원고가 이 심결에 불복하여 제기한 심결취소소송에서 특허법원은 마찬가지 이유에서 원고의 청구를 기각하는 판결을 하였으며, 이에 원고가 2015. 10. 07. 대법원에 상고하였고, 대법원은 2017. 2. 7. 원심판결을 파기하고 사건을 특허법원에 환송하였다.[2)]

2. 판결의 요지

가. 원심판결(특허법원 2015. 9. 18. 선고 2015허3887 판결)

(1) 이 사건 등록서비스표와 선등록서비스표들, 선사용서비스표는 글자수, 구성글자가 달라 외관이 유사하지 않다.

(2) 이 사건 등록서비스표 '자생초'는 국어사전 등에 등재되어 있지 않은 조어이나, 앞의 두 음절인 '자생'은 '자기 자신의 힘으로 살아감', '저절로 나서 자람' 등의 '自生(자생)'의 의미로 많이 사용되고, '초'는 약초(藥草), 건초(乾草) 등과 같이 풀(草)을 의미하는 접미어로 많이 사용되어, 전체적으로 '스스로 자라는 풀' 등으로 관념된다. '자생초'는 저절로 자라는 '풀'을 의미하고, '자생'은 저절로 자라는 '상태' 등을 의미하므로, 관념이 서로 유사하지 않다.

(3) 이 사건 등록서비스표는 '자생초'로 호칭되고, 3음절로 호칭이 짧으며 식별력이 미약하거나 없는 부분을 포함하고 있지 않아 전체로서 호칭되고 일부만으로 약칭되지 않는다.

선등록서비스표 1은 '자생'으로 호칭되고, 선등록서비스표 2, 3과 선사용서비스표는 호칭이 5음절 또는 6음절의 '자생한의원' 또는 '자생한방병원'으로서 비교적 길고, 그중 '한의원', '한방병원'은 지정(사용)서비스업을 표시하여 식별력이 없으므로, '자생'만으로 호칭될 수 있다.

'자생초'와 '자생'은 앞의 두 음절이 동일하기는 하나, '자생초'는 '초'라는 음절이 부가되어 전체적으로 3음절이고, 부가된 마지막 음절인 '초'의 초성이 파열음으로서 비교적 명확하게 발음되어 전체적으로 청감이 유사하지 않으므로, 호칭이 유사하지 않다.

---

2) 본 건은 2016. 2. 29. 전부개정 상표법(법률 제14033호)에서 '상표'의 정의에 종전의 '서비스표' 개념이 통합되기 이전의 사건이므로 본 사건과 관련해서는 서비스표라는 용어를 사용하되, 해설에서는 주로 상표라는 용어를 사용한다.

(4) 결국, 양측 서비스표는 표장의 외관, 관념, 호칭이 모두 달라서 유사하지 않다.

나. 대법원 판결

(1) 판단기준

둘 이상의 문자 또는 도형의 조합으로 이루어진 결합상표는 그 구성 부분 전체의 외관, 호칭, 관념을 기준으로 상표의 유사 여부를 판단하는 것이 원칙이나, 상표 중에서 일반 수요자에게 그 상표에 관한 인상을 심어주거나 기억·연상을 하게 함으로써 그 부분만으로 독립하여 상품의 출처표시기능을 수행하는 부분, 즉 요부가 있는 경우 적절한 전체관찰의 결론을 유도하기 위해서는 그 요부를 가지고 상표의 유사 여부를 대비·판단하는 것이 필요하다.

상표에서 요부는 다른 구성 부분과 상관없이 그 부분만으로 일반 수요자에게 두드러지게 인식되는 독자적인 식별력 때문에 다른 상표와 유사 여부를 판단할 때 대비의 대상이 되는 것이므로, 상표에서 요부가 존재하는 경우에는 그 부분이 분리관찰이 되는지를 따질 필요 없이 요부만으로 대비함으로써 상표의 유사 여부를 판단할 수 있다고 보아야 한다.

그리고 상표의 구성 부분이 요부인지 여부는 그 부분이 주지·저명하거나 일반 수요자에게 강한 인상을 주는 부분인지, 전체 상표에서 높은 비중을 차지하는 부분인지 등의 요소를 따져 보되, 여기에 다른 구성 부분과 비교한 상대적인 식별력 수준이나 그와의 결합상태와 정도, 지정상품과의 관계, 거래실정 등까지 종합적으로 고려하여 판단하여야 한다.

(2) 파기이유

대상판결은 문자로 이루어진 이 사건 선등록서비스표들과 선사용서비스표가 공통으로 가지고 있는 '자생' 부분은 '자기 자신의 힘으로 살아감', '저절로 나서 자람' 등의 의미를 가진 단어로서 지정서비스업이나 사용서비스업과의 관계에서 본질적인 식별력이 있는 반면, 이 사건 선등록서비스표 2, 3 및 선사용서비스표의 '한의원'이나 '한방병원' 부분은 그 지정서비스업이나 사용서비스업을 나타내는 부분으로서 식별력이 없다. 나아가 기록에 의하여 알 수 있는 '자생한의원'이나 '자생한방병원'이라는 서비스표가 '한방의료업' 등에 사용된 기간, 언론에 소개된 횟수와 내용, 그 홍보의 정도 등에 비추어 볼 때 위 서비스표들에서 식별력이 있는 '자생' 부분은 이 사건 등록서비스표의 지정서비스업과 동일·유사하거나 최소한 경제적 견련성이 있는 '한방의료업' 등과 관련하여 일반 수요자들에게 널리 인식되어 그 식별력이 더욱 강해졌다고 할 수 있다. 이러한 점 등을 종합하여 보면 이 사건 선등록서비스표 등에서 '자생'은 독립적인 식별표지 기능을 발휘하는 요부에 해당한다.

한편, 이 사건 등록서비스표의 문자 부분 중 '자생' 부분은 이 사건 선등록서비스표 등의 요부와 동일하여 마찬가지로 강한 식별력을 가지는 반면에 '초' 부분은 약초(藥草)나 건초(乾草) 등과 같이 '풀'을 의미하는 한자어로 많이 사용되어 그 지정서비스업과 관련하여 약의 재료나 원료 등을 연상시킨다는 점에서 식별력이 높지 않다고 보일 뿐만 아니라, 강한 식별력을 가지는 '자생' 부분과 비교하여 볼 때 상대적인 식별력도 미약하다. 나아가 '자생초'가 '스스로 자라나는 풀' 등의 의미를 가진다고 하더라도 이는 사전에 등재되어 있지 아니한 단어로서 '자생'과 '초' 각각의 의미를 결합한 것 이상의 새로운 의미가 형성되는 것도 아니라는 점 등까지 보태어 보면, 이 사건 등록서비스표의 문자 부분 중 '자생'이 '초'와 결합한 일체로서만 식별표지 기능을 발휘한다고 보기는 어렵다. 또한 이 사건 등록서비스표 중 네모도형은 별다른 특징이 없는 부분으로서 문자 부분과의 결합상태와 정도 등에 비추어 위와 같은 판단에 아무런 영향을 줄 수 없다. 이러한 사정 등을 종합하여 보면 이 사건 등록서비스표에서는 '자생' 부분이 독립적인 식별표지 기능을 발휘하는 요부라고 할 수 있다.

그렇다면 이 사건 선등록서비스표 등과 이 사건 등록서비스표는 모두 요부가 '자생'이라고 할 것이므로, '자생'이 분리관찰이 되는지를 따질 필요 없이 위 서비스표들을 '자생'을 기준으로 대비하면 그 호칭과 관념이 동일하여 유사한 서비스표에 해당한다고 할 것이다.

그럼에도 원심은 이 사건 선등록서비스표 등과 이 사건 등록서비스표는 호칭과 관념 등이 유사하지 않아 그 표장이 유사하지 않다고 판단하였으니, 이러한 원심판결에는 서비스표의 유사에 관한 법리를 오해하여 필요한 심리를 다하지 아니하는 등으로 판결에 영향을 미친 잘못이 있다.

3. 해설

가. 개요

대상판결은 상표의 구성 중 요부가 존재하는 경우에는 분리관찰 여부를 따질 필요 없이 요부를 중심으로 대비·판단할 수 있음을 명확히 하고, 나아가 요부 인정의 구체적 기준과 판단 방법을 제시한 대표적인 판례이다.

대법원은 전체관찰이 원칙이고 요부관찰은 보완적임을 분명히 하면서도 실제로는 요부를 중심으로 한 유사 판단을 많이 해 왔으며[3] 대상판결은 같은 선상에 있다.

한편, 대법원은 "원심이 본원상표의 요부를 파악함에 있어 요부관찰은 분리관찰이 전제되

3) 대법원 1994. 5. 24. 선고 94후265 판결; 대법원 2001. 2. 23. 선고 98후63674 판결; 대법원 2006. 1. 26. 선고 2003도3906 판결; 대법원 2007. 3. 29. 선고 2006후3502 판결; 대법원 2008. 11. 27. 선고 2008후101 판결; 대법원 2014. 6. 26. 선고 2012다12849 판결 등.

어야 한다는 관점에서 위 'POS'와 'FIBER' 부분으로 분리관찰한 것은 부적절하다 할 것이나 …"라고 하여 분리관찰과 요부관찰이 별개임을 전제로 판시한 적이 있었는데,[4] 대상판결은 "상표에서 요부가 존재하는 경우에는 그 부분이 분리관찰이 되는지를 따질 필요 없이 요부만으로 대비함으로써 상표의 유사 여부를 판단할 수 있다"고 하여 이 점을 분명히 하고 있다.

나. 전체관찰의 원칙

상표의 유사 여부는 전체관찰을 원칙으로 하고 분리관찰과 요부관찰을 보완적으로 병행하여 판단하되, 궁극적으로는 상품의 근사성, 거래실정, 수요자의 주의도, 유통채널 등을 종합하여 출처 혼동 가능성이 있는지 여부에 따라 결정된다. 전자는 판단방법, 후자는 판단기준의 문제이며, 전자는 anti-dissection rule과 dominant feature rule, 후자는 multi-factor test와 overall impression 기준(미국) 내지 global appreciation 기준(유럽연합)에 해당한다.

전체관찰론(holistic test)은 대비되는 양 상표의 구성 전체를 종합적으로 비교하여 유사성 내지 혼동가능성을 판단하는 방식이고, 지배적 인상론 내지 요부관찰론(dominant feature test)은 상표 전체를 놓고 보았을 때 소비자의 시선과 기억에 가장 강하게 남는 '지배적인 부분'을 중심으로 유사성 내지 혼동가능성을 판단하는 방식이다. 요부관찰에 해당하는 지배적 인상론은 소비자가 상표를 보고 상품을 구매할 때 상표의 모든 세부 요소를 꼼꼼히 기억하기보다는 가장 두드러지는 특징에 의해 출처를 인식한다는 경험칙 내지 현실을 반영한다. 다만, 지배적 인상론은 전체 관찰론의 예외적 혹은 보충적인 판단 방법으로 사용되는 것이지 대등한 평가방법은 아니다.

다. 분리관찰의 개념

분리관찰이란 결합상표의 각 구성 부분을 개별적으로 떼어내어 관찰하는 방법을 말한다. 원칙적으로 상표의 유사 여부는 상표의 구성 전체를 기준으로 해야 하지만, 상표를 구성하는 문자나 도형 요소가 서로 독립적인 경우에는 실무상 부분별로 나누어 비교할 수 있다는 것이다. 대법원은 "문자와 문자가 결합된 결합상표는 반드시 그 구성 부분 전체에 의하여 호칭·관념되는 것이 아니라 각 구성 부분이 분리 관찰되면 거래상 자연스럽지 못하다고 여겨질 정도로 불가분적으로 결합되어 있는 것이 아닌 한, 그 구성 부분 중 일부만에 의하여 간략하게 호칭·관념될 수도 있는 것이고, 또 하나의 상표에서 두 개 이상의 칭호나 관념을

4) 대법원 2000. 4. 11. 선고 99후2013 판결(POSFIBER 사건).

생각할 수 있는 경우에 그 중 하나의 호칭·관념이 타인의 상표와 동일 또는 유사하다고 인정될 때에는 두 상표는 유사하다"고 한다.5)

예를 들어, 특허법원은 출원상표 'ADVANTAGE'와 선등록상표 'SERVER ADVANTAGE'를 비교하면서 'SERVER ADVANTAGE'는 앞의 'SERVER'와 뒤의 'ADVANTAGE'가 결합하여 새로운 관념을 만들어내는 불가분 일체의 표현이 아니므로 분리 관찰이 가능하다고 보았다.

라. 요부관찰의 개념

요부관찰은 상표를 구성하는 요소들 중에서 출처표시 기능을 담당하는 핵심 부분을 찾아 그 부분을 가지고 상표의 유사 여부를 판단하는 방법이다. 여기서 요부(要部)란 "일반 수요자에게 그 상표에 관한 인상을 심어주거나 기억·연상을 일으켜, 그 부분만으로도 독립적인 출처표시 기능을 수행할 수 있는 부분"을 의미한다.

어떤 상표가 식별력이 강한 단어와 흔히 있는 표현이나 간단한 도형이 결합된 상표라면, 소비자는 대개 흔히 있는 부분보다는 독특한 단어 부분을 기억·연상하여 출처를 식별하려고 하므로, 그 부분이 바로 요부가 된다. 따라서 요부가 존재하려면 적어도 상표의 구성 중 한 부분은 식별력 있는 요소이어야 한다.

요부관찰은 분리관찰과 밀접한 관련이 있지만, 양자는 다른 관점을 가진다. 분리관찰은 상표의 물리적 구성 요소별 비교라면, 요부관찰은 상표 구성 중 가장 중요하고 지배적인 부분에 초점을 맞춘다. 또한 분리관찰은 일반 수요자 시각에서의 인식의 문제이지만, 요부관찰은 식별력을 고려한 규범적 판단의 문제이기도 하다.

정리하면, 분리관찰과 요부관찰 모두 전체관찰을 보완하여 구체적 타당성을 찾기 위한 것이지만, 분리관찰은 상표의 구성이 분리하여 인식하는 것이 자연스러운 정도를 말하며 식별력 유무를 따지지 않지만, 요부관찰은 상표의 구성 중 식별력 있는 요부가 공통되어 출처를 혼동할 염려가 있는지를 따지는 것이고 따라서 분리관찰을 전제로 하는 것은 아님을 알 수 있다.

마. 전체관찰, 분리관찰 및 요부관찰의 관계

(1) 전체관찰의 원칙과 분리관찰·요부관찰의 보완

전체관찰, 분리관찰 및 요부관찰은 상충하기보다는 상호 보완적인 관계로 이해하는 것이 타당하다. 한국과 일본의 전통적 이론과 판례를 보면, 전체관찰을 원칙으로 하되 실무적

5) 대법원 2000. 10. 27. 선고 2000후815 판결.

으로 필요한 경우 분리관찰이나 요부관찰을 병행한다.

분리관찰과 요부관찰 또한 양립 불가의 개념이 아니며 서로 보완적이다. 분리관찰을 통해 상표의 어떤 부분이 실제 거래에서 독립적으로 인식될 수 있는지를 살펴보고, 그렇게 식별된 부분 가운데 규범적 판단에 따라 출처표시 기능이 강한 부분을 요부로 판단하게 된다. 전체관찰로 상표의 종합적 인상을 파악하고, 분리관찰로 세부 구성요소의 독립성을 검토하며, 요부관찰로 소비자의 기억에 남는 주요 부분을 비교하는 것이다.

(2) 분리관찰 또는 요부관찰이 가능한 경우

일반적으로 분리관찰 가능한 경우에는 요부관찰이 가능하며, 나아가 대상판결은 "상표에서 요부가 존재하는 경우에는 그 부분이 분리관찰이 되는지를 따질 필요 없이 요부만으로 대비함으로써 상표의 유사 여부를 판단할 수 있다"고 한다.

분리관찰의 핵심은 상표의 구성 요소들이 각각 독립적으로 인식될 수 있는지 여부이므로, 결합상표의 구성 부분이 물리적으로나 의미적으로 구분되어 있고, 그 결합이 하나의 새로운 뜻이나 일체감을 형성하지 않는다면 어떤 부분이라도 분리 관찰이 가능하다. 즉, 분리관찰은 상표의 구조와 소비자 인식에 달려있을 뿐, 반드시 식별력 있는 요소끼리여야만 가능한 것은 아니다.

한편, 분리 관찰되는 각각의 구성 부분이 요부가 아닌 경우에는 거래의 경험칙상 또는 식별력 있는 상표에 대해서만 배타적 효력을 인정하는 상표법의 대원칙상 그 부분이 공통된다고 해서 타인의 상표등록을 배제하거나 사용을 금지하지는 못한다. 결국 핵심은 분리의 문제가 아니라 대비되는 부분이 요부인지 아닌지의 문제로 귀결된다. 이 점에서 대상판결은 "상표의 구성 부분이 요부인지 여부는 그 부분이 주지 · 저명하거나 일반 수요자에게 강한 인상을 주는 부분인지, 전체 상표에서 높은 비중을 차지하는 부분인지 등의 요소를 따져 보되, 여기에 다른 구성 부분과 비교한 상대적인 식별력 수준이나 그와의 결합상태와 정도, 지정상품과의 관계, 거래실정 등까지 종합적으로 고려하여 판단하여야 한다."라고 한 것이다. 이처럼 요부 판단은 단순한 사실판단이 아니라 상대적 식별력, 결합상태, 거래실정 등 규범적 요소를 종합적으로 고려하는 판단이다.

4. 판결의 의의

특허심판원 심결과 특허법원 판결은 '자생초'가 '자생'과 '초'로 분리관찰되지 않으며 나아가 '자생'을 요부로 볼 수도 없다는 것이지만, 대상판결은 '자생'이 요부이므로 '자생초'가 '자생'과 '초'로 분리관찰이 되는지를 따질 필요 없이 '자생'을 기준으로 서비스표의 유사 여부를 판단할 수 있다고 한 점에 차이가 있다.

따라서 대상판결은 기존 판례에서의 전체관찰의 원칙과 요부관찰의 보완성을 확인하면서도 '요부의 독립성'을 보다 적극적으로 인정하였다는 점에 의의가 있다. 대상판결의 이러한 태도는 전통적인 이격적 관찰 원칙에 부합한다고 볼 수 있지만, 요부 인정이 과도하게 확장될 경우 전체관찰의 실질이 약화될 위험이 있으므로, 향후 판례에서는 요부의 존재를 인정함에 있어 그 명백성과 객관적 근거를 엄격히 요구함으로써 상표 유사 판단 법리의 균형을 유지할 필요가 있다.

이와 관련하여, 일본 최고재판소가 "복수의 구성요소가 결합된 결합상표에 대하여, 상표의 구성 부분 중 일부만을 추출하여 그 부분만을 타인의 상표와 비교하여 상표 자체의 유사 여부를 판단하는 것은, 그 부분이 거래자 · 수요자에게 상품 · 서비스의 출처표시로서 강하고 지배적인 인상을 주는 것으로 인정되는 경우 또는 그 외의 부분으로부터 출처표시로서의 호칭 · 관념이 생기지 않는다고 인정되는 경우 등을 제외하고는 허용될 수 없다"고 판시하여 요부관찰의 한계를 분명히 한 사례가 있는데,[6] 검토해 볼 여지가 있어 보인다.

---

6) 最高裁 平成19年(行ヒ)第223号、平成 20年 9月 8日(つつみのおひなっこや 사건).

12 현저한 지리적 명칭으로 구성된 상표의 식별력 취득

대법원 2018. 6. 21. 선고 2015후1454 전원합의체 판결[1)]

심석찬 (인하대학교 AI · 데이터법 센터, 선임연구원)

1. 사안의 개요

구 상표법(2016. 2. 29. 법률 제14033호 전부개정 전) 제6조 제1항 제4호(현행 상표법 제33조 제1항 제4호)는 현저한 지리적 명칭이나 그 약어(略語) 또는 지도만으로 된 상표는 식별력이 없는 표장 중 하나로 규정하고 있다. 다만 상표법은 식별력이 없는 표장이라 하더라도, 그 구성 요소들이 결합함으로써 단순한 지리적 의미의 범위를 벗어나 새로운 관념이 형성되거나 독자적인 식별력이 인정되는 경우에는 예외적으로 상표등록을 허용하고 있으며, 이때 새로운 관념 및 식별력의 유무는 구체적 사정에 따라 개별적으로 판단되어야 한다. 현저한 지리적 명칭과 '대학교' 등의 단어가 결합한 본 사안에서, 법원은 표장 간 결합으로 단순히 지리적 위치를 표시하는 데 그치지 않고 수요자들에게 상당한 정도로 인식될 수 있는 새로운 관념과 식별력을 취득하였다고 보아 위 조항에서 정한 등록배제 사유에 해당하지 않는다고 판단하였다.

---

1) [참조 및 관련 판례] 대법원 2012. 12. 13. 선고 2011후958 판결(공2013상, 193), 대법원 2018. 2. 13. 선고 2017후1342 판결(공2018상, 584), 대법원 2011. 4. 28. 선고 2009다19093 판결(공2011상, 1007).
[관련 평석 및 문헌] 한규열, "상표의 구성 중 현저한 지리적 명칭에 해당하는 부분의 사용에 의한 식별력 취득 여부", 대법원 판례해설 62호(2006년 상); 이헌, "현저한 지리적 명칭을 포함하는 상표의 식별력 판단", 사법 제46권 1호(2018) 1호(2018); 이규홍, "'현저한 지리적 명칭과 대학교를 의미하는 단어가 결합된 표장'(어메리칸 유니버시티) 사건에 관한 소고 - 대법원 2018. 6. 21. 선고 2015후1454 전원합의체 판결", IP LAW 연구 제2호, 지식재산법제연구원(2017) 등.

2. 판결의 요지

가. 원심판결(특허법원 2015. 7. 24. 선고 2015허642 판결)

원고는 대학교육업 및 이에 관한 강좌제공업 제공을 위해 학교명인 "AMERICAN UNIVERSITY"를 서비스표(제41류 교육 · 연구 · 강좌 제공 등)로 신청하였으나,[2] 특허청(현 지식재산처, 이하 대상판결 당시의 기관명칭인 특허청으로 표시함)은 구 상표법 제6조 제1항 제4호 및 제7호를 근거로 'AMERICAN'은 현저한 지리적 명칭, 'UNIVERSITY'은 업종 표시이므로 식별력이 없다는 이유로 거절하였다. 이에 원고는 해당 상표는 원고가 운영하는 대학교의 명칭으로 널리 알려져 있으므로, 원고가 제공하는 서비스의 출처 표시로 충분히 식별력을 가진다며 심결이 잘못되었음을 주장하였다.

이에 특허법원은 현저한 지리적 명칭과 식별력이 없는 기술적 표장이 결합하더라도, 그 결합으로 인해 새로운 관념이나 식별력이 형성되어 일반 수요자들이 특정 출처를 인식할 수 있는 경우에는 구 상표법 제6조 제1항 제4호의 적용 대상이 되지 않는다고 판시하였다. 법원은 원고의 상표가 현저한 지리적 명칭인 'AMERICAN'과 학교의 종류를 지칭하는 'UNIVERSITY'가 결합하여 단순히 '미국의 대학'이라는 보편적 관념을 도출하는데 머무르지 않고, 두 요소가 불가분적으로 결합한 전체로서 미국 워싱턴 D.C.에 위치한 특정 대학교의 명칭으로 인식되고 있다고 보았다. 따라서 이 상표는 새로운 식별력을 취득하였으며, 일반 수요자들에게 특정 교육기관의 출처를 표시하는 표장으로 기능한다고 인정하였다.

나. 대법원 판결

(1) 개관

특허청이 상고하였으나, 대법원 전원합의체는 이 사건 상표가 적어도 지정서비스업인 학교교육업에 관련하여 미국 워싱턴 D.C.에 위치한 종합대학교로서 '새로운 식별력'을 형성함을 인정하였다. 대법관 전원은 해당 상표가 구 상표법 제6조 제1항 제4호에 해당하지 않는다는 특허법원의 원심판결을 유지하는데 일치된 의견을 표명하였다. 다만, 새로운 식별력 형성의 구체적 의미와 기준에 관해 별개의견들이 있었다.[3]

---

2) 실제 신청한 상표는 "**AMERICAN UNIVERSITY**"이지만, 편의상 위와 같이 표기한다.

3) 김명수 대법원장을 비롯하여 김소영 · 권순일 · 박상옥 · 이기택 · 김재형 · 박정화 · 민유숙 대법관이 다수의견을, 고영한 · 김창석 · 김신 · 조재연 대법관이 제1 별개의견을, 조희대 대법관이 제2 별개의견을 작성하였다. 또한, 김소영 · 박상옥 · 김재형 · 박정화 대법관이 다수의견에 대한 보충의견을, 김창석 대법관이 제1 별개의견에 대한 보충의견을 작성하였다.

(2) 다수의견(법정의견)

다수의견은 구 상표법 제6조 제1항 제4호가 현저한 지리명, 그 약어 또는 지도만으로 이루어진 상표 · 서비스표의 등록을 제한하는 취지에 대해, 이러한 표장은 이미 일반 수요자에게 널리 알려져 있어 출처표시 기능을 수행하기 어렵다는 점에 있다고 명시하였다. 나아가 현저한 지리적 명칭이 식별력이 없는 다른 표장과 결합한 경우에도 원칙적으로 동일한 규정이 적용된다고 보았다. 다만, 그 결합으로 인해 기존의 지리적 의미를 넘어서는 새로운 관념이 형성되거나, 일반 수요자가 이를 특정 상품 또는 서비스와 연결하여 출처로 인식할 수 있을 정도의 식별력이 발생한 경우에는 상표 등록이 가능하다고 판시하였다(대법원 2012. 12. 13. 선고 2011후958 판결 참조). 즉 지리적 명칭과 다른 표장의 결합으로 새로운 관념이나 식별력이 형성되는 양상은 다양할 수 있으므로, 그 인정 여부는 사안별로 개별적 · 구체적으로 판단함이 타당하다는 것이다. 이에 따라 다수의견은 현저한 지리적 명칭과 '대학교'라는 단어의 결합이 단순한 지리적 표시를 넘어, 특정 교육기관의 명칭으로서 수요자에게 인식될 정도의 새로운 식별력을 형성한 경우에 이르렀다면, 해당 표장에 대하여 상표 등록이 허용된다고 판단하였다(대법원 2015. 1. 29. 선고 2014후2283 판결 참조).

법원은 이 사건 대학교는 미국 워싱턴 D.C.에 위치한 종합대학으로 1893년 설립된 이후 120년 넘게 'AMERICAN UNIVERSITY'를 교명으로 사용해 온점, 연혁, 학생 수, 대학시설, 국내외에서 알려진 정도, 포털사이트에서 검색되는 'AMERICAN UNIVERSITY'의 실제 사용 내용 등을 검토하였다. 이러한 사정을 검토한 결과, 해당 출원 서비스표는 지정서비스업인 대학교육업 등과 관련하여 미국 유학 준비생을 비롯한 일반 수요자에게 원고가 운영하는 특정 대학교의 명칭으로 상당한 정도로 알려져 있다고 보았다. 따라서 해당 대학교명은 현저한 지리적 명칭인 'AMERICAN'과 기술적 표장인 'UNIVERSITY'의 결합은 단순한 미국의 대학이라는 서술을 넘어 전체로서 새로운 관념을 형성하고, 더 나아가 해당 지정서비스업인 대학교육업 관련 새로운 식별력을 갖추고 있다고 판단하여 구 상표법 제6조 제1항 제4호 및 제7호의 대상에 해당하지 않는다고 판시하였다.

(3) 제1 별개의견

제1 별개의견은 구 상표법 제6조 제1항 제4호에서 현저한 지리적 명칭만으로 된 상표는 등록을 받을 수 없다고 규정하고 있지만, 이를 통해 현저한 지리적 명칭과 식별력이 없는 다른 표장이 결합되어 있는 상표는 등록을 받을 수 없다는 결론이 도출되는 것은 아니라고 보았다. 이어서 현저한 지리적 명칭에 대학교를 의미하는 단어가 결합된 표장이 상표로 등록을 받을 수 있는지 여부는 그 결합을 통해 본래의 현저한 지리적 명칭을 떠나 새로운 관념을 낳거나 식별력을 형성하는지 여부에 달려있다고 제시하였다.

이러한 관점에서 제1 별개의견은 다수의견이 현저한 지리적 명칭에 '대학교'가 결합하여 본래의 현저한 지리적 명칭을 떠나 새로운 관념을 낳거나 새로운 식별력을 형성하는지를 판단하지 않았다고 지적하였다. 대신 대학교육업 등과 관련하여 해당 표장이 특정 대학교의 명칭으로 상당한 정도 알려졌는지에 주안점을 두어 이를 근거로 구 상표법 제6조 제1항 제4호의 적용이 배제된다는 결론을 내리고 있다고 비판하였다. 즉 제1 별개의견에 따르면, 다수의견은 구 상표법 제6조 제1항의 판단기준이 되는 표장의 구성에 의한 '본질적인 식별력'과 같은 조 제2항이 규정하고 있는 '사용에 의한 식별력'을 혼용하고 있다는 것이다.

제1 별개의견에 따르면, 구 상표법 제6조 제1항의 제4호의 적용이 배제되는 식별력은 현저한 지리적 명칭에 식별력 없는 다른 표장이 결합함으로써 표장의 구성 자체에서 새로운 식별력을 형성한 것을 의미한다. 반면, 같은 법 제2항은 상표의 사용 결과 수요자 사이에서 그 표장이 특정인의 상품 출처표시로 식별될 수 있게 된 경우, 그 상표를 사용한 상품에만 등록을 허용한다고 규정하여, '사용에 의한 식별력'을 취득한 상표의 예외적 등록을 인정하고 있다. 따라서 제1 별개의견은 결합표장 자체에서 '본질적인 식별력'이 인정되면 제1항 제4호의 적용이 배제되어 상표등록이 가능하고, '본질적 식별력'이 부정되어 제1항에 따라 등록이 거절되는 경우라도 사용에 의한 식별력이 입증되면 제2항에 따라 예외적으로 등록을 허용하는 것이 우리 조문체계에 부합한다고 보았다.

또한 제1 별개의견은 이러한 지리적 명칭과 대학교를 의미하는 단어가 결합하여 대학교 명칭을 구성하는 방식은 국내외에 광범위하게 관행화되어 있어, 현저한 지리적 명칭에 식별력이 없는 '대학교'라는 표장이 결합하여 본래의 현저한 지리적 명칭을 떠나 새로운 식별력을 형성하고 있음을 언급하고 있다. 이러한 결합표장은 수요자들은 당해 교명을 쓰는 개별 대학을 구체적으로 알지 못하더라도, 해당 표장을 단순히 어느 지역의 대학을 지칭하는 일반적 표현으로 보기보다 특정 대학교의 명칭으로 인식하는 경향이 강하다는 점을 지적한다. 또한 현실적으로 현저한 지리적 명칭에 '대학교'가 결합된 교명은 동일 명칭의 대학이 사실상 존재하거나 신설되기 어렵고, 경쟁자가 이를 자유롭게 사용할 필요성도 미미하므로, 오히려 다수의견처럼 '수요자에게 알려졌는지'라는 주지성 기준을 앞서 판단하면 지리적 명칭이 포함되지 않은 교명과의 등록 가능 범위에 현저한 차별이 생겨 헌법 제11조의 평등원칙 침해 소지가 있다고 보았다. 나아가 학교명이 대학 운영주체의 직업수행 수단이며 상표권이 재산권임을 고려할 때(헌법 제15조, 제23조) 과도한 제한이 될 위험이 있다고도 분석하였다.

따라서 제1 별개의견은 구 상표법 제6조 제1항 제4호의 규정 취지와 상표법 조문체계 등을 고려할 때, 현저한 지리적 명칭과 대학교를 의미하는 단어가 결합한 결합표장에 대해서, 그 표장이 지칭하는 대학교가 실제로 존재하고, 그 운영 주체가 상표등록을 출원한 경우에는 등록을 허용하는 것이 타당하다고 보았다. 실제 특정 대학교의 명칭으로 사용되고 그 운영 주체가 그 명칭에 관하여 상표등록을 출원한 본 사안 역시 현저한 지리적 명칭과 '대학교'의 결합이 전체로서 새로운 관념을 창출하거나 새로운 식별력을 형성한 것으로 평가할 수 있으므로, 당해 표장은 구 상표법 제6조 제1항 제4호에 해당하지 않는다고 보아야 한다고 의견을 표명하였다.

(4) 제2 별개의견

제2 별개의견은 현저한 지리적 명칭과 대학교를 의미하는 단어가 결합된 이 사건 상표에 대하여, 그 구성 자체로는 본질적인 식별력을 판단할 수 없으며 지정상품의 종류나 사용분야를 검토하여야 한다고 의견을 제시하였다.

먼저 현저한 지리명과 '대학교'를 의미하는 단어가 결합된 표장이 대학교의 고유 업무와 관련하여 출원된 경우, 그 결합표장은 표장의 구성 자체만으로 본질적 식별력을 갖춘 것으로 보아 구 상표법 제6조 제1항 제4호에 해당하지 않는다고 해석함이 타당하다고 보았다. 대학교가 대학교육업·교수업 등 고유 업무와 관련하여 대학교 명칭을 상표로 사용하는 경우, 수요자들은 이를 특정 대학교를 표상하는 표지로 인식하는 것이 일반적이기 때문이다. 또한 상표등록을 허용하더라도 공익상 부당하거나 별다른 폐해가 발생한다고 보기 어렵고, 교명에 현저한 지리적 명칭이 포함되었다는 이유만으로 달리 평가할 근거도 없다고 지적하였다.

반면, 제2 별개의견은 현저한 지리적 명칭과 '대학교' 결합 표장이 대학의 고유 업무와 무관하게 수익사업 등을 이유로 지정상품·지정서비스에 관하여 출원된 경우에는 표장 자체에는 여전히 본래의 지리적 의미가 잔존하여 대학명 자체가 곧바로 본질적 식별력을 인정하기 어렵다는 입장을 제시하고 있다. 이때에는 사용에 의한 식별력이 구체적 증거를 통해 입증되어 수요자 사이에서 특정인의 출처표시로 인식되었음이 확인될 때에 한하여, 예외적으로 상표등록을 허용함이 타당하다고 보았다.

3. 해설

가. 현저한 지리적 명칭과 기술적 표장이 결합된 표장의 식별력 형성 기준

(1) 현저한 지리적 명칭

현저한 지리적 명칭은 일반 수요자에게 널리 알려진 국내외의 지리 명칭을 의미한다.

예컨대 국가명, 국내의 특별시·광역시·도의 시·군·구의 명칭, 저명한 외국의 수도명, 대도시명, 주 또는 이에 상당하는 행정구역의 명칭 그리고 현저하게 알려진 국내외의 고적지, 관광지, 번화가 등의 명칭과 약칭이 현저한 지리적 명칭에 해당한다.[4] 환언하자면, 소수의 특정인만이 알고 있는 명칭은 이에 해당하지 않으며, 지리적 명칭이 다의적인 의미를 지니는 경우에도 사용실태 등을 감안하여 현저한 지리적 명칭으로 보지 않을 수 있다. 지리적 명칭이 '현저한'지는 여부는 구체적·개별적으로 판단되어야 하는데, 명칭의 판단은 상표등록 여부 결정 당시, 국내의 거래실정과 일반 수요자나 거래자의 인식을 기준으로 한다.

(2) 구 상표법 제6조 제4항의 취지

식별력은 자신의 상품을 타인의 상품과 구별하게 하는 힘으로서, 상표의 가장 핵심적인 기능이다. 따라서 상표로서 기능할 수 있을 만큼의 식별력을 갖춘 표장만이 등록 대상이 된다. 구 상표법 제6조 제4항이 '현저한 지리적 명칭'을 상표등록에서 배제한 이유 역시 이와 같은 맥락을 같이한다. 현저한 지리명칭은 특정 출처를 식별하는 능력이 부족할 뿐 아니라, 이를 특정인에게 배타적으로 독점시키면 공익에 반하기 때문이다. 실무에서도 현저한 지리명칭은 지역 상인들의 상호, 간판, 원산지·소재지 표시 등으로 광범위하게 사용되는 경우가 많다. 만약 이를 한 개인이나 기업이 독점한다면, 예컨대 지역 특산품의 원산지 표시에 지장을 주거나, 지역브랜드 정책과 충돌하여 거래의 자유로운 질서를 해칠 수 있다. 즉, 이 규정의 입법 취지는 국내외적으로 널리 인식된 지리명칭을 특정 주체의 독점적 표지로 전용(專用)되지 않도록 함으로써, 공정한 경쟁과 원활한 거래질서를 보호하고, 누구나 지리적 사실을 진술할 자유를 보장하는데 있다.

(3) 기술적 표장과의 결합을 통한 식별력 형성

1) 기술적 상표의 식별력 문제

기술적 표장은 상품의 특성 내지 품질 내용을 기술할 목적으로 표시된 표장을 의미한다. 이러한 기술적 표장은 일반적으로 상품식별의 기능이 약하거나 부재하고, 설령 어느 정도 식별력이 인정된다고 하더라도 거래 질서상 누구나 자유롭게 사용할 필요가 있는 공익이 크므로 상표등록이 허용되지 않는다. 다만, 사용에 따라 식별력을 취득하였으면 예외적으로 등록할 수 있다.

2) 개별적·구체적 사안 검토를 통한 식별력 획득 판단 기준

법원은 현저한 지리적 명칭이 결합되어 있는 기술적 표장의 식별력 판단에 있어, 그 표장을 실제 교명으로 사용하는 대학이 지정서비스 수요자에게 상당한 정도로 알려져 있는지

4) 지식재산처, 상표심사기준, 제4부 제4장 1.1.1.

를 식별력 형성의 주된 기준으로 활용해 왔다. 이른바 2015년 '서울대학교' 판결에서 법원은 현저한 지리적 명칭인 '서울'과 기술적 표장인 '대학교'의 결합을 통해 "서울특별시 관악구 등에 소재한 국립 종합대학"이라는 새로운 관념이 형성되었다고 보았다.[5] 그 근거로 법원은 ① 약 68년간 '서울대학교'를 학교 명칭으로 계속 사용해 온 점, ② 약 20만 명 이상의 학사 및 10만 명 이상의 석·박사 졸업생 배출 규모, ③ 입학 지원 규모, ④ 전체 시설·조직의 규모, ⑤ 학술활동의 규모, ⑥ 교원 연구실적, ⑦ 인터넷 소개 기사의 총량, ⑧ 방문자 규모가 방대하다는 점, ⑨ "서울특별시 관악구 등에 소재하고 있는 국립 종합대학교"라고 백과사전 등에 등재되어 있는 점 등의 사정을 근거로 제시하였다. 이처럼 법원은 장기간의 사용, 압도적 규모, 사전·백과사전 등 공신력 있는 자료의 등재 등을 종합하여 결합 표장이 단순 설명·지리 표시를 넘어 교육기관의 출처표시로서 식별력을 취득했는지를 판단하고 있다.

이 사건에서도 법원은 원고의 상표를 현저한 지리적 명칭인 'AMERICAN'과 기술적 표장인 'UNIVERSITY'가 결합한 기술적 표장이라고 보되, 전체로서 지정서비스업인 대학교육업 등과 관련하여 새로운 식별력을 형성하고 있다고 판단하였다. 이를 판단하기 위해 해당 대학교의 연혁, 학생 수, 시설, 국내외 인지도, 그리고 국내 포털사이트에서 확인되는 'AMERICAN UNIVERSITY'의 실제 사용례를 종합적으로 검토하였고, 그 결과 위 표장이 교육기관의 명칭으로 인식될 정도의 신규 식별력을 갖추었다고 판단하였다. 구체적으로는 ① 해당 대학교가 워싱턴 D.C.에서 120년 이상 'AMERICAN UNIVERSITY'를 교명으로 사용해 온 점, ② 60개가 넘는 학위과정을 운영하고 학교와 학생 규모가 상당하며 그중 한국인 학생 비중도 적지 않은 점, ③ 국내외에서의 높은 인지도와 국내 포털 검색 결과 등을 근거로, 유학 준비생 등 수요자 사이에서 해당 대학교의 명칭으로 상당히 알려져 있음을 인정하였다.

나. 추가적 검토 사항: 본질적 식별력 판단 기준

(1) 본질적인 식별력 유무에 따른 판단

이 사건 다수의견에 대하여 제1 별개의견과 제2 별개의견은 '본질적인 식별력'의 판단 기준에 대해 별개 의견을 제시하고 있다. 먼저 제1 별개의견은 수요자 인지도에 따른 판단은 대학의 명성 또는 지역별 인지도 차이에 따라 등록 여부가 달라질 위험이 있고, 외국에서 저명한 대학조차 국내에선 등록이 거절될 수 있으며, 지리명이 포함된 대학과 그렇지 않은 대학 사이에 현저한 차별을 초래할 수 있다고 문제를 제기하였다. 이러한 차별은 헌법 제11조 제1항(평등권), 제15조(직업선택의 자유), 제23조(재산권) 침해 소지가 있다고 지적하였다. 이에 따라 제1 별개의견은 구 상표법 제6조 제1항 제4호의 규정 취지 등을 고려하여, 해당 사건

5) 대법원 2015. 1. 29. 선고 2014후2283 판결.

에서 지리적 명칭을 사용하는 대학교가 실제 존재하고, 그 운영 주체가 상표출원 등록을 하여 전체로서 새로운 관념을 낳거나 새로운 식별력을 형성한 때에만 상표등록을 허용해야 한다고 보았다. 나아가, 제1항의 본질적 식별력이 인정되지 않더라도, 사용에 의한 식별력이 입증된 경우에는 같은 조 제2항에 따라 예외적으로 등록을 허용하는 것이 조문체계상 타당하다고 주장하고 있다.

(2) 상품의 종류나 사용 분야에 따른 판단

제2 별개의견은 현저한 지리적 명칭과 기술적 표장인 대학교가 결합된 표장에 대해 지정상품의 종류나 사용 분야에 따라 식별력의 인정 요건을 달리해야 한다고 판단하고 있다. 우선 대학교의 고유 업무인 대학교육업, 교수업 등과 관련하여 지역 명칭이 들어간 대학교 명칭을 상표로 사용하는 경우, 수요자 일반은 해당 표지를 특정 대학의 표상으로 인식하는 것이 통상이고 공익상 부당한 침해 위험도 낮으므로, 그 자체로 본질적 식별력을 인정할 수 있다고 보았다. 반면 오늘날 대학이 수행하는 다양한 수익사업 등 고유 업무 외의 영역에 대해서는, 수요자 사이에 특정 출처로 인식될 정도의 구체적인지 형성이 입증된 경우에만 예외적으로 등록을 허용해야 한다는 의견을 제시하였다.

4. 판결의 의의

해당 판결은 현저한 지리적 명칭에 대하여 상표등록을 허용하지 않는 구 상표법 제6조 제1항 제4호의 규정 취지와 적용 범위를 분명히 하였다. 즉 거래사회에서 누구나 사용해야 할 공용의 표현을 특정인에게 독점시키지 않겠다는 공익의 적용 범위를 분명히 했다는 점에서 의의가 있다. 나아가 단순히 지리적 명칭이 포함되었다는 이유만으로 상표등록을 일률적으로 배제한 것이 아니라, 해당 규정이 추구하는 지역 명칭의 자유로운 이용 보장과 시장 내 오인·혼동 방지라는 목적을 재확인함으로써, 실무적 판단 기준을 보다 선명하게 제시하고 있다.

나아가 이 판결은 현저한 지리적 명칭 외의 다른 구성 부분이 결합한 경우에 전체로서 식별력의 유무를 판단해야 함을 명확히 제시하였다. 이때 판단의 핵심 기준은 수요자들의 인식에 기초한 '새로운 식별력'의 형성 여부이며, 객관적 자료를 검토하며 구체적인 판단기준을 제시하였다. 이러한 기준 제시는 지리명 결합 표장의 심사·심판 및 소송 실무 전반에 걸쳐 실무적으로 중요한 참조가 되는 판시라고 평가할 수 있다.

아울러 별개의견에서 논의된 본질적 식별력에 대한 접근 또한 주목할 필요가 있다. 해당 의견들은 상표의 본질적 식별력 형성을 헌법 및 상표법 전체적 관점에서 검토하였으며, 이는 상표법 해석과 심사 논리를 한층 더 정교화하는 데 기여한 것으로 평가된다.

13 상표의 유사 여부 판단에서 구체적 거래실정의 고려

대법원 2019. 8. 14. 선고 2018후10848 판결[1]

김병일 (한양대학교 법학전문대학원 교수)

1. 사안의 개요

원고가 이 사건 등록상표를 2013. 11. 2. 출원하여 2015.1. 20. 등록받은 후, 2016. 6.경 피고와 동업으로 A회사를 설립하고, 피고를 A회사의 대표자로 선임하였다. 그런데 2016. 9.경 당사자 사이에 분쟁이 발생하자, 원고는 피고에게 이 사건 등록상표의 사용 중단을 요구하였다. 이에 피고는 '확인대상표장이 부착된 피고 제품을 판매하였고, 원고를 상대로 이 사건 등록상표 ' '의 경우 하나의 라인이 중심에서부터 외곽을 향하여 나선 형태로 배치되어 나이테 등 식물 줄기 단면의 형상을 가지나, 확인대상표장 ' '의 경우 장미꽃을 추상화한 것으로서 다수의 꽃잎이 방사상으로 배치된 형상을 나나나고 있으므로, 확인대상표장은 이 사건 등록상표와 상이하여 그 권리범위에 속하지 않는다고 주장하면서 소극적 권리범위확인 심판을 청구하였다.

---

1) [참조 및 관련 판례] 대법원 1992. 2. 25. 선고 91후691 판결(공1992, 1169); 대법원 2014. 3. 20. 선고 2011후3698 전원합의체 판결(공2014상, 966); 대법원 2017. 2. 9. 선고 2015후1690 판결(공2017상, 591); 대법원 2017. 3. 9. 선고 2015후932 판결(공2017상, 662).
[관련 평석 및 문헌] 이혜진, "상표의 유사 여부 판단에서 구체적 거래실정의 고려", 법조 제69권 제2호(통권 제740호), 2020; 문선영, "상표권 침해에 있어서 유사와 혼동에 관한 연구", 법학연구 제61권 제2호, 2020; 특허법원 지적재산소송실무연구회, 지적재산소송실무(제4판), 박영사, 2019; 정상조 편집대표, 상표법주해 I, 박영사, 2018; 구민승, "상표침해소송에서 거래실정을 고려한 상표 유사 판단", 대법원판례해설 제106호, 법원도서관, 2016; 한동수, "상표법 제7조 제1항 제7호의 해석론", 특허소송연구(5), 특허법원, 2010; 유영선, "상표의 유사 여부 판단 실무에 대한 비판적 고찰", 특허소송연구 5집(2010. 12), 특허법원, 2010; 전효숙, "상표와 상품의 동일·유사", 특허소송연구, 2000.

이 사건 등록상표	확인대상표장
Saboo	sobia
상품류 구분 제3류의 고형 비누, 고형화장비누, 목욕비누, 미용비누, 인체용 비누, 샤워폼 및 배스폼	인체용 비누

2. 판결의 요지

가. 심결(특허심판원 2018. 1. 8.자 2017당3328호 심결)

특허심판원은 '확인대상표장은 이 사건 등록상표와 표장이 유사하지 아니하므로 그 사용상품과 지정상품의 동일·유사 여부를 살펴볼 필요 없이 이 사건 등록상표의 권리범위에 속하지 않는다.'는 이유로 심판청구를 인용하는 심결(이하 '이 사건 심결'이라고 한다)을 하였다.

나. 원심판결(특허법원 2018. 5. 18. 선고 2018허1622 판결)

특허법원은 '상표권의 권리범위 확인심판에서 등록상표와 확인대상표장의 유사 여부는 그 외관, 호칭 및 관념을 객관적·전체적·이격적으로 관찰하여 해당 상품의 거래에서 일반 수요자들이 느끼는 직관적 인식을 기준으로 그 상품의 출처에 관하여 오인·혼동을 일으키게 할 우려가 있는지에 따라 판단하되(대법원 2014. 3. 20. 선고 2011후3698 전원합의체 판결 등 참조), 해당 상품을 둘러싼 일반적인 거래실정과 상표의 주지 정도 및 해당 상품과의 관계 등을 종합적·전체적으로 고려하여야 하고(대법원 2006. 10. 26. 선고 2005후2250 판결; 대법원 2000. 1. 21. 선고 99후2532 판결 등 참조), 해당 상품에 관한 당사자의 구체적인 거래실정을 아울러 고려할 수 있다.'고 판시하고, 이 사건 등록상표와 확인대상표장의 도형과 문자 부분, 해당 상품의 구체적인 형상과 모양 및 그 포장의 구체적인 형태(아래 우측 사진 참조)의 거래실정을 고려하면, 상품의 출처에 관하여 오인·혼동을 일으킬 우려가 있다고 보아, 양 표장이 유사하다고 판단하고, 이와 달리 판단한 이 사건 심결을 취소하였다.

이 사건 등록상표가 사용된 상품	확인대상표장이 사용된 상품
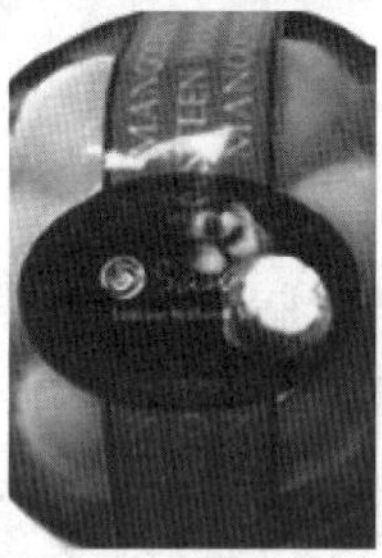	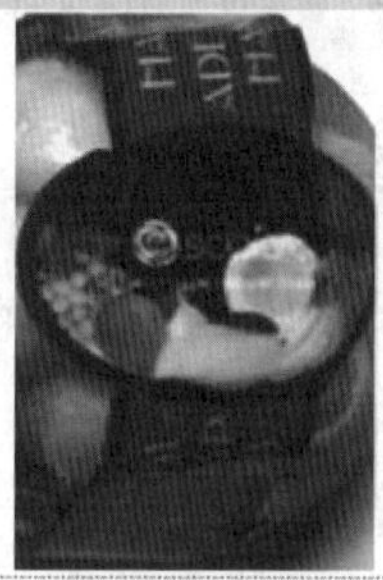

다. 대법원 판결

대법원은 대상판결에서, 상표의 유사 여부 판단에 있어서 '당해 상품에 대한 표장의 사용사실이 인정되는 경우 표장의 주지 정도 및 당해 상품과의 관계, 표장에 대한 수요자들의 호칭 및 인식 등 당해 상품을 둘러싼 거래실정을 종합적 · 전체적으로 고려하되, 상품의 구체적인 형상과 모양 및 그 포장의 구체적인 형태 등과 같이 그 상품에서 쉽게 변경이 가능한 특수하고 한정적인 거래실정을 비중 있게 고려하여서는 안 된다'고 판시함으로써 상표의 유사 여부 판단에 있어서 당해 상품을 둘러싼 구체적 거래실정을 고려하여야 한다는 태도를 명확히 하였다.

대법원은 위 판단 기준에 따라, 확인대상표장과 등록상표 양 표장 중 도형 부분은 꽃모양으로 서로 동일 · 유사하나, 위 도형 부분이 주지 · 저명하거나 수요자들에게 강한 인상을 주는 부분이라고 볼 수 없고, 식별력을 인정하기 곤란하거나 이를 공익상 특정인에게 독점시키는 것이 적당하지 않은 반면, 등록상표 중 'Saboo' 부분은, 조어로서 지정상품과의 관계에서 도형 부분에 비하여 상대적으로 식별력이 높고, 수요자들도 등록상표를 영문자 부분인 '사부'로 호칭해 온 사실이 인정되므로 요부라고 할 것인데, 등록상표의 'Saboo' 부분과 확인대상표장의 'sobia' 부분은 외관뿐만 아니라 호칭도 각각 '사부'와 '소비아'로 서로 차이가 있으므로 유사하지 않은데도, 거래실정을 고려한 양 표장의 외관 및 호칭의 차이에도 불구하고, 나아가 상품의 구체적인 형상과 모양 및 포장의 구체적인 형태 등과 같이 상품에서 쉽게 변경이 가능한 특수하고 한정적인 거래실정을 비중 있게 고려하여 양 표장이 유사하다고 본 원심판단에 법리를 오해하여 판결에 영향을 미친 위법이 있다고 보고 원심판결을 파기하였다.

3. 해설

가. 쟁점

이 사건의 쟁점은 상표의 유사 여부 판단에 있어서 해당 상품에 대한 표장의 사용사실이 인정되는 경우, '구체적인 거래실정'을 고려할 것인지 여부와 이를 고려할 경우 상품의 구체적인 형상·모양·포장 등의 변화가 용이한 '특수하고 한정적인 거래실정'도 고려 대상에 포함될 수 있는지에 관한 것이다.

대법원의 확립된 판례는, 상표의 유사 여부는 '상품출처의 혼동 여부'를 기준으로 판단해야 하되, ① 관찰대상은 외관, 호칭, 관념이고, ② 관찰방법은 객관적·전체적·이격적인 관찰이며, ③ 판단 기준은 거래상 일반 수요자나 거래자가 상표에 대하여 느끼는 직관적인 인식이라고 일관하여 판시하고 있다.[2] 이러한 상표의 유사 여부 판단에 있어서 당해 상품을 둘러싼 구체적 거래실정을 고려하여야 한다는 견해가 통설이고 구체적 거래실정을 고려하여야 한다는 점은 오래전부터 판례에도 반영되어 있다고 할 수 있다.[3] 다만, 고려되는 거래실정의 범위에 관하여는 논란이 있으며, 종래에는 이를 고려한 판례와 고려하지 않은 판례가 모두 존재하였다. 대상판결은, 상표의 유사 여부 판단 시 구체적 거래실정의 고려 여부 및 고려 대상 거래실정의 구체적 범위에 관한 판단 기준을 제시하였다. 이하에서는, 상표의 유사 여부 판단에 있어서 구체적 거래실정의 고려 여부 및 그 범위에 관한 법리적 쟁점들을 살펴본다.

나. 거래실정의 종류

(1) 추상적 거래실정 및 구체적 거래실정

'추상적 거래실정'이란, 경험칙을 기반으로 한 거래실정을 의미하며, 해당 상품류에 대한 시장의 성격, 수요자들의 주의력, 일상 언어생활 등과 관련된다. 반면, '구체적 거래실정'은 상표의 사용사실이 인정되는 경우에, 그 상표가 상품에 사용되고 있는 거래실정을 의미

---

2) 대법원 2010. 12. 9. 선고 2009후4186 판결; 대법원 2009. 4. 9. 선고 2008후4783 판결; 대법원 2006. 8. 25. 선고 2005후2908 판결 등 다수.

3) 상표가 유사하고 일반적 출처 혼동 염려가 있더라고 선등록상표가 주지저명 상표인 경우에 구체적 출처 혼동 염려가 없었으면 제7호는 적용되지 않는다는 대법원 판례의 경향 등을 감안하면(대법원 1996. 3. 8. 선고 95후1456 판결; 대법원 2004. 11. 12. 선고 2002도6994 판결; 대법원 2006. 11. 9. 선고 2005후3383 판결; 대법원 2013. 3. 14. 선고 2010도15512 판결; 대법원 2014. 6. 26. 선고 2012다12849 판결; 대법원 2012. 7. 26. 선고 2012후1262 판결 등 참조) 구체적 거래실정을 고려하여야 한다는 법리는 대상판결 이전부터 확립된 것으로 볼 수 있다.

한다. 예를 들어, 상표의 주지 정도 및 상품과의 관계, 수요자들의 호칭 및 인식, 상품의 속성 및 거래방식, 거래장소, 상표의 현존 및 사용상황 등이 이에 해당한다. 여기서 구체적 거래실정에는 일반적(一般的)·항상적(恒常的) 거래실정 및 특수적(特殊的)·한정적(限定的)[4] 거래실정이 포함된다. 일반적·항상적 거래실정의 예로는 상표의 지정상품에 대한 주지·저명성, 해당 상품과의 관계, 상표에 대한 수요자들의 호칭 및 인식 등을, 특수적·한정적 거래실정의 예로는 상품의 거래방법, 거래장소, 진열방식, 상품 및 포장의 형태, 상표의 사용 태양(위치, 배열, 크기 등)을 들 수 있다.[5]

(2) 구체적 거래실정의 검토

구체적 거래 실정을 고려할 것인지 여부는, 상표의 유사성 여부 판단에 있어 중요한 쟁점이다. 즉, 상표의 유사 여부를 평가할 때 주지, 저명성과 같은 실제 사용에 의한 식별력 강화 요소들을 고려할 필요가 있는지 아니면, 이러한 요소들을 배제하고 오로지 추상적 및 정형적인 표장 자체의 근사성(近似性)만을 기준으로 하여, 상표의 유사 여부를 판단하여야 하는지에 관한 문제이다. 대법원의 확립된 판례는 상표의 유사 여부 판단 기준으로 '상품 출처의 혼동 가능성'을 주된 기준으로 하고 있으며,[6] 상표의 유사성 여부를 평가함에 있어 해당 상품을 둘러싼 일반적인 거래 실정을 함께 고려하여야 한다는 법리가 자리 잡고 있다. 즉, '2개의 상표가 상표 자체의 외관·칭호·관념에서 서로 유사하여 일반적·추상적·정형적으로는 양 상표가 서로 유사해 보인다 하더라도, 당해 상품을 둘러싼 일반적인 거래실정과 상표의 주지 정도 및 당해 상품과의 관계 등을 종합적·전체적으로 고려하여, 거래사회에서 수요자들이 구체적·개별적으로는 상품의 출처에 관하여 오인·혼동할 염려가 없을 경우, 양 상표가 공존하더라도 당해 상표권자나 수요자 및 거래자들의 보호에 아무런 지장이 없으므로, 그러한 상표의 등록을 금지하거나 등록된 상표를 무효라고 할 수 없다.'[7]는 법리가 확립되어 왔다.

우리 상표법은 사용실적이 없는 상표라도 사용의 의사가 있음을 입증하면 등록이 가능하다는 등록주의를 기본 원칙으로 하고 있다. 이에 따라, 상표의 유사성 판단 시 구체적 거래실정을 고려할 수 있는지 여부에 관하여, 이러한 상표의 유사 여부 판단에 있어서 당해 상품을 둘러싼 구체적 거래실정을 고려하여야 한다는 견해가 통설이지만, 고려되는 거래실정

---

4) 대상판결에서는 특수적·한정적 거래실정을 "(그 상품에서 쉽게 변경이 가능한) 특수하고 한정적인 거래실정"이라고 표현하고 있다.

5) 이혜진, 앞의 논문(주 1), 693면.

6) 대법원 2007. 2. 26.자 2006마805 결정; 대법원 2013. 3. 14. 선고 2010도15512 판결 등 참조.

7) 대법원 1996. 9. 24. 선고 96후153, 96후191 판결; 대법원 2000. 1. 21. 선고 99후2532 판결; 대법원 2006. 10. 26. 선고 2005후2250 판결 등 참조.

의 범위에 대하여서는 이견이 존재한다.[8] 첫째는, 일반적 출처혼동설로서, 상품의 출처 혼동은 경험칙화된 거래실정에 따라 획일적이고 형식적이며 가정적인 기준으로 판단하여야 한다는 견해이다. 둘째는, 구체적 출처혼동설로서, 상품의 출처 혼동은 구체적 거래실정을 기준으로 판단하여야 한다는 견해이며,[9] 이 견해 역시 상표의 사용실적이 전혀 없는 경우에는 일반적 거래실정에 의할 수밖에 없다고 보고 있다.[10] 한편, 구체적 거래실정을 고려하는 견해 중에서는 구체적 거래실정이 있으면 이를 고려하면 되는 것이지 굳이 일반적 출처혼동과 구체적 출처혼동으로 구분하여 복잡하게 논리구성하거나 이를 나눌 실익이 없다고 보는 견해도 있다.[11] 등록주의에 기초한 법제라고 해서 구체적 거래실정을 통하여 상표의 유사 여부를 판단하는 것을 배제할 수 있다는 이론적 근거는 없다. 다만, 구체적 거래실정을 고려할 수 없다는 견해는 주로 등록 여부 결정 시 해당 상표의 사용사실이 존재하지 않음을 이유로 하거나, 심사 절차의 일관성 및 형평성을 확보하기 위해 획일적이고 정형적인 처리가 필요하다는 논거에 근거한 것에 불과하다. 반면, 시장에서 거래상태로서 실질적으로 사용되고 있는 상표가 존재하는 경우에는 그 사용실태를 고려함이 타당하며, 이에 대한 판단 기준은 상표법이 지향하는 가치인 '일반 수요자가 출처를 오인 또는 혼동할 우려가 있는가'라는 점에 두어야 한다.[12] 특허청의 상표심사기준(유사여부 판단기준)[13]도 일반적 출처혼동설을 채택한 것으로 보이면서도 그 판단에는 구체적 거래실정을 고려하고 있다. 등록주의를 채용하고 있는 독일의 상표법[14]하에서도 유사상표에 구체적 출처의 혼동이 일어나고 있는 경우를 포함하여 처리하고 있다.

상표권 침해 여부 판단시 상표의 실제 사용 상태까지를 포함하여 구체적 거래래실정을 고려해야 한다는 점에 관해서는 별다른 이견이 없다. 상표를 등록하는 경우와 달리 상표권 침해소송에서는 거래에서 이미 사용되고 있는 표장을 대상으로 하여 유사한지를 판단하는 것이므로 그 상품이나 서비스의 거래실태를 분명하게 할 수 있다면 그 실제 '사용형태와 사용방법 등의 구체적인 거래상황'에 기초해서 유사한지를 판단하여 왔다.[15] 이와 마찬가지로

8) 이혜진, 앞의 논문(주 1), 689면.

9) 상표 유사 여부 판단에 있어서 구체적 거래실정을 고려하여야 하는 근거에 대해서는, 한동수, 앞의 논문(주 1), 349-350면.

10) 전효숙, 앞의 논문(주 1), 309~310면; 한동수, 앞의 논문(주 1), 349-350면; 유영선, 앞의 논문(주 1), 318-319면; 윤태식, 앞의 논문(주 1), 186면; 구민승, 앞의 논문(주 1), 363-364면.

11) 유영선, 앞의 논문(주 1), 318-319면; 윤태식, 앞의 논문(주 1), 186면.

12) 한동수, 앞의 논문(주 1), 349-350면.

13) 상표심사기준(2025. 1. 1. 기준), 50719면.

14) 독일 상표법 및 유럽 상표법은 먼저 권리를 취득한 상표와 동일·유사한 상표를 동일·유사한 상품(서비스)에 사용하여 혼동을 초래할 우려가 있는 경우, 상대적 등록거절사유(독일 상표법 제9조, EU 상표규정 제60조), 이의신청사유(독일 상표법 제42조) 및 무효사유(EU 상표규정 제60조)로 규정하고 있다.

15) 서울고등법원 2013. 3. 13. 선고 2012나48260(본소), 48277(반소) 판결 [서비스표권 침해금지 등].

상표법 제34조 제1항 제7호에 대해서도 구체적인 거래실정을 고려하여 판단할 수 있는지 여부의 문제도 달리 취급할 필요는 없을 것이다.

다. 특수적(特殊的)·한정적(限定的) 거래실정

상표의 실제 사용형태와 사용방법 등 구체적인 거래 실정을 고려하여 상표의 유사여부를 판단하지만, 이 때의 거래 실정에 대한 범위에 관하여는 종래 이를 고려한 판례와 고려하지 않은 판례가 모두 존재하였다. 그런데, 대상판결은 상표 유사 여부 판단에 있어서 '당해 상품에 대한 표장의 사용사실이 인정되는 경우 표장의 주지 정도 및 당해 상품과의 관계, 표장에 대한 수요자들의 호칭 및 인식 등 당해 상품을 둘러싼 거래실정을 종합적 · 전체적으로 고려하되, 상품의 구체적인 형상과 모양 및 포장의 구체적인 형태 등과 같이 상품에서 쉽게 변경이 가능한 특수하고 한정적인 거래실정을 비중 있게 고려하여서는 안된다'고 판시함으로써 그 태도를 명확히 하였다.

상표의 유사 여부 판단에 있어서, 구체적 거래실정 중 일반적 · 항상적 거래실정을 고려한다는 점은 통설과 판례 모두 일치한다. 그러나 특수적 · 한정적 거래실정에 관하여는, 권리성립 단계 소송과 권리행사 단계 소송(권리범위확인, 상표권 침해 사건)에 대해 모두 동일한 판단기준을 적용하여야 한다는 견해[16]와 상표 등록관계 소송은 일반적 · 항상적 거래실정만을 고려하고, 반면에 상표 침해소송은 특수하거나 한정된 거래실정도 고려될 수 있다는 견해[17]가 있다.

현재 우리나라 판례에 있어 구체적 거래실정의 범위를 일반적 · 항상적 거래실정으로 한정하는 판례는 없다. 최근 판례들은 사건의 종류에 관계없이 일반적 · 항상적 거래실정을 고려하는 경향을 보이며, 특수적 · 한정적 거래실정의 경우도 여러 대법원 판결에서 '상표의 주지 또는 저명의 정도'를 고려하여 판단한 바 있으므로, 특별히 사건별로 구체적 거래실정의 적용 범위를 달리 하고 있다고 보기 어렵다. 대표적으로, 대법원 1996년 7월 30일 선고 95후1821 판결('Rolens' 사건), 대법원 1996년 9월 24일 선고 96후153, 96후191 판결('POLO' 사건), 대법원 2004년 7월 22일 선고 2004후929 판결('BEAN POLE' 사건), 대법원 2006년 10월 26일 선고 2005후2250 판결('포카칩' 사건), 및 대법원 2015년 10월 15일 선고 2014다216522 판결('다이소' 사건) 등에서도 이러한 경향이 나타나므로, 구체적 거래실정의 적용 범위를 달리하고 있는 것으로는 보기 어렵다.

일본의 경우, 우리 상표법 제34조 제1항 제7호(구 법 제7조 제1항 제7호)와 동일한 조문인

16) 유영선, 앞의 논문(주 1), 320면; 윤태식, 앞의 논문(주 1), 185-186면.
17) 구민승, 앞의 논문(주 1), 363-364면.

일본 상표법 제4조 제1항 제11호를 규정하고 있다. 일본의 상표심사 및 심결취소소송 관련 대법원 판례와 그에 따른 상표심사 기준은 상표의 유사 여부 판단 시 해당 상표가 사용되고 있는 상품에 대해 특수적(特殊的)·한정적(限定的)인 거래실정을 배제하는 것을 원칙으로 하고 있다. 즉 출처의 오인 또는 혼동의 우려를 고려하는 데 있어, 거래실정을 판단 기준으로 삼으며 특수하거나 한정된 거래실정을 배제하는 방식으로 유사성 판단이 이루어지고 있다.[18] 이 점에 관해, '氷山印事件最判'은 "해당 상품의 거래 실정을 명확히 할 수 있는 한도 내에서, 그 구체적인 거래 상황에 근거하여 판단하는 것이 상당하다"고 판시하고 있다. 또한, '保土谷化学工業事件最判'[19]은 "상표의 유사성 판단에 있어 고려할 수 있는 거래 실정이라 함은 그 지정상품 전반에 관한 일반적·항상적(恒常的)인 것을 가리키는 것이며, 단순히 해당 상표가 현재 사용되고 있는 상품에 대한 특수적·한정적(限定的)인 것을 가리키는 것은 아니라는 점은 명백하며 소론 인용 판례(氷山印事件最判) 또한 이를 전제로 하는 것으로 해석된다"고 판시하였다. 특히 '保土谷化学工業事件' 판결에서는 '일반적·항상적'과 '특수적·한정적'이라는 표현이 강조되고 있으며, 지정상품 등에 대하여 상표등록이 요구되는 이상, 전체 지정상품에 관한 거래 실정을 고려하는 것이 당연하며, '단순히 현재 해당 상표가 사용되고 있는 상품과 관련된 거래의 실정만을 고려해서는 안 된다'는 점을 명확히 하고 있음을 이해할 필요가 있다.[20] 상표등록 심사, 특히 제11호의 경우, 고려될 수 있는 거래 실정은 인용상표와 출원상표의 지정상품에 관한 일반적·추상적 사정으로 제한된다. 이에 따라 제11호 상표등록 심사에서는 심사의 효율성과 예측 가능성 확보를 위해, 일반적으로 고려하는 거래 실정을 지정상품에 관한 일반적·상시적 거래 실정으로 한정할 수밖에 없다. 만약, 특정 지정상품에서만의 특수적·한정적 거래실정을 고려하여 후출원상표가 등록되는 경우, 그러한 거래실정이 없는 다른 지정상품 분야에서는 유사한 상표가 병존하거나, 사후에 거래실정이 소멸하면 유사한 상표가 병존하는 문제점이 발생할 수 있다는 학설상의 강한 비판[21]과 함께,

---

18) 상품 등의 유사 여부를 판단할 때 고려하는 거래의 실정에 관해, Peacock 사건(最判 1964년 6월 16일 民集18巻5号774頁)은, "상표의 유사 여부 결정의 한 요소로서 지정상품의 유사 여부를 판단함에 있어서는, 소론과 같이 상품의 품질, 형상, 용도가 동일한지 여부를 기준으로 할 뿐만 아니라, 더 나아가 그 용도에서 밀접한 관련성을 가지는지 여부나 동일한 점포에서 판매되는 것이 통상적인지 여부와 같은 거래 실정도 고려해야 한다"고 판시하였다.

19) 最判 1974年4月25日 昭和47年（行ツ）第33号

20) 宍戸 充, "最高裁判例にみる商標の類否の本質", パテント Vol.70 No.10 (2017年) 53頁은, 保土谷化学工業判決은 "단순히 지정상품 전반 중 '현재 사용되고 있는 상품'에 대한 특수하고 제한적인 거래 실정만을 고려하는 것이 아니라, 그러한 특수하고 제한적인 상품까지 포함된 지정 상품 전반에 대한 일반적이고 상시적인 거래 실정을 고려해야 한다고 해석된다"고 밝힌다. 다만, 제11호의 적용 상황이라 하더라도, 예를 들어 출원상표의 지정상품이 특정 틈새상품에 한정되어 있고, 해당 상품에 대해 독특한 거래 관행이 있는 경우에 관한 사정을 고려하는 것은 방해받지 않는다고 생각한다.

21) 田村善之, 商標法概説(第2版), 弘文堂(2000), 118頁; 宮脇正晴, "商標法4条1項11号の類否判断において商標の使用態様を考 慮することの適否サーチコスト理論を用いて", L&T 54号(2012), 63頁; 金井重彦·

심사 실무의 효율성 및 예측 가능성 확보 차원에서도 고려할 거래 실정을 지정상품에 관한 일반적·상시적 거래 실정으로 한정하는 것이 불가피하다.[22]

권리성립 단계의 소송이든 권리행사 단계의 소송이든, 상표의 유사 여부 판단에 있어 사건별로 차별화된 기준을 적용할 특별한 근거는 없다. 또한, 실제 소송에서 구체적인 거래 실정에 관한 증거가 제출된 경우, 이를 배제하는 것은 어렵기 때문에 동일한 판단기준을 일관되게 적용하는 것이 타당하다. 다만, 상표 유사 여부를 판단함에 있어, 구체적 거래실정 중에서도 특히, 해당 상품의 구체적 형상·모양이나 포장 등의 형태와 같이, 그 상품의 특성상 쉽게 변경이 가능한 특수하고 한정된 거래실정을 중점적으로 고려하는 것은 바람직하지 않다. 왜냐하면 이러한 거래실정을 기준으로 판단이 달라질 경우 예측 가능성과 법적 안정성을 저해할 우려가 있기 때문이다. 따라서 구체적 거래실정 중에서도 변경 가능성이 있는 거래실정은 신중하게 고려하여야 할 것이다.[23]

상표법 제34조 제1항 제7호와 관련된 혼동 여부 판단은, 거래 실정을 고려할 때 대상 상품의 범위가 지정상품 전체인지 아니면 실사용 상품인지를 기준으로 차이를 보인다. 또한, 예견 가능성과 일관된 판단이 요구되는 심사 실무의 측면에서, 반드시 고려될 수밖에 없는 사정들이 각각 다르게 형성될 수 있음을 유념할 필요가 있다. 설령, 특정 거래가 특수적·한정적 거래실정에 해당한다고 하더라도, 그 거래의 포장·판매 형태 등 특정 거래실정을 수요자들이 명확히 인지하고 있다면, 이는 상품 출처 혼동에 영향을 미칠 수 있음은 부인하기 어렵다. 이러한 경우, 거래실정이 특수하거나 한정적이더라도, 수요자들이 해당 거래실정을 특정인의 상품에 관한 것으로 인식하고 있는지 여부가 중요한 판단 기준이 될 수 있다. 나아가 기존의 상표가 제3의 상표와 경합적으로 사용되었다거나 양 상표가 오랫동안 분쟁 없이 공존한다거나 제3의 상표가 국내에서 알려진 정도 등과 같은 사정, 즉 파악 가능한 구체적 거래실정을 상표의 유사 판단에서 고려하여야 할 것이다. 한편, 특수적·한정적 거래실정을 명확히 구별하는 것은 용이하지 않으나, 이를 인정하더라도 법률상 출처혼동 여부 판단에 있어 배제의 대상이 아니라, 부수적·보충적인 고려에 그쳐야 함은 명백하다. 따라서, 상표 유사 여부를 판단함에 있어 이러한 특수하고 한정된 거래실정을 무조건적으로 배제하는 것은 적절하지 않으며, 설사 인정한다 하더라도 이를 토대로 하는 판단은 부수적·보충적 차원에 국한되어야 할 것이다.[24]

鈴木將文·松嶋隆弘, 商標法コンメンタール(新版), 勁草書房(2022), 163頁.

22) 商標審査基準 [改訂第16版]「第3 十」第4条第1項第11号 (先願に係る他人の登録商標).

23) 이혜진, 앞의 논문(주 1), 719면.

24) 이혜진, 앞의 논문(주 1), 718면.

4. 판결의 의의

대상판결은 "상표의 유사 여부 판단에 있어서 당해 상품에 대한 표장의 사용사실이 인정되는 경우 표장의 주지 정도 및 해당 상품과의 관련성, 수요자들의 호칭 및 인식 등 거래실정을 종합적 · 전체적으로 고려하여야 한다"는 법리를 명확히 제시하였다. 그리고 원심판결에 대하여는, 거래실정을 고려함에 있어 등록상표와 확인대상표장의 외관뿐만 아니라 호칭도 각각 '사부'와 '소비아'로서 상이함에도 불구하고, 더 나아가 상품의 구체적 형상, 모양 및 포장의 구체적 형태 등, 상품에서 쉽게 변경이 가능한 특수하고 한정적인 거래실정을 비중 있게 고려하여 양 표장이 유사하다고 판단함으로써, 상표의 유사 여부 판단에 관한 법리를 오해하여 판결에 영향을 미친 잘못이 있다고 하여 파기하였다.

그동안 상표 유사 여부 판단에 있어 구체적 거래실정의 고려 여부와 그 범위에 대한 논란이 지속되어 왔다. 이에 대하여 대상판결은, 해당 상품을 둘러싼 거래실정을 종합적 · 전체적으로 고려하여야 함을 명확히 하였으며, 특히 그 상품에서 쉽게 변경이 가능한 특수하고 한정적인 거래실정을 비중 있게 고려하지 않도록 하여, 그 적용 범위를 분명히 하였다. 이 판결을 계기로 앞으로 상표 유사 여부 판단 시에는 표장의 주지 정도, 해당 상품과의 관계, 수요자들의 호칭 및 인식 등과 같은 구체적 거래실정을 적극적으로 고려할 것으로 예상되며, 특히 구체적 거래실정 중에서 쉽게 변경이 가능한 특수하고 한정적인 거래실정은 보충적 · 소극적으로만 고려될 것임을 보여 준다. 이에 따라, 하급심 판례가 다양한 사례와 함께 축적되어 실무와 판결의 일관성을 높이기를 기대한다.

14 상표 사용권자의 부정사용에 의한 상표등록취소

대법원 2020. 2. 13. 선고 2017후2178 판결[1)]

박형옥 (디자인지식재산컨설팅 대표, 법학박사)

1. 사안의 개요

가. 표장의 대비

	이 사건 등록상표	실사용상표들	대상상표들	유사서비스표
표장				
지정상품/ 사용상품/ 지정서비스업	상품류 제29류의 김, 미역, 튀각	조미김, 도시락김 등	조미김, 도시락김 등	조미김 판매대행업, 판매알선업 등
상표권자/ 사용권자	피고(등록일: 2013. 12. 5.)	C 社 D 社(통상 사용권자)	J 社 (대표이사 F)	F(등록일: 2013. 7. 25.)

1) [참조 및 관련 판례] 대법원 2010. 4. 15. 선고 2009후3329 판결(공2010상, 936): 대법원 2012. 10. 11. 선고 2012후2227 판결(공2012하, 1854); 대법원 2015. 10. 15. 선고 2013후1214 판결: 대법원 2005. 6. 16. 선고 2002후1225 전원합의체 판결(공2005하, 1184); 대법원 2013. 12. 26. 선고 2012후1521 판결(공2014상, 356) 등.
[관련 평석 및 문헌] 박성호, "사용권자가 상표제도 본래의 목적에 반하여 등록상표를 그 사용권의 범위를 넘어 부정하게 사용한 것인지 여부", 인권과 정의 제497호 2021. 5, 198-200면; 손천우, "상표권의 이전과 사용권자의 부정사용에 의한 상표등록취소제도에 대한 고찰", 사법 제1권 54호, 사법발전재단 2020.

나. 사건의 경과

원고는 2016. 12. 29. 특허심판원에 이 사건 등록상표의 상표권자인 피고를 상대로, 피고가 대표이사로 있는 C 社의 실사용상표 1의 사용 및 통상사용권자인 D 社의 실사용상표 2의 사용은, 대상상표들에 대한 관계에서 상표법 제119조 제1항 제1, 2호(구 상표법 제73조 제1항 제2, 8호)에, 유사서비스표에 대한 관계에서 상표법 제119조 제1항 제5호(구 상표법 제73조 제1항 제9호)에 각 해당한다는 이유로 이 사건 등록상표에 대한 등록취소심판(2016당4198)을 청구하였다. 이에 특허심판원은 2017. 3. 14. 원고의 심판청구를 기각하는 심결을 하였다. 이에 원고는 2017. 4. 18. 특허법원에 심결취소소송을 제기하였고, 특허법원은 2017. 8. 24. 원고의 청구를 기각하는 판결을 하였다. 원고는 대법원에 상고하였고 대법원은 2020. 2. 13. 원심판결을 파기하고 사건을 특허법원에 환송하였다.[2)]

2. 판결의 요지

가. 심결(특허심판원 2017. 3. 14.자 2016당4198 심결)

특허심판원은 2017. 3. 14. "실사용상표 1의 사용은 피고가 대표이사로 있는 C 社에 의한 것일 뿐 이 사건 등록상표의 상표권자인 피고에 의한 것이 아니므로 상표법 제119조 제1항 제1호에 해당하지 않으며, 실사용상표들의 사용은 이 사건 등록상표를 이전받은 피고로부터 사용권을 설정받은 적법한 것일 뿐만 아니라(반면, 대상상표들의 사용은 정당한 상표권을 전제로 하지 않은 것이다) 이 사건 등록상표와 동일하게 볼 수 있는 형태의 상표사용이므로 상표법 제119조 제1항 제2호에 해당하지 않고, 유사서비스표가 수요자간에 널리 알려졌다고 할 수 없으므로 상표법 제119조 제1항 제5호에도 해당하지 않는다"는 이유로, 원고의 심판청구를 기각하는 이 사건 심결을 하였다.

나. 원심판결(특허법원 2017. 8. 24 선고 2017허2628 판결)

원심은 실사용상표들의 사용은 거래사회의 통념상 이 사건 등록상표와 동일하거나 적어도 유사하게 볼 수 있는 형태의 상표의 사용에 해당한다고 하였다. 이 사건 등록상표와 같

2) 이 사건에 앞서 상표권침해금지 사건 본안판결(서울고법 2016. 12. 5. 선고 2015나2070158, 2016나2027694 판결)과 가처분결정(서울고법 2015. 6. 1.자 2014라20233 결정) 그리고 불사용취소 사건 판결(대법원 2010. 10. 28 선고 2010후1435 판결)이 있었다.

이 등록된 상표권이 이전된 경우 피고는 이 사건 등록상표에 관한 상표권을 적법하게 승계취득한 현재의 상표권자이므로 이 사건 등록상표에 관한 상표권의 위와 같은 효력을 모두 누릴 수 있다고 하였다. 그런데 이와 같이 상표권이 이전되는 경우 현재 상표권자와 종전 상표권자 상호간에 출처의 혼동이 발생하는 것은 처음부터 예정된 것이므로, 상표권을 이전받은 자 또는 그로부터 상표사용을 허락받은 사용권자가 등록상표를 동일성의 범위 내에서 사용하거나, 또는 동일성의 범위를 벗어나더라도 유사의 범위 내에서 종전 상표권자가 사용하던 대로 지정상품에 사용한 경우에는 이로 인해 종전 상표권자와 사이에 출처혼동이 초래되더라도 상표법 제119조 제1항 제2호에서의 '타인'에 상표권이 이전되기 전의 종전 상표권자 및 그 사용권자 등이 포함되는 것으로 해석하는 것은 부당하다고 하였다. 따라서 대상상표들의 사용자인 J 社사는 상표법 제119조 제1항 제2호에서의 '타인'에 해당한다고 볼 수 없으므로 종전 상표권자인 F로부터 이 사건 등록상표의 상표권을 이전받은 피고로부터 상표사용을 허락받은 사용권자인 B 社 및 C 社의 실사용상표들의 사용은 상표법 제119조 제1항 제2호에 해당한다고 할 수 없다고 판시하였다.

원심은 이 사건 등록상표와 유사서비스표는 그 표장이 적어도 서로 유사의 범위 내에 있으며 이 사건 등록상표의 상표권 이전으로 유사한 등록상표인 이 사건 등록상표와 유사서비스표가 각각 피고와 F에게 속하게 되었다고 하였다. 원고가 주장하는 대상상표들의 사용에 따른 F내지 그 사용권자 J 社 등의 명성, 신용, 고객흡인력 등은 2013. 9. 23. 이 사건 등록상표가 피고에게 이전됨으로써 모두 피고에게 귀속되는 것으로 보아야 하며 위 상표권 이전 후의 유사서비스표 자체의 사용에 따른 명성, 신용, 고객흡인력 등에 관하여는 원고의 주장, 입증이 없으므로 실사용상표들의 사용에는 상표법 제119조 제1항 제5호의 적용을 위하여 요구되는 '부정경쟁의 목적'이 없다고 보았다.

다. 대법원 판결

대법원은 구 상표법(2016. 2. 29. 법률 제14033호로 전부 개정되기 전의 것) 제73조 제1항 제8호에 따라 전용사용권자 또는 통상사용권자가 실제로 사용하는 상표와 혼동의 대상이 되는 타인의 상표 사이의 혼동 여부를 판단하는 방법과 상표권이 이전된 후 상표권자로부터 사용허락을 받은 사용권자가 등록상표와 동일하거나 유사한 상표를 사용하는 경우, 사회통념상 등록상표의 부정한 사용으로 평가할 수 있을 정도에 이르는지 판단하는 방법 그리고 구 상표법 제73조 제1항 제8호의 혼동의 대상이 되는 타인의 상표(대상상표)의 요건 및 대상상표가 해당 등록상표의 권리범위에 속하거나 상표법상의 등록상표가 아니더라도 혼동의 대상이 되는 상표로 삼을 수 있는지 여부(적극), 상표권이 이전된 경우 종전 상표권자나 그로부터 상표

사용을 허락받은 사용권자도 '타인'에 포함되는지 여부(적극)에 대하여 판시하며 다음과 같은 판단기준을 제시하였다.

1) 구 상표법 제73조 제1항 제8호는 전용사용권자 또는 통상사용권자(이하 '사용권자'라 한다)가 지정상품 또는 이와 유사한 상품에 등록상표 또는 이와 유사한 상표를 사용함으로써 수요자로 하여금 상품 품질의 오인 또는 타인의 업무에 관련된 상품과의 혼동을 생기게 한 경우 상표등록을 취소할 수 있도록 규정하고 있다. 위 규정의 취지는 상표권자에게 사용권을 자유롭게 설정할 수 있도록 하는 대신에 사용권자에 대한 감독의무를 부과하여 사용권자가 상표제도의 본래의 목적에 반하여 등록상표를 그 사용권의 범위를 넘어 부정하게 사용하지 못하도록 규제함으로써 상품거래의 안전을 도모하고, 타인 상표의 신용이나 명성에 편승하는 행위를 방지하여 거래자와 소비자의 이익을 보호함은 물론 다른 상표를 사용하는 사람의 영업상 신용과 권익도 보호하려는 데 있다.[3)]

2) 구 상표법 제73조 제1항 제8호에 따라 사용권자가 실제로 사용하는 상표(이하 '실사용상표'라 한다)와 혼동의 대상이 되는 타인의 상표(이하 '대상상표'라 한다) 사이의 혼동 여부를 판단할 때에는, 각 상표의 외관, 호칭, 관념 등을 객관적·전체적으로 관찰하되, 실사용상표가 등록상표로부터 변형된 정도 및 대상상표와 유사한 정도, 실사용상표와 대상상표가 상품에 사용되는 구체적인 형태, 사용상품 간의 관련성, 각 상표의 사용 기간과 실적, 일반 수요자에게 알려진 정도 등에 비추어, 당해 상표의 사용으로 대상상표의 상품과 사이에 상품출처의 오인·혼동이 야기될 우려가 객관적으로 존재하는가를 중점적으로 살펴야 한다.[4)] 그런데 상표권이 이전된 후 상표권자로부터 사용허락을 받은 사용권자가 등록상표와 동일하거나 유사한 상표를 사용하는 경우에는 종전 상표권자의 업무와 관련된 상품과의 혼동이 생길 가능성이 크다. 이때에는 상표권자가 금지청구권을 행사할 수 있는 범위(구 상표법 제66조 제1항 제1호, 제65조 제1항)와 상표를 독점적으로 사용할 수 있는 범위(구 상표법 제50조)는 구분되어야 한다는 원칙 등에 비추어, 등록상표, 실사용상표, 대상상표상호 간에 앞서 본 사정들을 세심히 살펴 사회통념상 등록상표의 부정한 사용으로 평가할 수 있을 정도에 이르는지 여부를 판단하여야 한다.

3) 구 상표법 제73조 제1항 제8호의 혼동의 대상이 되는 대상상표는 적어도 국내에서 수요자나 거래자에게 그 상표나 상품이라고 하면 특정인의 상표나 상품이라고 인식될 수 있을 정도로 알려져 있을 것을 요한다. 다만 위 조항은 '수요자로 하여금 상품의 품질의 오인 또는 타인의 업무에 관련된 상품과의 혼동을 생기게 한 경우'라고 규정하고 있을 뿐, '대상

---

3) 대법원 2010. 4. 15. 선고 2009후3329 판결.

4) 대법원 2012. 10. 11. 선고 2012후2227 판결; 대법원 2013. 12. 26. 선고 2012후1521 판결; 대법원 2015. 10. 15. 선고 2013후1214 판결 등 참조.

상표'나 '타인'의 범위를 특별히 한정하지 않고 있으므로, 대상상표가 당해 등록상표의 권리범위에 속하거나 상표법상의 등록상표가 아니더라도 혼동의 대상이 되는 상표로 삼을 수 있고, 상표권이 이전된 경우 종전 상표권자나 그로부터 상표사용을 허락받은 사용권자도도 '타인'에 포함된다고 보아야 한다.

3. 해설

가. 상표법 제119조 제1항 제2호(구 상표법 제73조 제1항 제8호)의 취지

본 조항은 전용사용권자 또는 통상사용권자가 지정상품 또는 이와 유사한 상품에 등록상표 또는 이와 유사한 상표를 사용함으로써 수요자에게 상품의 품질을 오인하게 하거나 타인의 업무와 관련된 상품과의 혼동을 불러일으키게 한 경우를 상표등록의 취소사유로 하고 있으며, 상표권자가 상당한 주의를 한 경우를 예외로 하고 있다. 위 규정의 취지는 상표권자에게 사용권을 자유롭게 설정할 수 있도록 하는 대신에 사용권자에 대한 감독의무를 부과하여 사용권자가 상표제도의 본래의 목적에 반하여 등록상표를 그 사용권의 범위를 넘어 부정하게 사용하지 못하도록 규제함으로써 상품거래의 안전을 도모하고, 타인의 상표의 신용이나 명성에 편승하는 행위를 방지하여 거래자와 소비자의 이익을 보호함은 물론 다른 상표를 사용하는 사람의 영업상의 신용과 권익도 보호하려는 데 있다.[5] 제119조 제1항 제1호가 상표권자 자신의 부정사용에 관한 조항이라면 제119조 제1항 제2호는 사용권자의 부정사용에 관한 조항이다. 더욱이 제119조 제1항 제2호는 상표권자가 아닌 제3자의 행위를 이유로 상표권의 취소를 인정하면서 사용권자가 등록상표를 그 지정상품에 사용한 경우에도 취소사유로 인정하고 있다.[6] 제119조 제1항 제2호는 등록상표에 사용권이 설정되어 사용주체가 늘어난 경우 수요자나 거래자가 상표권자와 사용권자, 사용권자 상호간, 사용권자와 제3자 사이에서 상품 출처의 혼동에 빠질 위험에 대비하여 사용권을 설정한 상표권자에게 감독의무를 부과한 조항이다.[7]

---

5) 사용권자의 부정사용으로 인하여 등록취소된 사례: 대법원 1984. 11. 13. 선고 83후70 판결; 대법원 2003. 7. 11. 선고 2002후2457 판결; 대법원 2011. 5. 26. 선고 2010후3462 판결(상고기각); 대법원 2018. 4. 12. 선고 2017후3058, 3065 판결 등.

6) 손천우, "상표권의 이전과 사용권자의 부정사용에 의한 상표등록취소제도에 대한 고찰", 사법 제1권 54호, 2020, 667면.

7) 조영선, 지적재산권법(6판), 박영사(2023), 520면.

나. 요건

(1) 전용사용권자나 통상사용권자의 사용일 것

본호의 적용대상은 제119조 제1항 제1호가 상표권자를 대상으로 하는 것과 달리 전용사용권자 또는 통상사용권자 등 상표권자로부터 사용권 설정을 받은 사용권자의 사용이다. 사용권자가 2인 이상일 경우에는 사용권자중 1인이 등록상표를 부정사용한 경우에도 본 호가 적용된다.[8] 따라서 다른 사용권자가 손해를 보는 불합리한 점이 있지만 상호간의 감독의무를 인정하고 있다고 해석된다.[9]

(2) 지정상품 또는 이와 유사한 상품에 등록상표 또는 이와 유사한 상표를 사용하였을 것

사용권자가 지정상품에 등록상표 또는 유사한 상표를 사용하는 경우, 지정상품과 유사한 상품에 등록상표 또는 유사한 상표를 사용한 경우에 그로 인하여 수요자에게 품질을 오인하게 하거나 타인의 업무에 관련된 상품과의 혼동을 불러일으킨다면 본 호가 적용된다.[10]

(3) 수요자에게 상품의 품질을 오인하게 하거나 타인의 업무와 관련된 상품과의 혼동을 불러일으키게 하는 사용일 것

상품의 품질을 오인하게 한 경우라 함은 실제로 사용하는 상표로 인하여 혼동의 대상이 되는 대상상표를 부착한 타인의 상품의 품질과 오인을 생기게 하는 경우뿐만 아니라 그 실사용상표의 구성 등으로 인하여 그 지정상품이 본래 가지는 성질과 다른 성질을 갖는 것으로 오인하게 할 수 있는 경우도 포함하며, 여기에는 상품의 품질, 원재료, 효능, 용도 등의 오인뿐만 아니라 상품 산지의 오인도 포함된다.[11] 타인의 업무에 관련된 상품과의 혼동이란 수요자로 하여금 타인의 상표나 상품으로 혼동을 일으키도록 하는 것을 말하며 타인의 업무에 관련된 상품과의 혼동에는 상품 출처가 동일한 것으로 오인하게 하는 혼동(이른바 협의의 혼동)뿐만 아니라 양자 사이에 인적 또는 자본적인 어떤 관계가 있는 것처럼 수요자나 거래자로 하여금 오인하게 하는 혼동(이른바 광의의 혼동)도 포함한다.[12] 제119조 제1항 제2호는

---

8) 정상조 편집대표, 상표법주해 Ⅱ, 박영사(2018), 358-359면(한규현 집필 부분).

9) 윤선희, 상표법(7판), 법문사(2024), 651면; 손천우, 앞의 글(주 6), 669면.

10) 대법원 2018. 4. 12 선고 2017후3058, 3065 판결.

11) 대법원 2003. 7. 11 선고 2002후2457 판결.

12) 특허법원 지적재산소송실무연구회, 지적재산소송실무 제4판, 박영사(2019), 1070면; 정상조 편집대표, 상표법주해 Ⅱ, 박영사(2018), 354면(한규현 집필 부분); 김동규, 온주 상표법 제119조(상표등록의 취소심판) 제1항 제1호·제2호·제4호-제6호, 2025. 2. 4.

제1호와 달리 사용권자의 고의를 요하지 않고 객관적으로 오인·혼동행위라고 볼 수 있는 행위면 족하다.[13)]

(4) 상표권자가 상당한 주의를 하지 아니하였을 것

본 요건은 상표권자의 감독의무를 간접적으로 규정한 것이다.[14)] 상표권자가 등록상표에 대한 전용사용권자 또는 통상사용권자의 부정사용행위에 대하여 상당한 주의를 하였다고 하기 위해서는 전용사용권자 또는 통상사용권자에게 오인·혼동행위를 하지 말라는 주의나 경고를 한 정도로는 부족하고, 정기적인 상표 사용 실태를 보고 받거나 상품의 품질을 검사하는 등 사용권자를 실질적으로 그 지배하에 두고 있다고 평가할 수 있을 정도가 되어야 하며, 그에 대한 증명책임은 상표권자에게 있다.[15)]

다. 이 사건의 경우

대법원은 다음의 이유를 들어 이 사건 등록상표의 사용권자들이 실사용상표들을 사용한 것은 등록상표의 부정한 사용행위라고 보아 원심판결을 파기환송하였다.

1) 이 사건 등록상표의 사용권자들이 실사용상표들을 사용한 구체적인 사용태양은 J 社의 대상상표들과의 관계에서 상표 및 지정상품 자체의 동일성 또는 유사성에 의해 일반적으로 발생할 수 있는 혼동의 범위를 넘어 사회통념상 등록상표의 부정한 사용행위라고 평가할 수 있는 정도로 볼 여지가 있다.

2) 이 사건 등록상표의 사용권자들과 대상상표들의 사용자인 J 社는 별개의 법인격을 가지고 있는 법인이다. 만일 이 사건 등록상표의 사용권자들이 실사용상표들을 사용함으로써 수요자로 하여금 대상상표들의 상품과의 사이에 품질의 오인 또는 상품출처의 혼동을 생기게 할 우려가 객관적으로 존재한다면, 이는 이 사건 등록상표의 사용권자들이 상표제도의 본래의 목적에 반하여 이 사건 등록상표를 그 사용권의 범위를 넘어 부정하게 사용하는 것이므로, 수요자의 이익 등을 보호하기 위하여 이러한 행위를 방지할 필요성이 있다. 따라서 J 社의 대상상표들은 구 상표법 제73조 제1항 제8호에서 규정하는 타인의 상표에 해당한다고 보아야 한다. 대상상표들이 이 사건 등록상표의 권리범위에 속하거나, 대상상표들의 사용자인 J 社가 종전 상표권자인 F로부터 이 사건 등록상표에 대한 사용을 허락받았던 사정은 이러한 결론에 영향을 미치지 아니한다.

---

13) 손천우, 앞의 글(주 6), 673면.

14) 정상조 편집대표, 상표법주해 Ⅱ, 박영사(2018), 360면(한규현 집필 부분); 특허법원 지적재산소송실무연구회, 지적재산소송실무 제4판, 박영사(2019), 1077면.

15) 대법원 2010. 4. 15. 선고 2009후3329 판결; 대법원 2011. 5. 26 선고 2010후3462 판결.

한편 파기환송후 특허법원은 판결(특허법원 2020. 6. 18 선고 2020허1984 판결)에서 구 상표법 제73조 제1항 제8호 단서는 '상표권자가 상당한 주의를 한 경우'에는 같은 호 본문의 적용을 배제한다는 취지로 규정하고 있다고 하면서 피고가 이 사건 등록상표를 취득하였음에도 사용권자인 C 社는 홈페이지의 '회사 연혁'란 등에 위 회사 설립 이전인 1980년에 'C김 판매 시작', 1990년에 J 社의 전신인 '홍해식품 설립'이라고 기재하였고, 사용권자인 D 社는 2017. 7.경까지 홈페이지에 J 社의 캐릭터를 그대로 사용한 사실에 비추어 피고가 상표 사용에 관하여 상당한 주의를 다하였다고 보기 어렵고, 달리 이를 인정할 증거가 없다고 판단하였다. 따라서 이 사건 등록상표의 상표권자인 피고로부터 상표사용을 허락받은 사용권자인 C 社및 D 社의 실사용상표들의 사용은 구 상표법 제73조 제1항 제8호에 해당한다고 판결하였다.

4. 판결의 의의

대상판결은 상표권이 이전된 경우 상표권자가 아닌 상표 사용권자의 부정사용에 의한 상표등록취소를 다룬 사안으로 상표권이 이전된 후 등록상표, 실사용상표, 대상상표상호 간에 세밀한 표장의 대비를 통하여 사회통념상 등록상표의 부정한 사용으로 평가할 수 있을 정도에 이르는지 여부를 판단하였다. 이 사건 등록상표의 사용권자들은 대상상표들과 동일하게 변경하여 실사용상표들 사용하였고, 실사용상표들의 표장과 사용상품은 유사서비스표의 표장 및 지정서비스업과 동일·유사하여 사용권자들의 구체적 실사용상표의 사용태양은 대상상표들과의 관계에서 등록상표의 부정한 사용행위라고 평가되었다. 또한 피고의 등록상표 취득 이후 사용권자들의 홈페이지 기재 내용이나 캐릭터사용 등의 사실에 비추어 볼 때 상표권자인 피고가 상표 사용에 관하여 상당한 주의를 다하였다고도 보기 어려워 상표등록취소사유가 존재한다고 본 사례이다. 특히 대상판결에서 상표권이 이전된 경우 종전 상표권자나 그로부터 상표사용을 허락받은 사용권자도도 상표법 제119조 제1항 제2호 '타인'에 포함된다고 본 것은 타당하다. 상표권이 이전된 경우 사용권자의 부정사용뿐만 아니라 상표권자의 상당한 감독의무도 상표등록취소사유에 중요하다는 것을 보여주는 의미있는 판결이다.

15 선출원등록 상표와 저촉되는 후등록상표 사용과 상표권 침해성립

대법원 2021. 3. 18. 선고 2018다253444 전원합의체 판결[1]

김원오 (인하대학교 법학전문대학원 교수)

1. 사안의 개요

원고는 이 사건 등록상표 “ ”를 지정상품 제42류 컴퓨터 프로그램개발업 등에 대하여 2014. 12. 18. 상표등록을 받은 상표(이하 원고 ‘선출원 등록상표’라고 한다)의 상표권자이고, 피고는 이 사건 등록상표와 유사한 표장들인 “데이터팩토리, DATA FACTORY, 데이터팩토리”(이하 ‘피고 사용상표’라고 한다)을 이 사건 등록상표의 지정상품과 유사한 서비스업에 사용한 회사이다.

원고가 2016. 6. 13. 피고를 상대로 피고 사용표장들의 금지 및 폐기, 손해배상을 구하는 이 사건 소를 제기하자, 피고는 1심 소송 계속중이던 2016. 8. 10. 피고 사용표장 중 데이터팩토리에 대하여 지정상품 및 지정서비스업을 상품류 구분 제09류 이미지 및 문서 스캔용 컴퓨터소프트웨어, 서비스업류 구분 제42류 컴퓨터 소프트웨어 설계 및 개발업 등으로 하여 상표등록출원을 하였고, 원고가 이의신청을 제기하였지만 기각되어 2017. 8. 8. 상표등록을 받았다(이하 ‘피고 후출원 등록상표’라고 한다).

피고는 그 등록일 이후의 피고 후출원 등록상표의 사용은 상표권의 정당한 행사로서 원

---

1) [참조 및 관련 판례] 대법원 1986. 7. 8. 선고 86도277 판결(공1986, 1020)(변경); 대법원 1999. 2. 23. 선고 98다54434, 54441 판결(변경); 대법원 2009. 9. 10. 선고 2007후3356 판결(공2009하, 1690); 대법원 2005. 9. 29. 선고 2004후486 판결[공2005. 11. 1.(237), 1720].
[관련 평석 및 문헌] 이경은, “후출원 등록상표 사용의 선출원 등록상표에 대한 침해 성립 여부”, 「사법」 제57호, 사법발전재단, 2021. 9.; 김원오, 상표권 상호간의 저촉과 후등록 상표의 정당사용의 항변 - 대법원 2021. 3. 18. 선고 2018다253444 전원합의체 판결 평석을 중심으로 -, 산업재산권 제72호, 한국지식재산학회, 2022. 8., 207-258면; 박종태, “선출원 등록상표와 동일·유사한 후출원 등록상표의 사용이 선출원 등록상표에 대한 침해를 구성하는지 여부”, IP&DATA법, 제1권 2호, 인하대법학연구소, 2021. 12; 박태일, “후출원 등록 권리 항변의 허용 여부”, 사법 제63호, 사법발전재단, 2023 등.

고의 상표권에 대한 침해가 성립하지 않는다는 취지의 주장을 하였다.

이 사건의 쟁점은 선출원 등록상표와 동일·유사한 '후출원 등록상표'를 선출원 등록상표의 지정상품과 동일·유사한 상품에 사용하였다면 선출원 등록 상표권 침해가 성립하는지? 아니면 후출원 등록상표에 대한 등록무효 심결의 확정되기 전에는 후출원 등록상표의 정당한 상표 사용으로 인정할 수 있는지 여부이다.

2. 판결의 요지

가. 원심판결(특허법원 2018. 6. 21. 선고 2017나2158 판결)

1심인 서울중앙지방법원[2]은 피고의 상표등록 이틀 후인 2017. 8. 10. 원고의 청구를 인용하였다. 원심인 특허법원에서도 같은 이유로 이 사건 등록상표와 피고 사용표장은 그 표장 및 서비스업이 모두 유사하다고 보고, 피고 등록상표가 등록된 2017. 8. 8.부터는 피고도 이 사건 등록상표와 유사한 피고 등록상표의 정당한 권리자로서 침해가 성립하지 않는다는 취지의 피고 주장을 배척하여 이 사건 등록상표권에 대한 침해를 인정한 제1심판결을 유지하였다.[3] 피고가 대법원에 상고하였고 대법원은 아래와 같이 판시하였다.

나. 대법원 판결

대법원은 아래와 같이 전원합의체 판결을 하면서 배치되는 과거의 판례들[4]을 변경하였다.

1) 상표법은 저촉되는 지식재산권 상호 간에 선출원 또는 선발생 권리가 우선함을 기본원리로 하고 있음을 알 수 있고, 이는 상표권 사이의 저촉관계에도 그대로 적용된다고 봄이 타당하다. 따라서 상표권자가 상표등록출원일 전에 출원·등록된 타인의 선출원 등록상표와 동일·유사한 상표를 등록받아(이하 '후출원 등록상표'라고 한다) 선출원 등록상표권자의 동의 없이 이를 선출원 등록상표의 지정상품과 동일·유사한 상품에 사용하였다면 후출원 등록상

---

2) 서울중앙지방법원 2017. 8. 10. 선고 2016가합534229 판결.

3) 제1심과 원심은 모두 피고 사용표장 및 사용서비스업이 이 사건 등록상표의 표장 및 지정서비스업과 모두 유사하고, 침해가 인정된다고 보아, 금지 및 폐기 청구를 전부 인용하고, 손해배상청구는 일부 인용하였다.

4) 이와 달리 후출원 등록상표를 무효로 하는 심결이 확정될 때까지는 후출원 등록상표권자가 자신의 상표권 실시행위로서 선출원 등록상표와 동일 또는 유사한 상표를 그 지정상품과 동일 또는 유사한 상표에 사용하는 것은 선출원 등록상표권에 대한 침해가 되지 않는다는 취지로 판시한 대법원 1986. 7. 8. 선고 86도277 판결, 대법원 1999. 2. 23. 선고 98다54434, 54441(병합) 판결은 이 판결의 견해에 배치되는 범위에서 이를 변경하기로 한다.

표의 적극적 효력이 제한되어 후출원 등록상표에 대한 등록무효 심결의 확정 여부와 상관없이 선출원 등록상표권에 대한 침해가 성립한다.

2) 특허권과 실용신안권, 디자인권의 경우 선발명, 선창작을 통해 산업에 기여한 대가로 이를 보호·장려하고자 하는 제도라는 점에서 상표권과 보호 취지는 달리하나, 모두 등록된 지적재산권으로서 상표권과 유사하게 취급·보호되고 있고, 각 법률의 규정, 체계, 취지로부터 상표법과 같이 저촉되는 지적재산권 상호 간에 선출원 또는 선발생 권리가 우선한다는 기본원리가 도출된다는 점에서 위와 같은 법리가 그대로 적용된다.

3. 해설

가. 상표법상 근거 규정

대법원이 판결에서 인용한 상표법상 규정은 다음과 같다.

1) 상표권자는 지정상품에 관하여 그 등록상표를 사용할 권리를 독점하는 한편(상표법 제89조), 제3자가 등록상표와 동일·유사한 상표를 그 지정상품과 동일·유사한 상품에 사용할 경우 이러한 행위의 금지 또는 예방을 청구할 수 있다(상표법 제107조, 제108조 제1항).

2) 상표법은 동일·유사한 상품에 사용할 동일·유사한 상표에 대하여 다른 날에 둘 이상의 상표등록출원이 있는 경우에는 먼저 출원한 자만이 그 상표를 등록받을 수 있도록 하고 있고(제35조 제1항), '선출원에 의한 타인의 등록상표와 동일·유사한 상표로서 그 지정상품과 동일·유사한 상품에 사용하는 상표'를 상표등록을 받을 수 없는 사유로 규정하고 있다(제34조 제1항 제7호). 이와 같이 상표법은 출원일을 기준으로 저촉되는 상표 사이의 우선순위가 결정됨을 명확히 하고 있고, 이에 위반하여 등록된 상표는 등록무효 심판의 대상이 된다(제117조 제1항 제1호).

3) 상표권자·전용사용권자 또는 통상사용권자는 그 등록상표를 사용할 경우에 그 사용상태에 따라 그 상표등록출원일 전에 출원된 타인의 특허권·실용신안권·디자인권 또는 그 상표등록출원일 전에 발생한 타인의 저작권(이하 '선특허권 등'이라 한다)과 저촉되는 경우에는 선특허권 등의 권리자의 동의를 받지 아니하고는 지정상품 중 저촉되는 지정상품에 대하여 그 등록상표를 사용할 수 없다(상표법 제92조).

나. 선·후원 상표권 충돌 시 해법과 기준 제시

(1) 선발생한 권리 우선 원칙은 지식재산권법의 대원칙이다.

선후원 상표권이 충돌하는 경우에 상표법의 규정과 취지에 비추어 선원우위의 원칙(priority principle)에 따라 처리함을 선언하고 있다. 또 이러한 논리는 지식재산권법의 체계상 특허권, 실용신안권, 디자인권의 경우에도 다르지 않음을 확인하고 있다. 그리하여 선등록 상표권과 후출원 등록상표권이 저촉되는 경우에, 선 상표권자는 후출원 상표권자의 동의가 없더라도 자신의 등록상표를 자유롭게 사용할 수 있지만, 후출원 상표권자가 선상표권 등의 권리자의 동의를 받지 않고 그 등록상표를 지정상품에 사용하면 선상표권에 대한 침해가 성립한다고 보았다.

(2) 이용저촉관계 조정규정(법제92조)으로 상표권 상호간 권리조정도 가능하다.

대상판결은 동종권리인 상표권 상호간에 저촉관계가 발생할 때 그 권리본질에 관한 독점권설이나 배타권설[5]을 취하지 않고, 과오등록의 문제인지 이용저촉관계의 문제인지도 판단하지 않았다. 그럼에도 불구하고 선특허권 등의 권리자의 동의를 받지 아니하고는 지정상품 중 저촉되는 지정상품에 대하여 그 등록상표를 사용할 수 없다(상표법 제92조)는 규정을 선후원 등록상표 상호간에도 적용할 수 있다고 판시하였다.

(3) 후출원 등록상표의 전용권이 제한된다.

상표법 제92조의 이용저촉관계 규정을 선출원 등록상표권자의 동의 없이 이를 선출원 등록상표의 지정상품과 동일·유사한 상품에 사용하였다면 후출원 등록상표의 적극적 효력이 제한되어 후출원 등록상표에 대한 등록무효 심결의 확정 여부와 상관없이 선출원 등록상표권에 대한 침해가 성립한다고 보았다.

5) 한편 미국의 경우 19세기까지 재산권 이론은 재산을 소유, 사용, 처분할 수 있는 적극적 권리로 구성되어 있었고, 특허권의 개념도 특허발명을 소유, 사용, 처분할 수 있는 적극적 권리로 형성되어 있었으나, 1952년 미국 특허법을 개정하여 제154조는 특허권의 본질이 배타권(right to exclude others from making~)임을 분명히 하고 있다(심미랑, 배타적 재산권으로서 특허권의 개념에 관한 연구, 법학연구 14(2), 2011. 7, 88면).

다. 상표권간 저촉 해결에 관한 종전판결의 폐기

(1) 대법원 86도277 판결[6] 등의 폐기로 사라진 법리

대법원은 종래 상표에 관한 위 판결 등에서 '후출원 등록상표에 의한 선출원 등록상표의 침해는 후출원 등록상표가 적법한 절차에 따라 등록무효의 심결이 확정되었음에도 불구하고 그 후에 후출원 등록상표권자가 선출원 등록상표와 동일 또는 유사한 상표를 그 지정상표가 동일 또는 유사한 상표에 사용한 때 성립한다고 보았다. 즉 무효심결이 확정되기까지는 일응 유효한 상표권으로 인정되어 후출원 등록상표의 사용이 정당한 상표사용으로 인정되고 따라서 상표권 침해도 부정된다는 입장을 분명히 하여왔다. 과거 대법원 판례의 법리는 다음과 같은 법리에 바탕을 두고 있다.

첫째, 상표권간 저촉 문제는 다른 종류의 권리간 이용저촉관계의 문제가 아니라 동일법 내에서 등록요건으로 규정된 사항에 대한 심사오류 존부의 문제이므로 무효심판으로 처리하는 것이 옳다는 점이다.

둘째, 상표등록결정은 특허청의 행정행위이며 행정행위에는 공정력(公定力)[7]이 있기 때문이다. 과거 대법원도 이를 존중하여 '상표법에 의하여 등록된 상표는 그것이 무효이거나 취소되기 까지는 다 같이 보호받아야 할 것이기 때문이다'라고 판시하여 등록상표의 정당한 사용의 항변을 긍정하는 입장을 고수해 왔다.

셋째, 우리나라는 무효소송과 침해소송을 별도의 절차에서 운영하는 2원적 상표쟁송체제를 가지고 있다는 점이다. 따라서 무효확정 전에 침해소송에서 법원이 상표등록을 무력화시키는 것은 곤란하다는 견지라 할 수 있다. 그러나 이번 전원합의체 판결에 의해 이러한 법리는 폐기되었다.

(2) 대법원의 폐기 입장의 논거와 이에 대한 평가

우선 대상판결에서 지적한 바와 같이 서로 저촉하는 지식재산권 사이에서 선원이 우선한다는 법리를 채택하게 되면 논리의 일관성과 명쾌성 및 법적 안정성을 가져오는 장점이 있다. 그런데 정작 대법원이 적용한 법리는 현행 법제의 합리적 해석수준을 넘어서는 입법적 해석에 가깝다. 또한 권리 유형과 법제마다 권리조정 방식에 미세한 차이를 두고 있는 이유

6) 대법원 1986. 7. 8. 선고 86도277 판결; 대법원 1999. 2. 23. 선고 98다54434, 54441(병합) 판결.

7) 공정력(公定力)은 행정행위의 효력 중 하나로, 행정행위가 하자가 있는 경우라도 그 하자가 중대하고 명백하여 당연 무효가 아닌 한, 권한 있는 기관(처분청, 행정심판위원회 또는 수소법원)에 의하여 취소될 때까지 상대방 또는 이해관계인들이 그의 효력을 부인할 수 없는 힘이다. 행정행위의 잠정적 통용력 혹은 적법성 추정력이라고도 한다. 김중권, 행정행위의 공정력, 행정판례평선, 박영사, 2011 참조.

를 충분히 파악하지 못하여 구체적 타당성을 결한 결론이 도출될 우려가 크다. 획일적 통일에 의한 논리의 일관성의 추구보다는 '같지만 다른 제도적 차이점'을 충분히 받아들이는 노력이 필요하다. 경합출원의 처리원칙인 선원주의를 선원우위의 원칙과 착각하거나 과오등록의 문제를 이용저촉관계로 잘못 파악한 토대 위에 형성된 결론이라는 점에서 더욱 문제가 있다.

둘째, 대상판결은 침해부정설(항변긍정설)과 권리남용설[8]의 문제점을 비판하면서 항변긍정설에 의하면, 동일한 고의에 의한 행위에 대한 법적 평가가 등록전후 시기별로 달라지는 결과가 발생[9]하는 점을 문제점으로 지적한다.[10] 그러나 상표권 등 산업재산권은 등록에 의해 권리가 비로소 발생하므로 등록전후에 법적 평가가 달라져야 하는 것은 너무나 당연하다. 특히 상표는 움직이는 동사이다. 사용할수록 보호가치가 증대되고, 식별력이 증가하거나 상실될 수도 있다. 즉 어느 시점을 기준으로 판단하느냐에 따라 당연히 법적 평가가 달라진다.[11]

셋째, 형사사건에 대해서는 무효여부와 무관하게 침해를 긍정한 대상판결이 훨씬 더 심각한 문제를 야기할 수 있다.

대법원은 지식재산권 침해행위에 대한 법적책임으로서의 민형사상의 책임을 최종 귀속시키는 문제는 그 침해행위에 대한 고의·과실의 유무 내지 형벌 불소급원칙 등 민·형사법상의 고유 법리에 따라 각 사안별로 일정시점부터 민사상의 불법행위[12]나 형사침해죄에 해당하는 것으로 판단해 왔다. 그리하여 대법원은[13] '무효심결 확정 후'의 행위에 대하여만 형사침해죄를 인정해 온 것이다.

산업재산권은 등록에 의해 권리가 비로소 발생하므로 등록전후에 법적 평가가 달라져야 하는 것은 너무나 당연하다. 더욱이 후출원 등록상표가 무효심판에 의하여 무효 확정된 경우 해당 상표권은 처음부터 없었던 것으로 보므로(제117조 제3항), 후출원 상표권자의 사용행위는 결과적으로 그 최초 사용시점부터 소급하여 침해에 해당하게 된다. 따라서 궁극적인

---

8) '무효로 될 것임이 명백한 권리에 기초한 항변이 권리남용에 해당한다고 구성 할 경우, 침해소송에서 후출원발명이 특허발명과 관계에서 저촉관계에 있는 경우뿐만 아니라 제3의 발명과의 관계에서 신규성 없는 경우 또는 진보성이 없는 경우까지 항변을 금지시키는 효과가 있다.'고도 한다.

9) 침해 행위 계속 중 침해자가 후출원 등록을 받게 되면 침해 행위가 등록시점부터 비침해 행위가 되고(이 사건도 이와 같은 경우이다), 후출원 등록권리에 대한 등록무효 심결이 확정되면 다시 침해 행위가 되는 점을 예로 들고 있다.

10) 이경은, "후출원 등록상표 사용의 선출원 등록상표에 대한 침해 성립 여부", 사법 제57호, 사법발전재단, 2021. 9., 897면.

11) 이 부분에 대한 자세한 내용은 김원오, 사용에 의한 식별력 취득의 법적 성격과 판단시기: 대법원 2011후835 'coffee bean cantabile' 상표등록무효 사건 평석, 지식재산정책 IP Policy Vol.15, 2013. 6., 103-112면.

12) 대법원 2009. 6. 11. 선고 2007다65139 판결에서는 '내용증명을 받은 날'부터는 후출원 등록상표를 부착한 제품의 판매행위가 선출원 등록상표권을 침해할 수 있다는 사실을 알았거나 알 수 있었으므로, 그 이후에 이루어진 판매행위는 선출원 등록상표권자에 대하여 불법행위에 해당한다고 판시함.

13) 대법원 1986. 7. 8. 선고 86도277 판결.

평가는 달라지는 것이 없다. 다만 소급효를 들어 무효심결 확정 전의 과거 행위에 침해죄를 묻는 것은 행위 당시 처벌되지 않던 것을 소급하여 처벌하게 되는 문제가 있어 형벌 불소급 원칙에 반하기 때문이다. 만약 대상판결과 같이 무효심결 확정 여부와 상관없이 무조건 형사침해죄를 인정하게 되면 이것이야 말로 유추해석과 확장해석을 금지하는 형사법의 기본원리에 반하는 결과가 초래될 것이다. 또한 권위 있는 국가기관의 행정처분을 신뢰하고 등록상표를 사용한 것은 법률의 착오여부를 불문하고 형법상 정당행위이며 사회상규에 반하지 않는 것으로 보아야 한다.[14]

4. 판결의 의의

가. 대상판결의 긍적적 의의

이번 대법원 전원합의체 판결은 권리저촉관계 해결을 위한 복잡한 논리구성을 하고 있었던 종례판례를 선원우위의 원칙을 관철시켜 단순화하고 통일화하여 법적안정성에 기여한 측면과 소급처벌 문제 해소 등 무효이후 법률관계 처리가 용이해진데 의의가 있다.[15] 특히, 이번 대법원 판결은 상표권뿐만 아니라, 특허권 등 지식재산권 전반에 선원 우위의 원칙이 적용된다는 점을 분명히 하였다는 점에서 큰 의미가 있다. 앞으로는 이번 전원합의체 대법원 판결에서 제시한 법리에 따라 시간적으로 뒤에 성립한 등록 권리의 경우에는 선원이 우선한다는 기본 원칙에 따라 먼저 성립한 등록 권리에 대한 침해책임이 인정될 것임이 명확하게 되었다. 이로써 선행하는 지식재산권의 권리자는 후행하는 권리자에 대한 침해 주장이 용이해져 보다 적극적인 권리행사가 가능해졌다. 반면, 후행 권리자는 향후 등록된 권리의 사용이라는 이유로 침해책임이 없다는 항변을 더 이상 유효하게 할 수 없게 되었으므로, 등록과정에서 특정 인용상표와 유사여부를 극복하여 등록된 경우라 하더라도 맘 놓고 사용할 수 없는 불안한 지위에 놓이게 되어 다른 비침해 주장에 보다 집중할 필요성이 커졌다고 하겠다.

나. 지재권 기본법리에 비추어본 비판적 평가

대상판결이 지식재산권법의 근본취지와 국제적 입법례에 부합한다는 평가도 있지만 [16]

14) 자기의 행위가 법령에 의하여 죄가 되지 아니하는 것으로 오인한 행위는 그 오인에 정당한 이유가 있는 때에 한하여 벌하지 아니한다(형법 제16조). 또한 법령에 의한 행위 또는 업무로 인한 행위 기타 사회상규에 위배되지 아니하는 행위는 벌하지 아니한다(형법 제20조).

15) 이경은, "후출원 등록상표 사용의 선출원 등록상표에 대한 침해 성립 여부"(주 11), 865면, 901면.

16) 이경은, 위의 논문, 901면.

판례의 입장에 대해 다음과 같은 논지의 비판적 평석[17]이 나오면서 전원합체 판결의 의미는 상당 퇴색된 면이 있다.

첫째, 상표권간 저촉 문제는 다른 종류의 권리간 이용저촉관계의 문제가 아니라 동일법 내에서 등록요건으로 규정된 사항에 대한 심사오류 존부의 문제이므로 무효심판으로 처리하는 것이 옳다는 점이다. 이용저촉관계는 정당하게 등록된 권리간의 실시단계에서의 사후적 조정의 문제이므로 처음부터 과오로 등록된 후 권리에 대해서는 적용의 여지가 없다고 할 수 있다. 결국 상표권간 저촉은 현행 이용저촉관계 규정의 적용이 아니라 과오등록의 문제이므로 선원주의 위반(상표법 제35조)이나 선등록상표와 저촉규정(제34조 1항 7호) 위반을 이유로 한 무효심판으로 다툴 수 있을 뿐이며 이때 5년의 제척기간[18]이 적용된다. 제척기간은 등록후 사용으로 형성된 거래관계 존중과 법적 안정성을 꾀하려는 취지이다.

둘째, 상표권의 본질은 상표전용권에 있으며, 후발상표권의 침해를 인정하려면 상표전용권을 제한하여야 한다. 그런데 상표권의 효력제한은 명문규정에 근거하여야만 제한할 수 있는데, 현행법상 상표권의 저촉은 상표전용권 효력제한 사유로 규정되어 있지 않다는 점이다.[19] 상표등록결정은 특허청의 행정행위이며 행정행위에는 공정력(公定力)[20]이 있기 때문이다. 과거 대법원도 이를 존중하여 '상표법에 의하여 등록된 상표는 그것이 무효이거나 취소되기까지는 다 같이 보호받아야 할 것이기 때문이다'라고 판시하여 등록상표의 정당한 사용의 항변을 긍정하는 입장을 고수해 왔다. 대법원 전원합의체 판결이라 하더라도 행정법상의 기본원칙을 파기하는 것은 곤란하다.

셋째, 상표법상에는 절차의 중지, 상호 통지의무, 특허법원의 관할 통합 등 심판과 소송간 상충된 결론을 예방할 수 있는 제도적 장치가 있다. 또한 무효심결의 소급효로 인해 야기되는 불합리와 재심의 문제 등을 합리적으로 해소할 수 있는 제도적 장치가 있다는 점이다.[21]

---

17) 김원오, 상표권 상호간의 저촉과 후등록 상표의 정당사용의 항변 - 대법원 2021. 3. 18. 선고 2018다253444 전원합의체 판결 평석을 중심으로 -, 산업재산권 제72호, 한국지식재산학회, 2022. 8., 207-258면; 박종태, "선출원 등록상표와 동일·유사한 후출원 등록상표의 사용이 선출원 등록상표에 대한 침해를 구성하는지 여부", IP&DATA법, 제1권 2호, 인하대학교 법학연구소, 2021. 12. 31., 111-144면 등.

18) 상표법 제122조(제척기간) ① 제34조 제1항 제6호부터 제10호까지 및 제16호, 제35조, 제118조 제1항 제1호 및 제214조 제1항 제3호에 해당하는 것을 사유로 하는 상표등록의 무효심판, 존속기간갱신등록의 무효심판 또는 상품분류전환등록의 무효심판은 상표등록일, 존속기간갱신등록일 또는 상품분류전환등록일부터 5년이 지난 후에는 청구할 수 없다.

19) 상표 전용권의 임의적 제한에 관한 상세한 평가에 대해서는 김원오 앞의 논문(주 18), 221-227면 참조.

20) 공정력(公定力)은 행정행위의 효력 중 하나로, 행정행위가 하자가 있는 경우라도 그 하자가 중대하고 명백하여 당연 무효가 아닌 한, 권한 있는 기관(처분청, 행정심판위원회 또는 수소법원)에 의하여 취소될 때까지 상대방 또는 이해관계인들이 그의 효력을 부인할 수 없는 힘이다. 행정행위의 잠정적 통용력 혹은 적법성 추정력이라고도 한다. 김중권, 행정행위의 공정력, 행정판례평선, 박영사, 2011 참조.

21) 이에 관한 자세한 비평에 대해서는 김원오, 상표권 상호간의 저촉과 후등록 상표의 정당사용의 항변(주

넷째, 우리나라는 무효소송과 침해소송을 별도의 절차에서 운영하는 2원적 상표쟁송체제를 기본으로 하고 있다는 점이다. 따라서 무효확정 전에 침해소송에서 법원이 상표등록을 무력화시키는 것은 곤란하다. 소송절차의 중지와 상호 통지제도를 두고 있는 것은 이러한 이원적 운영의 원칙을 고수하려는 의도임을 알 수 있다. 즉 무효심결이 내려질 때까지 소송절차를 중지할 수 있는 제도적 장치가 있고, 행정행위의 공정력 등 삼권분립에 기초한 기본원칙이 존재함에도 이보다는 소송경제 등 효율성에 치중하는 법원의 최근 경향이 과연 바람직한 것인지에 대해서는 점검이 필요하다.[22]

다. 상표제도의 특색 고려 측면에서의 평가

이 밖에도 대상판결은 상표제도가 갖는 고유한 특성을 제대로 반영하지 못하였다는 평가도 받고 있다. 상표법의 특색에 비추어 특허[23]와 상표는 동일한 기준을 획일적으로 적용할 수 없는 측면이 있다. 이는 후술하는 바와 같이 대상판결이 상표와 특허제도 간에 유사하지만 근본적 차이가 있어 차별적 해석과 적용이 필요한 특징을 제대로 반영하지 못하고 성급하게 일반화를 시도한 결과라 할 수 있다.

첫째, 선원우위원칙으로 등록후 권리관계를 처리하는 대상판결은 악의적 선출원 등록자를 우월한 지위에 서게 하고, 선사용권 요건이 채 인정되지 아니하는 선사용 후출원자의 지위를 영구히 불리하게 고착시킨다는 점에서 심각한 부작용을 낳을 수 있다.[24]

둘째, 상표의 경우 특허[25]와 달리 등록요건 판단과 침해판단 기준이 사실상 동일하여[26] 상표등록을 받은 이상 저촉되는 타인의 선등록 상표가 없다는 것이 등록단계에서 확인된 만큼 그 등록이 무효로 확정되기 전까지는 그 사용을 타인의 상표권 침해로 보기 어려운

---

17), 241-241면 참조.

22) 김원오, 상표권 상호간의 저촉과 후등록 상표의 정당사용의 항변(주 18), 238면 이하 참조.

23) 대상판결 이후 특허실무의 변화에 대해서는 구민승, "후출원 등록상표(특허)의 항변 관련 향후 실무상 시사점", 특허와 상표, 2021. 5. 7.자 참조.

24) 대상판결의 사실관계도 "data factory" 표장을 피고가 4개월 먼저 선사용하였으나 원고가 선출원하여 우월한 지위를 선점한 케이스이며, "data factory" 표장의 식별력 존부에 대한 판단이 모호하여 쟁점이 된 사안으로서 무효사유가 명백한 경우에해당하지 않을 뿐만 아니라 전문성을 가진 특허청 심사관합의체의 이의신청을 거쳐 등록된 후원 상표권의 효력을 무효심판 절차를 거치지 않고 사법부에서 사실상 부정한 셈이 된다(同旨 배진효, "선등록 상표와 저촉되는 후등록 상표의 사용", 특허와 상표, 2021. 4. 23.자).

25) 특허의 경우 그 등록요건은 명세서기재요건, 신규성, 진보성 등 선행발명으로부터의 용이창작 여부가 주이고, 중복특허배제를 위한 선원주의는 이중특허배제의 원칙에 따라 출원간 경합만 판단하는 반면 특허 침해판단은 구성요소완비의 원칙, 균등론 등 특허발명의 보호범위 내 실시인지 여부에 대한 판단으로 양자의 기준이 서로 달라 특허등록이 된 이상 선행 특허권의 침해는 아니라는 항변이 관철되기 어렵다.

26) 상표의 경우 다른 등록요건도 있지만 가장 많이 적용되는 선등록 상표와의 저촉규정(34조 1항 7호)에서의 유사상표 판단과 침해판단에서 모두 선행 상표권과의 동일·유사여부, 즉 선권리와의 저촉여부를 판단하는 것으로 본질적으로 서로 동일하다.

면이 있다.[27] 따라서 침해소송에서 등록상표의 정당사용이라는 항변이 일응 가능하다.

셋째, 권리 대 권리 간 권리범위확인심판은 인정이 되지 않고 있는데, 권리대 권리간 침해금지청구에 의한 사용금지가 인정된다면, 이는 권리범위확인심판의 확인적 성격과 대세효를 고려한다 하여도 서로 모순적인 결과가 될 수 있다.[28]

넷째, 이 밖에도 법정사용권으로서 중용권이 없는 상표권의 특성을 반영하지 못한 점[29] 등을 들 수 있다.

27) 박종태, "선출원 등록상표와 동일·유사한 후출원 등록상표의 사용이 선출원 등록상표에 대한 침해를 구성하는지 여부"(주 18) 130면.

28) 同旨 박종태, 위의 논문 137면.

29) 김원오, 상표권 상호간의 저촉과 후등록 상표의 정당사용의 항변(주 18), 248-249면.

16 대한민국 지도 형상의 상표에 대한 식별력 판단

대법원 2024. 10. 31. 선고 2023후10453 판결[1)]

정태호 (경기대학교 교수)

1. 사안의 개요

특허청(현 지식재산처) 심사관은 원고의 이 사건 출원상표인 ""(이하, "이 사건 출원상표"라 함)는 상표법 제33조 제1항 제4호에 따른 식별력이 없는 표장에 해당한다는 것 등을 이유로 이 사건 출원상표에 대하여 등록거절결정을 하였다. 원고는 특허심판원에 해당 거절결정에 대한 불복심판을 청구하였는데, 특허심판원은 해당 심판청구를 기각하는 심결을 하였다.[2)] 해당 심결에 대하여 원고는 '이 사건 출원상표는 한반도 지도를 모티브로 한 도형상표이므로 상표법 제33조 제1항 제4호에 해당하지 않는다. 또한 원고가 이 사건 출원상표와 동일성이 인정되는 실사용상표를 장기간 사용해 온 결과 이 사건 출원상표는 사용에 의한 식별력을 취득하여 상표법 제33조 제2항에 해당하므로 상표등록을 받을 수 있다. 따라서

---

1) [참조 및 관련 판례] 대법원 1999. 9. 17. 선고 99후1645 판결(공1999하, 2215); 대법원 2003. 5. 16. 선고 2002후1768 판결(공2003상, 1375); 대법원 2006. 5. 12. 선고 2005후339 판결(공2006상, 1074); 대법원 2006. 11. 23. 선고 2005후1356 판결; 대법원 2008. 9. 25. 선고 2006후2288 판결(공2008하, 1484); 대법원 2012. 11. 29. 선고 2012후2074 판결; 대법원 2012. 12. 27. 선고 2012후2951 판결(공2013상, 271); 대법원 2017. 9. 12. 선고 2015후2174 판결(공2017하, 2013); 서울고등법원 2013. 10. 31. 선고 2013나8641 판결(대법원에서 심리불속행 기각으로 확정).
[관련 평석 및 문헌] 정태호, "한반도 모양의 지도 도형이 포함된 상품 표지를 사용한 경우의 상품주체 혼동행위 여부에 대한 고찰 - 서울고등법원 2013. 10. 31. 선고 2013나8641 판결을 중심으로 -", 창작과권리 제80호(2015년 가을호), 세창출판사, 2015.

2) 해당 심결에서는 '이 사건 출원상표는 현저한 지리적 명칭인 한반도를 사실적으로 표시한 지도만으로 구성된 표장으로서 상표법 제33조 제1항 제4호에 해당한다. 이 사건 출원상표만으로 독립하여 원고 상품의 출처표시로 사용되었다는 증거가 없어, 그 지정상품인 '조미김, 자반 김, 도시락 김, 건조된 김'과의 관계에서 원고의 상품을 표시한 것으로 사용에 의한 식별력을 취득하였다고 보기에도 미흡하다. 따라서 원고가 제출한 자료들만으로는 이 사건 출원상표가 상표법 제33조 제2항에 해당하게 되었다고 인정하기 어렵다.'고 판단하였다[특허심판원 2022. 4. 14.자 2021원111 심결. 이 내용은 특허법원 판결(원심판결)의 내용에 기재된 부분 참조].

이 사건 출원상표에 대한 등록거절결정을 유지한 이 사건 심결은 위법하므로 취소되어야 한다.'고 주장하면서 특허법원에 심결취소소송을 제기하였다.

2. 판결의 요지

가. 원심판결(특허법원 2023. 4. 20. 선고 2022허3229 판결)

(1) 이 사건 출원상표가 상표법 제33조 제1항 제4호에 해당하는지 여부 (적극)

상표법 제33조 제1항 제4호에서 규정하는 '지도'라 함은 세계지도(그 일부를 포함한다) 또는 국가의 지도 등을 의미하고, 정확한 지도는 물론 사회통념상 이러한 지도임을 인식할 수 있는 정도의 것도 이에 포함된다. 실제 대한민국 지도와 다른 색채로 표현한다거나 해안선을 단순하게 표현한다거나 한반도와 그 부속도서의 비율을 일부 왜곡하여 표현하는 등의 표현 방법은 대한민국 지도를 나타내는 통상적인 표현 방법에 불과하고, 이 사건 출원상표가 '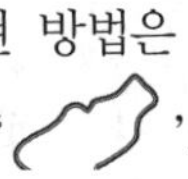'와 같이 바깥쪽은 굵고 안쪽은 가는 두 줄의 선으로 표현되어 있기는 하나, 그와 같은 표현 방법은 자세히 보아야 알 수 있는 정도에 불과하여 이 사건 출원상표가 일반 수요자에게 대한민국 지도 외에 다른 관념이나 인상을 갖도록 한다고 보기 어렵다. 이와 같이 이 사건 출원상표가 일반 수요자에게 사회통념상 대한민국 지도로 인식되는 이상, 상품출처표시로서 식별력을 갖추었다고 보기 어렵고, 특정인에게 이를 독점하도록 하는 것도 부적절하다고 판단된다. 이 사건 출원상표는 대한민국 지도만으로 된 상표, 즉 상표법 제33조 제1항 제4호에 해당한다고 판단된다.

(2) 이 사건 출원상표가 상표법 제33조 제2항에 해당하는지 여부 (소극)

원고의 영업기간 및 매출액 규모, 가맹점포수, 시장점유율 등의 사정을 종합하면, 원고가 1994년경부터 조미김 등 가공된 김을 생산, 판매하면서 출원상표도 함께 표시된 표장( - 실사용상표 1, 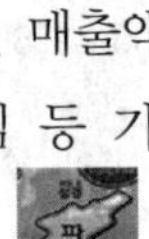 등 - 실사용상표 2, 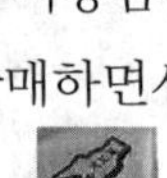 - 실사용상표 3)을 사용하여 왔고 관련상품은 꾸준한 홍보, 마케팅 활동을 통해 언론에도 다수 소개되었으며, 그 판매량과 시장점유율이 상당한 정도에 이른 사실은 인정된다. 그러나 위와 같은 사실만으로는 출원상표가 사용상품인 조미김 등에 원고의 다른 사용표장인 '성경' 과 '지도표' 등과 같이 사용된 실사용표장들과는 별개로 독립하여 수요자 사이에서 사용에 의한 식별력을 취득하였다고 인정하기는 어렵다.[3)]

3) 이러한 판단에 관한 구체적인 이유를 정리해보면, "(1) 실사용상표들은 모두 도형 부분 외에 적어도 1개

나. 대법원 판결[4)]

(1) 상표법 제33조 제1항 제4호의 해당 여부(적극)

상표법 제33조 제1항 제4호에 의하면 '지도만으로 된 상표'는 상표등록을 받을 수 없는데, 정확한 지도나 이에 준하는 형태가 아니더라도 일반 수요자가 사회통념상 지도임을 인식할 수 있는 정도의 형태를 갖추었다면 위 규정에서 말하는 '지도'에 해당한다. 원심은 이 사건 출원상표가 일반 수요자에게 사회통념상 대한민국 지도로 인식되어 상표법 제33조 제1항 제4호의 '지도만으로 된 상표'에 해당한다고 판단하였다. 이러한 원심의 판단에 상고이유 주장과 같이 '지도만으로 된 상표'의 해석 및 판단, 상표의 식별력 판단 등에 관한 법리를 오해하거나 필요한 심리를 다하지 아니하는 등으로 판결에 영향을 미친 잘못이 없다.

(2) 상표법 제33조 제2항의 해당 여부(소극)

상표법 제33조 제2항에서 규정한 '그 상표를 사용한 결과 수요자 간에 특정인의 상품에 관한 출처를 표시하는 것으로 식별할 수 있게 된 경우'에 해당하는지는 상표의 사용기간, 사용횟수 및 사용의 계속성, 그 상표가 부착된 상품의 생산 · 판매량 및 시장점유율, 광고 · 선전의 방법, 횟수, 내용, 기간 및 그 액수, 상품품질의 우수성, 상표사용자의 명성과 신용, 상표의 경합적 사용의 정도 및 태양 등을 종합적으로 고려하여 판단하여야 한다.[5)] 사용에 의한 식별력을 취득하는 출원상표는 실제로 사용한 상표 그 자체에 한하고 그와 유사한 상표에 대하여 식별력 취득을 인정할 수는 없지만, 출원상표와 동일성이 인정되는 상표의 장기간 사용은 위 식별력 취득에 도움이 되는 요소이다.[6)] 한편 출원상표와 동일하거나 동일성이

이상의 문자 부분이 결합한 표장으로서 도형만으로 구성된 이 사건 출원상표와 동일한 표장이라고 보기 어렵다. (2) 실사용상표 1, 2에 부가된 구성인 세로로 나열된 문자 부분(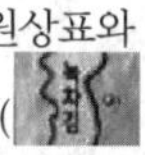 등)의 경우, 전체 표장에서 차지하는 비중이 상당해, 대한민국 지도로 인식되는 출원상표와의 관계에서 그 상대적인 식별력이 낮다고 단정할 수 없고, 출원상표가 위 문자 부분으로부터 분리 인식 가능하다고 보기도 어렵다. (3) 나아가 실사용상표 2, 3에 부가된 구성인 '지도표', '성경' 부분은 독립하여 출처표시로 기능할 수 있는 부분으로 보인다. 따라서 일반 수요자 및 거래자가 실사용상표들을 보았을 때, 문자 부분을 포함한 실사용상표들 전체 혹은 실사용상표 2, 3 중 상대적으로 식별력이 강한 '지도표', '성경' 부분을 그 출처표시로서 인식하였을 것으로 보이고, 한반도 모양의 도형을 원고 상품의 주요한 출처표시로 인식할 것으로 보이지 않으므로, 사용에 의한 식별력 취득 판단에 있어서 원고가 실사용상표들을 사용하여 판매한 실적을 그대로 출원상표를 사용한 실적이라고 보기 어렵다. (4) 원고가 출원상표를 단독으로 그 지정상품에 사용하여 구이김 등의 상품을 제조, 판매한 실적을 찾아보기는 어렵다."는 것이었다(특허법원 2023. 4. 20. 선고 2022허3229 판결 참조).

4) 이하 '대상판결'이라 함.

5) 대법원 2012. 11. 29. 선고 2012후2074 판결 등 참조.

6) 대법원 2008. 9. 25. 선고 2006후2288 판결 등 참조.

인정되는 부분이 그 부분만으로 독립성을 유지하면서 분리 인식될 수 있다면 다른 표장과 함께 사용되었더라도 그 사용실적을 출원상표가 사용에 의한 식별력을 취득하였는지 판단하는 자료로 삼을 수 있다.[7)]

원심은 이 사건 출원상표가 원심 판시 실사용상표들과 별개로 독립하여 수요자 사이에서 사용에 의한 식별력을 취득하였다고 인정하기는 어려워 상표법 제33조 제2항에 해당하지 않는다고 판단하였다. 이러한 원심의 판단에 상고이유 주장과 같이 사용에 의한 식별력 취득의 요건, 출원상표와 실사용상표의 동일성 판단 등에 관한 법리를 오해하거나 필요한 심리를 다하지 아니하는 등으로 판결에 영향을 미친 잘못이 없다.

3. 해설

가. 대상판결에서의 상표법 제33조 제1항 제4호에 관한 검토

(1) 해당 규정의 의의 및 취지

현저한 지리적 명칭 · 그 약어(略語) 또는 지도만으로 된 상표는 상표법 제33조 제1항 제4호에 의해 자타상품의 식별력을 결여한 표장으로서 등록받을 수 없는 상표에 해당한다.[8)] 이러한 지리적 명칭이나 지도 등을 특정인에게 상표로 등록시켜 준다면 해당 명칭이나 지도 등에 대한 자유로운 사용을 저해할 수 있기 때문에, 일정규모 이상으로 알려진 지리적 명칭이나 지도 등에 대해서는 해당 규정을 통해 특정인에게 독점배타적인 권리를 부여하지 않는 것이다.[9)]

(2) 해당 규정에서의 '지도'에 관한 판단기준

'지도'라 함은 세계지도(그 일부를 포함) 또는 국내외 국가의 지도 등을 의미하며, 정확한 지도는 물론 사회통념상 지도임을 인식할 수 있는 정도면 족하다. 국가의 지도뿐만이 아니라, 일부 지방의 지도도 해당 규정에 포함되는 것으로 본다. 다만, 일반수요자가 지도로 인식하기 어려운 정도인 때에는 그러하지 아니하다.[10)]

---

7) 대법원 2012. 12. 27. 선고 2012후2951 판결; 대법원 2017. 9. 12. 선고 2015후2174 판결 등 참조.

8) 제33조(상표등록의 요건) ① 다음 각 호의 어느 하나에 해당하는 상표를 제외하고는 상표등록을 받을 수 있다. 4. 현저한 지리적 명칭이나 그 약어(略語) 또는 지도만으로 된 상표.

9) 특허청 상표심사기준 제4부 제4장[제도의 취지].

10) 특허청 상표심사기준 제4부 제4장 1.1.1.

(3) 대상판결에서의 해당 규정의 적용 인정에 관한 검토

기존에 현저한 '지도'만으로 된 상표에 관한 대법원 판례상의 판단기준이 없었으나, 대상판결에서는 특허청 상표심사기준의 판단기준을 받아들여 해당 규정에서의 '지도'의 해당 여부에 관한 판단법리를 판시하였다. 즉 정확한 지도나 이에 준하는 형태가 아니더라도 일반 수요자가 사회통념상 지도임을 인식할 수 있는 정도의 형태를 갖추었다면, 해당 규정에서 말하는 '지도'에 해당한다는 판단기준을 판시한 것이다. 그리고 이러한 판단법리에 따라 대상판결은 이 사건 출원상표가 정확히 대한민국 지도의 형상과 일치하는 것은 아니지만, 일반 수요자가 보기에 사회통념상 대한민국 지도로 인식할 수 있는 형태를 갖추었으므로, 상표법 제33조 제1항 제4호의 '지도만으로 된 상표'에 해당한다고 판단하였다. 한편으로 이에 따라 이 사건 출원상표가 대한민국(한반도) 지도의 형상으로 인정된다면, 대한민국 지도의 형상은 당연히 대한민국 국민인 우리나라의 일반 수요자들에게 '현저하게' 인식되어 있는 것으로도 볼 수 있는 것이므로, 대상판결에서는 해당 지도에 대한 '현저한 인식 여부'는 별도의 쟁점사항이 되지 않았음을 참조할 필요가 있을 것이다.

나. 대상판결에서의 상표법 제33조 제2항에 관한 검토

(1) 해당 규정의 의의 및 취지

상표법 제33조 제2항[11]에 따르면, 현저한 지리적 명칭이나 지도 등에 해당하는 상표라도 상표등록출원 전부터 출원인의 독점적 사용의 결과 수요자 간에 특정인의 상품출처를 표시하는 것으로 식별할 수 있게 된 경우에는 해당 상표를 실제 사용한 상품을 지정상품으로 하여 상표등록을 받을 수 있다. 특정인이 어떤 표장을 독점적으로 사용하여 거래상의 식별력을 취득하였다면, 오히려 상표등록을 허용함으로써 제3자의 부정경쟁 목적의 사용을 방지하여 상표사용자의 신용을 보호하고, 일반 수요자 간에 상품 출처의 혼동 등을 방지하는 것이 상표법의 본래 목적에 부합하기 때문에, 해당 규정에 의해 사후적으로 식별력을 인정하는 것이다.[12]

(2) 해당 규정에서의 사용상표의 동일성 및 독립성에 관한 해석론

사용에 의한 식별력을 취득하는 상표는 실제로 사용한 상표 그 자체에 한하고 그와 유

11) 제1항 제3호부터 제7호까지에 해당하는 상표라도 상표등록출원 전부터 그 상표를 사용한 결과 수요자 간에 특정인의 상품에 관한 출처를 표시하는 것으로 식별할 수 있게 된 경우에는 그 상표를 사용한 상품에 한정하여 상표등록을 받을 수 있다.

12) 특허청 상표심사기준 제4부 제9장[제도의 취지].

사한 상표에 대하여까지 식별력 취득을 인정할 수는 없지만,[13] 그와 동일성이 인정되는 상표의 장기간의 사용은 위 식별력 취득에 도움이 되는 요소라 할 것이다.[14] 그리고 상품의 면에서도 실제로 상표가 사용된 상품을 지정상품으로 하여야 하고, 사용에 의한 식별력을 그 밖의 유사한 상품에까지 확대하여 인정할 수는 없다.[15] 이 경우 상표와 상품이 동일한지 여부는 '물리적 동일성'을 의미하는 것이 아니라 '실질적 동일성'을 의미하는 것으로서, 거래사회의 통념상 일반 수요자나 거래자가 동일하다고 인식할 수 있는 상표 및 상품을 말한다.[16] 상표법 제33조 제2항의 취지는 원래 특정인에게 독점사용시킬 수 없는 표장에 독점적 권리를 부여하는 것이어서 그 기준을 엄격하게 해석·적용해야 하므로, 구체적으로 상표 자체가 수요자 간에 특정인의 상품에 관한 출처를 표시하는 것으로 인식되었다는 것이 동일성이 있는 상표 사용의 증거에 의하여 명확하게 되어야 한다.[17]

상표 전체에 대하여 사용에 의한 식별력이 인정되더라도 상표를 이루는 각 구성요소에 대해서까지 당연하게 사용에 의한 식별력이 인정되는 것은 아니다.[18] 실사용상표가 결합상표일 경우에는 원칙적으로 출원상표 부분이 실사용상표로부터 독립적으로 인식될 수 있는지가 중요한데, 출원상표 부분이 독립적으로도 사용 실적이 상당하고 결합상표 자체에 의한 사용 실적도 상당할 경우에는, 식별력이 없는 출원상표 부분만의 사용에 의한 식별력을 인정할 수 있다고 본다.[19]

(3) 관련 판결의 검토

1) 대법원 2017. 9. 12. 선고 2015후2174 판결[거절결정(상)]

해당 판결은 결합상표의 사용에 의한 식별력의 인정에 관한 사건으로서, 출원인이 출원상표인 "**단박대출**"에 대하여 출원 전부터 해당 상표와 동일성이 있는 '단박대출'이라는 표장을 사용한 점, 출원인의 '단박대출'이 포함되어 있는 실사용상표들의 사용 광고에서 실

---

13) 대법원 2006. 11. 23. 선고 2005후1356 판결 등 참조.

14) 대법원 2008. 9. 25. 선고 2006후2288 판결.

15) 대법원 2006. 5. 12. 선고 2005후339 판결 등 참조.

16) 특허청 상표심사기준 제4부 제9장 2.3.1.

17) 대법원 1999. 9. 17. 선고 99후1645 판결; 대법원 2003. 5. 16. 선고 2002후1768 판결; 대법원 2012. 12. 27. 선고 2012후2951 판결 등 참조.

18) 대법원 2006. 5. 12. 선고 2005후339 판결 참조.

19) 이와 관련된 판결에서는 원고의 "SUPERIOR" 문자와 관련된 상표의 사용 경과, 특히 원고가 "SUPERIOR" 문자 상표도 장기간 사용하여 왔던 점과 원고의 사용상표나 선등록상표들은 "SUPERIOR"라는 문자부분을 포함하고 있을 뿐만 아니라 그러한 문자부분에 따라 호칭되어 왔으므로, 원고의 사용상표나 선등록상표들의 사용이 이 사건 출원상표가 사용에 의한 식별력을 취득하는 데 도움이 되었을 것으로 보이는 점 등을 종합적으로 고려하면, 이 사건 출원상표 "**SUPERIOR**"는 그 등록거절결정시점에 그 지정상품에 관하여 사용에 의한 식별력이 인정되는 것이라고 보았다(대법원 2012. 11. 29. 선고 2012후2074 판결 참조).

사용상표들에는 해당 상표가 단독으로 표시되어 있지는 않으나 이와 동일성이 인정되는 부분과 함께 사용된 문자 부분은 출원인을 나타내는 것으로 인식되거나 대부업계에서 흔히 쓰이는 표지에 불과한 반면, 해당 상표와 동일성이 인정되는 부분(단박대출)은 나머지 부분과 글자체나 글자 크기, 글자의 색상, 글자 부분의 배경 색상 등을 달리하여 '독립성을 유지'하면서 분리 인식될 수 있도록 구성되어 있고, 실사용상표들에서 공통적으로 반복됨으로써 수요자들에게 강조되어 인식되도록 사용되고 있는 점 등을 근거로 하여, 해당 출원상표가 사용에 의한 식별력을 취득하였다고 판단한 사례이다. 해당 판결은 출원인이 출원상표가 포함되어 있는 실사용상표들을 사용하면서도 이와 아울러 출원상표와 동일성이 있는 표장을 별도로 사용한 경우에는 출원상표의 사용에 의한 식별력을 인정할 수 있다고 판단한 점에서, 대상판결의 사안과 반대되는 결론으로 판단된 사례라고 볼 수 있다.[20] 결국 대상판결과 달리 해당 판결에서는 출원상표가 실사용상표에서 동일성 및 독립성이 인정되고, 결합된 다른 구성요소들보다 상대적으로 식별력에 우위가 있는 점 등으로 인해 사용에 의한 식별력이 인정된 것이라고 볼 수 있다.

2) 서울고등법원 2013. 10. 31. **선고** 2013**나**8641 **판결[부정경쟁행위금지]**

부정경쟁행위금지에 관한 관련 사건인 과거의 서울고등법원 판결[21]의 판시 내용을 살펴보면, 대상판결의 판단논리와 연결되는 점을 찾아볼 수 있다. 해당 판결에서도 이 사건 표장의 구성요소인 한반도와 부속도서 형상의 도형은 사회통념상 한반도를 표현하는 지도로 인식할 수 있는 정도로 보여 자타상품의 식별력을 인정하기 곤란하다고 할 것이므로, 해당 지도 도형 자체는 유사 판단 시의 식별력이 있는 요부에 해당하는 것으로 볼 수 없다고 판시하고 있다. 즉 대상판결의 논리와 동일하게 해당 판결에서도 원고의 이 사건 표장[22]에서 대한민국(한반도) 지도 형상의 도형이 독립적으로 사용 및 인식되지 않아서 그 자체만으로는 사용에 의한 식별력을 취득하지 못하여 주지성의 인정으로까지 이어진다고 보기 어렵고, 식별력이 있는 "성경"이나 "지도표"와 같은 문자부분과 항상 함께 사용되어, 해당 지도 도형은 별도의 식별력이 있는 상품표지로서 기능한다고 보기는 어렵다고 판단한 것이라고 볼 수 있다.[23]

---

20) 정태호, 상표법 강론, 도서출판 자운, 2024, 121면 참조.

21) 서울고등법원 2013. 10. 31. 선고 2013나8641 판결(대상판결은 상고되었으나 대법원에서 심리불속행 기각되어 확정되었다).

22) 해당 판결에서의 이 사건 표장은 대상판결에서 사용에 의한 식별력의 인용증거 중 하나인 실사용표장 3과 동일성이 있는 표장인 ""이다. 결론적으로 해당 판결에서는 대한민국 지도 형상의 한반도 도형이 사용에 의한 식별력을 취득한 요부가 될 수 없으므로 해당 판결에서의 피고의 사용표장인 ""과 비유사하다고 판단하였다.

23) 정태호, "한반도 모양의 지도 도형이 포함된 상품 표지를 사용한 경우의 상품주체 혼동행위 여부에 대한 고찰 – 서울고등법원 2013.10.31. 선고 2013나8641 판결을 중심으로 –"(주 1), 86면.

(4) 대상판결에서의 해당 규정의 적용 부정에 관한 검토

대상판결에서는 이 사건 출원상표를 구성 부분으로 포함하고 있는 실사용상표들에 대한 사용실적이 상당한 정도에 이른 사실은 인정되지만, 이 사건 출원상표의 실사용상표들은 모두 대한민국 지도 형상의 도형인 이 사건 출원상표 부분 외에 적어도 1개 이상의 문자 부분이 결합한 표장으로서 이 사건 출원상표와 동일성이 있는 표장이라고 볼 수 없고, 일반 수요자에게 실사용상표들에서 이 사건 출원상표 부분이 독립하여 분리 인식될 수 있다고 보기 어려워서 실사용상표들을 접한 일반 수요자가 이 사건 출원상표 부분을 원고의 상품의 독립된 출처표시로서 인식한다고 보이지는 않으므로, 실사용상표들의 사용 실적들을 이 사건 출원상표의 사용에 의한 식별력의 취득 여부를 인정하는 자료로 삼을 수 없다는 점을 이유로 이 사건 출원상표의 사용에 의한 식별력의 취득을 부정하였다고 볼 수 있다.

4. 판결의 의의

대상판결은 상표법 제33조 제1항 제4호에서의 '지도'에 관한 판단기준을 판시한 최초의 대법원 판결이다. 그리고 식별력이 없는 부분으로 구성되어 있는 결합상표에 관하여, 기존의 대법원 판결인 '단박대출' 사건은 식별력이 없는 구성 부분이 상표법 제33조 제2항의 사용에 의한 식별력을 인정받을 수 있는 경우를 보여준 것이라면, 대상판결은 그와 반대되는 결과의 경우를 보여준 사례로서, 결합상표에서 식별력이 없는 구성 부분이 사용에 의한 식별력을 인정받기 위해서는 그 자체로서 동일성 및 독립성이 있는 사용이 있어야 한다는 점을 재확인한 판결이라고 볼 수 있다.

17 상표권침해죄에 있어서 '상표권의 효력범위'와 '타인의 등록상표'

대법원 2024. 11. 14. 선고 2023도11044 판결[1)]

김수민 (법무법인(유한) 세종 변호사)

1. 사안의 개요

검사는 "피고인은 2018. 5.경부터 2021. 5. 25.경까지 사이 피해 회사의 등록상표인 이 사건 등록상표를 피고인의 게스트하우스 인터넷 홈페이지에 게시하여 게스트하우스 영업활동을 함으로써 피해 회사의 상표권을 침해하였다."라는 공소사실로 피고인을 상표법위반 등으로 기소하였다. 이에 대하여 서울서부지방법원은 2022. 1. 26. 2021고단1390호로 상표법위반 등 공소사실 전부에 대하여 유죄를 인정하여 피고인에 대하여 징역 10월 및 집행유예 1년 6월을 선고하였다(이하 '제1심판결'이라 한다).

2. 판결의 요지

가. 원심판결(서울서부지방법원 2023. 7. 25. 선고 2022노162 판결)

1심판결(서울서부지방법원 2022. 1. 26. 선고 2021고단1390 판결)에 대하여 피고인이 항소하였고, 항소심인 서울서부지방법원은 2023. 7. 25. 피고인의 상표법위반의 점을 무죄로 판단하여, 제1심판결을 파기하고 피고인에 대하여 징역 8월 및 집행유예 1년의 판결을 선고하였다(이하 '원심판결'이라 한다).

원심은 이 사건 공소사실의 적용법조가 상표법 제230조, 제108조 제1항 제1호라고 판단한 다음(공소장 적용법조에 상표법 제108조 제1항 제1호는 기재되어 있지 않았다), 이 사건 등록상표의 상표권 이전등록이 2018. 1. 25. 피고인 앞으로 마쳐졌고, 그 후 피고인이 이 사건 등

1) [관련 평석 및 문헌] 박성호, "2024년 지적재산법 중요판례평석", 인권과 정의 제529호, 대한변호사협회, 2025.

록상표를 사용한 행위는 '타인의 등록상표'를 사용한 행위가 아니므로, 상표법위반의 공소사실은 피고인의 행위가 범죄로 되지 아니하는 때에 해당하여 형사소송법 제325조 전단에 의하여 무죄로 판단하였다.

나. 대법원 판결

원심판결에 대하여 피고인 및 검사가 상고하였다. 이에 대하여 대법원은 2024. 11. 4. 검사의 상고를 받아들여 원심판결의 무죄 부분을 파기하여 원심 법원에 환송하고, 피고인의 상고를 기각하는 내용의 판결(이하 '대상판결'이라 한다)을 선고하였다.

대법원은 "상표권이 양수인에게 이전되기 위해서는 상표권자와 양수인 사이에 상표권을 이전할 것을 목적으로 하는 합의와 상표법 제96조 제1항 제1호에 따른 등록이 있어야 한다. 한편 상표법 제230조는 상표권 또는 전용사용권의 침해행위를 한 자를 처벌하도록 규정하고 있는바, 상표권자 이외의 제3자는 정당한 권원 없이 상표권의 효력범위에 속하는 행위를 해서는 안 되고, 이를 위반하는 행위는 상표권의 침해행위에 해당한다."라는 법리를 설시한 후, 피고인이 2018. 1. 25. 양도를 원인으로 한 이 사건 등록상표권의 이전등록을 마치긴 하였으나 피해 회사와 피고인 사이에 이 사건 등록상표권을 이전할 것을 목적으로 하는 '합의'가 없었으므로 피고인이 위 상표권을 적법하게 이전받았다고 할 수 없고, 따라서 피고인은 이 사건 등록상표권의 상표권자가 아니므로, 피고인이 이 사건 등록상표를 지정상품인 게스트하우스 서비스제공업 등에 사용한 것은 정당한 권원 없이 이 사건 등록상표의 효력범위에 속하는 행위를 한 것으로서 이 사건 등록상표의 침해행위에 해당한다고 판단하였다.

한편 대법원은 원심이 피고인의 행위가 상표법 제108조 제1항 제1호에 해당한다는 전제 하에 판단한 것을 두고, 피고인의 행위는 이 사건 등록상표와 '동일'한 상표를 그 지정상품과 '동일'한 상품에 사용한 것이므로, 피고인의 행위는 상표법 제108조 제1항 제1호에 해당하지 않는다는 점도 지적하였다.

3. 해설

가. 상표법 제108조 제1항 제1호

(1) 쟁점의 정리

대법원은 결론에 영향을 주지 않는 원심 법원의 설시에 대하여 '피고인의 행위는 상표법 제108조 제1항 제1호에 해당하지 않는다'라고 굳이 지적하여 두었다. 상표법 제230조와 제108조 제1항 1호의 관계에 대하여 논하기에 앞서, 우선 상표권의 효력범위에 대하여 살펴본다. 이는 상표권 침해죄의 객관적 구성요건 중 '상표권의 효력(권리)범위에 속하는 사용'과 관계된다.

(2) 상표권의 효력범위: 전용권과 금지권, 동일 영역과 유사 영역

상표권자는 지정상품에 관하여 그 등록상표를 사용할 권리를 독점하나(상표법 제89조), 유사 영역에 속하는 상표를 사용할 권리까지 인정되는 것은 아니어서 상표권자 혹은 사용권자가 위와 같은 사용행위를 할 경우 부정사용으로서 등록상표의 취소사유에 해당하게 된다(상표법 제119조 제1항 제1호). 그러나 상표법은 상표권자를 두텁게 보호하기 위하여 제3자가 상표권자의 허락 없이 등록상표의 유사 영역에 속하는 상표를 사용하면 이를 상표권 침해로 간주(상표법 제108조 제1항 제1호)하여 금지 및 손해배상청구와 형사처벌의 대상이 되도록 하고 있다(상표법 제107조, 제109조, 제230조 등).[2] 즉 강학상 상표법 제89조에 의하여 상표권자에게 부여된 효력은 독점적 사용권 내지 전용권(적극적 효력)이라 하고, 상표권자를 보호하기 위한 규정들에 의하여 상표권자에게 부여된 효력은 금지권(소극적 효력)이라 한다. 이를 표로 정리하면 아래 표[3]와 같고, ①의 경우에만 동일 영역에서의 사용에 해당하고, ②~④의 경우는 모두 유사 영역에의 사용에 해당한다.

상표권의 효력범위		상품 또는 서비스		
		동일	유사	비유사
상표	동일	독점적 사용 & 타인사용배제(①)	타인사용배제(②)	x
	유사	타인사용배제(③)	타인사용배제(④)	x
	비유사	x	x	x

(3) 상표권침해죄 규정의 변천

제정 상표법(1949. 11. 28. 법률 제71호)은 제32조 제3호에서 '제29조 각호에 해당한 행위를 한 자'를 처벌한다고 규정하였고, 제29조는 '좌의 각호의 1에 해당한 행위는 등록상표권리인의 권리에 대한 침해이다.', 동조 제1호는 '타인의 등록상표와 동일 또는 유사한 상표를

2) 김영기, 온주 상표법 제89조, 2025, 2면.
3) 이규홍, 온주 상표법 제230조, 2025, 6면.

동종의 상품에 사용한 행위'라고 규정하면서 상표권의 "동일 영역"(앞서 본 ① 영역)에서의 침해와 "유사 영역"(앞서 본 ②~④ 영역)에서의 침해를 구별하지 않고 있었다. 그러나 상표법이 1973. 2. 8. 법률 제2506호로 전부개정되면서 제36조에서 '다음 각호의 1에 해당하는 경우에는 상표권을 침해한 것으로 본다.'고 규정하면서 상표권의 간주침해에 대한 규정을 신설하였는데, 동조 제1호에서 '타인의 등록상표와 동일 또는 유사한 상표를 그 지정 상품과 동일 또는 유사한 상품에 사용한 행위'라고 규정하면서 유사 영역에서의 침해를 규정하기 시작하였다.[4] 상표권의 간주침해 규정은 수차례 개정을 거쳐 현행 상표법 제108조에 규정되어 있는데, 같은 조 제2호 내지 제4호는 상표권 침해행위의 또 다른 요건인 '상표의 사용(상표법 제2조 제11호)'과 관련하여 이와 밀접하게 관련된 예비적, 기여적 행위까지도 침해로 간주하고 있어 이들을 두고 강학상 '의제침해', '간접침해'라 부르기도 하며, 제1호의 경우 이들과 성격을 달리한다고 본다.[5] 다만 유사 영역에서의 '직접' 침해행위를 의제침해, 간접침해 행위들과 같이 상표법 제108조 제1항의 '간주'침해 규정에 포함시킨 것을 두고 동조 제1호의 법적 성격에 대하여 ㉠ 본래적 의미의 침해 또는 직접침해의 성격을 갖는 것인데 단지 확인적 의미를 갖는다는 견해도 있고, ㉡ 상표권자 역시도 유사 영역에 사용하지 않을 의무를 부담하므로 유사 영역에 금지권을 갖는다는 것은 소비자 혼동 방지라는 공익 목적 달성을 위하여 법 기술적 조치로서 창설한 것이라는 견해도 있다.[6] 개인적인 견해로는 타 산업재산권 법제인 특허법(제127조), 실용신안법(제29조), 디자인법(제114조)에서의 '침해로 보는 행위' 규정과의 비교, 효력범위와 관련하여 (디자인권은 제92조에 의하여 전용권에 유사 영역이 포함되므로 논외로 하고) 특허권 및 실용신안권은 청구범위 기재에 의하여 확정된 구성요소 완비의 원칙(All Element Rule)에 따른 문언침해를 원칙으로 하되 판례에 의하여 균등침해까지 확장된 점 등을 고려하면, ㉠설을 지지한다.

이처럼 현행 상표법이 상표법침해죄 규정에서 동일 영역에서의 침해와 유사 영역에서의 침해를 명확하게 구별하고 있지 않으므로, 유사 영역에서의 침해는 사안별 판단자의 주관에 따라 가변적이라는 점까지 고려하여 처벌대상에서 제외하자는 견해도 있다.[7]

(4) 사안의 해결

사안의 경우, 피고인은 이 사건 등록상표와 '동일'한 상표를 이 사건 등록상표의 지정상품(게스트하우스 서비스제공업 등)과 '동일'한 서비스업에 사용하였으므로 상표권의 동일 영역에

4) 이경은, 온주 상표법 제108조, 2025, 2면.
5) 김병일, "상표권 의제침해와 형사처벌 규정의 문제점과 개선방안", 산업재산권 통권 제70호, 2022, 63면.
6) 이경은, 온주 상표법 제108조(주 4), 3면.
7) 홍민지, "죄형법정주의 관점에서 바라본 상표권 침해의 형사처벌 규정에 관한 정비방안 고찰 : 상표위조행위를 중심으로", 형사정책연구 제27권 3호(통권 제107호), 2016, 63면.

대한 침해가 문제되었다. 따라서 대법원은 검사가 상표법 제230조만 적용법조에 기재하여 기소한 것은 타당하다고 본 것이다(원심은 검사가 상표법 제108조 제1항 제1호가 적용됨을 전제로 기소하였고, 공소장 기재에는 단지 누락되어 있다고 보았다). 이를 두고 대법원이 형사사건에서 상표권 제230조가 적용되는 행위에 대하여 만연히 상표법 제108조 제1항 제1호로 기소하는 경향에 대하여 주의를 촉구하였다고 본 견해도 있다.[8)]

나. 타인의 등록상표

(1) 쟁점의 정리

원심판결과 대상판결의 판단이 달라지게 된 것은 결정적으로 피고인이 이 사건 등록상표의 상표권자인지, 아니면 제3자에 불과한지에 있었다. 즉, 이는 상표권 침해죄의 객관적 구성요건 중 '타인의 등록상표의 정당한 권원 없는 사용'과 관계된다.

이 사건 공소사실에는 상표법위반의 공소사실 외에도 피고인이 피해 회사의 공동대표로서 이사회결의를 거치지 않고 피해 회사의 중요한 자산인 이 사건 등록상표에 관한 권리 전부를 피고인에게 무상으로 이전한다는 내용으로 된 피해 회사 명의의 양도증을 위조하고, 이를 특허청 직원에게 제출하여, 이 사건 등록상표권의 이전등록절차를 마쳤다는 내용의 사문서위조, 위조사문서행사 및 업무상배임의 공소사실도 포함되어 있었다. 즉 피고인이 이 사건 등록상표의 효력범위에 속하는 상표의 사용행위를 한 시점에 피고인은 이미 이 사건 등록상표의 상표등록원부상 상표권자로 되어 있었다. 그런데 피해 회사와 피고인 사이에 이 사건 등록상표권을 피고인에게 이전하기로 하는 합의는 없었으므로 사문서위조 등 범죄사실은 성립한다는 점에 원심과 대법원은 판단을 같이 하였다. 원심은 등록상표의 최종 등록명의자가 그 이전 등록명의자와의 관계에서 이전등록의 원인이 무효라고 하더라도 이전등록 절차가 완료되기 전에는 "여전히 등록상표의 상표권자"라고 본 반면, 대법원은 이전등록의 원인이 무효라면 최종 등록명의자는 그 이전 등록명의자로부터 적법하게 상표권을 이전받았다고 할 수 없으므로 "등록상표의 상표권자로 볼 수 없다"고 본 것이다. 즉 이는 상표등록원부와 실체적 권리관계가 다른 경우 상표등록원부에 기재된 대로의 권리관계를 인정할 것인지 '등록의 공신력' 문제와 관계된다.

(2) 등기·등록의 공신력

특허청의 상표등록결정(상표법 제68조)을 거쳐 상표등록료까지 납부(상표법 제72조)까지 완

---

8) 박태일, "[전년도 핵심판결 해설 – 2024 지식재산권①] 특허 · 상표 · 영업비밀까지 … 지식재산권 사실심 심리에 길잡이 제시한 2024년 대법원 판결들", 법조신문, 2025. 5. 23.자.

료되면 상표권이 설정등록되어 그 효력이 발생한다(상표법 제82조). 상표법은 출처표시, 품질 보증 등 상표의 기능에서 연원한 상표권자의 업무상 신용 도모와 수요자의 이익 보호, 그리고 산업발전까지 목적으로 하므로(상표법 제1조) 이를 고려하여 몇 가지 특색적인 규정들을 두고 있기는 하나, 상표권도 재산권이므로 양도 등 처분행위가 가능하고, 이 경우 재산권에 관한 민법을 참고할 만하다.[9)]

부동산등기의 경우, 소유권 이전과 같은 권리변동의 효력발생요건(민법 제186조, 대법원 1972. 8. 22. 선고 72다1059 판결 등 참조)이나, 등기에 공신력이 인정되지 않으므로(대법원 1969. 6. 10. 선고 68다199 판결 등 참조) 등기부상 소유명의자로 기재되어 있다고 하더라도 그 공시된 대로의 권리관계가 아닌 실체적 권리관계가 인정될 수 있다. 개인적 견해로는, 상표등록원부의 등록사항 및 등록절차에 관하여는 상표법 제80조 제3항의 위임을 받아 대통령령인 특허권 등의 등록령에서 정하고 있는데, 제20조(신청서), 제22조(신청에 필요한 첨부서류), 제29조(신청 등의 반려 및 보정) 등의 규정을 부동산등기법 제24조 제2항 및 부동산등기규칙(대법원규칙) 제43조 및 제46조, 부동산등기법 제29조 등과 비교하여 보면, 형식적 심사주의를 취한 부동산등기 법제와 크게 다르지 않아 보이고, 상표등록원부가 비록 공적 장부이기는 하나 여기에 권리관계에 관한 공신력을 인정할만한 어떠한 법적 근거가 없는 점, 이전등록과 달리 심사관에 의한 실체심사를 거치는 설정등록도 특허심판원이나 법원에 의하여 무효로 판단되기까지 하는 점 등을 보태어 보면, 법원이 상표등록원부에 기재되어 있는 권리관계와 다른 실체적 권리관계를 충분히 인정할 수 있다고 본다.

(3) 사안의 해결

사안의 경우, 최종 등록명의자와 그 이전 등록명의자 사이의 관계라고 할지라도 등록원부에 공신력이 부여되지 아니함은 마찬가지이므로 상표권의 이전등록에 원인무효 사유가 있다면 등록원부와 다른 실체적 권리관계를 인정해야 하므로, 대법원은 이 사건 등록상표에 관한 권리가 피고인 앞으로 마쳐진 이전등록에도 불구하고 양도인과 양수인 사이 합의가 없었으므로 여전히 피해 회사에게 귀속된다고 보았다.

4. 판결의 의의

대상판결은 상표권침해죄의 구성요건인 '타인의 등록상표'인지 여부 즉 등록상표에 관한 상표권의 권리 귀속 주체를 판단하면서, 당사자 사이 합의(법률행위)에 의한 상표권의 이전(특정승계)이 유효하기 위하여서는 상표법 제96조 제1항 제1호에 따른 효력발생 요건이자

9) 함석천, 온주 상표법 제93조, 1면.

절차적 요건인 '등록'뿐만 아니라 등록의 원인이 되는 '당사자 사이 상표권을 이전할 것을 목적으로 하는 합의'까지 적법하고 유효하여야 한다는 점을 명확히 하였다. 이러한 대상판결의 판시는 상표권 역시 재산권이라는 점을 일깨워주면서 원칙을 되짚어 주었다는 점에서 의의가 있고, 나아가 대상판결의 판시로부터 공적 장부인 상표등록원부에 공신력이 인정되지 않는다는 함의까지 이끌어낼 수 있었다.

한편 대상판결의 사안은 전 등록명의인(양도인)과 그로부터 이전등록을 받은 자(양수인) 사이의 권리 귀속만이 문제되는 사안이었고, 이와 같은 원인무효의 등록에 터잡아 상표권을 전전 양수하거나 질권을 설정한 제3자 또는 사용권을 부여 받은 자 등이 등장하지는 않았다는 점에서 한계가 있다. 즉, 대상판결만으로 법원이 상표권과 관련한 권리관계 판단에 있어서 일률적으로 외관보다 실체를 우선하는 입장이라고 해석하기에는 무리가 있다고 보인다. 특히 상표의 기능 중 수요자의 이익 보호 내지 소비자 보호 기능을 고려하면 구체적 사안에 따라서는 외관주의가 전혀 힘을 못 쓸 바는 아니라고 본다.

대상판결은 방론이기는 하나 상표권침해죄에 있어서 '상표권의 효력범위에 속하는 사용'에 관하여, '동일'과 '유사'가 구별됨을 전제로 판시하였는데, 이는 독점·배타적 권리인 상표권의 특수성을 돌이켜볼 기회를 제공하였다는 점에서 의의가 있다. 실제로 대상판결의 사안과 같은 상표권침해죄의 형사 사건 외에도 쟁점이 중복되는 민사 사건(상표권 침해를 원인으로 하는 침해금지가처분 또는 손해배상청구 등)과 행정 사건(권리범위확인 심판 및 그 심결취소소송 등)에서도 '동일'인지 '유사'인지 여부가 명확하게 논해진다기보다는 '동일·유사(동일 또는 유사)'라는 정도의 용어로 뭉뚱그려지기 일쑤다. 대상판결은 이와 같은 실무의 관성에 경종을 울렸다고 평가할 수 있겠다.

18 컴퓨터프로그램저작물의 2차적저작물에 대한 저작재산권을 양도한 경우 이 2차적저작물에 포함된 원저작물의 이용관계

대법원 2016. 8. 17. 선고 2014다5333 판결[1)]

계승균 (부산대학교 교수)

1. 사안의 개요

가. 사실관계

원고는 2002년 5월경에 '로지큐브'를 개발하였고, 원고와 갑 회사 사이에 2004년 1월 5일 EXEOnline(이 사건 프로그램)에 대한 개발위탁계약을 체결하였다. 원고는 2004년 2월 26일 갑 회사에 이 사건 프로그램 및 소스코드 제공하였다. 또한 원고는 2007년 1월 19일에 프로그램심의조정위원회에 이 사건 프로그램을 등록하였다. 갑 회사는 2007년 6월 22일에 이 사건 프로그램 등을 컴퓨터프로그램보호위원회에 등록하였다. 그리고 갑 회사는 2009년 6월경 렙실론 스위트를 개발하였고, 2009년 11월 27일에 렙실론을 한국저작권위원회에 저작권 등록을 하였다.

갑 회사와 을 회사 사이에 2010년 3월 11일에 라이선스를 체결하였다. 2010년 5월 24일에 갑 회사와 피고 병 사이에 라이선스가 체결되었고, 2010년 7월경에 피고 을에게 렙실론을 공급하였고, 피고 병에게는 2010년 9월경에 렙신론을 공급하였다. 피고 정은 2012년 7월 5일에 갑 회사를 흡수합병하였다.

1) [참조 및 관련 판례] 대법원 2005. 9. 29. 선고 2004후486 판결; 대법원 2009. 9. 10. 선고 2007후3356 판결(공2009하, 1690) 등.
[관련 평석 및 문헌] 이헌, "2차적저작물의 저작재산권 양도와 원저작물의 저작재산권", 기능적 표현으로 기재되어 있는 확인대상발명의 특정 여부 판단 기준", 대법원판례해설 제110호, 법원도서관, 2017; 이헌, "2차적저작물의 저작권 양도와 원저작물의 저작권", LAW&TECHNOLOGY 제12권 제5호, 2016; 이대희, "2차적저작물의 저작재산권 양도에 따른 3차적저작물작성권의 양도 여부", 저작권문화 제267호, 한국저작권위원회, 2016, 28-29면; 박성호, "2016년 지적재산법 중요 판례", 인권과 정의 제464호, 대한변호사협회, 2017, 203-218면; 박태일, "2016년 지식재산권 분야 판례의 동향", 특별법연구 제14권, 사법발전재단, 2017, 582-624면.

나. 사안의 경과

원고는 갑 회사가 무단으로 로지큐브를 개작하여 렙실론이라는 별개의 프로그램을 개발한 후 피고 을, 병에게 공급하여 이를 이용하게 하였다고 주장하면서 피고 정에게는 저작권침해를 이유로 손해배상을 구하고, 피고 을, 병에게는 렙실론 프로그램의 이용 정지를 구하였다.

1심[2]에서는 피고 정에 대한 손해배상 인용과 피고 을과 병에 대한 청구를 기각하였다. 원심에서는 원고의 청구를 모두 기각하였다. 이에 대해서 원고가 상고를 제기하였다.

2. 판결의 요지

가. 원심판결(서울고등법원 2013. 12. 12. 선고 2013나2032 판결)

원심은 본 사건에서 쟁점을 다음과 같이 세 가지로 파악하고 있다.

첫째, 로지큐브의 데이터베이스 서버 구동 부분이 컴퓨터프로그램 저작물에 해당하는지 여부

둘째 로지큐브와 렙실론 사이의 의거관계 및 실질적 유사성 유무

셋째 회사 갑이 EXEOnine 프로그램을 기초로 렙실론을 개발할 개작권이 있는지

첫째의 쟁점에 대해서는 로지큐브는 물류센터 창고에서 이루어지는 모든 재고 흐름 업무를 데이터베이스 서버를 사용하여 전산화함으로써 업무의 정보 흐름을 원활하게 하고, 재고관리를 정확히 할 수 있는 시스템을 제공함을 목적으로 하는 컴퓨터프로그램으로서 DB 설계와 스토어드 프로시져가 상호 명령과 결과를 주고받으며 하나의 시스템으로 작동하고 있고, 이러한 프로그램을 누가 만들더라도 그 표현이 같거나 비슷할 수밖에 없다고 볼 수는 없으므로 로지큐브는 구 컴퓨터프로그램보호법(현행 저작권법)에 정해진 컴퓨터프로그램저작물에 해당한다고 봄이 타당하다고 판시했다.

둘째 쟁점에 대해서는 로지큐브와 렙실론은 모두 창고에 화물이 입고되어 적치되고, 창고 내에서 재고가 관리되며, 최종적으로 출고되기까지 모든 작업 내용을 전산으로 관리하는 데 사용하는 컴퓨터 프로그램으로서 그 기능과 목적이 같고, 감정 대상인 로지큐브와 렙실론의 데이터베이스 서버 구동 부분은 대규모 데이터를 처리해야 하는 창고관리 프로그램의 특성상 기본적이면서 핵심적인 부분이며, 그 부분에 관한 두 프로그램의 구조적, 언어적 표

---

2) 서울중앙지방법원 2012. 11. 23. 선고 2011가합51828 판결.

현의 양적 유사도는 30% 전후이나, 유사 부분이 로지큐브를 거의 그대로 차용한 것이고, 을과 병에게 공급된 렙실론의 테이블 수, 파일 수, 줄 수가 로지큐브보다 2배에서 6배 이상 커서 실질적으로 로지큐브의 대부분이 렙실론에 차용된 것으로 보이는 사정에 비추어 보면, 두 프로그램은 기본적이고 핵심적인 부분에서 실질적으로 유사하다고 추인할 수 있다고 판시했다.

셋째 쟁점에 대해서는 원고가 회사 갑에게 EXEOnline에 관한 프로그램 저작재산권을 양도함으로써 EXEOnline 프로그램에 포함된 어떤 루틴(컴퓨터 프로그램의 일부로서, 특정한 일을 실행하기 위한 일련의 명령)이나 모듈 등의 구성부품에 관한 저작권 또는 성과물인 EXEOnline 프로그램 중 수탁자인 원고가 종전부터 가지고 있던 로지큐브에 대한 저작권을 수탁자인 원고에게 유보하기로 하는 내용 등의 특약이 없이 원고가 개발위탁계약에 따른 성과물인 EXEOnline에 모든 권리를 회사 갑에게 귀속키기로 약정한 이 사건에서는 개발위탁에 따른 성과물에 해당하는 EXEOnhne 프로그램의 일련의 지시·명령의 전부 또는 상당 부분을 이용하여 새로운 프로그램을 창작하는 개작권 내지 2차적 저작물작성권은 원고에게 유보되지 않고 EXEOnline의 양수인인 회사 갑에 모두 이전한다. 또 렙실론은 EXEOnline의 일련의 지시·명령의 전부 또는 상당 부분을 이용하여 창작된 새로운 프로그램으로서 EXEO nline을 개작한 프로그램이고, 렙실론에 로지큐브와 실질적으로 유사한 부분이 있다고 하더라도 이는 로지큐브를 개작한 EXEOnhne을 다시 개작한 것에서 유래하는 것에 불과하므로 회사 갑의 프로그램인 렙실론이 원고의 로지큐브 프로그램과 실질적으로 유사하다고 하더라도 회사 갑이 렙실론 프로그램을 제작하여 판매하는 행위는 원고가 양도한 개발위탁계약의 성과물인 EXEOnline 프로그램을 개작할 권리에 포함된다고 보아야 한다. 따라서 회사 갑의 위와 같은 행위는 원고의 로지큐브 프로그램 저작물을 침해하는 행위에 해당하지 않는다.

나. 대법원 판결

2차적저작물은 원저작물과는 별개의 저작물이므로, 어떤 저작물을 원저작물로 하는 2차적저작물의 저작재산권이 양도되는 경우, 원저작물의 저작재산권에 관한 별도의 양도 의사표시가 없다면 원저작물이 2차적저작물에 포함되어 있다는 이유만으로 원저작물의 저작재산권이 2차적저작물의 저작재산권 양도에 수반하여 당연히 함께 양도되는 것은 아니다. 그리고 양수인이 취득한 2차적저작물의 저작재산권에 2차적저작물에 관한 2차적저작물작성권이 포함되어 있는 경우, 2차적저작물작성권의 행사가 원저작물의 이용을 수반한다면 양수인은 원저작물의 저작권자로부터 원저작물에 관한 저작재산권을 함께 양수하거나 원저작물 이용에 관한 허락을 받아야 한다. 한편 원저작물과 2차적저작물에 관한 저작재산권을 모두 보유한 자가 그중 2차적저작물의 저작재산권을 양도하는 경우, 양도의 의사표시에 원저작물 이용에 관한 허락도 포함되어 있는지는 양도계약에 관한 의사표시 해석의 문제로서 계약의 내용, 계약이 이루어진 동기와 경위, 당사자가 계약에 의하여 달성하려고 하는 목적, 거래의 관행 등을 종합적으로 고찰하여 논리와 경험의 법칙에 따라 합리적으로 해석하여야 한다.

갑 주식회사가 원고로부터 '오라클' 데이터베이스 관리시스템을 작동환경으로 하는 기존 프로그램을 'DB2' 데이터베이스 관리시스템에서 작동할 수 있도록 수정한 새로운 창고관리 프로그램을 제작·납품받기로 하는 내용의 프로그램 개발위탁계약을 체결하면서 새로운 프로그램에 관한 모든 권리가 갑 회사에 귀속된다고 약정하였고, 원고가 개발위탁계약에 따라 기존 프로그램을 이용하여 새로운 프로그램을 개발한 다음 갑 회사에 새로운 프로그램의 소스코드뿐 아니라 그에 대응하는 '오라클' 기반의 소스코드도 함께 제공하였는데, 갑 회사가 새로운 프로그램을 이용하여 병 업체에 창고관리 시스템을 공급하면서 'DB2'를 기반으로 하는 작동환경을 '오라클'로 전환한 별도의 프로그램을 제작·판매한 사안에서, 개발위탁계약에 따라 새로운 프로그램에 관한 저작재산권이 갑 회사에 양도되었더라도 그에 의하여 곧바로 원저작물인 기존 프로그램에 관한 저작재산권까지 함께 양도된 것이라고 보기 어려우나, 새로운 프로그램의 저작재산권이 갑 회사에 양도됨에 따라 그에 관한 개작권 또는 2차적저작물작성권도 양도된 것으로 볼 수 있는데, 제반 사정에 비추어 갑 회사가 새로운 프로그램의 작동환경을 '오라클'로 전환하여 개작하는 경우에 대하여도 원저작물인 기존 프로그램의 이용에 관하여 을 회사의 허락이 있었다고 봄이 타당하므로, 갑 회사가 작동환경을 전환한 프로그램을 제작·판매하는 행위는 원고가 양도한 새로운 프로그램을 개작할 권리에 포함되는 것으로서 원저작물인 기존 프로그램에 관한 원고의 저작재산권을 침해하는 행위에 해당하지 않는다.

3. 해설

본 사안에 대한 사실관계와 법리 분석에 대해서는 이미 각주 1)에서 소개하고 있는 선행 연구 성과물에서 충분히 그리고 깊이 있게 검토하고 분석하여 논의하고 있다. 이러한 선행 연구 성과물의 깊이 있는 분석과 논의에 더 이상 무엇인가를 부가하는 것은 불필요하고 사족에 지나지 않는다고 판단된다. 따라서 이하에서는 선행 연구에서 언급하고 있지 않은 다소의 오해를 불러일으킬 소지가 있는 'n'차적저작물이라는 용어와 저작권 양도계약과 관련된 필자의 의견을 간략히 피력하는 것으로 본 글의 작성 임무를 다하고자 한다.[3)]

---

3) 대상판결과 원심판결에서는 '3차적저작물'이라는 표현이 등장하지 않는다.

가. 'n'차적저작물과 'n'차적저작물작성권이라는 표현

우리 저작권법 제5조에서 2차적저작물[4]은 "원저작물을 번역·편곡·변형·각색·영상제작 그 밖의 방법으로 작성한 창작물은 독자적인 저작물로서 보호되며, 2차적저작물의 보호는 그 원저작물의 저작자의 권리에 영향을 미치지 아니한다."라고 규정하고 있다. 제1항에서는 2차적저작물에 대한 정의를, 그리고 제2항에서는 원저작물에 대한 권리 관계를 규정하고 있다. 그리고 제22조에서 저작물을 원저작물로 하는 2차적저작물을 작성하여 이용할 권리를 저작자에게 부여하고 있고 이를 '2차적저작물작성권'이라고 표제에서 밝히고 있다. 우리 법제상 최초의 저작물을 원저작물이라고 부르고 이를 바탕으로 창작적으로 형성된 저작물을 2차적저작물이라고 한다. 따라서 원저작물을 '1차적저작물'이라고 부르지 않는다.

미국 저작권법 제103조[5]에서 "'2차적저작물'이란 어느 저작물이 그에서 개작, 변형 또는 각색되는 번역물, 편곡물, 극화물, 소설화물, 영화화물, 녹음물, 미술복제물, 축약물, 요약물 또는 그 밖에 형태와 같이 기존의 하나 또는 그 이상의 저작물을 기초로 하여 작성되는 저작물을 말한다. 전반적으로 원저작물을 나타내는 편집적 수정물, 주석물, 퇴고물 또는 그 밖의 수정물로 구성된 저작물은 '2차적저작물'"이다.[6]라고 규정하고 있다.[7]

독일 저작권법 제3조에서는 "저작물의 번역물 및 기타 개작물은, 그것이 개작자의 인격적이고 정신적인 창작물인 경우 개작 대상저작물에 대한 저작권과 상관없이 독자적인 저작물로 보호된다. 보호되지 않는 음악저작물을 단지 비본질적으로 개작한 것은 독자적인 저작물로 보호되지 않는다."라고 규정하면서 개작 저작물(Bearbeitungen)에 대해서 정의하고 있다. 그리고 제23조에서 우리 저작권법의 2차적저작물에 해당되는 "개작 저작물과 변형 저작물(Bearbeitungen und Umgestaltungen)"에 대해서 규정하고 있다.

일본 저작권법 제2조 제11호에서 "2차적저작물은 저작물을 번역, 편곡 혹은 변형 또는 각색, 영화화, 그 밖에 번안하는 것에 의하여 창작한 저작물을 말한다."라고 규정하고 있고 제11조에서도 2차적저작물이라는 표제로 "2차적저작물에 대한 이 법률에 의한 보호는 그 원저작물의 저작자의 권리에 영향을 미치지 않는다."라고 규정하고, 제28조에서 "2차적저작물

4) 베른협약의 2차적저작물에 관한 설명은 최경수, 국제지적재산권법(개정판), 한울, 2017, 315-316면.

5) A "derivative work" is a work based upon one or more preexisting works, such as a translation, musical arrangement, dramatization, fictionalization, motion picture version, sound recording, art reproduction, abridgment, condensation, or any other form in which a work may be recast, transformed, or adapted. A work consisting of editorial revisions, annotations, elaborations, or other modifications, which, as a whole, represent an original work of authorship, is a "derivative work".

6) 한국저작권위원회 해외법령 자료집에서 미국 저작권법에서 규정하고 있는 '2차적저작물'에 대한 내용은 아래 사이트에서 찾을 수 있다. https://www.copyright.or.kr/information-materials/new-law-precedent/view.do?brdctsno=45168&brdclasscode=02. 2025. 10. 3.자.

7) United States Copyright Office, Compendium of U.S. Copyright Office Practices(3rd Ed.), 2021, §801.8.

의 이용에 관한 원저작자의 권리"라는 표제로 2차적저작물의 원저작물의 저작자는 해당 2차적저작물의 이용에 관하여, 이 관에 규정하는 권리로서 해당 2차적저작물의 저작자가 가지는 것과 동일한 종류의 배타적인 권리를 가진다고 규정하여 원저작자의 권리를 보호하고 있다.

주요 외국의 저작권법에서 규정하고 있는 표현 형식과 우리 저작권법에서 규정하고 있는 표현을 종합하여 판단해 보면 2차적저작물은 원저작물을 변형, 개작 등의 행위를 통해서 새로운 저작물을 형성하거나 원저작물을 기초로 해서 파생되는 창작물을 말하는 것이지 수열적(數列的)인 의미의 창작 순서에 따라 나타난 저작물을 의미하지 않는다. 우리 사회에서 수범자(Normadressat)의 규범 이해에 도움을 주고자 2차적[8]이라는 표현을 한 것이라고 판단된다. 한국저작권위원회 홈페이지에서 소개하고 있는 미국 저작권법 번역물에서 'derivative work'를 "파생 저작물[9]"이라고 번역하지 않고 수범자의 규범 이해의 혼란을 줄이기 위하여 우리 법제도에서 표현하고 있는 2차적저작물이라고 번역하였다고 선해된다.

우리 저작권법에서 예정하고 있는 개작이나 변형과 관련된 규범 질서는 원저작물과 원저작물을 변형이나 개작한 2차적저작물이라는 표현의 저작물이다. 따라서 3차적저작물, 4차적저작물이라는 표현은 우리나라 저작권법 제도가 예정하고 있지 않는 표현이라고 생각된다.[10]

더 나아가서 "3차적저작물작성권"이라는 표현은 우리 헌법 제23조 제1항에서 규정하고 있는 '재산권법정주의' 또는 '물권법정주의(Numerus clausus)'에 어긋날 수 있다. 왜냐하면 우리 저작권법 제22조에서는 2차적저작물작성권만 규정하고 있고 '제3차적저작물작성권'이라는 저작재산권을 저작자의 권리 목록에 두고 있지 않기 때문이다.[11] 당사자의 합의로 재산권을 창설할 수 없기 때문이기도 하다. 따라서 법률적 뉘앙스 상 3차적저작물이라고 하면 2차적저작물을 원저작물로 하고 이를 바탕으로 새로운 2차적저작물을 작성하는 경우라고 생각된다.

나. 저작재산권 양도계약의 해석과 관련된 이론 구성

이 사안의 원저작물과 2차적저작물에 관한 저작재산권을 모두 보유한 자가 그중 2차적저작물의 저작재산권을 양도하는 경우, 양도의 의사표시에 원저작물 이용에 관한 허락도 포

8) 일본 문헌에서도 '2차적'이라는 의미에 대해서 예를 들어 소설을 기초로 각본으로 만들고 이 각본을 기초로 영상화를 하였을 경우 소설의 관점에서 보면 영상화가 3차적에 해당되지만 이런 경우에도 2차적저작물이라고 한다고 기술하고 있다. 茶園成樹 編, 著作権法, 有斐閣, 2014, 42頁。

9) 박성호, 저작권법(제3판), 박영사, 2023, 152면 각주 523).

10) 다만 강의나 강학의 편의를 위하여 2차적, 3차적, 4차적, 5차적저작물이라는 표현을 사용하지만 이는 법적인 개념이 아니라는 점을 강조하고 있다. 이해완, 신저작권법입문, 박영사, 2024, 100-101면 참조.

11) 3차적저작물작성권, 4차적저작물작성권을 인정하게 되면 저작물 이용에 관한 법률관계가 매우 복잡하게 진행될 것 같다.

함되어 있는지에서 관해서 대상판결에서 "저작재산권 양도 계약에 관한 의사표시 해석의 문제로서 계약의 내용, 계약이 이루어진 동기와 경위, 당사자가 계약에 의하여 달성하려고 하는 목적, 거래의 관행 등을 종합적으로 고찰하여 논리와 경험의 법칙에 따라 합리적으로 해석하여야 한다."라고 하고 있어서 마치 일반 민사 계약에 따른 의사표시 해석론을 설시하고 있다.

저작재산권 양도에 관련해서 저작권법의 특징이나 저작재산권 양도와 관련된 의사표시 해석이론을 조금 더 상세하게 기술하였으면 하는 생각이 든다. 그러나 본 사안의 결론은 저작권법의 원론적인 기초에 따라 따른 것이라고 생각되며 컴퓨터프로그램저작물이라는 점을 고려하더라도 타당하다고 생각된다.

4. 판결의 의의

대상판결은 컴퓨터프로그램저작물의 개발위탁계약에 따른 해석에 관한 사안으로서 개발에 따른 성과물의 권리 범위에 관한 내용을 담고 있어서 컴퓨터프로그램저작물에 관한 권리의 양도나 프로그램저작물의 이용 허락과 관련된 해석과 관련된 사안에서 어느 정도의 표준적인 내용을 제공하고 있다. 우리 저작권법은 원저작물과 2차적저작물은 별개의 저작물이고 별개의 저작재산권으로 보호된다는 점(저작권법 제5조 제2항)을 규정하고 있다.

대상판결은 판시 내용 중에서 양수인이 2차적저작물의 저작재산권에 이 2차적저작물을 원저작물로 하는 2차적저작물작성권이 포함되어 있어 이 2차적저작물작성권을 행사하여야 할 경우 기존 2차적저작물의 원저작물을 이용하여야 한다면 원저작물의 저작자로부터도 그 원저작물에 관한 저작재산권을 양도받거나 또는 이용허락을 받아야 한다는 점을 확인시켜 주는 점을 다룸으로써 선례로서의 의미를 가진다고 판단된다.

법학은 잘 알고 있다시피 용어와 개념의 학문이다. 개념은 용어를 통하여 구분하여 사용하고 이 개념을 기초로 해서 체계를 형성한다. 따라서 기본적인 법학의 주요 내용은 용어와 개념을 익히는 것이다. 그런데 대상판결에서 사안의 성격상 다툼의 대상이 되는 저작물 형성이 순차적으로 이루어져서 수열 개념으로 오해할 수 있는 부분이 있었는데 이러한 표현을 피하고 용어 사용에 대한 논의의 소재를 제공하였다는 점에서 학술적 의미가 있다고 생각된다.

19 방송프로그램의 방송포맷 보호

대법원 2017. 11. 9. 선고 2014다49180 판결[1)]

방석호 (법무법인(유한) 린 고문, 전 홍익대학교 법과대학 교수)

1. 사안의 개요

원고가 제작하여 방송한 영상물을 피고가 모방하여 제작한 영상물을 방송하고, 전송함으로써 원고 영상물에 관한 저작재산권(복제권, 2차적 저작물작성권 등)과 저작인격권을 침해하였음 등을 이유로 손해배상금을 구하는 사안이지만 특별히 문제의 방송프로그램이 구체적 대본은 없고 대략적인 구성안을 기초로 출연진에 표출되는 상황으로 만들어지는 소위 '리얼리티 방송프로그램'이었고 아이디어에 불과해 저작물성을 인정받을 수 없다고 한 원심판결을 뒤집고 해당 프로그램의 저작물성을 인정한 최초의 대법원 판례라는 점에서 주목을 받았음.

2. 판결의 요지

가. 원심판결(서울고등법원 2014. 7. 3. 선고 2013나54972 판결)

원심판결은 "… 본 전제사실과 위 인정사실에 의하면, 원고 영상물이 원고가 상당한 노

1) [참조 및 관련 판례] 대법원 2011. 2. 10. 선고 2009도291 판결(공2011상, 594); 대법원 2013. 8. 22. 선고 2011도3599 판결(공2013하, 1716); 대법원 2006. 1. 26. 선고 2004도651 판결; 대법원 2010. 8. 25.자 2008마1541 결정(공2010하, 1855); 대법원 2012. 3. 29. 선고 2010다20044 판결(공2012상, 643).
[관련 평석 및 문헌] 민경재, "방송프로그램 포맷에 대한 법률적 보호방안에 관한 연구 - 저작권법을 중심으로", 법학논총 제 39권 제3호(2019), 전남대학교 법학연구소; 배진아, "방송 시장의 포맷 거래에 관한 연구", 방송과 커뮤니케이션 제9권 제2호, 문화방송, 2008; 이헌, "방송포맷의 저작권법에 의한 보호", 사법 43호(2018), 사법발전재단, 민사재판의 제문제 26권(2018), 한국사법행정학회; 임상혁, "리얼리티 방송의 '포맷'도 창작성 있다면 저작물로 보호", 법률신문 4636호(2018); 홍승기, "방송프로그램 포맷의 저작물", 정보법학 제22권 제2호(2018), 한국정보법학회; 한태일, 연남경, "방송프로그램 포맷의 저작물로서 보호가능성의 검토: 서사이론의 활용", 동아법학 제75호(2017), 동아대학법학연구소.

력과 투자로 구축한 성과물에 해당하지만, 원고 영상물의 표현과 구성 등은 기존의 영상물에서 널리 사용되던 것을 기초로 하여 만들어낸 방송프로그램 진행방식에 관한 아이디어에 불과하다 …"고 설시하였다.

나. 대법원 판결

대법원은 "… 구체적인 대본이 없이 대략적인 구성안만을 기초로 출연자 등에 의하여 표출되는 상황을 담아 제작되는 이른바 리얼리티 방송 프로그램도 이러한 창작성이 있다면 저작물로서 보호받을 수 있다. 리얼리티 방송 프로그램은 무대, 배경, 소품, 음악, 진행방법, 게임규칙 등 다양한 요소들로 구성되고, 이러한 요소들이 일정한 제작 의도나 방침에 따라 선택되고 배열됨으로써 다른 프로그램과 확연히 구별되는 특징이나 개성이 나타날 수 있다. 따라서 리얼리티 방송 프로그램의 창작성 여부를 판단할 때에는 프로그램을 구성하는 개별 요소들 각각의 창작성 외에도, 이러한 개별 요소들이 일정한 제작 의도나 방침에 따라 선택되고 배열됨에 따라 구체적으로 어우러져 프로그램 자체가 다른 프로그램과 구별되는 창작적 개성을 가지고 있어 저작물로서 보호를 받을 정도에 이르렀는지도 고려함이 타당하다.… 원고 측의 축적된 방송 제작 경험과 지식을 바탕으로 위와 같은 프로그램의 성격에 비추어 필요하다고 판단된 요소들만을 선택하여 나름대로의 편집 방침에 따라 배열한 원고 영상물은 이를 이루는 개별 요소들의 창작성 인정 여부와는 별개로 구성요소의 선택이나 배열이 충분히 구체적으로 어우러져 위에서 본 기존의 방송 프로그램과는 구별되는 창작적 개성을 가지고 있다고 할 수 있다 …"와 같은 이유로 해당 프로그램의 저작물성을 인정하였다.

3. 해설

가. 방송프로그램 포맷의 개념과 시장

방송프로그램의 포맷에 대한 법적 정의는 없지만 단순한 형식이나 재미있는 아이디어가 아님은 방송프로그램 수출통계 자료에서도 확인된다. 즉 2023년 기준, 국내 방송사업자의 완성 프로그램이 전체 프로그램 수출의[2] 87.7%를 차지하고 있고 특히 드라마 장르가 92.2%에 달할 정도로 편중되어 있기 때문에 상대적으로 포맷 수출은 2.2%에 불과한 상황이지만 꾸준하게 1천만 달러 정도를 매년 수출하고 있으며 각국의 문화적 특성과 시청자 요구

---

2) KISDI STAT Report, "방송프로그램 수출현황분석" 2025.03 https://www.kisdi.re.kr/report/fileDown.do?key=m2101113025790&arrMasterId=4333447&id=1828396

를 담기 위해서 포맷판매의 활성화가 더 요구되어지고 있다.

즉 방송포맷이라는 개념은 영국, 네덜란드, 미국 등 글로벌 프로그램 시장에서 오랫동안 상업적 가치를 인정받으면서 거래품목으로 자리잡고 있고, 특히 국내 지상파방송사의 '복면가왕(Masked Singer)' 프로그램이 해외 50여 개 국가에 수출되면서 2019년부터 "올해의 포맷"으로 선정되는 등 큰 인기를 누렸으며, 시청률이나 매출 측면에서도 글로벌 시장에서 가장 성과가 좋은 사례로 꼽힌 바 있다. 이런 수출성과를 바탕으로 우리나라는 2020년 포맷산업이 가장 활발했던 '올해의 국가'로 선정되기도[3] 할 정도로 실제 시장에서의 '포맷'은 활발한 거래상품이 되고 있다.

이제까지 지상파방송의 예능 프로그램은 국내외를 불문하고 작가에 의해 잘 짜여진 플롯에 따라 스튜디오 중심으로 안정적으로 만들어졌었다면 현재는 다수의 출연자들이 상호작용하면서 서바이벌과 경쟁 요소가 극대화된 리얼리티 포맷으로 만들어지는 것이 글로벌 흥행에도 잇달아 성공하면서 제작패턴의 대세가 되어 버렸다[4]. 특히 토크쇼와 같이 문화적 유머나 언어의 장벽이 있는 장르가 아니라 경쟁심리를 자극하고 게임화하는 오락성 프로그램의 포맷은 국경을 뛰어넘어 쉽게 국제화, 현지화할 수 있는 비즈니스 상품으로 확실히 자리잡게 되었다.

한편, 한국 프로그램 포맷 수출의 상징처럼 된 '복면가왕'은 '스크립트가 없는'(non-script) 음악쇼 성격의 오락프로그램이었고 저작권법적으로는 아이디어적 요소가 더 강한 영역에 위치하고 있었기에 오히려 제 값을 받고 상업화할 수 있는 비즈니스 모델 형성에 더 신경을 쓴 성공사례라고도 할 수 있다. 역시 미국에서 흥행에 성공한 한국 드라마 '굿 닥터' 처럼 '스크립트가 있는 포맷' (scripted format)이라면 저작권법적으로는 현지화 등을 고려, 어문저작물에 대한 2차적 저작물을 허용하는 라이센스 대상이 되기 때문에 저작권법에 의한 보호가 쉬어지고 높은 판매가 또한 보장받을 수 있겠지만, '스크립트가 없는' 프로그램 포맷은 결국 아이디어와 표현의 이분법 체계에서 보호를 위해 표현 쪽으로 더 갈 수밖에 없게 되고 이것이 어떻게 비즈니스 모델화할지에 대한 구체적 노력으로 나타나게 된다.

스크립트가 없는 프로그램 포맷이 표절의 위협을 받지 않고 안전하게 거래될 수 있는 신뢰장치로 2000년에 유럽의 민간사업자들에 의해 설립된 FRAPA(Format Recognition and Protection Association)가 '포맷 바이블[5]'이라는 틀을 통해 국제간 포맷 프로그램이 상업적으로

---

3) 한국방송통신전파진흥원, Trend Report 코로나19 이후 글로벌 방송 시장의 TV 프로그램 포맷 트랜드 https://www.kca.kr/Media_Issue_Trend/vol45/sub02_01.html

4) 한국콘텐츠진흥원, 한국방송포맷 (K-포맷) 글로벌 경쟁력강화를 위한 비즈니스 전략방안연구, 2022.12 https://www.kocca.kr/kocca/bbs/view/B0000147/2001809.do?searchCnd=&searchWrd=&cateTp1=&cateTp2=&useYn=&menuNo=204153&categorys=0&subcate=0&cateCode=&type=&instNo=0&questionTp=&ufSetting=&recovery=&option1=&option2=&year=&morePage=&qtp=&domainId=&sortCode=&pageIndex=1#

거래될 수 있도록 활발한 활동을 지속적으로 하고 있고 우리의 한국콘텐츠진흥원 (KOCCA)이 2015년부터 FRAPA와 파트너십 계약을 체결, 국내 방송사, 제작사들이 프로그램 포맷을 제대로 만들고 등록하는 것부터 교육컨설팅 등의 지원업무를 담당하고 있는 것이 좋은 예다.

나. 리얼리티 방송프로그램 포맷의 저작물성

FRAPA는 스크립트가 없는 프로그램 포맷을 거래할 때 통용되는 '포맷 바이블' 개념을 스토리 개요는 물론이고 세부적인 시각적 요소, 의상, 프로그램의 정체성을 나타내는 반복적인 문구, 구호인 '캐치프레이즈'(Catchphrases)등을 포함한 프로그램 제작에 필요한 모든 것으로 설명한다[6]. 국내 주요 방송사와 제작사들이 포맷을 성공적으로 수출하고 FRAPA를 통해 등록할 수 있도록 도와주고 있는 한국콘텐츠진흥원(KOCCA)도 프로그램의 정체성(Identity), 설계도(Blueprint), 스타일(Style), 상품성(Marketability)을 '포맷 바이블'의 핵심 요소로 제시, 단순한 아이디어 단계가 아니라 구체적 제작 매뉴얼이 담긴 하나의 수출패키지 비즈니스 상품으로 파악하고 있다,

저작권법적으로 볼 때 시장에서 사용되어지는 '포맷 바이블'이라는 개념은 다양한 문화, 시청자 특성등을 고려한 현지화를 하기 위해 변형 제작하더라도 원 프로그램과 동일한 품질의 결과물이 나오도록 하는 상세한 제작지침이자 거래를 위한 구체적 청사진이기 때문에 '포맷 바이블'화 하기 위한 요소들은 결국 아이디어 단계를 뛰어넘어 보호되어지는 영업비밀 내지 저작물 단계에 들어있게 되는 핵심 요소들인 셈이다.

원심에서 피고는 "원고의 짝짓기 방송프로그램은 텔레비전 예능방송에서 흔한 소재이며 리얼리티 방송이 인기를 끌면서 시사방송의 형식을 일부 도입하여 현실성을 보다 강조하는 방송이 등장하였고, 원고가 원고 영상물의 독창적인 표현 방식이라고 하는 것들은 기존 짝짓기 프로그램과 최근 인기를 끌고 있는 리얼리티 예능방송에서 흔히 사용되는 기본 구성

5) 포맷 바이블(Format Bible)은 방송 프로그램의 모든 것을 상세하게 기록한 '제작 공식 설명서'이자 '기획제안서'라고 할 수 있으며, 프로그램의 아이디어, 기획 의도, 구성 요소, 제작 방식 등 모든 노하우를 체계적으로 문서화한 것으로서 누가 제작하든 프로그램의 일관성(originality)을 유지할 수 있게 만들어 주는 패키지를 뜻하며, 실제 거래에서는 제작자 자신의 권리를 주장하고 가치평가를 제대로 받을 수 있게 해주는 세일즈 도구인 셈이다. 포맷바이블의 좋은 예로 들 수 있는 글로벌 흥행 프로그램인 '더 보이스'의 경우 프로그램의 상징과도 같은 '블라인드 오디션'과 '회전 의자'의 설계도, 무대 조명, 카메라 앵글, 편집 스타일, 로고 디자인, 배경 음악까지 모든 제작 노하우가 담긴 방대한 매뉴얼을 제작사 '엔데몰' (Endemol Shine Group)은 '포맷바이블'이라는 이름으로 판매한다. 결국 구매자가 오리지널 프로그램의 성공 요소를 그대로 재현할 수 있도록 보장하는 핵심 자산이 '포맷바이블'이라고 할 수 있다. https://frapa.org

6) FRAPA의 본부는 네덜란드에 있으며 '빅 브라더', '더 보이스' 등 글로벌 흥행 오락프로그램을 탄생시킨 제작사 '엔데몰'의 본고장이기도 하다. https://frapa.org/our-services/ 엔데몰은 포맷을 기획 아이디어 단계를 뛰어넘어 프로그램 성공노하우 전체를 체계적으로 상품화하는 전략을 담아 최종 개발하였고 포맷 라이센싱과 제작컨설팅을 함께 비즈니스 모델화하였다.

이나 표현기법에 불과하거나 단순한 아이디어에 지나지 않는다"는 주장을 펼친 바 있다. 이에 원심은 원피고 영상물간 창작성 있는 부분을 비교하기 위해 저작물의 제목을 표현하는 방식, 등장인물을 표현하는 방식 등의 다양한 해당 프로그램 구성요소들을 검토하면서 결국 "리얼리티 짝짓기방송이라는 원고 영상물의 특성에 비추어 원고 영상물의 창작성은 위와 같이 출연자 사이에 일어나는 구체적 사건 진행에 있다고 보는 것이 타당"하다고 판시, 저작물성을 부정하였다.

그러나 스크립트가 없이 제작되는 리얼리티 방송프로그램의 경우 원심이 판시하고 있는 "출연자 사이에 일어나는 구체적 사건진행"이라는 창작성 부분은 리얼리티 시리즈물의 일관성을 유지하기 위해서라도 결국 원심이 열거하고 있는 제작요소들을 체계적으로 잘 선택하고 배열하여 제작하는 과정을 거쳐야만 마치 편집저작물 개념처럼 저작권으로 보호되어지는 창작적 표현물로 최종 만들어지는 것이며, 이 단계를 위해 시장에서 오리지널 프로그램에서 만들어지는 '포맷 바이블'이라는 이름으로 경제적 가치가 거래되는 현실을 간과하고 있다고 할 수 있다. 즉 제작에 필요한 모든 노하우가 다 담겨져 패키지 거래되어짐으로써 리얼리티 프로그램이 최종 만들어진다는 점에서 개별 제작요소들을 아이디어에 불과하다고 단정하게 되면 스크립트가 없는 리얼리티 프로그램의 특성상 창작성이라고 하는 부분은 만들어질 수가 없게 된다.

이런 점에서 대법원이 "원고 측의 축적된 방송 제작 경험과 지식을 바탕으로 위와 같은 프로그램의 성격에 비추어 필요하다고 판단된 요소들만을 선택하여 나름대로의 편집 방침에 따라 배열한 원고 영상물은 이를 이루는 개별 요소들의 창작성 인정 여부와는 별개로 구성요소의 선택이나 배열이 충분히 구체적으로 어우러져 위에서 본 기존의 방송 프로그램과는 구별되는 창작적 개성을 가지고 있다고 할 수 있다"고 판시한 부분은 현실적으로 '포맷 바이블'과 같이 세부 요소들을 엮는 제작설계도가 있기에 스트립트가 없는 리얼리티 방송프로그램에서 프로그램의 차별성, 창작성이 일관되게 표현, 완성, 거래될 수 있다는 점에서 보호의 필요성을 인정한 부분은 타당하다고 할 수 있다. 다만 보호의 정도를 표현되어진 저작물로 단정할 수 있는지에 대해서는 여전히 문제가 남아 있다.

만약 해당 프로그램이 시리즈물로 제작되지 않고 1회성 오락프로그램이었다면 대법원 판시에서도 적었듯이 "다른 프로그램과 구별되는 창작성 개성을 가지고 있어 저작물로 보호를 받을 정도에 이르렀다'고 판단하기에는 어려움이 있을 수 있고 오히려 '영업비밀' 정도의 경제적 가치를 지닌 보호대상이 될 수 있기 때문이다.

4. 판결의 의의

일본 방송프로그램의 '포맷'을 가져다 쓴다는 국내의 오락, 게임 방송프로그램 제작행태에 대한 논란은 우리 방송계와 학계에서 꽤 오랫동안 지속되었고[7] 그때마다 아이디어에 불과하기에 문제가 없다는 식의 반박도 나오곤 했었다. 법적으로는 기획아이디어를 뛰어넘은 단계의 포맷 거래를 '편집저작물'에 유추하여 보호하려는 시도도 있었지만 저작권법상 필요한 '소재의 선택, 배열 또는 구성에 창작성이 있다'는 것의 판단은 '불확실성'이라는 내재적 한계 때문에 시장에서의 거래 신뢰를 담보할 유효한 방법이 되지 못했다. 그러다가 시기적으로 스트립트가 없는 리얼리티 오락프로그램의 제작과 보급이 국내외를 불문하고 일반화되어지면서 법적 보호의 공백을 매우면서 포맷을 확실하게 상품화하는 제작사들의 노력이 계속되어졌고, FRAPA의 탄생과 같은 결실로 나타났으며 우리의 방송프로그램도 프로그램 수출시장에서 그런 상품화 노력의 혜택을 보는 상황이 전개되었다.

본 평석 대법원 판결이 나온 시점은 우리나라가 글로벌 포맷 수출시장에서 주목받게 된 2019년 이전이지만 오리지널 프로그램의 현지화를 위해 제작에 필요한 세밀한 요소와 장치, 노하우들을 패키지화하여 '포맷바이블' 이름으로 수출 판매하면서 수익을 창출하는 시장의 현 실정에 비추어 본다면 대상판결문은 스크립트 없는 리얼리티 방송프로그램도 보호할 가치가 있다고 한 점에서는 큰 의미가 있고 더 나아가 이를 저작물로 볼 수 있다고 판시했다는 점에서도 보호의 확실성을 높였다고 평가할 수 있다. 다만 그 보호의 정도가 저작권법상 표현물로 일률적으로 봐야만 하는지에 대해서는 구체적 상황에 따라 다를 수 있고 결국 차별화된 표현물로 인정받을 수 있는 제작요소들이 어떤 것인지, 단편인지 시리즈물로 제작되었는지 등을 개별적으로, 종합적으로 검토하는 것이 필요할 것이라는 점도 본 대법원 판결은 고려한 것으로 보인다.

---

7) 방석호, 디지털시대의 미디어와 저작권(3판), 커뮤니케이션스 북스, 2018, 100-104면,

20 일시적 복제의 면책과 라이선스 계약 위반의 효과

대법원 2017. 11. 23. 선고 2015다885, 892, 908, 915 판결[1)]

김광남 (서울고등법원 고등법원판사)

1. 사안의 개요

피고는 컴퓨터프로그램인 오픈캡쳐(이하 '이 사건 프로그램')의 저작권자이고, 원고들은 이 사건 프로그램을 사용한 직원들의 사용자이다. 이 사건 프로그램은 회사 업무에 있어서 보고서, 제안서, 프레젠테이션 자료, 기획서, 홍보물 작성에 사용될 그림, 사진, 동영상 등의 필요한 부분을 캡처하거나, 캡처한 이미지 등을 편집하는데 사용되는 컴퓨터프로그램인데, 6.7 버전까지는 무료로 사용자에게 제공되다가 7.0 버전부터 비상업용·개인용으로 사용하는 경우에만 무료로 제공되고, 그 밖의 경우에는 기업용 라이선스를 구매한 때에만 사용할 수 있도록 유료로 변경되었다.

이 사건 프로그램 6.7 버전이 설치된 상태에서 이 사건 프로그램 6.7 버전을 실행하면 '새 버전으로 업데이트를 시작합니다. 확인'이라고 된 창이 나타나면서 확인 버튼을 누르는 것과 관계없이 이 사건 프로그램 7.0 버전이 자동적으로 사용자 컴퓨터의 하드디스크의 임

---

1) [참조 및 관련 판례] 대법원 2017. 11. 23. 선고 2015다1017, 1024, 1031, 1048 판결(공2018상, 4).
[관련 평석 및 문헌] 김병일, "컴퓨터프로그램의 실행과 일시적 복제 법리에 관한 고찰", 재산법연구 33권 4호, 한국재산법학회, 2017; 김현숙, "소프트웨어 실행은 저작권법상 의미 없는 사용행위인가 – '오픈캡처' 판례에 대한 고찰", 지식재산연구 10권 1호, 한국지식재산연구원, 2015; 문선영, "저작권법 제35조의2에 의한 일시적 복제의 허용범위 최근 대법원 판례의 비판적 검토를 포함하여", 선진상사법률연구 88호, 법무부, 2019; 박준석, "오픈캡처 판결 비판 – 사용과 이용의 구별, 라이선스 위약에 따른 저작권침해책임 인정 논리를 중심으로 –, 계간 적작권 30권 4호, 저작권위원회, 2017; 손천우, "저작재산권자로부터 컴퓨터프로그램의 설치에 의한 복제를 허락받은 자가 위 프로그램을 컴퓨터에서 실행하는 행위가 영구적 복제권 및 일시적 복제권의 침해에 해당하는지 여부", 대법원판례해설 114호, 대법원, 2017; 송재섭, "오픈캡처의 저작권 침해 여부", 저작권 문화 282권, 저작권위원회, 2018; 이대희, 컴퓨터프로그램의 일시적 복제와 그 예외, 계간 저작권 28권 1호, 한국저작권위원회, 2015; 정진근, 저작권 라이선스 위반의 해석론 – 오픈캡처 판결에 대한 비판과 대안의 제시 –, 지식재산연구 12권 4호, 한국지식재산연구원, 2017; 조영선, "디지털 저작물의 이용과 일시적 복제 – 대법원 2017. 11. 23. 선고 2015다1017(본소) 등 판결에 대한 검토–, 고려법학 88호, 고려대학교 법학연구원.

시 경로로 다운로드가 되고, 그 후 확인 버튼을 누르면 업데이트가 진행되어 하드디스크에 프로그램이 설치되며, 업데이트가 이루어진 다음 사용허락계약서가 포함된 라이선스 약관(이하 '이 사건 라이선스 계약')에 동의하는지를 묻는 창이 나오고,[2] 사용자가 최종적으로 확인 버튼을 누르면 설치가 완료되면서 이 사건 프로그램 쪽을 컴퓨터에서 이용할 수 있는 상태가 된다.

원고들의 직원들은 업무용 컴퓨터의 하드디스크에 이 사건 프로그램 7.0 버전을 설치한 다음 이를 실행하여 업무용으로 사용하였다. 원고들은 피고에 대하여 원고들의 피용자인 직원들이 이 사건 프로그램에 대한 복제권을 침해하지 않았으므로 사용자책임에 기한 손해배상채무가 존재하지 않는다는 취지로 채무부존재확인의 소를 제기하였고, 이에 대하여 피고는 반소로서 원고들을 상대로 저작권(복제권) 침해를 원인으로 한 손해배상을 구하였다.

사안은 크게 ① 프로그램 설치로 인한 복제권 침해 여부와 ② 프로그램 실행에 수반되는 일시적 복제로 인한 복제권 침해 여부가 쟁점이 되었다. 쟁점 ①에 관하여 원심과 제1심은 프로그램 설치로 인한 복제는 저작권자의 허락 하에 이루어진 것으로 복제권 침해로 볼 수 없다고 판단하였다. 즉 원고들의 직원들이 피고가 사용을 허락한 범위를 넘어서 업무용으로 프로그램을 실행하여 사용하였더라도 이는 이 사건 라이선스 계약 위반에 따른 채무불이행책임을 부담할 수는 있어도 이 사건 프로그램 유로버전에 대한 복제권을 침해하는 행위에는 해당하지 않는다고 본 것이다. 반면, 쟁점 ②에 관하여 제1심은 프로그램 실행에 수반되는 일시적 복제로 인한 복제권 침해에 해당한다고 본 반면, 원심은 이에 해당하지 않는다고 판단하였다. 즉 컴퓨터프로그램을 실행하기 위하여 램에 프로그램을 일시적으로 복제하는 것에 관하여, 제1심은 저작권법 제35조의2에 해당하지 않는다고 본 반면, 원심은 이에 해당하고 프로그램을 실행하는 행위는 강학상 저작물의 '사용'행위일 뿐 이를 '이용'행위로 볼 수 없으므로, 이 사건 라이선스 계약을 위반하여 프로그램을 실행한 행위에 대하여는 동조 단서를 적용할 수 없다고 본 것이다.

2. 판결의 요지

가. 프로그램 설치로 인한 복제권 침해 여부

저작권법 제16조는 저작재산권을 이루는 개별적 권리의 하나로 저작물을 복제할 권리

2) 위 라이선스 약관 동의 창에는 상단에 약관이 표시되고, 하단에 체크박스와 함께 "약관동의 및 비업무용/개인용으로만 사용하겠습니다. 단, 라이선스 구매자는 본 내용과 무관합니다."라는 문구가 있고, 그 아래 "업무용 라이선스 구매하기"를 누를 수 있도록 구성되어 있다.

를 들고 있고, 제2조 제22호는 '복제'는 인쇄·사진촬영·복사·녹음·녹화 그 밖의 방법으로 일시적 또는 영구적으로 유형물에 고정하거나 다시 제작하는 것을 말한다고 규정하고 있다. 컴퓨터프로그램을 컴퓨터 하드디스크 드라이브(HDD) 등 보조기억장치에 설치하는 것은 저작권법 제2조 제22호의 영구적 복제에 해당한다.

한편 저작권법 제46조 제2항은 저작재산권자로부터 저작물의 이용을 허락받은 자는 허락받은 이용 방법 및 조건의 범위 안에서 그 저작물을 이용할 수 있다고 규정하고 있다. 위 저작물의 이용 허락은 저작물을 복제할 권리 등 저작재산권을 이루는 개별적 권리에 대한 이용 허락을 가리킨다.

따라서 저작재산권자로부터 컴퓨터프로그램의 설치에 의한 복제를 허락받은 자가 위 프로그램을 컴퓨터 하드디스크 드라이브(HDD) 등 보조기억장치에 설치하여 사용하는 것은 저작물의 이용을 허락받은 자가 허락받은 이용 방법 및 조건의 범위 안에서 그 저작물을 이용하는 것에 해당한다. 위와 같이 복제를 허락받은 사용자가 저작재산권자와 계약으로 정한 프로그램의 사용 방법이나 조건을 위반하였다고 하더라도, 위 사용자가 계약 위반에 따른 채무불이행책임을 지는 것은 별론으로 하고 저작재산권자의 복제권을 침해하였다고 볼 수는 없다.

나. 프로그램 실행에 수반되는 일시적 복제로 인한 복제권 침해 여부

사용자가 컴퓨터 하드디스크 드라이브(HDD) 등의 보조기억장치에 설치된 컴퓨터프로그램을 실행하거나 인터넷으로 디지털화된 저작물을 검색, 열람 및 전송하는 등의 과정에서 컴퓨터 중앙처리장치(CPU)는 실행된 컴퓨터프로그램의 처리속도 향상 등을 위하여 컴퓨터프로그램을 주기억장치인 램(RAM)에 적재하여 이용하게 되는데, 이러한 과정에서 일어나는 컴퓨터프로그램의 복제는 전원이 꺼지면 복제된 컴퓨터프로그램의 내용이 모두 지워진다는 점에서 일시적 복제라고 할 수 있다.

한편 저작권법은 제2조 제22호에서 복제의 개념에 '일시적으로 유형물에 고정하거나 다시 제작하는 것'을 포함시키면서도, 제35조의2에서 "컴퓨터에서 저작물을 이용하는 경우에는 원활하고 효율적인 정보처리를 위하여 필요하다고 인정되는 범위 안에서 그 저작물을 그 컴퓨터에 일시적으로 복제할 수 있다. 다만 그 저작물의 이용이 저작권을 침해하는 경우에는 그러하지 아니하다."라고 규정하여 일시적 복제에 관한 면책규정을 두고 있다. 그 취지는 새로운 저작물 이용환경에 맞추어 저작권자의 권리보호를 충실하게 만드는 한편, 이로 인하여 컴퓨터에서의 저작물 이용과 유통이 과도하게 제한되는 것을 방지함으로써 저작권의 보호와 저작물의 원활한 이용의 적절한 균형을 도모하는 데 있다. 이와 같은 입법 취지 등에 비추어 볼 때 여기에서 말하는 '원활하고 효율적인 정보처리를 위하여 필요하다고 인정되는 범위'에는 일시적 복제가 저작물의 이용 등에 불가피하게 수반되는 경우는 물론 안정성이나 효율성을 높이기 위해 이루어지는 경우도 포함된다고 볼 것이지만, 일시적 복제 자체가 독립한 경제적 가치를 가지는 경우는 제외되어야 한다.

3. 해설

가. 대상판결의 쟁점

컴퓨터프로그램을 사용하기 위한 방법은 다양하나, 현재까지 주류적인 방법은 해당 프로그램을 컴퓨터 보조기억장치인 하드디스크 드라이브(HDD)에 저장·설치하였다가 실행할 때 컴퓨터 주기억장치인 램(RAM)에 적재하여 사용하는 방식이다. 이 사건 프로그램도 이와 같은 방식으로 설치 및 사용되었는데, 하드디스크 드라이브(HDD)에 저장·설치와 관련하여 영구적 복제 여부가 문제가 되고, 램(RAM)에 적재와 관련하여 일시적 복제 여부가 문제되며, 마지막으로 이 사건 라이선스 계약 위반이 저작권 침해를 구성하는지 여부가 문제된다. 이에 대해 순서대로 살펴보기로 한다.

나. 이 사건 프로그램 설치와 복제권 침해 여부

이 사건 프로그램을 하드디스크 드라이브(HDD)에 저장·설치하는 것이 저작권법 제2조 제22호의 영구적 복제에 해당함은 이론의 여지가 없다. 다만, 이 사건 라이선스 계약에 의하면 이 사건 프로그램 7.0 버전을 업무용으로 사용하려면 기업용 라이선스를 별도로 구매해야 함에도 불구하고 이를 구매하지 않은 채 업무용으로 사용한 것이 피고의 복제권을 침해하였는지 여부가 문제되었다. 대상판결은 이에 해당하지 않는다고 보았는데, 그 주된 이유는 영구적 복제가 완료된 이후 이용방법과 조건을 위반하여 업무용으로 이 사건 프로그램 7.0 버전을 이용하였다고 하더라도 그 영구적 복제가 소급하여 불법이 된다고 보기 어렵다고 보았기 때문으로 추측된다. 즉, 이 사건 프로그램 7.0 버전은 ① 사용자가 이 사건 프로그램 6.7 버전을 실행하면 업데이트 확인 창이 나타남과 동시에 이 사건 프로그램 7.0 버전이 다운로드 되고, ② 확인버튼[3]을 누르면 하드디스크 드라이브(HDD)에 이 사건 프로그램 7.0이 설치되며, ③ 설치가 완료된 후에야 이 사건 라이선스 계약에 동의하는지 여부에 묻는 창이 나온다. 따라서 설치를 위한 복제는 권리자의 묵시적 동의에 의해 이미 허용된 것

3) 업데이트 확인창에 대한 확인버튼이고, 이 사건 라이선스 계약에 대한 확인버튼이 아니다.

이고,[4] 복제가 완료된 후에 제시된 이 사건 라이선스 계약은 설치에 의한 복제와는 무관한 것이 된다.[5]

다. 이 사건 프로그램 실행과 일시적 복제로 인한 복제권 침해 여부

(1) 일시적 복제의 의의

일시적 복제(temporary reproduction)란 디지털화된 저작물이나 저작인접물 또는 그 밖의 콘텐츠 등을 컴퓨터를 통하여 이용하거나 인터넷을 이용하여 검색·열람 또는 전송할 때 해당 저작물 등이 컴퓨터의 램(RAM)에 일시적으로 저장되고 그 결과 램(RAM)에서 이루어지는 복제를 말하고,[6] 한미 FTA의 국내이행을 통하여 2011. 12. 2. 법률 제11110호로 저작권법이 개정될 때 복제의 정의 규정(제2조 제22조)에 명시적으로 포함되었다. 순간적인(transitory) 저장은 이에 해당하지 않는다고 봄이 통설이다.[7] 대상판결도 이 사건 프로그램을 실행하는 과정에서 램(RAM)에 적재하여 이용하는 과정에서의 복제가 일시적 복제에 해당한다고 보았다.

(2) 일시적 복제의 면책과 그 예외(저작권법 제35조의2)

1) 의의

저작권법 제35조의2는 "컴퓨터에서 저작물을 이용하는 경우에는 원활하고 효율적인 정보처리를 위하여 필요하다고 인정되는 범위 안에서 그 저작물을 그 컴퓨터에 일시적으로 복제할 수 있다. 다만, 그 저작물의 이용이 저작권을 침해하는 경우에는 그러하지 아니하다." 고 규정하고 있다. 본조는 2011년 개정 저작권법에 일시적 복제가 복제의 정의 규정에 포함될 때 복제권의 범위가 확대됨에 따라 컴퓨터에서의 저작물 이용과 유통이 과도하게 제한되

---

4) 김현숙, "소프트웨어 실행은 저작권법상 의미 없는 사용행위인가 - '오픈캡처' 판례에 대한 고찰", 지식재산연구 10권 1호, 한국지식재산연구원, 2015, 160면.

5) 다만, 위와 같은 판단방법은 라이선스 계약의 형식적 효력을 지나치게 중시한 견해(동의와 복제 간의 자의적인 순서에 따라 저작권의 침해 여부가 결론을 달리한다)로서, ① 오픈소스 라이선스 계약은 관행적으로 소스코드에 포함되어 있어 복제 이후에만 라이선스 계약을 볼 수 있어 침해의 여지가 없게 되는 점, ② 복제권 침해는 복제상태가 지속되는 점도 고려해야 하는 점, ③ 이용자는 복제된 저작물을 삭제 등으로 원상회복시킬 수 있는 점 등에 비추어 재고될 필요가 있다는 견해가 있다[정진근, "저작권 라이선스 위반의 해석론 - 오픈캡쳐 판결에 대한 비판과 대안의 제시 -, 지식재산연구 12권 4호, 한국지식재산연구원, 2017, 145면].

6) 박성호, 저작권법(제3판), 박영사, 2023, 318면.

7) 다만, 그 구별방법과 관련하여 고정여부를 결정하기 위해 필요한 시간이 어느 정도인지가 명확하지 않고 기술의 발전에 따라 저장시간이 순간적인지 일시적인지 구분하는 것이 현실적으로 어렵다는 이유로 시간의 장단보다는 영구적으로 저장될 가능성이 있는지 여부가 중요하고, 일시적 저장을 통해 해당 저작물을 인식하거나 복제 또는 전달할 수 있을 정도에 이르렀다면, 이는 고정된 것으로 보아야 한다는 견해가 있다[문선영, "저작권법 제35조의2에 의한 일시적 복제의 허용범위 최근 대법원 판례의 비판적 검토를 포함하여", 선진상사법률연구 88호, 법무부, 2019, 72면].

는 것을 방지하기 위하여 같이 신설된 규정으로 본문에서 일시적 복제의 면책사유를, 단서에서 면책사유의 예외를 규정하고 있다. 침해자는 면책을 위하여 ① 컴퓨터에서 저작물을 이용하는 경우, ② 원활하고 효율적인 정보처리를 위하여 필요하다고 인정되는 범위, ③ 일시적 복제에 각 해당함을 증명하여야 하고, 권리자는 ④ 그 저작물의 이용이 저작권을 침해하는 경우에 해당함을 증명하여 면책에서 벗어날 수 있다. 이하에서는 앞서 살펴본 일시적 복제를 제외한 나머지 요건에 대하여 살펴보기로 한다.

2) 컴퓨터에서 저작물을 이용하는 경우

컴퓨터에서 저작물을 이용하는 경우에 있어서 그 이용은 일시적 복제를 수반하는 주된 이용을 의미한다.[8] 주된 이용의 범위와 관련하여 복제, 공연, 전송, 방송 등 지분권의 대상 행위(강학상 "이용")을 의미한다고 보는 견해가 있을 수 있으나, 통설은 지분권의 행사는 물론 DVD를 시청하거나 인터넷 콘텐츠를 열람하는 등 지분권 행사와 무관한 행위(강학상 "사용")도 포함된다고 봄이 통설이다.[9][10] 한편, 제1심법원은 저작권법 제35조의2는 디지털화된 저작물을 송신받아 이용하거나 또는 컴퓨터 내의 저장매체나 그 밖의 저장매체에 저장된 저작물을 이용하는 과정 또는 인터넷 검색 중 디지털화된 저작물을 이용하는 과정에만 적용되고, 컴퓨터프로그램의 실행은 적용되지 않는다고 보았으나, 항소심과 대상판결은 컴퓨터프로그램의 실행도 본조가 적용된다고 보았다. 본조는 컴퓨터프로그램을 명시적으로 제외하고 있지 않고, 다른 디지털저작물과 달리 취급할 이유도 없다는 면에서 항소심과 대상판결의 태도가 타당하다.

3) 원활하고 효율적인 정보처리를 위하여 필요하다고 인정되는 범위

원활하고 효율적인 정보처리를 위하여 필요하다고 인정되는 범위와 관련하여 반드시 주된 이용에 대한 관계에서 '부수적 이용'이어야 한다는 견해가 있으나, 기술발전에 따라 새롭게 등장할 수 있는 일시적 복제의 어려 형태를 포괄하는 의미, 즉 저작물 이용에 반드시 부수적이거나 불가피한 경우에 한정되는 것은 아니라는 견해가 유력하다.[11] 대상판결도 일

---

8) 위와 같이 해석하지 않으면 '일시적 복제하는 경우에 … 일시적으로 복제할 수 있다.'와 같이 동어반복이 되기 때문이다[손천우, "저작재산권자로부터 컴퓨터프로그램의 설치에 의한 복제를 허락받은 자가 위 프로그램을 컴퓨터에서 실행하는 행위가 영구적 복제권 및 일시적 복제권의 침해에 해당하는지 여부", 대법원 판례해설 114호, 대법원, 2017, 322면].

9) 조영선, "디지털 저작물의 이용과 일시적 복제 - 대법원 2017. 11. 23. 선고 2015다1017(본소) 등 판결에 대한 검토 -", 고려법학 88호, 고려대학교 법학연구원, 2018, 206-207면. 위와 같이 해석하지 않으면 저작권의 효력이 미치는 이용을 하면서 일시적 복제가 이루어지면 면책이지만, 단순 사용행위를 하면서 일시적 복제가 이루어진 경우는 책임을 지게 되어 부당한 결과를 초래한다[박성호(주 6), 611면].

10) 대상판결도 원고들의 직원들이 컴퓨터에서 이 사건 프로그램 7.0 버전을 "실행"할 때 일시적 복제가 이루어진다고 보아 통설을 전제로 한 것으로 보인다. 문선영(주 7), 75면; 조영선(주 9), 207면.

11) 다만, 두 견해는 구체적인 결론에 있어서 크게 달리하고 있지 않아 표현과 관점의 차이일 뿐 서로 대립하는 것이라고 보기는 어렵다. 박성호(주 6), 612면.

시적 복제가 저작물의 이용 등에 불가피하게 수반되는 경우는 물론 안정성이나 효율성을 높이기 위해 이루어지는 경우도 포함한고 보고 있다.

한편, 대상판결은 원활하고 효율적인 정보처리를 위하여 필요하다고 인정되는 범위에서 "일시적 복제 자체가 독립한 경제적 가치를 가지는 경우"는 제외되어야 한다고 밝히고 있다. 이는 EU의 "정보사회에서의 저작권 및 저작인접권의 조화를 위한 지침(2001/29/EC)" 제5조 제1항 또는 위 지침에 따라 개정한 독일저작권법 제44조a를 참조한 것으로 보인다. 그리고 여기서 일시적 복제 자체가 독립한 경제적 가치를 가지는 경우란 일시적 복제 자체가 유상거래의 핵심적 대상이 되어 단순히 부수적인 것이라거나 저작물의 주된 이용에 원활하고 효율적인 정보처리에 필요한 범위 내의 것이라고 볼 수 없는 것을 의미한다고 한다.[12] 다만, 법문에 명시적인 규정이 없는 이상 위 요건은 다른 요건을 판단 시 고려요소로 판단하면 족하고 이를 별도로 독자적인 실시적 복제의 허용요건으로 제시하는 것은 부적절하다는 견해도 있다.[13]

대상판결은 본사안의 일시적 복제도 통상적인 컴퓨터프로그램의 작동과정의 일부로서 저작물인 컴퓨터프로그램의 이용에 불가피하게 수반되는 경우로서 독립한 경제적 가치를 가진다고 하기 어렵다고 보았다.

4) 그 저작물의 이용이 저작권을 침해하는 경우가 아닐 것(단서)

본조는 단서에서 그 저작물의 이용이 저작권을 침해하는 경우에는 면책에서 제외하고 있다. 여기서 저작권을 침해하는 경우란 저작재산권을 침해하는 경우로 봄이 통설이다.[14] 즉 주된 이용이 저작권법상 복제권, 공중송신권 등 저작재산권의 지분권을 침해하는 경우에 일시적 복제도 침해가 되며, 주된 이용행위가 저작권 침해를 구성하지 않아야 본문에 따라 면책될 수 있다는 의미이다.[15] 대상판결은 본 요건에 대해 별도의 판단이 필요 없다고 보았으나, 항소심은 이 사건 라이선스 계약 위반이 저작재산권을 침해한 것인지 여부에 관하여 판단하였다.[16]

---

12) 손천우(주 8) 323면.

13) 즉, 대부분의 경우 디지털 저작물의 이용에 있어서도 주된 이용에 대한 통제권을 갖는 것으로도 충분히 보호가 가능한 점, 독립한 경제적 가치란 개념이 모호하여 해석상 많은 혼란을 일으킬 수 있는 점, 본조 도입 당시 여러 입법례를 참조하였으나 EU 지침이나 독일저작권법 모델을 따르지 않고, 일본구저작권법 제47조의8모델을 참조한 점 등을 근거로 두고 있다. 문선영(주 7), 77-78면.

14) 이해완, 신저작권법입문, 박영사, 2024, 473면.

15) 이해완(주 14), 473면; 박성호(주 6), 613면.

16) 이에 대해 컴퓨터프로그램의 경우 실행이 유상거래의 핵심이고, 설치는 실행을 위한 선행행위에 불과한 점, 최근 스트리밍이나 클라우드 서비스를 이용하여 설치자체가 존재하지 않는 컴퓨터프로그램의 실행의 경우도 존재하는 점에 비추어 항소심과 같이 주된 이용을 컴퓨터프로그램의 실행으로 보아야 한다는 견해가 있다. 문선영(주 7), 80면.

(3) 사안의 경우

대상판결은 이 사건 프로그램을 실행하는 과정에서 램(RAM)에 적재하여 이용하는 과정에서의 복제가 일시적 복제에 해당하나, 저작권법 제35조의2분문에 해당하고, 같은 조 단서에는 해당하지 아니한다고 보아 원고들의 직원들이 피고의 이 사건 프로그램 7.0 버전에 대한 일시적 복제권을 침해하지 않았다고 보았다.

라. 이 사건 라이선스 계약 위반과 저작권 침해 여부

(1) 라이선스 계약의 의의

저작권법 제46조 제1, 2항에 의하면, 저작재산권자는 다른 사람에게 그 저작물의 이용을 허락할 수 있고, 이에 따라 허락을 받은 자는 허락받은 이용 방법 및 조건의 범위 안에서 그 저작물을 이용할 수 있다. 통상 컴퓨터프로그램 라이선스 계약은 동조의 이용허락계약에 해당한다고 봄이 일반적이다.[17)]

(2) 라이선스 계약 위반과 저작권 침해 여부

이 사건 라이선스 계약과 같이 통상 라이선스 계약에는 본조에서 정한 이용허락 외에 대가관계, 이용방법, 상호 협력관계 등 다양한 계약조항들을 두게 된다. 따라서 그중 어떤 조항을 위반하였을 때 채무불이행 책임 외에 저작권 침해에도 해당하는지가 문제된다. 저작권 침해가 인정될 경우 단순채무불이행책임에 비하여 과실추정 및 손해배상액 산정의 특칙 적용, 금지청구, 형사처벌, 법정손해배상청구 등 두터운 보호수단을 두고 있다는 점에서 논의의 실익이 있다.

이에 대해 학설은 ① 이용허락계약에서 허용한 이용방법의 위반의 경우에는 저작재산권 침해가 되고, 이용방법이 아닌 기타 이용조건을 위반하는 경우에는 채무불이행책임만 진다는 견해, ② 이용방법 및 조건이 저작권의 본래적 내용인지 아니면 저작권을 행사할 때에 저작권자가 부가한 채권·채무인지에 따라 판단하여야 한다는 견해, ③ 이용허락계약에서 정한 범위 밖의 이용행위를 하면 저작재산권 침해가 되지만 단순한 계약내용을 위반하는 행위는 채무불이행책임만 진다는 견해, ④ 계약위반이 지분권의 본래적 내용에 대한 위반인 경우에 한하여 저작재산권 침해에 해당한다고 보는 견해 등이 소개되고 있다.[18)]

대상판결은 ① 이 사건 프로그램 7.0 버전 설치를 완료한 후 이 사건 라이선스 계약에

---

17) 손천우(주 8), 317-318면.
18) 박성호(주 6), 444-445면.

서 정한 사용 방법 및 조건을 위반한 것과 ② 이 사건 프로그램 7.0 버전을 이 사건 라이선스 계약에서 정한 바와 달리 업무용으로 사용하기 위해 실행하여 일시적 복제가 발생한 것에 관하여 각 채무불이행이 되는 것은 별론으로 하고 저작권 침해에 해당한다고 볼 수는 없다고 판시하였다. 다만, 그 구체적인 이유는 설시하지 않았는데, 이에 대해 항소심은 저작권법 제46조 제1, 2항에서의 "이용"은 지분권에 관한 행위 즉, 강학상 "이용"만을 말하고, 강학상 "사용"은 해당하지 않는다는 전제하에서 컴퓨터프로그램 저작권자는 그 프로그램을 실행하는 것에 대하여 배타적 권리를 가지는 것은 아니므로 프로그램의 실행은 본조에 정한 저작물의 '이용'에 해당하지 아니하고, 그와 관련한 허락도 본조에서 정한 '이용허락'에 포함되지 아니한다는 이유로 사용자가 정해진 조건에 위반한 방법으로 컴퓨터프로그램을 실행하였다고 하더라도 채무불이행책임 외에 저작권 침해행위는 되지 않는다고 보았다.[19][20]

4. 판결의 의의

대상판결은 일시적 복제의 면책과 그 예외에 관한 최초의 사안으로 일시적 복제의 의미와 일시적 복제의 면책요건에 관하여 구체적으로 설시한 판결로서 그 의의가 있다. 다만 저작물 라이선스 계약 위반으로 인한 저작권 침해 가능성 여부와 관련하여 구체적인 기준을 제시하지 않아 아쉽다는 견해도 있으나,[21] 이는 이후 사건들을 통해서 구체화될 것으로 예상된다. 이와 관련하여 대상판결 이후 대법원은 동시사용 방식의 라이선스를 체결하였음에도 소프트웨어를 이용하여 최대 동시사용자 수를 초과하는 일시적 복제가 발생하도록 한 사안에서 위와 같은 일시적 복제가 이용과정에서 불가피하게 수반되거나 안정성이나 효율성을 높이는 것으로만 보기 어렵고, 독립한 경제적 가치를 가지는 것으로 볼 수 있다는 이유로 복제권 침해를 인정하기도 하였다.[22] 일부 비판에서 볼 수 있듯이 대상판결은 결과적으로 일시적 복제로 인한 침해의 범위가 다소 좁게 해석될 여지를 남긴 것은 사실이나, 이는 저작권

---

19) 이에 대해 우리나라 저작권법은 이용과 사용을 명확히 구별하지 아니하는 점, 본조는 조문의 체계상 물권적인 이용허락권을 부여하고자 만든 조항이 아니라 지적재산권 거래를 위한 조문인 점 등에 비추어 항소심의 판단방법은 부적절하다는 견해가 있다. 박준석, "오픈캡쳐 판결 비판 – 사용과 이용의 구별, 라이선스 위약에 따른 저작권침해책임 인정 논리를 중심으로 –", 계간 저작권 30권 4호, 저작권위원회, 2017, 80-81면, 84-87면.

20) 한편, 소프트웨어 라이선스 계약은 저작물 이용허락계약에 해당하고, 이용목적을 제한하는 것은 복제의 범위를 정한 것으로서 저작권법상 의미 있는 이용 방법 및 조건에 해당하므로 이를 위반하는 것은 저작권 침해로 보아야 한다는 견해도 있다[김현숙(주 4), 165면]. 또한, 소프트웨어업계에서 컴퓨터프로그램의 사용목적이나 그 범위의 제한은 라이선스 계약에 있어서 저작권자의 권리에 중요한 영향을 미치는 저작권의 본질적 내용에 해당하므로, 독립적 경제적 의미를 가지는 경우로 판단될 여지도 있다는 견해도 있다[문선영(주 7), 84-85면]

21) 송재섭, "오픈캡쳐의 저작권 침해 여부", 저작권 문화 282권, 저작권위원회, 2018, 21면.

22) 대법원 2018. 11. 15. 선고 2016다20916 판결.

침해에 대해 형사처벌규정을 두고 있는 우리나라에서 죄형법정주의상 모호한 영역을 최대한 도려내고자 하는 시도로 평가될 여지도 있다. 대상판결을 바탕으로 추후 관련 사례와 연구 축적을 통해 해당 쟁점들에 대해 보다 풍성한 논의가 있기를 기대한다.

21 저작권법상 업무상 저작물 저작자 규정의 위헌성

헌법재판소 2018. 8. 30. 선고 2016헌가12 전원재판부 결정[1)]

정필운 (한국교원대학교 일반사회교육과 교수)

1. 사안의 개요

주식회사 ○○시스템(이하 '○○시스템'이라 한다)은 축산물 유통에 관한 소프트웨어 개발 및 판매업을 목적으로 2000. 11. 1. 설립된 회사이다. 서○열은 2002. 6.경부터 2011. 9.경까지 위 회사에서 컴퓨터프로그래머로 근무하면서, 약 6개월 동안 단독으로 프로그래밍 과정을 거쳐 2002. 12.경 축산물 유통에 관한 통합관리형 소프트웨어인 CPOS 프로그램을 업무상 작성하였고, 이때부터 2011. 9.경 퇴직할 때까지 소프트웨어 수리 및 업데이트 업무를 수행하였다.

서○열은 ○○시스템에서 근무하다가 퇴직한 이○근, 조○진과 함께 2012. 4. 30. 주식회사 □□웨어를 공동으로 설립하였고, 위 CPOS 프로그램과 실질적으로 유사한 소프트웨어를 작성하였으며, 위 소프트웨어를 ○○시스템의 거래업체들에게 배포·판매·복제·전송하였다.

이에 ○○시스템은 저작권법 제9조에 따라 자신이 위 CPOS 프로그램의 저작자라고 주장하면서 2013. 9. 9. 서○열, 이○근, 조○진을 상대로 저작권침해금지 및 손해배상 등을

1) [참조 및 관련 판례] 대법원 1992. 12. 24. 선고 92다31309 판결; 대법원 2003. 10. 23. 선고 2002도446 판결; 대법원 2010. 1. 14. 선고 2007다61168 판결; 헌법재판소 2015. 10. 21. 선고 2014헌바170 결정; 헌법재판소 2018. 8. 30. 선고 2015헌가38 결정.
[관련 평석 및 문헌] 헌법적 관점에서 이 결정에 대한 평석으로는 박성호, "2018년 지적재산법 중요판례평석", 인권과 정의 제481권, 2019, 101-126면; 강태수, 정필운, "지적재산권과 관련한 헌법소송의 쟁점과 처방", 공법연구 제48권 제2호, 2019, 193-219면; 저작권법 업무상 저작물 저작권 귀속에 관한 문헌으로는 박성호, "영화와 저작권법 제9조", Law & technology 제2권 제5호, 2006, 59-71면; 이수미, 김원오, "업무상저작물과 직무발명 보호제도에 관한 비교법적 연구", 창작과 권리, 제70권, 2013, 42-73면; 조영선, "현행 업무상 저작물 제도의 문제점과 입법적 제언", 계간 저작권 제26권 제3호, 2013, 34-65면; 신재호, 유용석, "업무상저작물제도 개정방향에 관한 검토", 산업재산권, 제65권, 2020, 193-226면; 박준우, "업무상저작물 성립요건과 저작자 요건 판례 검토", 계간 저작권 제37권 제1호, 2024, 41-93면.

청구하는 소송을 제기하였다(인천지방법원 2013가합15964).

인천지방법원은 이 소송 중인 2016. 7. 19. 저작권법 제9조에 대하여 직권으로 위헌 여부 심판을 제청하였다.

2. 판결의 요지

심판대상조항이 업무상 창작된 컴퓨터프로그램저작물의 저작자를 법인 등으로 정한 것은 권리관계를 명확히 하고, 이를 바탕으로 컴퓨터프로그램저작물이 활발하게 개량되고 유통되며, 나아가 지속적이고 안정적으로 창작되도록 유인하기 위한 것으로서, 그 입법목적이 정당하다. 심판대상조항은 업무상 저작물의 성립요건을 엄격하게 제한하여 법인 등의 업무에 종사하는 자(이하 '피용자'라 한다)의 이익을 충분히 배려하고 있고, 법인 등과 피용자 사이에 달리 합의할 가능성을 부여하여 이들의 이익을 상호 조정하는 수단도 마련하고 있다. 특허권에 관한 발명진흥법상 직무발명제도는 '특허를 받을 수 있는 권리'를 종업원에게 원시적으로 귀속시키고 종업원에게 보상청구권을 인정하고 있는데, 특허권과 저작권은 권리발생요건과 공시절차를 달리 하므로, 직무발명제도와 심판대상조항을 단순 비교하여 심판대상조항이 피용자의 이익을 지나치게 경시하고 있다고 보기도 어렵다. 이상을 종합하여 보면, 프로그램의 활발한 유통과 안정적 창작을 위하여 법인 등의 기획 하에 피용자가 통상적인 업무의 일환으로 보수를 지급받고 컴퓨터프로그램저작물을 작성한 경우 그 저작자를 법인 등으로 정하도록 하되, 계약 또는 근무규칙으로 저작자를 달리 정할 수 있도록 한 입법자의 판단은 합리적인 이유가 있으므로, 심판대상조항은 입법형성권의 한계를 일탈하였다고 보기 어렵다.

3. 해설

가. 관련 기본권 확정과 그 적절성

헌법재판소는 저작권법 제9조로 인하여 제한되는 기본권이 무엇인지 명시적으로 제시하고 있지는 않지만 아마도 헌법 제22조 제2항에 근거한 지적재산권이라고 확정한 것으로 보인다.

(가) 프로그램을 업무상 창작함에 있어서는 기획하는 법인 등과 작성하는 피용자가 모두 개입하게 된다. 그런데 헌법 제22조 제2항은 저작자·발명가·과학기술자와 예술가의 권리를 '법

률로써' 보호한다고 규정하여 입법자에게 지식재산권을 형성할 수 있는 광범위한 입법형성권을 부여하고 있으므로, 프로그램을 업무상 창작하는 경우 어떠한 요건 하에서 누구에게 저작권을 귀속시킬지에 관하여는 입법자에게 광범위한 형성의 여지가 인정된다. 심판대상조항은 법인 등의 기획 하에 피용자가 업무상 프로그램을 작성하였고 계약 또는 근무규칙 등에 다른 정함이 없다는 요건 하에 당해 프로그램의 저작권을 법인 등에게 귀속하도록 규정하고 있다. 그러므로 이러한 내용의 심판대상조항이 입법형성권의 한계를 일탈하였는지 여부에 대해서 살펴볼 필요가 있다.

(나) 제청법원은 심판대상조항이 피용자가 그동안의 경력을 토대로 동종업계에서 재취업하거나 창업하지 못하도록 함으로써 직업의 자유를 규정한 헌법 제15조, 개인의 경제상의 자유와 창의를 존중하는 경제질서를 규정한 헌법 제119조 제1항에 위반된다고 주장한다. 그러나 심판대상조항은 업무상 저작한 프로그램의 저작자가 누구인지 정하고 있을 뿐이고, 피용자가 재취업하거나 창업하려는 행위 자체에 제한을 가하는 것은 아니다. 따라서 심판대상조항이 헌법 제15조, 제119조 제1항에 위반되는지 여부에 대해서는 판단하지 아니한다.

결론부터 말하면 이러한 헌법재판소의 결정은 타당하다. 업무상 창작물의 저작자 규정 그 자체는 원칙적으로 직업의 자유와 관련이 없고, 수정 자본주의 시장 경제 질서의 일부를 구성하는 지적재산권이 제한되는 기본권으로 확정되었다면 구태여 헌법 제119조를 별도의 심사기준으로 삼을 필요는 없기 때문이다. 그러나 헌법재판소가 이 입법으로 인해 제한되는 기본권을 헌법 제22조 제2항에 근거한 지적재산권이라고 좀 더 명시적으로 밝혔으면 하는 아쉬움은 남는다. 특히 헌법재판소가 헌법 제22조 제2항과 제23조의 관계[2]에 대해 헌법이론적으로 분명하게 해명할 좋은 기회였는데 이런 기회를 놓친 것이 아쉽다.

나. 기본권 침해 여부 판단과 그 적절성[3]

헌법재판소는 "저작권법 제9조가 입법형성권의 한계를 일탈하였는지 여부"를 판단한다고 하면서 목적의 정당성, 수단의 적합성, 법익의 균형성을 검토한 것으로 보인다. 그리고 "프로그램의 활발한 유통과 안정적 창작을 위하여 법인 등의 기획 하에 피용자가 통상적인 업무의 일환으로 보수를 지급받고 프로그램을 작성한 경우 프로그램의 저작자를 법인 등으로 정하도록 하되, 계약 또는 근무규칙으로 저작자를 달리 정할 수 있도록 한 입법자의 판단은 합리적인 이유가 있으므로, 입법형성권의 한계를 일탈하였다고 보기는 어렵다."고 판시하며 "심판대상조항은 헌법에 위반되지 아니하므로 관여 재판관 전원의 일치된 의견에 따라"

2) 이에 관해 자세한 것은 정필운, 강태수, 이규호, 김갑석, 지적재산권의 헌법상 근거와 위헌심사방법, 헌법재판소, 2019, 257-265면 참조.

3) 강태수, 정필운, "지적재산권과 관련한 헌법소송의 쟁점과 처방", 공법연구 제48권 제2호, 2019.

합헌 결정을 하였다. 자세한 것은 아래와 같다.

(2) 심판대상조항이 입법형성권의 한계를 일탈하였는지 여부

(가) 업무상저작물이 창작되는 실태에 비추어보면, 여러 피용자가 협업하여 작성하고 각자가 작성에 이바지하는 정도나 모습이 다양하여 창작자를 특정하기 쉽지 않다. 창작자를 특정할 수 있다고 하더라도 이들이 저작권을 행사할 경우 향후 업무상저작물을 이용할 때 권리관계가 번잡해질 우려가 있다. 프로그램의 경우 이러한 우려가 더욱 크다. 프로그램이 컴퓨터에서 효율적으로 이용되려면 자주 개량되고, 개량된 프로그램은 디지털화·네트워크화된 환경 속에서 원활하게 유통되어야 한다. 프로그램을 작성한 피용자가 저작자로서 저작권을 행사할 경우 프로그램이 빈번하게 개량되거나 활발하게 유통되기는 쉽지 않다.

한편 업무상저작물의 창작 과정에는 자본이 투여되므로 이를 기획하는 법인 등이 자본을 회수하고 이윤을 획득할 수 있도록 하여 지속적인 창작이 이루어지도록 유인해야 할 필요성도 인정된다. 특히 프로그램의 창작 과정에는 여러 피용자가 법인 등의 기획에 따라 기능적으로 관여하게 되는바, 법인 등의 역할이나 기여가 다른 업무상저작물에 비하여 더욱 중요하다.

이와 같이 심판대상조항이 업무상 창작된 프로그램의 저작자를 법인 등으로 정한 것은 권리관계를 명확히 하고, 이를 바탕으로 프로그램이 활발하게 개량되고 유통되며, 나아가 지속적이고 안정적으로 창작되도록 유인하기 위한 것으로서, 그 입법목적이 정당하다.

(나) 심판대상조항 및 저작권법 제2조 제31호 는 업무상저작물의 요건을 엄격히 규정하여 피용자가 법인 등과의 사이에 이루어지는 고용계약에 따라 통상적인 업무의 일환으로 작성하였다고 볼 수 있는 경우에 한하여 프로그램의 저작자를 법인 등으로 규정하고 있다. 저작권법 제2조 제31호 에 따르면 법인 등의 '기획' 하에 작성되는 프로그램만이 업무상저작물이 되는바, "법인 등이 일정한 의도에 기초하여 컴퓨터프로그램저작물의 작성을 구상하고, 그 구체적인 제작을 피용자에게 명하는" 정도로(대법원 2010. 1. 14. 선고 2007다61168 판결 참조) 프로그램의 창작에 이바지하였다고 평가되는 경우에 한하여 심판대상조항이 적용된다. 또한 '업무상' 작성된 프로그램만이 업무상저작물이 되므로, 피용자가 통상적인 업무의 일환으로 프로그램을 작성하고 그 대가로 보수를 받는 경우에 심판대상조항이 적용된다. 나아가 심판대상조항은 "계약 또는 근무규칙 등에 다른 정함"이 있는 경우에는 법인 등과 피용자 사이의 합의에 따라 프로그램의 저작자를 다르게 정할 수 있는 여지를 인정한다. 이러한 엄격한 요건이 충족되어야 비로소 법인 등이 저작자가 된다.

위와 같이 심판대상조항은 업무상저작물의 성립요건을 엄격하게 제한하여 피용자의 이익을 충분히 배려하고 있고, 법인 등과 피용자 사이에 달리 합의할 가능성을 부여하여 이들의 이익을 상호 조정하는 수단도 마련하고 있다.

(다) 한편 특허법에 따라 보호 대상이 되는 발명에 관한 발명진흥법은 '직무발명제도'를 통하여, 종업원이 그 직무에 관하여 발명한 것이 성질상 사용자의 업무 범위에 속하고 그 발명을 하게 된 행위가 종업원의 현재 또는 과거의 직무에 속할 때, 종업원에게 '특허를 받을 수 있는

권리'를 귀속시키고, 사용자는 특허권에 대하여 통상실시권을 가지며, 이후 사용자가 '특허를 받을 수 있는 권리' 내지 특허권을 승계하거나 전용실시권을 설정 받을 경우에 종업원은 정당한 보상을 받을 권리가 있다고 규정하고 있다(발명진흥법 제2조 제1호 , 제2호 , 제10조 제1항, 제15조 제1항 참조). 이와 같이 '특허를 받을 수 있는 권리'를 종업원에게 원시적으로 귀속시키고, 보상청구권을 인정하는 발명진흥법상 직무발명제도와 비교하여 볼 때, 심판대상조항이 피용자의 이익을 지나치게 경시하는 것은 아닌지 하는 의문이 있을 수 있다.

먼저 권리발생요건의 측면에서 보면, 저작권은 창작성이 인정되는 표현이 창작됨과 동시에 발생하는데(제10조 제2항 참조), 여기서 말하는 창작성이란 완전한 의미의 독창성을 말하는 것은 아니며 단지 어떠한 작품이 남의 것을 단순히 모방한 것이 아니고 작자 자신의 독자적인 사상 또는 감정의 표현을 담고 있음을 의미할 뿐이어서 이러한 요건을 충족하기 위해서는 단지 저작물에 그 저작자 나름대로의 정신적 노력의 소산으로서의 특성이 부여되어 있고 다른 저작자의 기존의 작품과 구별할 수 있을 정도이면 충분하다(대법원 2003. 10. 23. 선고 2002도446 판결 등 참조). 그에 반하여 특허권은 신규성, 진보성, 산업상 이용가능성이라는 요건을 갖춘 발명에 대하여 출원, 심사, 등록함으로써 비로소 발생하게 된다. 특허권이 저작권에 비하여 엄격한 요건에 따라 인정되고 그에 투여된 창작성이나 개성의 발현도가 상대적으로 높다는 점을 고려하면, 특허를 받을 수 있는 권리를 종업원에게 귀속시켜야 할 요청은 저작권의 경우에 비하여 상대적으로 크다고 볼 수 있다.

다음 공시절차의 측면에서 보더라도, 특허권은 출원과 심사를 거친 후 등록하여야 권리가 발생하고, 특허등록원부나 특허증을 확인함으로써 권리자, 존속기간을 확인할 수 있는 반면, 저작권은 창작한 때 발생하고 등록될 필요도 없으므로 권리자, 존속기간을 확인하기 쉽지 않다. 이에 저작권의 경우 제3자의 입장에서 저작자가 누구인지를 용이하게 판단할 수 있도록 하는 제도적 장치를 둘 필요가 있다.

이와 같이 권리발생요건 및 공시절차를 달리하는 발명진흥법상 직무발명제도와의 단순 비교를 통하여, 심판대상조항이 피용자의 이익을 지나치게 경시하고 있다고 보기도 어렵다.

(라) 이상을 종합하여 보면, 프로그램의 활발한 유통과 안정적 창작을 위하여 법인 등의 기획 하에 피용자가 통상적인 업무의 일환으로 보수를 지급받고 프로그램을 작성한 경우 프로그램의 저작자를 법인 등으로 정하도록 하되, 계약 또는 근무규칙으로 저작자를 달리 정할 수 있도록 한 입법자의 판단은 합리적인 이유가 있으므로, 입법형성권의 한계를 일탈하였다고 보기는 어렵다.

그런데 헌법재판소가 심판대상조항이 지적재산권의 내용을 일반적 추상적으로 형성하는 내용 규정으로 이해하였으면 "심판대상조항이 입법형성권의 한계를 일탈하였는지 여부"를 판단한다고 표현할 것이 아니라 헌법 제37조 제2항에 근거한 과잉금지 원칙(또는 비례 원칙)을 심사 기준이라고 제시하고 그 위반 여부를 판단했어야 했다.

즉 헌법재판소는 공권력의 행사가 당해 지적재산권의 내용규정을 장래를 향하여 형성한 규정이라면, 당해 지적재산권에 대한 제약이 헌법 제37조 제2항의 과잉금지의 원칙(또는 비례 원칙)에 위배되는지의 여부를 심사해 왔다. 그리고 재산권의 내용규정에 대한 심사에서 재산권에 대한 제약이 과잉금지 원칙(또는 비례 원칙)에 합치하는 것이라면 그 제약은 재산권자가 수인하여야 하는 사회적 제약의 범위 내에 있는 것이고 반대로 재산권에 대한 제약이 과잉금지 원칙(또는 비례 원칙)에 반하여 과잉된 것이라면 그 제약은 재산권자가 수인하여야 하는 사회적 제약의 한계를 넘는 것이라고 판단해 왔다.[4)]

한편, 헌법재판소는 교원의 노동조합 설립 및 운영 등에 관한 법률'의 적용대상을 초·중등교육법 제19조 제1항의 교원이라고 규정함으로써, 고등교육법에서 규율하는 대학 교원들의 단결권을 인정하지 않는 「교원의 노동조합 설립 및 운영 등에 관한 법률」 제2조 본문에 관한 위헌법률심판에서 "이 사건에서는 대학 교원을 교육공무원 아닌 대학 교원과 교육공무원인 대학 교원으로 나누어, 각각의 단결권에 대한 제한이 헌법에 위배되는지 여부에 관하여 살펴보기로 하되, 교육공무원 아닌 대학 교원에 대해서는 과잉금지원칙 위배 여부를 기준으로, 교육공무원인 대학 교원에 대해서는 입법형성의 범위를 일탈하였는지 여부를 기준으로 나누어 심사하기로 한다."고 판시하며 입법형성권을 합리적으로 행사한 것인지를 심사하는 완화된 심사기준인 입법형성권의 범위 일탈 여부와 엄격한 심사기준인 과잉금지 원칙(또는 비례 원칙)을 엄격하게 구분하여 제시한 바 있다.[5)]

이렇게 보았을 때 지적재산권의 내용을 일반적 추상적으로 형성하는 내용 규정의 위헌심사를 하면서 "심판대상조항이 입법형성권의 한계를 일탈하였는지 여부"를 판단한다고 표현한 후 실제로는 헌법 제37조 제2항에 근거한 과잉금지 원칙(또는 비례 원칙)을 심사기준으로 사용하여 판단하는 것은 기존 헌법재판소 견해와 모순되는 판시였다고 평가할 수 있다.

다. 결론과 그 적절성[6)]

결론적으로 헌법재판소는 "저작권법(2009. 4. 22. 법률 제9625호로 개정된 것) 제9조 중 컴퓨터프로그램저작물에 관한 부분은 헌법에 위반되지 아니한다."고 결정하였다.

그런데 이러한 헌법재판소의 결론이 헌법 제22조 제2항에 충실한 것인지 좀 더 생각해 보아야 한다. 헌법 제22조 제2항 "저작자·발명가·과학기술자와 예술가의 권리는 법률로써 보호한다."는 지적재산권을 부여받기 위해서는 창작자이어야 한다고 해석되고 있다. 우리 저작권법도 이를 구체화하여 "저작자는 저작물을 창작한 자를 말한다"(제2조)에서 규정하고

4) 헌법재판소 2015. 10. 21. 선고 2014헌바170 전원재판부 결정.
5) 헌법재판소 2018. 8. 30. 선고 2015헌가38 전원재판부 결정.
6) 정필운, "지적재산의 보호와 이용에 관한 헌법학적 연구", 연세대학교 대학원 법학과 박사학위논문, 2009, 297-303면.

있다. 그런데 저작권법 제9조는 이와 다른 내용을 규정하고 있는 것이다.

저작자는 저작물을 창작한 자가 되어야 한다는 헌법상 원칙을 관철한다면 위와 같은 업무상저작물 규정은 위헌으로 무효가 될 수도 있을 것이다. 실제로 미국에서는 업무상저작물 규정에 대한 위헌 문제가 논란이 된 바 있다.[7)]

저작권법이 특별히 업무상저작물에 관한 규정을 두고 있는 취지는, 현대 정보사회에서 저작물 창작의 실제를 살피고 그러한 실제에 부합하는 저작권의 귀속을 법에서 구현하고자 하는 것이다. 현대 정보사회에서는 법인 등 단체의 내부에서 창작되는 것과 같이 여러 사람의 협동 작업에 의하여 창작이 이루어지는 경우가 많고, 이러한 경우에 여러 사람의 관여의 정도라든가 태양이 다양하여 구체적으로 창작자를 그 여러 자연인 중에서 정하여 저작권을 귀속시키는 것이 사실상 불가능한 경우가 많다. 따라서 법인이나 단체 그 밖의 사용자를 원시적으로 저작자로 간주하는 규정을 둔 것이다.[8)] 따라서 이러한 입법취지에 부합하도록 해석하고 이러한 경우에만 이 규정을 적용할 때 비로소 이 규정은 합헌적이라고 할 것이다.

2021년 도종환 의원이 대표발의한 저작권법 전부개정안 제11조에서 "법인등의 명의로 공표되는 업무상저작물의 저작자는 특약이 없는 때에는 그 법인등이" 되도록 하고, 원칙적으로 "제1항에 따른 법인등은 업무상저작물 창작에 기여한 자를 표시하여야 한다"고 규정한 것도 이와 같은 입법취지를 고려한 개정안이라고 할 수 있다.

4. 판결의 의의

이 결정은 그간 헌법에 위배되는 것이 아닌지 논란이 있었던 저작권법 제9조(법인등의 명의로 공표되는 업무상저작물의 저작자는 계약 또는 근무규칙 등에 다른 정함이 없는 때에는 그 법인등이 된다)의 위헌법률심판에서 합헌으로 결정한 최초의 결정이라는 점에서 의의가 있다.[9)]

그런데 다음 몇 가지 점에서 아쉬움이 남는다.

첫째, 헌법재판소는 관련 기본권 확정 단계에서 저작권법 제9조로 인하여 제한되는 기본권이 무엇인지 명시적으로 제시하지 않았다. 이를 헌법 제22조 제2항에 근거한 지적재산권이라고 좀 더 명확하게 제시하였으면 좋았을 것이다.

둘째, 헌법재판소는 기본권 침해 여부 판단 단계에서 이 규정이 지적재산권의 내용을 일반적 추상적으로 형성하는 내용 규정이라고 전제하면서도 그 위헌 심사를 하면서 "심판대상조항이 입법형성권의 한계를 일탈하였는지 여부"를 판단한다고 표현한 후 실제로는 헌

7) 이에 관해 자세한 것은 정필운, 앞의 글, 298-301면 참조.
8) 오승종, 저작권법, 박영사, 2024.
9) 박성호, 앞의 글, 123면.

법 제37조 제2항에 근거한 과잉금지 원칙(또는 비례 원칙)을 심사기준으로 사용하여 판단하였다. 이것은 입법형성권을 합리적으로 행사한 것인지를 심사하는 완화된 심사기준인 입법형성권의 범위 일탈 여부와 엄격한 심사기준인 과잉금지 원칙(또는 비례 원칙)을 엄격하게 구분하여 사용한 바 있는 기존 헌법재판소 견해와 모순되는 판시였다. 앞으로 좀 더 일관되고 정교한 표현을 하면 좋겠다.

셋째, 헌법재판소는 심판대상조항 중 컴퓨터프로그램저작물에 관한 부분은 헌법에 위반되지 아니한다고 전원일치로 결정하였다. 그런데 이 조항은 지적재산권을 부여받기 위해서는 창작자이어야 한다는 헌법 제22조 제2항의 해석에 위배될 소지가 있다. 심판대상 조항이 본래 입법취지에 부합하도록 해석하고 이러한 경우에만 비로소 이 규정이 합헌적이라는 판시를 덧붙여 주었으면 더욱 좋았을 것이다.

22 게임저작물의 창작성 및 실질적 유사성 판단기준

대법원 2019. 6. 27. 선고 2017다212095 판결[1)]

염호준 (법무법인(유한) 태평양 변호사)

1. 사안의 개요

원고는 매치-3-게임(match-3-game, 게임 속의 특정한 타일들이 3개 이상의 직선으로 연결되면 함께 사라지면서 점수를 획득하도록 고안된 게임) 형태인 '팜 히어로 사가' 게임(이하 '원고 게임')을 개발하여 출시하고 있는 회사이고, 원고 게임은 매치-3-게임의 기본 형식을 취하되, 그에 부가하여 다양한 단계의 새로운 규칙들을 추가하고 장애물과 아이템 등의 부가적인 요소 등을 추가하였다.

피고는 2014년 무렵 개발하여 출시한 매치-3-게임인 '포레스트 매니아' 게임(이하 '피고 게임')의 한국 시장 독점 유통에 관한 라이선스를 보유한 회사이고, 피고 게임 역시 매치-3-게임의 형식을 취하되, 원고 게임과 유사한 여러 규칙과 아이템 등을 추가하였다. 원고는 피고에 대하여, 피고 게임이 원고 게임의 저작권을 침해하고 있다는 점 및 피고 게임의 출시는 부정경쟁행위에 해당한다는 점 등을 이유로 피고를 상대로 이 사건 소를 제기하였다.

1심 법원은 추상적인 게임의 장르, 기본적인 게임의 배경, 게임의 전개방식, 규칙, 게임

---

1) [참조 판례] 대법원 2011. 2. 10. 선고 2009도291 판결(공2011상, 594); 대법원 2017. 11. 9. 선고 2014다49180 판결(공2017하, 2296); 대법원 2013. 8. 22. 선고 2011도3599 판결(공2013하, 1716) 등.
[관련 평석 및 문헌] 권세진, "게임물의 실질적 유사성 판단에 관한 소고 – 대법원 2019. 6. 27. 선고 2017다212095 판결을 중심으로 –", The Journal of Law & IP 제9권 제2호(2019); 권영준, "게임저작물과 실질적 유사성 – 한국의 포레스트 매니아 판결과 미국의 테트리스 판결을 중심으로 –", 지식재산연구 제17권 제3호(2022); 박준석, "게임규칙 관련 부분의 저작권 보호가능성 – 아이디어·표현 이분법의 신축적 적용 –", 저스티스 통권 제193호(2022); 석광현, "포레스트 매니아 게임 사건 판결들의 그늘", 법률신문 2024. 6. 1.자(2024); 손천우, "모바일 게임물의 창작성 및 실질적 동일성의 판단 기준 – 대법원 2019. 6. 27. 선고 2017다212095 판결('포레스트 마니아' 사건)을 중심으로", 사법 통권 제49호(2019); 오승종, "캐주얼 모바일 게임 표절 사건 – 대법원 2019. 6. 27. 선고 2017다212095 판결에 대한 평석", 저작권 판례평석집 I (2022); 정현순, "게임 저작권 분쟁 사례 연구 – 모바일 게임을 중심으로 –", 스포츠엔터인먼트와 법 제25권 제1호(통권 제70호)(2022); 최승수, "모바일 게임물의 창작성 및 실질적 유사성 판단 기준에 관한 판결(킹 닷컴 vs 아보카도)", 저작권문화 301호(2019) 등.

의 단계변화 등은 아이디어에 불과하여 저작권법의 보호를 받을 수 없다고 보아서, 원고 게임의 특징적인 규칙으로 제시된 것들은 아이디어에 불과하여 게임 개발자들의 개성을 드러내는 '표현'이라 할 수 없고, 구체적으로 그와 같은 아이디어를 표현하는 형식은 다르다는 점 등을 이유로 저작권(복제권, 2차적저작물작성권, 공중송신권 등의 저작재산권) 침해가 아니라고 판단하였다. 다만 피고의 행위는 원고 게임의 규칙을 그대로 도용한 것으로 부정경쟁행위에 해당한다는 점을 인정하여 원고의 청구를 일부 인용하였다.[2]

원심은 원고가 독창적이라고 주장하는 원고의 게임 규칙 역시 기존 매치-3-게임 등에서 널리 사용되던 게임규칙을 기초로 하여 이를 조합하거나 변형한 것으로서 아이디어의 영역에 해당한다는 이유로 저작권 침해에 관하여는 1심판결과 마찬가지로 저작권 침해가 아니라고 판단하였고, 지식재산권에 의한 보호대상이 되지 않는 타인의 성과를 이용하는 것을 부정경쟁행위로 인정하는 것은 신중하여야 한다는 취지에서 부정경쟁행위를 일부 인정한 1심판결을 취소하고 원고의 청구를 전부 기각하였다.[3]

2. 판결의 요지

[1] 저작권법 제2조 제1호는 저작물을 '인간의 사상 또는 감정을 표현한 창작물'로 규정하여 창작성을 요구하고 있다. 여기서 창작성은 완전한 의미의 독창성을 요구하는 것은 아니라고 하더라도, 창작성이 인정되려면 적어도 어떠한 작품이 단순히 남의 것을 모방한 것이어서는 아니 되고 사상이나 감정에 대한 저작자 자신의 독자적인 표현을 담고 있어야 한다(대법원 2011. 2. 10. 선고 2009도291 판결; 대법원 2017. 11. 9. 선고 2014다49180 판결 참조).

게임 저작물(이하 '게임물'이라 한다)은 어문저작물, 음악저작물, 미술저작물, 영상저작물, 컴퓨터프로그램 저작물 등이 결합되어 있는 복합적 성격의 저작물로서, 컴퓨터게임물이나 모바일 게임물에는 게임 사용자의 조작에 의해 일정한 시나리오와 게임규칙에 따라 반응하는 캐릭터, 아이템, 배경화면과 이를 기술적으로 작동하게 하는 컴퓨터프로그램 및 이를 통해 구현된 영상, 배경음악 등이 유기적으로 결합되어 있다.

게임물은 저작자의 제작 의도와 시나리오를 기술적으로 구현하는 과정에서 다양한 구성요소들을 선택·배열하고 조합함으로써 다른 게임물과 확연히 구별되는 특징이나 개성이 나타날 수 있다. 그러므로 게임물의 창작성 여부를 판단할 때에는 게임물을 구성하는 구성요소들 각각의 창작성을 고려함은 물론이고, 구성요소들이 일정한 제작 의도와 시나리오에 따라 기술적으로 구현되는 과정에서 선택·배열되고 조합됨에 따라 전체적으로 어우러져 그

2) 서울중앙지방법원 2015. 10. 30. 선고 2014가합567553 판결.
3) 서울고등법원 2017. 1. 12. 선고 2015나2063761 판결.

게임물 자체가 다른 게임물과 구별되는 창작적 개성을 가지고 저작물로서 보호를 받을 정도에 이르렀는지도 고려해야 한다.

[2] 저작권의 보호 대상은 인간의 사상 또는 감정을 말, 문자, 음, 색 등에 의하여 구체적으로 외부에 표현한 창작적인 표현형식이므로, 저작권의 침해 여부를 가리기 위하여 두 저작물 사이에 실질적인 유사성이 있는지를 판단할 때에는 창작적인 표현형식에 해당하는 것만을 가지고 대비해 보아야 한다(대법원 2013. 8. 22. 선고 2011도3599 판결 참조).

[3] 매치-3-게임(match-3-game) 형식의 모바일 게임을 개발하여 출시한 원고가 피고를 상대로, 피고가 출시한 모바일 게임이 원고의 저작권을 침해한다는 이유로 침해행위 금지 등을 구한 사안에서, 원고의 게임물은 개발자가 축적된 게임 개발 경험과 지식을 바탕으로 게임물의 성격에 비추어 필요하다고 판단된 요소들을 선택하여 나름대로의 제작 의도에 따라 배열·조합함으로써, 개별 구성요소의 창작성 인정 여부와 별개로 특정한 제작 의도와 시나리오에 따라 기술적으로 구현된 주요한 구성요소들이 선택·배열되고 유기적인 조합을 이루어 선행 게임물과 확연히 구별되는 창작적 개성을 갖추고 있으므로 저작물로서 보호 대상이 될 수 있고, 피고의 게임물은 원고의 게임물 제작 의도와 시나리오가 기술적으로 구현된 주요한 구성요소들의 선택과 배열 및 유기적인 조합에 따른 창작적인 표현형식을 그대로 포함하고 있으므로, 양 게임물은 실질적으로 유사하다고 볼 수 있는데도, 이와 달리 본 원심판단에 법리오해 등의 잘못이 있다.

3. 해설

가. 아이디어/표현 이분법의 유연한 적용

저작권법이 보호하는 대상은 사상 또는 감정의 창작적인 표현이고, 사상, 감정, 아이디어나 사실 그 자체가 아니다. 아이디어/표현 이분법이란 저작권법에 의하여 보호되지 않는 '아이디어'와 저작권법에 의하여 보호되는 '표현'은 엄격히 구별되어야 한다는 법리이다. 이에 따르면 게임에서도 당연히 '아이디어'에 해당하는 부분은 보호될 수 없고 '표현' 부분만 보호될 수 있다.

봄버맨 게임 판결[4]에서는 "추상적인 게임의 장르, 기본적인 게임의 배경, 게임의 전개방식, 규칙, 게임의 단계변화 등은 게임의 개념·방식·해법·창작도구로서 아이디어에 불과하므로 그러한 아이디어 자체는 저작권법에 의한 보호를 받을 수 없"다고 하면서 "게임의

4) 서울중앙지방법원 2007. 1. 17. 선고 2005가합65093 판결(서울고등법원 2007나25195로 항소심 진행 중 2007. 5. 23. 소취하로 종결).

전개방식, 규칙 등이 게임 저작물의 내재적 표현으로 인정되어 저작권의 보호대상이 되기 위하여는 그러한 게임의 전개방식, 규칙 그 자체 또는 그러한 것들의 선택과 배열 그 자체가 무한히 많은 표현형태 중에서 저작자의 개성을 드러내는 것이어서 표현으로 볼 수 있는 경우여야 할 것이고, 컴퓨터를 통해 조작하고 컴퓨터 모니터에 표현되어야 하는 한계, 승패를 가려야 하고 사용자의 흥미와 몰입도, 게임용량, 호환성 등을 고려하여야 한다는 점과 같이 컴퓨터 게임이 갖는 제약에 의해 표현이 제한되는 경우에는 특정한 게임방식이나 규칙이 게임에 내재되어 있다고 하여 아이디어의 차원을 넘어 작성자의 개성있는 표현에 이르렀다고 볼 수 없"다고 판시한 바 있다.

일반적으로 게임규칙, 특히 세부화되기 전의 일반적인 게임규칙은 아이디어에 해당할 가능성이 높지만, 게임규칙이 아이디어와 표현 중 어디에 해당하는가는 사전적, 획일적, 도식적으로 정해져 있지는 않고, 게임규칙이 얼마나 구체적이고 독창적이며 다양한 표현 가능성을 지니는지 등 게임규칙의 다채로운 존재양식의 스펙트럼 내에서 개별적, 구체적으로 결정할 문제이므로. 게임규칙도 구체화되면 창조적 개성을 띠게 될 수 있고, 이를 통해 표현의 영역으로 진입할 수 있다.[5)]

종래 미국 판례는 게임규칙을 표현에서 제외하는 등 게임저작물의 표현 범위를 좁게 보는 경향이 있었으나, 테트리스 판결[6)]은 게임규칙도 표현 범위에 포함될 수 있다고 보아 게임 관련 판례 흐름의 전환을 이끌어냈다고 평가받는다.[7)] 테트리스 판결에서는 게임의 아이디어가 게임규칙을 통해서도 표현될 수 있다고 보았고, 이러한 표현이 아이디어, 규칙, 기능 또는 이와 유사한 것과 결부되어 있더라도 그 아이디어 등을 표현하는 방법이 하나밖에 없어 양자가 합체되는 경우가 아니라면 저작권법으로 보호될 수 있다고 보았다.[8)] 구체적인 판단에 있어, 떨어지는 타일을 조정해 빈칸 없이 채워 넣는 방식은 '아이디어'에 해당한다고 보았으나, 타일의 스타일, 디자인 · 모양, 움직임은 '표현'에 해당한다고 보았는데, 위 '아이디어'를 표현할 수 있는 수많은 방법이 존재하기 때문이다.[9)]

대상판결에서도 저작권의 보호 대상은 구체적으로 외부에 표현한 창작적인 표현형식이고, 실질적인 유사성을 판단할 때에는 창작적인 표현형식에 해당하는 것만을 대비해야 한다고 하여 게임물에서도 아이디어/표현 이분법이 적용되어야 함을 명확히 하고 있다.

---

5) 권영준, "게임저작물과 실질적 유사성 – 한국의 포레스트 매니아 판결과 미국의 테트리스 판결을 중심으로 – ", 지식재산연구 제17권 제3호(2022), 157면.
6) Tetris Holding, LLC v. Xio Interactive, Inc., 863 F. Supp. 2d 394(D.N.J. 2012).
7) 권영준, "게임저작물과 실질적 유사성 – 한국의 포레스트 매니아 판결과 미국의 테트리스 판결을 중심으로–", 지식재산연구 제17권 제3호(2022), 177면.
8) Tetris Holding, LLC v. Xio Interactive, Inc., 863 F. Supp. 2d 394, 408–409(D.N.J. 2012).
9) 박준석, "게임규칙 관련 부분의 저작권 보호가능성 – 아이디어 · 표현 이분법의 신축적 적용–", 저스티스 통권 제193호(2022), 420면.

즉 대법원은 아이디어 자체를 표현으로 보호하려 하거나 아이디어/표현 이분법 논리 자체를 버린 것은 아니고 아이디어와 표현의 구분이 현실에서는 지극히 모호하기에 존재할 수밖에 없는 회색영역에 관해 종전 판례보다 훨씬 적극적으로 '표현'에 해당한다고 판단할 수 있는 논리를 제시한 것이다.[10)]

나. 게임물의 복합적 성격을 고려한 창작성 및 실질적 유사성 판단

(1) 게임물의 복합적 성격 고려

게임물은 어문저작물, 음악저작물, 미술저작물, 영상저작물, 컴퓨터프로그램 저작물 등이 결합되어 있는 복합적 성격의 저작물로서, 컴퓨터게임물이나 모바일 게임물에는 게임 사용자의 조작에 의해 일정한 시나리오와 게임규칙에 따라 반응하는 캐릭터, 아이템, 배경화면과 이를 기술적으로 작동하게 하는 컴퓨터프로그램 및 이를 통해 구현된 영상, 배경음악 등이 유기적으로 결합되어 있다. 따라서 게임의 속성은 기존의 어느 한 장르로 설명할 수 없다.

(2) 편집저작물 법리의 유추적용

편집저작물은 편집물로서 그 소재의 선택·배열 또는 구성에 창작성이 있는 것을 말한다(저작권법 제2조 제18호). 편집저작물은 독자적인 저작물로서 보호된다(저작권법 제6조 제1항). 소재의 선택·배열 또는 구성에 있어서의 창작성은 일정한 방침 혹은 목적 아래 취사선택, 배열, 구성하는 판단 및 작성행위에 있어서의 창작성을 의미한다. 소재의 선택·배열 또는 구성 중 어느 하나에 창작성이 있으면 편집저작물로 보호받을 수 있다. 편집저작물 법리가 가지는 가장 큰 의미는 개별적으로는 표현으로 인정하기 어려운 요소라도 그 유기적 선택·배열·구성에 창작성이 있다면 그에 관하여 저작권 보호가 부여된다는 점에 있다. 이러한 편집저작물의 법리는 여러 가지 요소들이 유기적으로 결합하여 탄생하는 유형의 비편집 저작물에도 유추적용될 수 있다.[11)]

대법원은 '짝' 판결에서 방송포맷과 관련하여 "리얼리티 방송 프로그램은 무대, 배경, 소품, 음악, 진행방법, 게임규칙 등 다양한 요소들로 구성되고, 이러한 요소들이 일정한 제작 의도나 방침에 따라 선택되고 배열됨으로써 다른 프로그램과 확연히 구별되는 특징이나 개성이 나타날 수 있다. 따라서 리얼리티 방송 프로그램의 창작성 여부를 판단할 때에는 프로그램을 구성하는 개별 요소들 각각의 창작성 외에도, 이러한 개별 요소들이 일정한 제작 의

---

10) 박준석, "게임규칙 관련 부분의 저작권 보호가능성 - 아이디어·표현 이분법의 신축적 적용 - ", 저스티스 통권 제193호(2022), 406-407면.

11) 권영준, "게임저작물과 실질적 유사성 - 한국의 포레스트 매니아 판결과 미국의 테트리스 판결을 중심으로 - ", 지식재산연구 제17권 제3호(2022), 172면.

도나 방침에 따라 선택되고 배열됨에 따라 구체적으로 어우러져 프로그램 자체가 다른 프로그램과 구별되는 창작적 개성을 가지고 있어 저작물로서 보호를 받을 정도에 이르렀는지도 고려함이 타당하다."라고 판시한 바 있다.[12)]

게임물과 관련해서 편집저작물 법리를 유추적용하여 보호할 수 있다는 견해는 대상판결 이전에도 있었는데,[13)] 이러한 법리 자체는 이미 '모두의 마블' 하급심 판결에서도 "게임은 게임규칙, 게임에 등장하는 캐릭터, 게임 맵의 디자인 등 다양한 요소들로 구성되고, 이러한 요소들이 일정한 의도나 방침에 따라 선택되고 배열됨으로써 다른 게임과 확연히 구별되는 특징이나 개성이 나타나 창작적 개성을 가지고 있는 경우에는 저작물로서 보호받을 수 있다."라고 판시된 바 있다.[14)] 다만 이를 해당 사안에 구체적으로 적용함에 있어 그 선택·배열이 아이디어에 해당하거나 혹은 선행게임에 이미 존재하는 내용과 비교해 창작적 개성이 존재하지 않는다고 보아 최종적으로 편집저작물로서의 보호는 부정되었다.

대상판결에서도 "게임물은 저작자의 제작 의도와 시나리오를 기술적으로 구현하는 과정에서 다양한 구성요소들을 선택·배열하고 조합함으로써 다른 게임물과 확연히 구별되는 특징이나 개성이 나타날 수 있다. 그러므로 게임물의 창작성 여부를 판단할 때에는 게임물을 구성하는 구성요소들 각각의 창작성을 고려함은 물론이고, 구성요소들이 일정한 제작 의도와 시나리오에 따라 기술적으로 구현되는 과정에서 선택·배열되고 조합됨에 따라 전체적으로 어우러져 그 게임물 자체가 다른 게임물과 구별되는 창작적 개성을 가지고 저작물로서 보호를 받을 정도에 이르렀는지도 고려해야 한다."라고 판시하여 편집저작물 법리를 유추적용하였다.

한편 대법원은 대상판결 이후 '가루야 가루야' 판결[15)]에서도, 기획안에 관하여 "작품의 의도와 이를 구체화한 체험놀이의 구성, 극의 줄거리(시놉시스)가 개성적으로 표현되어 있다"고 하였고, 공연 내용에 관하여 "체험전은 그 구성요소들이 일정한 제작 의도에 따라 선택·배열되고 유기적으로 조합됨으로써 기존의 체험전 등과는 구별되는 창작적 개성을 갖추고 있"다고 하여 저작권으로의 보호를 긍정하였고, 체험전의 소테마별 공간과 소품, 진행방법 및 진행 규칙 등 여러 가지 요소들이 "제작 의도에 따라 선택·배열되어 유기적인 조합을 이루고 있다"는 점을 창작성 인정의 핵심적 근거로 삼음으로써 '짝' 판결 및 대상판결에서와 마찬가지로 구성요소들의 선택과 배열·유기적 조합을 통해 창작적 표현으로 긍정될 수 있

---

12) 대법원 2017. 11. 9. 선고 2014다49180 판결.

13) 신재호, "게임 저작물의 보호 범위", (계간)저작권, 2010년 가을호(91호), 한국저작권위원회, 66-67면; 김근우, "게임 저작물의 보호 범위", 디지털재산법연구 9권, 세창출판사(2011), 148-149면.

14) 서울고등법원 2018. 4. 26. 선고 2017나2064157 판결(대법원 2018. 8. 16. 선고 2018다237138 판결로 심리불속행기각됨).

15) 대법원 2019. 12. 27. 선고 2016다208600 판결.

음을 분명히 하였다.[16)]

4. 판결의 의의

대상판결은 게임저작물의 창작성 및 실질적 유사성의 판단기준을 제시하고 게임저작물의 창작성 및 실질적 유사성을 인정한 최초의 대법원 판결이라는 점에서 선례로서의 가치가 크다. 대상판결에서는 게임규칙 관련 부분들을 각각 개별적으로 분리해서 비교하던 종전 하급심 판결들의 접근법 대신에 전체적으로 비교하는 접근법을 취하였는데, 이런 접근법은 이미 2017년 '짝' 판결에서 제시된 것이고, 대상판결 이후 '가루야 가루야' 판결에서도 재차 확인되어 이제는 확고한 접근법이 되었다고 평가된다.[17)]

다만 대상판결에서와 같이 게임 소재와 규칙들의 선택·배열·구성에 창작성이 인정된다고 하더라도, 실질적 유사성 판단이나 저작재산권의 제한 규정(저작권법 제35조의5 공정이용 조항 등)을 통해 과도하게 보호되어 부작용이 발생하는 것은 충분히 방지될 수 있다.[18)]

16) 박준석, "게임규칙 관련 부분의 저작권 보호가능성 – 아이디어·표현 이분법의 신축적 적용 –", 저스티스 통권 제193호(2022), 405면.

17) 박준석, "게임규칙 관련 부분의 저작권 보호가능성 – 아이디어·표현 이분법의 신축적 적용 –", 저스티스 통권 제193호(2022), 423면.

18) 손천우, "모바일 게임물의 창작성 및 실질적 동일성의 판단 기준 – 대법원 2019. 6. 27. 선고 2017다212095 판결('포레스트 마니아' 사건)을 중심으로", 사법 통권 제49호(2019), 320면.

23 저작권신탁관리업에 포함되는 '포괄적 대리'의 판단 기준

대법원 2019. 7. 24. 선고 2015도1885 판결[1])

차상육 (경북대학교 법학전문대학원 교수)

1. 사안의 개요

피고인 1은 피고인 주식회사 6(이하 '피고인 6'이라 한다)의 전 대표이사로서 위 회사의 업무를 총괄하는 사람, 피고인 2는 피고인 6 회사의 상무 겸 글로벌마케팅 본부장으로서 G를 포함한 해외 회사들과의 계약체결 등 업무를 담당하는 사람, 피고인 3은 피고인 6 회사의 저작권관리실장으로서 피고인 6 회사에서 관리하는 사진저작물을 무단 사용한 사람들을 상대로 합의를 종용하고, 합의서를 작성하는 등 저작권관리실의 업무를 총괄하는 사람, 피고인 4는 피고인 6 회사의 법무팀장으로서 사진저작물의 무단 사용자들을 고소하면 경찰서 및 검찰청에 출석하여 고소 보충진술을 하는 사람, 피고인 5는 변리사, 피고인 6은 2006. 2. 14. 문화관광부에 저작권대리중개업 신고를 하고 저작물의 이용에 관하여 저작권자를 대리·중개하고 그 수수료를 지급받는 법인이다.

피고인 6은 2005. 4. 1. 영국 회사(甲)와 이미지 인허가 및 판매 서비스 계약(ILMSA)을 체결한 후 甲사로부터 사진 저작물 등을 공급받아 홈페이지에 전시하고, 또한 미국과 한국의 사진 제작업체 등과 사진 저작물의 이용허락을 대행해 주는 계약을 체결하고, 사진 저작물 등을 공급받아 홈페이지에 전시한 후 그 사진 저작물 등을 이용하는 국내 고객들을 상대로 이용허락을 대행해 주는 저작권 대리 또는 중개행위를 업으로 하는 저작권대리중개업자이다.

피고인 6의 대표이사인 피고인 1은 2007.6.29.경부터 2013.1.13.경까지 약 5년7개월 동안 피고인 6의 사무실에서 甲과 '이미지 인허가 및 판매 서비스 계약'을 체결한 것을 포함

---

1) [참조 및 관련 판례] 대법원 2012. 7. 12. 선고 2010다1272 판결(공2012하, 1399) 등.
[관련 평석 및 문헌] 한지영, "저작권신탁관리업에서 포괄적 대리의 해석에 관한 고찰", 정보법학 제24권 제3호(2020. 12) 등.

하여 국내 사진 제작업체 및 국내 사진 작가 300여 명과 사진저작물 판매위탁계약을 체결하였다. 그 후 계약에서 정한 기간 동안 사진저작물의 이용을 원하는 고객들을 상대로 이용허락을 하고, 그 이용허락 시 이용가격을 결정하며, 이용료를 징수하여 일부는 수수료 명목으로 취득하고, 나머지는 甲 및 사진작가 등에게 송금하는 한편, 저작권 침해 등에 대한 문제가 발생하였을 경우 그에 대한 손해배상금을 청구하고, 민·형사상의 소를 제기하는 등의 업무를 피고인 6 명의로 처리하였다. 이로써 피고인 6은 저작권신탁관리업 허가를 받지 아니하고 저작권자를 포괄적으로 대리함으로써 저작권신탁관리업을 운영하였다.

이에 검찰은 피고인 1이 피고인 6의 대표이사로서 저작권신탁관리업에 대한 허가를 받지 않고 저작권자를 포괄적으로 대리하였다는 취지로 저작권법 위반 등을 이유로 기소하였다.[2] 이에 저작권법위반죄 부분에 대하여, 1심 법원과 2심 법원은 저작권법 위반의 유죄판결을 선고하였다. 피고인 1과 피고인 6은 대법원에 상고하였으나 대법원은 상고를 모두 기각하였다. 대법원은 피고인 6회사의 대표이사(피고인 1)을 무허가 저작권신탁관리업을 운영한 것으로 인정함과 아울러 피고인 6 회사에 대하여 양벌규정을 적용한 원심판단을 수긍하였다.

이 사건의 주요 쟁점으로서 저작권법위반죄 부분에 대하여는 저작권대리중개업자로서 신고를 한 피고인 1과 6의 행위가 문화체육관광부장관으로부터 저작권신탁관리업 허가를 받지 아니하고 저작권자를 포괄적으로 대리함으로써 저작권신탁관리업을 운영하였는지 여부이다.

2. 판결의 요지

가. 제1심판결(서울서부지방법원 2014. 2. 5. 선고 2013고단750 판결)

(1) 피고인 1

피고인은 2007. 6. 29.경부터 2013. 1.경까지 위 피고인 6 사무실에서 G와 '이미지 인허가 및 판매 서비스 계약'을 체결한 것을 비롯하여 국내 사진 제작업체 및 국내 사진작가 300여명과의 사이에 사진저작물 판매위탁계약을 체결한 후, 계약에서 정한 기간 동안 사진저작물의 이용을 원하는 고객들을 상대로 이용허락을 하고, 그 이용허락 시 이용가격을 결정하며, 이용료를 징수하여 일부는 수수료 명목으로 취득하고 나머지는 G 및 사진작가 등에게 송금하는 한편, 저작권 침해 등에 대한 문제가 발생하였을 경우 그에 대한 손해배상금을

2) 대상판결은, 변호사법위반, 저작권법위반, 폭력행위등처벌에관한법률위반(공동공갈), (예비적 죄명 사기, 사기미수)이 문제되었으나, 이 글에서는 저작권법위반죄 부분에 한하여 다룬다.

청구하고 민, 형사상의 소를 제기하는 등의 업무를 피고인 6 명의로 처리하였다. 이로써 피고인은 저작권신탁관리업 허가를 받지 아니하고 저작권자를 포괄적으로 대리함으로써 저작권신탁관리업을 운영하였다.

(2) 피고인 6

피고인 회사는 그 대표이사인 피고인 1이 피고인 회사의 업무에 관하여 2007. 6. 29.경부터 2013. 1.경까지 위와 같이 저작권자를 포괄적으로 대리함으로써 저작권신탁관리업을 운영하였다.

나. 원심판결(서울서부지방법원 2015. 1. 16. 선고 2014노262 판결)

이 사건에서 피고인 6의 행위는 저작권자를 포괄적으로 대리함으로써 저작권신탁관리업을 한 것에 해당하므로, 이 부분 공소사실에 관한 피고인 1, 6의 주장[3]은 받아들이지 아니한다.

① 피고인 6은 이 사건 사진저작물들에 관하여, G 등의 사진공급업체 및 저작권자인 사진작가들로부터 계약기간 동안 대한민국 내에서 독점적으로 저작물의 이용을 허락할 권한 및 그 목적을 위해 저작물을 이용할 권한을 부여받았다.

② 피고인 6은 자신이 보유한 저작물을 이용하고자 하는 고객들을 상대로 인터넷 홈페이지에서 관련된 정보를 제공하였고, 저작물의 사용권을 판매하는 가격을 스스로 결정하였으며, 그 가격에 따라 고객들로부터 사용료를 징수하여 일부를 수수료로 취득하고 남은 금액을 사진공급업체나 저작권자들에게 송금하였다.

③ 피고인 6은 앞서 인정한 것처럼 저작권침해자들을 상대로 손해배상청구 및 고소 등을 진행하여 합의금을 받았고, 그 중 일부를 수수료로 취득하고 남은 금액을 사진공급업체

---

3) 항소이유의 요지에 따르면, 저작권법위반죄 부분(피고인 1, 6)은 다음과 같다.
원심은 피고인 6이 이 사건 사진저작물들의 이용과 관련하여 저작권자들을 포괄적으로 대리하였다고 보고 이 부분 공소사실을 유죄로 판단하였는바, 원심은 다음과 같은 점에 관하여 사실을 오인하였거나 무허가 저작권신탁관리업 영업으로 인한 저작권법위반죄의 법리를 오해하였다.
① G 등은 피고인 6에 자신이 보유한 모든 저작물을 포괄적으로 위탁하거나, 수수료 또는 사용료를 포괄적으로 위임하지 아니하였다. 피고인 6이 이 사건 사진저작물들의 이용가격을 결정하는 것이 금지되어 있지도 않다.
② 피고인 6은 이 사건 사진저작물들의 저작권자들로부터 저작권을 신탁받아서 직접 권리를 행사한 것이 아니고, G로부터 저작권침해자들을 상대로 법적 조치를 할 수 있도록 위임받은 권한과, 독점적 이용허락권(판매대행권)자 겸 독점적 이용권자로서의 자신의 지위에 기하여 손해배상청구 및 고소를 한 것이다.
③ 위와 같은 이유로 피고인 6의 행위는 포괄적 대리에 해당하지 않는다. 가사 구성요건해당성이 인정되더라도 피고인들에게는 위법성의 인식이 없었으므로 위법성이 조각된다.

나 저작권자들에게 송금하였다.

④ 피고인 6은 문화체육관광부에 저작권대리중개업자로 신고하면서 표준약관을 제출하였는데, 위 약관에는 피고인 6이 저작권자를 위하여 손해배상청구 또는 고소를 할 권한을 갖는다는 내용은 기재되어 있지 않다.

⑤ 피고인 6이 수행한 이상의 행위는 저작권 관리에 필요한 행위 전반을 포괄하는 것으로서, 저작권신탁관리업자인 BM협회 등에서 수행하고 있는 업무와 별다른 차이가 없다.

다. 대법원 판결

1) 현행 저작권법의 저작권위탁관리제도는 저작권신탁관리업과 저작권대리중개업으로 구분되는데, 저작권신탁관리업은 문화체육관광부장관의 허가사항, 저작권대리중개업은 신고사항이고(저작권법 제105조 제1항), 허가를 받지 아니하고 저작권신탁관리업을 한 자는 1년 이하의 징역 또는 1천만 원 이하의 벌금에 처하도록 규정하고 있다(저작권법 제137조 제1항 제4호). 한편 저작권법 제2조 제26호는, '저작권신탁관리업'은 저작재산권자, 배타적발행권자, 출판권자, 저작인접권자 또는 데이터베이스제작자의 권리를 가진 자를 위하여 그 권리를 신탁받아 이를 지속적으로 관리하는 업을 말하며 저작물 등의 이용과 관련하여 포괄적으로 대리하는 경우를 포함한다고 규정하고 있다. 구 저작권법(2006. 12. 28. 법률 제8101호로 전부 개정되기 전의 것)은 제2조 제19호에서 저작권대리중개업을 정의하며 '그 이용에 관한 포괄적 대리를 제외한다'고 소극적으로 규정하고 있었는데, 2006. 12. 28.자로 개정된 저작권법은 저작권신탁관리업에 포괄적 대리가 포함됨을 명확히 하였고, 이는 저작권대리중개업자가 신고만으로 신탁관리업자의 허가요건을 회피하여 실질적으로 신탁관리업자와 같은 행위로 운영하는 것을 규제하기 위한 것이다.

2) 한편 저작권신탁관리의 법적 성질은 신탁법상 신탁에 해당하고, 신탁은 권리의 종국적인 이전을 수반하여 신탁행위 등으로 달리 정함이 없는 한(신탁법 제31조) 신탁자가 수탁자의 행위에 원칙적으로 관여할 수 없는 것이 대리와 구분되는 가장 큰 차이이다. 그에 따라 신탁관리업자는 신탁의 본지에 반하지 않는 범위에서 스스로 신탁받은 저작재산권 등을 지속적으로 관리하며 저작재산권 등이 침해된 경우 권리자로서 스스로 민·형사상 조치 등을 할 수 있다. 따라서 저작권대리중개업자가 저작재산권 등을 신탁받지 않았음에도 사실상 신탁관리업자와 같은 행위로 운영함으로써 저작물 등의 이용에 관하여 포괄적 대리를 하였는지를 판단함에 있어서는, 저작권대리중개업자의 저작물 등의 이용에 관한 행위 가운데 위와 같은 저작권신탁관리의 실질이 있는지를 참작하여야 한다.

3) 저작권대리중개업체인 피고인 6 회사는 이 사건 사진저작물들에 관하여, ○○이미

지 등의 사진공급업체 및 저작권자인 사진작가들 다수로부터 계약기간 동안 대한민국 내에서 독점적으로 저작물의 이용을 허락할 권한 및 그 목적을 위해 저작물을 이용할 권한을 부여받았다.

피고인 6 회사는 자신이 보유한 저작물을 이용하고자 하는 고객들을 상대로 인터넷 홈페이지에서 관련된 정보를 제공하였고, 저작물의 사용권을 판매하는 가격을 스스로 결정하였으며, 그 가격에 따라 고객들로부터 사용료를 징수하여 일부를 수수료로 취득하고 남은 금액을 사진공급업체나 저작권자들에게 송금하였다.

피고인 6 회사는 다수의 저작권침해자들을 상대로 스스로 손해배상청구 및 고소 등을 진행하여 합의금을 받았고, 그 중 일부를 수수료로 취득하고 남은 금액을 사진공급업체나 저작권자들에게 송금하였는데, 그 과정 역시 피고인 6 회사가 전적으로 의사결정을 하였다.

위와 같은 사정을 앞서 본 법리에 비추어 살펴본다. 피고인 6 회사는 다수의 권리자로부터 저작물에 대한 이용허락뿐만 아니라 침해에 대한 민·형사상 조치에 대해서도 일체의 권한을 위임받았고, 나아가 '독점적 이용허락'에 기대어 저작물에 대한 홍보·판매 및 가격 등을 스스로 결정하고 다수의 고객들로부터 사용료를 징수하며, 스스로 다수의 저작권침해자들을 상대로 민·형사상 법적 조치를 취하고 합의금을 받아 사진공급업체나 저작권자에게 각 일정 부분을 송금하였다. 따라서 피고인 6 회사의 이러한 행위는 저작권법 제2조 제26호의 '저작물 등의 이용과 관련하여 포괄적으로 대리하는 경우'에 해당한다.

3. 해설

가. 저작권위탁관리제도의 의의

우리 저작권법상 저작권위탁관리업은 크게 저작권대리중개업과 저작권신탁관리업으로 나누어진다(법 제115조).

(1) 저작권신탁관리업의 의의

1) 저작권신탁관리업은 저작재산권자, 배타적발행권자, 출판권자, 저작인접권자 또는 데이터베이스제작자의 권리를 가진 자를 위하여 그 권리를 신탁받아 이를 지속적으로 관리하는 업을 말하며, 저작물등의 이용과 관련하여 포괄적으로 대리하는 경우를 포함한다(법 제2조 제26호). 저작권신탁관리업을 하고자 하는 자는 대통령령이 정하는 바에 따라 문화체육관광부장관의 허가를 받아야 한다(법 제105조 제1항).

2) 저작권신탁관리업에 있어서 저작재산권 등의 '신탁'의 법적 성질은 신탁법상의 신탁

에 해당하므로(통설 · 판례),[4][5] 권리자가 자신의 권리를 신탁단체에 신탁하면 그 권리는 법률상 신탁단체에게 완전히 이전한다. 즉 저작권신탁관리계약은 그 실질이 신탁법상의 신탁으로서(저작재산권을 신탁재산으로 한다) 위탁자인 저작권자가 신탁이익의 전부를 향수하는 이른바 '자익(自益)신탁'이라고 할 것인바, 신탁법상의 신탁은 동법 제56조에 의하여 위탁자인 저작권자는 언제든지 신탁계약을 해지할 수 있다(다만 민법 제689조 제2항이 준용되어 부득이한 사유 없이 수탁자인 피고가 불리한 시기에 계약을 해지한 때에는 그 손해를 배상할 책임을 진다).[6]

저작권신탁관리업자는 소제기의 권한을 포함한 모든 관리처분권을 가지고 있으므로, ① 이용자에 대해 임의로 사용료 금액 등을 결정하여 저작권 등을 이용허락 할 수 있고, ② 누군가 허락 없이 이를 이용하면 그 침해자를 상대로 민 · 형사상 법적 조치를 취할 수 있다.[7] 즉, 저작권자가 자신의 권리를 신탁관리단체에 신탁하면, 그 권리를 법적으로 신탁관리단체에게 완전히 이전하며, 수탁자인 저작권신탁관리단체는 대외적으로 권리자로 인정받아 자신의 명의로 침해자를 상대로 소송을 제기할 수 있고, 민형사상 구제조치를 취할 수도 있다. 오히려 신탁한 권리 범위 내에서 신탁자인 저작권자가 침해자를 상대로 저작권을 행사할 수 없게 된다.[8] 이때 신탁관리단체에게 신탁되는 저작재산권의 내용 중에서 2차적저작물작성권을 포함하는지 여부는 저작권법 제45조에 따라 신탁관리를 위한 계약에서 특별히 2차적저작물작성권을 명시적으로 포함시키지 않는 한 신탁범위에서 제외된 것으로 보아야 한다고 해석된다.[9] 결국 수탁자인 저작권위탁관리업자는 대외적으로 권리자로 인정되며 자신의 명의로 권리 침해자를 상대로 한 소송을 제기할 수도 있다. 권리의 이전으로서의 성격을 가지므로 일신전속권으로서의 성질을 가지는 저작인격권은 신탁관리의 대상이 되지 아니한다. 즉 저작권법상 신탁관리될 수 있는 권리는 저작재산권에 한하고 저작인격권은 신탁관리될 수 없다.[10]

3) 신탁법 제101조 제1항, 제4항 및 제103조 제1항에 따르면, 신탁행위로 달리 정하였다는 사정이 없는 한, 위탁자의 해지청구 등으로 신탁이 종료하더라도 수탁자가 신탁재산의 귀속권리자인 수익자나 위탁자 등에게 저작재산권 등 신탁재산을 이전할 의무를 부담하게

---

4) 대법원 2012. 7. 12. 선고 2010다1272 판결 등.

5) 박성호, 저작권법 제3판, 박영사, 2023, 474면, 오승종, 저작권법 제5판, 박영사, 2021, 1217면, 이해완, 저작권법 제3판, 박영사, 2015, 983면, 윤태식, 저작권법, 박영사, 2020, 300면. 임원선, 실무자를 위한 저작권법 제7판, 한국저작권위원회, 2022, 397면, 송영식 · 이상정 공저, 저작권법강의, 세창출판사, 2015, 233면. 한편, 저작권신탁관리계약의 법적 성질에 대해, '민법상의 신탁'이나 '특별한 신탁'으로 이해하는 소수설도 있다.

6) 서울고등법원 2009. 12. 10. 선고 2008나66254 판결.

7) 박성호, 앞의 책(주 5), 474면.

8) 이해완, 저작권법 제4판, 박영사, 2019, 1099면.

9) 이해완, 위의 책(주 8), 1099면.

10) 서울고등법원 1996. 7. 12. 선고 95나41279 판결[확정].

될 뿐 신탁재산이 수익자나 위탁자 등에게 당연히 복귀되거나 승계되는 것은 아니다. 그리고, 신탁재산을 이전할 때까지는 수탁자는 신탁사무의 종결과 최종의 계산을 목적으로 하는 귀속권리자를 위한 법정신탁의 수탁자로서 그와 같은 목적 범위 내에서 신탁재산을 계속 관리할 권한과 의무를 부담하며, 귀속권리자는 신탁수익권의 형태로서 신탁재산 등 잔여재산에 대한 권리를 보유하게 될 뿐이다. 나아가 신탁법 제104에 의하면 신탁종료 시의 수탁자의 청산의무에 관하여 신탁행위 또는 위탁자와 수익자의 합의로 청산절차에 따라 신탁을 종료하지 않은 한 수탁자는 청산의무를 부담하지 않는다. 그러므로 신탁행위 또는 위탁자와 수익자의 합의로 청산절차에 따라 신탁을 종료하지 않은 경우에 수탁자가 신탁재산에 관하여 체결한 쌍무계약에 관하여 아직 이행을 완료하지 아니한 때에는 그 계약을 귀속권리자에게 인수시킬 수도 있고, 신탁이 종료하였다고 하여 반드시 계약을 해지하는 등으로 이를 청산하여야 하는 것은 아니다.[11)12)]

이와 같은 법리에 비추어 보면, 신탁자(저작권자)의 해지청구로 해당 사건 신탁계약이 해지되었다고 하더라도 수탁자(사단법인 한국음악저작권협회)로서는 신탁자에게 신탁자의 음악저작물에 대한 저작재산권 등 신탁재산을 이전할 의무를 부담하게 될 뿐 신탁재산이 신탁자에게 당연히 복귀되거나 승계되는 것은 아니고, 저작권을 이전할 때까지는 수탁자가 신탁자를 위한 법정신탁의 수탁자로서 신탁사무의 종결과 최종의 계산의 목적 범위 내에서 신탁자 음악저작물에 관한 저작재산권을 계속 관리할 권한과 의무를 부담하며, 신탁자는 신탁수익권의 형태로서 잔여재산에 대한 권리를 보유하게 될 뿐이다. 따라서 이처럼 청산의무를 부담하지 않는 이상 수탁자는 방송사 등 제3자와 체결한 신탁자 음악저작물의 저작물사용계약에 관하여 아직 이행을 완료하지 아니한 때에는 그 계약을 원고에게 인수시킬 수도 있는 것이고, 반드시 계약을 해지하는 등으로 이를 청산하여야만 하는 것은 아니다. 그렇다면 수탁자에게 자신과 계약을 체결한 신탁자 음악저작물 이용자들에 대하여 신탁자 음악저작물은 더 이상 수탁자의 관리저작물이 아님을 통보하여 신탁자의 허락 없이는 신탁자 음악저작물을 사용하지 못하도록 하여야 할 주의의무가 있다고 할 수 없을 뿐만 아니라, 수탁자가 그와 같은 통보를 하지 아니함으로써 방송사 등 이용자들이 신탁자의 허락을 받지 않고 신탁자의

11) 대법원 2012. 7. 12. 선고 2010다1272 판결[저작권사용료][공2012하, 1399] (갑이 자신의 음악저작물에 관한 저작재산권을 신탁받은 을 협회에 병 등이 갑 동의 없이 갑의 음악저작물 중 일부를 변경하여 노래를 만들고 이를 수록한 음반과 뮤직비디오 등을 제작·발표한 것에 대하여 음악저작물 사용허락을 하지 말고 방송금지 등 법적 조치를 취할 것을 요청하였는데도, 을 협회가 법적 조치를 게을리한 채 오히려 음악저작물 사용을 허락하자 신탁계약 해지청구를 한 사안에서, 을 협회의 행위는 저작권의 신탁관리에 따른 제반 의무를 다하지 못한 경우에 해당하거나 갑과 을 협회 사이의 신뢰관계가 깨어져 더 이상 계약관계를 유지할 수 없는 경우에 해당하여 신탁계약의 해지사유가 발생하였다고 본 원심판단을 정당하다고 한 사례).

12) 윤태식, 앞의 책(주 5), 301면.

음악저작물을 이용하였다고 하더라도 저작재산권을 이전받을 때까지는 단순한 채권자에 불과한 신탁자에게는 침해될 저작재산권도 없으므로, 신탁자의 저작재산권 침해를 이유로 한 불법행위가 성립할 여지가 없다.[13)]

4) 요컨대 대외적 권리관계를 구체적으로 살펴보면, 저작권신탁관리의 경우는 신탁법상 신탁에 해당하여 그 권리가 법률상 수탁자에게 이전된다. 신탁법의 법리에 의하면, 신탁자와 수탁자 간에 어떤 권리에 관하여 신탁계약이 체결되면 그 권리를 법률상 위탁자로부터 수탁자에게 완전히 이전하여 수탁자가 권리자가 되고 그 권리에 대하여 소제기 권한을 포함한 모든 관리처분권이 수탁자에게 속하게 된다. 따라서 수탁자인 저작권신탁관리업자는 대외적으로 권리자로 인정되며, 자신의 명의로 권리침해자를 상대로 한 민사소송을 제기하거나 형사고소를 할 수 있다. 다만 저작인격권은 일신전속권의 성질상 저작재산권과 달리 양도할 수 없으므로 저작권신탁계약에 의하여 수탁자에게 저작인격권이 이전될 수도 없고, 신탁관리의 대상이 되지 아니한다.[14)] 이는 신탁법상 법리에 의하더라도 특정의 재산권만이 신탁의 대상이 되도록 되어 있어 재산권이 아닌 권리는 신탁법상 신탁의 대상이 될 수 없기 때문이다. 이와 같이 신탁법상의 신탁의 법리가 적용되는 결과 저작권자 등 권리자는 신탁계약을 해지하지 않는 한 권리행사를 할 수 없고, 신탁계약을 해지하더라도 신탁계약 기간 중에 발생한 저작물의 불법사용 등에 관한 소권(訴權)을 행사할 수 없다.[15)]

(2) 저작권대리중개업의 의의

저작권대리중개업은 저작재산권자, 배타적발행권자, 출판권자, 저작인접권자 또는 데이터베이스제작자의 권리를 가진 자를 위하여 그 권리의 이용에 관한 대리 또는 중개행위를 하는 업을 말한다(법 제2조 제27호). 저작권대리중개업을 하고자 하는 자는 대통령령이 정하는 바에 따라 문화체육관광부장관에게 신고하여야 한다(법 제105조 제1항). 여기서 유의할 점은 저작물등의 이용과 관련하여 포괄적으로 대리하는 경우는 저작권신탁관리업에 포함되므로(법 제2조 제26호), 저작권신탁관리업으로서 허가를 받지 않는 한 허용되지 않고, 결국 허가를 받지 아니하고 저작권신탁관리업을 한 자에 해당하므로 형사처벌의 대상이 된다(법 제137조 제1항 제4호).[16)] 판례 중에는 실제로 무허가 저작권신탁관리업 영업의 점에 대해서 형사처벌

---

13) 대법원 2012. 7. 12. 선고 2010다1272 판결(갑이, 자신의 음악저작물에 관한 저작재산권을 신탁받은 을 협회가 신탁계약 해지 후 음악저작물에 대한 관리 중단을 명하는 가처분결정이 있었는데도 을 협회와 계약을 체결한 갑의 음악저작물 이용자들에게 갑의 음악저작물이 더 이상 을 협회의 관리저작물이 아님을 통보하지 않아 이용자들로 하여금 갑 허락 없이 음악저작물을 사용하도록 방치하는 등 저작재산권을 침해하였다는 이유로 을 협회를 상대로 불법행위로 인한 손해배상을 구한 사안에서, 불법행위가 성립하지 않는데도, 이와 달리 본 원심판결에 법리오해의 위법이 있다고 한 사례).

14) 서울고등법원 1996. 7. 12. 선고 95나41279 판결.

15) 차상육, "저작권법상 대리중개인의 지위와 법률관계", 인권과 정의 Vol. 384, 대한변호사협회, 2008. 8., 65면.

한 사례도 있다.[17]

대외적 권리관계를 구체적으로 살펴보면, 우선 저작권 대리중개의 경우 저작재산권의 대외적 귀속에는 아무런 변동이 생기지 아니한다. 저작권대리중개업을 영위하는 자는 저작권의 등록, 양도 또는 이용허락을 대리하거나 중개하는 역할만을 수행한다. 따라서 저작권대리중개업자는 권리침해자를 상대로 직접 자신의 이름으로 원고가 되어 민사소송을 제기할 수 없으며, 권리자를 대리하여 형사고소를 할 수도 없다. 만약 형사고소를 한다면 오히려 권리침해자로부터 변호사법위반으로 고발당할 우려마저 있다.[18]

최근 대법원 판결[19]에 따르면, 저작권대리중개업자는 이 사건 출판사들의 대리인으로서 저작권 사용료를 수령할 권한만 있을 뿐 자신의 이름으로 직접 피고에게 저작권사용료를 청구할 권한은 없다는 종래의 대법원 판례(대법원 2019. 7. 25. 선고 2017다260285 판결)의 태도를 분명히 지지하고 있고, 이러한 저작권대리중개업자의 업무 범위에 관한 법리는 강행법규성을 가진다는 것을 간접적으로 설시하면서 당사자 사이에 계약에 의해 그 적용이 배제되어서는 안 된다는 점을 분명히 하고 있다.

나. 포괄적 대리의 판단 기준 및 판단 요소

(1) 대상판결에서는 포괄적 대리의 판단 시 참작하여야 할 사항에 대해서, 피고인 6(회사)이 "① 다수의 권리자로부터 저작물에 대한 이용허락뿐만 아니라 침해에 대한 민·형사상 조치에 대해서도 일체의 권한을 위임받았다는 점, ② '독점적 이용허락'에 기대어 저작물에 대한 홍보·판매 및 가격 등을 스스로 결정하고 다수의 고객들로부터 사용료를 징수하였다는 점, ③ 스스로 다수의 저작권침해자들을 상대로 민·형사상 법적 조치를 취하고 합의금을 받아 사진공급업체나 저작권자에게 각 일정 부분을 송금하였다는 점"을 들고서, 이에 기초하여 피고인 6의 이러한 행위는 저작권법 제2조 제26호의 '저작물 등의 이용과 관련하여 포괄적으로 대리하는 경우'에 해당한다고 판시하였다. 이에 따르면, 결국 포괄적 대리의 판단 시 참작하여야 할 사항으로서는, ① 침해에 대한 민형사상 구제조치, ② 독점적 이용허락에 의한 가격 결정과, ③ 이용료를 징수하여 권리자에게 배분하는 행위로 요약된다.[20]

(2) 법제처의 저작권법 제2조의 포괄적 대리에 관한 해석을 보면, 저작권신탁관리업자

16) 박성호, 앞의 책(주 5), 482면.
17) 서울서부지방법원 2015. 1. 16. 선고 2014노262 판결.
18) 차상육, 앞의 논문(주 15), 65면; 서울서부지방법원 2015. 1. 16. 선고 2014노262 판결.
19) 대법원 2019. 10. 31. 선고 2017다232310 판결.[파기환송 후 판결]; 서울남부지방법원 2020. 8. 13. 선고 2019나65328 판결.
20) 한지영, "저작권신탁관리업에서 포괄적 대리의 해석에 관한 고찰", 정보법학 제24권 제3호, 2020. 12., 57면.

는 저작재산권자 등으로부터 저작재산권 등을 신탁받아 이용자에게 그의 이용을 허락한 다음 이용료를 징수하고, 징수한 이용료를 저작재산권자 등에게 저작료로서 분배하며, 이용허락 없이 이를 이용한 자에 대하여 저작권 침해에 대한 법적 대응 등의 업무를 수행하는 업자로 해석한다. 반면 포괄적 대리행위가 허용되지 않은 저작권대리중개업의 경우, 예컨대 음반의 저작재산권자 등이 소유하거나 소유하게 될 저작권을 모바일, 웹사이트, ARS 사업자 기타 유무선 기반의 모든 사업자에게 이용하도록 하는 계약 협상 및 체결 등 대행권을 저작권대리중개업자에게 독점적으로 수여하는 내용의 저작재산권 등 대리중개계약은 포괄적 대리행위라고 해석하고 있다.[21)]

(3) 대상판결에 따르면 저작권대리중개업자가 포괄적 대리행위를 하였는지 여부는 실질적으로 저작권신탁관리행위를 하였는지 여부를 참작하여야 하다고 판단하여 그 판단에 있어서 실질적 기준설에 입각하고 있다.

종래 학계에서는 포괄적 대리를 일본 저작권관리사업법에서 '일임형 관리'에 상응하는 개념이라고 주장하는 학설이 있다.[22)] 이 학설에 따르면, 포괄적 대리의 유형은 3가지로 구분될 수 있다고 한다. 첫째, 저작권대리중개업자가 (불)특정 다수의 권리자와 위임계약을 체결하여 대리권을 부여받았다는 의미의 포괄적 대리로 이는 집중관리제도의 취지상 당연한 전제조건이고, 둘째, 저작권대리중개업자가 권리자와 위임계약 체결 시 계약내용에서 이용료의 액수까지 결정할 수 있는 모든 권한을 포함한다는 의미에서 포괄적 대리(이른바 일임형 대리), 셋째, 저작권대리중개업자가 이용자와 저작물이용허락계약을 체결할 때 권리자가 대리권을 부여한다는 의미의 포괄적 대리로, 이용자에게 포괄적으로 이용허락을 하는 방식이다. 그런데 권리자가 이용료 액을 결정한다면 포괄적 이용허락이라고 하더라도 권리자에게 불이익은 발생하지 않고, 개별적 이용허락이라고 하더라도 권리자가 이용료 액을 결정하지 않으면 권리자에게 불이익이 발생할 수 있으므로 이러한 유형의 포괄적 이용허락은 허가제의 적용대상으로 삼아야 할 근거가 되기 어려우므로, 허가제를 적용할 수 있는 포괄적 대리는 두 번째 유형의 이른바 '일임형 관리'라고 주장한다.[23)]

(4) 한편 일본의 경우, 일임형 집중관리는 권리자가 집중관리단체에게 권리행사를 일임하고, 집중관리단체는 위탁자의 의사에 관계 없이 이를 이용하려는 자에게 이용허락을 할지 여부, 이용료를 포함하는 허락조건 결정 및 저작권을 관리하는 집중관리형태를 말한다. 일임형 집중관리의 허락방식에는 개별허락방식과 포괄허락방식이 있다. 이에 반해 비일임형 집중관리는 허락할지 여부, 이용료를 포함한 허락조건의 결정이 위탁자에게 유보되어 있는 집

21) 한지영, 위의 논문(주 20), 57-58면.

22) 박성호, 저작권법 제2판, 박영사, 2017, 485면.

23) 박성호, "저작권신탁관리업에서 '포괄적 대리'의 의미와 '신탁범위 선택제'의 실천방안", 계간 저작권 2016년 가을호, 한국저작권위원회(2016. 9), 54-55면.

중관리형태로, 원칙적으로 개별허락방식을 취하고, 이용신청이 있는 경우에만 위탁자의 위사를 반영하여 이용허락 여부를 결정한다. 이러한 양자의 특색을 고려하면, 저작권위탁관리계약을 체결할 때 위탁자의 관점에서는 비일임형을 선호하겠지만, 수탁자의 관점에서는 일임형을 선호할 것으로 보인다.[24)]

결국 일임형이나 비일임형의 선택은 궁극적으로 계약자유의 원칙에 따라 위탁자와 수탁자 사이에 신탁계약이나 신탁계약 약관의 내용에 의해 정해질 것이다. 특히 신탁계약약관에 의거하여 불공정한 계약이 이루어진 것으로 판단되면 해당 약관의 규정은 불공정약관조항으로 약관규제법에 따라 무효를 면하지 못할 것이다.

4. 판결의 의의

대상판결은 첫째, 저작권법 제2조 제26호에서 허가사항인 '저작권신탁관리업'에 '저작물 등의 이용과 관련하여 포괄적으로 대리하는 경우'를 포함시켜 규정한 취지를 분명히 한 점과 둘째, 저작권신탁관리의 법적 성질이 신탁법상 신탁이라는 점에 대한 종래 법원의 태도를 다시 확인한 점, 그리고 셋째, 저작권대리중개업자가 저작재산권 등을 신탁받지 않았음에도 사실상 신탁관리업자와 같은 행위로 운영함으로써 저작물 등의 이용에 관하여 포괄적 대리를 하였는지 판단할 때는 실질적 기준에 따라 참작하여야 할 사항에 대해 구체적으로 판시한 점에서 의의가 있다.

대법원 판례의 실질적 기준에 따라 포괄적 대리의 구체적 판단기준을 정리하면 첫째, 다수의 권리자로부터 저작물에 대한 이용허락뿐만 아니라 침해에 대한 민·형사상 조치에 대해서도 일체의 권한을 위임받은 사실이 있을 것, 둘째 '독점적 이용허락'에 기대어 저작물에 대한 홍보·판매 및 가격 등을 스스로 결정하고 다수의 고객들로부터 사용료를 징수하며, 스스로 다수의 저작권침해자들을 상대로 민·형사상 법적조치를 취하고 합의금을 받아 사진공급업체나 저작권자에게 각 일정 부분을 송금하였을 것이라는 두 가지 판단 요소를 모두 충족하여야 한다. 대법원 판례의 취지는 이러한 두 가지 판단 요소를 모두 갖춘 경우에 '포괄적 대리'에 해당한다는 것으로 한정해석(限定解釋)한 것이라 평가할 수 있다. 이를 반대해석(反對解釋)하면 이 두 가지 판단 요소 중 어느 한 가지가 결여된 경우에는 신탁관리의 실질이 있다고 보기 어려워 '포괄적 대리'의 범위에서 제외되어야 하는 것으로 볼 수 있다. 요컨대 대법원이 취한 '포괄적 대리'의 구체적 판단기준은, ① 저작물에 대한 이용허락을 할 때에 사용료 액 등을 스스로 결정하고 또 그 사용료 등을 징수하는 것을 포함하여 이용의 허락권한을 일괄하여 위임한 경우와, ② 침해에 대한 민·형사상 조치에 대해서도 일체의 권

24) 한지영, 앞의 논문(주 20), 63-63면.

한을 위임받고 스스로 침해자를 상대로 민·형사상 법적조치를 취하고 합의금을 받아 권리자 측에게 일정 부분을 송금하는 경우등, ①과 ② 양자의 판단 요소를 모두 갖춘 형태의 대리 중개업무만을 포괄적 대리의 범위에 포함함으로써, 결국 포괄적 대리의 구체적 판단기준에 있어 매우 엄격하고 한정적인 해석론을 취한 것이라 평가된다.

24 공연권제한조항의 위헌성

헌법재판소 2019. 11. 28. 선고 2016헌마1115, 2019헌가18(병합) 결정[1)]

이규홍 (사법정책연구원 수석연구위원, 고등법원 부장판사, 법학박사)

1. 사안의 개요

가. 음악저작물에 대한 저작권 신탁관리 법인인 원고는, 기업매장에서 사용하는 배경음악[일명 'BGM'(background music)] 서비스를 제공하는 회사 A와 사이에 '원고가 A에게 원고가

1) [참조 및 관련 판례] 대법원 2012. 5. 10. 선고 2010다87474 판결(공2012상, 977)(스타벅스 사건); 대법원 2015. 12. 10. 선고 2013다219616 판결(공2016상, 113)(현대백화점 사건); 대법원 2016. 8. 24. 선고 2016다204653 판결(공2016하, 1352)(하이마트 사건). 특히 대법원 2025. 1. 23. 선고 2023다300436 판결(공2025상, 493)은 구 저작권법 제29조 제2항의 '판매용 음반'(2016. 3. 22. '상업용 음반'으로 개정)은 시중에 판매할 목적으로 제작된 음반을 의미한다는 기존 법리에서 나아가 그 판단 시기는 '공연하려는 자에게 제공된 음반을 대상으로 그 음반의 음이 고정된 때'를 기준으로 하여야 하고, 이는 음반의 복제로 음이 고정된 경우에도 마찬가지라는 법리를 제시한 바 있다.
[관련 평석 및 문헌] 구성진, "구 저작권법 제29조 제2항 '판매용 음반'의 검토 - 대상판결: 대법원 2025. 1. 23. 선고 2023다300436 판결 -", 법조 통권 770호, 2025; 김병일, "구 저작권법 제29조 제2항의 '판매용 음반'에 대한 고찰", 특별법연구 제20권, 사법발전재단, 2025; 김병일, "음악공연권과 그 제한에 관한 고찰", 산업재산권 17호, 2005; 김정아, "저작권법 제105조와 공연권침해로 인한 손해배상청구권의 관계", 대법원판례해설 제110호, 2017; 김정아, "저작인접권자의 공연보상청구권", 대법원판례해설 제106호, 2016; 김찬동, "저작권법상 '음반', '판매용 음반'의 의미와 해석, 그 적용 - 소위 '스타벅스' 판결과 '현대백화점' 판결을 중심으로 -", 계간 저작권 2013 여름호; 김현철, "위헌심사기준으로서의 비례원칙", 국가법연구 제19집 제1호, 2023; 박덕영 · 김병일, "WTO TRIPs 협정상의 저작권 분쟁 사례 개요", 계간 저작권 2006 가을호; 박영규, "개정 저작권법상 공연권 제한과 상업용 음반의 의미", 계간 저작권 2016 가을호; 송영숙, "공연권료 지불 확대 실시에 관한 생각", 저작권문화 통권 289호, 2018; 신창환, "저작권법상 저작재산권자 등의 공연권 제한 사건", 인권과 정의 Vol 490, 2020; 오승종, "개정 저작권법 제29조 제2항의 문제점에 관한 약간의 고찰", 홍익법학 제18권 제3호, 2017; 이동기, 저작권의 헌법적 기초에 관한 연구, 한국저작권위원회, 2020; 이상정, "저작권법의 '공연권 제한 조항'은 위헌인가?", 저작권문화 2020 January; 이병규, "저작권법 제29조에 대한 재조명", 창작과 권리 제68호, 2012; 전지원 · 정연덕, "저작권법 제29조 제2항의 '판매용 음반'의 의미", 특별법연구 제10권, 사법발전재단, 2012; 조상혁, "판매용 음반의 공연에 관한 저작권법 제29조 제2항에 관한 연구", 홍익법학 제16권 제2호, 2015; 최경수, 1986년 저작권법 전부개정 법제사 연구, 한국저작권위원회, 2021; 최진원, "저작권법 제29조 제2항의 개정 방안에 대한 연구 - 커피전문점에 대한 공연권 확대 논란을 중심으로 -", 정보법학 제24권 제2호, 2020; 한지영, "개정 저작권법에 의한 상업용 음반의 의의와 실연자의 보상청구권에 관한 고찰", 재산법연구 33권 4호, 2017.

관리하는 음악저작물에 관하여 대한민국 지역 내에서 웹캐스팅의 방법으로 매장 등에 공중송신하는 행위에 한정(매장에서 공연하는 부분은 제외)하여 그 사용을 허락하고, A로부터 원고의 통합시스템을 통해 정산된 사용료를 징수'하는 내용의 음악저작물 사용계약을 체결하였다.

나. 생활용품 판매 등 회사인 피고는 A와 사이에 'A가 피고에게 피고 직영 혹은 가맹계약 매장에서 사용하는 배경음악을 A의 소프트웨어를 통해 수신하여 재생할 수 있는 서비스를 제공하고, 피고로부터 정산된 사용료를 징수'하는 내용의 매장음악서비스 공급계약을 체결하였다.

다. 원고는 피고를 상대로 피고가 사용허락 없이 원고 관리 저작물을 공연하여 저작권자의 공연권을 침해하였다는 이유로 '당해사건'인 손해배상청구의 소(서울중앙지방법원 2018가합539181)를 제기하였다.

라. 당해사건 법원은 저작권법(이하 법명이 없으면 현행 저작권법을 의미) 제29조 제2항[2]에 대하여 위 법원 2018카기50766호로 위헌법률심판제청결정(이하 '제청결정')을 하였으며, 헌법재판소는 2019. 11. 28. 심판대상조항이 헌법에 위반되지 않는다는 '대상결정'을 하였다.[3]

2. 결정의 요지

가. 법정의견

(1) 심판대상조항은 공중이 저작물의 이용을 통한 문화적 혜택을 누릴 수 있도록 하기 위한 것으로 입법목적이 정당하고, 일정한 요건 하에 누구든지 상업용 음반 등을 재생하여 공중에게 공연할 수 있도록 하는 것은 상업용 음반 등에 대한 공중의 접근성을 향상시켜 위와 같은 입법목적 달성에 적합한 수단이 된다.

(2) 심판대상조항이 적용되는 공연의 경우 영리의 목적 유무를 불문하고 저작재산권자 등은 해당 상업용 음반 등에 관한 권리를 행사할 수 없으나, 제29조 제2항 단서 및 시행령에서 정한 예외사유에 해당하는 경우에는 저작재산권자 등이 여전히 해당 상업용 음반 등에 관한 권리를 행사할 수 있다. 비록 위 조항들은 재산권의 원칙적 제한 및 예외적 보장의 형

---

2) 제청결정 등은 제29조 제2항 전체(본문, 단서)의 위헌확인을 구하고 있으나, 대상결정은 '심판대상조항'을 위 조항 본문으로 한정하며 '공연권제한조항'으로 약칭하였다.

3) 병합사건 중 2019헌가18 사건의 개요이다. 병합된 2016헌마1115 사건은 기본권(재산권) 침해를 주장한 헌법소원심판 사건으로 대상결정에서 심판청구가 기각되었다. 당해사건은 원고와 A사이의 사용계약에 '매장에서 공연하는 부분은 제외'됨에 따라 원고가 피고의 공연권 침해를 청구원인으로 제소한 것이고, 피고는 심판대상조항을 근거로 항변하였으므로 재판의 전제성이 인정되었다. 당해사건은 대상결정 이후 2020. 2. 14. 원고 청구기각 판결이 선고되고 확정되었다.

식을 취하고 있으나, 이는 입법자가 구체적 사안에서 저작재산권자 등의 재산권 보장과 공중의 문화적 혜택 향수라는 공익이 조화롭게 달성되도록 하기 위하여 이와 같은 규율형식을 택한 것으로 볼 수 있다. 또한, 심판대상조항에 의한 공연을 통해 해당 상업용 음반 등이 공중에 널리 알려짐으로써 판매량이 증가하는 등 저작재산권자 등이 간접적인 이익을 얻을 가능성도 있다. 이상을 고려하여 보면, 심판대상조항이 침해의 최소성 원칙에 위반된다고 단정하기 어렵다.

(3) 나아가 심판대상조항으로 인하여 저작재산권자 등이 상업용 음반 등을 재생하는 공연을 허락할 권리를 행사하지 못하거나 그러한 공연의 대가를 받지 못하게 되는 불이익이 상업용 음반 등을 재생하는 공연을 통하여 공중이 문화적 혜택을 누릴 수 있게 한다는 공익보다 크다고 보기도 어려우므로 심판대상조항은 법익의 균형성도 갖추었다. 따라서 심판대상조항이 비례의 원칙에 반하여 저작재산권자 등의 재산권을 침해한다고 볼 수 없다.

나. 재판관 3인의 반대의견

(1) 제29조 제2항은 비교법적으로 이례적이고, 유사한 조항이 없는 나라라고 하여 공중의 문화적 혜택 수준이 낮은 것은 아니다. 최근 위 조항의 적용 예외를 정한 저작권법 시행령의 내용이 확대되어 커피전문점 등 영업소에서 상업용 음반 등을 재생하여 공연한 경우 공연사용료를 지급하게 되었으나, 위 영업소에서 상업용 음반 등을 재생하는 공연이 중단되었다는 자료를 찾기 어렵고, 일상 경험 측면에서도 이를 확인하기 어렵다. 따라서 심판대상조항은 공중의 문화적 혜택 향수라는 입법목적 달성에 적합한 수단이라고 보기 어렵다.

(2) 저작자의 권리를 '법률로써' 보호한다고 정한 헌법 제22조 제2항의 문언을 고려하면 저작재산권자 등의 재산권을 원칙적으로 제한하는 심판대상조항은 침해의 최소성 원칙에 반하며, 심판대상조항의 적용 예외를 하위규범인 시행령을 통해 폭넓게 인정한다고 해서 이 결론이 바뀌지 않는다. 한편, 실현 여부가 불확실한 간접적 이익은 이 사건에서 침해의 최소성 위반 여부를 판단함에 있어 고려하기 어렵다. 저작재산권자 등은 통상 상업용 음반 등의 판매수익은 물론 이를 영리의 목적으로 공연하여 발생하는 2차적 수익까지도 자신의 정당한 이익에 포함한다고 기대하므로 심판대상조항으로 인해 침해되는 사익은 중대한 반면, 심판대상조항이 달성하고자 하는 공중의 문화적 혜택 향수라는 공익은 존재하지 아니하거나 있다 해도 미미하므로 법익의 균형성도 충족하지 못한다. 따라서 심판대상조항은 비례의 원칙에 반하여 저작재산권자 등의 재산권을 침해한다.

3. 해설

가. 입법경과

공연권은 복제권과 함께 오랜 역사를 갖지만, 상당히 큰 제한을 받는 권리로 평가된다. 이는 동호회 공연, 구입한 음반 재생 감상 등 시민들의 문화적 일상과 밀접한 관련을 갖는 점에 기인한 것으로 헌법상 문화국가원리, 행복추구권 실현을 위한 불가피한 제한으로 보는 시각에서 제도적 연혁이 이해되어야 할 것이다.[4]

일본은 1934년 이른바 '프라게 사건'[5]에 대처하여 축음기 레코드의 연주와 방송을 자유롭게 하기 위하여 저작권법에 '흥행 또는 방송의 用에 供하는 것을 저작권 비침해로 간주'하는 규정(일본 구 저작권법 제30조 제1항 제8호)을 두었고 우리도 1957. 1. 28. 제정 구 저작권법 제64조 제1항 제8호는 "음반, 녹음 필름 등을 공연 또는 방송에 사용하는 것"을 비침해행위로 규정하고 있었다.[6] 그런데 일본은 이후 레코드의 기술적 발달과 사용기회 증대, 다수의 민간방송 출현, 일본 내 음악인들의 폐지 요청, 외국의 베른조약 위반이라는 비난 등으로 위 제30조 제1항 제8호 폐지를 검토하다가 "장기간에 걸쳐 형성된 사회적 관행이나 레코드 사용실태를 감안하면 레코드의 재생 연주에 대해서 BGM 이용도 포함, 영업상의 이용을 모두 바로 연주권의 대상으로 하는 것은 사회적 영향이 크다."고 생각했기 때문에 1975년 개정에 의해 폐지를 하되 부칙 제14조 "시판 레코드 등 적법하게 녹음저작물을 사용하는 사업으로서 시행령에서 정하는 것을 제외하고는 당분간 음악저작물을 자유이용할 수 있다"라고 경과조치를 두어 사실상 존치하게 하였다.

그 후 위 부칙 제14조는 1986년 전면개정된 우리 구 저작권법의 제26조 제2항에 영향을 주었는데,[7] 일본은 유선 음악방송의 발달과 보급, 부칙이 당분간의 규정임에도 30년을 경과한 점, 다른 나라에 예가 없고 베른조약과의 정합성 문제 지적 등을 이유로 1999년 위 부칙 제14조를 폐지하였다.[8] 이에 우리나라에도 이러한 연혁 등을 근거로 전면 폐지를 주장

4) 최진원, "저작권법 제29조 제2항의 개정 방안에 대한 연구 – 커피전문점에 대한 공연권 확대 논란을 중심으로 -", 정보법학 제24권 제2호, 2020, 6-7면.

5) 독일인 W. Flage 박사가 외국 저작권 단체의 위임을 받아 일본 동경에 사무소를 개설하여 무단연주·무단출판 등을 적발, 고액의 사용료를 청구하는등 법적 대응을 하여 당시 서구 저작권 제도에 어두웠던 일본 사회에 커다란 문제를 일으킨 것을 칭한다. 이상정. "저작권법의 '공연권 제한 조항'은 위헌인가?", 저작권문화 2020 January, 25면.

6) 일본과 한국의 관련 조항의 관계 및 1986년 개정의 입법연혁에 관하여는 최경수, 1986년 저작권법 전부개정 법제사 연구, 한국저작권위원회, 2021, 175-177면.

7) 조상혁, "판매용 음반의 공연에 관한 저작권법 제29조 제2항에 관한 연구", 홍익법학 제16권 제2호, 2015, 304면.

8) 구성진, "구 저작권법 제29조 제2항 '판매용 음반'의 검토 - 대상판결: 대법원 2025. 1. 23. 선고 2023다300436 판결 -", 법조 통권 770호, 2025, 473면.

하는 견해[9]가 유력했으나 반대의견[10]도 있어 왔다.

나. 재산권침해 여부

(1) 심사기준

심판대상조항은 입법자가 헌법 제23조 제1, 2항에 따라 장래에 있어서 일반·추상적인 형식으로 재산권의 내용을 형성하고 확정하는 규정이자 재산권의 사회적 제약을 구체화하는 규정으로 볼 수 있다고 하면서 과잉금지의 원칙, 즉 비례원칙에 의한 심사를 하였다.

(2) 수단의 적합성

법정의견은 간단하게 수단의 적합성을 인정하고 있으나, 반대의견은 앞서 본 바와 같은 이유와 비교법적 이유, 그리고 심판대상조항이 입법목적을 달성하기에 적합한 수단이라면 국가는 정책적으로 입법목적과 모순·역행하는 시행령을 확대하여 심판대상조항의 적용범위를 축소해 온 것인데 그럼에도 공중의 문화적 혜택 수준이 유의미하게 감소한 자료는 찾을 수 없으므로 심판대상조항은 상업용 음반 등을 공연하여 발생하는 이익을 저작재산권자 등으로부터 비권리자에게로 이전하는 수단일 뿐, 공중의 문화적 혜택 수준 향상이라는 입법목적 달성에 적합한 수단이라고 보기 어렵다는 이유로 수단의 적합성을 부인하고 있다.

수단의 적합성 원칙은 입법목적으로 최적으로 실현할 필요가 없고 목적 달성에 부분적으로 기여하는 수단이어도 좋으며, 부가적·보충적 수단도 동원될 수 있는 것이라고 설명된다.[11] 그런 점에서 조문구조의 문제점을 감안하더라도, 시행령을 통한 심판대상조항의 적용범위 통제를, 보상금, 사용료 등 규정을 두는 방법과 유사한 부담 조정의 일환으로 본다면 입법재량 범위를 벗어난 것으로 보기는 어렵지 않은가 한다.[12]

---

9) 오승종, "개정 저작권법 제29조 제2항의 문제점에 관한 약간의 고찰", 홍익법학 제18권 제3호, 2017, 311, 317면에서 비례원칙 위반은 물론 평등권 침해, 포괄위임 금지 원칙 위배 등의 문제도 제기하는 등 국내적으로는 위헌론이, 국제적으로는 3단계 테스트와 관련된 미국 저작권법 제110조 제5항을 둘러싼 미국와 EC간 분쟁 WTO 패널보고서에서 지침을 얻을 수 있는 국제협약 위반이 폐지의 근거로 설명되고 있다.

10) 이병규, "저작권법 제29조에 대한 재조명", 창작과 권리 제68호, 2012, 147-155면. 대상결정에 대한 평석인 이상정, "저작권법의 '공연권 제한 조항'은 위헌인가?"(주 5), 25면.

11) 김하열, 헌법강의(제7판), 박영사, 2024, 290면(헌재의 적합성원칙 심사는 비교적 느슨한 편이고 최소한의, 간접적이고 우회적인 인과성으로도 심사를 통과하는 경우가 많다고 한다. 같은 취지로 김현철, "위헌심사기준으로서의 비례원칙", 국가법연구 제19집 제1호, 2023, 129면). 수단의 적합성이 논란의 대상이 된 헌재결정으로는 헌법재판소 2005. 7. 21. 선고 2004헌가30 결정, 헌법재판소 2024. 2. 28. 선고 2022헌마356 등 결정 등이 있다.

12) 재산권에 대한 제약이 비례의 원칙에 위배되는 과잉제한이라면 재산권자가 수인하여야 하는 사회적 제약의 한계를 넘는 것이다. 입법자는 재산권에 대한 제한의 비례성을 회복할 수 있도록 수인의 한계를 넘어 가혹한 부담이 발생하는 예외적인 경우 이를 완화하거나 조정하는 등의 보상규정을 두어야 한다. 다만, 헌법적으로 가혹한 부담의 조정이란 '목적'을 달성하기 위하여 이를 완화조정할 수 있는 '방법'의 선택에 있어서는 반드시 직접적

(3) 침해의 최소성 및 법익의 균형성

우선 대상결정의 법정의견에 찬성하는 견해로는 심판대상조항은 일반공중이 가지는 문화향유에 참여할 권리와 저작권을 포함한 지식재산권의 충돌현상을 입법자가 조정한 결과로 재산권의 내용과 한계를 정한 것인바 재산권자가 수인할 수 있는 한도를 벗어나 보상규정을 두어야 하더라도, 법정의견이 제시한 바와 같이 제29조 제2항 단서를 통하여 행정부가 시행령으로 기민하고 탄력적으로 대응할 수 있고 사법부 역시 저작권법 해석을 통하여 저작자의 권리보호와 공중의 문화향유 사이의 균형 추구가 가능하다는 견해,[13] 좋아하는 아이돌 가수의 음반을 소유만을 위해 구입하는 경우도 있다고 하나 그것은 음반 구입의 일반적 형태는 아닐 것이고, 음반시장의 실태가 컴퓨터 프로그램이나 주류(酒類)와 같이 개인용·가정용과 업소용·영업용을 구분하여 판매하지도 않으므로, 공연의 개념에 형식적으로 포함된다고 하여 모두 다 저작권자의 허락을 받아야 할 것은 아니며, 적법하게 취득한 음반을 통상적인 오디오 기기에서, 별다른 증폭장치 없이 감상하는 것은 음반 소유자가 가지는 기본적 권리라고 할 것이므로 법정의견은 타당하다는 견해[14] 등이 있다.

이에 대한 비판으로는 심판대상조항의 구조는 재산권보장의 원칙에서 벗어난 후 예외의 예외를 두어 애초의 원칙에 억지로 가까이 가려는 시도라고 보면서, 우선 부차적 유보(minor reservation)[15]에 해당되지 아니하고, 3단계 테스트에 모두 저촉되며, 공연권을 하위 법령에서 열거하는 일부 장소에서 예외적으로 보장함으로써 권리행사를 할 수 없는 장소의 목록과 가능성을 한정 없이 열어두어 저작권의 실체적 보호에 실질적인 영향을 주고 있다는 비판[16]이 유력하다. 특히 반대의견은 보상규정 부존재로 인한 재산권 제한이 사회적 한도를 넘는 것인지를 포함하여 제29조 제2항 자체의 위헌성을 과잉금지원칙을 적용하여 심사한 것으로 보이고, 헌법 규정의 의미나 내용 및 적용범위를 해석함에 있어 중요한 지침으로 활용

인 금전적 보상의 방법에 한정되지 아니하고, 입법자에게 광범위한 형성의 자유가 부여된다(헌법재판소 2015. 11. 26. 선고 2013헌바415 결정).

13) 이동기, 저작권의 헌법적 기초에 관한 연구, 한국저작권위원회, 2020, 63-65면(대법원이 스타벅스 사건, 현대백화점 사건 및 하이마트 사건의 각 판결을 내리면서 '판매용 음반'의 개념을 법규정의 위치에 따라 다르게 해석한 것을 그와 같은 해석의 예로 들고 있다. 나아가 입법자도 '상업용 음반'으로 법을 개정하는 등 사후적으로 문제점을 해결하였다고 본다).

14) 이상정, "저작권법의 '공연권 제한 조항'은 위헌인가?"(주 5), 22-25면. 그러나 음반 역시 구입자 개인이 사적으로 감상하는 것이 주된 소비 형태로 상정되어야 하는 것이 아닌가 생각한다.

15) 신창환, "저작권법상 저작재산권자 등의 공연권 제한 사건", 인권과 정의 Vol 490, 2020, 205면(종교행사나 공공장소에서의 군악대 행진 등 음악저작물 공연에 대한 묵시적 저작권 제한을 의미하는 것으로, 같은 글 210면에 의하면 2000. 6. 제네바에서 무역관련 지적재산권 협정이사회 법령 심사시 한국대표단은 제29조 제2항에 대하여 부차적 유보에 해당한다고 답변하였다고 한다).

16) 신창환, 위의 글, 219-221면(특히 법정의견이 '국제적 기준을 염두에 두고'라는 언급한 점은 매우 공허하다고 비판한다).

될 수 있는 '3단계 테스트' 등 기준에 의할 때 '사회적 기속성에 따른 제한'의 범위를 벗어난 것으로 보이므로 재산권 침해라고 판단한 점과 같은 취지로 보인다.[17)]

(4) 소결 – 향후논의의 방향

심판대상조항에는 전체적인 입법경위와 취지, 그 이후의 국제적인 입법동향 등에 비추어 분명히 헌법적 쟁점이 존재한다. 또한 대법원이 앞서 보았듯이 위 2023다300436 판결에 이르기까지 법해석을 통하여 가치간의 균형 추구를 하여왔고, 입법부도 시행령 개정 등을 통하여 심판대상조항의 위헌성 감소에 노력해 온 점은 인정된다. 그러나 이러한 과정을 거치더라도 현 조문구조상 보상 없는 영리 목적 공연의 존재 가능성은, 공중의 문화적 혜택 보장이라는 취지에서 불가피하게 내재되어 있다. 이 점은 심판대상조항의 합헌성을 종국적으로 인정한 대상결정이 내려진 이후의 비판적 견해들, 즉 여전히 제29조 제2항의 폐지를 주장하는 견해,[18)] 저작권자의 경제적 이익을 확보하고, 반대급부를 둘러싼 해석상의 논란을 없애기 위한 시행령 제11조의 빈번한 개정을 줄이기 위하여 제29조 제1항과 같이 '비영리를 목적으로 하는 경우'를 추가하여야 한다고 한다는 견해,[19)] 개인감상을 넘어서는 2차적 사용에는 정당한 대가를 지불하는 것이 원칙이라는 전제 하에 시행령 제11조를 계속하여 늘여나가는 것보다 제29조 제2항의 원칙과 예외를 바로잡는 정공법을 고려할 시점이라는 견해[20)] 등의 전제이기도 하다.

특히 생성형 AI(인공지능)에 의한 음악산출물의 엄청난 공급은 이미 시작되었고 음악저작권 시장의 예측하기 어려운 본질적 변화 역시 진행 중인바, 예컨대 사용료(공연권료)를 지불하여야 하는 기존의 곡을 공연할 필요가 없어질 수도 있는 상황이 도래할 수 있다. 또한 심판대상조항을 폐지한다면 권리자에게 실익도 없이 이용자만 불안하게 만들어 오히려 위와

---

17) 이동기, 저작권의 헌법적 기초에 관한 연구(주 13), 117-118면(법정의견의 근거 중 '널리 알려짐으로써 판매량이 증가'한다는 부분은 반대의견의 지적처럼 그 자체가 불확정할 뿐 아니라 특히 영상저작물은 한 번의 관람으로 그 수요가 모두 충족되는 특성이 있다는 점에서 부적절한 면이 크다고 하며 현재는 입법자의 입법재량과 입법의사를 우선적으로 존중하여 판단을 내리는 듯하다고 지적한다. 반대의견은 공연권 제한 자체가 과잉금지원칙에 위반되므로 재산권을 침해하는 것으로 본 것이지, 수인의 한계를 넘는 제약이므로 보상규정을 두지 않은 것이 위헌이라는 취지로는 보이지 않는다고 한다. 위 글 91면은 반대의견의 논리의 설득력과 합헌결정에 대한 비판이 제기되고 있는 점에 비추어 그 위헌성 논란이 지속될 것으로 보인다고도 한다).

18) 최경수, 저작권법 개론(제2판), 한울아카데미, 2023, 415면(폐지의 이유에 관하여는 앞서 든 이유들 외에도 각 공연장 등이 타법에 근거를 두고 있어 저작권법상의 공연장과 거리가 있을 수 있고 이미 시행령 제11조상 공연장은 거듭해서 늘어나는 바람에 제2항의 존재 의의도 퇴색되었다고 한다). 신창환, "저작권법상 저작재산권자 등의 공연권 제한 사건"(주 15), 221면(위헌성을 주장하며 관련규정을 삭제하거나 적어도 보상금을 지급하는 취지로 개정하여야 한다고 한다).

19) 조상혁, "판매용 음반의 공연에 관한 저작권법 제29조 제2항에 관한 연구"(주 7), 327면.

20) 최진원, "저작권법 제29조 제2항의 개정 방안에 대한 연구 – 커피전문점에 대한 공연권 확대 논란을 중심으로 –"(주 4), 28면(대상결정 반대의견의 '심판대상조항의 위헌성은 법률조항이 저작재산권자 등의 권리를 광범위하게 제한하는 것 자체에 있고, 그 하위규범인 시행령의 내용에 따라 위헌성이 치유된다고 볼 수 없다'를 들고 있다).

같은 상황을 가속시킬 우려도 부정할 수 없을 것이다. 그렇다면 합헌이라는 대상결정이 내려진 현시점에서 기존 창작환경에서의 논의는 일단락되었지만, 새로운 기술발전과 음악시장의 변화를 반영한 2차 논의가 필요한 시점이 도래한 것으로 볼 수 있다. 보다 실증적이고, 진지한 논의의 시작점인 것이다.

4. 결정의 의의

개인이 구입한 CD 공연에 사용료의 지급을 요구하는 것은 국민 법감정에 반하고 저작권자의 이익만 고려한 것이므로 공중의 문화적 혜택 향수라는 공익이 우선되어야 한다는 주장과 창작의 인센티브로서의 저작권보호라는 역사적 · 실증적 주장의 대립은 심판대상조항을 둘러싼 쟁점에 집약되어 있다. 앞서 보았듯이 음악창작물의 생산 · 소비 양상의 급격한 변화는 기술 발전에 대한 충분한 이해, 음악저작물 이용실태 및 국제적 동향에 대한 면밀한 조사 등을 통하여 적합한 대안 모색을 요구하고 있다고 생각한다.

25 법과 예술의 갈등과 조화
- 미학적 판단에 대한 사법자제를 천명한 판결 -

대법원 2020. 6. 25. 선고 2018도13696 판결[1)]

남형두 (연세대학교 법학전문대학원 교수)

1. 사안의 개요

피고인 조영남(이하 '피고인')은 가수 겸 화가로서 1973년 첫 개인전을 개최한 이후 40회의 전시회를 개최한 사람이고, 공소외 A는 화가로서 미국에서 활동하다 귀국한 후 2009년부터 2016년까지 피고인의 부탁을 받아 그림을 그려주고 그림 한 점당 10만 원 상당의 돈을 받았다. 공소외 B는 대학원 회화과 석사과정생으로서 피고인이 지정하는 그림을 그대로 그리는 조건으로 시간당 1만 원을 받았다. 피고인은 A와 B(이하 A 등)가 그려온 밑그림에 덧칠하거나 일부를 지우고, 추가로 그려 넣거나 색상을 바꾸는 등 작품별로 추가 작업을 통하여 마무리함으로써 자신이 구상했던 컨셉트에 맞게 작품(이하 '이 사건 그림')을 완성한 후 서명하

---

1) [참조 및 관련 판례] 대법원 1999. 10. 22. 선고 98도112 판결(공1999하, 2449); 대법원 2009. 12. 10. 선고 2007도7181 판결(공2010상, 171); 대법원 2000. 1. 28. 선고 99도2884 판결(공2000상, 636) 등.
[관련 평석 및 문헌] 정재환, "이른바 '대작(代作) 미술작품 판매 사건'의 형법적 재검토 - 대법원 2020. 6. 25. 선고 2018도13696 판결과 관련하여 -", 형사정책 통권 제72호, 2023, 한국형사정책학회; 박성민, "부작위에 의한 기망행위 - 대법원 2020. 6. 25. 선고 2018도13696 판결 -", 홍익법학 제23권 제4호, 2022, 홍익대학교 법학연구소; 계승균, "대작과 저작권", 사법 통권 제59호, 2022, 사법발전재단; 계승균, "저작권법 연구자가 본 대작 사기 사건 - 대법원 2020. 6. 25. 선고 2018도13696 판결을 소재로 -", 일감법학 제48호, 2021. 2., 건국대학교 법학연구소; 양소연, "예술의 자유 보호영역 확정을 위한 '예술'의 개념", 헌법재판연구 제8권 제2호, 2021, 헌법재판연구원; 서순복, "미술 사조의 변화와 법원의 대응 - 조영남의 이른바 '화투그림' 대작사건에 대한 판결을 중심으로", 法學論叢 제27집 제3호, 2020. 12., 조선대학교 법학연구원; 최현숙, "개념미술과 저작권 귀속에 관한 법적 고찰 - 조영남 미술 대작 사건(2020. 6. 25. 선고 2018도13696 판결)을 중심으로 -", 가천법학 제13권 제4호, 2020. 12. 31., 가천대학교 법학연구소; 박경규, "미술품거래에서 사기죄의 성립범위 - 대법원 2020. 6. 25. 선고 2018도13696 판결의 평석 및 형법과 법원의 역할에 관한 고찰", 사법 통권 제54호, 2020, 사법발전재단; 남형두, "법과 예술 - 조영남 사건으로 본 주리스토크라시(Juristocracy)", 정보법학 제20권 제2호, 2016. 8., 한국정보법학회 등.

여 판매하였다. 당초 이 사건은 A 등이 이 사건 그림에 대한 저자임을 전제로 피고인이 저작권을 침해한 것으로 언론에 보도되어 크게 화제가 되었다.[2] 그런데, 대작 화가로 알려진 A가 이 사건 그림은 자신의 작품이 아닌 피고인의 것이며 자신은 단지 피고인의 지시에 따라 그렸을 뿐이라고 진술함에 따라[3] 검찰은 저작권법위반죄로 기소하지 못하고 사기죄로 기소하였다. 공소사실의 요지는 이 사건 그림의 작업 과정이 설명 가치 있는 정보에 해당하므로 피고인은 그림의 구매자들에게 이를 고지해야 할 의무가 있는데 그렇게 하지 않음으로써 부작위로 기망하여 그림값 상당을 편취하였다는 것이다.[4]

1심은 징역 10월에 집행유예 2년의 유죄판결을 선고했으나(서울중앙지방법원 2017. 10. 18. 선고 2016고단5112 판결), 항소심은 원심판결을 파기하고 무죄를 선고했다. 대법원은 검사의 상고를 기각하여, 원심판결이 확정됐다.

2. 판결의 요지

가. 원심판결(서울중앙지방법원 2018. 8. 17. 선고 2017노3965 판결)

1심 법원은 피고인과 A 등의 관계는 '노무의 제공'을 목적으로 그에 대한 보수를 지급하는 '고용'이라기보다는 일의 완성을 목적으로 그 일의 결과에 대하여 보수를 지급하는 '도급'에 가깝다고 보았다. A 등의 전문적 지식과 기술, 예술적 수준, 이 사건 미술 작품 제작에 기여한 정도 등을 추가로 고려하면, A 등이 피고인에게 고용되어 그의 지휘·감독하에 피고인의 창작활동을 수족처럼 돕는 데 그치는 '조수'에 불과하다고 보기는 어렵고, 오히려 독립적으로 이 사건 미술 작품의 창작적 표현형식에 기여한 '작가'로 보는 것이 타당하다고 하였다. 앤디 워홀(Andy Warhol) 등 유명작가들은 보조 인력의 존재나 대량생산의 작품 제작방식 등을 떳떳이 공개해 왔기 때문에, 일반 대중은 워홀과 같은 유명작가들은 물론이고 그와 같은 부류에 속하는 작가들의 작품이 어떤 과정에서 나온 것인지 쉽게 인식할 수 있다. 즉 작품의 실제 물리적인 표현작업은 조수나 보조 인력 등에 의하여 이루어졌음을 충분히 인지

---

2) 정준영, "[화투의 덫] 대작(代作)판매, 형사처벌될까", 아시아경제, 2016. 6. 2.자 기사, https://v.daum.net/v/20160602113606144 (2025. 10. 2. 방문) 등.

3) 임태우, "[人터뷰+] '조영남 대작' 송기창 화백 '난 만신창이가 됐습니다'", SBS NEWS, 2016. 5. 24.자 기사, https://news.sbs.co.kr/news/endPage.do?news_id=N1003590262&plink=SHARE&cooper=COPY (2025. 10. 2. 방문). 대작 화가로 알려진 화백은 지속적으로 자신이 피고인의 작품 제작 과정에서 조수로 참여했다고 하며, 오히려 이 사건으로 피고인에게 피해를 준 점에 미안한 감정을 토로하기도 했다. 나아가 위 언론 인터뷰에서 이 사건을 언론에 제보한 것은 자신이 세 들어 살던 집의 주인이었다고 밝혔다.

4) 1심 법원은 그림 21점을 판매하고 총 17명의 피해자로부터 판매대금으로 합계 1억 5,355만 원 상당을 교부받아 이를 편취한 것으로 인정하였다.

할 수 있고, 구매자의 입장에서도 그러한 정확한 정보에 기초하여 작품을 구매할 수 있으나, 피고인과 이 사건 그림은 이에 해당하지 아니하다고 보았다. 한편, 미술 작품이 시장에서 거래되고 유통되는 순간 재산권의 보호영역에 포섭될 수밖에 없고, 작가와 구매자는 각각 매도인과 매수인이라는 법률상의 지위를 얻게 되며, 그에 따라 권리와 의무가 발생하는 법률관계가 형성된다. 이 사건 미술 작품처럼 회화 양식에 있어서는 아이디어나 소재를 제공한 작가가 창작적 표현작업에까지 전적으로 관여한 '친작(親作)'과 그렇지 않은 작품이 구별되기도 한다. 구매자 입장에서 이들 사이 선호도에 차이가 있을 수 있음은 물론이고 구매 여부의 판단이나 가격의 결정에까지 영향을 미칠 수 있으므로, 그와 관련된 내용은 작품 거래에서 중요한 정보라고 보는 것이 일반적인 거래 관념에 부합한다. 따라서 피고인은 구매 여부를 판단하는 기초가 되거나 설명 가치가 있는 정보에 해당하는 A 등의 존재와 제작에 관여한 정도를 고지할 의무가 있는데 이를 알리지 않은 것은 사기죄에 해당한다고 보았다.

그런데, 항소심(원심)은 1심과 달리 이 사건 미술 작품의 주요 컨셉트와 소재는 피고인이 결정하였고, A 등은 피고인의 의뢰에 따라 피고인의 기존 회화작품을 그대로 그리거나 피고인의 지시 혹은 설명에 따라 기존 콜라주 작품을 그림으로 그려서 제공하였다고 보았다. 피고인은 이렇게 제작된 그림에 배경과 선뿐 아니라 작품의 소재인 화투, 말(馬), 꽃, 글씨 등을 덧칠하거나 변경하고, 또는 새로이 그려 넣는 등의 방법으로 자신의 컨셉트에 맞게 작품을 완성하였는바, 법원은 그 과정에서 한 보조자들의 작업을 '밑그림 제작'이 아닌 '작품의 완성'을 전제로 한 도급계약의 이행으로 보기는 어렵다고 판단했다. 한편, 이 사건 미술 작품에서처럼 보조자를 사용한 제작방식이 미술계에 존재하고 있는 이상, 이 사건 미술 작품이 미술 분야의 특정한 장르(회화)에 해당함을 전제로 위와 같은 제작방식이 적합한지의 여부나 그러한 제작방식이 미술계의 관행에 해당하는지의 여부 혹은 일반인이 이를 용인할 수 있는지의 여부 등은 법률적 판단의 범주에 속하지 아니한다고 덧붙였다. 피고인에게 작품의 친작 여부에 관한 고지의무가 있다고 한 1심과 달리 항소심은 그와 같은 의무를 부담시키는 것이 적절하지 않으며, 그림 구매자들의 작품 구매 동기나 친작 여부에 관한 평가가 제각기 다르다는 점에서 고지의무 위반과 편취 사이에 인과관계가 인정되지 않는다고 보아 무죄를 선고하였다.

나. 대법원 판결

저작물 중에서도 미술저작물은 인간의 사상이나 감정이 시각적 형상이나 색채 또는 이들의 조합에 의하여 미적(美的)으로 표현되어 있는 저작물이다(저작권법 제4조 제1항). 미술저작물은 다른 일반 저작물과 달리 그것이 화체된 유체물이 주된 거래의 대상이 되며, 그 유체물을 공중이 볼 수 있도록 공개하는 '전시'라는 이용 형태가 특별히 중요한 의미를 가진다. 미술저작물의 창작행위는 공개적으로 이루어지지 않는 경우가 많으므로 실제 누가 저작자인지 다투어지는 경우가 많이 있다. 저작물을 창작한 사람을 저작자라고 할 때 그 창작행위는 '사실행위'이므로 누가 저작물을 창작하였는지는 기본적으로 사실인정의 문제이다. 그러나 창작 과정에서 어떤 형태로든 복수의 사람이 관여되어 있는 경우에 어느 과정에 어느 정도 관여하여야 창작적인 표현형식에 기여한 자로서 저작자로 인정되는지는 법적 평가의 문제이다. 이는 미술저작물의 작성에 관여한 복수의 사람이 공동저작자인지 또는 작가와 조수의 관계에 있는지 아니면 저작명의인과 대작(代作) 화가의 관계에 있는지의 문제이기도 하다. 그런데 미술저작물을 창작하는 여러 단계의 과정에서 작가의 사상이나 감정이 어느 단계에서 어떤 형태와 방법으로 외부에 나타났다고 볼 것인지 판단하는 것은 용이한 일이 아니다. 본래 이를 따지는 일은 비평과 담론으로 다루어야 할 미학적 문제이기 때문이다. 그러므로 이에 관한 논란은 미학적인 평가 또는 작가에 대한 윤리적 평가에 관한 문제로 보아 예술 영역에서의 비평과 담론을 통해 자율적으로 해결하는 것이 사회적으로 바람직하고, 이에 대한 사법 판단은 그 논란이 법적 분쟁으로 비화하여 저작권 문제가 정면으로 쟁점이 된 경우로 제한되어야 한다.

피고인이 미술 작품의 창작 과정, 특히 조수 등 다른 사람이 관여한 사정을 알리지 않은 것이 신의칙상 고지의무 위반으로서 사기죄의 기망행위에 해당하고 그 그림을 판매한 것이 판매대금의 편취행위라고 보려면 두 가지의 전제가 확인되어야 한다. 우선 미술 작품의 거래에서 창작 과정을 알려주는 것, 특히 작가가 조수의 도움을 받았는지 등 다른 관여자가 있음을 알려주는 것이 관행이어야 하고, 미술 작품을 구매한 사람이 이러한 사정에 관한 고지를 받았더라면 거래에 임하지 아니하였을 것이라는 점이 인정되어야 한다는 것이다. 또 법원은 미술 작품의 거래에서 기망 여부를 판단할 때에는 미술 작품에 위작 여부나 저작권에 관한 다툼이 있는 등의 특별한 사정이 없는 한 미술 작품의 가치 평가 등에서 전문가의 의견을 존중하는 사법자제 원칙을 지켜야 한다고 보았다. 이와 같은 이유에서 피해자들의 구매 동기 등 제반 사정에 비추어 검사가 제출한 증거만으로는 피해자들이 미술 작품을 피고인의 친작으로 착오한 상태에서 구매한 것이라고 단정하기 어렵다고 보아 피고인에게 무죄를 선고한 원심판단을 수긍하였다.

3. 해설

가. 사법자제

1심과 항소심은 피고인과 대작 화가 A 등과의 관계에 관한 판단이 달랐다. 1심 법원은 적극적으로 누가 이 사건 그림의 화가인지에 관해 판단했다. 이 과정에서 현대미술에 관한 논의가 있었지만, 피고인의 작품은 사실상 이에 해당하지 않는다고 보았다. 반면, 항소심은 A 등이 조수에 불과하고 이 사건 그림에 대한 화가는 피고인이라고 판단했다. 대법원은 예술과 관련된 분쟁은 원칙적으로 비평과 담론을 통해 자율적으로 해결하고, 저작권 문제가 정면으로 쟁점이 된 경우에 한해 사법이 개입하는 것이 바람직하다고 하였다. 그런데 이 사건에서 A 등은 이 사건 그림의 화가가 피고인이라고 적극적으로 인정하고 있다는 점에서 저작권 문제가 쟁점이 된 경우에 해당하지 않으므로, 사법이 자제해야 하는 경우에 해당하게 된 것이다.

이와 다른 입장에서 이 사건 그림에 관한 저작권자가 누구인지에 대한 다툼이 있다고 보아 법원이 적극적으로 형법(사기죄)을 적용했어야 했다고 보는 견해가 있다.[5] 이에 따르면, 이 사건 심판대상 행위는 업무방해죄로 처벌되는 논문대필과 비교할 때 그 불법성이 작은 행위라고 할 수 없다는 점에서 사법자제의 원칙을 내세워 항소심 판결의 오류를 시정하지 않은 대법원이 그 역할을 다했다고 할 수 없다고 한다.[6] 그런데, 조수를 사용하기도 하는 현대미술, 특히 개념미술을 생각할 때, 이 사건 그림의 작업 방식을 논문대필과 비교하여 형법적으로 가벌성이 더 높다고 한 것은 예술에 관한 법의 지나친 개입으로서 동의하기 어렵다. 한편, 저작권법 일반론에서 접근하여 이 사건 그림의 진정한 저자는 공소외인(A 등)이므로 피고인이 저작권을 침해했다고 이론을 구성한 견해도 있다.[7] 이 사건 판결은 피고인과 공소외인 간에 저작권에 대한 다툼이 없다고 보아 누가 저자인지에 관한 논의는 예술 영역이므로 법의 개입을 자제한 것인데, 현대미술, 미술 사조의 변화를 고려하지 않은 저작권법의 적용이 바람직한지는 의문이다.

워홀이나 뒤샹(Marcel Duchamp)과 같은 현대미술가의 작품 활동에서 독창적 발상을 옮기는 과정에서 자신이 직접 회화적 기법 또는 실크스크린 작업을 하지 않고 타인(조수)에게 대행시켰다고 해서 대행자의 행위 결과를 저작권법상 보호 대상인 표현으로 보는 것은 현대

5) 박경규, "미술품거래에서 사기죄의 성립범위 - 대법원 2020. 6. 25. 선고 2018도13696 판결의 평석 및 형법과 법원의 역할에 관한 고찰"(주 1), 104면.

6) 위의 글, 106면.

7) 계승균, "저작권법 연구자가 본 대작 사기 사건 - 대법원 2020. 6. 25. 선고 2018도13696 판결을 소재로 -"(주 1), 203-208면.

미술에 대한 몰이해로 비판받을 수 있다. 현대미술의 특성을 고려하지 않은 채 저작권법을 기계적으로 적용할 경우 개념을 이용한 현대미술은 저작권 보호 대상에서 배제되는 결과를 낳게 되는데, 법으로 현대미술을 옥죄는 것이 바람직할까? 현대미술과 저작권법(학) 사이에는 서로 화해하기 어려운 틈이 있는 것이 사실이다.[8] 미학 관점의 변화로 개념을 중시하는 현대미술이 이미 하나의 사조로 자리를 잡은 것이 분명함에도, 법의 틀, 특히 아이디어와 표현 이분법이라는 저작권법의 틀을 적용하면서 현대미술의 개념을 아이디어로 규정해버린다면 현대미술은 저작권으로 보호받지 못하거나 이를 베낀 후속 현대미술 작품은 저작권침해 문제가 발생하지 않는다는 기이한 결과가 발생할 것이다. 법(저작권법)의 역할이 예술 사조의 변화를 인정하지 않고 특정 사조의 예술을 강요하는 데 있다고 보지 않는 한, 변화하는 예술 관점에 법(저작권법)이 그 본질을 벗어나지 않으면서도 유연성을 발휘하는 것이 중요하다. 그렇지 않고 법을 상수항으로 놓고 현실과 맥락을 규율하려고 한다면, 이는 마치 어른이 되었는데도 어린아이 때 입었던 옷을 입히는 것에 비견될 수 있다. 옷에 몸을 맞추는 것이 아니라 몸의 변화에 따라 옷을 맞추어야 하는 것처럼, 옷이라는 본질을 유지하면서 체형의 변화에 의복을 갖추어 입는 것이 타당하다.[9]

미술의 가치가 시각성(visuality)과 오브제(object)에 있지 않고 미술가에 의해 만들어지는 것이라는 뒤샹의 예술적 발상은 미술의 중심을 미술 작품에서 미술가로 옮겨 놓은 일대 분기점으로 평가될 만한 것이다. 그가 말했다고 알려진 "나는 미술을 믿지 않고 미술가를 믿는다."라는 말이 이해되는 대목이다. 이제 미술 오브제(art object)는 시각이라는 굴레에서 벗어나게 되었고, 비물질화(dematerialization)의 시도는 개념미술에서 다양한 형태로 나타나게 되었다.[10] 이처럼 미술은 물리적이고 가시적인 오브제에서 비물리적이고 비가시적인 개념으로 변화·발전하고 있는데, 미술저작물을 다루는 저작권법 또는 저작권법학자가 여전히 현대미술 이전의 관점에 머물러 있다면, 예술과 법의 갈등은 해소되기 어렵다. 여기에서 현대미술과 저작권법의 갈등을 조화시키기 위한 미술가와 법률가의 대화와 공동 노력이 필요하게 된다. 덧붙이면, 이 사건에서 자신을 워홀과 같은 현대미술가라고 생각했던 피고인의 예술 활동과 예술관이 과연 그와 같은 평가를 받을 만한 것이었는지가 중요했던 사건이 아닌가 한다.

---

8) Amy Adler, *Fair Use and the Future of Art*, 92 N.Y.U. L.Rev. 559, 562 (2016); Amy Adler, *Why Art Does Not Need Copyright*, 88 Geo. Wash. L. Rev. 313, 346-348 (2018).

9) 남형두, "법과 예술 - 조영남 사건으로 본 주리스토크라시(Juristocracy)"(주 1), 41면.

10) 이상, Amy Adler, "*Why Art Does Not Need Copyright*"(주 8), 347면. 현대미술과 저작권법의 불편한 동서(同棲)에 관해서는 다음 참조. 남형두, 공정이용의 역설 - 시소에 올라탄 거인, 균형의 회복, 경인문화사, 2025, 85-95면.

나. 예술작품과 고지의무

화가가 자신의 작품 제작 과정에 관한 정보를 매수인에게 고지할 의무가 있는지와 관련하여 1심과 항소심은 견해를 달리했다. 대법원은 항소심과 같이 고지의무가 없다고 보았다. 구매자 중에는 피고인의 친작인지 혹은 보조자를 사용하여 제작하였는지 여부를 구매의 중요한 고려 요소로 보지 않은 이들이 있다는 점에서 작품 제작 과정이 고지해야 할 설명 가치 있는 정보로 인정하지 않은 것이다. 나아가 이 사건 그림이 피고인의 작품으로 인정받고 유통되는 상황에서 피고인이 다른 사람의 작품에 자신의 성명을 표시하여 판매하였다는 등 이 사건 미술 작품이 위작 시비 또는 저작권 시비에 휘말린 것이 아닌 이상, 이 사건 미술 작품의 제작 과정이 피해자들의 개인적이고 주관적인 기대와 다르다는 이유로 피해자들이 이 사건 미술 작품에 관하여 착오에 빠져 있었다거나 위 피고인에게 기망 당하였다고 볼 수 없다고 보았다.

이런 대법원의 판단은 예술작품의 거래에서 미학적 판단이 거래 요소가 되는 경우 법률에만 숙련된 사람들이 회화의 가치를 최종적으로 판단하는 것은 위험한 일이라는 사법자제의 원칙을 적용한 것으로 이해할 수 있다.

4. 판결의 의의

이 사건 판결은 예술작품에 관한 분쟁에서 미학적 관점이 법적 판단의 기초가 되는 경우 법원 판단은 최소한에 그쳐야 한다는 사법자제의 원칙을 천명한 것으로서 의의가 있다. 이 사건의 경우 유명 가수가 그린 그림이 대작임이 알려져 저작권침해 논란으로 시작했는데, 대작 화가로 지목된 작가가 자신은 단지 조수로 참여했을 뿐이라고 밝힘으로써, 검찰은 저작권법위반죄로 기소하지 못하고 구매자들에게 작품 제작 과정을 알려야 할 의무를 다하지 않아 이에 속은 구매자들이 편취를 당한 것이라는 취지의 사기죄로 의율하여 기소하였다. 검찰은 대법원에 와서야 뒤늦게 저작권법위반의 점을 상고이유에 담았으나 불고불리의 원칙에 따라 기각되었는데, 사기죄의 구성요소인 고지의무의 존재와 관련해 이 사건 그림에 대한 미학적 관점이 중요한 쟁점이 되었다. 이 사건 그림의 저자(저작자)가 누구인지에 관한 것이 직접적인 법적 판단 대상은 아니었으나, 사실상 재판의 결론을 좌우할 만한 사안이었다.

피고인은 자신의 작품이 개념을 중시하는 현대미술에 해당한다고 주장했고 현대미술에서 일반적으로 허용되는 조수 사용이 이 사건에도 해당하는지가 재판의 중요한 고려 요소가 되었다. 그런데, 피고인과 대작 화가 사이에 '누가 저자인지'에 관한 논란이 없었다는 점에서 법원이 나서서 누가 저자인지를 결정한다는 것은 법이 예술의 영역에 간섭하는 것으로 될 우려가 있었다. 이에 대법원은 예술과 법의 경계를 인정하고 미학적 판단이 중시되는 예술 영역에 사법의 개입을 최소화하는 것이 바람직하다는 원칙을 세운 것이다.

헌법상 자치가 보장된 대학, 종교, 가정, 그 본질상 자치가 보장된 문학, 예술, 학문 영역의 분쟁에 사법이 적극적으로 개입하는 것은 바람직하지 않다. 이 사건 직전에 발생한 문학 영역의 분쟁(신경숙 표절 의혹 사건, 2015년)이나 대학에서 자주 발생하는 표절 관련 분쟁은 문학과 학문 안에서 자치적으로 해결하는 것이 바람직하고 그것이 어려운 경우 사법이 개입하는 것이 타당하다. 사법이 개입하는 경우에도 그 본질과 관련된 실체적 영역에서의 판단은 자제하되 분쟁 절차에 한해 적법 절차가 준수되었는지에 관해 사후적으로 개입하는 것이 요구된다. 물론 자치에 맡길 수 없을 정도로 해당 영역의 자체 정화 능력이 없거나 현저히 부족한 경우에는 이와 같은 사법자제의 원칙을 고수해서는 안 될 것이다. 이 사건 판결로 예술 등 자치 영역에서 우리 대법원이 사법자제의 원칙을 일반원칙으로 천명했다고 단정하기는 어려우나 장기적으로 볼 때 의미 있는 판결이라고 볼 수는 있다.

한편, 이 사건과 비교할 만한 것으로서 앤디 워홀이 관련된 미국 연방대법원 판결[11]이 있다. 워홀은 사진작가 골드스미스(Lynn Goldsmith)로부터 가수 프린스(Prnice)의 사진을 받아 실크스크린 기법으로 초상화를 만들었는데, 워홀이 사전에 허락받은 범위를 벗어나 "Orange Prince"라는 시리즈의 작품을 만든 것에 대해 골드스미스 쪽에서 저작권침해라고 주장한 사건이다. 워홀 재단의 공정이용 항변에 대해 연방지방법원은 공정이용이라고 보았으나, 연방항소법원은 '유명인의 표절 특권(celebrity-plagiarist privilege)'에 불과하다는 이유로 공정이용 항변을 배척했다.[12] 연방대법원에서 7:2로 갈려 치열한 논쟁 끝에 법정의견은 항소심과 같이 저작권침해를 인정했다. 공간된 판결은 총 86면, 29,320단어의 방대한 분량으로서 그 중 법정의견이 45면, 반대의견이 36면에 달할 정도였는데, 현대미술과 저작권법의 이론서라 할 만큼 풍부한 논의가 인상적이다. 한편, 법정의견에 별개의견을 낸 고서치(Neil Gorsuch) 대법관은 법관은 단순해져야 한다고 하면서, 다행히도 법관에게 요구된 것은 자신의 능력을 뛰어넘어 예술가의 의도까지 신경 쓸 필요가 없고, 단지 '이용의 목적과 성격'에서 양 저작물을 비교하는 것으로 충분하다고 했다.[13] 고서치 대법관의 주장은 재판에서 과도한 논란에 대한 부담을 벗어나 당해 사건에만 집중하자는 것으로서, 이는 법관의 역할론과 관련하여 시사점이 작지 않다. 판례법주의 국가인 미국과 성문법주의 국가인 한국에서 법관의 역할에는 차이가 있다. 입법자(law maker) 역할을 수행하기도 하는 미국 법관의 역할에 대한 고서치 대법관의 견해는 그 역할이 상대적으로 제한된 한국 법관과 재판 실무에서 참고할 만한 점

11) Warhol v. Goldsmith, 598 U.S. 508 (2023).
12) 위 판결, 524면.
13) 위 판결, 556면.

이 있다. 물론 고서치 대법관의 견해를 예술에 대한 사법자제로까지 확대해석할 수 있을지는 더 고민해 볼 일이다.[14] 그러나 여전히 반대의견의 적부를 떠나 케이건(Elena Kagan) 대법관이 법과 예술의 갈등 사안에서 법이 예술을 이해하려고 다가서서 그 지평을 넓혀놓은 점은 분명히 평가받을 만하다.

사족을 붙인다면, 이 사건 항소심과 대법원 판결에서 사법자제의 원칙을 밝힌 이유 부분에서 특정 학자의 논문을 가져다 쓴 것이 분명함에도 이를 출처로 밝히지 않은 것은 아쉬움이 남는다.[15]

---

14) 예술 판단에 대한 법관의 판단 자제에 대해서는 일찍이 미국 연방대법원 홈즈(Oliver Wendell Holmes, Jr.) 대법관이 판결[Bleistein v. Donaldson Lithographing Company, 188 U.S. 239, 251 (1903)]에서 언급한 이래 연방 제9항소법원 월러스(Clifford Wallace) 판사도 이어받아 판결에 쓴 적이 있다. Cariou v. Prince, 714 F.3d 694 (2d Cir.) *cert. denied*, 134 S. Ct. 618 (2013).

15) 남형두, "법과 예술 – 조영남 사건으로 본 주리스토크라시(Juristocracy)"(주 1), 56면.

26 링크 행위의 공중송신권 침해 방조 여부 및 판단 기준

대법원 2021. 9. 9. 선고 2017도19025 전원합의체 판결[1)]

이철남 (충남대학교 교수)

1. 사안의 개요

이 사건의 피고인은 직접 저작권 침해물을 자신의 서버에 업로드하지 않았다. 대신, 드라마, 영화, 예능 등 영상저작물을 종류별로 체계적으로 분류한 웹사이트를 개설하고 운영했다. 이 사이트는 저작권자의 허락 없이 해외 인터넷 공유 사이트에 게시된 불법 영상저작물로 연결되는 위치 정보, 즉 하이퍼링크를 모아 게시판 형태로 제공했다. 이용자들은 잘 정리된 카테고리와 검색 기능을 통해 원하는 영상물을 손쉽게 찾아 해당 링크를 클릭함으로써, 원본 침해물이 저장된 해외 서버에 직접 접속하여 콘텐츠를 시청할 수 있었다.

2. 판결의 요지

가. 원심판결(서울중앙지방법원 2017. 11. 3. 선고 2017노2303 판결)

해외 동영상 공유 사이트 게시자가 저작권자로부터 이용허락을 받지 아니한 채 해외 인터넷 공유 사이트에 다수의 영상저작물을 게시한 행위는 이용자가 개별적으로 선택한 시간과 장소에서 접근할 수 있도록 저작물을 제공하는 것이므로 저작권자의 전송권 침해에 해당하고, 영상저작물을 게시하여 이용에 제공하게 함으로써 범죄는 기수에 이르지만 그 이후 게시한 글을 철회하기까지는 실행행위가 종료된다고 볼 수 없다. 그러므로 위 게시가 철회

1) [참조 및 관련 판례] 대법원 2009. 11. 26. 선고 2008다77405 판결(공2010상, 15); 대법원 2010. 3. 11. 선고 2009다4343 판결(공2010상, 718); 대법원 2015. 3. 12. 선고 2012도13748 판결(공2015상, 583)(변경) 등.
[관련 평석 및 문헌] 박성호, "2021년 지적재산법 중요판례평석", 인권과 정의 505, 2022; 박준석, "인터넷 링크행위자는 이제 정범은 물론 방조범조차 아닌 것인가?", 산업재산권 제48호, 한국지식재산학회, 2015; 이해완, "링크사이트에 의한 저작권침해 확산에 대한 입법적 대응방안 연구", 성균관법학 29. 4, 2017 등.

될 때까지는 유·무형의 방법으로 방조행위가 이루어질 수 있지만, 그 방조행위는 전송권 침해의 실행행위 자체를 용이하게 하는 방법으로만 가능하다고 할 것이다.

피고인의 이 사건 링크행위는 링크사이트 이용자들로 하여금 편리하게 해외 동영상 공유 사이트에 게시된 방송 프로그램을 열람할 수 있도록 함으로써 이용자 입장에서는 링크가 아니었다면 발견하지 못하였을 정보에 접근할 수 있게 하는 측면은 있으나, 이 사건 링크는 심층링크 또는 직접링크에 해당하는 것으로서 인터넷에서 링크하고자 하는 저작물의 웹 위치 정보 내지 경로를 나타낸 것에 불과하고, 인터넷 이용자가 링크 부분을 클릭함으로써 저작권자의 복제권이나 공중송신권을 침해하는 웹페이지 등에 방문하여야 비로소 해당 게시물에 접속할 수 있게 되는 점을 더하여 보면 피고인의 행위는 저작권 침해행위의 실행 자체를 용이하게 한 것이 아니라 그와 무관한 지위에서 단순히 전송권이 침해되고 있는 상태를 이용한 것에 불과하다고 할 것이어서 이를 방조행위로 볼 수 없다.

나. 대법원 판결

링크 행위가 어떠한 경우에도 공중송신권 침해의 방조행위에 해당하지 않는다는 종전 판례는 방조범의 성립에 관한 일반 법리 등에 비추어 볼 때 재검토할 필요가 있다. 정범이 침해 게시물을 인터넷 웹사이트 서버 등에 업로드하여 공중의 구성원이 개별적으로 선택한 시간과 장소에서 접근할 수 있도록 이용에 제공하면, 공중에게 침해 게시물을 실제로 송신하지 않더라도 공중송신권 침해는 기수에 이른다. 그런데 정범이 침해 게시물을 서버에서 삭제하는 등으로 게시를 철회하지 않으면 이를 공중의 구성원이 개별적으로 선택한 시간과 장소에서 접근할 수 있도록 이용에 제공하는 가벌적인 위법행위가 계속 반복되고 있어 공중송신권 침해의 범죄행위가 종료되지 않았으므로, 그러한 정범의 범죄행위는 방조의 대상이 될 수 있다.

저작권 침해물 링크 사이트에서 침해 게시물에 연결되는 링크를 제공하는 경우 등과 같이, 링크 행위자가 정범이 공중송신권을 침해한다는 사실을 충분히 인식하면서 그러한 침해 게시물 등에 연결되는 링크를 인터넷 사이트에 영리적·계속적으로 게시하는 등으로 공중의 구성원이 개별적으로 선택한 시간과 장소에서 침해 게시물에 쉽게 접근할 수 있도록 하는 정도의 링크 행위를 한 경우에는 침해 게시물을 공중의 이용에 제공하는 정범의 범죄를 용이하게 하므로 공중송신권 침해의 방조범이 성립한다. 이러한 링크 행위는 정범의 범죄행위가 종료되기 전 단계에서 침해 게시물을 공중의 이용에 제공하는 정범의 범죄 실현과 밀접한 관련이 있고 그 구성요건적 결과 발생의 기회를 현실적으로 증대함으로써 정범의 실행행위를 용이하게 하고 공중송신권이라는 법익의 침해를 강화·증대하였다고 평가할 수 있다.

링크 행위자에게 방조의 고의와 정범의 고의도 인정할 수 있다.

반면, 위와 같은 정도에 이르지 않은 링크 행위는 정범의 공중송신권 침해와 밀접한 관련이 있고 그 법익침해를 강화·증대하는 등의 현실적인 기여를 하였다고 보기 어려운 이상 공중송신권 침해의 방조행위라고 쉽사리 단정해서는 안 된다. 예컨대, 행위자가 링크 대상이 침해 게시물 등이라는 점을 명확하게 인식하지 못한 경우에는 방조가 성립하지 않고, 침해 게시물 등에 연결되는 링크를 영리적·계속적으로 제공한 정도에 이르지 않은 경우 등과 같이 방조범의 고의 또는 링크 행위와 정범의 범죄 실현 사이의 인과관계가 부정될 수 있거나 법질서 전체의 관점에서 살펴볼 때 사회적 상당성을 갖추었다고 볼 수 있는 경우에는 공중송신권 침해에 대한 방조가 성립하지 않을 수 있다.

3. 해설

가. 공중송신권 침해와 링크 행위

(1) 공중송신권 침해

저작권법상 '공중송신'은 저작물 등을 공중이 수신하거나 접근하게 할 목적으로 무선 또는 유선통신의 방법에 의하여 송신하거나 이용에 제공하는 것을 말한다(제2조 제7호). 공중송신 중에서 '전송'은 공중의 구성원이 개별적으로 선택한 시간과 장소에서 접근할 수 있도록 저작물 등을 이용에 제공하는 것을 말하며, 그에 따라 이루어지는 송신을 포함한다(제2조 제10호). 이와 같은 전송은 대중이 각자 원하는 시간과 장소에서 저작물에 접근할 수 있도록 '이용에 제공'하는 행위를 핵심으로 한다. 이 과정에서 데이터가 실제로 오가는 기계적인 송신은 부수적인 요소일 뿐이다. '이용에 제공한다'는 것은 대중이 원하면 언제든지 저작물에 접근할 수 있는 가능성을 열어두는 것을 의미한다. 그러므로 대중에게 저작물이 실제로 전송되지 않았더라도, 단순히 저작물을 업로드하여 접근 가능한 상태로 두는 행위만으로 '전송'이 성립한다.[2)]

저작권법은 공중송신권을 저작자의 저작재산권으로 보호하고 있으며, 벌칙 규정을 두어 저작재산권을 공중송신 등의 방법으로 침해한 자를 5년 이하의 징역 또는 5천만 원 이하의 벌금에 처하거나 이를 병과할 수 있도록 하고 있다(제136조 제1항 제1호). 동 사례에서 성명불상자들이 저작권자의 허락 없이 해외 공유사이트에 이 사건 영상저작물을 임의로 업로드하고 계속하여 이를 게시하여 공중의 구성원이 개별적으로 선택한 시간과 장소에 접근할 수

2) 대법원 2021. 9. 9. 선고 2017도19025 전원합의체 판결.

있도록 이용에 제공한 행위는 공중송신권을 전송의 방법으로 침해한 행위에 해당한다.

전송에 의한 공중송신권 침해는 개념적으로 시간의 지속성을 전제한다. 가령 저작권자 허락 없이 저작물을 인터넷 서버에 업로드하여 누구나 원하는 시간과 장소에서 접근하게 하는 행위는 공중송신권을 계속해서 침해하는 것이다. 이러한 행위는 위법한 실행과 그 지속성을 모두 포함하므로, 최초의 업로드 행위뿐만 아니라 게시를 유지하는 계속적인 행위 또한 동일한 공중송신권 침해로 평가한다. 즉 서버에 저작물을 불법으로 올려 침해 상태를 야기한 뒤 이를 삭제하지 않는다면, 대중이 언제든 접근하도록 하는 위법 행위는 중단되지 않고 계속되는 것이다.[3)]

(2) 링크 행위의 공중송신권 침해 여부

인터넷에서 링크(Link)는 월드와이드웹(World Wide Web) 기술의 핵심으로, 인터넷에 존재하는 정보의 웹 위치 정보나 경로를 나타낸 것이다. 사용자가 링크를 클릭하면 시간과 공간의 제약 없이 해당 정보에 직접 접근할 수 있게 해주는 기술이다. 링크는 인터넷 공간의 정보를 거미줄처럼 촘촘하게 연결하고 공유하는 핵심적인 수단이며, 이를 통해 누구나 손쉽게 방대한 정보에 접근할 수 있다. 따라서 이용자들이 인터넷 공간에서 다른 정보에 대한 링크를 자유롭게 설정할 수 있도록 허용하는 것은 표현의 자유를 보장하고 정보의 자유로운 유통을 촉진하는 데 중요한 역할을 한다.

이와 같은 링크는 인터넷상 웹페이지나 웹사이트 서버에 저장된 개별 저작물의 웹 위치 정보 또는 경로를 나타낼 뿐이다. 인터넷 이용자가 링크를 클릭하여 저작권 침해 게시물에 직접 연결되더라도, 해당 정보를 전송하는 주체는 그 정보를 서버에 업로드하여 모두가 이용할 수 있게 제공한 자이며, 링크를 설정한 사람이 아니다. 링크 설정 행위는 저작물 전송을 지시하거나 준비하는 행위, 혹은 해당 저작물로 이어지는 통로 역할에 불과하므로 전송 행위에 해당하지 않는다. 따라서 침해 게시물이나 그 게시물이 위치한 웹페이지 등에 연결되는 링크를 한 행위라도, 공중송신권 침해행위의 구성요건인 '전송(공중송신)'에 해당하지 않기 때문에 공중송신권 침해가 성립하지 않는다.[4)]

나. 링크 행위와 공중송신권 침해의 방조

형법상 방조란 정범의 구체적인 범행준비나 범행사실을 알고 그 실행행위를 가능·촉진·용이하게 하는 지원행위 또는 정범의 범죄행위가 종료하기 전에 정범에 의한 법익침해

---

3) 대법원 2021. 9. 9. 선고 2017도19025 전원합의체 판결.

4) 대법원 2009. 11. 26. 선고 2008다77405 판결; 대법원 2010. 3. 11. 선고 2009다4343 판결 등.

를 강화·증대시키는 행위로서, 정범의 범죄 실현과 밀접한 관련이 있는 행위를 말한다.[5] 그렇다면 링크 행위가 공중송신권 침해에 해당하지 않더라도 공중송신권 침해의 방조에 해당할 수 있는가?

종전 판례는 링크 행위 자체는 인터넷에서 링크하고자 하는 웹페이지 등의 위치 정보나 경로를 나타낸 것에 불과하여, 인터넷 이용자가 링크 부분을 클릭함으로써 저작권자에게서 이용허락을 받지 아니한 저작물을 게시하거나 인터넷 이용자에게 그러한 저작물을 송신하는 등의 방법으로 저작권자의 복제권이나 공중송신권을 침해하는 웹페이지 등에 직접 연결된다고 하더라도 침해행위의 실행 자체를 용이하게 한다고 할 수는 없으므로, 이러한 링크 행위만으로는 저작재산권 침해행위의 방조행위에 해당하지 않는다고 보았다.[6]

그런데, 종전 판례는 링크 행위가 저작권 침해의 정범은 물론 방조범조차 성립하지 않는다는 취지로 해석되어 사실상 링크 제공자에게 광범위한 면책의 근거를 제공하였다. 그 결과 학계로부터 저작권 보호에 심각한 '규제의 공백'을 초래했다는 비판을 받았으며,[7] 입법적인 해결 방안도 제시되었지만 성공하지는 못했다.[8] 이와 같은 상황에서 종전 판례의 문제점을 인정하고 일정한 요건을 갖춘 경우에는 링크 행위가 저작재산권 침해 행위의 방조 행위에 해당할 수 있다는 전원합의체 판결이 나온 것이다.[9] 동 판결에서 링크 행위가 공중송신권 침해의 방조 행위에 해당할 수 있다는 논거 및 구체적인 사례는 다음과 같다.

우선, 정범이 침해 게시물을 인터넷 서버에 올려 대중이 언제든 접근 가능하도록 이용에 제공하면 실제로 게시물이 전송되지 않아도 공중송신권 침해 범죄는 성립하지만, 정범이 해당 게시물을 서버에서 삭제하지 않는 한 불법적인 이용 제공이라는 위법행위는 계속되므

---

5) 대법원 1965. 8. 17. 선고 65도388 판결; 대법원 1995. 9. 29. 선고 95도456 판결; 대법원 2006. 4. 28. 선고 2003도4128 판결; 대법원 2012. 8. 30. 선고 2012도6027 판결 등.

6) 대법원 2015. 3. 12. 선고 2012도13748 판결. 관련 사례에서 피고인은 ○○사이트를 관리·운영하는 사람인데, 일부 회원들이 그 사이트의 게시판에, 저작권자로부터 이용 허락을 받지 아니한 일본 만화 등 디지털콘텐츠를 게시하여 인터넷 이용자가 이를 열람 또는 다운로드(download) 할 수 있도록 하는 외국 블로그(blog)에 연결되는 링크 글을 게재하였음에도 피고인이 이를 삭제하지 않고 방치하였다. 법원은, 일부 회원들이 위와 같이 링크를 하는 행위는 저작권법이 규정하는 복제 및 전송에 해당하지 아니하여 복제권이나 공중송신권을 침해하였다고 할 수 없으며, 비록 외국 블로그에서 이 사건 디지털콘텐츠에 관한 복제권이나 공중송신권 등의 저작재산권을 침해하고 있고 인터넷 이용자가 위 링크 부분을 클릭함으로써 그러한 외국 블로그에 직접 연결된다고 하더라도, 그러한 링크 행위만으로는 위와 같은 저작재산권 침해의 방조행위에 해당한다고 볼 수도 없으므로, 피고인이 ○○사이트를 관리·운영하면서 저작권법위반죄 또는 그 방조죄로 처벌할 수 없는 링크 행위의 공간을 제공하였다거나 그러한 링크를 삭제하지 않고 방치하였다고 하더라도 저작권법위반의 방조죄가 성립한다고 할 수 없다고 판단했다.

7) 박준석, "인터넷 링크행위자는 이제 정범은 물론 방조범조차 아닌 것인가?", 산업재산권 제48호, 한국지식재산학회, 2015 등.

8) 불법적인 링크사이트에 의한 저작권 침해가 확산되는 것을 막기 위한 입법적 대응방안으로는 이해완, "링크사이트에 의한 저작권침해 확산에 대한 입법적 대응방안 연구", 성균관법학 29. 4, 2017 등이 있다.

9) 이하 내용은 대법원 2021. 9. 9. 선고 2017도19025 판결 참조.

로 범죄행위는 종료되지 않는다. 이처럼 지속되는 정범의 범죄는 방조의 대상이 될 수 있다. 이와 같은 상황에서 링크를 통해 불법 게시물에 대한 대중의 접근이 쉬워지면, 이는 곧 정범이 해당 게시물을 대중에게 제공하는 범죄 실행을 용이하게 하는 것과 같다. 그 결과 공중송신권이라는 법적 이익에 대한 침해도 더욱 강화된다. 따라서 저작권 침해물 링크 사이트에서 불법 게시물로 연결되는 링크를 제공하는 행위는, 정범의 침해 행위가 계속되는 동안 이를 돕는 방조 행위의 개념에 포함될 수 있다.[10)]

한편, 링크 행위의 유형이 다양하고 인터넷 환경에서 링크가 갖는 중요성을 고려한다면 저작권 침해의 방조 행위에 해당할 수 있는 링크 행위를 구체화하고 그 요건을 명확히 필요가 있다. 이와 관련하여 대법원은 저작권 침해물 링크 사이트에서 침해 게시물에 연결되는 링크를 제공하는 경우 등과 같이, 링크 행위자가 정범이 공중송신권을 침해한다는 사실을 충분히 인식하면서 그러한 침해 게시물 등에 연결되는 링크를 인터넷 사이트에 영리적·계속적으로 게시하는 등으로 공중의 구성원이 개별적으로 선택한 시간과 장소에서 침해 게시물에 쉽게 접근할 수 있도록 하는 정도의 링크 행위를 한 경우에는 침해 게시물을 공중의 이용에 제공하는 정범의 범죄를 용이하게 하므로 공중송신권 침해의 방조범이 성립한다고 보았다. 특히 피고인이 운영하고 있는 링크 사이트가 제공하는 링크는, 원래라면 불법 게시물을 찾지 못했을 사람들까지도 원하는 때와 장소에서 해당 게시물에 쉽게 접근할 수 있도록 만든다. 이러한 링크 행위는 결과적으로 불법 게시물을 대중에게 제공하는 정범의 범죄 실행을 더 쉽게 만들어주며, 공중송신권이라는 법적 이익에 대한 침해를 더욱 강화하고 증대시킨다. 이처럼 링크 제공 행위가 대중의 불법 게시물 접근성을 현저히 높이는 수준에 이르면, 이는 정범의 범죄 실현과 밀접한 관련을 맺고 법익 침해의 발생 가능성을 현실적으로 키운 것으로 평가할 수 있다. 따라서 이런 경우는 단순히 저작권이 침해되는 상황을 이용한 것을 넘어, 방조범 성립에 필요한 '방조 행위와 정범의 범죄 실현 사이의 인과관계'를 인정할 수 있다.

4. 판결의 의의

동 사안에서 피고인의 사업 모델은 집행이 어려운 해외 서버에 위치한 1차 침해자들에게 기생하여 광고 수익 등을 창출하는 전형적인 '기생적 애그리게이터(parasitic aggregator)'의 형태를 띤다. 이는 저작권 집행의 사각지대를 교묘하게 이용하는 방식으로, 법적 규제의 필요성이 지속적으로 제기되어 온 영역이었다. 이러한 사이트들은 링크를 온라인 저작권 침해물의 유통 경로로 악용한다. 링크 기술 자체는 연결 통로 역할을 하는 중립적인 것이지만,

10) 대법원 2021. 9. 9. 선고 2017도19025 판결(다수의견에 대한 대법관 김재형, 대법관 천대엽의 보충의견).

링크가 게시되는 환경, 목적, 방법 등 여러 사정을 고려하면 저작권을 침해하는 정범의 범죄가 실현되도록 돕는 행위가 될 수 있다. 특히 대규모 온라인 저작권 침해는 주로 해외 서버를 기반으로 하며, 이 때문에 국제 공조 없이는 정범을 찾아내 처벌하기가 어려워 단속에 현실적인 한계가 있다. 이러한 상황에서, 불법 게시물로 연결되는 링크를 영리적·계속적으로 제공하며 범죄를 돕는 행위자마저 방조범으로 처벌하지 않는다면, 이는 저작권 침해를 사실상 내버려 두는 것과 같아 권리자에게 매우 가혹한 결과를 초래한다.

대법원 판결의 가장 핵심적인 논리적 기반은 공중송신권 침해라는 범죄의 성격을 재정의한 데 있다. 정범이 침해 게시물을 인터넷 서버에 업로드하여 공중이 개별적으로 선택한 시간과 장소에서 접근할 수 있도록 '이용에 제공'하면 그 행위로 인해 공중송신권 침해는 기수에 이르지만, 정범이 해당 게시물을 서버에서 삭제하지 않는 한, 가벌적인 위법행위가 계속되고 있어 범죄행위가 종료되지 않았으므로 방조의 대상이 될 수 있다고 판시했다. 저작권법상 '전송'의 개념이 단순히 데이터를 보내는 행위뿐만 아니라 '이용에 제공하는 것'을 포함한다는 점에 착안하여, '이용에 제공'은 파일이 서버에 존재하는 한 계속되는 상태이므로, 이 상태가 유지되는 동안 발생하는 링크 행위는 '진행 중인 범죄'를 돕는 행위로 포섭될 수 있게 된다. 링크 제공자는 더 이상 과거에 완료된 범죄를 단순히 지시하는 자가 아니라, 현재 진행 중인 불법적인 '이용 제공' 상태를 적극적으로 촉진하고 이를 통해 이익을 얻는 공범으로 평가될 수 있는 길을 열었다.

대법원은 모든 링크 행위에 방조 책임을 인정한 것이 아니라, 특정 요건을 충족하는 악의적인 행위를 겨냥한 구체적인 기준을 제시하고자 했다. 각 요건은 책임의 범위를 무분별하게 확대하지 않고, 불법 콘텐츠 유통으로 이익을 얻는 특정 유형의 행위자들을 정밀하게 규제하기 위한 것으로 볼 수 있다. 그럼에도 불구하고 그와 같은 요건의 해석에 모호함이 있고, 법 집행 과정에서 자의적 판단의 위험성과 법적 불확실성이 존재한다는 비판은 충분히 고려되어야 한다.[11]

11) 대법원 2021. 9. 9. 선고 2017도19025 판결(대법관 조재연, 대법관 김선수, 대법관 노태악의 반대의견); 박성호, "2021년 지적재산법 중요판례평석", 인권과 정의 505(2022) 등.

27 컴퓨터프로그램 제품키 복제·배포 행위가 저작권 침해 방조에 해당하는지 여부

대법원 2022. 4. 14. 선고 2021다303134, 303141(반소) 판결[1)]

최진원 (대구대학교 법학부 교수)

1. 사안의 개요

원고 마이크로소프트(이하 'MS')는 Windows 10 운영체제 소프트웨어(이하 'Windows 10')의 저작권자이다. MS는 'Windows 10'을 이용할 수 있는 몇 가지 라이선스(사용권)를 판매했는데, 일반 소비자는 설치 파일이 포함된 USB와 정품 인증 제품 키를 패키지로 함께 받는 '실물 제품 판매 방식'(Full Package Product:FPP)과 정품 인증을 위한 제품 키를 구매하여 이메일로 수령하고, 설치 파일은 별도로 원고의 공식 사이트에서 다운로드 받는 '제품키 판매 방식'(Electronic Software Distribution:ESD)으로 라이선스를 취득할 수 있다.

피고 그린에코에너지는 이메일을 통해 'Windows 10' 제품키를 판매한 자이다. 피고는 MS의 공식 리셀러가 아니며 저작권자로부터 별도로 허락을 받은 것도 아니다. MS의 판매 가격은 버전에 따라 178,000원에서 324,600원에 이르렀는데, 피고의 제품키 판매 가격은 3,000원에서 39,500원 수준에 불과하였다. 피고로부터 제품키를 전달받은 구매자(이하 '구매자')는 MS의 공식 사이트에서 설치 파일을 내려받은 후 해당 제품키로 정품 인증하여 사용할 수 있었다.

이에 원고는 피고에게 침해의 정지·손해배상 등을 청구하였다.[2)] 반면 피고는 구매자가

---

1) [참조 및 관련 판례] 대법원 2002. 6. 28. 선고 2001도2900 판결(공2002하, 1889).
[관련 평석 및 문헌] 정현순, "컴퓨터 프로그램 제품키 판매가 저작권 침해 방조에 해당하는지 여부", 대법원판례해설 제132호, 법원도서관, 2023.

2) 그린에코에너지가 자신이 사용하던 도메인 'windows10.asia'에 대한 피고의 이전등록청구권 부존재확인을 구하는 본소를 제기하였고, MS가 그린에코에너지를 상대로 해당 도메인이름의 이전등록절차 이행, 제품키 판매 또는 배포 금지 및 손해배상을 구하는 반소를 제기하였다. 본 평석은 반소의 "침해정지"에 초점을 맞추는바, MS를 원고로 그린에코에너지를 피고로 지칭한다.

'Windows 10'을 다운로드받아 이용하는 행위는 저작권 침해가 아니라고 주장하였다.

2. 판결의 요지

가. 원심판결(서울고등법원 2021. 11. 18. 선고 2021나2008772, 2021나2008789 판결)

제1심과 원심 모두 피고가 패소하였다.[3] 구매자가 이 사건 프로그램을 다운로드 받아 복제하는 행위는 저작권 침해이고, 제품키를 판매한 피고의 행위는 '방조'에 해당한다고 본 것이다.

법원은 먼저 구매자가 이용 허락을 받지 않고 해당 프로그램을 복제한 것이라고 판단했다. '제품키 정품 인증'을 받은 것만으로는 이 사건 프로그램을 적법하게 설치할 권한을 취득한 것이 아니다. MS는 "설치를 시작하려면 프로그램 설치 라이선스를 우선 확보해야 합니다."라고 안내하고 있고, 사용자가 설치 파일을 내려받을 때 'Windows 10 운영체제에 관한 소프트웨어 사용권 계약'에 동의해야만 프로그램 설치를 완료할 수 있으며, 해당 사용권 계약 내용 중에는 "귀하는 적법하게 사용권을 허여받았으며 소프트웨어가 정품 제품 키 또는 다른 승인 방법을 통해서 적절하게 정품 인증된 경우에만 본 소프트웨어를 사용할 수 있습니다. (중략) 정품인증에 성공하더라도 소프트웨어가 정품 인정되었는지 또는 적법하게 라이선스가 허여되었는지 확인할 수 없습니다. (이하 생략)"와 같은 내용이 포함되어 있다.(약관 제5조) 그런데 사안에서 '제품키' 구매자들은 이 사건 라이선스를 취득한 바가 없고, 단지 전달받은 제품키를 통해 정품 인증을 받았을 뿐이다.

다음으로 중고 제품키의 '라이선스의 이전'에 해당할 수 있다는 피고의 주장도 받아들이지 않았다. 이 사건 라이선스 계약에 따르면 독립형 소프트웨어를 취득한 사용자는 소프트웨어를 이전할 수 있다.[4] 다만 "소프트웨어를 새로운 장치로 이전할 때마다 사용자는 반드시 종전 장치(the prior device)에서 해당 소프트웨어를 제거해야 한다. 장치 사이에 라이선스를 공유하기 위하여 소프트웨어를 이전하여서는 안 된다"(제4조 b항). 저작권 침해 사건에서 적법한 저작물 이용 권원을 취득하였다는 사정은 이를 주장하는 사람이 증명하여야 한다(대법원 2008. 4. 24. 선고 2006다55593 판결 등 참조). 그런데 법원은 원고가 사용자로부터 제품키를 양수할 당시 사용자가 종전 장치에서 이 사건 프로그램을 제거하였거나 원고가 그러한

---

3) 제1심 서울중앙지법 2021. 2. 5. 선고 2019가합511142(본소), 546063(반소) 판결.

4) "사용자가 소프트웨어의 라이선스를 먼저 취득한 원 사용자(the first licensed user of the software)이고 새로운 사용자(the new user)가 이 사건 라이선스 계약 조건에 동의하는 경우에 한하여 제3자 소유의 장치로 소프트웨어를 이전할 수도 있다."(제4조 b항).

제거 여부를 확인하였다고 인정할 증거가 없다고 판시했다.

결과적으로 피고에게 구입한 제품키로 정품 인증하여 'Windows 10'을 설치·이용한 구매자들은 MS의 '복제권'을 침해한 것이다. 피고는 이 사건 프로그램을 다운로드하는 방법과 제품키를 입력하여 정품 인증을 받는 방법을 상세히 안내하는 설명서를 별도로 제공하고, 원고가 기술지원서비스를 제공하겠다고 적극적으로 광고하여 구매자의 복제를 용이하게 하였는바 '방조' 책임을 지게 된다.

나. 대법원 판결

대법원은 원심의 판단을 수긍하고 피고의 상고를 기각하였다.

즉 피고는 이 사건 라이선스 계약 규정의 해석, 복제권 침해와 라이선스 계약 위반의 구별, 중고 제품키 관련 계약 해석에 관한 법리 오해 등을 이유로 상고하였으나, 모두 받아들여지지 않았다.

3. 해설

가. '제품키'의 의미

제품키 자체가 저작물은 아니다.[5] 법원은 제품키가 프로그램의 설치 또는 사용할 권한이 있는가를 확인하는 '기술적 보호조치'라는 입장을 여러 차례 밝혀 왔다. 일찍이 2002년, 대법원은 컴퓨터 프로그램 시리얼번호를 '기술적 보호조치'라고 판시한 바 있다('Hypersnap-DX' 사건).[6] 2018년 서울서부지방법원에서도 "제품키는 프로그램을 설치 또는 사용할 권한이 있는가를 확인하는 수단인 기술적 보호조치일 뿐"이라고 명시하고 있다.[7] 한컴오피스 2020 제품키 판매가 기술적 보호조치 무력화로 인한 저작권법 위반에 해당한다며 유죄로 판단한 바도 있다.[8]

이 사건 제품키도 저작권법 제2조 제28조의 기술적 보호조치에 해당하는 것으로 볼 수 있다.[9] 저작권법 제104조의2에서는 기술적 보호조치의 무력화 행위 등을 금지하고 있고, 동

---

5) 서울중앙지방법원 2021. 2. 5. 선고 2019가합573683 판결.

6) 대법원 2002. 6. 28. 선고 2001도2900 판결; 해당 사건에 대한 평석으로는 이해완, "컴퓨터프로그램의 법적 보호-시리얼번호의 배포행위와 관련하여" 판례실무연구 제6집, 박영사, 2003, 319면 이하; 안효질, "간접적인 저작권침해행위-시리얼번호 제공 및 기술조치회피행위를 중심으로" 판례실무연구 제6집, 박영사, 2003, 367면 이하 참조.

7) 서울서부지방법원 2018. 5. 31. 선고 2018노315 판결(대법원 2019. 6. 27. 선고 2018도9903 판결로 확정).

8) 청주지방법원 충주지원 2021. 10. 12. 선고 2021고단293 판결(확정).

규정을 위반한 자에 대하여 침해의 정지·예방, 손해배상의 담보 또는 손해배상이나 이를 갈음하는 법정손해배상의 청구를 할 수 있도록 하고 있다(제104조의8). 1심에서 원고가 방조책임과는 별도로 기술적 보호조치 무력화의 예비행위에 해당한다는 주장도 하였으나, 법원은 "앞서 저작권 침해 방조행위의 성립을 인정하였으므로 위 주장에 대하여는 판단하지 않"았다.[10)]

나. 디지털 권리소진

원심에서 피고는 유럽연합과 마찬가지로 온라인 방식으로 전달되는 소프트웨어에도 권리소진의 원칙이 적용되어야 한다고 주장했다.[11)] 널리 알려진 바와 같이 유럽사법재판소는 2012년 Usedsoft v. Oracle 사건에서 인터넷에서 다운로드 받은 중고 소프트웨어의 재판매에 대해서도 '디지털 권리소진'을 인정한 바 있다.[12)] 하지만 이는 EU의 프로그램저작권지침에 따른 것으로[13)] 우리나라에 바로 적용되는 법리는 아니다. WTO/TRIPs나 WCT, WPPT 등의 국제협약에도 권리소진에 대한 언급은 있지만, 세부 사항은 국내 입법에 일임하고 있다. 통일적인 규범을 형성하기가 곤란했던 사정이 반영된 것이다.[14)]

우리나라 저작권법 제20조 단서는 '배포권'에 대한 예외이고, 대법원은 일찍이 소리바다 판결에서 배포는 저작물의 원작품 또는 그 복제물을 '유형물의 형태로' 양도 또는 대여하는 것이라고 밝힌 바 있다.[15)] 하급심이긴 하나 동조 단서는 "저작물의 원본이나 복제물이 유형물인 경우에만 적용되고 전송이나 방송 등과 같이 무형적으로 거래에 제공되는 경우에는 적용되지 않는다."고 한 선례도 있다.[16)] 이처럼 권리소진의 원칙은 '유형물'의 판매 등에

---

9) 정현순, "컴퓨터 프로그램 제품키 판매가 저작권 침해 방조에 해당하는지 여부" 대법원판례해설 제132호(2022년 상), 법원도서관, 2022, 290면; 구 컴퓨터프로그램보호법 제30조에 해당한다는 선행 연구로 박덕영, "시리얼번호 게시와 컴퓨터프로그램저작권 침해", 계간 저작권 2004 봄호, 제17권 제1호(통권 제65호), 84면 참조.

10) 서울중앙지방법원 2021. 2. 5. 선고 2019가합511142, 546063 판결.

11) 피고가 상고이유로 다투지 않아서 대상판결에는 언급이 없으나, 원심에는 '권리소진'에 대한 판시가 발견된다.

12) UsedSoft GmbH v. Oracle International Corp. (C-128/11, Judgment of 3 July 2012, Court of Justice of the European Union, Grand Chamber).

13) Directive 2009/24/EC of the European Parliament and of the Council of 23 April 2009 on the legal protection of computer programs; Cf. 2019년 NUV & GAU v. Tom Kabinet 사건(NUV & GAU v. Tom Kabinet, CJEU, Judgement of 03.07.2012.(C-263/18))에서 중고 전자책 재판매에 대해서는 권리소진을 부정했다.

14) 조문과 실무 모두 국가별로 다양한 모습이 나타난다. 예컨대 일본은 영화저작물에 대해서만 반포권을 부여하였다가 차후 일반 저작물에 대해 양도권을 부여하였는데, 양도권에 대해서만 권리소진을 규정한 바 있다. 영상저작물의 권리소진 관련하여 '중고 게임소프트' 사건 참조.(最高裁判所平成14年4月25日第三小法廷判決·判例時報1785号3頁).

15) 대법원 2007. 12. 14. 선고 2005가합504027 판결.

대해서만 적용되는 것으로 이해되어 왔다. 국제협약에도 이용제공권이나 공중전달권의 소진에 대한 규정은 찾아보기 힘들다.[17] 향후 기술 환경에 따라 재논의가 필요할 수는 있겠으나,[18] 당장 디지털 권리소진을 적용하기는 쉽지 않다.[19] 피고의 주장을 배척한 법원의 판단은 무리가 없어 보인다.

다. 구매자의 복제권 침해와 방조책임

결과적으로 제품키 구매자는 적법한 라이선스없이 'Windows 10'을 설치·이용한 것이다. 법원은 원고의 복제권을 침해한 것이라고 판단하였다. 비록 누구나 원고 사이트에 접근하여 'Windows 10'을 다운로드 받을 수 있기는 하지만, 이것만으로 저작권자가 이용허락의 의사를 밝힌 것은 아니다. 이전 판례에서도 "Windows 프로그램에 대한 불법복제 여부는 단순히 프로그램을 복사할 수 있는지 여부가 아니라, MS와의 라이선스 계약에 따른 적법한 이용 권한을 가졌는지 여부를 기준으로 판단해야 한다."고 한 바 있다.[20] "Windows7을 웹사이트를 통해 무료로 다운로드 할 수 있게 배포하고 사용자가 정품 인증을 거쳐서 사용하도록 하였으므로 위 무료 배포행위에 제품키를 보유한 사용자에게 Windows 7의 설치 및 사용을 허락하는 내용의 묵시적 의사가 포함되었다고 주장하나, 이 사건 당시 Windows 7이 무료로 다운로드 받을 수 있었다고 인정할 만한 자료가 없다"는[21] 선례와도 같은 입장이라고 할 수 있다. 이 사건 Windows10을 "복제하고 이용하는 행위가 적법한지 여부는 그러한 행위가 기술적으로 가능한지 여부가 아니라 원고로부터 적법한 이용권한을 부여받았는지 여부를 기준으로 판단해야 한다."[22] 따라서 제품키로 인증을 받았을 뿐, 적법한 라이선스를 받지 못한 채 MS 사이트를 통해 이 사건 프로그램을 다운받은 구매자가 원고의 저작권을 침해한 것이라는 법원의 판단은 기존의 입장을 확인한 것이다.

---

16) 서울중앙지방법원 2019. 4. 3. 선고 2017가합504027, 549679 판결; 대법원 2022. 7. 14.자 2022다226173, 2022다226180 판결.

17) U.S. Copyright Office, DMCA Section 104 Report, 2001, p92 이하. https://www.copyright.gov/reports/studies/dmca/sec-104-report-vol-1.pdf.

18) 문일환, "디지털 저작물과 권리소진 원칙－EULA 해석과 Forward-and-Delete를 중심으로－", 정보법학 제18권 제1호, 2014, 162면; 윤영진·배혜윤, "NFT 거래의 권리소진이론과 공정이용 적용 타당성에 관한 연구", 지식재산연구, 제18권 제3호, 한국지식재산연구원, 2023, 154면 등.

19) "무형적으로 송신되는 디지털 복제물에 대해서는 저작권 소진이 이루어지지 않는다는 것이 국제적으로 거의 공통된 각국 저작권법의 해석이다.", 신창환, 디지털 저작권 소진이론에 관한 연구, 서울대학교 박사학위논문, 2018, i면.

20) 서울서부지방법원 2020. 6. 1. 선고 2019노1094 판결.

21) 서울서부지방법원 2018. 5. 31. 선고 2018노315 판결(대법원 2019. 6. 27. 선고 2018도9903 판결로 확정).

22) 서울중앙지방법원 2021. 2. 5. 선고 2019가합573683 판결.

이어 대상판결은 제품키를 복제·배포한 피고에게 구매자의 저작권 침해에 대한 '방조' 책임을 인정하였다. 이 또한 선행 판결의 입장과 다르지 않다. "누군가가 프로그램을 복제하고 그 복제행위가 컴퓨터 프로그램 저작권을 침해하는 행위에 해당한다면 이를 용이하게 하는 제품키의 복제 또는 배포행위는 위와 같은 행위를 용이하게 하는 행위로서 경우에 따라 프로그램 저작권 침해행위의 방조에 해당할 수 있다"고 한 2002년 대법원 판례의 입장을[23) 확인하고 있다.

4. 판결의 의의

컴퓨터프로그램의 판매 방식이 바뀌면서, 제품키 관련 분쟁이 다수 있어 왔다. 법원은 제품키의 복제·배포가 컴퓨터프로그램저작권을 침해한 것은 아니며, 단지 제품키 구매자의 저작권 침해에 대한 방조가 될 수 있다는 입장이다. 대상판결은 대법원 2002. 6. 28. 선고 2001도2900 판결을 비롯한 기존의 법리를 재확인하고 있다. 이처럼 제품키 자체는 저작물도 아니고 라이선스를 화체하고 있는 것도 아니다. 제품키 정품인증을 ESD 라이선스의 취득 또는 이전과 동일시 할 수도 없다. 제품키는 단지 프로그램을 설치 또는 사용할 권한이 있는가를 확인하는 수단으로, 현행법상 기술적 보호조치의 성격을 가진다. 그런데 기술적 보호조치 무력화는 방조책임과는 별도로 침해의 정지·예방, 손해배상청구는 물론 형사벌의 대상도 된다.[24) 대상판결에서 이에 대해 상세히 다루지 않은 점은 아쉬움이 남는다.[25)

1심·원심의 소위 '디지털 권리소진'에 대한 논의는 '저작권법적 균형'에 대한 화두를 던진다. 미국 제9항소법원은 합법적으로 구매한 AutoCAD 소프트웨어 CD를 온라인 경매사이트를 통해 판매한 것에 대해서도, 소유자(owner)가 아니라 이용권자(licensee)에 불과하다며 저작권 침해를 인정한 바 있다.[26) 단순히 유형물·무형물 구분의 문제가 아니라, 판매와 라이선스의 경계에 대한 고찰이 필요하다.

마지막으로 대상판결이 모든 제품키 판매의 위법성을 확인해주는 것은 아니라는 점을 첨언한다. 일부 대학생에 한정하여 제공한 '비매용 제품키'를 일반 공중에게 판매한 경우나[27) OEM/COEM (DSP) 라이선스, KMS/MAK 인증방식을 활용하는 볼륨라이선스의 제품키

---

23) 대법원 2002. 6. 28. 선고 2001도2900 판결 참조.

24) 대법원 2015. 7. 9. 선고 2015도3352 판결.

25) 유사 판결에 대한 평석으로 차상육, "오픈마켓에서 MS 비매품용 제품키를 판매했다면 저작재산권 침해 방조에 해당", 저작권문화 2021년 6월호(Vol. 322), 17면.

26) Vernor v. Autodesk, Inc, 621 F.3d 1102(9th Cir. 2010). 같은 취지의 판결로 Adobe Systems, Inc. v. Kornrumpf, 780 F. Supp. 2d 988 (N.D. Cal. 2011); Cf. Burke & Van Heusen, Inc. v. Arrow Drug, Inc., 233 F. Supp. 881 (E.D. Pa. 1964).

27) 서울중앙지방법원 2021. 2. 5. 선고 2019가합573683 판결.

를 판매하는 경우에는 위법의 여지가 높아 보이는 것이 사실이다.[28] 하지만 합법적으로 이전 가능한 일반 소비자용 라이선스가 존재한다는 점 역시 간과되어서는 안된다.

28) 2025년도 제205회 저작권보호심의위원회(2025.9.11.) 회의록 9면. "심의대상 게시물에 COEM이나 DSP라고 기재되어 있는 경우 가결해도 어려움은 없을 것으로 보임. [중략] 상업용 볼륨 라이선스는 별론으로 하더라도 COEM과 교육용 볼륨 라이선스의 경우에는 시정 권고를 가결할 수 있을 것으로 사료됨"; 제133조의3 시정권고의 범위에 대해서는 안효질, "불법복제물의 판매 게시글과 관련한 저작권법상 시정권고 규정의 해석과 그 한계", 저작권보호심의 제도와 동향, 한국저작권보호원, 2025 참조.

28 IPTV 서비스 제공자와 권리자간 음악저작권 사용료 분쟁

대법원 2022. 7. 14.자 2022다226173, 226180 판결

정원준 (법무법인 광장 연구위원)

1. 사안의 개요

이 사건은 2016년 한국음악저작권협회(이하 '음저협'이라 한다)[1)]가 IPTV(Internet Protocol Television) 서비스 제공 사업자들에 대한 음악사용요율을 종전 0.54%에서 1.2%로 상향 조정한 것을 배경으로 한다. 이에 대해 IPTV 사업자들(SK브로드밴드, LG유플러스, KT, 이하 '원고들'이라 함)은 자사의 서비스가 케이블TV와 실질적으로 동일한 유형의 방송서비스임에도 불구하고, 차별적인 사용료율을 적용하는 것은 부당하다고 주장하였다. 음저협은 상향된 저작권료를 지급하지 않은 IPTV 3사를 상대로 저작권법 위반을 이유로 형사 고소를 제기함과 동시에, 불법행위에 따른 손해배상을 청구하였다(이하 '본 소송'이라 함). 이에 IPTV 3사는 2017년 음저협을 상대로 저작권료 지급의무의 부존재를 확인받기 위한 반소를 제기하였다.

이 사건은 IPTV 3사가 '본 소송'에 대응하여 제기한 반소로서 대법원이 상고심으로서 최종적인 판단을 내린 사건이라 할 수 있으며, IPTV 서비스의 저작권 사용료율 산정의 합리성 및 타당성 여부를 핵심 쟁점으로 한 판례이다. 사건의 본질과 핵심 의의를 규명하기 위해서는 우선 분쟁의 경과와 그 중심이 되는 핵심 쟁점을 살펴보고, 이해관계가 첨예하게 대립하는 음악사용료의 합리적 조정과 관련하여 법원이 제시한 징수원칙의 법적 의미를 검토할 필요가 있다. 음악사용료 징수 규정은 빈번한 개정과 함께 지속적으로 사회적 논란의 중심에 서왔으며, 그 내용 또한 시장 환경과 기술 발전에 따라 유동적으로 변화해왔다. 이러한 현실을 고려할 때, 음악사용료의 결정 문제를 전적으로 시장 자율과 당사자 간의 협상에만 맡겨둘 수는 없다.

---

1) 해당 협회는 문화체육관광부로부터 저작권신탁관리업 허가를 받아 음악저작권자들의 권리를 신탁받아 행사하는 단체로서, 징수한 음악사용료를 저작권자에게 분배하는 업무를 수행한다.

이에 본 평석은 IPTV 서비스 제공자와 저작권권리자 간의 사용료 분쟁 사례를 분석하여, (1) 징수방식과 요율 산정의 합리성, (2) 협상 절차의 투명성과 정당성 확보를 위한 법적 근거, (3) 음악사용료 제도의 개선 방향 및 협상 가이드라인의 마련 가능성을 검토함으로써 향후 제도적 발전을 위한 시사점을 도출하고자 한다.

2. 판결의 요지

가. 1심판결(서울중앙지방법원 2019. 4. 3. 선고 2017가합504027, 549679 판결)

(1) 사안의 개요

이 사건의 본 소송은 음저협이 IPTV 사업자인 원고들을 상대로 저작권법 위반 및 불법행위에 기한 손해배상을 청구한 사안으로, 해당 사건에서 IPTV 서비스에 적용되는 음악사용료율의 적정성과 사용허락 범위가 주요 쟁점이 되었다. 통상적으로 공중파 방송사나 SO(종합유선방송사업자)는 음저협과 사용계약을 체결한 뒤 사용료를 지급하는데, 이 사건 IPTV 사업자들은 사용계약 및 사용료 지급 없이 음저협이 관리하는 음악저작물을 방송에 사용하였다는 이유로 저작권 침해가 문제되었다.

이에 원고들과 음저협은 임시적 계약 관계를 정하기 위한 1차 합의를 체결하였는데, 그 주요 내용은 ① 본계약 체결 전까지 피고의 관리저작물을 사용하도록 허락하고, ② 사용허락 범위는 상호 협의에 따르며, ③ 최종 사용요율은 문화체육관광부에서 승인·확정하는 징수규정에 따르기로 한 것이었다.[2] 이후 양 당사자는 2011년 12월 31일까지의 사용관계를 규율하기 위한 본계약(2차 합의)을 체결하였다. 그런데 원고들은 해당 계약기간 만료 후에도 재계약이 체결되지 않은 상태에서 관리저작물을 포함한 방송을 지속하였으며, 2012년 2월 15일경에는 2차 합의의 내용과 유사한 IPTV 저작권 사용료 징수 규정이 신설되기도 하였다. 이후 2012년부터 각각 2015년 즈음까지의 사용관계를 규율하는 3차 합의가 각 당사자별로 체결된다.

그러나 3차 합의의 계약기간이 만료된 이후에도 피고는 관리저작물이 포함된 방송을 계속 송출하였다. 그 사용에 대한 저작권사용료 계약은 재체결되지 못하였고, 당사자 간 협상 또한 진전되지 않았다. 이에 피고는 원고를 상대로 저작권사용료 및 지연손해금의 지급을 구하는 내용의 조정신청을 제기하였으나, 협의가 최종 결렬되어 조정은 불성립으로 종결되었다.

---

2) 본 사건 판결문 3-4면.

한편 저작권 사용료 징수규정은 저작권법 제105조에 따라 저작권신탁관리업자가 문화체육관광부장관의 승인을 얻어 정하도록 하고 있고, 이때 이해관계인의 의견을 수렴하도록 규정하고 있다. 2013년 경 문화체육관광부는 저작권신탁관리업 분야의 경쟁체제를 도입하기로 결정하였고, 공모를 거쳐 (사)함께하는음악저작인협회(이하 '함저협'이라 함)가 2014년 9월 12일 정식으로 허가를 받았다. 그 이후부터 해당 협회는 매 분기별로 저작권사용료를 징수하기 시작하였다. 그러나 피고는 이후에도 관리저작물비율을 동일하게 97%라고 주장하고 관리저작물 목록 및 정보 제공을 거절하였다. 이와 관련하여 피고측에서는 2015년 이후 관리저작물 사용을 허락한 사실이 없으며, 과거의 사용 허락 역시 임시적인 것에 불과하므로 새로운 협의 의무는 없으며, 본 건에 대한 귀책사유가 없다는 점을 항변하였다.

(2) 당사자의 주장

이 사건 원고측의 주장에 의하면, IPTV 서비스는 실시간 방송서비스와 주문형 비디오(Video On Demand, 이하 'VOD'라 함)로 구성되는데, 실시간 방송의 경우 직접 제작하거나 지상파 방송사 혹은 방송채널사업자(Program Provider)를 통하여 방송허락을 받고 방송서비스를 제공하는 것이므로, 원고의 사용료 지급은 VOD 서비스에 한정된다고 한다. 또한 IPTV와 SO는 방송물이 최종적으로 이용자에게 전달되는 회선만 차이가 있을 뿐, 저작물의 사용이란 측면에서 완전히 동일하므로 이를 SO와 달리 과한 사용료율을 적용하도록 하는 것은 부당하게 높은 기준이라는 점을 주장하였다. 나아가 다른 신탁관리업체가 병존함으로 인해 저작물관리비율을 낮출 필요가 있으며, 홈쇼핑 등의 매출액은 관리저작물과 무관하므로 사용료 산정기준에 포함되어서는 안된다는 점 등 사용요율에 대한 논쟁도 소송상 쟁점에 포함되어 다루어졌다.

이에 대해 피고측은 IPTV 가입자가 월정액을 내면 두 가지 서비스를 모두 이용하고 있어 이를 구분하여 저작권료를 산정할 수 없다는 점, SO는 지역마다 케이블을 깔고 비용이 많이 들기 때문에 제한적으로 양방향 서비스만을 제공할 뿐이므로 SO징수 규정을 그대로 적용해서는 안된다는 점, 타 신탁단체의 업무 개시로 인해 관리비율이 낮아질 것이라고 단정할 수 없으며, 매출액 역시 2014년 저작권사용료 산정 기준을 토대로 할 때 본 서비스 관련 수입에는 직접 관련된 것뿐 아니라 방송수신료 매출액에 기여함으로써 음악저작물 사용에 간접적으로 기여하는 것이므로 홈쇼핑송출수수료 및 가입 · 시설설치 매출액, 단말장치대여(판매) 매출액을 비롯한 기타 방송사업매출액을 모두 포함하여야 한다는 점 등을 항변하였다. 이를 이유로 피고측에서는 불법행위에 의한 손해배상을 청구하였다.

(3) 법원의 판단

본 사안에서 법원은 "원고들이 피고의 관리저작물을 실시간 방송 서비스 및 VOD 서비스에 이용하는 것에 대하여 피고의 명시적 또는 최소한 묵시적 '사용 허락(사용계약)'이 존재하였다고 보아야 할 것이고, 다만 사용료에 관하여만 아직 합의되지 않은 상태였다고 봄이 타당하다"고 판시하였다. 따라서 원고들이 2015년에 피고의 관리저작물을 사용한 것이 위법하다고 보기는 어려우므로 이에 관한 원고들의 주장은 이유 있고 피고의 불법행위 주장은 이유 없다."고 판단하였다.

또한 공중송신권의 대상인 저작물이나 복제물의 경우 저작재산권자의 허락을 받아 최초 전송이나 방송이 이루어졌다 하더라도 그 이후에 다시 전송 또는 방송하는 경우 새롭게 저작권재산권자의 허락을 받아야 한다고 하면서, VOD 서비스와 분리하여 실시간 방송서비스에 대한 저작권 사용료가 면제되어야 한다고 보기는 어렵다고 보았다. 그리고 SO와의 비교에 있어서 VOD 서비스의 특성상 음악저작물의 사용빈도도 IPTV가 훨씬 높아진다고 볼 수 있어서 음악사용요율을 VOD 서비스에 더 높게 책정한 것은 문제되지 않으며, 사업자별로 음악사용료율을 달리 정하는 것도 일반적인 계약 관행상 그러한데, 이 두 서비스에 대해 동일한 사용요율을 적용해야 할 특별한 필요성이 보이는 것도 아니라고 판시하였다. 이에 반소 청구에서 손해배상 산정과 관련한 부분 외에, 원고들의 채무부존재 확인 청구를 기각하는 판결을 내렸다.

나. 원심판결(서울고등법원 2022. 2. 10. 선고 2019나2022065, 2022072 판결)

2심 항소심에서는 "3차 합의 종료 이후인 2015년에도 각 2차 합의 제15조 제2항에 따라 원고들이 피고의 관리저작물을 실시간 방송 서비스 및 VOD 서비스에 이용하는 것에 대하여 피고의 '사용허락(사용계약)'이 존재하였다고 보아야 할 것이고, 다만 사용료에 관하여만 아직 합의되지 않은 상태였다고 봄이 타당하다."고 보았다. 또한 "원고들이 2015년에 피고의 관리저작물을 사용한 것이 위법하다고 보기는 어려우므로, 이에 관한 원고들의 주장은 이유 있고, 피고의 불법행위 주장은 이유 없다"고 판시하였다. 특히 2차 합의 시 계약서 제15조 제2항에서는 계약 체결 못할 경우 선지급금을 지급하고 정산하도록 규정하고 있어 2015년 이후에도 특별한 사정이 없는 한 계약 내용에 따른 사용료를 정산할 수 있다고 보았다.

이 사건에서 항소심 법원은 1심에서와 같이 채무가 존재한다는 사실에 대해서는 인용하였으나, 채무액을 초과하는 범위 내에서는 채무가 존재하지 아니함을 확인하는 것으로 일부 변경하였다.

다. 대법원 판결[3)]

이 사건의 상고심인 대법원 판결에서는 상고인들의 상고 이유에 관한 주장은 이유없음이 명백하므로 상고심에서는 심리불속행으로 상고기각되었다.

3. 주요 쟁점의 해설

가. 징수규정상 방송사용료와 전송사용료: OTT 사업자의 법적 지위 모호성

이 사건에서 문제가 된 징수규정은 1988년 처음 제정된 이래로 거의 매년 개정되다시피하였다. 징수 규정에서 규정하는 음악저작물 사용료는 공연, 방송, 전송, 웹캐스팅, 복제 및 배포, 대여 등 다양하다. 여기에서 방송은 공중송신 중 공중이 동시에 수신하게 할 목적으로 일방향성을 띈다는 특징이 있으며, 전송은 공중의 구성원이 개별적으로 선택한 시간과 장소에서 접근할 수 있도록 저작물을 제공하는 것을 말하여 쌍방향성을 특징으로 한다. 그런데, 방송사업자가 방송물을 전송할 경우 전송사용료 중에서도 방송물 재전송서비스 사용료를 지급하여야 한다. 반면 전송사용료는 음악서비스의 양태에 따라 다른 세부 사용료가 적용된다. 이러한 재전송 사용료는 2006년에 신설되었으며, 2020년 12월 11일 개정된 내용에 따르면 해당 조항의 적용 대상을 "방송사업자가 자사의 방송물을 재전송하는 경우"로 한정하고 있어 OTT 사업자가 해당되지 않음을 명확히 규정하고 있다. 실제 계약 관행상으로도 방송사용료와 전송사용료를 구분하지 않고 징수가 이루어지고 있다고 하며, 실시간 방송사용료와 VOD 서비스에 대한 음악저작물 사용료를 구분하지 않고 방송사용료에 포함하여 계약을 체결한다고 한다.[4)]

여기서 문제는 OTT 사업자의 경우 방송법 적용을 받는 방송사업자가 아니며, 현행법상 전기통신사업법상의 부가통신사업자로서 신고만으로 지위를 확보할 수 있다는 점이다. 특히 한국의 경우 OTT 사업자인 IPTV 사업자들이 실시간 방송 서비스 제공을 중심으로 사업을 확장해온 측면이 있기 때문에 방송사업자로서 적용되는 규제를 그대로 적용하기에는 현실과 부합하지 않는 측면이 있다.

결국, 방송법의 적용을 통해 방송사용료 조항을 적용하기도 어려움이 있고, 실시간 방송뿐 아니라, VOD 서비스를 함께 제공하는 IPTV 사업자에게 방송사용료만을 적용하게 하

---

3) 대법원 2022. 7. 14.자 2022다226173, 226180 판결.

4) 이에 대한 실무상의 현황에 대해서는 김현숙, "영상물 전송서비스의 음악사용료에 대한 연구 - OTT사업자와 방송사업자를 중심으로 -", 계간저작권 제34권 제3호, 2021, 45-58면.

기도 어려움이 있는 상황이다. 따라서 이러한 환경에서는 동일서비스-동일요율의 원칙이 엄격하게 지켜지기 어려운 것이 사실이다.

나. 음악저작물의 관리 비율 설정 문제

2008년 문화체육관광부는 SBS와 음저협과의 협상 과정에서 중재안을 제시하였는데, 음악저작권 사용료를 '매출액 X 1%(음악사용요율) X 조정계수 X 음악저작물 관리비율'로 보되, 관리비율을 97%로 정하는 것이었다. 이는 개별 권리자가 직접 관리하는 저작물이나, 저작권이 소멸한 음악저작물 등을 3%로 정도로 추산하여 적용한 것이라 할 수 있다. 이에 대해 법원은 함저협이 새롭게 활동하게 된 이상 기존의 97%를 그대로 적용할 수 없다고 보았다. 다른 판결례에서는 음저협을 약 90%, 함저협을 약7%로 적용하도록 한 판결례도 있었다.[5)]

한편 본 판결에서는 기존의 판례에서 실증 모니터링을 통해 관리비율을 산출하여 적용해왔던 것과 달리 모호하게 판단된 경향이 있다. 따라서 관리비율 산출의 문제는 좀 더 저작물에 대한 사용 데이터에 기반하여 객관적인 비율을 산출할 필요가 있다. 예를 들어 오디오 인식 기술을 통해 오디오 자체를 식별·인식하고 이를 바탕으로 저작물 사용료와 보상금 정산 등의 객관적 자료로 활용하는 것은 매우 필요한 접근이다.[6)] 맹목적으로 당사자간의 합의 영역으로서 관리비율을 정하는 것이 아니라, 이러한 다양한 사례 발굴을 통해 상호간 객관적으로 신뢰 가능한 산출방식을 사용함으로써 사회적 분쟁의 여지를 줄여나가는 것이 필요하다.

4. 판결의 의의 : 제도적 보완 및 개선의 필요성

이 사건은 단순히 IPTV 3사와의 분쟁에만 그치지 아니하고, 음저협은 2020년 12월 징수규정에 '영상물 전송서비스'를 신설한 이후, 웨이브, 티빙, 왓차, 카카오엔터테인먼트에 대해서도 저작권 침해를 이유로 소송을 제기하였다. 또한 OTT 사업자들은 징수규정의 승인 과정에서의 절차적 위법성을 근거로 문화체육관광부에 대해 행정소송을 제기하는 것으로 이어지고 있다. 징수규정을 정함에 있어서 문화체육관광부의 재량은 어느 범위에서 인정될 수 있는지, 어떠한 방식으로 사용요율을 정해야 형평에 부합할 수 있다고 할 수 있을지는 매우 불확정적이다. 이러한 일련의 분쟁은 단순히 본 사건을 해결하기 위한 화해적 노력이 아닌 제도적 차원에서 지속적으로 이 문제를 논의하고 개선해나갈 수 있는 개선이 필요하다는 점

---

5) 서울고등법원 2022. 2. 10. 선고 2019나2022065(본소), 2022072(반소) 판결.

6) 박성순·정영주, "음악저작물 사용료 분쟁에 대한 비판적 고찰", 언론정보연구 제60권 제1호, 2023, 100-103면.

을 시사한다.

특히 해외 OTT 사업자들과 치열한 경쟁을 펼치고 있는 우리 토종 OTT 사업자들을 역차별하지 않기 위해서라도 서비스의 특성 및 이용행태 등을 면밀히 분석하여, 객관적 산정방식을 토대로 사용료를 정하는 것이 타당하다고 할 것이다. 이를테면, 전송사용료의 경우 전송이라는 이용횟수나 다운로드 수 등이 사용료를 결정짓는데 중요한 요소가 될 수 있으므로, 이러한 개별적 요소들을 이용료 산정에 반영할 수 있도록 할 필요가 있다. 특히 실시간 방송의 비중이 높은 국내 IPTV 사업자의 경우 실시간 방송서비스가 트래픽에서 차지하는 비중 등 콘텐츠 유형별 이용량을 감안하도록 할 필요가 있을 것이다.

나아가 징수규정을 개정해야 하는 사유와 구체적인 계약 절차에 관한 법적 근거를 마련함으로써 징수 규정을 개정하는 과정에서의 규범적 정당성을 확보하도록 할 필요가 있다. 특히 징수규정을 정하는데 있어서 이해관계자의 의견만이 반영되고 있어서 이용자의 의견수렴을 위한 제도적 보완이 요구된다.[7] 또한 징수 절차를 정함에 있어서 해당 안건을 심의·의결하는 위원회의 구성 및 기능 등에 대하여도 법정화하는 것이 필요하다고 본다. 나아가 협상의 영역은 중재자인 정부가 결론을 이끌어내기 어려운 점이 있다. 따라서 양자가 서로 동의할 수 있는 가이드라인을 마련하여 사전에 당사자간의 조정이 이루어질 수 있도록 하는 환경을 조성하는 것 또한 매우 중요한 과제라고 생각된다.

---

7) 박성순·정영주, "음악저작물 사용료 분쟁에 대한 비판적 고찰", 언론정보연구 제60권 제1호, 2023, 128면.

29 외국적 요소가 있는 저작권소송에서 준거법 결정

대법원 2024. 5. 9. 선고 2020다250561 판결[1]

성원영 (변호사)

1. 사안의 개요

원고 주식회사 액토즈소프트와 소외 주식회사 위메이드는 게임 저작물 '미르의 전설 2'에 대한 저작재산권을 공동으로 보유하고 있었다. 소외 주식회사 위메이드는 2017. 5.경 이 사건 저작물 사업 부문을 물적 분할하여 피고 주식회사 전기아이피를 설립하였다.

피고는 2017. 6.경부터 2018. 5.경까지 중국 회사와 사이에 이 사건 저작물을 이용하여 모바일 게임 또는 웹 게임 개발 등을 할 수 있도록 허락하는 내용의 이용허락계약을 체결하였다. 피고가 중국 회사와 체결한 이용허락계약은 장소적 범위를 전 세계로 하거나 중국을 포함한 일부 지역으로 한정하였다.

원고는 피고가 저작재산권자가 아님에도 제3자로 하여금 모바일 게임 개발 등에 이 사건 각 저작물을 이용할 수 있도록 허락함으로써 제3자와 공동으로 저작재산권 등 침해행위를 하였다고 주장하며 침해정지, 간접강제, 손해배상 등을 청구하였다.

1) [참조 및 관련 판례] 대법원 2022. 1. 13. 선고 2021다269388 판결(공2022상, 328); 대법원 2024. 5. 9. 선고 2020다250585 판결; 대법원 2025. 7. 3. 선고 2025다209384 판결(공2025하, 1397) 등.
[관련 평석 및 문헌] 김인호, 2024년 국제거래법 중요판례평석, "회사의 물적 분할로 인한 저작권의 이전과 저작권침해의 준거법", 인권과 정의 제529호, 2025. 5., 대한변호사협회, 199-203면; 이주연, "국제저작권소송의 준거법 판단에 관한 '미르의 전설' 사건의 대법원 2024. 5. 9. 선고 2020다250561 판결에 대한 비판적 검토", 국제사법연구 제31권 제1호, 2025. 6., 한국국제사법학회, 151-210면; 법무부, 국제사법 해설, 2001. 5., 87-89면; 조영선, 국제적 지식재산권 분쟁의 준거법에 관한 비교법적 연구, 법원행정처, 2023. 2, 9-136면 등.

2. 판결의 요지

가. 원심판결(서울고등법원 2020. 6. 25. 선고 2019나2013948 판결)

(1) 회사 물적 분할의 준거법 - 상법

소외 위메이드는 2017. 5. 23. 물적 분할되어 분할계획서에 이전 대상으로 기재된 이 사건 각 저작물에 대한 위메이드의 저작권과 이와 관련된 권리의무, 그리고 이 사건 재판상 화해로 인한 권리의무가 분할 후 신설회사인 피고에 같은 날 승계되었다(상법 제530조의10).[2]

(2) 중국 내 저작재산권 이전의 준거법 - 저작물의 본국법

저작권의 권리자, 권리의 성립 및 소멸, 양도의 사안에 관하여는 저작물이 최초로 발행된 곳이나 저작자의 거주지 내지 소재지와 같은 저작물의 본국법에 따라 판단되어야 한다. 만일 원고 주장과 같이 베른협약 제5조 제2항을 확대 해석하여 침해지국에 따라 저작권자의 귀속이 달라진다고 해석한다면, 동일한 저작물에 대하여 침해지국의 법률에 따라 저작권자가 바뀔 수 있게 되고, 그 저작물에 대한 이용허락을 받으려는 제3자가 어느 당사자를 상대로 이용허락계약을 체결하여야 하는 것인지 불안정한 상태에 놓이게 된다.

(3) 저작재산권 침해의 준거법

1) 준거법 판단 - 베른협약 제5조 제2항 및 구 국제사법 제24조에 따라 침해지법

문학·예술적 저작물의 보호를 위한 베른협약(Berne Convention for the Protection of Literacy and Artistic Works, 이하 '베른협약'이라 한다) 제5조 제2항과 이를 보충하는 세계지적재산권기구 저작권 조약(WIPO Copyright Treaty, 이하 '저작권 조약'이라 한다) 제3, 4조에 따라 문학적 저작물로서 보호되는 컴퓨터프로그램 저작물의 보호의 범위와 구제의 방법은 보호가 주장되는 국가의 법률의 지배를 받는 것이고, 여기에서 말하는 '보호가 요구된 국가'란 저작재산권 침해와 관련하여 '그 영토 내에서의 침해행위에 대하여 보호가 요구되고 있는 국가', 즉 '침해지국'을 의미하며, 국제사법 제24조 역시 "지식재산권의 보호는 그 침해지법에 의한다."고 규정하고 있다.[3]

---

2) 원심은 국제사법을 별도로 언급하지 않고 "대한민국 법인인 원고와 피고 모두에게 적용되는 상법"을 회사 물적 분할의 준거법으로 판단하였다.

3) 원심은 베른협약 제5조 제2항의 저촉규범성을 인정하였고 저작재산권 침해의 준거법이 '침해지국' 법률이라는 점을 명확히 하였으나, 베른협약 제5조 제2항이 구 국제사법 제24조보다 우위에 있는지에 관해서는 판시하지 않았다.

2) 침해지 판단 - '우리나라'

이 사건 주된 쟁점은 모두 국내 법인인 원고와 피고에 대한 것이며, 금지 청구 및 손해배상청구 역시 모두 국내 법인인 피고를 상대로 하는 것이다.

원고가 구하는 것은 피고의 중국 내에서의 이용허락행위의 금지라기보다 국내에서 이용허락 행위의 금지(장소적 효력 범위를 중국으로 하는)라고 할 것이므로, 원고 주장과 같이 보호국법이 준거법이 된다고 하더라도 침해지는 국내로 보아야 한다.

나. 대법원 판결[4)]

(1) 회사 물적 분할의 준거법 - 구 국제사법 제16조에 따라 피고 설립의 준거법

저작재산권 승계의 원인이 된 법률관계인 이 사건 물적 분할은 법인의 설립에 관한 것이므로 구 국제사법 제16조 본문에 따라 피고 설립의 준거법인 대한민국의 상법이 준거법이 된다.

(2) 중국 내 저작재산권 이전의 준거법 - 구 국제사법 제24조에 따라 보호국법

구 국제사법(2022. 1. 4. 법률 제18670호로 전부 개정되기 전의 것, 이하 같다) 제24조는 "지식재산권의 보호는 그 침해지법에 의한다."라고 규정하여 보호국법주의를 채택하고 있다. 저작권의 성립과 내용, 저작권의 이전이 가능한지 여부, 저작권의 이전과 귀속에 어떠한 절차나 형식의 이행이 필요한지 여부 등은 저작권의 대세적인 효력이나 저작권 자체의 보호와 밀접하게 관련되어 있으므로, 특별한 사정이 없는 한 이러한 사항에 대하여는 구 국제사법 제24조에 따라 보호국법이 준거법으로 결정되어 적용된다.

소외 회사의 중국 내 저작재산권의 이전이 가능한지 여부와 그 이전과 귀속에 어떠한 절차나 형식의 이행이 필요한지 여부 등의 법률관계에 관하여는 구 국제사법 제24조에 따라 보호국법이 준거법이 된다.

(3) 저작재산권 침해의 준거법

1) 판단 기준 - 베른협약 제5조 제2항에 따라 보호국법(침해지법)

대한민국이 가입한 국제조약인 베른협약 제5조 제2항은 "저작권에 대한 보호의 범위와 구제의 방법은 오로지 보호가 주장되는 국가의 법률에 의한다."라고 규정하여 보호국법주의를 채택하였고, 여기서 말하는 '보호가 주장되는 국가'란 그 영토 내에서의 침해행위에 대하여 보호가 주장되는 국가로서 침해지 국가를 의미한다. 따라서 저작권보호에 관한 외국적

4) 파기 후 환송심은 서울고등법원 2025. 7. 10 선고 2024나2020537 판결.

요소가 있는 사건에서는 베른협약 제5조 제2항이 우선 적용되어 그에 따라 보호국법(침해지법)이 준거법이 되고, 베른협약이 준거법에 관하여 적용을 배제하거나 직접적으로 규정하고 있지 않는 사항에 대하여는 법정지의 국제사법에 따라 결정된 준거법이 적용된다.

2) 침해지 판단 - '중국'

대한민국과 중국은 모두 베른협약의 가입국인데, 원고는 중국 회사가 원고의 중국 내 저작재산권을 침해하는 행위에 피고가 교사 또는 방조하여 그 저작재산권을 공동으로 침해하였다는 이유로 중국에서의 보호를 주장하고 있는 것이므로 준거법은 베른협약 제5조 제2항에 따라 보호국법(침해지법)인 중국의 법률이 된다.

3. 해설

가. 법원의 준거법 판단의무

외국적 요소가 있는 법률관계에 관하여 적용되는 준거법으로서의 외국법은 사실이 아니라 법으로서 법원은 직권으로 그 내용을 조사하여야 한다. 따라서 외국적 요소가 있는 사건이라면 준거법과 관련한 주장이 없더라도 법원으로서는 적극적으로 석명권을 행사하여 당사자에게 의견을 진술할 수 있는 기회를 부여하거나 필요한 자료를 제출하게 하는 등 그 법률관계에 적용될 국제협약 또는 국제사법에 따른 준거법에 관하여 심리, 조사할 의무가 있다.[5)6)]

나. 속지주의 원칙과 보호국법주의

(1) 보호국법주의의 기초가 되는 속지주의 원칙

지식재산권 분야에서 속지주의란 한 나라에서 인정된 지식재산권의 효력은 그 나라의 통치권이 미치는 영역 내에서 한정되고, 그 성립, 내용, 효력, 소멸은 국제조약이 정한 범위 외에는 모두 그 권리를 인정하는 나라의 법률에 의하는 것을 말한다. 보호국법주의의 기초가 되는 속지주의 원칙의 근거로는 ① 관습 국제법이라는 견해, ② 각국 입법관할권의 한계에서 유래한다는 견해, ③ 영토주권에 근거한 특권이라는 견해, ④ 국제협약(파리협약,[7)] 베른

---

5) 대법원 2022. 1. 13. 선고 2021다269388 판결.

6) 외국적 요소가 있는 저작권소송에서 준거법 결정은 법원의 직권조사사항임에도 준거법을 검토하지 않고 근거를 제시하지 않은 채 우리 저작권법에 따라 본안을 판단한 판결례에 대한 비판으로, 석광현, "포레스트 매니아 판결들의 그늘: 베른협약·국제사법의 실종과 게임저작물에 대한 저작권법의 준거법을 다룰 기회의 상실", 국제사법연구 제29권 제2호, 2023. 12., 237-295면.

협약 등)에 규범적 근거[8]를 가진다는 견해 등이 존재한다. 여러 견해 중 국제협약 근거설이 가장 유력하다.[9]

(2) 보호국법주의의 개념

보호국(Schutzland, protecting country)이란 '그의 영토에 대해 지식재산권의 보호가 청구되는 국가'라고 정의되는 것이 보통이다. 일반적으로 보호국은 지식재산권 침해와 관련하여 '그 곳에서 권리가 침해되었다고 주장되는 국가'를 말하지만, 권리의 발생, 양도 문제처럼 침해 이외의 형태로 보호가 요구되는 경우도 있기 때문에 보호국이 언제나 침해국만을 의미하는 것은 아니다. 보호국은 권리의 발생, 양도, 침해 등의 경우에 공통적으로 사용되는 일반적 표현이다.[10] 보호국은 '그 나라의 영토를 향하여(for which)' 지식재산권의 보호가 요구되는 국가라는 점에서, '그 나라의 영토에서(in which, where)' 지식재산권의 보호가 요구되는 국가(법정지국)와 구별된다.

지식재산권은 속지주의적 성격이 강하므로 그 보호 역시 국제조약이 없는 한 개별국가에 일임되고 있다. 이에 따라 지식재산권의 보호는 그 보호가 요구되는 개별 국가에서 이를 보호하고 있는 경우에 한하여 인정될 수 있다. 이와 같이 지식재산권의 보호가 요구되고 있는 국가의 법에 의하여 지식재산권의 성립, 소멸, 이전 등에 관한 법률관계 일체를 결정하는 것을 보호국법주의(lex loci protectionis)라고 한다.[11]

한편, 저작권의 성립이나 효력은 저작물의 본원국법(lex originis)에 의해야 한다는 입장도 있다.[12] 이 입장은 저작물이 완성되었다는 사실에 의하여 직접 저작권이 발생한다는 사

---

7) 정식 명칭은 '공업소유권의 보호를 위한 파리 협약'(Paris Convention for the Protection of Industrial Property)이다.

8) 파리협약에는 속지주의를 표방하는 규정(제4조의2, 제6조)은 존재하는 반면 보호국법주의에 대한 명문 규정은 없다. 반대로 베른협약에는 속지주의를 표방하는 규정은 없는 반면 보호국법주의로 해석되는 명문 규정(제5조 제2항, 제14조의2)이 존재한다. 속지주의와 보호국법주의의 실질이 서로 같다고 보는 전제에서 결국 양 협약이 모두 속지주의 원칙을 표방하고 있다고 이해하는 것이다(조영선, 국제적 지식재산권 분쟁의 준거법에 관한 비교법적 연구(주 1), 15면).

9) 위의 책, 11면; 박성호, 저작권법 제3판, 박영사, 2023, 783면.

10) 위의 책, 17면; 석광현, 국제사법해설, 박영사, 2013, 278-279면.

11) 법무부, 국제사법 해설(주 1), 87면.

12) 베른협약이 보호국법주의에 입각한 저촉규범이라고 하면서도, 저작자의 결정, 저작권의 최초 귀속, 저작권의 양도 등에 대해서는 본원국법 또는 최밀접 관련국법에 따라는 것이 타당하다는 입장으로, Paul Goldstein & P. Bernt Hugenholtz, *International Copyright: Principles, Law, and Practice (3rd. 2013)*, pp. 137-138.; 베른협약 제5조 제2항이 준거법 결정 규칙이라 하더라도, 그것은 국제 저작권의 모든 쟁점을 포섭하는 것을 의도하는 것은 아니며 저작자, 최초 귀속, 양도의 문제는 해결되지 않은 채 남아 있다는 입장으로, Sam Ricketson & Jane C. Ginsburg, *International Copyright and Neighboring Rights: The Berne Convention and Beyond (Vol. 2 2006)*, p. 1299; 미국법률가협회(ALI)가 2007. 5. 발표한 "지식재산: 초국가적 분쟁에서의 관할권, 준거법 및 재판을 규율하는 원칙"(ALI 원칙)은 지식재산권 분쟁의 준거

고방식에 입각한 것으로, 어느 나라에서 발생한 저작권은 다른 나라에서도 보편적으로 승인되어야 한다는 것이다.[13] 원심판결은 저작재산권 침해의 준거법은 침해지법이지만, 저작권의 권리자, 권리의 성립 및 소멸, 양도의 준거법은 저작물의 본국법이라고 판단하였다.

다. 베른협약 제5조 제2항과 국제사법 제40조

(1) 베른협약의 저촉규범성

무방식주의에 의해 창작과 동시에 전 세계 동맹국들에서 권리가 발생하는 저작권의 경우 베른 협약 규정으로 직접 저촉문제를 해결할 수 있는지에 관해서는 세계적으로 여러 입장이 존재한다. 반면, 파리협약의 적용을 받는 특허나 상표는 해당국에서 등록을 받아야 권리로 성립하여 보호받을 수 있고, 그 절차와 내용 또한 등록국마다 별개, 독립적이기 때문에 '분쟁의 준거법: 등록국법 = 보호국법'의 관계가 비교적 명확히 성립한다.[14]

베른협약 제5조 제2항 2문인 "보호의 범위와 저작자의 권리를 보호하기 위하여 주어지는 구제의 방법은 오로지 보호가 주장되는 국가의 법률의 지배를 받는다."[15]로부터 베른협약의 저촉규범성을 도출해 내는 견해가 가장 유력하다.[16] 보다 구체적으로는 제5조 제2항에서의 '보호'란 권리의 발생, 행사, 침해 등을 아우르는 넓은 개념이고 그것이 국제적 저작권 분쟁의 준거법 결정기준이 된다는 입장,[17] 베른협약 제5조 제2항의 '보호'가 주장되는 원인을 침해(불법행위)에 한정하며 그 밖의 저작권 분쟁 유형에 대해서는 다른 준거법이 적용될

법 원칙으로, ① 등록에 의해 발생하는 지식재산권의 성립, 귀속, 내용(양도가능성 포함)은 등록국(보호국)법을 준거법으로, ② 등록 없이 발생하는 지식재산권인 저작권은 그 권리의 최초 귀속은 본원국법, 나머지 사항은 보호국법을 준거법으로 제안하고 있다.

13) 박성호, 저작권법 제3판(주 9), 783면.

14) 조영선, 국제적 지식재산권 분쟁의 준거법에 관한 비교법적 연구(주 1), 28면.

15) 원문은 "the extent of protection, as well as the means of redress afforded to the author to protect his rights, shall be governed exclusively by the laws of the country where protection is claimed."

16) 국내에서 이를 지지하는 견해로는, 석광현, 국제사법해설(주 10), 283면; 이규호, "저작권관련 사건에 있어 국제재판관할과 준거법", 정보법학 제12권 제1호, 2008, 22면; 최진원, "유료방송의 무단이용에 대한 국제사법적 고찰 - 무단복호기의 제조 수출을 중심으로 -" 국제사법연구 제14호, 2008, 200-201면; 문선영, "판례로 본 국제적 지적재산권 침해소송의 준거법", 성균관법학 제20권 제3호, 2008, 1117면 등; 베른협약 제5조 제2항 2문을 자기완결적 저촉규범으로 파악하는 학설과 재판례를 비판적으로 검토하면서 설령 베른협약의 저촉규범성을 긍정하더라도 저작인접권에 관한 로마협약에는 베른협약 제5조 제2항에 상응하는 규정이 없으므로 국제사법에서 직접 근거규정을 찾는 것이 타당하다는 국내의 견해로는, 이주연, "국제 저작권침해소송에서 베른협약 제5조 제2항 적용의 문제점", 국제사법연구 제24권 제1호, 2018, 67면 이하.

17) 석광현, 국제사법해설(주 10), 283면; 이규호, "저작권관련 사건에 있어 국제재판관할과 준거법", 정보법학 제12권 제1호, 2008, 22면; 최진원, "유료방송의 무단이용에 대한 국제사법적고찰 - 무단복호기의 제조 수출을 중심으로 -", 국제사법연구 제14호, 2008, 200-201면; 문선영, "판례로 본 국제적 지적재산권 침해소송의 준거법", 성균관법학 제20권 제3호, 2008, 1117면.

여지가 있다는 입장으로 크게 나눌 수 있다.

베른협약 제5조 제2항 외에도 저작권에 관한 개별적 사항에 관한 저촉규범으로 지목되고 있는 것으로 저작인격권 보호에 관한 제6조의2 제3항,[18] 영상저작물에 관한 특별규정으로서 영상저작물의 저작권자 결정에 관한 제14조의2 제2항 (가)호[19]가 있다.

(2) 국제사법 제40조의 적용범위

우리 국제사법 제40조(구 국제사법 제24조)는 "지식재산권의 보호는 그 침해지법에 따른다."고 규정한다. 국제사법 제40조는 보호국법주의에 입각하고 있다. 다만, 지식재산권의 모든 분야에 관하여 보호국법주의를 명시하는 대신 현실적으로 가장 문제가 되며 입법의 필요가 큰 침해 문제에 대하여만 준거법을 규정하였다.[20] 그 결과 지식재산권의 성립, 이전 등의 전반적인 문제는 학설과 판례에 맡겨져 있다.[21]

대한민국이 가입한 국제조약은 일반적으로 민법이나 상법 또는 국제사법보다 우선적으로 적용되고, 국제조약이 적용을 배제하거나 직접적으로 규정하고 있지 않는 사항에 대하여는 법정지의 국제사법에 따라 결정된 준거법이 적용된다.[22] 국제사법 제40조는 지식재산권에 관한 국제조약에 대하여 보충적인 저촉규정으로서의 의미를 가진다. 저작권·특허·상표 등 지식재산권의 종류별로 관련 국제조약이 저촉규정을 두고 있는 경우에는 우선적으로 그에 따르고, 관련 국제조약이 존재하지 않거나 저촉규정을 두고 있지 않는 경우에만 적용된다고 보는 견해가 통설이다.[23]

저작재산권 침해의 준거법 결정과 관련하여, 대상판결 이전의 하급심 판결들은 베른협약 제5조 제2항이 구 국제사법 제24조에 우선함을 이유로 베른협약을 적용한 입장,[24] 베른

---

18) Article 6bis (3) The means of redress for safeguarding the rights granted by this Article shall be governed by the legislation of the country where protection is claimed.

19) Article 14bis (2) (a) Ownership of copyright in a cinematographic work shall be a matter for legislation in the country where protection is claimed.

20) 법무부, 국제사법 해설(주 1) 88면은, 구 국제사법 제24조 신설 당시 지식재산권 전반에 관하여 보호국법을 준거법으로 규정하지 않은 이유를 "특허권, 상표권 등 지식재산권과 관련하여 법원에서 다루고 있는 소송이 대부분 침해소송이어서 지식재산권에 관한 일반적인 준거법을 규정할 필요가 크지 아니하며, 보호국법주의에 입각한 외국 입법례에서는 지식재산권 일반에 대하여 '보호가 요구되는 국가'의 법에 의하도록 하고 있는데 우리의 경우 이러한 규정을 둘 경우 '보호가 요구되는 국가'가 마치 법정지(法廷地)로 오해될 소지가 많다는 점 등 때문"이라고 설명한다.

21) 위의 책, 88면.

22) 대법원 2022. 1. 13. 선고 2021다269388 판결 등.

23) 법무부, 국제사법 해설(주 1), 89면; 석광현, 국제사법해설(주 10), 279면 이하.

24) 서울고등법원 2013. 1. 23. 선고 2012나24622 판결; 서울고등법원 2010. 7. 1. 선고 2008나68090 판결(이른바 '一生要做的99件事' 사건); 2008나68090 판결은 대법원 2012. 2. 23. 선고 2010다66637 판결로 파기환송 후 2012나24622 판결을 거쳐 최종적으로 대법원 2013. 7. 12. 선고 2013다22775 판결(파기자판)로 확정되었는데, 대법원 판결에서는 준거법과 관련한 판시는 없었다.

협약 제5조 제2항만을 근거로 든 입장,[25] 구 국제사법 제24조만을 근거로 든 입장,[26] 베른협약과 구 국제사법 제24조를 모두 근거로 든 입장[27]으로 나뉘어 있었다.

저작권자 결정, 권리의 성립·소멸·양도성 등의 준거법 결정과 관련하여, 대상판결 이전의 하급심 판결들은 구 국제사법 제24조가 침해의 경우뿐만 아니라 권리의 성립, 이전 등 전반에 관하여 보호국법주의 원칙을 채택한 것으로 해석한 입장[28]과 저작물이 최초로 발행된 곳이나 저작자의 소재지 등 본원국법을 준거법으로 결정한 입장(원심판결)으로 나뉘어 있었다.

대상판결은 베른협약 제5조 제2항과 구 국제사법 제24조(현행 국제사법 제40조) 모두 보호국법주의를 채택한 것으로 보았지만 그 적용범위를 다르게 보았다. 대상판결은 베른협약 제5조 제2항이 "저작재산권 침해"에 관한 사항에 우선 적용되고, "저작권의 성립과 내용, 저작권의 이전이 가능한지 여부, 저작권의 이전과 귀속에 어떠한 절차나 형식의 이행이 필요한지 여부 등"에 관한 사항에 대하여는 특별한 사정이 없는 한 보충적 지위에 있는 구 국제사법 제24조가 적용된다고 하였다.[29]

라. 저작권 이전의 원인행위 등에 적용되는 준거법

(1) 저작재산권 승계의 원인이 된 행위에 적용되는 준거법

지식재산권 관련 계약의 준거법 문제는 지식재산권 자체의 성립이나 귀속, 양도가능성, 이용허락의 효력 등 문제와 구별되어야 한다. 저작재산권 처분의 원인관계인 채권계약에 대해서는 일반적인 계약의 준거법에 의하는 것이 원칙이다.

대상판결은 "저작권 이전의 원인이 된 계약 등의 법률관계는 단지 그 목적물이 저작권일 뿐 성질상 저작권의 대세적인 효력이나 저작권 자체의 보호에 관한 것이 아니어서, 그 계약 등의 법률관계에 관하여 적용될 준거법을 별도로 결정하여야 한다."고 설시한 후 "저작재산권 승계의 원인이 된 법률관계인 이 사건 물적 분할은 법인의 설립에 관한 것이므로 구 국제사법 제16조 본문에 따라 피고 설립의 준거법인 대한민국의 상법이 준거법이 된다."고

25) 서울중앙지방법원 2017. 2. 3. 선고 2015노2783 판결.

26) 서울고등법원 2008. 9. 23. 선고 2007나127657 판결(이른바 '데스페라도' 사건).

27) 서울중앙지방법원 2019. 5. 1. 선고 2017가합574019 판결.

28) 서울고등법원 2008. 7. 8. 선고 2007나80093 판결(이른바 '플라잉 아이볼 2' 사건); 대구지방법원 2015. 7. 10. 선고 2014노816 판결(이른바 '르 슈크레' 사건).

29) 베른협약 동맹국 사이에 베른협약 제5조 제2항이 저촉규정이라는 공감대가 형성되어 있지 않은 상황에서 베른협약 제5조 제2항과 국제사법 제40조의 관계를 설정한 대상판결은 충분한 설득력이 없다는 견해로, 이주연, "국제저작권소송의 준거법 판단에 관한 '미르의 전설' 사건의 대법원 2024. 5. 9. 선고 2020다250561 판결에 대한 비판적 검토"(주 1), 180면 이하.

판시하였다.[30] 대법원은 국제사법 제30조(구 국제사법 제16조)의 적용 범위는 법인의 설립과 소멸, 조직과 내부관계, 기관과 구성원의 권리와 의무, 행위능력 등 법인에 관한 문제 전반을 포함한다는 입장이다.[31]

대상판결과 비슷한 취지로, 하급심은 저작권 이중양도가 문제된 사안에서 "당사자가 외국인과 사이의 양도계약에 따라 저작권을 취득한 경우나 외국인 저작자가 사망하여 상속이 발생한 경우 등 외국에서 발생한 저작권의 취득원인사실의 유무와 그 효력을 판단하는 전제로서 그 원인행위에 적용되어야 할 준거법은 속지주의에 따라 일률적으로 정해지는 것은 아니다."라고 판시한 바 있다.[32]

(2) 업무상저작물의 저작권 최초 귀속에 적용되는 준거법

업무상저작물에 대한 저작권 최초 귀속에 관해서는 보호국법을 준거법으로 결정하자는 입장[33]과 파편화된 보호국법이 아닌 단일법에 의하자는 입장[34]이 있다. 오스트리아, 불가리아, 리히텐슈타인, 대만은 저작권에 대한 저촉원칙으로 보호국법주의를 취하면서도 업무상저작물에 대하여는 고용관계의 준거법에 의하도록 입법하였다.[35] 일본의 실무는 업무상저작물의 저작권 최초 귀속을 고용계약의 준거법에 따라 정한다.[36] 미국 제2연방항소법원은 Itar-Tass 사건에서 업무상저작물의 저작권 원시적 귀속의 준거법을 그 권리 및 당사자와의 최밀접 관련국법이라고 하였다.[37]

대법원 2025. 7. 3. 선고 2025다209384, 209391 판결(이른바 '마크 곤잘레스' 사건)은 대상

---

30) 물적 분할로 인한 분할회사(소외 위메이드) 자산의 신설회사로의 이전은 신설회사(피고) 설립의 문제로 보아 신설회사 설립의 준거법에 따른다고 볼 것이 아니고 분할회사 내부의 경영 문제로 보아 분할회사의 설립의 준거법에 따르는 것이 타당하다는 견해로, 김인호, "회사의 물적 분할로 인한 저작권의 이전과 저작권침해의 준거법"(주 1), 202면.

31) 대법원 2018. 8. 1. 선고 2017다246739 판결.

32) 서울중앙지방법원 2007. 5. 10. 선고 2005가합114391 판결(이른바 '플라잉 아이볼 1' 사건).

33) 독일에서는 업무상저작물의 권리 귀속은 보호국법을 준거법으로 함이 통설이라고 한다. 유럽 막스플랑크 지식재산 국제사법 그룹(EMPG)이 2011. 8. 발표한 "지식재산의 국제사법 원칙"(CLIP 원칙)은 특정 저작물이나 등록을 요하는 산업재산권의 최초 권리귀속은 보호국법에 의해 정해진다는 입장이다[3:201(1)].

34) 미국법률가협회(ALI)가 2007. 5. 발표한 "지식재산: 초국가적 분쟁에서의 관할권, 준거법 및 재판을 규율하는 원칙"(ALI 원칙)은 직무발명, 업무상저작 권리의 최초 귀속을 정하는 단계의 준거법을 근로계약의 준거법으로 정하고[§313(1)(c)], 그 정함이 없는 경우 최밀접 관련국법을 준거법으로 정하고 있다. Itar-Tass 사건에서처럼, 저작물의 경우 본원국법이 최밀접 관련국법으로 인정될 가능성이 크다.

35) 오스트리아 국제사법 제34조, 불가리아 국제사법 제71조 제1항과 제72조, 리히텐슈타인 국제사법 제38조, 대만 섭외민사법률적용법 제42조(이주연, "국제저작권소송의 준거법 판단에 관한 '미르의 전설' 사건의 대법원 2024. 5. 9. 선고 2020다250561 판결에 대한 비판적 검토"(주 1), 169면에서 재인용).

36) 일본 동경고등재판소는 2001년 직무저작물에 관한 사항은 그 성질상 사용자와 피용자 간 고용계약의 준거법 소속국법에 따르는 것이 상당하다고 판시하며 해당 사안에서 일본 저작권이 문제가 되더라도 직무저작물 해당성의 준거법은 미국법이라고 판단하였다(東京高裁 平13. 5. 30. 平成 12 年 (ネ) 第7号 判決).

37) Itar-Tass Russian News Agency v. Russian Kurier, Inc., 153 F.3d 82 (2d Cir. 1998).

판결을 인용한 뒤 "(업무상저작물의) 저작권의 최초 귀속 등에 관한 사항은 고용관계 등 업무상 관계를 기초로 한 법률관계에 해당한다.", "업무상저작물의 저작권 최초 귀속에 대하여는 그 작성의 기초가 된 업무상 관계인 이 사건 고용계약(1999. 10. 1.자)에 적용되는 준거법에 따라야" 하므로 "원심의 이유 설시 중 국제사법 제40조가 저작권의 귀속 등에 관하여 규율하고 있다고 한 다음 참가인 쟁점 도안에 대한 저작권자의 결정에 적용되는 준거법까지 대한민국 저작권법이라고 판단한 부분은 적절하지 아니하다."고 판시하였다.[38] 즉 대법원은 업무상저작물의 저작권 최초 귀속에 관해서는 보호국법이 아닌 고용계약의 준거법을 따른다는 입장이다.

4. 판결의 의의

대상판결은 베른협약 제5조 제2항과 국제사법 제40조의 지위와 그 적용범위를 명확히 하였다는 데 의의가 있다. 대상판결은 베른협약 제5조 제2항이 저작재산권 침해에 대한 준거법을 보호국법으로 지정하는 저촉규범임을 명시적으로 인정하고, 저적재산권 침해의 준거법 결정에 있어 베른협약 제5조 제2항이 국제사법 제40조에 우선적으로 적용되는 관계임을 밝힌 최초의 대법원 판결이다. 또한 대상판결은 국제사법 제40조를 저작권의 성립과 내용, 저작재산권의 이전이 가능한지 여부, 저작재산권의 이전과 귀속에 어떠한 절차나 형식의 이행이 필요한지 여부에 대해 보호국법주의를 채택한 규정으로 해석하였다.

한편 대상판결은 저작권 이전의 원인이 된 계약 등의 법률관계는 저작권의 대세적인 효력이나 저작권 자체의 보호에 관한 것이 아니어서 국제사법 제40조에 따라 준거법을 결정할 수는 없고, 그 계약 등의 법률관계에 관하여 적용될 준거법을 별도로 결정하여야 한다고 밝혔다. 대법원은 이러한 입장을 '마크 곤잘레스' 사건에서 재확인하였다.

---

38) 대법원 2015. 1. 15. 선고 2012다4763 판결은 직무발명에 의하여 발생되는 권리의무는 비록 섭외적 법률관계에 관한 것이라도 그 성질상 등록이 필요한 특허권의 성립이나 유·무효 또는 취소 등에 관한 것이 아니어서, 속지주의의 원칙이나 이에 기초하여 지식재산권의 보호에 관하여 규정하고 있는 구 국제사법 제24조(현행 국제사법 제40조)의 적용대상이라 할 수 없다고 하였다. '마크 곤잘레스' 사건에 앞서, 대법원은 직무발명에 관한 섭외적 법률관계에 적용될 준거법은 발생의 기초가 된 근로계약에 관한 준거법으로서 국제사법 제28조 제1항, 제2항(현행 국제사법 제48조) 등에 따라 정하여지는 법률임을 명확히 하였다.

30 저작권신탁관리업의 법적 성질 및 법률관계

대법원 2024. 7. 11. 선고 2021다216872, 216889 판결[1)]

김인철 (상명대학교 교수)

1. 사안의 개요

2012. 3. 26. 사망한 망인은 생전에 독립당사자참가인 한국음악저작권협회에 저작물의 저작재산권을 위탁하는 저작권신탁계약을 하였고, 망인의 3녀는 2010. 1. 13.에 이루어진 망인의 유언에 의해, 망인의 명의로 참가인에게 신탁한 모든 음악저작물의 재산권과 사용료에 관한 권리를 단독으로 상속하였다.

망인이 작사한 노래 가사가 기재된 노래비 또는 노래가사지가 망인, 망인의 3녀, 망인의 작사에 대하여 위탁을 받은 한국음악저작권협회의 명시적인 동의 없이 지방자치단체(사천시(노래비 1과 ''삼천포 아가씨상), 금천구(노래비 4), 성북구(노래비 5))는 노래비를 각각 제작하여 설치하였고, 한국수자원공사가 노래가사지를 제작 및 설치하였으며, 피고 태안군에는 제3자가 노래비 2를 설치하였으며. 노래비가 설치된 토지는 태안군으로 2024년경 소유권 이전등기가 되었다. 그리고, 노래비 3이 설치된 장소는 제천시가 관리하고 있다.

망인인 작사가의 3녀는 피고들이 망인의 어문저작물을 이용허락없이 사용하여 저작권 침해에 해당한다고 주장하면서 손해배상을 청구하였다.

1) [참조 및 관련 판례] 대법원 2013. 2. 15. 선고 2011도5835 판결(공2013상, 533); 대법원 2012. 7. 12. 선고 2010다1272 판결(공2012하, 1399); 대법원 2019. 7. 24. 선고 2015도1885 판결 등.
[관련 평석 및 문헌] 장명, "음악저작물을 이용한 노래비(碑)와 노래가사지에 관한 저작권법상 공정이용 법리의 적용 여부 - 대법원 2024. 7. 11. 2021다216872, 2021다216889 판결을 중심으로", 법학연구 제35권 제2호, 충북대학교 법학연구소, 2024.

2. 판결의 요지

가. 1심판결(서울서부지방법원 2014. 2. 5. 선고 2013고단750 판결)

(1) 원고의 주장

망인의 3녀인 원고는 한국저작권위원회에 이 사건 저작물들이 어문저작물로 등록되어 있고, 가사가 악곡과 분리되어 어문저작물로서 단독적으로 사용되는 경우에는 한국음악저작권협회에 수탁되지 않아 원고가 이 사건 소권을 행사할 수 있다고 주장하였다.

(2) 피고의 주장

피고들은 망인은 한국음악저작권협회에 저작권을 위탁하는 저작권신탁계약을 체결하여 유지하고 있기 때문에 피고들을 상대로 하는 손해배상 청구권이 없다고 주장하였다.

(3) 법원의 판단

1심법원은 망인은 한국음악저작권협회와 저작권신탁계약을 체결하였고, 원고는 위 망인의 신탁계약을 승계하여 현재까지 이 사건 각 저작물에 대한 저작권신탁계약을 유지하고 있으므로 신탁약관에는 위탁자의 모든 저작권이 수탁자에게 저작권을 이전하고, 위탁자는 제3자에게 권리행사를 할 수 없으며, 위탁자는 신탁저작권에 대하여 민·형사상의 소송 등을 제기할 수 없는 것으로 규정하고 있으므로 원고의 손해배상 청구를 기각하였다.

나. 원심판결(서울서부지방법원 2015. 1. 16. 선고 2014노262 판결)

(1) 항소인의 주장

노래비 또는 노래가사지와 같이 가사가 악곡과 분리되어 사용되는 경우에는 어문저작물로 사용된 것이고, 망인은 신탁계약에 따라 참가인에게 음악저작물에 대한 권리만을 신탁하였으므로, 어문저작물에 대한 권리는 신탁되지 않아 원고는 피고들을 상대로 어문저작물의 저작권 침해에 따른 손해배상을 청구할 수 있다고 주장하였다.

(2) 피항소인들 및 참가인의 주장

가사가 단독으로 사용되는 경우에도 (신탁된 음악)저작물의 사용에 해당하여 이 사건 신탁계약의 범위에 포함되고, 저작권이 신탁되면 수탁자인 참가인만이 저작권을 침해한 자를 상대로 소송을 제기할 수 있으므로, 참가인만이 피고들을 상대로 직접 저작권 침해에 따른 손해배상을 청구할 수 있다.

(3) 법원의 판단

1) 원고의 저작권 침해 주장

① 한국저작권위원회에 어문저작물로 등록하였다고 하더라도 어문저작물로 간주하여야 하는 것이 아니고, ② 원고의 저작물인 가사가 어문저작물성을 가진다고 하더라도 한국음악저작권협회가 관리가능하며, ③ 저작권법에 따른 신탁의 법적 성질은 신탁법상 신탁에 해당하므로 신탁계약이 체결되면 신탁자의 모든 권리는 법률상 수탁자에게 완전히 이전하여, 소제기 권한을 포함한 모든 관리처분권이 수탁자에게 이전하므로 참가인 한국음악저작권협회만이 소제기 권한을 행사할 수 있다고 판단하였다.

2) 참가인의 저작권 침해 주장

망인의 저작권을 수탁받은 참가인 한국음악저작권협회는 피고들을 각각 저작권 직접침해에 따른 손해배상을 청구하였다.

3) 법원의 판단

① 노래비 2가 설치된 토지는 현재는 태안군 명의로 이전등기가 되어 있지만, 노래비 2가 설치된 시점에 그 토지를 관리하였다는 증거도 없고, 태안군이 노래비 2를 제작 또는 관리(유지 및 보수)하고 있다는 증거가 없으므로 참가인의 청구를 기각하였고, ② 노래비 3은 피고 제천시가 설치한 것이 아니라, 제3자가 설치하였고, 제3자가 제천시에 기증한 증거도 부족하며, 망인이 노래비의 제막식에 참석한 점을 고려하여 설치한 제3자인 단체는 망인에게서 이용허락을 받았던 것으로 추정된다고 하면서 참가인의 청구를 기각하였다.

③ 피고 사천시, 성북구는 망인과 사전에 노래비 제작에 대하여 협의하였고, 노래비 제막시에도 망인이 참석하였으며, 망인이 저작권료를 언급하지 않은 점 등을 고려하여 망인의 묵시적·포괄적 이용허락을 받았다고 판단하여 참가인의 청구를 기각하였다.

④ 피고 금천구와 한국수자원공사의 공정이용 여부

금천구(망인의 묵시적·포괄적 허락의 추정 주장에 대해 법원이 인정하지 않음)와 한국수자원공사는 노래비 또는 노래가사지가 설치된 장소에 방문하는 시민들에게 휴식공간을 제공하기 위한 비영리적, 공익적인 목적이고, 망인의 성명을 표시하였으며, 방문객에게 망인이 작사한 노래를 홍보하는 효과가 있으므로 공정이용을 주장하였다. 이에 항소법원은 저작자의 이익과 공공의 이익 사이의 조화로운 해석이 더욱 필요한 영역인 점 등을 고려하여 공정이용에 해당한다고 판단하였다.

⑤ 결론적으로 참가인의 주장에 대하여, 묵시적 이용허락 또는 공정이용에 해당하여 저작권 침해에 해당하지 않는 것으로 판단하였다.

다. 대법원 판결

대법원은 (1) 원심법원의 공정이용 판단에 대해 2011. 12. 2. 법률 제11110호로 개정되기 전의 구 저작권법에 공정이용에 대한 명시적 규정 없이 저작재산권의 제한사유를 개별적으로 열거하고 있으므로 구 저작권법 하에서 공정이용 법리를 적용할 수 없고, (2) 저작권법에 따른 신탁은 신탁법상의 신탁의 성격을 가지므로 위탁자가 수탁자에게 저작재산권 등을 신탁하면 대내외적으로 저작재산권 등은 수탁자에게 완전히 이전되어, 위탁자와의 내부관계에서 그 권리가 위탁자에게 유보되어 있는 것도 아니라고 판시하여, 원심을 파기환송하였다.[2)]

3. 해설

가. 공정이용 법리의 적용 가능성

미국 연방법원들의 판례로 발전되어온 개념을 1976년 미국 연방저작권법에서 성문화한 제도로 저작재산권 제한사유를 개별적으로만 규율하면 기술 발전으로 저작물의 이용방법이 급변하는 현대 사회에 유연하게 반응하기 어려워 저작권자 및 이용자의 이익과 공익의 균형을 유지하기 어려워 우리나라에는 한·미 FTA를 통해 국내에 수용된 포괄적인 저작재산권 제한 제도로 2011년에 저작권법이 개정되기 이전에는 저작재산권의 제한사유를 개별적으로 규율하였다.

공정이용이 2012년 3월 15일 발효 이전에 발생한 저작권 침해행위에 적용되는지의 여부에 대해서는 명확하지 않았고, 논란도 거의 없었다. 다만 형사사건인 소위 리프리놀 사건(대법원 2013. 2. 15. 선고 2011도5835 판결)에서도 약간의 논란이 있었지만, 이 사건에서 대법원은 구 저작권법 제23조 이하에서 저작재산권의 제한사유를 개별적으로만 열거하였으므로, 공정이용의 법리가 인정되지 않는다고 하면서 공정이용의 법리가 인정됨을 전제로 하는 한 상고를 기각하였다. 즉 형사사건의 경우에도 범죄가 완성된 이후 그 행위가 신법에서 범죄가 아니게 된 경우에는 신법을 적용하여 처벌하지 않을 수도 있었지만, 대법원은 형법상의 신법우선의 원칙을 적용하지 않았다.

이와 함께 본 사건은 형사사건이 아니라, 저작권 침해행위에 대한 민사사건으로 헌법 제13조 제2항에서 "모든 국민은 소급입법에 의하여 … 재산권을 박탈당하지 아니한다."라

---

2) 대법원은 독립당사자참가소송의 의미 및 독립당사자참가가 적법하다고 인정되는 경우, 본안판결을 선고하는 방법을 설시하고 있지만, 본 원고에서 분석하지 않는다.

고 규정하여 이미 과거에 완성된 사실·법률관계를 규율의 대상으로 하는 이른바 진정소급효의 입법에 의한 재산권의 박탈을 금지하고 있다. 노래가사의 복제행위는 노래비 또는 노래가사지를 설치함으로써 종료 또는 완성되는 것이므로, 공정이용 규정이 시행되기 이전에 이미 복제행위인 제작·설치가 종료된 행위에 대해 공정이용 규정을 소급적으로 적용하게 되면 구체적인 저작권자의 권리를 침해하게 되어 행위시의 법률이 적용되는 것이 원칙이다.[3] 따라서 대립되는 이해관계를 가지는 저작권자와 이용자의 이익의 균형을 유지하기 위해 공정이용 규정을 적용하려면 저작권 침해가 발생하고 종료된 시기에 공정이용의 법률상 그 요건과 효과가 명확하게 규정되어 있어야 하는데 구 저작권법에서는 공정이용에 대한 명시적 규정이 없었던 시기에 완성된 저작권 침해행위에 대해 공정이용 규정을 소급적으로 적용하지 않고 이 사건 노래비와 노래가사지에 관하여 공정이용을 인정한 원심판결을 파기한 것은 적절하다고 판단된다.[4]

나. 저작권법상 저작권 신탁의 법적 성격

(1) 개요

저작권법은 저작권신탁을 인정하면서도 신탁의 의미를 정의하지 않고, 단지 저작권법 제2조 제26호에서 "저작권신탁관리업은 저작재산권자, 배타적 발행권자, 출판권자, 저작인접권자 또는 데이터베이스제작자의 권리를 가진 자를 위하여 그 권리를 신탁받아 이를 지속적으로 관리하는 업을 말하며, 저작물 등의 이용과 관련하여 포괄적으로 대리하는 경우를 포함한다."로 규정하고 있을 뿐이다. 그러나 신탁법은 신탁의 정의규정을 두고 있어 저작권법상의 신탁이 신탁법상의 신탁과 동일한 법적 성격을 가지는지에 대해 다양한 논의가 진행되어 왔다.

(2) 저작권 신탁의 법적 성격-견해 대립

① 민법상의 위임계약설

저작권집중관리단체의 신탁약관을 예시로 들면서 신탁약관은 권리자의 권리가 확정적으로 양도되는 불안감을 축소하기 위한 제도이므로 저작권신탁으로 저작권 자체가 양도되는 신탁적 양도가 아니라 관리권만을 양도하는 민법상 위임계약의 성질에 보다 부합한다고 해

3) 헌법재판소 2013. 11. 28. 선고 2012헌마770 전원재판부.

4) 복제 행위 이후에 가사가 계속 유형물로 전시되었다고 하더라도 어문저작물은 전시권의 대상이 아니므로 전시권 문제도 발생하지 않는다. 노래비의 설치로 복제된 가사를 계속해서 유지 및 관리하는 행위는 전시행위에 해당할 수 있지만, 저작권법상 전시권의 대상인 저작물은 미술저작물, 사진저작물, 건축저작물에 제한되어 어문저작물 (또는 음악저작물)인 가사는 전시권 문제가 발생하지 않는다.

석하는 견해가 있다.[5)]

② 신탁법상의 신탁설

저작권법상의 신탁을 신탁법상 신탁과 동일하다고 판단하는 이 학설은 신탁된 저작권은 저작권자에게서 저작권신탁업자에게 법률상 완전히 이전되어, 신탁 시점부터 수탁자가 권리자가 되고, 그 권리에 대한 소제기 권한을 포함한 모든 관리·처분권이 저작권신탁업자에게 이전된다고 보는 견해[6)]로 저작권법상의 신탁을 신탁법상 신탁으로 해석하여야만 자본시장법의 규정과도 정합성을 가지게 된다고 설명한다.[7)]

③ 특수한 신탁설

저작권법상의 신탁을 저작권법에 의하여 만들어진 특별한 신탁으로 보는 학설은 저작권법상의 신탁은 신탁법상의 신탁과는 연결되기 어려운 '포괄적 대리'까지 신탁 개념에 포함하고,[8)] 저작권법상 수탁자가 되기 위한 요건에는 저작권 집중관리의 효율성을 고양하기 위해 문화체육관광부장관의 허가, 목적의 비영리성, 사용료 징수 및 분배 능력 등을 요구하고 있기 때문에 신탁법상의 신탁과는 구분되는 저작권법상의 특별한 신탁이라고 해석한다.[9)]

④ 기타학설

저작권법상의 신탁은 신탁의 목적에 비추어 합리적인 범위 내로 권리의 양도가 이루어지는 것이므로 저작권법상 신탁이 이루어진다고 하더라도 저작권의 처분권까지 이전되는 것이 아니라, 처분권은 위탁자에게 있고, 수탁자인 저작권집중관리단체에게는 관리권만 이전된다고 분석하는 학설이 있다.[10)]

---

5) 방석호, "음악저작권 신탁관리계약의 법적 의미와 분석", 법학연구 제6권, 홍익대학교 법학연구소, 2004, 71면

6) 장명, "음악저작물을 이용한 노래비(碑)와 노래가사지에 관한 저작권법상 공정이용 법리의 적용 여부 - 대법원 2024. 7. 11. 2021다216872, 2021다216889 판결을 중심으로", 법학연구 제35권 제2호, 충북대학교 법학연구소, 2024, 350면.

7) 자본시장과 금융투자업에 관한 법률 제6조 제1항 제6호, 제12조 제1항 제1호에서 신탁업을 금융위원회 인가를 받아야만 영위할 수 있는 금융투자업의 하나로 규정하면서도, 제7조 제5항에서는 "저작권법에 따른 저작권신탁관리업의 경우에는 신탁업으로 보지 아니한다"고 규정하고 있으므로 저작권신탁관리업은 원칙적으로 자본시장법상의 신탁업에 해당하지만, 자본시장법상의 '신탁업'과 다르게 저작권법상 저작권신탁관리업은 비영리를 목적으로 하여야 하므로 자본시장법의 적용을 배제하였으므로 신탁법상의 신탁과 저작권법상의 신탁을 동일한 것으로 해석한다. 이해완, "저작권집중관리에 있어서의 신탁 중심체제의 문제점과 입법적 대안", 법조 제643호, 법조협회, 2010. 4., 176면.

8) 저작권법 제2조 제26호 단서 참조

9) 이근영, "저작권법상 저작권신탁과 신탁범위선택제에 관한 소고", 법학논총 제24권 제2호, 조선대학교 법학연구원, 2017, 135면; 박준석, "지적재산권 신탁에 관한 고찰", 저스티스 제151호, 한국법학원, 2015, 250-251면

10) 이상정, "음반제작자와 편집음반의 제작 - 대법원 2002. 9. 24. 선고 2001다60682 판결 및 서울지방법원 2004. 11. 25. 선고 2004가합22068 판결 - ", 계간저작권 2005년 여름호/통권 제70호, 저작권심의조정위원회, 2005. 6., 53면.

⑤ 소결

저작권법상의 신탁을 신탁계약약관에 근거하여 권리자가 자신의 권리를 신탁한 이후에도 사전에 수탁자에게 승인을 받는다면 저작권의 전부 또는 일부를 양도하거나 증여할 수 있고, 사전에 수탁자의 승낙을 얻어 수탁자의 신탁저작권 관리범위에 대하여 권리유보 및 제한을 할 수 있으므로 민법상 위임계약으로 설명하는 학설은 모든 저작물에 대한 관리를 저작권신탁업체에 양도하고 저작자는 수익만을 받도록 하여 저작물의 지속적인 창작에 집중시키려는 입법취지 및 저작권자의 소송을 인정하지 않는 저작권신탁단체들의 기타 규정 등을 고려한다면 받아들이기 어렵다. 그리고 저작권법상의 신탁 목적에 비추어 합리적인 범위 내에서만 권리의 양도가 이루어진다는 학설도 실질적으로 신탁계약에 이전되는 저작재산권이 명시되어 있음에도 불구하고, 관리권만 이전한다는 학설도 현실적으로 받아들이기 어렵다.

그렇다면 남는 학설은 신탁법상의 신탁설과 저작권법상의 특수한 신탁설만 남게 되는데 이 두 가지 학설의 차이점은 그렇게 크게 보이지 않는다. 특수한 신탁설을 주장하는 학자도 본질적으로 저작권신탁관리 약정에 관해 그 성질에 반하지 않는 범위에서는 신탁법상의 규정이 적용되거나 준용될 수 있다고 해석하고 있고, 자본시장법의 저작권법상의 신탁을 제외하는 것도 결국에는 저작권법상 신탁기관의 비영리성으로 제외하는 것을 인정한다면 저작권법상의 신탁을 신탁법상의 신탁으로 해석하고 예외적인 경우에만 그 성격을 다르게 판단하면 될 것이다.

(3) 기존 판례

대법원은 서태지와 한국음악저작권협회의 저작권사용료에 관한 분쟁에서 "저작권신탁관리업은 저작권법에 근거하는 것으로서 법적 성질은 신탁법상 신탁에 해당"[11]한다고 판시한 이후 이러한 입장을 일관되게 유지하고 있고,[12] 본 판결 역시 저작권신탁이 신탁법상 신탁에 해당한다고 판시하였다.

4. 판결의 의의

저작자가 자신의 저작권을 저작권신탁관리업자에게 이전하고, 저작권으로부터 발생하는 수익을 수취하는 신탁계약은 전형적인 자익신탁으로, 신탁계약이 체결되면 신탁계약에 따라 수탁자인 저작권신탁관리업자에게 대내외적으로 모든 저작권이 완전하게 이전되어, 위탁자와의 내부관계에서도 저작권이 위탁자에게 유보되지 않으므로, 저작권신탁관리업자는

11) 대법원 2012. 7. 12. 선고 2010다1272 판결.
12) 대법원 2019. 7. 24. 선고 2015도1885 판결.

저작재산권을 완전하게 이전받아 저작권에 관한 관리권 역시 대내외적으로 보유하게 된다. 다만, 저작권신탁관리업자는 신탁의 목적 범위 내에서 신탁계약에서 정하여진 바에 따라 저작재산권을 관리하는 의무만을 부담한다. 대상판결에서 문제가 된 신탁계약 역시 망인과 한국음악저작권협회 사이에 체결된 신탁계약에는 위탁자는 현재와 미래의 저작권을 수탁자에게 이전하고, 수탁자는 저작권료를 위탁자에게 분배할 의무가 있을 뿐이고, 관리의 효율성을 위해 위탁자는 어떠한 경우에도 제3자에게 권리행사를 할 수 없도록 규정하고 있으므로 노래비에 복제된 망인의 노래가사에 대한 권리는 한국음악저작권협회에 대내외적으로 완전히 이전되어, 망인은 더 이상 노래가사를 제3자에게 허락할 수 없다. 따라서 신탁계약이 종료되지 않는다면 망인의 지위를 승계하는 망인의 3녀인 원고도 제3자를 상대로 저작물에 대한 어떠한 권리도 행사할 수 없다. 그럼에도 불구하고 원심에서 저작자인 망인이 한국음악저작권협회에 신탁한 이후에 저작자가 노래비 제막시에 참석한 사실, 노래비 제작에 허락을 요청한 사실, 또는 노래비 제작에 망인의 적극적인 기여행위 및 등을 근거로 해당 저작자의 묵시적·포괄적 이용허락이 있다고 보고, 저작권침해가 인정되지 않는다고 판시한 원심판결을 파기한 것은 신탁제도의 본질에 따른 적절한 판결이라고 할 수 있다.

31 부정경쟁방지법 제2조 제1호 (자)목의 '동종의 상품이 통상적으로 가지는 형태'의 의미

대법원 2017. 1. 25. 선고 2015다216758 판결[1]

이유진 (변호사, 경희대학교 강사)

1. 사안의 개요

대법원 2017. 1. 25. 선고 2015다216758 판결(이하 '대상판결'이라 한다)은 두 개의 소화기캔이 하나의 케이스에 내장되어 휴대할 수 있도록 구성된 쌍구형 소화기의 형태가 부정경쟁방지 및 영업비밀보호에 관한 법률(이하 '부정경쟁방지법'이라고 한다) 제2조 제1호 (자)목의 '동종의 상품이 통상적으로 해당하는지'의 여부가 문제된 사건이다.

원고는 2010. 4.경부터 두 개의 소화기캔을 하나의 케이스에 내장하여 휴대할 수 있도록 구성된 쌍구형 휴대형 소화기를 개발하여 조달청 입찰을 통하여 경찰청에 공급하여 왔고, 피고는 2012. 9.경 조달청의 소화용기구 입찰에서 낙찰자로 선정된 뒤 조달청의 입찰공고에 부대된 사양서 및 도면에 따라 소화기를 제작하여 납품하였다. 피고가 제작한 소화기는 원고의 소화기와 색상의 농도, 광택에 있어서만 약간 차이를 보일 뿐, 크기와 형상, 모양, 누름버튼 및 안전핀 등이 거의 동일하였다. 한편, 원고 소화기의 주된 특징적 형태는 이미 과거에 1984. 1. 경 실용신안등록 출원된 고안에서 구현된 제품 및 과거부터 여러 회사에 의하여

1) [관련 평석 및 문헌] 정상조 편집대표, 부정경쟁방지법 주해(제2판), 박영사, 2024 중 제2조(정의) 1호 자.(박성호 집필부분); 법원 지적재산권법연구회·사단법인 한국특허법학회, 부정경쟁방지법 판례백선, 박영사, 2024 중 [39] 동종의 상품이 통상적으로 가지는 형태의 의미(김영기 집필부분); 강오란, "부정경쟁방지법 제2조 제1호 (자)목에서의 상품형태 보호기준에 관한 연구", 법학논총 제42권 제2호, 단국대학교 법학연구소, 2018; 김창권, "상품형태 모방과 관련하여 동종의 상품이 통상적으로 가지는 형태의 의미, 대법원 판례해설 제112호, 법원도서관, 2017; 김원오, "부정경쟁방지법에 의한 미등록 디자인 보호의 요건 - 2016년 이후 대법원 판결들을 통해 본, 법 제2조 1호 <자목> 해석론 정립 - ", 법학연구 제25권 제3호, 인하대학교 법학연구소, 2022; 박선하·양인수, "부정경쟁방지법상 상품형태모방에서 "동종 상품이 통상적으로 가지는 형태"의 의미", 지식재산연구 제16권 제4호, 한국지식재산연구원, 2021; 박성호, "부정경쟁방지법에 의한 상품형태의 보호", 산업재산권 제34호, 2007; "박성호, "부정경쟁방지 및 영업비밀보호에 관한 법률 제2조 제1호 (자)목에서 규정하는 '상품형태 모방행위'의 규제", 한양법학 제31권 제1집, 2020.

제조되어 온 동종 제품들과 모양에 있어서 대체로 유사하였고, 소화물질을 분사하는 분사구와 분출구의 형태 등에서 선행제품의 세부적인 형상·모양과 다소 차이가 있었다.

원고는, 원고가 개발한 제품과 형상, 모양, 색채, 광택, 크기는 물론 제품 디자인상의 미세한 부분까지도 동일한 제품을 제조하여 공급한 피고의 행위가 부정경쟁방지법 제2조 제1호 (자)목의 상품형태모방 또는 (차)목[현 (파)목]의 성과도용에 의한 부정경쟁행위에 해당함을 근거로 부정경쟁행위로 인하여 원고가 입은 손해의 배상을 구하는 소를 제기하였다.

2. 판결의 요지

가. 원심판결(인천지방법원 2015. 4. 23. 선고 2014나54489 판결)

원심에서는, ① 조달청이 2012. 9. 12. 입찰공고를 하면서 부대조건으로 제품은 사양서 및 도면에 따를 것을 요구하였는바, 이전까지는 원고로부터 소화용기구를 납품받아 왔기 때문에 조달청이 요구한 제품의 사양서 및 도면 자체가 원고 제품과 대체로 유사하였던 점, (중략) ④ 즉 피고 제품은 낙찰자로 선정되기 위하여 제작된 것이 아니고, 먼저 피고가 제품의 모양과 무관하게 납품가격 등의 입찰기준에 의해 낙찰자로 선정되었고, 그 이후에 입찰 부대조건에 제시된 도면과 수요기관의 요청을 고려하여 피고 제품을 제작하게 된 점, ⑤ 소형 쌍구형 소화기의 케이스에 관하여는 1984. 1.경에 이미 실용신안등록이 출원되었는데, 당시 고안에서 구현된 제품의 형태가 이 사건 원고 및 피고의 제품과 유사한 점, ⑥ 또한 2007. 11.경부터 A회사가, 2009. 7.경부터 B회사가 동종의 제품을 제조하여 왔는바, 그 작동원리, 기능, 총중량이나 약제중량 등에 일부 차이가 있으나 모양에 있어서는 대체로 유사한 점 등을 종합하여 보면, 앞서 본 사실과 그 밖에 원고가 제출한 증거들만으로는 위와 같이 피고가 조달청의 입찰에서 낙찰자로 선정된 이후 피고의 제품을 제작하여 공급한 행위가 부정경쟁방지법 제2조 제1호 자.목의 '형태모방' 부정경쟁행위에 해당한다고 인정하기에 부족하고, 달리 이를 인정할 증거가 없다고 판단하였다.

아울러 원고의 (차)목의 성과도용에 의한 부정경쟁행위 주장에 대해서는, 해당 조항이 피고가 2013년 초 경 경찰청에 공급을 마친 후인 2013. 7. 30. 신설되었으므로, 위 조항을 개정 전 이루어진 피고의 행위에 대하여 적용할 수 없다고 판단하였다.

나. 대법원 판결

대법원 판결은 원심의 판단을 유지하면서, "부정경쟁방지법 제2조 제1호 '자'목은 타인이 제작한 상품의 형태를 모방한 상품을 양도 · 대여하는 등의 행위를 부정경쟁행위의 한 유형으로 규정하면서, 그 단서에서 타인이 제작한 상품과 동종의 상품(동종의 상품이 없는 경우에는 그 상품과 기능 및 효용이 동일하거나 유사한 상품을 말한다)이 통상적으로 가지는 형태를 모방한 상품을 양도 · 대여하는 등의 행위를 부정경쟁행위에서 제외하고 있다. 여기에서 동종의 상품이 통상적으로 가지는 형태는 동종의 상품 분야에서 일반적으로 채택되는 형태로서, 상품의 기능 · 효용을 달성하거나 그 상품 분야에서 경쟁하기 위하여 채용이 불가피한 형태 또는 동종의 상품이라면 흔히 가지는 개성이 없는 형태 등을 의미한다."고 설시하였다.

또한 원고와 피고 제품 간의 세부적인 형상 · 모양의 차이에 대해서는, "원고 제품은, 기록상 분사구와 분출구를 구체적으로 파악할 수 있는 B회사의 쌍구형 소화기와 비교하여, 각진 형상의 분사구와 네모에 가까운 형상의 분출구를 가진 위 제품과 달리 분사구가 전체적으로 원형이고 분출구는 반타원형으로 되어 있는 점에서 차이가 있고, 나아가 그 외의 세부적인 형상 · 모양 등에서 선행제품들과 다소 차이가 있다고 볼 수는 있다. 그러나 이와 같은 차이점이 전체 상품의 형태에서 차지하는 비중이나 이로 인한 시각적인 효과 등에 비추어 볼 때 이는 원고 제품에 다른 제품과 구별되는 개성을 부여하는 형태적 특징에 해당한다고 보기는 어렵다. 원고는 일부 선행제품들과 원고 제품의 분사방식의 차이를 들어 그 선행제품들은 원고 제품과 동종 상품이 아니라고 주장하나, 그와 같은 정도의 세부적인 차이를 들어 동종 상품이 아니라는 주장은 받아들일 수 없다. 따라서 원고 제품의 형태는 전체적으로 볼 때 동종 상품이 통상적으로 가지는 형태에 불과하여 부정경쟁방지법 제2조 제1호 '자'목에 의하여 보호되는 상품형태에 해당한다고 보기 어렵다."고 판단하였다.

3. 해설

가. (자)목의 입법취지

(1) (자)목 본문

부정경쟁방지 및 영업비밀보호에 관한 법률(이하 '부정경쟁방지법'이라 한다) 제2조 제1호 (자)목은 타인이 제작한 상품의 형태(형상 · 모양 · 색채 · 광택 또는 이들을 결합한 것을 말하며, 시제품 또는 상품소개서상의 형태를 포함한다. 이하 같다)를 모방한 상품을 양도 · 대여 또는 이를 위한 전시를 하거나 수입 · 수출하는 행위를 부정경쟁행위로 보아 상품형태를 보호하기 위한 규정이다.

이는 이른바 데드카피를 금지하는 조항으로, 일본의 1993년 개정 부정경쟁방지법 제2

조 제1항 제3호의 '상품형태를 모방한 상품을 양도하는 등의 행위'에 대한 조항으로부터 큰 영향을 받았다.[2] 시장에 출시된 지 얼마 되지 않은 제품을 모방하여 판매함으로써 제품 개발에 대한 투자와 노력을 회피하면서 경쟁상 우위를 점하는 불공정한 행위를 방지하고, 개발자의 기업의 상품개발에 대한 의욕을 보호함과 동시에 일반 수요자의 상품 오인·혼동으로 인한 불측의 손해를 방지하기 위한 취지에서 만들어진 조항이다.[3]

(2) (자)목의 소극적 요건

(자)목에서는 상품형태 보호에서 제외되는 두 가지 소극적 요건을 두고 있다. 첫 번째 요건은 시간적으로 보호기간을 한정한 것으로, 타인의 상품형태의 모방이라고 하더라도 "상품의 시제품 제작 등 상품의 형태가 갖추어진 날부터 3년이 지난 상품의 형태를 모방한 상품을 양도·대여 또는 이를 위한 전시를 하거나 수입·수출하는 행위"에 대해서는 부정경쟁행위에서 제외하도록 규정하고 있다. 상품의 개발 과정에서 투하된 자본 회수를 위한 기간을 3년으로 보아, 상품형태가 갖추어진 날로부터 3년이 경과한 제품의 경우 부정경쟁행위 규제 대상에서 제외하고 있는 것이다.[4]

두 번째의 소극적 요건이 본 판결에서 문제되었던 요건으로, "타인이 제작한 상품과 동종의 상품(동종의 상품이 없는 경우에는 그 상품과 기능 및 효용이 동일하거나 유사한 상품을 말한다)이 통상적으로 가지는 형태를 모방한 상품을 양도·대여 또는 이를 위한 전시를 하거나 수입·수출하는 행위"에 대해서는 (자)목의 보호대상에서 제외하고 있다. 그 이유로는, 첫째로 모방의 대상과 경쟁관계에 있는 동종 상품이 통상적으로 가지는 진부한 상품형태에는 개발·상품화에 특별한 노력과 자금이 투하되지 않는 점이 일반적이며, 이를 특정인에게 독점시킬 경우 동종 상품 간의 자유롭고 발전적인 경쟁이 저하된다는 점과, 둘째로 동종의 상품이 통상적으로 갖는 형태는 상품의 기능 및 효용 측면에서 불가피하게 채용하지 않으면 안 되는 상품형태인 경우가 보통일 것으로, 이러한 종류의 형태가 특정인에게 독점될 경우 상품의 형태뿐만 아니라 동일한 기능 및 효용을 갖는 그러한 종류의 상품 그 자체의 독점을 초래하게 되어 부정경쟁방지법의 취지 그 자체에도 반하게 된다는 점을 든다.[5]

---

2) 정상조 편집대표, 부정경쟁방지법 주해(제2판), 박영사, 175면(박성호 집필부분).

3) 최정열·이규호, 부정경쟁방지법: 영업비밀보호법제 포함(제6판), 진원북스, 2025, 193면; 황의창·황창연, 부정경쟁방지 및 영업비밀보호법(5정판), 세창출판사, 2009, 76면.

4) 일본디자인보호협회 조사에 따른 상품의 라이프사이클(평균 3~5년)과 유럽공동체의 미등록 디자인권의 권리보호기간 등을 참작한 것이라고 한다. 최정열·이규호, 부정경쟁방지법: 영업비밀보호법제 포함(제6판)(각주 3), 212-213면.

5) 박성호, "부정경쟁방지법에 의한 상품형태의 보호", 산업재산권 제34호, 2007, 606면; 정상조 편집대표, 부정경쟁방지법 주해(제2판)(각주 2), 208-209면(박성호 집필부분); 최정열·이규호, 부정경쟁방지법: 영업비밀보호법제 포함(제6판)(각주 3), 216면.

나. '동종의 상품이 통상적으로 가지는 형태'의 의미

(1) '동종의 상품'의 범위

'동종의 상품'이란 모방한 대상과 경쟁관계에 있는 상품으로, 새롭게 개발되어 동종의 상품이 없는 경우에도, 해당 상품과 그 기능 및 효용이 동일한 또는 유사한 상품이 갖는 통상적 형태에 대한 모방도 동종의 상품으로서 부정경쟁행위의 보호대상에서 제외된다.6) '동종의 상품'이라는 문언은 '통상적으로 가지는 형태'와 결합하여 모방의 범위를 한정하는 기능을 하므로, 그 문언적 범위만을 너무 엄격하게 확정할 필요는 없으며, 모방된 상품과의 관계에서 상대적으로 의미를 확정해가면 충분하다.7)

국내의 학설은 상품의 경쟁관계를 기준으로 '동종의 상품' 범위를 판단하는 견해8)가 있는 반면, 이러한 기준이 광범위하고 추상적이어서 의미가 없으며, 개별 사안에 따라 상대적·구체적으로 범위를 정할 수밖에 없다는 견해도 존재한다.9)

(2) '통상적으로 가지는 형태'의 의미

국내 학설은 대체로 '통상적으로 가지는 형태'를 ① 해당 상품의 진부한 형태, 즉 '몰개성적 형태' 또는 ② 해당 상품의 기능을 확보하기 위하여 불가결한 형태로 그 형태를 취하지 않는 한 상품으로서 성립할 수 없는 경우10)는 (자)목의 보호대상에 해당하지 않는 것으로 해석한다.11) ① 몰개성적 상품형태의 경우 보호가치가 있는 자금·노력 등의 투하가 인정되지 않고, 이를 보호할 경우 오히려 공정한 거래가 저해될 수 있다는 측면에서, ② 기능 확보를 위하여 불가결한 형태의 경우 이를 보호하는 것이 곧 상품 그 자체의 독점을 허용하는 결과를 낳을 수 있다는 측면에서 보호의 대상으로부터 제외하는 것이다.12)13)

---

6) 小野昌延·松村信夫, 最新不正競爭防止法概說 上卷, 青林書院, 2025, 307頁.

7) 정상조 편집대표, 부정경쟁방지법 주해(제2판)(각주 2), 210면(박성호 집필부분).

8) 최정열·이규호, 부정경쟁방지법: 영업비밀보호법제 포함(제6판)(각주 3), 217면; 박성호, "부정경쟁방지법에 의한 상품형태의 보호"(각주 5), 606면; 김창권, 부정경쟁방지법 제2조 제1호 (자)목이 규정한 상품형태의 요건, 사법, 제1권 제39호(2017.3), 26면.

9) "따라서 개별사안에 따라 당해 상품의 용도 및 기능, 제조 및 유통과정, 수요자층의 동일 여부, 상품의 異同에 대한 일반인의 인식 등을 종합적으로 고려하여 그 범위를 정할 수밖에 없다고 할 것이다." 안원모, 부정경쟁방지및영업비밀보호에관한법률 제2조 제1호 자.목의 보호대상인 상품형태의 의미와 범위, 홍익법학 제8권 제2호(2007), 66-67면 참조; 유사한 견해로 박태일, 디자인 용이창작 여부 및 상품의 통상적 형태 해당 여부 [서울중앙지방법원 2019. 11. 28. 선고 2019가합520962 판결], LAW & TECHNOLOGY, 제17권 제4호(2021), 118면.

10) 상품의 형태와 기능이 불가분 일체가 되어 있는 경우, 호환성 유지를 위하여 일정한 형태를 취할 필요가 있는 경우나, 특정 상품의 형태가 시장에서 사실상의 표준으로 작동하는 경우 등을 의미한다. 小野昌延·松村信夫, 最新不正競爭防止法概說 上卷(각주 6), 307頁.

11) 정상조 편집대표, 부정경쟁방지법 주해(제2판)(각주 2), 210면(박성호 집필부분).

12) 최정열·이규호, 부정경쟁방지법: 영업비밀보호법제 포함(제6판)(각주 3), 219면.

일본의 경우도, 당초 법률 조문에 적용이 제외되는 소극적 요건을 현재의 우리 법률과 동일한 "동종의 상품이 통상적으로 갖는 형태"로 규정하였다가 2005년 개정을 통하여 "해당 상품의 기능을 확보하기 위하여 불가피한 형태"로 개정하였는데, 해당 조문을 해석함에 있어서는 위 ① 몰개성적 형태와 ② 경쟁상 불가피한 형태라는 요건을 모두 포함하는 것으로 해석하고 있다.[14)]

국내의 하급심 판결에서도 '동종의 상품이 통상적으로 가지는 형태'에 대한 해석론을 발전시켜 왔다. 백팩 가방의 형태 모방이 문제되었던 사건[15)]에서는, 이를 "동종의 상품이라면 통상 가지는 그와 같은 흔하고 특별한 특징이 없는 상품형태와 그와 같은 형태의 상품을 단순히 조합한 형태 및 해당 상품으로서 기능을 확보하기 위해서 불가결하게 갖추어야 하는 형태를 말한다"고 보면서, 특히 '통상적으로 가지는 형태'를 상품의 일부분이 아니라 전체적으로 판단하였다.[16)]

투명한 컵 또는 콘에 담긴 소프트 아이스크림 위에 벌집채꿀을 올린 모습을 한 제품의 모방이 문제되었던 사건의 항소심에서도, 부가적으로 '통상적으로 가지는 형태'에 대하여 판단하면서, "(원고 제품 구성요소의) 개개의 형태에 아무런 독자적인 특징이 없고, 이들이 조합된 원고 제품의 형태 역시 동종 제품이 통상적으로 갖는 형태에서 벗어나지 않는다고 보이므로, 이는 소프트 아이스크림과 토핑으로서의 벌집채꿀을 조합하는 제품의 결합방식이나 판매방식에 관한 아이디어에 불과"하며 동종 제품이 통상적으로 갖는 형태에 해당하지 않는다고 볼 수 없다고 보았다.[17)]

다. 주장·입증의 문제

'동종의 상품이 통상적으로 갖는 형태'는 (자)목의 적용범위의 예외로 규정된 소극적 요건으로, 선행자인 원고의 상품형태를 모방한 피고가 주장·입증하여야 한다.[18)] 피고는 피고

---

13) 후자의 요건에 대하여 제품형태의 실용적 기능이 특허로 등록되어 일정기간 보호되는 경우가 아닌 한 자유사용이 보장된다는 '기능성 원리(doctrine of functionality)'가 부정경쟁방지법에도 입법화된 것으로 평가할 수 있는 견해는 법원 지적재산권법연구회·사단법인 한국특허법학회, 부정경쟁방지법 판례백선, 박영사, 2024, 190면(김영기 집필부분) 참조.

14) 최정열·이규호, 부정경쟁방지법: 영업비밀보호법제 포함(제6판)(각주 3), 210면.

15) 서울고등법원 2014. 4. 24. 선고 2013나63211 판결.

16) 법원 지적재산권법연구회·사단법인 한국특허법학회, 부정경쟁방지법 판례백선(각주 13) 중 [41] 상품 형태 모방행위를 인정하기 위한 요건(이준영 집필부분), 201-202면.

17) 서울고등법원 2015. 9. 10. 선고 2014나2052436 판결. 다만 상고심(대법원 2016. 10. 27. 선고 2015다240454 판결)에서는 '정형성'이 없어 (자)목에 의한 보호대상이 될 수 없다는 판단만 이루어지고 '통상적 형태' 여부에 대한 판단은 이루어지지 않았다.

18) 박성호, "부정경쟁방지법에 의한 상품형태의 보호"(각주 5), 608면.

의 상품형태가 원고의 상품과 동종의 상품이 통상적으로 갖는 형태라는 점과, 동종의 상품이 존재하지 않는 경우에는 원고의 상품과 그 기능 및 효용이 동일하거나 유사한 상품이 통상적으로 갖는 형태라는 점을 주장·입증하여야 한다.[19)20)]

4. 판결의 의의

대상판결은, '동종의 상품이 통상적으로 가지는 형태'에 ① 몰개성적 형태와 ② 경쟁상 불가피한 형태가 모두 포함된다는 점과, 제품 간의 차이점이 있더라도 그것이 타 제품과 구별되는 개성이 부여되는 형태적 특징에 해당하는지를 살피어 판단하여야 한다는 것을 명확히 하였다.[21)] 즉 '동종의 상품이 통상적으로 가지는 형태'의 의미에 대한 최초의 법리적 판시로서 그 구체적인 판단방법을 보여주었다는 의미를 지닌다.[22)]

---

19) 위의 글.

20) 대상판결에서는 원고 제품의 공급 시점 이전에 이미 원고 제품과 동종 상품이 통상적으로 가지는 형태가 실용신안 출원 및 제조된 선행제품에 나타나 있었다는 점이 인정되었으나, 원고 제품 출시 당시 유사한 제품이 없었더라도 자신의 제품 모방 행위에 대한 권리행사를 태만히 하여 피고 제품의 양도·대여 등 행위 시점에 원고 제품과 동종의 상품이 다량 유통될 경우에는 원고 제품이 '몰개성적 형태'에 해당될 수 있다는 지적에 대해서는 법원 지적재산권법연구회·사단법인 한국특허법학회, 부정경쟁방지법 판례백선(각주 13), 191면(김영기 집필부분) 참조.

21) 최정열·이규호, 부정경쟁방지법: 영업비밀보호법제 포함(제6판)(각주 3), 219면.

22) 김창권, "상품형태 모방과 관련하여 동종의 상품이 통상적으로 가지는 형태의 의미", 대법원 판례해설 제112호, 법원도서관, 2017, 24면.

32 구 부정경쟁방지 및 영업비밀보호에 관한 법률 제2조 제1호 (카)목*의 적용실무**

대법원 2020. 3. 26. 선고 2016다276467 판결[1)]

이지영 (특허법원 고등법원판사, 법학박사)

1. 사안의 개요

원고들은 이 사건 골프장의 소유자들이다. 피고 회사(골프존)은 이 사건 골프장을 촬영하고, 사진 등을 토대로 3D 컴퓨터 그래픽 등을 이용하여 골프코스를 그대로 재현한 영상을 제작하여, 2009년 무렵부터 2015. 2. 23.까지 이를 스크린골프장 운영업체에 유상으로 제공하였다.

2. 판결의 요지

가. 원심판결(서울고등법원 2016. 12. 1. 선고 2015나2016239 판결)[2)]

원고들은, 이 사건 각 골프장의 골프코스와 골프장 명칭은 원고들이 상당한 투자와 노력을 기울여 만든 성과물이므로, 피고 회사가 이를 무단으로 사용한 것은 부정경쟁방지 및

* 2018. 4. 17. 부정경쟁방지법 개정으로 (차)목에서 (카)목으로 변경되었고, 2021. 12. 7. 개정으로 (파)목으로 변경되었다. 이 글에서는 선고 당시 시행법률에 따라 (카)목이라고 한다.

** 이 글은 2021년 9월 부산판례연구회 발표문을 수정한 것이다.

1) [참조 및 관련 판례] 대법원 2010. 8. 25.자 2008마1541 결정(공2010하, 1855)
[관련 평석 및 문헌] 이지영, "골프존 판결, BTS 결정으로 살펴 본 부정경쟁방지 및 영업비밀보호에 관한 법률 제2조 제1호 (카)목의 적용실무 - 대법원 2020. 3. 26. 선고 2016다276467 판결, 같은 일자 2019마6525 결정 -", 부산판례연구회, 2022; 류시원, "부정경쟁방지법상 보충적 일반조항의 해석, 적용 방향성에 관한 고찰: '골프존 사건' 판결(대법원 2020. 3. 26. 선고 2016다276467 판결) 비판", 정보법학 제26권, 2022.

2) 원고들은 이 사건 각 골프코스가 저작권의 보호대상이고, 원고들이 골프코스의 저작권자라고 주장하며 저작재산권 침해를 원인으로 하는 손해배상책임도 구하였다. 원심은 각 골프코스는 저작물에 해당하나 원고들이 저작권자가 아니라는 이유로 이 부분 청구를 기각하였다. 이에 대한 소개는 생략한다.

영업비밀보호에 관한 법률(2018. 4. 17. 법률 제15580호로 개정되기 전의 것, 이하 '구 부정경쟁방지법'이라 한다) 제2조 제1호 (카)목의 부정경쟁행위 또는 민법상 불법행위에 해당한다고 주장하며 손해배상 청구 등을 하였다.

원심은 이 사건 각 골프장의 명칭을 제외한 골프코스의 종합적인 이미지는 원고들이 이룩한 성과로, 피고 회사가 이러한 성과를 공정한 상거래 관행이나 경쟁질서에 반하는 방법으로 피고 회사의 영업을 위하여 무단으로 사용함으로써 원고들의 경제적 이익을 침해하였으므로, 2014. 1. 30.까지는 민법상의 불법행위, 2014. 1. 31.부터는 구 부정경쟁방지법 제2조 제1호 (카)목의 부정경쟁행위에 해당한다고 보았다.

나. 대법원 판결

대법원 또한 다음과 같은 이유로 원심의 결론은 정당하다고 판단하였다.

이 사건 골프장의 골프코스 자체는 설계자의 저작물에 해당하나, 골프코스를 실제로 골프장 부지에 조성함으로써 외부로 표현되는 지형, 경관, 조경요소, 설치물 등이 결합된 이 사건 골프장의 종합적인 '이미지'는 골프코스 설계와는 별개로 골프장을 조성·운영하는 원고들의 상당한 투자나 노력으로 만들어진 성과이고, 원고들과 경쟁관계에 있는 피고 회사가 허락 없이 이 사건 골프장의 모습을 거의 그대로 재현한 스크린골프 시뮬레이션 시스템용 3D 골프코스 영상을 제작, 사용한 행위는 위 원고들의 성과 등을 공정한 상거래 관행이나 경쟁질서에 반하는 방법으로 피고 회사의 영업을 위하여 무단으로 사용함으로써 위 원고들의 경제적 이익을 침해하는 행위이다.[3)]

(카)목은 구 부정경쟁방지법의 적용 범위에 포함되지 않았던 새로운 유형의 부정경쟁행위에 관한 규정을 신설한 것이다. 이는 새로이 등장하는 경제적 가치를 지닌 무형의 성과를 보호하고 입법자가 부정경쟁행위의 모든 행위를 규정하지 못한 점을 보완하여 법원이 새로운 유형의 부정경쟁행위를 좀 더 명확하게 판단할 수 있도록 함으로써, 변화하는 거래관념을 적시에 반영하여 부정경쟁행위를 규율하기 위한 보충적 일반조항이다. 위와 같은 법률 규정과 입법 경위 등을 종합하면, (카)목은 그 보호대상인 '성과 등'의 유형에 제한을 두고 있지 않으므로, 유형물뿐만 아니라 무형물도 이에 포함되고, 종래 지식재산권법에 따라 보호받기 어려웠던 새로운 형태의 결과물도 포함될 수 있다. '성과 등'을 판단할 때에는 위와 같은 결과물이 갖게 된 명성이나 경제적 가치, 결과물에 화체된 고객흡인력, 해당 사업 분야에

3) 골프장 명칭을 포함한 골프코스의 종합적인 이미지를 성과로 볼 수 있으므로 골프장 명칭은 성과에 해당하지 않는다는 원심판결 이유는 적절하지 않으나, 원고 2를 제외한 나머지 원고들의 성과 등을 인정하고 적정한 손해액을 산정한 원심의 결론은 정당하고 판결 결과에 영향을 미친 잘못이 없다고 판단하였다.

서 결과물이 차지하는 비중과 경쟁력 등을 종합적으로 고려해야 한다. 이러한 성과 등이 '상당한 투자나 노력으로 만들어진' 것인지는 권리자가 투입한 투자나 노력의 내용과 정도를 그 성과 등이 속한 산업분야의 관행이나 실태에 비추어 구체적 · 개별적으로 판단하되, 성과 등을 무단으로 사용함으로써 침해된 경제적 이익이 누구나 자유롭게 이용할 수 있는 이른바 공공영역(公共領域, public domain)에 속하지 않는다고 평가할 수 있어야 한다.

또한 (카)목이 정하는 '공정한 상거래 관행이나 경쟁질서에 반하는 방법으로 자신의 영업을 위하여 무단으로 사용'한 경우에 해당하기 위해서는 권리자와 침해자가 경쟁 관계에 있거나 가까운 장래에 경쟁관계에 놓일 가능성이 있는지, 권리자가 주장하는 성과 등이 포함된 산업분야의 상거래 관행이나 경쟁질서의 내용과 그 내용이 공정한지, 위와 같은 성과 등이 침해자의 상품이나 서비스에 의해 시장에서 대체될 수 있는지, 수요자나 거래자들에게 성과 등이 어느 정도 알려졌는지, 수요자나 거래자들의 혼동가능성이 있는지 등을 종합적으로 고려해야 한다.

3. 해설

가. 부정경쟁방지법 제2조 제1호 (카)목의 의의

(카)목이 신설되기 전 부정경쟁방지법은 부정경쟁행위에 대해 한정적 열거주의를 취하고 있어서 부정경쟁행위 전반을 규제할 수 없는 문제가 있었다.[4] (카)목의 신설 이전 대법원은 부정경쟁행위에 관하여 한정열거주의를 취하는 부정경쟁방지법의 한계를 극복하기 위하여 민법상 불법행위 규정을 탄력적으로 적용하였다(대법원 2010. 8. 25.자 2008마1541 결정; 대법원 2012. 3. 29. 선고 2010다20044 판결 등). 대법원은 2010. 8. 25.자 2008마1541 결정을 통해 "경쟁자가 상당한 노력과 투자에 의하여 구축한 성과물을 상도덕이나 공정한 경쟁질서에 반하여 자신의 영업을 위하여 무단으로 이용함으로써 경쟁자의 노력과 투자에 편승하여 부당하게 이익을 얻고 경쟁자의 법률상 보호할 가치가 있는 이익을 침해하는 행위는 부정한 경쟁행위로서 민법상 불법행위에 해당한다"고 판시하였다. 위와 같은 대법원의 판시내용이 그대로 2013. 7. 30. 법률 제11963호로 개정된 부정경쟁방지법에 반영되면서 (차)목으로 신설되었다가 2018. 4. 17. 법률 제15580호로 개정된 부정경쟁방지법에서 (카)목으로 이전되었다. 대법원은 이 사건 판결을 통해 (카)목이 "보충적 일반조항"임을 분명히 하였다.

---

4) 윤태식, 부정경쟁방지법, 박영사(2021), 190면.

나. 적용 범위

(카)목은 (가) 내지 (차)목의 적용 범위에 포함되지 않았던 새로운 유형의 부정경쟁행위에 관한 규정을 신설한 것으로, 보호대상인 "성과 등"의 유형에 제한을 두지 않는다. 따라서 유형물뿐 아니라 무형물도 포함되고, 종래 지식재산권법에 따라 보호받기 어려웠던 새로운 형태의 결과물도 포함될 수 있다.[5)]

다. 보충성

이 사건 판결에서 대법원은 (카)목을 보충적 일반조항임을 명시하였다. 이에 대해 특허법, 저작권법 등 다른 지식재산권법이 정하는 침해행위에 해당하지 않거나 (카)목이 아닌 다른 부정경쟁행위에 해당하지 않는 경우에도 (카)목 부정경쟁행위를 인정할 수 있는지, 민법, 다른 지식재산권 법률, 부정경쟁방지법 제2조 제1호 각 목과 (카)목이 중복 적용될 수 있는 사안에서 (카)목을 인정할 수 있는지 문제된다.

(1) 견해의 대립

보충성을 엄격히 적용해야 한다는 입장은, (카)목의 도입과정이나 입법취지에 비추어 볼 때 다른 법률들이 적용될 수 없는 경우 특별한 사정이 없는 한 (카)목에도 해당하지 않는다고 보아야 하고, 여기서 특별한 사정이 인정되기 위해서는 최소한 (가) 내지 (차)목이 정하는 부정경쟁행위의 행위유형보다 위법성의 정도가 더 높거나 다른 요소가 추가되어야 한다고 주장한다.[6)][7)]

보충성을 유연하게 적용해야 한다는 입장은, (카)목의 유연한 적용을 통해 실질적으로 보호받아야 할 사람을 보호할 수 있고, 기존 법 제도 내에서 보호방안을 찾는 것이 효율적이라는 견해,[8)] (카)목의 입법배경을 새로운 유형의 부정경쟁행위에 대한 부정경쟁방지법의 포

---

5) 이 사건 판결 및 같은 날 선고 2019마6525 결정.

6) 박성호, "저작권법에 의한 보호가 부정되는 경우 부정경쟁방지 및 영업비밀보호에 관한 법률 제2조 제1호 (차)목의 적용범위", 한양법학 29권 1집(통권 61집), 한양법학회(2018), 104-106면; 문선영, "부정경쟁행위 일반조항에 관한 주요 법적 쟁점 연구", 과학기술법연구, 한남대학교 과학기술법연구원(2016), 95면, 103-107면.

7) 서울중앙지방법원 2014. 8. 28. 선고 2013가합552431 판결; 서울중앙지방법원 2018. 2. 8.자 2017카합81191 결정; 서울중앙지방법원 2015. 6. 10. 선고 2013가합556587, 2014가합546662 판결; 서울고등법원 2014. 12. 4. 선고 2014나2011480 판결; 대법원 2015. 5. 29. 선고 2014가합567485 판결; 서울고등법원 2018. 1. 9.자 2017라21036 결정.

8) 계승균, "우리나라에서 트레이드 드레스의 법적 보호에 관한 연구", 산업재산권(42호), 한국산업재산권법학회(2013), 73면.

섭범위를 확대하고 기존의 민법상 불법행위의 엄격한 요건에 의하지 않고도 부정경쟁행위의 해당 여부를 유연하게 파악할 수 있는 법적 근거를 제공하기 위한 것이라는 견해,[9] (카)목의 입법 취지와 조문 내용을 고려하면 (카)목은 그 자체로 독립적 법률요건에 따라 판단해야 하고, 일반적 보충조항의 의미는 종래 보호받기 어려웠던 새로운 형태의 결과물에 대해서 보호가 가능하다는 적극적·긍정적 의미이지 다른 지식재산권 또는 부정경쟁행위에 해당하지 않을 때만 보호하겠다는 소극적·부정적 의미로 볼 수 없다는 견해[10]로 나뉜다.

(2) 다른 지식재산권법에 기한 주장이 배척될 경우 (카)목의 적용 여부

저작권법 등 다른 지식재산권법이나 부정경쟁방지법 (가) 내지 (차)목에 근거한 주장을 주위적으로, (카)목 주장을 예비적으로 하는 경우가 많다.[11] 일반적 보충규정인 (카)목의 보호와 특허권, 저작권법 등 특별한 조항에 따른 보호는 충돌할 수 있다. 특히 다른 지식재산권법에 기한 보호 주장이 배척되는 경우 (카)목에 의한 보호 주장이 받아들여질 수 있는지 문제된다.[12]

① (카)목과 다른 지식재산권법이 충돌하는 경우 다른 지식재산권법이 먼저 적용되고 그 법률로 해결되지 않는 경우 다른 지식재산권 법률에 저촉되지 않는 범위 내에서 부정경쟁행위 일반조항이 적용된다는 견해,[13] ② 다른 지식재산권법과 (카)목이 별개의 법률로 구성되어 있고 요건도 다르므로 각각 적용이 가능하고, 따라서 다른 지식재산권법에 기한 보호가 인정되지 않더라도 (카)목에 기한 보호를 인정할 수 있다는 견해,[14] ③ 다른 지식재산권법의 보호범위 밖에 있어서 일반 공중이 자유롭게 이용할 수 있는 대상에 대해 일반적 보충규정인 (카)목을 적용하여 이용을 제한하는 것은 부당하다거나, ④ (카)목은 한정적으로 열거된 부정경쟁방지법에 대한 보충적 규정일 뿐 다른 지식재산권법에 의해 원칙적으로 허용되는 행위까지 규율하는 것은 아니므로 다른 지식재산권법에 기한 침해에 해당하지 않는다면 (카)목도 적용할 수 없다는 견해[15]가 있다.

관련된 재판례로는, 저작권 침해가 인정되지 않는 사진저작물의 무단 사용에 대해 (카)목을 부정한 서울고등법원 2014나2011480 판결(솔섬사진 사건), 디자인권 침해에 해당하지 않

---

9) 최정렬·이규호, 부정경쟁방지법 제4판(2021), 진원사, 221면.

10) 손천우, "부정경쟁방지법 제2조 제1호 (카)목이 규정하는 성과물 이용 부정경쟁행위에 관한 연구", 사법 55호, 사법발전재단, 2020, 1019면.

11) 박준석 외 서울대학교 산학협력단, "부정경쟁방지 및 영업비밀보호에 관한 법률의 각 행위유형, 공정거래법과의 관련성, 각국의 부정경쟁방지법 실무 및 관할집중의 필요성에 관한 연구", 법원행정처, 2019, 123면.

12) 박준석 외 서울대학교 산학협력단, 앞의 책, 124면.

13) 문선영, 앞의 논문, 105면.

14) 손천우, 앞의 논문, 1019-1022면.

15) 박정희, "부정경쟁방지법 제2조 제1호 차목의 적용범위", 특허법원 개원 20주년 기념논문집, 특허소송연구 특별호, 특허법원, 2019, 852면.

는 정수기의 무단 사용에 대해 (카)목을 부정한 서울중앙지방법원 2014가합567485 판결, 발명의 진보성이 인정되지 않아 무효가 됨에 따라 특허권이 인정되지 않는 성과에 대해 (카)목을 부정한 서울고등법원 2017라21036 결정 등이 있다.

(3) 민법과의 관계

부정경쟁방지법은 지식재산권법과의 관계에서는 보충적 법률이지만 민법과의 관계에서는 특별법의 지위에 있다.[16] (카)목이 신설되기 전에는 민법 제750조가 부정경쟁방지법의 일반조항으로서의 기능과 역할을 수행하였으나[17] (카)목이 신설되었고, 대법원은 골프존 판결을 통해 "일반적 보충규정"이라고 명시하였는바, 부정경쟁방지법과 민법상 불법행위 규정의 관계를 (카)목 신설 전과 같이 볼 수 있는지, 불법행위로서의 "부정한 경쟁행위"를 규율하기 위해 여전히 민법 제750조가 적용될 필요가 있는지 문제된다.

① 부정경쟁방지법 제2조 제1호 (카)목은 일반조항이라고 하나 그 영역을 성과모방에 제한하고 있으므로 같은 조 제1호 각 호에 포섭되지 않는 행위에 대해서는 민법 제750조에 기하여 불법행위 여부를 판단하게 된다는 견해,[18] ② (카)목이 보충적 일반조항으로서 입법과정에서 그 남용을 경계하여 그 대상을 성과모방행위에 한정한 것임을 감안할 때 이에 해당하지 않는 부정한 경쟁행위에 대해서는 민법에 의해 해결될 필요가 있다[19]는 견해 등이 있다. 대체로 (카)목 신설 이후에도 민법의 일반조항으로서의 기능을 인정하는 것으로 보인다.

(4) 부정경쟁방지법 제2조 제1호 각 목과의 관계

1) 견해의 대립

이 사건 판결에서 대법원은 (카)목이 일반적 보충규정임을 명시하였으나, 이것이 모든 형태의 부정경쟁행위에 적용할 수 있다는 것인지, (가) 내지 (차)목에도 해당될 경우 (카)목은 선택적·대등적으로 적용될 수 있는지, (가) 내지 (차)목 인정 시 (카)목은 적용할 수 없는지 명확하지 않다.

이에 대해 ① 부정경쟁방지법상 다른 전형적인 부정경쟁행위에 해당하는 경우에도 (차)목의 요건을 만족하는 경우에는 (카)목의 선택적인 적용이 가능하나, (가) 내지 (차)목 등 전형적인 부정경쟁행위의 적용이 우선되고 (카)목은 보충적으로 적용된다는 견해가 있다.[20] ②

---

16) 박윤석·박해선, "성과모방행위에 관한 고찰", 지식재산연구 제9권 제4호, 2014. 12., 한국지식재산연구원, 71면.
17) 박성호, 앞의 논문, 474면.
18) 박윤석, 박해선, 앞의 논문, 71면.
19) 김원오, "부정경쟁방지법상 신설된 일반조항의 법적 성격과 그 적용의 한계", 산업재산권 제45호, 한국지식재산학회, 2014, 293면; 박윤석·박해선, 앞의 논문, 89면.
20) 문선영, 앞의 논문, 103면.

반면, 부정경쟁행위는 각 목별로 고유의 취지와 규제 범위가 있으므로 (카)목도 일반조항이라는 개념에 포함될 수 없고, 우리나라는 민법상 불법행위조항이 불공정경쟁행위에 적용될 수 있으며, (카)목의 본질은 성과를 도용하는 행위를 제한하는 것임을 이유로, (카)목을 일반조항으로 보아서는 안 된다는 견해도 있다.[21] 위 견해는, (카)목을 대법원 판결과 같이 해석하는 경우 부정경쟁행위를 총괄하는 최상위의 조항이 되고, 나머지 부정경쟁행위는 (카)목을 구체화하는 하위 조항이 되므로 "일반적 보충규정"이라는 설시와 자기모순의 관계에 놓이게 되는 점, 대법원이 (카)목을 일반적 보충규정이라고 하는 것은 다른 부정경쟁행위와 불법성의 차이를 인정하기 위해 도입한 것이지 (가), (다), (자)목에서 공공영역에 속한다고 한 것을 (카)목에서 부정한 경쟁으로 할 수 없다는 점 등을 근거로 한다.[22]

③ 대법원은, (카)목이 정하는 '공정한 상거래 관행이나 경쟁질서에 반하는 방법으로 자신의 영업을 위하여 무단으로 사용'한 경우에 해당하는지 판단하기 위해 "일반 수요자의 혼동가능성이 있는지 등"까지 종합적으로 고려해야 한다고 설시하여[23] 수요자의 혼동가능성도 고려의 대상임을 명시하였다. 이에 대하여, 부정경쟁방지법 제2조 제1호 (가) 내지 (다)목은 국내에서 널리 인식된 표지(goodwill을 형성한 표지)를 대상으로 수요자의 상품이나 서비스의 출처에 대한 혼동을 요건으로 하는 것으로 소비자 보호를 위한 조항이지만, (카)목은 수요자가 아닌 경쟁자 사이에서 발생하는 것으로 수요자 혼동이 요건이 아니므로 구분해야 한다는 견해도 있다.[24]

2) 관련 사례 - 에르메스 가방 사건[25]

서울중앙지방법원 2015. 6. 10. 선고 2013가합556587 판결, 특허법원 2018. 12. 6. 선고 2018나1892 판결에서는 (자)목 단서 (1)에서 상품 형태 보호기간을 3년으로 정하고, 보호기간 이후에는 (자)목의 적용을 부정하고 있으므로 보호기간 이후의 모방행위에 대해 (카)목도 적용할 수 없다고 보았다. 서울중앙지방법원 2018. 4. 27. 선고 2016가합565810 판결, 특허법원 2017. 10. 19. 선고 2016나56 판결 등에서는 (가) 내지 (자)목의 행위 유형에 해당하나 요건을 갖추지 못한 행위는 특별한 사정이 없는 한 (카)목에 해당하지 않는다고 설시하고 있다.

이러한 가운데 대법원은 2020. 7. 9. 선고 2017다217847 판결(에르메스 가방 사건)에서 이 사건 판결의 (카)목 일반적 보충규정에 관한 설시를 그대로 유지하면서도, 피고의 행위가

---

21) 나종갑, "부정경쟁방지법 제2조 제1호 카목은 사냥허가인가?", 지식재산연구 제15권 제4호, 2020. 12., 170-179면.

22) 나종갑, 앞의 논문, 177-179면.

23) 대법원 2020. 3. 26. 선고 2016다276467 판결; 대법원 2020. 3. 26.자 2019마6525 결정; 대법원 2020. 6. 25. 선고 2019다282449 판결 참조.

24) 나종갑, 앞의 논문, 164면.

25) 대법원 2020. 7. 9. 선고 2017다217847 판결.

(가), (다)목에 해당하지 않지만 (카)목이 인정된다고 판결하였다.

즉 원고 제품의 표지는 국내에서 계속적·독점적·배타적으로 사용됨으로써 그 형태의 차별적 특징으로 일반 수요자들 사이에 특정의 상품 출처로서의 식별력을 갖추게 되었으므로, 공공영역(public domain)에 속하는 것으로 보기 어렵고'법률상 보호할 가치가 있는 이익'에 해당하고, 피고들이 원고들과 동일한 종류의 상품인 피고들 제품을 국내에서 계속 생산·판매하게 되면 원고들 제품에 대한 일부 수요를 대체하거나 원고들 제품의 희소성 및 가치 저하로 잠재적 수요자들이 원고들 제품에 대한 구매를 포기할 가능성이 높아진다는 점에서 원고들의 경제적 이익을 침해한다고 볼 수 있으며, 타인의 동의 없이 수요자들에게 널리 알려진 타인의 상품표지에 스스로 창작한 도안을 부착하여 상업적으로 판매하는 행위가 공정한 경쟁질서에 부합하는 행위라고 보기 어려운 점 등을 근거로 피고들의 행위가 부정경쟁방지법 (카)목에 해당한다고 판단하였다.[26]

이에 대해서는, 대법원이 원고의 상품표지가 저명한 것으로 볼 수 없다고 판단하여 가방 디자인의 goodwill 형성이 (가), (다)목의 보호요건을 충족하지 못하였다고 보면서도 원고 상품의 식별력이 발생하여 법률상 보호할 가치가 있는 이익이 존재한다고 판단한 것은 논리적 자기모순이고,[27] (가), (다) 목의 법률상 보호가치 있는 이익이 존재하지 않음에도 (카)목을 인정하는 것은 (카)목이 (가), (다)목을 대체하여 우선 적용되는 특별조항이 되며, 피고가 사용한 가방 디자인은 가방의 디자인으로 사용한 것이지 식별표지로 사용한 것으로 보이지 않으므로 피고는 식별력을 위해 원고가 투입한 노력과 자본을 부정 취득한 것이 아니므로 (카)목을 적용해서는 안 된다는 취지의 비판이 제기되기도 하였다.[28]

3) 기타

① (자)목의 상품형태를 모방하는 행위 이외의 모방행위는 (카)목의 요건에 해당될 경우 부정경쟁행위로 금지될 수도 있다.[29] (자)목은 타인이 제작한 상품형태를 모방하는 행위를 금지하므로 모방대상은 유체물인 상품형태로 제한되지만 (카)목은 타인의 성과물을 대상으로 할 뿐이어서 유체물과 무체물 모두 포함된다. 또한 (자)목은 완전복제(dead copy)를 금지하므로 모방의 정도가 완전히 동일한 정도에 이르러야 하지만, (카)목의 무단 사용은 모방을 포함하는 넓은 개념으로 모방의 정도는 (자)목 보다는 완화된 것으로도 충분하다.

② 트레이드 드레스 (Trade Dress)[30]와 (카)목의 적용에 대해, 식당이나 상점 등의 매장

---

26) 손천우, "타인의 명품가방 형태를 무단으로 이용한 행위와 부정경쟁행위(대법원 2020. 7. 9. 선고 2017다217847 판결을 중심으로)", Law & Technology 제17권 제2호(통권 제92호), 서울대학교 기술과법센터, 2021, 93면.

27) 나종갑, 앞의 논문, 166면.

28) 나종갑, 앞의 논문, 168면.

29) 박윤석, 박해선, 앞의 논문, 75면.

30) 트레이드 드레스는 미국 판례법에 의하여 발전된 법리로서, "트레이드 드레스로 보호받기 위해서는 본질적

의 표장, 외부 간판, 매장의 배치 및 디자인 등 영업과 관련된 개별 요소들의 종합적 이미지인 트레이드 드레스가 (카)목의 보호 대상인 타인의 상당한 투자나 노력으로 만들어진 성과에 해당하는지 문제될 수 있다. 단팥빵 매장 사건[31]에서 법원은 (카)목의 보호대상인 '타인의 상당한 투자나 노력으로 만들어진 성과'에는 새로운 기술과 같은 기술적인 성과 이외에 특정 영업을 구성하는 영업소 건물의 형태와 외관, 내부 디자인, 장식, 표지판 등 '영업의 종합적 이미지'도 포함되고, 개별 요소들로서는 (가)목 내지 (자)목이나 다른 지식재산권 관련 법률의 개별 규정에 의해서는 보호받지 못하더라도 그 개별 요소들의 전체 혹은 결합된 이미지는 (카)목의 성과물에 해당한다고 설시하였다.

3. 판결의 의의

(카)목은 종래 부정경쟁방지법 제2조 제1호 각 호로 규제할 수 없었던 새로운 유형의 부정경쟁행위를 규율하기 위해 신설된 것으로, 변화하는 거래관념을 적시에 반영하여 부정경쟁행위를 효율적으로 제한하는 규정이다. 그러나 적용 요건을 완화하거나 그 대상을 넓힐 경우 자유경쟁을 저해하거나 표현의 자유를 침해할 수도 있다. 뿐만 아니라 (카)목을 포함한 부정경쟁방지법 제2조 제1호 각 호의 적용을 넓힐수록 엄격한 등록주의와 이에 따른 독점적, 배타적 권리보장을 핵심으로 하는 지식재산권 제도와 충돌하게 된다. 그간 다른 지식재산권과 (카)목을 중복 적용할 수 있는지, 다른 지식재산권으로 규율할 수 없는 경우 (카)목도 적용될 수 없는 것인지에 대해 다양한 논의가 이루어진 가운데, 대법원은 이 판결을 통해 (카)목이 보충적 일반조항임을 분명히 하였다. 따라서 (카)목에서의 보충성은 (가) 내지 (차)목이 포섭할 수 없는 행위 태양을 포괄하는 것으로 봄이 타당하다.

으로 식별력이 있거나(inherently distinctive), 2차적 의미(secondary meaning, 사용에 의한 식별력)를 획득함으로써 식별력이 있어야 하고, 비기능적(non-functional)이어야 하며, 트레이드 드레스에 의하여 침해자의 상품 출처에 관하여 소비자에게 혼동의 가능성(likelihood of confusion)을 야기하여야 한다는 요건을 갖추어야 한다; 박정희, "부정경쟁방지법 제2조 제1호 차목의 적용범위", 특허법원 개원 20주년 기념논문집: 특허소송연구 특별호, 특허법원, 2019, 838면.

31) 서울고등법원 2016. 5. 12. 선고 2015나2044777 판결.

33 부정경쟁방지법상 아이디어보호 조항과 일반조항의 적용 요건

대법원 2020. 7. 23. 선고 2020다220607 판결[1)]

박민정 (김·장 법률사무소 변호사)

1. 사안의 개요

원고는 광고업, 광고대행업 등을 하는 회사이고, 피고는 치킨프랜차이즈 사업을 하는 회사이다. 원고는 피고와 2016. 9. 1.부터 1년간 원고가 피고의 마케팅 업무를 대행하기로 하는 계약(이하 '이 사건 계약')을 체결하고 피고를 위하여 광고 기획, 제작 등의 업무를 수행하였다. 피고가 2017. 7.경 원고에게 새로 출시되는 치킨제품의 마케팅과 네이밍(Brand Naming)을 요청하여 원고가 피고에게 '써프라이드'를 제품명으로 하여(이하 '이 사건 네이밍') TV 광고와 관련한 콘티(이하 '이 사건 콘티')를 제공하였다. 이후 원고는 이 사건 콘티를 기초로 광고 촬영 준비를 하고 있었는데, 피고가 신제품 치킨의 출시 및 광고 일정을 연기하였고 이후 피고가 2017. 8.경 원고에게 '이 사건 계약을 연장하지 않겠다'는 의사를 통지하였다. 그 후 피고는 2017. 8. 31. 이 사건 계약이 기간만료로 종료되자 다른 광고회사인 A사와 마케팅 업무 대행계약을 체결하고 A사를 통해 신제품 치킨의 TV 광고(이하 '이 사건 광고')를 제작하여 방영하였는데, 광고에 표시된 제품명이 원고가 제공한 제품명인 '써프라이드'와 동일하였고 이 사건 광고가 이 사건 콘티에 기초하여 제작되었다.

원고는 피고와 A사[2)]를 상대로 저작권침해, 부정경쟁방지 및 영업비밀보호에 관한 법률

1) [참조 및 관련 판례] 대법원 2020. 3. 26. 선고 2016다276467 판결(공2020상, 809); 대법원 2020. 3. 26. 자 2019마6525 결정(공2020상, 832).

[관련 평석 및 문헌] 이한상, 부정경쟁방지법 제2조 제1호 차목에서 정한 부정경쟁행위의 판단 기준, 대법원판례해설 제126호, 2021, 법원도서관; 부정경쟁방지법상 아이디어 정보 부정사용행위를 인정한 사례, 구민승, 판례공보스터디, 민사판례해설 2, 서울고등법원 판례공보스터디, 2021; 나종갑, 계약법의 부당이득(법)에 대한 우월성: 소위 '치킨광고아이디어' 사건에서 애로우의 정보의 역설의 법적 구제법리에 대한 영향, 지식재산연구 제19권 제2호, 한국지식재산연구원, 2024; 조형찬, 부정경쟁방지법상 '아이디어 탈취 금지규정'의 제한적 적용의 필요성, 법학연구 제30권 제2호, 경상대학교 법학연구소, 2022; 이지영, 골프존 판결, BTS 결정으로 살펴 본 부정경쟁방지 및 영업비밀보호에 관한 법률 제2조 제1호 (카)목의 적용실무, 판례연구 제33권, 부산판례연구회, 2022 등.

(이하 '부정경쟁방지법')에 의한 영업비밀 침해, 부정경쟁방지법 제2조 제1호 차목(이하 '차목') 또는 카목(현행 부정경쟁방지법상은 파목에 해당. 이하 판결의 판시에서는 '카목'으로 기재하고, 나머지 설명에서는 '파목'으로 칭함)의 부정경쟁행위에 해당한다고 주장하며 이 사건 광고의 사용금지 및 폐기, 이 사건 네이밍이 포함된 표장의 사용금지 및 그 표장이 표시된 물건의 폐기, 손해배상을 청구하였다.

2. 판결의 요지

가. 원심판결(서울고등법원 2020. 2. 6. 선고 2019나2031649 판결)

원심은 피고의 행위는 차목 또는 카목의 부정경쟁행위에 해당하고, A사의 행위는 카목의 부정경쟁행위에 해당한다고 보고, 피고와 A사에 대한 이 사건 광고의 사용금지 및 폐기, 이 사건 네이밍의 사용금지 및 폐기청구와 손해배상청구를 일부 인용하였고,[3] 나머지 선택적 청구원인에 대해서는 판단하지 않았다. 원심판결에 대하여 피고만 상고하였다.

나. 대법원 판결

(1) 차목 관련

부정경쟁방지법 제2조 제1호 차목 본문은 "사업제안, 입찰, 공모 등 거래교섭 또는 거래과정에서 경제적 가치를 가지는 타인의 기술적 또는 영업상의 아이디어가 포함된 정보를 그 제공목적에 위반하여 자신 또는 제3자의 영업상 이익을 위하여 부정하게 사용하거나 타인에게 제공하여 사용하게 하는 행위"를 부정경쟁행위로 규정하고 있다. 위 차목은 거래교섭 또는 거래과정에서 제공받은 경제적 가치를 가지는 아이디어를 정당한 보상 없이 사용하는 행위를 규제하기 위해 2018. 4. 17. 법률 제15580호로 개정된 부정경쟁방지법(2018. 7. 18. 시행)에서 신설된 규정이다.

여기서 '경제적 가치를 가지는 기술적 또는 영업상의 아이디어가 포함된 정보'(이하 '아이디어 정보'라 한다)에 해당하는지 여부는 아이디어 정보의 보유자가 그 정보의 사용을 통해

---

2) A사는 1, 2심에서는 공동피고였으나, 원심판결 후 상고하지 않아 대상판결에서는 피고만이 '피고, 상고인'이었다.

3) 피고가 1심 계속 중 원고를 피공탁자로 하여 이 사건 계약에 따른 광고물 비용 명목으로 일정 금액을 공탁하였으나, 원심은 일부 공탁에 불과하여 효력이 없다는 이유 등으로 손해배상청구를 일부 인용하였다. 참고로 제1심은 원고의 금지청구가 차목 또는 카목의 부정경쟁행위에 해당하지 않는다는 등의 이유로 기각하고, 손해배상청구는 피고가 전액 공탁하였다는 이유로 기각하였다.

경쟁자에 대하여 경쟁상의 이익을 얻을 수 있거나 또는 그 정보의 취득이나 개발을 위해 상당한 비용이나 노력이 필요한 경우인지 등에 따라 구체적·개별적으로 판단해야 한다. 다만 아이디어를 제공받은 자가 제공받을 당시 이미 알고 있었거나 동종 업계에서 널리 알려진 아이디어는 위 차목의 보호대상에서 제외된다[위 차목 단서]. '거래교섭 또는 거래과정에서 제공받은 아이디어 정보를 그 제공목적에 위반하여 부정하게 사용하는 등의 행위'에 해당하기 위해서는 거래교섭 또는 거래과정의 구체적인 내용과 성격, 아이디어 정보의 제공이 이루어진 동기와 경위, 아이디어 정보의 제공으로 달성하려는 목적, 아이디어 정보 제공에 대한 정당한 대가의 지급 여부 등을 종합적으로 고려하여, 그 아이디어 정보 사용 등의 행위가 아이디어 정보 제공자와의 거래교섭 또는 거래과정에서 발생한 신뢰관계 등에 위배된다고 평가할 수 있어야 한다. 한편 아이디어 정보 제공이 위 차목의 시행일 전에 이루어졌어도 위 차목의 부정경쟁행위에 해당하는 행위가 그 시행일 이후에 계속되고 있다면 위 차목이 적용될 수 있다.

(2) 카목(현행 파목) 관련

부정경쟁방지법 제2조 제1호 카목은 그 보호대상인 '성과 등'의 유형에 제한을 두고 있지 않으므로, 유형물뿐만 아니라 무형물도 이에 포함되고, 종래 지식재산권법에 따라 보호받기 어려웠던 새로운 형태의 결과물도 포함될 수 있다. '성과 등'을 판단할 때에는 위와 같은 결과물이 갖게 된 명성이나 경제적 가치, 결과물에 화체된 고객흡인력, 해당 사업 분야에서 결과물이 차지하는 비중과 경쟁력 등을 종합적으로 고려해야 한다. 이러한 성과 등이 '상당한 투자나 노력으로 만들어진' 것인지는 권리자가 투입한 투자나 노력의 내용과 정도를 그 성과 등이 속한 산업분야의 관행이나 실태에 비추어 구체적·개별적으로 판단하되, 성과 등을 무단으로 사용함으로써 침해된 경제적 이익이 누구나 자유롭게 이용할 수 있는 이른바 공공영역(public domain)에 속하지 않는다고 평가할 수 있어야 한다. 또한 위 카목이 정하는 '공정한 상거래 관행이나 경쟁질서에 반하는 방법으로 자신의 영업을 위하여 무단으로 사용'한 경우에 해당하기 위해서는 권리자와 침해자가 경쟁관계에 있거나 가까운 장래에 경쟁관계에 놓일 가능성이 있는지, 권리자가 주장하는 성과 등이 포함된 산업분야의 상거래 관행이나 경쟁질서의 내용과 그 내용이 공정한지, 위와 같은 성과 등이 침해자의 상품이나 서비스에 의해 시장에서 대체될 수 있는지, 수요자나 거래자들에게 성과 등이 어느 정도 알려졌는지, 수요자나 거래자들의 혼동가능성이 있는지 등을 종합적으로 고려해야 한다(대법원 2020. 3. 26. 선고 2016다276467 판결; 대법원 2020. 3. 26.자 2019마6525 결정 참조).

3. 해설

가. 차목 관련

(1) 관련 규정

부정경쟁방지법 제2조 제1호 차목은 다음과 같이 거래교섭 또는 거래과정에서 제공된 아이디어를 탈취하는 행위를 부정경쟁행위의 하나로 규정하고 있다.

「사업제안, 입찰, 공모 등 거래교섭 또는 거래과정에서 경제적 가치를 가지는 타인의 기술적 또는 영업상의 아이디어가 포함된 정보를 그 제공목적에 위반하여 자신 또는 제3자의 영업상 이익을 위하여 부정하게 사용하거나 타인에게 제공하여 사용하게 하는 행위. 다만, 아이디어를 제공받은 자가 제공받을 당시 이미 그 아이디어를 알고 있었거나 그 아이디어가 동종 업계에서 널리 알려진 경우에는 그러하지 아니하다.」

(2) 대상판결의 분석

대상판결은,「차목은 거래교섭 또는 거래과정에서 제공받은 경제적 가치를 가지는 아이디어를 정당한 보상 없이 사용하는 행위를 규제하기 위해 2018. 4. 17. 법률 제15580호로 개정된 부정경쟁방지법(2018. 7. 18. 시행)에서 신설된 규정이다.」고 판시하여, 차목의 기능과 역할에 대해 설시하였다.

대상판결은「여기서 '경제적 가치를 가지는 기술적 또는 영업상의 아이디어가 포함된 정보'(이하 '아이디어 정보'라 한다)에 해당하는지 여부는 아이디어 정보의 보유자가 그 정보의 사용을 통해 경쟁자에 대하여 경쟁상의 이익을 얻을 수 있거나 또는 그 정보의 취득이나 개발을 위해 상당한 비용이나 노력이 필요한 경우인지 등에 따라 구체적·개별적으로 판단해야 한다. 다만 아이디어를 제공받은 자가 제공받을 당시 이미 알고 있었거나 동종 업계에서 널리 알려진 아이디어는 위 차목의 보호대상에서 제외된다[위 차목 단서]. 」고 하여 차목의 적용 요건 중 '경제적 가치를 가지는 기술적 또는 영업상의 아이디어가 포함된 정보'에 해당하는지에 대한 판단기준을 명확히 제시하였다.

또한 대상판결은「'거래교섭 또는 거래과정에서 제공받은 아이디어 정보를 그 제공목적에 위반하여 부정하게 사용하는 등의 행위'에 해당하기 위해서는 거래교섭 또는 거래과정의 구체적인 내용과 성격, 아이디어 정보의 제공이 이루어진 동기와 경위, 아이디어 정보의 제공으로 달성하려는 목적, 아이디어 정보 제공에 대한 정당한 대가의 지급 여부 등을 종합적으로 고려하여, 그 아이디어 정보 사용 등의 행위가 아이디어 정보 제공자와의 거래교섭 또는 거래과정에서 발생한 신뢰관계 등에 위배된다고 평가할 수 있어야 한다.」고 하여 차목의 적용 요건 중 '제공목적에 위반하여 부정하게 사용하는 등의 행위'에 해당하는지에 대한 판단기준도 제시하였다.

나아가 대상판결은「아이디어 정보 제공이 위 차목의 시행일 전에 이루어졌어도 위 차목의 부정경쟁행위에 해당하는 행위가 그 시행일 이후에 계속되고 있다면 위 차목이 적용될 수 있다.」고 판시하여,[4] 아이디어의 정보 제공이 차목의 시행일 전에 이루어졌어도 차목의 부정경쟁행위에 해당하는 행위가 그 시행일 이후에 계속되고 있다면 차목이 적용될 수 있다고 판시하였다.

나. 카목(현행 파목) 관련

(1) 관련 규정

현행 부정경쟁방지법 제2조 제1호 파목은 다음과 같이 기존의 부정경쟁행위에 관한 보충적 일반조항을 규정하고 있다.

「그 밖에 타인의 상당한 투자나 노력으로 만들어진 성과 등을 공정한 상거래 관행이나 경쟁질서에 반하는 방법으로 자신의 영업을 위하여 무단으로 사용함으로써 타인의 경제적 이익을 침해하는 행위」

(2) 대상판결의 분석

「부정경쟁방지법 제2조 제1호 카목은 그 보호대상인 '성과 등'의 유형에 제한을 두고 있지 않으므로, 유형물뿐만 아니라 무형물도 이에 포함되고, 종래 지식재산권법에 따라 보호받기 어려웠던 새로운 형태의 결과물도 포함될 수 있다. '성과 등'을 판단할 때에는 위와 같은 결과물이 갖게 된 명성이나 경제적 가치, 결과물에 화체된 고객흡인력, 해당 사업 분야에서 결과물이 차지하는 비중과 경쟁력 등을 종합적으로 고려해야 한다. 이러한 성과 등이 '상당한 투자나 노력으로 만들어진' 것인지는 권리자가 투입한 투자나 노력의 내용과 정도를 그 성과 등이 속한 산업분야의 관행이나 실태에 비추어 구체적·개별적으로 판단하되, 성과 등을 무단으로 사용함으로써 침해된 경제적 이익이 누구나 자유롭게 이용할 수 있는 이른바 공공영역(public domain)에 속하지 않는다고 평가할 수 있어야 한다. 또한 위 카목이 정하는 '공정한 상거래 관행이나 경쟁질서에 반하는 방법으로 자신의 영업을 위하여 무단으로 사용'한 경우에 해당하기 위해서는 권리자와 침해자가 경쟁관계에 있거나 가까운 장래에 경쟁관

---

4) 대상판결의 사안에서 피고와 A사의 행위는, 네이밍과 광고 제작 행위 자체는 차목의 시행일 전에 이루어졌지만 원심판결의 변론종결일 당시에도 광고 영상이 인터넷 등을 통해 계속 재생되고 있었는데, 원심판결은「부정한 사용행위에 해당하는 이 사건 광고의 영상이 현재까지 인터넷 등을 통해 계속 재생되고 있는 이상 2018. 7. 18.부터 시행된 위 조항(주: 차목)도 적용된다」고 판단하였다.

계에 놓일 가능성이 있는지, 권리자가 주장하는 성과 등이 포함된 산업분야의 상거래 관행이나 경쟁질서의 내용과 그 내용이 공정한지, 위와 같은 성과 등이 침해자의 상품이나 서비스에 의해 시장에서 대체될 수 있는지, 수요자나 거래자들에게 성과 등이 어느 정도 알려졌는지, 수요자나 거래자들의 혼동가능성이 있는지 등을 종합적으로 고려해야 한다(대법원 2020. 3. 26. 선고 2016다276467 판결; 대법원 2020. 3. 26.자 2019마6525 결정 참조).」고 판시하여, 성과물 도용 부정경쟁행위의 판단 기준을 최초로 명시한 대법원 2020. 3. 26. 선고 2016다276467 판결, 대법원 2020. 3. 26.자 2019마6525 결정(이하 통칭하여 '기존 판결들'이라 한다)과 동일한 판단 기준을 제시하고 있다.

대법원은 기존 판결들에서 「(카)목은 구 부정경쟁방지 및 영업비밀보호에 관한 법률(2013. 7. 30. 법률 제11963호로 개정되기 전의 것)의 적용 범위에 포함되지 않았던 새로운 유형의 부정경쟁행위에 관한 규정을 신설한 것이다. 이는 새로이 등장하는 경제적 가치를 지닌 무형의 성과를 보호하고 입법자가 부정경쟁행위의 모든 행위를 규정하지 못한 점을 보완하여 법원이 새로운 유형의 부정경쟁행위를 좀 더 명확하게 판단할 수 있도록 함으로써, 변화하는 거래관념을 적시에 반영하여 부정경쟁행위를 규율하기 위한 보충적 일반조항이다.」라고 판시하여 현행 파목이 '보충적 일반조항'이라고 판시하였다. 그러나 '보충적 일반조항'이 어떤 의미이고, 다른 법률 등과 충돌시 파목을 적용할 수 있는지, 그 적용순서가 어떠한지 등은 명확하지 않았다. 이에 특허법, 저작권법 등 다른 지식재산권법이 정하는 침해행위에 해당하지 않거나 파목이 아닌 다른 부정경쟁행위에 해당하지 않는 경우에도 파목 부정경쟁행위를 인정할 수 있는지, 민법, 다른 지식재산권 법률, 부정경쟁방지법 제2조 제1호 각 목과 파목이 중복 적용될 수 있는 사안에서 파목을 인정할 수 있는지가 문제되었다. 보충성을 엄격히 적용해야 한다는 입장은 부정경쟁방지법 제2조 제1호 각 목 또는 다른 지식재산권법이 정하는 행위 유형에는 해당하지만 그 요건을 갖추지 못하여 위 법률들이 적용될 수 없는 경우에는 특별한 사정이 없는 한 파목에도 해당하지 않는다고 보아야 한다고 보고, 여기서 특별한 사정이 인정되기 위해서는 최소한 가목 내지 타목이 정하는 부정경쟁행위의 행위유형보다 위법성의 정도가 더 높거나 다른 요소가 추가되어야 한다고 보며,[5] 위 견해와 같은 취지로 볼 수 있는 1, 2심 판결들도 상당히 있다. 반면 보충성을 유연하게 적용해야 한다는 입장은 파목은 그 자체로 독립적 법률요건에 따라 판단해야 하고, 일반적 보충조항의 의미는 종래 보호받기 어려웠던 새로운 형태의 결과물에 대해서 보호가 가능하다는 적극적·긍정적

5) 박성호, 저작권법에 의한 보호가 부정되는 경우 부정경쟁방지 및 영업비밀보호에 관한 법률 제2조 제1호 (차)목의 적용범위, 한양법학 29권 1집(통권 61집), 한양법학회, 2018, 104-106면,; 문선영, 부정경쟁행위 일반조항에 관한 주요 법적 쟁점 연구, 과학기술법연구, 한남대학교 과학기술법연구원, 2016, 95면, 103-107면(이지영, 골프존 판결, BTS 결정으로 살펴 본 부정경쟁방지 및 영업비밀보호에 관한 법률 제2조 제1호 (카)목의 적용실무, 판례연구, 33면에서 재인용).

의미이지 다른 지식재산권 또는 부정경쟁행위에 해당하지 않을 때만 보호하겠다는 소극적·부정적 의미로 볼 수 없다고 본다.[6] 그런데 대상판결에서 차목과 카목(파목)을 모두 인정한 원심에 위법이 없다고 판단함으로써, 위 견해와 같은 취지임을 분명히 하였다.[7]

한편, 위 기존 판결들과 대상판결에서 설시하고 있는 판단기준은 「'성과 등'을 판단할 때에는 위와 같은 결과물이 갖게 된 명성이나 경제적 가치, 결과물에 화체된 고객흡인력, 해당 사업 분야에서 결과물이 차지하는 비중과 경쟁력 등을 종합적으로 고려해야 한다. (중략) '공정한 상거래 관행이나 경쟁질서에 반하는 방법으로 자신의 영업을 위하여 무단으로 사용'한 경우에 해당하기 위해서는 (중략) 수요자나 거래자들에게 성과 등이 어느 정도 알려졌는지 (중략) 등을 종합적으로 고려해야 한다」라고 되어 있어서, '성과 등'에 해당하기 위해서는 '성과 등'이 도용되기 전에 공개되어 명성이 있어야 하고 고객흡인력 및 해당 사업 분야에서 어느 정도 비중과 경쟁력이 있어야만 하며, '공정한 상거래 관행이나 경쟁질서에 반하는 방법으로 자신의 영업을 위하여 무단으로 사용'한 경우에 해당하기 위해서는 수요자나 거래자들에게 성과 등이 어느 정도 알려져야만 하는 것으로 오해될 가능성이 있었다. 그러나 대상판결의 사안에서 도용의 대상이 된 네이밍과 광고콘티는 한번도 공개된 적이 없었던 것이다. 따라서 대상판결을 통해 비록 도용의 대상이 된 것이 한번도 공개된 적이 없어 명성이나 고객흡인력 및 해당 사업 분야에서의 비중이 없더라도 '성과 등'에 해당할 수 있고, 수요자나 거래자들에게 성과 등이 알려지지 않았더라도 '공정한 상거래 관행이나 경쟁질서에 반하는 방법으로 자신의 영업을 위하여 무단으로 사용'한 경우에 해당할 수 있다는 점이 명확하게 되었다.

또한 위 기존 판결들과 대상판결에서 설시하고 있는 판단기준은 「성과 등이 '상당한 투자나 노력으로 만들어진' 것인지는 권리자가 투입한 투자나 노력의 내용과 정도를 그 성과 등이 속한 산업분야의 관행이나 실태에 비추어 구체적·개별적으로 판단」한다고 되어 있는데, 권리자가 투입한 투자나 노력의 정도에 대한 기준이 명확하지 않아 거액의 투자나 엄청난 노력이 있어야만 성과 등에 해당하는 것으로 오해될 가능성이 있었다. 그러나 대상판결의 사안에서, 도용의 대상이 된 광고 콘티는 18장의 이미지와 이에 대한 설명 정도였고, (원고가 소 제기 전 피고에게 지급을 요청한 금액에 따르면) 원고가 도용의 대상이 된 네이밍을 하고

6) 손천우, 부정경쟁방지법 제2조 제1호 (카)목이 규정하는 성과물 이용 부정경쟁행위에 관한 연구, 사법논집 제55호, 2021. 2., 1019면; 이지영, 골프존 판결, BTS 결정으로 살펴 본 부정경쟁방지 및 영업비밀보호에 관한 법률 제2조 제1호 (카)목의 적용실무, 38면도 "(카)목도 (가) 내지 (차)목의 부정경쟁행위와 대등적·선택적으로 적용될 수 있다고 생각한다"고 하여 같은 의견이고, 계승균, 우리나라에서 트레이드 드레스의 법적 보호에 관한 연구, 산업재산권(42호), 한국산업재산권법학회, 2013, 73면, 최정렬, 이규호, 부정경쟁방지법 제4판, 2021, 진원사, 221면도 같은 의견이다.

7) 이지영, 골프존 판결, BTS 결정으로 살펴 본 부정경쟁방지 및 영업비밀보호에 관한 법률 제2조 제1호 (카)목의 적용실무, 33면.

광고 콘티를 만드는 데 직접 투자한 실비는 콘티 작성비(외주 업체에 지급한 실비) 216만 원과 이 사건 네이밍의 기획료 500만 원과 제작료 500만 원을 합한 1,000만 원, 합계 1,216만 원[8] 정도로 아주 거액은 아니었고,[9] 총 제작기간도 2달 정도였으나[10] 대상판결이 성과 등으로 인정함으로써, 거액의 투자나 엄청난 노력이 있어야만 성과 등에 해당하는 것은 아니라는 점도 명확하게 되었다.[11]

4. 판결의 의의

대상판결은 차목의 입법 취지, 문언의 내용과 관련 논의 등을 종합하여 차목에서 정한 부정경쟁행위의 적용 요건과 구체적인 판단 기준을 최초로 제시한 판결이라는 점에서 그 의의가 크다.[12]

또한 대상판결은 차목과 카목(파목)을 모두 인정한 원심판결에 위법이 없다고 판단함으로써, 파목은 다른 지식재산권 또는 부정경쟁행위와 중복 적용될 수 있음을 분명히 하였다. 나아가 대상판결은 도용의 대상이 된 것이 공개된 적이 없어 명성이나 고객흡인력 및 해당 사업 분야에서의 비중이 없더라도 '성과 등'에 해당할 수 있고, 수요자나 거래자들에게 성과 등이 알려지지 않았더라도 '공정한 상거래 관행이나 경쟁질서에 반하는 방법으로 자신의 영업을 위하여 무단으로 사용'한 경우에 해당할 수 있다는 점과 거액의 투자나 엄청난 노력이 있어야만 성과 등에 해당하는 것은 아니라는 점도 명확하게 하였다는 점에서 성과물 도용 부정경쟁행위 여부 판단에 좋은 참고가 된다.

---

8) 원심판결 중 사실관계 기재.

9) 물론 원고 소속 직원의 인건비 등 총 투자는 조금 더 컸을 것이다.

10) 원심판결 중 사실관계 기재.

11) 나아가 대상판결의 사안에서 광고 콘티는 최종결과물이라기 보다는 중간결과물적 성격이 있는 것이지만, 대상판결에서 성과로 인정되었다(최종결과물은 광고 콘티에 따라 작성된 광고일 것이다).

12) 이한상, 부정경쟁방지법 제2조 제1호 차목에서 정한 부정경쟁행위의 판단 기준, 대법원판례해설 제126호, 2021, 법원도서관, 407면.

34 주지 표지 공동보유자 중 일부로부터 사용 권한을 허락받은 자의 부정경쟁행위 금지청구 가능 여부

대법원 2024. 7. 11. 선고 2023다216302 판결[1)]

문선영 (서울시립대학교 교수)

1. 사안의 개요

이 사건 표장은 소외 회사가 1973년 경 설립되었을 때부터 상품표지로 사용되었고, 1978년경에는 국내에서 일반 거래자나 수요자들 사이에 널리 인식된 상태에 있었으며, 원심 변론종결일 무렵까지도 그와 같은 상태가 유지되었다. 소외 회사는 1986. 8. 13. 이 사건 표장에 대한 상표권 설정등록을 받았고, 2002. 2.경 파산위기에 처하자 이 사건 등록상표의 상표권 중 28.5%는 A, 26.5%는 B, 각 22.5%는 C, D 앞으로 지분이전등록을 마쳤으며, 그 후 여러 차례에 걸쳐 지분이전등록이 이루어졌는데 2016. 8. 13. 이 사건 등록상표권은 A가 28.5%, B가 26.5%, E(피고 보조참가인)가 11.25%, F가 6.25%, G가 5%, H가 6.25%, I가 5%, J가 11.25%의 각 비율로 공유하고 있었고, 2016. 8. 14. 존속기간 만료로 소멸하였다.

피고는 온라인 쇼핑몰에서 침대 등 가구를 판매하면서 판매 제품에 '00가구'라는 표장을 부착하고, 판매 제품 광고에 이 사건 표장과 '00가구'라는 표장을 표시하였다.

원고들은 이 사건 표장이 원고들의 상품표지로 국내에 널리 인식되었거나 원고들이 이 사건 표장의 사용권자라는 전제에서 피고의 이 사건 표장사용행위가 부정경쟁방지 및 영업비밀보호에 관한 법률(이하 부경법) 제2조 제1호 (가)목의 부정경쟁행위에 해당한다고 주장하며 동법 제4조에 따라 이 사건 표장 사용행위의 금지 등을 청구하는 이 사건 소를 제기하였다.

---

1) [참조 및 관련 판례] 대법원 1997. 2. 5.자 96마364 결정(공1997상, 859); 대법원 2023. 12. 28.자 2022마5373 결정(공2024상, 274) 등.
[관련 평석 및 문헌] 이현경, "주지표지의 주지성 승계 및 사용허락", 대법원판례해설 제142호, 법원도서관, 2025.

2. 판결의 요지

가. 원심판결(서울고등법원 2023. 2. 2. 선고 2022나2020403 판결)

원고들은 이 사건 표장의 보유 주체이던 소외 회사로부터 이 사건 표장을 승계하지 않았으므로 이 사건 표장에 화체된 주지성이 원고들에게 승계되었다고 볼 수 없고, 사용권자 또는 그로부터 사용허락 받은 자의 지위에서 이 사건 표장을 표시하여 왔을 뿐이어서 원고들이 스스로 이 사건 표장의 주지성을 취득하였다고 볼 수도 없으므로, 이 사건 표장이 원고들의 상품표지로 국내에 널리 인식되었음을 전제로 하여 원고들이 부경법 제4조의 금지청구권자에 해당한다는 주장은 받아들일 수 없다. 부경법 제4조 제1항에 의하여 부정경쟁행위의 금지 또는 예방을 청구할 수 있는 자는 그 표지의 소유자뿐만 아니라 그 사용권자 등 그 표지의 사용에 고유하고 정당한 이익을 가지고 있는 자도 포함되나, 특별한 사정이 없는 한 이 사건 표장은 상표권이 소멸하였다고 하더라도 상표법상 공유에 관한 상표법 제93조 제3항을 준용 또는 유추적용하여 이 사건 표장의 공유자 전원의 동의를 받지 아니하면 정당한 사용권을 취득할 수 없다. 원고들은 이 사건 변론종결일 무렵 이 사건 표장의 공유자 전원으로부터 사용허락을 받지 못하였으므로 이 사건 표장의 정당한 사용권자라고 볼 수 없어 원고들이 그 주장과 같이 상당기간 이 사건 표장의 사용권자로서 이 사건 표장의 주지성 유지 및 확대에 기여하였다고 하더라도 부경법 제4조에 정한 금지청구권을 행사할 수 있는 영업상 고유하고 정당한 이익이 있는 자라고 할 수 없으므로 원고들의 이 사건 청구는 모두 이유없어 기각하여야 한다.

나. 대법원 판결

대법원은 먼저 이 사건 표장이 원고들의 상품표지로 국내에 널리 인식되었는지 여부에 대하여, 원고들은 소외 회사로부터 이 사건 표장을 승계하지 않았고, 자신의 독자적 상품표지로서 표시한 것이 아니라 사용권자 또는 그로부터 사용허락 받은 자의 지위에서 표시하여 왔을 뿐이므로 스스로 이 사건 표장의 주지성을 취득하였다고 볼 수도 없으므로, 이 사건 표장이 원고들의 상품표지로 국내에 널리 인식되었음을 전제로 한 부경법 제4조의 금지청구권자에 해당한다는 원고들의 주장은 이유 없다고 판단한 원심의 판시는 타당하다고 판시하였다.

그러나 원고들이 이 사건 표장의 사용권자인지 여부에 대하여는, 조합체를 구성하지 않는 여러 사람이 상표권 설정등록이 이루어지지 않은 주지표지를 공동으로 보유하는 경우 그 공동보유자가 타인에게 주지표지에 관한 사용권한을 부여하는 행위는 주지표지의 관리행위에 해당하므로, 공동보유자 사이에 특별한 약정이 없는 한 민법 제265조 본문을 유추적용하여 공동보유자의 지분의 과반수로써 이를 결정할 수 있고, 한때 상표권이 발생하였던 주지표지라고 하더라도 그 상표권이 소멸한 이상 그 표지의 사용허락에 상표법 제93조 제3항에서 규정한 공유자 전원의 동의가 필요하다고 볼 수 없다. 이 사건 표장은 국내에 널리 인식된 상품표지로서 주지표지이고, 상표권 소멸에 따라 미등록 주지표지인 이 사건 표장의 공동보유자들이 타인에게 그 사용권한을 부여하는 행위는 이 사건 표장의 관리행위에 해당하므로, 민법 제265조 본문을 유추적용하여 이 사건 표장의 공동보유자 지분 과반수의 결정으로 이 사건 표장에 관하여 타인에게 주지표지에 관한 사용권한을 부여할 수 있다. 따라서 원심으로서는 이 사건 공동보유자 지분 과반수의 결정으로 이 사건 표장의 사용허락을 받았는지 여부를 살펴 원고들이 이 사건 표장의 사용에 관하여 고유하고 정당한 이익을 가지고 있는 자로서 부경법 제4조 금지청구권자에 해당하는지 심리·판단하였어야 한다고 판시하였다.

3. 해설

가. 본 판결의 법적 쟁점

원고들은 소외 회사로부터 이 사건 표장을 승계하지 않았고, 자신의 독자적 상품표지가 아니라 사용권자 또는 그로부터 사용허락 받은 자의 지위에서 표시하여 왔을 뿐이므로 스스로 이 사건 표장의 주지성을 취득하였다고 볼 수는 없고 이는 원심의 판단이 대법원에서도 유지되었다.

따라서 원고들은 이 사건 표장의 사용권자라는 전제에서 피고의 이 사건 표장 사용행위를 부경법 제2조 제1호 (가)목의 부정경쟁행위에 해당한다는 이유로 이의 금지 등을 청구하고 있는 것이므로, 본 판결의 법적 쟁점은 우선 이 사건 표장과 같은 주지표지의 사용권자가 부경법 제4조의 금지청구를 할 수 있는 자인지 여부가 문제되고, 이에 해당된다면 나아가 원고들이 미등록 주지표지인 이 사건 표장의 공동보유자로부터 적법하게 사용허락을 받은 것인지가 문제되며, 이는 미등록 주지표지의 공동보유자의 법률관계를 어떻게 파악하는가가 논의의 전제가 된다고 할 수 있다.

나. 부경법 제4조의 금지청구를 할 수 있는 자의 범위

(1) 부경법 제4조에 따른 금지청구권자의 범위

부경법 제4조는 부정경쟁행위로 자신의 영업상의 이익이 침해되거나 침해될 우려가 있는 자는 부정경쟁행위를 하거나 하려는 자에 대하여 금지청구를 할 수 있다고 규정하고 있다. 특허나 상표권의 침해행위와 달리 그 침해행위로 영업상의 이익침해 또는 침해 우려가 있을 것을 요구하고 있는데, 부경법상 영업상 이익의 영업이란 영리 목적으로 하는 것 뿐만 아니라 널리 경제상 수익창출 목적으로 계속반복적으로 행하는 사업을 포함하고, 영업상의 이익이란 영업자가 영업활동을 하면서 향유하는 고유하고 정당한 이익으로, 경제적인 이익은 물론 영업상의 신용, 고객흡인력, 공정한 영업자로서의 경쟁상 지위 등이 이에 해당한다.[2] 또한 그 이익이 그와 같은 행위에 의한 침해로부터 보호받을 가치가 인정되어 그 보호를 위하여 그 침해행위의 중지를 구하는 것이 건전한 상거래의 질서유지의 이념에서 능히 시인될 수 있는 정당한 업무상의 이익이라야 할 것이다.[3]

이러한 금지청구를 할 수 있는 자에는 그러한 표지의 보유자뿐만 아니라 사용권자 등 그 표지의 사용에 관하여 고유하고 정당한 이익을 가지고 있는 자도 포함된다고 보는 것이 판례의 태도이다.[4] 이때 표지의 사용권자 등 그 표지의 사용에 관하여 고유하고 정당한 이익을 가지는 자란, 구체적 사안에 따라 해결할 수밖에 없지만, 독점적 사용권자, 그룹 명칭의 경우 계열사 중 한 회사, 프랜차이즈에 있어서 그 본부와 가맹점 등이 포함되고, 상품화권자와 그 사용자도 그 표지 사용에 영업상 이익을 가지는 이상 금지청구권을 행사할 수 있다고 해석된다.[5] 이에 따르면 주지표지의 라이선시(licensee, 사용권자)는 그 표지가 라이선서(licensor, 권리자)의 상품, 서비스를 나타내는 것으로 주지인 이상 자기의 상품, 서비스를 나타내는 것으로 주지성을 취득하지 못하였더라도 금지청구권을 행사할 수 있다.[6] 이러한 다수의 견해에 따르면, 상표법상 상표권자 또는 전용사용권자에게만 금지청구권이 인정되는 것과는 달리, 부경법은 사실 상태의 보호 측면이 강하므로 통상사용권자도 금지청구권을 행사할 수 있다고 본다.[7] 다만 이에 대하여는 부경법상 주지표지의 사용권자의 경우 공시방법이

---

2) 대법원 2023. 12. 28.자 2022마5373 결정.
3) 대법원 1976. 2. 24. 선고 73다1238 판결.
4) 대법원 2023. 12. 28.자 2022마5373 결정; 대법원 1997. 2. 5.자 96마364 결정.
5) 사법연수원, 부정경쟁방지법, 2015, 81-82면.
6) 사법연수원, 부정경쟁방지법(주 5), 82면; 윤병각, "부정경쟁행위의 유형과 구제방법", 재판자료 제57집, 법원행정처, 1992, 580면; 이현경, "주지표지의 주지성 승계 및 사용허락", 대법원판례해설 통권 제142호, 법원도서관, 269면.
7) 사법연수원, 부정경쟁방지법(주 5), 83면; 정태호, "공유상표권의 소멸 후 주지성의 귀속과 부정경쟁방지법

마땅치 않고 권리가 아닌 법률상 보호받을 이익(정당한 이익)을 가진 자에게 금지청구를 할 수 있도록 하는 것이 타당한지에 대해 의문을 제기하는 견해가 있다.[8)]

(2) 판시 내용의 검토

대법원은 종래의 판례와 같은 취지로 부정경쟁행위에 대한 금지청구를 할 수 있는 자에는 그러한 표지의 사용에 관하여 고유하고 정당한 이익을 가지고 있는 자도 포함된다고 판시하였다. 표지의 사용에 고유하고 정당한 이익을 가지는 이상 주지표지의 사용권자는 권리자의 상품, 서비스를 나타내는 것으로 주지한 이상 자기의 상품, 서비스를 나타내는 것으로 주지성을 취득하지 못하였더라도 금지청구를 할 수 있다. 원고1은 소외회사의 파산 및 A, B, C, D로의 상표권 이전등록 이후 2003. 6. 이 사건 등록상표에 대한 전용사용권을 등록한 후 여러 차례에 걸친 상표권 지분이전에도 불구하고 원고들이 이 사건 표장을 지속적으로 사용하여 왔고, 상표권 소멸 당시의 이 사건 표장의 공유자 중 과반수의 권한을 보유한 H, J로부터 표장 사용에 대한 동의를 받은 정당한 사용권자라고 주장하므로, 원고들이 이 사건 표장의 정당한 사용권을 가지는지 여부를 살펴볼 필요가 있다.

다. 미등록 주지 표지의 공동보유자 사이의 법률관계 및 사용권한 부여행위

(1) 부경법상 주지표지 공동보유자 사이의 법률 관계

부경법은 미등록 주지표지의 공동보유자 사이의 법률관계와 사용허락에 대하여 명문 규정을 두지 않고 있다. 반면 상표법은 상표권의 공동보유에 관하여 제93조에서 '상표권의 공유'라는 제목하에 규정을 두고 있고, 제2항은 "상표권이 공유인 경우에는 각 공유자는 다른 공유자 모두의 동의를 받지 아니하면 그 지분을 양도하거나 그 지분을 목적으로 하는 질권을 설정할 수 없다."고 규정하고 있으며, 제3항에서 "상표권이 공유인 경우에는 각 공유자는 다른 공유자 모두의 동의를 받지 아니하면 그 상표권에 대하여 전용사용권 또는 통상사용권을 설정할 수 없다."고 규정하고 있다. 이러한 경우의 상표권의 공동보유자 사이의 법률관계를 어떻게 보아야 할 것인지에 대하여는 법적성질을 공유(준공유)로 보는 견해가 있고,[9)] 법문의 표현에도 불구하고 합유(준합유)로 보는 견해가 있다.[10)] 대법원은 합유적 성질을 가

상 상품주체 혼동행위의 적용에 관한 고찰", 법과 기업 연구 제13권 제3호(통권 36호), 서강대학교 법학연구소, 2023, 229면.

8) 최승재, [판례평석] 부정경쟁방지법상 주지표지에 관한 금지청구를 할 수 있는 자의 범위, 법조신문 2025. 9. 11.자. https://news.koreanbar.or.kr/news/articleView.html?idxno=34074(2025. 10. 10. 마지막 검색).

9) 편집대표 정상조, 상표법주해 Ⅱ, 박영사, 2018, 131면(김병일 집필부분). 민법상 공유에 가까우나 차이점을 무시해서는 안된다는 견해로는 박준석, "영업비밀 공동보유자의 동의 없는 자기사용은 침해행위인가?", 서울대학교 법학 제64권 제1호, 서울대학교 법학연구소, 2023. 3., 321-328면.

진다는 점을 인정하면서도 상표권의 공동보유의 법적 성질은 공유에 해당한다는 입장으로, "상표권이 공유인 경우에 각 공유자는 다른 공유자의 동의를 얻지 아니하면 그 지분을 양도하거나 그 지분을 목적으로 하는 질권을 설정할 수 없고 그 상표권에 대하여 전용사용권 또는 통상사용권을 설정할 수도 없는 등 일정한 제약을 받아 그 범위에서 합유와 유사한 성질을 가지지만, 이러한 제약은 상표권이 무체재산권인 특수성에서 유래한 것으로 보일 뿐이고, 상표권의 공유자들이 반드시 공동목적이나 동업관계를 기초로 조합체를 형성하여 상표권을 소유한다고 볼 수 없을 뿐만 아니라 상표법에 상표권의 공유를 합유관계로 본다는 명문의 규정도 없는 이상, 상표권의 공유에도 상표법의 다른 규정이나 그 본질에 반하지 아니하는 범위 내에서는 민법상의 공유의 규정이 적용될 수 있다고 할 것이다."고 판시하여 상표권 공동보유의 특성을 고려하나 공유설의 입장에 가깝다.

반면 부경법이 미등록 주지표지의 공동보유자 사이의 법률관계에 대하여 다른 규정을 두고 있지 않으므로 결국 이들 사이의 법률관계는 이들 사이에 계약이 존재한다면 계약에 따르고, 그렇지 않다면 이들의 인적 결합관계에 기초하여야 할 것인데, 본 판결에서 대법원의 견해와 같이 주지표지 공동보유자 사이의 관계가 조합체를 구성하지 않는 경우 공유로 보는 견해[11]와, 상표법과 부정경쟁방지법의 관계를 고려할 때 조합체를 구성하지 않더라도 준합유로 보고 민법상 합유에 대한 규정을 적용 또는 유추적용하는 것이 타당할 것이라는 견해[12]가 있다. 또한 조합체를 구성하지 않는 미등록 주지표지 공동보유자가 타인에게 그 주지표지에 대한 사용권한을 부여하는 행위는 특별한 약정이 없는 한 주지표지의 관리행위에 해당한다고 보게 되면, 공유설에 따르면 민법상 공유에 관한 제265조 본문을 적용 또는 유추적용하여 공동보유자의 지분의 과반수로써 결정할 수 있다고 할 수 있고, 합유설에 따르더라도 직접적인 규정이 없으므로 유추적용이 필요하게 된다. 미등록 주지표지에 대한 사용권한을 부여하는 행위에 대하여는 미등록 표지인 이상 상표법을 직접 적용할 수 없으므로 이를 유추적용하여야 한다는 견해[13]와 부경법에 대한 보충적 규범으로서 민법을 적용 또는 유추적용하여야 한다는 견해가 있을 수 있다. 부경법상 명문규정이 없고, 상표법은 등록된 상표에 적용되는 것이 원칙이므로, 이와 같이 특별한 규정이 존재하지 않는다면 결국 민법이 보충적으로 적용된다고 할 수 있다. 그런데, 민법 제278조는 "본절의 규정은 소유권 이외의 재산권에 준용한다"고 규정하고 있으므로, 부정경쟁행위 금지청구에 의해 보호되는 주지표지를 소유권 이외의 재산권으로 볼 수 있다면 동 조에 따라 민법의 규정을 직접적으로 적용할 수 있으나, 그렇지 않다면 민법상 규정들은 유추적용이 가능한지를 살펴보아야 한다.

---

10) 최승재, 법조신문 2025. 9. 11.자(주 8).
11) 이현경, "주지표지의 주지성 승계 및 사용허락"(주 6), 285면.
12) 최승재, 법조신문 2025. 9. 11.자(주 8).
13) 본 대상판결의 원심이 취한 견해이다.

이에 대하여 부경법에 따라 주지표지 보유자에게 재산권이 부여된다고 보는 견해도 있으나,[14] 행위규제방식의 입법인 부경법에 따라 보호되는 주지표지에 재산권이 부여된다고 볼 수는 없다고 생각되므로[15] 결국 민법 제278조가 유추적용될 수 있다고 생각된다.

(2) 사용권한 부여행위의 정당성에 대한 판시 내용의 검토

대법원은 상표권 소멸 후 미등록 상태인 주지표지의 공동보유자에 대하여 상표법 공유규정을 적용하여 전원의 동의를 얻어야만 사용권을 설정할 수 있다고 판단한 원심과는 달리, 조합체를 구성하지 않는 미등록 주지표지 공동보유자가 타인에게 주지표지에 관한 사용권한을 부여하는 행위는 주지표지의 관리행위에 해당하므로 특별한 약정이 없는 한 민법 제265조 본문을 유추적용하여 공동보유자 지분의 과반수로 결정할 수 있다고 판단하였다. 이에 따라 파기 후 환송심에서는 이 사건 지분취득 경위와 이 사건 공동보유자 사이의 관계 등을 고려하면 이들이 조합체로서 이 사건 표장을 보유한다고 보기는 어렵고, 원고들은 이 사건 변론종결일을 기준으로 이 사건 표장의 공동보유자 지분 과반수의 결정으로 이 사건 표장의 사용을 허락받았다고 봄이 상당하므로, 원고들은 이 사건 표장의 사용에 관하여 고유하고 정당한 이익을 가지는 자로서 부경법 제4조의 금지청구권자에 해당한다고 판시하였다.

이에 따르면 미등록 주지표지 공동보유자의 법률관계는 특별한 약정이 없는 한 이들의 인적 결합관계에 기초하여야 할 것인데, 그 관계가 조합체를 구성하지 않는 경우 공유로 보아야 한다는 전제에서 사용허락 행위는 관리행위에 해당한다고 보고 민법 제265조를 유추적용하여 판단하였음을 알 수 있다. 다만 그 결과 미등록 주지표지의 공동보유자들 사이에 전원의 동의가 없더라도 과반수 이상의 동의만으로 사용허락이 가능하게 되면 소비자의 오인혼동의 위험이 커진다는 점에서 우려를 제기하는 견해가 있다.[16]

4. 판결의 의의

미등록 주지표지의 공동보유자 사이의 관계에 대하여 부경법은 명시적 규정을 보유하고 있지 않은데, 본 판결은 미등록 주지표지 공동보유자의 사용권부여행위는 주지표지의 관리행위에 해당하므로, 원칙적으로 상표법 제93조 제3항이 아닌 민법 제265조 본문을 유추적용하여야 한다고 보고, 조합체를 구성하지 않는 여러 사람이 상표권 설정등록이 이루어지지

14) 박준석, "우리 부정경쟁방지법의 법적 성격 – 공정거래법과의 관계를 중심으로 –", 산업재산권 제69호, 한국지식재산학회, 2021, 418-424면; 이현경, "주지표지의 주지성 승계 및 사용허락"(주 5), 282면.
15) 박성호, "우리나라 '부정경쟁방지법의 탄생'과 그에 관한 법제사적 고찰", 정보법학 제26권 제2호, 2022, 11-18면.
16) 최승재, 법조신문 2025. 9. 11.자(주 8).

않은 주지표지를 공동으로 보유하는 경우, 공동보유자 지분 과반수의 결정으로 타인에게 주지표지에 관한 사용권한을 부여할 수 있고, 한때 상표권이 발생하였던 주지표지라고 하더라도 상표권이 소멸한 경우까지도 그 표지의 사용허락에 상표법 제93조 제3항에서 규정한 공유자 전원의 동의가 필요한 것은 아니라고 판단하였다는 점에서 주목할 만한 판결이라고 생각된다.

35 영업비밀 공동보유자의 자기 사용 가능성과 그 한계

대법원 2024. 11. 20. 선고 2021다278931, 278948 판결[1)]

이혜영 (법무법인 설현 변호사)

1. 사안의 개요

원고는 고속열차의 주전력변환장치를 제조하는 업체이고, 피고는 철도차량 부품 제조판매업 등을 하는 회사이다. 원고는 고속열차의 주전력변환장치에 들어가는 (기존 디스크형 IGBT 스택조립체와 호환가능한) 모듈형 IGBT 스택조립체(이하 '이 사건 제품'이라 한다)에 관한 연구개발을 진행하였는데, 피고는 이 사건 제품을 공급하기로 하고 연구개발 과정에 함께 참여하게 되었다. 공동 연구개발로 산출된 이 사건 제품의 설계 및 제조에 필요한 부품의 종류와 배치, 형상, 수치, 공정, 기술적 노하우 등에 관한 내용(이하, '이 사건 기술'이라 한다)과 그 기술 내용이 구체적으로 기재되어 있는 도면(이하, '이 사건 도면'이라 한다)은 이 사건 기술정보로서, 공공연히 알려져 있지 아니하고 독립된 경제적 가치를 가지는 것으로 원고와 피고는 각각 비밀로 유지·관리하였다.

한편, 피고는 원고에게 '원고나 원고의 직원이 피고에게 제공하거나, 피고가 원고와의 거래계약을 이행하는 과정에서 알게 된 원고의 업무와 관련된 정보는 원고의 기업비밀이고, 피고는 이를 계약 수행의 목적으로만 사용하겠다.'는 등의 내용이 기재된 이 사건 비밀유지 서약서를 제출하였다.

한국철도공사는 H 주식회사로부터 고속열차를 납품받았는데, H는 고속열차에 설치되는 주전력변환장치를 원고로부터 납품받았고, 원고는 주전력변환장치에 들어가는 이 사건 제품을 피고로부터 납품받은 것이었다. 이후 한국철도공사는 보유 중인 기존 고속열차의'디

1) [참조 및 관련 판례] 대법원 2024. 11. 14. 선고 2021다289399 판결.
[관련 평석 및 문헌] 박준석, "영업비밀 공동보유자의 동의 없는 자기사용은 침해행위인가?", 서울대학교 법학, 제64권 제1호, 2023; 박재성, "영업비밀 공동보유관계 성립 및 영업비밀 공동보유자의 자기 사용 관련 판례 분석 및 검토", 사법, 통권 제68호, 2024; 박성호, "2024년 지적재산법 중요판례평석", 인권과 정의, 통권 제529호, 2025 등.

스크형 IGBT 스택조립체'를 '모듈형 IGBT 스택조립체'로 교체하기로 하고 관련 부품 구매 입찰공고를 하였고, 피고가 낙찰자로 선정되어 이 사건 제품을 직접 제작·공급하였다.

원고는 피고가 원고의 영업비밀인 이 사건 기술정보를 이용하여 제작한 이 사건 제품을 피고공사에 직접 납품한 행위가 부정경쟁방지및영업비밀보호에관한법률(이하,'부정경쟁방지법'이라 한다) 등을 위반하여 원고의 영업비밀을 침해한 것이라고 주장하면서, 피고를 상대로 부정경쟁방지법에 따른 손해배상 및 침해금지 등을 청구하였다(이에 대하여 피고는 본소가 인용될 것을 전제로, 원고를 상대로 예비적 반소로 기술정보 공개금지 등을 청구하였다).

2. 판결의 요지

가. 원심판결(서울고등법원 2021. 9. 9. 선고 2020나2016653, 2038875 판결)

이 사건 기술정보는 원고와 피고가 공동으로 보유하는 영업비밀이다. 원고와 피고 사이에 이 사건 기술정보의 사용에 관한 다른 약정이 없어 공동보유자인 피고가 영업비밀성을 상실하게 하지 않는 이상 원고의 동의 없이 이 사건 기술정보를 사용할 수 있다. 피고는 영업비밀성을 유지하면서 이 사건 기술정보를 사용하여 피고 공사에 공급하는 이 사건 제품을 제작하였고, 이를 원고와의 약정 위반이라고 볼 수 없다. 이러한 피고의 행위는 부정경쟁방지법 제2조 제3호 (라)목의 영업비밀 침해행위에 해당하지 않는다.[2)]

나. 대법원 판결(대상판결)

1) 부정경쟁방지 및 영업비밀보호에 관한 법률 제2조 제3호 (라)목은 계약관계 등에 따라 영업비밀을 비밀로서 유지하여야 할 의무가 있는 자가 부정한 이익을 얻거나 그 영업비밀의 보유자에게 손해를 입힐 목적으로 그 영업비밀을 사용하거나 공개하는 행위를 영업비밀 침해행위로 규정하고 있다(이하, '(라)목 영업비밀 침해행위'라 한다). 수인이 영업비밀을 공동

2) 제1심(서울중앙지방법원 2020. 5. 8. 선고 2018가합577480 판결)은 원고와 피고가 공동개발을 통해 해당 영업비밀을 산출하였고, 그 귀속에 관하여 별도의 약정이 없으므로 원고와 피고는 영업비밀을 공동 보유한다고 인정하면서도 피고는 이 사건 비밀유지서약서를 위반하여 한국철도공사에 납품하였으므로, 이는 영업비밀 침해행위에 해당한다고 판시하였다.

그러나 원심판결은 이 사건 비밀유지서약서는 원고가 단독으로 보유하고 있는 영업비밀을 그 대상으로 한 것으로 보일 뿐이며, 공동으로 보유하는 영업비밀의 사용에 관한 특별한 약정이 있었다고 인정하기에 부족하고, 달리 그렇게 인정할 증거가 없다고 판시하였다. 이후 대상판결 또한 원심과 마찬가지로 이 사건 비밀유지서약서에서 정한 원고의 기업비밀은 피고가 원고 측으로부터 제공받은 정보이거나 거래계약을 이행하는 과정에서 알게 된 원고의 업무와 관련된 정보일 뿐 거기에 원고와 피고가 공동으로 개발한 정보까지 포함된다고 보기는 어렵다고 판단하였다.

으로 보유하는 경우에도 그 보유자 중 계약관계 등에 따라 다른 보유자에 대하여 영업비밀을 비밀로서 유지하여야 할 의무가 있는 자가 부정한 이익을 얻거나 다른 보유자에게 손해를 입힐 목적으로 그 영업비밀을 사용하거나 공개하였다면 다른 보유자와의 관계에서 (라)목 영업비밀 침해행위가 성립할 수 있다. 위와 같은 목적이 있는지 여부는 행위자의 업종, 경력, 행위의 동기 및 경위와 수단, 방법, 행위자의 다른 보유자에 대한 의무의 내용과 범위, 다른 보유자의 경쟁력 손상 위험 등을 종합적으로 고려하여 사회통념에 비추어 합리적으로 판단하여야 한다.

2) ① 이 사건 기술정보는 원고와 피고 모두가 실질적으로 기여하여 개발한 것으로 그 귀속에 관한 다른 약정이 없는 한 원고와 피고에게 공동으로 귀속된다고 볼 수 있고, 이 사건 기술정보는 원고 또는 피고를 통하지 않고서는 통상 입수할 수 없고 이를 사용하여 경쟁상의 이익을 얻을 수 있으며 원고와 피고가 비밀로 관리하여 계약해 온 것으로 원고와 피고가 공동으로 보유하는 영업비밀에 해당하며, ② 이 사건 비밀유지서약서에서 정한 원고의 기업비밀에 원고와 피고가 공동으로 개발한 정보까지 포함된다고 보기는 어려워 위 비밀유지서약서를 근거로 영업비밀인 이 사건 기술정보가 원고에게 단독으로 귀속된다고 할 수는 없고, ③ 원고와 피고는 공동으로 보유하는 영업비밀인 이 사건 기술정보의 사용 방법, 사용처 등 사용제한에 관하여 별도의 약정을 하지는 않아, 피고가 이 사건 기술정보를 반드시 원고에게 공급하는 제품의 제작에만 사용하여야 한다거나 원고의 동의를 받고 사용할 의무를 부담한다고 볼 수 없고, 피고의 행위로 인하여 이 사건 기술정보의 영업비밀성이 상실되는 등으로 원고에게 유·무형의 손해가 발생할 가능성이 있다고 단정할 수 없어 영업비밀 보유자인 원고의 경쟁력이 손상될 위험이 있다고 보기도 어려우므로, 결국 피고가 부정한 이익을 얻거나 원고에게 손해를 입힐 목적으로 이 사건 기술정보를 사용하였다고 볼 수는 없다는 이유로, 피고의 이 사건 기술정보 사용행위는 (라)목 영업비밀 침해행위에 해당하지 않는다고 보아, 같은 취지의 원심을 수긍하여 상고를 기각하였다.

3. 해설

가. 문제의 소재

공동 연구개발의 결과물은 그 성과가 기업 경쟁력의 핵심이 되는 중요한 영업비밀로 관리되는 경우가 많다. 연구개발 주체들 사이에 영업비밀의 귀속 및 사용관계에 대하여 사전에 명확히 합의하고 이를 따른다면 분쟁의 소지를 상당 부분 줄일 수 있을 것이다. 그러나 이러한 사전 약정이 없거나 그 의사가 불명확한 경우에는 문제가 발생한다.

현행 부정경쟁방지법은 저작권이나 특허권 등 다른 지식재산권과 달리 영업비밀의 공동보유에 관한 명시적인 규정을 두고 있지 않다. 이에 따라 그간 하급심 판결들 사이에서도 공동보유의 인정 여부와 범위에 관해 상이한 입장이 제시되어 왔다.

이러한 상황에서 대상판결은 부정경쟁방지법 제2조 제3호 (라)목의 '영업비밀 침해행위'를 해석함에 있어, 영업비밀이 공동으로 귀속되는 경우 공동보유자 중 1인이 다른 공동보유자의 동의 없이 영업비밀을 사용하는 행위가 침해행위에 해당하는지 여부를 구체적으로 판단하였다. 나아가 대상판결은 이 과정에서 영업비밀 공동보유의 성립요건과 공동보유자의 자기사용에 관한 기준을 제시하였다는 점에서 중요한 의미를 가진다. 이하에서는 위 판결이 제시한 판단기준과 그 법리를 중심으로 주요 쟁점을 검토하고자 한다.

나. 공동 연구개발에서 산출된 영업비밀의 귀속 주체

(1) 종래 하급심 판결

기존 하급심 판결들은 영업비밀의 보유자를 "당해 정보를 직접 생산·개발하거나, 매매·실시권 허여 등 적법한 거래행위를 통하여 취득하여 정당한 권한을 가진자"로 보아왔다. 특히 공동연구를 통해 생산·개발된 영업비밀의 경우, 별도의 약정이 없는 한 연구개발 과정에서 실질적으로 기여한 주체들에게 공동으로 귀속된다고 판시하였다. 즉, 단순한 협력이나 보조적 역할만으로는 공동보유자로 인정되지 않으며, '실질적 기여' 여부가 공동보유 성립의 핵심 기준으로 기능해 왔다.[3)]

(2) 대상판결

대상판결 역시 이러한 기존 법리를 전제로, 원고와 피고가 이 사건 제품의 개발 과정에 담당한 역할 등을 고려하면,[4)] 원고와 피고 모두 연구개발 과정에 실질적으로 기여하였다고 보아 영업비밀의 공동귀속을 인정하였다.[5)]

---

3) 수원지방법원 2021. 1. 21. 선고 2018고합586, 616, 2019고합53 판결; 서울중앙지방법원 2020. 5. 8. 선고 2018가합577480 판결; 서울고등법원 2015. 11. 27. 선고 2014나12203 판결 등.

4) 원고는 이 사건 제품 연구개발의 전체적인 일정을 수립하여 관리하는 한편 이 사건 제품의 사양을 제시하고 부품을 선정하여 피고에게 제공하는 등의 역할을 하였다. 피고는 위 연구개발에 참여하여 냉각기를 설계하고 이 사건 제품의 설계 및 제조 기술인 원심 판시 이 사건 기술을 도면화한 원심 판시 이 사건 도면을 작성하는 등의 역할을 하였다. 이 사건 제품 내 부품의 배치와 구조 설계 등의 협의, 이 사건 제품에 대한 시험 진행과 보완사항 협의 등은 원고와 피고가 함께 진행하였다.

5) 또한, 이 사건 비밀유지서약서는 원고가 단독으로 보유하고 있는 영업비밀을 대상으로 한 것으로 이를 근거로 영업비밀인 이 사건 기술정보가 원고에게 단독으로 귀속된다고 할 수는 없다고 판시하였다. (주 2) 참조.

(3) 소결

공동연구개발에서 생성된 영업비밀의 귀속은, 연구개발 과정에서의 실질적 기여정도에 따라 결정된다는 점이 하급심과 대상판결 모두에서 일관되게 확인된다. 이는 영업비밀이 주로 기술정보의 형태로 발현되며, 그 법적 성격이 특허발명 등 인접한 지식재산권과 밀접하게 관련된다는 점을 반영한 것으로,[6] 타당하다고 할 것이다.

다. 영업비밀 공동보유 관계의 법적 성격

(1) 종래 하급심 판결

하급심 판결들은 부정경쟁방지법이 영업비밀의 공동소유에 관한 명시적 규정을 두고 있지 않다는 점을 전제로, 영업비밀은 소유권 이외의 재산권으로서 민법 제278조(준공동소유)의 규정이 준용된다고 보았다. 이에 따라 영업비밀 공동보유자 상호간의 관계는 민법상 공유(준공유) 관계에 해당한다고 판단하였다.[7]

(2) 학설

학계에서는 영업비밀의 법적 보호 성격을 물권적 권리보다는 불법행위적 보호에 가깝다고 보면서, 그 구체적 귀속관계는 민법상 공유규정을 기본으로 하되, 특허법상 공유 규정의 취지를 참고할 필요가 있다는 견해가 제시되고 있다.[8]

(3) 소결

민법 제278조는 소유권 이외의 재산권에도 공동소유에 관한 규정을 준용한다고 명시하고 있고, 부정경쟁방지법에서는 영업비밀의 공동보유나 그 법적 성질을 별도로 규율하지 않는다. 따라서 영업비밀의 공동보유관계에는 원칙적으로 민법상 공동소유 규정을 준용하는 것이 타당하다. 나아가 민법상 합유가 조합관계와 같은 인적 신뢰관계를 전제로 하는 제한적 형태인 점, 공동발명과 같이 단지 공동 연구개발의 결과로 권리를 취득하였다는 사정만으로 조합관계가 성립한다고 보기는 어렵다는 점[9] 등을 고려하면, 영업비밀 공동보유자간의

---

6) 박재성, "영업비밀 공동보유관계 성립 및 영업비밀 공동보유자의 자기 사용 관련 판례 분석 및 검토", 사법 통권 제68호, 2024, 586면-587면 참조.

7) 수원지방법원 2021. 1. 21. 선고 2018고합586, 616 2019고합53 판결; 서울중앙지방법원 2020. 9. 23. 선고 2017가합567844 판결 등.

8) 박준석, "영업비밀 공동보유자의 동의 없는 자기사용은 침해행위인가?", 서울대학교 법학 제64권 제1호, 2023, 321면 이하.

9) 조영선, "특허권 공유의 법률관계 - 특허법 제99조의 해석론과 입법론", 법조, 통권 654호, 2011, 66면; 우

관계는 민법상 공유에 준하는 관계로 보는 것이 타당할 것이다.

라. 영업비밀 공동보유자의 자기 사용 가능성

(1) 종래 하급심 판결

종래 하급심 판결들은 공동보유자가 다른 공동보유자의 동의없이 스스로 영업비밀을 사용할 수 있는지에 대하여 다른 판단을 내려왔다.10)

1) 동의 필요설

서울고등법원 2015. 11. 27. 선고 2014나12203 판결11)은 "회사의 종업원이 공동으로 창작한 기술정보가 그 회사의 영업비밀로 관리되는 경우, 그 중 일부 창작자라 하더라도 임의로 이를 사용·공개 할 수 없다."고 보아 공동보유자라 하더라도 다른 보유자의 동의 또는 승인이 필요하다는 취지로 판시하였다.12)

2) 동의 불요설

서울중앙지방법원 2020. 11. 13. 선고 2019가합534152 판결13)은, 영업비밀은 "영업비밀은 소유권 이외의 재산권으로서 민법 제278조의 준공동소유 규정이 적용되고, 공유자는 민법 제263조에 따라 공유물 전부를 지분의 비율로 사용, 수익할 수 있다."고 보았다. 따라서 공동보유자 상호간 동의가 없어도 자기사용이 가능하며, 그 사용이 영업비밀 침해행위에 해당하지 않는다고 판단하였다.

원상, "산업재산권의 공동소유 관계의 법적성질에 대하여", 지식재산연구, 제10권 제3호, 2015, 25면.

10) 판례의 분류는 박재성, "영업비밀 공동보유관계 성립 및 영업비밀 공동보유자의 자기 사용 관련 판례 분석 및 검토"(주 6), 591면 이하 참조.

11) 피고 K사는 코팅장치 제조, 판매업체이고, 피고 L은 위 업체의 대표이며, 원고는 위 K업체에서 설계업무를 담당하던 중 소외 경쟁업체로 이직한 사람이다. 피고 K사는 코팅장치를 소외 구매업체에 납품하며, 피고 L을 발명자로 한 특허를 출원 및 등록하였다. 한편 원고 M은 피고 K사로부터 퇴사하며 피고 K사의 영업비밀인 코팅장치 설계도면을 몰래 반출하여 코팅장치를 제작, 판매하였다는 부정경쟁방지법 위반 혐의로 기소되어 유죄판결이 확정되었고, 피고 K사가 원고 등을 상대로 제기한 영업비밀 침해금지 및 이로 인한 손해배상청구 소송에서도 피고 K사의 청구가 일부 인용되어 확정되었다. 이에 대하여 원고는 피고 K사 및 피고 L을 상대로 하여 이 사건 발명의 발명자는 원고임에도 피고 L이 자신을 발명자로 특허를 출원하여 등록을 마침으로써 원고의 특허받을 권리를 침해하였다며 피고들을 상대로 손해배상을 구하는 본건 소송을 제기하였다.

12) 이 판결은 대법원에서 심리불속행 기각으로 확정되었다(대법원 2016. 6. 9. 선고 2016다8503 판결).

13) 원고는 로봇설계 제조 및 설계업체이고, 피고는 건설기계 제조 판매업체이다. 원고는 피고에 무인지게차 및 이를 위한 소프트웨어 제작용역을 의뢰하며 이에 따라 산출된 결과물 및 지식재산권은 공동소유하기로 협의하였다. 이에 따라 원고는 무인지게차 도면, 이를 위한 소프트웨어를 개발하여 피고에게 제공하였다. 이후 원고와 피고는 무인지게 제조 및 판매 목적의 회사를 함께 설립하기도 하였으나, 최종적으로 공동개발 협약이 무산되었고 위 별도 회사도 청산되었다. 이후 피고가 독자적으로 무인지게차를 제작하여 고객 앞에서 시연하자 원고는 피고를 상대로 무인지게차 관련 기술정보의 사용행위 등의 금지 등을 청구하는 본안 소를 제기하였다.

3) 절충설

서울고등법원 2021. 9. 9. 선고 2020나2038172 판결(원심판결)은, 영업비밀 공동보유자는 원칙적으로 자유롭게 영업비밀을 사용할 수 있으나, 그 사용이 영업비밀성을 상실시키지 않는 범위 내에서만 허용된다고 판시하였다. 즉, 부정경쟁방지법 제2조 제3호 (라)목이 '타인의 영업비밀을 부정하게 이용하는 행위'를 규제하고 있다는 점, 그리고 영업비밀 보호의 목적이 비밀성 유지를 통하여 건전한 거래질서를 확보하는 데 있다는 점에 비추어, 법원은 비밀성을 해하지 않는 범위 내에서의 자기 사용 자유를 인정한 것이다.

이러한 판단은 다른 지식재산권 제도(특허권·실용신안권·디자인권·저작권 등) 가 공동권리자 1인의 자유로운 실시·이용을 원칙적으로 허용하고 있는 점과의 체계적 정합성을 유지하면서도, 영업비밀이 공개를 전제로 하지 않는 무체재산이라는 특수성을 고려하여 그 사용을 비밀유지의무를 수반하는 제한적 범위로 한정한 것으로 이해된다.[14]

(2) 학설

영업비밀 공동보유자 1인이 순수하게 자신의 설비와 인력만으로 영업비밀을 사용하는 '진정한 자유 사용'은 허용되지만, 외부 하청이나 제3자 제공을 수반하는 부진정 자유사용은 비밀유지의무를 위반할 위험이 있어 허용될 수 없다고 보는 견해가 있다.[15]

---

14) 원심은 "부정경쟁방지법은 타인의 영업비밀 그 자체를 권리로서 배타적으로 보호하기보다는 '타인의 영업비밀을 침해하는 행위'를 방지함으로써 건전한 거래질서를 유지하는데 목적이 있다. 부정경쟁방지법의 이러한 목적과 같은 법 제2조 제3호 (라)목 규정의 문언 등을 종합하여 보면, 같은 법 제2조 제3호 (라)목의 규정은 영업비밀을 비밀로서 유지하여야 할 의무가 있는 자의 부정한 이용행위를 규제하는 데 그 취지가 있고, 따라서 영업비밀을 공동으로 보유하는 경우 그 보유자 중의 1인이 공동으로 보유하는 영업비밀을 비밀로서 유지하면서 공동보유자 상호간의 약정에 위배되지 않는 범위 내에서 이를 사용하는 행위에 대해서까지 적용되는 것은 아니라고 보아야 할 것이다. 지식재산권에 관한 다른 법률과 비교하여 보면, 특허권·실용신안권·디자인권은 특별한 약정이 없는 한 공동 권리자 1인이 자유 실시할 수 있고(특허법 제99조 제3항, 실용신안법 제28조, 디자인보호법 제96조 제3항), 저작권의 경우 공동저작자가 다른 공동저작자와의 합의 없이 공동저작물을 이용하더라도 공동저작자들 사이에서 저작권법 제48조 제1항이 정하고 있는 공동저작물에 관한 저작재산권의 행사방법을 위반한 행위가 되는 것에 그칠 뿐 다른 공동저작자의 공동저작물에관한 저작재산권을 침해하는 행위에 해당하지는 않는다(대법원 2014. 12. 11. 선고 2012도16066 판결 참조). 그런데 영업비밀은 비밀성을 본질로 한다는 점에서 지식재산의 공개를 전제로 성립하는 위 지식재산권들과는 다르나, 무체재산으로서 경제적으로 유용한 가치를 가지고 유체물과 달리 공동보유자 1인의 사용이 다른 공동보유자의 사용을 방해하지 않는다는 점에서는 위 지식재산권들과 다르지 않다."고 판시하였다.

15) 다만, 이 경우에도 제3자를 상대로 공유자의 지시·감독이 존재하고, 그 제조 결과물이 공유자 1인에게 전량 납품되는 등의 조건을 충족하면 자유사용이 가능할 수도 있다고 본다. 박준석, "영업비밀 공동보유자의 동의 없는 자기사용은 침해행위인가?"(주 8), 386-387면.

(3) 대상판결

대상판결은 '피고가 이 사건 기술정보를 반드시 원고에게 공급하는 제품의 제작에만 사용하여야 한다거나 원고의 동의를 받고 사용할 의무를 부담한다고 볼 수는 없다. 제출된 자료만으로는 피고의 행위로 인하여 이 사건 기술정보의 영업비밀성이 상실되는 등으로 원고에게 유·무형의 손해가 발생할 가능성이 있다고 단정할 수 없어, 영업비밀 보유자인 원고의 경쟁력이 손상될 위험이 있다고 보기도 어렵다.'고 판시하였다.

(4) 검토

영업비밀 공동보유 관계의 성격을 민법상 공유관계로 파악한다면, 민법 제263조에 따라 공동보유자는 다른 공동보유자의 동의나 승인을 받지 않고도 공유물인 영업비밀을 자신의 지분 범위 내에서 자유롭게 사용할 수 있다. 이는 특허권·실용신안권·디자인권 등 다른 지식재산권 제도에서도 공동권리자 1인의 자유로운 자기실시를 허용하는 것과의 균형을 고려할 때 합리적인 해석이라 할 수 있다.

다만 영업비밀은 그 보호의 전제로서 비밀성의 유지가 본질적 요소이므로, 영업비밀 공동보유자의 자기사용은 비밀성을 해치지 않는 한도 내에서 정당하게 허용되어야 하며, 이러한 관점에서 보면 절충설의 입장이 타당하다고 생각된다.

한편, 영업비밀의 비밀성을 지나치게 강조하여 공동보유자 1인의 사용을 진정한 자유사용으로만 한정하려는 견해가 있지만, 이러한 접근은 헌법상 보장된 직업 선택의 자유와 영업의 자유를 과도하게 제한할 위험이 있다.

대상판결은 영업비밀 공동보유자의 자기 사용의 경우 다른 보유자의 동의가 필요 없다고 판시하여, 기본적으로는 동의 불요설의 입장이라고 볼 수 있다. 다만, 부정경쟁방지법 제2조 제3호 (라)목의 '부정한 목적이 있는지 여부'를 판단함에 있어 '다른 보유자의 경쟁력 손상 위험'을 검토하면서 그 하위 요소로서 '영업비밀 상실 가능성'을 고려하였기 때문에, 이러한 점에 비추어, 대상판결에 대하여 '절충설'의 입장을 명확하게 설시하고 있지는 않지만 대체적으로 그와 궤(軌)를 같이 하는 바탕에서 판단한 것으로 이해하는 견해가 있다.[16]

4. 판결의 의의

대상판결은 영업비밀 공동보유자의 자기 사용 가능성에 관한 대법원의 입장을 구체화한 대표적 사례로서, 부정경쟁방지법 제2조 제3호 (라)목의 '부정한 이익을 얻거나 다른 보유

---

16) 박성호, "2024년 지적재산법 중요판례평석", 인권과 정의, 통권 제529호, 2025, 529면.

자에게 손해를 입힐 목적'요건을 중심으로 영업비밀 침해 여부의 판단기준을 명확히 제시하였다는 점에서 의의가 있다.

특히, 대상판결은 행위자의 업종, 경력, 행위의 동기·경위·수단·방법, 다른 보유자에 대한 의무의 내용과 범위, 그리고 경쟁력 손상 위험 등 제반 사정을 종합적으로 고려하여 사회통념상 합리적으로 판단하여야 한다는 구체적 기준을 제시하였다.[17)]

또한 대상판결은 공동연구개발의 결과로 산출된 기술정보의 귀속을 판단함에 있어 기존 하급심과 동일하게 '실질적 기여'를 기준으로 공동보유관계를 인정하였다. 이는 영업비밀의 귀속을 형식적 계약관계가 아니라 연구개발 과정에서의 실질적 참여 정도에 따라 결정해야 한다는 기존 법리의 연속선상에 있으며, 공동연구개발이 보편화된 산업 현실에 부합하는 해석이라 할 수 있다.

아울러 대상판결은 영업비밀 공동보유 관계의 법적 성격에 관하여 명시적으로 민법상 공유로 규정하지는 않았으나, 공동보유자 각자가 독립적으로 영업비밀을 사용할 수 있는 가능성을 인정하였다. 이는 공유 법리의 취지를 실질적으로 반영한 것으로, 영업비밀의 비밀성 유지라는 보호 목적과 공동연구개발 성과의 경제적 활용이라는 현실적 필요를 조화시키려는 시도로 평가된다.

나아가 대상판결은 부정경쟁방지법 제2조 제3호 (라)목의 '부정한 목적' 요건을 중심으로 영업비밀 침해 여부를 판단함으로써, '동의의 유무'가 아닌 '행위의 부정성 여부'를 판단의 중심으로 삼았다. 이는 영업비밀 보호를 절대적·배타적 권리구조가 아닌 불법행위법적 보호체계 속에서 해석한 것으로, 건전한 거래질서의 유지라는 부정경쟁방지법의 목적에 충실한 접근으로 이해된다.

결국 대상판결은 영업비밀의 공동보유 관계의 성립과 공동보유자의 자기 사용가능성 및 그 한계에 관한 법리를 체계적으로 정립함으로써, 공동연구개발 시대의 기술정보 활용에 내재한 법적 불확실성을 완화하였다고 평가할 수 있을 것이다.

---

17) 같은 취지로 대법원 2024. 11. 14. 선고 2021다289399 판결.

36 구 종자산업법 제13조의2 알려진 품종에 관한 품종보호권의 효력 범위

대법원 2020. 4. 9. 선고 2019다294824 판결[1)]

정윤형 (대법원장 비서실장, 고등법원판사)

1. 사안의 개요

가. 사실관계

(1) 당사자

1) 원고 1은 미국에서 이 사건 보호품종[2)]을 개발하여 미국 특허청에 특허등록을 마친 후 국내에서도 식물신품종 보호법에 따라 품종보호 등록을 마친 품종보호권자이고, 원고 2는 그 전용실시권자이다.

2) 피고는 블루베리 묘목을 식재하여 판매하는 자이다.

(2) 원고 1의 품종보호 출원 및 등록

원고 1은 미국 특허청에 이 사건 보호품종에 대한 특허를 출원하여 특허등록을 마쳤다.

---

1) [참조 및 관련 판례] 대법원 2008. 10. 9. 선고 2006다52709 판결(공2008하, 1526); 대법원 2010. 12. 23. 선고 2008다75119 판결(공2011상, 207); 대법원 2017. 2. 3. 선고 2016다259677 판결(공2017상, 520) 등.
[관련 평석 및 문헌] 김병일, "식물신품종의 보호에 관한 연구", 과학기술법 연구, 1999년 5집; 권오희, "식물신품종보호제도 고찰(하)", 지식재산21 제68호, 2001; 윤선희, "식물특허 – 식물발명과 보호법규에 관한 제도적 검토를 중심으로 –", 산업재산권 제11호, 2002; 박정희, "알려진 품종의 출원일 전에 그 품종의 종자를 육성하여 그 출원일 후에 수확·출하하는 행위가 그 품종의 품종보호권의 효력 범위에 속하는지 여부", 대법원판례해설 78호(2008 하반기), 2009. 7.; 이철남, "신지식재산에 대한 중복보호의 문제점 및 개선방안에 관한 연구: 식물신품종에 대한 종자산업법과 특허법을 중심으로", 지식재산연구 제5권 제4호, 2010. 12.; 이철남, "종자 권리 전쟁", 한국지식재산연구원, 2015; 박찬웅·최근진·소은희·고희종, "한국 식물신품종보호제도의 발전 방향에 대한 고찰", 한국육종학회지 제48권 제1호, 2016. 1.; 윤진영, "우리나라 종자 생산공급분야의 성과와 과제: 벼와 채소를 중심으로", 한국육종학회지 제52권, 2020. 4. 등.

2) 알려진 품종이지만 구 종자산업법(2012. 6. 1. 법률 제11458호로 전부 개정되기 전의 것, 이하 같다) 제13조의2 제1항 제3호에 따라 신규성이 있는 것으로 보아 품종보호를 받게 된 보호품종(블루베리).

그 후 구 종자산업법 제11조 및 같은 법 시행규칙(2013. 10. 18. 농림축산식품부령 제49호로 전부 개정되기 전의 것) 제20조 제28호, 품종보호 대상작물 고시(2014. 5. 16. 농림축산식품부고시 제2014-52호로 폐지되기 전의 것)가 품종보호 대상작물을 모든 식물로 확대하여 2012. 1. 7. 블루베리가 품종보호 대상작물로 지정되자, 원고 1이 2012. 1. 10. 국립종자원에 이 사건 보호품종에 대하여 품종보호를 출원하여 2012. 3. 15. 출원공개(이하 '이 사건 출원공개일'이라 한다)가 이루어졌고, 이후 재배심사 등을 거쳐 이 사건 보호품종에 대하여 식물신품종 보호법 부칙(제11457호, 2012. 6. 1.) 제3조의2, 구 종자산업법 제13조의2 제1항 제3호에 따라 품종보호 등록이 마쳐졌다.

(3) 피고의 블루베리 묘목 증식 및 판매

1) 피고는 블루베리 재배에 관심을 가지고 있던 중 2009년 12월 무렵 블루베리 관련 인터넷 카페를 운영하였고, 2010년 무렵 일본에서 피고 명의로 블루베리 품종 중 하나인 후쿠베리 묘목 1,100주를 수입하여 격리재배를 거쳐 식물방역법에 따른 격리재배검사에 합격한 후 이를 판매하였다.

2) 피고는 2011년 2월 무렵 미국에 거주하고 있던 아들을 통하여 이 사건 보호품종의 블루베리 묘목을 구입한 후 중국을 거쳐 2011. 3. 2. 국내에 삽수[3] 형태 또는 일부는 뿌리가 있는 묘목 형태로 들여왔다. 이 사건 보호품종을 포함하여 삽수 형태로 들여온 블루베리 품종은 2011. 3. 4.부터 피고 운영의 농원 등에서 격리재배되어 2011. 9. 5. 식물방역법에 따른 격리재배검사에 합격하였다.

3) 그 후 피고는 2011년 9월 무렵부터 2012년 1월 무렵까지 위와 같이 격리재배되어 식물방역법에 따른 격리재배검사에 합격한 이 사건 보호품종 등의 블루베리 묘목을 모수(母樹)로 하여 그 가지를 잘라내어 다시 삽목하는 방법으로 이 사건 보호품종 등의 블루베리 묘목을 재배하였고, 2012년 4월 무렵부터는 이 사건 보호품종의 블루베리 묘목을 일반 수요자들에게 판매하였으며, 2013년부터 2015년까지 사이에 피고 운영의 농원에 노지 묘목장을 추가 확보하여 노지 묘목장에서도 이 사건 보호품종의 블루베리 묘목을 재배한 후 이를 판매하였다.

(4) 피고의 사업자등록 및 종자업 등록 경위

1) 구 종자산업법 제137조 제1항은 "종자업을 하려는 자는 대통령령으로 정하는 시설

---

3) 삽목을 하기 위하여 모체로부터 분리한 어린 가지나 뿌리를 말하며 삽수를 삽목하여 완전한 식물체로 만든다.
※ 삽목: 가지, 뿌리, 잎 등의 일부를 잘라내어 땅에 꽂아 뿌리를 내리게 하여 새로운 식물개체를 만들어 가는 번식방법.

을 갖추어 시장·군수에게 등록하여야 한다."라고 규정하고 있고, 구 종자산업법시행령(2012. 10. 29. 대통령령 제24155호로 개정되기 전의 것) 제47조 제1항은 "법 제137조 제1항에 따라 종자업을 등록하려는 자는 별표 2의 시설[4] 및 종자관리사를 1명 이상 갖추어 농림수산식품부령으로 정하는 바에 따라 등록신청서를 주된 생산시설의 소재지를 관할하는 특별자치도지사·시장·군수 또는 자치구의 구청장에게 제출(전자문서에 의한 제출을 포함한다)하여야 한다."라고 규정하고 있다.

피고는 임차한 토지 외에 자신이 소유하고 있는 토지가 없어 위 관련 법령에서 요구하는 일정한 시설을 갖추지 못하자, 2011. 12. 21. 인근에서 토지를 소유하고 있는 타인 명의로 종자업 등록을 마쳤다. 이후 관련 법령에 따른 종자업 등록 요건이 완화됨에 따라[5] 피고는 2013. 3. 25. 관할관청에 종자업 등록사항 중 신청인을 피고를 포함한 공동명의로 변경하는 것을 내용으로 하는 변경사항을 통지하였다.

2) 피고는 2012. 1. 2. 타인 명의로 묘목생산업에 관한 사업자등록을 마친 후 2012. 3. 27. 자신을 공동사업자로 추가하는 취지의 사업자등록정정신고를 하였다. 그 후 피고는 2013. 12. 2. 위 타인을 공동사업자에서 제외하는 취지의 사업자등록정정신고를 하였다.

나. 청구의 내용

품종보호권자(원고 1) 및 그 전용실시권자(원고 2)인 원고들은 이 사건 보호품종의 묘목을 식재하여 판매하는 피고를 상대로 구 종자산업법의 임시보호권 및 품종보호권(원고 1)과 전용실시권(원고 2)에 기초한 침해금지 등을 구함과 아울러, 금원지급청구와 관련하여 주위적으로 임시보호권 및 품종보호권침해(원고 1)와 전용실시권침해(원고 2)에 따른 손해배상을, 예

---

4) 구 종자산업법시행령(2012. 10. 29. 대통령령 제24155호로 개정되기 전의 것) [별표 2]
종자업의 시설기준(제46조 및 제47조 제1항 관련)
2. 과수

구분	육묘포장	대목포장(臺木圃場)	모수(母樹)
규모	100a 이상	50a 이상	결실되는 나무 품종당 5주 이상
구비조건	-	자가 소유일 것	자가 소유일 것

5) 구 종자산업법시행령(2012. 10. 29. 대통령령 제24155호로 개정된 것) [별표 2]
종자업의 시설기준(제46조 및 제47조 제1항 관련)
2. 과수

구분	육묘포장	대목포장(臺木圃場)	모수(母樹)
규모	100a 이상	30a 이상	결실되는 나무 품종당 5주 이상
구비조건	-	자가 소유이거나 5년 이상의 임차권 등 사용권을 확보할 것	자가 소유일 것

비적으로 구 종자산업법 제13조의2 제4항에 따른 상당한 대가의 지급을 구하였다.[6)]

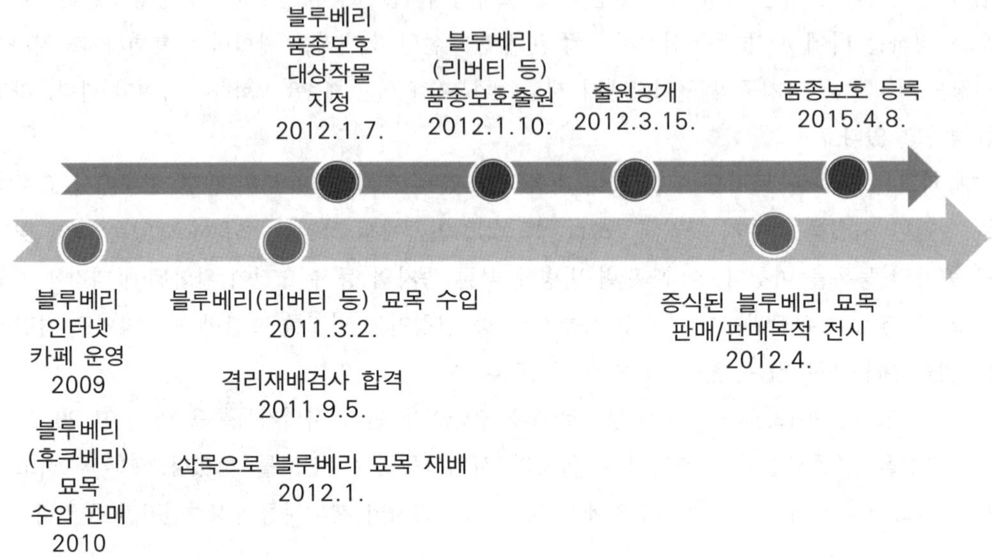

2. 판결의 요지

가. 원심판결(특허법원 2019. 11. 5. 선고 2017나2615 판결)

원심판결은, 이 사건 보호품종은 알려진 품종으로서 그 품종보호에 관하여는 식물신품종 보호법 부칙 제3조의2에 따라 구 종자산업법 제13조의2[7)]가 적용된다고 할 것인데, ① 피

---

6) 원고 2(전용실시권자)는 원심(항소심)에서 금원지급청구와 관련하여 제2예비적으로 원고 1의 피고에 대한 구 종자산업법 제13조의2 제4항에 따른 상당한 대가 채권을 양수받았다고 주장하면서 그 양수금의 지급도 구하였으나, 본 판례평석의 쟁점과는 무관하므로 그 부분에 관한 것은 생략한다.

7) 구 종자산업법(2012. 6. 1. 법률 제11458호로 전부 개정되기 전의 것)
제13조의2(알려진 품종에 관한 품종보호)
① 제11조에 따라 농림수산식품부령으로 품종보호를 받을 수 있는 작물의 속 또는 종을 정할 당시에 이미 알려진 품종으로서 다음 각 호의 어느 하나에 해당하는 품종은 그 품종보호를 받을 수 있는 작물의 속 또는 종으로 정하여진 날부터 1년 이내에 품종보호 출원을 할 경우 제13조 제1항에도 불구하고 신규성이 있는 것으로 보아 이 법에 따른 품종보호를 받을 수 있다.
3. 외국에서 품종보호권이 설정등록된 품종
② 제1항에 따라 품종보호를 받은 품종에 대한 품종보호권의 존속기간은 다음 각 호에 해당하는 날부터 기산한다. 다만, 그 품종이 다음 각 호 중 둘 이상에 해당하는 경우에는 가장 빠른 날부터 기산한다.
3. 제1항 제3호에 따른 품종인 경우에는 그 품종보호권의 설정등록일
③ 제1항 각 호의 어느 하나에 해당하는 품종으로서 제55조 제1항에 따라 설정등록된 품종보호권은 그

고가 이 사건 출원공개일 이전에 삽목의 방법으로 재배하여 뿌리가 내려진 이 사건 보호품종의 블루베리 묘목에 대해서는 증식이 완료하였다고 봄이 상당하므로, 구 종자산업법 제13조의2 제3항에 따라 이 사건 출원공개일 전에 실시된 종자인 이 사건 보호품종의 블루베리 묘목을 이용한 실시행위로서 이 사건 출원공개일 이후에 피고가 위와 같이 증식을 마친 이 사건 보호품종의 블루베리 묘목을 양도하거나 양도의 청약(양도를 위한 전시를 포함한다)을 한 행위에 대해서는 이 사건 보호품종의 품종보호권의 효력이 미치지 않고, ② 피고는 이 사건 출원공개일 전에 국내에서 이 사건 보호품종의 실시사업을 하고 있거나 그 준비를 하고 있는 자에 해당하여 그 실시 또는 준비를 하고 있는 사업의 목적 범위로서 이 사건 보호품종의 증식, 판매와 관련하여 구 종자산업법 제13조의2 제4항에 따라 이 사건 보호품종에 대한 통상실시권을 가진다고 할 것이므로, 피고가 이 사건 출원공개일 이후에 이 사건 보호품종의 묘목을 증식하여 판매하였다고 하더라도 원고들의 품종보호권 등을 침해한 것으로 볼 수 없으나, 구 종자산업법 제13조의2 제4항에 따라 그 사업의 목적 범위에서의 실시와 관련하여 품종보호권자인 원고 1에게 상당한 대가를 지급할 의무가 있는 반면, 전용실시권자에 불과한 원고 2에 대해서는 위 조항에 따른 상당한 대가를 지급할 의무가 없다고 판단하였다.

나. 대법원 판결(상고기각)

대법원은, ① 구 종자산업법 제13조의2 제1항 제3호, 같은 조 제3항 및 제4항 규정들의 내용과 입법취지, 구 종자산업법 제34조의2[8]에 의하면 품종보호권자는 출원공개일부터만 업으로서 그 출원품종을 실시할 권리를 독점할 뿐인 점 등을 고려하면, 알려진 품종의 품종보호 출원공개일 전에 그 보호품종의 종자를 증식한 경우에는 출원공개일 후에 위와 같이 증식된 종자에 관하여 보호품종의 실시행위에 해당하는 양도 또는 양도의 청약(양도를 위한 전시를 포함한다)을 하더라도 이에 대하여 알려진 품종의 품종보호권의 효력이 미치지 않고, ② 구 종자산업법상 종자업 등록제와 출원공개된 품종의 종자 생산 등과 관련한 신고제 관련 규정은 강행규정이 아니라 단속규정이므로 피고가 무등록, 미신고 상태에서 이 사건 보호품종을 수입, 생산, 판매하는 등의 행위를 하였다고 하여 그 행위가 사법적으로 무효로 된

품종의 출원공개일 전에 한 실시에 대하여는 그 효력이 미치지 아니한다.
④ 제1항에 따라 품종보호를 받은 경우 그 품종의 출원공개일 전에 국내에서 그 보호품종의 실시사업을 하고 있거나 그 준비를 하고 있는 자는 그 실시 또는 준비를 하고 있는 사업의 목적 범위에서 그 품종보호권에 대한 통상실시권을 가진다. 이 경우 통상실시권을 가진 자는 품종보호권자에게 상당한 대가를 지급하여야 한다.

8) 구 종자산업법(2012. 6. 1. 법률 제11458호로 전부 개정되기 전의 것)
제34조의2(임시보호의 권리)
① 품종보호 출원인은 출원공개일부터 업으로서 그 출원품종을 실시할 권리를 독점한다.

다거나 보호가치가 없어 구 종자산업법 제13조의2 제4항이 규정하는 통상실시권의 성립요건이 갖추어지지 않았다고 볼 수 없으며, ③ 원심이 이 사건 보호품종의 묘목 1주당 실시료와 품종보호 출원공개일 이후 증식한 수량을 산정하여 구 종자산업법 제13조의2 제4항의 통상실시권자가 품종보호권자에게 지급할 상당한 대가를 산정한 데 법리오해, 이유모순 등의 잘못이 없다고 판단하면서, 원고들과 피고의 상고를 모두 기각하였다.

3. 해설

가. 식물신품종 보호제도

(1) 개관

육종 과정을 통하여 만들어진 품종[9]은 종자로 재배자에게 공급된다. 품종이 유전적 조성을 의미하는 추상적 개념이라면, 종자는 그 유전적 조성의 구체적 운반체라고 할 수 있다.[10]

이와 관련하여 식물신품종을 포함한 식물 관련 연구성과를 보호하는 제도는 크게 두 가지로 나눌 수 있는데, 그중 하나는 이를 특허법에서 수용하여 보호하는 것이고, 다른 하나는 식물신품종 보호법[11]과 같은 별도의 법안을 마련하여 보호하는 것이다. 즉 특허는 기술적 사상인 발명으로 이를 보호하고, 식물신품종 보호법은 품종을 보호대상으로 한다.[12]

특히 특허제도로는 식물신품종을 보호하는데 일정한 한계가 나타남에 따라 서구의 육종관계자들은 국제적인 식물신품종보호의 제도적 실현을 요청하였고, 이에 따라 식물신품종을 육성한 자를 보호하고 식물신품종 보호와 관련된 각국의 법제를 통일하기 위하여 1961년 '식물신품종의 보호에 관한 국제협약((The International Union for the Protection of New Varieties of Plants, 이하 'UPOV'라 한다)이 체결되어 1968년 발효되었다.[13]

---

9) 식물신품종 보호법 제2조 제2호는 '품종'을 '식물학에서 통용되는 최저분류 단위의 식물군으로서 제16조에 따른 품종보호 요건을 갖추었는지와 관계없이 유전적으로 나타나는 특성 중 한 가지 이상의 특성이 다른 식물군과 구별되고 변함없이 증식될 수 있는 것'으로 정의하고 있다.

10) 윤진영, "우리나라 종자 생산공급분야의 성과와 과제: 벼와 채소를 중심으로", 한국육종학회지 제52권, 2020. 4., 8면.

11) 종래의 종자산업법 중 식물신품종의 출원·심사 및 등록 등에 관한 절차적 규정을 분리하여 식물신품종과 그 육성자의 권리를 체계적으로 보호하기 위해 2012. 6. 1. 식물신품종 보호법이 제정되어 2013. 6. 2. 시행됨에 따라 식물신품종에 대한 육성자의 권리 보호에 관한 사항은 식물신품종 보호법의 규율을 받게 되었다.

12) 김병일, "식물신품종의 보호에 관한 연구", 과학기술법 연구 5집, 1999, 81-82면.

13) UPOV 웹사이트(https://www.upov.int/edocs/pubdocs/en/upov_pub_423.pdf), 2025. 10. 7. 방문/현재 회

한편 WTO/TRIPs의 협상과정에서 선진국은 식물신품종도 독점권 부여를 통해 보호해야 한다고 주장한 반면, 개발도상국은 독점권 부여를 통한 보호에 반대함에 따라 합의에 도달하지 못하게 되자 WTO/TRIPs 제27조 제3항 b)가 중재안으로 제시되어 합의에 도달하였는데,[14] 이에 따르면 WTO/TRIPs는 회원국으로 하여금 특허나 특별법 또는 두 가지를 조합하는 수단에 의해 식물신품종을 보호하도록 할 것을 요구하였다.[15]

(2) 국내법상 식물신품종 보호법에 의한 보호

1) 종자산업법 이전의 우리나라의 종자산업 관련 법령과 종자산업법의 제정[16]

정부에 의해 처음 만들어진 종자산업 관련 법령은 1962년 제정된 '주요농작물종자법'과 '농산종묘법'이다. '주요농작물종자법'에서는 국가에서 품종 개발 및 종자 생산·보급을 독점하는 벼, 보리, 콩 등 8개 주요 식량작물 종자가 적용대상이었고 민간에서 품종 개발 및 종자 생산·보급을 할 수 있는 15개 작물(채소 9개, 과수 6)은 '농산종묘법'의 적용대상이었다.

농산종묘법은 1970년 개정되어 법 적용대상 작물이 53개 작물로 확대되었다. 그러나, 법의 목적이었던 우량 종묘 생산·보급이 실효를 거두지 못하고 불량 종묘 유통 사례가 발생함에 따라 농산종묘법은 종묘 생산·판매를 규제하는 '종묘관리법'(1973년)으로 대체되었고 제정 당시 19개 작물(채소 14, 과수 4, 양송이 등)이 이 법의 적용을 받았다. 그러나 1980년대 종자산업의 괄목할 만한 발전을 거치면서 '주요농작물종자법'과 '종묘관리법'의 이원화된 법령으로는 체계적인 종자관리가 미흡하고 법 적용 대상작물(양 법 폐지전 48개 작물)이 제한된다는 우려가 제기되었다.

한편, 다자간 무역협상인 우루과이라운드(UR)가 8년간에 걸친 협상 끝에 1994년 최종 타결되어 세계무역기구(WTO)가 1995년 1월 발족되었고, 앞서 본 바와 같이 세계무역기구 협정 중의 하나인 TRIPs에서는 모든 회원국이 식물신품종을 특허나 특별법으로 보호하도록 규정하였는데, 이러한 국내외적인 여건 하에서 국제적인 흐름에 부응하고 종자산업의 경쟁력을 제고하여 선진 종자산업으로 도약할 토대를 마련해야 하는 필요성이 대두되었다. 이에 우리나라는 이원화된 종자관리 법체계를 통합하고 선진국들이 수십 년 전부터 시행하고 있던 품종보호제도를 도입하기 위해 1995년 '종자산업법'을 제정하여 1997. 12. 31. 시행하였다.

2) 종자산업법의 개정 및 식물신품종 보호법의 제정[17]

원국(단체 포함)수는 80개국이다. 우리나라는 2002. 1. 7. 가입하였다.

14) 송영식·이상정·황종환·이대희·김병일·박영규·신채호, 지적소유권법 제2판(상), 육법사, 2013, 258면.

15) 이철남, "종자 권리 전쟁", 한국지식재산연구원, 2015, 94-95면.

16) 박찬웅·최근진·소은희·고희종, "한국 식물신품종보호제도의 발전 방향에 대한 고찰", 한국육종학회지 제48권 제1호, 2016. 1., 12면을 참조하였다.

17) 위의 글, 12-13면을 참조하였다.

1997. 12. 31. 시행된 종자산업법은 이후 수차례의 개정을 통해 규정이 정비 · 보완되었고, 종자의 보증 · 유통관리 등에 관한 실체적 규정과 품종보호 관련 절차적 규정이 혼재되어 있었다. 이에 따라 종자산업법 중 식물신품종의 출원 · 심사 및 등록 등에 관한 절차적 규정을 분리하여 식물신품종과 그 육성자의 권리를 체계적으로 보호하기 위해 2012. 6. 1. 식물신품종 보호법이 제정되어 2013. 6. 2. 시행됨에 따라 식물신품종에 대한 육성자의 권리 보호에 관한 사항은 식물신품종 보호법의 규율을 받게 되었다.

3) 식물신품종 보호법에 따른 품종보호

① 보호의 대상

UPOV의 1991년 협약에 의하면 품종보호제도 시행 초년도에는 보호대상 작물을 15개 이상의 작물로 하고 향후 10년 이내에 모든 작물로 보호대상을 확대하도록 되어 있다. 종전 종자산업법에서는 보호대상 작물을 농림축산식품부령으로 정하도록 하여 시행 첫해인 1998년에는 벼, 배추, 사과 등 27개 작물이 지정되었다. 이후 작물별 국제경쟁력 수준, 농업에 미치는 영향 등을 종합적으로 고려하여 보호대상 작물을 선정하되 관련 전문가와 농업인 등 각계의 의견 수렴을 통해 국가 전략적인 차원에서 연차적으로 보호대상 작무을 확대하였고, UPOV 가입 후 10년이 되던 2012. 1. 7. 딸기, 나무딸기, 감귤, 블루베리, 양앵두, 해조류가 포함되면서 모든 작물이 품종보호의 대상이 되었다.[18)]

② 품종보호의 요건

품종이 신규성, 구별성, 균일성, 안정성 및 1개의 고유한 품종명칭이 갖추어져 있는 경우 심사를 거쳐 보호품종으로 지정하여 특허권과 유사한 품종보호권을 부여하고 있다.

이와 관련하여 신규성 심사는 특허제도와 유사하게 서류심사에 의하고 있지만, 구별성, 균일성 및 안정성을 구비하고 있는지 여부에 대한 평가(Distinctness, Uniformity, Stability, DUS-Test)는 심사관이 재배시험결과를 토대로 판단한다는 점에서 특허제도와는 차이가 있다.[19)]

③ 품종보호권의 내용

품종보호권은 품종보호 원부에 설정등록함으로써 발생하고(식물신품종 보호법 제54조 제1항), 그 존속기간은 설정등록일로부터 20년이다(다만, 과수 및 임목의 경우에는 25년이다)(식물신품종 보호법 제55조).

품종보호권자는 업으로서 그 보호품종을 실시할 권리를 독점한다(식물신품종 보호법 제56

---

18) 국립종자원 웹사이트(http://www.seed.go.kr/seed/963/subview.do), 2025. 10. 7. 방문. 한편 품종보호 대상작물을 농업용, 산림용, 해조류로 구분하여 농업용은 국립종자원, 산림용은 국립산림품종관리센터, 해조류는 수산식물품종관리센터에서 품종보호 출원을 담당하고 있다.

19) 이철남, "신지식재산에 대한 중복보호의 문제점 및 개선방안에 관한 연구: 식물신품종에 대한 종자산업법과 특허법을 중심으로", 지식재산연구 제5권 제4호, 2010. 12., 131-132면.

조 제1항). 또한 품종보호권자는 품종보호권자의 허락 없이 도용된 종자를 이용하여 업으로서 그 보호품종의 종자에서 수확한 수확물이나 그 수확물로부터 직접 제조된 산물에 대하여도 실시할 권리를 독점한다(같은 조 제2항). 예를 들어 쌀과자를 만들 때 쌀과자의 재료로 사용된 쌀이 품종보호권자의 허락 없이 품종의 종자로부터 수확되었다면 그 쌀과자에 대하여는 품종보호권자가 권리를 가지게 된다.[20]

나. 구 종자산업법 제13조의2 알려진 품종에 관한 품종보호권의 효력 범위

(1) 구 종자산업법 제13조의2 알려진 품종에 관한 품종보호 규정의 유래

우리나라는 2002. 1. 7. UPOV의 1991년 협약에 가입하였는데, 위 UPOV의 1991년 협약 제6조에서는 회원국이 품종보호를 받을 수 있는 작물로 지정하기 전에 이미 육성된 품종이어서 신규성이 없는 품종에 대해서도 그 작물로 지정되는 시점에서 예외적으로 신규성을 인정할 수 있도록 하는 규정을 두고 있었다.

구 종자산업법 제13조의2 알려진 품종에 관한 품종보호제도는 우리나라가 UPOV의 1991년 협약 제6조를 반영하여 1999. 1. 21. 법률 제5668호로 종자산업법을 개정하면서 신설한 조문인데, 이는 일본의 종묘법이나 미국의 식물품종보호법(The Plant Variety Protection Act)에는 없는 제도로서 우리나라 종자산업법이 이를 나라들과 달리 품종보호를 받을 수 있는 작물의 속 또는 종을 식물의 모든 속과 종으로 하지 않고, 이를 농림부령으로 정하도록 하여 보호대상작물의 범위를 단계적으로 확대하도록 함에 따라 둔 규정이다.[21]

(2) 구 종자산업법 제13조의2 제3항과 제4항의 해석

1) 구 종자산업법 또는 식물신품종 보호법의 기초가 된 UPOV는 1978년 2차 개정 당시 임시보호제도를 두는 것은 각국의 재량으로 하고 있었고[제7조 (2)], 1991년 3차 개정 당시 육성자를 보호하기 위하여 임시보호제도로서 출원에서 등록까지의 기간 동안의 침해행위에 대해서도 등록 후에 보상금청구권을 인정하는 제도(제13조)의 도입을 각국의 의무로 하면서 임시보호의 구체적인 내용에 대해서는 각국에 일임하였는바,[22] 우리나라는 2002. 1. 7.

---

20) 국립종자원 웹사이트(http://www.seed.go.kr/seed/965/subview.do,) 2025. 10. 7. 방문. 다만, 선량한 제조업자를 보호하기 위해 수확물에 관하여 정당한 권한이 없음을 알지 못하는 자가 직접 제조한 산물에 대하여는 예외를 인정하고 있다.

21) 박정희, "알려진 품종의 품종보호 출원일 전에 그 품종의 종자를 육성하여 그 출원일 후에 수확·출하하는 행위가 그 품종의 품종보호권의 효력 범위에 속하는지 여부", 대법원판례해설 78호(2008 하반기), 2009. 7., 492면.

22) 윤선희, '식물특허 – 식물발명과 보호법규에 관한 제도적 검토를 중심으로 –', 산업재산권 제11호, 2002, 156면.

UPOV에 가입하기 이전인 1995. 12. 6. 법률 제5024호로 종자산업법을 제정하면서 품종보호 출원인은 출원공고일부터 업으로서 품종보호출원된 당해 품종에 대하여 실시할 권리를 독점하는 것 등을 내용으로 하는 품종보호 출원인의 임시보호의 권리를 규정하였고(제39조), 이후 2003. 12. 11. 법률 제6999호로 개정된 종자산업법에서 품종보호 출원된 출원품종에 대한 임시보호권이 출원공개일부터 발생하도록 개정되었으며(제34조의2), 식물신품종 보호법에서도 위와 같이 개정된 임시보호권과 같은 내용이 규정되어 있다.

즉 품종보호 출원인은 출원공개일로부터 업으로서 그 출원품종을 실시할 권리를 독점하는데(식물신품종 보호법 제38조 제1항), 이를 임시보호의 권리라 한다. 임시보호의 권리는 출원공개일부터 품종보호권 설정등록시까지 주어지는 권리로서 그 효력이나 권리보호 등에 있어 품종보호권과 거의 같으나, 품종보호 출원이 포기·취하·무효로 되거나 품종보호 출원의 거절결정이 확정되는 때는 그 권리는 처음부터 발생하지 아니한 것으로 보는 점에서(같은 조 제2항) 미확정권리라고 부른다. 한편 품종보호권은 완전한 심사절차가 끝난 후에 주어지는 것이기 때문에 실시권을 설정할 수 있으나, 임시보호의 권리는 아직 실시권 설정이 인정되지 않는다.[23)]

2) 그런데 구 종자산업법 제13조의2 제1항 제3호에 따르면, 외국에서 품종보호권이 설정등록된 품종의 경우 농림수산식품부령으로 품종보호를 받을 수 있는 작물의 속 또는 종을 정할 당시에 이미 알려진 품종이라 하더라도 그 품종보호를 받을 수 있는 작물의 속 또는 종으로 정하여진 날부터 1년 이내에 품종보호 출원을 할 경우 신규성이 있는 것으로 보아 품종보호를 받을 수 있다. 다만, 이 경우 구 종자산업법 제13조의2 제3항은 설정등록된 품종보호권의 효력이 품종의 출원공개일 전에 행하여진 실시에 대하여는 미치지 않는다고 규정하고 있고, 같은 조 제4항은 그 품종의 출원공개일 전에 국내에서 그 보호품종의 실시사업을 하고 있거나 그 준비를 하고 있는 자는 그 실시 또는 준비를 하고 있는 사업의 목적 범위에서 그 품종보호권에 대한 통상실시권을 가지고, 이 경우 통상실시권을 가진 자는 품종보호권자에게 상당한 대가를 지급하여야 한다고 규정하고 있다.

한편 앞서 본 임시보호권의 권리와 달리 품종보호권은 설정등록을 함으로써 발생하고(식물신품종 보호법 제54조 제1항), 보호품종의 품종보호권의 효력은 그 설정등록 이후의 실시에 대하여만 효력이 미치는 것이 원칙이나, 구 종자산업법 제13조의2 제1항에 의하여 설정등록된 보호품종에 대한 품종보호권은 같은 조 제3항의 소급효에 의하여 그 출원공개일 이후 그 등록 전에 행하여진 실시에 대하여도 그 효력이 미친다.[24)]

---

23) 권오희, '식물신품종보호제도 고찰(하)', 지식재산21 제68호, 2001, 107면.

24) 박정희, "알려진 품종의 품종보호 출원일 전에 그 품종의 종자를 육성하여 그 출원일 후에 수확·출하하는 행위가 그 품종의 품종보호권의 효력 범위에 속하는지 여부"(각주 21), 491면.

위와 같은 규정 내용에 의하면, 국내에서 그 보호품종의 실시사업을 하고 있는 자 또는 그 실시사업의 준비를 하고 있는 자가 알려진 품종에 대한 출원공개일 전에 행한 실시에 대하여는 품종보호권의 효력이 미치지 않고(더욱이 앞서 본 바와 같이 품종보호 출원인 역시 출원공개일로부터만 업으로서 그 출원품종을 실시할 권리를 독점할 뿐이다), 그 이후에 행한 실시에 대하여는 품종보호권의 효력이 미치지만, 그에 대한 침해를 구성하는 것은 아니고 통상실시권자로서 품종보호권자에게 상당한 대가를 지급하여야 한다.

(3) 식물신품종 보호법의 제정 및 그 부칙 개정 경위 등

식물신품종 보호법은 그 제정 과정에서 종래 신규성의 예외로서 인정되어 오던 구 종자산업법 제13조의2 알려진 품종에 관한 품종보호 규정을 경과규정 없이 도입하지 않음으로써 식물신품종 보호법의 시행일(2013. 6. 2.) 이후에는 구 종자산업법 제13조의2에 따라 신규성 유예기간(2012. 1. 7.~2013. 1. 6.) 중에 출원한 품종에 대해서 신규성을 인정해주는 구 종자산업법을 적용받지 못해 등록이 거절될 수 있다는 우려와 알려진 품종의 출원공개일 전에 실시사업을 하고 있거나 실시사업을 준비하고 있는 자를 보호하기 위해 구 종자산업법 제13조의2 제4항에 따라 인정해주고 있는 통상실시권이 인정되지 않아 선의의 피해자가 발생할 수 있다는 우려가 제기되자, 2013. 8. 13. 그 경과조치로서 부칙 제3조의2를 신설하여 "이 법 시행 당시 종전의 종자산업법 제13조의2에 따라 품종보호를 출원하거나 품종보호를 출원하여 품종보호를 받은 경우 그 품종보호권에 대해서는 종전의 종자산업법 제13조의2에 따른다."라고 규정하였다.

(4) 알려진 품종의 출원공개일 전 그 품종의 묘목 증식 및 출원공개일 후의 그 증식된 묘목 판매 등 행위에 그 품종의 품종보호권의 효력이 미치는지 여부

1) 구 종자산업법은 제13조의2 제1항 제3호에서 외국에서 품종보호권이 설정등록된 품종은 농림수산식품부령으로 품종보호를 받을 수 있는 작물의 속 또는 종을 정할 당시에 이미 알려진 품종이라 하더라도 그 품종보호를 받을 수 있는 작물의 속 또는 종으로 정하여진 날부터 1년 이내에 품종보호 출원을 할 경우 신규성이 있는 것으로 보아 구 종자산업법에 따른 품종보호를 받을 수 있다고 규정하여, 품종보호를 받기 위한 신규성 요건의 예외를 두고 있다.

그리고 구 종자산업법은 제13조의2 제3항에서 "제1항 각 호의 어느 하나에 해당하는 품종으로서 제55조 제1항에 따라 설정등록된 품종보호권은 그 품종의 출원공개일 전에 한 실시에 대하여는 그 효력이 미치지 아니한다."라고 규정하고 있다.

한편 구 종자산업법은 제2조 제9호에서 "'실시'란 보호품종의 종자를 증식·생산·조 제·양도·대여·수출 또는 수입하거나 양도 또는 대여의 청약(양도 또는 대여를 위한 전시를 포함한다)을 하는 행위를 말한다."라고 정의하여 보호품종의 종자를 증식하는 행위 외에 보호품종의 종자를 양도하거나 양도를 위한 청약(양도를 위한 전시를 포함한다) 행위 역시 증식과는 구별되는 별도의 '실시'로 규정하면서, 제57조 제1항 본문에서 품종보호권자가 업으로서 그 보호품종을 실시할 권리를 독점하는 것으로 규정함과 아울러, 같은 조 제2항에서 품종보호권자는 같은 조 제1항에서 규정된 권리 외에 업으로서 그 보호품종의 종자의 수확물이나 그 수확물로부터 직접 제조된 산물에 대하여도 실시할 권리를 독점한다고 규정하고 있다.

따라서 구 종자산업법 제13조의2 제3항에 따라 품종보호권의 효력이 미치지 않는 출원공개일 전 '종자의 증식'이라는 실시행위가 있는 이후에 그 실시행위자가 그와 같이 증식된 종자 자체를 양도 또는 양도를 위한 전시를 한 경우 이에 대해 품종보호권의 효력이 미치는지 여부가 문제가 된다.

2) 이에 대하여 대법원은 알려진 품종과 관련하여, 품종보호를 받기 위한 신규성 요건의 예외를 두고(제13조의2 제1항 제3호), 그 설정등록된 품종보호권의 효력이 품종의 출원공개일 전에 행하여진 실시에 대하여는 미치지 않으며(제13조의2 제3항), 그 품종의 출원공개일 전에 일정한 요건을 갖춘 자는 그 품종보호권에 대한 통상실시권을 가지고, 이 경우 통상실시권을 가진 자는 품종보호권자에게 상당한 대가를 지급하여야 하는 것으로(제13조의2 제4항) 규정하고 있는 구 종자산업법의 규정 내용과 입법취지, 구 종자산업법 제34조의2에 의하면 품종보호권자는 출원공개일부터만 업으로서 그 출원품종을 실시할 권리를 독점할 뿐인 점 등을 고려하면, 알려진 품종의 품종보호 출원공개일 전에 그 보호품종의 종자를 증식한 경우에는 출원공개일 후에 위와 같이 증식한 종자에 관하여 보호품종의 실시에 해당하는 양도 또는 양도의 청약(양도를 위한 전시를 포함한다)을 하더라도 이에 대하여 알려진 품종의 품종보호권의 효력이 미치지 않는다고 판시하였다.

3) 한편 구 종자산업법은 앞서 본 바와 같이 제2조 제9호에서 "'실시'란 보호품종의 종자를 증식·생산·조제·양도·대여·수출 또는 수입하거나 양도 또는 대여의 청약(양도 또는 대여를 위한 전시를 포함한다)을 하는 행위를 말한다."라고 정의하고 있을 뿐이고, 종자를 증식하는 행위가 무엇인지에 관하여 명확한 정의규정을 두고 있지 않다.

이에 대하여 원심은, ① 구 종자산업법은 제2조 제3호에서 "'종자'란 증식용·재배용 또는 양식용으로 쓰이는 씨앗·버섯 종균(種菌)·영양체(營養體) 또는 포자(胞子)를 말한다."라고 규정하고 있고, 통상 '묘목'이란 '묘포(묘밭)에서 기르고 있는 어린나무 또는 옮겨심기 위해 가꾸는 어린나무'를 말하며, '증식'의 사전적 의미는 '늘어서 많아짐' 내지는 '생물이나 조직 세포 따위가 세포 분열을 하여 그 수를 늘려감'이라고 할 것이므로, 종자를 증식하는 행위란 종자의 수를 늘리는 행위를 의미하고, 묘목을 통하여 증식·재배되는 품종의 경우 묘포(묘밭)

에서 기르고 있는 어린나무의 수를 늘리는 행위라고 봄이 상당한 점, ② 이 사건 보호품종인 블루베리 묘목의 증식은 접목, 삽목, 종자번식, 조직배양 등의 방법을 통해 이루어지고, 그중 삽목은 모수의 가지를 잘라내어 토양이 담긴 삽목판 또는 트레이에 꽂아 발근시키는 방법으로서 삽목시기에 따라 숙지삽과 녹지삽으로 나뉘는데, 전년도의 경화된 가지를 이용하여 2월 말에서 4월 초까지 이루어지는 숙지삽의 경우 삽목 후 약 80일 내지 100일 만에 발근하고, 6월 초에서 8월 초까지 이루어지는 녹지삽의 경우 삽목 후 30일 내지 40일 만에 발근하는 것으로 보이는 점, ③ 피고는 이 사건 출원공개일 이전에 미국에서 이 사건 보호품종의 묘목을 구입한 후 삽수 형태로 국내로 들여와 피고 운영의 농원에서 격리재배하여 식물방역법에 따른 격리재배검사에 합격하였고, 그 후 격리재배검사에 합격한 이 사건 보호품종의 묘목을 모수로 하여 그 모수에서 가지를 잘라내어 다시 삽목하는 방법으로 이 사건 출원공개일 이전에 이 사건 보호품종의 묘목 증식을 완료한 점 등을 이유로, 구 종자산업법 제13조의2 제3항에 따라 이 사건 출원공개일 전에 실시된 종자인 이 사건 보호품종의 묘목을 이용한 실시행위로서 이 사건 출원공개일 이후에 피고가 위와 같이 증식을 마친 이 사건 보호품종의 묘목을 양도하거나 양도의 청약(양도를 위한 전시를 포함한다)을 한 행위에 대해서는 알려진 품종인 이 사건 보호품종의 품종보호권의 효력이 미치지 않는다고 판단하였다.

다. 구 종자산업법 제13조의2 제4항에 따른 통상실시권

(1) 구 종자산업법 제13조의2 제4항에 따른 통상실시권의 성립요건

구 종자산업법 제13조의2 제4항은 같은 조 제1항에 따라 품종보호를 받은 경우 그 품종의 출원공개일 전에 국내에서 그 보호품종의 실시사업을 하고 있거나 그 준비를 하고 있는 자는 그 실시 또는 준비를 하고 있는 사업의 목적 범위에서 그 품종보호권에 대한 통상실시권을 가지고, 이 경우 통상실시권을 가진 자는 품종보호권자에게 상당한 대가를 지급하여야 한다고 규정하고 있다. 여기서, 구 종자산업법 제13조의2 제4항에서 규정하고 있는 '사업의 준비'라 함은, 그 보호품종에 대하여 아직 사업의 실시단계에 이르지는 않았지만, 즉시 실시할 의도가 있고, 그와 같은 즉시 실시의 의도가 객관적으로 인식할 수 있을 정도로 표명되어 있는 것을 말한다고 봄이 상당하다.[25)]

---

25) 특허법은 본인이 책임질 수 없는 사유로 인하여 특허료를 납부하지 못하여 특허권이 소멸된 경우에도 그 사유가 소멸된 후 특허료를 납부하고 특허권을 회복할 수 있도록 하되, 그 기간 중 다른 사람의 실시행위에 대해서는 특허권의 효력이 미치지 않도록 하는 특허권 회복에 관하여 규정하고 있는데(제81조의 3), 위와 같은 특허권 효력제한기간 중 특허출원된 발명 또는 특허권에 대하여 실시사업을 하거나 그 사업의 준비를 하고 있던 자에 대하여 신뢰를 보호하고 시설 등에 대한 투자를 생산적으로 활용할 수 있도록 하기 위하여 그 실시 또는 준비를 하고 있는 발명 또는 사업의 목적범위 안에서 그 특허출원된 발명 또는 특허권에 대하여 통상실시권을 갖는 것으로 규정하였다(제81조의3 제5항). 여기서 사업준비라 함은 사업

(2) 구 종자산업법 제13조의2 제4항에 따른 통상실시권 성립요건으로서 적법한 종자업 등록 등의 요부

1) 이 사건의 경우 앞서 본 피고의 블루베리 묘목 재배 경위 등에 비추어 보면, 피고는 이 사건 출원공개일 전에 이 사건 보호품종의 실시사업을 하고 있었거나 적어도 이 사건 보호품종의 실시사업을 준비하고 있었다고 볼 수 있으나, 관련 법령에 따른 적법한 종자업 등록을 하지는 못한 상태였으므로, 구 종자산업법 제13조의2 제4항에 따른 통상실시권은 적법한 종자업 등록 등 요건을 갖춘 자에 대해서만 인정되는지 여부가 문제될 수 있다.

2) 이와 관련하여, 대법원은 다음과 같은 이유로 피고가 무등록, 미신고 상태에서 보호품종을 수입, 생산, 판매하는 등의 행위를 하였다고 하여 그 행위가 사법적으로 무효로 된다거나 보호가치가 없어 구 종자산업법 제13조의2 제4항이 규정하는 통상실시권의 성립요건이 갖추어지지 않았다고 볼 수 없다고 판단하였다.

① 행정법상 금지 규정을 위반한 행위의 효력의 유무나 제한 또는 법원이 그 행위에 따른 법률효과의 실현에 대한 조력을 거부할 것인지의 여부는 해당 법 규정이 가지는 넓은 의미에서의 법률효과에 관한 문제로서, 법규정의 해석에 의하여 정하여진다. 따라서 명문의 정함이 있다면 당연히 이에 따라야 할 것이고, 정함이 없는 때에는 종국적으로 금지규정의 목적과 의미에 비추어 그에 반하는 행위의 무효 기타 효력 제한이 요구되는지를 검토하여 정할 것이다(대법원 2017. 2. 3. 선고 2016다259677 판결; 대법원 2010. 12. 23. 선고 2008다75119 판결 등 참조).

② 구 종자산업법 제137조는 종자업을 하려면 일정한 시설기준을 갖추고 종자관리사 1명 이상을 두어 시장·군수에게 등록하여야 한다고 규정하고, 같은 법 제138조 제3항은 같은 항 제1, 2호가 정한 종자, 즉 출원공개된 품종의 종자나 품종목록에 등재된 품종의 종자가 아닌 종자를 생산, 수입, 판매하려면 농림수산식품부장관에게 신고할 것을 요구하며, 이를 위반할 경우 각 같은 법 제173조 제3호, 제5호에 따라 형사처벌을 하도록 규정하고 있다. 이러한 등록제와 신고제는 '식물의 신품종에 대한 육성자의 권리 보호, 주요 작물의 품종성능 관리, 종자의 생산·보증 및 유통, 종자산업의 육성 및 지원 등에 관한 사항을 규정함으로써 종자산업의 발전을 도모'하려는 구 종자산업법의 목적을 달성하기 위한 수단인바, 위 규정에

을 개시하기 위한 예비행위로서 객관적으로 인정되는 것으로, 공장부지 매입, 사업설비 구입 등을 들 수 있다(정상조·박성수 공편, 특허법 주해 Ⅰ, 2010, 868, 870, 871면).

또한 특허법은 특허권을 받은 자기의 특허발명이 무효사유에 해당되는 것을 알지 못하고, 국가로부터 부여받은 특허권을 신뢰하여 실시사업을 하거나 실시 준비중인 자를 보호하기 위하여 무효심판청구등록 전의 실시와 관련하여 통상실시권을 인정하고 있는데(제104조 제1항), 여기서 사업에 필요한 기계를 발주하여 설비를 갖추었다던가 고용계약을 체결하여 상당한 선정활동을 하고 있는 경우에는 사업의 준비에 포함될 것이다((정상조·박성수 공편, 특허법 주해Ⅰ, 2010, 1,259, 1,264, 1,265면).

위반한 행위가 그 법률상 효과까지도 부인하지 않으면 안 될 정도로 현저히 반사회성, 반도덕성을 지닌 것이라고 보기 어렵다. 또한, 위 등록제 및 신고제는 그 행위 자체를 금지하고 예외적인 경우에 허가하는 것이 아니라, 종자산업의 기반조성, 종자의 유통·관리 등 종자산업 발전을 위한 행정목적 달성을 위하여 일정한 기준을 세우고 그 요건이 갖추어지면 이를 거부할 수 없는 것으로, 위 규정들은 강행규정이 아니라 단속규정이라고 보아야 한다.

라. 구 종자산업법 제13조의2 제4항에 따른 통상실시권자의 상당한 대가 지급의무

1) 식물신품종 보호법에서는 '로열티'라는 개념을 정의하고 있지 않지만 이는 실시와 관련되어 있어 품종보호권자는 자기의 보호품종을 실시함에 있어 스스로 실시하거나 실시를 희망하는 자와의 계약을 통하여 이루어진다. 품종보호권자는 자신이 직접 실시하지 않는 경우에 실시를 희망하는 사람과 적정한 금액 및 납부방법으로 계약을 하게 된다. 그리고 실시자는 통상적으로 아래 그림과 같이 종자를 생산하여 소비자인 농업인, 재배가 또는 수출업자 등에게 종자를 판매하여 이익을 얻게 되는 것이다.[26)]

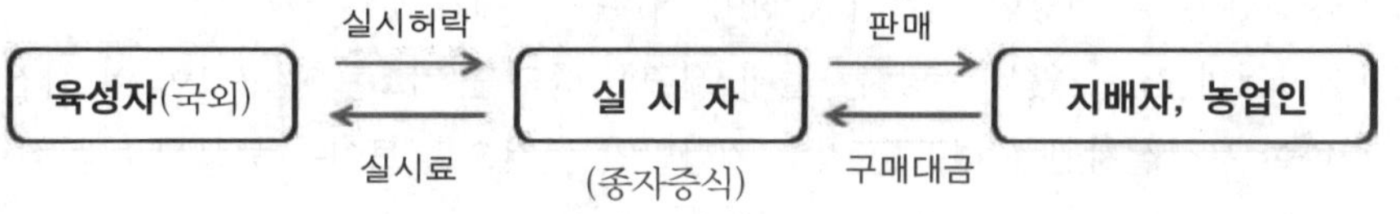

[종자 유통][27)]

2) 한편 앞서 본 바와 같이 구 종자산업법 제13조의2는 알려진 품종에 대해서 신규성의 요건에도 불구하고 일정한 요건을 갖춘 경우 품종보호를 받을 수 있도록 허용하여(제1항) 품종보호권자의 권리를 두텁게 보호하면서도, 그 품종보호 출원공개일 전에 국내에서 그 보호품종의 실시사업을 하고 있거나 그 준비를 하고 있던 자의 권리와 신뢰를 보호하기 위하여 출원공개일 전에 그 알려진 품종을 실시한 것에 대하여는 그 품종보호권의 효력이 미치지 않도록 하고(제3항), 그러한 사업을 실시하거나 준비한 자에게 통상실시권을 부여하고 있으므로(제4항), 그러한 통상실시권의 대가로 지급하여야 하는 '상당한 대가' 역시 이러한 입법취지를 고려하여 품종보호권자와 통상실시권자 간의 형평과 거래통념 등을 종합적으로 고려하여 합리적으로 산정하여야 한다.

---

26) 소재선·이해은, "식물신품종보호를 위한 제도 개선방안 연구", 재산법연구 제31권 제1호, 2014, 323면.
27) 최근진, "품종보호권 실시방법으로서의 로열티", 한국종자연구회지 제7권 제4호, 2007, 21면.

그리고 상당한 대가의 액수와 지급방법은 원칙적으로 당사자 사이에 협의가 성립될 경우 이에 의하여 정하여 질 것이지만, 당사자 사이에 협의가 성립하지 않는 경우에는 당사자의 청구에 의해 법원이 정하게 되는바, 이 경우에는 특별한 사정이 없는 한 품종보호권자가 통상실시권의 허락을 한 경우의 실시료 상당액을 고려하여 결정하여야 할 것인데,[28] 구체적으로 품종보호권자가 국내외에서 다수의 통상실시권 설정계약을 체결하였다면 그러한 계약을 통하여 받은 실시료 금액, 통상실시권자가 증식한 수량 및 증식 방법, 증식한 품종의 판매량 및 판매로 인한 수익, 해당 품종의 성질 등을 종합적으로 고려하여 이를 결정하여야 할 것이다.

다만 알려진 품종의 경우 그 품종보호권자는 대부분 외국 종자기업인 경우가 대부분이어서 그 로열티 관련 계약 내용이 복잡하여 당해 보호품종에 관한 로열티의 산정이 쉽지 않고,[29] 앞서 본 일반적인 종자 유통과 달리 국내에서 보호품종의 종자(묘목)를 직접 판매하거나 국내 통상실시권자에게 보호품종의 종자(묘목)도 함께 공급하는 경우 보호품종에 대한 통상실시권 허여에 따른 실시료를 정확히 특정하기 어려우며,[30] 보호품종의 특성상 그 종자의 증식이 삽목 등 여러 단계를 거쳐 상당한 시간이 소요되는 경우에는 해당 보호품종의 증식 수량도 정확히 산정하기 어려운 경우가 많아 구 종자산업법 제13조의2 제4항에 따라 통상실시권자가 지급해야 할 상당한 대가의 산정이 어려운 문제가 있다.

3) 이 사건의 경우, 원심은 당사자들이 제출한 증거를 기초로 원고 1이 이 사건 보호품종과 관련하여 통상실시권을 허락할 경우 지급받았을 것으로 보이는 묘목 1주당 실시료, 피고가 이 사건 출원공개일 이후 이 사건 보호품종을 증식한 수량 등을 특정한 후, 이 사건 출원공개일 다음날부터 원고 1이 구하는 바에 따라 이 사건 보호품종에 대하여 전용실시권이 설정되기 전 날까지의 기간 동안 이 사건 보호품종의 통상실시권자인 피고가 그 사업의 목적 범위에서의 실시와 관련하여 품종보호권자인 원고 1에게 지급해야 할 상당한 대가를 산정하였고, 대법원도 원심의 위와 같은 구 종자산업법 제13조의2 제4항의 상당한 대가 산정을 수긍하였다.

---

28) 특허법은 무효심판청구등록 전의 실시에 의한 통상실시권의 경우에도 통상실시권을 가진 자는 특허권자 또는 전용실시권자에게 상당한 대가를 지급하도록 규정하고 있는데(제104조 제2항), 여기서 상당한 대가의 산정은 허락이 있는 경우의 통상의 실시료 상당액을 고려하여 결정하여야 할 것이다(정상조·박성수 공편, 특허법 주해 Ⅰ, 2010, 1,266면).

29) 이 사건의 경우에도 원고1측이 이 사건 보호품종과 관련하여 체결한 라이선스계약에는 해당 품종의 묘목 판매 시 지급해야할 로열티 외에 선불금, 기간별 최저 로열티, 해당 품종의 열매 판매 시 지급해야 할 로열티 등이 내용이 포함되어 있다.

30) 품종보호권자가 일반 소비자에게 보호품종의 종자(묘목)을 판매한 가격은 보호품종의 종자(묘목) 자체에 대한 대금에 불과하고, 품종보호권자가 국내 대리점 및 통상실시권 계약을 체결하고 보호품종의 종자(묘목)을 공급한 가격 역시 그 상당 부분은 보호품종의 종자(묘목) 자체에 대한 대금에 불과하여 그 금액 전부를 통상실시료로 보기는 어렵다고 할 것이다.

4. 판결의 의의

우리나라는 해방 후 정부 주도로 볍씨 생산과 보급에 힘써 왔을 뿐만 아니라 우장춘 박사의 지도로 채소 등 품종을 선발하고 선발품종의 원종을 증식하여 민간 회사에 분양함으로써 채소 작물의 자급이라는 성과를 보이기도 했다.[31] 또한 정부는 2012년부터 2021년까지 글로벌 종자 강국 도약과 종자 산업 기반 구축을 위해 국가 전략형 종자 R&BD 사업인 '골든 시드(Golden Seed) 프로젝트' 사업을 추진하기도 하였다.

그러나 최근 식량 안보 차원을 넘어 제2의 반도체 산업으로 불리는 종자를 둘러싼 경쟁은 전 세계적으로 치열해지고 있다. 특히 20세기 이후 종자시장의 성장과 함께 미국과 유럽을 중심으로 몬산토 등 세계 유수의 거대 글로벌 종자기업이 종자 시장을 주도하고 있다.

이와 같은 상황에서 대상판결은 외국에서 이미 알려진 품종에 해당하지만 구 종자산업법 제13조의2 제1항 제3호에 따라 신규성이 있는 것으로 보아 품종보호를 받게 된 보호품종과 관련하여, 구 종자산업법 제13조의2 제3항에 따라 알려진 품종의 품종보호 출원공개일 전에 그 보호품종의 종자를 증식한 경우에는 출원공개일 후에 위와 같이 증식된 종자에 관하여 보호품종의 실시에 해당하는 양도 또는 양도의 청약(양도를 위한 전시를 포함한다)을 하더라도 이에 대하여 알려진 품종의 품종보호권의 효력이 미치지 않음을 분명히 함과 아울러 구 종자산업법 제13조의2 제4항에 따른 통상실시권의 성립요건과 통상실시권자가 지급해야 할 상당한 대가의 산정에 관한 기준을 제시한 점에서 의의가 있다.

31) 윤진영, "우리나라 종자 생산공급분야의 성과와 과제: 벼와 채소를 중심으로"(각주 10), 19면.

제 2 편

ICT, 플랫폼, 방송 분야

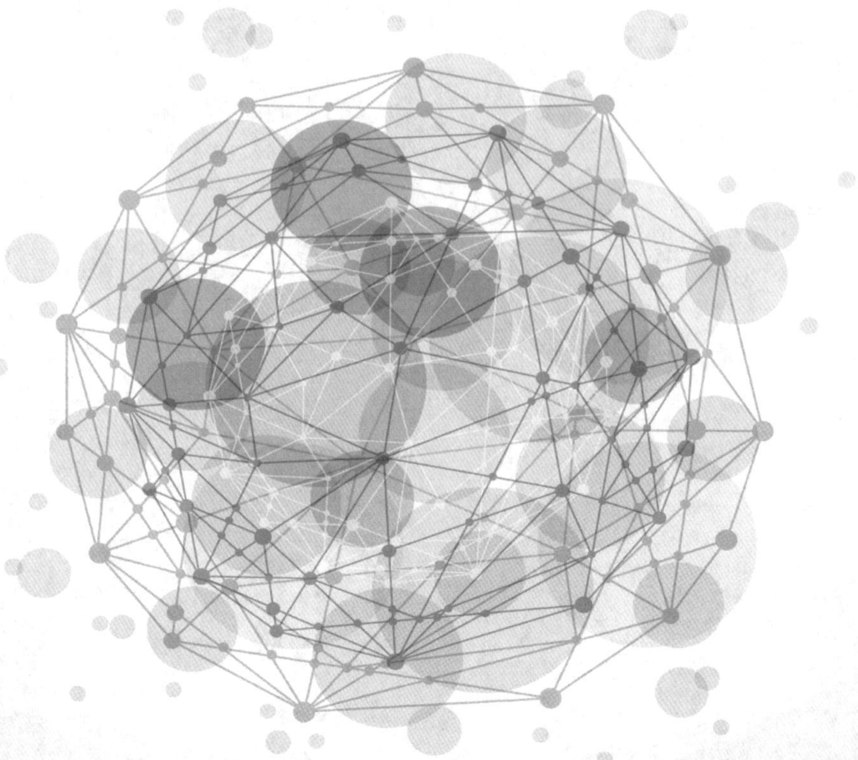

37 통신자료제공의 개인정보자기결정권 침해 여부

대법원 2016. 3. 10. 선고 2012다105482 판결1)

김민호 (성균관대학교 교수)

1. 사안의 개요

가. 피고는 인터넷 포털사이트인 '네이버'를 운영하는 인터넷 종합 정보제공 사업자로서, 전기통신사업법에 의한 전기통신사업자이다. 네이버가 제공하는 각종 서비스를 이용하기 위해서는 피고가 정한 양식에 따른 가입 신청을 하고 약관에 동의하여 회원 가입을 하여야 하는데, 피고의 이용약관 제7조는 "피고는 정보통신망 이용촉진 및 정보보호 등에 관한 법률 등 관계 법령이 정하는 바에 따라 회원의 개인정보를 보호하기 위해 노력합니다. 개인정보의 보호 및 사용에 대해서는 관련 법 및 피고의 개인정보 취급방침이 적용됩니다."라고 정하고 있고, 피고의 '개인정보 취급방침'에서는 피고가 이용자들의 개인정보를 '개인정보의 수집 및 이용목적'에서 고지한 범위 내에서 사용하며, 이용자의 사전 동의 없이는 그 범위를 초과하여 이용하거나 원칙적으로 이용자의 개인정보를 외부에 공개하지 않는다고 하면서, 그 예외로 '이용자들이 사전에 공개에 동의한 경우', '법령의 규정에 의거하거나 수사 목적으로 법령에 정해진 절차와 방법에 따라 수사기관의 요구가 있는 경우'를 규정하고 있다. 또한 피고의 '개인정보 취급방침'에는 사내 개인정보보호 전담기구 등을 통하여 개인정보 취급

---

1) [참조 및 관련 판례] 대법원 2014. 7. 24. 선고 2012다49933 판결(공2014하, 1646); 헌법재판소 2010. 2. 25. 선고 2008헌마324, 2009헌바31 전원재판부 결정(헌공161, 595).
[관련 평석 및 문헌] 김민중, "공개된 사진, 성명, 성별, 출생연도, 직업, 직장, 학력, 경력 등을 동의 없이 수집·제공한 행위에 대한 책임 – 대법원 2016. 8. 17. 선고 2014다235080 판결을 중심으로 –", 동북아법연구 제10권 제2호, 2016; 박민우, "통신자료 제공요청의 법적 성격과 합리적인제도 개선 방향 – 영장주의 및 사후통지의 도입 여부와 관련하여 –", 법조 제65권 제7호, 2016; 권태상, "수사기관의 요청에 따라 개인정보를 제공한 전기통신사업자의 손해배상책임 – 대법원 2016. 3. 10. 선고 2012다105482 판결 –", 법학논집 제22권 제4호, 이화여자대학교, 2018; 박설아, "수사기관의 통신자료 요청에 따른 전기통신사업자의 민사책임 – 대법원 2016. 3. 10. 선고 2012다105482 판결에 관한 분석 –", 법학논총 제25권 제1호, 조선대학교, 2018; 임규철, "전기통신사업자의 수사기관으로의 통신자료 제공에 대한 비판적 연구 – 고등법원(2011나19012)과 대법원(2012다105482) 판례를 중심으로 –", 법학연구 제57권 제4호, 부산대학교, 2016.

방침의 이행사항 등을 확인하여 문제가 발견될 경우 즉시 수정하고 바로잡도록 노력한다는 규정도 두고 있다.

나. 원고는 2004. 10. 10. 위 약관에 동의하고 회원으로 가입하여 피고와 서비스 이용계약을 체결한 후 네이버에 개설된 이 사건 카페의 회원으로 활동하였는데, 2010. 3. 4.경 인터넷 검색을 하다가 밴쿠버 동계올림픽 선수단 귀국 당시 소외 1 문화체육관광부장관이 금메달리스트인 소외 2 선수를 환영하면서 두 손으로 어깨를 두드리자 소외 2 선수가 이를 피하는 듯한 장면을 편집한 사진이 게시되어 있는 것을 발견하고, 이를 이 사건 카페의 유머게시판에 올렸다.

다. 문화체육관광부장관은 2010. 3. 5. 이 사건 게시물을 인터넷에 올린 사람들에 대해 명예훼손죄로 고소하였고, 이에 서울종로경찰서장은 2010. 3. 8. 피고에게 '요청사유: 정보통신망 이용촉진 및 정보보호 등에 관한 법률 위반(명예훼손), 해당 이용자와의 연관성: 용의자 수사' 등을 기재한 자료제공요청서로 원고의 인적 사항을 제공해 달라고 요청하였으며, 피고는 이틀 뒤 종로경찰서장에게 원고의 '네이버 아이디, 성명, 주민등록번호, 이메일 주소, 휴대폰 번호, 네이버 가입일자'를 제공하였다.

라. 종로경찰서장은 위와 같이 제공된 통신자료에 의하여 원고를 소환하여 명예훼손 혐의에 대해 조사를 하였으나, 그 후 2010. 4. 28. 원고에 대한 고소가 취하되어 사건이 종결되었다.

2. 판결의 요지

가. 원심판결(서울고등법원 2012. 10. 18. 선고 2011나19012 판결)

전기통신사업자인 피고에게는 전기통신사업법에 의한 수사기관의 개인정보 제공 요청에 대해 개별 사안에 따라 그 제공 여부 등을 적절히 심사하여 이용자의 개인정보를 실질적으로 보호할 수 있는 역량을 갖추어야 하고, 구체적으로는 침해되는 법익 상호 간의 이익 형량을 통한 위법성의 정도, 사안의 중대성과 긴급성 등을 종합적으로 고려하여 개인정보를 제공할 것인지 여부 및 어느 범위까지의 개인정보를 제공할 것인지에 관한 세부적 기준을 마련하는 등으로 이용자의 개인정보를 보호하기 위한 충분한 조치를 취할 의무가 있다.

이 사건 게시물은 공적 인물인 장관을 대상으로 한 것으로서 표현 대상과 내용, 표현 방법, 원고가 위 게시물을 게재한 동기와 경위 등에 비추어 위 게시물이 장관의 명예를 훼손하는 것이라고 보기 어려울 뿐만 아니라, 원고는 위 게시물을 직접 생산하거나 편집한 바 없이 다른 인터넷 사이트에 게시된 것을 이 사건 카페의 유머게시판에 그대로 옮긴 것에 불과하여 위 게시물로 인한 법익침해의 위험성이 원고의 개인정보 보호에 따른 이익보다 훨씬 중대한 것이라거나 수사기관에게 개인정보를 급박하게 제공하여야 할 특별한 사정이 있다고 보이지 않는다.

이 같은 이유로, 피고가 수사기관에 원고의 주민등록번호와 전화번호 등 인적 사항 일체를 제공한 행위는 원고의 개인정보를 충실히 보호하여야 할 의무에 위배하여 원고의 개인정보자기결정권과 익명표현의 자유를 위법하게 침해한 것이다.

나. 대법원 판결

전기통신사업법 제54조 제3항에서 수사기관의 요청에 의하여 전기통신사업자가 제공할 수 있는 이용자의 통신자료는 그 이용자의 인적 사항에 관한 정보로서, 이는 주로 수사의 초기단계에서 범죄의 피의자와 피해자를 특정하기 위하여 가장 기초적이고 신속하게 확인하여야 할 정보에 해당하는데, 위 규정에 의한 전기통신사업자의 통신자료 제공으로 범죄에 대한 신속한 대처 등 중요한 공익을 달성할 수 있음에 비하여, 통신자료가 제공됨으로써 제한되는 사익은 해당 이용자의 인적 사항에 한정된다.

그리고 수사기관은 형사소송법 제198조 제2항 등에 의해 수사과정에서 취득한 비밀을 엄수하도록 되어 있어, 해당 이용자의 인적 사항이 수사기관에 제공됨으로 인한 사익의 침해 정도가 상대적으로 크지 않다고 할 수 있다. 따라서 전기통신사업자로서는 수사기관이 형식적·절차적 요건을 갖추어 통신자료 제공을 요청할 경우 원칙적으로 이에 응하는 것이 타당하다.

물론 전기통신사업자가 수사기관의 통신자료 제공 요청에 따라 통신자료를 제공함에 있어서, 수사기관이 그 제공 요청 권한을 남용하는 경우에는 이용자의 인적 사항에 관한 정보가 수사기관에 제공됨으로 인하여 해당 이용자의 개인정보와 관련된 기본권 등이 부당하게 침해될 가능성도 있다.

그러나 수사기관의 권한 남용에 대한 통제는 국가나 해당 수사기관에 대하여 직접 이루어져야 함이 원칙이다. 수사기관이 통신자료 제공을 요청하는 경우에도 전기통신사업자에게 실질적 심사의무를 인정하여 일반적으로 그 제공으로 인한 책임을 지게 하는 것은 국가나 해당 수사기관이 부담하여야 할 책임을 사인(私人)에게 전가시키는 것과 다름없다. 따라서 수사기관의 권한 남용에 의해 통신자료가 제공되어 해당 이용자의 개인정보에 관한 기본권 등이 침해되었다면 그 책임은 이를 제공한 전기통신사업자가 아니라, 이를 요청하여 제공받은 국가나 해당 수사기관에 직접 추궁하는 것이 타당하다.

그러므로 검사 또는 수사관서의 장이 수사를 위하여 전기통신사업법 제54조 제3항, 제4

항에 의하여 전기통신사업자에게 통신자료의 제공을 요청하고, 이에 전기통신사업자가 위 규정에서 정한 형식적·절차적 요건을 심사하여 검사 또는 수사관서의 장에게 이용자의 통신자료를 제공하였다면, 검사 또는 수사관서의 장이 통신자료의 제공 요청 권한을 남용하여 정보주체 또는 제3자의 이익을 부당하게 침해하는 것임이 객관적으로 명백한 경우와 같은 특별한 사정이 없는 한, 이로 인하여 해당 이용자의 개인정보자기결정권이나 익명표현의 자유 등이 위법하게 침해된 것이라고 볼 수 없다.

이 사건에서는 명예훼손을 당하였다고 주장하는 피해자의 고소에 따라 수사관서의 장인 종로경찰서장이 그 수사를 위하여 전기통신사업법 제54조 제3항, 제4항에 따라 전기통신사업자인 피고에게 이 사건 게시물에 관한 통신자료의 제공을 요청하자, 피고가 위 규정에서 정한 요건과 절차에 따라 종로경찰서장에게 원고의 성명, 주민등록번호 등 통신자료를 제공한 것이고, 이때 피고가 원고의 이메일 주소도 제공하였으나 그 이메일 주소는 원고의 네이버 아이디에 '@naver.com'이 붙어 있는 것이어서 원고의 네이버 아이디와 별개의 개인정보를 담고 있다고 평가하기 어려워 전기통신사업법 제54조 제3항에서 정한 제공의 범위를 초과하였다고 볼 수 없으며, 달리 종로경찰서장이 그 권한을 남용하여 통신자료 제공을 요청하는 것임이 객관적으로 명백하였다거나 그로 인하여 원고의 이익을 부당하게 침해할 우려가 있었다는 등의 특별한 사정을 찾을 수 없다.

따라서 피고가 종로경찰서장의 요청에 따라 원고의 통신자료를 제공한 것은 전기통신사업법 제54조 제3항, 제4항에 의한 적법한 행위로서, 그로 인하여 피고가 원고에 대해 손해배상책임을 부담한다고 볼 수 없다.

3. 해설

가. 통신자료 제공요청과 정보통신사업자의 실질적 심사 의무

(1) 통신자료 제공요청의 의의와 법적 성질

전기통신사업법 제54조 제3항[2)]은 '전기통신사업자는 법원, 검사 또는 수사관서의 장, 정보수사기관의 장으로부터 재판, 수사, 형의 집행 또는 국가안전보장에 대한 위해를 방지하기 위한 정보수집을 위하여 이용자의 성명, 주민등록번호, 주소, 전화번호, 컴퓨터시스템이나 통신망의 정당한 이용자를 식별하기 위한 이용자 식별부호인 아이디, 이용자의 가입 또는 해지 일자 등 통신자료의 열람이나 제출을 요청받은 때에 이에 응할 수 있다'고 규정하고

2) 2010. 3. 22. 법률 제10166호로 전부 개정된 후에는 제83조 제3항으로 되었다.

있다. 이에 따라 전기통신사업자는 이용자에 관한 통신자료를 수사기관의 요청에 응하여 합법적으로 제공할 수 있도록 하고 있다.[3] 그리고 전기통신사업법 제54조 제4항은 위 제3항의 규정에 의한 통신자료 제공의 요청은 원칙적으로 요청사유, 해당 이용자와의 연관성, 필요한 자료의 범위를 기재한 서면으로 하도록 규정하고 있다.

결국, 수사기관 등의 요청에 따른 통신자료 제공에 관하여 규정하고 있는 전기통신사업법 제54조 제3항은 통신자료 제공요청의 법적 근거 규정으로서의 법적 성질을 가진다. 다시 말해서 당해 규정은 수사기관 등이 전기통신사업자에게 통신자료 등의 제공을 요청할 수 있는 법률적 근거이며, 이에 따라 법률이 정하는 요건과 절차가 갖추어진 경우에 전기통신사업자는 해당 통신자료를 제공해야 하는 법적 의무가 발생한다.

(2) 통신자료 제공에 대한 정보통신사업자의 실질적 심사 의무

대법원은 '위 각 규정에 따라 전기통신사업자가 수사기관의 통신자료 제공 요청에 응하여 통신자료를 제공한 것이 위법하다고 하기 위해서는, 수사기관의 통신자료 제공 요청이 있을 때 전기통신사업자가 개별 사안의 구체적 내용을 살펴 그 제공 여부 등을 실질적으로 심사할 의무가 있다고 인정되어야 할 것이다.'라고 판시하였다.

다시 말해서 전기통신사업법 제54조 제3항에 근거하여 수사기관 등이 법률이 정한 형식적 요간과 절차에 따라 전기통신사업자에게 통신자료 등의 제공을 요청한 경우 전기통신사업자가 해당 요청의 당부 또는 위법 여부에 대해 실질 심사할 수 있는 권한 또는 실질 심사해야 하는 의무가 존재하는 것인지에 대한 본질적 문제에 대해 원심은 전혀 고민하지 않았다는 비판을 면하기 어렵다.

전기통신사업법 제54조 제3항, 제4항은 검사 또는 수사관서의 장이 수사 등을 위하여 요청사유, 해당 이용자와의 연관성, 필요한 자료의 범위를 기재한 자료제공요청서로 통신자료 제공을 요청하면 전기통신사업자는 이에 응할 수 있다고만 규정하고 있을 뿐, 전기통신사업자가 개별 사안의 구체적 내용을 살펴 그 제공 여부 등을 실질적으로 심사하도록 정하고 있지 않다.[4]

뿐만 아니라, 현실적으로 사법기관도 아닌 전기통신사업자에게 수사기관에 통신자료가 제공됨으로써 해당 이용자가 입게 되는 기본권 침해 등의 피해법익과 통신자료 제공으로 달성하려는 보호법익 사이의 이익 형량이나 사안의 중대성과 긴급성 등 개별 사안의 구체적인 내용에 대한 실질적인 심사를 요구하거나 기대하기는 어렵다. 오히려 전기통신사업자에 의하여 이러한 심사가 행해질 경우 그 과정에서 혐의사실의 누설이나 그 밖에 별도의 사생활

3) 헌법재판소 2012. 8. 23. 선고 2010헌마439 전원재판부 결정 참조.
4) 대법원 2016. 3. 10. 선고 2012다105482 판결.

침해 등을 야기할 가능성이 더 크다.[5)]

통신비밀보호법에 의하면, 현재 또는 과거에 이루어진 전기통신의 내용이나 외형적 정보에 대하여는 법원의 허가나 법관의 영장에 의하여만 이를 제공받을 수 있도록 하고 있다. 반면 전기통신사업법 제54조 제3항, 제4항은 이용자의 인적 사항에 관한 정보에 해당하는 통신자료에 대하여는 수사기관의 서면요청만으로도 전기통신사업자가 이를 제공할 수 있도록 하고 있는데, 이는 수사상 신속과 다른 범죄의 예방 등을 위하여 해당 개인정보의 내용과 성격 등에 따라 통신자료에 대하여는 법원의 허가나 법관의 영장 없이도 일정한 사항을 기재한 수사기관의 자료제공요청서라는 서면요청에 의해 통신자료를 제공하여 수사에 협조할 수 있도록 한 것이라고 볼 것이다. 따라서 이러한 형식적·절차적 요건 이외에 별도로 전기통신사업자에게 위와 같은 실질적 심사의무를 부과하는 것은 전기통신사업법 제54조의 입법취지에도 부합하지 않는다고 볼 수 있다.[6)]

결국, 전기통신사업법 제54조 제3항, 제4항의 규정취지, 규정내용, 통신비밀보호법 등과의 관계 등을 종합적으로 고려해 볼 때 전기통신사업자(개인정보처리자)는 검사 또는 수사관서의 장이 수사 등을 위하여 통신자료제공요청서를 발부할 경우 그 형식적 요건과 절차에 하자가 없는 경우 해당 통신자료를 제공할 수밖에 없는 것이고, 그 제공의 당·부당에 대한 실질적 판단까지 해야 할 의무는 없어 보인다. 다시 말해서 전기통신사업자에게 통신자료 제공으로 인하여 이용자가 입게 되는 기본권 침해 등의 피해법익과 통신자료 제공으로 달성하려는 보호법익 사이의 이익 형량이나 사안의 중대성과 긴급성 등 개별 사안의 구체적인 내용에 대한 실질적 심사까지 요구하는 것은 개인정보자기결정권의 본질적 이념에도 합치되지 않는 것으로 판단된다.

나. 개인정보자기결정권의 의의와 한계

(1) 개인정보자기결정권에 대한 독일에서의 논의

독일 기본법 제1조 제1항은 '인간의 존엄성 보장'[7)]에 관한 내용을, 제2조 제1항은 '인격의 자유로운 발현권'[8)]을 각각 규정하고 있다.[9)] 독일 연방헌법재판소는 기본법 제1조 제1항과 제2조 제1항의 해석을 통하여 포괄적이고 일반적인 기본권으로서 이른바 '일반적 인격

5) 대법원 2016. 3. 10. 선고 2012다105482 판결.
6) 대법원 2016. 3. 10. 선고 2012다105482 판결.
7) die Würde des Menschen.
8) das Recht auf die freie Entfaltung seiner Persönlichkeit.
9) 이희옥, "인공지능의 의사결정에 대응한 자기결정권의 보장에 관한 연구", 한양대학교 대학원 박사학위청구논문, 2020. 8., 118면.

권'[10]을 도출하였다. 하지만 일반적 인격권이 구체적으로 보장하는 권리와 보호영역이 무엇인지에 대해서는 계속해서 논쟁이 있었고 구체적 사건에서 판례를 통해서 형성·발전하였다. 일반적 인격권의 구체적 형성·발전에 커다란 영향을 미친 독일 연방헌법재판소의 대표적 판례들로는 설문조사 결정,[11] 녹음테이프 결정,[12] 인구조사계획 결정[13] 등이 있다. 특히 인구조사계획 결정은 독일에서 이른바 '개인정보자기결정권'[14]이라는 개념을 처음으로 인용한 매우 의미 있는 판결이다.[15]

독일은 기본법상 사생활 보호에 관한 명문의 규정이 없고 일반적 인격권에서 '사생활 보호권'을 도출하고 있다. 사생활 보호권은 원래 자신의 지극히 사적인 영역이 국가 공권력을 비롯하여 누군가에게 침해되거나 방해받지 않도록 보호받을 소극적 권리에서 출발하였다. 이후 연방헌법재판소는 판례를 통하여 일반적 인격권에 대한 개념을 확장하여 자기결정권, 자기표현권, 개인정보자기결정권 등의 개념을 도출했다. 특히 이른바 '개인의 자기표현의 권리'는 반드시 사적 영역이 아니더라도 자신의 인격이 다른 사람, 더 나아가 사회에 노출될 경우 자신의 인격상이 형성될 수 있는바, 자신의 의사에 반하여 자신이 원하지 않는 인격상이 형성되지 아니하도록 자신의 인격에 대한 노출을 스스로 통제할 수 있는 권리를 말한다. 다시 말해서 일반적 인격권은 사생활의 보호라는 소극적 권리와 자신의 인격 형성을 스스로 통제할 수 있는 적극적 권리를 모두 포함하는 개념으로 확대 발전되었다.[16]

---

10) das allgemeine Persönlichkeitsrecht

11) 1969년 독일 연방헌법재판소 결정으로서, 이 사건은 통계조사 목적으로 개인의 휴가 기간, 종류, 목적지, 이동 수단 등에 대한 설문조사를 시행하는 것이 기본권을 침해하는지 여부에 대한 판결이다; BVerfGE 27, 1.

12) 1973년 독일 연방헌법재판소 결정으로서, 이 사건은 사인의 사무실에서 사인이 계약과 관련한 업무를 수행하면서 주고받은 대화를 녹음하고, 이를 공개한 것이 개인의 일반적 인격권을 침해하였는지에 관한 판결이다; BVerfGE 34, 238.

13) 1983년 독일 연방헌법재판소 결정으로서, 이 사건에서 헌법재판소는 통계 목적의 인구조사계획은 국가의 공행정작용으로서 헌법을 위반한 것은 아니지만 인구조사의 내용과 신고 기록 등 정보가 결합되어 개인과 관련한 정보들이 상급 관청으로 보고되는 것은 헌법상 일반적 인격권을 침해하는 것이라고 판단하였다; BVerfGE 65, 1.

14) Recht auf informationelle Selbstbestimmung.

15) 연방헌법재판소는 이 판결에서 일반적 인격권에서 도출되는 개인정보자기결정권은 국가 공권력이 개인의 사생활을 감시하는 것으로부터 자신을 보호하기 위해 개인 스스로가 자신의 정보를 통제할 수 있는 권리임과 동시에 자신의 정보를 제3자나 공중에게 공개할 것인지 또는 어떠한 방식으로 얼마정도 공개할 것인지를 스스로 결정하는 이른바 '개인의 자기표현의 권리'라고 판시하였다; 이권일, "지능정보사회에서 개인정보자기결정권이 보호하고자 하는 헌법적 가치", 공법연구 제51집 제3호, 2023, 234면.

16) 김민호, "개인정보자기결정권의 함정 – 미국 privacy와의 비교를 중심으로 –", 미국헌법연구 35권 3호, 2024, 291–319면.

(2) 우리나라의 개인정보자기결정권에 대한 논의

2024. 8. 31. 헌법재판소가 '개인정보자기결정권'을 직접 또는 간접적으로 언급한 결정례는 149건에 이른다. 이들 대부분은 헌법재판소가 2005. 5. 26. 선고한 99헌마513 결정에서 개인정보자기결정권에 대하여 설시한 내용을 거의 그대로 따르고 있다.

시장·군수·구청장이 개인의 지문정보를 수집하고, 경찰청장이 이를 보관·전산화하여 범죄수사목적에 이용할 수 있도록 한 주민등록법 시행령의 해당 조항에 대한 위헌 여부를 판단한 사건에서 헌법재판소는 이러한 행위가 개인정보자기결정권을 침해하는 것으로 판단하면서, 개인정보자기결정권에 대한 개념적 정의, 기본권으로 인정되어야 하는 필요성과 당위성, 판단 기준 등에 대하여 비교적 자세히 설시하였다.

개인정보자기결정권은 자신에 관한 정보가 언제 누구에게 어느 범위까지 알려지고 또 이용되도록 할 것인지를 그 정보주체가 스스로 결정할 수 있는 권리이다. 즉 정보주체가 개인정보의 공개와 이용에 관하여 스스로 결정할 권리를 말한다. 개인정보자기결정권의 보호대상이 되는 개인정보는 개인의 신체, 신념, 사회적 지위, 신분 등과 같이 개인의 인격주체성을 특징짓는 사항으로서 그 개인의 동일성을 식별할 수 있게 하는 일체의 정보라고 할 수 있고, 반드시 개인의 내밀한 영역이나 사사(私事)의 영역에 속하는 정보에 국한되지 않고 공적 생활에서 형성되었거나 이미 공개된 개인정보까지 포함한다. 또한 그러한 개인정보를 대상으로 한 조사·수집·보관·처리·이용 등의 행위는 모두 원칙적으로 개인정보자기결정권에 대한 제한에 해당한다.[17)]

개인정보자기결정권의 헌법상 근거로는 헌법 제17조의 사생활의 비밀과 자유, 헌법 제10조 제1문의 인간의 존엄과 가치 및 행복추구권에 근거를 둔 일반적 인격권 또는 위 조문들과 동시에 우리 헌법의 자유민주적 기본질서 규정 또는 국민주권원리와 민주주의원리 등을 고려할 수 있으나, 개인정보자기결정권으로 보호하려는 내용을 위 각 기본권들 및 헌법원리들 중 일부에 완전히 포섭시키는 것은 불가능하다고 할 것이므로, 그 헌법적 근거를 굳이 어느 한두 개에 국한시키는 것은 바람직하지 않은 것으로 보이고, 오히려 개인정보자기결정권은 이들을 이념적 기초로 하는 독자적 기본권으로서 헌법에 명시되지 아니한 기본권이라고 보아야 할 것이다.[18)]

(3) 개인정보자기결정권의 한계와 비판적 대안

헌법재판소가 개인정보자기결정권에 대해 '자신에 관한 정보가 언제 누구에게 어느 범

17) 헌법재판소 2021. 1. 28. 선고 2018헌마456, 2018헌가16, 2020헌마406 결정.
18) 헌법재판소 2021. 1. 28. 선고 2018헌마456, 2018헌가16, 2020헌마406 결정.

위까지 알려지고 또 이용되도록 할 것인지를 그 정보주체가 스스로 결정할 수 있는 권리'라고 명확히 정의하였다는 점은 매우 의미 있는 일이었다. 또한 개인정보자기결정권을 '헌법 제17조의 사생활의 비밀과 자유, 헌법 제10조 제1문의 인간의 존엄과 가치 및 행복추구권 등 일반적 인격권을 이념적 기초로 하는 독자적 기본권'으로 인정했다는 점 역시 중요한 의미를 부여할 수 있다.

국가가 국민의 공공복리 증진을 위한 국가적 과제를 합리적이고 효과적으로 수행하기 위해서는 국가에 의한 개인정보의 수집·처리는 불가피하다는 점, 특히 오늘날 정보통신기술의 발달은 행정기관의 정보 수집 및 관리 역량을 획기적으로 향상시킴으로써 행정의 효율성과 공정성을 높이는 데 크게 기여하고 있다는 점, 하지만 국가의 개인에 대한 감시능력이 현격히 증대되어 국가가 개인의 일상사를 낱낱이 파악할 수 있다는 내재된 위험성으로부터 개인정보를 보호함으로써 궁극적으로는 개인의 결정의 자유를 보호하고 나아가 자유민주체제의 근간을 지킬 필요가 있다는 점에서 개인정보자기결정권이라는 기본권이 보장되어야 한다고 역설했다.

헌법재판소 결정문은 '국가의 행정정보 수집 활동은 원칙적으로 인정돼야 하지만, 이러한 활동으로 인하여 발생할 수 있는 국민의 피해를 예방하기 위해 국가의 정보수집 활동에 대한 제한이 필요하고, 이러한 국가 공권력의 제한 및 통제 논리로 헌법상 기본권 이론이 적용돼야 한다는 것'을 함의하고 있다.

그런데 이후 정부나 국회에서 이루어진 개인정보 보호 관련 법령의 제정이나 개정, 법원이나 검찰에서 개인정보 관련사건에 대한 처리 등을 할 때 헌법재판소가 역설하고자 했던 개인정보자기결정권의 의미, 근거, 배경 등에 대해 얼마나 올바르게 이해하였는지 의문이 든다. 특히 사인간의 개인정보 보호 문제, 다시 말해서 사인이 개인정보처리자인 경우 개인정보자기결정권이라는 기본권을 어떻게 해석하고 작용하는 것이 헌법이념 합치되는 것인지 진지하게 고민해 본 적이 있는지 묻고 싶다. 기본권의 제3자 효력과 같은 헌법이론은 별론으로 하더라도 개인정보처리자가 사인인 경우 법치주의에 입각한 기본권 제한의 법리를 교조주의적으로 적용하는 것이 과연 타당한지에 대해 강한 의문이 든다.

개인이 자신의 인격이 형성되는 것에 대한 자유로운 결정권을 가진다는 의미는 자신의 정보를 내보낼 것인지 아니면 닫아둘 것인지를 기계적으로 결정하는 마치 on-off 스위치를 의미하는 것이 아니다. 지금 우리나라 법원, 개인정보감독기구, 다수 학자들은 개인정보자기결정권을 마치 on-off 스위치로 이해하고 있는 것은 아닌지 우려된다. 진정한 인격 형성권은 자신의 정보를 타인에게 노출할 것인지를 결정하는 것으로 보장되는 것이 아니라 노출된 자신의 정보가 자신의 의도와 달리 자신의 인격이 형성되지 아니하도록 보호되고 보장되는 것을 의미한다. 개인정보자기결정권은 일반적 인격권의 한 요소일 뿐 그것이 정보주체의 권리의 전부인 것으로 오해해서는 안 된다. 이미 자신의 통제권을 벗어난 정보를 on-off 스위치만으로 통제할 수 없듯이 통제 불가능한 정보들까지 on-off 스위치로 통제하려는 것은 '형식적 억지'라고 볼 수밖에 없다. 일반적 인격권의 본질을 다시 한번 생각하면서 정보주체의 권리보호를 위해 헌법이 보장하는 기본권은 개인정보자기결정권이라는 협의의 형식적 개념이 아니라 '개인정보보호권'이란 광의의 실질적 개념으로 이해하는 것이 타당하다.[19)]

4. 판결의 의의

원래 독일에서 '개인정보자기결정권'이 헌법상 기본권으로서 논의된 배경은 국가공권력에 의한 개인정보의 강제적 수집을 억제하기 위한 사명에서 시작되었다. 국가공권력 행사를 제한·통제할 수 있는 법리는 '기본권의 보장'에서 찾을 수 있다. 개인(기본권 주체)은 자신의 정보에 대한 '자기통제권'이라는 기본권을 가지고 있다는 논리를 설정한다면, 법치주의의 원리상 이러한 기본권을 제한하기 위해서는 당연히 법률의 근거가 있어야 한다. 따라서 국가가 행정정보를 수집하는 활동을 하더라도 국민의 개인정보를 수집할 때에는 정보주체인 국민의 자발적 동의가 있거나 법률에 그 근거가 있어야 한다는 이론이 정립된 것이다.

이 판결의 대상 사건은 수사기관 등 국가가 정보주체(국민)의 개인정보를 전기통신사업자(개인정보처리자)에게 요청한 것으로서 그 근거 법률의 규정이 명확하므로 이른바 개인정보자기결정권과 관련한 쟁점은 없어 보인다.

이 사건 판결의 쟁점은 개인정보처리자가 개인정보 수집의 근거가 되는 법령이 규정하고 있는 형식적 요건과 절차에 대한 형식적 심사를 넘어서 개인정보 처리의 실질적 당·부당에 대한 실질적 심사까지 하도록 하는 것이 개인정보자기결정권의 본질적 범주에 포함되는지 여부에 있다.

앞에서 살펴본 바처럼 전기통신사업법 제54조 제3항, 제4항의 규정취지, 규정내용, 통신비밀보호법 등과의 관계 등을 종합적으로 고려해 볼 때 전기통신사업자(개인정보처리자)에게 통신자료 제공으로 인하여 이용자가 입게 되는 기본권 침해 등의 사익과 통신자료 제공으로 달성하려는 공익 사이의 이익 형량이나 사안의 중대성과 긴급성 등 개별 사안의 구체적인 내용에 대한 실질적 심사까지 해야 할 의무는 없는 것으로 보인다. 원심과 판단을 달리한 대법원의 판단을 지지한다.

---

19) 김민호, "개인정보자기결정권의 함정 - 미국 privacy와의 비교를 중심으로 -", 미국헌법연구 35권 3호, 2024, 291-319면.

38 조리상 주민등록번호변경신청권의 인정여부

대법원 2017. 6. 15. 선고 2013두2945 판결[1)]

임종욱 (케이티클라우드 법무팀장, 변호사)

1. 사안의 개요

원고들은 인터넷 포털이나 온라인 장터의 개인정보 유출 또는 침해사건으로 주민등록번호가 불법유출되었다는 이유로 2011. 11.경 각 관할 지방자치단체에 주민등록번호변경신청을 하였다. 각 관할 지방자치단체의 장은 주민등록번호가 불법유출된 경우 주민등록법령상 변경이 허용되지 않는다는 이유로 원고들의 주민등록번호변경신청에 대하여 각 주민등록번호변경 거부처분(이하 '이 사건 처분')을 하였다. 이에 원고들은 2012. 1. 11. 이 사건 처분의 취소를 구하는 소를 제기하였다.

원고들은 원심 계속 중 주민등록법 제7조 제3항, 제4항 등에 대하여 위헌법률심판제청신청을 하였으나 각하되었고 이에 2013. 2. 27. 위 법률조항들을 대상으로 헌법소원심판을 청구하였다.

2. 판결의 요지

가. 1심판결(서울행정법원 2012. 5. 4. 선고 2012구합1204 판결)

서울행정법원은 "국민의 적극적 신청행위에 대하여 행정청이 그 신청에 따른 행위를 하

1) [참조 및 관련 판례] 대법원 2009. 9. 10. 선고 2007두20638 판결(공2009하, 1658); 헌법재판소 2015. 12. 23. 선고 2013헌바68, 2014헌마449(병합) 결정 등.
[관련 평석 및 문헌] 김창조, "住民登錄番號가 意思와 無關하게 流出된 경우 條理上 住民登錄番號의 變更을 要求할 申請權의 存否", 행정판례연구 제23권 제2호, 2018; 김용섭, "2017년 행정법(I) 중요 판례", 인권과 정의 통권 472호, 2018; 김중권, "2017년도 主要 行政法(行政)判決의 分析과 批判에 관한 小考", 안암법학 제56호, 2018; 김중권, "주민등록번호변경신청권이 과연 조리상의 신청권인지?", https://www.lawtimes.co.kr/news/138952, 2017. 9. 25.자.

지 않겠다고 거부한 행위가 항고소송의 대상이 되는 행정처분에 해당하는 것이라고 하려면, 그 신청한 행위가 공권력의 행사 또는 이에 준하는 행정작용이어야 하고, 그 거부행위가 신청인의 법률관계에 어떤 변동을 일으키는 것이어야 하며, 국민에게 그 행위발동을 요구할 법규상 또는 조리상의 신청권이 있어야 한다. 주민등록법 제13조, 동 시행령 제8조 제1항에 의하면 '가족관계등록신고 등에 따른 주민등록표의 정리에 따라 주민등록사항을 정정한 결과 주민등록번호를 정정하여야 하는 경우, 주민으로부터 주민등록번호 오류의 정정신청을 받은 경우, 주민등록번호에 오류가 있음을 발견한 경우'에 한하여 주민등록정정만이 허용되는 점, 북한이탈주민법은 '주민등록번호로 북한이탈주민임을 식별 가능한 경우 받을 수 있는 불이익을 방지하기 위하여 1회에 한하여 정착지원시설 소재지를 기준으로 하는 종전 주민등록번호를 현 거주지 기준으로 하여 정정할 수 있다'는 규정을 명시적으로 두고 있는 점, 성별전환시에도 오류가 생긴 주민등록번호를 정정하는 것에 불과한 점, 주민등록번호는 개인마다 하나의 고유번호가 부여되기 때문에 표준적·통일적 개인식별번호로서의 기능을 갖게 되어 행정사무처리의 효율성을 제고할 뿐만 아니라, 주민들에게 신속하고 안정적인 각종 행정서비스·사회복지 등을 지속적으로 제공하기 위한 본인 여부 확인에 매우 유용한 점, 현재의 주민등록번호체계 자체를 일률적으로 변경하지 않고 개별적으로 주민등록번호변경만을 인정할 경우 주민등록번호의 개인식별기능과 본인동일성 증명기능이 약화되어 사회적 혼란을 초래할 수 있는 점, 한편 인터넷상에서 주민등록번호를 대체하는 아이핀(Internet Personal Identification Number)이 개발되어 사용되고 있는 점, 정부에서는 주민등록번호와 주민등록증번호를 이원화하고 필요시 주민등록증번호 변경을 허용하며, 향후 2015년까지 관련 법률을 개정하여 민간영역에서의 주민등록번호 수집 및 활용을 전면 금지하는 정책을 추진하고 있는 점 등을 고려할 때, 별도의 입법 전까지 현행 주민등록법령에서 허용한 주민등록번호 정정외에 해석상 주민등록번호 변경신청권을 인정할 수 없고 조리상 신청권이 있다고 볼 수 없다. 또한 주민등록번호변경 허부 및 사유는 주민등록번호체계의 효율성, 폐해 및 그 보완책, 주민등록번호 변경에 따른 사회적 혼란과 비용, 주민등록번호 유출에 따른 개인의 피해 등을 종합적으로 고려하여 결정하여야 할 입법재량의 문제이므로, 주민등록번호 유출을 주민등록번호변경 사유로 정하지 않은 주민등록법령을 위헌이라고 보기 어렵다"고 판단하며 원고들의 청구를 각하하였다.

나. 원심판결(서울고등법원 2013. 1. 17. 선고 2012누16727 판결)

서울고등법원은 제1심판결의 마지막 부분을 "주민등록번호 유출 등을 사유로 하는 주민등록번호 변경신청권에 관한 규정을 두지 않았다고 하여 주민등록법령이 위헌이라고 볼 수 없다"고 고친 것 이외에 제1심과 결론을 같이하여 원고들의 항소를 모두 기각하였다.

다. 헌법재판소 결정(헌법재판소 2015. 12. 23. 선고 2013헌바68, 2014헌마449 결정)

원고들은 원심계속 중 헌법소원심판을 청구하였고, 이에 헌법재판소는 "주민등록번호는 표준식별번호로 기능함으로써 개인정보를 통합하는 연결자로 사용되고 있어, 불법 유출 또는 오·남용될 경우 개인의 사생활뿐만 아니라 생명·신체·재산까지 침해될 소지가 크므로 이를 관리하는 국가는 이러한 사례가 발생하지 않도록 철저히 관리하여야 하고, 이러한 문제가 발생할 경우 그로 인한 피해가 최소화되도록 제도를 정비하고 보완하여야 할 의무가 있다. 그럼에도 불구하고 주민등록번호 유출 또는 오·남용으로 인하여 발생할 수 있는 피해 등에 대한 아무런 고려 없이 주민등록번호 변경을 일체 허용하지 않는 것은 그 자체로 개인정보자기결정권에 대한 과도한 침해가 될 수 있다. 비록 국가가 개인정보 보호법 등으로 정보보호를 위한 조치를 취하고 있더라도, 여전히 주민등록번호를 처리하거나 수집·이용할 수 있는 경우가 적지 아니하며, 이미 유출되어 발생한 피해에 대해서는 뚜렷한 해결책을 제시해주지 못하므로, 국민의 개인정보를 충분히 보호하고 있다고 보기 어렵다. 한편, 개별적인 주민등록번호 변경을 허용하더라도 변경 전 주민등록번호와의 연계 시스템을 구축하여 활용한다면 개인식별기능 및 본인 동일성 증명기능에 혼란이 발생할 가능성이 없고, 일정한 요건 하에 객관성과 공정성을 갖춘 기관의 심사를 거쳐 변경할 수 있도록 한다면 주민등록번호 변경절차를 악용하려는 시도를 차단할 수 있으며, 사회적으로 큰 혼란을 불러일으키지도 않을 것이다. 따라서 주민등록번호 변경에 관한 규정을 두고 있지 않은 심판대상조항은 과잉금지원칙에 위배되어 개인정보자기결정권을 침해한다"고 하며 주민등록법 제7조 전부에 대하여 헌법불합치결정을 선고하였다.[2)]

라. 대법원 판결

대법원은 "주민등록번호가 유출된 경우 그로 인하여 이미 발생하였거나 발생할 수 있는 피해 등을 최소화할 수 있는 충분한 권리구제방법을 찾기 어려운데도 구 주민등록법(2016. 5. 29. 법률 제14191호로 개정되기 전의 것)에서는 주민등록번호 변경에 관한 아무런 규정을 두고

---

2) 헌법재판소의 결정 이후 주민등록법이 개정(법률 제14191호)되어 주민등록번호 변경제도가 신설(주민등록법 제7조의4)되어 2017. 5. 30.부터 유출된 주민등록번호로 인하여 생명·신체에의 위해 또는 재산에 피해를 입거나 입을 우려가 있다고 인정되는 사람은 주민등록번호를 변경할 수 있게 되었다.

있지 않은 점, 주민등록법령상 주민등록번호 변경에 관한 규정이 없다거나 주민등록번호 변경에 따른 사회적 혼란 등을 이유로 위와 같은 불이익을 피해자가 부득이한 것으로 받아들여야 한다고 보는 것은 피해자의 개인정보자기결정권 등 국민의 기본권 보장의 측면에서 타당하지 않은 점, 주민등록번호를 관리하는 국가로서는 주민등록번호가 유출된 경우 그로 인한 피해가 최소화되도록 제도를 정비하고 보완해야 할 의무가 있으며 일률적으로 주민등록번호를 변경할 수 없도록 할 것이 아니라 만약 주민등록번호 변경이 필요한 경우가 있다면 그 변경에 관한 규정을 두어서 이를 허용해야 하는 점 등을 종합하면, 피해자의 의사와 무관하게 주민등록번호가 유출된 경우에는 조리상 주민등록번호의 변경을 요구할 신청권을 인정함이 타당"하다고 판단하여 원심판결을 파기하고 사건을 서울고등법원에 환송하였다.

3. 해설

가. 거부처분의 성립요건

행정소송법에서는 처분을 '행정청이 행하는 구체적 사실에 관한 법집행으로 공권력의 행사 또는 그 거부와 그 밖에 이에 준하는 행정작용'으로 정의하고 있다. 다만 대법원은 1984. 10. 23. 선고 84누227 판결에서 '거부행위가 행정처분이 되기 위하여는 신청에 따른 행정행위를 요구할 수 있는 법규상 또는 조리상의 권리가 있어야 한다'고 신청권의 필요성을 처음으로 판시한 이후, 거부행위가 거부처분에 해당하기 위한 요건으로 '신청한 행위가 공권력의 행사 또는 이에 준하는 행정작용일 것', '거부행위가 신청인의 법률관계에 어떤 변동을 일으킬 것', '국민에게 그 행위발동을 요구할 법규상 또는 조리상의 신청권이 있을 것' 3가지를 들고 있으며,[3] 이때의 신청권은 '일반 국민에게 인정되는 추상적인 신청권'을 의미한다.[4]

이와 같이 법원은 거부처분의 성립요건으로 '신청권'을 추가적으로 요구하여 국민에게 법규상 또는 조리상의 신청권이 없다고 판단하는 경우에는 처분에 해당하지 않으므로 소각하 판결을 내리고 있다.

---

3) 대법원 1998. 7. 10. 선고 96누14036 판결에서 위 3가지 요건을 구체화한 이래로 대법원 2002. 11. 22. 선고 2000두9229 판결; 대법원 2014. 2. 27. 선고 2011두25449 판결 등 다수의 대법원 판결에서 이를 따르고 있다. 다만 최근 거부처분의 요건으로 신청권을 언급하지 않고 행정소송법상 처분개념에 기초하여 판시한 판례도 확인된다(대법원 2018. 9. 28. 선고 2017두47465 판결).

4) 대법원 2009. 9. 10. 선고 2007두20638 판결.

나. 신청권을 요구하는 판례에 대한 학설의 검토

판례가 드는 거부처분의 요건 중 신청권의 존재에 대하여는 학설이 대립한다. 판례에 찬성하는 견해는[5] 신청권의 존부는 구체적 사건에서 신청인이 누구인지 고려하는 것이 아니라 관계법규의 해석에 의하여 일반국민에게 그러한 신청권이 인정되는지를 추상적으로 결정하는 것이고, 이러한 신청권은 신청의 인용이라는 만족적 결과가 아니라 신청에 따른 응답을 받을 권리(소위 '형식적 신청권')를 의미하는 것이라고 하며 신청권을 대상적격의 문제로 본다.

반면에 판례를 비판하는 견해는[6] ① 행정소송법에서 정의하고 있는 처분은 신청권을 요구하지 않는데, 법률에 명시되지 않은 요건을 추가적으로 요구하여 행정소송법에서 처분을 정의하고 있는 취지에 반하고 사법심사의 범위를 부당하게 축소하는 점, ② 대상적격은 객관적 · 외형적으로 판단하여야 하는데 신청권의 판단은 원고의 개별 · 구체적인 사정을 고려해야만 가능하므로 신청권은 대상적격이 아닌 원고적격의 문제라는 점을 지적하고 있으며, 행정법학계의 다수견해로 보인다.

다. 조리상 신청권의 인정사례

위와 같이 법원은 거부처분의 요건으로 신청권을 들고 있으나, 국민의 권리구제에 불리하다는 비판과 처분성을 폭넓게 인정하는 추세에 따라 조리상 신청권을 폭넓게 인정하는 경향을 보인다.[7]

관련한 대법원의 판결을 살펴보면, ① 국토이용계획변경 신청권(장래 일정한 기간 내에 관계 법령이 규정하는 시설 등을 갖추어 일정한 행정처분을 구하는 신청을 할 수 있는 법률상 지위에 있는 자의 국토이용계획변경신청을 거부하는 것이 실질적으로 행정처분 자체를 거부하는 결과가 되는 경우에는 예외적으로 국토이용계획변경을 신청할 권리를 인정한 사례),[8] ② 문화재보호구역의 지정해제 신청권(헌법상 개인의 재산권 보장의 취지에 비추어 보면 문화재보호구역 내에 있는 토지소유자에게 보호구역의 지정해제를 요구할 수 있는 법규상 또는 조리상 신청권을 인정한 사례),[9] ③ 국립대학교 교원의

5) 박균성, 행정법론(상)(23판), 박영사, 2024, 1335-1336면.

6) 홍정선, 행정법원론(상)(32판), 박영사, 2024, 1109-1110면; 김유환, 현대행정법(9판), 박영사, 2024, 530면; 김동희 · 최계영, 행정법 I (27판), 박영사, 2024, 700-701면; 김남철, 행정법강론(10판), 박영사, 2024, 877면; 박정훈, 행정소송의 구조와 기능, 박영사, 2006, 86-87면 등.

7) 장혜진, "거부처분과 신청권에 대한 고찰", 법과 정책 제27권 제2호, 2021, 155면; 이상덕, "거부처분의 인정요건으로서의 '신청권'이론에 대한 비판적 고찰", 사법 제55권, 2021, 1064면; 이은상, "거부처분에서 신청권은 사명을 다하였는가", 행정법연구 제63호, 2020, 70-71면; 노경필, "불가쟁력이 발생한 행정처분의 변경을 구할 조리상 신청권이 인정되는지 여부", 대법원판례해설 제68호, 2007, 421면.

8) 대법원 2003. 9. 23. 선고 2001두110936 판결.

9) 대법원 2004. 4. 27. 선고 2003두8821 판결.

재임용신청권(합리적인 기준에 따라 공정한 심사를 받아 기준에 부합되면 특별한 사정이 없는 한 재임용되리라는 기대를 가지고 재임용 여부에 관하여 합리적인 기준에 의한 공정한 심사를 요구할 법규상 또는 조리상 신청권을 인정한 사례),[10] ④ 개발부담금 부과처분 후 납부한 학교용지부담금 환급신청권(개발사업시행자가 납부한 개발부담금 중 부과처분 후에 납부한 학교용지부담금에 해당하는 금액에 대하여 조리상 개발부담금 부과처분의 취소나 변경 등 개발부담금의 환급에 필요한 처분의 신청권을 인정한 사례),[11] ⑤ 재정비촉진계획 변경신청권(도시재정비법과 도시정비법의 관련 규정의 내용과 체계, 헌법상 개인의 재산권 보장의 취지 등을 종합해 보면, 재정비촉진계획의 결정에 이해관계가 있는 재정비촉진구역 안의 토지등소유자는 재정비촉진계획의 입안권자 내지 수립권자에게 재정비촉진계획의 변경을 요구할 수 있는 법규상 또는 조리상 신청권을 인정한 사례)[12]을 조리상 신청권으로 인정한 바 있다.

4. 판결의 의의

가. 거부처분의 성립요건으로서 신청권

대상판결은 조리상 주민등록번호의 변경을 요구할 신청권을 인정하면서 주민등록번호 변경신청 거부행위는 항고소송의 대상이 되는 행정처분에 해당한다고 판시하여 신청권이 거부처분의 성립요건이라는 기존 판례의 입장을 이어가고 있다.

다만, 대법원 1984. 10. 23. 선고 84누227 판결은 처분개념을 정의하고 있지 않았던 구 행정소송법(1963. 5. 2. 법률 제1339호로 개정되고 1984. 12. 15. 법률 제3754호로 개정되기 전의 것) 하의 판결로서 당시에는 거부처분이 무엇인지 선언하며 신청권을 성립요건으로 정할 필요성을 인정할 수 있으나,[13] 1984. 12. 15. 행정소송법의 전부개정으로 '처분'이 무엇인지 정의 규정을 마련하였으므로 그 취지에 따라 거부처분에 해당하는지는 행정소송법 제2조 제1항 제1호의 처분개념에 부합하는지 여부만을 놓고 판단하는 것이 바람직하다고 본다.

나. 개인정보자기결정권과 조리상 신청권

정보화시대에 들어서며 개인정보에 대한 인식과 중요성이 점차 높아졌고, 정보주체가 자신에 대한 정보를 언제, 누구에게, 어느 범위까지 알려지고 이용하도록 할 것인지 스스로 결정할 수 있는 권리, 즉 개인정보의 공개와 이용에 관하여 스스로 결정할 권리인 '개인정보

---

10) 대법원 2004. 4. 27. 선고 2000두7735 전원합의체 판결.
11) 대법원 2016. 1. 28. 선고 2013두2938 판결.
12) 대법원 2024. 10. 31. 선고 2021두41204 판결.
13) 이은상, "거부처분에서 신청권은 사명을 다하였는가"(주 7), 68면.

자기결정권'이 새로운 헌법적 권리로 등장하였다. 헌법재판소는 이러한 개인정보자기결정권이 "인간의 존엄과 가치, 행복추구권을 규정한 헌법 제10조 제1문에서 도출되는 일반적 인격권 및 헌법 제17조의 사생활의 비밀과 자유에 의하여 보장"된다고 하며 개인정보자기결정권의 보호대상인 개인정보를 "개인의 신체, 신념, 사회적 지위, 신분 등과 같이 개인의 인격주체성을 특정짓는 사항으로 그 개인의 동일성을 식별할 수 있게 하는 일체의 정보라고 할 수 있고, 반드시 개인의 내밀한 영역이나 사사(私事)의 영역에 속하는 정보에 국한되지 않고 공적 생활에서 형성되었거나 이미 공개된 개인정보까지 포함된다"고 판시[14]한 바 있다.[15]

특히 개인정보 중 주민등록번호는 개인별로 부여되는 고유한 등록번호로서(주민등록법 제7조의2 제1항) 성명이나 사진 등과 달리 개인을 정확하게 특정할 수 있다. 그 중요성으로 개인정보 보호법에서도 주민등록번호를 처리할 수 있는 경우를 별도의 규정으로 정하고 있으며, 주민등록번호를 보관하는 경우는 암호화조치를 취하여야 하는 등(개인정보 보호법 제24조의2) 보호가치와 보호의 정도가 가장 높은 개인정보에 해당한다.

대법원은 조리상 신청권의 존부를 근거법령의 해석, 관련된 헌법상 권리와 그 권리의 보장 취지, 신뢰보호 내지 권리보호의 필요성, 장래 관련있는 법률상 권리의 발생가능성 등 다양한 사항들을 고려하여 판단하고 있다. 대상판결은 기존 판례의 입장을 유지하면서도 국가에 주민등록번호가 유출되었을 때 피해가 최소화되도록 제도를 정비하고 보완할 의무가 있음을 선언하여 개인정보와 개인정보자기결정권의 중요성을 확인하고, 공행정영역에서 개인정보자기결정권과 관련된 조리상 신청권(주민등록번호가 유출된 경우 주민등록번호 변경신청권)을 인정하였다는 점에서 높이 평가할 수 있다.[16]

다만, 대상판결 선고 전인 2016. 5. 29. 주민등록법의 일부개정(법률 제14191호)으로 유출된 주민등록번호로 인하여 생명·신체에 위해(危害) 또는 재산에 피해를 입거나 입을 우려가 있다고 인정되는 경우 등에는 주민등록번호의 변경을 신청할 수 있도록 하여(주민등록법 제7조의4) 주민등록번호 변경신청권이 법규상 신청권임이 분명하고 더 이상 조리상 신청권으로 해석할 필요가 없다.

---

14) 헌법재판소 2005. 7. 21. 선고 2003헌마282, 425(병합) 전원재판부 결정.

15) 개인정보자기결정권은 개인정보 보호법을 통해 자신의 정보에 대한 처분권인 동의권(개인정보 보호법 제15조 제1항 제1호, 제17조 제1항 제1호 등), 개인정보처리자가 처리하는 자신의 개인정보에 대한 열람을 요구할 수 있는 열람권(개인정보 보호법 제35조), 자신의 개인정보를 자신에게로 전송할 것을 요구할 수 있는 전송요구권(개인정보 보호법 제35조의2), 자신의 개인정보의 정정 또는 삭제를 요구할 수 있는 정정·삭제요구권(개인정보 보호법 제36조), 자신의 개인정보 처리의 정지를 요구하거나 동의를 철회할 수 있는 처리정지·동의철회권(개인정보 보호법 제37조), 완전히 자동화된 시스템으로 개인정보를 처리하여 이루어지는 결정을 거부하고 설명을 요구할 수 있는 자동화된 결정에 대한 거부·설명요구권(개인정보 보호법 제37조의2), 개인정보처리자에 대한 손해배상청구권(개인정보 보호법 제39조)으로 구체화되어 있다.

16) 김창조, "住民登錄番號가 意思와 無關하게 流出된 경우 條理上 住民登錄番號의 變更을 要求할 申請權의 存否", 행정판례연구 제23권 제2호, 2018, 71면.

그럼에도 대상판결은 공행정영역에서 개인정보자기결정권에 기초한 조리상 신청권을 인정하여, 문제가 된 주민등록번호 이외의 다른 개인정보에 대하여도 개인정보자기결정권에 기초한 조리상 신청권이 인정될 수 있는 길을 열어두었다는 점에서 여전히 중요한 의미를 갖는다.

39 표현의 자유와 관련된 정당행위의 새로운 판단기준

대법원 2017. 10. 26. 선고 2012도13352 판결[1)]

윤수정 (강원대학교 법학전문대학원 교수)

1. 사안의 개요

피고인은 방송통신심의위원회(이하 '위원회'라 한다) 심의위원으로 재직하던 중, 자신의 집에서 자신의 인터넷 블로그에 "검열자 일기 #4: 이 사진을 보면 성적으로 자극받거나 성적으로 흥분되나요?"라는 제목으로 위원회에서 '음란정보'로 의결한 발기된 남성 성기 사진 7장과 벌거벗은 남성의 뒷모습 사진 1장(이하 '이 사건 사진들'이라 한다)을, 정보통신심의규정 제8조[2)]와 성행위에 관한 서사가 포함되지 않은 성기 이미지 자체를 '음란물'이라고 보는 것은 표현의 자유를 침해하는 것으로서 부당하다는 취지의 자신의 주장을 담은 글(이하 '이 사건 게시물'이라 한다)과 함께 게시하였다. 이 사건 사진들은 모두 위원회에서 '음란정보'로 의결된 자료들이었다. 이후 피고인은 「정보통신망 이용촉진 및 정보보호 등에 관한 법률」(이하 '정보통신망법'이라 한다) 제44조의7 제1항 제2호[3)] 및 제74조 제1항 제2호[4)] 위반으로 기소되었고,

---

1) [참조 및 관련 판례] 대법원 2008. 3. 27. 선고 2006도6317 판결 등.
[관련 평석 및 문헌] 정승환, "2017년 형법 중요 판례", 인권과 정의 제473호, 대한변호사협회, 2018. 5.; 한상훈, "음란물유포와 정당행위: 대법원 2017. 10. 26. 선고 2012도13352 판결", 특별형법 판례 100선, 박영사, 2022; 황성기, "음란 표현물에 대한 새로운 판단기준과 비판: 대법원 2017. 10. 26. 선고 2012도13352 판결", 언론중재 2017 겨울호, 언론중재위원회, 2017.

2) 제8조(선량한 풍속 기타 사회질서 위반 등) 선량한 풍속 기타 사회질서를 현저히 해할 우려가 있는 내용의 다음 각 호의 정보를 유통하여서는 아니 된다.
1. 사회통념상 일반인의 성욕을 자극하여 성적 흥분을 유발하고 정상적인 성적 수치심을 해하여 성적 도의관념에 반하는 다음 각목의 정보
가. 남녀의 성기, 음모 또는 항문 등 특정 성적 부위 또는 성적 행위를 노골적으로 표현 또는 묘사하는 내용
나-자. 생략

3) 제44조의7(불법정보의 유통금지 등) ① 누구든지 정보통신망을 통하여 다음 각 호의 어느 하나에 해당하는 정보를 유통하여서는 아니 된다.
1. 음란한 부호·문언·음향·화상 또는 영상을 배포·판매·임대하거나 공공연하게 전시하는 내용의 정보

4) 제74조(벌칙) ① 다음 각 호의 어느 하나에 해당하는 자는 1년 이하의 징역 또는 1천만 원 이하의 벌금에 처한다.

제1심은 피고인에게 유죄를 선고하였으나, 항소심은 무죄를 선고하였고, 대법원은 항소심의 무죄 결론을 유지하면서도 음란성 판단과 정당행위 인정에 관한 새로운 법리를 제시하였다.

2. 판결의 요지

가. 원심판결(서울고등법원 2012. 10. 18. 선고 2012노2340 판결)

소송에서 쟁점은 1) 이 사건 게시물이 '음란물'에 해당하는지 여부, 2) 피고인이 이 사건 게시물을 '공공연하게 전시'한 것으로 볼 수 있는지 여부, 3) 피고인에게 음란물 유포의 범의(犯意)가 인정되는지 여부, 4) 피고인의 행위가 사회상규에 위배되지 아니한 것으로서 정당행위(형법 제20조)[5]에 해당하는지 여부였다.

이에 대해 제1심법원은 다음과 같이 판단하였다.[6] 우선, 이 사건 게시물은 음란물에 해당하며, 원한다면 누구든지 접근할 수 있는 자신의 블로그에, 음란물에 해당하는 이 사건 게시물을 올린 피고인의 행위는 공공연한 전시[7]에 해당한다고 보았다.

아울러 게시물의 음란성이나 공공연하게 전시한 것인지 여부는 행위자의 주관적인 의사에 따라 좌우되는 것이 아니라 객관적으로 판단해야 할 것이므로,[8] 비록 피고인이 이 사건 게시물의 음란성을 인식하지 못하였고 공공연하게 전시한다는 인식 또한 없었다고 하더라도, 객관적으로 음란하다고 인정되는 게시물을 누구든지 접근할 수 있는 블로그에 게시한다는 것을 인식하고 있었음을 인정할 수 있으므로, 이 사건 음란물 전시에 관한 피고인의 고의를 인정하기에 족하다고 보았다.

또한 피고인이 음란물인 이 사건 게시물을 공공연하게 전시한 행위는 그 수단과 방법에 있어서 상당성이 인정되지 않을뿐더러 음란물을 게재하는 행위가 긴급하고 불가피한 수단이었다고 보기도 어려우므로, 이를 형법 제20조에서 정하는 사회상규에 위배되지 아니하는 정당행위로 볼 수 없다고 판단하면서 유죄를 선고하였다.

반면, 항소심 법원은 이 사건 게시물은 다른 사람의 블로그에 게시되어 있던 발기한 남성 성기 사진 7장 및 벌거벗은 남성의 뒷모습 사진 1장이 담긴 블로그 화면을 캡처해서 올

---

2. 제44조의7 제1항 제1호를 위반하여 음란한 부호·문언·음향·화상 또는 영상을 배포·판매·임대하거나 공공연하게 전시한 자

5) 제20조(정당행위) 법령에 의한 행위 또는 업무로 인한 행위 기타 사회상규에 위배되지 아니하는 행위는 벌하지 아니한다.

6) 서울서부지방법원 2012. 7. 13. 선고 2012고합151 판결 참조.

7) '공공연한 전시'는 불특정 또는 다수인이 실제로 음란한 화상을 인식할 수 있는 상태에 두는 것을 의미한다(대법원 2009. 5. 14. 선고 2008도10914 판결 등 참조).

8) 대법원 1996. 6. 11. 선고 96도980 판결 등 참조.

린 부분, 관련 정보통신심의규정 제8조의 내용을 그대로 소개한 부분, 위원회의 음란물 심의를 비판하는 피고인의 견해를 피력한 부분으로 이루어져 있으므로, 게시물의 전체 내용 및 맥락에 관한 검토 없이 어느 일부분만을 떼어내서 음란 여부를 판단하는 것은 적절하지 않은 점 등의 제반 사정을 종합하여 사회 평균인의 입장에서 전체적으로 관찰·평가해 볼 때, 이 사건 게시물은 사회통념에 비추어 전적으로 또는 지배적으로 성적 흥미에만 호소하고 하등의 사상적·학술적 가치를 지니지 아니하는 것으로 보기 어려워 같은 정보통신망법 제74조 제1항 제2호에서 규정한 '음란한 화상 또는 영상'에 해당하지 않는다는 이유로, 무죄를 선고하였다.[9]

나. 대법원 판결

소송의 쟁점에 대해, 대법원은 이 사건 게시물이 오로지 남성의 발기된 성기와 음모만을 뚜렷하게 강조하여 여러 맥락 속에서 직접적으로 보여줌으로써, 성적인 각성과 흥분이 존재한다는 암시나 공개 장소에서 발기된 성기의 노출이라는 성적 일탈의 의미를 나타내고 나아가 여성의 시각을 배제한 남성중심적인 성관념의 발로에 따른 편향된 관점을 전달하고 있어, '음란물'에는 해당한다고 보았다.

그러나 이 사건 사진들의 음란성으로 인한 해악은 이에 결합된 학술적, 사상적 표현들과 비판 및 논증에 의해 해소되었고, 결합 표현물인 게시물을 통한 사진들의 게시는 목적의 정당성, 수단이나 방법의 상당성, 보호법익과 침해법익 간의 법익균형성이 인정되어 법질서 전체의 정신이나 그 배후에 놓여 있는 사회윤리 내지 사회통념에 비추어 용인될 수 있는 행위에 해당한다고 하였다.

다시 말해, 전체적 맥락에서 이 사건 사진들이 음란물에 해당한다고 단정할 수 없다고 본 항소심 법원의 판단은 정보통신망법 제74조 제1항 제2호 및 제44조의7 제1항 제1호가 규정하는 '음란'에 관한 법리오해의 잘못이 있으나, 정당행위에 해당하기 때문에 이 사건 공소사실에 대해 무죄로 판단한 결론은 정당하다고 판단하였다.[10]

3. 해설

항소심과 대법원의 판단이 다른 부분은 이 사건 게시물이 '음란물'에 해당하는지 여부, 즉 음란성의 판단방법 및 판단기준이다. '음란' 및 '음란물'에 대한 판례의 입장은 다음과 같

9) 서울고등법원 2012. 10. 18. 선고 2012노2340 판결 참조.
10) 대법원 2017. 10. 26. 선고 2012도13352 판결 참조.

이 정리할 수 있다.

가. '음란' 및 '음란물'의 개념

'음란'이란 "사회통념상 일반 보통인의 성욕을 자극하여 성적 흥분을 유발하고 정상적인 성적 수치심을 해하여 성적 도의관념에 반하는 것"[11)]을 말하는데, 이러한 음란성에 관한 논의는 자연스럽게 형성·발전되어 온 사회 일반의 성적 도덕관념이나 윤리의식 및 문화적 사조와 직결되고, 아울러 개인의 사생활이나 행복추구권 및 다양성과도 깊이 연관되는 문제로서, 국가 형벌권이 지나치게 적극적으로 개입하기에 적절한 분야가 아니다.[12)]

형사처벌의 대상이 되는 '음란물'이란 "단순히 성적인 흥미에 관련되어 저속하다거나 문란한 느낌을 준다는 정도만으로는 부족"하며, "사회통념에 비추어 전적으로 또는 지배적으로 성적 흥미에만 호소할 뿐 하등의 문학적·예술적·사상적·과학적·의학적·교육적 가치를 지니지 아니한 것으로서, 과도하고도 노골적인 방법에 의하여 성적 부위나 행위를 적나라하게 표현·묘사함으로써, 존중·보호되어야 할 인격체로서의 인간의 존엄과 가치를 훼손·왜곡한다고 볼 정도로 평가될 수 있어야" 한다.[13)] 이러한 음란성 판단에 있어서는 표현물 제작자의 주관적 의도에 좌우되어서는 안 되며, 사회의 평균인의 입장에서 전체적인 내용을 관찰하여 건전한 사회통념에 따라 객관적이고 규범적으로 평가하여야 한다.[14)]

나. 음란성의 판단방법 및 판단기준

음란물이 그 자체로는 하등의 문학적·예술적·사상적·과학적·의학적·교육적 가치를 지니지 아니하더라도, 음란성에 관한 논의의 특수한 성격 때문에, 그에 관한 논의의 형성·발전을 위해 문학적·예술적·사상적·과학적·의학적·교육적 표현 등과 결합되는 경우, 즉 이 사건 게시물과 같은 경우가 문제된다. 이에 대해 항소심에서는 이러한 결합에 의하여 음란 표현의 해악이 상당한 방법으로 해소되거나 다양한 의견과 사상의 경쟁메커니즘에 의해 해소될 수 있는 정도라면 음란물로 단정할 수 없다고 하여, 이를 '구성요건 해당성에 대한 판단'의 문제로 파악하였다. 반면, 대법원은 음란 표현의 해악이 결합된 표현 등을 통해 상당한 방법으로 해소되거나 다양한 의견과 사상의 경쟁메커니즘에 의해 해소될 수 있는 정도

11) 대법원 1996. 6. 11. 선고 96도980 판결 참조.
12) 대법원 2017. 10. 26. 선고 2012도13352 판결 참조.
13) 대법원 2008. 3. 27. 선고 2006도6317 판결 등 참조.
14) 대법원 2008. 3. 13. 선고 2006도3558 판결; 대법원 2008. 3. 27. 선고 2006도6317 판결; 대법원 2008. 6. 12. 선고 2007도3815 판결 등 참조.

라는 등의 특별한 사정이 있다면, 이러한 결합 표현물에 의한 표현행위는 공중도덕이나 사회윤리를 훼손하는 것이 아니어서, 법질서 전체의 정신이나 그 배후에 놓여 있는 사회윤리 내지 사회통념에 비추어 용인될 수 있는 행위로서 형법 제20조에서 규정하고 있는 '사회상규에 위배되지 아니하는 행위', 즉 '위법성에 대한 판단'의 문제로 접근하였다.

결론에 있어서는 항소심과 대법원이 다르지 않지만, 문학적·예술적·사상적·과학적·의학적·교육적 표현 등과 결합하여 공공연하게 전시되는 음란물의 경우, '음란성'을 부인할 것인지 아니면 '음란성'은 인정하되 사회상규에 위배되지 아니한 행위로 인정할 것인지는 표현의 자유와의 관계에서 커다란 차이를 보인다. 이를 좀 더 자세히 살펴보자면, 항소심의 경우에는 이 사건 게시물은 ① 다른 사람의 블로그에 게시되어 있던 발기한 남성 성기 사진 7장 및 벌거벗은 남성의 뒷모습 사진 1장이 담긴 블로그 화면을 캡처해서 올린 부분, ② 관련 정보통신심의규정 제8조의 내용을 그대로 소개한 부분, ③ 위원회의 음란물 심의를 비판하는 피고인의 견해를 피력한 부분으로 이루어져 있고, 이 사건 게시물을 전체적으로 본 일반 보통인이라면 피고인이 표현하고자 한 핵심 내용은 ①의 부분이 아닌 ③의 부분임을 충분히 알 수 있었을 것으로 보이기 때문에, ③의 부분과 결합한 ①의 부분을 사회통념에 비추어 전적으로 또는 지배적으로 성적 흥미에만 호소하고 하등의 사상적·학술적 가치를 지니지 아니하는 것으로 보기 어렵다는 이유로, 이 사건 게시물의 음란성을 인정하지 않았다.

반면, 대법원은 이러한 결합에 의해 음란 표현의 해악이 해소되더라도 음란성 자체가 부정되는 것은 아니며, 다만 사회상규에 위배되지 아니한 행위로 볼 수 있다는 입장으로, 음란성을 판단함에 있어 음란성의 판단기준과 형법 제20조에서 규정하고 있는 정당행위, 즉 '사회상규에 위배되지 아니하는 행위'의 판단기준을 결합하고 있다. 그러나 일반적으로 어떠한 행위가 사회상규에 위배되지 아니하는 정당한 행위로서 위법성이 조각되는 것인지는 구체적인 사정 아래서 합목적적·합리적으로 고찰하여 개별적으로 판단되어야 하므로[15] 법원의 규범적 판단에 의존하여야 하기 때문에, 구성요건 단계에서 음란성을 부인하는 것보다 표현의 자유를 더 위축시킬 수 있다.[16]

더욱이 정당행위가 인정되려면, 1) 그 행위의 동기나 목적의 정당성, 2) 행위의 수단이나 방법의 상당성, 3) 보호이익과 침해이익의 법익 균형성, 4) 긴급성, 5) 그 행위 이외의 다른 수단이나 방법이 없다는 보충성 등의 요건을 모두 갖추어야 한다.[17] 그러나 현실적으로 이러한 요건이 인정되기 매우 어렵다는 점에서, 이는 결과적으로 '음란성 판단에서의 엄격성과 보수성'을 야기하여 표현의 자유를 위축시킬 수 있다.[18] 이러한 점에서 대법원이 대상판

15) 대법원 2002. 12. 26. 선고 2002도5077 판결; 대법원 2003. 9. 26. 선고 2003도3000 판결 등 참조.
16) 정승환, "2017년 형법 중요 판례"(주 1), 16면 참조.
17) 대법원 2002. 12. 26. 선고 2002도5077 판결; 대법원 2003. 9. 26. 선고 2003도3000 판결 등 참조.
18) 황성기, "음란 표현물에 대한 새로운 판단기준과 비판 : 대법원 2017. 10. 26. 선고 2012도13352 판결"(주

결에서 제시한 음란성의 판단기준과 판단방법이 과연 적절한 것인지는 의문이다.[19]

또한 대법원은 "이 사건 사진들의 음란성으로 인한 해악은 이 사건 사진들에 결합된 학술적, 사상적 표현들과 비판 및 논증에 의해 해소되었다"고 하면서도 여전히 '음란'의 구성요건은 부정하고 있지 않은데, 이 사건 게시물의 음란성은 처음에 블로그에 이 사건 사진들을 게시한 다른 사람의 행위(앞에서 ①의 부분)와 관련지어 평가하여야 할 문제이지, 이 사건 사진들을 캡처하여 게시한 피고인의 게시행위는 ③의 부분과 함께 평가해야 하기 때문에, 음란성 자체를 부정하는 것이 더 타당해 보인다.[20]

4. 판결의 의의

가. '결합 표현물'에 대한 맥락적 고찰과 헌법합치적 해석

대상판결은 성적 요소와 그에 대한 사회적 논의나 학술적 비판과 결합된 이른바 '결합 표현물'의 음란성 판단에 있어, 개별 이미지의 물리적 노출 수위가 아니라 표현물 전체가 가지는 '맥락'을 필수적인 판단 요소로 적극 고려했다는 점에서 헌법적 함의(含意)가 깊다. 종래 판례의 법리가 특정 신체 부위의 노출 여부나 성적 자극성이라는 단편적 요소에 치중하여 음란성을 판단해 온 경향이 있었다면, 대상판결은 해당 표현물이 담고 있는 학술적·사상적 맥락과의 유기적 결합 양상을 종합적으로 고려하였다. 이는 국가의 형벌권이 개인의 표현행위에 개입할 때는 형식논리적인 법 적용을 지양하고, 헌법상 과잉금지원칙에 부합하도록 그 규제 범위를 엄격하게 축소 해석해야 한다는 사법부의 의지를 천명한 것이다. 즉, 대법원은 전적으로 성적 흥미에만 호소하여 인간의 존엄과 가치를 훼손하는 수준에 이르러야 비로소 규제가 가능하다는 엄격한 기준을 제시하였고, 단순한 성적 흥미를 넘어 인격적·사상적 가치가 결합된 경우에는 국가의 개입이 자제되어야 함을 명확히 함으로써, 헌법상 보장되는 표현의 자유를 실질적으로 구현하는 헌법 합치적 법률 해석을 구체화하였다.

나. 정당행위 법리의 확장을 통한 '민주적 공론장'의 보호

대상판결의 가장 주목할 만한 법리적 진전은 형법 제20조의 '정당행위' 규정을 표현의 자유 영역에서 실질적인 위법성 조각사유로 활성화했다는 점이다. 대법원은 성적 요소가 포

1), 92면 참조.

19) 같은 견해로는 정승환, "2017년 형법 중요 판례"(주 1), 16면; 황성기, "음란 표현물에 대한 새로운 판단기준과 비판: 대법원 2017. 10. 26. 선고 2012도13352 판결"(주 1), 92면 참조.

20) 같은 견해로는 정승환, "2017년 형법 중요 판례"(주 1), 16면 참조.

함된 표현물이라도 그것이 사회적 금기에 도전하거나 비판적 담론의 수단으로 사용된 경우, 법질서 전체의 정신에 비추어 용인될 수 있음을 인정하였다. 이는 결과적으로 민주적 공론장의 기능을 보전하기 위한 국가 형벌권의 '전략적 후퇴'로 평가할 수 있다. 그동안 실무상 적용이 제한적이었던 정당행위 조항을 표현의 자유를 수호하는 실천적 기제로 격상시켰다는 점에서 그 의의가 있다. 이는 형사법의 독자적 체계 내에서 헌법상 최우선 가치를 성공적으로 투영해 낸 최초의 선례로서, 규제와 자유의 긴장 관계를 '규범적 조화'의 차원으로 승화시킨 의미 있는 판결이라 할 것이다.

다. 판단구조의 이원화가 초래하는 '위축 효과'의 위험성

그러나 헌법적 관점에서 볼 때, 대상판결이 취한 '구성요건 해당성 인정 후 위법성 조각'이라는 우회적 해결 방식은 표현의 자유를 온전히 보장하기에 여전히 구조적 한계를 노출하고 있다. 첫째, 절차적 부담의 존속이다. 표현 행위자가 자신의 행위가 정당행위임을 인정받기 위해서는 수사기관의 조사와 기소, 그리고 법원의 재판이라는 지난(持難)한 과정을 감내해야 한다. 비록 최종적으로 무죄가 선고된다 하더라도, 형사 절차 그 자체가 주는 심리적 압박과 사회적 비용은 표현 행위자에게 막대한 부담으로 작용하며, 이는 결국 불확실성을 회피하기 위한 자기 검열로 이어져 사상의 자유시장을 위축시킬 위험이 크다. 둘째, 규범적 판단의 불확실성이다. 음란성 자체를 부정하지 않고 위법성 단계로 판단을 미룰 경우, 정당행위의 요건(동기, 수단, 법익 균형성 등)을 심사하는 법관의 주관적 가치관에 따라 결론이 달라질 가능성이 상존한다. 이는 법적 안정성과 예측 가능성을 심각하게 훼손할 수 있으며, 향후에도 여전히 경직되고 보수적인 법 적용을 답습하게 할 우려가 있다.

라. 구성요건 단계에서의 해결을 통한 표현의 자유의 실질적 보장

결국, 대상판결은 정당행위 법리를 통해 표현의 자유를 확장하려는 전향적인 시도였음에는 분명하나, '음란성'이라는 구성요건적 징표를 완전히 해소하지는 못한 절충적 성격을 지닌다. 헌법상 표현의 자유를 두텁게 보호하고 민주적 공론장의 기능을 온전히 보전하기 위해서는, 향후 유사한 사건에서 보다 과감한 법리적 전환이 요구된다. 즉, 학술적·사상적 가치와 결합하여 성적 자극이 주된 목적이 아닌 경우에는, 위법성 조각사유를 논할 것이 아니라 구성요건 해당성 단계에서부터 음란성을 배제하는 해석이 헌법적으로 더 타당하다. 이것이 형벌권의 과잉 행사를 원천적으로 차단하고, 시민들이 위축됨 없이 자유롭게 의사를 표현할 수 있는 토대를 마련하는 길일 것이다.

40 국민체육진흥법상 '발행 시스템 제공행위'의 해석과 한계

대법원 2018. 10. 30. 선고 2018도7172 전원합의체 판결[1)]

김윤명 (디지털정책연구소 소장)

1. 사건의 개요

이 사건은 피고인들이 해외 스포츠도박 사이트 운영업체와 중계계약을 체결하고, 국내 이용자를 위한 별도의 중계사이트를 개설하여 충전·환전 서비스를 제공한 사안이다. 본래 국민체육진흥법은 국민체육진흥공단이 발행하는 '체육진흥투표권' 외의 사설도박을 금지하기 위한 법률이지만, 기술환경의 변화로 온라인 매개 행위가 다양화되면서 규제의 범위가 불명확해졌다. 피고인들은 사이트 접속을 직접 중개하거나 도박 행위를 운영한 것은 아니지만, 이용자가 실질적으로 해외 도박 시스템을 사용할 수 있도록 '창구'를 열어준 역할을 하였다.

이들의 행위가 국민체육진흥법상 '시스템 제공'으로 볼 수 있는지 여부가 핵심이었다. 국민체육진흥법 제26조 제2항 제1호는 "체육진흥투표권이나 이와 비슷한 것을 발행하는 시스템을 공중이 이용할 수 있도록 제공하는 행위"를 금지한다. 그렇지만, 이 규정은 '시스템 제공'이라는 표현 외에 세부 요소가 명시되어 있지 않아, 단순한 접속 지원이나 결제대행까지 포함되는지 해석이 문제되었다.

당초 검사는 피고인들의 행위를 같은 조 제1항의 '유사행위'로 기소하였다. 그러나, 대법원은 같은 조 제1항이 금지하는 구성요건이 ① 체육진흥투표권 발행행위와 ② 이익 제공행위라는 두 가지 요건을 모두 충족해야 한다는 점을 들어, 피고인들의 행위가 이에 해당하지 않는다고 판단하였다. 이에 환송심에서는 공소장을 변경하여 제26조 제2항 제1호 위반으로 심판을 구하였고, 최종적으로 대법원 전원합의체는 이를 유죄로 확정하였다. 관련 규정은 다음

---

1) [참조 및 관련 판례] 대법원 2017. 1. 12. 선고 2016도18119 판결(공2017상, 437).
[관련 평석 및 문헌] 전우석, "피고인들의 국민체육진흥법 위반(도박개장 등) 행위가 제26조 제2항 제1호에 해당하는지 또는 같은 항 제3호에 해당하는지 여부", 대법원판례해설 제118호, 법원도서관, 2019; 이정훈, "스포츠 베팅 게임에 대한 규제 및 입법개선 방안의 모색", 법학논문집 제44집 제1호, 중앙대학교 법학연구소, 2020.

과 같다.

> 제26조(유사행위의 금지 등) ① 서울올림픽기념국민체육진흥공단과 수탁사업자가 아닌 자는 체육진흥투표권 또는 이와 비슷한 것을 발행(정보통신망에 의한 발행을 포함한다)하여 결과를 적중시킨 자에게 재물이나 재산상의 이익을 제공하는 행위(이하 "유사행위"라 한다)를 하여서는 아니 된다.
> ② 누구든지 다음 각 호의 어느 하나에 해당하는 행위를 하여서는 아니 된다.
> 1. 「정보통신망 이용촉진 및 정보보호 등에 관한 법률」 제2조 제1항 제1호에 따른 정보통신망을 이용하여 체육진흥투표권이나 이와 비슷한 것을 발행하는 시스템을 설계·제작·유통 또는 공중이 이용할 수 있도록 제공하는 행위
> 2. 유사행위를 위하여 해당 운동경기 관련 정보를 제공하는 행위
> 3. 유사행위를 홍보하거나 체육진흥투표권 또는 이와 비슷한 것의 구매를 중개 또는 알선하는 행위

대법원 전원합의체 판결은 단순한 법률적 문구의 의미를 넘어, 형벌법의 명확성 원칙과 실효성 원칙이 충돌하는 지점에서 발생한다.[2] 동 사건에서 입법자는 불법도박 근절을 목표로 광범위한 규제를 원하지만, 사법부는 헌법적 원칙상 문언을 넘어서는 확장해석을 경계해야 한다. 본 사건은 바로 그 긴장의 경계 위에 놓여 있었다.

결국 쟁점은 두 가지로 요약된다. 첫째, 피고인들의 충전·환전 서비스 제공을 '발행 시스템 제공행위'로 볼 수 있는지, 둘째, 형벌법규 해석에서 입법 목적을 이유로 문언의 한계를 넘을 수 있는지 여부이다. 이 두 문제는 형사법 해석론의 원칙과 입법정책의 실효성이라는 법질서의 두 축이 직접 충돌한 사건이었다.

2. 판결의 요지

가. 원심판결(서울중앙지방법원 2018. 4. 27. 선고 2017노4280, 4085(병합) 판결)

원심은 피고인들의 행위가 불법 도박의 전제조건을 마련했다는 사실을 인정했지만, 국민체육진흥법 제26조 제1항 또는 제2항 제1호의 구성요건에는 해당하지 않는다고 보았다. 이 사건은 피고인들이 해외 스포츠도박 사이트에 국내 '중계사이트'를 개설·운영하면서 이용자에게 충전·환전 등 결제 편의를 제공한 사안이다. 법원은 위 행위를 국민체육진흥법 제26조

---

2) 대법원 전원합의체 판결은 소부(小部)에서 대법관들 사이에 의견이 일치되지 않거나 서로 상반되는 내용의 판례가 있어 판례의 정리·변경이 필요하거나 기타 중요한 사건으로서 대법관 전원의 의견을 모아 판결할 필요가 있는 등의 경우에 이루어진다. 박시환, "대법원 전원합의체 판결 이후 다수의견·소수의견 사이의 경계확정 과정", 法學研究 第24輯 第3號, 2021, 3면.

제2항 제1호가 금지하는, 정보통신망을 이용하여 체육진흥투표권 등과 유사한 것을 "발행하는 시스템을 공중이 이용할 수 있도록 제공한 경우에 해당한다"고 보았다. 단순한 링크 제공이나 광고가 아니라, 국내 이용자가 사실상 불법 도박에 바로 참여할 수 있도록 결제 · 계정관리 · 접속경로를 통합 제공한 점을 들어 구성요건 해당성을 인정했다.

절차적으로는 대법원 환송 후 범위를 국민체육진흥법 위반과 그와 포괄일죄 · 상상적 경합 · 경합범 관계에 놓인 나머지 범죄 및 몰수 · 추징 전반까지로 정리했다. 환송 전 이미 무죄로 판단되어 확정적 효력이 생긴 일부 공소사실은 그대로 유지하되, 기소 요지의 문구 정정 등 제한적 범위의 공소장변경만 허용했다. 유 · 무죄 판단에서 법원은 중계사이트 운영 관련 주요 공소사실에 관해 유죄를 인정했다. 반면 환송 전 무죄로 보았던 일부 도박 공소사실은 무죄 판단을 유지했다. 요컨대, 국내에서 조직적으로 중계 · 결제 시스템을 갖추고 이용을 가능하게 한 행위의 실질을 중시해 유죄를 확정한 것이다. 추징에 관하여 법원은 피고인에게 실질적으로 귀속된 이익을 기준으로 삼아야 하며, 특정 공범 귀속분을 특정하기 어려운 항목은 공범들 사이에 평등하게 분할하는 방법으로 산정해야 한다는 법리를 밝혔다. 1심의 계산 방식 중 법리오해 부분을 시정했고, 제3자 소유로 가환부된 차량에 대하여는 피고인의 취득이 인정되지 않는 이상 그 가액을 추징할 수 없다고 판시했다.

주문에서 법원은 원심을 전부 파기하고, 피고인 1에게 징역 5년, 피고인 2에게 징역 6년을 선고했다. 압수물 중 일부는 몰수하고, 추징금은 피고인 1로부터 약 147억 7천만 원, 피고인 2로부터 약 110억 2천만 원을 명했다. 검사의 일부 무죄 부분에 대한 항소는 기각했다

나. 대법원 판결

대법원 전원합의체는 다수의견으로 원심을 파기하고 피고인들의 행위를 유죄로 확정했다. 다수의견은 '시스템 제공' 개념을 기능적으로 해석했다. 즉 "시스템의 설계나 운영을 직접 담당하지 않더라도, 이용자가 도박행위를 실질적으로 수행할 수 있도록 하는 행위"라면 제공행위에 포함된다고 보았다. 게임머니 충전 · 환전이 사이트 이용의 필수 절차라는 점에서, 이를 가능하게 한 피고인들의 행위는 시스템을 공중이 이용할 수 있도록 제공한 것과 동일하다는 것이다. 또한 다수의견은 피고인들이 단순한 결제대행이 아니라 손익을 분배하고 이용자 계정을 관리한 점을 근거로, 실질적으로 시스템 운영에 참여한 것으로 평가하였다. 이런 해석은 불법도박의 구조적 특성, 즉 다단계 · 분업형 범죄의 현실을 반영한 것으로 보인다.

반면 반대의견은 다수의견이 명확성 원칙을 훼손했다고 지적했다. '제공'은 법률문언상 '시스템의 물리적 운영을 허용하거나 내어주는 것'으로 해석해야 하며, 단순한 결제 지원은 이에 해당하지 않는다는 것이다. 또한 피고인들의 행위는 제2항 제3호의 '구매중개 · 알선행

위'로 충분히 처벌할 수 있어, 제1호로 포섭하는 것은 입법자가 구분한 구성요건 체계를 무너뜨린다고 보았다.

결국 대법원은 다수의견으로 실질적 규제의 필요성을 우선시했고, 반대의견은 헌법적 원칙을 강조했다. 이 판결은 형벌법 해석의 근본 원칙이 실제 사회현실과 어떻게 충돌하는지를 보여주는 상징적 판례가 되었다.

3. 해설

가. 입법 연혁과 체계

국민체육진흥법 제26조는 체육진흥투표권과 유사한 형태의 불법 사설도박을 원천 차단하기 위한 조항이다. 초창기 규율 대상은 오프라인 중심의 '유사발행행위'에 한정되어 있었다. 인터넷 도박이 급증하자, 2012년 개정에서 제2항이 신설되었고, 발행 시스템의 설계·제작·유통·이용제공(제1호), 경기정보 제공(제2호), 구매중개·알선(제3호) 등 단계별 행위를 처벌 대상으로 세분화했다. 입법자는 도박 구조의 다층적 네트워크를 끊기 위해 예방적 구성요건을 도입한 것이다. 그렇지만, 이 구조는 곧 중첩 문제를 낳았다. 제1호와 제3호 모두 도박의 이용 가능성을 높이는 행위를 포함하므로, 해석에 따라 동일 행위가 두 조항에 걸쳐 처벌될 위험이 생겼다. 입법자는 각 구성요건의 구분 기준, 예컨대 시스템 통제권의 존재, 기술적 제공 여부, 운영자와의 협력 관계를 명시하지 않았기 때문이다. 입법 체계 측면에서 보면, 제2항은 단순히 처벌 대상을 늘린 조항이 아니라, '범죄 생태계' 전체를 규제 대상으로 삼은 기능적 접근이다. 문제는 그 과정에서 '기능적 참여'의 범위를 어디까지 인정할 것인가 하는 것이다.

결과적으로 사법부는 이러한 입법의 불비를 해석으로 보완해야 하는 상황에 놓였다. 이는 형벌법의 원칙과 규제의 실효성 사이의 긴장을 불러왔다. 이 사건은 바로 그 입법적 불명확성이 사법적 확장을 낳은 전형적 사례라 할 수 있다.

나. 다수의견의 기능적 해석과 그 한계

다수의견은 '시스템 제공'을 기술적·물리적 의미에 한정하지 않고, 실질적 이용 가능성을 창출하는 행위로 확장했다. 이는 불법도박 구조의 분업화를 고려한 실질주의적 해석으로, 규제 실효성을 확보하려는 입법 목적에 부합한다. 다만 이러한 해석은 형벌법의 핵심 원리인 엄격해석 원칙과 명확성 원칙에 정면으로 충돌한다. 형벌법규의 문언은 국민이 행위의 가벌성을 예측할 수 있을 정도로 명확해야 한다. '제공'이라는 개념을 "실질적으로 이용 가능하게 하는 모든 행위"로 넓히면, 행위자는 자신이 처벌 대상인지 예측하기 어렵게 된다. 예를 들어, 단순히 광고를 게재하거나 VPN을 제공하는 행위도 '이용 가능성을 높였다'는 이유로 처벌될 가능성이 생긴다. 또한 다수의견은 피고인들이 이익을 분배한 점을 근거로 불법성을 강조했지만, 불법성의 정도는 양형 단계에서 고려할 요소이지 구성요건 해당성 판단의 근거가 될 수 없다. 구성요건 판단은 행위의 객관적 형식에 의해 결정되어야 한다.

결국, 다수의견의 접근은 규제의 실효성은 확보했지만, 법적 명확성과 일관성을 희생했다는 비판을 피하기 어렵다. 형벌법의 목적이 '정의의 실현'이라면, 그것은 법의 예측 가능성과 균형 속에서만 유지될 수 있다.

다. 반대의견의 의의

반대의견은 다수의견의 확장해석을 비판하면서, 형벌법 해석의 기본 원리를 재확인했다. '제공'은 물리적 시스템의 소유나 관리, 또는 기술적 통제력을 전제로 해야 하며, 결제 지원은 그 범위 밖에 있다. 피고인들의 행위는 제3호의 '구매중개·알선'으로 충분히 처벌 가능하므로, 제1호로 포섭하는 것은 불필요하다는 것이다. 이 입장은 형벌법의 안정성을 지키는 데 의미가 있다. 구성요건 간의 명확한 구분은 법적 예측 가능성을 담보하고, 법정형의 비례성을 유지한다. 다수의견의 확장은 자칫 동일 행위를 중복 처벌하거나, 입법자가 부여한 법정형 체계를 무력화시킬 위험이 있다. 다만, 반대의견 역시 완전한 해법은 아니다. 입법의 미비 속에서 사법부가 현실적 대응을 포기할 경우, 온라인 도박 구조의 실질적 단속은 불가능해진다. 따라서 반대의견의 엄격해석론은 원칙적으로 옳지만, 규제정책 차원에서는 보완 입법의 필요성을 절실히 드러낸다. 결국, 두 의견은 형사법의 양대 원리인 '자유의 보장'과 '공익의 보호'의 충돌을 보여준다. 다수의견은 후자를 반대의견은 전자를 대변했다.

라. 비판적 검토

(1) 확장해석의 위험

형벌은 개인의 자유를 직접 제한하는 가장 강력한 공권력 작용이다. 따라서 구성요건은 가능한 한 명확하고 좁게 해석되어야 하며, 문언을 벗어난 유추·확장은 금지된다. 그럼에도 시스템 제공을 "실질적으로 이용 가능하게 하는 일체의 행위"로 기능적으로 넓히면, 해석의 외연은 사실상 한계가 사라진다. 이때 시민은 자신의 행위가 범죄에 해당하는지 예측하기 어렵고, 형사처벌의 기준은 불투명해진다.

명확성의 원칙은 문법 문제에 그치지 않는다. 이는 자유 보장의 원리이자 권력분립의 원리다. 입법자가 구체적 경계를 정하지 않은 부분을 사법부가 해석으로 확장하는 순간, 형벌권의 범위는 법률이 아니라 행정·사법의 재량에 좌우된다. 불법도박 근절이라는 정책적 필요를 이유로 문언의 경계를 넘는 순간, 규범의 한계는 실효성이라는 명분으로 희석된다.

이 문제는 이론에 머물지 않는다. 집행 단계에서 수사기관은 불법도박 생태계의 주변 행위자까지 포섭하려 할 것이고, 확장된 사법 해석은 그 범위를 정당화하는 근거가 된다. 그 결과 시스템 제공은 "도박에 관련된 거의 모든 기술적 행위"로 변질될 위험이 크다. 정보통신서비스 제공자, 결제대행사, 호스팅업체 등 중립적 인프라 제공자가 이용 가능성을 높였다는 이유만으로 처벌 대상이 되는 순간, 죄형법정주의의 정신은 훼손된다.

형벌법 해석은 언제나 실효성과 명확성 사이의 균형을 찾아야 한다. 단기적 단속 편의를 위해 확장해석을 허용하면, 장기적으로는 법의 예측가능성과 신뢰가 무너진다. 법은 해악을 억제하는 수단이기 이전에 자유의 경계선을 그리는 장치다. 그 경계가 흐려질수록 국가는 윤리적 명분을 앞세워 자유를 잠식하기 쉬워진다. 그러므로 시스템 제공의 해당성 판단은 행위의 객관적 형식과 실질적 통제·결합의 존재에 한정되어야 하며, 단지 이용 가능성 증대라는 효과만으로는 문턱을 넘을 수 없도록 해야 한다.

(2) 규범적 중첩 문제

피고인의 행위는 국민체육진흥법 제26조 제2항 제3호의 구매중개·알선으로 충분히 평가된다. 그럼에도 다수의견은 이를 제1호의 시스템 제공으로 포섭했다. 이 해석은 각 호의 기능적 경계를 흐리게 하여, 입법자가 설계한 법정형의 차등 구조를 사실상 무력화한다. 제1호와 제3호의 분리는 단순한 문언상의 구획이 아니라, 사회적 위험도의 차이를 반영한 구조적 설계다.

법체계에서 구성요건 간 구분은 비례성과 예측가능성을 담보하는 최소 안전장치다. 제1호의 "시스템 제공"은 서버·발행엔진·결제·포인트·환전을 전용 설계·운영하는 인프라에 초점을 둔다. 반면 제3호의 "구매중개·알선"은 이용자와 시스템을 연결·유도하는 매개 기능을 전제로 한다. 이 구분이 무너지면, 부차적·대체가능 행위자도 핵심 인프라 제공자와 동일한 법정형 위험에 노출되고, 결과적으로 책임에 상응하는 형벌이라는 형사정의의 기본 원칙이 침식된다.

중첩은 법적 안정성도 해친다. 동일 행위가 제1호·제3호 어디로든 포섭될 수 있다면, 수사·재판 단계에서 조항 선택의 재량이 과도해지고, 유사 사안에 상이한 적용이 발생한다. 형벌법은 명확할 뿐 아니라 일관되어야 한다. 무엇보다 형벌법은 사회에 금지규범을 신호하는 교육적 기능을 가진다. 적용 조항이 모호한 상태에서 교화·예방 효과를 기대하기 어렵다.

입법자가 이미 “중개 · 알선”을 별도 조항으로 둔 이상, 적용 범위는 엄격히 분리되어야 한다. 형벌의 목적이 처벌 그 자체가 아니라 합리적 규범질서의 정립이라면, 조항 간 중첩은 입법의 실패이자 법적 불안정의 원인이 된다. 따라서 본 사안은 제3호로 평가하되, 제1호는 접속 · 승인이라는 실질 통제, 전속 · 지속적 결합, 전용설계가 결합된 경우에 한해 제한적으로 인정되어야 한다.

(3) 불법성과 구성요건의 혼동

다수의견은 피고인들이 단순한 결제대행을 넘어, 도박 운영자와 손익을 분배하였다는 점을 근거로 ‘시스템 제공행위’로 보았다. 그러나 이러한 논리는 불법성의 정도를 구성요건 해당성 판단의 근거로 삼은 것으로, 형사법의 단계적 해석 구조를 왜곡한다. 형사법의 해석은 (1) 구성요건 해당성, (2) 위법성, (3) 책임성의 단계로 구별되어야 한다. 불법성의 정도는 양형 단계나 책임 판단에서 고려할 요소이지, 구성요건 해당성의 근거가 되어서는 안 된다.

구성요건은 행위의 형식적 객관성을 규정하는 것이다. 시스템 제공의 구성요건은 시스템의 제공이라는 외적 행위를 요건으로 하며, 불법성이나 범의의 정도는 그 이후의 단계에서 평가되어야 한다. 그러나 다수의견은 피고인들이 손익을 분배했다는 사실을 구성요건의 해석 근거로 삼았다. 이는 해석론의 순서를 거꾸로 적용한 셈이다. 이러한 접근은 형법의 논리적 구조를 불안정하게 한다. 만약 불법성의 정도가 구성요건 판단에 영향을 미친다면, 동일한 행위를 하더라도 법원이 ‘불법성이 높다’고 평가하는 경우에는 구성요건에 해당한다고 보게 될 것이다. 그 결과, 구성요건은 객관적 판단기준이 아니라 사후적 가치판단의 도구로 전락한다. 또한 이와 같은 혼동은 양형의 합리성도 해친다. 구성요건 단계에서 이미 불법성 평가가 이루어지면, 양형 단계에서 다시 이를 고려할 여지가 줄어들고, 법정형의 내부 균형이 무너진다. 이는 형벌체계의 체계적 정합성을 저해한다.

이처럼, 불법성과 구성요건의 구분은 단지 이론적 구별이 아니라, 법적 안정성을 보장하기 위한 실질적 장치다. 사법부가 구성요건 해석의 단계에서 불법성 판단을 개입시키면, 형벌법의 객관성과 예측가능성은 심각하게 훼손된다. 따라서 구성요건 해당성은 오직 행위의 외형과 법문에 따라 판단되어야 하며, 불법성의 정도는 오직 양형 단계에서 고려되어야 한다.

(4) 입법적 보완의 필요성

다수의견이 확장해석을 선택할 수밖에 없었던 이유는 결국 입법의 공백에 있다. 온라인 도박의 구조는 전통적 오프라인 도박과 달리, 서버 제공자 · 결제대행자 · 광고중개자 등 다양한 매개 주체로 분화되어 있다. 그럼에도 국민체육진흥법 제26조 제2항 제1호는 여전히 “시스템 제공”이라는 추상적 표현만으로 규제 범위를 설정하고 있다. 이러한 상황에서 사법부가 구성요건의 경계를 넓히는 것은 일종의 '입법적 보충 해석'이지만, 이는 본질적으로 사법권의 한계를 넘어서는 행위다.

입법자는 사회적 현실의 변화를 반영하여, 법문을 기술적으로 정교화할 의무가 있다. 특히 충전·환전 행위는 온라인 도박 구조에서 핵심적 기능을 담당하며, 실질적으로 도박 시스템의 일부로 작동한다. 따라서 입법자는 이를 별도의 구성요건으로 명시하거나, '시스템 제공'의 하위 개념으로 구체화해야 한다. 이러한 명시적 규정은 형사처벌의 명확성을 높이고, 사법부가 해석으로 공백을 메우지 않아도 되는 구조를 만든다. 또한 입법자는 구성요건 간의 경계를 명확히 하여 법정형의 비례성을 회복해야 한다. 제1호(시스템 제공)와 제3호(중개·알선)의 구분 기준, 예를 들어 시스템의 기술적 통제 여부, 운영자와의 계약 관계, 수익 분배 구조 등을 법률이나 시행령에서 구체화하면, 형벌체계의 명확성과 일관성이 제고될 것이다.

입법적 보완은 단순히 법률의 추가 조항 삽입을 의미하지 않는다. 그것은 기술 환경 변화에 맞춘 규범 설계의 재구성이다. 특히 결제대행업체나 클라우드 서비스 제공자처럼 도박 시스템에 간접적으로 관여할 가능성이 있는 기술사업자에 대한 행정규제와 형사처벌의 경계를 설정하는 것도 필요하다. 형벌은 최후의 수단(ultima ratio)이어야 한다는 보충성 원칙에 따라, 입법자가 의도하는 규율영역에서 다양한 수단이 존재할 경우에 형법적 수단만은 최후로 적용되어야 한다.[3)]

이와 같이, 입법의 정교화 없이는 형벌법의 해석이 계속 확장될 수밖에 없고, 이는 다시 법적 안정성의 약화를 초래한다. 입법자는 이번 판례를 계기로, 불법도박의 현실적 구조를 반영한 새로운 법적 틀을 설계해야 한다. 사법부가 아니라 입법부가 규제의 중심이 되어야 한다. 그것이 법치주의의 기본 구조이며, 명확한 법률에 기반한 형사정의의 회복이라고 할 수 있다

4. 판결의 의의

이 전원합의체 판결은 온라인 분업 구조를 전제로 불법 스포츠도박을 실질적으로 개시·지속시키는 기능에 초점을 맞추어, '시스템 제공' 개념을 기능적으로 재구성했다는 점에서 전환적 의미를 갖는다. 종래 '운영자성' 중심의 협소한 포섭 기준을 벗어나, 게임머니의 사전 확보·충전·환전과 같은 필수 매개가 이용가능성을 현실에서 열어주는지에 따라 구성요건 해당성을 판단하는 기준을 제시했다. 이는 기술적 역할이 잘게 분절된 온라인 생태계에서 규제의 실효성을 회복하려는 시도로 평가된다.

동시에 이 판결은 명확성 원칙과 죄형법정주의에 대한 긴장을 드러낸다. 다수의견은 조

3) 이진국, "형사입법자의 형벌법규 제정권한의 한계에 관한 연구", 2003-11, 한국형사정책연구원, 2003, 98면.

문 체계와 입법 연혁을 근거로 확장 해석의 범위를 제한하려 했지만, '제1호'와 '제3호'의 경계가 여전히 해석에 의존한다는 점에서 적용 전망의 예측가능성은 완전하지 않다. 사법부가 현실적 필요에 응답해 해석으로 공백을 메우려 한 시도는 의미가 크지만, 해석론만으로는 기술 변화의 속도를 따라가기 어렵다는 사실 또한 확인되었다. 그 점에서 본 판결은 입법적 보완의 방향을 구체적으로 지시한다. 첫째, 충전·환전 등 도박 실행의 필수 절차를 독립적 또는 보충적 구성요건으로 명시해 행위 유형과 책임 범위를 텍스트 차원에서 분명히 해야 한다. 둘째, '시스템 제공'(제1호)과 '중개·알선'(제3호)의 구분 기준을 "이용가능성의 실질적 개시 여부"로 법문 또는 해설 규정에 명문화해 법정형 체계와 양형 판단의 예측가능성을 높여야 한다. 셋째, 결제대행·광고·접속 우회 지원 등 기술적 매개자에 대한 별도의 책무 규정과 명확한 면책 요건을 도입해 책임의 과소·과대 귀속을 방지해야 한다. 단순히 경기 기록에 관한 정보와 실시간 경기 중계에 대한 정보만을 제공한 것에 그치고, 자신의 사이트에서 경기 결과 적중에 대한 배당금을 환전해 주지 않으며, 해외 불법 스포츠 베팅 사이트와의 연계도 존재하지 않는다면, 본 조항의 발행 시스템에 대한 공중의 이용에 필수적인 기능을 하는 것으로 평가할 수 없기 때문이다.[4]

아울러 수사·기소 실무에 있어서도, 이용자 모집·계정관리, 자금 흐름과 정산 구조, 게임머니의 확보·충전 절차, 국내 접근 경로의 통합 제공, 이익·손실의 귀속 방식 등 핵심 사실요소를 체계적으로 특정·입증하는 방식이 요구된다. 이는 플랫폼·결제·호스팅 사업자에게도 위험기반 준수체계를 구축할 실무상 동기를 제공한다.

본 판결은 해석론의 경계에서 입법정책의 과제를 선명히 비춘 사건이다. 형벌법은 현실의 기술적 변형에 응답하되, 우리 헌법이 요구하는 명확성과 예측가능성의 울타리 안에서 작동해야 한다. 다수의견은 이 균형점을 모색하는 과정에서 한계를 노출했지만, 그 한계 자체가 입법 정비의 필요성을 역설적으로 증명한다. 이 판결의 의의는 바로 그 지점인 해석의 실효와 입법의 책무 사이에 놓인 오늘의 과제를 선명하게 드러냈다는 데 있다.

이 판결은 온라인 분업 구조 아래에서 불법 스포츠도박을 실질적으로 개시·유지시키는 핵심 기능인 게임머니의 확보·충전·환전을 '시스템 제공'의 범주로 포섭함으로써 규제의 실효성을 앞세웠다. 이는 현실 대응적 해석의 정점이지만, 동시에 명확성 원칙과 죄형법정주의라는 헌법적 한계에 있음을 보여준다. 다수의견은 "이용가능성의 실질적 개시"라는 기준을 제시하여 확장 해석의 무제한을 제어하려 했고, 반대의견은 조문 문언과 체계를 고수해 예측가능성의 균형추를 놓지 않았다. 두 견해의 긴장은 둘의 긴장은 형사법이 단속의 편의가 아니라 자유 보장과 공익 보호 사이의 균형 감각 위에서만 설득력을 얻는다는 사실을 다시 일깨운다.

---

4) 이정훈, "스포츠 베팅 게임에 대한 규제 및 입법개선 방안의 모색", 법학논문집 제44집 제1호, 2020, 265면.

판결이 남긴 과제는 분명하다. 첫째, 충전 · 환전 · 결제의 단계별 행위를 독립적 또는 보충적 구성요건으로 명시해 행위 유형과 책임 귀속을 텍스트로 확정해야 한다. 둘째, 제26조 제2항 제1호(제공)와 제3호(중개 · 알선)의 경계를 “이용가능성의 실질적 개시 여부”로 법문 또는 해설 규정에서 구체화해야 한다. 셋째, 결제대행 · 광고 · 접속 우회 등 기술적 매개자에 관한 위험기반 의무와 면책 요건(차단 · 경고, 신속협력, 거래 모니터링)을 규정하여 과소 · 과대책임을 동시에 방지해야 한다. 사법부는 입법의 공백을 해석으로 메울 수 있지만, 기술 변화의 속도를 따라잡는 지속가능한 해결책은 결국 입법에 있다. 이 판결은 규제 실효성과 법적 안정성 사이의 경계가 어디에 놓여야 하는지에 관한 좌표를 제공했고, 그 좌표 위에서 입법자는 더 촘촘하고 명확한 규범 설계를 완성해야 한다.

결국 이 판결은 규제 실효성과 법적 안정성 사이의 선을 어디에 긋는지가 입법적으로 해결되어야 함을 보여준다. 사법부는 빈틈을 메울 수 있지만, 지속 가능한 답은 입법부의 정치한 문언에서 나온다. 규제는 법을 넓게 쓰는 기술이 아니라, 정확하게 쓰는 기술에서 출발한다. 이 사건은 해석이 닿을 수 있는 폭과 닿아서는 안 되는 경계를 함께 드러내며, 보다 촘촘하고 명확한 규범 설계로 나아가야 한다는 점을 분명히 남겼다.

41 SNS 선거운동

대법원 2018. 11. 29. 선고 2017도2972 판결[1)]

김성천 (중앙대학교 명예교수)

1. 사안의 개요

사립학교 교원인 피고인 甲은 2016년 4월 13일에 치러진 제20대 국회의원 선거 직전에 공소외 D가 "더민주 경제공약 집대성 공소외 E '새누리 정책 아이디어 고갈'[2)]"이라는 제목의 인터뷰 기사를 링크하여 작성한 글을 페이스북을 통해서 공유·게시하였다. 이 글의 핵심 내용은 '새누리당의 경제정책 관련 아이디어는 이미 고갈된 상태이고 그저 과거에 있었던 정책을 재탕하고 있는 수준에 불과하다'는 취지이었다. 甲의 페이스북 계정 친구는 약 500명 정도이었으며, 甲은 해당 게시글을 '전체공개'로 설정한 상태로 페이스북에 올렸다.

검찰은 이와 같은 甲의 페이스북 공유·게시 행위가 새누리당 소속 후보자들을 낙선시킬 목적으로 이루어진 것으로서, 공직선거법 제58조 제1항에서 말하는 '선거운동'에 해당한다고 보았다. 그런데 甲은 같은 법 제60조 제1항에서 정하는 선거운동을 할 수 없는 자에 속하므로, 같은 법 제255조 제1항을 위반한 부정선거운동죄를 저지른 것이라고 판단하여 기소

---

1) [참조 및 관련 판례] 대법원 2015. 12. 23. 선고 2013도15113 판결; 대법원 2016. 8. 26. 선고 2015도11812 전원합의체 판결(공2016하, 1457); 대법원 2022. 3. 17 선고 2021도16335 판결; 헌법재판소 2022. 11. 24 선고 2021헌바301 전원재판부[헌공제314호, 1477].
[관련 평석 및 문헌] 고명수, "사이버 명예훼손죄에 관한 법제 개선방안 - 허위조작정보(이른바 페이크뉴스) 및 온라인 타인사칭을 중심으로 -", 법제 통권 제691호, 법제처, 2020, 185-224면; 장지원, "공직선거법 제59조 선거운동기간 규정의 개정 경과의 특징과 시사점: 온라인매체와 말로 하는 선거운동을 상시 허용하는 개정 경과를 중심으로", 선거연구 제20호, 중앙선거관리위원회, 2024, 81-114면; 조동은, "선거법의 미래: 선거운동 규제를 중심으로", 법의 미래, 법문사, 2022, 382-395면.

2) 대법원 2018. 11. 29. 선고 2017도2972 판결 본문이 "이 사건 공소사실 중 2016. 4. 13.자 공직선거법 위반의 점의 요지는, 사립학교 교원은 선거운동을 할 수 없음에도 사립학교 교원인 피고인이 2016. 4. 13. 피고인의 페이스북 계정에 "더민주 경제공약 집대성 공소외인 '새누리 정책 아이디어 고갈'"이라는 제목의 기사가 링크된 게시물을 공유하여 게시함으로써 당일 실시되는 제20대 국회의원선거에 새누리당 후보자들이 당선되지 못하게 하기 위하여 선거운동을 하였다는 것이다."라고 하며 당명을 그대로 서술하고 있으므로 평석 내용에서도 이들 명칭을 익명화하지 않고 그대로 사용하기로 한다.

하였다.

2. 판결의 요지

가. 원심판결(서울고등법원 2017. 2. 9. 선고 2016노3915 판결)

이 사건에 대하여 원심인 서울고등법원은 다음 일곱 가지 점을 근거로 유죄 취지의 판단을 하였다.

① 게시된 글의 제목과 내용이 새누리당에 대하여 비판적이었다.

② 공소외 E가 작성한 글을 게시했던 공소외 D도 '20대 총선에서 더불어민주당의 핵심 공약을 이해하는데 도움이 될 것 같아 공유한다'고 하였던 바, 해당 글이 20대 국회의원 선거와 관련이 있다는 점은 확실하다.

③ 해당 글은 주로 정당에 관한 언급을 하고 있는데, 후보자 개인에 관한 정보뿐 아니라 후보자가 소속한 정당에 대한 정보도 선거결과에 많은 영향을 준다.

④ 피고인 甲은 2016. 3. 30.경부터 2016. 4. 11.까지 모두 다섯 차례에 걸쳐 새누리당의 정책이나 후보자에 대해서는 반대하는, 더불어민주당의 그것에 대해서는 찬성하는 취지의 글을 공유하고 자신의 의견을 덧붙여 왔다.

⑤ 피고인 자신의 정치적 견해를 반복해서 피력하다가 선거일 당일에 게시한 글이므로 새누리당에 대한 반대의사 및 더불어민주당에 대한 찬성의사를 밝히는 연장선상에 있는 게시글로 인식될 수 있다.

⑥ 페이스북은 전파력이 강한 매체이어서 그 게시글이 선거에 영향을 미칠 가능성이 높으며 공유 기능은 선거운동 제한을 피하기 위한 편법으로 활용될 여지가 많다.

⑦ 甲의 페이스북 친구는 약 500명 정도인데 이들 모두에게 전체공개로 게시함으로써 누구나 다 글을 읽을 수 있게 하였다.

나. 대법원 판결

타인이 작성한 글을 자신의 페이스북에 공유 · 게시한 피고인 甲의 행위에 대하여 대법원은 원심인 서울고등법원의 판결을 파기하는 결론을 내렸다. 그 이유는 다음과 같다.

선거운동이란 '특정 선거에서 특정 후보자의 당선 또는 낙선을 도모한다는 목적의사가 객관적으로 인정될 수 있는 능동적이고 계획적인 행위'를 말한다.[3] 이에 해당하는가에 대한

3) 대법원 2015. 12. 23. 선고 2013도15113 판결.

판단은 행위자의 의사가 아니라 '외부로 표출된 행위를 기준으로 객관적으로' 하여야 한다. 또한 선거운동이라고 하려면 선거인이 이를 특정 선거에서 특정 후보자의 당선이나 낙선을 위해서 하는 행위임을 명백하게 인식할 수 있을 만한 객관적인 사정이 확인되어야 한다. 나아가 이에 대한 판단은 행위의 시기·장소·방법 등을 종합하여 객관적으로 이루어져야 한다.

페이스북에 게시된 글과 관련하여 이를 접하는 사람이 글을 읽고 나서 자신의 느낌을 나타내는 방식은 ① '좋아요' 또는 '싫어요' 클릭하기, ② '댓글' 쓰기, ③ '공유' 하기 등 세 가지 유형이 있다. 이 가운데 공유하기 기능은 글의 의견에 찬성하기 때문에 할 수도 있고, 반대하기 때문에 할 수도 있으며, 바로 읽는 대신 추후에 다시 읽어보기 위해서 할 수도 있는 일이다. 공유하기는 정보 확산과 정보 저장이라는 두 가지 측면을 모두 가지고 있는 기능이다. 따라서 공유하기를 했다고 해서 그것이 곧바로 특정 선거에서 특정 후보를 당선시키거나 낙선시키고자 하는 목적과 의도를 나타낸 행위라고 하기는 어렵다.

피고인 甲이 공유·게시한 글은 공소외 D가 공소외 E의 글을 링크하면서 작성한 것이었다. 공소외 D는 공소외 E의 글을 공유하면서 "경제용어가 너무 어려워 외면하거나 이해하지 못하는 경우가 많은데 이 기사를 보면 좀 더 이해가 될 것 같아 공유한다"는 취지를 밝혔다. 따라서 경제공약에 관한 인터뷰 기사를 링크하면서 이를 소개하는 것이 주된 목적이라고 보아야 한다. 이를 두고 특정 후보자를 낙선시키기 위한 목적을 드러냈다고 할 수는 없는 일이다. 나아가 이글의 내용은 공소외 E의 주장이라는 점이 명백하고, 甲의 의견이라고 볼 수 있는 여지는 전혀 없다.

甲은 D의 글을 읽고 나서 이를 공유·게시하는 매우 소극적인 행위만 하였을 뿐, 좋아요를 클릭하거나 이에 찬성하는 댓글을 작성하는 등 적극적인 행위는 하지 아니하였다. 甲이 공유·게시한 글의 내용을 읽어보면 그것이 甲의 의견이 아니라는 점은 아주 쉽게 누구나 알 수 있을 수준이다.

甲이 해당 글을 공유·게시하였다는 사실이 甲의 페이스북 친구들 약 500명에게 송신되었다고 하더라도, 이를 수신한 사람이 자신의 페이스북 계정에 로그인을 한 후에 해당 글을 자발적·적극적으로 클릭하여야만 해당 글의 내용을 접하게 되는 것이므로 공유·게시 행위로 인한 전파력이 강하다고 할 수도 없다. 더구나 인터뷰 기사를 딱 한 번 공유·게시한 행위를 두고 '특정 선거에서 특정 후보자의 당선 또는 낙선을 도모한다는 목적의사가 객관적으로 인정될 수 있는 능동적이고 계획적인 행위'에 해당한다고 하기도 어렵다.

3. 해설

가. 사립학교 교원의 선거운동 금지

사립학교 교원은 사립학교법 제56조에 따라 형의 선고나 징계처분 등에 의하지 않고는 의사에 반하는 휴직이나 면직과 같은 불리한 처분을 받지 않는다. 이처럼 사립학교 교원의 신분을 보장해주는 이유는 부당한 외부 압력으로 인하여 교육의 내용이 오염되는 것을 방지하기 위해서이다. 사립학교 교원으로 하여금 부당한 외부 간섭으로부터 자유로운 상태에서 오직 양질의 교육에만 전념할 수 있도록 함으로써 교육의 전문성과 자주성 그리고 정치적 중립성을 확보하고자 하는 것이다. 이를 통해서 국민의 교육을 받을 권리가 제대로 보장될 수 있는 것인데, 만약 사립학교 교원 스스로 정치적 편향성을 보인다면 외부 압력을 배제하는 것이 오히려 교육의 정치적 중립성을 해치는 일이 되어 곤란하다.

이렇게 사립학교 교원 스스로가 정치적 편향성을 띠고 그로 인하여 학생들이 장차 향유하여야 할 정치적 선택의 자유를 침해당하는 일은 피해야 할 것이다. 이에 따라 교육기본법[4] 제14조는 "특정한 정당이나 정파를 지지하거나 반대하기 위하여 학생을 지도하거나 선동"하는 행위를 금지하고 있다. 또한 공직선거법 제255조 제1항은 사립학교 교원도 교육공무원에 준하여 선거운동을 하는 경우에 처벌하도록 정하고 있다.[5] 사립학교 교원이 스스로의 정치적 편향성을 단순히 표출하는 정도를 넘어 특정 정당이나 후보자를 위해서 선거운동까지 하게 되면, 선거의 공정성을 해치게 될 것이므로 이를 형사처벌이라는 수단까지 동원해서 금지하는 것은 타당한 일이다. 다만 대학의 교원은 정치활동이나 선거운동이 가능한데 이는 대학생의 경우에는 교원의 정치적 선동이 있어도 별 영향을 받지 않는 존재들이기 때문이라고 생각된다.

사립학교 교원의 선거운동을 전혀 허용하지 않고 이를 위반하면 처벌까지 하는 공직선거법 규정에 대하여 헌법재판소도 합헌이라는 판단을 하고 있다.[6] 그 이유는 다음과 같다. 사립학교 교원에 대한 '선거운동 금지조항은 교육의 정치적 중립성을 보장함으로써 인간의 내면적 가치증진에 관련되는 교육 분야에 당파적인 정치적 관념이나 이해관계가 그대로 적용되는 것을 지양하는 것을 목적으로 한다. 나아가 선거의 형평성과 공정성을 기하는 것을 그

---

4) 일부개정 2025. 01. 21. 법률 제20663호, 시행 2025. 7. 22.

5) 공직선거법 제60조 제1항 제5호가 같은 법 제53조 제1항 제2호부터 제7호까지에 해당하는 사람은 선거운동을 할 수 없다고 규정하고 있다. 같은 법 제53조 제1항 제7호는 다시 정당법 제22조 제1항 제2호의 규정에 의하여 정당의 당원이 될 수 없는 사립학교 교원을 지목하고 있다. 그리고 정당법 제22조 제1항 제2호는 고등교육법 제14조 제1항·제2항에 따른 교원(대학 교수)을 제외한 사립학교 교원은 정당 가입이나 정치활동을 할 수 없다고 정하고 있다.

6) 헌법재판소 2012. 7. 26. 선고 2009헌바298 결정.

목적으로 하고 있다.

사립학교 교원에 대한 선거운동 금지조항은 이러한 입법목적의 정당성이 인정될 뿐만 아니라 목적달성에 적합한 수단임이 인정된다. 교육공무원의 활동은 근무시간 내외를 불문하고 학생들의 인격 및 기본생활습관 형성 등에 매우 중요한 영향을 끼치는 잠재적 교육과정의 일부분이라고 할 수 있다. 이와 같은 교원의 특성에 비추어 보아 교육공무원의 선거운동을 기간과 태양 또는 방법을 불문하고 일체 금지시키는 방법 외에 달리 제한적인 방법으로 목적달성이 가능할 것인지 불확실하다. 또한 이러한 제한이 법익균형성도 갖추었다고 할 것이므로, 과잉금지원칙을 위배하여 선거운동의 자유를 제한한다고 볼 수 없다.'

나. 선거운동의 개념과 선거운동 금지의 범위

공직선거법 제58조 제1항 본문은 선거운동의 개념을 "당선되거나 되게 하거나 되지 못하게 하기 위한 행위"로 정의하고 있다. 이는 사전적 의미[7]보다 조금 구체화 된 내용으로서 개념 정의로서 손색이 없어 보인다. 다만 선거운동을 할 수 있는 자유를 향유하지 못하는 사람들이 공무원 전체, 사립학교 교원, 예비군 간부, 읍·면·동장, 국민운동단체 상근 임·직원 등으로 상당히 많다는 측면에서 이들이 누려야 할 표현의 자유를 지나치게 제한할 수는 없다는 취지에서 같은 항 단서에서 일부 행위 유형은 선거운동의 개념에서 제외하고 있다.

이 단서 규정에 따라 ① 선거에 관한 단순한 의견개진 및 의사표시(제1호), ② 정당의 후보자 추천에 관한 단순한 의견개진 및 의사표시(제3호), ③ 통상적인 정당활동(제4호) 그리고 ④ 설날·추석 등 명절 및 석가탄신일·기독탄신일 등에 하는 의례적인 인사말을 문자메시지로 전송하는 행위(제6호) 등은 허용된다. 선거운동의 개념에 해당하는 행위라 할지라도 당선이나 낙선에 미치는 영향이 그다지 크지 않은 경우까지 형사처벌을 수단으로 금지할 이유는 없다는 의미로 볼 수 있다. 이러한 공직선거법 제58조 제1항 제1호부터 제6호까지의 규정이 예시가 아니라 열거임은 조문의 문맥상 명백해 보인다.

하지만 제1호에서 말하는 '선거에 관한 단순한 의견개진이나 의사표시'같은 경우 그 내용 자체가 상당한 수준의 추상성을 가지고 있다고 할 수 있다. 예를 들어 '○○○당의 경제정책은 마음에 들지 않는다'라고 했다면 이를 두고 선거에 관한 단순한 의견개진이라고 할 수 있는가. 단순하다는 것은 '복잡하지 않고 간단하다'는 것을 의미한다.[8] 어느 정당의 정책노선이 마음에 들지 않는다는 표현은 충분히 단순하다. 그렇다면 어느 정도까지 가야 단순함

---

7) 국립국어원 표준국어대사전 (nd) [선거운동]: "선거에서 특정한 후보자를 당선시키기 위하여 선거인을 대상으로 벌이는 여러 가지 활동."

8) 국립국어원 표준국어대사전 (nd) [단순하다].

을 벗어나는 의견개진이라고 할 수 있을 것인지 판단하기 위한 기준이 필요하겠다.

단순한 의견개진이나 의사표시의 수준을 넘어서서 금지의 대상인 선거운동이라고 하기 위해서 어떠한 요건을 갖추어야 하는가에 대해서 대상판례는 "특정 선거에서 특정 후보자의 당선 또는 낙선을 도모한다는 목적의사가 객관적으로 인정될 수 있는 능동적이고 계획적인 행위"에 해당하여야 한다고 설명하고 있다. 다시 정리하자면 ① 특정 후보자를 당선 또는 낙선시키기 위한 목적의식의 명확성, ② 목적 달성을 위한 활동의 능동성과 계획성 등 두 가지 요건이 충족되어야 한다는 것이다. 원심은 피고인 甲의 행위가 이 요건을 충족한다고 보았고, 상고심은 그렇지 않다고 판단하였다.

다. 인터뷰 기사 공유·게시 행위의 선거운동 해당 여부

피고인 甲은 다른 사람이 작성한 글을 자신의 페이스북에 공유 · 게시했다. 그 글의 주된 내용은 '새누리당의 경제정책 관련 아이디어는 이미 고갈된 상태이고 그저 과거에 있었던 정책을 재탕하고 있는 수준에 불과하다'는 것이었다. 甲이 제20대 국회의원 선거 기간 중에 공유 · 게시한 글의 내용이나 그에 부기한 글의 내용을 보면 더불어민주당을 좋아하고 새누리당을 싫어한다는 점은 잘 알 수 있는 상황이다. 문제는 20대 총선에서 특정 후보의 당선이나 낙선을 위해 SNS 활동을 한다는 목적의식이 보이지 않는다는 점이다.

甲의 활동이 20대 총선과 관련되어 있음은 명백하다. '특정 선거에서'라는 요건은 충족하고 있는 것이다. 그러나 그 선거에서 더불어민주당이 승리했으면 좋겠다는 생각을 넘어 특정 후보자를 당선시키거나 낙선시키고자 한다는 목적의식은 확인하기 어렵다. 그저 더불어민주당 후보들이 새누리당 후보들보다 더 많이 당선되었으면 좋겠다는 희망이 보일 뿐이다. 그래서 甲이 당선시키고자 했던 후보가 누구이었는가, 낙선시키고자 했던 후보는 또 누구이었는가 하는 사항은 특정이 되지 않는다.

甲의 인터뷰 기사 공유 · 게시 행위는 특정 후보자를 당선 시키거나 낙선시키기 위한 목적의식이 명확해야 한다는 첫 번째 요건조차 충족하지 못하고 있다. 나아가 자신이 지지하는 후보자를 당선시키기 위해서 적극적으로 글을 작성하여 게시한 것이 아니라 다른 사람이 링크하여 작성한 글을 공유 · 게시한 행위로서 능동성도 없다. 또한 마음에 드는 기사가 발견되면 그대로 이를 공유 · 게시하는 행동을 반복한 것으로 보이는바 계획성도 인정되기 어렵다.

대법원 판례가 제시하고 있는 선거운동의 요건[9]을 기준으로 판단하자면, 이 사건 甲의 행위는 판례가 제시하는 기준에 미치지 못하는 단순한 의견개진 또는 의사표시 정도에 머무

9) 대법원 2015. 12. 23. 선고 2013도15113 판결; 대법원 2016. 8. 26. 선고 2015도11812 전원합의체 판결; 대법원 2018. 11. 29. 선고 2017도2972 판결; 대법원 2022.03.17 선고 2021도16335 판결.

르고 있다고 볼 수 있다. 대상판례가 인용하고 있는 선거운동의 요건인 ① 특정 후보자를 당선 또는 낙선시키기 위한 목적의식의 명확성, ② 목적 달성을 위한 활동의 능동성과 계획성 등 두 가지는 판례가 시종일관 적시하고 있는 것으로서 확고하게 뿌리를 내린 판단기준이라고 할 수 있다. 대상판례는 이러한 판단기준에 의거해서 정확하게 판단한 것으로 평가된다.

4. 판결의 의의

사립학교 교원의 선거운동 행위를 금지하는 이유는 선거의 공정성을 지키기 위해서이다. 내면적 가치를 정립해 나가는 과정에 있는 학생들이 편향된 정치적 당파성을 형성하게 되는 위험을 방지하자는 것이다. 반면 사립학교 교원도 국민의 한 사람으로서 일반적 행동의 자유와 표현 및 언론·출판의 자유를 가지고 있으므로 헌법 제37조 제2항에 따라 이를 제한하는 것은 법률로써 가능한 일이지만 그 제한이 자유와 권리의 본질적인 내용까지 침해하는 것은 곤란하다.

이 문제와 관련하여 헌법재판소는 사립학교 교원에 대한 전면적인 선거운동 금지조항이 합헌이라고 하고 있다.[10] 해당 규정이 합헌이라고 할 수 있는 것은 공직선거법 제58조 제1항이 선거운동의 범위를 합리적으로 축소하고 있어서 선거운동을 할 사립학교 교원의 권리를 본질적인 내용을 침해하는 수준으로 제한하지 않기 때문이기도 하다. 공직선거법 제58조 제1항 제1호는 '선거에 관한 단순한 의견개진이나 의사표시'를 선거운동의 범위에서 제외하고 있다.

이 조항은 상당한 수준의 추상성을 가지고 있어서 웬만한 문제는 이를 통해 해결할 수 있다. 실제로 대법원은 공직선거법상의 선거운동 금지조항을 해석하면서, 선거운동의 개념을 "특정 선거에서 특정 후보자의 당선 또는 낙선을 도모한다는 목적의사가 객관적으로 인정될 수 있는 능동적이고 계획적인 행위"로 축소 조정하여 사용하고 있다. 대상판례는 다른 사람이 작성한 인터뷰 기사를 읽고 이를 공유·게시하는 정도의 행위는 이러한 수정된 선거운동의 개념 범주에 속하지 않는다고 봄으로써 사립학교 교원의 표현의 자유가 보장되어야 할 범위를 합리적으로 획정해 주고 있다.

10) 헌법재판소 2012. 7. 26. 선고 2009헌바298 결정.

42 음란물 영상의 메타데이터 게시와 정보통신망법상 음란물 배포죄의 성립범위

대법원 2019. 7. 25. 선고 2019도5283 판결[1)]

윤혜선 (한양대학교 법학전문대학원 교수)

1. 사안의 개요

피고인은 2017년 11월 말경부터 2018년 9월 7일경까지 약 10개월에 걸쳐 광고 수익을 목적으로 미국 서버에 토렌트 사이트를 개설하여 운영하였다. 피고인은 이 사이트에 '일본 AV(HD)', '일본 AV', '일본 VR', '일본 노모', '서양' 등 5개 게시판을 설치하고, 여기에 남녀 간의 성교행위 영상 등 음란물 영상 총 8,402개의 토렌트 파일을 게시하여 불특정 다수가 무상으로 다운로드받을 수 있도록 하였다. 토렌트 파일은 실제 음란물 영상을 포함하지 않고 해당 영상의 메타데이터만을 담고 있으며, 이용자가 토렌트 클라이언트 프로그램에서 실행하면 다른 이용자들로부터 해당 음란물 영상을 전송받을 수 있다.

검찰은 피고인의 행위가 「정보통신망 이용촉진 및 정보보호 등에 관한 법률」(이하 '정보통신망법') 제44조의7 제1항 제1호[2)]를 위반하여 음란한 영상을 배포하거나 공공연하게 전시한 행위에 해당한다고 보아 같은 법 제74조 제1항 제2호[3)]로 기소하였다. 피고인은 토렌트

---

1) [참조 및 관련 판례] 대법원 2003. 7. 8. 선고 2001도1335 판결[공2003.8.15.(184), 1739]; 대법원 2015. 7. 23. 선고 2015도3260 전원합의체 판결(공2015하, 1322); 대법원 2016. 3. 10. 선고 2015도17847 판결(공2016상, 596); 대법원 2017. 6. 8. 선고 2016도21389 판결(공2017하, 1499); 대법원 2023. 10. 12. 선고 2023도5757 판결(공2023하, 2040); 대구지방법원 2022. 9. 30. 선고 2022고합127 판결; 인천지방법원 부천지원 2023. 4. 14. 선고 2022고합262 판결 등.

[관련 평석 및 문헌] 임규철, "사이버상의 명예훼손죄에 있어 링크설정자 및 정보통신서비스제공자의 책임에 대한 비판적 고찰", 비교법연구 제20권 제1호, 2020. 4., 203-240면; 정승환, "2019년 형법 중요판례평석", 인권과 정의 제488호, 2020. 3., 49-73면; 김용정, "[형사판례평석] 토렌트 파일과 음란한 영상 배포 관련 판결", 고시계 통권 제752호, 2020. 2., 180-185면; 박경신, "[논평] 토렌트 수사 결과 발표에 대한 논평", 오픈넷 정책보고서, 2019. 5., 1-8면; 윤성현, "정보통신망법상 음란물 유통 규제의 현황과 과제", 법학연구 제30권 제2호, 2019. 6., 45-72면.

2) 정보통신망법 제44조의7(불법정보의 유통금지 등) ① 누구든지 정보통신망을 통하여 다음 각 호의 어느 하나에 해당하는 정보를 유통하여서는 아니 된다.

1. 음란한 부호·문언·음향·화상 또는 영상을 배포·판매·임대하거나 공공연하게 전시하는 내용의 정보

파일은 음란물 영상이 아니라 메타데이터에 불과하므로 음란물 영상을 직접 배포하거나 전시한 것이 아니라는 것을 주장하며 대법원에 상고까지 하였는데, 이것이 이 사건의 핵심 쟁점이 되었다. 제1심과 원심은 모두 피고인에게 징역 1년을 선고하였고, 대법원은 상고를 기각하여 원심이 확정되었다.

2. 판결의 요지

가. 1심판결(전주지방법원 2019. 1. 25. 선고 2018고단1956 판결)

제1심 법원은 토렌트 파일의 기술적 특성을 분석한 후, 그 실질적 기능에 주목하여 유죄를 선고하였다. 법원은 먼저 토렌트 파일이 "그 자체로 영상 파일이 아니라 그 공유정보가 저장되어 있는 데이터 파일"임을 인정하였다. 그러나 토렌트 파일의 실제 작동 과정을 살펴보면, "토렌트 파일을 다운로드한 이용자들은 비트토렌트 클라이언트 프로그램을 통해 이를 실행함으로써 쉽고 빠르게 콘텐츠 파일을 접촉받을 수 있고, 이는 인터넷이 연결되어 있는 PC만 있으면 같은 자리에서 한번에 처리할 수 있으며, 비용이 무료이고 절차나 시간 면에서 특정 사이트에 업로드된 콘텐츠 파일을 직접 다운로드하는 방식과 큰 차이가 없다"고 판단하였다. 이러한 분석을 바탕으로 법원은 "불특정 다수인이 이용할 수 있는 인터넷 사이트에서 음란한 부호 등에 관한 토렌트 파일을 제공하는 행위는, 특별한 사정이 없는 한 음란한 부호 등을 배포하거나 공공연하게 전시하는 행위에 해당한다"는 결론에 도달하였다.

나. 원심판결(전주지방법원 2019. 4. 3. 선고 2019노194 판결)

원심 법원은 피고인의 항소를 기각하며 제1심의 판단을 유지하였다. 원심은 토렌트 시스템의 구조적 특성에 더욱 주목하였다. 원심은 "불특정 다수인이 이용할 수 있는 인터넷 사이트에서 음란한 영상에 관한 토렌트 파일을 제공하는 행위는 이미 불특정 다수인에 의하여 인식될 수 있는 상태에 놓여 있는 음란한 영상 파일 조각을 토렌트 파일을 제공하는 수법으로 사실상 지배, 이용함으로써 그 실질에 있어서 음란한 영상을 직접 전시하는 것과 동일한 것으로 평가될 수 있다"고 판시하였다. 특히 원심은 실질적 접근성에 주목하여 "불특정 다수인이 위 파일을 이용하여 별다른 제한 없이 음란한 영상에 바로 접할 수 있는 상태가 실제

---

3) 정보통신망법 제74조(벌칙) ① 다음 각 호의 어느 하나에 해당하는 자는 1년 이하의 징역 또는 1천만 원 이하의 벌금에 처한다.
2. 제44조의7 제1항 제1호를 위반하여 음란한 부호·문언·음향·화상 또는 영상을 배포·판매·임대하거나 공공연하게 전시한 자

로 조성되었다면, 그러한 행위는 전체로 보아 음란한 영상을 배포 또는 공연히 전시한다는 구성요건을 충족한다"고 판단하였다.

다. 대법원 판결

대법원은 상고를 기각하며 토렌트 파일의 법적 성격에 대한 명확한 법리를 제시하였다.

(1) 토렌트 파일의 기술적 특성

대법원은 먼저 음란물 영상의 토렌트 파일이 P2P 방식의 파일 공유 프로토콜인 토렌트를 통해 공유하기 위하여 토렌트 클라이언트 프로그램을 사용하여 생성된 파일이라고 정의하였다. 이러한 토렌트 파일은 음란물 영상의 이름, 크기, 고유의 해시값 등의 메타데이터를 담고 있으며, 이러한 메타데이터는 수많은 토렌트 이용자들로부터 토렌트를 통해 전송받을 해당 음란물 영상을 찾아내는 색인과 같은 역할을 한다고 설명하였다.

(2) '내용의 정보' 해당성 인정

이러한 기술적 특성을 바탕으로 대법원은 토렌트 파일의 법적 성격을 판단하였다. 대법원은 토렌트에서 토렌트 파일이 수행하는 역할과 기능, 그리고 음란물 영상을 공유하기 위해 토렌트 파일을 웹사이트 등에 게시하는 행위자의 의도를 종합적으로 고려하였다. 그 결과 대법원은 음란물 영상을 공유하기 위해 생성된 정보이자 토렌트를 통해 그 음란물 영상을 전송받는 데 필요한 정보인 토렌트 파일이 정보통신망법 제44조의7 제1항 제1호에서 정보통신망을 통한 유통을 금지한 '음란한 영상을 배포하거나 공공연하게 전시하는 내용의 정보'에 해당한다고 판단하였다.

(3) 실질적 동일성 원칙 확립

대법원은 토렌트 파일 게시 행위의 법적 성격을 규명하기 위하여 이러한 행위와 직접적인 음란물 배포 행위 간의 관계를 검토하였다. 음란물 영상의 토렌트 파일을 웹사이트 등에 게시하여 불특정 또는 다수인에게 무상으로 다운로드받게 하는 행위 또는 그 토렌트 파일을 이용하여 별다른 제한 없이 해당 음란물 영상에 바로 접할 수 있는 상태를 실제로 조성한 행위가 어떠한 법적 의미를 갖는지에 대해 판단한 것이다. 대법원은 이러한 행위들이 정보통신망법 제74조 제1항 제2호에서 처벌 대상으로 삼고 있는 음란한 영상의 배포 또는 공공연한 전시와 실질적으로 동일한 결과를 가져온다고 판시하였다. 그러므로 위와 같은 행위는 전체적으로 보아 음란한 영상을 배포하거나 공공연하게 전시한다는 구성요건을 충족한다고 봄이 상당하다고 판단하였다.

(4) 최종 결론

대법원은 피고인이 광고 수익을 목적으로 체계적으로 대량의 토렌트 파일을 게시한 점, 불특정 다수가 아무런 제한 없이 무상으로 다운로드받을 수 있도록 한 점 등의 사실관계를 종합하여 피고인의 행위가 전체적으로 보아 정보통신망법 제74조 제1항 제2호에서 정한 구성요건에 해당한다고 결론지었다. 아울러 원심의 판단에 관련 법리를 오해하거나 유추해석 금지의 원칙을 위반한 잘못이 없다고 보아 상고를 기각하였다.

3. 해설

가. 정보통신망법상 음란물 배포죄의 구성과 의의

정보통신망법상 음란물 배포죄는 제44조의7과 제74조의 결합으로 구성된다. 제44조의7 제1항 제1호는 행위규범으로서 "누구든지 정보통신망을 통하여 음란한 부호·문언·음향·화상 또는 영상을 배포·판매·임대하거나 공공연하게 전시하는 내용의 정보를 유통하여서는 아니 된다"고 규정한다. 제74조 제1항 제2호는 제재규범으로서 위 조항을 위반한 자를 "1년 이하의 징역 또는 1천만 원 이하의 벌금"에 처하도록 규정한다. 여기서 주목할 점은 제44조의7 제1항 제1호가 음란한 영상 자체뿐만 아니라 "배포하거나 공공연하게 전시하는 내용의 정보"까지 유통 금지 대상으로 포함하고 있다는 것이다. 이는 디지털 환경에서 다양한 형태로 이루어지는 음란물 유통을 포괄적으로 규제하려는 입법 의도를 반영한 것으로 해석된다.

나. 토렌트 기술과 메타데이터의 구조적 특성

(1) 토렌트 시스템의 기술적 배경

BitTorrent는 2001년 Bram Cohen이 개발한 혁신적인 P2P 파일 공유 프로토콜이다.[4) 기존의 중앙집중형 다운로드 방식과 달리, 파일을 여러 작은 조각(piece)으로 나누어 네트워크에 참여한 다수의 사용자(peer)들로부터 동시에 다운로드받는 분산형 구조를 채택한다. 이러한 방식은 서버 부하를 분산시키고 다운로드 속도를 향상시키는 장점이 있어 합법적인 대용량 파일 배포에도 널리 활용되고 있다.

4) Bram Cohen, "Incentives Build Robustness in BitTorrent", Workshop on Economics of Peer-to-Peer Systems, 2003.

토렌트 파일(.torrent)은 이러한 분산 다운로드를 가능하게 하는 핵심 요소로서, 실제 공유 대상 파일을 포함하지 않는다. 대신 ① 파일명과 크기 정보, ② 파일의 SHA-1 해시값, ③ 파일 조각들의 해시값 목록, ④ 트래커 서버 주소, ⑤ 생성 일시 등의 메타데이터만을 담고 있다.

(2) 메타데이터의 기능적 역할

본 사건에서 대법원이 주목한 것은 바로 메타데이터의 이러한 기능적 중요성이다. 대법원은 토렌트 파일을 "음란물 영상을 P2P 방식으로 공유하기 위해 생성된 파일로서, 음란물 영상의 이름, 크기, 고유 해시값 등의 메타데이터를 포함하며, 토렌트 이용자들이 해당 음란물 영상을 찾아내는 색인 역할을 하고, 토렌트 프로그램에서 실행하면 자동으로 해당 음란물 영상을 전송받을 수 있는 기능을 수행한다"고 정의하였다.

이러한 정의는 메타데이터가 단순한 정보가 아니라 불법 콘텐츠 유통의 핵심적이고 필수적인 구성요소라는 점을 명확히 한 것이다.

다. 실질적 기능론의 적용과 '내용의 정보' 해석

(1) 대법원의 해석론적 접근

대법원은 토렌트 파일의 법적 성격을 판단함에 있어 형식적 접근이 아닌 실질적 기능론을 채택하였다. 대법원은 다음 세 가지 요소를 종합적으로 고려하였다. ① 토렌트 파일의 기능적 역할 - 음란물 영상 공유를 위해 생성된 정보로서의 성격, ② 행위자의 주관적 의도 - 음란물 영상을 공유하기 위한 목적성, ③ 객관적 결과 - 음란물 영상에 바로 접할 수 있는 상태의 조성. 이러한 종합적 고려를 통해 대법원은 토렌트 파일이 정보통신망법 제44조의7 제1항 제1호에서 금지하는 "음란한 영상을 배포하거나 공공연하게 전시하는 내용의 정보"에 해당한다고 판단하였다.

(2) '내용의 정보' 개념의 해석

정보통신망법 제44조의7 제1항 제1호의 "내용의 정보"라는 표현은 이 사건 판결의 핵심 쟁점이다. 대법원의 해석에 따르면, "내용의 정보"는 음란물 자체뿐만 아니라 음란물 배포나 전시를 위한 수단적 정보도 포함한다. 이는 디지털 환경에서 콘텐츠와 이에 대한 접근 수단이 분리되는 기술적 특성을 반영한 것이다. 특히 P2P 환경에서는 콘텐츠 자체보다 콘텐츠에 대한 접근 정보가 더 중요한 역할을 할 수 있다는 점을 고려한 해석으로 볼 수 있다.

(3) 실질적 동일성 원칙의 확립

대법원이 제시한 “실질적으로 동일한 결과”라는 기준은 이 판결의 핵심 법리이다. 이는 행위의 형식적 차이에도 불구하고 최종적으로 달성되는 결과가 동일하다면 법적으로 같은 평가를 받아야 한다는 원칙을 확립한 것이다. 구체적으로 대법원은 “토렌트 파일을 웹사이트 등에 게시하여 불특정 또는 다수인에게 무상으로 다운로드받게 하는 행위 또는 그 토렌트 파일을 이용하여 별다른 제한 없이 해당 음란물 영상에 바로 접할 수 있는 상태를 실제로 조성한 행위”가 직접적인 음란물 배포나 전시와 실질적으로 동일한 결과를 가져온다고 판단하였다.

라. 기존 판례와의 관계

(1) 링크 설정 행위 관련 판례와의 연속성

대법원은 웹사이트 링크 설정 행위에 대해 “단순한 소개·연결을 넘어 별다른 제한 없이 음란물에 바로 접할 수 있는 상태를 실제로 조성한다면” 직접적인 배포나 전시와 실질적으로 다르지 않다고 판시한 바 있다.[5] 본 판결은 이러한 기존 판례의 법리를 토렌트 파일에 확장 적용한 것으로 볼 수 있다. 링크와 토렌트 파일은 모두 직접적으로 음란물을 포함하지는 않지만, 음란물에 대한 접근을 가능하게 하는 수단이라는 점에서 공통점을 갖는다. 다만 링크가 이미 존재하는 콘텐츠에 대한 연결 수단이라면, 토렌트 파일은 분산된 콘텐츠를 통합하여 접근할 수 있게 하는 수단이라는 차이가 있다.

(2) P2P 서비스 제공자 책임 판례와의 구별

소리바다 사건에서 대법원은 P2P 서비스 제공자가 “P2P 파일공유 프로그램이나 그 이용기술을 제공하는 것에 그치지 않고, 저작권 침해를 용이하게 하거나 이를 적극 유도하는 등의 행위를 하였다면” 방조책임을 질 수 있다고 판시하였다.[6] 그러나 본 판결은 서비스 제공자의 간접적 방조책임이 아니라 개별 이용자의 직접적 범죄행위를 다룬다는 점에서 차이가 있다.

---

5) 대법원 2003. 7. 8. 선고 2001도1335 판결.
6) 대법원 2007. 12. 13. 선고 2005도872 판결.

마. 죄형법정주의와 유추해석 금지 원칙과의 관계

(1) 구성요건의 명확성과 해석의 한계

형법에서 유추해석은 엄격히 금지되며, 구성요건은 명확하게 해석되어야 한다는 것이 헌법상 죄형법정주의의 핵심 요청이다. 피고인 측에서는 토렌트 파일이 음란한 '영상' 자체가 아니므로 구성요건에 해당하지 않으며, 이를 처벌 대상으로 보는 것은 유추해석에 해당한다고 주장하였다.

(2) 대법원의 문리해석론

대법원은 토렌트 파일을 단순히 '음란한 영상'으로 의제한 것이 아니라, 정보통신망법 제44조의7 제1항 제1호의 "음란한 영상을 배포하거나 공공연하게 전시하는 내용의 정보"라는 문언의 해석 범위 내에서 판단한 것이라고 보았다. 특히 "내용의 정보"라는 표현이 음란한 영상 자체뿐만 아니라 이를 배포하거나 전시하는 '내용'을 담은 정보도 포함할 수 있다고 해석함으로써, 문언의 가능한 의미 범위를 벗어나지 않았다고 판단하였다.

4. 판결의 의의

가. 메타데이터의 법적 지위 명확화

본 판결의 가장 중요한 의의는 디지털 환경에서 메타데이터의 법적 지위를 명확히 했다는 점이다. 대법원이 메타데이터를 "음란한 영상을 배포하거나 공공연하게 전시하는 내용의 정보"로 규정함으로써, 단순한 정보가 아닌 실질적인 유통 수단으로 평가했다. 이는 앞으로 다양한 형태로 등장할 수 있는 메타데이터 기반 불법 콘텐츠 유통에 대한 포괄적 규제 근거를 제공한다는 점에서 의의가 크다.

나. 실질적 기능론에 따른 법해석 기준 확립

대법원이 제시한 "실질적으로 동일한 결과를 가져온다"는 판단 기준은 디지털 기술 발전에 대응한 새로운 법해석 원칙을 확립하였다. 이는 행위의 형식이 아닌 결과의 실질에 주목하는 접근으로, 계속 발전하는 새로운 기술에 대한 법적 대응의 기본 원칙을 제시한 것이다. 특히 "토렌트 파일이 수행하는 역할과 기능"을 종합적으로 고려한 판단은 향후 유사한 기술적 쟁점에서 중요한 선례가 될 것이다.

다. P2P 환경에서의 포괄적 책임 체계 구축

기존에는 주로 P2P 서비스 제공자의 방조책임이 논의되었으나, 본 판결은 메타데이터를 게시하는 개별 이용자의 행위 자체를 직접적인 범죄로 평가하였다. 이로써 ① 토렌트 사이트 운영자, ② 메타데이터 업로더, ③ 메타데이터 다운로더에 대한 포괄적 규제 근거가 마련되었다. 이는 P2P 환경에서 발생하는 불법 콘텐츠 유통에 대해 보다 효과적이고 체계적인 법적 대응을 가능하게 한다는 점에서 실무상 의의가 크다.

라. 디지털 범죄에 대한 사법적 대응의 발전

본 판결은 디지털 기술의 발전에 따른 새로운 범죄 유형에 대한 사법부의 적극적 대응을 보여준다. 전통적인 직접 배포 방식에서 벗어나 기술적 우회를 통한 간접적 유통 방식에도 실질적 기준을 적용함으로써, 급변하는 디지털 환경에서의 법 적용 방향을 제시했다. 이는 향후 메타버스, 블록체인 등 새로운 디지털 환경에서 발생할 수 있는 유사한 범죄에 대한 대응 기준으로도 활용될 수 있을 것이다.

마. 향후 과제와 한계

(1) 신기술에 대한 대응 방안

마그넷 링크(magnet link), DHT(Distributed Hash Table) 등 기존 메타데이터 방식과 다른 새로운 기술들이 등장하고 있다.[7] 본 판결의 법리가 이러한 새로운 기술에도 적용될 수 있는지에 대한 지속적인 검토가 필요하다. 특히 블록체인 기반 분산 저장 기술 등 새로운 형태의 콘텐츠 유통 기술에 대한 법적 대응 방안을 미리 준비해야 할 것이다.

(2) 입법정책적 보완의 필요성

현행법의 해석만으로는 한계가 있으므로, 새로운 디지털 기술 환경에 맞는 보다 구체적이고 명확한 입법적 대응이 필요하다. 특히 ① 메타데이터를 통한 불법 콘텐츠 유통에 대한 명시적 규정, ② 신종 디지털 기술에 대한 포괄적 대응 조항, ③ 영리목적이나 상습성에 따른 가중처벌 규정, ④ 국제공조를 위한 법적 근거 마련 등이 종합적으로 검토되어야 한다.

---

7) 방송통신위원회, "P2P 기술 동향 및 규제 방안 연구", 2019.

본 판결은 디지털 시대의 메타데이터 활용 범죄에 대한 사법부의 적극적이고 실질적인 대응을 보여주는 중요한 선례로서, 향후 관련 사건들에 광범위한 영향을 미칠 것으로 예상된다.

43 시청자제작 프로그램의 방송심의에서 완화된 심사기준의 적용

대법원 2019. 11. 21. 선고 2015두49474 전원합의체 판결[1)]

황창근 (홍익대학교 법과대학 교수)

1. 사안의 개요

원고 재단법인 시민방송은 종합유선방송사업자 또는 위성방송사업자와 특정 채널의 전부 또는 일부 시간에 대한 전용사용계약을 체결하여 퍼블릭 액세스(시청자 제작 영상물 방송) 전문 텔레비전 채널을 운영하는 방송채널사용사업자이다. 원고는 위 채널을 통해 2013. 1.경 시청자인 사단법인 민족문제연구소가 제작한 다큐멘터리 '백년전쟁-두 얼굴의 이승만' 프로그램(이하 '이 사건1 방송')과 '백년전쟁-프레이저 보고서' 프로그램(이하 '이 사건2 방송')을 각 29회, 26회에 걸쳐 방송하였다(이하 합쳐서 '이 사건 방송').

이 사건 1 방송은 이승만 대통령과 관련된 13개 정도의 에피소드를 삽입하여 이를 토대로 이승만 대통령을 재평가하는 내용으로 구성되어 있다. 이 사건 2 방송은 미국에서 작성된 프레이저 보고서의 내용에 기초하여 한국의 경제발전이 주로 미국의 동아시아 반공정책에 의해 수출주도형으로 전환됨에 따른 결과라는 견해에서 박정희 대통령을 재평가하는 내용으로 구성되어 있다.

피고 방송통신위원회(이하 방통위)는 2013. 8. 21. 원고에게, 이 사건 각 방송이 구 방송심의에 관한 규정(2014. 1. 15. 방송통신심의위원회규칙 제100호로 개정되기 전의 것, 이하 '심의규정'이라 한다) 중 객관성과 공정성에 관한 제9조 제1항, 제2항, 제14조 및 사자 명예존중에 관한

---

1) [참조 및 관련 판례] 대법원 2016. 5. 24. 선고 2013다34013 판결.
[관련 평석 및 문헌] 박재윤, "방송의 공정성과 법의 포기", 행정판례연구 제25권 제2집, 2020; 김태우, "방송의 공정성과 사자에 대한 명예훼손", 경영법률 제31집 제3호, 2021; 최선웅, "2019년 행정판례 동향", 행정법연구 제62호, 2020. 8.; 장윤미, "뉴스와 다큐, 방송이라는 이유로 동일하게 규제되어야 할까- 대법원 2019. 11. 21. 선고 2015두49474 전원합의체 판결 분석", 언론중재, Winter, 2020; 강재원 · 최일우, "방송의 공정성 관련 국내 법원 판례 분석: 공정성의 원칙과 사회적 합의", 방송통신연구 겨울호, 2023; 양철한, [2019년 분야별 중요판례분석] 27. 언론법, 법률신문, 2020. 8. 13.자: 이승선, "<백년전쟁> 사건과 대법원 판결의 의미 - 저널리즘의 규범, 절대적 해석은 없다", 신문과방송 No. 59, 2020년 2월호.

제20조 제2항을 위반하였다는 이유로 방송법 제100조 제1항 제3호, 제4호 및 같은 조 제4항에 따라 해당 방송프로그램의 관계자에 대한 징계 및 경고를 명하고 이러한 제재조치를 받은 사실에 대한 고지방송[2)]을 명하였다(이하 피고의 제재조치명령을 통틀어 '이 사건 처분'이라 한다). 원고는 이에 불복하여 피고에게 재심청구를 하였고 재심청구가 기각되자, 이 사건 처분의 취소를 구하는 이 사건 소를 제기하였다. 1심은 피고의 처분이 위법하지 않다는 이유로 원고 청구를 기각하였고, 2심에서도 항소를 기각하였으며, 대법원에서는 원심을 파기하였다.

2. 판결의 요지

가. 1심판결(서울행정법원 2014. 8. 28. 선고 2013구합28954 판결) 및 원심판결(서울고등법원 2015. 7. 15. 선고 2014누61394 판결)

1심은 절차상 하자, 방송법상 공정성과 객관성의 심의대상 여부, 처분사유의 부존재, 퍼블릭 액세스 채널에 대한 심의규정 적용 등에 따른 재량권의 일탈·남용이 있다는 원고의 주장을 받아들이지 아니하고 청구를 기각하였다.

이에 원고가 항소한 원심에서는 역사다큐멘터리 프로그램이라고 하더라도 방송의 공정성과 객관성을 준수할 의무가 면제되는 것이 아니라는 전제하에 아래와 같은 이유에서 항소를 기각하였다.

1) 이 사건 방송은 그 구성, 내용, 편집 등에 비추어 볼 때, 새로운 관점이나 의혹을 제기하는 것에 그치지 않고 특정 입장에 유리한 방향으로 사실을 편집하거나 재구성함으로써 공정성과 객관성을 상실하였고, 이승만, 박정희 대통령을 희화화함으로써 사자의 명예를 훼손하였다고 봄이 상당하다.

2) 이 사건 방송은 특정 자료만을 근거로 지나치게 일방적이고 부정적인 시각으로 전직 대통령들을 폄하하였고, 그 정도가 상당히 중하다. 퍼블릭 액세스 채널이라고 하더라도 방송채널사용사업자로서 원고의 방송법상 공정성과 객관성 준수에 대한 책임이 경감된다고 볼 수 없다. 이 사건 각 제재처분으로 달성하려는 공익보다 그로 인하여 침해받는 원고의 언론의 자유, 퍼블릭 액세스 및 국민의 알권리의 침해가 훨씬 커서 재량권을 일탈·남용하여 위법하다고 볼 수 없다.

2) 방송통신위원회는 고지방송명령을 관행적으로 부과하고 있는데 그 법적 성격이 문제가 된다. 고지방송의무는 방송법 제100조 제4항에 따라 자동적으로 발생되는 것일뿐 방송통신위원회의 명령에 의한 것이 아니므로 항고소송의 대상이 되는 처분이라고 할 수 없다(황창근, "방송심의체계의 권한과 책임의 재조정 - 실효성 및 권리구제절차 개선을 중심으로 -", 중앙법학 제26집 제4호, 2024, 704-705면). 판례도 같은 입장이다(대법원 2015. 3. 12. 선고 2014두43974 판결; 대법원 2023. 7. 13. 선고 2016두34257 판결).

나. 대법원 판결

(1) 방송심의시 방송매체별, 채널별, 프로그램별 특성을 고려해야 하는지

[다수의견] 방송이 사회에 미치는 영향력의 구체적인 차이를 고려하지 않은 채 일률적인 기준을 적용하여 객관성·공정성·균형성을 심사한다면, 방송법이 매체와 채널 및 방송분야를 구별하여 각 규율 내용을 달리하고, 각 방송프로그램을 통해 다양한 목적을 추구함으로써 국민생활의 질적 향상을 도모함과 동시에 방송의 다양성을 보장하고자 하는 취지 및 이로써 공정한 여론의 장을 형성하고자 하는 방송의 역할을 과도하게 제한할 우려가 있다. 따라서 방송내용이 공정성과 공공성을 유지하고 있는지 등을 심의할 때에는 매체별, 채널별, 프로그램별 특성을 모두 고려하여야 한다.

[대법관 조희대, 대법관 권순일, 대법관 박상옥, 대법관 이기택, 대법관 안철상, 대법관 이동원의 반대의견] 다수의견이 사용하는 '상대적으로 완화된 심사기준'이라는 용어의 의미가 객관성·공정성·균형성 유지의무 위반을 엄격하게 인정해야 한다는 것이라면, 침익적 행정처분의 근거 법령에 관한 엄격해석의 원칙이라는 확립된 대법원의 법리를 동어반복한 것에 지나지 않는다. 다수의견이 주장하는 '완화된 심사기준'의 실천적인 의미는 결국 처분사유의 존재에 관한 방송통신위원회의 증명책임의 정도를 강화하거나 제재처분의 수위를 결정할 때 재량권 행사에 감안하라는 것일 수밖에 없다. 따라서 굳이 '완화된 심사기준'이라는 개념을 새로이 상정하지 않더라도 취소소송의 확립된 법리 안에서 충분히 그 취지가 반영될 수 있다. 완화된 심사기준의 실체가 없고 독자적인 의미가 없는 이상 다수의견이 제시하는 논리에 따라 방송심의를 할 경우 그 핵심은 어떠한 매체, 채널, 프로그램에 완화된 심사기준이 적용될 것인지가 될 수밖에 없다.

다수의견은 매체의 영향력, 시청자 참여프로그램 여부, 교양·오락 프로그램 여부 등을 완화된 심사기준 적용 여부 판단의 기준으로 제시하고 있다. 그러나 각 방송과 관련된 단편적인 기준만으로 완화된 심사기준의 적용대상이 구체적으로 어떤 것인지 아무런 설명이 되지 못한다. 나아가 이러한 다수의견의 결론을 따른다면 특정 매체, 채널, 프로그램의 영향력에 따라 심의규정 위반 여부가 달라진다는 것이어서 행정청의 자의적 처분을 용인하고 정당화하여 헌법이 요구하는 법치행정 원칙에 반한다. 그뿐만 아니라 각 방송의 특성을 고려하여 심사기준을 어떻게 달리 적용하여야 하는지 알 수 없으므로 상대적으로 완화된 심사기준을 적용할 방법도 없다.

(2) 처분의 위법여부

[다수의견] 이 사건 방송은 시청자의 자유로운 접근이 제한된 유료의 비지상파 방송매체 및 퍼블릭 액세스 전문 채널을 통해 방영되었고, 시청자가 제작한 역사 다큐멘터리 프로그램이므로, 방송내용의 객관성·공정성·균형성 심사를 할 때는 무상으로 접근 가능한 지상파방송이나 방송사업자가 직접 제작한 프로그램 또는 보도에 관한 프로그램과 달리 상대적으로 완화된 심사기준을 적용함이 타당하고, 이와 같은 방송의 매체별, 채널별, 프로그램별 특성을 반영하여 그 방송이 시청자에게 주는 전체적인 인상을 기준으로 객관성·공정성·균형성을 심사하면 위 각 방송이 진실을 왜곡하거나 관련 당사자의 의견을 균형 있게 반영하지 아니하여 구 심의규정상 객관성·공정성·균형성 유지의무를 위반하였다고 단정하기 어렵고, 위 각 방송은 역사적 사실과 인물에 대한 논쟁과 재평가를 목적으로 하고 있으므로 오로지 공공의 이익을 위한 것이라고 할 수 있고, 외국 정부의 공식 문서와 신문기사, 관련자 및 전문가와의 인터뷰 등을 기초로 하였다는 점에서 진실과 다소 다른 부분이 있더라도 진실한 사실이라고 믿을 상당한 이유가 있으므로 사자 명예존중을 규정한 구 심의규정 제20조 제2항을 위반하였다고 볼 수 없거나 구 심의규정 제20조 제3항에 의하여 제재조치를 할 수 없다는 이유로, 이와 달리 본 원심판단에 법리를 오해한 잘못이 있다.

[대법관 조희대, 대법관 권순일, 대법관 박상옥, 대법관 이기택, 대법관 안철상, 대법관 이동원의 반대의견] 위 각 제재처분의 처분사유는 위 각 방송이 이승만, 박정희 대통령을 비판하였다는 것이 아니라 그 내용이 객관성·공정성·균형성을 갖추지 못하였고, 사자 명예존중 의무를 위반하였다는 것이다. 그런데 위 각 방송이 근거로 내세운 자료들은 역사적 인물인 이승만, 박정희 대통령에 관한 다양하고 방대한 자료들 중 제작 의도에 부합하도록 선별된 것이었고, 선별된 자료들 중에서도 제작 의도에 부합하지 아니하는 내용은 누락하거나, 부합하는 것처럼 보이는 일부 내용만을 발췌·편집하여 마치 그것만이 유일한 사실인 것처럼 꾸몄을 뿐만 아니라, 사용된 표현 역시 저속하고 모욕적인 것으로 점철되어 있다. 따라서 위 각 방송은 방송에 요구되는 최소한의 객관성·공정성·균형성을 갖추지 못하였고, 사자 명예존중 의무를 준수하지도 못하였으며 사자에 대한 모욕과 조롱이 '오로지 공공의 이익을 위한 것'에 포섭될 수도 없으므로, 위 각 제재처분이 적법하다는 원심판결에는 아무런 잘못이 없다.

3. 해설

가. 방송심의의 의의와 이 사건의 쟁점

방송심의체계는 방송사업자가 심의규정을 위반한 경우, 방통위가 과징금 및 해당 방송프로그램등의 정정, 수정 또는 중지, 방송편성책임자, 해당 방송프로그램 등의 관계자에 대한 징계, 방송출연자에 대한 경고 등 제재조치를 명하는 내용규제체계를 말한다(방송법 제100조). 방송심의체계는 방송통신심의위원회(이하 '심의위')의 심의와 방통위의 제재조치로 이원적으로 이루어진다. 심의위는 심의 결과 심의규정을 위반한 사실이 있으면 제재조치를 결정하여 방통위에 요청하고, 방통위는 심의위의의 제재조치 요청에 따라 처분을 하도록 하고 있어서, 방송심의체계에서 실질적인 처분청은 심의위라고 할 것이다.[3] 또한 방송에 관한 심의규정은 심의위가 제정하도록 되어 있는데(방송법 제33조), 심의위가 방송의 심의 및 제재조치의 종류의 결정을 정한다는 점에서 심의기준은 제재처분기준의 성질을 가진다고 할 것이다.

이 판결에는 여러 쟁점이 있지만,[4] 이 평석에서는 첫째 방송의 객관성·공정성 등의 심의기준 판단시 방송의 매체별·채널별·프로그램별 특성의 반영 즉 매체특성론의 의미와 완화된 심사기준의 적용 문제, 둘째 방송법상 제재조치 부과에 있어서 형법상 사자명예훼손의 구성요건과 위법성조각사유에 관한 법리를 차용할 수 있는지 여부 등을 다루고자 한다.

나. 방송법 제32조와 매체특성론적 방송심의

(1) 이른바 매체특성론적 방송심의의 의의와 한계

1) 매체특성론의 의의

방송법 제32조는 심의위는 방송의 공정성과 공공성 및 공적 책임의 준수 여부를 심의·의결하고, 이 경우 매체별·채널별 특성을 고려하여야 한다고 규정하고 있다. 이 취지는 방송의 공정성, 공공성 및 공적 책임의 준수여부에 대한 방송심의시 매체·채널 등 이른바 매체특성을 고려한 매체특성론적 방송심의를 규정한 것이다. 대상판결은 시청자 제작 프로그램이라는 이 사건 방송에 대하여 이러한 '매체별·채널별·프로그램별 특성'를 고려하지 아니한 원심의 판단이 잘못되었다는 것이다. 매체특성별 심의는 원래 내용규제에서 인쇄매체, 방송매체, 통신매체 등의 매체특성에 따라 심의기준을 달리 정하여 적용하여야 한다는 것으

---

3) 이상 방송심의체계의 구조와 문제점에 대하여는 황창근, 앞의 논문 참조.

4) 평석에서 다루는 것 외에도, 방송의 공정성과 공공성 심의대상 프로그램이 '보도에 관한 방송프로그램'에 한정되는지 여부도 주요 쟁점이다.

로, 인터넷 내용규제에서 그 기준의 설정으로 중요하게 된 정립된 이론[5])으로 헌법재판소의 인터넷매체에 대한 내용규제에서 채택한 법리이다.[6]) 매체특성론은 이처럼 매체의 차이에 따른 내용규제의 차이를 감안한 것인데, 대상판결은 매체별의 특성은 물론이고 채널별, 프로그램별 특성까지 반영한 것을 특징으로 한다. 다만 방송심의에서의 매체특성론은 내용규제의 성격상 방송내용 자체의 공정성 등을 주된 대상으로 하여야 하고, 매체의 특성은 부차적으로 고려되어야 한다는 한계를 가진다. 즉 방송심의는 방송내용의 공정성 등을 심의하기 위한 것이지, 심의대상의 특성에 따라 정해지는 것으로 오해가 있어서는 안된다.[7])

여기서 매체란 언론매체를 말하는 것으로 인쇄, 방송, 통신, 인터넷 등 정보를 전달하는 모든 수단을 말하고, 그 중 방송매체에 대하여는 방송법에서는 지상파방송사업, 종합유선방송사업, 위성방송사업, 방송채널사용사업으로 구분하고 있으며(제2조 제2호), 채널이란 동일한 주파수 대역을 통해서 연속적인 흐름 또는 정보체계의 형태로 제공되어지는 텔레비전방송, 라디오방송 또는 데이터방송의 단위(제2조 제20호의2)로서 구체적인 경로 또는 수단을 말한다. 한편 방송프로그램이란 방송편성의 단위가 되는 방송내용물을 말하는데(제2조 제17호), 그 프로그램은 보도·교양·오락등으로 분류하고 있다(제2조 제16호).

2) 방송심의에서의 매체특성론의 한계

방송법 및 심의규정의 명문의 규정에도 불구하고, 방송심의에 있어서 매체특성론을 실제 적용하는 것은 여러 가지 문제와 한계가 있다,

첫째, 현행 법령에는 프로그램별 특성을 고려할 것을 명문화하고 있지 않다는 점을 유의하여야 한다.[8]) 방송법에서 방송프로그램의 개념이나 그 프로그램을 보도·교양·오락으로 방송분야를 구분하며, 프로그램에 따라 종합편성과 전문편성으로 구분하는 점(제2조 제18호 제19호), 방송프로그램별로 대가를 받는 유료방송을 인정하고 있는 점(제2조 제20호) 등 방송프로그램의 개념을 규정하고 있음에도 불구하고, 방송심의에서 이러한 프로그램별 특성을 반영할 것을 명문화하지 않고 있다. 그러나 특정 프로그램은 다양한 내용으로 구성되어 있어서 프로그램을 보도, 교양, 오락 중 어느 하나로 규정짓는 것이 쉽지 않아 '프로그램별 특성'을 반영한 방송심의를 요구하기는 쉽지 않다. 교양 분야라고 하더라도 오락이나 보도분야

---

5) 인터넷매체특성론에 대하여는 황창근, "인터넷상 불법정보 규제법제의 분석", 세계헌법연구 제15권 제3호, 2009, 526-527면.

6) 인터넷은 위와 같은 방송의 특성이 없으며, 오히려 진입장벽이 낮고, 표현의 쌍방향성이 보장되며, 그 이용에 적극적이고 계획적인 행동이 필요하다는 특성을 지닌다. (중략). 표현매체에 관한 기술의 발달은 표현의 자유의 장을 넓히고 질적 변화를 야기하고 있으므로 계속 변화하는 이 분야에서 규제의 수단 또한 헌법의 틀 내에서 다채롭고 새롭게 강구되어야 할 것이다(헌법재판소 2002. 6. 27. 선고 99헌마480 결정).

7) 박재윤, "방송의 공정성과 법의 포기"(주 1), 200-201면.

8) 강재원·최일우, "방송의 공정성 관련 국내 법원 판례 분석: 공정성의 원칙과 사회적 합의"(주 1), 25면, 각주 26 참조.

가 포함될 수 있고, 보도 분야도 교양이나 오락이 포함 될 수 있는 것이다. 즉 매체나 채널은 어느 하나로 규정지을 수 있지만, 프로그램은 어느 하나의 분야로 규정하는 것이 어렵다는 점을 감안하여야 한다.9) 그런 점에서 이 사건의 프로그램이 역사 다큐멘터리로서 교양방송분야에 해당한다고 하지만, 보도프로그램과 다른 심의기준을 적용할 것을 요구하기는 쉽지 않다고 할 것이다.

둘째, 오늘날 방송환경상 매체별, 채널별 또는 프로그램별로 완화된 심의기준을 별도로 제정하여 적용하는 것은 쉬운 일이 아니다. IPTV, OTT 등 새로운 매체의 등장, 방송과 통신의 융합 등으로 인하여, 방송환경은 과거 특정의 방송매체, 채널로 엄격하게 구분하기 어려운 환경이 되었다. 시청자 입장에서도 매체나 채널의 구분에 따른 시청환경을 구분하지 않고 있다. 또한 프로그램의 이 어느 장르에 속하는지 장르의 구분도 모호해지고 장르를 넘나드는 혼합장르 프로그램이 보현화되는 환경이 되었다.10) 이 사건 방송과 같이 시청자 제작 프로그램의 경우에도, 시청자의 전문성이나 제작 규모에 따라 천차만별이라고 하겠다. 이처럼 매체특성론은 매체간에도 융합 현상이 발생하고, 새로운 미디어 환경이 등장하며, 그에 대한 방송 수용 환경이 계속 변화하는 사실을 충분히 감안하여 이해하여야 한다.11)

(2) 시청자제작 프로그램에 대한 완화된 심사기준의 적용 문제

다수의견은 이 사건방송은 비지상파, 시청자제작, 교양·오락프로그램으로 완화된 심사기준을 적용하여야 한다는 것인데 여기서 완화된 심사기준이란 심의규정상의 공정성 등의 인정요건을 보다 더 엄격하게 본다는 의미로 판시하고 있다. 그러나 위반여부를 엄격하게 인정한다는 취지라면 이는 침익적 행정처분 법규의 엄격해석원칙의 동어반복에 지나지 않는 것이다. 실제 심의위가 심의기준에 따라 그 위반 여부를 엄격하게 적용할지 완화하여 적용할지를 판단하는 것은 법치행정원리에 부합한다고 보기도 어렵다.12) 또한 어떤 매체·채널·프로그램에 대하여 완화된 심사기준을 규정하여 적용하여야 하는지 정형적 기준을 제시하기도 어렵다는 문제가 있다. 이는 이러한 매체 등의 특성이 영향력 크기, 시청자 제작 여부 등 다양한 요소들을 종합하는 방식에 따라 다양한 유형이 존재하기 때문에 구체적으로 심의기준을 정하는 것도 어렵다.13) 그렇다면 방송법 제32조 제2문 소정의 매체특성별 심의의 의미는 심의위 및 방통위의 방송심의규정 위반에 따른 제재조치의 수준이나 종류를 선택할 때의

9) 박재윤, "방송의 공정성과 법의 포기"(주 1), 195면.
10) 강재원·최일우, "방송의 공정성 관련 국내 법원 판례 분석: 공정성의 원칙과 사회적 합의"(주 1), 25면.
11) 조연하, 온주 방송법 제32조, 2025, 로앤비.
12) 법원이 심사기준을 자의적으로 적용한다면 이에 따른 불필요한 사회적 논쟁은 지속적으로 야기될 수밖에 없다고 비판하는데 같은 논지이다. 강재원·최일우, "방송의 공정성 관련 국내 법원 판례 분석: 공정성의 원칙과 사회적 합의"(주 1), 25면,
13) 박재윤, "방송의 공정성과 법의 포기"(주 1), 204면.

재량권 행사에서 고려하여야 할 사항을 의미한다.[14] 이는 당해 방송프로그램이 어떤 매체로, 어떤 채널에서 방송되는지, 그 방송분야가 무엇인지에 따라 비례의 원칙에 따라 제재종류를 정하는 것으로 나타날 수 있다. 이러한 점에 대하여는 소수의견이 지적한 바와 같이 "제재처분의 수위를 결정할 때 재량권 행사에 감안"하라는 정도로 이해할 수 있다고 할 것이다. 결국 행정청의 제재조치의 종류 선택시의 재량권 행사의 고려사항으로 나타나는 것이고, 재량권 행사의 일탈·남용문제가 될 것이다. 그런 점에서 보면 원심이나 1심이 이러한 매체특성을 고려한 방송심의문제를 재량권의 일탈·남용문제로 보고 있는 것은 타당하다고 할 것이다.[15]

(3) 소결

대법원은 원심이 매체별·채널별·프로그램별 특성을 고려한 심의법리를 위배한 것이라고 하여 파기하고 있지만, 방송법은 명문으로 프로그램별 특성까지 고려할 것을 명문화하고 있지 않은 점, 방송법에서 매체별 특성을 고려하라는 취지가 반드시 '완화된 심의기준'을 적용할 것을 요구하는 것으로만 이해할 것이 아니라 심의기관의 재량권 행사시의 적절하게 행사할 것을 의미하는 것으로도 볼 수 있다는 점에서, 대법원이 단순히 방송법상 매체별 특성을 고려한 심의여부를 판단하지 않았다는 이유로 원심을 파기한 것은 타당하지 않다고 보인다. 원심이나 1심은 방송법상 매체특성론적 심의의 취지를 피고 행정청의 재량권 행사의 일탈·남용 여부에서 이미 판단하였다. 결국 다수의견이 제시한 심의기준에서 매체별·채널별·프로그램별 특성을 고려하라는 취지는 심의단계가 아니라, 심의에 따른 제재수준의 선택에서도 충분히 고려할 수 있다고 할 것이고, 그런 점에서는 1심 및 원심의 판단은 오히려 타당하다고 볼 수 있다.

다. 처분의 위법여부 – 행정제재처분에 형법규정을 차용할 수 있는지 여부등

쟁점은 심의규정 제20조 제2항 및 제3항의 해석에서 형법을 차용하는 것이 타당한 것인가 하는 점이다. 반대의견은 다수의견이 심의규정 제20조[16] 제2항 및 제3항을 해석하면서

14) 김태우, "방송의 공정성과 사자에 대한 명예훼손"(주 1), 432면.

15) 대상판결은 이를 재량의 문제로 보지 않고 직접 방송내용에 대한 심사를 함으로써 사실상 복심으로서 심사를 한 잘못이 있다는 비판도 있다. 박재윤, "방송의 공정성과 법의 포기"(주 1), 202면.

16) 제20조(명예훼손 금지) ① 방송은 타인(자연인과 법인, 기타 단체를 포함한다)의 명예를 훼손하여서는 아니된다.
② 방송은 사자(死者)의 명예도 존중하여야 한다.
③ 제1항 및 제2항에 해당하는 경우에 그 내용이 진실한 사실로서 오로지 공공의 이익에 관한 때에는 예외로 한다.

형법 제308조의 사자명예훼손죄 및 제310조 위법성조각규정을 그대로 차용하고 있는데, 심의규정은 행정형벌의 구성요건 조항이 아니라 행정제재의 대상이 되는 의무조항이기 때문에 형법을 그대로 차용하는 것은 부당하다는 취지의 판시를 하고 있다. 이에 대하여 다수의견에 대한 대법관 김선수, 김상환의 보충의견에서는 형법 제308조의 사자명예훼손은 구성요건에 허위사실 적시를 명시하고 있는 반면 심의규정 제20조 제2항은 그러한 제한규정이 없다는 전제에서 심의규정 제20조 제2항, 제3항을 해석한 것일뿐 형사책임과 행정제재를 혼동한 바도 없다고 반박하고 있다.

첫째 다수의견은 심의규정 제20조 제2항은 "방송은 사자의 명예도 존중하여야 한다"라고 규정할 뿐 형법상 사자명예훼손죄가 허위사실 적시의 경우에만 범죄로 하는 것과 달리 규정하고 있음에도 불구하고, 형법상 사자명예훼손죄(제308조)[17]의 구성요건을 적용하여 "역사적 평가의 대상이 되는 공인에 대하여는 그 명예가 훼손되는 사실이 적시되었더라도" 제20조 제2항을 위반한 것으로 볼 수 없다고 판시하고 있다. 그러나 이는 반대의견이 지적하는 대로, 행정제재의 요건이 되는 심의규정의 명문에 반하는 해석으로 형법규정을 차용하는 것으로 타당하다고 보기 어렵다.

둘째 행정제재에도 명예훼손죄의 위법성조각사유를 차용할 수 있는지 보면, 명예훼손죄에 대한 위법성조각사유(제310조)는 민사상 타인의 명예를 훼손한 경우에도 해석에 의하여 적용되는 것이 판례의 일관된 입장이다.[18] 다만 명예훼손으로 인한 행정제재, 주로 방송심의에서 심의규정 위반 여부의 판단에서 형법상 위법성조각사유를 차용할 수 있는지 문제가 된다. 반대의견이 판시한 바와 같이 형법상 위법조각사유를 행정제재의 조각사유로 삼는 것은 명문의 규정이 없는 만큼 논란의 여지가 있다. 생각건대 민사상 명예훼손 법리에서 형법의 취지를 채용하여 해석하는 판례와 같은 맥락에서 심의규정 위반여부에 있어서도 위법성조각사유를 채용하는 것은 가능하다고 할 것이다. 다만 대상판결은 방송심의에 형사상 명예훼손의 위법성조각의 법리를 그대로 적용하였다는 반대의견과 일부 평석견해[19]는 타당하다고 보기 어렵다. 이 사안에서는 다수의견의 보충의견이 판시한 바와 같이, 심의규정 제20조 제3항에서 "진실한 사실로서 오로지 공공의 이익에 관한 때"에 해당되어 결국 제20조 위반이 없으므로 행정제재의 대상이 되는 요건을 충족하지 못한 것이어서 형법을 차용한 것은 아니라고 할 것이다.

---

17) 제308조(사자의 명예훼손) 공연히 허위의 사실을 적시하여 사자의 명예를 훼손한 자는 2년 이하의 징역이나 금고 또는 500만 원 이하의 벌금에 처한다.

18) 대법원 1988. 10. 11. 선고 85다카29 판결; 대법원 2013. 2. 14. 선고 2010다10875 판결.

19) 김태우, "방송의 공정성과 법의 포기"(주 1), 432면.

4. 판결의 의의

이 판결은 전직 대통령인 이승만, 박정희에 대한 역사 다큐멘터리 방송을 둘러싸고 벌어진 사회적 논쟁에 대한 대법원 전원합의체 판결이고 많은 반향을 낳았다.[20] 대법원은 이 사건 방송에 대하여, 지상파 대 비지상파 방송, 사업자제작 대 시청자제작, 보도 프로그램 대 교양·오락프로그램의 대비를 통하여, 매체·채널·프로그램별 특성에 따라 완화된 심사기준을 적용하여야 한다는 점을 들고 있다. 방송심의에 대하여는 표현의 자유의 관점에서 많은 논란이 있어왔고, 특히 공정성 심의에 대하여는 폐지론[21]까지 유력하게 대두되는 가운데, 이 판결은 방송심의 제도 자체에 대하여 제기되는 비판론과 옹호론 중에서 전자의 입장에서 논리를 전개한 것으로 평가하고 있다.[22] 그러나 일부 판례평석에서는 이와 같은 완화된 심사기준의 적용의 요구가 타당하지 않다는 점을 지적하고 있다. 오늘날 방송환경이 다변화되는 시대에 하나의 기준으로 특정한 매체, 채널, 프로그램을 유형화하는 것은 불가능하다. 따라서 어떤 것을 어떤 것보다 엄격한 기준 또는 완화된 기준을 적용하여야 한다는 주장도 타당하지 않다. 방송법 제32조가 규정한 여러 특성을 고려하여 심의기준을 제정, 적용하여야 한다는 이른바 매체특성론의 취지가 반드시 하나의 기준을 규정하여야 한다는 것을 의미하는 것은 결코 아니다. 결국 완화된 심사기준을 적용하여야 한다는 다수의견은 이 사건 방송에 대한 구체적인 적용상 심의규정 위반으로 보기 어렵다는 정도의 의미만 있을 뿐이고, 향후 방송심의에 있어서 매체별 특성을 고려한 완화된 심사기준을 어떻게 적용할지에 대하여는 유용한 법리를 적용한 것으로 보기는 어렵다고 할 것이다.[23]

---

20) 대법, "방통위 심의 잣대" 첫 제동, 경향신문, 2019. 11. 21.자; [판결] 이승만·박정희 비판 다큐 '백년전쟁'… 대법원 "방통위 제재 부당", 법률신문, 2019. 11. 21.자; 이용우, "대법원은 대한민국 건국의 정당성을 의심하고 있는가", 법률신문, 2019. 12. 12.자; 한국언론법학회는 대상판결을 2020년 제19회 철우언론법상 '올해의 판결'에 선정하기도 하였다(한국언론법학회 홈페이지).

21) 이승선, "＜백년전쟁＞ 사건과 대법원 판결의 의미-저널리즘의 규범, 절대적 해석은 없다"(주 1), 10면.

22) 박재윤, "방송의 공정성과 법의 포기"(주 1), 182면.

23) 박재윤 교수는 대상판결에 대하여, 법의 해석에 있어서의 구체적인 기준을 마련하여 예측가능성을 높이는 것이 사법심사를 엄격하게 하는 관건이 되는데, 최근 판례의 경향은 행정이 자의적으로 재량권을 행사하는 계기가 될 수 있도록 이러한 기준을 제시하지 못하고 있다고 비판하고 있다. 앞의 논문, 193면.

44 자동화 프로그램(매크로)의 악성프로그램 해당 여부 판단 기준

대법원 2019. 12. 12. 선고 2017도16520 판결1)

구태언 (법무법인(유한) 린 변호사)

1. 사안의 개요

피고인들은 자동 회원가입, 자동 방문 및 이웃신청 등의 기능을 이용하여 네이버 카페나 블로그 등에 자동적으로 게시 글과 댓글을 등록하고 쪽지와 초대장을 발송하는 등의 작업을 반복 수행하도록 설계된 다수의 프로그램(이하 '이 사건 프로그램')2)들을 판매하였다.

검사는 피고인들이 정당한 사유 없이 정보통신시스템 등의 운용을 방해할 수 있는 악성프로그램을 유포하였다고 보아, 구 정보통신망 이용촉진 및 정보보호 등에 관한 법률(2016. 3. 22. 법률 제14080호로 개정되기 전의 것, 이하 '구 정보통신망법') 제71조 제9호 및 제48조 제2항 위반죄로 기소하였다.3)

---

1) [참조 및 관련 판례] 악성프로그램 및 운용 방해죄 성립 기준 관련: 대법원 2020. 4. 9. 선고 2018도16938 판결; 대법원 2020. 10. 15. 선고 2019도2862 판결(공2020하, 2197); 대법원 2020. 10. 15. 선고 2020도5625 판결, 컴퓨터 등 장애 업무방해죄 및 정보 침해 관련: 대법원 2021. 4. 29. 선고 2020도15674 판결; 대법원 2011. 5. 13. 선고 2008도10116 판결(공2011상, 1227); 대법원 2003. 6. 24. 선고 2003도1868 판결[공2003.8.1.(183), 1655], 접근 권한 관련: 대법원 2022. 5. 12. 선고 2021도1533 판결[공2022하, 1181]; 대법원 2005. 11. 25. 선고 2005도870 판결[공2006.1.1.(241), 71]; 대법원 2010. 11. 11. 선고 2010도10710 판결, 헌법재판소 결정: 헌법재판소 2021. 7. 15. 선고 2018헌바428 전원재판부 결정. [관련 하급심 판결] 의정부지방법원 2017. 9. 11. 선고 2017노309 판결(본 사안의 원심); 부산지방법원 2017. 10. 31. 선고 2017고단2372 판결; 부산지방법원 2018. 10. 5. 선고 2017노4344 판결; 서울동부지방법원 2020. 10. 21. 선고 2019고단3412 판결; 전주지방법원 2019. 5. 21. 선고 2019고단494 판결.
[관련 평석 및 문헌] 최호진, "정보통신망법의 악성프로그램에 대한 형법정책", 형사정책 제32권 제2호, 2020. 7., 75-95면.

2) 이 사건 프로그램들은 자동적으로 게시 글과 댓글을 등록하고 쪽지와 초대장을 발송하는 작업을 반복 수행하도록 설계되었으며, 인터넷 커뮤니티 등에 업체나 상품 등을 광고하는 데 사용하기 위한 목적을 가졌다.

3) 구 정보통신망법 제48조 제2항은 '정보통신시스템, 데이터 또는 프로그램 등을 훼손·멸실·변경·위조하거나 그 운용을 방해할 수 있는 프로그램'을 악성프로그램으로 정의한다.

2. 판결의 요지

가. 원심판결(의정부지방법원 2017. 9. 11. 선고 2017노309 판결)

원심은 검사가 제출한 증거만으로는 이 사건 프로그램이 구 정보통신망법 제48조 제2항의 '악성프로그램'에 해당한다고 인정하기 어렵다는 이유로 피고인들에게 무죄를 선고하였고, 검사는 이에 불복하여 상고하였다.

나. 대법원 판결

(1) 악성프로그램 유포죄의 성립 기준

구 정보통신망법 제71조 제9호 및 제48조 제2항 위반죄는 악성프로그램이 정보통신시스템 등에 미치는 영향을 고려하여 악성프로그램을 전달 또는 유포하는 행위만으로 범죄 성립을 인정하였다. 따라서 그로 인하여 정보통신시스템 등의 훼손·멸실·변경·위조 또는 그 운용을 방해하는 결과가 발생할 것을 요하지 않는다(추상적 위험범).[4]

이러한 '악성프로그램'에 해당하는지 여부는 프로그램 자체를 기준으로 판단해야 하며, 그 사용 용도 및 기술적 구성, 작동 방식, 정보통신시스템 등에 미치는 영향, 프로그램 설치에 대한 운용자의 동의 여부 등을 종합적으로 고려하여 판단해야 한다.[5]

(2) 이 사건 프로그램의 악성프로그램 해당 여부

이 사건 프로그램들은 인터넷 커뮤니티 등에 업체나 상품 등을 광고하는 데 사용하기 위한 것으로, 일반 사용자가 통상적으로 작업하는 것보다 빠른 속도로 작업을 반복 수행할 뿐, 기본적으로 일반 사용자가 직접 작업하는 것과 동일한 경로와 방법으로 작업을 수행하였다.

프로그램들 중 일부가 프록시 서버를 이용하여 네이버 등의 정보통신시스템이 IP를 차단하는 것을 회피하도록 설계되었으나, 이는 네이버 등의 정보통신시스템 등을 훼손·멸실·변경·위조하여 그 기능을 물리적으로 수행하지 못하게 하는 방법으로 IP 차단을 방해하는

---

4) 악성프로그램 유포죄는 실제 훼손·멸실·변경·위조 또는 운용 방해의 결과 발생을 요하지 않고, 악성프로그램을 전달 또는 유포하는 행위만으로 성립하는 추상적 위험범이라는 점이 명확히 확인되었다.

5) 악성프로그램 해당 여부는 프로그램 자체를 기준으로 하되, 사용용도 및 기술적 구성, 작동 방식, 정보통신시스템 등에 미치는 영향, 프로그램 설치에 대한 운용자의 동의 여부등을 종합적으로 고려하여 판단해야 한다. 이는 대법원이 악성프로그램의 범위를 지나치게 확장하는 것을 경계하고, 기술적 침해 여부를 기준으로 삼기 위한 판단 기준이다.

것이 아니다. 오히려 위 정보통신시스템 등이 예정한 대로 작동하는 범위 내에서 IP 차단 사유에 해당하지 않고 통과할 수 있도록 도와주는 것에 불과하였다.

따라서 이 사건 프로그램 사용으로 정보통신시스템 등의 기능 수행이 방해된다거나 네이버 등의 서버가 다운되는 등의 장애가 발생한다고 볼 만한 증거가 없는 점 등을 종합하면, 검사가 제출한 증거만으로는 위 프로그램들이 구 정보통신망법 제48조 제2항의 '악성프로그램'에 해당한다고 단정하기 어렵다고 판단하여, 무죄를 선고한 원심판결이 정당하다고 보았다.

3. 해설

가. 악성프로그램의 개념과 해석의 중요성

구 정보통신망법상 악성프로그램 유포죄는 실제 서버가 다운되거나 데이터가 훼손되는 등 구체적인 침해 결과가 발생하지 않아도 성립할 수 있는 추상적 위험범으로 규정된다. 이는 정보통신시스템 등에 미치는 영향을 고려하여 악성프로그램의 전달 또는 유포 행위 자체를 처벌하는 것이다.

그러나 이처럼 결과 발생을 요건으로 하지 않는 위험범의 경우, '악성프로그램'의 정의를 지나치게 넓게 해석하면 행위의 가벌성이 과도하게 확장될 위험이 있다. 대법원은 이러한 위험을 방지하기 위해 프로그램의 기술적 구성, 작동 방식, 그리고 시스템에 미치는 영향을 종합적으로 고려하도록 판단 기준을 제시하였다.

나. 자동화 프로그램과 기술적 침해의 구별

본 사안의 핵심은 자동화 마케팅 프로그램(매크로 프로그램)이 이 기준을 충족하는지 여부이다. 대법원은 이 사건 프로그램이 단순히 인터넷 커뮤니티 등에 광고를 목적으로 일반 사용자와 동일한 경로와 방법으로 작업을 반복 수행할 뿐이라는 사실에 주목했다. 즉 시스템의 취약점을 공격하거나 데이터를 위·변조하는 방식이 아니다.

특히, IP 차단 회피를 위해 프록시 서버를 이용한 기능에 대해서도, 이는 네이버의 IP 차단 기능 자체를 훼손하거나 물리적으로 방해한 것이 아니라, 시스템이 예정한 작동 범위 내에서 차단 사유(동일 IP 반복 접속)에 해당하지 않도록 '우회'한 것에 불과하다고 명확히 선을 그었다. 비록 검사가 실질적 장애 증거 제출에 실패한 점도 무죄 판단에 영향을 미쳤으나, 핵심은 해당 프로그램이 시스템 자체를 기술적으로 침해하는 기능을 포함하지 않았다는 평가를 내린 것이다.

4. 판결의 의의

가. 악성프로그램 판단 기준의 구체화

대상판결은 온라인 마케팅 등에서 사용되는 '자동화 프로그램'(매크로 프로그램)[6)7)]이 구 정보통신망법상의 '악성프로그램'에 해당하는지 여부를 판단하는 명확한 기준을 제시했다는 점에서 중요한 의미가 있다.

나. 단순 자동화(Bot)[8)]와 악성(Malware) 프로그램의 구분

대상판결은 단순히 자동·반복 작업을 수행하거나 IP를 우회하는 기능만으로는 '악성프로그램'으로 단정할 수 없다는 기준을 세움으로써, 단순 자동화 프로그램(Bot)과 시스템의 보안 취약점을 이용하거나 데이터를 훼손/변경하는 기술적 침해를 수반하는 악성프로그램(Malware)을 구별하는 중요한 이정표가 되었다.

다. 형사처벌 범위의 한계 설정

대상판결은 해당 프로그램이 웹사이트의 이용약관을 위반(예: 스팸성 홍보)하는 행위를 유발할지라도, 시스템의 보안 취약점을 이용하거나, 데이터를 훼손·변경하거나, 시스템에 비정상적인 부하를 주어 기능을 마비시키는 등의 기술적 침해 행위를 하지 않는 이상, 정보통신망법상의 '악성프로그램'으로 보아 형사처벌하기는 어렵다는 법적 한계를 제시하였다. 이는 정보통신망법상 악성프로그램 규정의 적용 범위를 명확히 하고, 기술 발전과 함께 등장하는 다양한 형태의 자동화 도구에 대한 형사법적 판단 기준을 확립하는 데 기여한다.

---

6) 이 판결은 단순 자동화 프로그램(Bot)과 시스템의 취약점을 이용하거나 기능을 훼손/변경하는 악성프로그램(Malware)을 구별하는 중요한 법적 기준을 세웠다.

7) 특정 작업을 자동적이고 반복적으로 수행하도록 설계된 프로그램의 의미. 그 의도에 따라 단순 자동화 봇 또는 악성 프로그램이 될 수 있다.

8) '단순자동화 봇'은 시스템 자체를 기술적으로 침해하지 않고, 단지 정상적인 경로를 자동적으로 반복 수행하는 프로그램을 의미한다.

45 의료법상 '직접 진찰'의 의미

대법원 2020. 5. 14. 선고 2014도9607 판결[1]

김재선 (동국대학교 법과대학 교수)

1. 사안의 개요

본 사건은 의료업에 종사하는 피고인이 전화로 필요한 사항을 확인한 후 처방전을 교부한 사안이 의료법 제17조에서 규정한 "직접 진찰"한 행위에 해당하여, 의료법 제89조에서 규정한 벌칙 조항이 적용될 수 있는지에 관한 사안이다.

피고인 의사A는 환자 C에 대하여 이전에 진찰한 적이 없으며, 사전에 알고 있지 않은 상태에서, C의 지인인 B의 부탁으로 C와 전화 통화를 하면서 인적사항(성명, 전화번호), 건강상태(기존질환 여부, 건강상태, 증상 등) 등을 물어본 후 플루틴캡슐 등 전문의약품을 처방한 처방전을 작성하여 B에게 교부하였다. 제1심 법원은 직접 진료한 적 없는 환자에 대하여 처방전을 작성하였다고 보아 벌금 1,000,000원(벌금 미납 시 금 50,000원을 1일로 환산한 기간에 대한 노역장 유치)을 부과하였으나, 제2심 법원은 의료법 제17조의 직접 진찰은 대면 진찰만을 의미하는 것은 아니며, 전화 진찰을 하였다는 이유만으로 직접 진찰을 한 것이 아니라고 볼수 없다고 판단하여 무죄 선고하였다. 하지만, 대법원은 의료법상 직접 진찰은 "신뢰할만한 환자의 상태를 토대로 특정 진단이나 처방 등을 내릴 수 있는 정도의 행위"가 있어야 한다고 보아, 최소한 그 이전에 대면 진찰하여 환자의 특성이나 상태 등에 대하여 이미 알고 있다는 사정 등이 있는 경우가 아닌 한 직접 진찰하였다고 볼 수 없다고 보아 파기 환송하였다.

> 의료법 제17조(진단서 등)
> ① 의료업에 종사하고 직접 진찰하거나 검안(檢案)한 의사, 치과의사, 한의사가 아니면 진단서·검안서·증명서 또는 처방전을 작성하여 환자 또는 「형사소송법」 제222조 제1항에 따라 검시(檢屍)를 하는 지방검찰청검사에게 교부하거나 발송(전자처방전에 한한다)하지

1) [참조 및 관련 판례] 대법원 1993. 8. 27. 선고 93도153 판결(공1993하, 2683); 대법원 2013. 4. 11. 선고 2010도1388 판결(공2013상, 891).

못한다.

2. 판결의 요지

가. 1심판결(서울서부지방법원 2013. 9. 26. 선고 2012고정745 판결)

제1심법원에서 주장된 사실관계 및 판단은 다음과 같다. 피고인 측 주장에 따르면, 피고인 A는 2011. 2. 5. 서울 OO의원을 내원한 B를 대면 진료하였고, 진료 당시 B의 연령이 어리다는 이유로 처방을 보류하였다. 그러나 B는 C를 통하여 약을 처방해줄 것을 요청하였고, C에게 B에 대한 처방전을 발급하였다. 하지만 법원은 법정진술 등을 통하여 대면 진료하였다는 주장을 받아들이지 않았다. 제1심법원에서는 피고인에 대하여 벌금 1,000,000원을 부과하면서, 위 벌금을 미납할 경우 금 50,000원을 1일로 환산한 기간에 대한 노역장 유치를 판단하였다.

나. 원심판결(서울서부지방법원 2014. 7. 11. 선고 2013노1180 판결)

제2심 법원에서 주장된 사실관계 및 판단은 다음과 같다. 피고인 A는 2011. 2. 8. C로부터 B에 대한 처방전 발급을 요청받았으며, C의 휴대폰으로 B와 통화하여 처방전 발급을 위하여 필요한 여러 사항을 확인하는 방법으로 "전화 진찰"을 한 다음, 플루틴캡슐 등 전문의약품에 대한 처방전을 발급하여 C에게 교부하였다. 피고인은 의료법 제17조에서 규정한 "직접 진찰"은 진찰 주체를 규정한 것으로, 진찰 방식에 관하여 규제한 것으로 볼 수는 없으므로, 의료법 위반이 아니라고 주장하였다.

법원은 의료법 제17조에서 규정한 "직접 진찰"의 의미를 "의사가 스스로 진찰을 하지 않고 처방전을 발급하는 행위를 금지하는 규정일 뿐 대면진찰을 하지 않았거나 충분한 진찰을 하지 않은 상태에서 처방전을 발급하는 행위 일반을 금지하는 조항이 아니다. 따라서 죄형법정주의 원칙, 특히 유추해석금지의 원칙상 전화 진찰을 하였다는 사정만으로 '자신이 진찰'하거나 '직접 진찰'을 한 것이 아니라고 볼 수는 없다."(대법원 2013. 4. 11. 선고 2010도1388 판결)를 인용하였다.

먼저, 법원은 (1) C가 피고인의 병원을 방문하여, 친한 동생이 먼 거리에 있어 병원에 올 수 없다며, B와 전화통화를 하면서 "이름, 주민등록번호, 기존질환 여부, 건강상태, 증상"을 상세히 전해 들었으며, B의 연령을 고려하여 향정의약품을 뺀 약한 성분의 식욕억제제를 처방하였다고 진술한 점, (2) 피고인이 B와 "직접 통화하여야 한다"고 하여 통화를 한 점 등을 고려할 때, 전화 진찰을 하는 방법으로 처방전을 작성하여 교부하였다는 점은 인정하였다. 이에 따라 법원은 전화 진찰이 직접 진찰이 아니라고 볼 수 없으므로, 원심판결을 파기하고 피고인이 무죄라고 판단하였다.

다. 대법원 판결

대법원은 먼저, 의료법 제17조에서 규정한 "직접 진찰"의 의미에 대하여 "'직접'이란 '스스로'를 의미하므로 전화 통화 등을 이용하여 비대면으로 이루어진 경우에도 의사가 스스로 진찰을 하였다면 직접 진찰을 한 것으로 볼 수는 있다"(대법원 2013. 4. 11. 선고 2010도1388 판결)라고 보면서, "진찰"이란 "환자의 용태를 듣고 관찰하여 병상 및 병명을 규명하고 판단하는 것으로서, 진단방법으로는 문진, 시진, 청진, 타진, 촉진 기타 각종의 과학적 방법을 써서 검사하는 등 여러 가지가 있다"(대법원 1993. 8. 27. 선고 93도153 판결)라고 정의하였다. 이에 따라 대법원은 진찰의 개념을 보다 구체화하면서 "진찰의 개념 및 진찰이 치료에 선행하는 행위인 점, 진단서와 처방전 등의 객관성과 정확성을 담보하고자 하는 이 사건 조항의 목적 등을 고려하면, 현대 의학 측면에서 보아 신뢰할만한 환자의 상태를 토대로 특정 진단이나 처방 등을 내릴 수 있을 정도의 행위가 있어야 '진찰'이 이루어졌다고 볼 수 있고, 그러한 행위가 전화 통화만으로 이루어지는 경우에는 최소한 그 이전에 의사가 환자를 대면하고 진찰하여 환자의 특성이나 상태 등에 대해 이미 알고 있다는 사정 등이 전제되어야 한다."라고 판단하였다.

이에 따라 대법원은 피고인이 2011. 2. 8. 이전에 대면하여 진찰한 적이 없으므로 특성 등에 대해서 알지 못하는 상태에서, 전화 통화로 진찰을 한 점에 대하여 피고인의 행위는 B의 상태를 토대로 한 것이라고 볼 수 없으므로 진찰을 하였다고 할 수 없다고 판단하면서, 원심판결을 파기하고 서울서부지방법원에 환송하였다.

3. 해설

가. 의료법상 "직접 진찰"의 의미

먼저, 직접 진찰은 "의료인과 환자 사이에 인적·물적 매개물이 없이 바로 연결되어 진찰한', 즉 '대면하여 진료한'"을 의미한다고 전제하되,[2] 구체적인 판단에서 "신뢰할만한 환자의 상태를 토대로 특정 진단이나 처방 등을 내릴 수 있을 정도의 행위"라는 판단 기준을

2) 헌법재판소 2012. 3. 29. 선고 2010헌바83 결정.

제시하였다.[3] 이 중 (1) '신뢰할만한 환자의 상태'는 사전에 의사가 해당 환자의 특성을 알만한 상황이 존재하여야 한다고 볼 수 있으며, (2) '특정 진단이나 처방 등을 내릴 수 있을 정도의 행위'는 해당 내용이 구체적인 의사표시 등을 통하여 처방전이 발행될만한 상황이었던 것으로 해석된다.

구체적인 판단에서 "직접이란 스스로를 의미하므로 전화 등을 통한 비대면으로 이루어진 경우에도 의사가 스스로 진찰을 하였다면 직접 진찰을 한 것으로 볼 수 있다는 점"[4]을 전제로 전화 진찰을 하였다는 사정만으로 '자신이 진찰'하거나 '직접 진찰'을 한 것이 아니라고 볼 수는 없으므로 직접 진찰의 범위에서 벗어나는 것은 아니라고 판단하였다.[5] 이에 따라 대법원은 재진 환자에 대하여 "전에 처방받은 내용과 동일하게 처방하라"는 의사의 지시에 따라 간호조무사가 처방전을 발행한 사건[6]에 대하여 "직접 진찰"의 범위에 벗어난 것은 아니라고 판단하였다. 다만, 초진 환자에 대한 전화 진찰, 타 의료진에게 내원한 적이 있는 환자에 대한 의무기록 검토 후 아들과 상담한 후 처방전을 발행한 경우[7]에는 직접 진찰이 아니라고 보았다. 한편, 직접 진찰과 관련된 쟁점 중 의료기관 외에서 전화로 진찰한 경우에는 환자 또는 보호자의 요청이 있었는지 여부, 재진환자 여부를 불문하고 의료법 제33조에 반한다고 보았다.

〈직접 진찰의 의미〉

판례번호	주요 내용	
헌재 2012. 3. 29. 선고 2010헌바83 결정	직접 진찰의 의미	의료인과 환자 사이에 인적·물적 매개물이 없이 바로 연결되어 진찰한, 즉 '대면하여 진료한'을 의미한다는 취지
대법원 2020. 5. 14. 선고 2014도9607 판결		현대 의학 측면에서 보아 신뢰할만한 환자의 상태를 토대로 특정 진단이나 처방 등을 내릴 수 있을 정도의 행위

〈전화 진찰이 직접 진찰에 해당하는지 여부〉

판례번호	주요 내용	
대법원 2013. 4. 11. 선고 2010도1388 판결	전화 진찰	전화 진찰을 하였다는 사정만으로 '자신이 진찰'하거나 '직접 진찰'을 한 것이 아니라고 볼 수는 없음
		재진 환자에 대하여 "전에 처방받은 내용과 동일하게 처방하라"는 의사의 지시에 따라 간호조무사가 처방전을 발행한 것은 직접 진찰의 범위에 해당한다.

3) 대법원 2020. 5. 14. 선고 2014도9607 판결.
4) 대법원 2020. 1. 9. 선고 2019두50014 판결.
5) 대법원 2013. 4. 11. 선고 2010도1388 판결.
6) 대법원 2013. 4. 11. 선고 2010도1388 판결.
7) 대법원 2023. 4. 13. 선고 2022도14350 판결.

대법원 2020. 1. 9. 선고 2019두50014 판결		직접이란 스스로를 의미하므로 전화 등을 통한 비대면으로 이루어진 경우에도 의사가 스스로 진찰을 하였다면 직접 진찰을 한 것으로 볼 수 있음
대법원 2020. 5. 14. 선고 2014도9607 판결	초진 환자에 대한 전화 진찰	이전에 대면하여 진찰한 적이 없으므로 환자의 상태를 토대로 한 것이라고 볼 수 없으므로 진찰을 하였다고 할 수 없다.
대법원 2023. 4. 13. 선고 2022도14350 판결	의무기록 검토 후 아들과 상담한 내용을 바탕으로 처방한 경우	직접 진찰에 해당하지 않고, 환자의 고령 등을 이유로 한 긴급피난 및 정당행위 주장도 기각

〈의료기관 외에서 재진 환자에게 전화로 처방한 경우 - 의료법 제33조 관련〉

판례번호	주요 내용	
대법원 2020. 11. 5. 선고 2015도13830 판결	의료기관 외에서 전화로 진찰한 경우	전화를 통하여 원격지에 있는 환자에게 행하는 의료행위는 구 의료법 제33조에 위반함
서울행정법원 2024. 2. 1. 선고 2023구합50837 판결	모친상 중 장례식장에서 기존 환자에게 동일한 처방	환자 또는 보호자의 요청이 있었는지 여부, 재진환자 여부를 불문하고 의료기관 외에서 처방을 한 것이므로 구 의료법 제33조에 반함.
서울고등법원 2024. 12. 4. 선고 2023누54350 판결	요양원관계자와 전화로 환자상태를 문진하고 처방전 발행	요양원관계자와 전화로 환자상태를 문진하고 처방전 발행한 경우 원외처방 한 경우에는 구 의료법 제33조에 반함.

나. 이후 판결

2020년 대법원이 대상판결의 취지를 판단한 이후, 여전히 의료법상 직접 진찰의 의미는 "신뢰할만한 환자의 상태를 토대로 특정 진단이나 처방 등을 내릴 수 있을 정도의 행위"로 판단되고 있다. 구체적인 사례를 살펴보면 다음과 같다.

먼저, 2023년 대법원은 대법원 2023. 4. 13. 선고 2022도14350 판결에서 타 주치의로부터 진료를 받아온 70대 환자에 대하여 (1) 환자의 의무기록을 검토하고, (2) 환자가 아닌 환자의 아들과 치료경과, 수술계획, 환자의 상태 등에 관한 상담을 하고, (3) 환자가 "수술하기로 했는데 약이 떨어졌다"는 이야기를 들었던 상황을 기억하고 무코스타 정 100mg 등 7종류의 약품을 2-3주간 복용할 수 있는 처방전을 발행한 사건에 대하여, 직접 진찰에 해당하지 않고, 환자의 고령 등을 이유로 한 긴급피난 및 정당행위 주장도 기각하였다. 대법원은 "'직접'이란 '스스로'를 의미하므로 전화 통화 등을 이용하여 비대면으로 이루어진 경우에도 의사가 스스로 진찰을 하였다면 직접 진찰을 한 것으로 볼 수 있다"는 대법원 판례(2013. 4. 11. 선고 2010도1388 판결)와 "'진찰'이란 환자의 용태를 듣고 관찰하여 병상 및 병명을 규명하고 판단하는 것으로서, 진단방법으로는 문진, 시진, 청진, 타진, 촉진 기타 각종의 과학적 방법을 써서 검사하는 등 여러 가지"라는 대법원 판례(1993. 8. 27. 선고 93도153 판결)와 더불어 대상판결도 인용하여, "환자의 상태를 토대로 특정 진단이나 처방 등을 내릴 수 있을 정도의 행위"가 있어야 한다는 점을 기준으로 하였다.

서울행정법원 2024. 2. 1. 선고 2023구합50837 판결에서 모친상 중 이미 병원에 방문한 적이 있는 재진 이상 환자 34명에 대하여 처방전을 교부한 사안에 대하여, 재진환자에 대하여 전화로 처방한 것만으로 직접진찰을 한 것이 아니라는 의미는 아니라고 판단하면서, 다만 "환자에 대한 정보검색 및 의료기관에 설치된 시설 내지 장비의 활용이 불가능한 상태"에서 대면하지 않고 전화로 처방전을 교부한 행위는 환자 또는 보호자의 요청이 있었는지 여부, 재진환자 여부를 불문하고 구 의료법 제33조에 따른 "의료기관 내에서 의료업을 하여야 한다"는 규정에 반한다고 판단하였다.

서울행정법원 2024. 9. 27. 선고 2021구합75856 판결에서 직접 내원하지 않고 전화로 진료한 후, 직접 내원한 것으로 진찰료를 청구한 사안에 대하여 직접 진찰에 해당하지 않는다고 판단하였다.

서울고등법원 2024. 12. 4. 선고 2023누54350 판결에서 촉탁방문하여 직접 대면진료를 하지 않고, 요양원관계자와 전화로 문진하고 원외처방전을 발행한 경우, "현대의학 측면에서 신뢰할만한 환자상태를 토대로 특정 진단이나 처방 등을 내릴 수 있을 정도의 행위"가 이루어졌다고 보기 어렵다고 판단하였다.[8)]

4. 판결의 의의

위 판결은 의료법 제17조에서 규정한 "직접 진찰"을 규정한 입법자의 구체적인 의도를 밝혔다는 점에서 중요한 의미가 있다. 즉 의사와 환자간 신뢰관계를 규정하면서 "현대 의학 측면에서 보아 신뢰할만한 환자의 상태를 토대로 특정 진단이나 처방 등을 내릴 수 있을 정도의 행위"의 의미를 구체적인 상황에 따라 판단하였다는 점에서 의미가 있다. 특히 초진 환자의 경우 신뢰할만한 환자의 상태에 관한 토대가 마련되지 않았다고 볼 수 있는 반면, 재진 환자의 경우 구체적인 의사의 처방 의사가 표현되는 경우 이것이 인정된 상황이라고 본 것으로 볼 수 있다.

이러한 판결은 최근 비대면진료 관련 의료법 개정 논의에도 시사점을 제공한다. 2025년 현재 의료법 개정안(전진숙 의원(안))의 경우, 비대면 진료를 허용할 수 있는 환자로 격오지,

8) 그 밖에 2022-2024년 관련 판례는 아래와 같다. 서울행정법원 2024. 2. 1. 선고 2022구합57183 판결; 서울행정법원 2024. 1. 26. 선고 2023구합60315 판결; 수원고등법원 2022. 12. 2. 선고 2022누10173 판결; 서울동부지방법원 2022. 10. 21. 선고 2021노358 판결 등.

수형자, 군인, 선박이용자, 18세 미만 또는 65세 이상 환자, 감염병예방법상 제1급감염병 및 제2급 감염병환자 외에 재진 환자(즉 "해당 의료인에게 이미 해당 의료기관에서 보건복지부령으로 정하는 기간 내에 1회 이상 대면하여 진료를 받은 자")를 규정하고 있다(의료법 일부개정안 제34조의2(비대면진료). 이 법안에 대해서는 비대면 진료의 요건과 범위를 비교적 넓게 규정하고 있다는 점, 비대면 진료를 행하는 의료인은 환자를 직접 대면하여 진료하는 경우와 같은 책임을 지도록 규정한 점, 적정 처방일수 또는 일반의약품과 처방의약품의 구분 없이 약배송이 허용된 점 등 여러 쟁점이 함께 논의되고 있다. 추후, 비대면진료의 허용 범위에 관한 논의에서 의료법 제17조에서 규정한 "직접 진료"의 해석 범위에서 "신뢰할만한 환자의 상태를 토대로 특정 진단이나 처방을 내릴 수 있을 정도"가 형성될 수 있도록 기술적, 제도적 기반이 함께 마련되어야 할 것으로 생각된다.

의료법 일부개정법률안(전진숙의원 대표발의)
발의일 2025. 6. 11. 의안번호 10703

제34조의2(비대면 진료)

② 비대면 진료는 다음 각 호의 어느 하나에 해당하는 환자에 대하여 할 수 있다.

1. 의료기관까지의 거리를 고려하여 보건복지부령으로 정하는 섬·벽지(僻地), 응급의료취약지 등의 지역에 거주하는 환자
2. 「형의 집행 및 수용자의 처우에 관한 법률」 및 「군에서의 형의 집행 및 군수용자의 처우에 관한 법률」에 따른 교정시설에 수용 중인 사람, 「군인의 지위 및 복무에 관한 기본법」에 따른 현역에 복무 중인 군인 등으로서 의료기관 이용이 제한되는 환자
3. 제17조의2제2항에 따라 대리수령자에 의한 처방전 수령이 가능한 환자
4. 「선박안전법」 제2조 제1호에 따른 선박에 승선 중인 사람으로서 의료기관 방문이 어려운 환자
5. 18세 미만 또는 65세 이상 환자
6. 「감염병의 예방 및 관리에 관한 법률」에 따른 제1급감염병 및 제2급감염병 환자
7. 해당 의료인에게 이미 해당 의료기관에서 보건복지부령으로 정하는 기간 내에 1회 이상 대면하여 진료를 받은 자
8. 그 밖에 휴일·야간 진료 등 보건복지부장관이 비대면 진료가 필요하다고 인정하는 환자

③ 비대면 진료는 의원급 의료기관에서 실시한다. 다만, 종합병원 및 병원급 의료기관은 수술·치료를 받은 후 신체에 부착된 의료기기의 작동상태 점검 또는 욕창(褥瘡) 관찰, 중증·희귀난치 질환 등 지속적인 관리가 필요한 환자에게 비대면 진료를 실시할 수 있다.

⑥ 비대면 진료를 행하는 의료인은 환자를 직접 대면하여 진료하는 경우와 같은 책임을 진다. 다

만, 다음 각 호의 어느 하나에 해당하는 경우에는 그러하지 아니하다.

1. 환자가 비대면 진료를 행한 의료인의 지시를 따르지 아니한 경우
2. 통신오류 또는 환자가 이용하는 장비의 결함으로 인한 경우
3. 의료인의 문진에도 불구하고 환자가 고의 또는 중대한 과실로 자신의 건강상태 등 진료에 필요한 정보를 제공하지 아니한 경우
4. 그 밖에 비대면 진료를 행한 의료인의 과실을 인정할 만한 명백한 근거가 없는 경우

46 카카오톡 상태메시지의 사실적시 명예훼손죄에의 성립 요건

대법원 2020. 5. 28. 선고 2019도12750 판결[1)]

이희옥 (법학박사, 한양대학교 겸임교수)

1. 사안의 개요

가. 사실관계

피고인의 딸 A와 피해자 B는 2017년 당시 ○○초등학교 3학년 같은 반에 재학 중이었다. 피고인은 2017. 6. 30. B가 A를 따돌렸다고 주장하면서 학교폭력 신고를 하였다. 이에 ○○초등학교 교장은 2017. 7. 7.경 B에게 5일간의 출석정지를 명하는 사전조치를 하였고, 학교폭력대책자치위원회는 2017. 7. 12. B의 A에 대한 학교폭력이 있었음을 전제로, B에 대하여 '피해학생에 대한 접촉, 보복행위의 금지(2017. 7. 13.부터 2017. 9. 30.까지), 학교에서의 봉사 3시간, 학생 특별교육 2시간, 보호자 특별교육 2시간'을 명하고, 교장의 사전조치를 추인하는 의결을 하였다.

그 후 피고인은 2017. 7. 중순 경 자신의 카카오톡 계정 프로필 상태메시지에 "학교폭력범은 접촉금지!!!"라는 문구와 주먹 모양의 그림말 세 개(이하 '이 사건 상태메시지'라 한다)를 게시하였다. 이에 대해 검찰은, 해당 표현이 구체적으로 B를 지목하고 사회적 평가를 저하시켰다며 정보통신망 이용촉진 및 정보보호 등에 관한 법률(이하 '정보통신망법'이라 한다) 제70조 제1항 및 아동복지법 위반으로 피고인을 기소하였다.

---

1) [참조 및 관련 판례] 대법원 1982. 11. 9. 선고 82도1256 판결(공1983, 129); 대법원 1998. 3. 24. 선고 97도2956 판결(공1998상, 1248); 대법원 2011. 8. 18. 선고 2011도6904 판결(공2011하, 1964); 대법원 2014. 3. 27. 선고 2011도11226 판결.
[관련 평석 및 문헌] 김용수, "학교폭력 처리 과정에서 학교폭력 피해학생 보호자의 가해학생에 대한 명예훼손 및 아동학대의 법적 문제", 서울지방변호사회보, 2020. 5. 28.자.; 이희옥, "SNS에서의 표현 자유의 역설과 사실적시 명예훼손 판단에 관한 연구: 대법원 2019도12750 판결 평석을 중심으로", 법과사회 제80호, 2025.

나. 소송경과

제1심 법원은 검사의 공소사실을 받아들여 아동복지법 및 정보통신망법 모두 유죄를 선고하였다. 법원은 피고인이 게시한 상태메시지가 단순한 의견 표명이 아니라, B가 실제 '학교폭력범'임을 특정하여 지목한 것으로 보았고, B의 사회적 평가를 저하시킨 사실 적시에 해당한다고 판단하였다. 피고인은 이에 불복하여 항소하였고, 원심법원은 아래와 같은 이유로 제1심판결 중 일부를 변경하여 이 사건 상태메시지의 아동복지법 위반 부분을 부정, 정보통신망법상 명예훼손 부분을 인정하였다. 이에 대해 피고인은 명예훼손 부분에 대하여 무죄를 주장하며 상고하였고, 검사는 아동복지법 위반 부분 무죄에 불복하여 상고하였다. 대법원은 검사의 상고를 기각하였고, 피고의 상고는 받아들여, 원심판결 중 정보통신망법 위반 유죄 부분을 파기환송 하였다.

2. 판결의 요지

가. 원심판결(부산지방법원 2019. 8. 23. 선고 2019노721 판결)

(1) 아동복지법 위반 부분

피고인은 2017. 7. 13. 피해자 B에게 자신의 딸 A와 놀지 말라는 취지로 말한 사실이 있을 뿐, 공소사실과 같은 행위를 한 사실이 없으며, 설령 그 행위가 인정되더라도 이는 아동복지법상 정서적 학대행위에 해당하지 않고, 아동학대의 고의가 없는 사회상규에 위배되지 않는 정당행위라고 주장하였다.

원심은, 피고인의 언행이 다소 부적절하고 피해자에게 불안감을 줄 수 있었던 것은 사실이나, 그것만으로 아동의 정신건강과 발달을 현저히 저해하거나 위험을 초래할 정도에 이르지 않아 사회상규에 위배되지 않는 정당행위로 보았다. 또한 피고인에게 아동학대의 고의가 있었다는 점에 증명이 없음을 이유로 무죄로 판단하였다.

(2) 정보통신망법(명예훼손) 위반 부분

피고인은 카카오톡 상태메시지에 이 사건 게시글을 게시하였으나, 이는 피해자 B가 특정되지 않았고, 공연성도 인정할 수 없다고 주장하였다. 또한 이는 비방할 목적이 없었고, 피해자 B의 사회적 평가를 저하시키는 구체적인 사실의 적시도 없었다고 주장하였다.

원심은, ① 피고인은 이 사건 처분 무렵인 2017. 7. 중순경부터 2017. 9. 말경까지 카카오톡 프로필 상태메시지에 '학교폭력범은 접근금지!!!(주먹 그림 세 개)'라는 글을 게시한 점, ② 피고인은 ○○초등학교 3학년 4반 학부모들 19명으로 구성된 카카오톡 단체방에 가입되어 있어, 피고인이 게시한 상태메시지가 다수의 학부모들이 인식할 수 있는 상태에 있었던 점, ③ 위 3학년 4반 학부모들 중 일부는 당시 피고인의 딸 A에 대한 학교폭력행위가 발생하였고 그로 인해 학교폭력대책자치위원회의 회의가 개최된 상황을 알고 있었던 것으로 보이는 점 등, 피고인이 이 사건 게시글을 게시한 경위와 동기, 구체적인 게시글의 내용과 표현방법, 게시기간 등에 비추어 피고인의 피해자 B를 비방할 목적과 공연성, 사실적시를 하여 명예를 훼손한 것을 인정하였다.

나. 대법원 판결

(1) 아동복지법위반 부분

원심은 이 사건 공소사실 중 아동복지법 위반 부분에 대하여 범죄의 증명이 없다고 보아, 이를 유죄로 판단한 제1심판결을 파기하고 무죄를 선고하였다. 원심판결 이유를 관련 법리와 기록에 비추어 살펴보면, 원심판단에 논리와 경험의 법칙에 반하여 자유심증주의의 한계를 벗어나거나 아동복지법 제17조 제5호에서 정한 '아동의 정신건강 및 발달에 해를 끼치는 정서적 학대행위'에 관한 법리를 오해한 잘못이 없다.

(2) 정보통신망법(명예훼손)위반 부분

1) 정보통신망법 제70조 제1항은 "사람을 비방할 목적으로 정보통신망을 통하여 공공연하게 사실을 드러내어 다른 사람의 명예를 훼손한 자는 3년 이하의 징역 또는 3천만 원 이하의 벌금에 처한다."라고 정하고 있다. 이 규정에 따른 범죄가 성립하기 위해서는 피해자가 특정된 사실을 드러내어 명예를 훼손하여야 한다. 여기에서 사실을 드러낸다는 것은 이로써 특정인의 사회적 가치나 평가가 침해될 가능성이 있을 정도로 구체성을 띠는 사실을 드러낸다는 것을 뜻하는데, 그러한 요건이 충족되기 위해서 반드시 구체적인 사실이 직접적으로 명시되어 있어야 하는 것은 아니지만, 적어도 특정 표현에서 그러한 사실이 곧바로 유추될 수 있을 정도는 되어야 한다. 그리고 피해자가 특정되었다고 하기 위해서는 표현의 내용을 주위사정과 종합하여 볼 때, 그 표현이 누구를 지목하는가를 알아차릴 수 있을 정도가 되어야 한다(대법원 1982. 11. 9. 선고 82도1256 판결; 대법원 2011. 8. 18. 선고 2011도6904 판결; 대법원 2014. 3. 27. 선고 2011도11226 판결 등 참조).

한편 특정 표현의 사실인지 아니면 의견인지를 구별할 때에는 언어의 통상적 의미와 용법, 증명가능성, 문제 된 말이 사용된 문맥, 그 표현이 행해진 사회적 상황 등 전체적 정황을 고려하여 판단하여야 한다(대법원 1998. 3. 24. 선고 97도2956 판결 등 참조).

2) ① "학교폭력범은 접촉금지!!!"라는 글과 주먹 모양의 그림말 세 개로 이루어진 이 사건 상태메시지에는 그 표현의 기초가 되는 사실관계가 드러나 있지 않다. '학교폭력범'이라는 단어는 '학교폭력'이라는 용어에 '죄지은 사람'을 뜻하는 접미사인 '범(犯)'을 덧붙인 것으로서, '학교폭력을 저지른 사람'을 통칭하는 표현인데, 피고인은 '학교폭력범' 자체를 표현의 대상으로 삼았을 뿐 특정인을 '학교폭력범'으로 지칭하지 않았다. ② 학교폭력이 심각한 문제로 대두되고 있는 우리 사회의 현실, 초등학생 자녀를 둔 피고인의 지위 등을 고려하면, 피고인이 '학교폭력범'이라는 단어를 사용하였다고 하여 실제 일어난 학교폭력 사건에 관해 언급한 것이라고 단정할 수 없다. ③ '접촉금지'라는 어휘는 통상적으로 '접촉하지 말 것'이라는 의미로 이해되고, 이 사건 의결 등을 통해 피해자에게 '피해학생(공소외인 B)에 대한 접촉의 금지' 조치가 내려졌다는 사실이 피해자와 같은 반 학생들이나 그 부모들에게 알려졌음을 인정할 증거도 없다.

3. 해설

가. 사이버 명예훼손과 SNS상 표현의 자유

정보통신망법 제7조 제1항은 "사람을 비방할 목적으로 정보통신망을 통하여 공공연하게 사실을 드러내어 다른 사람의 명예를 훼손한 자는 3년 이하의 징역 또는 3천만 원 이하의 벌금에 처한다"라고 규정하고 있다. 정보통신망이라는 공간의 특수성을 고려하여 인터넷공간에서 발생하는 명예훼손의 결과에 다소 엄격한 법적 책임을 부과하는 것이다. 형법상 제307조 제1항의 사실적시 명예훼손죄와 비교할 때, '비방할 목적'이라는 초과 주관적 요건과, '정보통신망을 통하여'와 '공공연하게'라는 요건을 두면서, 더 무거운 처벌을 두고 있다.

이러한 정보통신망법 명예훼손의 요건과 처벌 규정은, 인터넷의 표현 자유를 제한하는 문제에서[2] 익명성에 기대어 보다 쉽게 생성, 확산될 수 있는 명예훼손 침해 문제를 적극적으로 예방하고 인격권 침해 가능성을 예방하겠다는 의지로 보인다.[3] 그러나 한편으로는, '비방의 목적'은, 고의와는 구분된 '가해의 의사' 내지는 '가해의 목적'을 요구함으로써 이 죄의 성립을 어렵게 하여[4] 의사교류의 場에서의 사법의 표현의 자유의 제한 가능성에 조율의 추를 두었다

2) 헌법재판소 2002. 6. 27. 선고 99헌마480 결정.

3) "정보통신망에서 정보의 확산 속도가 매우 빠르고 그 범위를 예측하기 어려우며 정보의 반복 재상산으로 인하여 이미 유포된 정보의 삭제가 매우 어렵다는 측면에서 그로 인한 피해가 더 심각할 수 있다." 헌법재판소 2016. 2. 25. 선고 2013헌바105, 234(병합) 전원재판부 결정.

고 볼 수 있다.

대상판결은 이른바 '국민 메신저'인 카카오톡에서 계정 프로필 게시글의 정보통신망법상 명예훼손 해당 여부를 판단하면서, 카카오톡 계정 프로필의 상태메시지의 게시가 정보통신망법 위반 명예훼손죄 성립하기 위한 몇 가지 요건을 제시하였다. 첫째, 특정인의 사회적 가치나 평가가 침해될 가능성이 있을 정도로 구체성을 띠는 사실을 드러내야 한다. 둘째, 정보통신망법에 게시글이 피해자를 특정할 수 있어야 한다. 셋째, 특정 표현이 사실인지 아니면 의견인지를 구별할 때에는 언어의 통상적 의미와 용법, 증명가능성, 문제된 말이 사용된 문맥, 그 표현이 행해진 사회적 상황 등 전체적 정황을 고려하여 판단하여야 한다는 것이다.

오늘날 카카오톡의 계정 프로필에서의 표현의 자유를 제한하는 문제는 새로운 플랫폼공간에 대한 이해와 그 안의 표현 자유에 대한 가치판단에 따라 규정지어질 수 있다. 아래에서는 이와 같은 관점에서 대상판례가 제시한 요건과 판단근거를 하나씩 살펴보도록 한다.

나. 판례 검토

(1) 사실적시의 구체성과 피해자 특정성

대상판결은 다수 학부모가 사건 전후 사정을 이미 알고 있었다는 사정만으로는 표현 자체의 특정성을 대체할 수 없다고 하였다. 그런데 이 사건 카카오톡 상태 메시지는 피고인이 단체카톡방에서 참여한 학부모들이 처리 중인 학교 폭력 사건에서 피해학생이 누구이고, 가해학생이 누구인지를 다 아는 상황에서 가해학생을 지목한 것이었다. 피고인은 법령상 허용하는 불복방법이 아닌, 사적 수단인 단체 카카오톡방을 이용해 이 사건 폭력 사건과 가해학생을 확신시키려는 의도로 카카오톡 상태메시지를 게시한 것으로 보는 것이 일반적인 해석일 것이다. 따라서 이 사건 표현은, 종합적인 정황상 피해자의 특정성이 성립된다고 보는 것이 타당해 보인다. 그런데도 대상판결은 이 사건 상태메시지에는 그 표현의 기초가 되는 사실관계가 드러나 있지 않고, '학교폭력범'이라는 단어도 '학교폭력을 저지른 사람'을 통칭하는 표현일 뿐, 특정인을 지칭한 것이 아니며, '접촉금지'라는 어휘도 통상적으로 '접촉하지 말 것'이라는 의미라고 하여, 이 사건 의결 등을 통해 피해학생에 대한 접촉 금지 사실이 알려졌음을 인정할 근거가 없다고 하였다. 이에 명예훼손 법리에 의해 피고인의 상태메시지로는 피해자의 사회적 가치나 평가를 저하시키는 구체적인 사실을 드러냈다고 볼 수 없다고 본 것이다. 그러나, 이는 이 사건 카카오톡 상태메시지의 표출 배경, 해당 표현을 접할 수 있는 대상 및 범위 등을 고려하지 않은 판결이다.

표현이라는 것은 제반 상황과 맥락을 무시한 채로 그 의미하는 바를 정확히 알 수 없다.

---

4) 대법원 2003. 12. 26. 선고 2003도6036 판결.

그동안 대법원은 '사실의 적시'는 의견표현에 대치되는 개념으로서 구체적인 과거 또는 현재의 사실관계에 관한 보고 내지는 진술을 의미한다고 하였다.[5] 대상판결에서 제시한 법리에 의하면, 정보통신망법상 명예훼손의 사실적시는 이로써 특정인의 사회적 가치나 평가가 침해될 가능성이 있을 정도로 구체성을 띠는 사실을 드러나야 하고, 그렇지 않더라도 '적어도 특정 표현에서 그러한 사실이 곧바로 유추될 수 있을 정도'로, '표현의 내용을 주위사정과 종합하여 볼 때, 그 표현이 누구를 지목하는가를 알아차릴 수 있을 정도'면 피해자 특정성이 성립된다고 보아야 한다.[6] 나아가 이 사건 카카오톡 상태메시지의 문맥, 사회적 상황 등 정황을 고려한다면 피고인이 단체카톡방 구성원인 학부모들에게 가해학생에 대한 학교폭력대책자치위원회 조치결과(접촉금지)를 공지하는 효과를 노렸고, 단체카톡방 구성원들이 상태메시지를 지칭하는 내용, 피해자를 쉽게 알 수 있거나 알았다고 보는 것이 타당하다.[7] 그런데도 대상판결이 당해 표현의 사실적시로서의 구체성을 인정하지 않은 것은 선뜻 받아들이기 어렵다.

(2) 카카오톡 프로필의 법적 의미-사실적시의 위법성 및 공연성 요건과 관련하여

카카오톡 상태 메시지는 원칙적으로 의사 표현·전달의 성격을 갖는 매체로 표현의 자유의 보호영역에 포함된다. 헌법재판소는 정보통신서비스 제공자에게 본인확인 조치를 부과하여 게시판 이용자로 하여금 본인확인 절차를 거쳐야만 게시판을 이용할 수 있도록 하는 이른바 '본인확인제'를 규정한 정보통신망법 제44조의5 제1항 제2호 등 위헌확인 사건에서, 인터넷게시판의[8] 온라인상 표현행위를 제한하는 문제에 대해서 과잉금지위반의 원칙을 제시하고 있다.

대상판결에서는 사실적시 및 피해자 특정성이 인정되지 않았기에 당해 표현의 사실적시 명예훼손의 위법성 여부에 관한 이익형량에 나아가지는 않았다. 그런데 SNS 프로필 내지는 상태메시지의 명예훼손성을 판단하기 위해서는 그것이 갖는 법적 의미를 통해서도 그 보호와 제한의 정도를 가늠할 수 있을 것이다. 오늘날 카카오톡 프로필은 이용자의 정체성, 내적 자아의 표출, 심리적 만족 등을 위한 다양한 정체성 표출 수단이 되고 있고, 상대적으로 이미지와 뱃지, 60자 이내의 문자의 상태메시지로 구성된다.[9] 글자수의 제한이 있지만, 해당 공간은 명예

---

5) 대법원 1996. 11. 22. 선고 96도1741 판결; 대법원 1997. 4. 25. 선고 96도2910 판결; 대법원 1998. 3. 24. 선고 97도2956 판결 등.

6) 대법원 1982. 11. 9. 선고 82도1256 판결; 대법원 2011. 8. 18. 선고 2011도6904 판결; 대법원 2014. 3. 27. 선고 2011도11226 판결 등.

7) 대법원 1998. 3. 24. 선고 97도2956 판결 등.

8) 헌법재판소는 인터넷게시판은 인터넷에서 의사를 형성·전파하는 매체로서의 역할을 담당하고 있으므로 의사의 표현·전파 형식의 하나로서 인정된다고 하였다(헌법재판소 2010. 2. 25. 선고 2008헌마324, 2009헌바31 전원재판부 결정 참조).

9) 이종윤·홍장선·윤주현, "카카오톡 프로필 이미지를 통한 다중적 자아의 유형 연구", 한국디자인학회 제26권 제4호, 2013, 183면.

훼손적 내용의 사실적시에 충분하다. 이러한 점에서 카카오톡 상태메시지에 대한 표현 자유의 보호 및 제한의 정도를 인터넷게시판과 달리 볼 이유는 없어 보인다.[10] 다만 카카오톡 계정의 상태메시지가 갖는 법적 의미를 일률적으로 정의하기는 어려우며, 기술과 소셜네트워크 메신저의 기능, 이용자의 반응의 가변성을 고려해야 한다. 현재의 카카오톡은 이용자가 설정하기에 따라서 멀티 프로필이 있어 프로필별로 미리 소통할 지인의 범위를 제한할 수 있는데, 이 사건이 발생했던 2017년에 카카오톡은 모바일 단말기에 핸드폰 번호를 등록한 대부분의 사람들을 대상으로 카카오톡 상태메시지에 접근가능한 체계였다. 따라서 이 사건 당시 카카오톡은 '개방형 SNS'로 정의할 수 있을 것이다.[11]

명예훼손 등 인격적 법익 침해 여부를 판단함에 있어서, 카카오톡 상태 메시지의 '공연성(전파가능성)'은, 누구에게 이 사건 프로필 및 상태메시지가 전달될 수 있는지 또는 노출되었는지 여부가 범죄의 요건 충족 판단에 중요하게 작용할 수 있다. 카카오톡 상태메시지는 여느 '게시판 글'과 달리 수동 열람 구조다. 이 사건의 경우 당시 피고인은 이 사건 초등학교 3학년 4반 학부모들 19명으로 구성된 카카오톡 단체방에 가입되어 있어, 피고인이 게시한 상태 메시지는 최소한 해당 단체방에 참여한 학부모들이 인식할 수 있는 상태였다고 보는 것이 타당하다고 할 것이다. 그런데 대법원은 원심과 달리, '피고인의 상태 메시지만으로는 이 사건 의결 등을 통해 피해자의 학교 폭력 사건이나 피해자에게 이 사건 의결 조치가 내려졌음이 피해자와 같은 반 학생들이나 그 부모들에게 알려졌음을 인정할 증거가 없다'고 보았다. 대상판결의 위 문장은 사실적시 요건으로서 설시된 것으로, 이 부분에 공연성 요건을 논한 것은 아니지만, 만약 공연성 요건을 판단하게 되었다면, 적어도 19명의 단체방의 학부모와 학생들에게 전파가능성이 있는 것으로 판단할 수 있을 것이다. 아울러 피고인의 프로필 및 상태메시지에는 당시 사건에 대한 개인적, 심리적 표출이라고 할지언정, 그 어떤 공익적 목적이 있다고 볼 여지는 없어 보인다. 이러한 논지에서 소위 사이버 명예훼손죄의 초과 주관적 구성요건인 '비방할 목적'을 충족했다고 볼 수 있을 것이다.

4. 판결의 의의

정보통신망법 제7조 제1항은 소위 '사이버 명예훼손죄'로 "사람을 비방할 목적으로 정

---

10) 대법원은 카카오톡 메시지의 모욕죄 구성요건 해당성을 판단하는 사건에서 공연성을 인정한 원심과 달리, 상대방의 태도·의사·인식 및 메시지 처리 내역에 비추어 보면 공연성을 부정할 만한 소극적 사정이 존재하는 점 등을 이유로 피고인의 카카오톡 메시지 전송 행위에 모욕죄의 공연성을 부정하였다(대법원 2024. 1. 4. 선고 2022도14571 판결).

11) 폐쇄형 SNS의 경우 미리 소통한 사람들의 범위를 제한할 수 있는 반면, 개방형 SNS형에서는 개인정보 유출이나 사생활 침해 문제에 대해서 사람들은 SNS 활동을 합리적으로 조절하는 것으로 나타나기도 한다. 신일순, "개방형 및 폐쇄형 SNS에서 프라이버시 역설의 차이", 정보화정책 제27권 제1호, 2020, 72면.

보통신망을 통하여 공공연하게 사실을 드러내어 다른 사람의 명예를 훼손한 자는 3년 이하의 징역 또는 3천만 원 이하의 벌금에 처한다"라고 규정하였다. 이 법의 규정은 정보통신망이라는 공간의 특수성을 고려하여 인터넷상 발생하는 명예훼손 표현에 대하여 다소 엄격한 법적 책임을 부과한다. 한편 이 규정은 형법상 제307조 제1항의 사실적시 명예훼손죄에 비교할 때 '비방할 목적'의 요건과 '정보통신망을 통하여' 및 '공공연하게'의 요건을 두고 있다. 바로 이러한 점은 그간 사실적시 명예훼손 조항에 대한 많은 비판에도 불구하고, 명예훼손죄의 성립에 상대적으로 엄격한 요건을 요구하게 됨으로써, 개별 사안에서 사법부가 인터넷 공간에 대한 표현 자유에의 제한 기준을 변용할 여지를 두었다고 할 수 있다.[12)]

대상판결은 국민 메신저인 카카오톡의 프로필 및 상태메시지를 통한 정보통신망법상 명예훼손죄 여부를 판단하면서 사실적시의 구체성 및 특정성에 관한 나름의 기준을 제시하였다. 대상판결은 카카오톡 상태메시지가 정보통신망법상 명예훼손죄가 성립하기 위해서는 피해자의 사회적 가치나 평가를 저하시키기에 충분한 구체적인 사실적시 및 피해자에 대한 특정성이 요구된다고 하였다. 여기서 구성요건의 해당성은 해당 공간의 표현 자유의 보호와 제한의 상관관계를 고려해야 할 것이고, 이는 SNS 프로필이 갖는 법적 의미를 통해서도 가늠해 볼 수 있다. 오늘날 카카오톡 프로필은 이용자의 정체성, 내적 자아의 표출, 심리적 만족 등을 위한 다양한 정체성 표출 수단이고, 이미지와 배지, 60자 이내의 문자의 상태메시지로 구성되는 공간이다. 상대적으로 글자수의 제한이 있지만, 명예훼손적 사실적시가 불가능한 정도는 아니다. 따라서 해당 공간이 인터넷게시판과 달리 취급되어야 할 이유는 크지 않지만, 유사 사건에서 배경된 사실관계가 커뮤니티 내 대다수가 인지할 정도로 광범위하게 알려졌다면, 당해 표현의 사실적시 해당 여부 판단의 근거와 밀도는 충분히 달라질 수 있을 것이다. 전술했듯이 이 사건 표현은, 피해자의 사회적 가치와 평가와 밀접한 관계에 놓은 사람들로부터 접근이 가능하고, 주위 사정을 종합하여 볼 때 곧바로 유추될 수 있는 사실적시라고 보는 것이 합리적이다. 그런데도 대상판결은 제반 사정을 알지 못하는 일반인의 입장에서 사실적시 및 특정성을 부정하는 결론에 이르렀다. 차라리 사실적시 및 피해자 특정성을 인정하고, 위법성 여부 등 다음의 쟁점을 다투었다면 보다 논리적인 법리 전개가 가능했으리라는 아쉬움이 남는다. 이러한 이유로 앞으로 유사한 명예훼손 판단 사건에서는 플랫폼, 커뮤니티의 속성에 따른 수용자의 범위, 노출 설정, 알고리즘, 접근형태를 고려한 특성성 및 사실 적시 여부, 비방목적 등에서 법원이 제시하는 판시 요소의 계량화, 가중치의 구체화에 나아가는 것이 필요하다. 최근 우리 사회에서의 타인에 대한 저격글, 사적 보복의 문제를 생각했을 때, 자칫하면 본 판결을 우회하는 SNS 상태메시지를 통한 괴롭힘 행위가 우려되기도 한다.[13)] 그런데

12) 이희옥, 앞의 논문, 342면.

13) 이러한 우려에 대해서 아동복지법 및 정보통신망법 명예훼손죄 위반에 대한 비판에 대해서는 김용수, 앞

도 본 판결의 결론에 있어서는 수긍이 되는 것은, 대상판결은 상태메시지의 표출로 인한 피해자의 명예훼손 가능성과 SNS이용자들의 자유로운 표현행위에 따른 이익을 비교 형량하면서, 플랫폼의 표현의 자유에 관한 권리를 보다 중요하게 참작한 것으로 보이기 때문이다.

생각건대, 대상판결은 정보통신망법상 명예훼손 법리와 사안의 판단 간에 아쉬움이 있지만, 카카오톡 상태메시지 같은 단문·다의적 형식에 형사책임을 인정하는 것에 신중한 입장을 표명한 것으로 이해할 수 있다. 판결의 결론이 같아도 이유의 두께가 실무의 풍경을 바꾼다고 한다. 이 판결을 계기로 디지털 표현물에 대한 표현자유의 예측가능성이 담보되고 실무자의 통제가 강화되는 구성요건의 심사의 새로운 표준이 정립되기를 기대한다.

의 글 참조.

47 형법 제232조의2에서 정한 사전자기록 '위작'의 의미

대법원 2020. 8. 27. 선고 2019도11294 전원합의체 판결[1)]

이응세 (법무법인(유한) 바른 변호사)

1. 사안의 개요

피고인 1은 가상화폐 거래소 운영업체인 X 회사의 대표이사, 피고인 2는 X 회사의 자금 등을 관리하는 사내이사이었다. 피고인들은 마치 많은 회원들이 X 회사가 구축·설치하여 위 거래소에서 사용 중인 가상화폐 거래시스템을 이용해 매매주문을 내고 그에 따라 매매거래가 활발히 이뤄지는 것처럼 꾸미기 위하여, 위 거래시스템상 차명계정을 생성하고, 그 차명계정에 실제 보유하고 있지도 않은 원화(KRW)와 가상화폐를 보유하고 있는 것처럼 원화 포인트와 가상화폐 포인트를 허위 입력한 다음, 속칭 '봇 프로그램' 내지 '마켓메이킹 프로그램'으로 불리는 자동주문 프로그램을 이용하여 위 차명계정을 주문자로 하고 위와 같이 허위 입력한 원화 포인트 등에 대한 매매주문을 내기로 모의하였다.

이에 따라 피고인들은 '봇 프로그램'의 구동을 위하여 필요한 차명계정과 원화 포인트 등을 생성시키기 위하여 위 거래시스템의 관리자 계정에 접속한 다음 다수의 차명계정(ID)을 생성한 후 수회에 걸쳐 위 차명계정에 계정별로 원화 포인트 등의 보유량 정보를 조작 입력하고, 이를 위 거래시스템상에 표시하였다.

---

1) [참조 및 관련 판례] 대법원 2005. 6. 9. 선고 2004도6132 판결(공2005하, 1191); 대법원 2009. 4. 23. 선고 2006다81035 판결(공2009상, 724); 대법원 2009. 12. 24. 선고 2007두20089 판결; 대법원 2013. 4. 11. 선고 2010도1388 판결(공2013상, 891); 대법원 2016. 3. 10. 선고 2015도17847 판결(공2016상, 596); 대법원 2016. 11. 10. 선고 2016도6299 판결; 대법원 2017. 12. 7. 선고 2017도10122 판결(공2018상, 239); 헌법재판소 2016. 11. 24. 선고 2015헌가23 전원재판부 결정(헌공242, 1825).
[관련 평석 및 문헌] 심준보, "공전자기록위·변작죄에서 위작과 변작의 개념", 대법원판례해설 통권 제56호(2005년 상반기), 법원행정처, 2005; 신동훈, "사전자기록위작죄에서 위작의 의미", 비교형사법연구 제24권 제2호, 한국비교형사법학회, 2022; 류경은, "전자기록위작죄에서 '권한남용적 허위작성'의 판단기준을 위한 소고", 법조 제72권 제2호, 2023; 김진, "사전자기록 위작의 개념과 해석론적 과제", 법조 제70권 제2호, 2021.

2. 판결의 요지

가. 원심판결(서울고등법원 2019. 7. 23. 선고 2019노396 판결)

피고인들이 X 회사의 사전자기록인 위 거래시스템상 차명계정에 원화 포인트 등을 입력한 것은 허위의 정보를 입력한 것에 해당하고, 이는 피고인들이 그 권한을 남용하여 위 거래시스템의 설치·운영주체인 X 회사의 의사에 반하는 전자기록을 생성한 것으로서 권리·의무 또는 사실증명에 관한 타인의 전자기록을 위작한 것이므로 사전자기록의 위작에 해당한다.

나. 대법원 판결

[다수의견] 시스템을 설치운영하는 주체와의 관계에서, 전자기록의 생성 관여할 권한이 없는 사람이 전자기록을 작출하거나 전자기록의 생성에 필요한 단위정보를 입력하는 경우는 물론 시스템의 설치·운영 주체로부터 각자의 직무 범위에서 개개의 단위정보의 입력 권한을 부여받은 사람이 그 권한을 남용하여 허위의 정보를 입력함으로써 시스템 설치·운영 주체의 의사에 반하는 전자기록을 생성하는 경우도 형법 제227조의2에서 말하는 전자기록의 '위작'에 포함되는바, 위 법리는 형법 제232조의2의 사전자기록등위작죄에서 행위의 태양으로 규정한 '위작'에 대해서도 마찬가지로 적용된다.

[반대의견] 사전자기록의 '위작'에 유형위조는 물론 권한남용적 무형위조도 포함된다는 다수의견은, '위작'이라는 낱말의 사전적 의미에 맞지 아니할 뿐만 아니라 유형위조와 무형위조를 엄격히 구분하고 있는 형법 체계에서 일반인이 예견하기 어려운 해석이어서 받아들이기 어렵다. 형법 제232조의2에서 정한 '위작'은 유형위조만을 의미하는 것으로 해석하여야 한다.

3. 해설

가. 전자기록 등 특수매체기록

1995. 12. 29. 법률 제5057호로 개정된 형법은 산업화·정보화의 추세에 따른 컴퓨터범죄 등 신종범죄에 효율적으로 대처하기 위해 여러 범죄 규정들에서 '전자기록 등 특수매체기록'을 대상으로 추가하였고, 공전자기록의 위작·변작죄(제227조의2)와 사전자기록의 위작·변작죄(제232조의2)를 신설하였다.

이때 '전자기록'의 의미에 관하여, 대법원은 "법 제227조의2에서 위작의 객체로 규정한 전자기록은, 그 자체로는 물적 실체를 가진 것이 아니어서 별도의 표시·출력장치를 통하지 아니하고는 보거나 읽을 수 없고, 그 생성 과정에 여러 사람의 의사나 행위가 개재됨은 물론 추가 입력한 정보가 프로그램에 의하여 자동으로 기존의 정보와 결합하여 새로운 전자기록을 작출하는 경우도 적지 않으며, 그 이용 과정을 보아도 그 자체로서 객관적·고정적 의미를 가지면서 독립적으로 쓰이는 것이 아니라 개인 또는 법인이 전자적 방식에 의한 정보의 생성·처리·저장·출력을 목적으로 구축하여 설치·운영하는 시스템에서 쓰임으로써 예정된 증명적 기능을 수행하는 것"이라고 하였고,[2] "그 자체로서 객관적·고정적 의미를 가지면서 독립적으로 쓰이는 것이 아니라 개인 또는 법인이 전자적 방식에 의한 정보의 생성·처리·저장·출력을 목적으로 구축하여 설치·운영하는 시스템에서 쓰임으로써 예정된 증명적 기능을 수행하는 것은 전자기록에 포함된다"라고 판시하였다.[3] 공전자기록에 관하여 판시한 전자기록의 의미는 사전자기록에서도 그대로 적용될 수밖에 없고, 대상판결도 이 점을 명확히 하였다.

나. 공전자기록위작죄에서의 위작의 의미

범죄구성요건으로서 '위작'[4]이라는 문언은 공전자기록위작죄와 사전자기록위작죄에서 동일하게 사용되었다. 형법상 문서에 관한 죄와 관련하여 권한 없는 자의 문서 작성과 권한 있는 자의 허위 문서 작성을 구별하면서 강학상으로 전자를 '유형위조', 후자를 '무형위조'라고 부르는데, 신설된 공·사전자기록위작죄에서 사용한 '위작'의 의미가 유형위조와 무형위조 중 어디에 해당하는지 견해가 나뉘어 있었다. 유형위조가 위작에 포함된다는 점에는 이견이 없었고, 무형위조가 포함되는지 여부에 관하여 의견이 나뉜 것이다.

공전자기록위작죄에서 '위작'의 의미에 관하여 먼저 대법원의 해석이 나왔다.

대법원은, "전자기록이 쓰이는 시스템에 관하여 시스템을 설치·운영하는 주체와의 관계에서 전자기록의 생성에 관여할 권한이 없는 사람이 전자기록을 작출하거나 전자기록의 생성에 필요한 단위 정보의 입력을 하는 경우는 물론 시스템의 설치·운영 주체로부터 각자의 직무 범위에서 개개의 단위정보의 입력 권한을 부여받은 사람이 그 권한을 남용하여 허위의 정보를 입력함으로써 시스템 설치·운영 주체의 의사에 반하는 전자기록을 생성하는 경우"도 공전자기록위작죄의 위작에 포함된다고 한 것이다.[5] 이는 '위작'은 유형위조뿐만 아니라 '무형위조' 중 '권한남용적 무형위조'까지 포함한다는 취지로 해석되었다. 위 판결 이후로 공전자기록

---

2) 대법원 2005. 6. 9. 선고 2004도6132 판결.

3) 대법원 2008. 6. 12. 선고 2008도938 판결; 대법원 2022. 3. 31. 선고 2021도8900 판결.

4) 공·사전자기록에 관하여 모두 위작죄와 변작죄가 규정되어 있으나, 위작죄의 요건에 관한 논의는 모두 변작죄에 그대로 적용되므로, 여기서는 위작죄만 논하기로 한다.

5) 대법원 2005. 6. 9. 선고 2004도6132 판결.

위작죄에서 대법원은 같은 입장을 유지하였다.[6)]

위 대법원판결이 취한 결론의 근거는 그 판례해설[7)]에서 엿볼 수 있다.

신설된 공·사전자기록위작죄에서의 위작의 의미에 관하여, 위 대법원판결이 나오기 이전까지, 유형위조와 무형위조를 모두 포함한다는 견해(제1설), 공전자기록위자죄에서는 유형위조와 무형위조를 모두 포함하지만 사전자기록위작죄에서는 유형위조만 포함한다는 견해(제2설), 전자기록이 문서와는 달리 명의인이 누구인지 특정하기 어려운 전자기록의 특성에 주목하여, 전자기록의 공사를 묻지 않고 전자기록을 입력·처리·저장하는 시스템의 설치·운영주체의 의사에 반하여 권한 없이 또는 권한의 범위를 일탈하여 전자기록을 작성하는 것이 '위작'이라는 견해(제3설), ④ 유형위조만 포함한다는 견해(제4설)로 나뉜다고 설명하고, 그 중 제1설, 제2설, 제4설에 약점이 있다고 지적한 후, 공전자기록위작죄에서 말하는 '위작'의 의미와 관련하여 가장 설득력 있는 입장은 제3설이라고 하였다.

제3설이 가장 설득력 있다고 본 이유로 다음과 같이 설명하였다. 문서와는 달리 전자기록에는 그 작성에 관여하는 무수히 많은 사람들이 있고, 통상 그 데이터 입력에 관한 상급감독자의 결재나 승인 절차가 없는 수가 많으며, 개개 데이터의 결합 및 분류방식이나 필터(filter)를 어떻게 구성하느냐에 따라 무한한 층위와 연쇄가 존재하게 되므로, 문서와는 달리 특정시점에서 단층적·획일적으로 고정시켜 파악할 수 없는 수가 많기 때문에, 많은 경우 그 작성자나 '완성'이라는 개념은 생각하기 어렵다는 것이다.[8)]

위 설명에서는 위 판례의 법리가 사전자기록에도 적용될 수 있다고 생각한다고 밝혔다.[9)]

다. 사전자기록위작죄에서의 위작의 의미

(1) 대상판결 이전의 대법원판결

대상판결이 선고되기 전에 사전자기록죄에 관하여 판단한 대법원판결들이 있다.

대법원 2008. 4. 24. 선고 2008도294 판결은, 아파트의 일부 주민들이 인터넷 포털사이트에 개설한 카페에 피고인이 주민이 아니면서 아파트 원로회의와 관련된 글을 게시한 사안에서, '사무처리를 그르치게 할 목적'이 인정되지 않는다는 이유로 무죄취지로 원심을 파기하였다. 대법원은, 피고인의 행위를 사전자기록위작죄로 의율하기 위해서는 피고인에게 위 카페 또는 위 사이트의 설치·운영 주체의 사무처리를 그르치게 할 목적이 있어야 할 것인바, 위 카페는 입주

6) 대법원 2007. 7. 27. 선고 2007도3798 판결; 대법원 2013. 11. 28. 선고 2013도9003 판결 등.
7) 심준보, "공전자기록위·변작죄에서 위작과 변작의 개념", 대법원판례해설 통권 제56호(2005년 상반기), 법원행정처, 2005.
8) 위의 글, 245면.
9) 위의 글, 247면.

자대표회의에 반대하는 일부 주민들에 의하여 개설된 것이고 피고인이 위 카페의 설치·운영 주체로부터 위 카페에 글을 게시할 수 있는 권한을 부여받아 피고인의 아이디로 공소 내용과 같은 전자기록을 작성하여 게시하였음을 지적하고, 피고인이 비록 위 카페에 허위내용의 전자기록을 작성하여 게시하였다고 하여 그러한 점만으로 피고인에게 위 카페나 위 사이트의 설치·운영 주체의 사무처리를 그르치게 할 목적이 있었다고 단정하기도 어렵다고 하였다.

대법원 2008. 6. 12. 선고 2008도938 판결은, 새마을금고의 A 명의 계좌에 상조금이 입금되자 새마을금고의 부장인 피고인이 금고가 A에 대하여 가지는 대출금 및 손해배상 채권의 실현을 담보하기 위해 A 명의의 예금계좌 비밀번호를 임의로 입력한 후 일정 금액을 A의 예금계좌로부터 금고의 가수금계정으로 계좌이체한 사안에서, 금고의 내부규정이나 여신거래기본약관이 효율적인 채권관리를 위해 필요한 경우에는 채무자의 예금을 그 채무자에 대한 채권과 상계하거나 상계에 앞서 일시적인 지급정지조치를 취할 수 있도록 규정하고 있음에 비추어, 채무자의 계좌에 입금된 돈을 그에 대한 채권확보를 위해 필요한 경우 채무자의 동의 없이 일시 위 금고의 가수금계좌로 이체할 수 있다고 한 후, 피고인은 금고의 예금 및 입·출금 업무를 총괄하는 지위에 있는 사람으로서 위 규정에 의거 A에 대한 기존의 채권확보를 위해 이사장의 결재를 받는 등 내부적인 절차를 밟아 그의 예금계좌에 있는 돈을 금고의 가수금계좌로 이체한 피고인의 행위는 위 금고의 업무에 부합하는 것으로서 그 사무처리를 그르치게 할 목적이 있었다고 볼 수는 없고, 위 계좌이체 과정에 A의 비밀번호를 사용한 잘못이 있다 하여 달리 볼 것은 아니라고 하였다.

대법원 2016. 11. 10. 선고 2016도6299 판결은, 대상판결 이전에 사전자기록위작죄에서의 위작의 의미에 관하여 직접 판시한 판결이다. 그런데 위 대법원판결이 공전자기록위작죄에서의 위작의 의미에 관한 대법원 2005. 6. 9. 선고 2004도6132 판결의 판시를 직접 인용하기는 하였으나, 그 사건의 원심판결까지 보면 그 사건에서 피고인들은 범행을 공모한 적이 없다고 다투었을 뿐이고 사전자기록위작죄에서 위작의 의미가 직접적 쟁점이 되지는 않았던 것으로 보인다.

(2) 대상판결

공전자기록위작죄에서의 위작의 의미를 명확히 하는 대법원판례가 선고되고 사전자기록위작죄에서의 위작의 의미를 주된 쟁점으로 하여 판시한 대법원판결이 나오지 않다가 대상판결이 전원합의체판결로 선고되었다. 공전자기록위작죄에 관한 판례해설에서 그 판례의 법리가 사전자기록에도 적용될 수 있다고 생각한다고 밝혔으나, 사전자기록죄에서는 위작의 의미에 관하여 다수의견 외에 대법관 5인의 반대의견이 제시된 데서 알 수 있듯이 결론 도출이 쉽지 않았다.

다수의견은 공전자기록등위작죄의 '위작'에 시스템의 설치·운영 주체로부터 각자의 직무 범위에서 개개의 단위정보의 입력 권한을 부여받은 사람이 그 권한을 남용하여 허위의 정보를 입력함으로써 시스템 설치·운영 주체의 의사에 반하는 전자기록을 생성하는 경우도 포함된다는 법리가 사전자기록등위작죄의 '위작'에도 마찬가지로 적용된다고 하면서, 그 근거로 ⓐ '위작'의 문언 해석,[10] ⓑ 전자기록 시스템의 특성, ⓒ 입법자의 의사, ⓓ 동일 법령에서 사용된 동일 용어의 의미 해석, ⓔ 일본 형법 참고 등을 들었다.

반대의견은 사전자기록위작죄에서 정한 '위작'은 유형위조만을 의미하고, '위작'이란 전자기록의 생성에 관여할 권한이 없는 사람이 전자기록을 작성하거나 전자기록의 생성에 필요한 단위정보를 입력하는 경우만을 의미한다고 해석하여야 한다고 밝히면서, 그 근거로 ⓐ 위작의 문언적 해석의 어려움과 형법상 사문서위조죄와의 체계적 해석, ⓑ 입법자의 의도에 대한 평가, ⓒ 공전자기록위작죄와 사전자기록위작죄의 비교, ⓓ 일본 형법과의 관계, ⓔ '권한 남용' 요건의 문제점을 들었다.

(3) 대상판결에 대한 평석

1) 대상판결 다수의견에 대한 찬반 의견

대상판결이 선고된 후 대상판결의 다수의견에 찬성하는 견해[11]가 있지만, 반대로 다수의견을 비판하는 견해들이 다수 있는데, 그 중에는 사전자기록위작죄에서도 '권한의 남용'을 요건으로 할 것이 아니라 모든 무형위조를 위작으로 보아야 한다는 견해[12]가 있는가 하면, 오히려 사전자기록위작죄의 위작에서 무형위조가 제외되어야 한다는 견해[13]도 있고, 사전자기록위작죄의 대상에서 무형위조를 포함할 여지가 있기는 하지만 다수의견처럼 '권한의 남용'을 요건으로 하는 것은 무리가 있다는 견해[14]도 있다. 다수의견을 정면으로 비판하지는 않았으나, 입법론적으로는 별론으로 하더라도 해석론으로 다수의견과 같은 결론을 도출할 수 있는지 상당한 의문이 든다고 한 견해도 있다.[15]

---

10) 이하 ⓐ, ⓑ 번호는 평석의 편의상 임의로 추가한 것이고, 판결상의 단락구분과 일치하지 않을 수 있다. 반대의견에서 마찬가지이다.

11) 류화진, "형법상 전자기록 위작의 해석에 관하여", 원광법학 제38집 제2호, 2022, 68면.

12) 신동훈, "사전자기록위작죄에서 위작의 의미", 비교형사법연구 제24권 제2호, 한국비교형사법학회, 2002, 136면.

13) 안재서·장성진, "형법 제232조의2 사전자기록등위작죄에서 '위작'의 의미와 입법 제언", 법학평론 제13권, 2023, 478-479면; 류부곤, "사전자기록위작죄에서 '위작'의 개념", 형사판례연구 제29권, 2021, 113-114면; 류석준, "사전자기록위작 행위에 있어 '위작' 개념의 범위 및 '사무처리를 그르치게 할 목적'의 의미", 비교형사법연구 제23권 제2호, 2021, 140면도 대체로 여기에 속한다.

14) 신상현, "사전자기록위작죄의 '위작'에 허위작성 행위가 포함되는지 여부", 아주법학 제14권 제3호, 2020, 125면; 김진, "사전자기록 위작의 개념과 해석론적 과제", 법조 제70권 제2호, 2021, 470면도 여기에 해당한다.

15) 류경은, "전자기록위작죄에서 '권한남용적 허위작성'의 판단기준을 위한 소고", 법조 제72권 제2호, 2023,

2) 정리

① 다수의견과 반대의견의 논거의 차이

대상판결의 다수의견과 반대의견이 결론의 근거로 삼은 몇 가지 논거들을 보면, 동일한 관점에서 보더라도 서로 다른 접근방법을 취함으로써 결국 각자의 결론을 뒷받침하는 근거로 삼았음을 알 수 있다.

'위작'이라는 문언에 대한 해석부터 다수의견과 반대의견이 서로 결론을 달리 하였다. 문언의 의미는 해석의 기초가 되지만 '위작'처럼 일상적 용법에서 단서를 찾기 어려운 경우 해석 기준으로서의 가치가 약화된다는 지적[16]은 이 점에서 적절하다.

형법상의 문서위조죄와의 체계적 해석이 가능하지도 않았다. 위작 · 변작에 무형위조를 포함시킬지 여부를 정한다고 하더라도 문서위조죄와의 체계적 통일성을 확보하기 어렵다.[17] 조문의 구조를 기준으로 한 체계적 해석 시도가 어느 한 방향의 해석에만 부합하는 근거가 되지 않았던 것이다.[18]

문서에 관한 죄에서 사용된 '위조'라는 용어가 아닌 '위작'이라는 용어를 사용한 점을 들어서, 다른 용어를 사용하였다는 점은 일응 다른 의미를 갖는다고 봄이 타당하다는 견해가 직관적으로 설득력이 있다.[19] 이와 관련하여 동일한 개념은 동일하게 해석해야 한다는 점에서 다수의견의 타당성을 찾기도 한다.[20] 동일한 법령에서의 용어는 다른 법령의 규정 등 특별한 사정이 없는 한 동일하게 해석·적용되어야 하므로, 행위의 객체만 다른 공·사전자기록에 관한 죄에 있어 '위작' 개념은 동일하게 해석되어야 한다는 것이다.

입법자의 의사가 무엇인지에 대하여 다수의견과 반대의견은 같은 기초사실을 두고 다른 해석을 보여주었고, 입법자의 의사가 법률규정 해석에 어느 정도까지 영향을 미칠 수 있는지에 대하여도 입장이 달랐다.

반대의견은 수범자의 예측가능성을 넘는 해석을 지양하면서 다수의견의 해석이 일반인의 예측가능성을 넘는다는 입장이었다. 그런데 다수의견은 이 점에 관하여 명시하지는 않았지만 '위작'의 의미에 관한 다수의견의 해석이 일반인의 예측가능성을 넘는다고 보지는 않았을 것으로 보인다. 수범자의 예측가능성은 축적되는 판례를 통하여 영향을 받을 수도 있으므로, '위작'의 의미에 관한 다수의견의 해석이 수범자의 예측가능성을 넘는다는 반대의견의 입장은 그다지 설득력을 갖지 못한다.[21] 수범자의 예측가능성의 문제는 '위작'이라는 용어에서 비롯된

336면.

16) 김진, "사전자기록 위작의 개념과 해석론적 과제"(주 13), 441면.

17) 신동훈, "사전자기록위작죄에서 위작의 의미"(주 11), 115면.

18) 김진, "사전자기록 위작의 개념과 해석론적 과제"(주 13), 442면.

19) 신동훈, "사전자기록위작죄에서 위작의 의미"(주 11), 122면.

20) 김진, "사전자기록 위작의 개념과 해석론적 과제"(주 13), 442면.

21) 김진, "사전자기록 위작의 개념과 해석론적 과제"(주 13), 450면도 같은 입장이다.

것인데, 같은 용어를 사용한 공전자기록위작죄에서 대법원이 이미 오래전에 '위작'의 의미를 밝힌 점을 보면 더욱 그렇다.

② 문서와 전자기록의 관계

다수의견과 반대의견의 결론의 차이를 가져온 가장 중요한 요인은 문서와 전자기록의 관계를 바라보는 시각의 차이라고 볼 수 있다.[22] 반대의견은 문서에 관한 죄와 비교하여 전자기록에 관한 죄를 체계적으로 해석하려는 것이지만, 다수의견은 전자기록 고유의 특성을 근거로 전자기록에 관한 죄의 체계를 문서에 관한 죄와 동일하게 볼 필요가 없다는 전제하에 문서에 관한 죄 구조와의 비교 대신 '동일개념은 동일하게 해석되어야 하는 원칙'을 체계적 해석의 근거로 앞세운 것이다.[23] 공전자기록위작죄에 관한 대법원 2005. 6. 9. 선고 2004도6132 판결에 관한 판례해설[24]에서 보듯이 위 대법원 2004도6132 판결은 이미 전자기록을 문서와 다르게 보는 관점을 가지고 있었고, 다수의견은 그 입장을 그대로 유지한 것이다.

다수의견은, 종래의 문서와 달리 전자기록이 가지는 특성 때문에 입법자가 문서에 관한 죄에서 사용하던 '위조'라는 용어 대신 전자기록죄에서 '위작'이라는 새로운 용어를 사용하였고, 그에 따라 그 새로운 용어의 의미도 종전의 '위조'의 의미에서 벗어나야 한다고 본 것이다. '위작'을 '위조'와 다르게 해석하되, 공적인 것이건 사적인 것이건 전자기록인 점에서 동일하기 때문에 공전자기록과 사전자기록에서 위작이라는 용어가 동일한 의미로 사용되었다는 것이 다수의견의 기본 관점이다. 전자기록에서는 명의의 진정성과 내용의 진정성을 구분하기 쉽지 않고 전자기록의 신용을 보호하는 데에 명의의 진정성과 내용의 진정성을 굳이 구분해야 할 이유도 크지 않으며 전체적인 보호법익을 침해하는 행위의 내용을 구분할 필요만 있다고 볼 수 있다. 전자기록을 문서와 다른 관점에서 보는 이상, 사실 문서에 관한 죄에서 논하였던 유형위조, 무형위조의 개념은 전자기록에 관한 죄에서는 유용한 틀이 될 수 없다. 다수의견은 전자기록의 신용 보호를 보호법익으로 하고 그 신용을 해치는 행위를 처벌대상으로 한다는 입장에서 종래의 유형위조, 무형위조의 틀을 벗어난 것이다.

③ '권한의 남용'의 기준

대상판결이 말하는 '권한의 남용'이 어떤 경우인지에 관하여 그 이후에 선고된 판결례를 검토해 볼 필요가 있다.

대상판결 이후에 선고된 대법원 2021. 2. 4. 선고 2020도15945 판결로 확정된 전주지방법원 2020. 10. 27. 선고 2020노992 판결은, 한국환경공단이 설치·운영하는 '올바로 시스템'에 허위의 정보를 입력한 사안에서, 폐기물처리업자인 피고인의 회사는 폐기물 처리 상황을

22) 김진, "사전자기록 위작의 개념과 해석론적 과제"(주 13), 458면도 같은 입장이다.
23) 김진, "사전자기록 위작의 개념과 해석론적 과제"(주 13), 443면.
24) 각주 7) 참조.

보고하기 위해서 위 시스템에 접촉할 수 있는 아이디를 부여받아 이를 이용하는 단순 이용자에 불과하고, 피고인의 회사는 폐기물처리업자로서 애초부터 자신의 폐기물 처리사항을 신고하도록 입력권한이 부여된 것이지, 시스템의 운영주체인 환경관리공단으로부터 각자의 직무범위에서 입력권한을 부여받은 것이라고 볼 수 없으므로, 피고인이 권한이 없거나 권한을 남용하여 허위의 정보를 입력한 것으로 볼 수 없다고 판시하였다. 만약, 위 죄의 주체를 전자문서를 생성하는 시스템의 관리자와 관리자로부터 일부 권한을 위임받은 사람을 넘어서 단순 이용자, 원격 신고자로까지 확대된다고 해석할 경우 전자문서에 관한 처벌범위가 무한정 확대되는바, 이는 문서에 관한 죄형법정주의의 원칙에 위배된다고 하였다.

위 대법원판결과 같은 취지에서, 대상판결이 말한 '권한남용적 허위작성'은 시스템 설치·운영 주체로부터 정보입력권한을 부여받은 자가 입력한 정보가 시스템 설치·운영주체가 표시한 의사라고 평가할 수 없는 경우이거나, 시스템이 예정하고 있는 증명사실과 무관한 정보인 경우에는 '권한남용적 허위작성'이 될 수 없다고 보아야 한다고 단정하는 견해[25]가 있다. 남용된 권한은 단순히 기록에 접근하여 정보를 입력할 권한을 의미하는 것이 아니라 '시스템 설치 운영 주체가 명의인, 즉 의사표시의 주체로서 표시하는 정보'를 입력할 권한이어야 한다고 본 것이다.

문서와 달리 전자기록은 명의인과 작성인을 구분하기는 어려우나, 대신에 전자기록이 생성되는 시스템을 설치·운영하는 자와 그 시스템을 이용하는 자는 어렵지 않게 구분할 수 있다.

대상판결은 '시스템의 설치·운영 주체로부터 각자의 직무 범위에서 개개의 단위정보의 입력 권한을 부여받은 사람'이 권한을 남용하였다고 하였는바, 설치·운영 주체로부터 '직무범위내'에서 입력 권한을 부여받으려면 설치·운영 주체의 직무를 수행하는 자가 그 대상이 되어야 하고, 시스템의 단순 이용자라면 설치·운영 주체로부터 '직무범위내'에서 입력 권한을 부여받았다고 하기 어려울 것이다. 위 대법원 2020도15945 판결은 이 점을 명확히 한 것이다.

한편 대법원 2021. 1. 28. 선고 2020도14863 판결로 최종 확정된 서울중앙지방법원 2020. 4. 24. 선고 2019고합902 판결은, 한국에너지재단이 설치·운영하는 시스템에 시공업체가 접속 아이디를 부여받아 사업 대상자 추천서 파일을 업로드한 사안에서, 피고인이 파일을 작성한 업무는 그의 고유업무일 뿐 한국에너지재단으로부터 위임받은 업무가 아니고, 그 파일이 한국에너지재단의 의사에 따라 그 권한 내에서 작성되었다고 할 수 없으므로, 사전자기록위작죄에서 '타인'의 전자기록에 해당한다고 볼 수 없다고 판시하였다. 이 판결에서는 위작에 해당하는지 여부는 판단하지 않았다. 이 판결을 보면, 대상판결의 다수의견이 내세운 '권한의 남용'이라는 요건이 사전자기록위작죄의 법문에 명시된 '타인'의 전자기록이라는 구성요건과 어떠한 관계에 있는지 의문이 생길 수밖에 없다.

25) 류경은, "전자기록위작죄에서 '권한남용적 허위작성'의 판단기준을 위한 소고", 349면.

또한 대상판결 이전에 사전자기록위작죄를 다루었던 앞서 본 대법원 2008도294 판결 및 대법원 2008. 6. 12. 선고 2008도938 판결은, '사무처리를 그르치게 할 목적'에서 말하는 '사무처리'는 시스템의 설치·운영 주체의 사무만을 대상으로 한다고 판시하고, '권한의 남용' 여부는 판단하지 않았는데, 이 점에서 대상판결의 다수의견이 내세운 '권한의 남용'이라는 요건이 사전자기록위작죄의 법문에 명시된 '사무처리를 그르치게 할 목적'이라는 구성요건과 어떠한 관계에 있는지도 의문이다.

시스템 설치·운영 주체로부터 직무범위에서 권한을 부여받은 자가 아니라 단순한 이용자의 전자기록 작성 또는 생성 행위는 사전자기록위작죄로 처벌될 수 없다고 보겠으나, '권한의 남용'과 다른 명시적 구성요건의 관계가 어떻게 정립될지는 향후 판결례들이 보여줄 것이다.

4. 판결의 의의

공전자기록위작죄와 사전자기록위작죄가 신설된 이후 '위작'의 의미에 관하여 논의가 계속되다가 공전자기록위작죄의 위작의 의미에 관하여 대법원판결이 선고된 이후에도 사전자기록위작죄에서 위작의 의미에 관하여 직접적인 대법원판결이 나오지 않고 있었는데, 대상판결은 다수의견과 반대의견을 통하여 사전자기록위작죄의 위작의 의미를 해석하는데 고려되어야 할 다양한 관점을 보여주면서 위작의 의미를 최종정리한 점에서 매우 큰 의미가 있다.

그럼에도 위에서 본 다양한 견해들이 지적하는 다수의견의 문제점들은 다수의견에 기초하여 사전자기록위작죄를 해석하고 적용하는 과정에서 발생할 수 있는 현실적 문제점이고, 형벌법의 해석·적용은 그러한 문제점을 최소화하는 방향으로 이루어져야 한다는 점에서 볼 때, 그 문제점들을 해소할 수 있는 방안을 향후에도 충분한 검토할 필요가 있다. 특히, 다수의견이 제시한 '권한의 남용'이라는 요건이 어떤 경우에 충족될 수 있고 다른 명시적 구성요건과 어떤 관계에 있는 지, 다른 명시적 구성요건과 조화를 이룰 수 있는 다른 기준이 제시될 수 있는지 등은 향후 판결례 축적을 통하여 해결되어야 할 과제로 남게 되었다.

48 정치인의 의혹제기 발언과 명예훼손 책임

대법원 2025. 6. 25. 선고 2022다242649 판결[1)]

김송옥 (중앙대학교 객원교수)

1. 사안의 개요

원고는 2016년 10월 불거진 이른바 '국정농단' 사건의 핵심인물로서 유죄판결을 받고 그 판결이 확정되었다. 피고는 전 국회의원으로 국회 '국정농단 의혹사건 진상규명을 위한 국정조사 특별위원회' 위원을 지내는 등 원고와는 정치적 대척점에 있는 자이다. 피고는 2016. 11. 24.경부터 2019. 6. 6.경까지 10회에 걸쳐 라디오와 TV, 인터넷 방송에 출연하여 원고가 은닉한 재산의 규모와 축재의 경위에 대하여 발언하였다. 원고는 피고의 이 같은 발언들이 허위에 해당하고 이를 통해 자신의 명예가 훼손되어 정신적인 고통을 받았다고 주장하며 1억 원의 손해배상을 청구하였다.

1심법원[2)]은 피고의 답변서 미제출로 인해 무변론 종결하고 1억 원의 손해배상을 명하며 원고 승소의 판결을 내렸다. 그러나 2심법원[3)]은 피고의 발언들이 의견표명에 해당하고 그 전제가 되는 사실의 중요한 부분이 진실이라고 믿을 만한 상당한 이유가 있었으며 공공의 이해에 관련된 사항으로 위법성이 조각된다고 하면서 1심판결을 취소하였다. 이에 대해 대법원은 피고의 총 10건의 발언 중 2건의 발언[4)]은 위법성이 조각된다고 보기 어렵다고 하

---

1) [참조 및 관련 판례] 대법원 2002. 12. 24. 선고 2000다14613 판결(공2003상, 425); 대법원 2015. 9. 10. 선고 2013다26432 판결; 대법원 2018. 10. 30. 선고 2014다61654 전원합의체 판결(공2018하, 2347); 대법원 2011. 9. 2. 선고 2009다52649 전원합의체 판결(공2011하, 2009); 대법원 2013. 3. 28. 선고 2010다60950 판결(공2013상, 728); 대법원 2014. 6. 12. 선고 2012다4138 판결; 대법원 2005. 5. 27. 선고 2004다69291 판결; 대법원 2007. 11. 30. 선고 2005다40907 판결(공2007하, 2038) 등.
[관련 평석 및 문헌] 없음.

2) 서울남부지방법원 2021. 9. 8. 선고 2021가단238937 판결.

3) 서울남부지방법원 2022. 5. 19. 선고 2021나66669 판결.

4) 피고가 TBS의 한 라디오 프로그램에 출연하여 '최근 스위스 비밀계좌에 들어온 A 기업의 돈이 원고와 연관되어 있다'고 한 발언(2017. 6. 28) 및 TBS의 다른 라디오 프로그램에 출연하여 '원고가 지난 6월 미 방위산업체 회장과 만났'으며 '원고가 지금까지 해먹은 것은 사드와 비교하면 껌값'이라며 '사드로 인한

면서 이 부분에 대한 원심판결을 파기·환송하였다.

한편, 피고는 동일한 발언으로 인하여 명예훼손 혐의(정보통신망법 위반)로 기소되었고, 1심에서 검사는 징역 1년을 구형했지만 법원은 벌금 300만 원을 선고하였으며,[5] 검사와 피고가 모두 항소하여 2025년 11월 현재 항소심이 진행 중이다.

2. 판결의 요지

가. 원심판결(서울남부지방법원 2022. 5. 19. 선고 2021나66669 판결)

원심법원은 우선 피고가 제출한 증거들만으로는 이 사건 각 발언의 내용이 진실한 사실이라고 인정하기 어렵다고 보았다. 그러나 다음의 위법성조각사유가 인정되므로 원고의 청구를 기각한다고 밝혔다. (1) 이 사건 각 발언의 주된 취지는 거액의 원고 재산이 은닉되어 있다는 의견의 표명이다. (2) 피고가 2017. 1. 6.경 독일 검사와 면담을 하는 등 독일에서 직접 확인한 내용과 제보 등을 토대로 이 사건 각 발언을 한 것으로 보이는 점 등에 비추어 보면 피고로서는 이 사건 각 발언의 전제가 되는 사실의 중요한 부분이 진실이라고 믿을 만한 상당한 이유가 있었다. (3) 이 사건 각 발언의 내용은 공공의 이해에 관한 사항에 해당하고 발언 의도도 당시 '국정농단 사건' 특별검사의 조사 결과가 미흡함을 지적하는 한편 원고 일가의 은닉재산을 조사하여 몰수해야 한다는 점을 강조하기 위해 이루어진 것으로서 공익을 위한 것이다.

나. 대법원 판결

대상판결은 기존에 제시된 명예훼손에 관한 법리 중 사안과 관련지을 수 있는 3가지 법리를 재확인하고 이를 피고의 각 발언들에 대입하여 하나하나 평가하였다.

우선 3가지 법리를 설명하면 다음과 같다. (1) 순수하게 의견만을 표명한 경우에는 명예훼손이 성립하지 않는다. (2) 특정되지 않은 기간과 공간에 대한 의혹의 사실을 제기하는 사람이 그러한 사실의 존재를 수긍할 만한 소명자료를 제시할 부담을 진다. (3) 공공의 이해와 관련된 정치인이나 정당의 정치적 주장에 관하여는, 그것이 어느 정도의 단정적인 어법 사용에 의해 수사적으로 과장 표현된 경우라고 하더라도 구체적 정황의 뒷받침 없이 악의적이

커미션을 생각해보라'고 한 발언(2016. 11. 24)을 말한다.

5) 수원지방법원 2025. 7. 10. 선고 2023고단6762 판결. 위 두 번째 발언(2016. 11. 24)으로 인한 명예훼손을 인정하고 나머지 발언에 대해서는 무죄를 선고하였다.

거나 현저히 상당성을 잃은 공격이 아닌 한 그 책임을 물을 수 없다.

대상판결은 피고의 각 발언들은 대통령과 사적 친분이 있는 원고가 공무인 국정에 깊숙이 개입하였다는 의혹이 제기되어 국민의 관심이 집중되어 있었던 때 이루어진 것으로, 그 발언의 대부분은 이에 대한 의견표명이거나, 사실의 적시라 하더라도 원고의 재산은닉 의혹과 철저한 수사를 촉구하는 정치적 주장을 하는 가운데 다소 과장된 표현이 포함된 것으로 구체적 정황의 뒷받침 없이 악의적이거나 현저히 상당성을 잃은 공격이라거나 표현의 자유의 한계를 벗어난 것이라고 단정하기 어렵기 때문에, 위법성이 없다고 보았다. 그러나 2건의 발언은 의견표명이 아닌 사실의 적시에 해당하고, 이에 관하여 피고는 제보를 받았다고 주장하지만 그러한 제보의 존재 및 제보 내용 등을 소명하지 못했고, 설령 피고가 실제로 그러한 제보를 받았다고 하더라도 그 제보의 내용이 진실한지 확인하는 등의 노력을 한 것으로 보이지 않으며, 해당 발언 내용을 뒷받침할 구체적 정황자료 등도 제시되지 않았기 때문에 위법성이 조각된다고 보기 어렵다고 판단하였다.

3. 해설

가. 원심판결과 대법원 판결의 법리적 차이

원심판결과 대법원 판결의 적용 법리에 엄청난 차이가 존재하는 것은 아니지만 대법원이 보다 섬세한 법리를 제시하고 적용하였다는 점이 결론에 있어서 차이를 낳았다고 본다.

우선 대법원은 다수의 판례를 인용하며 순수한 의견표명 그 자체로는 명예훼손이 성립하지 않는다는 점을 분명히 하면서, 다만 의견이나 논평을 표명하는 형식의 표현행위도 그 전체적 취지에 비추어 의견의 근거가 되는 숨겨진 기초 사실 적시가 묵시적으로 포함되어 있고 그 사실이 타인에 대한 사회적 평가를 침해할 수 있다면 명예훼손에 해당한다고 보았다. 이 점에 있어서는 원심 법원도 동일하다. 나아가 피고는 자신의 발언들이 진실이라는 증명에 실패했다고 본 점에서도 사실상 대상판결이나 원심판결이나 같다.

그러나 "적시된 사실이 진실이라는 증명이 없더라도 표현행위를 한 사람이 적시된 사실이 진실이라고 믿을 만한 상당한 이유가 있는 경우에는 위법성이 없다"고 보는 위법성조각사유의 적용과 관련하여, 대법원은 원심과 달리 이 요건을 보다 엄격하게 해석하였다. 즉 그러한 사실의 적시가 어떠한 출처나 근거에 의한 것인지 소명자료를 제시하지 못할 경우, 진실이라고 믿을 만한 상당한 이유가 있음이 부정된다는 것이다. 이에 따라 그러한 사실 적시에 이르게 한 제보의 존재나 내용 등을 알 수 있는 자료가 제출되지 않았음을 이유로 피고의 2건의 발언에 대하여는 위법성이 조각되지 않는다고 본 것이다. 이에 반해 원심은 몇 가지 사실관계에 터 잡은 추측성 발언이라거나 제보에 의한 발언이라는 피고의 주장만으로 진실이라고 믿을 만한 상당한 이유가 있었다고 보았다.

이하에서는 대상판결을 중심으로 주요 쟁점을 소개한다.

나. 의견표명과 사실적시의 구별

'사실(fact)'과 '의견(opinion)'을 개념적으로 구분하고 '순수한 의견'은 명예훼손이 성립되지 않는다는 것은 이미 확립된 판례이다.[6] 대상판결이 의미가 있는 것은 피고의 각 발언들에 대하여 의견표명에 해당하는지, 혹은 사실적시에 해당하는지 명확히 구분·평가하고자 했다는 점이다. 이에 따라 피고의 발언이 의견표명에 해당하면 곧바로 명예훼손의 성립을 부정하고, 사실의 적시에 해당한다면 위법성조각사유가 인정될 여지가 있는지를 따져서 명예훼손의 성립 여부를 결정하게 된다. 예컨대, '(원고의 재산이) 200억의 100배 정도는 될 수 있다'는 피고의 발언은 피고의 단순한 추측 또는 의혹제기로서, 발언의 주된 취지는 원고의 은닉재산이 특별검사가 발표한 액수(200억 원 정도)보다 훨씬 클 수 있음에도 특별검사가 조사를 소홀히 하고 원고의 재산규모를 잘못 특정해서 발표하였다는 취지로 비판하는 의견의 표명일 뿐 구체적인 사실을 적시한 발언으로 보이지 않는다고 하면서, 이에 대해 명예훼손의 성립을 부정한 원심의 결론을 수긍하였다. 반대로 '독일에 원고의 페이퍼컴퍼니가 수백 개 생겼다가 없어졌다, 페이퍼컴퍼니가 500개 정도 확인되었다'는 등의 발언은 의견표명이 아닌 사실을 적시한 것이며, 더욱이 이러한 발언 내용은 허위라고 볼 여지가 크지만, 국민의 관심이 집중된 사안에 대해 국민을 대변하는 국회의원의 지위에 있는 피고가 한 정치적 주장이라는 점에서 위법성조각사유에 해당하는지 판단해야 한다면서 심사를 단계화하였다.

다. 제보에 의한 정치적 의혹제기의 한계

의혹제기는 보통 사실을 적시하면서 이루어진다. 본 사건에서도 피고는 원고의 재산은닉, 부정축재 등의 의혹을 제기하면서 구체적으로 원고 및 원고 측근 명의의 수백 개의 페이퍼컴퍼니가 존재했으며, 원고가 누구와 만났고, 원고가 사드로 인하여 거액의 커미션을 받았다는 전제사실을 암시하는 듯한 사실 등을 발언에 포함시켰다.

대상판결은 제보에 의한 정치적 의혹제기의 한계를 설정하였다. "사실적 주장이 진실한지 아닌지를 판단함에 있어서 그것이 특정되지 않은 기간과 공간에서의 구체화되지 않은 사

---

6) 대법원 2002. 12. 24. 선고 2000다14613 판결; 대법원 2015. 9. 10. 선고 2013다26432 판결; 대법원 2018. 10. 30. 선고 2014다61654 전원합의체 판결 등 참조.

실인 경우에, 의혹을 받을 사실이 없다고 주장하는 사람에 대하여 의혹을 받을 사실이 존재한다고 적극적으로 주장하는 사람은 그러한 사실의 존재를 수긍할 만한 소명자료를 제시할 부담을 지고, 상대방은 제시된 자료의 신빙성을 탄핵하는 방법으로 허위성을 증명할 수 있다"는 기존 판례[7]를 인용하면서, 우선 발언자인 피고가 자신의 발언내용이 진실임을 증명하지 못했다고 보았다. 그러나 진실이라고 믿은 데에 상당한 이유가 있었는지 여부와 관련하여서는 대부분의 발언이 이 요건을 충족한다고 판단했다. 뒤에서 보다 상세히 살펴보겠지만, 공적 관심사안에 대한 정치인의 정치적 주장의 경우 '구체적 정황의 뒷받침 없이 악의적이고 현저히 상당성을 잃은 공격이 아닌 한' 그 책임을 묻지 않는 것으로 '진실믿음의 상당성' 요건을 느슨하게 적용하기 때문이다. 하지만 명예훼손을 인정한 두 건의 발언과 관련하여서는 다음의 법리를 제시하면서 진실믿음의 상당성 요건을 충족하지 못한다고 보았다. 누군가의 제보에 의한 것이라는 막연한 주장만으로는 그 내용을 진실이라고 믿을 만한 상당한 이유가 있다고 보기 어렵고, 제보의 존재 및 제보 내용 등을 알 수 있는 자료의 제출, 그 제보의 내용이 진실한지 확인하는 등의 노력이 수반되어야 위법성이 조각된다는 것이다. 결국 피고는 제보에 대한 증명에 실패하였고, 이는 '구체적 정황'의 뒷받침이 없는 정치적 공격이 될 수 있다는 것이다. 즉, 대상판결은 제보에 의한 정치적 의혹제기의 경우에는 발언자의 제보에 대한 검증의무 및 소송에서의 소명의무를 보다 강화하였다고 할 수 있다. 이를 통해 근거 없는 낭설이나 제보에 의한 사실 등을 그 진위여부에 대한 기본적인 검증 없이 일단 주장하고 보는 정치적 모함이나 선동은 통제될 수 있는 가능성은 열렸다고 할 수 있다. 그러나 국회의원에게 의혹제기는 국정통제의 한 수단이 될 수 있다는 점에서 이러한 엄격한 해석이 자칫 국회의원직을 수행함에 있어서 장애가 될 수도 있다. 제보의 내용에 어느 정도 신빙성이 있다 하더라도 이를 뒷받침할 검증자료를 확보하지 못해 발언 자체를 주저하게 되거나 제보자를 특정할 수 없는 익명제보에 의한 의혹제기는 원천봉쇄가 될 수도 있기 때문이다.[8]

라. 정치인의 발언에 대한 위법성조각사유의 확장

정치인의 발언은 특수성이 있다. 그들의 정치적 주장에는 국민의 지지를 얻기 위하여 어느 정도 과장된 표현과 단정적인 어법이 사용되지만, 이는 수사적인 것으로 용인될 수 있다. 국민들도 정당의 정치적 주장 등에 구체적인 사실의 적시가 수반되지 않으면 비록 단정적인 어법으로 공격하는 경우에도 대부분 이를 정치공세로 치부할 뿐 그 주장을 표현 그대

7) 대법원 2011. 9. 2. 선고 2009다52649 전원합의체 판결; 대법원 2013. 3. 28. 선고 2010다60950 판결; 대법원 2014. 6. 12. 선고 2012다4138 판결 등 참조.

8) 대상판결에서 위법성조각사유가 적용되지 않는다고 본 피고의 두 번째 발언의 경우, 제보자가 누구인지 특정되지 않았음을 지적하고 있다.

로 객관적인 진실로 믿거나 받아들이지는 않는 것이 보통이다.[9)]

명예훼손과 관련하여 정당의 정치적 주장의 위법성을 판단함에 있어서도 이러한 특수성이 충분히 고려되어야 한다. 이에 따라 공공의 이해와 관련된 사항에서 다른 정당 및 그 소속 정치인들의 행태 등에 대한 비판, 이와 직접적으로 관련된 각종 정치적 쟁점이나 관여 인물·단체 등에 대한 문제의 제기 등 정당의 정치적 주장에 관하여는, 그것이 어느 정도의 단정적인 어법 사용에 의해 수사적으로 과장 표현된 경우라고 하더라도 구체적 정황의 뒷받침 없이 악의적이거나 현저히 상당성을 잃은 공격이 아닌 한 가볍게 그 책임을 추궁해서는 안 된다는 것이 이미 확립된 판례이다.[10)] 즉, 수사적인 과장 표현은 허위 정보에 해당될 수 있으나 구체적 정황의 뒷받침 없이 악의적이거나 현저히 상당성을 잃은 공격이 아닌 한 명예훼손의 책임을 물릴 수 없다는 것이다. 이는 '진실이라고 믿은 데에 상당한 이유가 있는지 여부'(위법성조각사유)를 판단하는 과정에서 정치적 주장의 특수성을 고려하여 보다 완화된 기준을 적용한 것이라 할 수 있다. 특히 전국민적 관심을 받고 여러 언론매체에서 다뤄진 바 있는 공적 관심사안이라면 '구체적 정황'의 뒷받침 없는 악의적 공격으로 보지 않는다. 이로써 정치인의 표현의 자유 영역이 보다 확장되었다고 볼 수 있으며, 대상판결에서 역시 이 기준이 유효하게 작용했다.

예컨대, '독일 검찰에 따르면 원고 일가의 (은닉)재산이 수조 원이고, 독일에 원고의 페이퍼컴퍼니가 수백 개 생겼다가 없어졌다'고 한 피고의 발언에 대해 대법원은 이 발언은 의견표명이 아닌 사실의 적시이며, 피고는 발언의 근거로 독일 방문 당시 동행하였다는 사람들의 사실확인서만 제출할 뿐 직접적인 근거자료를 제출하지 않아 피고가 실제로 독일 검찰로부터 직접 원고의 재산규모 등에 관한 이야기를 들었는지 알 수 없으며, 따라서 이러한 발언 내용이 허위라고 판단할 여지가 크다고 보았다. 그럼에도 불구하고 피고가 원고와 관련된 의혹을 제기하는 취지의 정치적 주장을 하는 과정에서 수사적으로 과장되게 표현한 것 정도로 용인될 여지가 있으며, 결국 피고의 이러한 발언은 국민을 대변하는 국회의원 지위에 있는 피고가 소속 정당의 정치적 입장과 같은 취지에서 한 정치적 주장으로서, 구체적 정황의 뒷받침 없이 악의적이거나 현저히 상당성을 잃은 공격이라거나 표현의 자유의 한계를 벗어난 것이라고 단정하기 어려워 위법성이 조각된다고 본 것이다.

이러한 위법성조각사유의 확장은 표현의 자유에 무게를 싣는 것으로, 앞서 제보에 의한 의혹제기의 경우 발언자의 책임 쪽에 무게를 두었던 것과는 결을 달리 한다. 이러한 상세한 기준들이 표현의 자유와 명예보호(인격권) 간의 균형점을 보다 정교하게 다듬는 밑거름이 될 것이다.

---

9) 대법원 2003. 7. 8. 선고 2002다64384 판결; 대법원 2003. 7. 22. 선고 2002다62494 판결 등 참조.
10) 대법원 2005. 5. 27. 선고 2004다69291 판결; 대법원 2007. 11. 30. 선고 2005다40907 판결 등 참조.

4. 판결의 의의

우선 다양한 정치적 맥락에서 이루어진 표현행위를 세밀하게 구분하여 법리를 형성하였다는 점에 의의가 있다. 의견표명과 사실적시, 수사적 과장표현과 단정적 허위표현, 단순한 추측이나 의혹제기를 담은 정치공세와 명백한 허위사실의 적시를 구분하면서 보호법리를 달리 설정한 것은 민주사회에서 표현의 자유와 인격권 간의 균형을 도모한 시도로 평가할 수 있다.

그러나 어떠한 수준의 발언을 '단순한 정치적인 공세'로 받아들일 것이지, 어떠한 형태의 발언이 '악의적이거나 현저히 상당성을 잃은 공격'에 해당하는지, 그리고 그것은 누가 증명책임을 갖는지 여전히 불분명한 부분들이 존재한다. 또한 원고 역시 공인(公人)임에도 불구하고 진실믿음의 상당성 요건을 보다 엄격하게 해석함으로써 발언자(피고)의 책임을 강조한 것은, 미국 New York Times v. Sullivan 사건[11]의 현실적 악의(actual malice) 기준 등과 비교했을 때, 대법원은 표현의 자유와 인격권의 충돌 국면에서 여전히 인격권에 무게를 두고 있는 것은 아닌지 의문을 품게 한다.

11) New York Times Co. v. Sullivan, 376 U.S. 254 (1964).

49 데이터 스크레이핑이 정보통신망 침입 및 데이터베이스제작자 권리침해에 해당하는지 여부

대법원 2022. 5. 12. 선고 2021도1533 판결[1)]

전응준 (법무법인(유한) 린 변호사)

1. 사안의 개요

피고인 회사와 피해자 회사는 숙박업체 정보 및 예약 서비스 시장에서 경쟁하는 사업자들이다.[2)] 피고인들은 '패킷캡쳐' 애플리케이션을 이용하여 경쟁회사인 피해자 회사의 모바일 애플리케이션 앱(이하 '이 사건 앱'이라고 한다)과 통신하는 API 서버의 URL과 API로 정보를

1) [참조 및 관련 판례] 대법원 2005. 11. 25. 선고 2005도870 판결(공2006상, 71); 대법원 2023. 10. 26. 선고 2023도1086 판결 등(이상 정보통신망법상 망침입 관련); 대법원 2017. 8. 24.자 2017다224395 판결; 대법원 2017. 4. 13.자 2017다204315 판결; 대법원 2016. 9. 9.자 2016다223227 판결; 대법원 2024. 4. 16. 선고 2023도17354 판결 등(이상 저작권법상 데이터베이스제작자 권리 침해 관련).
[관련 평석 및 문헌] 박성호, "2022년 지적재산법 중요판례평석", 인권과 정의 제513호, 대한변호사협회, 2022; 김태균, "크롤링을 통한 데이터 수집의 형사책임 – 대법원 2022. 5. 12. 선고 2021도1533 판결을 중심으로 –", 서강법률논총 제11권 제3호, 2022; 강정희, "웹 크롤링의 데이터 수집행위와 경쟁법적 논의 – 대법원 2022. 5. 12. 선고 2021도1533 판결을 중심으로 –", 사법 61호 , 사법발전재단, 2022; 강정희, " 데이터 수집과 그 제한의 한계 – 야놀자 판결과 링크드인 판결 사이에서 –", 경쟁법연구 제46권, 2022; 정현순, "크롤링에 의한 데이터 수집이 정보통신망 침입에 해당하는지 여부 – 대상판결: 대법원 2022. 5. 12. 선고 2021도1533 판결", 사법 61호, 2022; 정현순, "저작권법상 데이터베이스제작자 권리 침해에 관한 연구 – 대법원 2022. 5. 12. 선고 2021도1533 판결을 중심으로 –", (계간)저작권 2022 가을호, 2022; 김준성, "데이터 크롤링의 계약적 제한에 관한 소고", 부산대학교 법학연구 제63권 제4호, 2022; 선종수, "크롤링을 통한 데이터 수집과 형사책임 – 대법원 2022.5.12. 선고 2021도1533 판결을 중심으로 –", 형사법연구 제35권 제3호, 2023; 최민준, "웹 크롤링을 통한 데이터 복제의 위법성 판단 – 대법원 2022. 5. 12. 선고 2021도1533 판결 –", IT와 법연구 제27집, 2023; 류시원, "저작권법상 데이터베이스 보호 규정의 재검토 – 대법원 2022. 5. 12. 선고 2021도1533 판결에 대한 평가를 겸하여 –", 지식재산연구 제18권 제1호, 2023; 차상육, "[판례연구] 크롤링 프로그램을 이용하여 숙박업소 정보를 복제 및 영업상 이용한 행위가 성과 도용 부정경쟁행위에 해당 여부", 부정경쟁방지법 판례백선, 박영사, 2024; 장병준, "웹 크롤링을 통한 데이터 수립 행위에 대한 형사법적 문제 검토 – 대법원 2022. 5. 12. 선고 2021도1533 판결 –", 부산판례연구회 판례연구 36집, 2025.

2) 이 사건의 피고인들에는 피고인 회사 외에 그 대표이사와 직원이 포함되어 있다. 여기서는 편의상 이들을 '피고인들'으로 통칭하되 피고인 회사를 중심으로 행위를 기술한다.

호출하는 명령구문들을 알아낸 후 자체 개발한 크롤링 프로그램을 사용하여 API 서버에 명령구문을 입력하는 방식으로 피해자 회사의 숙박업소 정보를 수집하였다. 피고인들은 2016. 6. 1.경부터 10. 3.경까지 피해자의 API 서버에 약 1,590만여 회 접속하였고, 2016. 1. 11.경부터 6. 27.까지 264회에 걸쳐 한번에 적게는 '업체명, 주소, 지역'의 3개 항목에서 많게는 '업체명, 방이름, 원래금액, 할인금액, 업체주소, 입실시간, 퇴실시간, 날짜' 등 8개 항목의 피해자 회사의 숙박업체 관련 정보를 수집하였다. 피해자 회사는 모든 숙박업체의 정보를 50여 개 항목으로 관리하고 있었는데, 피고인들은 이 중 '업체명, 주소, 지역, 방이름(마이룸 여부), 원래금액, 할인금액, 날짜, zone, 이용시간, 예외사항, 입실시간, 퇴실시간, 대실가격, 숙박가격, 타입, 카테고리'의 16개 항목을 수집하였다.

한편 이 사건 앱은 이용자의 위치로부터 7km 또는 30km의 범위내의 숙박업소 검색만 가능하도록 고정되어 있음에도, 피고인들은 크롤링 프로그램을 이용하여 이 사건 API 서버에 새로운 명령구문을 입력하는 방식으로 전국(피해자 회사 소재지를 기준으로 반경 1,000km내)의 숙박업소 정보를 전송받았다.

2. 판결의 요지

가. 1심판결(서울중앙지방법원 2020. 2. 11. 선고 2019고단1777 판결)

제1심은 피고인들에 대해서 정보통신망법 위반(정보통신망침해 등),[3] 저작권법 위반(데이터베이스제작자의 복제권 침해),[4] 컴퓨터등장애업무방해[5]에 대해서 모두 유죄를 선고하였고, 피고인들만이 항소하였다

나. 원심판결(서울중앙지방법원 2021. 1. 13. 선고 2020노611 판결)

원심은 제1심판결을 파기하고 피고인들에게 전부 무죄를 선고하였다. 이에 검사가 상고하였다.

정보통신망법 위반죄 및 저작권법 위반죄의 성부에 대한 원심 판단의 취지는 대법원 판시와 거의 동일하다. 해당 내용은 대법원의 판단에서 기술하기로 한다.

원심은 컴퓨터등장애업무방해죄의 성부에 대하여도 무죄로 판단하였는데, 이 사건에서

3) '정보통신망 이용촉진 및 정보보호 등에 관한 법률' 제48조 제1항. 본 평석에서 위 법률은 '정보통신망법'으로 약칭한다.

4) 저작권법 제93조 제1항.

5) 형법 제314조 제2항.

컴퓨터등장애업무방해죄 부분은 종래 법리를 재확인한 것이어서 본 판례평석에서는 제외하기로 한다.

다. 대법원 판결

(1) 정보통신망법 위반죄 성부

대법원은 아래와 같은 접근권한 제한에 대한 법리를 제시한 후 원심 판단에 잘못이 없다고 보아 검사의 상고를 기각하였다.

1) 접근권한 제한의 판단 기준

대법원은 서비스제공자로부터 권한을 부여받은 이용자가 아닌 제3자가 정보통신망에 접속한 경우 그에게 접근권한이 있는지 여부는 서비스제공자가 부여한 접근권한을 기준으로 판단하여야 하고,[6] 정보통신망에 대하여 서비스제공자가 접근권한을 제한하고 있는지 여부는 보호조치나 이용약관 등 객관적으로 드러난 여러 사정을 종합적으로 고려하여 신중하게 판단하여야 한다고 하여, 접근권한의 제한에 대한 일반적인 판단 기준을 제시하였다.

2) 구체적인 판단

위와 같은 판단 기준에 따라 대법원은 보호조치와 이용약관 등의 객관적인 사정을 검토하였다.

① 보호조치

이 사건 API 서버의 URL이나 명령구문은 피해자 회사가 적극적으로 공개하지는 않았지만 누구라도 간단한 기술조작이나 통상 사용되는 소위 '패킷캡쳐 프로그램' 등을 통해 쉽게 알아낼 수 있는 정보이다. 일반 이용자들은 이 사건 앱을 통해 API 서버에 회원 가입 후 또는 회원 가입 없이 자유롭게 접근할 수 있었고, 이 사건 앱이나 API 서버로의 접근을 막는 별도의 보호조치는 없었다.

② 이용약관

피해자 회사의 이 사건 앱 서비스 이용약관에서 '이용자는 회사를 이용함으로써 얻은 정보를 회사의 사전 승낙 없이 복제, 송신, 출판, 배포, 방송 등 기타 방법에 의하여 영리 목적으로 이용하거나 제3자에게 이용하게 하여서는 안 된다'고 정하고 있으나, 이는 이 사건 앱 또는 API 서버로부터 취득한 정보의 이용을 제한하는 내용일 뿐, 이에 대한 접근을 제한하는 내용으로 볼 수 없다.

또한 위 이용약관에서 회원에 대하여 '자동접속프로그램 등을 사용하여 회사의 서버에 부하를 일으켜 회사의 정상적인 서비스를 방해하는 행위'를 금지하고 있기는 하지만, 위 약

---

6) 이 부분 설시는 종래 대법원 2005. 11. 25. 선고 2005도870 판결 등에서 확립된 법리를 재확인한 것이다.

관 규정을 회원가입을 하지 않은 이용자들에게 적용할 수 있는 근거를 찾기 어렵고, 규정의 내용 또한 접근권한 자체를 제한하는 것으로 볼 수 없어 위와 같은 약관상의 규정만으로 이 사건 API 서버에 대한 접근권한이 객관적으로 제한되었다고 보기 어렵다.

③ 종합적인 판단

결국, 피해자 회사에 의하여 피고인들의 위와 같은 방식에 의한 API 서버로의 접근이 제한되었다고 보기 어려우므로, 피고인들의 정보통신망 침입을 인정할 수 없다.

(2) 저작권법 위반죄 성부

대법원은 권리 침해의 요건인 '상당한 부분'과 '반복적·체계적 복제'의 의미에 대해 설시한 후 원심 판단에 잘못이 없다고 하여 검사의 상고를 기각하였다.

1) '상당한 부분'의 의미

데이터베이스제작자의 권리가 침해되었다고 하기 위해서는 데이터베이스제작자의 허락 없이 데이터베이스의 전부 또는 상당한 부분의 복제 등이 되어야 하는데, 여기서 상당한 부분의 복제 등에 해당하는지를 판단할 때는 양적인 측면만이 아니라 질적인 측면도 함께 고려하여야 한다. 양적으로 상당한 부분인지 여부는 복제 등이 된 부분을 전체 데이터베이스의 규모와 비교하여 판단하여야 하며, 질적으로 상당한 부분인지 여부는 복제 등이 된 부분에 포함되어 있는 개별 소재 자체의 가치나 그 개별 소재의 생산에 들어간 투자가 아니라 데이터베이스제작자가 그 복제 등이 된 부분의 제작 또는 그 소재의 갱신·검증 또는 보충에 인적 또는 물적으로 상당한 투자를 하였는지를 기준으로 제반사정에 비추어 판단하여야 한다.

2) '반복적·체계적 복제'의 의미

데이터베이스의 개별 소재 또는 상당한 부분에 이르지 못하는 부분의 반복적이거나 특정한 목적을 위한 체계적 복제 등에 의한 데이터베이스제작자의 권리 침해는 데이터베이스의 개별 소재 또는 상당하지 않은 부분에 대한 반복적이고 체계적인 복제 등으로 결국 상당한 부분의 복제 등을 한 것과 같은 결과를 발생하게 한 경우에 한하여 인정함이 타당하다.

3) 구체적인 판단

대법원은 위와 같은 법리를 설시한 후 다음과 같이 원심의 무죄 판단을 요약하고 원심의 판단을 긍정하였다.[7] i) 피고인들이 피해자 회사의 API 서버로부터 수집한 정보들은 피해자 회사의 숙박업소 관련 데이터베이스의 일부에 해당한다. ii) 위 정보들은 이미 상당히 알려진 정보로서 그 수집에 상당한 비용이나 노력이 들었을 것으로 보이지 않거나 이미 공

---

7) 원심은 "피고인들은 이 데이터들을 자신들의 영업전략에 참조할 수 있을 뿐 그대로 쓸 수 있는 것은 아닌 것으로 보인다"라는 사정도 무죄 판단의 근거로 삼고 있다. 이에 대한 대법원 판결의 언급은 없지만, 피고인들이 해당 데이터를 자사 앱에서 그대로 이용하지 않은 점도 대법원이 저작권법 위반을 부정한 주요 근거가 된 것으로 생각된다.

개되어 있어 이 사건 앱을 통해서도 확보할 수 있었던 것이고,[8] 데이터베이스의 갱신 등에 관한 자료가 없다. iii) 이러한 피고인들의 데이터베이스 복제가 피해자 회사의 해당 데이터베이스의 통상적인 이용과 충돌하거나 피해자의 이익을 부당하게 해치는 경우에 해당한다고 보기 어렵다.

3. 해설

가. 정보통신망 침입 관련

(1) 접근권한의 판단 기준

정보통신망법 제48조 제1항은 누구든지 정당한 접근권한 없이 또는 허용된 접근권한을 넘어 정보통신망에 침입하는 것을 금지하고 있고, 이를 위반하여 정보통신망에 침입한 자에 대하여는 5년 이하의 징역 또는 5천만 원 이하의 벌금에 처한다(위 법 제71조 제1항 제9호). 그러므로 정보통신망 침입죄의 구성요건에서 일차적으로 중요한 개념은 '접근권한'의 설정 내지 범위라고 생각된다. 대법원은 정보통신망 침입 규정을 정보통신망 자체의 안정성과 그 정보의 신뢰성을 보호하는 것이라고 보면서,[9] 정보통신망에 대한 접근권한을 부여하거나 허용되는 범위를 설정하는 주체는 서비스제공자이고, 접근권한이 있는지 여부는 서비스제공자가 부여한 접근권한을 기준으로 판단하여야 한다고 판시한 바 있다.[10] 그렇다면 서비스제공자가 어떠한 방식으로 접근권한을 설정하여야 하고 그 설정된 접근권한의 범위를 어떻게 해석할 것인지가 특히 행위자(서비스이용자) 관점에서 중요할 것이다. 이에 대해서는 서비스제공자가 이용자의 접근 목적이나 동기를 알았다면 이를 승낙하지 않았을 것이라는 내심의 의도나 목적을 중요시하는 견해에서부터 접근을 제한하는 객관적인 보호조치가 있어야 접근권한이 부여된 것이라는 견해까지 다양한 해석이 존재할 수 있다.[11] 이에 대해 대상판결은, 정보통신망에 대하여 서비스제공자가 접근권한을 제한하고 있는지 여부는 보호조치나 이용약관 등 객관적으로 드러난 여러 사정을 종합적으로 고려하여 신중하게 판단하여야 한다고 판시하여, 서비스제공자의 내심의 의도나 목적보다는 서비스제공자의 보호조치나 이용약관 등

8) 원심은, 숙박업소의 업체명, 업체주소, 지역, 타입 등은 이미 상당히 알려진 정보로서 수집에 상당한 비용이나 노력이 들 것으로 보이지 않고, 할인금액, 대실가격, 숙박가격 등은 피해자 회사의 서비스 상품에 대한 가격으로 영업을 위해서는 공개할 수밖에 없는 정보라고 보았다.

9) 대법원 2010. 7. 22. 선고 2010도63 판결 등.

10) 대법원 2005. 11. 25. 선고 2005도870 판결 등.

11) 이에 관한 학설의 소개는, 정현순, "크롤링에 의한 데이터 수집이 정보통신망 침입에 해당하는지 여부 – 대상판결: 대법원 2022. 5. 12. 선고 2021도1533 판결", 사법 61호, 2022, 368면 참조.

에서 객관적으로 나타난 여러 사정을 고려할 것을 요구하고 있다.

(2) 보호조치에 의한 접근제한 가능성[12)]

정보통신망 침입은 정보통신망에 대한 보호조치를 침해하거나 훼손할 것을 구성요건으로 하지 않는다는 것이 대법원 판례의 입장이다.[13)] 위 법리는 보호조치에 의한 접근권한 설정 가능성을 부인하는 것이 아니다. 오히려 판례는 많은 경우 보호조치가 없다는 사정을 정보통신망 침입을 부정하는 사유로 들고 있다.[14)] 대상판결은 보호조치의 존재를 정보통신망의 접근이 제한되고 있는지를 확인할 수 있는 객관적인 사정 중의 하나로 보고 있다. 대상판결 후에 선고된 대법원 2023. 10. 26. 선고 2023도1086 판결도 접근권한이 제한되지 않았다는 근거로 특별한 보호조치가 없다는 점을 들고 있다. 보호조치의 설정은 접근권한의 제한을 시사하는 유력한 근거가 된다.

(3) 이용약관에 의한 접근제한 가능성

판례에 따르면 접근권한의 유무는 서비스제공자가 부여한 접근권한에 의하여 판단되므로 서비스제공자와 이용자 사이의 이용약관 내지 계약도 접근권한의 유무를 판단할 수 있는 자료가 된다. 대상판결도 이용약관을 접근권한 유무를 판단하기 위한 하나의 고려요소로 보고 있다. 다만 대체적인 견해는 서비스제공자가 일방적으로 설정한 약관에 의해서만 접근권한의 유무를 판단하는 것에는 반대하고 있다.[15)] 또한 이용약관상의 제한은 정보통신망에 대한 접근 자체를 제한하는 것이어야 하며, 접근하여 취득한 정보의 이용만을 제한하거나 이용자의 접근 목적에 따라 접근을 제한하는 것이어서는 아니된다고 해석한다.[16)]

(4) 이 사건의 경우

피해자 회사는 이 사건 앱이나 API 서버에 대한 접근을 막는 특별한 보호조치를 두지 않았다. 이용약관의 내용 역시 접근권한 자체를 제한하는 것이라고 보기 어렵고 피고인들과 같은 비회원에게도 구속력이 있다고 볼 만한 근거가 부족하다.[17)] 결국 이 사건 API 서버에

12) 대표적인 보호조치의 예로서는 ID/PW에 의한 로그인, 본인인증 등이 있다.
13) 대법원 2005. 11. 25. 선고 2005도870 판결 등.
14) 정현순, 앞의 논문(주 11), 373면; 대법원 2017. 6. 19. 선고 2017도4240 판결; 대법원 2017. 10. 12. 선고 2017도12758 판결 등.
15) 정현순, 앞의 논문(주 11), 371면; 선종수, "크롤링을 통한 데이터 수집과 형사책임 – 대법원 2022. 5. 12. 선고 2021도1533 판결을 중심으로 –", 형사법연구 제35권 제3호, 2023, 324면; 김태균, "크롤링을 통한 데이터 수집의 형사책임 – 대법원 2022. 5. 12. 선고 2021도1533 판결을 중심으로 –", 서강법률논총 제11권 제3호, 2022, 290면.
16) 정현순, 앞의 논문(주 11), 371면; 선종수, 위 논문, 324면; 김태균, 위 논문, 290면.
17) 이는 click-wrap, browse-wrap 방식 등을 취한 이용약관의 효력 문제로 이어진다.

대한 접근권한이 객관적으로 제한되었다고 보기 어려우므로, 피고인들의 정보통신망 침입을 인정할 수 없다. 다만, 이 사건에서는 피해자 회사가 피고인들이 사용하는 IP주소를 차단하였음에도 피고인들이 IP주소를 변경하여 재접속한 사실이 있다. 특정 IP주소의 차단도 접근권한 유무를 판단할 수 있는 객관적인 사정이라고 할 것인데, 이를 근거로 접근권한의 제한을 긍정하는 견해와[18] 누구나 접근이 가능한 사이트의 경우에는 특정 IP주소를 차단하더라도 접근권한이 없는 것으로 볼 수 없다는 견해가 대립한다.[19]

나. 데이터베이스제작자 권리 침해 관련

(1) '상당한 부분'의 복제

이 부분 대상판결의 판시에서 주목되는 표현은 "질적으로 상당한 부분인지 여부는 복제 등이 된 부분에 포함되어 있는 개별 소재 자체의 가치나 그 개별 소재의 생산에 들어간 투자"를 기준으로 판단하지 않는다고 설시한 부분이다. 이는 데이터베이스 권리를 제한 해석한 EU 사법재판소의 BHB 판결,[20] Fixtures Marketing 판결[21]의 영향을 받은 것이다. 위 판결들은 데이터베이스를 구성하는 개별 소재의 생산(creation)과 이미 존재하는 소재의 수집(collection)을 구분하여, 소재의 생산에 들어간 투자는 상당한 투자에 포함될 수 없고, 이미 존재하고 있는 소재를 수집하는데 들어간 투자만이 데이터베이스 제작의 상당한 투자에 포함된다고 보았다. 영업활동의 파생물(spin-off)로 특정 소재가 자연적으로 생산되는 경우 이러한 소재 생산에 대해 물권적 보호를 하는 것은 해당 정보의 독점을 야기하게 되고 저작권법이 인정하지 않는 개별 소재의 보호로 나아가게 된다는 것이 그 이유이다.[22] 예컨대 경주마 관련 정보는 사실상 BHB만이 완전하게 수집할 수 있으므로 해당 정보에 대해 데이터베이스 권리를 인정하게 되면 유일 출처에 의한 독점이 발생하게 된다. 법문언적 근거로서는,

---

18) 최상진, "경쟁사의 무단 크롤링에 대한 법적 대응방안에 관한 연구", LAW & TECHNOLOGY 제17권 제1호, 2021, 34면.

19) 정현순, 앞의 논문(각주 11), 378면; 김태균, 앞의 논문(주 15), 293면.

20) ECJ, Judgment of 9 November 2004, C-203/02, [2009] Bus. L.R. 932. (British Horseracing Board Ltd v. William Hill Organisation Ltd 사건) BHB가 영국 경마 산업을 관리, 운영하면서 경주마 소유자 등으로부터 취득한 정보(경주마 이름, 경기 일시, 시간, 이름과 경주 코스 명칭 등)를 데이터베이스 권리로 보호할 수 있는지 문제된 사건.

21) ECJ, Judgment of 9 November 2004, C-46/02, European Court Reports 2004 I-10365(Fixtures Marketing Ltd v Oy Veikkaus Ab 사건). 영국 프로축구를 운영하는 원고가 작성한 매년 2,000여건의 경기 목록(fixture lists)을 데이터베이스 권리로 보호할 수 있는지 문제된 사건.

22) 이에 대해서, 소재의 생산과 수집의 구분이 불분명하고, 소재의 생산자가 이를 유상 양도하게 되면 양수인은 소재를 수집한 것이 되어 동일한 데이터베이스에 대해 다른 법적 평가를 하게 되는 단점을 지적한 견해로는, E. Derclaye and M. Husovec, Sui Generis Database Protection 2.0: Judicial and Legislative Reforms (June 16, 2022). LSE Legal Studies Working Paper No. 11/2022, 3면.

데이터베이스제작자 권리 발생의 요건은 데이터베이스의 제작, 소재의 갱신·검증 또는 보충에 대한 상당한 투자이고 소재 생산에 대한 투자를 포함하지 않는다는 점을 들 수 있을 것이다.[23]

다만 대상판결은 피해자 회사의 숙박업체에 대한 정보수집 비용을 개별 소재의 생산에 대한 투자로 평가하고 데이터베이스 제작에 대한 투자에는 포함되지 않는 것으로 판단한 것으로 보이는데,[24] 이에 대해서는 해당 정보를 최초 생산한 자는 숙박업체이기 때문에 피해자 회사의 직원들이 숙박업체를 방문하여 관련 정보를 수집하는 행위에 소요된 비용은 이미 존재하는 정보를 수집하는 행위에 대한 투자로 보아야 한다는 비판이 있다.[25]

(2) 반복적·체계적 복제 등에 의한 침해 여부

이 부분에 대한 대상판결의 판시도 EU 사법재판소의 EU 데이터베이스 지침에 대한 해석을 참고한 것이다.[26] 종래 "데이터베이스의 일반적인 이용과 충돌하는 경우", "데이터베이스제작자의 이익을 부당하게 해치는 경우"에 관한 개별적인 해석이 전개된 바 있으나, 개별 소재 내지 상당하지 않은 부분의 반복적이거나 체계적인 복제를 데이터베이스제작자의 권리 침해로 보는 정책적 이유는 결국 개별 소재 등의 반복적이거나 체계적인 복제가 상당한 부분의 복제와 동일한 결과를 야기할 수 있음을 우려한 것이므로, 대상판결은 이러한 정책적 근거를 법리로 정립하였다.

4. 판결의 의의

대상판결은 데이터 스크레이핑(scraping) 내지 웹 크롤링(crawling)에 의한 데이터 수집이 정보통신망 침입에 해당하는지에 관하여 최초로 판단한 사례로서 접근권한 유무에 대한 일반적인 판단기준을 제시한 점에서 의의가 크다.

또한 데이터베이스제작자의 권리 침해와 관련하여서도 EU 사법재판소의 BHB 판결 등이 제시한 제한해석론을 수용하여 데이터베이스제작자 권리침해 요건을 구체화하고 데이터베이스에 대한 투자 보호와 정보 독점 및 경쟁 제한의 위험 사이에서 적정한 균형을 모색하였다고 생각된다.

---

23) 류시원, "저작권법상 데이터베이스 보호 규정의 재검토 – 대법원 2022. 5. 12. 선고 2021도1533 판결에 대한 평가를 겸하여 –", 지식재산연구 제18권 제1호, 2023, 218면.

24) 정현순, "저작권법상 데이터베이스제작자 권리 침해에 관한 연구 – 대법원 2022. 5. 12. 선고 2021도1533 판결을 중심으로 –", (계간)저작권 2022 가을호, 2022, 188면.

25) 류시원, 앞의 논문(주 23), 219면.

26) 정현순, 앞의 논문(주 24), 168면.

다만, 데이터 스크레이핑 관점에서는 계약(이용약관)에 의한 접근통제가 민사적 관점에서 더 논의될 필요가 있다. 또한 관련 민사사건에서는 부정경쟁방지법상 (파)목 성과도용 부정경쟁행위가 인정되었는데[27] 보호법익이 유사하다고 보이는 데이터베이스제작자 권리 조항과 성과도용 부정경쟁행위 조항의 관계가 심도있게 검토되어야 한다고 본다.

27) 서울고등법원 2022. 8. 25. 선고 2021나2034740 판결(확정). 위 민사 판결은 대상판결과 달리 숙박정보의 갱신·검증·보충이 지속적으로 이루어졌다고 인정하였다.

50 인터넷개인방송의 감청과 망 침입죄의 접근권한 설정 주체

대법원 2022. 10. 27. 선고 2022도9877 판결[1)]

박소영 (국회입법조사처 입법조사관, 변호사)

1. 사안의 개요

피해자는 오랫동안 개인방송을 하며 상당한 수의 시청자를 확보한 자이다. 피고인은 교제하였던 피해자가 더 이상 만나주지 않는 것에 불만을 품고, 피해자가 인터넷 방송을 송출하는 사이트에 접속하여, 피해자의 인터넷 방송상 이름을 언급한 다음 피해자가 인터넷 방송 시청자를 만나 성적인 행위를 하고 그 대가로 후원을 받는다는 취지의 발언을 포함한 방송을 하였다. 이에 대해 피고인은 정보통신망이용촉진및정보보호등에관한법률위반(명예훼손), 특정범죄가중처벌등에관한법률위반(보복협박등)으로 기소되었다.

이 과정에서 피해자가 피고인의 인터넷 방송 녹화파일을 제출하였는데, 피고인은 항소심에서부터 ① 피해자가 전기통신인 피고인의 인터넷 방송을 감청하고 공개되지 않은 타인간의 대화를 청취·녹음한 행위는 통신비밀보호법 제3조를 위반한 것이고, ② 피고인이 진행하는 인터넷 방송에 대한 접근권한을 차단하였음에도 불구하고 피해자가 접근권한 없이 피고인의 방송에 침입한 행위는 정보통신망 이용촉진 및 정보보호 등에 관한 법률(이하 '정보통신망법') 제48조 제1항을 위반한 것이며, ③ 피해자가 피고인이 지적재산권을 갖고 있는 피고인의 인터넷 방송을 녹화·편집하여 복제물을 생성한 행위는 저작권법 제136조 제1항 제1호를 위반한 것으로, 이 녹화파일이 위법수집증거에 해당하여 증거능력이 없다고 주장하였다.

---

1) [참조 및 관련 판례] 대법원 2016. 5. 12. 선고 2013도15616 판결(공2016상, 809); 대법원 2002. 10. 8. 선고 2002도123 판결(공2002하, 2770); 대법원 2006. 10. 12. 선고 2006도4981 판결[공2006.11.15.(262), 1939]; 대법원 2005. 11. 25. 선고 2005도870 판결(공2006상, 71); 대법원 2022. 5. 12. 선고 2021도1533 판결(공2022하, 1181) 등.
[관련 평석 및 문헌] 박상진, "「통신비밀보호법」상의 '공개되지 아니한 타인간의 대화'의 의미(1)", 최신 중요 형사소송법판례: 수사와 증거, 박영사, 2025, 6면; 이창현, "2022년 형사소송법 중요판례평석", 인권과 정의 통권 513호, 2023, 113면; 정현순, "크롤링에 의한 데이터 수집이 정보통신망 침입에 해당하는지 여부 – 대상판결: 대법원 2022. 5. 12. 선고 2021도1533 판결", 사법 제1권 제61호, 2022, 345면.

2. 판결의 요지

가. 원심판결(서울고등법원 2022. 7. 22. 선고 2022노288 판결)

원심은 다음과 같이 피해자가 제출한 피고인의 인터넷방송 녹화파일의 증거능력을 인정하였다.

(1) 통신비밀보호법 위반에 대한 판단

원심은 피고인이 방송한 인터넷개인방송 플랫폼은 원칙적으로 인터넷 방송 진행자가 불특정 다수인에게 방송을 하기 위하여 이용되는 것이고, 피고인이 당시 인터넷 방송에 비밀번호를 설정하였다는 자료는 없으므로 위 방송은 로그인을 하고 성인인증을 거치면 누구나 무료로 접속하여 방송을 시청할 수 있었던 것으로서, 피고인의 통신 등의 비밀과 자유가 보호되는 사적 공간이라고 보기 어렵다고 판단하였다. 따라서 원심은 피해자가 당시 피고인이 인터넷 방송에서 한 발언을 녹화한 행위가 통신비밀보호법 제3조제1항 본문에서 규정한 전기통신의 감청에 해당한다고 보기 어렵다고 보았다.

원심은 방송에 비밀번호를 설정하여 비공개성을 강화하였는데 피해자가 비밀번호를 알아낸 뒤 게스트로 접하였다는 피고인의 주장이 사실이라 하더라도, 피고인이 피해자의 존재를 인식하고 피해자를 발언의 상대방으로 인정하여 계속 발언한 이상 피해자는 전기통신의 당사자인 송수신인이라 할 수 있다고 판단하였다.

(2) 정보통신망법 위반에 대한 판단

원심은 피해자가 인터넷 방송에 게스트로 접속한 것을 가리켜 피해자가 정보통신망법 제48조 제1항을 위반하여 접근권한 없이 접속한 것이라고 단정하기 어렵다고 보았다. 원심은 설령 피해자가 위 각 인터넷 방송에 접속한 것이 접근권한 없이 이루어진 것이라고 하더라도, 피해자가 위 각 인터넷 방송의 송수신 당사자로서 이를 녹화할 수 있다고 볼 수 있는 이상 그 녹화에 이르게 된 중간 과정에 관한 사정은 그 녹화파일의 증거능력 판단에 중대한 영향을 미친다고 보기 어려운 점, 피고인의 인터넷 방송에 게스트로 접속하였다고 하여 정보통신망 자체의 안정성과 그 정보의 신뢰성이 얼마만큼 훼손당하였다고 보아야 하는지 의문인 점, 수사기관에 신고하고자 하는 목적으로 필요한 부분만 선별하여 제출한 점, 범죄를 규명하는데 반드시 필요한 증거인 점, 원심 공판에서 피고인 및 변호인이 증거 동의한 점을 고려했을 때 법률 규정에 의하여 보호되는 이익보다 효과적인 형사소추 내지 형사소송에서의 진실발견이라는 공익이 우선된다고 봄이 타당하다고 판단하였다.

(3) 저작권법 위반에 대한 판단

원심은 피해자가 피고인의 인터넷 방송을 녹화하여 제출한 것은 피고인의 명예훼손과 협박 범행을 증명하기 위한 것으로 이로 인하여 피고인의 이익이 부당하게 침해되었다고 보이지 않으므로, 저작권법 제23조에 의하여 허용되는 것으로 봄이 상당하다고 판단하였다. 또한 원심은 피해자에 대한 욕설, 명예훼손 또는 협박 내용으로 가득 찬 방송 콘텐츠에 대하여 저작권법으로 보호받는 피고인의 사적 이익보다 효과적인 형사소추 내지 형사소송에서의 진실발견이라는 공익이 우선한다고 봄이 타당하므로 저작권법 위반을 이유로 증거능력을 배제할 수 없다고 판단하였다.

나. 대법원 판결

대법원은 상고이유 중 통신비밀보호법 및 정보통신망법 위반 여부에 대해서 판단하고, 원심이 같은 취지에서 위 각 방송녹음파일의 증거능력을 인정한 조치는 정당하고 증거능력에 관한 법리를 오해한 위법이 없다고 보아 상고를 기각하였다.

(1) 통신비밀보호법 위반에 대한 판단

대법원은 인터넷개인방송의 방송자가 비밀번호를 설정하는 등으로 비공개 조치를 취한 후 방송을 송출하는 경우에는, 방송자로부터 허가를 받지 못한 사람은 당해 인터넷개인방송의 당사자가 아닌 '제3자'에 해당하고, 이러한 제3자가 비공개 조치가 된 인터넷개인방송을 비정상적인 방법으로 시청·녹화하는 것은 통신비밀보호법상의 감청에 해당할 수 있는데, 다만 방송자인 피고인이 이와 같은 제3자(피해자)의 시청·녹화 사실을 알거나 알 수 있었음에도 방송을 중단하거나 그 제3자를 배제하지 않은 채 방송을 계속 진행하는 등 허가받지 아니한 제3자의 시청·녹화를 사실상 승낙·용인한 것으로 볼 수 있는 경우에는 불특정인 혹은 다수인을 직간접적인 대상으로 하는 인터넷개인방송의 일반적 특성상 그 제3자 역시 인터넷개인방송의 당사자에 포함될 수 있으므로, 이러한 제3자가 방송 내용을 지득·채록하는 것은 통신비밀보호법에서 정한 감청에 해당하지 않는다고 판단하였다.

(2) 정보통신망법 위반에 대한 판단

대법원은 피해자가 피고인의 인터넷개인방송에 접근할 권한이 있는지 여부는 방송자인 피고인이 아니라 인터넷개인방송 플랫폼업체가 부여한 접근권한을 기준으로 판단하여야 하는데, 피해자가 문제된 인터넷개인방송에 접속한 것이 인터넷개인방송 플랫폼업체가 부여한 접근권한 없이 이루어진 것이라도 단정하기 어렵고, 피해자의 최초 신고 이후 피고인이 송출한 방송의 내용, 피해자가 피고인의 방송에 접속하게 된 경위, 피해자의 방송 시청 및 녹화로 인하여 훼손되는 정보통신망 자체의 안전성이나 정보의 신뢰성, 피해자의 증거수집 과정에서 침해되는 피고인의 사생활 내지 인격적 이익 등을 전체적으로 고려하여 보더라도 피해자가 수사기관에 제출한 방송녹음파일의 증거능력을 배제할 수는 없다고 판단하였다.

3. 해설

가. 인터넷개인방송의 감청 해당 여부에 대한 판단기준

(1) 전기통신의 감청

전기통신의 감청은 제3자가 전기통신의 당사자인 송신인과 수신인의 동의를 받지 아니하고 전자장치·기계장치등을 사용하여 통신의 음향·문언·부호·영상을 청취·공독하여 그 내용을 지득 또는 채록하거나 전기통신의 송·수신을 방해하는 것을 말한다. 통신비밀보호법 제3조는 통신비밀보호법, 형사소송법, 군사법원법의 규정에 의하지 아니한 전기통신의 감청을 금지하고 있고, 같은 법 제4조는 위 규정을 위반하여 불법감청에 의하여 지득 또는 채록된 전기통신의 내용은 재판 또는 징계절차에서 증거로 사용할 수 없다고 정하고 있다.

전기통신의 감청 해당 여부는 청취·녹음자가 전기통신의 당사자에 해당하는지 여부에 따라 달라지고, 법원은 전자통신의 당사자를 판단함에 있어서 대화에 원래부터 참여하고 있는지를 중요한 기준으로 보고 있다.[2)]

전기통신의 당사자 일방이 상대방 모르게 통신의 음향·영상 등을 청취하거나 녹음한 경우에는 감청에 해당하지 않는다. 반면 제3자의 경우는 설령 당사자 일방의 동의를 받고 그 통신의 음향·영상을 청취하거나 녹음하였다 하더라도 그 상대방의 동의가 없었던 이상 감청에 해당한다.[3)] 3인 간의 대화에 있어서 그중 한 사람이 그 대화를 녹음하는 경우, 다른 두 사람의 발언은 그 녹음자에 대한 관계에서 '타인 간의 대화'라고 할 수 없으므로 감청에 해당하지 않는다.[4)]

(2) 인터넷개인방송의 전기통신 해당성

통신비밀보호법상 '전기통신'은 유선·무선·광선 및 기타의 전자적 방식에 의하여 모든

---

2) 대법원 2016. 5. 12 선고 2013도15616 판결 등.
3) 대법원 2002. 10. 8. 선고 2002도123 판결 등.
4) 대법원 2006. 10. 12 선고 2006도4981 판결.

종류의 음향·문언·부호 또는 영상을 송신하거나 수신하는 것을 말한다(제2조제3호). 인터넷개인방송은 방송자가 인터넷을 도관 삼아 인터넷서비스제공업체 또는 온라인서비스제공자인 인터넷개인방송 플랫폼업체의 서버를 이용하여 실시간 또는 녹화된 형태로 음성, 영상물을 방송함으로써 불특정 혹은 다수인이 이를 수신·시청할 수 있게 하는 것으로, '전기통신'의 정의에 포섭되는 데 어려움이 없다.

(3) 인터넷개인방송에 있어서 전기통신의 당사자 판단 기준

일반적인 전기통신은 송·수신인이 일대일이거나 특정 소수 사이에서 이루어지기 때문에 당사자를 특정하기 어렵지 않다. 그러나 인터넷개인방송은 불특정 혹은 다수인이 수신·시청할 수 있다는 점에서, 감청 여부를 판단하기 위한 '전기통신의 당사자' 개념을 어떻게 적용할 것인지가 문제된다. 이에 대상판결은 송신인인 방송자의 의사를 중심으로 전기통신의 당사자에 해당하는 수신인의 범위를 획정하는 판단기준을 제시하였다.

방송자가 비밀번호를 설정하는 등 그 수신 범위를 한정하는 비공개 조치를 취하지 않고 방송을 송출하는 경우, 방송자는 누구든지 시청하는 것을 포괄적으로 허용하는 의사를 가진 것으로 볼 수 있다. 따라서 이러한 방송의 시청자는 인터넷개인방송의 당사자인 수신인에 해당하고, 시청자가 방송 내용을 지득·채록하는 것은 통신비밀보호법에서 정한 감청에 해당하지 않는다.

반면 방송자가 비공개 조치를 취한 경우에는 방송자의 허가를 받지 못한 제3자가 그 인터넷개인방송을 시청·녹화하는 것은 감청에 해당한다. 다만 대상판결은 예외적인 경우를 인정하였다. 허가를 받지 못한 제3자가 시청·녹화하는 사실을 방송자가 알거나 알 수 있었음에도 그 제3자를 배제하지 않은 채 방송을 계속 진행하였다면, 이는 방송자가 제3자의 시청을 사실상 승낙·용인한 것으로 평가할 수 있다. 이 경우 제3자는 전기통신의 당사자가 되어 그의 녹화행위는 감청에 해당하지 않는다.

나. 정보통신망 침입죄에서 접근권한 설정 주체

정보통신망법 제48조 제1항은 정당한 접근권한 없이 또는 허용된 접근권한을 넘어 정보통신망에 침입하는 것을 금지하고 있다. 대법원은 이 규정의 보호법익이 이용자의 신뢰 내지 그의 이익을 보호하기 위한 규정이 아니라 정보통신망 자체의 안정성과 그 정보의 신뢰성을 보호하기 위한 것이라고 할 것이므로, 위 규정에서 접근권한을 부여하거나 허용되는 범위를 설정하는 주체는 서비스제공자라 할 것이고, 따라서 서비스제공자로부터 권한을 부여받은 이용자가 아닌 제3자가 정보통신망에 접속한 경우 그에게 접근권한이 있는지 여부는 서비스제공자가 부여한 접근권한을 기준으로 판단하여야 한다는 법리를 확립해왔고,[5] 대상판결 역시 이러한 법리를 재확인하였다

대상판결에서 '접근권한'의 설정 주체는 방송자가 아니고 서비스 사업자인 인터넷개인방송 플랫폼업체이다. 피해자가 자신의 아이디가 아닌 '게스트' 계정으로 피고인의 인터넷 방송에 접속한 것은 인터넷개인방송 플랫폼업체가 허용하고 있는 접속 방식에 해당한다. 이는 인터넷개인방송 플랫폼업체가 설정한 접근권한 범위 내에서 이루어진 것으로서, 정보통신망 침입죄에 해당하지 않는다. 대상판결은 정보통신망 침입죄의 성립 여부를 판단함에 있어 특정 개인(방송자)의 주관적 의사나 동의 여부가 아니라, 인터넷개인방송 플랫폼이 기술적·계약적으로 부여한 접근권한의 범위를 중심으로 판단하여야한다는 점을 확인하였다.

4. 판결의 의의

인터넷개인방송은 문자, 숫자, 그래픽, 음성, 사진, 동영상과 같은 커뮤니케이션 수단을 통합하여 시청자와 상호 커뮤니케이션을 하며 실시간 방송을 하는 새로운 형태의 미디어이다.[6] 전통적인 일대일 또는 소수 간 통신과 달리, 불특정 다수를 대상으로 하면서도 쌍방향 소통이 가능하다는 특징을 지닌다.

대상판결은 인터넷개인방송이라는 새로운 통신형태에 감청 개념을 적용하기 위한 해석론적 기준을 마련하였다. 방송자가 비공개 조치를 취하지 않은 경우 시청자는 포괄적으로 허용된 당사자로, 비공개 조치를 취한 경우에도 방송자가 인지하면서 배제하지 않았다면 사실상 승낙된 당사자로 보는 기준을 제시하였다. 불특정인 혹은 다수인을 직간접적인 대상으로 하는 인터넷개인방송의 일반적 특성상 '방송자가 대화를 청취·참여하는 자로 존재를 인식하고 발언의 상대방으로 인정하고 있는지', 즉 방송자의 의사를 기준으로 전기통신의 상대방을 정하는 것으로 보인다.

한편 대상판결은 정보통신망 침입죄의 성립 여부와 관련하여, 접근권한의 판단 기준을 서비스제공자 중심으로 설정하는 기존 입장을 재확인하였다. 인터넷개인방송에서도 접근권한의 설정 주체는 개별 방송자가 아니라 플랫폼 사업자임을 명확히 함으로써, 정보통신망법의 보호법익이 개인의 주관적 의사나 동의가 아닌 정보통신망 자체의 안정성과 정보의 신뢰성에 있다는 점을 다시 한 번 확인하였다.

5) 대법원 2005. 11. 25 선고 2005도870 판결; 대법원 2022. 5. 12 선고 2021도1533 판결.
6) 오기두, "인터넷개인방송에 의한 표현의 보호와 규제", 미디어와 인격권 제2권 제1호, 2016.

51 인터넷 댓글('국민호텔녀') 모욕죄 인정

대법원 2022. 12. 15. 선고 2017도19229 판결[1)]

이인호 (중앙대학교 법학전문대학원 교수)

1. 사안의 개요

가수, 배우, 광고모델로 활동해 온 A 연예인(피해자)은 2012년에 출연한 영화가 흥행하면서 '국민 첫사랑'이라는 애칭을 얻을 정도로 유명하다. 피고인(남성)은 2015년에 피해자가 출연한 영화 개봉 기사(인터넷 포털사이트 뉴스 기사)에 댓글을 달았고, 이 댓글 내용이 피해자를 모욕한 것이라는 혐의로(형법 제311조 모욕죄) 기소되었다. 문제가 된 댓글 내용은 "언플이 만든 거품", "그냥 국민호텔녀", "영화 폭망 퇴물", "제왑 언플 징하네"이다.

1심 법원[2)]은 위 4가지 표현을 모두 '모욕적 언사(言辭)'로 판단하고 벌금 100만 원을 선고하였다. 그러나 2심 법원[3)]은 4가지 표현 모두에 대해 무죄를 선고하였다. 이에 대해 대법원은 다른 3가지 표현은 모욕적 표현이 아니라고 본 대신, "그냥 국민호텔녀" 표현은 모멸적 표현이라고 보아 유죄 취지로 파기환송하였다.[4)] 상고 이후 5년 만에 대법원 재판이 내려진 것이다.[5)]

---

1) [참조 및 관련 판례] 대법원 2002. 1. 22. 선고 2000다37524, 37531 판결(공2002상, 522); 대법원 2011. 12. 22. 선고 2010도10130 판결; 대법원 2016. 10. 13. 선고 2016도9674 판결(공2016하, 1741); 대법원 2018. 10. 30. 선고 2014다61654 전원합의체 판결(공2018하, 2347); 대법원 2022. 8. 25. 선고 2020도16897 판결(공2022하, 2056); 헌법재판소 2020. 12. 23. 선고 2017헌바456등 전원재판부 결정(헌공291, 71).
[관련 평석 및 문헌] 이승선, "여성 연예인에 대한 '국민호텔녀' 댓글과 모욕죄 판단: 대법원 2022. 12. 15. 선고 2017도19229 판결의 의의", KISO 저널 제59호, 한국인터넷자율정책기구, 2023.

2) 서울북부지방법원 2017. 4. 27. 선고 2016고정2558 판결.

3) 서울북부지방법원 2017. 11. 3. 선고 2017노1014 판결.

4) 대법원 2022. 12. 15. 선고 2017도19229 판결.

5) 이후 파기환송심(서울북부지방법원 2023. 4. 4. 선고 2022노2015 판결)에서 피고인은 50만 원의 벌금형을 받았다.

2. 판결의 요지

가. 원심판결(서울북부지방법원 2017. 11. 3. 선고 2017노1014 판결)

원심(2심) 법원은 '연예인'에 대한 '인터넷 댓글'에 형법의 모욕죄를 적용함에 있어서는 신중해야 한다는 기본 입장을 가지고 이 사건에 접근하였다. 그 이유를 세 가지로 제시하였다: (1) 인터넷은 특성상 댓글 등을 통해 의견과 사상이 쌍방으로 교류되는 "가장 참여적인 시장", "표현 촉진적인 매체"이다. 인터넷상의 표현에 대하여 질서위주의 사고만으로 규제하려고 해서는 안 된다.[6] (2) '대중의 관심사'에 대한 비판, 풍자, 패러디 등에는 모욕적 내용이 포함될 수 있어 모욕죄와의 경계가 뚜렷하지 않은데, 공권력이 모호한 기준으로 형사처벌 수단을 사용할 경우 국민에게 위축효과를 일으키고 자기검열을 강제하는 해악을 가져오므로 그 적용에 신중을 기해야 한다. (3) 연예인의 명예나 사생활도 마땅히 보호받아야 하지만, 연예인 등 공적 관심을 받는 인물에 대한 모욕죄 성부를 판단함에 있어, 비연예인에 대한 표현과 언제나 같은 기준을 적용할 수는 없다.

원심(2심) 법원은 이런 신중한 접근태도를 가지고 위 4가지 댓글 내용에 대해 모두 무죄로 판단하였다: (1) "언플이 만든 거품", "제왑 언플 징하네" 표현은 피해자의 인기나 긍정적 기사가 언론플레이의 결과물로서 실체보다 과하다는 뜻으로서 위법하다고 볼 수 없다. (2) "국민호텔녀" 표현도, 과거 피해자에 관한 열애설(스캔들)이 언론을 통해 보도된 적이 있어, 피고인은 이를 기초로 "국민여동생"이라는 홍보문구 사용을 비꼰 것이다. (3) "영화 폭망"이라는 표현은 피해자 출연 영화가 흥행하지 못한 사실을 거칠게 표현한 것에 불과하다. (4) "퇴물"이라는 표현은 모욕적 언사로 볼 수 있으나, 전체 글에서 단 한 번 사용되었고, '피해자의 전성기는 지났다'는 생각을 다소 과격하게 표현한 것으로 볼 수 있다. 인터넷 공간에서 타인을 배려하는 표현을 사용할 것이 권장되나, 이러한 윤리를 형벌을 통해 관철하려 할 때는 더욱 엄격한 요건이 필요하다. 피고인의 표현행위는 전체적으로 보아 사회상규에 위배되지 않는다.

나. 대법원 판결

대상판결은 "언플이 만든 거품", "제왑 언플 징하네", "영화 폭망 퇴물" 표현은 피해자의 '공적인 영역'에 대한 비판으로 다소 거칠게 표현하였더라도 표현의 자유 영역에 해당한다고 평가하면서, 무죄를 선고한 원심의 결론을 승인하였다. 그러나 "그냥 국민호텔녀" 표현은 피해자의 '사생활에 대한 모욕적 표현'으로 보아 유죄로 판단하였다.

---

6) 원심은 헌법재판소 2002년의 '불온통신 심의제도 위헌 결정'(99헌마480)을 인용하여 판시하고 있다.

대상판결은 '연예인의 사생활'에 대한 모욕적인 표현은 표현의 자유를 근거로 쉽게 모욕죄 적용에서 제외해서는 안 된다는 법리를 제시하였다. 이에 따라 대상판결은 "국민호텔녀" 표현은 "피해자의 사생활을 들추어 피해자가 종전에 대중에게 호소하던 청순한 이미지와 반대의 이미지를 암시하면서 피해자를 성적 대상화하는 방법으로 비하하는 것으로서 여성 연예인인 피해자의 사회적 평가를 저하시킬 만한 모멸적인 표현으로 평가할 수 있고, 정당한 비판의 범위를 벗어난 것으로서 정당행위로 보기도 어렵다."라고 판단하였다.

3. 해설

가. 원심판결과 대법원 판결의 법리적 분기점

원심(2심) 법원은 '연예인'에 대한 '인터넷 댓글'에 형법의 모욕죄를 적용하는 것은 '비연예인'에 대한 비난 댓글의 경우와 다른 기준으로 더욱 엄격하고 신중해야 한다는 관점을 분명하게 제시하였다. 원심은 피해자가 '공인'이라는 점, 그리고 인터넷은 의견과 사상이 쌍방으로 교류하는 전형적인 '사상의 자유 시장'이라는 점을 강조하였다. 그래서 '국민호텔녀' 댓글 표현은 피해자의 애칭인 '국민여동생'을 비꼰 풍자적 표현이라고 평가하였다.

이에 반해, 대법원은 '연예인(공인)'이라도 그의 '공적 사항에 대한 비난'과 '사생활에 대한 비난'은 구분되어야 하고, 후자의 경우 언론자유의 이름으로 쉽게 모욕죄 적용에서 제외해서는 안 된다는 입장을 분명히 하였다. 그래서 '국민호텔녀' 표현은 피해자의 사생활을 성적 대상화하여 비하한 모멸적 표현이라고 평가하였다. 이처럼 대법원은 평가의 관점과 기준을 달리하면서 문제 표현('국민호텔녀')에 대한 평가를 달리한 것이다.

나. 모욕죄의 보호법익: '외부적 명예'개념의 헌법적 문제

대법원은 확립된 판례로 '모욕죄'의 보호법익을 '사회적 평가(외부적 명예)'로 규정한다. 그리하여 '모욕(侮辱)'이란 "사실을 적시하지 아니하고 사람의 사회적 평가를 저하시킬 만한 추상적 판단이나 경멸적 감정을 표현하는 것"이라고 규정하고, 이에 해당하면 형사처벌을 용인하고 있다.[7] 그리고 대법원은 '명예훼손'과 '모욕적 표현'은 구분해서 다루어야 한다고 한다. 이에 따르면, '명예훼손'은 사실을 적시하여 타인의 사회적 평가를 저하시키는 표현을 가리키고, '모욕적 표현'은 사실 적시가 없는 의견표명으로 타인의 사회적 평가를 저하시키는 표현을 가

---

7) 대상판결 및 선례(대법원 2011. 12. 22. 선고 2010도10130 판결; 대법원 2016. 10. 13. 선고 2016도9674 판결 등) 참조.

리킨다. 대법원은 어떤 의견표명이 그 형식과 내용에 있어서 "모욕적이고 경멸적인 인신공격에 해당하거나 타인의 신상에 관하여 인격권을 침해한 경우"에는 의견표명으로서의 한계를 벗어난 것으로서 허용되지 않는다고 판시하고 있다.[8)]

대법원의 이러한 모욕죄 법리는 헌법적 시각에서 비판이 가능하다.

첫째, 모욕죄의 보호법익을 '사회적 평가(외부적 명예)'로 규정하는 것은 표현의 자유를 과도하게 억제하는 결과를 낳는다. '명예'는 우리 헌법이 보호하는 인격적 가치이지만, 그렇다고 모든 형태의 '명예 침해'를 '형사처벌'로 보호해야 하는 것은 아니다. 헌법이 명예를 보호한다고 해서 곧바로 '형벌로 보호하는 것이 정당화된다'는 결론이 나오지 않는다. 대법원은 '남이 나를 욕하면 나의 명예(사회적 평가)가 떨어지므로 그를 처벌하는 것이다'라고 말하는 셈이다. 그런데 내가 욕을 들었다고 해서 내가 불쾌할 수는 있지만 나의 품격(명예)이 떨어지는 것인가? 대법원의 논리는 자칫 나의 인격적 존엄을 사회적 평가 혹은 '남의 시선'에 종속되는 가치로 격하하고, 사회의 승인을 받지 못하는 말을 하면 국가가 나서서 형벌로 제재하는 구조를 뒷받침한다. 즉 '사회적 평가'는 본질적으로 타인의 판단이므로, 사회가 '불쾌하게 여기는 표현'이 곧 범죄가 되는 결과를 낳는다. 형벌의 본질은 공공질서의 유지에 있는 것인데, 사회적 평가를 이유로 불쾌감이나 경멸감의 사적 감정까지 형벌로 보호하는 것은 형벌의 보충성 원리에도 맞지 않다.[9)]

둘째, '사실 적시 없는 의견'이 어떻게 '외부적 명예'를 훼손할 수 있는지 의문이다. 대법원은 그동안 명예훼손의 법리에서 '사실(fact)'과 '의견(opinion)'을 개념적으로 구분하고 '순수한 의견'은 명예훼손을 성립시키지 않는다는 입장을 취해 왔다. 그런데 모욕죄 법리에서는 '의견'도 외부적 명예를 훼손한다고 말하는 것은 모순적 법리가 아닌지 의문이다.

다. 모욕죄 판단기준의 모호성과 광범성

대상판결에서 대법원은 '모욕'에 해당하는 표현은 '허용되지 않는다'라고 판시하면서, 모욕 표현의 전면 금지와 처벌을 용인하고 있다. 이는 '모욕 표현'은 헌법적 가치가 전혀 없는, 그래서 헌법의 보호대상에서 제외되는 '비보호 표현'이라는 평가이다. 그런데 그 판단기준이 너무 모호하고 광범위하다. 어떤 비난적 의견이 그 내용과 형식에 있어서 "모욕적이고 경멸적인 인신공격에 해당하거나 타인의 신상에 관하여 인격권을 침해한 경우"에 그 의견은 원칙적으로 범죄가 성립되는 '모욕'에 해당한다는 것이다. 여기서 "모욕적이고 경멸적인 인신공격"

8) 대상판결 및 선례(대법원 2018. 10. 30. 선고 2014다61654 전원합의체 판결) 참조.

9) 유엔 자유권위원회(UN Human Rights Committee)도 General Comment No. 34 (2011)에서 "공적 관심사에 대한 표현은 모욕적이거나 공격적이더라도, 그 자체로 형사처벌의 대상이 되어서는 안 된다."라고 제안하였다.

기준은 "사회적 평가를 저하시킬 만한 추상적 판단이나 경멸적 감정의 표현"을 좀 더 구체화한 것이지만, 여전히 모호하고 광범위하다. 그리고 '또는'으로 이어지는 "타인의 신상에 관하여 인격권을 침해하는 표현" 기준은 더욱 모호하다. 동어반복으로도 보인다. 그러나 이러한 판단기준은 헌법의 기본 원칙들, 즉 형법에서의 명확성 원칙과 과잉금지의 원칙을 위반할 가능성을 안고 있다. 그리하여 원심(2심) 법원의 우려처럼, "국민에게 위축효과를 일으키고 자기검열을 강제하는 해악을 가져온다."

대법원의 이러한 판단기준은, 미국 연방대법원이 비보호 표현들, 즉 폭언(Fighting Words),[10] 임박한 위법행위의 선동(Incitement of Imminent Lawless Action),[11] 진정 협박(True Threats)[12]에 대해 제시하는 판단기준과 비교하면, 표현의 자유 보호에 관한 헌법적 관점이 많이 결여되어 있다. 미국과 단순 비교하기에는 어려움이 있지만, 향후 대법원은 위 판단기준을 헌법적으로 재조정할 필요가 있다.

라. 정당행위 법리('사회상규')의 추가적 적용의 문제

대법원은 통상 형법의 모욕죄 조항을 적용하면서, "설령 이 사건 댓글이 모욕죄의 구성요건에 해당한다고 하더라도 사회상규에 위배되지 않는 행위로서 형법 제20조에 의하여 위법성이 조각된다고 볼 수 있다."라는 접근방식을 취하고 있다. 이러한 접근방식은 표현의 자유 보호의 관점에서 긍정적인 측면이 있다. 즉 구성요건 충족 시에도 사안의 경중에 따라 탄력적으로 위법성을 조정할 수 있어서, 형벌권의 과잉 행사를 방지하고, 법원이 개별 사안의 사회적 맥락을 반영할 수 있는 길을 열어준다. 대법원의 입장에서는 모욕죄의 판단기준을 모호하고

10) 헌법이 보호하지 않는, 전면 금지와 처벌이 가능한 비보호 표현으로서 폭언(Fighting Words)이란 "그 말을 발설하는 것 자체로(by their very utterance) 상처를 입히거나(inflict injury) 또는 사회적 평온(공공질서)을 즉각적으로 해칠 수 있는(tend to incite an immediate breach of the peace) 표현"을 가리킨다. 단순히 상대방에게 모욕감을 준다고 해서 금지 및 처벌이 가능한 '폭언'에 해당하지 않는다. Chaplinsky v. New Hampshire, 315 U.S. 568, 572 (1942).

11) 형사처벌의 대상이 되는 "임박한 위법행위"(imminent lawless action)란 단순히 폭력혁명이나 위법행위를 옹호하는 추상적 주장(advocacy of ideas)만으로는 처벌할 수 없고, (ⅰ) 문제의 표현이 '위법행위를 선동(incite)하려는 것이어야' 하고(the advocacy is directed to inciting or producing imminent lawless action), 또한 (ⅱ) 그 선동이 '임박한 위법행위'를 일으킬 '가능성(likelihood)'이 있어야만(is likely to incite or produce such action), 즉 그 위법행위가 금방이라도 일어날 개연성이 높아야만 처벌이 가능하다. Brandenburg v. Ohio, 395 US 444 (1969). 이 헌법적 기준을 '브란덴버그 기준'(the Brandenburg test)이라고 부른다.

12) '진정 협박'이란 표현행위자가 특정 개인이나 집단에 대하여 불법적 폭력을 행사하겠다는 의도를 진지하게 표현하는 진술을 가리킨다. 이런 협박성 발언은 듣는 사람에게 공포와 불안을 조성하고 폭력의 가능성을 경고하므로, 표현의 자유가 보호하려는 기본 가치들(진리 탐구, 의견 교환이나 공공 토론, 자아실현 등)에는 기여하는 바가 없기 때문에 헌법의 보호를 받지 못하고, 따라서 쉽게 금지와 처벌이 가능하다. Watts v. United States, 394 U.S. 705 (1969).

광범위하게 설정하는 대신, 사후적이지만 나름의 안전장치를 마련하고 있는 셈이다.

그러나 이 접근방식은 헌법적으로 한계를 지닌다. 사회상규의 정당행위 법리는 예외적인 사후적 조정에 불과하고, 사회상규 혹은 사회통념은 매우 불명확한 개념이어서 재판부의 가치 판단을 요하기 때문에, 표현행위자의 입장에서는 사전에 '이 표현이 사회상규상 허용되는가'를 예측할 수 없게 만들고, 이는 스스로 표현을 검열하도록 만드는 위축 효과(chilling effect)를 낳는다. 헌법상 표현에 대한 '내용 규제'는 '필요최소한의 방법'으로 '중대한 공익'을 달성하기 위한 경우에만 허용되는데(엄격한 비례심사), 사회상규의 정당행위 조항을 추가적으로 적용하는 방식은 헌법이 요구하는 원칙적 심사 구조를 회피하여 문제를 편의적으로 해결하려는 바람직하지 않은 접근방식이다. 헌법상 표현의 자유 보장 체계에서 가장 바람직한 접근방식은 미국 연방대법원이 취하는 접근방식, 즉 어떤 표현이 보호되지 않는 비보호 표현으로서 전면 금지와 형사처벌의 대상이 되는 표현인지를 누구나 미리 평가할 수 있도록 모욕죄의 구성요건을 축소 해석하는 이른바 '합헌적 법률해석'의 방식으로 엄격한 판단기준을 제시하는 것이라고 생각된다.

마. 상고 이후 5년 만의 재판

대상판결(대법원)은 2017년 11월에 상고되어 2022년 12월에 선고함으로써 5년 만에 판결이 선고되었다. 이는 단순한 재판 지연의 문제가 아니라, 국민의 신속한 재판을 받을 권리 보장[13]의 관점에서 대법원의 기능에 중대한 결함이 있음을 나타낸다. 평균 1년 내외의 통상적인 처리 기간을 현저히 초과하고 있다. 대법원의 내부 사정은 알 수 없지만, 심리와 판결에 5년이 걸릴 정도로 사건의 사실관계나 쟁점이 복잡하거나 많은 것이 아니라는 점에서 볼 때 아쉬운 재판이다.

4. 판결의 의의

대상판결(대법원)은 '연예인(공인)'이라도 그의 '공적 사항에 대한 비난'과 '사생활에 대한 비난'은 구분되어야 하고, 전자의 경우 인터넷에서의 모욕죄 적용은 엄격하고 신중하게 이루어져야 하는 반면, 후자의 경우에는 언론자유의 이름으로 쉽게 모욕죄 적용에서 제외해서는 안 된다는 기본 법리를 제시하였다. 대상판결은 '공인의 사생활'에 대한 모욕적 표현은 '공인의 공적 사항'에 비해 더욱 강하게 보호되어야 한다는 법리를 제시했다는 점에서 의의를 찾을 수 있다.

---

13) 헌법 제27조 제3항은 "모든 국민은 신속한 재판을 받을 권리를 가진다."라고 규정한다.

그렇지만 원심(2심) 판결이 제기했던 문제의식에 크게 주목하지 않았던 점은 아쉽다. 원심 재판부가 서술한 바와 같이, 문제의 표현이 행해진 공간('인터넷')은 의견과 사상이 쌍방으로 교류하는 "가장 참여적인 (사상의) 시장"이라는 점, 나아가 피해자를 면전에서 계획적이고 악의적으로 공격하는 표현이 아니라 언론사의 기사에 대해 '즉흥적으로 게시하는 댓글'이라는 사안의 특성을 충분히 고려하지 않은 점은 아쉬운 부분이다. 대상판결이 자칫 '처벌되어서는 안 되는 표현까지 위축시키고 정치적으로 악용되는 부작용을 낳을 수 있다'라는 다른 학자의 비판은 타당해 보인다.14)

14) 이승선, "여성 연예인에 대한 '국민호텔녀' 댓글과 모욕죄 판단: 대법원 2022. 12. 15. 선고 2017도19229 판결의 의의", KISO 저널 제59호, 한국인터넷자율정책기구, 2023 참조. 이승선 교수는 형사처벌보다는 "자율적 규제 시스템으로 모욕죄의 구성요건에 해당하는 혐오 표현의 문제를 대응하는 것이 더 현실적, 효율적일 수 있다."라고 대안을 제시하면서, 현재 포털 사업자들의 자율정책 기구인 '한국인터넷자율정책기구'(KISO)가 '혐오표현 자율정책 가이드라인'을 제정해 정보통신망의 혐오 표현에 대응하고 있다는 점을 지적하고 있다.

52 글로벌 플랫폼을 대상으로 한 개인정보열람청구의 당부

대법원 2023. 4. 13. 선고 2017다219232 판결[1)]

이해원 (강원대학교 법학전문대학원 교수, 법학박사, 변호사)

1. 사안의 개요

피고 1 구글LLC는 미국 캘리포니아주(이하 CA)에 본사를 두고 CA법에 따라 설립되어 구글(Google) 서비스를 전세계에 제공하는 글로벌 플랫폼 기업이다. 피고 2 구글코리아 유한회사(이하 '구글코리아')는 구글 기업집단에 속한 대한민국 법인이다. 원고들은 구글LLC가 제공하는 지메일(Gmail) 등 서비스에 가입한 사람으로, ① 구글의 개인용 메일 서비스를 개인적 목적으로 사용한 사람(이하 '원고 1'), ② 구글의 기업용 메일 서비스를 이용한 사람(이하 '원고 2'), ③ 구글의 개인용 메일 서비스를 영업 목적으로 사용한 사람(이하 '원고 3')의 세 가지 유형으로 구분된다.

원고들은 2014. 2. 17. 피고들에게 舊「정보통신망 이용촉진 및 정보보호 등에 관한 법률」(법률 제12681호로 개정되기 전의 것, 이하 '구 정보통신망법') 제30조 제2항에[2)] 따라 원고들의 개인정보를 이용하거나 제3자에게 제공한 현황(이하 '개인정보 이용 내역')에 관한 열람 및 제공을 요구하였다. 이에 구글 코리아는 아무런 답변을 하지 않았고, 구글 LLC는 "구글코리아는

---

1) [참조 및 관련 판례] 대법원 2010. 8. 26. 선고 2010다28185 판결(공2010하, 1813); 대법원 2016. 3. 10. 선고 2012다105482 판결(공2016상, 556).
[관련 평석 및 문헌] 김영석, "다국적기업의 개인정보 이용내역 열람·제공을 둘러싼 법률관계: 국제사법상 소비자보호조치, 구 정보통신망법 제30조상의 열람·제공 요구권의 제한 및 그 범위를 중심으로", 대법원판례해설 제135호, 225-247면, 법원도서관, 2023; 이종혁, "개인정보관련소송의 국제사법 문제에 관한 시론적 연구", 국제거래법연구 제28권 제2호, 국제거래법학회, 2019. 12., 139-172면; 박지연, "글로벌 인터넷서비스 이용에 있어서 정보공개청구권의 행사", 개인정보 판례백선, 박영사, 2022, 521-528면 등.

2) **구 정보통신망법 제30조(이용자의 권리 등)** ② 이용자는 정보통신서비스 제공자등에 대하여 본인에 관한 다음 각 호의 어느 하나의 사항에 대한 열람이나 제공을 요구할 수 있고 오류가 있는 경우에는 그 정정을 요구할 수 있다.
1. 정보통신서비스 제공자등이 가지고 있는 이용자의 개인정보
2. 정보통신서비스 제공자등이 이용자의 개인정보를 이용하거나 제3자에게 제공한 현황
3. 정보통신서비스 제공자등에게 개인정보 수집·이용·제공 등의 동의를 한 현황

지메일 서비스의 공급자가 아니므로 위 청구에 답변할 수 없고, 구글LLC는 법률에 의한 경우에만 이용자 정보를 정부기관에 제공하고, 적법한 절차를 거치지 않거나 광범위한 요청에 대해서는 대부분의 경우 이를 거부한다."는 취지로 답변하였다. 원고들은 2014. 5. 20. 피고들에게 개인정보 이용 내역에 관한 열람 및 제공을 재차 요구하였으나, 피고들은 아무런 답변을 하지 않았다. 원고들은 2014. 7. 23. 피고들에게 개인정보 이용 내역의 공개 및 이를 거부하여 발생한 정신적 손해배상을 각 청구하는 소(이하 '이 사건 소')를 제기하였다.

2. 판결의 요지

가. 1심판결(서울중앙지방법원 2015. 10. 16. 선고 2014가합38116 판결)

제1심에서 피고들은 (1) 이 사건 소는 전속적 국제재판관할합의에 위배되어 부적법하고, (2) 준거법은 구 정보통신망법이 아닌 CA법이며, (3) 구글코리아는 지메일 등 구글 서비스의 제공 주체가 아니므로 구 정보통신망법상 정보제공의무를 부담하지 않는다고 주장하였다. 이에 관한 제1심 법원의 판단은 다음과 같다.

(1) 전속적 국제재판관할합의

구글 서비스 약관상 원고들과 구글LLC 사이에 CA연방법원 또는 CA주법원에 전속적 관할을 인정하는 유효한 전속적 국제재판관할합의가 존재한다. 그러나 국내 소비자가 구글LLC가 제공하는 구글 서비스를 이용하는 거래 관계는 舊「국제사법」(2016. 1. 19. 법률 제13759호로 개정되기 전의 것, 이하 '구 국제사법') 제27조(현 국제사법 제42조, 제47조)에[3] 따른 소비자계약에 해당한다고 보아야 하므로, 위 전속적 국제재판관할합의는 동조 제6항에 위반하여 효력이 없다.

---

3) **구 국제사법 제27조(소비자계약)** ① 소비자가 직업 또는 영업활동 외의 목적으로 체결하는 계약이 다음 각호중 어느 하나에 해당하는 경우에는 당사자가 준거법을 선택하더라도 소비자의 상거소가 있는 국가의 강행규정에 의하여 소비자에게 부여되는 보호를 박탈할 수 없다.

1.~3. (생략)

②~⑤ (생략)

⑥ 제1항의 규정에 의한 계약의 당사자는 서면에 의하여 국제재판관할에 관한 합의를 할 수 있다. 다만, 그 합의는 다음 각호중 어느 하나에 해당하는 경우에 한하여 그 효력이 있다.

1. 분쟁이 이미 발생한 경우
2. 소비자에게 이 조에 의한 관할법원에 추가하여 다른 법원에 제소하는 것을 허용하는 경우

(2) 준거법

구글 서비스 약관상 원고들과 구글LLC 사이에 CA법을 준거법으로 하는 유효한 합의가 존재한다. 구 정보통신망법은 구 국제사법 제7조(현 국제사법 제20조)에[4] 따른 국제적 강행규정으로는 볼 수 없지만, 구 정보통신망법 제30조가 규정하고 있는 원고들의 개인정보 이용 내역에 관한 열람 및 제공요구권은 구 국제사법 제27조 제1항(현 국제사법 제47조 제1항)에[5] 따른 '준거법 선택에 의하더라도 박탈할 수 없는 소비자 보호에 관한 강행규정'에 해당하므로, 위 준거법 합의에도 불구하고 원고들과 구글LLC 사이에 구 정보통신망법 제30조를 적용할 수 있다.

(3) 구글코리아에 대한 청구

구글 서비스 약관상 구글 서비스 제공 주체는 구글LLC로 명시되어 있는 점, 구글코리아가 구글LLC로부터 이용자 개인정보를 제공받은 사실을 인정할 수 없는 점 등을 볼 때 구글 서비스 제공 주체는 구글LLC로 보아야 한다.

이러한 이유로 제1심 법원은 이 사건 소 중 원고 2의 구글LLC에 대한 청구는 소비자계약이 아니라고 보아 각하하고, 원고들의 구글코리아에 대한 청구는 전부 기각하였으며, 원고 1, 3의 구글LLC에 대한 청구 중 개인정보 이용 내역 공개 부분은 인용하고(단, 미국 법령상 구글LLC에게 비공개 의무가 있는 사항은 제외), 위자료 청구 부분은 구글LLC가 원고들에게 적극적 가해행위를 하지 않은 점, 구글LLC가 개인정보 이용 내역을 공개하면 원고들의 정신적 고통은 회복될 수 있는 점 등을 들어 기각하였다.

나. 원심판결(서울고등법원 2017. 2. 16. 선고 2015나2065729 판결)

원심에서의 핵심 쟁점은 제1심과 동일하다. 이에 관하여 원심은 다음과 같이 판단하였다.

(1) 전속적 국제재판관할합의

원고 2는 구글의 기업 메일 서비스를 이용하고 있고, 원고 3은 구글의 개인 메일 서비스를 이용하고는 있지만 주로 업무와 관련하여 이를 사용하고 있으므로, 원고 2, 3과 구글 LLC 사이의 계약은 소비자계약에 해당하지 않아 전속적 국제재판관할합의가 적용된다.

---

4) **구 국제사법 제7조(대한민국 법의 강행적 적용)** 입법목적에 비추어 준거법에 관계없이 해당 법률관계에 적용되어야 하는 대한민국의 강행규정은 이 법에 의하여 외국법이 준거법으로 지정되는 경우에도 이를 적용한다.

5) 각주 3 참조.

(2) 준거법

제1심판결과 마찬가지로 구 정보통신망법은 국제적 강행규정은 아니지만 소비자계약에 관하여는 준거법 합의에도 불구하고 적용될 수 있는 강행규정이다.

(3) 구글코리아 청구 부분

구글코리아는 위치정보서비스 및 위치기반서비스에 관하여는 정보통신서비스제공자로 볼 수 있으므로, 이 범위에서 원고들에게 개인정보 이용내역 열람 및 제공의무를 부담한다.

이러한 이유로 원심 법원은 이 사건 소 중 원고 2, 3의 구글LLC에 대한 청구는 소비자계약이 아니라는 이유로 각하하고, 원고 1의 구글LLC에 대한 청구 및 원고들의 구글코리아에 대한 청구 중 개인정보 이용 내역 공개 부분은 인용하고(단, 미국 법령상 구글LLC 및 구글코리아에 비공개 의무가 있는 사항은 제외), 위자료 청구 부분은 제1심과 마찬가지 이유를 들어 기각하였다.

다. 대법원 판결[6)]

대법원은 기본적으로 제1심 및 원심의 판단을 수긍하였다.[7)] 다만 대법원은 원심이 원고들의 청구 중 '미국 법령상 구글LLC 및 구글코리아에 비공개 의무가 있는 사항'을 제외하고 개인정보 이용내역 공개를 인용한 부분은 위법하다고 판단하여 파기환송하였다. 그 논거는 다음과 같다.

---

6) 환송심(서울고등법원 2023나2015293)에서 조정 성립으로 종결되었다. 조정 내용은 다음과 같다.
첫째, 구글은 대법원 판결에서 확정된 원고들의 개인정보 및 서비스이용내역을 제3자에게 제공한 내역에 대한 열람 의무를 이행한다.
둘째, 구글은 원고들에 대하여 미국 법령상 비공개의무가 해제되었음을 미국 정부기관 등으로부터 통보받은 사실이 있는지 여부를 확인하여 원고들에게 문서로 제공한다.
셋째, 구글은 미국 법령에 따른 비공개의무를 위반하지 않는 범위에서 한국 이용자들을 위한 서비스를 다음과 같이 제공하기로 한다.
- 구글은 한국 이용자들을 위해 개인정보 열람 웹폼 페이지를 한국어로 제공한다.
- 구글은 한국 이용자들을 위해 개인정보 보호 고객센터 페이지에 미국법상 비공개의무가 있는 경우 개인정보 제3자 제공내역 열람이 제한된다는 점을 명시적으로 안내한다.
- 구글은 한국 이용자들이 정부기관에 대한 개인정보 제공 내역 등에 대한 열람 청구를 하는 경우 제공 사실 및 이용자 통보 사실에 대한 개별적인 답변을 제공하고, 한국 이용자들이 미국 법령에 따른 비공개 의무 해제 내역에 대한 확인을 요청하는 경우 그에 대한 개별적인 답변을 제공한다.
- 구글은 한국 이용자를 위한 개인정보처리방침 추가 정보 페이지에 데이터 처리 목적과 목적별 처리 데이터에 관한 상세 내용을 추가한다.

7) 참고로 원고 3은 상고를 취하하여 원고 3에 대한 항소심의 각하 판결은 그대로 확정되었다.

(1) 정보통신서비스 제공자는 이용자가 요구한 정보의 열람·제공이 다른 법률 등에 의해 금지·제한되거나 이를 허용하면 다른 사람의 생명·신체를 해하거나 재산과 그 밖의 이익을 부당하게 침해할 우려가 있는 경우 등과 같은 정당한 사유가 있을 때는 이용자에게 그 사유를 알리고 열람·제공을 제한하거나 거절할 수 있다.

(2) 대한민국 법령 외에 외국 법령도 함께 준수해야 하는 지위에 있는 정보통신서비스 제공자가 그 외국 법령에서 해당 정보의 공개를 제한하고 있다는 등의 이유로 열람·제공을 거부하는 경우에는, 그와 같은 내용의 외국 법령이 존재한다는 사정만으로 곧바로 정당한 사유가 존재한다고 볼 수는 없지만, 열람·제공의 제한이나 거부에 정당한 사유가 있는지를 판단함에 있어 그와 같은 외국 법령의 내용도 고려할 수 있다고 보아야 한다.

(3) 정보통신서비스제공자에게 이용자가 요구한 정보의 열람·제공을 제한하거나 거부할 수 있는 정당한 사유가 존재하는 것으로 인정되는 경우에도, 정보통신서비스 제공자는 그 항목을 구체적으로 특정하여 제한·거절사유를 통지해야 하고, 특히 국가안보, 범죄수사 등의 사유로 외국의 수사기관 등에 정보를 제공하였더라도 그와 같은 사유가 이미 종료되는 등으로 위 정보수집의 목적에 더 이상 방해가 되지 않는 한 이용자에게 해당 정보의 제공 사실을 열람·제공하여야 한다.

3. 해설

가. 쟁점: 약관에 따른 전속적 국제재판관할합의 및 준거법합의와 개인정보열람청구

계약의 99%가 약관에 의해 체결된다는 주장이 이미 1970년대에 제기되었을 정도로[8] 현대 사회에서 계약은 사업자가 일방적으로 작성한(그리고 이용자는 사실상 거의 그 내용을 확인하지 않는) 약관에 터잡아 체결된다. 특히 오늘날 거래의 절대 다수를 차지하는 온라인, 비대면 거래는 사실상 약관 없이는 성립이 불가능하다.[9] 구글, 메타, 애플, 마이크로소프트와 같은 글로벌 플랫폼 기업은 물론, 국내의 대표적인 플랫폼 기업들(네이버, 카카오 등)은 약관에 관할합의 조항 및 준거법합의 조항을 두고 있는데, 그 내용은 약관 작성자인 플랫폼 기업에 유리하도록 플랫폼 기업 본사 소재지 관할법원이 전속적 관할을 가지며 본사 소재지국 법을 준거법으로 선택하는 것이다. 그렇다면 이와 같은 '약관'에 기하여 대한민국 국민이 글로벌

8) W. David Slawson, *Standard Form Contract and Democratic Control of Lawmaking Power*, 84 HARV L. REV 529, 529-530 (1971).

9) 권영준, "약관 설명의무의 재조명", 사법 제53호, 사법발전재단, 2020. 8., 189면.

플랫폼과 서비스 이용 계약을 체결하면, 대한민국 국민은 대한민국 법에 따른 정보주체로서의 권리를 글로벌 플랫폼에게 행사하지 못하는 것인가? 예컨대 대상판결에서의 사안과 같이, 대한민국 국민(A)은 구글이나 메타와 같은 글로벌 플랫폼 기업(B)에게 개인정보 보호법 제35조에 따른 열람요구권, 제36조에 따른 정정·삭제요구권, 제37조에 따른 처리정지요구권 등을 행사할 수 없는 것인가? 만약 위 사례에서 B가 A의 청구를 거절하면 A는 대한민국 법원에 B를 상대로 소를 제기할 수 있는가? 이 질문에 대한 답은 결국 대상판결에서 핵심 쟁점이 되었던 전속적 국제재판관할합의 및 준거법합의의 유효 문제로 귀결된다.

나. 전속적 국제재판관할합의

사적 자치의 원칙상 계약 당사자는 그 계약에 따른 분쟁의 관할합의를 자유롭게 할 수 있음은 물론이다. 다만 대상판결의 사안과 같이 국제사법적인 법률 관계에서 대한민국 법원의 관할을 배제하고 외국 법원을 관할법원으로 하는 전속적 국제관할합의가 유효하기 위해서는 '실질적 관련의 원칙'에 따라 당해 사건이 대한민국 법원의 전속관할에 속하지 아니하고 지정된 외국법원이 그 외국법상 당해 사건에 대하여 관할권을 가져야 하는 외에, 당해 사건이 그 외국법원에 대하여 합리적인 관련성을 가질 것이 요구되며, 그와 같은 전속적인 관할 합의가 현저하게 불합리하고 불공정하여 공서양속에 반하는 법률행위에 해당하지 않는 한 그 관할 합의는 유효하다(국제사법 제2조, 판례[10]).

대상판결의 사안과 같이 대한민국 국민(A)이 구글과 같은 글로벌 플랫폼 기업(B)과 서비스 이용계약을 체결한 상황에서 A가 B에게 소송을 제기하는 경우 ① 그 소송이 대한민국 법원의 전속관할에 속하지 않음은 분명하며, ② '원고는 피고의 법정지를 따른다(actor sequitur forum rei)'는 민사소송의 대원칙상 B 소재지 법원이 관할권을 가진다는 점 또한 의문이 없고, ③ B 소재지 법원이 해당 소송 관련 증거조사 등에 있어 합리적 관련성을 가진다는 점 또한 분명하고, ④ B와 같이 전세계를 상대로 서비스를 제공하는 글로벌 기업이 전세계 모든 나라에서 응소해야 한다면 이는 B의 방어권 행사에 지나친 부담을 줄 수 있다는 점에서 B 소재지 법원에 전속하는 관할 합의가 공서양속에 반할 정도라고 보기는 어려울 것이므로, A와 B 사이에서 B 소재지 법원을 관할법원으로 하는 전속적 국제관할합의는 원칙적으로 유효하다고 봄이 타당하다. 이러한 관할합의가 약관을 통하여 체결된다는 점에서 「약관의 규제에 관한 법률」(이하 '약관규제법') 제14조 제1항에 위반되어 무효인지도 생각해 볼 필요가 있으나, 실질적 관련의 원칙에 따라 유효하다고 판단되는 전속적 국제관할합의라면 동조에서 말하는 '고객에게 부당하게 불리한 재판관할 합의 조항'이라고 평가하기도 어려울

---

10) 대법원 2010. 8. 26. 선고 2010다28185 판결.

것이다.

다만 대상판결과 같이 A가 대한민국에 일상거소가 있는 소비자라면 전속적 국제관할합의가 있더라도 B 소재지 법원이 아닌 대한민국 법원에 소를 제기할 수 있음은 구 국제사법 제27조(현 국제사법 제42조) 제1항의 규정상 분명하고 달리 해석될 여지가 없다. 이와 같은 '소비자계약에 관한 국제재판관할의 특칙'은 유럽연합(이하 'EU')의 국제사법규범인 브뤼셀 I 규정에 의하더라도 마찬가지이다.[11] 따라서 대상판결이 이 사건 소 중 원고 1에 대한 부분이 전속적 국제재판관할합의에 반하지 않아 적법하고, 소비자가 아닌 원고 2에 대한 부분은 부적법하다고 본 부분은 타당하다. 그렇다면 원고 3의 경우는 어떠한가? 원고 3은 구글의 기업 메일 서비스가 아닌 개인 메일 서비스에 가입하였지만 이를 사적 목적뿐 아니라 직업활동 또는 영업활동 목적으로도 이용한 것으로 보인다. 원심은 제1심과 달리 원고 3 역시 구 국제사법 제27조가 적용되는 소비자라고 볼 수 없다고 판단하였고, 이 부분은 원고 3이 상고를 취하하여 대법원의 판단을 받지 못하였다. 개인이 글로벌 플랫폼과 서비스 이용 계약을 체결한 후 그 서비스를 사적 목적뿐 아니라 업무 또는 영업용 목적으로 사용하는 경우는 많이 찾아볼 수 있다. 이와 같이 부분적으로 일방 당사자의 직업 또는 영업 목적과 관련된 계약에는 소비자계약에 관한 국제재판관할 특칙이 적용될 수 없음이 원칙이지만,[12] 계약 전체의 취지에 비추어 직업 또는 영업과의 관련성이 경미하여 무시할 만한 경우에는 예외적으로 위 특칙을 적용할 수 있다고 보아야 하고, 이에 관한 증명책임은 소비자임을 주장하는 개인에게 지우는 것이 타당하다.[13]

다. 준거법합의

거래 당사자의 국적·주소, 물건 소재지, 행위지, 사실발생지 등이 외국과 밀접하게 관련되어 있어 곧바로 내국법을 적용하기보다는 국제사법을 적용하여 그 준거법을 정하는 것이 더 합리적이라고 인정되는 법률관계에 대하여는 국제사법의 규정을 적용하여 준거법을 정하여야 한다.[14] 또한 구 국제사법 제25조 제1항(현 국제사법 제45조 제1항)은 외국적 요소가 있는 법률관계에 적용될 준거법에 관하여 "계약은 당사자가 명시적 또는 묵시적으로 선택한 법에 의한다."라고 규정하고 있고, 원고들이 구글 서비스에 가입하면서 약관에 따라 CA법을

11) Council Regulation (EC) No 44/2001 of 22 December 2000 on jurisdiction and the recognition and enforcement of judgments in civil and commercial matters, OJ L 12, 16.1.2001, at 1~23.

12) Johann Gruber v. Bay Wa AG, Case C-464/01, [2005] ECR I-439 (ECLI:EU:C:2005:32) 참조,

13) 같은 취지로 이종현(각주 1), 152-153면. 이와 반대로 원칙적으로 소비자로 보아야 한다는 견해는 박지현(각주 1), 526면.

14) 대법원 2008. 1. 31. 선고 2004다26454 판결 참조.

준거법으로 함에 합의하였다는 점 또한 별다른 의문이 없다.[15] 이 사건 소는 원고들이 구글 서비스를 이용하는 과정에서 구글LLC 또는 구글코리아가 취득한 개인정보 처리에 관한 분쟁이므로, 위 준거법합의의 효력은 위 사건에도 미친다고 보아야 할 것이다. 결국 쟁점은 제1심, 원심 및 상고심에서 꾸준히 다투어졌듯이 위 준거법합의에도 불구하고 대한민국 법률인 구 정보통신망법이 이 사건에 적용될 수 있는지로 귀결된다. 이에 관하여 제1심, 원심 및 대상판결은 모두 구 정보통신망법이 국제사법상 '국제적 강행규정'에는 해당되지 않지만 '소비자계약에 적용되는 강행규정'이라고 판단하였다.

우선 구 정보통신망법을 국제적 강행법규로 보려면 그와 같은 입법자의 의지가 명시적 또는 묵시적으로라도 확인되어야 할 것이나 이를 뒷받침할만한 자료는 없는 것으로 보이고,[16] 개인정보 보호에 관한 해외 규범들과의 균형 차원에서도 구 정보통신망법을 국제적 강행법규로까지 인정하는 것은 다소 무리가 있다고 생각한다. 다음으로 구 정보통신망법 제30조 제2항은 정보통신서비스 이용자의 개인정보에 관한 권리를 보장하기 위한 조항으로서 헌법상 개인정보자기결정권을 구체화한 것인 점, 구 정보통신망법이 데이터 3법으로 개정되기 전까지는 민간 영역의 개인정보 보호법으로서 기능하여 온 점, 위 규정 위반시 정보통신서비스 제공자에게 과태료 처분이나 형사처벌이 가해진다는 점을 볼 때 소비자계약에 적용되는 강행규정으로는 충분히 인정할 수 있다고 본다. 이와 결론을 같이한 대상판결의 논리는 타당하다.

4. 판결의 의의

대상판결은 대한민국 국민이 약관에 따라 글로벌 플랫폼과 서비스 이용 계약을 체결하였고, 그 약관에 외국법원을 관할법원으로 하는 국제재판관할합의나 외국법을 준거법으로 하는 합의가 있다 하더라도, 그 국민이 소비자라면 대한민국 법에 따라 글로벌 플랫폼을 상대로 정보주체로서의 권리를 여전히 행사할 수 있다는 점을 처음으로 인정한 판결이라는 점에서 상당한 의미가 있다.

다만 대상판결은 글로벌 플랫폼은 외국 법령 등을 들어 정보주체 권리 행사를 적법하게 거부할 수 있다고 보면서도 "그 거부가 적법한지는 해당 외국 법령에 따른 비공개의무가 대

15) 위 약관이 약관규제법에 따라 무효인지는 검토가 필요하나, 대상판결에서는 이 부분이 다투어지지 않은 것으로 보인다.

16) 제1심판결이 적절히 지적하고 있듯이 우리 법이 국제적 강행규범으로 인정되려면 해당 법 규정을 적용하지 아니하면 우리의 법체계와 사회질서 및 거래안전 등에 비추어 현저하게 불합리한 결과가 야기될 가능성이 있어 이를 강제적으로 적용하는 것이 필요한 경우이거나, 법 규정 자체에서 준거법과 관계없이 적용됨을 명시하고 있거나 혹은 자신의 국제적 또는 영토적 적용 범위를 스스로 규율하고 있는 경우 등에 해당해야 할 것이다.

한민국의 헌법, 법률 등의 내용과 취지에 부합하는지, 개인정보를 보호할 필요성에 비해 그 외국 법령을 존중해야 할 필요성이 현저히 우월한지, 이용자가 열람·제공을 요구하는 정보에 관하여 해당 법령에서 요구하는 비공개요건이 충족되어 정보통신서비스 제공자가 실질적으로 비공개의무를 부담하고 있는지 등까지를 종합적으로 고려하여야 한다. …(중략)… 따라서 앞서 든 사정에 따라 정당한 사유가 존재하는 것으로 인정되는 경우에도, 정보통신서비스 제공자는 그 항목을 구체적으로 특정하여 제한·거절사유를 통지해야 하고, 특히 국가안보, 범죄수사 등의 사유로 외국의 수사기관 등에 정보를 제공하였더라도 그와 같은 사유가 이미 종료되는 등으로 위 정보수집의 목적에 더 이상 방해가 되지 않는 한 이용자에게 해당 정보의 제공 사실을 열람·제공하여야 한다."라는 법리를 설시한 후 원심이 이를 충실히 심리하지 않았다는 이유로 원심판결을 파기환송하였다. 이러한 판단은 법리적으로는 타당하다고 생각되지만 현실적으로 법원이 이러한 사정까지 종합적으로 심리하는 것이 가능한지는 다소 의문이며, 분쟁의 해결에는 별다른 도움이 되지 않는 이론이라고 생각한다. 심리 결과 정보주체에게 권리가 인정되면 그 권리 행사를 거절할 정당한 사유가 있는지는 정보통신서비스 제공자의 항변 사유이며, 그 항변을 충분히 증명하지 못하였다면 증명책임의 법리상 정보주체의 권리행사를 그대로 이행하라고 판결하는 것이 증명책임의 법리에 부합할 뿐 아니라 분쟁의 적정, 신속, 경제적 해결에도 기여하기 때문이다.

53 인터넷 주소(URL) 저장의 음란물 소지 해당 여부

대법원 2023. 6. 29. 선고 2022도6278 판결[1)]

정경오 (법무법인(유한) 린 변호사)

1. 사안의 개요

A는 2020. 3. 16. A의 주거지에서, 음란물사이트 '○○○'의 운영자 B에게 4만 원을 지급하고 텔레그램 메신저 어플을 통해 아동·청소년인 피해자 C가 등장하는 아동·청소년이용음란물 동영상 파일 등 원심 판시 별지 범죄일람표(1) 기재와 같이 아동·청소년이용음란물 1,125건(이하 '이 사건 음란물'이라 한다)을 다운로드받을 수 있는 인터넷 주소(URL)를 전달받아 저장해두어 소지하였다. 하지만, A는 같은 날 위 인터넷 주소를 통해 구글 드라이브에 접속하여 이 사건 음란물의 파일 개수와 데이터 용량을 확인하였지만, A는 이 사건 음란물을 시청하거나 자신의 저장매체에 다운로드하지는 않았다.

2. 판결의 요지

가. 원심판결(서울고등법원 2022. 5. 19. 선고 2022노116 판결)

원심은 그 판시와 같은 이유로, 피고인(A)이 이 사건 음란물을 실력적으로 지배할 의사로 공소외 B에게 대가를 지급하고 아무런 장애 없이 위 음란물에 접속할 수 있는 인터넷 주소를 전달받음으로써 언제든지 위 음란물에 접근하여 이를 보관·유포·공유하는 등의 행위를 할 수 있는 사실적 상태에 이르렀고, 그로써 피고인(A)은 이 사건 음란물을 소지하였다고

1) [참조 및 관련 판례] 대법원 2021. 9. 9 선고 2017도19025 전원합의체 판결(공2021하, 1881); 대법원 2023. 3. 16. 선고 2022도15319 판결; 대법원 2001. 9. 25. 선고 2001도3990 판결(공2001하, 2397) 등.
[관련 평석 및 문헌] 이준민, "아동·청소년이용음란물 '소지'의 의미", 대법원판례해설 제136호, 법원도서관, 2023, 399-414면; 최성진 "소지법죄에 대한 형사법적 분석", 형사법연구 제35권 제2호, 한국형사법학회, 2023, 175-198면 등.

보아 이 부분 공소사실을 유죄로 인정한 제1심판결[2]을 그대로 유지하였다.

나. 대법원 판결

형벌법규의 해석은 엄격하여야 하고 문언의 의미를 피고인에게 불리한 방향으로 지나치게 확장해석하는 것은 죄형법정주의 원칙에 어긋나는 것이다.

구 「아동·청소년의 성보호에 관한 법률」(2020. 6. 2. 법률 제17338호로 개정되기 전의 것, 이하 '구 청소년성보호법'이라 한다) 제11조 제5항은 "아동·청소년이용음란물임을 알면서 이를 소지한 자는 1년 이하의 징역 또는 2천만 원 이하의 벌금에 처한다."라고 규정하고 있다. 여기서 '소지'란 아동·청소년이용음란물을 자기가 지배할 수 있는 상태에 두고 지배관계를 지속시키는 행위를 말하고, 인터넷 주소(URL)는 인터넷에서 링크하고자 하는 웹페이지나 웹사이트 등의 서버에 저장된 개개의 영상물 등의 웹 위치 정보 또는 경로를 나타낸 것에 불과하다.

따라서 아동·청소년이용음란물 파일을 구입하여 시청할 수 있는 상태 또는 접근할 수 있는 상태만으로 곧바로 이를 소지로 보는 것은 소지에 대한 문언 해석의 한계를 넘어서는 것이어서 허용될 수 없으므로, 피고인이 자신이 지배하지 않는 서버 등에 저장된 아동·청소년이용음란물에 접근하여 다운로드받을 수 있는 인터넷 주소 등을 제공받은 것에 그친다면 특별한 사정이 없는 한 아동·청소년이용음란물을 '소지'한 것으로 평가하기는 어렵다.

한편 2020. 6. 2. 법률 제17338호로 개정된 아동·청소년의 성보호에 관한 법률 제11조 제5항은 아동·청소년성착취물을 구입하거나 시청한 사람을 처벌하는 규정을 신설하였고, 2020. 5. 19. 법률 제17264호로 개정된 성폭력범죄의 처벌 등에 관한 특례법 제14조 제4항은 카메라 등을 이용하여 성적 욕망 또는 수치심을 유발할 수 있는 사람의 신체를 촬영대상자의 의사에 반하여 촬영한 촬영물 또는 복제물을 소지·구입·저장 또는 시청한 사람을 처벌하는 규정을 신설하였다. 따라서 아동·청소년성착취물 등을 구입한 다음 직접 다운로드받을 수 있는 인터넷 주소를 제공받았다면 위 규정에 따라 처벌되므로 처벌공백의 문제도 더 이상 발생하지 않는다.

2) 인천지방법원 2021. 12. 23. 선고 2021고합65 판결.

3. 해설

가. 아동·청소년이용음란물 소지죄의 의의

(1) 법적 근거 및 입법 취지

아동·청소년의 성보호에 관한 법률 제11조 제5항은 "아동·청소년성착취물을 구입하거나 아동·청소년성착취물임을 알면서 이를 소지·시청한 자는 1년 이상의 유기징역에 처한다"고 규정하고 있다.

아동·청소년성착취물 소지죄는 아동·청소년성착취물의 제작을 근원적으로 차단하기 위한 처벌규정이다. 이러한 소지 행위는 음란물을 이용하는 사람들의 성 인식을 심각하게 왜곡시키고, 음란물의 제작행위 및 제작 과정에서 일어나는 아동·청소년에 대한 성착취 행위에 대한 유인을 제공함과 동시에 아동·청소년에 대한 또 다른 성범죄를 유발한다는 점에서 엄벌할 필요성이 있다.

(2) 소지의 법적 의미

1) 소지의 개념

'소지'란 물건을 사실상의 점유 또는 지배하에 두는 행위를 의미한다. 아동·청소년성착취물(구 아동·청소년이용음란물)의 경우 소지는 아동·청소년성착취물을 자기가 지배할 수 았는 상태에 두고 지배관계를 지속시키는 행위를 말한다.

2) 판례의 입장

대법원은 아동·청소년성착취물 소지죄에서 말하는 '소지'란 아동·청소년성착취물을 자기가 지배할 수 있는 상태에 두고 지배관계를 지속시키는 행위를 의미한다고 판시하였다.[3)]

보다 구체적으로, 소지는 아동·청소년성착취물을 '사실상의 점유 또는 지배하에 두는 행위'를 의미하는 것으로서, 행위자가 아동·청소년성착취물에 접근 가능하고 이를 보관·유포·공유할 수 있는 상태에 있으며 실력적으로 이를 지배할 의도가 있으면 이를 '소지'하였다고 평가할 수 있다.[4)]

---

3) 대법원 2023. 3. 16. 선고 2022도15319 판결.
4) 대전지방법원 2021. 4. 21. 선고 2021고합26 판결.

나. 소지가 인정되는 경우와 부정되는 경우

(1) 소지가 인정되는 경우

1) 다운로드 받은 경우

아동·청소년성착취물 파일을 자신의 저장매체(휴대폰, 컴퓨터 등)에 실제로 다운로드를 받아 저장한 경우에는 소지에 해당한다.[5]

2) 클라우드 스토리지에 저장한 경우

클라우드 기반의 메신저 어플리케이션(텔레그램)의 대화방에 게시·공유된 아동·청소년이용음란물이 보관·유포·공유할 수 있는 상태에 있고, 언제든지 접근 가능한 상태로 존재하며, 행위자가 실력적으로 아동·청소년이용음란물을 점유 또는 지배할 의도가 있었음이 인정된다면, 이를 '소지'하였다고 평가할 수 있다.[6]

3) 대가를 지급하고 접속권한을 얻은 경우

대가를 지급하고 텔레그램 대화방의 접속권한을 얻은 후 해당 대화방에 업로드된 아동·청소년성착취물에 언제든지 접근할 수 있도록 대화방의 접속 상태를 유지하여 사실상 점유 또는 지배하에 둔 경우 소지에 해당한다.[7]

(2) 소지가 부정되는 경우

1) 단순히 인터넷 주소(URL)만 제공받은 경우

대법원은 "아동·청소년이용음란물 파일을 구입하여 시청할 수 있는 상태 또는 접근할 수 있는 상태만으로 곧바로 이를 소지로 보는 것은 소지에 대한 문언 해석의 한계를 넘어서는 것이어서 허용될 수 없으므로, 피고인이 자신이 지배하지 않는 서버 등에 저장된 아동·청소년이용음란물에 접근하여 다운로드받을 수 있는 인터넷 주소 등을 제공받은 것에 그친다면 특별한 사정이 없는 한 아동·청소년이용음란물을 '소지'한 것으로 평가하기는 어렵다"고 판시하였다.[8]

2) 접속만 하고 다운로드 받지 아니한 경우

부산지방법원은 피고인이 텔레그램을 통해 아동·청소년성착취물이 저장된 메가클라우드 링크 및 해독키를 받아 접속하기는 하였으나, 이 사건 음란물을 다운로드하는 등 실제로 지배할 수 있는 상태로 나아갔다고 볼 만한 사정이 없는 이상 위와 같은 사정만으로는 피고

---

5) 대전지방법원 2020. 10. 13. 선고 2020고단3264 판결.
6) 서울고등법원 2022. 7. 22. 선고 2022노504 판결.
7) 서울고등법원 2022. 7. 22. 선고 2022노504 판결.
8) 대법원 2023. 6. 29. 선고 2023도3479 판결; 수원지방법원 2023. 8. 11. 선고 2022노2063 판결.

인의 행위를 가리켜 아동·청소년이용음란물을 '소지'한 것으로 평가할 수 없다고 판단하였다.9)

울산지방법원은 피고인이 메가(MEGA) 링크를 전송받아 접속하여 아동·청소년이용음란물을 다운로드 받을 수 있는 상태였으나, 이 사건 파일에 아동·청소년이용음란물이 포함되어 있다는 사실을 알게 되었으면서도 계속 소지할 의사로 저장해 두었음이 합리적인 의심의 여지가 없을 정도로 증명되었다고 보기 어렵다고 판단하여 무죄를 선고하였다.10)

다. 인터넷 주소(URL) 저장행위의 소지 해당 여부

(1) 인터넷 주소(URL)의 법적 성격

인터넷 주소(URL)는 인터넷에서 링크하고자 하는 웹페이지나 웹사이트 등의 서버에 저장된 개개의 영상물 등의 웹 위치 정보 또는 경로를 의미한다. 대법원도 인터넷 주소(URL)는 인터넷에서 링크하고자 하는 웹페이지나 웹사이트 등의 서버에 저장된 개개의 영상물 등의 웹 위치 정보 또는 경로를 나타낸 것에 불과하다고 동일한 취지로 판시한 바 있다.11)

(2) 소지로 인정되기 위한 요건

1) 고의 요건

피고인이 아동·청소년성착취물임을 알면서 이를 소지하였다는 점이 인정되어야 한다. 따라서 압축파일을 다운로드받았으나 그 안에 아동·청소년성착취물이 포함되어 있다는 사실을 알지 못한 경우, 자동 다운로드 기능에 의해 의도하지 않게 저장된 경우로서 이를 인식하지 못하고 즉시 삭제한 경우는 아동·청소년성착취물 또는 아동·청소년음란물에 대한 인식이 부정될 수 있다.

2) 실력적 지배 의사와 접근 가능성이 인정되는 경우

일부 하급심 판결은 행위자가 아동·청소년이용음란물을 실력적으로 지배할 의사를 가지고 아무런 장애 없이 그 음란물에 곧바로 접근할 수 있는 링크를 자신의 휴대폰에 전달받음으로써 언제든지 그 음란물에 접근하여 이를 보관·유포·공유하는 등의 행위를 할 수 있는 사실적 상태에 이르렀다면, 이는 위 음란물을 '소지'한 것으로 보아야 한다고 판시하였다.12)

---

9) 부산지방법원 2023. 7. 21. 선고 2021노1637 판결.
10) 울산지방법원 2021. 8. 12. 선고 2021고단377 판결.
11) 대법원 2021. 9. 9. 선고 2017도19025 전원합의체 판결.
12) 수원지방법원 성남지원 2021. 4. 9. 선고 2020고단2837 판결; 서울남부지방법원 2021. 4. 9. 선고 2021고단101 판결.

3) 반복적 시청 또는 지배·관리 행위의 필요성

2020. 6. 2. 법률 개정으로 아동·청소년성착취물의 '시청'이 처벌 대상에 추가되었다. 이러한 법 개정 전후의 문언과 개정이유를 고려하면, 피고인이 아동·청소년이용음란물을 소지하였다고 평가하기 위해서는 피고인이 파일을 일회적으로 시청한 것이 아니라 반복적으로 시청하거나 이를 배포하는 등 사실상 지배·관리하는 소지행위가 있었다는 점이 인정되어야 한다.13)

(3) 대상판결의 경우

대상판결에서 음란물 소지는 아동·청소년이용음란물 파일을 구입하여 시청할 수 있는 상태 또는 접근할 수 있는 상태만으로 곧바로 이를 소지로 보는 것은 소지에 대한 문언 해석의 한계를 넘어서는 것이어서 허용될 수 없으므로, 피고인이 자신이 지배하지 않는 서버 등에 저장된 아동·청소년이용음란물에 접근하여 다운로드받을 수 있는 인터넷 주소 등을 제공받은 것에 그친다면 소지로 인정되기 어렵다고 할 것이다. 특별한 사정이 없는 한 아동·청소년이용음란물을 '소지'한 것으로 평가하기는 어렵다.

4. 판결의 의의

음란물 소지는 단순히 접근 가능한 상태가 아니라, 실력적 지배 의사를 가지고 언제든지 접근 가능한 상태로 두거나 실제로 다운로드하여 반복적으로 시청하는 등 사실상 지배·관리한 경우에는 소지죄가 성립할 수 있다. 2020. 6. 2. 법률 개정으로 아동·청소년성착취물의 '시청'이 처벌 대상에 추가되었으므로, 단순히 일회적으로 시청한 경우에도 처벌될 수 있게 되었으므로 '소지'는 일회적 시청을 넘어서 반복적 시청 또는 사실상 지배·관리하는 행위를 의미하는 것으로 해석되어야 한다.

형벌 법규의 해석은 엄격하여야 하고 문언의 의미를 피고인에게 불리한 방향으로 지나치게 확장해석하는 것은 죄형법정주의 원칙에 반한다. 대상판결에서 피고인이 자신이 지배하지 않는 서버 등에 저장된 아동·청소년이용음란물에 접근하여 다운로드받을 수 있는 인터넷 주소 등을 제공받은 것에 그친 상태이고, 아동·청소년이용음란물 파일을 구입하여 시청할 수 있는 상태 또는 접근할 수 있는 상태만으로 곧바로 이를 소지로 보는 것은 소지에 대한 문언 해석의 한계를 넘어서는 것이어서 허용될 수 없으므로, 소지로 인정되기 어렵다고 할 것이다.

---

13) 의정부지방법원 2021. 11. 5. 선고 2021노261 판결; 의정부지방법원 2022. 2. 10. 선고 2021고단205 판결; 서울중앙지방법원 2022. 6. 9. 선고 2021고단2163 판결.

따라서 대상판결은 단순히 URL을 제공받거나 일시적으로 접속한 것만으로는 소지로 인정되지 않는다는 점을 명확히 한 판결로서 의미가 있다고 할 것이다.

54 통신사실확인자료에 대한 문서제출명령 가능성

대법원 2023. 7. 17.자 2018스34 전원합의체 결정[1)]

이승훈 (고려대학교 법학전문대학원 교수)

1. 사안의 개요와 쟁점의 정리

가. 원고가 피고를 상대로 제기한 이혼 및 친권자지정 사건에서 피고는 전기통신사업법이 정한 전기통신사업자인 위반자에게 “원고의 휴대전화번호에 대한 2015. 7. 1.부터 2016년 7월경까지의 통화내역(이하 ‘이 사건 통화내역’이라 한다)”을 제출하도록 명할 것을 내용으로 하는 문서제출명령을 신청하였다.

나. 제1심 법원은 민사소송법 제347조[2)]에 따라 위반자에게 이 사건 통화내역을 제출하라는 내용의 문서제출명령을 하였으나, 위반자는 통신비밀보호법 제3조 제1항[3)]을 근거로 ‘통화내역 자료 제공은 통신비밀보호법상 위반자의 협조의무로 규정되어 있지 않고 위반자의 개인정보보호 강화 방침으로 자료제공이 불가하며, 압수수색영장 요청에 한하여 자료 제공이 가능하다.’는 내용의 사실조회회신서를 제출하였다.

다. 법원은 위반자가 문서제출명령에 따르지 않았다는 이유로 위반자에게 500만 원의 과태료를 부과하는 약식결정을 하였고, 위반자가 이에 대해 이의신청을 하자 같은 내용의 이 사건 제1심결정을 하였으며, 원심은 이에 대한 위반자의 즉시항고를 기각하였다.

라. 이 사건의 쟁점은 통신사실확인자료에 대한 문서제출명령에 대하여 전기통신사업자가 통신비밀보호법 제3조 제1항 본문을 이유로 그 자료의 제출을 거부할 수 있는지, 즉 통신

1) [참조 및 관련 판례] 대법원 2011. 7. 6.자 2010마1659 결정; 대법원 2016. 7. 1.자 2014마2239 결정(공2016하, 1033).

2) 민사소송법 제347조(제출신청의 허가여부에 대한 재판) ① 법원은 문서제출신청에 정당한 이유가 있다고 인정한 때에는 결정으로 문서를 가진 사람에게 그 제출을 명할 수 있다.

3) 통신비밀보호법 제3조(통신 및 대화비밀의 보호) ① 누구든지 이 법과 형사소송법 또는 군사법원법의 규정에 의하지 아니하고는 우편물의 검열·전기통신의 감청 또는 통신사실확인자료의 제공을 하거나 공개되지 아니한 타인간의 대화를 녹음 또는 청취하지 못한다. 다만, 다음 각호의 경우에는 당해 법률이 정하는 바에 의한다. (각 호 생략)

사실확인자료가 민사소송법에서 정한 문서제출명령의 대상이 된다고 볼 수 있는지이다.

2. 결정의 요지

가. 원심결정(전주지방법원 2018. 4. 26.자 2016브49 결정)

원심은 민사소송법, 통신비밀보호법의 문언, 내용, 체계와 입법목적 등을 종합하여 볼 때, 문서제출명령은 문서송부촉탁에 비하여 엄격한 심사를 통하여 정당한 이유가 있다고 인정되는 때에 문서의 제출을 강제하는 것으로서, 통신비밀보호법에서 통신사실확인자료를 문서송부촉탁의 방법으로 제출을 요청할 수 있도록 정하였다고 하더라도 법원은 결정으로 그 제출을 명할 수 있고, 전기통신사업자로서는 이에 따를 의무가 있다고 전제한 다음, 이 사건 통화내역은 민사소송법 제344조 제1항 제1호에서 정한 인용문서로서 문서제출명령의 대상이 되므로 위반자가 그 제출을 거부할 수 없다고 판단하였다.

나. 대법원 결정

1) 대상결정에서 다수의견은 법원이 민사소송법 제344조 이하의 규정을 근거로 통신사실확인자료에 대한 문서제출명령을 할 수 있고, 전기통신사업자는 특별한 사정이 없는 한 이에 응할 의무가 있으며, 전기통신사업자가 통신비밀보호법 제3조 제1항 본문을 들어 문서제출명령의 대상이 된 통신사실확인자료의 제출을 거부하는 것에는 정당한 사유가 있다고 볼 수 없다고 판시하였다. 그 구체적인 이유는 다음과 같다.

① 통신비밀보호법과 민사소송법은 그 입법 목적, 규정사항 및 적용 범위 등을 고려할 때 각각의 영역에서 독자적인 입법 취지를 가지는 법률이므로 각 규정의 취지에 비추어 그 적용 범위를 정할 수 있고, 통신비밀보호법에서 민사소송법이 정한 문서제출명령에 의하여 통신사실확인자료를 제공할 수 있는지에 관한 명시적인 규정을 두고 있지 않더라도 민사소송법상 증거에 관한 규정이 원천적으로 적용되지 않는다고 볼 수 없다.

② 통신비밀보호법 제13조의2[4]는 이미 민사소송법 제294조에서 정한 조사의 촉탁의 방법에 따른 통신사실확인자료 제공을 허용하고 있으므로, 통신사실확인자료가 문서제출명령의 대상이 된다고 해석하는 것이 통신비밀보호법의 입법 목적에 반한다거나 법 문언의 가

4) 통신비밀보호법 제13조의2(법원에의 통신사실확인자료제공) 법원은 재판상 필요한 경우에는 민사소송법 제294조 또는 형사소송법 제272조의 규정에 의하여 전기통신사업자에게 통신사실확인자료제공을 요청할 수 있다.

능한 범위를 넘는 확장해석이라고 볼 수 없다.

③ 통신비밀보호법의 입법 취지는 법원이 신중하고 엄격한 심리를 거쳐 문서제출명령 제도를 운용함으로써 충분히 구현될 수 있다. 법원은 통신사실확인자료에 대한 문서제출명령 신청이 있는 경우 신중하고 엄격한 심리를 거쳐 그 발령 여부를 결정함으로써 개인의 사생활 및 대화의 비밀과 자유에 대한 부당한 침해를 막고 통신비밀보호법의 입법 취지에 부합하게 문서제출명령 제도를 운용할 수 있다.

2) 반면 위와 같은 다수의견에 대하여는 대법관 안철상, 대법관 민유숙, 대법관 노정희, 대법관 오석준의 반대의견이 있다.[5] 반대의견은 법원이 민사소송법상 문서제출명령 규정을 근거로 통신사실확인자료에 대하여 문서제출명령을 할 수 없고, 설령 법원이 위 명령을 하더라도 전기통신사업자는 통신비밀보호법을 들어 문서제출명령의 대상이 된 통신사실확인자료의 제출을 거부할 수 있으며 법원은 그 부제출을 이유로 전기통신사업자에게 과태료를 부과할 수 없다는 취지이다. 그 근거는 아래와 같다.

① 통신비밀보호법은 전기통신설비를 이용하여 타인의 통신을 매개하거나 전기통신설비를 타인의 통신용으로 제공하는 역무를 제공하는 전기통신사업자에게 통신비밀보호법에서 정한 예외에 해당하지 않으면 누구에게도 통신사실확인자료를 제공할 수 없도록 하는 강한 일반적 금지의무를 부과하고, 예외적으로 법원에 통신사실확인자료를 제공할 수 있는 방법으로 조사·송부의 촉탁에 관한 민사소송법 제294조를 특정하고 있을 뿐이며, 이에 관한 전기통신사업자의 협조의무를 정하고 있지도 않다.

② 문서제출명령은 그 명령을 받은 제3자에게 문서제출의무를 부담시키고 위반에 대해 질서벌의 제재를 부과하는 반면, 통신비밀보호법은 법률에서 정한 예외에 해당하지 않으면 누구에게도 통신사실확인자료를 제공할 수 없도록 하는 금지의무를 부과한다. 전기통신사업자가 통신비밀보호법에 따라 통신사실확인자료를 제출하지 않아야 한다고 판단하여 그 제출을 거부하면 민사소송법에서 정한 문서제출명령에 따른 제출의무를 위반하게 되는 결과가 되므로 양 규범은 양립할 수 없고, 그 사이에 충돌이 존재한다. 이러한 규범의 충돌은 특별법인 통신비밀보호법을 우선함으로써 해소되어야 한다.

5) 통신사실확인자료에 대하여 문서제출명령을 발령할 수 있는지는 문서제출명령 사건에서 판단되어야 하고, 과태료 재판인 이 사건에서 위 쟁점에 대해서 판단을 할 수 없다는 취지의 대법관 김선수의 별개의견도 있다.

3. 해설

가. 문서제출명령 개관

문서제출명령이란 문서제출의무를 부담하는 문서소지자에 대하여 그 문서의 제출을 명하는 법원의 재판을 말한다. 증거의 구조적 편에서 오는 절차적 불평등을 시정하기 위한 제도로서 해당 소송의 당사자는 물론이고 제3자도 문서제출의무를 부담하는 문서의 소지자에 포함함으로써 그 대상과 범위를 넓게 규정하고 있다.[6)]

대상결정은 문서제출명령의 헌법상 근거를 헌법상 재판청구권에서 찾고 있다. 즉 대상결정은 2002. 1. 26. 법률 제6626호로 전부 개정되어 2002. 7. 1.부터 시행된 민사소송법 제344조 제2항이 제3자를 포함한 문서의 소지자는 각 호에서 정한 문서제출거부사유에 해당하지 않는 한 원칙적으로 이를 제출할 의무가 있다고 규정하여 문서제출의무를 일반적 의무로 확대한 것은 민사소송의 이상을 구현하고 국민의 재판청구권이 실질적으로 보장될 수 있도록 하기 위한 것이라고 하였다. 이처럼 헌법상 재판청구권에서 문서제출명령의 근거를 찾는 대법원의 입장은 법치국가원리에서 도출되는 국가의 사법보장의무, 그 중에서도 일반사법보장의무에서 그 근거를 찾는 것으로 이해된다.[7)]

나. 문서제출의무

민사소송법은 제343조에서 서증신청의 방식으로 문서를 제출하는 방식 또는 문서제출명령을 신청하는 방식이 있다고 규정하고, 제344조에 문서제출의무의 내용과 범위를, 제345조에 문서제출신청의 방식을, 제347조에 문서제출명령신청의 허가여부에 대한 심리와 재판에 관한 사항을 각 규정하고 있다. 그 중 문서제출의무에 관하여 규정하고 있는 제344조[8)]는

---

6) 민일영 편집대표, 주석 민사소송법(V) 제8판, 제343조(호제훈 집필), 한국사법행정학회, 2018, 466면.

7) 법치국가원리에서 도출되는 국가의 사법보장의무(司法保障義務)는 권리가 침해된 개인의 권리구제를 보장할 국가의 의무로서 국가와 국민의 관계에서 국가의 공권력작용으로부터 국민의 권리를 구제하기 위한 국가의 의무인 특별사법보장의무와 공권력작용 이외의 국가작용 및 사인간의 관계에서의 권리구제의 보장을 위한 국가의 의무인 일반사법보장의무로 구분된다. 상세한 내용은 이승훈(拙稿), 공법상 당사자소송 중 확인소송에 관한 연구, 경인문화사, 2022, 14면 이하 참조.

8) 민사소송법 제344조(문서의 제출의무) ① 다음 각호의 경우에 문서를 가지고 있는 사람은 그 제출을 거부하지 못한다.

1. 당사자가 소송에서 인용한 문서를 가지고 있는 때
2. 신청자가 문서를 가지고 있는 사람에게 그것을 넘겨 달라고 하거나 보겠다고 요구할 수 있는 사법상의 권리를 가지고 있는 때
3. 문서가 신청자의 이익을 위하여 작성되었거나, 신청자와 문서를 가지고 있는 사람 사이의 법률관계에 관하여 작성된 것인 때. 다만, 다음 각목의 사유 가운데 어느 하나에 해당하는 경우에는 그러하지 아니

제1항에서 인용문서(제1호), 인도 · 열람문서(제2호), 이익문서와 법률관계문서(제3호)를 가지고 있는 사람은 그 제출을 거부하지 못한다고 규정하여 문서소지인에 대한 일반적인 의무를 부여하고 있다. 또한 제2항에서는 위와 같은 인용문서, 인도 · 열람문서, 이익문서와 법률관계문서에 해당하지 않는 문서라도 원칙적으로 그 소지인은 이를 제출할 의무가 있다고 규정하면서,[9] 다만 일부 예외를 규정하고 있다. 이와 같은 규정들에 비추어 보면, 민사소송법은 문서제출의무를 상당히 폭넓게 규정하고 있는 것으로 평가할 수 있다.

다. 문서제출명령의 대상인지가 문제되는 사례

앞서 살펴본 바와 같이 민사소송법상 문서제출의무는 상당히 그 범위가 넓다. 그런데 일부 개별 법령에는 사생활의 보호나 영업비밀의 보호 등을 근거로 문서의 소지인으로 하여금 그 문서의 공개 내지 제공을 금지하거나 제한하는 규정을 두는 경우가 있다. 이 때 그 문서가 문서제출명령의 대상인지 문제되는 경우가 있다.

우선 「공공기관의 정보공개에 관한 법률」(이하 '정보공개법'이라 한다)에 의한 비공개 대상정보가 있다. 법원의 문서제출명령에 대하여 정보를 보유 · 관리하고 있는 공공기관이 비공개대상 정보를 제출하여야 하는지 문제된다. 이에 관하여 대법원은 정보공개법 제9조가 비공개 대상 정보로 정하고 있는 정보에 관하여 민사소송법에 의한 문서제출명령 제도와 정보공개법에 의한 정보공개 제도가 그 목적이나 취지, 연혁 등을 달리하는 점 등에 비추어 볼 때 비공개대상정보라도 이를 당사자가 소송에서 인용하였다면 민사소송법 제344조 제1항 제1호에 따른 문서제출명령의 대상이 된다고 판시한 바 있다. 반면 대법원은 민사소송법상 문서제출명령 거부사유에 해당하는 정보는 정보공개청구의 대상이 된다고 판시한 바 있다.[10]

하다.

가. 제304조 내지 제306조에 규정된 사항이 적혀있는 문서로서 같은 조문들에 규정된 동의를 받지 아니한 문서

나. 문서를 가진 사람 또는 그와 제314조 각호 가운데 어느 하나의 관계에 있는 사람에 관하여 같은 조에서 규정된 사항이 적혀 있는 문서

다. 제315조 제1항 각호에 규정된 사항중 어느 하나에 규정된 사항이 적혀 있고 비밀을 지킬 의무가 면제되지 아니한 문서

② 제1항의 경우 외에도 문서(공무원 또는 공무원이었던 사람이 그 직무와 관련하여 보관하거나 가지고 있는 문서를 제외한다)가 다음 각호의 어느 하나에도 해당하지 아니하는 경우에는 문서를 가지고 있는 사람은 그 제출을 거부하지 못한다.

1. 제1항 제3호 나목 및 다목에 규정된 문서
2. 오로지 문서를 가진 사람이 이용하기 위한 문서

9) 민사소송법 제344조 제2항 각 호에서 규정하고 있는 문서제출거부사유에 해당하지 아니하는 경우 그 소지인은 원칙적으로 문서제출의무를 부담한다(대법원 2008. 4. 14.자 2007마725 결정).

10) 대법원 2024. 8. 29.자 2024무677 결정(민사소송법 제344조 제2항은 같은 조 제1항에서 정한 문서에 해당하지 아니한 문서라도 문서의 소지자는 원칙적으로 그 제출을 거부하지 못하나, 다만 '공무원 또는 공무원

또한 「개인정보 보호법」상 개인정보가 문서제출명령의 대상에 해당하는지도 문제된다. 대법원은 「개인정보 보호법」 제18조 제2항 제2호[11]에 따르면 개인정보처리자는 '다른 법률에 특별한 규정이 있는 경우'에는 개인정보를 목적 외의 용도로 이용하거나 이를 제3자에게 제공할 수 있고, 민사소송법 제344조 제2항은 각 호에서 규정하고 있는 문서제출거부사유에 해당하지 아니하는 경우 문서소지인에게 문서제출의무를 부과하고 있으므로, 임직원의 급여 및 상여금 내역 등이 개인정보 보호법상 개인정보에 해당하더라도 이를 이유로 문서소지인이 문서의 제출을 거부할 수 있는 것은 아니라고 판시한 바 있다.[12] 이 사안에서 대법원은 민사소송법상 문서제출의무에 관한 규정을 「개인정보 보호법」에 대한 특별규정으로 이해하는 것으로 보인다.

결국 대법원은 문서제출의무를 폭넓게 인정하려는 취지에서 정보공개법상 비공개 대상정보 또는 개인정보에 대해서도 적용되는 것으로 보는 입장으로 이해된다.

라. 통신비밀보호법과의 관계

이상에서 살펴본 바와 같이 대법원은 다른 법령과의 관계에서도 문서제출의무의 범위를 굉장히 넓게 해석하고 있다. 통신비밀보호법에 의한 통신사실확인자료 역시 문서제출명령의 대상이 된다는 대상결정 역시 그 연장선에서 이해할 수 있다. 이와 관련된 대법원의 주된 입장은 다음과 같은 점을 통해 확인할 수 있다.

① 대법원은 문서제출명령의 도입 취지를 재판청구권의 충실한 보장을 통한 효과적인 권리구제로 이해한 다음, 이를 실현하기 위하여 반드시 재판에 증거로 제출될 필요가 있다면 민사소송법이 규정하는 적법한 절차인 법원의 문서제출명령을 통해 그 문서가 제출될 수 있어야 한다는 점을 강조하고 있다.

② 대상결정의 반대의견은 통신비밀보호법이 민사소송법상 문서제출의무에 관한 규정

이었던 사람이 그 직무와 관련하여 보관하거나 가지고 있는 문서'는 예외적으로 제출을 거부할 수 있다고 규정하고 있다. 여기서 말하는 '공무원 또는 공무원이었던 사람이 그 직무와 관련하여 보관하거나 가지고 있는 문서'란 국가기관이 보유·관리하는 공문서를 의미하고, 이러한 공문서의 공개는 공공기관의 정보공개에 관한 법률에서 정한 절차와 방법으로 해야 한다). 같은 취지로 대법원 2024. 4. 25.자 2023마8009 결정 참조.

11) 개인정보 보호법 제18조(개인정보의 목적 외 이용·제공 제한) ① 개인정보처리자는 개인정보를 제15조 제1항에 따른 범위를 초과하여 이용하거나 제17조 제1항 및 제28조의8 제1항에 따른 범위를 초과하여 제3자에게 제공하여서는 아니 된다.
② 제1항에도 불구하고 개인정보처리자는 다음 각 호의 어느 하나에 해당하는 경우에는 정보주체 또는 제3자의 이익을 부당하게 침해할 우려가 있을 때를 제외하고는 개인정보를 목적 외의 용도로 이용하거나 이를 제3자에게 제공할 수 있다. (단서 생략)
2. 다른 법률에 특별한 규정이 있는 경우

12) 대법원 2016. 7. 1.자 2014마2239 결정.

의 특별법에 해당한다는 입장으로 이해된다. 반면 다수의견은 위 두 가지 법률은 입법 목적 및 적용 범위를 달리하는 것으로서 양자가 일반법, 특별법의 관계에 있지 않다고 한다. 다수의견의 입장은 문서제출명령은 재판청구권, 특히 국가의 사법보장의무에 기초한 것인 반면, 통신비밀보호법은 통신의 비밀 유지를 통한 사생활보호, 영업비밀보호에 중점을 둔 것으로 보아 양자는 그 작용국면이 같지 않으므로 이들을 일반법, 특별법 관계로 파악할 수 없다는 것으로 이해된다. 서로 다른 작용 국면을 가진 대등한 두 가지 제도가 충돌하는 상황에서 재판청구권을 통한 효과적인 권리구제를 우선한 것으로 볼 수밖에 없다.

4. 판결의 의의

대상결정은 통신비밀보호법에 따른 통신사실확인자료가 민사소송법에 따른 문서제출명령의 대상이 된다고 명시적으로 판시한 점에서 의미가 있다. 문서제출의무의 범위를 넓게 해석하는 대법원의 종전 판시의 연장선에 있는 결정으로 이해할 수 있다. 대상결정을 통해 통신사실확인자료가 문서제출의무라는 점이 분명히 해명되었고, 이를 계기로 실무에서의 혼란도 해소될 것으로 기대된다.

다만 통신의 비밀이 문서제출명령에 의하여 당사자 등에게 공개되는 문제가 생길 수 있다는 점에서 대상결정에는 우려할 수 있는 측면도 있다. 이와 관련해서는 대상결정의 다수의견은 법원이 문서제출명령을 하기 위해서는 정당한 이유, 즉 그 문서를 서증으로 조사할 '필요성'이 있어야 한다는 전제에서 그에 관한 심리를 함에 있어서는 통신비밀보호법이 통신사실확인자료에 대한 제공을 원칙적으로 금지하고 있다는 점을 신중하게 고려하여 통신과 대화의 비밀 및 자유와 적정하고 신속한 재판의 필요성에 관하여 엄격한 비교형량을 거치도록 하고 있다. 일선 법원에서는 향후 이를 염두에 두고 신중하고 엄격하게 심리를 진행할 필요가 있다.

55 전자정보에 대한 압수·수색 절차상 참여권 보장 범위

대법원 2023. 9. 18. 선고 2022도7453 전원합의체 판결1)

신아람 (변호사)

1. 사안의 개요

가. 공소사실

공소외 1, 2 는 2017. 10.경 아들 공소외 4의 대학원 지원을 앞두고 피고인에게 법무법인(명칭 생략)에서 인턴 활동을 한 것처럼 허위 인턴 활동 확인서를 발급해달라고 부탁하였다. 피고인은 2017. 10. 11. 피고인 명의의 위 확인서를 허위로 발급한 다음 이를 공소외 1에게 전달하였다. 이후 공소외1, 2, 4(이하 '공소외 1 등')은 2017. 10.경 공소외 4의 A 대학교 및 B 대학교의 대학원 정치외교학과 입학지원서 경력란에 '2017. 1. 경부터 법무법인에서 인턴 활동을 하고 있다'라는 취지의 허위 내용을 각각 기재하고, 이를 증빙하기 위해 피고인으로부터 발급받은 허위의 확인서를 각각 첨부하여 해당 대학원 입학담당자에게 제출하였으며, 이에 기초하여 이루어진 서류심사와 구술시험 결과 공소외 4는 A 대학교 및 B 대학교의 2018년도 대학원 정치외교학과 입시에서 각각 최종 합격하였다. 이로써 피고인은 공소외 1 등과 공모하여, 위계로 A 대학교 및 B 대학교 대학원 입학담당자들의 입학 사정 업무를 방해하였다.

---

1) [참조 및 관련 판례] 대법원 2021. 11. 18. 선고 2016도348 전원합의체 판결(공2022상, 57); 대법원 2022. 1. 27. 선고 2021도11170 판결(공2022상, 286) 등.
[관련 평석 및 문헌] 이창현, "피압수자 외에 피의자가 있는 경우의 참여권보장 범위", 인권과정의 2024년 3월호, 대한변호사협회, 2024, 261면-263면; 강우예, "제3자 보관 전자정보 탐색 시 피의자 참여권 보장에 관한 비판적 분석", 비교형사법연구 제25권 제4호, 한국비교형사법학회, 2024. 1. 등.

나. 쟁점

피고인의 혐의 입증에 대한 증거로 제출된 하드디스크(이하 '이 사건 하드디스크')는 공소외 1 등의 거주지 내 서재 등에 놓여 있던 각 개인용 컴퓨터에 설치되어 있었다. 공소외 1은 압수·수색 등 수사에 대비하여, 2019. 8. 31. 공소외 3에게 이 사건 하드디스크를 건네주고 '수사가 끝날 때까지 숨겨 놓으라'는 취지로 은닉을 지시하였다. 공소외 3은 이 사건 하드디스크를 자신이 타고 다니던 차량과 헬스장 개인 보관함에 숨겨두었다가 2019. 9. 11. 검찰에 임의 제출하였다. 수사기관은 이 사건 하드디스크 임의제출 및 그에 저장된 전자정보에 관한 탐색·복제·출력 과정에서 공소외 3(이하 '증거은닉범')의 참여권을 보장한 반면, 공소외 1(증거은닉범죄의 교사범으로서, 이하 '본범')에게는 참여 기회를 부여하지 않아 결국 이 사건 하드디스크가 참여권이 보장되지 않음을 이유로 위법수집증거에 해당하는지 여부가 문제되었다.

2. 판결의 요지

가. 원심판결(서울중앙지방법원 2022. 5. 20. 선고 2021노363 판결)

원심은 이 사건 하드디스크에 저장되어 있던 증거들은 본범과 증거은닉범의 증거은닉 재판에서 적법하게 증거로 채택되어 증거조사가 마쳐졌고, 이를 증거로 하여 본범의 증거은닉교사죄, 증거은닉범의 증거은닉죄가 유죄로 인정되어 그 판결이 확정되었으며, 본범이 증거은닉범에게 증거를 없앨 생각으로 저장매체들을 준 것은 증거은닉범에게 사실상 처분할 수 있는 권한까지 주었다고 보아야 하므로 본범이 참여권이 보장되어야 하는 '이 사건 저장매체들의 실질적 피압수자'라고 할 수 없어, 본범의 참여가 없었다는 사정만으로 압수 절차가 위법하다고 할 수 없으므로 증거능력을 인정한 후 피고인의 항소를 기각하였다.

피고인은 이 사건 하드디스크 소유자인 본범에게 참여권이 보장되지 않은 위법이 있어 전자정보에 대한 증거능력이 없다며 참여권에 관한 사실오인, 법리오해 등을 이유로 상고하였다.

나. 대법원 판결

(1) 다수의견

정보저장매체를 임의제출 한 피압수자에 더하여 임의제출자 아닌 피의자에게도 참여권이 보장되어야 하는 '피의자의 소유·관리에 속하는 정보저장매체'라 함은, 피의자가 압수·

수색 당시 또는 이와 시간적으로 근접한 시기까지 해당 정보저장매체를 현실적으로 지배·관리하면서 그 정보저장매체 내 전자정보 전반에 관한 전속적인 관리처분권을 보유·행사하고, 달리 이를 자신의 의사에 따라 제3자에게 양도하거나 포기하지 아니한 경우로서, 피의자를 그 정보저장매체에 저장된 전자정보 전반에 대한 실질적인 압수·수색 당사자로 평가할 수 있는 경우를 말하는 것이다. 이에 해당하는지 여부는 압수·수색 당시 외형적·객관적으로 인식 가능한 사실상의 상태를 기준으로 판단하여야 한다(대법원 2022. 1. 27. 선고 2021도11170 판결 등 참조).

본범은 증거은닉범에게 혐의사실에 관한 증거인 이 사건 하드디스크의 존재 자체를 은폐할 목적으로 '자신에 대한 수사가 끝날 때까지' 은닉할 것을 부탁하며 이 사건 하드디스크를 교부함으로써 자신과 이 사건 하드디스크 등 사이의 외형적 연관성을 은폐·단절하겠다는 목적 하에 '수사 종료'라는 불확정 기한까지 그에 대한 전속적인 지배·관리권을 포기하거나 증거은닉범에게 전적으로 양도한다는 의사를 표명하였다.

따라서 증거은닉범이 정보저장매체의 외형적·객관적으로 인식 가능한 사실상의 상태를 기준으로 판단하면 본범이 아닌 증거은닉범이 정보저장매체 내 전자정보 전반에 관한 전속적인 관리처분권을 보유·행사하는 자이므로 본범은 이 사건 하드디스크의 압수·수색 과정에서 참여권을 보장하여야 하는 실질적 피압수자로 볼 수 없고, 증거은닉범에게 참여권을 보장한 것으로 압수·수색 절차는 적법하다.

(2) 반대의견

강제처분의 직접 당사자이자 형식적 피압수자인 정보저장매체의 현실적 소지·보관자 외에 소유·관리자가 별도로 존재하고, 강제처분에 의하여 그의 전자정보에 대한 사생활의 비밀과 자유, 정보에 대한 자기결정권, 재산권 등을 침해받을 우려가 있는 경우, 그 소유·관리자는 참여권의 보장 대상인 실질적 피압수자라고 보아야 한다. 이때 실질적 피압수자가 압수·수색의 원인이 된 범죄혐의사실의 피의자일 것을 요하는 것은 아니다.

따라서 증거은닉범이 본범으로부터 증거은닉을 교사받아 소지·보관하고 있던 본범 소유·관리의 정보저장매체를 피의자의 지위에서 수사기관에 임의제출하였고, 본범이 그 정보저장매체에 저장된 전자정보의 탐색·복제·출력 시 사생활의 비밀과 자유 등을 침해받지 않을 실질적인 이익을 갖는다고 평가될 수 있는 경우, 임의제출자이자 피의자인 증거은닉범과 함께 그러한 실질적 이익을 갖는 본범에게도 참여권이 보장되어야 한다.

본범과 증거은닉범의 경우 참여권 보장의 법리가 동일하게 적용되는 바, 본범은 은닉물의 현실적 소지·보관자인 증거은닉범에 대한 관계에서 전형적인 점유매개관계에 놓이는 정보저장매체의 소유·관리자로서 압수·수색과정에서 무관정보의 탐색, 수집 등을 막아 사생활의 비밀과 자유 등의 권리를 보호할 이해관계를 가지고 있는 실질적 피압수자에 해당한다.

따라서 본범과 공소외 1 등은 압수 · 수색 절차에서 참여권이 보장되어야 하는 전자정보에 관한 실질적 피압수자라고 봄이 타당하다.

3. 해설

가. 참여권 보장 범위를 확대한 실질적 피압수자론

(1) 실질적 피압수자 개념

법원은 참여권의 주체로 '피의자'가 아닌 '피압수자'의 개념을 기준으로 판단해 왔고, 피의자와 피압수자가 일치하지 않는 경우의 압수 · 수색에 있어서는 '실질적 피압수자'의 개념을 도입하여 참여권의 보장 범위를 확대하여 왔다.

법원의 해석에 따르면, 정보저장매체를 임의제출한 피압수자에 더하여 임의제출자 아닌 피의자에게도 참여권이 보장되어야 하는 '피의자의 소유 · 관리에 속하는 정보저장매체'라 함은, 피의자가 압수 · 수색 당시 또는 이와 시간적으로 근접한 시기까지 해당 정보저장매체를 현실적으로 지배 · 관리하면서 그 정보저장매체 내 전자정보 전반에 관한 전속적인 관리처분권을 보유 · 행사하고, 달리 이를 자신의 의사에 따라 제3자에게 양도하거나 포기하지 아니한 경우로서, 피의자를 그 정보저장매체에 저장된 전자정보 전반에 대한 실질적인 압수 · 수색 당사자로 평가할 수 있는 경우'를 의미한다.

(2) 실질적 피압수자 법리 관련 선례

법원은 '정보저장매체를 소지하던 사람이 그에 관한 권리를 포기하였거나 포기한 것으로 인식할 수 있는 경우'에는 소지하던 사람의 참여권을 보장하지 않는 입장으로,[2] 정보저장매체(전자정보)의 참여권은 전속적인 관리처분권을 보유 · 행사한 자에게 한정된다는 이른바 실질적 피압수자 법리를 판시한 이후 이를 계속 유지해 왔다. 따라서 정보저장매체(전자정보)를 점유하고 있는 피압수자에 더하여 피의자에게도 참여권을 보장하기 위해서는 '피의자가 압수 · 수색 당시 또는 이와 시간적으로 근접한 시기까지 해당 정보저장매체를 현실적으로 지배 · 관리하면서 그 정보저장매체 내 전자정보 전반에 관한 전속적인 관리처분권을 보유 · 행사하고, 달리 이를 자신의 의사에 따라 제3자에게 양도하거나 포기하지 아니한 경우'에 해당하여야 한다.[3]

---

2) 대법원 2024. 7. 25. 선고 2021도1181 판결.

(3) 실질적 피압수자 판단 법리에 대한 견해 대립

대상판결의 다수 의견을 지지하는 견해로, 전체 피의자에게 참여권을 보장할 경우 발생할 수 있는 실무상 불합리성을 고려하여 형사소송법 제219조, 제121조에 따라 참여권을 보장받는 피의자를 피압수자인 피의자로 한정하여 해석하면서, 더 나아가 피의자 아닌 피압수자에 대하여 이를 준용하여 결국 피압수자에 대한 참여권 보장의 기본적 근거조항으로 삼아 압수·수색에 따른 직접적 기본권 침해의 당사자인 피압수자의 절차적 권리를 보장하려는 취지로서 타당하다고 보는 견해,[4] 제3자의 휴대전화 임의제출에 있어서 저장된 전자정보를 압수하는 과정에서도 영장에 의한 압수와 마찬가지로 선별적 압수의 원칙 및 임의제출물의 실소유자인 피고인(피의자)의 참여권 보장원칙이 적용되어야 함을 명확하게 밝혔다는 점에서 타당하다고 보는 견해[5]가 있다.

대상판결을 비판하는 견해로, 형사소송법상 압수·수색 과정에서의 참여는 '피압수자 지위에서의 참여'와 '사건관계인 지위에서의 참여'로 구분되고 각 근거조문을 달리하기 때문에 대법원의 설시는 부적절하다는 견해,[6] 현실적으로 처분을 받는 자(형식적 피압수자)가 피의자가 아닌 3자간 구조의 압수·수색에서 피압수자가 누구인지 명확하지 않고, 증거 인멸의 위험성이나 실질적 이해관계 등을 고려할 때 중요한 것은 피압수자가 아닌 정보주체인 피의자의 참여권이라는 견해,[7] '실질적 피압수자' 판례 법리에 따른 실무상 문제점으로 개념의 불명확성으로 인한 혼란과 피압수자의 참여권에 대한 예외를 인정하지 않게 되는 문제 및 피압수자 측의 비협조시 대응 곤란 등이 초래되었다는 견해[8] 등이 있다.

나. 피압수자의 참여권 보장 의의

대상판결의 반대의견이 밝힌 바와 같이, 전자정보의 경우 대용량, 광범위한 정보가 혼합되어 저장매체에 저장되는 경우가 일반적이고 대용량의 전자정보가 저장되어 있어 압수수

---

3) 대법원 2022. 1. 27. 선고 2021도11170 판결 등 참조.

4) 최문수, "압수·수색 참여권 관련 최근 판례의 동향 – 실질적 피압수자 법리의 의미와 요건을 중심으로 –", 사법 제1권 제65호, 사법발전재단, 2023, 445면-449면.

5) 박정난, "임의제출된 휴대폰 내 전자정보의 압수범위 및 피압수자의 참여권 보장 – 대법원 2021. 11. 18. 선고 2016도348 판결 –", 법조 제71권 제2호, 법조협회, 2022, 394면.

6) 이완규, "디지털 증거 압수 절차상 피압수자 참여 방식과 관련성 범위 밖의 별건 증거 압수 방법", 형사법의 신동향 통권 제48호, 2015, 105면-109면.

7) 이순옥, "디지털 증거의 압수·수색절차에 대한 비판적 고찰", 중앙법학 제20집 제3호, 중앙법학회, 2018, 182면-184면.

8) 소재환/이선화, "디지털 증거 압수·수색 시 참여권자 관련 실무상 문제", 형사법의 신동향 통권 제77호, 대검찰청, 2022, 347면-356면.

색 현장에서 즉각적으로 범죄혐의와 관련이 있는 정보만 구분해내기 힘든 점, 구분하기 위해서는 상당한 시간을 필요로 하는 점, 이로 인해 전자정보가 저장된 저장매체를 포괄적으로 압수수색하는 경우 범죄혐의와 관련이 없는 개인 사생활, 기업의 경영판단에 관한 정보가 압수수색 대상에 포함되어 사생활의 비밀과 자유, 정보에 대한 자기결정권 등의 헌법상 기본권을 침해할 가능성 높은 점 등의 부작용이 존재한다.

결국 이와 같은 부작용을 고려하여, 대법원은 단순한 피의자 또는 피압수자의 범위를 넘어 '실질적인 피압수자'에게도 참여권을 보장하게 되었고, 이로 인해 형식적인 법률 문언의 해석의 한계를 넘어 실질적으로 참여권이 보장되어야 하는 피의자에게도 참여권이 폭넓게 보장되는 결과 피의자의 방어권 및 절차적 적법성이 확보되었다는데 그 의의가 있다.

4. 판결의 의의

대상판결은 실질적 피압수자 개념의 전제가 되는 해당 압수물을 전속적으로 관리처분한 자가 누구인지에 대한 판단 기준을 구체적으로 설시함으로써 소위 '실질적 피압수자'로 참여권 보장 범위를 확대하면서도 그 확대에 대한 일정한 제한을 가하고 있다. 특히 본범이 범죄 혐의사실의 증거가 되는 전자정보매체를 증거은닉범에게 전달하여 은폐를 하고자 하는 경우, 본범과 증거은닉범 사이 은폐에 대한 구체적인 내용 지시 존재 여부, 파기까지 교사하였는지 여부, 본범이 해당 전자정보매체를 증거은닉범으로부터 반환받을 의사가 있었는지 여부 등을 통해 본범이 해당 정보저장매체의 전속적인 관리처분권을 사실상 보유·행사할 수 있는 지위의 자로 볼 만한 특별한 사정이 있는 경우에 한하여 본범이 실질적 피압수자로서 참여권을 보장해야 함을 명확히 판시하였다.

본범이 자신의 혐의사실에 관한 증거인 전자정보가 저장된 정보저장매체를 증거은닉범에게 전달하고 은닉행위를 교사한 경우, 본범에게는 정보저장매체의 파기라는 종국적 멸실까지 내심의 의사로 지니고 있었다고 봄이 타당하다. 그러한 면에서 정보저장매체를 사실상 처분할 수 있는 권한까지 부여받은 증거은닉범을 정보저장매체의 전속적인 관리처분권자로 본 대상판결 다수의견은 증거은닉범죄의 일반적인 양태를 고려한 합리적인 의사해석으로 생각된다.

다만, 반대의견이 지적한 것처럼 정보저장매체의 압수수색에 대한 참여권 보장 법리는 이해관계인에게 정보저장매체에 혼재된 무관 정보에 관한 수사기관의 탐색 등을 배제하고 사생활의 비밀과 자유 등 인격적 법익의 보호를 받을 수 있는 절차적 정당성을 보장한다는 점에서 인격적 법익에 대한 의미와 맥락을 고려하여야 한다. 따라서 참여권 보장의 보호법익의 측면에서는 압수수색 대상 정보저장매체 내 범죄혐의와 무관한 개별 전자정보의 탐색,

수집 등을 막아 사생활의 비밀과 자유 등의 권리를 보호할 이해관계를 가지고 있는 자를 참여권 귀속 주체로 확장할 필요성이 있다.

만일 다수의견의 취지와 같이 참여권 귀속 주체를 해당 정보저장매체에 대한 관리처분권을 보유한 자로 협소하게 본다면 참여권 보장 법리가 달성하고자 하는 보호법익과 입법 취지를 훼손하는 문제점이 발생할 수 있으므로, 양 의견의 조화로운 해석에 따른 참여권 보장 규정의 입법 및 해석에 관한 후속 연구가 요청된다.

56 아동·청소년 성착취물의 소지에 관한 판단

대법원 2023. 10. 12. 선고 2023도5757 판결[1)]

김법연 (고려대학교 정보보호대학원 조교수)

1. 사안의 개요

A는 텔레그램 대화방을 개설 및 운영하면서 공소외 B가[2)] 제작·배포한 촬영물 또는 복제물을 배포하였다. 이 외에도 A는 텔레그램에서 다른 방식으로도 대화방과 채널[3)]을 개설·운영하면서 아동·청소년에 대한 성착취물 영상을 직접 업로드 하거나 대화에 참여중인 회원들로 하여금 업로드하게 하는 방식으로도 운영하거나 사진 내지 영상이 저장되어 있는 텔레그램 채널의 링크를 대화방에 게시하기도 하였다. 이 외에도 성명불상자가 개설한 텔레그램 채널과 대화방에 접속하여 사진 등을 확인하거나 게시하는 등의 방식으로 접속상태를 유지함으로써 아동·청소년 성착취물을 소지하였다. A의 범죄사실은 다음과 같다.

NO.	위반법	구분	대상	행위
1	성폭력처벌법 (카메라 등 이용 촬영·반포)	텔레그램 대화방(명칭16)	B가 유포한 성인여성의 신체를 촬영한 촬영물 또는 복제물	• 대화방 개설 및 운영 • B가 유포한 촬영물 또는 복제물 대화방에 게시 • 회원들로 하여금 다운로드 받을 수 있도록 함
2		텔레그램	B가 유포한	• 대화방 개설 및 운영(테스트

1) [참조 및 관련 판례] 대법원 2003. 7. 8. 선고 2001도1335 판결[공2003.8.15.(184), 1739]; 대법원 2023. 3. 16. 선고 2022도15319 판결; 대법원 2023. 6. 29. 선고 2022도6278 판결(공2023하, 1407); 대법원 2024. 2. 8. 선고 2023도9305 판결 등.

2) 공소외 B는 아동·청소년과 성관계를 하면서 성착취물을 제작하고, 성인 여성들과의 성관계 장면을 촬영하여 클라우드서비스에 업로드 한 후 해당 클라우드의 URL 주소가 입력된 텍스트 파일을 해당 아동·청소년과 성인 여성들의 의사에 반하여 다크웹과 텔레그램 등에 유포한 사실이 있다.

3) 텔레그램 채널은 참여자가 관리자와 시청자로 구분되며 소통은 관리자만 게시하는 방식으로 일방향으로 이루어지고, 참가자 수는 무제한이다. 반면 텔레그램 대화방은 모든 참가자가 양방향으로 소통할 수 있으며 참가자 수가 제한적이다.

<table>
<tr><td></td><td></td><td>대화방(명칭12)</td><td>성인여성의 신체를 촬영한 촬영물 또는 복제물</td><td>용)
• 대화방에 게시
• 회원들로 하여금 다운로드 받을 수 있도록 함</td></tr>
<tr><td>3</td><td rowspan="4">아동·청소년 성보호에 관한 법률
(성착취물 제작·배포등)</td><td>텔레그램
대화방(명칭16)</td><td>B가 피해자인 아동·청소년과 촬영한 영상</td><td>• 대화방 개설 및 운영
• B가 유포한 촬영물 또는 복제물 대화방에 게시
• 회원들로 하여금 다운로드 받을 수 있도록 함</td></tr>
<tr><td>4</td><td>텔레그램
대화방(명칭2)</td><td>아동·청소년의 영상</td><td>• 대화방의 소유자
• 직접 업로드
• 회원들로 하여금 업로드하게 함</td></tr>
<tr><td>5</td><td>텔레그램 채널(명칭1)</td><td>아동·청소년의 영상</td><td>• 채널의 운영자
• 아동·청소년의 영상 등이 저장되어 있는 텔레그램채널의 링크를 대화방에 게시</td></tr>
<tr><td>6</td><td>텔레그램 채널(명칭13)</td><td>아동·청소년의 영상</td><td>• 채널 개설 및 운영
• 아동·청소년의 영상 등을 채널에 게시
• 회원들로 하여금 다운로드 받을 수 있도록 함</td></tr>
<tr><td>7</td><td rowspan="2">아동·청소년 성보호에 관한 법률
(성착취물소지등)</td><td>성명불상자가 개설한 텔레그램 채널(명칭3, 명칭6, 명칭7, 명칭8, 명칭9, 명칭10, 명칭11)</td><td>아동·청소년의 사진 등</td><td>• 타인이 개설한 채널에 접속
• 사진 등을 확인한 다음 사진 또는 영상에 언제든지 접근할 수 있도록 참여상태 유지</td></tr>
<tr><td>8</td><td>텔레그램 채널(명칭4, 명칭5)</td><td>아동·청소년의 영상</td><td>• 직접 채널 개설
• 영상 게시 후 사진 또는 영상에 언제든지 접근할 수 있도록 참여상태 유지</td></tr>
<tr><td>9</td><td>정보통신망법</td><td>텔레그램
대화방(명칭18)</td><td>성인남녀 성교행위 음란 영상</td><td>• 영상 게시</td></tr>
</table>

2. 판결의 요지

가. 1심판결(춘천지방법원 2022. 9. 2. 선고 2022고합67 판결)

1심법원은 A에 대해 모든 죄를 유죄의 취지로 인정하고 징역 6년, 80시간의 성폭력 치료프로그램 이수 명령, 아동·청소년 관련기관 등과 장애인 관련기관에 각 5년간 취업제한명령을 선고하였다. 각 범죄사실에 대한 해당법조와 판단사항은 다음과 같다. ① 아동·청소년 성착취물 제작·배포(아동·청소년의 성보호에 관한 법률 위반), ② 카메라 등 이용 촬영·반포(성폭력범죄의 처벌등에 관한 특례법 위반), ③ 아동·청소년 성착취물의 소지(아동·청소년의 성보호에 관한 법률 위반), ④ 음란물 유포(정보통신망 이용촉진 및 정보보호 등에 관한 법률 위반) 4개의 범죄사실에 대해 모두 유죄 판결을 하였다.

나. 원심판결[서울고등법원 2023. 4. 19. 선고 (춘천)2022노171 판결]

A는 다음과 같은 취지로 항소하였다. 텔레그램 대화방 중 일부는 테스트용으로 개설한 것으로 A외에는 1명만 대화방에 참가시켜 불법 촬영물을 게시하였다는 점, 피해자가 아동·청소년이라는 점과 아동·청소년의 성착취물이라는 사실을 인식하지 못하였다는 점, 일부 채널 등에서는 접속하여 참여상태를 유지하였을 뿐 아동·청소년성착취물을 소지하였다고 볼 수 없다는 이유로 항소하였다.

(1) 카메라 등 이용 촬영물을 반포하였는지 여부

법원은 테스트용이라 주장한 사항에 대해서는 타인을 참가시켰고, 해당 참가자들이 텔레그램의 전달하기 기능으로 불법촬영물을 다른 대화방이나 채널에 게시할 수 있었음을 근거로 A가 불특정 또는 다수인에게 불법촬영물을 반포하였다고 보아야 한다고 하였다.

(2) 피해자를 아동·청소년이라고 인식하였는지 여부와 아동·청소년성착취물에 대한 인식을 가지고 이를 게시하였는지 여부

법원은 「아동·청소년의 성보호에 관한 법률」상 '아동·청소년으로 인식될 수 있는 사람이나 표현물'은 사회 평균인의 시각에서 객관적으로 보아야 하며,[4] 아동·청소년이라는

4) '아동·청소년으로 인식될 수 있는 사람이나 표현물'은 사회 평균인의 시각에서 객관적으로 보아 명백하게 청소년으로 인식될 수 있는 표현물을 의미하고 개별적 사안에서 표현물이 나타내고 있는 인물의 외모와

점에 대한 인식은 확정적 인식은 물론 미필적 인식이 있는 경우도 포함한다[5]는 대법원의 판례를 인용하면서 A의 주장을 배척하였다. 법원은 A가 텔레그램 채널을 개설한 다음 피해자의 이름과 나이 등을 기재한 명단을 게시하고, 피해자별로 아동·청소년성착취물과 카메라 등 이용 촬영물을 분류하여 게시한 사실, '여고생'이라는 명칭을 사용하여 영상물을 분류하였다는 점과 영상내 피해자의 얼굴과 발육 상태가 매우 앳되어 보이는 점 등을 이유로 제시하였다.

(3) A가 게시한 링크가 아동·청소년성착취물인지 여부

A가 게시한 링크도 법원은 아동·청소년성착취물에 해당한다 하였다. 인터넷상 링크는 하나의 웹페이지 내의 여러 문서와 파일들을 상호 연결하거나 인터넷상에 존재하는 수많은 웹페이지들을 상호 연결해주면서, 인터넷 이용자가 별도의 조치 없이 '마우스 클릭'이라는 간단한 방법만으로 다른 문서나 웹페이지에 손쉽게 접근 검색할 수 있게 해주는 것으로 단순히 웹페이지나 문서를 연결하는 기능을 넘어 실질적으로 링크된 웹페이지의 내용을 이용자에게 직접 전달하는 것과 마찬가지의 기능을 수행하기 때문이라 하였다.

(4) A가 아동·청소년성착취물을 소지하였는지 여부

텔레그램 대화방에 참여하여 참여 상태를 유지한 것은 아동·청소년성착취물의 소지에 해당하지 않는다는 A의 주장에 대해 법원은 사진 또는 영상에 언제든지 접근할 수 있도록 참여 상태를 유지한 것은 사실상 A의 점유 또는 지배하에 두어 소지한 것이라고 보는 것이 타당하다 하였다.

다. 대법원 판결

(1) 링크를 게시한 행위가 아동·청소년성착취물의 배포에 해당하는지 여부

A는 아동·청소년성착취물이 게시된 텔레그램 대화방을 운영하는 사람으로 대화방의 다수 회원들로 하여금 A가 게시한 텔레그램 채널 링크를 통해 그 채널에 저장된 아동·청소년성착취물을 별다른 제한없이 접할 수 있게 하였으므로 이러한 행위는 아동·청소년성착취물을 '배포'한 것으로 평가할 수 있다고 하였다.

신체발육에 대한 묘사, 음성 또는 말투, 복장, 상황 설정, 영상물의 배경이나 줄거리 등 여러 사정을 종합적으로 고려하여 신중하게 판단하여야 한다(대법원 2019. 5. 30. 선고 2015도863 판결).

5) 아동·청소년이라는 점에 대한 인식은 범행 당시 피고인에게 피해자가 아동·청소년이라는 점에 대한 인식이 있어야 하지만 그 인식은 확정적 인식뿐만 아니라 그 연령범위에 속할 가능성을 인식하면서 이를 용인한다는 내심의 의사, 즉 미필적 인식이 있는 경우도 포함한다(대법원 2012. 7. 5. 선고 2012도5727 판결).

(2) A가 아동·청소년성착취물을 소지하였는지 여부

대법원은 아동·청소년성착취물 소지와 관련하여 A가 직접 '개설'한 채널에서의 참여상태와 타인이 개설한 채널에 '참여'한 것을 구분하여 판단하였다.

A가 '개설'하고 지배하는 텔레그램 채널에 아동·청소년성착취물 영상을 게시하면서 접속상태를 유지하는 행위는 아동·청소년성착취물을 자기가 지배할 수 있는 상태에 두고 지배관계를 지속시키는 행위로 평가할 수 있다고 하였다.

그러나 타인이 개설하고 A가 '참여'하는 텔레그램 채널에 대해서는 해당 채널에 게시된 아동·청소년성착취물을 자신의 텔레그램 채널 등에 전달하거나 자신의 저장매체에 다운로드하는 등 실제로 지배할 수 있는 상태로 나아가지 않았으므로 이를 아동·청소년성착취물을 '소지'한 것으로 평가할 수는 없다고 하였다. 따라서 이에 대해서는 원심에 파기환송하였다.

3. 해설

가. 링크 게시 행위가 성착취물 배포에 해당하는지 여부

본 판결은 아동·청소년성착취물 영상이나 사진 등을 직접 배포·전시하는 것이 아닌 링크를 게시하는 행위가 '배포'에 해당할 수 있는지가 쟁점이었다.[6] 대법원은 자신의 웹사이트에 아동·청소년성착취물이 저장된 다른 웹사이트로 연결되는 링크를 해 놓는 행위자의 의사, 그 행위자가 운영하는 웹사이트의 성격 및 사용된 링크기술의 구체적인 방식, 아동·청소년착취물을 실제로 전시한 방법 등 제반 사정을 종합하여 볼 때, 링크의 게시를 포함한 일련의 행위가 불특정 또는 다수인에게 다른 웹사이트 등을 단순히 소개·연결하는 정도를 넘어 링크를 이용하여 별다른 제한 없이 아동·청소년성착취물에 바로 접할 수 있는 상태를 실제로 조성한다면 이는 아동·청소년성착취물 직접 '배포'하거나 '공연히 전시'한 것과 실질적으로 다를 바 없다고 평가할 수 있다고 한 대법원 판례를 근거로 판단하였다.[7] A는 링크를 통하여 대화방 회원들로 하여금 아동·청소년성착취물을 별다른 제한없이 접할 수 있게 한 것이므로 전체적으로 볼 때 아동·청소년성착취물을 '배포'한 것으로 볼 수 있다고 한 것이다.

---

6) 「아동·청소년 성보호에 관한 법률」에서의 아동·청소년성착취물을 '배포'란 아동·청소년성착취물을 불특정 또는 다수인에게 교부하는 것을 의미하고, '공연히 전시'하는 행위란 불특정 또는 다수인이 실제로 아동·청소년성착취물을 인식할 수 있는 상태에 두는 것을 의미한다(대법원 2009. 5. 14. 선고 2008도10914 판결).

7) 대법원 2003. 7. 8. 선고 2001도1335 판결; 대법원 2019. 7. 25. 선고 2019도5283 판결.

나. 성착취물이 게시된 대화방에 참여하는 것이 성착취물의 소지에 해당하는지 여부

원심판결은 텔레그램 채널에 접속상태를 유지하면서 언제든지 아동·청소년성착취물에 접근할 수 있는 상태에 놓인 경우에는 이를 '소지'한 것으로 평가할 수 있다고 하였다. 그러나 대법원은 자신이 직접 개설한 채널이 아닌 타인이 개설한 채널에 '참여'하는 경우에는 '소지'한 것으로 보기 어렵다고 판단하였다. 아동·청소년성착취물의 '소지'는 아동·청소년성착취물을 자기가 지배할 수 있는 상태에 두고 지배관계를 지속시키는 행위로,[8] 아동·청소년성착취물 파일을 시청할 수 있는 상태 또는 접근할 수 있는 상태만으로 곧바로 이를 소지로 보는 것은 소지에 대한 문언 해석의 한계를 넘어 허용할 수 없다는 기존 판결을 인용하였다.[9] 해당 판례에서는 자신이 지배하지 않는 서버 등에 저장된 아동·청소년성착취물에 접근하였지만 성착취물을 다운로드 하는 등 실제로 지배할 수 있는 상태로 나아가지 않았다면 특별한 사정이 없는 한 아동·청소년성착취물을 '소지'한 것으로 평가하기 어렵다고 판단하였었다.

대상판결은 이러한 대법원 판례를 기초로 할 때 자신이 '개설'한 경우는 아동·청소년성착취물을 자기가 지배할 수 있는 상태에 두고 지배관계를 지속시키는 행위로 평가할 수 있지만, 타인이 개설한 채널에 '참여'하는 방식의 경우 해당 채널이나 대화방 등에 접속하였지만 그곳에 게시된 아동·청소년성착취물을 자신의 텔레그램 채널 등에 전달하거나 자신의 저장매체에 다운로드 하는 등 실제로 지배할 수 있는 상태로 나아가지 않았고 지배를 인정할만한 특별한 사정이 없으므로 이를 '소지'한 것으로 볼 수 없다는 것이다.

4. 판결의 의의

대상판결은 아동·청소년성착취물을 저장하거나 보관하는 행위가 아닌 성착취물이 게시되어 있는 텔레그램 채널이나 대화방 등에 참여하고 있는 행위는 「아동·청소년 성보호에 관한 법률」이 처벌하고 있는 아동·청소년성착취물 '소지'행위가 아니라고 하여, 아동·청소년성착취물 '소지'에 대한 해석을 명확하게 하고자 하였다는 것에 의미가 있다. 대상판결은 '소지'의 의미를 실제로 성착취물 영상이나 사진 등을 보관하거나 저장하는 경우가 아니라 하더라도 실질적으로 지배할 수 있는지의 여부를 기준으로 판단한 것으로 보인다. 따라서 자신이 개설한 채널에서는 성착취물을 저장하거나 보관하는 등 실제로 성착취물을 지배할

8) 대법원 2023. 3. 16. 선고 2022도1531 판결.
9) 대법원 2023. 6. 29. 선고 2022도6278 판결.

수 있는 상태로 나아가지 않았다 하더라도 언제든 이를 할 수 있는 상태이므로 이를 '소지' 라고 할 수 있지만 타인이 개설한 채널에서 참여상태를 유지할 뿐 특별히 성착취물을 저장 또는 보관하는 행위를 하지 않았다면 이는 '소지'하는 것으로 볼 수 없다는 것이다.

대법원의 이러한 해석에 비추어 보면 「아동·청소년 성보호에 관한 법률」이 금지하는 성착취물 '소지'는 ① 실제로 저장 또는 보관하는 등 물건이나 영상물 등을 지니는 행위와 ② 저장 또는 보관하지 않아도 지배할 가능성이 있는 상태에 두고 지배할 수 있는 상태로 나아가게 되는 경우라고 할 수 있다. 즉, 지배할 가능성 있다 하더라도 지배하는 상태로 나아가지 않았다면 '소지'에 해당한다고 판단할 수 없다.[10)]

이와 같은 대법원의 해석에 대해서는 온라인이라는 측면을 고려하여 '실질적 지배가능성'이라는 측면에서 판단되어야 한다는 비판이 존재한다. 인터넷 상에서의 소지개념과 유체물의 소지개념은 구별될 필요가 있는데, 인터넷에서의 소지는 사실상 지배가 미치는 상태 또는 사회통념상 일정한 자가 일정한 물건을 사실상 지배할 수 있는 지위에 있다고 인정되는 상태로 이해하여야 한다는 것이다. 해외의 입법례들이 아동·청소년성착취물에 대해 ① 수중에 두는 상태와, ② 접근을 위한 배타적 권리를 지니거나 원할 경우 언제든 수중에 두는데 제약이 없는 상태를 모두 '소지'로 파악하고 있으므로 이러한 해석이 필요하다는 것이다.[11)]

반면, 성착취물과 같은 음란물의 '소지'에 대한 처벌은 문리해석이 아닌 처벌의 필요성을 정당화하기 위한 목적론적 확장이라는 비판이 존재하기도 하고,[12)] 소지행위 자체만으로 직접적인 구체적 위험을 발생시키지 않는다는 점과 이러한 처벌규정에도 불구하고 아동·청소년성착취물이 전혀 사라지지 않는다는 점에 비추어 볼 때 과잉입법이라는 비판도 존재한다.[13)]

---

10) 이후 2024년 유사한 사건에서의 판단도 동일하였다. 아동·청소년성착취물을 다운로드받을 수 있는 인터넷 주소 링크를 전송받아 보관하여 이를 소지하였다는 사실로 기소된 사건에 대해 원심은 성착취물에 접속할 수 있는 링크를 전달받음으로써 언제든지 접근하여 이를 보관, 유포, 공유 등의 행위를 할 수 있는 상태에 이르렀으므로 음란몰을 '소지'한 것이라고 보아야 한다고 판단하였다. 그러나 대법원은 이를 문언 해석의 한계를 넘는 것이라 판단하여 파기환송하였다(대법원 2024. 2. 8. 선고 2023도9305 판결).

11) 김혜정, "2024년도 형법판례 회고", 형사판례연구 제33권, 한국형사판례연구회, 2025, 453-454면.

12) 아동·청소년이용음란물은 대부분 온라인에서 컴퓨터파일의 형태로 유통되고 있는데 소지 자체가 피해자의 법익을 침해하는 것이 아니며 구체적인 위험행위를 한 것도 아니므로 위험행위 이전의 단계를 처벌하는 것이라고 평가한다. 따라서 이는 물건의 고유한 위험성 때문에 소지행위를 처벌하는 것이 아닌 처벌의 필요성 때문에 소지의 개념을 확장시킨 것이라고 본다(송문호·홍춘의, "아동·청소년 성보호의 문제점과 개선방안", 동북아법연구 제10권 제3호, 전북대학교 동북아법연구소, 2017, 818면.). 다만 현재는 음란물이 파일형태로만 유통되는 것이 아닌 음란물을 저장 또는 보관되어 있는 서버의 접속 링크를 공유하는 것만으로도 이용을 하고 있으므로 이러한 기술적 환경에 대하여 고려해 볼 필요가 있을 것으로 보인다.

13) 안갑철, "불법 성적 촬영물 구매행위 처벌규정에 관한 위헌성 검토", 인권과정의 Vol. 495, 대한변호사협회, 2021, 94면.

이러한 다양한 비판이 있는 가운데 대법원이 '소지'의 개념을 '실질적 지배가능성'을 고려하면서도 문언 해석의 한계를 벗어나지 않기 위해 지배가능성의 의미를 엄격하게 해석하고자 하는 접근은 의미가 크다고 할 수 있다. 다만, 형벌법규의 해석은 엄격하여야 하고, 피고인에게 불리한 방향으로 확장해석하는 것은 죄형법정주의에 반하므로 이를 입법적으로 해결하는 것에 대해서도 고민해 보는 것이 필요하겠다. 대법원과 하급심 판결이 서로 견해를 달리하는 경우가 종종 있다는 점은 여러 해석이 가능하다는 것을 의미한다는 점에서 입법으로 이를 명확하게 하는 것이 더욱 요구된다 할 수 있다. 처벌규정을 보다 명확히 하여 수범자의 예견가능성을 확보한다는 측면은 물론, 성착취물의 유통환경을 고려하고, 주요국가들의 입법 경향[14]도 이러한 측면을 고려하여 열람을 위한 접근도 '소지'와 같이 처벌의 대상으로 삼고 있다는 점에서 입법적 해결이 타당할 것으로 보인다.

14) 미국의 경우 아동·청소년이용음란물을 소유하거나 이를 열람하기 위하여 접근하는 경우에도 처벌을 하고 있으며, 독일 또한 아동이용음란물의 제작과 유포, 용이한 접근 및 취득, 소지를 법적으로 금지하는 유럽연합의 결정을 입법에 반영하였다. 이에 대해서는 안갑철, "불법 성적 촬영물 구매행위 처벌규정에 관한 위헌성 검토", 인권과정의 Vol. 495, 대한변호사협회, 2021, 91-93면을 참조.

57 음란물 배포의 방조

대법원 2023. 10. 18. 선고 2022도15537 판결[1)]

정혜욱 (위덕대학교 교수)

1. 사안의 개요

범죄 목적 집단으로서[2)] 텔레그램 채팅방을 통해 아동·청소년 성착취 영상물을 유통시킨 박사방의 운영진은 2019. 12. 1.에 새로운 텔레그램 그룹(이하 '미션방'이라 한다)을 개설하였다. 운영진은 채팅방을 개설하면서 19:14경에 미션방 링크 홍보와 실시간 검색 챌린지(이하 '실검 챌린지'라 한다)에 참여하는 것을 미션으로 공지하였다. 이 가운데 실검 챌린지는 2019. 12. 1. 20:00, 21:00, 22:00, 23:00 및 2019. 12. 2. 00:00, 01:00, 02:00, 03:00, 08:00, 21:00 등 특정 시간에 미션방 참여자들이 인터넷 포털 사이트인 네이버에 접속하여 특정 검색어('성착취 영상물 피해자 이름 ○○○' 및 '우리가 ◇◇◇◇')를 동시에 입력함으로써 미션방에 관한 실시간 검색어 순위가 급상승 되도록 조작하기 위한 행동을 내용으로 하고 있었다. 이러한 미션방 링크 홍보와 실검 챌린지가 이루어진 후에 박사방 운영진은 2019. 12. 2. 21:20

1) [참조 및 관련 판례] 대법원 2018. 9. 13. 선고 2018도7658, 2018전도54·552018보도6, 2018모2593 판결[공2018하, 2024]; 대법원 2021. 9. 9. 선고 2017도19025 전원합의체 판결(공2021하, 1881); 대법원 2021. 9. 16. 선고 2015도12632 판결(공2021하, 2073); 헌법재판소 2024. 7. 18. 선고 2024헌바71 전원재판부 결정; 대법원 2022. 4. 14. 선고 2022도649 판결; 대법원 2023. 6. 29. 선고 2017도9835 판결.
[관련 평석 및 문헌] 김봉수, "형법상 방조의 불법구조와 인과관계 - 민법상 방조와의 구별을 중심으로 -", 비교형사법연구 제24권 제4호, 한국비교형사법학회, 2023. 1.; 김성천, "디지털 성범죄 데이터 유통 억제", 중앙법학 제24집 제3호, 중앙법학회, 2022. 9.; 김정환, "정범행위에 대한 방조자의 고의", 형사법연구 제19권 제2호, 한국형사법학회, 2007. 6.; 문채규, "방조범의 불법과 중립적 행위에 의한 방조", 법학논총 제31권 제4호, 한양대 법학연구소, 2014. 12.; 원형식, "방조범의 인과관계와 객관적 귀속", 형사법연구 제21권 제3호, 한국형사법학회, 2009. 9.; 이진국, "방조행위의 인과관계 - 대법원 2021. 9. 9. 선고 2017도19025 전원합의체 판결 -", 아주법학 제16권 제1호, 아주대학교 법학연구소, 2022. 5.; 조기영, "정신적 방조와 방조범의 인과관계", 형사법연구 제26권 제3호, 한국형사법학회, 2014. 9.; 최경진, "방조에 의한 불법행위책임에 관한 재고(再考) - 온라인서비스제공자의 방조책임을 중심으로-", 중앙법학 제19집 제2호, 중앙법학회, 2017. 6.; 홍승희, "중립적방조와 링크행위의방조성 - 링크행위에 대한 판례(대법원 2021. 9. 9. 선고 2017도19025 전합)를 중심으로 -", 형사법연구 제33권 제4호, 한국형사법학회, 2021. 12.
2) 대법원 2021. 10. 14. 선고 2021도7444 판결.

경 미션방에 피해자 ○○○(여성, 18세)에 대한 아동·청소년 성착취 영상물을 게시하였다.

박사방 운영진은 수십 개의 텔레그램 내 단체방을 운영하면서, ㉠ 후원금 지급 금액, ㉡ 채팅 참여 빈도, ㉢ 텔레그램 박사방 그룹 및 채널 홍보 참여도, ㉣ 운영진 지시사항 수행 여부 등을 계량화하여, 그 점수를 기준으로 참여자들의 등급을 분류하였다. 그러면서 참여자들에게 상위 등급에 도달하면 후원금 지급 없이도 성착취물을 이용할 수 있다고 선전하였다. 해당 미션방과 관련해서는 '9시 미션 네이버 검색창에 "○○○" 검색, 한번만 해야 하며 아이피 돌려서 여러번은 가능, 9시 정각에 검색 후 캡쳐 인증. 띄어쓰기나 특수기호 없이 "○○○" 세글자입니다. 이거 도배하면서 몸 풀고 계세요'라는 게시글을 통해 미션 수행을 독려하였다.

이 과정에서 피고인 甲은 2019. 12. 1. 21:00부터 2019. 12. 2. 00:00까지 4회에 걸쳐 미션방 운영진이 제시한 검색어 "○○○"을 입력하고 나서 검색사실을 촬영(인증샷)하여 이를 미션방에 올려 인증을 받았다. 검찰은 피고인 甲의 행위를 박사방 운영진에 의한 아동·청소년 성착취물 유포 행위를 하기 쉽도록 만들어준 것으로서 음란물 배포의 '방조'에 해당한다는 혐의로 기소하였다.

2. 판결의 요지

가. 원심판결(광주지방법원 2022. 11. 16. 선고 2021노2868 판결)

원심인 광주지방법원은 "형법상 방조행위는 정범이 범행을 한다는 정을 알면서 그 실행행위를 용이하게 하는 직접·간접의 모든 행위를 가리키는 것으로서 유형적, 물질적인 방조뿐만 아니라 정범에게 범행의 결의를 강화하도록 하는 것과 같은 무형적, 정신적 방조행위까지도 이에 해당한다. 종범은 정범의 실행행위 중에 이를 방조하는 경우뿐만 아니라, 실행 착수 전에 장래의 실행행위를 예상하고 이를 용이하게 하는 행위를 하여 방조한 경우에도 성립한다. … 피고인은 박사방 운영진이 피해자 … 에 대한 음란물을 배포하려 한다는 사실을 인식하면서 이를 용이하게 할 생각으로 그들의 지시에 따라 검색어를 입력한 사실이 충분히 인정되고, 위와 같은 피고인의 행위는 박사방 운영진의 아동·청소년 이용 음란물배포에 관한 방조행위라고 볼 수 있다."고 판단하였다.

나. 대법원 판결

이 사건 박사방 운영진은 미션방을 만들고, 이 미션방 참여자들에게 특정 시점에 특정 검색어를 일제히 입력할 것을 지시함으로써 이러한 동시 다발적 검색어 입력을 통해 실시간 검색어 순위를 급상승 시키는 시도를 하였다.

피고인 甲이 피해자 ○○○을 검색하는 키워드를 입력한 시점은 박사방 운영진이 지시한 10회의 특정 시점 가운데 4회의 특정 시점과 일치한다. 甲은 박사방 운영진이 지시한 시점에만 검색어를 입력한 것이 아니라, 그 이외의 시점에도 ○○○에 대하여 7회의 검색을 하였다.

박사방 운영진은 자신들이 개설한 미션방 참여자들이 운영진의 지시를 따르도록 하기 위해서 미션방의 지시를 제대로 따르지 아니하는 참여자는 채팅방에서 강제로 퇴출시킨다는 제재 내용을 게시하였다. 甲은 미션방에 공지된 검색 지정 시점 가운데 4회에 검색어를 입력하였고 나머지 6회에는 키워드를 입력하지 않았다. 이처럼 운영진의 지시를 성실하게 이행하지 않았음에도 불구하고 甲은 미션방에서 강제로 퇴출 당하지 않았다. 이는 甲이 참여한 채팅방이 박사방 운영진 개설 미션방이 아닐 가능성을 배제하기 어렵게 하는 간접사실에 해당한다.

甲은 미션방에 참여해서 박사방 운영진이 공지한 미션 내용을 인식하였다는 점이 확실하지 아니하다. 甲이 참여한 채팅방이 박사방 운영진이 개설한 미션방이 아니었을 가능성도 배제하기 어렵기 때문이다. 나아가 甲이 입력했던 검색어 문구가 피해자 성명 ○○○이었다는 점만을 근거로 그것이 박사방 운영진의 '아동·청소년 이용 음란물 배포' 범행을 돕기 위한 것이었다고 보기도 어렵다.

박사방 운영진은 甲이 검색어를 입력하고 나서 21시간 또는 24시간이 지난 시점에 피해자 ○○○의 성착취 영상물을 게시하였다. 이처럼 甲의 검색 시점과 영상물 업로드 시점이 크게 차이나는 점을 보면, 甲이 박사방 운영진이 지시한 미션에 적극적으로 동참한 것이라고 하기 어렵다. 그보다는 당시에 다양한 경로를 통해 접하게 된 피해자의 성명 ○○○을 甲을 비롯한 많은 사람들이 검색어로 입력하게 되는 상황을 박사방 운영진이 기회 삼아 피해자 ○○○의 성착취 영상물을 게시한 것으로 볼 여지가 있다. 사정이 이러하기 때문에 "피고인의 각 행위와 정범의 범죄 실현 사이에 밀접한 관련성 등 인과관계를 인정하거나 피고인의 위 각 행위가 정범의 범죄 실현에 현실적인 기여를 하였다고 단정하기는 어렵다."

3. 해설

가. 방조의 개념

방조의 사전적 의미는 '곁에서 도와주는 것'을 말한다.[3] 이 의미를 그대로 받아들이면 방조란 그냥 도와주는 것이 아니라 물리적 · 장소적 측면에서 지근거리에 위치한 상태에서 도와줘야만 '방조'에 해당한다고 할 수 있다. 이는 합동범 성립요건과 관련하여 현장설을 떠올리게 하는 요소이다. 하지만 방조의 성립요건으로서 시간적 · 공간적 협력관계가 필요하다는 견해는 전혀 찾아볼 수 없다. 굳이 방조의 의미를 그렇게 해석할 이유는 없다고 생각한다. 방조란 어떻게든 '도와주는 것'을 의미한다고 이해할 수 있다.

그런데 어찌 되었건 도와주기만 하면 방조가 성립되어 형사처벌 대상이라고 하게 되면 처벌 범위가 지나치게 확장될 가능성이 있다. 보충성의 원칙에 위배된다. 예를 들어 범죄 행위가 직업인 사람의 배우자가 생활을 함께 하면서 식사 준비를 해주거나 수고했다는 말을 건네는 것과 같은 경우를 형사처벌 대상으로 하기는 곤란할 것이다. 판례도 간첩에게 숙식을 제공한 행위나[4] 현역병 입영 기피를 결심하고 집을 나서는 사람에게 몸조심하라며 악수를 한 행위[5] 등에 대해서는 방조에 해당하지 않는다는 판단을 하고 있다.

문제는 어느 정도 수준의 도움을 준 경우를 방조로 판단할 것인가 하는 점이다. 이와 관련하여 일단 다음과 같은 세 가지 학설이 존재한다.

① 원인력설 : 피방조 범죄에 대하여 원인력(Kausalbeitrag)이 인정될 정도의 도움이어야 방조가 성립한다는 입장이다.

② 촉진설 : 피방조 범죄를 촉진(Fördern)하는 정도의 도움이면 방조로 볼 수 있다는 견해이다.[6]

③ 위험증대설 : 방조의 본질을 위험증대(Risikoerhöhung / Risikosteigerung)로 보는 입장이다.

방조 관련 학설을 이처럼 내용에 따라 세 가지로 분류하는 입장 외에 방조행위와 정범의 실행행위 사이에 인과관계가 필요한가를 기준으로 ① 인과관계 필요설과 ② 인과관계 불요설 등 두 가지 유형으로 분류하는 입장도 있다.[7] 인과관계 필요설은 인과관계 불요설을 따르게 되면 방조행위를 인정하는 범위가 지나치게 넓어지는 문제가 발생한다는 점을 첫 번째 근거로 하고 있다.[8] 바로 그 점에서는 위에서 언급한 원인력설, 촉진설 그리고 위험증대설도 결코 입장이 다르지 않아 보인다. 도와준다(Unterstützen/Fördern)는 단어가 가지고 있는

---

3) 국립국어원 표준국어대사전 (nd) [방조]
4) 대법원 1986. 2. 25. 선고 85도2533 판결.
5) 대법원 1983. 4. 12. 선고 82도43 판결.
6) 김성천, 형법총론(10판), 도서출판 소진, 2024, 425면.
7) 김성돈, 형법총론(2판), 성균관대학교 출판부, 2009, 656면; 김혜정 · 박미숙 · 안경옥 · 원혜욱 · 이인영, 형법총론(5판), 도서출판 정독, 2024, 416면 이하
8) 두 번째 근거는 공범의 종속성 문제이다. 공범을 처벌하는 이유는 종속적 불법 야기 때문인데, 그렇기 때문에 정범의 실행행위와 종속적으로 연결되지 아니한 행위는 처벌할 수 없다는 논거이다: 김일수 · 서보학, 형법총론(9판), 박영사, 2002, 647면.

추상성 때문에 해석을 제한하지 않으면 처벌범위가 부당하게 확대될 수 있다는 점에 대해서는 달리 말하는 견해를 찾아볼 수 없다.

방조가 도와준다는 의미의 개념이면서 해석에 혼란을 초래하는 이유는 그 뜻이 상당히 막연하기 때문일 것이다. 일단 도움을 주려고 했으나 실제로는 도움이 되지 않았던 경우도 방조로 평가하고 이를 형사처벌 대상으로 삼을 것인가에 대해서는 대체로 부정하는 입장이 주를 이루는 것으로 보인다.[9] 예를 들어 특수절도 행위를 도와주기 위해서 빠루(노루발못뽑이)를 빌려주었는데, 퇴근하는 근무자가 문을 잠그지 않고 가는 바람에 건주물의 일부를 손괴하지 않고 그냥 들어가서 사무실 내의 재물을 절취한 경우에는 이를 두고 '방조'라고 하기 어렵다는 취지이다.

그런데 인과관계 필요설의 입장을 따르더라도 인과관계 판단의 대상은 방조행위와 실행행위 사이의 인과의 진행이지, 방조행위와 법익침해 사이의 그것이 아니다. 따라서 정범의 실행행위와 관련해서 인과관계 인정 여부를 판단하는 것과 그 판단의 대상과 내용이 다르게 된다. 게다가 정범의 실행행위가 침해범이 아니라 추상적 위험범일 경우도 있어서 더욱 인과관계 인정 여부 판단의 내용은 달라질 수밖에 없다. 앞에서 예로 들었던 특수절도 방조 시도의 경우 정범이 실행행위 과정에서 빌린 연장을 사용하지 않았으므로, 빠루를 빌려 준 행위와 결과적으로 실행에 옮겨진 야간주거침입 절도 행위 사이에는 인과관계가 성립한다고 보기 어렵다.

하지만 인과관계 필요설의 입장에서도 이 경우에 절대 방조가 성립할 수 없다고 하기는 어렵다. 사무실 잠금장치를 손괴할 수 있는 도구를 빌려줌으로써 정범의 범행결의를 강화(Bestärkung des Tatentschlusses)했다고 볼 수도 있기 때문이다. 야간에 타인의 주거에 침입해서 재물을 절취하고자 하는 사람은 일반적으로 잠금장치를 손쉽게 해제할 수 있는 도구를 필요로 한다. 오래간만에 이러한 범죄행위를 하려고 하는데 오래 동안 사용하지 않았던 빠루를 찾을 수가 없는 상황이다. 이때 친구가 그 연장을 빌려주게 되면 가벼운 마음으로 범죄를 실행에 옮길 수 있게 될 것이다. 빠루를 빌려준 행위와 야간주거침입 절도 실행행위 사이의 인과의 진행은 그렇게 합법칙성의 범주를 벗어나지 않게 된다.

이처럼 어떻게 무엇을 도와주었는가에 대한 내용 판단 없이 방조행위와 실행행위 사이의 인과관계 성립 여부에 대한 결론을 내리는 일은 불가능해 보인다. 이러한 맥락에서 인과관계 필요설을 취하더라도 인과관계의 내용에 대한 검토를 하지 않을 수는 없는 일이다.[10] 검토의 내용은 대체로 ① 실행행위를 가능하게(ermöglicht) 하거나, ② 실행행위가 쉬워

---

9) 김성돈, 형법총론(2판), 성균관대학교 출판부, 2009, 658면; 김일수 · 서보학, 형법총론(9판), 박영사, 2002, 647면 이하; 김혜정 · 박미숙 · 안경옥 · 원혜욱 · 이인영, 형법총론(5판), 도서출판 정독, 2024, 418면

10) 김성돈, 형법총론(2판), 성균관대학교 출판부, 2009, 657면; 김일수 · 서보학, 형법총론(9판), 박영사, 2002, 647면; 김혜정 · 박미숙 · 안경옥 · 원혜욱 · 이인영, 형법총론(5판), 도서출판 정독, 2024, 418면.

지게(erleichtert) 하거나, ③ 법익침해를 강화시키는 것(rechtsgutsverletzenden Erfolg vergrößert) 등이다. 이들은 유형적 · 물리적 방조행위(physische Beihilfe)에 속한다. 그리고 여기에 무형적 · 정신적(심리적) 방조행위(psychische Beihilfe)로서 범행결의를 강화시키는 것(Bestärkung des Tatentschlusses)도 방조행위의 유형으로 추가된다.[11)]

이들 견해의 흐름을 종합하면 방조란 '정범의 범죄 실행행위를 도와주는(촉진하는) 것'이라고 할 수 있으며, 방조행위와 실행행위 사이에는 전자가 후자를 돕는다(촉진한다)는 인과관계가 인정되어야 한다. 또한 방조는 종속적으로 불법을 야기하는 행위이므로 법적으로 허용되지 않는 위험을 증가시키는 방향(Risikoerhöhung/Risikosteigerung)으로 작용하여야 객관적 귀속(objektive Zurechnung)을 시킬 수 있다고 보아야 하겠다.[12)]

여기서 객관적 귀속을 배제하여야 하는 경우로 거론되는 유형이 바로 위험감소이다. 이는 위험창출이 결여되었기 때문에 객관적 귀속을 시킬 수 없는 전형적인 사안에 해당한다. 그밖에도 인과관계 관련 학설(객관적 귀속 이론)에서 객관적 귀속 배제사유로 증대시킨 위험이 측정 불가능한 경우, 허용된 위험의 경우, 결과회피의무가 전적으로 타인에게 있는 경우, 적법한 대체행위를 통해서도 결과회피 가능성이 없는 경우, 규범의 보호범위를 벗어난 경우 등이 인정되고 있는데[13)] 이를 방조의 인과관계 인정 범위를 적절하게 제한하는 용도로 활용하는 것이 타당하다고 생각한다.

나. 검색행위의 성착취 영상물 배포 방조 해당성

텔레그램 채팅방을 통해 아동 · 청소년 성착취 영상물을 유통시킨 박사방 운영진은 대법원 판결을 통해 범죄목적 집단임이 인정되었다.[14)] 이들은 피해자 ○○○(여성, 18세)의 성착취 영상물을 확보하여 이를 유료로 판매 · 배포함으로써 경제적 이익을 취하고 있었다. 청소년 성착취물의 영리 목적 판매 및 배포는 청소년성보호법 제11조 제2항을 위반하는 행위로서 3년 이상의 징역형에 처할 범죄이다. 이 범죄행위는 아동 · 청소년의 명예와 성적 자기결

---

11) 김성돈, 형법총론(2판), 성균관대학교 출판부, 2009, 6528면; 김일수 · 서보학, 형법총론(9판), 박영사, 2002, 648면; 김혜정 · 박미숙 · 안경옥 · 원혜욱 · 이인영, 형법총론(5판), 도서출판 정독, 2024, 413면; 박상기, 형법총론(6판), 박영사, 2004, 459면; 대법원 1995. 9. 29. 선고 95도456 판결; 대법원 2007. 4. 27. 선고 2007도1303 판결; 대법원 2018. 9. 13. 선고 2018도7658, 2018전도54 · 55, 2018보도6, 2018모2593 판결; 대법원 2022. 4. 14. 선고 2022도649 판결; Münchener Kommentar zum StGB / Scheinfeld, 5. Aufl. 2024, §27 Rn. 6f.

12) 김성돈, 형법총론(2판), 성균관대학교 출판부, 2009, 658면; 김일수 · 서보학, 형법총론(9판), 박영사, 2002, 647면; 김혜정 · 박미숙 · 안경옥 · 원혜욱 · 이인영, 형법총론(5판), 도서출판 정독, 2024, 418면.

13) 김성돈, 형법총론(2판), 성균관대학교 출판부, 2009, 182면 이하; 김성천, 형법총론(10판), 도서출판 소진, 2024, 96면 이하.

14) 대법원 2021. 10. 14. 선고 2021도7444 판결.

정권을 침해하는 한편 건전한 성풍속도 저해하는 속성을 가지고 있다.[15)]

합법적으로 판매되는 상품과 마찬가지로 불법 영상물도 그 존재가 많은 사람들에게 알려지고 호기심을 자극하여야 판매량을 늘릴 수 있다. 해당 영상물은 인터넷을 판매 경로로 사용했다. 인터넷 환경에서는 네이버와 같은 포털 사이트에서 특정 검색어의 검색 순위가 높아지면, 그에 따라 그 검색어의 검색 빈도도 덩달아 높아지는 것이 일반적이다. 또한 특정 불법 영상물에 대한 검색 빈도가 높아지면 해당 영상물이 그만큼 더 잘 판매·배포될 잠재적 위험성이 높아지기 마련이다.

박사방 운영진은 이에 착안하여 피해자 ○○○의 이름에 대한 검색 순위가 비약적으로 상승하게 만들고, 이를 통해서 실제로 피해자 ○○○의 이름에 대한 검색 빈도가 높아지고, 다시 그것이 판매량 증대로 이어지길 원했던 것으로 보인다. 정범인 박사방 운영진이 정확하게 목표로 한 것은 실시간 검색 순위의 급상승이었다. 검색 순위의 급상승은 절대적인 검색량보다 검색량의 증가율이 급속하게 높아짐으로써 이루어질 수 있는 일이다. 이 때문에 운영진은 2019. 12. 1. 20:00, 21:00, 22:00, 23:00 및 2019. 12. 2. 00:00, 01:00, 02:00, 03:00, 08:00, 21:00 등 특정 시간에 미션방 참여자들이 인터넷 포털 사이트인 네이버에 접속하여 특정 검색어('피해자 이름 ○○○')를 동시에 입력하도록 미션을 공지한 것이다.

만약 박사방 참여자들이 지정된 시간에 맞춰서 동시에 피해자 이름을 검색어로 입력하는 미션을 적극적으로 수행하였고, 그에 따라 해당 검색어 ○○○에 대한 실시간 검색 순위가 급상승하였다면 이를 통해 ○○○에 대한 검색 빈도가 실제로 높아졌을 수 있다. 하지만 사건 당시에 ○○○에 대한 실시간 검색 순위가 상승했는지, 상승했다면 어느 정도나 높아졌는지 등에 대한 사실 확인은 이루어지지 않았다. 甲을 비롯한 미션방 참여자들의 미션 수행 활동에 의해서 실시간 검색 순위가 상승했는지 확인이 되지 않았으며, 이로 인해 검색어 ○○○에 대한 검색 빈도가 높아졌는지도 알 수 없는 일이고, 이를 통해 불법 영상물의 판매·배포 건수가 증가될 수 있는 상황이 조성되었는지도 확정적이지 못하다.

甲이 미션을 수행했는가 하는 점은 일단 수긍할 수는 있을 것으로 보인다. 운영진이 공지한 시점 가운데 4회에 해당 검색어를 입력하였고, 그에 대한 인증샷도 업로드 했기 때문이다. 그러나 甲의 미션 수행 행위와 운영진의 성착취 영상물 판매·배포 실행행위 사이에 그 실행행위를 쉬워지게 도왔다는 인과관계가 인정되는가 하는 점은 불확실하다.

무엇보다 실시간 검색 순위의 상승은 한 사람의 검색어 입력만으로는 이루어지기 힘든 일이다. 甲이 ○○○를 검색한 행위와 ○○○에 대한 실시간 검색 순위가 상승한 결과 사이의 인과의 진행은 합법칙성의 범주를 벗어나지 않았다고 할 수 있을까. 누군가가 검색어를 입력한다고 해서 그 행위로 인해서 실시간 검색 순위가 곧바로 상승하는 일은 일어나기 어

15) 김성천, "디지털 성범죄 데이터 유통 억제", 중앙법학 제24집 제3호, 중앙법학회, 2022, 98면 이하.

렵다. 실시간 검색 순위의 상승은 동시에 매우 많은 수의 사람들이 같은 검색어를 입력하여야 가능해지는 일이다.

이는 투표와 유사한 현상이다. 내가 특정 후보자를 선택하는 행위와 그 후보자가 당선되는 결과 사이의 인과의 진행은 합법칙성의 범주를 벗어나지 않았다고 하기 어렵다. 내가 특정 후보자를 선택한다고 해서 그 후보자가 다수 득표를 하게 되는 것은 아니기 때문이다. 내가 누구를 선택했다 해도 그 사람이 당선될 수도 있고 안 될 수도 있는 일이다. 따라서 어느 특정 후보가 당선되는 일을 도왔다고 하기 위해서는 선거인 중 다수가 그 후보자를 선택하도록 영향을 끼치는 일을 해주었어야 한다. 단순히 유권자가 투표권을 행사한 행위와 특정 후보자가 당선된 결과 사이의 인과관계를 인정하게 되면 인과관계의 인정범위가 지나치게 넓어진다. 좋은 일일 때에는 인과관계를 인정하고 칭찬해도 무방하겠지만 형사처벌의 근거로 삼기 위해서 인과관계를 인정할 때는 그 범위가 부당하게 확장되어서는 곤란하다.

실시간 검색 순위가 상승되는가의 여부도 투표와 마찬가지로 상대적인 속성을 가진다. 실시간 검색 순위가 상승되려면 같은 시점에 다른 검색어들에 비해서 더 빠른 속도로 검색빈도가 높아져야 한다. 누군가 운영진의 지침에 따라 특정 시간에 특정 검색어를 입력한다고 하더라도 실시간 검색 순위는 높아질 수도 있고 낮아질 수도 있는 일이다. 딱 그 사람 혼자만 검색 행위를 했을 수도 있는 일이기 때문이다. 그러므로 甲이 미션 수행의 일환으로 검색어를 입력한 행위와 ○○○에 대한 실시간 검색 순위가 상승한 결과 사이의 인과의 진행은 합법칙성의 범주를 벗어나지 않았다고 할 수 없다. 게다가 ○○○에 실시간 검색 순위가 상승했는가 하는 점도 확인이 되지 않는 상황이다.

사정이 이러하기 때문에 甲이 자신의 미션 수행 행위를 함으로써 박사방 운영진이 불법영상물을 배포하기 유리한 환경이 조성되었다고 보기는 어렵다. 인과관계를 인정할 수 없는 일이다. 앞에서 서술한 것처럼 대법원은 '이 사건 피고인의 각 행위와 정범의 범죄 실현 사이에 인과관계를 인정하거나, 피고인의 각 행위가 정범의 범죄 실현에 현실적인 기여를 했다고 단정할 수 없다'는 판단을 내렸다. 방조가 성립하기 위해서는 정범의 실행행위를 도와주는(촉진하는) 인과관계가 인정되어야 한다는 측면에서 이와 같은 판례의 입장은 타당하다고 생각한다. 甲의 미션 수행 행위는 정범의 실행행위를 가능하게 하거나, 쉬워지게 하거나, 법익침해를 강화시키거나 하는 인과의 진행을 만들어내지 않았다.

4. 판결의 의의

대법원 판례는 다음과 같이 방조의 개념을 정의하고 있다. '형법상 방조행위는 정범이 범행을 한다는 정을 알면서 그 실행행위를 용이하게 하는 직접·간접의 모든 행위를 가리키는 것으로서, 유형적·물질적인 방조뿐만 아니라 정범에게 범행의 결의를 강화하도록 하는 것과 같은 무형적·정신적 방조행위까지도 이에 해당한다.'[16] 방조의 유형이 유형적·물질적인 방조와 무형적·정신적 방조 등 두 가지 형태를 가지고 있다는 해석은 학설의 입장과 일치한다.

그런데 종범의 방조행위가 정범의 실행행위를 도와주었다고 하려면 인과관계가 인정되어야 한다는 요건은 대법원 2023. 6. 29. 선고 2017도9835 판결에서 처음으로 등장한다.[17] 대상 판례(대법원 2023. 10. 18. 선고 2022도15537 판결)는 인과관계를 명시적으로 방조 성립의 요건이라고 하고 있는 대법원의 두 번째 판결문이다. 이들 두 건의 판례는 모두 종범의 방조행위와 정범의 실행행위 사이에 전자가 후자의 성립에 기여하였다고 볼 만한 인과관계가 인정되지 않는다는 결론에서 공통적이다.

대법원 2023. 6. 29. 선고 2017도9835 판결은 철도노조 소속 피고인들이 서울차량사업소의 조명탑을 점거하고 전원을 차단하여 이를 사용하지 못하게 함으로써 업무방해 행위를 실행한 정범을 방조했다는 사건에 대한 것이었다. 이 사건 피고인들은 ① 노동조합 집회에서 조명탑 점거를 지지하는 발언을 하였고, ② 조명탑을 점거 중인 정범들에게 음식물을 공급해주었다.

이러한 행위가 방조로서 정범의 실행행위와 인과관계가 인정되지 않는 이유는 ① 조명탑 점거 지지 발언은 표현의 자유, 일반적 행동의 자유 또는 단결권을 근거로 허용되는 행위이기 때문이었고, ② 음식물 제공 행위는 달리 생존을 위한 식품 공급을 받을 길이 없는 정범들의 생명과 신체의 안전을 위해 불가피한 것이었기 때문이었다.[18] 그런데 조명탑 점거 지지 발언은 범행결의를 강화시키는 것으로서 무형적·정신적 방조에 해당한다고 볼 여지가 있다. 집회에서 자신이 장차 실행에 옮기고자 하는 행위에 대해서 지지하고 격려하는 발언이 이어지고 박수와 환호가 쏟아진다면 행위자의 범행결의는 강화되기 마련이다. 이러한 인과의 진행은 합법칙성의 범주를 벗어나지 않는다.

그럼에도 불구하고 인과관계를 인정하기 어렵다고 한다면 이는 법적으로 금지된 위험을 창출하지 않았기 때문이라고 할 수 있다. 피고인들이 창출한 것은 법적으로 허용된 위험이므로 객관적 귀속을 배제하여야 하는 것이다. 점거 농성 중인 정범들의 생명·신체의 안전을 지키기 위해 필요한 최소한의 식품을 공급하는 행위도 법적으로 금지된다고 보기 어렵기

16) 대법원 1995. 9. 29. 선고 95도456 판결; 대법원 2007. 4. 27. 선고 2007도1303 판결; 대법원 2018. 9. 13. 선고 2018도7658, 2018전도54, 55·2018보도6, 2018모2593 판결; 대법원 2022. 4. 14. 선고 2022도649 판결.

17) 해당 판례는 "방조범은 정범에 종속하여 성립하는 범죄이므로 방조행위와 정범의 범죄 실현 사이에는 인과관계가 필요하다."고 하고 있다.

18) 대법원 2023. 6. 29. 선고 2017도9835 판결의 내용이 그러하다.

는 마찬가지다. 대법원이 직접 '객관적 귀속'이라는 표현은 사용하지 않고 있지만 인과관계를 인정하지 않아야 한다면 그 이유는 객관적 귀속 이론에 의해서 가장 잘 설명이 된다.

방조의 개념이 가지고 있는 모호성으로 인해서 처벌 범위가 부당하게 확장될 위험을 방지하여야 할 필요가 있다는 점은 누구나 인정하는 바이다. 그 수단으로 대법원은 2023년도에 이루어진 두 건의 판례를 통해서 인과관계라는 개념을 제시하였다. 인과관계와 객관적 귀속 이론은 처벌 범위의 지나친 확장을 방지하기 위한 방향으로 지금까지 용의주도하게 잘 정리되어 오고 있다. 이를 방조의 성립요건이기도 하다고 명확하게 선언한 판례로서 대법원 2023. 6. 29. 선고 2017도9835 판결과 대법원 2023. 10. 18. 선고 2022도15537 판결은 형법 제32조 해석의 귀중한 길잡이가 될 것이라고 본다.

58 음란합성사진 파일의 음화 해당성과 정보저장매체의 압수·수색에서의 법적 쟁점

대법원 2023. 12. 14. 선고 2020도1669 판결[1)]

윤종수 (법무법인(유한) 광장 변호사)

1. 사안의 개요

가. 피고인은, ① 2017. 4. 2.경 지인의 얼굴과 나체사진이 합성된 음란한 사진(이하 '음란합성사진'이라고 한다)을 얻고자 음란합성사진 제작자인 성명불상자에게 음란한 물건인 피해자 A(여, 20세)의 음란합성사진 파일을 공연히 전시할 목적으로 제조 의뢰하여, 위 성명불상자로 하여금 피해자의 얼굴이 합성된 음란합성사진 파일을 제조하여 전송하게 하는 등, 2017. 11. 15.까지 사이에 17회에 걸쳐 성명불상자로 하여금 공연히 전시할 목적으로 음란한 물건을 제조하도록 교사하고, ② 2017. 5. 21.경 위 성명불상자에게 피해자 B(여, 22세)의 음란합성사진 제작을 의뢰하면서, 'B ○○살 ○○구 ○○동 거주 뒹굴고 싶어서 일부러 동남아만 돌아다니는 사람입니다.'라는 메시지를 전송함으로써 비방할 목적으로 공공연하게 거짓의 사실을 드러내어 피해자의 명예를 훼손하였고, ③ 2016. 7. 14.경부터 2017. 11. 6.까지 지하철, 학원 강의실 등지에서 6회에 걸쳐 피고인 소유의 휴대전화(이하 '이 사건 휴대전화'라고 한다)로 성적 수치심을 유발할 수 있는 여고생들의 신체를 그 의사에 반하여 촬영하였다.

나. 피고인은 2017. 12. 21.경 이 사건 휴대전화를 분실하였는데, 이 사건 휴대전화를 습득한 설명불상자가 휴대전화 안의 메시지 등에서 음란합성사진 일부를 확인하고, 2017. 12. 22.경 이 사건 휴대전화를 피해자 C에게 건네주었다. 피해자 C 등은 2017. 12. 23. 피고인을 경찰에 고소하면서 이 사건 휴대전화를 증거물로 임의제출하였고, 사법경찰관은 같은

1) [참조 및 관련 판례] 대법원 1999. 2. 24. 선고 98도3140 판결(공1999상, 604); 대법원 2007. 11. 15. 선고 2007도3061 판결(공2007하, 1974); 대법원 2015. 7. 16.자 2011모1839 전원합의체 결정(공2015하, 1274); 대법원 2016. 3. 10. 선고 2013도11233 판결(공2016상, 587); 대법원 2021. 11. 18. 선고 2016도348 전원합의체 판결(공2022상, 57); 대법원 2022. 1. 27. 선고 2021도11170 판결(공2022상, 486); 대법원 2023. 9. 18. 선고 2022도7453 판결(공2023하, 1835) 등.

날 위 휴대전화를 피해자 C로부터 영장 없이 압수하였다. 당시 압수조서(임의제출)에 의하면 '피고인에 대한 음화제조 피의사건에 관하여 이 사건 휴대전화를 압수한다. 피해자 C가 자신을 포함한 친구들의 음란합성사진들이 많이 있었다고 하면서 위 휴대전화를 임의제출하였다.'라는 취지로 기재되어 있었다. 한편 사법경찰관은 이 사건 휴대전화를 압수하면서 피해자 C에게 위 휴대전화에 저장된 사진 등 전자정보 전부를 제출하는 취지인지 등 제출 범위에 관한 의사를 따로 확인하지는 않았다. 사법경찰관은 피해자 C로부터 참여권 포기 서류를 제출받은 후 2018. 1. 19. 디지털 포렌식 과정을 거쳐 이 사건 휴대전화에서 삭제된 전자정보 일체를 복원하였고, 2018. 2. 23. 복원된 전자정보를 탐색하는 과정에서 피해자들에 대한 음란합성사진을 탐색·출력하여 증거기록에 편철하였으며, 나아가 여고생들에 대한 불법촬영사진도 탐색하였다. 사법경찰관은 위 불법촬영사진에 관한 별도의 압수·수색영장을 발부받지 않은 채 피고인에 대하여 두 차례 피의자신문을 실시하는 등 수사를 진행하였다. 사법경찰관은 이 사건 휴대전화를 압수한 후 삭제된 전자정보를 복원하고 그 정보를 탐색·출력하는 과정에서, 피고인에게 참여의 기회를 보장하거나 압수한 전자정보 목록을 교부하거나 또는 피고인이 그 과정에 참여하지 아니할 의사를 가지고 있는지 여부를 확인한 바가 없다.

다. 이후 피고인이 군입대하여 군 보통검찰부로 사건이 송치되었는데, 군검사는 2018. 11. 2. 피고인을 피의자로 하여 성폭력처벌법 위반(카메라등이용촬영)을 혐의사실로 이 사건 휴대전화 내 전자정보 등에 관한 사전 압수·수색영장(이하 '이 사건 영장'이라고 한다)을 발부받았다. 군검사는 2018. 11. 12. 이 사건 휴대전화를 제출인인 피해자 C측에 환부하였고, 피해자 C의 모친은 이 사건 휴대전화를 피고인이 소속된 군부대로 발송하였다. 군검사는 2018. 11. 15. 이 사건 영장에 의하여 위 휴대전화를 압수한 다음 재차 디지털포렌식 절차를 진행하여 여고생들에 대한 불법촬영사진을 탐색·복원·출력하였다. 피고인 및 변호인은 군검사의 위 탐색 등 절차에 대한 참여권을 포기하였다. 군검사는 피고인을 ① 범죄사실에 대해서는 음화제조교사죄, ② 범죄사실에 대해서는 정보통신망법 위반(명예훼손)죄, ③ 범죄사실에 대해서는 성폭력처벌법 위반(카메라등이용촬영)죄로 각 기소하였고, 경찰 수사과정에서 수집된 피해자들에 대한 음란합성사진 출력물 및 군검사 수사과정에서 수집된 여고생들에 대한 불법촬영사진 출력물, 시디(CD)를 증거로 제출하였다.

2. 판결의 요지

가. 원심판결(고등군사법원 2020. 1. 9. 선고 2019노276 판결)

원심은 이 사건 공소사실에 대하여 모두 유죄로 판단하였다.

나. 대법원 판결

대법원은 원심판결 중 음화제조교사 및 성폭력처벌법 위반(카메라등이용촬영) 부분은 아래와 같이 법리를 오해하여 판결에 영향을 미친 잘못이 있다고 판시하면서 하나의 형이 선고된 유죄부분 모두를 파기하고 서울고등법원에 이송하는 판결을 하였다.

(1) 음화제조교사

1) 형법 제243조(음화반포등)는 음란한 문서, 도화, 필름 기타 물건을 반포, 판매 또는 임대하거나 공연히 전시 또는 상영한 자에 대한 처벌 규정으로서 컴퓨터 프로그램파일은 위 규정에서 규정하고 있는 문서, 도화, 필름 기타 물건에 해당한다고 할 수 없고, 이는 형법 제243조의 행위에 공할 목적으로 음란한 물건을 제조, 소지, 수입 또는 수출한 자를 처벌하는 규정인 형법 제244조(음화제조등)의 '음란한 물건'의 해석에도 그대로 적용되므로 음란합성사진 파일은 형법 제244조의 '음란한 물건'에 해당한다고 볼 수 없다.

2) 피고인은 피해자 C가 이 사건 휴대전화를 임의제출한 시점과 시간적으로 근접한 시기까지 위 휴대전화를 현실적으로 지배·관리하면서 휴대전화 내 전자정보 전반에 관한 전속적인 관리처분권을 보유·행사하였고, 달리 이를 자신의 의사에 따라 제3자에게 양도하거나 포기하지 않았다. 따라서 이 사건 휴대전화에 저장된 전자정보 전반에 관하여 피고인을 실질적인 압수·수색 당사자로 평가할 수 있으므로, 임의제출자가 아닌 피고인에 대하여도 참여권 등 절차적인 권리가 보장되어야 하는데, 사법경찰관은 피고인에게 참여권을 보장하거나 전자정보 압수목록을 교부하는 등 절차적인 권리를 보호하기 위한 적절한 조치를 취하지 않았으므로 이는 위법하다. 따라서 군검사가 제출한 증거들 중 사법경찰관이 임의로 탐색·복제·출력한 전자정보인 피해자들에 대한 음란합성사진 출력물은 위법하게 수집된 증거로서 증거능력이 없다.

(2) 성폭력처벌법 위반(카메라등이용촬영)

1) 사법경찰관은 피고인의 참여권 등 절차적인 권리를 전혀 보장하지 않은 채 이 사건 휴대전화에 저장된 성폭력처벌법 위반(카메라등이용촬영) 관련 전자정보를 탐색·복원하였고, 별도의 압수·수색영장을 발부받지 않고 여고생들에 대한 불법촬영 부분을 포함하여 피고인에 대하여 두 차례 피의자신문을 실시하는 등 수사를 진행하였다. 이후 사건이 군검사에게 송치된 후 군검사는 이 사건 휴대전화를 피해자 측에 환부한 후 다시 제출받아 이 사건 영장에 따라 불법촬영사진을 탐색하기는 하였으나, 이는 군검사가 피해자에게 위 휴대전화를 환부하기 이전에 미리 이 사건 영장을 발부받은 다음 위 휴대전화를 피해자에게 환부하고,

휴대전화가 피해자 측을 거쳐 피고인이 소속된 군부대에 도착하자 이 사건 영장을 집행하여 다시 위 불법촬영사진을 탐색·복원·출력한 것에 불과하다. 따라서 군검사의 증거수집과 사법경찰관의 선행 절차위법 사이에는 여전히 직접적 인과관계가 있다고 볼 수 있고 그 인과관계가 희석되거나 단절되었다고 보기는 어려우며, 결국 위 불법촬영사진 출력물, 시디(CD) 역시 위법하게 수집된 증거로서 증거능력이 없다.

2) 임의제출된 정보저장매체에서 압수의 대상이 되는 전자정보의 범위를 초과하여 수사기관 임의로 전자정보를 탐색·복제·출력하는 것은 원칙적으로 위법한 압수·수색에 해당하므로 허용될 수 없다. 피고인이 지하철, 학원 등지에서 성명불상의 여고생들을 몰래 촬영한 사진은 임의제출에 따른 압수의 동기가 된 범죄혐의사실인 음화제조교사 부분과 구체적·개별적 연관관계 있는 전자정보로 보기 어렵다. 그런데 사법경찰관은 별도의 범죄혐의와 관련된 전자정보를 우연히 발견하였음에도 더 이상의 추가 탐색을 중단하거나 법원으로부터 압수·수색영장을 발부받지 않았으므로, 그러한 정보에 대한 압수·수색은 위법하다. 그리고 군검사가 약 9개월 이후 이 사건 영장을 발부받아 디지털포렌식 절차를 진행하여 무관증거인 불법촬영사진을 탐색·복원·출력하였더라도, 위 증거수집과 선행 절차위법 사이에 인과관계가 희석되거나 단절되었다고 보기는 어렵다. 따라서 위 불법촬영사진 출력물, 시디(CD)는 이 점에서도 위법하게 수집된 증거로서 증거능력이 없다.

3. 해설

가. 딥페이크 음란물 등 음란합성물의 처벌

(1) 형법 제243조의 적용대상

디지털 기술을 사용하여 특정인의 얼굴과 제3자의 나체사진을 합성하여 음란합성사진을 만드는 행위는 최근 인공지능 기술의 발전으로 누구나 너무나 쉽게 정교한 합성음란물을 만들어 낼 수 있는 딥페이크 기술이 확산되면서 그 폐해가 더욱더 심각해지고 있다. 그러나 형법 제243조는 컴퓨터가 일반화되기 전에 인쇄물 등 아날로그 매체에 의한 음란물 제작을 염두에 두고 만들어진 규정이라 할 수 있고 문언상으로도 그러한 취지로 해석되므로, 본건과 같은 음란한 사진이나 영상이 수록된 프로그램을 음란한 물건으로 보고 형법 제243조를 적용하기는 어렵다. 대법원 1999. 2. 24. 선고 98도3140 판결 등에서도 이미 이러한 취지로 판시한 바 있다.

(2) 성폭력처벌법의 개정

성폭력처벌법은 2020. 5. 19. 제14조의2로 '반포등을 할 목적으로 사람의 얼굴·신체 또는 음성을 대상으로 한 촬영물·영상물 또는 음성물을 영상물등의 대상자의 의사에 반하여 성적 욕망 또는 수치심을 유발할 수 있는 형태로 편집·합성 또는 가공한 자와 그에 따른 편집물·합성물·가공물 또는 복제물을 반포등을 한 자' 등을 처벌하는 허위영상물 등의 반포등 죄가 신설되어, 딥페이크 등 음란합성물에 대한 처벌근거가 마련되었다. 그 후 '반포 목적'이 있는 경우에만 처벌이 가능하다는 문제가 지적되자 2024. 10. 16. '반포 목적' 부분이 삭제됨으로써, 반포목적이 있었는지 여부에 관계없이 음란합성물을 처벌할 수 있게 되었고, 이에 더하여 제3항으로 음란합성물을 단순히 소지·구입·저장 또는 시청만 한 자도 처벌하는 규정이 마련되었다.[2)]

(3) 본 사안의 판단

본 사안은 성폭력처벌법에 허위영상물 등의 반포등 죄가 신설되기 전의 사건으로 형법 제244조(음화제조등)로 기소되었던 것인바, 기존 판례의 입장에 따라 음란합성사진 파일은 형법 제244조(음화제조등)의 '음란한 물건'에 해당하지 않는다고 판단되었다.

나. 정보저장매체의 압수·수색에서의 법적 쟁점

(1) 참여권자의 범위

1) 형사소송법의 규정

형사소송법은 공판단계에서의 법원에 의한 압수·수색을 규정하면서 이를 수사단계에서의 압수·수색에 준용하고 있다. 압수·수색 절차에서 참여권에 관하여는 제121조에서 검사, 피고인 또는 변호인은 압수·수색영장의 집행에 참여할 수 있다고 규정하고 제122조에서 영장집행시에는 미리 집행의 일시와 장소를 위 참여자에게 통지할 것을 정하는 한편, 제123조에서 공무소 등에서의 압수·수색 영장 집행시에는 그 책임자에게 참여할 것으로 통지하도록 규정하고 있는데, 이는 제219조에 따라 수사단계에서의 압수·수색에 준용된다.

2) 참여권자에 대한 해석

수사단계의 압수·수색절차에서의 참여권자가 누구인지에 대해서는, 형사소송법 제121

---

2) 이에 대해서는 실제로 촬영된 음란물과 달리 딥페이크 음란물의 경우 단순 소지·시청만 한 경우에 처벌하도록 법을 개정한 것은 죄형법정주의의 이념이나 법의 균형과 형평에 맞지 않는다는 지적이 있다. 김민호, "딥페이크 성범죄 방지법에 관한 시사점", KISO JOURNAL Vol. 57, 2025, 9면.

조가 준용되므로 피고인에 대응하는 '피의자'를 참여권자로 해석하는 견해,[3] 수사기관의 압수수색으로 직접적으로 기본권의 침해를 받은 '피압수자'를 참여권자로 해석하는 견해[4] 등으로 나뉘고 있었고 법원의 입장 역시 명확하지 않았으나, 대법원은 2021. 11. 18. 선고 2016도348 전원합의체 판결에서 수사기관이 정보저장매체 등을 수사기관으로 옮겨 이를 탐색·복제·출력하는 경우 형사소송법 제219조, 제121조에서 규정하는 피압수·수색 당사자, 즉 '피압수자'나 그 변호인에게 참여의 기회를 보장하여야 한다고 판시함으로써 참여권자가 '피압수자'임을 명백히 하였다.

3) 실질적 피압수자의 개념

대법원은, 정보저장매체의 소유자와 소지자, 보관자가 다를 경우 단순히 압수·수색 당시 현장에서 정보저장매체를 소지하거나 보관하고 있다가 압수당한 사람을 피압수자라하여 그에게만 참여권을 보장하는 것은 부족하고 해당정보를 실질적으로 관리하고 있는 사람에게도 참여권을 보장해주는 것이 필요하다는 이유로 '실질적 피압수자'라는 개념을 채택하였다.

① 위 2016도348 전원합의체 판결은 "제3자가 피의자의 소유·관리에 속하는 정보저장매체를 임의제출한 경우 특별한 사정이 없는 한 실질적 피압수자인 피의자의 참여권을 보장해주어야 한다."는 '실질적 피압수자' 법리를 최초로 정의하였다. 피압수자가 아닌 피의자가 실질적인 피압수자로 판단되는 경우에는 예외적으로 피의자에게도 참여권을 보장하여야 한다는 취지이다. 다만 어떤 경우에 실질적 피압수자로 볼 것인지에 대해서는 따로 설시하지 않았다.

② 대법원 2022. 1. 27. 선고 2021도11170 판결은 "정보저장매체를 임의제출한 피압수자에 더하여 임의제출자 아닌 피의자에게도 참여권이 보장되어야 하는 '피의자의 소유·관리에 속하는 정보저장매체'란, 피의자가 압수·수색 당시 또는 이와 시간적으로 근접한 시기까지 해당 정보저장매체를 현실적으로 지배·관리하면서 그 정보저장매체 내 전자정보 전반에 관한 전속적인 관리처분권을 보유·행사하고, 달리 이를 자신의 의사에 따라 제3자에게 양도하거나 포기하지 아니한 경우로써, 피의자를 그 정보저장매체에 저장된 전자정보에 대하여 실질적인 피압수자로 평가할 수 있는 경우"라고 설시하면서 이에 해당하는지 여부는 민사법상 권리의 귀속에 따른 법률적·사후적 판단이 아니라 압수·수색 당시 외형적·객관적으로 인식 가능한 사실상의 상태를 기준으로 판단하여야 하고, 이러한 정보저장매체의 외형적·객관적 지배·관리 등 상태와 별도로 단지 피의자나 그 밖의 제3자가 과거 그 정보저장매체의 이용 내지 개별 전자정보의 생성·이용 등에 관여한 사실이 있다거나 그 과정에서 생성된 전

---

3) 박중욱, "전자정보의 압수·수색과 피의자의 참여권 – 대법원 입장의 비판적 수용 및 독일 논의의 참고", 형사정책연구 제34권 제1호, 2023, 40면 등.

4) 최문수, "압수·수색 참여권 관련 최근 판례의 동향 – 실질적 피압수자 법리의 의미와 요건을 중심으로 –", 사법 제65호, 2023, 450면 등.

자정보에 의해 식별되는 정보주체에 해당한다는 사정만으로 그들을 실질적으로 압수·수색을 받는 당사자로 취급하여야 하는 것은 아니다라고 판시하며, 정보저장매체를 임의제출한 피압수자에 더하여 임의제출자 아닌 피의자에게도 참여권이 보장되어야 하는 '피의자의 소유·관리에 속하는 정보저장매체'의 의미 및 이에 해당 여부를 판단하는 기준을 구체적으로 명시하였다.

③ 대법원 2023. 9. 18. 선고 2022도7453 전원합의체 판결은 피고인이 허위의 인턴십 확인서를 작성한 후 A의 자녀 대학원 입시에 활용하도록 하는 방법으로 A 등과 공모하여 대학원 입학담당자들의 입학사정업무를 방해하였다는 공소사실과 관련하여, A 등이 주거지에서 사용하던 컴퓨터 내 정보저장매체(하드디스크)에 인턴십 확인서 등 증거들이 저장되어 있었고, A는 자신 등의 혐의에 대한 수사가 본격화되자 B에게 지시하여 하드디스크를 은닉하였는데, 이후 수사기관이 B를 증거은닉혐의 피의자로 입건하자 B가 이를 임의제출하였고, 수사기관은 하드디스크 임의제출 및 그에 저장된 전자정보에 관한 탐색·복제·출력 과정에서 B 측에 참여권을 보장한 반면 A 등에게는 참여 기회를 부여하지 않아 그 증거능력이 문제 된 사안이다. 다수의견은 i) 이 사건 하드디스크는 본범인 A 등의 혐의사실에 관한 증거이자 동시에 은닉행위의 직접적인 목적물에 해당하므로 B의 증거은닉혐의사실에 관한 증거이며, 따라서 B는 이 사건 하드디스크와 그에 저장된 전자정보에 관하여 실질적 이해관계가 있는 자이고, ii) 이 사건 하드디스크의 은닉과 임의제출경위, 그 과정에서 B와 A 등의 개입정도 등에 비추어 압수·수색 당시 이 사건 하드디스크를 현실적으로 점유한 사람은 B이기 때문에 다른 특별한 사정이 없는 한 저장된 전자정보에 관한 관리처분권을 사실상 보유·행사할 수 있는 지위에 있는 사람도 B이며, iii) 본범 A는 자신과 이 사건 하드디스크 및 그에 저장된 전자정보에 관한 전속적인 지배·관리권을 포기하거나 B에게 전적으로 양도한다는 의사를 표명한 것으로, B는 이 사건 하드디스크에 대한 현실적·사실적 지배 및 그에 저장된 전자정보 전반에 관한 전속적인 관리처분권을 사실상 보유·행사할 수 있는 상태로 이 사건 하드디스크를 수사기관에 임의제출함으로써 전속적인 관리처분권을 행사하였기 때문에 B의 참여권을 인정한 이상 A에게 참여권을 보장하지 않았다 하더라도 증거능력이 인정된다고 판시하였다. 이에 반하여 반대 의견은 참여권의 주체가 압수 수색의 원인이 된 범죄혐의사실의 피의자일 필요는 없고, 무관정보의 탐색, 복제, 출력 등으로 침해될 수 있는 사생활의 비밀과 자유 등 법익의 귀속주체라면 참여권이 보장되어야 한다고 보았다,

이 판결은 그동안 피압수자의 참여권 보장 법리를 '실질적 피압수자'로 확대해오던 선례를 다시 정보저장매체를 현실적으로 보관하고만 있던 '형식적 피압수자'로 축소하는 결과를 야기하여 실질적 피압수자에 대한 개념의 모호성을 더욱 심화시켰다는 비판[5])을 야기하기

5) 노신정, "전자정보 압수·수색의 참여권, 실질적 피압수자의 개념의 등장과 흐름 – 대법원 2023. 9. 18. 선

도 하였는데, 다수의견과 반대의견이 비록 참여권 보장의 취지 및 전속적인 지배 · 관리권을 포기하거나 양도한 것인지 등 당사자의 의사 해석 등에서 의견을 달리하였지만 이전의 판결에서 제시된 실질적 피압수자에 대한 법리는 그대로 따른 것으로 평가된다.[6)]

4) 본 사안의 판단

피해자 등 제3자가 피의자의 소유 · 관리에 속하는 정보저장매체를 임의제출한 경우에는 실질적 피압수자인 피의자가 수사기관으로 하여금 그 전자정보 전부를 무제한 탐색하는 데 동의한 것으로 보기 어려울 뿐만 아니라 피의자 스스로 임의제출한 경우 피의자의 참여권 등이 보장되어야 하는 것과 견주어 보더라도 특별한 사정이 없는 한 피의자에게 참여권을 보장하고 압수한 전자정보 목록을 교부하는 등 피의자의 절차적 권리를 보장하기 위한 적절한 조치가 이루어져야 하는 것은 당연하다. 본 사안의 경우 피해자 C가 이 사건 휴대전화를 임의제출한 경위와 시기 등을 고려할 때 기존 판례에서 정립된 '실질적 피압수자'에 관한 법리에 따라 이 사건 휴대전화에 저장된 전자정보 전반에 관하여 피고인을 실질적인 압수 · 수색 당사자로 평가할 수 있으므로 임의제출자가 아닌 피고인에 대하여도 참여권 등 절차적인 권리가 보장되어야 하는데 이를 위한 적절한 조치가 취해지지 않았으므로 사법경찰관의 압수 · 수색은 위법한 것으로 판단되었다.

(2) 객관적 관련성

1) 압수, 수색에 있어 관련성 요건의 도입

2011. 7. 18. 개정된 형사소송법은 압수, 수색, 검증에 관한 제215조에 '관련성'이라는 요건을 추가하였다. 즉 '검사는 범죄수사에 필요한 때에는 지방법원판사에게 청구하여 발부받은 영장에 의하여 압수, 수색 또는 검증을 할 수 있다'라고 정하고 있었던 것을 '검사는 범죄수사에 필요한 때에는 피의자가 죄를 범하였다고 의심할 만한 정황이 있고 해당 사건과 관계가 있다고 인정할 수 있는 것에 한정하여 지방법원판사에게 청구하여 발부받은 영장에 의하여 압수, 수색 또는 검증을 할 수 있다'라고 개정하여 '관련성' 없는 증거의 압수, 수색을 더욱 엄격하게 제한하였다. 따라서 압수 · 수색영장에 기재된 해당 범죄혐의와 관련이 있는 증거(유관증거)는 당해 영장에 의하여 압수할 수 있겠으나, 이와 무관한 증거(무관증거)는 별도의 영장을 발부받아야 하는바, 이는 임의제출의 경우에도 마찬가지이다,

대법원은 정보저장매체의 경우 저장매체 자체 또는 적법하게 획득한 복제본을 탐색하여 혐의사실과 관련된 전자정보를 문서로 출력하거나 파일로 복제하는 일련의 과정 역시 전

고 2022도7453 판례와 관련하여 -", 아주법학 제17권, 제4호, 2024, 11면.

6) 이순옥, "정보저장매체 압수 · 수색절차의 참여권자 범위에 관한 연구 - 대법원 2023. 9. 18. 선고 2022도7453 전원합의체 판결을 중심으로 -", 중앙법학 제26집 제4호, 2024, 10면.

체적으로 하나의 영장에 기한 압수·수색의 일환에 해당하므로, 그러한 경우의 문서출력 또는 파일복제의 대상 역시 저장매체 소재지에서의 압수·수색과 마찬가지로 혐의사실과 관련된 부분으로 한정되어야 함을 명백히 하였다(대법원 2015. 7. 16.자 2011모1839 전원합의체 결정).

2) 본 사안의 판단

피고인이 지하철, 학원 등지에서 성명불상의 여고생들을 몰래 촬영한 사진은 임의제출에 따른 압수의 동기가 된 범죄혐의사실인 음화제조교사 부분과 구체적·개별적 연관관계 있는 전자정보로 보기 어려우므로, 별도의 범죄혐의와 관련된 전자정보를 우연히 발견하였음에도 더 이상의 추가 탐색을 중단하거나 법원으로부터 압수·수색영장을 발부받지 않은 사법경찰관의 압수·수색은 위법한 것으로 판단되었다.

(3) 위법수집증거 배제법칙과 2차적 증거

1) 위법수집증거 배제법칙

대법원은 2007. 11. 15. 선고 2007도3061 전원합의체 판결에서 "헌법과 형사소송법이 정한 절차에 따르지 아니하고 수집한 증거는 기본적 인권보장을 위해 마련된 적법한 절차에 따르지 않은 것으로서 원칙적으로 유죄 인정의 증거로 삼을 수 없다"고 판시하여, 기존의 압수물에 대한 종전의 성질형상 불변론을 포기하고 위법수집증거배제법칙을 수용하면서 진술증거와 비진술증거 모두에 대하여 위법수집증거배제법칙을 적용하는 방향으로 입장을 정리하였다.[7] 형사소송법 역시 2007년 6월 개정 법률로 제308조의2에서 위법수집증거의 배제라는 제목하에 "적법한 절차에 따르지 아니하고 수집한 증거는 증거로 할 수 없다"고 명확하게 규정하였다.

2) 독수독과의 원칙 및 예외적 증거능력 인정의 요건

위 2007도3061 전원합의체 판결에서는 위법하게 수집한 1차적 증거뿐 아니라 그로부터 파생된 2차적 증거도 증거능력을 부정하여 이른바 독수독과(Fruit of the poisonous tree)의 원칙을 인정하였다. 다만, 위법하게 수집한 1차적 증거를 기초로 획득한 2차적 증거의 증거능력을 원칙적으로 부정하면서도, 절차에 따르지 아니한 증거 수집과 2차적 증거 수집 사이 '인과관계의 희석 또는 단절' 여부를 중심으로 2차적 증거 수집과 관련된 모든 사정을 전체적·종합적으로 고려하여 예외적인 경우에는 유죄 인정의 증거로 사용할 수 있다고 판시하였다.

대법원은 영장에 의하지 않은 위법한 압수수색으로 획득한 불법증거의 경우 후에 피압수자에게 위법증거를 환부하고 새로이 임의제출을 받았다면 최초의 위법성이 단절되거나 희

7) 김용배, "위법수집증거배제법칙상 1, 2차적 증거의 개념 및 증거능력 인정요건 – 인과관계의 단절 내지 희석을 중심으로 –", 법조 2014, 4 Vol. 691, 164면.

석되어 2차적 증거의 증거능력이 인정될 수도 있다고 하면서도, 그러기 위해서는 후의 임의제출이 "최초의 불법오염을 정화할 수 있을 정도로 충분한 자유의지에 의한 행위"여야 할 것이고, 이러한 판단은 모든 구체적 사실을 종합적으로 고려하되, 환부 후 다시 제출하는 과정에서 수사기관의 우월적 지위에 의하여 임의제출 명목으로 실질적으로 강제적인 압수가 행하여질 수 있으므로, 제출에 임의성이 있다는 점에 관하여는 검사가 "합리적 의심을 배제할 수 있을 정도"로 증명하여야 한다고 판시하여(대법원 2016. 3. 10. 선고 2013도11233 판결), 인과관계의 희석 또는 단절 여부의 인정에 대해서는 엄격한 기준을 요구하였다.

3) 본 사안의 판단

사건이 군검사에게 송치된 후 군검사는 이 사건 휴대전화를 피해자 측에 환부한 후 다시 제출받아 이 사건 영장에 따라 불법촬영사진을 탐색하기는 하였지만, 사법경찰관이 압수수색에 있어 실질적 피압수자인 피고인의 참여권 등 절차적인 권리를 전혀 보장하지 않았을 뿐만 아니라 임의제출에 따른 압수의 동기가 된 범죄혐의사실인 음화제조교사 부분과 구체적·개별적 연관관계가 없는 불법촬영사진을 별도의 압수·수색영장을 발부받지 않은 채 탐색·복원하고 불법촬영 부분을 포함하여 피고인에 대하여 두 차례 피의자신문을 실시하는 등 수사를 진행한 상태에서, 약 9개월 후 피해자에게 위 휴대전화를 환부하기 이전에 미리 이 사건 영장을 발부받은 다음 위 휴대전화를 피해자에게 환부하고, 휴대전화가 피해자 측을 거쳐 피고인이 소속된 군부대에 도착하자 이 사건 영장을 집행하여 다시 위 불법촬영사진을 탐색·복원·출력한 사정을 종합하면, 군검사의 증거수집과 사법경찰관의 선행 절차위법 사이에는 여전히 직접적 인과관계가 있다고 볼 수 있고 그 인과관계가 희석되거나 단절되었다고 보기는 어려우므로, 이 사건 영장에 따른 불법촬영사진 출력물, 시디(CD) 역시 위법하게 수집된 증거로서 증거능력이 없다고 판단되었다.

4. 판결의 의의

대상판결은 정보기술 발전에 따른 새로운 매체의 등장을 기존 법률이 충분히 포섭하지 못함으로써 발생한 규제의 공백을 배경으로 하고 있으며, 이를 메우기 위해 전개된 해석론과 이어진 입법적 보완의 경과를 잘 보여주는 사례라 할 수 있다, 특히 정보저장매체의 압수·수색의 경우 기존의 유체물에 대한 압수·수색과 달리 정보저장매체 자체가 대상이라기보다 그 안에 저장된 전자정보가 대상인데 정보저장매체 안에는 사생활의 비밀 등 압수 수색의 목적과 무관한 정보가 저장되어 있어 해당 정보주체의 기본권을 어떻게 보호할 것인지가 문제될 뿐만 아니라 정보저장매체의 소유·관리자와 전자정보의 소유·관리자가 다른 경우 압수 수색 절차에의 참여권 등 절차적인 권리가 보장되어야 하는데 이를 어떻게 실현할 것인지 등 매우 까다로운 쟁점들이 존재하는 바, 대상판결은 관련 법리에 따른 해석과 판단을 체계적으로 설시하고 있어 유사한 사례들에 대한 유용한 선례가 될 수 있을 것으로 보인다.

59 콘텐츠사업자의 접속경로 변경의 금지행위 해당성

대법원 2023. 12. 21. 선고 2020두50348 판결1)

선지원 (한양대학교 법학전문대학원 조교수)

1. 사안의 개요

전 세계에 걸쳐 사회관계망 서비스를 제공하는 콘텐츠제공사업자(Contents Provider, 이하 'CP'라고 한다)인 갑 주식회사(원고)는 인터넷서비스제공사업자(Internet Service Provider, 이하 'ISP'라고 한다)들 사이의 상호접속 관계를 이용하여, SKT 및 LGU+이용자들에게는 KT와 트랜짓 계약을 통해 트래픽을 전송하는 방식으로 콘텐츠를 제공해 왔다. 그러나 「전기통신시설비의 상호접속기준」(당시 미래창조과학부 고시 제2014-73호, 현재 과학기술정보통신부고시 제2022-25호로 개정된 상태임, 한편 본 판결에서는 고시 제2015-83호를 인용하고 있으나 이는 제2014-73호의 오기인 것으로 보인다)의 개정으로 동일계위 사이의 인터넷 직접접속 시 접속통신료가 무정산 방식에서 상호정산 방식으로 변경되었고, 이에 따라 트래픽 발생량이 많은 KT가 SKT, LGU+에 종전보다 많은 접속통신료를 지급해야 하는 상황이 발생하였다. 이에 원고는 사전 고지나 협의 없이 SKT 및 LGU+ 이용자의 일부 접속경로를 SKB와 접속하는 홍콩 Mega-I IDC 및 기타 해외 ISP로 변경하였고, 이로 인해 트래픽 병목 현상이 발생하였다. 이로 인해 원고의 콘텐츠를 국내에서 이용하는 이용자들의 접속이 지연되거나 동영상이 제대로 재생되지 않는 등의 현상이 발생하였다.

방송통신위원회(피고)는 원고의 접속경로 변경이 구 전기통신사업법 제50조 제1항 제5호의 "전기통신이용자의 이익을 현저히 해치는 방식으로 전기통신서비스를 제공하는 행위"

---

1) [참조 및 관련 판례] 대법원 2016. 11. 25. 선고 2015두37815 판결; 대법원 2018. 2. 28. 선고 2016두64982 판결(공2018상, 641) 등.
[관련 평석 및 문헌] 김도형, "국방부장관의 불온서적 영내 반입금지 지시에 대한 헌법소원 제기를 이유로 한 군법무관에 대한 징계처분 등의 효력", 사법 제48호, 2019; 김남철, "2018년 행정법(Ⅱ) 중요판례평석", 인권과 정의 제480호, 2019; 선정원, "엄격해석원칙에 관한 행정판례의 분석과 검토", 행정법연구 제73호, 2024; 이승민, "침익적 행정행위의 근거법령에 대한 엄격해석원칙-대법원 판례의 비판적 검토", 사법 제73권, 2025.

로서 동법 시행령 제42조 제1항 및 [별표4] 제5호 나목의 5)의 "정당한 사유 없이 전기통신서비스의 이용을 제한하는 행위"이므로 금지행위에 해당한다고 판단하여 시정명령과 과징금 납부명령(이하 '이 사건 처분'이라 한다)을 발하였다. 원고는 이 사건 처분의 취소를 구하는 소를 제기하였다.

2. 판결의 요지

가. 1심판결(서울행정법원 2019. 8. 22. 선고 2018구합64528 판결)

1심판결은 이 사건 처분의 이유가 된 전기통신사업법상의 "이용의 제한"의 의미를 중심으로 판결의 이유를 설시하고 있다. 즉 "원고의 접속경로 변경으로 인터넷 응답속도의 저하, 인터넷망의 불안정성 증가, 병목현상 등이 발생하여 전기통신서비스의 이용이 지연되거나 이용에 불편을 초래하였"다는 사실은 인정했지만, 이것이 전기통신사업법상의 금지행위에 해당하기 위해서는 "정당한 사유 없이 전기통신서비스의 이용을 제한하는 것만으로 부족하고, 나아가 그것이 전기통신이용자의 이익을 현저히 해치는 방식"이어야 한다는 것이다. 제1심 법원은 "인터넷망에서는 불특정 다수의 다양한 트래픽이 사전 예고 없이 다양한 경로로 전송되기 때문에 그 품질에 대하여 엄격한 기준을 적용하는 것이 쉽지 않"을 뿐만 아니라, 인터넷접속속도의 품질은 기본적으로 ISP가 관리·통제하는 영역이라는 시각에서, "CP가 접속경로를 변경하여 접속경로별 트래픽 양을 조절하는 것은 자연스러운 현상이고, 현행 법령상 CP는 네트워크 품질을 일정 수준 이상 보장해야 할 의무 또는 접속경로를 변경하지 않거나 변경 시 미리 특정 ISP와 협의를 해야 할 의무를 부담하지도 않는다"고 판시한다. 병목현상 발생으로 인한 속도 저하의 다양한 수치들을 비교하면서, 결과적으로 원고의 접속경로 변경으로 나타난 일부 품질 저하가 전기통신사업법상의 금지행위에 해당하지 않으므로, 피고의 처분은 위법하여 취소되어야 한다고 판결을 내린 것이다.

나. 원심판결(서울고등법원 2020. 9. 11. 선고 2019누57017 판결)

원심은 1심판결의 이유를 대부분 인용하면서, 일부 내용에 대해서는 보충적으로 설시하고 있다. 즉, "이용의 제한"은 "이용 자체는 가능하나 이용에 영향을 미쳐 이용을 곤란하게 하는 행위를 의미"하므로, 원고의 접속경로 변경 행위는 전기통신사업법 및 동법 시행령이 규정하는 "이용의 제한"에는 해당한다고 전제한다. 그러나 "이용의 제한"이 존재한다고 해서 금지행위에 해당하는 것이 아니라, "현저성" 요건의 충족이 필요하며, "CP가 접속경로를 변경하여 그 이용을 곤란하게 한 경우에 ISP의 전송용량과 다른 CP들의 트래픽 양 등 외부의 여러 요소가 영향을 미친 정도, CP가 위와 같은 외부의 여러 요소를 인식한 정도 등은 '전기통신이용자의 이익을 현저히 해치는 방식으로' 이용을 제한하였는지의 이른바 '현저성' 요건의 해당 여부를 살펴볼 때에 참작하여야 할 사유"가 된다고 한다. 또한 위임을 한 모법이 "현저성" 요건을 두고 있다는 점을 감안하면, "현저성은 이용의 '제한'의 의미를 해석함에 충분히 반영"해야 한다고 설명한다. 결과적으로 접속경로 변경행위가 시행령 [별표4]의 "'이용의 제한'에는 해당하나, 이용자들의 이익을 현저히 해치는 방식으로 전기통신서비스를 제공한 경우에 해당한다고 볼 수는 없는 이상, 그에 대한 처분은 그 처분사유가 존재하지 않는 위법이 있고, 나아가 그 처분사유가 존재한다고 하더라도 재량권을 일탈·남용한 위법도 있으므로", 이 사건 처분은 취소되어야 한다고 판결한다.

나. 대법원 판결

대법원은 원심의 결론을 유지하며 피고의 상고를 기각하였다. 단, 대법원은 원심과는 달리 접속경로 변경행위가 여러 이유에서 시행령 [별표4]의 "이용의 제한"에 해당하지 않는다고 판단한다. 그 내용은 아래와 같다.

"전 세계 이용자들에게 사회관계망 서비스를 제공하는 콘텐츠제공사업자로서 전기통신사업법상 부가통신사업자인 갑 주식회사가 '전기통신시설비의 상호접속기준'이 개정되면서 국내통신사에 더 많은 비용을 지급해야 할 상황에 처하자, 일부 접속경로를 국내에서 해외 인터넷서비스제공사업자로 변경하면서 국내 페이스북 이용자들의 페이스북 접속이 지연되거나 동영상이 제대로 재생되지 않는 등의 현상이 발생한 사실에 대하여, 위 접속경로 변경이 '정당한 사유 없이 전기통신서비스의 이용을 제한하는 행위'로서 전기통신이용자의 이익을 현저히 해치는 방식으로 전기통신서비스를 제공하는 행위를 금지하고 있는 구 전기통신사업법(2018. 12. 11. 법률 제15858호로 개정되기 전의 것) 제50조 제1항 제5호 후단, 구 전기통신사업법 시행령(2018. 5. 15. 대통령령 제28881호로 개정되기 전의 것, 이하 같다) 제42조 제1항 [별표 4] 제5호 (나)목 5)(이하 위 시행령 규정을 '쟁점조항'이라 한다)를 위반했다는 이유로 방송통신위원회가 갑 회사에 시정명령과 과징금 납부명령을 한 사안에서, 쟁점조항이 정한 금지행위를 이유로 하는 과징금 부과 등은 침익적 행정처분에 해당하므로, 쟁점조항은 엄격하게 해석·적용해야 하고, 행정처분의 상대방에게 지나치게 불리한 방향으로 해석·적용해서는 안 되는 점, 쟁점조항 중 이용의 '제한 또는 중단'과 관련하여 '일정한 한도를 정하거나 그 한도를 넘지 못하게 막음. 또는 그렇게 정한 한계'로 정의하고 있는 '제한'의 사전적 의미(국립국어원 표준국어대사전)와 '제한'이 '중단'과 병렬적으로 규정되어 있는 점 등을 고려하면, '이용의 제한'은 이용의 시기나 방법, 범위 등에 한도나 한계를 정하여 이용을 못 하게 막거나 실질적으로 그에 준하는 정도로 이용을 못 하게 하는 것을 의미한다고 해석되는 점, 구 전기통신사업법령에서 '제한'이라는 용어를 사용하고 있는 다른 규정들에 비추어 보더라도, 이용 자체는 가능하나 이용이 지연되거나 이용에 불편이 초래된 경우는 이용의 '제한'에 해당한다고 보기 어려운 점 등을 종합하면, 갑 회사의 접속경로 변경행위가 구 전기통신사업법 시행령 제42조 제1항 [별표 4] 제5호 (나)목 5)에서 정한 '이용의 제한'에 해당하지 않는다."

3. 해설

가. 침익적 처분에 대한 엄격 해석 원칙

침익적 처분의 전제가 되는 법률요건을 엄격하게 해석해야 한다는 것은 대법원이 일관되게 적용하고 있는 원칙이다. 즉 "상대방의 권익을 제한하거나 상대방에게 의무를 부과하는 것이므로 헌법상 요구되는 명확성의 원칙에 따라 그 근거가 되는 행정법규를 더욱 엄격하게 해석·적용하여야 하고, 행정처분의 상대방에게 지나치게 불리한 방향으로 확대해석이나 유추해석을 해서는 안 된다"[2]는 것은 관련 사안에서 대법원이 반복하고 있는 명제일 뿐만 아니라 법치행정의 원리로서 당연히 관철해야 할 내용이다. 침익적 처분에 대해서도 문리해석 외에 목적론적 해석이 전적으로 배제되는 것은 아니지만, "문언의 통상적인 의미"의 한도 내로 그 해석이 한정되어야 한다.[3] 단, 여기서 대법원이 말하는 문언의 통상적인 의미는 해석의 기준 자체라기보다는 해석의 한계를 의미하는 것으로서, 침익적 처분의 경우 그 한계를 넘어선 법 해석을 전제로 처분이 내려졌다면 법률유보 원칙에 반하여 위법한 것으로 보아야 할 것이다.[4]

이 사건에서 피고가 전기통신사업법상의 금지행위 조항 위반을 이유로 시정명령과 과징금 부과 처분을 한 것은 명백히 침익적인 성격을 갖는다. 그렇다면 금지행위를 성립시키는 구성요건 해석에 있어 엄격 해석 원칙을 준수하는 것이 판례의 태도에 부합하는 것이다. 대법원은 법률상 정의 규정을 따로 두고 있지 않는 "제한"의 사전적인 의미에 착안하여 "이

---

2) 대법원 2016. 11. 25. 선고 2015두37815 판결 등.

3) 대법원 2021. 2. 25. 선고 2020두51587 판결. 대법원은 "문언의 통상적인 의미"라는 표현을 쓰고 있지만, 여기서는 목적론적 해석 내지 체계적 해석의 한계를 설정하는 것이므로, "해석의 출발점 내지 목표"를 뜻하는 "통상적인 의미"보다는 "가능한 범위"로 이해하는 것이 타당할 것이다. 이승민, 같은 글, 사법 제73권, 2025, 14면.

4) 형사법 차원에서 죄형법정주의의 시각으로 바라본다면 목적론적 해석의 시도가 문언의 가능한 범위를 넘어서는 경우 그것은 더 이상 해석이 아니라 "법문의 가능한 의미를 넘어선 금지된 유추"라고 표현할 수 있다. 김영환, "법학방법론의 관점에서 본 유추와 목적론적 축소", 법철학연구 제12권 제2호, 2009, 12면.

용 자체는 가능하나 이용이 지연되거나 이용에 불편이 초래된 경우"는 이용의 제한이 아니라고 말하고 있다. 또한 다른 개념과의 비교 역시 해석의 수단으로 사용하고 있다. 시행령 [별표 4] 제5호 (나)목 4)가 "지연"과 제한을 구별하고 있을 뿐만 아니라, [별표4] 제5호 (나)목 5)가 "제한 또는 중단"이라는 식으로 "중단"을 병렬적으로 규정하고 있는 것으로 보아, 금지행위의 구성요건을 이루는 이용의 제한을 중단에 준하는 정도로까지 서비스 이용에 장애가 생긴 경우로 이해하는 것으로 보인다.

나. 위임받은 하위법령의 해석 기준

대법원이 단순히 자연적인 단어로서 "이용의 제한"의 의미를 엄격하게 해석하는 것만으로 논리를 구성하고 있는 것은 아니다. 전기통신사업법 제50조 제1항은 각 호를 통하여 "공정한 경쟁 또는 이용자의 이익을 해치거나 해칠 우려가 있는" 행위를 금지행위로 설정하여 그에 대한 제재 근거를 마련하고 있지만, 동조 제3항은 금지행위의 구체적인 유형과 기준을 대통령령에 위임하고 있다. 이 위임에 따라 시행령 제42조 제1항과 [별표4]가 금지행위의 내용을 상세히 규정하고 있는 것이다. "이용의 제한"이라는 행위 형태는 이렇게 법률의 위임에 따라 시행령 [별표4]를 통해 규정된 것으로서, 대법원은 상위 법률의 위임에 따라 규정된 구성요건에 대한 해석의 원칙을 밝히고 있다.

특히 침익적 조치의 요건을 하위 법령에 위임하고 있는 경우 상위 법률이 제한하고 있는 범위를 엄격하게 준수하는 한도에서 하위법령의 내용을 해석해야 한다. 원심 역시 금지행위의 구성요건의 성립을 위해 시행령 [별표4]의 "이용의 제한"이라는 요건 외에 법률이 규정하고 있는 "현저성"의 요건이 충족되어야 한다고 설시하고 있지만, 대법원은 "이용의 제한"의 의미를 해석할 때 애초에 법률이 규정하는 행위의 한도를 벗어날 수 없다고 말하고 있는 것이다. 이에 따라 시행령 [별표4] 제5호 (나)목 5)에서 규정하는 "제한"의 내용은 "이용자 이익을 현저히 해치는 방식"의 한도 내에서만 이해해야 한다.

다. 전기통신사업법 시행령상 "이용의 제한"의 의미

위와 같은 엄격해석의 원칙에 따라 대법원은 전기통신사업법 시행령상 구체적인 예시로서 전기통신사업법 제50조 제1항 제5호의 금지행위를 구성하는 "이용의 제한"의 의미를 제시하고 있다. 즉 이용의 시기나 방법, 범위 등에 한도나 한계를 정하여 이용을 못하게 막거나 실질적으로 그에 준하는 정도로 이용을 못하게 하는 것 정도가 되어야 이용의 제한으로서 법 제50조 제1항 제5호의 "전기통신이용자의 이익을 현저히 해치는 방식으로 전기통신서비스를 제공하는 행위"의 하부 유형에 해당할 수 있다고 한 것이다. 이에 따르면 CP의 접속경로 변경은 영업상 허용되는 범위 내의 행위이며, 그로 인해 다소 이용자의 불편이 초래되었다 하더라도 금지행위 규정을 원용하여 제재할 수 있는 사유는 되지 못한다는 것이다.

라. 상호접속과 인터넷 생태계

대상판결이 이 사건 처분의 위법성에 대해 판단한 근거는 주로 침익적 처분에 대한 엄격 해석 원칙이라는 행정법적인 쟁점이지만, CP의 접속경로 변경이라는 행위를 대법원이 설정한 "이용의 제한"이라는 개념에 비추어 평가하기 위해서는 상호접속과 인터넷 생태계에 대한 이해도 필요하다. 상호접속은 서로 다른 2개 이상의 통신망 이용자들 간에 통신이 가능하도록 전기통신설비를 물리적으로 연결하고, 그 대가를 지급하는 것으로서 성립한다. 통신사업자가 자신의 이용자에게 통신서비스를 제공하기 위해서는 상호접속이 필수불가결하다. 통신사업자는 – 특히 우월한 설비를 갖추고 있는 통신사는 – 경쟁사가 자신의 망을 이용하기 어렵게 함으로써 경쟁의 우위를 차지하려 할 유인이 있을 것이므로, 전기통신사업법은 제39조를 통해 상호접속에 대해 규율하고, 상호접속에 "불합리하거나 차별적인 조건 또는 제한을 부당하게 부과하는 행위"도 금지행위로 규율하고 있다(제50조 제1항 제1호).

CP의 입장에서는 모든 ISP의 망에 직접 접속할 필요 없이, 특정 ISP의 망에 접속하여 콘텐츠를 제공하면 ISP 사이의 상호접속을 통하여 다른 ISP의 서비스를 사용하는 이용자도 이를 향유할 수 있다. 당시 동일 계위의 ISP 사이에서는 트래픽 발신량에 대해 정산을 하지 않았던 기존의 고시[5]가 개정되어, 정산의 기준을 대역폭에서 트래픽 기반으로 변경하고 동일 계위끼리도 상호 정산의무를 부여하게 되었다.[6] 이에 따라 원고가 트랜짓 계약을 맺고 있던 KT가 SKT나 LGU+에 발신해야 하는 트래픽에 상당하는 정산 비용이 발생하게 된다.[7] KT는 이를 비용 원가로 인식하게 되어 결국 원고에게 요구하는 접속대가가 인상될 가능성이 생겼다. 대법원은 이런 상황 속에서 "CP가 자신이 제공하는 콘텐츠로의 과다 접속에 따른 다량의 트래픽을 효율적으로 전송·처리하기 위한 방법 중 하나로 접속경로 변경을 선택

5) 정산 방식을 비롯하여 상호접속과 관련한 사항을 뚜렷한 법률의 위임 없이 행정규칙에 해당하는 고시로 규율하고 있는 점에 대한 정당성 논의도 제기할 수 있으나, 본 평석에서 별도로 다루지는 않는다.

6) 최종희, "[이슈분석]인터넷망 상호접속 제도 변천사", 전자신문 2020. 4. 7.

7) 2020년에 다시 한번 고시 개정이 이루어짐으로써 상호접속 제도는 다시 변화를 맞게 되었다. 동일 계위 간에 반드시 정산을 하는 것이 아니라 일정 조건을 갖추게 되면 정산 의무가 면제된다. 즉, 트래픽 교환 비율이 1:1.8 이내일 경우에는 동일 계위 ISP 상호간 접속료를 정산하지 않는 것으로 변경되었다. 당시 ISP 3사의 평균 교환 비율은 1:1.5 정도로, 이 제도의 도입으로 사실상 접속료 정산은 사라지게 된 것이다. 2022년에 다시 접속료를 최대 17% 인하하는 내용의 고시 개정이 이루어졌으나, 무정산구간 등의 골자는 그대로 유지되고 있다.

하는 것은 드물지 않은 일이며 결코 이례적이라고 보기 어렵다"고 판단한다. CP가 접속경로를 변경하더라도 합리적인 경영 판단의 관점에서 인터넷 생태계 안에서 콘텐츠를 제공하기 위한 방식을 바꾼 것이지, 그로 인해 약간의 불편이 생겼더라도 이용자의 이용을 못하게 하는 정도에 이른 것은 아니라고 판단한 것이다. 같은 관점에서 CP와 ISP 사이의 접속대가 납부 관계 역시 별도의 계약에 기초한 것으로, CP의 금지행위 규정 수범(혹은 후술하는 망 안정성 확보 의무)과는 별개의 것이라는 점도 추단할 수 있다.

4. 판결의 의의

전기통신사업법상의 금지행위 규정은 경쟁규제의 측면과 이용자 보호의 측면에서 직접적인 행위 의무를 통신사업자에게 부담시키고 있어 동법상 가장 강력하고 핵심적인 규제라고 말할 수 있다. 따라서 금지행위에의 해당성 여부는 명확하고 예측 가능해야 할 것이나, 많은 불확정개념의 사용으로 그 범위가 명확하게 인식되지 않았던 것이 사실이다. 침익적 처분에 대한 엄격 해석 원칙을 재확인하면서, 그러한 원칙에 입각하여 "이용의 제한" 개념을 분명히 밝히고 있다는 점이 이 판결의 가장 큰 의의라고 할 수 있다.

아울러 향후에는 이 판결에서 대법원이 설시한 내용이 부가통신사업자의 서비스 안정성 확보 의무와의 관계에서 어떤 의미를 가질 것인지가 문제이다. 이 사건 처분이 발령된 시점에서는 전기통신사업법은 CP, 즉 부가통신사업자에게는 인터넷망의 안정성과 관련하여 별도의 의무를 전혀 부과하지 않고 있었다. 그러나 판결에서도 밝히고 있듯이 2020. 6. 9. 법률 제17352호로 전기통신사업법이 개정되면서, 제22조의7을 통해 이용자 수, 트래픽 양 등이 대통령령으로 정하는 기준에 해당하는 부가통신사업자는 이용자에게 편리하고 안정적인 전기통신서비스를 제공하기 위하여 서비스 안정수단의 확보, 이용자 요구사항 처리 등 대통령령으로 정하는 필요한 조치를 취할 의무를 부과하고 있다. 법률 개정이 이루어진 이후에는 유사한 행위가 발생했을 때 과연 CP에게도 책임을 물을 수 있을 것인가 문제된다. 대상판결은 동조의 신설 이후의 법적 판단에 대해서는 유보하고 있다. 동조 제1항에 따라 서비스 안정수단의 확보, 이용자 요구사항 처리 등 대통령령으로 정하는 필요한 조치를 취할 의무[8)]

8) 시행령 제30조의8 제2항이 이 조치 의무들을 아래와 같이 구체화하고 있다.

1. 서비스 안정수단의 확보를 위한 다음 각 목의 조치

가. 부가통신사업자가 이용자가 사용하는 단말장치 또는 이용자가 가입한 기간통신사업자에 따른 차별(단말장치의 성능 또는 기간통신사업자가 제공하는 기간통신역무에 따른 차별은 제외한다) 없이 안정적으로 전기통신서비스를 제공하기 위하여 필요한 조치

나. 부가통신사업자가 보유하고 있는 사업용전기통신설비의 사전점검 등 기술적 오류를 방지하기 위한 조치로서 부가통신사업자가 직접 수행하는 조치

다. 트래픽 발생량이 특정 사업용전기통신설비에 과도하게 집중될 경우에 대비하여 서버의 다중화 또는

는 별도로 가지게 되겠으나, 동조를 구체화하는 금지행위상의 요건이 충족하는지 여전히 판단해야 하며, 이 판결에서 밝히고 있는 "이용의 제한"의 해석론은 유지될 수 있다. 즉, CP의 의무가 신설되었다고 하여 금지행위 조항상의 "이용의 제한"의 의미가 변경되는 것은 아니라고 전망할 수 있다.

콘텐츠 전송량 최적화 등 안정적으로 전기통신서비스를 제공하기 위한 조치로서 부가통신사업자가 직접 수행하는 조치

라. 트래픽 발생량의 추이를 고려하여 향후 트래픽 발생량의 증가로 안정적인 전기통신서비스의 제공에 중대한 영향을 미칠 것이 예상될 경우 서버 용량의 증가, 인터넷 연결의 원활성 확보 및 트래픽 경로의 최적화 등의 부가통신사업자가 마련해야 할 조치 및 그 조치에 필요한 경우 기간통신사업자나 콘텐츠 전송 서비스를 제공하는 부가통신사업자와의 협의

마. 전기통신서비스를 제공하는 트래픽의 경로 변경 등 안정적인 전기통신서비스의 제공에 중대한 영향을 미칠 것이 예상되는 행위를 할 경우 기간통신사업자에 대한 사전 통보 조치

2. 이용자 요구사항 처리에 관한 다음 각 목의 조치

가. 영업시간 중에 이용자 요구사항을 한국어로 접수할 수 있는 온라인 또는 전화자동응답 처리시스템 등 요구사항의 처리시스템의 확보

나. 제1호 각 목의 조치를 이행하기 위하여 부가통신사업자가 보유하고 있는 사업용전기통신설비의 사전점검, 전기통신서비스 제공의 일시 중단 또는 전기통신서비스 전송 속도의 일시 저하 등 중대한 변동사항이 발생할 경우 해당 사실 및 관련 사항에 대하여 이용자에게 상담을 제공할 수 있는 연락처 등의 고지

다. 부가통신사업자가 사업을 휴업 또는 폐업하거나 이용자가 전기통신서비스의 이용계약을 정지 또는 해지한 경우 이용자가 생성한 음성·데이터·영상 등의 자료 전송을 부가통신사업자에게 요청한 경우 해당 자료를 전송할 수 있는 수단의 확보

3. 이용요금의 합리적인 결제수단 마련

4. 제1호부터 제3호까지에 해당하는 조치에 대한 자체 지침 마련

60 경찰청장의 지문정보 보관·전산화 및 범죄수사목적 이용의 근거

헌법재판소 2024. 4. 25. 선고 2020헌마542 전원재판부 결정[1)]

방동희 (연세대학교 법학전문대학원 교수)

1. 사안의 개요

甲은 17세가 되는 2020. 2. 3. 주민등록증 발급통지서를 받았으나 주민등록증 발급신청서에 열 손가락 지문날인을 거부하여 주민등록증 발급신청을 하지 않았다. 甲은 주민등록증에 지문을 수록하도록 한 주민등록법 제24조 제2항, 주민등록증 발급신청서에 열 손가락 지문 날인을 요구한 주민등록법 시행령 제36조 제3항 별지 제30호 서식, 시장 · 군수 · 구청장이 발급신청서를 경찰에 보내도록 한 주민등록법 시행규칙 제8조가 자신의 기본권을 침해한다고 주장하였다.

乙은 17세가 되는 2002년에 주민등록증 발급을 신청하여 주민등록증을 발급받았다. 乙은 경찰청장이 주민등록증 발급신청서에 날인된 자신의 지문정보를 보관 · 전산화하고 범죄수사목적에 이용하는 행위가 자신의 기본권을 침해한다고 주장하였다.

甲과 乙은 주민등록법 제24조 제2항 본문 중 '지문'에 관한 부분, 주민등록법 시행령 제36조 제3항 별지 제30호 서식 중 열 손가락 지문을 찍도록 한 부분, 주민등록법 시행규칙

---

1) [참조 및 관련 판례] 헌법재판소 2005. 5. 26. 선고 99헌마513 결정; 헌법재판소 2015. 5. 28. 선고 2011헌마731 결정.

[관련 평석 및 문헌] 권건보, 개인정보보호와 자기정보통제권, 경인문화사, 2005; 권건보, "지문날인제도의 현황과 헌법적 문제점의 검토", 세계헌법연구 제14권 제1호, 2008. 3., 39-74면; 이희훈, "주민등록법상 지문날인제도의 위헌성에 대한 연구 – 헌법재판소 2005. 5. 26, 99헌마513 · 2004헌마190(병합)결정에 대한 비판을 중심으로 –", 외법논집 제31권, 2008. 8., 79-307면; 송시강, "경찰작용과 법률유보 – 일반수권조항에 관한 논의의 재론(再論) –", 홍익법학 제18권 제1호, 2017. 2., 555-589면; 권건보, "정보통신기술의 발달과 한국의 프라이버시권 관련 주요 쟁점", 헌법재판연구 제8권 제1호, 2021, 121-153면; 이희훈, "우리나라 주민등록법령상 지문날인제도의 쟁점 및 개선 방향 – 헌법재판소 2024. 4. 25. 2020헌마542 결정의 평석을 겸하여 –", 일감법학 제58권, 2024. 8., 185-212면.

제8조 및 지문정보를 보관·전산화하고 이를 범죄수사목적에 이용하는 행위가 기본권을 침해한다고 주장하면서 2020. 4. 8. 헌법소원심판을 청구하였다.

2. 결정의 요지

이 결정에서는 구 주민등록법 제24조 제2항 본문[2] 중 '지문(指紋)'에 관한 부분(이하 '이 사건 법률조항'이라 한다), 구 주민등록법 시행령 제36조 제3항[3]에 의한 별지 제30호 서식 중 열 손가락의 지문을 찍도록 한 부분(이하 '이 사건 시행령조항'이라 한다), 구 주민등록법 시행규칙 제8조[4](이하 '이 사건 규칙조항'이라 하고, 이 사건 법률조항, 이 사건 시행령조항과 이 사건 규칙조항을 묶어 '심판대상조항들'이라 한다) 및 경찰청장이 주민등록증 발급신청서에 날인되어 있는 지문정보를 보관·전산화하고 이를 범죄수사목적에 이용하는 행위(이하 '이 사건 보관등행위'라 한다)가 청구인들의 개인정보자기결정권을 침해하는지 여부에 관하여 판단하였다.

가. 이 사건 시행령조항의 법률유보원칙 위반 여부

구 주민등록법 제17조의8 제2항 본문은 주민등록증의 수록사항의 하나로 지문을 규정하고 있을 뿐 '오른손 엄지손가락 지문'이라고 특정한 바가 없으며, 위 시행령조항에서는 구 주민등록법 제17조의8 제5항의 위임규정에 근거하여 주민등록증 발급신청서의 서식을 정하면서 보다 정확한 신원확인이 가능하도록 하기 위하여 열 손가락의 지문을 날인하도록 하고 있는 것이므로, 이를 두고 법률에 근거가 없는 것으로서 법률유보원칙에 위배되는 것으로 볼 수는 없다.

---

2) 구 주민등록법(2007. 5. 11. 법률 제8422호로 전부개정되고, 2021. 7. 20. 법률 제18304호로 개정되기 전의 것) 제24조(주민등록증의 발급 등) ② 주민등록증에는 성명, 사진, 주민등록번호, 주소, 지문(指紋), 발행일, 주민등록기관을 수록한다. 다만, 혈액형에 대하여는 대통령령으로 정하는 바에 따라 주민의 신청이 있으면 추가로 수록할 수 있다.

3) 구 주민등록법 시행령(2019. 2. 8. 대통령령 제29511호로 개정되고, 2020. 10. 13. 대통령령 제31111호로 개정되기 전의 것) 제36조(주민등록증의 발급절차) ③ 제1항 및 제2항에 따라 주민등록증 발급통지를 받은 사람 또는 공고된 사람은 그 통지서 또는 공고문에 적힌 발급신청기간 내에 본인이 직접 주민등록이 되어 있는 시·군·자치구(이하 "주민등록지의 시·군·구"라 한다)의 관계 공무원에게 사진(6개월 이내에 촬영한 가로 3.5센티미터, 세로 4.5센티미터의 모자 등을 쓰지 않은 상반신 사진을 말한다. 이하 같다) 1장을 제출하고 본인임을 밝힌 후, 그 공무원 앞에서 별지 제30호 서식에 따른 주민등록증 발급신청서에 지문을 찍거나 전산조직을 이용하여 지문을 찍어 신청하여야 한다. 다만, 제출한 사진으로 본인임을 확인하기 곤란한 경우에는 보완을 요구할 수 있으며, 이에 대한 구체적인 사항은 행정안전부령으로 정한다.

4) 구 주민등록법 시행규칙(2009. 3. 10. 행정안전부령 제67호로 개정되고, 2023. 1. 12. 행정안전부령 제374호로 개정되기 전의 것) 제8조(주민등록증 발급신청서의 송부) 시장·군수 또는 구청장은 주민등록증 발급신청서와 별지 제4호 서식의 주민등록증 발급신청서 집계표를 다음 달 5일까지 해당자의 주민등록지를 관할하는 경찰서의 지구대장 또는 파출소장에게 보내야 한다.

나. 이 사건 보관등행위의 법률유보원칙 위반 여부

헌법재판소는 2005. 5. 26. 선고 99헌마513등 결정[5]에서 경찰청장이 지문정보를 보관·전산화하고 이를 범죄수사목적에 이용하는 행위의 법률상 근거로 든 법률조항들은 현재 '개인정보 보호법' 제15조 제1항 제3호, 제18조 제1항, 제2항 제7호, 주민등록법 제24조 제2항, 제26조 제1항, '국가경찰과 자치경찰의 조직 및 운영에 관한 법률' 제3조 및 '경찰관 직무집행법' 제2조에서 여전히 그 내용을 유지하고 있으므로, 위 지문정보의 보관·이용행위가 법률유보원칙을 위반하지 않는다고 본 선례의 결정 이유는 이 사건에서도 그대로 타당하고, 이 사건에서 위 선례와 달리 판단하여야 할 특별한 사정변경이나 필요성이 인정되지 않는다. 따라서 이 사건 보관등행위는 법률유보원칙에 위반되지 않는다.

다. 이 사건 법률조항, 이 사건 시행령조항 및 이 사건 보관등행위의 과잉금지원칙 위반여부

헌법재판소는 2005. 5. 26. 99헌마513등 결정[6]과 2015. 5. 28. 2011헌마731 결정[7]에서

---

5) 헌법재판소 2005. 5. 26. 선고 99헌마513등 결정에서 법률유보원칙에 관한 판단요지는 다음과 같다. "주민등록법 제17조의8 제2항 본문은 주민등록증의 수록사항의 하나로 지문을 규정하고 있을 뿐 '오른손 엄지손가락 지문'이라고 특정한 바가 없으며, 이 사건 시행령조항에서는 주민등록법 제17조의8 제5항의 위임규정에 근거하여 주민등록증발급신청서의 서식을 정하면서 보다 정확한 신원확인이 가능하도록 하기 위하여 열 손가락의 지문을 날인하도록 하고 있는 것이므로, 이를 두고 법률에 근거가 없는 것으로서 법률유보의 원칙에 위배되는 것으로 볼 수는 없다. 공공기관의개인정보보호에관한법률 제10조 제2항 제6호는 컴퓨터에 의하여 이미 처리된 개인정보뿐만 아니라 컴퓨터에 의하여 처리되기 이전의 원 정보자료 자체도 경찰청장이 범죄수사목적을 위하여 다른 기관에서 제공받는 것을 허용하는 것으로 해석되어야 하고, 경찰청장은 같은 법 제5조에 의하여 소관업무를 수행하기 위하여 필요한 범위 안에서 이를 보유할 권한도 갖고 있으며, 여기에는 물론 지문정보를 보유하는 것도 포함된다. 따라서 경찰청장이 지문정보를 보관하는 행위는 공공기관의개인정보보호에관한법률 제5조, 제10조 제2항 제6호에 근거한 것으로 볼 수 있고, 그 밖에 주민등록법 제17조의8 제2항 본문, 제17조의10 제1항, 경찰법 제3조 및 경찰관직무집행법 제2조에도 근거하고 있다."

6) 헌법재판소 2005. 5. 26. 선고 99헌마513등 결정에서 과잉금지원칙에 관한 판단요지는 다음과 같다. "범죄자 등 특정인의 지문정보만 보관해서는 17세 이상 모든 국민의 지문정보를 보관하는 경우와 같은 수준의 신원확인기능을 도저히 수행할 수 없는 점, 개인별로 한 손가락만의 지문정보를 수집하는 경우 그 손가락 자체 또는 지문의 손상 등으로 인하여 신원확인이 불가능하게 되는 경우가 발생할 수 있고, 그 정확성 면에 있어서도 열 손가락 모두의 지문을 대조하는 것과 비교하기 어려운 점, 다른 여러 신원확인수단 중에서 정확성·간편성·효율성 등의 종합적인 측면에서 현재까지 지문정보와 비견할만한 것은 찾아보기 어려운 점 등을 고려해 볼 때, 이 사건 지문날인제도는 피해 최소성의 원칙에 어긋나지 않는다. 이 사건 지문날인제도로 인하여 정보주체가 현실적으로 입게 되는 불이익에 비하여 경찰청장이 보관·전산화하고 있는 지문정보를 범죄수사활동, 대형사건사고나 변사자가 발생한 경우의 신원확인, 타인의 인적사항 도용 방지 등 각종 신원확인의 목적을 위하여 이용함으로써 달성할 수 있게 되는 공익이 더 크다고 보아야 할 것이므로, 이 사건 지문날인제도는 법익의 균형성의 원칙에 위배되지 아니한다."

이 사건 시행령조항과 같은 내용의 구 시행령조항 및 경찰청장이 주민등록증 발급신청서에 날인되어 있는 지문정보를 보관하고, 이를 전산화하여 범죄수사목적에 이용하는 행위가 과잉금지원칙에 위반되지 않는다고 판단하였다. 이 사건 법률조항이 과잉금지원칙에 위반되는지 여부에 대해서는 위 99헌마513등 결정과 2011헌마731 결정에서 판단하지 아니하였으나, 열 손가락 지문을 날인하도록 한 이 사건 시행령조항과 이 사건 보관등행위는 불가분의 일체를 이루어 지문정보의 수집 · 보관 · 전산화 · 이용이라는 넓은 의미의 지문날인제도를 구성하는 것이어서,[8] 이 사건 시행령조항과 이 사건 보관등행위의 법률상 근거가 되는 이 사건 법률조항 또한 마찬가지로 넓은 의미의 지문날인제도를 구성한다고 할 것이고, 또한 이 사건 법률조항은 열 손가락 지문을 요구하지 않는다는 점을 제외하고는 이 사건 시행령조항과 기본권 제한의 내용에 큰 차이가 없으므로, 이 사건 시행령조항 및 이 사건 보관등행위가 과잉금지원칙에 위반되지 않는다고 본 선례의 설시는 이 사건 법률조항에 대해서도 그대로 타당하다.

라. 이 사건 규칙조항에 대한 법률유보원칙 및 과잉금지원칙 위반여부

'개인정보 보호법' 제15조 제1항 제3호는 공공기관이 법령 등에서 정하는 소관 업무의 수행을 위하여 불가피한 경우 개인정보를 수집할 수 있고, 그 수집 목적의 범위에서 이용할 수 있도록 하고 있는 점, 같은 법 제18조 제2항 제7호는 범죄의 수사와 공소의 제기 · 유지를 위하여 필요한 경우에는 개인정보처리자는 정보주체 또는 제3자의 이익을 부당하게 침해할 우려가 없는 한 개인정보를 목적 외의 용도로 이용하거나 이를 제3자에게 제공할 수 있다고 규정하고 있는 점, '국가경찰과 자치경찰의 조직 및 운영에 관한 법률'과 '경찰관 직무집행법'이 국민의 생명 · 신체 및 재산의 보호, 범죄의 예방 · 진압 및 수사 등을 경찰의 임무로 규정하고 있는 점 등까지 아울러 고려하면, 시장 · 군수 · 구청장이 주민등록증 발급신청서를 관할 경찰서의 지구대장 또는 파출소장에게 보내도록 한 이 사건 규칙조항이 법률유보원칙에 위반된다고 볼 수 없다. 이 사건 법률조항, 이 사건 시행령조항 및 이 사건 보관등행위와 마찬가지의 이유로, 이 사건 규칙조항도 과잉금지원칙에 위반되지 않는다.

---

7) 헌법재판소 2015. 5. 28. 선고 2011헌마731 결정의 요지는 다음과 같다. "이 사건 시행령조항은 신원확인 기능의 효율적 수행을 도모하고, 신원확인의 정확성 내지 완벽성을 제고하기 위하여 열 손가락 지문 전부를 주민등록증 발급신청서에 날인하도록 규정하고 있는바, 지문정보가 유전자, 홍채, 치아 등 다른 신원확인수단에 비하여 간편하고 효율적이며, 일정한 범위의 범죄자나 손가락 일부의 지문정보를 수집하는 것만으로는 열 손가락 지문을 대조하는 것과 그 정확성 면에서 비교하기 어렵다는 점 등을 고려하면, 이 사건 시행령조항이 과도하게 개인정보자기결정권을 침해하였다고 볼 수 없다."

8) 헌법재판소 2005. 5. 26. 선고 99헌마513등 결정.

3. 해설

가. 쟁점

이 결정에서의 쟁점은 첫째로 지문날인제도 즉 열 손가락 지문을 날인하도록 한 이 사건 시행령조항이 법률유보원칙과 과잉금지원칙을 위반하지는 않았는지, 둘째로 경찰청장이 지문정보를 보관·전산화하고 이를 범죄수사목적에 이용하는 이 사건 보관등행위와 이를 가능하게 한 이 사건 시행규칙조항이 법률유보원칙에 반하는 것은 아닌지에 있다. 특히 법률유보원칙에 관한 판단은 본 결정에서 핵심으로 재판관 간 의견이 일치가 이뤄지지 못했다.[9] 이하에서는 이 사건 보관등행위와 이 사건 시행규칙조항의 법률유보원칙 위반여부를 중심으로 검토한다.

나. 법률유보의 원칙

헌법은 국민의 모든 자유와 권리는 국가안전보장·질서유지 또는 공공복리를 위하여 필요한 경우에 한하여 법률로써 제한할 수 있으며, 제한하는 경우에도 자유와 권리의 본질적인 내용을 침해할 수 없다고 정하고 있다(제37조 제2항). 법률유보원칙은 헌법상 기본원리인 민주주의원리, 법치국가원리, 기본권보장원리에서 비롯된다. 행정기본법도 행정에 있어서서 법률유보원칙을 명문으로 규정하고 있다.[10] 이는 헌법상 보장된 국민의 자유나 권리를 제한할 때 그 제한의 본질적인 사항은 입법자가 법률로써 스스로 규율하여야 한다는 헌법재판소의 일관된 입장[11]을 입법화한 것이다. 법률유보원칙은 행정입법의 한계를 정한다. 즉 본래 법률로 정할 사항을 위임에 따라 행정기관이 정하는 것이므로 반드시 법률에 근거가 필요하며, 구체적으로 내용·목적·적용기준·범위 등을 명확히 정하여 수권하여야 한다. 또한 의회유보의 관점에서 개인의 기본권보장에 중요하고 본질적인 사항은 반드시 법률로 규정하여야 한다.[12]

---

9) 이 결정에서는 규칙조항에 대한 심판청구에 관하여 재판관 김기영, 재판관 문형배, 재판관 이미선, 재판관 정형식이 인용의견, 시행령조항에 대하여 재판관 김기영이 반대의견, 이 사건 보관등행위에 대하여 재판관 김기영, 재판관 문형배, 재판관 이미선, 재판관 정형식이 반대의견을 제시하였다. 헌법재판소 2005. 5. 26. 선고 99헌마513 등 결정에서는 시행령조항 및 경찰청장의 보관등 행위에 대하여 재판관 송인준, 재판관 주선회, 재판관 전효숙의 반대의견이 있었으며, 헌법재판소 2015. 5. 28. 선고 2011헌마731 결정에서는 시행령조항에 대하여 재판관 이정미, 재판관 김이수, 재판관 이진성의 반대의견이 있었다.

10) 행정기본법[시행 2025. 9. 19.] [법률 제20824호, 2025. 3. 18., 일부개정] 제8조(법치행정의 원칙) 행정작용은 법률에 위반되어서는 아니 되며, 국민의 권리를 제한하거나 의무를 부과하는 경우와 그 밖에 국민생활에 중요한 영향을 미치는 경우에는 법률에 근거하여야 한다.

11) 헌법재판소 2023. 9. 26. 선고 2020헌바575 결정 등.

다. 주민등록법상 지문날인제도

우리나라는 1962. 5. 10. "주민의 거주관계를 파악하고 상시로 인구의 동태를 명확히 하여 행정사무의 적정하고 간이한 처리를 도모하려는" 목적으로 「주민등록법」을 제정 · 시행하였다. 이후 1968. 5. 29. 18세 이상의 주민에 대해 주민등록증을 발급할 수 있도록 개정하였고(제17조의8), 나아가 주민등록증에 우무인(右拇印)을 찍도록 함으로써 전국민을 대상으로 하는 지문날인제도를 도입했다. 지문날인의 법적 근거를 마련하기 위하여 1968. 9. 16. 개정 주민등록법 시행령 제32조 제2항에서 주민등록증발급신청서와 주민등록용지에 양손 무지지문(拇指指紋)을 날인할 것을 명시하였으며, 1975. 8. 26. 개정 주민등록법 시행령에서는 주민등록발급신청서에 열 손가락 지문을 모두 날인하도록 규정하였다. 그런데 법률상 '지문'이라는 표현이 사용된 것은 1997. 12. 17. 개정 주민등록법 제17조의8 제2항에서 주민카드에 수록할 사항 중의 하나로 '지문'을 규정하면서부터이고, 1999. 5. 24. 개정 주민등록법에서는 같은 조항에서 주민등록증에 수록할 사항의 하나로 '지문'을 규정했다.[13)]

라. 경찰청장의 지문정보 보관·전산화 및 범죄수사목적 이용과 법률유보

경찰청은 개인의 인적 사항, 열 손가락 지문 등이 포함되어 있는 주민등록증발급신청서를 고속의 대용량컴퓨터에 이미지 형태로 입력하고, 이렇게 보관 · 전산화된 지문정보를 우선 범죄수사활동에 이용하고 있다. 경찰청장이 본래 시장 · 군수 또는 구청장이 관장하는 주민등록에 관한 사무와 관련하여 수집된 지문정보를 송부받아 이를 보관하는 것은 개인정보자기결정권을 제한하는 것이므로 그 법률적 근거가 필요하다. 개인의 지문정보는 만인부동 · 종생불멸의 특징을 지니고 있기 때문에 개인의 고유성 · 동일성을 나타내는 중요한 정보이다. 고도정보화사회에서는 지문정보의 오 · 남용으로 인해 국민 개인의 기본적 인권이 침해될 가능성이 크다. 따라서 지문정보의 수집 · 보관 · 이용에 관한 사항은 법률유보사항으로 그 주체 · 목적 · 대상 · 범위 등을 명확하게 구체적으로 규정되고, 그 해석 또한 엄격하게 하여 지문정보의 수집범위가 필요최소한의 범위 내에서 이루어질 수 있도록 하여야 한다.

---

12) 헌법재판소 1999. 5. 27. 선고 98헌바70 결정. 오늘날 법률유보원칙은 단순히 행정작용이 법률에 근거를 두기만 하면 충분한 것이 아니라, 국가공동체와 그 구성원에게 기본적이고도 중요한 의미를 갖는 영역, 특히 국민의 기본권실현과 관련된 영역에 있어서는 국민의 대표자인 입법자가 그 본질적 사항에 대해서 스스로 결정하여야 한다는 요구까지 내포하고 있다(의회유보원칙).

13) 헌법재판소 2015. 5. 28. 선고 2011헌마731 결정; 권건보, "지문날인제도의 현황과 헌법적 문제점의 검토"(주 1), 49면; 이희훈, "우리나라 주민등록법령상 지문날인제도의 쟁점 및 개선 방향"(주 1), 190면.

경찰청장이 주민등록증발급신청서상 개인의 지문정보를 수집 · 보관하고자 하는 경우에 국회가 제정한 법률로 그 수집 · 보관의 목적 · 대상 · 범위 · 기한 등 요건이 구체적으로 특정되어야 한다. 주민등록법 제24조제2항은 경찰청장이 지문정보를 보관 · 전산화하고 범죄수사 목적에 이용할 수 있는 근거가 되기 어렵다.

개인정보 보호법은 공공기관이 법령 등에서 정하는 소관 업무의 수행을 위하여 불가피한 경우 개인정보를 수집할 수 있고 그 수집 목적의 범위에서 이용할 수 있도록 하고 있다(제15조 제1항 제3호). 또한 같은 법 제18조 제2항 제7호는 범죄의 수사와 공소의 제기 및 유지를 위하여 필요한 경우 개인정보를 제공받을 수 있도록 정하고 있다. 결국 개인정보 보호법 제15조 제1항 제3호 및 제18조 제2항 제7호는 수사기관에서 향후 범죄수사를 위하여 사전에 주민등록증 발급신청서상 지문정보를 모두 송부받고 이를 전산화하여 범죄수사목적으로 활용할 수 있도록 하는 법률적 근거가 되기 어렵다. 또한 국가경찰과 자치경찰의 조직 및 운영에 관한 법률 제3조는 경찰의 임무를 일반적으로 규정한 것에 불과하고, 경찰관 직무집행법 제2조 또한 경찰관의 일반적인 직무의 범위를 규정한 것에 불과하다. 이러한 법률규정들이 경찰청장으로 하여금 구체적인 범죄수사나 신원확인의 필요성과 상관없이 17세 이상 모든 국민의 주민등록증 발급신청서상 지문원지를 송부 받아 보관할 수 있는 근거규정으로 해석하기는 어려울 것이다. 경찰청장은 지문정보를 취득할 법률적 근거가 없고, 따라서 피청구인이 지문정보의 취득을 전제로 이를 보관 · 전산화하고 이를 범죄수사목적에 이용하는 행위 또한 법률적 근거가 없다고 봄이 타당하겠다.

마. 이 사건 규칙조항(주민등록증 발급신청서의 송부)과 법률유보

이 사건 규칙조항은 주민등록증 발급신청서를 받은 시장 · 군수 · 구청장으로 하여금 주민등록증 발급신청서 집계표와 함께 다음 달 5일까지 주민등록지를 관할하는 경찰서의 지구대장 또는 파출소장에게 보내도록 하고 있다. 그런데 주민등록법 제2조 제1항은 특별자치시장 · 특별자치도지사 · 시장 · 군수 또는 자치구의 구청장이 주민등록에 관한 사무를 관장하도록 하고, 같은 법 제3조 제1항은 행정안전부장관에게 주민등록에 관한 사무의 지도 · 감독을 하도록 하고 있는바, 행정안전부장관 소속으로 치안에 관한 사무를 관장하는 경찰청(국가경찰과 자치경찰의 조직 및 운영에 관한 법률 제12조)은 시장 · 군수 · 구청장과 독립된 기관이다. 따라서 시장 · 군수 · 구청장이 자신의 사무인 주민등록에 관하여 취득한 개인정보를 별도의 기관인 경찰청 소속의 경찰서 지구대장 또는 파출소장에게 송부하는 행위는 기관 내부적인 행위에 불과한 것이 아니라 정보주체의 개인정보자기결정권을 제한하는 새로운 행위에 해당한다. 따라서 이에 대하여는 법률상 근거가 필요하다. 주민등록법은 주민등록 사무 내지 주민등록과 관련한 개인정보의 수집 · 이용에 관한 권한을 경찰청이나 각급 경찰기관에게 부여하는 규정을 두고 있지 않는바, 이 사건 규칙조항은 법률유보원칙에 반하는 규정이라 할 것이다.

4. 결정의 의의

이 결정에서 기각의견은 선례(헌재 2005. 5. 26. 선고 99헌마513등 결정; 헌재 2015. 5. 28. 선고 2011헌마731 결정)의 논거를 인용하여 법률유보원칙에 위반되지 않는다는 점을 강조하고 있다.[14] 헌법재판소가 법률유보원칙에 관하여 표명해 온 일관된 입장인 "헌법상 보장된 국민의 자유나 권리를 제한할 때 그 제한의 본질적인 사항은 입법자가 법률로써 스스로 규율하여야 한다", "행정입법은 본래 법률로 정할 사항을 위임에 따라 행정기관이 정하는 것이므로 반드시 법률에 근거가 필요하며, 구체적으로 내용 · 목적 · 적용기준 · 범위 등을 명확히 정하여 수권하여야 한다"는 내용에 비춰볼 때 이 결정은 법률유보원칙을 상당히 완화하여 적용한 것으로 사료된다. 물론 다수의 재판관이 인용의견을 제시하였으나, 개인정보 보호법의 제정, 행정기본법의 제정 등을 통하여 개인정보자기결정권의 세분화와 법률유보원칙의 구체화 등의 관련 법제와 환경의 변화에도 불구하고 이에 대한 검토가 우선되기보다 헌법재판소 자체의 선례가 중심이 되어 선례 적용에 보다 많은 지면을 할애한 것은 지능정보사회의 급변하고 있는 기술과 서비스 및 환경을 다소 수용하지 못했다는 측면에서 아쉬움이 있다. 과거의 선례보다 현재와 미래의 가치에 대한 고려도 균형적으로 이뤄질 필요가 있다고 사료된다.

14) 강일신, "헌법판례활용논증", 헌법재판연구, 제10권 제1호(2023. 6), 301-327면.

61 온라인 플랫폼 종사자의 근로자성 및 서비스 운영주체의 사용자성 판단

대법원 2024. 7. 25. 선고 2024두32973 판결[1)]

박종준 (강원대학교 법학전문대학원 교수)

1. 사안의 개요

원고는 2011. 10. 31. 설립되어 자동차대여업 등을 영위하는 법인이고, □□□ 주식회사(이하 '소외 1 회사')는 2011. 1. 28. 설립되어 소프트웨어 개발업 등을 영위하는 법인이다. ◇◇◇ 주식회사(이하 '소외 2 회사')는 2017. 6. 29. 설립되어 인력공급업 등을 영위하는 법인이다. 원고는 소외 1 회사를 100% 자회사로 인수하고 2018. 10. 8. △△ 서비스를 개시하였

1) [참조 및 관련 판례] 대법원 1996. 8. 23. 선고 95누11238 판결(공1996하, 2884); 대법원 1999. 2. 9. 선고 97다56235 판결(공1999상, 451); 대법원 2006. 12. 7. 선고 2004다29736 판결(공2007상, 104); 대법원 2008. 10. 23. 선고 2007다7973 판결; 대법원 2023. 8. 18. 선고 2019다252004 판결(공2023하, 1640).
[관련 평석 및 문헌] 권혁, "2024년 노동법 주요 판례 회고", 안암법학 통권 제70호, 무지개출판사, 2025; 손동환, "플랫폼 노무제공자의 근로자성과 경쟁법상 시사점 대법원 2024. 7. 25. 선고 2024두32973 판결과 대법원 2024. 9. 27. 선고 2020다267491 판결", 경쟁저널 제226호, 한국공정경쟁연합회, 2025; 강경미, "온라인 플랫폼 종사자의 근로자성 및 사용자성 판단(2024. 7. 25. 선고 2024두32973 판결 공2024하 1504)", 대법원판례해설 제141호, 법원도서관, 2024; 방강수, "타다 사건이 남긴 근로자성과 사용자성의 새로운 판단방법 – 대법원 2024. 7. 25. 선고 2024두32973 판결", (월간)노동리뷰 통권 237호, 한국노동연구원, 2024; 정기호, "2024년 화제의 노동 판결 ③ 디지털 플랫폼을 활용한 사업에 종사한 근로자를 근로기준법상 근로자로 인정한 첫 대법원 판결 – 대법원 2024 7 25 선고 2024두32973 판결", 노동법률 통권 404, 중앙경제사, 2025; 진창수, "2024년 분야별 중요판례분석 21 노동법 플랫폼 종사자의 근로자성에 관해 명시적으로 견해를 밝힌 최초의 대법원 판결", 法律新聞社, 2025; 전다운, "온라인 플랫폼을 매개로 운전업무를 수행하는 노무제공자의 근로기준법상 근로자성 대법원 2024. 7. 25. 선고 2024두32973 판결", 민주사회를 위한 변론 Vol. 118, 민주사회를 위한 변호사모임, 2023; 한권탁, "플랫폼 노동 종사자의 근로자성 판단기준과 보호방안 – 대상판결 : 대법원 2024. 7. 25. 선고 2024두32973 판결 –", 가천법학 제17권 제3호, 가천대학교, 2024; 고수현, "프리랜서 타다 기사의 근로기준법상 근로자성과 그 사용자 판단 대법원 2024. 7. 25. 선고 2024두32973 판결을 소재로", 노동법학 통권93호, 한국노동법학회, 2025; 박태우, "타다 드라이버의 근로자성과 사용자 판단 대법원 2024. 7. 25. 선고 2024두32973 판결", 일감법학 제61호, 건국대학교 법학연구소, 2025 등.

다. △△ 서비스는 자동차대여사업자인 원고가 소외 1 회사가 개발하여 운영하는 모바일 애플리케이션(이하 '△△ 앱')을 기반으로 하여 △△ 앱을 스마트폰에 설치하고 가입한 회원(이하 '이용자')에게 원고가 소유하는 11인승 승합차(이하 '△△ 차량')를 대여하고 이용자에게 운전용역을 제공할 운전기사를 알선해 주는 '기사 알선 포함 차량 대여서비스'이다. 원고가 이용자에게 임대한 차량을 운전하는 업무를 수행하는 운전기사(이하 '△△ 드라이버')는 파견회사로부터 파견받은 운전기사(이하 '파견 드라이버')와 소외 2 회사와 같은 협력업체와 '드라이버 프리랜서 계약'을 체결하고 운전업무를 수행하는 운전기사(이하 '프리랜서 드라이버')로 나누어지는데, 피고보조참가인(이하 '참가인')은 2019. 5. 23. 소외 2 회사와 '드라이버 프리랜서 계약'을 체결하고 프리랜서 드라이버로서 원고가 이용자에게 임대한 차량을 운전하는 업무를 하였다.

소외 2 회사는 2019. 7. 12. △△ 드라이버들의 카카오톡 단체 대화방에 2019. 7. 15.자로 인원 감축을 한다는 내용의 메시지를 게시하여 공지하였다(이하 '이 사건 인원 감축 통보'). 위 메시지에 기재된 '향후 배차될 △△ 드라이버 22명의 명단'에 참가인은 포함되어 있지 않았다. 이에 참가인은 2019. 10. 7. 서울지방노동위원회에 이 사건 인원 감축 통보가 부당해고에 해당한다고 주장하면서 소외 1 회사를 상대로 부당해고 구제신청을 하였다(이하 '이 사건 구제신청'). 참가인은 2019. 10. 10. 당사자변경신청을 통해 소외 2 회사를 피신청인으로 추가하였다가 2019. 11. 26. 당사자변경신청을 통해 피신청인을 소외 1 회사만으로 변경하였고, 2019. 12. 3. 재차 당사자변경신청을 통해 원고와 소외 2 회사를 피신청인으로 추가하였다. 서울지방노동위원회는 2019. 12. 26. 참가인은 근로기준법에서 정한 근로자에 해당하지 않는다는 이유로 이 사건 구제신청을 각하하였다.

참가인은 이에 불복하여 2020. 2. 6. 중앙노동위원회에 재심을 신청하였는데, 중앙노동위원회는 2020. 5. 28. '참가인은 임금을 목적으로 종속적인 관계에서 근로를 제공한 근로기준법상 근로자에 해당하고, 소외 1 회사와 소외 2 회사는 참가인의 사용자에 해당하지 않으나, 원고는 참가인을 실질적인 지휘·감독한 사용자에 해당하며, 이 사건 인원 감축 통보는 해고에 해당하고 근로기준법 제27조에서 정한 서면통지의무를 위반하였으므로 부당해고에 해당한다.'는 이유로 이 사건 구제신청 중 원고를 상대로 한 부분은 인용하고(원고의 2019. 7. 15. 해고는 부당해고임을 인정하고, 원고는 재심판정서를 송달받은 날부터 30일 이내에 참가인이 해고기간에 정상적으로 근로하였다면 받을 수 있었던 임금 상당액을 지급하라는 내용), 소외 1 회사 및 소외 2 회사를 상대로 한 부분은 기각하였다(이하 '이 사건 재심판정'). 이에 원고는 이 사건 재심판정을 취소해달라는 취지의 소송을 제기하였다.

2. 판결의 요지

가. 원심판결(서울고등법원 2023. 12. 21. 선고 2022누56601 판결)

원심은 우선 제척기간 도과여부와 관련하여 부당해고등 구제신청절차에서 신청인이 피신청인을 잘못 지정한 경우 노동위원회는 피신청인 변경을 허용할 수 있고, 이 때 제척기간 준수 여부는 최초 구제신청이 이루어진 시점을 기준으로 판단하여야 한다고 보았다. 이에 따라 참가인의 최초 구제신청이 이 사건 인원 감축 통보에 따른 인원 감축 시행일인 2019. 7. 15.로부터 3개월 내인 2019. 10. 7.에 이루어진 이상, 원고를 피신청인으로 추가하는 당사자변경신청이 위 3개월이 지난 이후에 이루어졌다고 하더라도 제척기간을 준수하였다고 보아야 하므로, 제척기간이 경과하였다는 원고의 주장을 받아들일 수 없다고 판단했다. 다음으로 참가인이 근로기준법상 근로자인지 여부와 관련해서는, 참가인의 업무 내용이 기본적으로 △△ 서비스 운영자가 △△ 앱 등을 통하여 만들어 놓은 틀 안에서 정해졌고, 참가인이 그러한 틀을 벗어나 자신의 업무 내용을 스스로 정할 수 있는 부분은 없었다는 점, 참가인이 노무 제공 과정에서 △△ 앱 등을 통하여 업무수행방식, 근태관리, 복장, 고객 응대, 근무실적 평가 등 업무 관련 사항 대부분에 관하여 구체적인 지휘·감독을 받았다는 점, 근무수락 여부, 근무시간 등에 관하여 참가인에게 자유로운 선택권이 있었다고 할 수 없다는 점, 참가인이 겸업이 가능하다는 것은 근로기준법상 단기간 근로자에게도 흔히 나타나는 특성이므로 참가인의 근로자성을 부정할 사정이 되지 못한다는 점, 참가인이 운전용역의 수행 횟수와 무관하게 근무한 시간에 따라 대가를 지급받았으므로 보수는 근로 자체의 대가적 성격을 가지고 있었다는 점 등을 종합적으로 고려하여, 참가인의 경우 종속적인 관계에서 근로를 제공한 근로기준법상 근로자에 해당한다고 보았다. 더 나아가 참가인의 사용자는 △△ 서비스를 운영하면서 실질적으로 참가인을 지휘·감독하며 참가인으로부터 근로를 제공받아 온 원고라고 보는 것이 타당하다고 판단하였다. 따라서 이 사건 인원 감축 통보로 참가인을 해고하면서 해고사유와 해고시기를 서면으로 통지하지 않은 것은 근로기준법 제27조를 위반하여 그 효력이 없고, 해고기간 임금 상당액의 지급을 명한 이 사건 재심판정은 적법하다는 결론을 내리고 이에 따라 제1심판결을 취소하고 원고의 청구를 기각하는 판결을 내렸다.

나. 대법원 판결

[1] 부당해고 등의 불이익처분에 대하여 민사소송을 통한 통상적인 권리 구제방법과 차별화되는 노동위원회의 행정적 구제절차가 가지는 고유한 취지와 목적을 고려하여야 한다는

점, 부당해고 등의 불이익처분에 대한 노동위원회의 행정적 구제절차의 목적과 의의, 다변화되어 가고 있는 현대의 고용형태에 있어서 경제적으로 열악한 지위에 놓여 있을 가능성이 큰 근로자의 입장에서 노동위원회의 구제절차를 이용할 필요성이 더욱 크다는 점, 피신청인을 추가하거나 변경할 사정이 발생하였는데도 제척기간이 이미 도과하였다는 이유로 구제를 거부한다면 노동위원회 구제절차를 둔 취지와 목적을 달성하지 못하게 된다는 점 등을 고려할 때, 부당해고 등 구제절차에서 최초 구제신청의 대상이 된 불이익처분을 다투는 범위에서 피신청인의 추가·변경이 허용되고, 이때 근로기준법 제28조 제2항의 제척기간 준수 여부는 최초 구제신청이 이루어진 시점을 기준으로 판단하여야 한다.

[2] 협력업체 관리와 드라이버의 지휘·감독 업무를 수행한 을 회사(소외 1 회사)는 위 서비스의 일부 업무를 독립하여 수행하였다기보다 위 서비스 운영자인 자동차대여사업자인 갑 주식회사(원고)를 위해 위 업무를 대행하였다고 평가할 수 있고, 프리랜서 드라이버를 모집하여 갑 회사에 공급한 병 주식회사(소외 2 회사)는 프리랜서 드라이버의 구체적인 업무내용을 별도로 결정하거나 프리랜서 드라이버의 업무 수행을 독자적으로 관리·감독할 자료나 수단을 보유하지 않았던 점, 정(참가인)에게 적용될 별도의 취업규칙이나 복무규정은 없었으나 을 회사가 제작하여 협력업체에 배포한 교육자료 등이 사실상 정이 운전업무를 수행할 때 준수해야 하는 복무규정으로 기능하였고 을 회사가 갑 회사를 대신하여 드라이버의 근태를 관리·감독한 점, 운전업무를 수행할 근무시간, 근무장소(차고지)는 갑 회사를 대행한 을 회사가 최종적으로 결정했다고 보는 것이 타당하고, 정이 임의의 시간과 장소에서 근무할 수 없었으며, 정이 이용자를 선택하거나 이용자도 드라이버를 임의로 선택할 수 없었고, 정이 호출 수락 여부, 휴식, 업무 종료를 자유롭게 선택할 수 있었다고 보기 어려운 점, 정이 제3자에게 운전업무를 대신 수행하게 하는 등 추가적인 이윤 창출을 할 수 없었고, 정이 운전업무에 사용한 차량과 비품은 모두 갑 회사의 소유였으며, 세차비, 주유비 등 부대비용 일체를 갑 회사가 부담한 점, 정이 기본급이나 고정급을 지급받지 않았고 근로소득세를 원천징수당하지 않았다는 사정은 온라인 플랫폼을 매개로 한 노무제공의 특성 때문이므로 이에 큰 의미를 두기 어려운 데다가, 정의 보수는 근로 자체의 대가라고 볼 수 있고, 정이 배차받은 운행시간 내에서는 '기사 알선 포함 차량 대여서비스'의 운전업무만 수행할 수 있어 근로시간이 짧았을 뿐 갑 회사에 대한 전속성이 낮았다고 보기는 어려운 점 등을 종합하면, 병 회사가 운전기사로 공급한 정이 갑 회사가 운영하는 '기사 알선 포함 차량 대여서비스'를 위해 그 지휘·명령을 받아 갑 회사의 차량 운전업무를 수행하였으므로 정은 종속적인 관계에서 갑 회사에 근로를 제공하였다고 볼 수 있다는 이유로, 정은 근로기준법상 근로자에 해당하고 사용자는 갑 회사이다.

3. 해설

가. 근로기준법 제28조 제2항의 제척기간 준수 여부

본 사건은 중앙노동위원회가 2020. 5. 28. 원고와 참가인 사이의 부당해고 구제 재심신청 사건에 관하여 한 재심판정을 취소해달라는 것을 청구취지로 하고 있다. 주지하다시피 부당해고와 관련된 분쟁은 필수적 행정심판 전치주의가 적용되며, 이에 따라 노동위원회 내부의 2심 절차를 모두 거쳐야 한다. 근로기준법 제28조는 이러한 '부당해고등의 구체신청'에 관한 근거로서 사용자가 근로자에게 부당해고등을 하면 근로자는 노동위원회에 구제를 신청할 수 있고(제1항), 이러한 구제신청은 부당해고등이 있었던 날부터 3개월 이내에 하여야 한다고 규정하여 부당해고등의 구체신청기간을 명시하고 있다. 동 규정과 관련하여 기존 대법원 판례는 "부당노동행위에 대한 행정적 구제절차에 있어서 그 심사대상은 구제신청의 대상이 된 부당노동행위를 구성하는 구체적 사실에 한정되므로, 부당노동행위 등에 대한 구제신청기간은 근로자가 부당노동행위라고 주장하는 구체적 사실이 발생한 날이나 근로기준법 제27조의3 소정의 해고 등 사용자의 불이익처분이 있은 날(다만 계속하는 행위인 경우에는 그 종료일)로부터 기산되고, 해고 등 불이익처분에 대하여 근로자가 취업규칙 등의 규정에 따른 재심절차를 밟고 있다고 하더라도 그 결론을 달리할 수 없으며, 구제신청기간은 이와 같이 신속·간이한 행정적 구제절차로서의 기능을 확보하기 위한 것이므로 그 기간이 경과하면 그로써 행정적 권리구제를 신청할 권리는 소멸한다."[2]고 판시하여 제척기간으로서의 법적 의의를 가지는 부당노동행위 등에 대한 구제신청기간의 기산점 및 그 구제신청기간 경과의 효과를 밝힌 바 있다.

본 사건은 이러한 근로기준법 제28조 제2항의 적용과 관련하여 근로자의 구제신청 이후 노동위원회의 직권조사나 심문과정 등에서 실질적인 사용자가 밝혀진 경우 등과 같이 피신청인을 추가하거나 변경할 사정이 발생한 경우 제척기간의 적용 문제에 관한 법리를 추가적으로 제시하였다는 점에서 적지 않은 법적 의의를 가지고 있다. 판례는 민사소송을 통한 통상적인 권리 구제방법에 따른 소송절차의 번잡성, 절차의 지연, 과다한 비용부담 등의 폐해를 지양하고 신속·간이하며 경제적이고 탄력적인 권리구제를 도모하기 위한 부당해고 등의 불이익처분에 대한 노동위원회의 행정적 구제절차의 목적과 취지를 확인한 다음, 이를 위해 노동위원회의 직권 사실조사와 관계당사자 및 증인에 대한 심문(근로기준법 제29조, 노동위원회법 제23조, 노동위원회규칙 제43조, 제46조 등), 사업주 표시를 포함하여 구제신청서 기재 사항의 일부 누락이나 불명확한 내용에 대한 보정 요구(노동위원회규칙 제41조), 동일 절차 내에

2) 대법원 1996. 8. 23. 선고 95누11238 판결.

서의 신청취지 추가·변경 승인(노동위원회규칙 제42조) 등의 여러 제도를 두고 있음을 지적하고 있다. 갈수록 다변화되어 가고 있는 현대의 고용형태 구조에 있어서 자신의 사용자가 누구인지를 처음부터 정확하게 특정하기 어려운 근로자의 열악한 지위를 고려한다면, 근로자의 구제신청 이후 노동위원회의 직권조사나 심문과정 등에서 실질적인 사용자가 밝혀진 경우 등과 같이 피신청인을 추가하거나 변경할 사정이 발생하였는데도 제척기간이 이미 도과하였다는 이유로 구제를 거부한다면 앞서 제시한 노동위원회 구제절차를 둔 취지와 목적을 달성하지 못하게 된다는 것이 대법원의 판단이다. 물론 이 과정에 있어서도 피신청인의 추가·변경은 최초 구제신청의 대상이 된 불이익처분을 다투는 범위로 한정되어야 하고, 노동위원회는 새로운 피신청인에게 주장의 기회를 충분히 부여하여야 한다는 단서를 부여하고 있다. 이러한 판례의 입장은 노동위원회 제도의 실효성 확보 차원에서 한걸음 더 나아가 급격한 정보통신기술의 발전에 따른 노동시장의 구조적 변화까지 고려하고 있다는 점에서 긍정적인 평가가 제시되고 있다.[3)]

나. 온라인 플랫폼 종사자의 근로자성 및 서비스 운영주체의 사용자성 판단

근로기준법은 근로자의 개념을 "직업의 종류와 관계없이 임금을 목적으로 사업이나 사업장에 근로를 제공하는 사람"(제2조 제1항 제1호)으로, 사용자의 개념을 "사업주 또는 사업 경영 담당자, 그 밖에 근로자에 관한 사항에 대하여 사업주를 위하여 행위하는 자"(제2조 제1항 제2호)로 정의하고 있다. 하지만 이러한 입법상의 일반적인 개념 정의만으로는 다종다양한 영역에서 광범위한 형태로 나타나고 있는 근로자와 사용자의 범주를 포섭하는 것은 매우 어려운 일이다. 이에 더하여 AI·데이터 등에 기반한 혁신적 정보통신기술의 급격한 발전은 근로자와 사용자의 개념 포섭을 더욱 어렵게 하고 있다. 이러한 근로자성과 사용자성의 구체적인 방향성과 내용을 가늠해 나가는 역할은 학설과 판례에 오롯이 맡겨져 있으며, 이때 핵심적인 개념 징표로 제시되고 있는 것이 사용종속관계이다. 대법원은 "근로기준법상 근로자에 해당하는지는 계약의 형식이 고용계약, 도급계약 또는 위임계약인지보다 근로제공관계의 실질이 사업 또는 사업장에 임금을 목적으로 종속적인 관계에서 근로를 제공한 것인지 여부에 따라 판단"해야 하고, 여기에서 "종속적인 관계인지는, 업무 내용을 사용자가 정하고 취업규칙 또는 복무(인사)규정 등의 적용을 받으며 업무수행과정에서 사용자가 상당한 지휘·감독을 하는지, 사용자가 근무시간과 근무장소를 지정하고 근로자가 이에 구속을 받는지, 노무제공자가 스스로 비품·원자재나 작업도구 등을 소유하거나 제3자를 고용하여 업무를 대행하게 하는 등 독립하여 자신의 계산으로 사업을 영위할 수 있는지, 노무제공을 통한 이윤

---

3) 권혁, "2024년 노동법 주요 판례 회고", 안암법학 통권 제70호, 무지개출판사, 2025, 285면 등.

창출과 손실 초래 등 위험을 스스로 안고 있는지와 보수의 성격이 근로 자체의 대상적 성격인지, 기본급이나 고정급이 정하여졌는지 및 근로소득세의 원천징수 여부 등 보수에 관한 사항, 근로제공관계의 계속성과 사용자에 대한 전속성의 유무와 정도, 사회보장제도에 관한 법령에서 근로자로서 지위를 인정받는지 등의 경제적·사회적 여러 조건을 종합하여 판단해야 한다"는 법리를 일관되게 적용하고 있으며,[4] 본 사건에 있어서도 이는 동일하다. 이에 더하여 "다만 기본급이나 고정급이 정하여졌는지, 근로소득세를 원천징수하였는지, 사회보장제도에 관하여 근로자로 인정받는지 등의 사정은 사용자가 경제적으로 우월한 지위를 이용하여 임의로 정할 여지가 크다는 점에서 그러한 점들이 인정되지 않는다는 것만으로 근로자성을 쉽게 부정해서는 안 된다"는 유의점 또한 밝히고 있다.[5] 사용자성의 판단 또한 "어떤 근로자에 대하여 누가 임금 등의 지급의무를 부담하는 사용자인가를 판단할 때에도 계약의 형식이나 관련 법규의 내용에 관계없이 실질적인 근로관계를 기준으로 해야 하고, 근로기준법상 근로자인지를 판단할 때에 고려했던 여러 요소들을 종합적으로 고려해야 한다"는 것이 대법원의 명확한 법리이다.

대상판결은 이러한 사용종속관계에 기반한 근로자성과 사용자성의 판단법리를 유지하면서 이에 더하여 온라인 플랫폼을 매개로 근로를 제공하는 플랫폼 종사자의 근로자성을 판단하기 위한 추가적인 법리를 최초로 제시하고 있다는 점에서 중요한 의미를 가진다. 즉 대상판결은 "온라인 플랫폼(노무제공과 관련하여 둘 이상의 이용자 간 상호작용을 위한 전자적 정보처리시스템을 말한다)을 매개로 근로를 제공하는 플랫폼 종사자가 근로자인지를 판단하는 경우에는 노무제공자와 노무이용자 등이 온라인 플랫폼을 통해 연결됨에 따라 직접적으로 개별적인 근로계약을 맺을 필요성이 적은 사업구조, 일의 배분과 수행 방식 결정에 온라인 플랫폼의 알고리즘이나 복수의 사업참여자가 관여하는 노무관리의 특성을 고려하여 위 요소들을 적정하게 적용해야 한다."고 판시함으로써 직접적인 개별 근로계약을 통하지 않고 연결되는 온라인 플랫폼 사업구조의 특수성과 온라인 플랫폼의 알고리즘이나 복수의 사업참여자가 관여하는 노무관리의 특성 등이 해당 영역에서 추가적으로 고려될 필요가 있음을 밝히고 있다.

4. 판결의 의의

대상판결은 온라인 플랫폼을 매개로 근로를 제공하는 플랫폼 종사자가 근로자인지를 판단하는 기준을 비교적 구체적으로 명확하게 제시하면서 해당 사건에서의 근로제공관계의

4) 대법원 2006. 12. 7. 선고 2004다29736 판결(공2007상, 104); 대법원 2008. 10. 23. 선고 2007다7973 판결; 대법원 2023. 8. 18. 선고 2019다252004 판결(공2023하, 1640).

5) 대법원 2024. 7. 25. 선고 2024두32973 판결.

실질을 적극적으로 판단하여 온라인 플랫폼에 기반한 차량 대여 및 기사 제공 서비스에서 운전업무를 수행한 기사의 근로자성과 서비스 운영주체의 사용자성을 적극적으로 인정한 사례라는 점에서 매우 중요한 의의를 가진다. 이에 더하여 정보통신기술의 발전에 따라 그 불명확성이 갈수록 가중되고 있는 현대의 고용형태에 있어서 사용자보다 열악한 지위에 놓일 수밖에 없는 근로자의 입장을 적극 고려하여 부당해고에 대한 구제절차에 있어서 제척기간의 적용 문제를 탄력적으로 해석하고 있는 부분도 긍정적으로 평가할 수 있다.

하지만 원심이나 대법원의 판단과 다르게 근로자성을 부인하였던 1심의 판결에서 "플랫폼 노동 종사자에 대한 보호 필요성이 있다는 이유만으로 근로기준법상의 사용종속관계가 인정되지 않음에도 불구하고 근로기준법상 해고의 제한 법리를 적용하는 것은 종속적 근로자를 보호하기 위한 근로기준법의 입법취지에 부합하지 않고, 기존 법인격 법리 등에 따른 한계가 존재한다. 한편 공유경제질서의 출현에 따른 다양한 형태의 사적 계약관계를 존중할 필요성도 있다. 따라서 플랫폼 노동 종사자에 대한 계약관계의 일방적 종료 등에 대하여 규제가 필요하다고 하더라도 별도의 입법을 통하여 규율하거나 근로기준법의 개정을 통하여 규율하는 것이 타당하다.[6)]"고 적시하였던 부분을 분명 상기해 볼 필요가 있다. 현행 국내 법체계에서 온라인 플랫폼 노동을 명시하고 이를 본격적으로 다루는 규율을 찾아보기가 어렵다. 「산업재해보상보험법」 제91조의15 제1호 나목에서 "노무제공자가 사업주로부터 일하는 사람의 노무제공을 중개·알선하기 위한 전자적 정보처리시스템(이하 "온라인 플랫폼"이라 한다)을 통해 노무제공을 요청받는 경우"를 노무제공자의 한 유형으로 포섭하고, 온라인 플랫폼을 통해 노무를 제공하는 노무제공자를 "플랫폼 종사자"(제91조의15 제2호)로, 플랫폼 종사자로부터 노무를 제공받아 사업을 영위하는 자를 "플랫폼 이용 사업자"(제91조의15 제4호) 등으로 정의하고 있고, 그 외에 「고용보험법」 제77조의7 제1항에서 "노무제공사업의 사업주가 노무제공자와 노무제공사업의 사업주에 관련된 자료 및 정보를 수집·관리하여 이를 전자정보 형태로 기록하고 처리하는 시스템"을 "노무제공플랫폼"으로 통칭하고 있으나, 이러한 산재된 규율은 제각각의 입법목적과 필요성에 따라 도입된 것이고 온라인 플랫폼 사업과 노동 등에 대한 본격적인 법체계로 보기에는 엄연한 한계가 있다. 사법부에 의한 적극적이고도 실질적인 개입에만 의존할 것이 아니라 온라인 플랫폼 사업 등을 위시로 한 정보통신 분야의 실효적인 발전을 위해서라도 입법·행정 분야에서의 보다 능동적인 참여가 있어야 할 것이다.

---

6) 서울행정법원 2022. 7. 8. 선고 2020구합70229 판결.

62 압수수색영장에서의 '압수할 물건'의 특정

대법원 2024. 9. 25.자 2024모2020 결정[1)]

김민철 (청주지방법원 제천지원장)

1. 사안의 개요

홍천경찰서 소속 사법경찰관은 甲에 대하여 「기부금품의 모집 및 사용에 관한 법률」 위반 혐의로 수사하던 중 2024. 5. 22. 춘천지방법원 판사로부터 '압수할 물건'을 '정보처리장치(컴퓨터, 노트북, 태블릿 등) 및 정보저장매체(USB, 외장하드 등)에 저장되어 있는 본건 범죄사실에 해당하는 회계, 회의 관련 전자정보'로 한 압수·수색영장(이하 '이 사건 압수·수색영장')을 발부받았다.

홍천경찰서 소속 사법경찰관은 2024. 5. 23. 이 사건 압수·수색영장에 의하여 甲 소유의 휴대전화(이하 '이 사건 휴대전화')를 압수하였다.

甲의 변호인은 2024. 5. 23. 춘천지방법원에 이 사건 휴대전화 압수수색의 취소를 구하는 준항고를 제기하였다.

2. 결정의 요지

가. 원심결정(춘천지방법원 2024. 5. 28.자 2024보1 결정)

원심은 이 사건 휴대전화가 이 사건 압수·수색영장의 '압수할 물건'에 기재된 정보처리장치 또는 정보저장매체에 해당한다는 이유로 위 준항고를 기각하였다.

---

1) [참조 및 관련 판례] 대법원 2009. 3. 12. 선고 2008도763 판결(공2009상, 503).
[관련 평석 및 문헌] 이창현, "2024년 형사소송법 중요판례평석", 인권과정의 제529호, 대한변호사협회, 2025, 33면.

나. 대법원 결정

대법원은 원심결정을 파기하고, 사건을 춘천지방법원에 환송하였다. 그 결정요지는 다음과 같다.

헌법과 형사소송법이 구현하고자 하는 적법절차와 영장주의의 정신에 비추어 볼 때, 법관이 압수·수색영장을 발부하면서 '압수할 물건'을 특정하기 위하여 기재한 문언은 엄격하게 해석해야 하고, 함부로 피압수자 등에게 불리한 내용으로 확장해석 또는 유추해석을 하는 것은 허용될 수 없다.

휴대전화는 정보처리장치나 정보저장매체의 특성을 가지고 있기는 하나, 기본적으로 통신매체의 특성을 가지고 있어 컴퓨터, 노트북 등 정보처리장치나 USB, 외장하드 등 정보저장매체와는 명확히 구별되는 특성을 가지고 있다. 휴대전화, 특히 스마트폰에는 전화·문자메시지·SNS 등 통신, 개인 일정, 인터넷 검색기록, 전화번호, 위치정보 등 통신의 비밀이나 사생활에 관한 방대하고 광범위한 정보가 집적되어 있다. 이와 같이 휴대전화에 저장된 전자정보는 컴퓨터나 USB 등에 저장된 전자정보와는 그 분량이나 내용, 성격 면에서 현저한 차이가 있으므로, 휴대전화에 대한 압수·수색으로 얻을 수 있는 전자정보의 범위와 그로 인한 기본권 침해의 정도도 크게 다르다.

따라서 압수·수색영장에 기재된 '압수할 물건'에 휴대전화에 저장된 전자정보가 포함되어 있지 않다면, 특별한 사정이 없는 한 그 영장으로 휴대전화에 저장된 전자정보를 압수할 수는 없다고 보아야 한다.

3. 해설

가. 쟁점의 소개

이 사건의 핵심 쟁점은 압수·수색영장의 '압수할 물건'에 '컴퓨터, 노트북, 태블릿 등 정보처리장치 및 USB, 외장하드 등 정보저장매체'라고만 기재되어 있고, '휴대전화'가 기재되어 있지 않은 경우, 휴대전화를 '정보처리장치 및 정보저장매체'에 해당하는 것으로 보아 압수할 수 있는지 여부이다.

나. 영장주의의 원칙

헌법은 수사상의 압수에 대해 영장주의를 선언하고 있다(헌법 제12조 제3항, 제16조). 영장

주의 원칙상 그 대상이 명시적이고 개별적으로 표시되어야 하고, 이를 특정하지 않은 일반영장은 금지된다.[2)]

이를 위하여 형사소송법 제114조, 형사소송규칙 제107조는 압수·수색영장에 ① 압수할 물건, ② 수색할 장소·신체·물건 등을 각 기재하도록 하고 있다. 여기에서의 물건, 장소, 신체는 영장 기재 자체로 명확하게 특정될 수 있어야 한다(특정성의 원칙).[3)] 압수·수색의 대상이 특정되지 않은 일반영장은 원칙적으로 그 청구를 기각하여야 한다.[4)]

다. 압수 목적물과 해당 사건과의 관련성

압수·수색은 그 대상물이 피의사실과 관련성이 있어야 한다. 압수할 물건과 해당 사건과의 관련성은 압수·수색영장의 발부 단계에서는 압수·수색영장의 발부 요건으로 기능하고(형사소송법 제215조), 압수·수색영장의 집행 단계에서는 선별압수원칙으로 발현되고(형사소송법 제106조 제3항, 제219조), 이를 위하여 형사소송법 제114조, 형사소송규칙 제107조는 압수·수색영장에 압수·수색의 사유를 기재하도록 하고 있다.[5)] 따라서 해당 범죄사실과 관계가 없는 별건 범죄사실의 증거물에 대한 압수인 '별건압수'는 관련성 요건을 위반한 것으로 허용되지 아니한다.[6)]

판례는 압수할 물건과 해당 사건과의 관련성을 ① 범죄혐의사실과의 객관적 관련성, ② 피의자와 사이의 인적 관련성으로 구분하고, 관련성을 인정하기 위해서는 객관적·인적 관련성을 모두 충족하여야 한다고 보고 있다.[7)]

라. 압수할 물건의 특정 정도

영장 자체에 기재되지 아니한 물건은 압수할 수 없음이 원칙이다. 다만 압수·수색영장을 청구하면서 미리 압수할 물건을 완벽하게 특정하기 어려워 어느 정도 개괄적으로 개재할 수밖에 없다는 사정을 고려해도, '일체의 문서 및 물건'과 같이 지나치게 포괄적인 표현은 특정되었다고 볼 수 없다.[8)]

판례는 법관이 압수·수색영장을 발부하면서 '압수할 물건'을 특정하기 위하여 기재한

---

2) 이주원, 형사소송법(제4판), 박영사, 2022, 173면.
3) 위의 책, 2022, 173면.
4) 사법연수원, 법원실무제요 형사(Ⅲ), 사법연수원, 2022, 183면.
5) 대법원 2024. 9. 25.자 2024모2020 결정.
6) 이주원, 형사소송법(제4판)(주 2), 168면.
7) 대법원 2017. 12. 5. 선고 2017도13458 판결.
8) 사법연수원, 법원실무제요 형사(Ⅲ)(주 4), 186면.

문언은 엄격하게 해석하여야 하고, 함부로 피압수자 등에게 불리한 내용으로 확장 또는 유추해석해서는 안 된다고 판시하였다.[9)]

이와 관련하여 ① 압수·수색영장에서 압수할 물건을 '압수장소에 보관중인 물건'이라고 기재하고 있는 것을 '압수장소에 현존하는 물건'으로 해석할 수 없으므로, 영장집행을 착수한 이후 반입된 물건을 '압수장소에 보관중인 물건'으로 보아 압수한 것은 위법하다고 판시하였고,[10)] ② 피의자의 동생을 대상으로 발부된 압수·수색영장의 문언상 '압수·수색의 상대방'을 피의자의 동생으로, '압수할 물건'을 피의자의 동생이 소유·소지·보관·관리·사용하는 물건으로 한정해야 하므로, 위 영장으로 피의자의 동생이 아닌 피의자 소유의 휴대전화 등을 압수한 것은 위법하다고 판시하였으며,[11)] ③ '수색할 장소'에 있는 컴퓨터 등 정보처리장치에 저장된 전자정보 외에 원격지 서버에 저장된 전자정보를 압수·수색하기 위해서는 압수·수색영장에 적힌 '압수할 물건'에 별도로 원격지 서버 저장 전자정보가 특정되어야 하고, 압수·수색영장에 적히 '압수할 물건'에 컴퓨터 등 정보처리장치 저장 정보만 기재되어 있다면 컴퓨터 등 정보처리장치를 이용하여 원격지 서버 저장 전자정보를 압수할 수 없다고 판시하였다.[12)]

마. 압수할 물건에 휴대전화의 기재가 없는 경우, 그 압수가능성

(1) 견해의 대립

1) 가능하다는 견해(원심)

지금까지 판례에서 '압수할 전자정보가 저장된 저장매체로서 압수·수색영장에 기재된 수색장소에 있는 컴퓨터, 하드디스크, 휴대전화와 같은 컴퓨터 등 정보처리장치'라고 하여 휴대전화를 정보처리장치로 취급해 왔고, 관련 문헌에서도 '해당 압수·수색 장소에 있는 개인용 컴퓨터나 휴대전화 등 정보저장매체의 전자정보에' 등으로 휴대전화를 정보저장매체로 표현하고 있으며, 압수할 물건이 휴대전화라고 해도 일반적으로 휴대전화 자체가 아니고, 통신내역이라고 할지라도 휴대전화라는 정보저장매체에 저장된 통화내역, 문자메시지, 채팅 내용, 전화번호부, 사진 등 전자정보일 것이므로, 휴대전화를 결국은 정보처리장치나 정보저장매체로 보는 것이 자연스러운 판단이다.[13)]

결국 휴대전화를 여러 정보저장장치 등의 하나로 명시하였을 때에 압수·수색영장이 법

---

9) 대법원 2009. 3. 12. 선고 2008도763 판결.
10) 대법원 2009. 3. 12. 선고 2008도763 판결.
11) 대법원 2021. 7. 29. 선고 2020도14654 판결.
12) 대법원 2022. 6. 30.자 2020모735 결정; 대법원 2022. 6. 30. 선고 2022도1452 판결.
13) 이창현, "2024년 형사소송법 중요판례평석"(주 1), 33면.

원에서 기각될 우려로 인해 이를 의도적으로 회피하기 위해 휴대전화를 기재하지 않았다면 몰라도 그렇다고 볼만한 합리적인 이유가 전혀 발견되지 않은 상황이므로 휴대전화를 정보처리장치나 정보저장매체로 포함시켜 이해하는 것이 타당하다.[14)]

2) 가능하지 않다는 견해

휴대전화에 대한 압수는 사용자뿐 아니라 SNS 등으로 연결된 제3자의 사생활 비밀·평온, 통신의 자유, 개인정보자기결정권 등의 기본권을 과도하게 침해할 우려가 있고, 강제수사에 관한 비례의 원칙이나 범죄혐의 관련성 원칙 등의 법리에 입각하여 압수에 신중을 기하여 개인정보의 유출이나 별건 수사를 억제할 필요가 있다.[15)]

한편 압수·수색영장 청구서에 압수물로 '휴대전화'를 별도로 기재하지 않은 채 '정보저장매체' 또는 '모바일 통신기기'만을 기재한 경우도 있고, 이러한 영장청구서를 전부 인용한 압수·수색영장이 발부되면 집행 과정에서 '휴대전화'도 압수대상물인지 여부를 둘러싼 다툼이 생길 수 있으므로, 영장에 휴대전화 포함 여부를 명확히 표시할 필요가 있다.[16)]

(2) 대법원의 판단

다음과 같은 이유로 '압수할 물건'에 이 사건 휴대전화가 포함된다고 해석하기 어렵다는 이유로 이 사건 압수·수색영장에 의하여 휴대전화를 압수수색한 것은 위법하다고 판단하였다.

첫째, 이 사건 압수·수색영장의 '압수할 물건'에 '휴대전화에 저장된 전자정보'가 기재되어 있지 않다.

둘째, 수사기관이 휴대전화에 저장된 전자정보를 압수·수색하기 위해서는 '압수할 물건'에 휴대전화에 저장된 전자정보가 포함되어야 함이 원칙이다. 이 사건 압수·수색영장의 '압수할 물건'에는 정보처리장치로 컴퓨터, 노트북, 태블릿 등이, 정보저장매체로 USB, 외장하드 등이 열거되어 있는데, 여기에 휴대전화가 포함된다고 해석하는 것은 수사기관의 자의적인 해석에 따라 압수·수색의 범위가 지나치게 확대될 수 있으므로 일반영장금지 원칙에 위배될 여지가 있다. 아울러 이 사건 압수·수색영장 청구에서 '압수할 물건'으로 휴대전화를 기재하지 못할 불가피한 사정이 있었던 것으로 보이지도 않는다.

셋째, 이 사건 압수·수색영장 청구서에는 이 사건 휴대전화와 해당 사건과의 관련성에 대한 기재가 없고, 甲이 범행에 이 사건 휴대전화를 이용하였다는 등의 해당 사건과의 관련성을 인정할 만한 자료도 없다. 따라서 영장담당판사가 이 사건 휴대전화와 해당 사건과의

---

14) 이창현, "2024년 형사소송법 중요판례평석"(주 1), 33면.
15) 사법연수원, 법원실무제요 형사(Ⅲ)(주 4), 290면.
16) 사법연수원, 법원실무제요 형사(Ⅲ)(주 4), 293면.

관련성을 심사하여 이 사건 압수·수색영장을 발부하였다고 볼 수 없다.

(3) 검토

대상판결은 '압수할 물건'에 휴대전화가 명확히 기재되지 않은 경우, '컴퓨터 등 정보처리장치' 또는 'UBS 등 정보저장매체'에서의 '등'의 기재만으로 압수할 물건의 대상을 휴대전화로 확장해석할 수 없다고 판단하였고, 이러한 대법원의 판단은 다음과 같은 점에서 타당하다.

첫째, 휴대전화에는 전화·문자메시지·SNS 등 통신, 개인 일정, 인터넷 검색기록, 전화번호, 위치정보 등 통신의 비밀이나 사생활에 관한 방대하고 광범위한 정보가 집적되어 있는데, 위 정보는 해당 사용자뿐만 아니라 SNS 등으로 연결된 제3자의 정보도 포함되어 있다. 휴대전화 내 전자정보의 압수·수색으로 사용자 및 제3자의 사생활 비밀·평온, 통신의 자유, 개인정보자기결정권 등 기본권이 과도하게 침해될 여지가 있다.[17)]

둘째, 일반영장의 금지, 범죄혐의 관련성 원칙 등에 따라 휴대전화의 압수를 결정할 때는 신중할 필요가 있고, 개인정보 유출, 별건 수사를 통제할 필요가 있다.[18)] 따라서 수사기관은 압수·수색영장 청구서의 '압수할 물건'에 휴대전화를 기재하고, 그 휴대전화가 해당 사건과 관계가 있음을 소명하여야 하며, 영장담당판사는 휴대전화의 압수 필요성 여부를 심사하여야 한다.

4. 판결의 의의

대상판결은 휴대전화의 압수·수색을 위해서는 압수·수색영장의 '압수할 물건'에 휴대전화가 분명하게 기재되어야 함을 명확히 하였다는 점에서 중요한 의미를 갖는다.

이 사건에 있어서 수사기관은 「기부금품의 모집 및 사용에 관한 법률」 위반 혐의와 관련한 회계, 회의 관련 전자정보를 압수하기 위하여 이 사건 압수·수색영장을 청구하면서 '압수할 물건'에 휴대전화를 기재하지 아니하였다. 수사기관이 휴대전화를 기재하였다면, 회계, 회의 관련 전자정보가 어떠한 사정에 기하여 휴대전화에 저장되어 있는지 등 휴대전화와 해당 사건과의 관련성을 소명할 필요가 있었고, 영장담당판사는 그 소명이 타당한지 여부를 판단한 후 영장발부 여부를 결정하였을 것이다. 수사기관이 휴대전화를 '압수할 물건'으로 특정하지 않은 상황에서 해석으로 압수대상을 확대할 수 있게 한다면, 일반영장의 금지원칙에 반하는 결과를 초래할 수 있다.

---

17) 사법연수원, 법원실무제요 형사(Ⅲ)(주 4), 290면.
18) 사법연수원, 법원실무제요 형사(Ⅲ)(주 4), 290면.

결국 휴대전화는 단순한 정보처리장치 및 정보저장매체의 수준을 넘어서서 우리 일상 및 SNS로 연결된 제3자의 모든 개인정보를 통합하여 처리·저장하는 개인정보의 보고(寶庫)이므로, 무분별한 압수·수색으로 발생할 수 있는 기본권 침해의 정도가 클 수 있다는 점을 유념할 필요가 있다. 더욱이 수사기관의 휴대전화의 압수·수색을 통한 별건수사를 억제하는 것도 중요하다. 이러한 점에서 대상판결은 휴대전화의 압수·수색을 위해서는 '압수할 물건'에 이를 기재하도록 하게 함으로써, 영장담당판사가 그 발부 필요성 여부를 심사할 토대를 마련한 것에 의미가 있다.

63 스토킹 범죄의 잠정조치 불이행 및 죄수 관계

대법원 2024. 9. 27. 선고 2024도7832 판결[1)]

정종구 (법학박사, 변호사, 변리사)

오명은 (변호사)

1. 사안의 개요

피고인 A는 과거 교제했던 피해자 B로부터 더 이상 연락하거나 찾아오지 말라는 요구를 받았음에도 불구하고, 2022년 10월 1일경부터 B의 의사에 반하여 반복적으로 전화를 걸거나 주거지를 찾아가는 등의 스토킹 행위를 하였다. 이러한 사정에 따라 법원은 2022년 10월 7일 A에 대해 '피해자의 주거지 100미터 이내 접근금지' 및 '피해자의 휴대전화 등으로 부호·문언·음향 또는 영상을 송신하지 말 것'을 내용으로 하는 잠정조치 결정을 하였다. 그러나 A는 잠정조치결정 이후에도 B의 거주지를 찾아가고, "너를 죽이겠다"는 취지의 음성 메시지를 보내는 등 행위를 멈추지 않았다. 더욱이 A는 B가 자신의 전화번호를 차단한 상태였음에도 불구하고 약 28회에 걸쳐 B에게 전화를 계속 시도하였다. A의 발신으로 인한 실제 통화 연결은 이루어지지 않았지만, 대신 피해자 B의 휴대전화에는 A의 전화번호와 함께 '수신 차단 기호'와 '부재중 전화' 알림 만이 남게 되었다. 이러한 A의 행위에 대해 수사기관은 스토킹범죄의 처벌 등에 관한 법률 제18조 제1항(스토킹범죄의 점)[2)] 및 스토킹범죄의 처벌 등에 관한 법률 제20조[3)], 제9조 제1항 제2호, 제3호[4)](잠정조치 불이행의 점) 위반 혐의로 A를 기

1) 현재 위 판례와 관련한 관련 판례 및 관련 평석은 찾지 못하였다.

2) 스토킹범죄의 처벌 등에 관한 법률(2021.10.21. 시행 법률 제18083호로 2021년 4. 20. 제정된 것) 제18조(스토킹범죄) ① 스토킹범죄를 저지른 사람은 3년 이하의 징역 또는 3천만 원 이하의 벌금에 처한다.

3) 스토킹범죄의 처벌 등에 관한 법률(2021.10.21. 시행 법률 제18083호로 2021년 4. 20. 제정된 것) 제20조(잠정조치의 불이행죄) 제9조제1항제2호 또는 제3호의 잠정조치를 이행하지 아니한 사람은 2년 이하의 징역 또는 2천만 원 이하의 벌금에 처한다.

4) 스토킹범죄의 처벌 등에 관한 법률(2021.10.21. 시행 법률 제18083호로 2021년 4. 20. 제정된 것) 제9조(스토킹행위자에 대한 잠정조치) ① 법원은 스토킹범죄의 원활한 조사·심리 또는 피해자 보호를 위하여 필요하다고 인정하는 경우에는 결정으로 스토킹행위자에게 다음 각 호의 어느 하나에 해당하는 조치(이하 "잠정조치"라 한다)를 할 수 있다. 1. 피해자에 대한 스토킹범죄 중단에 관한 서면 경고 2. 피해자나 그

소하였다.

2. 판결의 요지

가. 원심판결(창원지방법원 2024. 4. 30. 선고 2023노976 판결)

제1심 법원[5]은, 피해자의 휴대전화에 나타난 차단 표시나 부재중 전화 알림은 휴대전화 기기 자체의 기능으로 자동 표시된 것일 뿐 피고인이 능동적으로 전송한 부호·문언에 해당하지 않는다고 보았다. 즉 피고인 A는 전화를 '걸었을 뿐'이고, 실제 상대방에게 도달한 음향이나 메시지가 없었으므로 잠정조치에서 금지된 '송신' 행위를 한 것이 아니라고 판단하여 잠정조치 불이행의 점에 대해 무죄를 선고하였다.[6] 한편, 유죄로 인정된 스토킹범죄의 점과 관련하여,[7] 설령 잠정조치 위반 행위가 유죄로 인정된다고 하더라도 그 행위는 사회관념상 하나의 행위에 해당하므로 스토킹 범죄와 잠정조치 불이행죄는 상상적 경합관계에 있다고 언급하였다.

이에 대해 항소심 법원 1심과 마찬가지로 잠정조치 불이행죄에 대해 무죄를 유지하였다. 항소심도 피해자가 전화를 차단해 실제 음성이나 문자가 전달되지 않았으므로, 피고인의

주거등으로부터 100미터 이내의 접근 금지 3. 피해자에 대한「전기통신기본법」제2조 제1호의 전기통신을 이용한 접근 금지

5) 창원지방법원 2023. 4. 19. 선고 2022고단2850 판결.

6) 상대방에게 전화를 걸 때 상대방 전화기에 울리는 '전화기의 벨소리'는 정보통신망을 통하여 상대방에게 송신된 음향이라고 볼 수 없고, 더욱이 피고인이 피해자에게 전화를 건 시점은 피해자가 피고인의 전화번호를 차단한 이후여서 벨소리도 울리지 않았으며, 피해자의 휴대전화에 피고인의 전화번호나 차단된 전화 등이 표시되기는 하였으나 이는 전화 또는 정보통신망을 이용하여 도달된 글 또는 부호 등에 불과하고 잠정조치결정에서 금지하고 있는 '유선·무선·광선 및 기타의 전자적 방식에 의한 부호·문언·음향 또는 영상 송신'에는 해당하지 않는다고 보아, 잠정조치 불이행죄에 있어서는 무죄를 선고하였다.

7) 잠정조치결정(증거기록 1권 제24면)의 '피해자의 휴대전화로 유선·무선·광선 및 기타의 전자적 방식에 의하여 부호·문언·음향 또는 영상을 송신하지 말 것'과 스토킹범죄의 처벌 등에 관한 법률(이하 '스토킹처벌법'이라 한다) 제2조 제1호 다목에서 스토킹행위로 규정한 '우편·전화·팩스 또는 정보통신망 이용촉진 및 정보보호 등에 관한 법률 제2조 제1항 제1호의 정보통신망을 이용하여 물건이나 글·말·부호·음향·그림·영상·화상을 도달하게 하는 행위' 사이에는 문언상 차이가 있다. 스토킹처벌법의 입법 목적은 불안감 또는 공포심을 일으키게 하는 스토킹행위로부터 피해자를 보호하기 위한 것이고, 이에 따라 스토킹처벌법 제2조 제1호 다목은 상대방에게 '전화 등을 이용하여 음향과 글 등을 도달하게 하여 상대방에게 불안감 또는 공포심을 일으키는 것'을 스토킹행위로 규정함으로써 '괴롭힘 행위' 자체에 초점을 두고 있다. 따라서 전화 등의 이용행위로 음향이나 글 등을 도달하게 하고 이로 인하여 상대방이 불안감 또는 공포심을 일으키면 범죄가 성립하는 것으로 해석함이 타당하고, '전화를 이용'한다는 것은 전화를 도구로 이용하여 상대방의 전화에 일정한 정보가 도달하는 결과를 야기하는 것만으로 족하며, 반드시 음향이나 글 등이 전자적 방식에 의하여 송신될 것이 요구된다고 해석되지는 않는다. 피해자는 피고인의 지속적·반복적인 전화 발신으로 인한 피고인의 전화번호, 부재 중 전화 또는 차단된 전화 등의 표시를 인식한 것만으로도 불안감 또는 공포심을 느끼기에 충분할 것으로 보인다.

행위를 잠정조치 결정에서 금지한 '부호·문언·음향 또는 영상의 송신'으로 볼 수 없다고 보았다.[8] 그러나 죄수관계에 대해서는 1심과 판단을 달리하였다. 항소심 재판부는 스토킹 범죄와 잠정조치 불이행죄는 그 구성요건과 보호법익이 서로 다르다고 보아, 두 죄를 한 행위로 저지른 것이라 하더라도 별개의 범죄로 취급하여 실체적 경합관계로 보아야 한다고 판시하였다.[9] 즉 스토킹처벌법이 법원의 개별적 금지명령 위반행위를 별도 범죄로 규정한 취지를 존중하여, 스토킹 범행에 더해 잠정조치를 위반한 가중적 불법을 독립적으로 처벌해야 한다는 취지였다.

나. 대법원판결

대법원은 원심(항소심)의 판단을 뒤집고, 피고인 A의 행위가 잠정조치 위반에 해당하며 스토킹범죄와 상상적 경합관계에 있다고 판결하였다.

먼저 잠정조치 위반죄의 문언 해석과 관련하여, 대법원은 행위의 실질에 주목한 확장해석을 채택하였다. 설령 피해자가 전화를 받아주지 않고 수신을 차단한 상태였더라도, 피고인이 전화를 거는 행위 자체가 "피해자와 통화하길 원한다"는 정보의 전파를 송신하는 행위에 해당한다고 본 것이다. 그 결과 피고인의 발신행위로 인해 피해자의 휴대전화에 '부재중 전화' 문구나 '수신차단' 기호 등의 부호가 표시되었다면, 비록 실제 통화가 이루어지지 않았더라도 이는 피고인의 송신 행위에 따른 도달 결과로 평가해야 한다고 판단하였다.[10] 따

---

8) 피고인에 대한 잠정조치결정은 '피해자의 휴대전화 또는 이메일 주소로 유선·무선·광선 및 기타의 전자적 방식에 의한 부호·문언·음향 또는 영상 송신'을 금지하고 있는데, 피해자가 피고인의 전화번호를 차단하여 피해자의 휴대전화에 표시된 차단전화 등의 표시는, 전화 또는 정보통신망을 이용하여 도달된 글·부호 또는 전화의 기능에 의하여 상대방에게 나타난 글·부호에 해당할 여지가 있음은 별론으로 하고 (2023. 7. 11. 법률 제19518호로 개정된 스토킹범죄의 처벌 등에 관한 법률 제2조 제1항 다목 참조), 피고인이 전자적 방식에 의하여 송신한 부호·문언·음향 또는 영상이라고 볼 수 없으므로(대법원 2005. 2. 25. 선고 2004도7615 판결 참조), 결국 피고인이 피해자의 휴대전화에 전화하였으나 피해자가 피고인의 전화번호를 차단함에 따라 피해자의 휴대전화에 표시된 전화 등의 표시는 잠정조치결정에서 금지하고 있는 '유선·무선·광선 및 기타의 전자적 방식에 의한 부호·문언·음향 또는 영상 송신'에는 해당하지 않는다고 판시하였다.

9) 잠정조치불이행으로 인한 스토킹범죄의처벌등에관한법률위반죄는 스토킹범죄의 원활한 조사·심리 또는 피해자 보호를 위해 법원이 한 잠정조치결정을 위반한 행위를 처벌하는 것으로, 스토킹행위로 인한 스토킹범죄의처벌등에관한법률위반죄와는 그 구성요건 및 보호법익에 차이가 있는 점, 양 죄가 동시에 성립될 경우 양 죄를 상상적 경합범 관계로 본다면 법정형이 더 무거운 스토킹행위로 인한 스토킹범죄의처벌등에관한법률위반죄에서 정한 형으로만 처벌하게 되어 잠정조치불이행으로 인한 스토킹범죄의처벌등에관한법률위반죄는 사실상 무의미해지는 결과가 초래되는 점, 잠정조치불이행으로 인한 스토킹범죄의처벌등에관한법률위반죄의 성립에는 잠정조치의 존재를 전제로 하는 점을 근거로 하였다.

10) 피고인이 피해자에게 전화를 걸면 '피고인이 피해자와 전화통화를 원한다.'는 내용이 담긴 정보의 전파가 송신되어 기지국, 교환기 등을 거쳐 피해자의 휴대전화에 수신되고, 이때 피해자가 전화통화에 응하지 아니하면 피고인이 송신하였던 위와 같은 내용의 정보가 피해자의 휴대전화에 부재중 전화 문구, 수신차단기호

라서 피고인 A의 이러한 전화 발신 시도는 잠정조치에서 금지한 "피해자의 휴대전화로 유선·무선·광선 및 기타의 전자적 방식에 의하여 부호·문언을 송신"하는 행위에 포함되므로 잠정조치 불이행죄가 성립한다고 판시하였다.

다음으로 죄수관계에 관하여, 대법원은 피고인 A의 전화 걸기 행위가 사회관념상 하나의 행위로 평가된다고 보았다. 즉 동일한 행위가 스토킹 범죄의 구성요건을 충족함과 동시에 법원의 접근금지명령을 위반하는 행위에도 해당하므로, 스토킹범죄의 처벌 등에 관한 법률 제18조 제1항 위반(스토킹범죄의 점)과 스토킹범죄의 처벌 등에 관한 법률 제20조[11], 제9조 제1항 제2호, 제3호 위반(잠정조치 불이행의 점)은 형법 제40조가 정하는 상상적 경합범 관계에 있다고 판결하였다.[12] 결국 대법원은 원심의 법리 오해를 지적하며 원심판결을 파기하고 사건을 돌려보냈다.

3. 해설

가. 쟁점의 소재

이 사건의 주된 쟁점은 ① 피해자가 발신 전화를 수신 차단한 경우에도 A의 전화 걸기 행위가 잠정조치 위반에 해당하는지 여부와 ② 스토킹 행위로 인한 범죄와 잠정조치 불이행 범죄 사이의 죄수 관계가 핵심 쟁점이었다.

나. 분석 및 평가

(1) 잠정조치 불이행죄의 '송신' 행위 해석

본건 대법원 판결은 잠정조치 불이행죄의 문언인 "송신하지 말 것"의 의미를 현실에 맞게 넓게 해석함으로써, 스토킹 범죄의 피해자 보호를 강화하려는 입법 취지를 충실히 살렸다. 하급심 법원들은 휴대전화에 나타난 '부재중 전화' 표시나 '차단됨' 기호가 피고인 A가

등으로 변형되어 표시될 수 있으므로, 이러한 부재중 전화 문구, 수신차단기호 등을 '피고인의 송신행위 없이 피해자에게 도달된 것' 내지 '피해자 휴대전화의 자체적인 기능에 의하여 생성된 것'이라고 평가할 수는 없으며, 피고인이 전화통화를 시도함으로써 이를 송신하였다고 보는 것이 타당하다고 판시하였다.

11) 스토킹범죄의 처벌 등에 관한 법률(2021.10.21. 시행 법률 제18083호로 2021년 4. 20. 제정된 것) 제20조(잠정조치의 불이행죄) 제9조 제1항 제2호 또는 제3호의 잠정조치를 이행하지 아니한 사람은 2년 이하의 징역 또는 2천만 원 이하의 벌금에 처한다.

12) 피고인이 피해자에게 접근하거나 전화를 건 행위가 스토킹범죄를 구성하는 스토킹행위에 해당하고 구 스토킹처벌법 제9조 제1항 제2호, 제3호의 잠정조치를 위반한 행위에도 해당하는 경우, '스토킹범죄로 인한 구 스토킹처벌법위반죄'와 '잠정조치 불이행으로 인한 구 스토킹처벌법위반죄'는 사회관념상 1개의 행위로 성립하는 수 개의 죄에 해당하므로 형법 제40조의 상상적 경합관계에 있다고 판시하였다.

직접 보낸 부호나 문자에 해당하지 않는다며 구성요건을 엄격하게 해석하였으나, 대법원은 통신 행위의 본질에 착안한 것이다. 피고인 A의 전화 걸기 행위는 결과적으로 피해자에게 "연락 시도"라는 신호를 보내는 것이며, 비록 상대방이 응답하지 않아 음향이나 문언이 전달되지 않았어도 발신 시도의 순간에 정보가 전송되었다고 보았다. 그리고 그 정보는 피해자의 휴대전화에 '부재중 전화' 등의 부호로 현출되었으므로, 이를 두고 피고인의 행위와 무관하게 기기 자체가 생성한 표시라고 볼 수 없다는 판단이다.

이러한 해석은 스토킹 범죄의 특수성과 피해자 보호의 필요성을 반영하여 잠정조치 위반행위의 범위를 탄력적으로 인정한 것으로 볼 수 있다. 즉 스토커가 전화만 여러 차례 시도하고 연결만 안 되면 그만이라고 주장하며 법망을 빠져나가는 것을 막고, 접근금지 명령의 실효성을 담보하려는 취지이다. 대법원의 이러한 판단으로 인해 향후 유사한 사안에서 가해자가 통화 연결이 되지 않았음을 핑계로 책임을 회피하는 것을 방지할 수 있게 되었고, 잠정조치의 위반행위에 대한 경각심을 높이는 효과가 기대된다.

(2) 스토킹 범죄와 잠정조치 불이행죄의 죄수관계

대법원은 피고인의 일련의 행위를 단일한 사회적 사실로 평가하여 두 죄를 상상적 경합범으로 처리하였다. 이러한 판단은 스토킹 범죄와 잠정조치 불이행죄의 죄수 관계를 상상적 경합으로 본 다수의 하급심 실무와 궤를 같이하는 것으로서, 한 행위에 대해 이중 처벌을 지양하려는 형법 일반원칙에 부합한다. 사회관념상 하나의 불가분 행위를 인위적으로 쪼개어 별개 범죄로 각각 처벌하는 것은 가혹할 수 있고, 동일한 행위로 인한 중복처벌 문제가 생길 우려가 있다는 점에서 대법원의 판시는 일응 타당성을 지닌다. 나아가 스토킹처벌법상 스토킹범죄는 피해자에 대한 일련의 반복적 행위를 포괄일죄로 구성하는 특성이 있는데, 이러한 계속범의 특성상 그중 일부의 행위가 잠정조치 위반에 해당한다고 하여 행위 전체를 분할하여 별죄로 다루는 것은 사건의 실체적 진실에 부합하지 않을 수도 있다. 대법원의 판단대로 잠정조치 위반을 스토킹 범죄의 연장선상에서 파악하면, 절차적으로도 두 범죄 사실을 하나의 공소사실로 묶어 효율적으로 심리할 수 있고, 양형 단계에서 잠정조치 불이행 사실을 가중 요소로 고려함으로써 실질적인 형벌 강화도 가능할 것이다. 이러한 시각에서 보면 대법원의 상상적 경합 판단은 입법 취지와 형법 원리에 부합하는 균형 잡힌 결론이라 평가할 수 있다.

다만, 항소심이 지적하였듯이 스토킹 범죄와 잠정조치 불이행죄는 엄밀히 보면 보호법익에 차이가 있고, 범죄 구성요건도 다소 상이하다. 전자는 피해자의 평온과 신체 안전이라는 법익을 보호하는 반면, 후자는 법원 명령의 권위와 그를 통한 피해자 보호를 확보하고자 하는 것이다. 이 때문에 잠정조치 위반행위는 단순 스토킹 행위보다 한층 불법성이 크므로 별도의 범죄로 엄정히 처벌해야 그 입법 취지가 살아난다는 반론도 가능하다. 특히 스토킹 처벌법이 굳이 잠정조치 불이행을 독립된 범죄로 규정하고 최고 2년의 법정형까지 부과한 것은, 법원의 잠정조치를 어기고 범행을 지속하는 행위에 대해 가중처벌을 하겠다는 강한 의지를 보여주는 것이다. 그런데 만약 이러한 위반 행위를 매번 실체적 경합이 아닌 상상적 경합으로 취급하여 더 중한 스토킹 범죄의 형에 흡수되도록 한다면, 잠정조치 위반죄 조항이 사실상 사문화되거나 부차적인 죄로 전락할 우려도 제기된다. 이론적으로는 상상적 경합 관계에서도 법정형이 더 무거운 범죄로 처벌한다고 할 뿐 양형 단계에서 법원이 두 범죄를 모두 고려하여 형량을 정할 수 있으나, 형의 중첩이 배제되는 이상 추가적인 처벌 효과가 제한적인 것이 현실이다. 그 결과 잠정조치 위반에 대해 스토킹 처벌법이 예정한 별도의 제재와 위하력이 충분히 발휘되지 못하면, 피해자 보호를 위해 마련된 잠정조치 제도의 실효성이 약화될 수 있다는 지적은 경청할 필요가 있다.

4. 판결의 의의

이번 대법원 판결은 스토킹 처벌법 시행 이후 현실에서 제기되어 온 중요한 문제인 부재중 전화의 취급에 대해 최초로 최고법원의 판단을 제시했다는 점에서 의의가 크다. 특히 피해자 입장에서는 가해자가 연락을 시도하는 행위 자체만으로도 충분한 불안과 심리적 고통을 받게 되므로, 이를 적극적으로 처벌 대상으로 인정한 대법원의 태도는 피해자 보호의 관점에서 환영할 만하다. 아울러 상상적 경합으로 죄수 관계를 정리한 부분은 형법 체계의 통일성과 안정성을 도모하면서도, 잠정조치 위반 행위를 실질적으로 처벌할 수 있는 길을 열어둔 판단이라고 평가된다. 본 판결을 계기로 스토킹 가해자의 법원 명령 위반 행위에 대해 엄정한 사법적 대응이 전개될 것이 기대되며, 입법자 또한 필요한 경우 법정형 상향 등 제도적 보완책을 검토함으로써 스토킹 피해자 보호를 한층 강화해 나가야 할 것이다.

64 통신사기피해환급법상 '전기통신금융사기'의 범위

대법원 2024. 10. 25. 선고 2024도6831 판결[1)]

김종근 (수원지방법원 부장판사)

1. 사안의 개요

가. 공소사실의 요지

피고인들은 가상의 선물거래 HTS(Home Trading System) 프로그램인 '블랙록' 등을 이용하여 투자리딩을 통해 수익을 보장하겠다고 피해자를 기망하여 금원을 편취하는 사기 조직의 소속원이다.

피고인들은 자금관리고객센터 소속으로, 국내, 태국, 라오스로 범행 사무실을 옮겨 다니며 '이팀장 센터C/S', '진팀장 콜센터C/S'라는 텔레그램 계정을 공용으로 사용하면서 회원을 관리하고, 범행 계좌 및 입출금 등을 관리하는 역할을 담당하였는데, 피고인들은 각자의 역할 분담에 따라 이 사건 무허가 선물 HTS 운영을 통한 사기 범행을 하기로 공모 또는 순차 공모하였다.

피고인들은 위와 같은 공모관계에 따라 국내외(태국, 라오스 등) 각 사무실에서 자금관리 고객센터 업무를 수행하였고, 공범들은 인적사항을 확보한 불특정 다수의 피해자들을 대상으로 투자 리딩 업체 직원을 사칭하면서 "고수익이 보장되는 투자처가 있다. 해외선물 투자를 적은 돈으로 할 수 있다. 리딩을 해주는 대로만 따라하면 돈을 벌 수 있다."라는 등 해외선물 투자 관련 설명을 하여 회원을 유치한 뒤, 가상의 HTS 프로그램을 회원들의 컴퓨터에 원격 접속 프로그램을 통해 설치해주거나 회원들로 하여금 설치하도록 하는 등 HTS 프로그램을 통하여 금융투자상품에 투자하면 선물거래를 통해 수익금을 받을 수 있는 것처럼 거짓

1) [참조 및 관련 판례] 대법원 2022. 5. 26. 선고 2022도3303 판결.
[관련 평석 및 문헌] 본 판결은 통신사기피해환급법 제2조 제2호 단서의 해석에 관한 최초의 대법원 판결로서, 현재까지 관련 평석은 확인되지 않음.

말하였다.

그러나 사실은 위 HTS 프로그램은 실제 선물 투자와 관련하여 시중 증권사의 선물 계좌와 연계되어 있지 않아 정상적으로 선물거래를 할 수 없는 프로그램이고, 피고인들은 주식, 선물 거래 등에 관하여 금융위원회로부터 금융투자업 인가를 받지 않아 정상적으로 투자매매업이나 투자중개업 등 금융투자업을 영위할 수가 없었으므로 실제로 투자를 진행하여 수익금을 줄 의사나 능력이 없었다.

피고인들은 위와 같은 방법으로 피해자들을 기망하여 피해자들로 하여금 금원을 송금하도록 하였다.

나. 경과

이 사건에서 공소사실 기재 행위가 「전기통신금융사기 피해 방지 및 피해금 환급에 관한 특별법」(이하 '통신사기피해환급법')에서 정한 '전기통신금융사기'에 해당하는지가 쟁점이 되었다.

제1심 법원은 피고인들의 행위가 통신사기피해환급법 제2조 제2호 단서의 '용역의 제공 등을 가장한 행위'에 해당하여 전기통신금융사기에서 제외된다고 보아 이 부분 공소사실을 무죄로 판단하였다. 반면, 원심법원은 제1심을 파기하고, 피고인들의 행위가 전기통신금융사기에 해당한다며 유죄를 선고하였다.[2)]

이에 피고인들은 원심의 통신사기피해환급법 제2조 제2호 단서 해석은 죄형법정주의에 위배된다는 등을 이유로 상고하였다.

2. 판결의 요지

가. 원심판결(의정부지방법원 2024. 4. 18. 선고 2023노2864 판결)

원심은, 통신사기피해환급법 제2조 제2호 단서 전단의 '용역의 제공 등을 가장한 행위'에 해당하여 전기통신금융사기에서 제외되기 위해서는, 행위자가 가장한 '용역의 제공'과 피해자로부터 취득한 '재산상 이익' 사이에 대가관계가 존재해야 한다고 보았다.

즉 이 사건에서 피해자들이 피고인들에게 송금한 돈은 '투자 리딩'이라는 용역에 대한 수수료가 아니라 '해외선물거래 투자금' 명목이어서, 피고인들이 제공을 가장한 용역과 편취한 재산상 이익 사이에는 대가관계가 없고, 결국 피고인들의 행위는 위 단서 조항의 예외에

---

2) 의정부지방법원 2023. 10. 18. 선고 2023고단1159 판결.

해당하지 않으므로, 통신사기피해환급법 제2조 제2호 본문의 '전기통신 금융사기'에 해당한다고 판단하였다.

나. 대법원 판결

대상판결은 원심의 판단을 수긍하여 상고를 기각하였다. 그 요지는 다음과 같다.

구 통신사기피해환급법(2023. 5. 16. 법률 제19418호로 개정되기 전의 것)은 이른바 '보이스피싱' 범죄로부터 피해자의 재산상 피해를 신속하게 회복시키기 위해 특별한 구제·보호조치를 정하고자 마련되었다. 이러한 법의 취지와 내용을 고려하면, 법 제2조 제2호 단서 전단에서 '재화의 공급 또는 용역의 제공 등을 가장한 행위'를 전기통신금융사기에서 제외하는 이유는, 보이스피싱이 아닌 온라인상에서의 재화나 용역에 관한 일반적인 거래 사기를 이 법의 규율 대상에서 배제하기 위한 것으로 이해함이 타당하다.

따라서 위 단서 전단의 '재화의 공급 또는 용역의 제공 등을 가장한 행위'라 함은 원칙적으로 그 행위의 목적인 '재화의 공급 또는 용역의 제공'과 취득한 '재산상 이익' 사이에 대가관계를 갖는 경우를 의미한다고 보아야 한다. 만일 대가관계가 인정되지 않는 경우에도 위 단서 전단에 해당한다고 보면, 보이스피싱의 경우에도 '재화의 공급 또는 용역의 제공 등'이 관여되기만 하면 재산상 이익과 대가관계가 없더라도 모두 전기통신금융사기에서 제외되어 법의 입법 목적에 어긋나기 때문이다.

3. 해설

가. 쟁점의 소재

이 사건의 핵심 쟁점은 통신사기피해환급법 제2조 제2호의 해석 문제이다. 해당 조항은 '전기통신금융사기'를 정의하면서, 단서에서 "다만, 재화의 공급 또는 용역의 제공 등을 가장한 행위는 제외하되, 대출의 제공·알선·중개를 가장한 행위는 포함한다."고 규정한다.[3)]

---

3) 2. "전기통신금융사기"란 「전기통신기본법」 제2조 제1호에 따른 전기통신을 이용하여 타인을 기망(欺罔)·공갈(恐喝)함으로써 자금 또는 재산상의 이익을 취하거나 제3자에게 자금 또는 재산상의 이익을 취하게 하는 다음 각 목의 행위를 말한다. 다만, 재화의 공급 또는 용역의 제공 등을 가장한 행위는 제외하되, 대출의 제공·알선·중개를 가장한 행위는 포함한다.
가. 자금을 송금·이체하도록 하는 행위
나. 개인정보를 알아내어 자금을 송금·이체하는 행위
다. 자금을 교부받거나 교부하도록 하는 행위
라. 자금을 출금하거나 출금하도록 하는 행위

여기서 단서 전단의 '용역의 제공 등을 가장한 행위'의 범위를 어떻게 설정할 것인지에 따라 통신사기피해환급법의 적용 범위가 달라진다. 즉 행위자가 제공을 가장한 용역과 피해자가 지급한 금전 사이에 직접적인 '대가관계'가 있어야만 예외가 적용되는지, 아니면 그러한 대가관계 없이 용역 제공을 가장하는 행위 자체가 있었다면 예외가 적용되는지가 문제된다.

나. 통신사기피해환급법의 의의

이른바 '보이스피싱'은 일반적 사기범행과 달리 불특정 다수를 상대로 비대면 기망방법을 활용하고, 조직적이면서 동시에 분업화되어 있다는 특징이 있다. 또한 기망의 내용이나 방법이 다양하고 신종수법이 계속 개발되어 불특정 다수의 피해자들이 제대로 대응하기 어려운 면이 존재한다.

통신사기피해환급법은 이와 같이 전화 또는 인터넷 메신저 등 전기통신수단을 이용한 금융사기의 피해자가 소송절차를 거치지 않고 피해금을 신속히 돌려받을 수 있도록 피해금 환급절차 등을 마련하여 전기통신금융사기 피해자를 구제하기 위해 2011년 제정되었다.

다. 통신사기피해환급법 제2조 제2호 단서의 해석

(1) 견해의 대립

1) 대가관계가 필요하다는 견해(원심 및 대상판결의 입장)

기망의 내용이 된 '용역의 제공'과 피해자가 지급한 '재산상 이익' 사이에 쌍무적 급부관계, 즉 대가관계가 있을 때에만 통신사기피해환급법 제2조 제2호 단서 전단이 적용되어 전기통신금융사기에서 제외된다고 보는 견해이다. 이는 단서의 적용 범위를 좁혀 전기통신금융사기의 성립 범위를 넓히는 해석이다.

그 근거로는 ① 통신사기피해환급법이 신종 범죄인 보이스피싱 피해자를 특별히 구제하기 위한 법으로서, 대가관계가 존재하는 일반적인 인터넷 상거래 사기까지 규율하려는 취지는 아니라는 점, ② 통신사기피해환급법 제7조가 사기이용계좌 명의인의 이의제기 사유로 '재화 또는 용역의 공급에 대한 대가'임을 소명하도록 규정한 점 등 법률의 전체적인 체계와의 정합성, ③ 2014년 법 개정 시 '대출의 제공'을 예외의 예외로 포함시킨 것은, 대출 관련 용역 제공의 '대가'로 수수료 등을 편취하는 행위까지 규율하려는 취지라는 점 등이다.

2) 대가관계가 필요없다는 견해(제1심의 입장)

기망행위와 재산상 이익 취득 사이에 인과관계만 있으면 족하고, 양자 간에 엄격한 대가관계는 필요 없다고 보는 견해이다. 즉 용역 제공을 가장하여 금전을 편취했다면, 그 금전의 명목이 무엇이든 단서가 적용되어 전기통신금융사기에서 제외된다는 입장이다. 이는 단서의 적용 범위를 넓혀 전기통신금융사기의 성립 범위를 좁히는 해석이다.

그 근거로는 ① 형벌법규는 문언에 따라 엄격하게 해석해야 하며 피고인에게 불리한 유추해석은 금지된다는 죄형법정주의 원칙, ② 법문 자체에 '대가관계'라는 요건이 명시되어 있지 않다는 점, ③ 2014년 법 개정은 대가관계 유무와 무관하게 '대출 제공 가장 행위'가 광범위하게 전기통신금융사기에서 제외되는 문제를 해결하기 위한 것이므로, 역으로 단서 전단의 '용역 제공 가장 행위'는 넓게 해석해야 한다는 점 등이다.

(2) 대법원의 판단

대상판결은 '대가관계필요설'을 채택하여 하급심의 혼선을 정리하고 명확한 법리를 제시하였다. 그 근거는 다음과 같다.

첫째, 통신사기피해환급법의 취지와 내용을 고려하면, 동법은 원칙적으로 전기통신을 이용하여 불특정 타인을 기망·공갈하여 재산상 이익을 취하는 이른바 '보이스피싱'을 엄단하고 피해자들에 대한 특별한 구제·보호조치를 정하기 위하여 마련되었다.

둘째, 단서 전단을 두어 '재화의 공급 또는 용역의 제공 등을 가장한 행위'를 전기통신금융사기에서 제외하는 이유는 보이스피싱이 아닌 온라인상에서의 재화나 용역에 관한 일반적인 거래사기를 동법의 규율대상에서 배제하기 위한 것이다.

셋째, 만일 대가관계가 인정되지 않는 경우에도 단서 전단에 해당한다고 보면 보이스피싱의 경우에도 '재화의 공급 또는 용역의 제공 등'이 관여되기만 하면 재산상 이익과 대가관계가 없더라도 모두 전기통신금융사기에서 제외되어 동법의 입법 목적에 어긋나기 때문이다.

(3) 검토

대상판결은 '대가관계필요설'을 채택하여 하급심의 혼선을 정리하고 명확한 법리를 제시하였다. 이러한 대법원의 판단은 다음과 같은 점에서 타당하다.

첫째, 법의 입법 목적에 충실한 해석이다. 통신사기피해환급법은 불특정 다수를 상대로 비대면·조직적으로 이루어지는 신종 금융사기로부터 피해자를 신속하고 두텁게 보호하기 위한 '특별법'이다. 반면, 대가관계가 존재하는 일반적인 온라인 상거래 사기는 당사자가 계약상 위험을 어느 정도 감수하는 측면이 있고, 기존의 민사소송 등 일반적인 구제 절차를 통해 해결하는 것이 법체계상 자연스럽다. '대가관계' 유무를 기준으로 양자를 구별하는 것은 이러한 입법 취지에 부합한다.

둘째, 신종 금융사기 범죄에 대한 처벌 공백을 막고 피해자 보호를 강화하는 효과가 있다. 만약 대가관계불요설을 따를 경우, 이 사건과 같은 '투자 리딩 사기'나 다양한 형태의 용역 제공을 가장하는 신종 보이스피싱이 전기통신금융사기에서 제외될 수 있다. 이는 나날이 지능화되는 범죄 수법에 법이 대응하지 못하고 피해자 보호에 공백을 초래하는 결과를 낳을 수 있다. 대상판결의 입장은 이러한 신종 범죄들을 법의 규율 범위 안으로 포섭하여 처벌과 피해 구제를 가능하게 한다.

셋째, 법률의 다른 규정과의 체계 정합성을 확보할 수 있다. 앞서 본 바와 같이, 통신사기피해환급법 제7조 제1항 제2호는 사기이용계좌의 명의인이 지급정지에 대해 이의를 제기하면서 '재화 또는 용역의 공급에 대한 대가'로 받은 금원임을 소명할 수 있도록 규정한다. 이는 법 스스로 '대가'로 지급된 금원은 특별 구제 절차의 대상에서 제외될 수 있음을 전제하는 것으로, 대가관계필요설과 그 궤를 같이한다.

4. 판결의 의의

대상판결은 통신사기피해환급법 제2조 제2호 단서의 '용역의 제공 등을 가장한 행위'의 해석에 관하여 대립하던 하급심 실무에 명확한 기준을 제시한 최초의 대법원 판결이라는 점에서 중요한 의미를 갖는다.

특히, 대법원이 '대가관계필요설'을 채택함으로써, 투자 리딩을 빙자하여 '투자금'을 편취하는 등 외관상 용역 제공의 형태를 띠지만 실질적으로는 용역에 대한 대가가 아닌 금원을 편취하는 신종 금융사기 역시 통신사기피해환급법상 '전기통신금융사기'에 해당함을 분명히 하였다.

결론적으로 이 판결은 전기통신금융사기의 외연을 합리적으로 확정하여 지능화·고도화되는 보이스피싱 범죄에 대한 대응력을 높이고, 신속한 지급정지 및 환급 절차가 필요한 피해자들을 더욱 두텁게 보호하는 중요한 법적 토대를 마련하였다고 평가할 수 있다.

제 3 편

개인정보, 데이터 분야

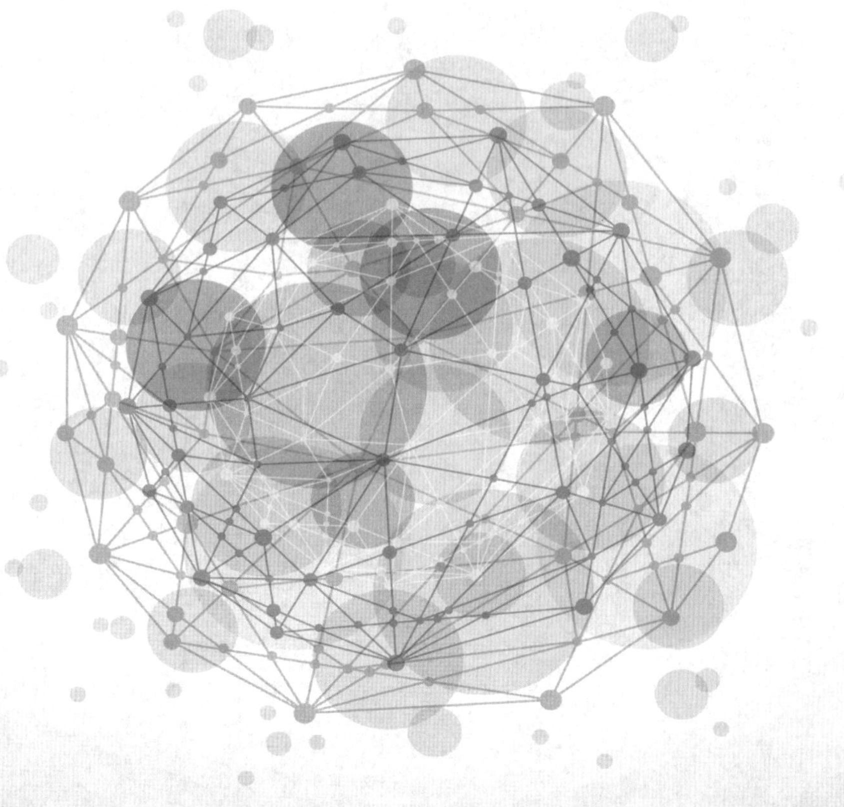

65 공개된 개인정보의 처리 - AI 시대에서의 재조명 -

대법원 2016. 8. 17. 선고 2014다235080 판결[1]

류승균 (개인정보보호위원회 송무팀장)

1. 사안의 개요

원고는 공립대학교 법학과 교수이다. 피고는 법률정보 제공 사이트를 유료로 운영하는 회사인데, 서비스 중 하나로 법조인(법대 교수 포함) 정보를 제공하였다. 피고는 해당 서비스 제공을 위하여 원고의 사진, 성명, 출생연도, 경력 등(이하 "이 사건 개인정보")을 수집하여 피고 서비스 이용자들에게 제공하였다. 이에 대해 원고는 피고가 동의 없이 이 사건 개인정보를 수집 및 제공한 행위가 불법행위라고 주장하며 정신적 손해배상을 구하는 소송을 제기하였다.

1) [참조 및 관련 판례] 대법원 2014. 7. 24. 선고 2012다49933 판결(공2014하, 1646); 대법원 2016, 3. 10. 선고 2012다105482 판결(공2016상, 556); 대법원 2011. 9. 2. 선고 2008다42430 전원합의체 판결(공2011하, 1997); 대법원 2024. 6. 17. 선고 2020다239045 판결.
[관련 평석 및 문헌] 권형둔, "인격적 법익의 침해를 이유로 법원의 손해배상책임 판결에 대한 비판적 고찰", 미디어와 인격권 제5권 제2호(2019); 김현경, "공개된 개인정보의 법적 취급에 대한 검토 - AI학습용 데이터로서 활용방안을 중심으로 -", 미국헌법연구 제34권 제1호(2023); 신재형, "인공지능 학습데이터 수집 및 이용에 대한 규제(공개된 개인정보를 중심으로)", 박사학위 논문(서울대학교 법학과); 오병철, "적법하게 공개된 개인정보의 보호와 활용", 경희법학 제52권 제4호(2017); 이동진, "일반적으로 접근 가능한 개인정보의 처리와 이익형량", 정보법학 제24권 제2호(2020); 임효준, "공개된 개인정보의 동의 없는 수집·이용의 범위: 명문 규정의 수정 해석 가능성과 이익형량시 고려요소를 중심으로", 경제규제와 법 제11권 제1호(2018); 조형찬, "공개된 인물정보에 대한 정보주체의 동의 없는 영업적 활용 - 대법원 2016. 8. 17. 선고 2014다235080 판결과 관련 입법론의 검토", 홍익법학 제17권 제4호(2016); 최경진, "개인정보보호 관련법의 해석에 있어서 이익형량론과 일반적 이익형량 규정의 필요성에 관한 고찰", 사법 제40호(2017).

2. 판결의 요지

가. 원심판결(서울중앙지방법원 2014. 11. 4. 선고 2013나49885 판결)

개인정보 보호법[2] 시행 전, 영리 목적으로(특히 개인정보를 불특정 다수의 제3자에게 제공하는 것 자체를 영업으로 하는 자가 그 영업으로서) 공개된 개인정보를 수집하여 이를 제3자에게 제공하는 행위를 정보주체의 동의 없이 한 경우에는, 설령 정보주체가 공적인 존재라 하더라도 다른 특별한 사정이 없는 한 위법하다고 보아야 할 것이다.

법 시행 이후, 개인정보를 불특정 다수의 제3자에게 제공한 행위 관련하여서는, 원고의 묵시적인 동의가 있었다고 인정하기 어렵고, 법 제17조 제1항에 따른 나머지 적법 요건도 충족되었음을 인정할 만한 증거가 없다. 따라서 피고의 이 사건 개인정보 처리는 개인정보 보호법 시행 전 및 이후 모두 불법행위를 구성하며 원고에게 위자료를 지급할 의무가 있다.[3]

나. 대법원 판결

개인정보자기결정권은 자신에 관한 정보가 언제 누구에게 어느 범위까지 알려지고 또 이용되도록 할 것인지를 정보주체가 스스로 결정할 수 있는 권리이다. 개인정보자기결정권의 보호대상이 되는 개인정보는 개인의 신체, 신념, 사회적 지위, 신분 등과 같이 개인의 인격주체성을 특징짓는 사항으로서 개인의 동일성을 식별할 수 있게 하는 일체의 정보이고, 반드시 개인의 내밀한 영역에 속하는 정보에 국한되지 아니하며 공적 생활에서 형성되었거나 이미 공개된 개인정보까지 포함한다.

이미 공개된 개인정보를 정보주체의 동의가 있었다고 객관적으로 인정되는 범위 내에서 수집·이용·제공 등 처리를 할 때는 정보주체의 별도의 동의는 불필요하다고 보아야 하고, 별도의 동의를 받지 아니하였다고 하여 개인정보 보호법 제15조나 제17조를 위반한 것으로 볼 수 없다. 그리고 정보주체의 동의가 있었다고 인정되는 범위 내인지는 공개된 개인정보의 성격, 공개의 형태와 대상 범위, 그로부터 추단되는 정보주체의 공개 의도 내지 목적뿐만 아니라, 정보처리자의 정보제공 등 처리의 형태와 정보제공으로 공개의 대상 범위가 원래의

---

2) 한편, 이 사건 개인정보는 피고가 정보통신서비스 제공자로서 수집한 이용자의 개인정보는 아니므로 '정보통신망 이용촉진 및 정보보호 등에 관한 법률'(이하 "정보통신망법")이 적용될 수 없다고 판단하였다.

3) 원고는 법률정보 제공 사이트 운영사뿐만 아니라 온라인 포털 등 다른 회사들에 대해서도 소송을 제기하였는데, 이들에 대한 청구는 시효가 소멸하여 기각되었다. 이에 본 평석에서는 법률정보 제공 사이트 운영사에 관한 판단만을 검토한다.

것과 달라졌는지, 정보제공이 정보주체의 원래의 공개 목적과 상당한 관련성이 있는지 등을 검토하여 객관적으로 판단하여야 한다.

이 사건 원고의 대학 교수로서의 공적인 존재, 이 사건 개인정보의 공공성과 공익성, 원고 소속 대학 홈페이지 등에 의한 공개에서 추단되는 원고의 공개 목적 내지 의도, 이 사건 개인정보의 성질 및 가치와 이를 활용하여야 할 사회·경제적 필요성 등과 그 정보처리로 인하여 원고의 이익이 침해될 우려의 정도 등을 고려하면, 피고가 영리 목적으로 이 사건 개인정보를 수집하여 제3자에게 제공하였더라도 그에 의하여 얻을 수 있는 법적 이익이 그와 같은 정보처리를 막음으로써 얻을 수 있는 정보주체의 인격적 법익에 비하여 우월하다고 할 것이므로, 피고의 행위를 원고의 개인정보자기결정권을 침해하는 위법한 행위로 평가할 수는 없다. 결국 피고가 원고의 별도의 동의를 받지 아니하였다고 하여 개인정보 보호법 제15조나 제17조를 위반하였다고 볼 수도 없다.

3. 해설

가. 공개된 정보의 개인정보성

이미 공개된 정보라 하더라도 개인정보로서 보호 대상인지에 대해서는 헌법재판소가 이미 2005년에 판단한 바가 있다.[4] 이에 따르면, "개인정보자기결정권의 보호대상이 되는 개인정보는 개인의 신체, 신념, 사회적 지위, 신분 등과 같이 개인의 인격주체성을 특징짓는 사항으로서 그 개인의 동일성을 식별할 수 있게 하는 일체의 정보라고 할 수 있고, 반드시 개인의 내밀한 영역이나 사사(私事)의 영역에 속하는 정보에 국한되지 않고 공적 생활에서 형성되었거나 이미 공개된 개인정보까지 포함한다." 대법원 역시 대상판결 이전에 공개된 개인정보라고 하더라도 보호 대상이라는 전제로 판단을 한 바 있다.[5]

대상판결은 위 헌법재판소 결정과 대법원 판결의 입장을 이어받아, 공개된 개인정보도 개인정보에 해당할 수 있다는 판단을 내렸다. 대상판결은 개인정보 보호법이 2011년에 제정·시행된 이후 판결이라는 점에서 의미가 있다. 실제로 이 판결에서 법원은 개인정보 보호법이 보호하는 개인정보는 공개된 것과 공개되지 아니한 것으로 나누어 달리 규율하지 않는다는 점을 판단 근거로 들었다.[6] 개인정보 보호법은 그 정의상 개인 식별성만을 요소로 하

---

4) 헌법재판소 2005. 5. 26. 선고 99헌마513, 2004헌마190(병합) 결정(주민등록법 제17조의8 등 위헌확인 등).

5) 대법원 2011. 9. 2. 선고 2008다42430 전원합의체 판결(변호사 평가 서비스 사건). 해당 판결은 개인정보 보호법이 제정되기 이전의 사건이었으며 공개 행위가 정보주체의 동의에 해당할 수 있는지는 다루지 않았다.

6) 참고로 정보보호에 관한 다른 법률인 「신용정보의 이용 및 보호에 관한 법률」에서는 공개된 정보의 수집에 관하여 명시적으로 정하고 있다(제15조 제2항 제2호 각목).

고 있고(제2조 제1호) 비밀성을 요구하고 있지 않는다는 점, 아래에서 보는 바와 같이 공개된 개인정보라 하더라도 사후적으로도 지속적인 개인정보자기결정권 행사가 필요할 수 있다는 점에서 타당한 판단이다.

나. 공개된 개인정보의 적법처리 근거

(1) 추단된 동의

대상판결은 개인정보를 수집하고 제3자에게 제공하려면 원칙적으로 정보주체의 동의가 필요하다[7]고 하면서, 공개 행위 자체가 자신의 개인정보 처리에 대한 동의로 볼 수 있다고 판단하였다. 그 이유로는 다음 두 가지를 들었다. ① 개인정보 공개 자체가 정보주체의 동의로 평가할 수 있는 경우에도 동의가 외부에 표시되지 아니하였다는 이유로 별도 동의를 요구한다면 이는 정보주체의 공개의사에 부합하지 아니한다. ② 동의를 얻지 않더라도 개인정보 보호법은 정보주체의 사후통제 수단(아래에서 자세히 설명)을 두고 있으므로 개인정보자기결정권이 보호 가능하다.

이러한 판단은 묵시적인 동의도 가능함을 전제한 것이다. 판례는 "동의가 있었다고 객관적으로 인정"되는 경우라거나 "추단되는 정보주체의 의도"라는 표현을 썼는데, 이는 공개 행위로부터 추단할 수 있는 묵시적인 동의를 의미하는 것으로 이해된다. 추단적 행위에 의한 의사표시는 묵시적인 의사표시의 한 유형이다.[8] 이에 관하여, 개인정보 보호법상 동의도 묵시적으로 가능하다는 견해도 있으나,[9] 개인정보 보호법 명문에 반한다는 견해가 다수이다.[10]

---

7) 이 부분은 개인정보 보호법을 오해한 설시이다. 동의는 개인정보를 적법하게 수집하거나 제공할 수 있는 여러 사유(적법처리 근거, 수집의 경우 제15조 제1항 각호, 제공의 경우 제17조 제1항 각호) 중 하나에 불과함이 규정 체계상 분명하다. 이 사건 개인정보 수집의 적법처리 근거도 개인정보 보호법상 '정당한 이익'(제15조 제1조 제6호)이 있는지를 기준으로 판단하는 것이 보다 바람직할 수도 있었는데, 그러한 판단조차 하지 않은 것은 '동의가 원칙'이라는 오해에서 시작된 것으로 생각된다.

이러한 오해는 온라인 영역에서의 개인정보 처리를 오랫동안 규율해 온 구 정보통신망법에서 기인한 것으로 생각된다. 해당 법에서는 동의를 원칙으로 규정했었고(제22조 제1항 본문), 이러한 연유로 웹사이트 등에서는 개인정보 처리 시 동의를 얻는 관행이 있어왔다.

8) 묵시적 의사표시 - 특히 추단적 행위에 의한 묵시적 의사표시 - 에 관한 자세한 내용은 최신섭, "묵시적 의사표시와 그 효과", 비교사법 제7권 제2호, 2000, 415-420면 참조.

9) 오병철, "적법하게 공개된 개인정보의 보호와 활용", 경희법학 제52권 제4호, 2017, 189-191면. 법상 의사표시는 명시적으로뿐만 아니라 묵시적으로도 가능한 것이 원칙이며, 개인정보 보호법상 동의받는 방법(명시적 동의 등)을 정한 제22조는 개인정보처리자가 정보주체로부터 직접 수집하는 경우에만 적용되는 것이라는 입장이다. 다만 이러한 해석이 바람직하다기 보다는 입법의 미비로 인한 법창설적 해석으로 이해해야 한다는 설명을 덧붙였다(182-183면).

10) 이동진, "일반적으로 접근 가능한 개인정보의 처리와 이익형량", 정보법학 제24권 제2호, 2020, 76면; 조형찬, "공개된 인물정보에 대한 정보주체의 동의 없는 영업적 활용 - 대법원 2016. 8. 17. 선고 2014다

생각건대, 법은 개인정보 처리에 관한 동의를 받는 방법을 구체적으로 정하고 있으므로 이에 따라야 할 것이다. 당시 법[11]은 '홈페이지 등에 동의 내용을 게재하고 정보주체가 동의 여부를 표시하도록 하는 방법 등으로 동의를 얻어야 한다'고 규정한바 명시적인 동의 원칙을 정한 것이다(제22조 제1, 7항, 같은 법 시행령 제17조 제1항[12] 제4호).[13] 나아가, 2023년 개정법은 개인정보 처리 동의를 받는 원칙을 제시하면서 ① 정보주체의 자유로운 의사에 따른 동의 ② 구체적인 동의 ③ 동의받을 사항 고지의 이해하기 쉬운 고지 ④ 동의 여부를 명확하게 표시할 수 있는 방법의 제공 등을 명시적으로 요구하고 있다(제22조 제1, 7항, 시행령 제17조 제1항 각호). 구 정보통신망법(2013. 3. 23. 법률 제11690호로 개정되기 전의 것) 사안이기는 하나 대법원 역시 "개인정보 수집·제공에 관하여 적법한 동의를 받기 위해서 (…) 동의의 표시는 이용자가 개인정보의 수집·제공에 동의를 한다는 명확한 인식하에 행하여질 수 있도록 실행 방법이 마련되어야 한다"라고 하여,[14] 개인정보 처리 동의는 정보주체에게 동의받을 사항을 알리고 명시적으로 얻어야 한다고 본 바 있다.

(2) 구체적인 판단 기준

대상판결은 "정보주체의 동의가 있었다고 인정되는 범위 내"인지를 판단하기 위해서, ① 공개된 개인정보의 성격 ② 공개의 형태와 범위 ③ 정보주체의 공개 의도 내지 목적 ④ 애초 공개 목적과 개인정보처리자의 정보처리 간 상당한 관련성 등을 종합적으로 고려하여야 한다며 판단 기준을 제시하였다. 아울러 실제 이 사건 판단에서는 ⑤ 정보주체의 공인 여부 ⑥ 해당 개인정보의 공공성 여부 등도 고려하면서 궁극적으로 개인정보처리자가 얻는 이익과 정보주체의 제한받는 개인정보자기결정권을 형량하였다.

이러한 기준에 비추어, 이 사건 원고는 공립대 교수로서 공적인 존재에 해당하고, 이러한 교수의 기본적인 인적정보는 국민의 알 권리에 필요하므로 공공성이 인정되며, 학교 홈페이지상의 공개에서 추단되는 원고의 공개 목적에도 부합하는바, 피고 회사의 개인정보 처

235080 판결과 관련 입법론의 검토", 홍익법학 제17권 제4호, 2016, 848면; 신재형, "인공지능 학습데이터 수집 및 이용에 대한 규제(공개된 개인정보를 중심으로)", 박사학위 논문(서울대학교 법학과), 2024, 154-155면, 권형둔, "인격적 법익의 침해를 이유로 법원의 손해배상책임 판결에 대한 비판적 고찰", 미디어와 인격권 제5권 제2호, 2019, 289면; 임효준, "공개된 개인정보의 동의 없는 수집·이용의 범위: 명문 규정의 수정 해석 가능성과 이익형량시 고려요소를 중심으로", 경제규제와 법 제11권 제1호, 2018, 15면.

11) 개인정보 보호법은 2023. 3. 14.에 큰 폭으로 개정되었다(법률 제19234호). 대상판결 시 시행 중이던 법과 2023년 개정법 간의 차이가 있는 경우에는, 전자는 당시 (개인정보 보호)법, 후자는 2023년 개정 (개인정보 보호)법이라 표시하여 구별하겠다.

12) 2023년 개정법에서 같은 조 제2항으로 이동하였다.

13) 개인정보보호위원회, 개인정보 보호 법령 및 지침·고시 해설, 2020, 82면은 정보주체의 자발적인 승낙의 사표시로서 동의 여부를 명확하게 확인할 수 있어야 한다고 한다.

14) 대법원 2016. 6. 28. 선고 2014두2638 판결.

리를 통해 얻을 수 있는 법적 이익은 원고 정보주체의 인격적 법익보다 우월하다고 판단하였다. 한편, 대상판결은 영리 목적이 있었다는 사정만으로 위법하다고 할 수는 없다고 하였는데, 이러한 판단은 타당하며 영리 목적은 정보처리의 공공성이나 이익형량 시에 한 요소로서 고려하면 될 것이다.

(3) 정당한 이익으로의 재구성

위 구체적인 판단 기준은 – 판결상 표현과 달리 – '동의' 여부보다 '정당한 이익' 여부 판단을 실질적으로 한 것이라 봄이 보다 타당하다.[15] 당시 개인정보 보호법에 따르면, '개인정보처리자의 정당한 이익을 달성하기 위하여 필요한 경우로서 명백하게 정보주체의 권리보다 우선하는 경우(이 경우 개인정보처리자의 정당한 이익과 상당한 관련이 있고 합리적인 범위를 초과하지 아니하는 경우에 한한다)' 개인정보를 수집 · 이용할 수 있다(제15조 제1항 제6호).

대상판결은 ① 정보주체의 공인 여부, 해당 개인정보의 공익성 여부 등을 고려하여 개인정보처리자에게 정당한 이익[16]이 있다 보았고, ② 이 사건 개인정보의 수집·이용으로 인하여 침해될 수 있는 원고의 인격적 법익도 인정하였으나, ③ 충돌하는 위 ①과 ②의 법익을 비교하여 형량하였을 때 위 ①의 이익 – 즉 개인정보처리자의 정당한 이익 – 이 우선한다고 판단한 것으로 볼 수 있다. 아울러, 법은 정당한 이익과 개인정보 처리 간의 "상당한 관련"을 명문으로 요구하는데(위 규정상 괄호 안 부분), 대상판결은 공개 목적(이익)과 정보 제공 등의 처리 간의 "상당한 관련성"을 고려하였다.

앞서 살핀 바와 같이 개인정보 보호법하에서 묵시적인 동의를 적법한 것으로 보기는 어렵다. 반면 정당한 이익은 개인정보 보호법에서 허용하고 있는 개인정보 수집 · 이용, 제공[17] 사유이며, 개별적인 이익 형량을 요구한다는 점 – 정당한 이익이 있다는 것으로 충분하지 않고 그것이 정보주체의 권리보다 명백히 우선하여야 함 – 에서 보다 정보주체의 권리를 실질적으로 보호할 수 있는 장점이 있다. 개인정보보호위원회도 최근 해설서[18]에서 대상판결을

15) 같은 의견으로 최경진, "개인정보보호 관련법의 해석에 있어서 이익형량론과 일반적 이익형량 규정의 필요성에 관한 고찰", 사법 제40호, 2017, 110면. 한편, 이익형량은 객관적인 것이고, 동의는 정보주체의 주관적 의사에 맡기는 것이라는 점에서 동의는 이익형량을 대신할 수 없다는 의견도 있다. 이동진, "일반적으로 접근 가능한 개인정보의 처리와 이익형량"(주 9), 76면.

16) 대상판례는 개인정보처리자의 정당한 이익뿐 아니라 그 서비스 이용자인 일반 국민들의 알 권리와 사회 전체적인 수요 및 경제성도 언급하였다. 다만, 개인정보 보호법에서 규정하는 정당한 이익은 개인정보처리자의 것으로 한정된다. 참고로, EU 일반개인정보 보호법(GDPR)은 처리자뿐 아니라 제3자의 정당한 이익도 적법한 처리 근거로 인정하고 있다[제6조 제1항 (f)].

17) 다만 당시 법은 개인정보 이용과 달리 제3자 제공의 경우 '정당한 이익'을 정당한 이익으로 인정하지 않았었다. 2023년 개정법에서 추가되었다.

18) 개인정보보호위원회, 개인정보 처리 통합 안내서, 2025, 50면. 같은 위원회의 인공지능(AI) 개발 · 서비스를 위한 공개된 개인정보 처리 안내서, 2024도 '정당한 이익' 적법처리 근거 관련하여 대상판결을 참고로 언급하였다(16면), 다만 별도 참고 설명에서는 대상판결상 표현을 따라 '개인정보 공개가 정보주체 동의로

'정당한 이익'에 관한 선례로 인용하였다.

다. 공개된 개인정보 처리에 대한 사후통제

대상판결은 공개된 개인정보의 처리에 대해 별도의 동의를 요구하지 않는다 하더라도, 정보주체는 개인정보가 처리되는 동안 개인정보자기결정권을 행사할 수 있다는 점을 언급하였다. 간과하기 쉬우나 매우 중요한 지적이다. 수집 단계에서의 적법 처리 근거에만 신경쓰는 경향이 있으나, 개인정보 보호는 최초 수집 단계뿐 아니라 파기에 이르기 전까지 전 생애 주기에 걸쳐 이루어져야 한다. 개인정보 보호법은 이를 실질적으로 보장하기 위한 수단을 제공하고 있다.

개인정보 보호법에 따르면 ▲정보주체 이외로부터 수집한 개인정보 처리와 관련하여 정보주체의 요구에 따라 수집 출처, 처리 목적 등을 통지하도록 하고 있다(제20조). 공개된 개인정보를 수집하는 경우는 위에 해당할 수 있고, 대상판결도 이를 긍정하였다. ▲정보주체는 자신의 개인정보 처리에 관한 사항을 열람할 수 있고(제35조) ▲해당 개인정보의 정정 또는 삭제(제36조), 그리고 처리정지(제37조)를 요구할 수 있다.[19] 또한 ▲공개된 개인정보의 처리도 당연히 안전조치의무 대상에 해당하므로, 해당 개인정보가 위·변조 또는 훼손되지 않도록[20] 기술적·관리적 및 물리적 조치를 받게 된다(제29조).

라. 관련 판례 : SNS 이용자의 친구 개인정보 제공 사건[21]

공개된 개인정보의 처리에 관하여 대법원이 최근인 2025년에도 판단을 내렸다. 제3자 앱에 소셜 로그인[22]을 하는 이용자뿐 아니라 그와 "친구"를 맺은 사람의 SNS상 개인정보까지 위 제3자에게 동의 없이 제공한 SNS 사업자에 대하여 개인정보보호위원회가 2020. 11월 과징금 및 시정명령 처분을 내렸다. 이에 대한 취소소송에서, 대법원은 "설령 제3자 앱에 제공된 개인정보가 친구 스스로 이미 공개한 개인정보라고 하더라도, 원고가 그 개인정보를

객관적으로 인정될 수 있는 경우'로 소개하였다(19면).

19) 원심판결에 따르면 실제로 피고는 원고의 항의를 받고 나서 원고의 개인정보를 삭제하였다.

20) 안전조치의무는 개인정보가 분실·도난·유출·위조·변조 또는 훼손되지 않도록 하는 의무이다. 공개된 개인정보의 처리와 관련하여서는 정보주체가 분실·도난·유출 등 보다 악의적인 위·변조 등을 우려할 것이다.

21) 대법원 2025. 3. 13. 선고 2024두55440 판결. 원심은 서울고등법원 2024. 9. 13. 선고 2023누64906 판결, 제1심은 서울행정법원 2023. 10. 26. 선고 2021구합57117 판결.

22) 한 서비스(주로 소셜네트워크서비스)에 가입한 이용자 정보를 활용하여 제3자의 웹사이트 등 서비스에도 가입하여 이용하는 방식을 뜻한다.

제3자 앱에 제공한 행위는 정보주체인 친구의 별도 동의를 받지 않더라도 친구의 동의가 있었다고 객관적으로 인정되는 범위 내에 해당한다고 보기 어렵다"라고 판단하였다. 이 사건에서 원고는 대상판결을 인용하였고, 대법원 역시 (묵시적) 동의가 있었는지를 기준으로 판단하였다는 점에서 아쉬움이 남는다. 다만, 대법원과 원심에서 모두 유지된 제1심판결에서는-비록 (대상판결이 제시한 판단기준에 비추어) 동의가 추단되는지를 검토하면서도 - "개인정보를 제3자에 제공하려면 미리 정보주체로부터 동의를 받도록 한 이 사건 쟁점조항에 부합하지 않음을 지적하여 둔다"고 명시적으로 언급한 점이 주목할 만하다.[23)]

4. 판결의 의의

대상판결이 선고된 지 10년이 되었다. 이 판결은 이미 여러 평석과 논문의 소재가 되면서 개인정보 분야의 주요 판례로 소개되었다. 개인정보 보호법 해석으로 타당한 것인지에 대해서는 의문이 많이 제기되었고, 입법의 미비로 인하여 "부득이한 고육책"이었다거나[24)] 입법적 해결 전까지는 대상판결이 "선불리 확장 적용되지 않도록 충분히 경계가 필요하다"는 의견까지 제시되었다.[25)]

그럼에도 현 시점에서 이 판례를 재조명할 필요가 있다. 바야흐로 AI 시대에서 이 판결이 가진 의미가 크기 때문이다. AI 개발 및 학습에는 방대한 데이터가 필요하며, 학습용 데이터는 대부분 인터넷상 공개 자료에서 확보한다. 많은 데이터를 확보하다 보면 개인정보가 포함된 데이터도 수집하게 될 것인데, 이에 대한 개인정보 수집·이용 동의를 어떻게 받을 것인가라는 문제가 생긴다. 관련된 정보주체의 수는 셀 수 없이 많을 것이며 이들의 연락처를 파악하는 것은 현실적으로 곤란하다. 이미 오래 전에 공개된 것이라면 그 어려움은 더 가중된다.

이러한 점에서, AI 학습을 위한 개인정보 처리 근거로 동의를 활용하는 것은 현실적으로 매우 어렵다.[26)] 다행히도 개인정보 보호법은 동의가 아닌 다른 적법처리 근거도 인정하고 있다. 그 중에서도 특히 '정당한 이익'을 근거로 적극적으로 고려할 필요가 있다.[27)] 대상

23) 이 판결은 구 정보통신망법이 적용되어 '정당한 이익'이 적법 처리요건으로 가능하지 않는 경우였다. 재판부는 묵시적인 동의가 실정법과 "부합하지 않는다"라는 점을 알면서도, 고육지책으로 종전 대상판결이 제시한 기준에 따라 판단한 것으로 보인다. 향후 개인정보 보호법이 적용되는 사안에서 이러한 사정을 충분히 감안하지 않고 선례로서 인용하는 것은 적절하지 않다.

24) 이동진, "일반적으로 접근 가능한 개인정보의 처리와 이익형량"(주 10), 78면.

25) 임효준, "공개된 개인정보의 동의 없는 수집·이용의 범위: 명문 규정의 수정 해석 가능성과 이익형량시 고려요소를 중심으로"(주 10), 24-25면.

26) 김현경, "공개된 개인정보의 법적 취급에 대한 검토 - AI학습용 데이터로서 활용방안을 중심으로 - ", 미국헌법연구 제34권 제1호, 2023, 164면.

27) 개인정보보호위원회, 생성형 인공지능(AI) 개발·활용을 위한 개인정보 처리 안내서(안), 2025, 9면은 공개

판결은, 공개된 개인정보 처리에 관하여 정당한 이익의 존부를 판단하고 정보주체의 권리와 이익형량을 하는 데 필요한 구체적인 고려요소를 제시한 선례로서 그 의의가 재평가될 필요가 있다.

된 개인정보의 처리인 경우 정당한 이익(제15조 제1항 제6호)을 검토가 필요한 주된 적법처리 근거로 제시하고 있다. 영국의 정보보호당국인 Information Commissioner's Office(ICO)는 "정당한 이익만이 현실적으로 유일하게 가능한 적법처리 근거이다"라고까지 한다. *Generative AI first call for evidence: The lawful basis for web scraping to train generative AI models* (2024), p. 14 참조.

66 개인위치정보 침해에 따른 손해배상책임

대법원 2016. 9. 28. 선고 2014다56652 판결[1)]

조용혁 (한국법제연구원 연구위원)

1. 사안의 개요

원고들은 경기도 광주시 개인택시조합의 조합원인 개인택시 사업자들이다. 2008년 2월 13일경 원고를 포함한 광주시 개인택시 및 법인택시 운전자들은 "광주시 택시브랜드사업 추진위원회"(이하 "추진위원회"라 한다)를 결성하여 회원을 모집하고, 광주시로부터 보조금을 받아 2008년 2월 19일 주식회사 인솔라인(이하 "인솔라인"이라 한다)과 "콜 관제시스템 공급계약"을 체결하였다. 추진위원회는 인솔라인으로부터 공급받은 콜장비를 콜 서비스 가입회원들의 차량에 장착하였고, 2008년 4월 30일부터 콜 서비스를 실시하였으며, 원고들도 그 무렵부터 2010년 7월경까지 택시 콜 서비스를 제공받았다.

이 사건 콜 관제시스템의 구조와 특징은 다음과 같다. 택시이용고객이 콜 번호로 전화하는 경우 인솔라인이 고객의 위치를 컴퓨터에 입력하면, 이 사건 콜 관제시스템 프로그램이 자동으로 고객의 위치와 가장 가까운 차량에 배차를 요청한다. 차량배차 방식은 고객과 최적조건의 차량을 강제배차하는 방식의 지정배차와 일정 반경 내에 있는 모든 차량에 배차요청을 하여 승인 요청을 하는 차량 중 가장 가까운 차량에 배차가 이루어지는 경쟁배차 방식이 모두 가능하다. 이 사건 콜 관제시스템은 1분 주기로 콜 서비스 가입회원의 모든 차량

---

1) [참조 및 관련 판례] 대법원 2018. 5. 30. 선고 2015다251539 판결(공2018하, 1174).
[관련 평석 및 문헌] 윤태영, "위치정보 침해에 대한 불법행위책임 – 대법원 2016. 9. 28. 선고 2014다56652 판결 –", 민사법학 제81호, 2017; 배성호, "정보주체의 동의 없이 개인위치정보를 수집한 경우 손해배상책임의 인정기준 – 대법원 2018. 5. 30. 선고 2015다251539, 251546, 251553, 251560, 251577 판결을 소재로 하여 –", 민사법의 이론과 실무 제24권 제2호, 2021; 권영준, "2018년 민법 판례 동향", 서울대학교 법학 제60권 제1호, 2018; 권태상, "개인위치정보의 수집으로 인한 손해배상책임 – 대법원 2018. 5. 30. 선고 2015다251539, 251546, 251553, 251560, 251577 판결", 이화여자대학교 법학논집 제24권 제4호, 2020; 김병필, "위치정보의 개념과 수집 제한 – 개인택시차량의 위치정보 무단 열람 사건 – : 대법원 2016. 9. 28. 선고 2014다56652 판결", 개인정보 판례백선, 박영사, 2022; 장병준, "정보주체의 동의 없이 개인위치정보 수집, 이용한 경우 정신적 손해배상책임이 인정되는지", 판례연구 31집, 부산판례연구회, 2020 등

의 위치정보를 수집 및 저장하고, 택시이용고객이 전화하는 경우 이미 수집된 위치정보를 활용하여 일정 거리 내에 있는 택시차량의 내비게이션 화면에 문자를 전송한다. 또한 이 사건 콜 관제시스템은 택시미터기 연동 타코자료(「교통안전법」[2] 제55조에 따라 보관하여야 하는 운행기록)를 택시 운행 시작 또는 종료시 자동으로 메인서버로 전송하여 관리·보관하여 주는 기능을 제공하고 있었다.

2008년 6월초 경 추진위원회의 일부 회원들은 콜장비 구입에 따른 세금처리 및 추후 콜센터 운영 등을 위하여 주식회사 지제이콜서비스(이하 "지제이콜"이라 한다)를 설립하기로 하고, 이에 따라 2008년 6월 25일 "피고 2"를 대표이사로 하는 법인(지제이콜)의 설립등기를 마친 후, 추진위원회를 대신하여 이 사건 콜 관제시스템을 운영하면서 원고들을 비롯한 콜 서비스 가입회원들에게 택시 콜 서비스를 계속 제공하였다.

"피고 1"은 광주택시 주식회사(이하 "광주택시"라 한다)의 전무인데, 광주택시와 지제이콜은 각각 동일한 건물의 1층과 2층을 사무실로 사용한다. 인솔라인은 이 사건 콜 관제시스템 설치 무렵 광주택시 측의 요청으로[3] 건물 2층 사무실에 설치된 이 사건 콜 관제시스템 컴퓨터에서 같은 건물 1층의 광주택시 사무실 컴퓨터까지 연결선을 설치하고 광주택시 사무실 컴퓨터로 이 사건 콜 관제시스템의 구동 현황을 모니터에 나타나도록 하는 기능을 제공하여, 광주택시 사무실 컴퓨터에서 이 사건 콜 관제시스템 구동시 모니터에 현출되는 모든 회원들의 위치정보를 볼 수 있도록 하였다. 또한, "피고 1"은 2년이 넘는 기간 동안 수시로 이 사건 콜관제 시스템의 위치정보 프로그램을 통해 광주택시 소속 기사들이 원고들을 포함한 다른 택시기사들과 모여 있는지 여부, 모여 있는 사람들의 성향과 그 장소 등을 파악하였고, 이에 따라 직접 현장에 가서 택시기사들의 도박행위 또는 음주행위 등을 확인하는 등 택시기사들의 평소의 동향 확인에 위치정보를 이용하였다.

이후, 인솔라인은 2010년 7월경 원고들이 콜 서비스에서 탈퇴한 후 이 사건 콜 관제시스템과 타코정보 수집 시스템을 분리하여 광주택시 사무실에서 이 사건 콜 관제시스템의 구동현황을 볼 수 없도록 시스템을 변경하였다.

---

2) 하급심은 물론 대법원도 「여객자동차 운수사업법」에 따른 타코정보의 보관·제출의무 이행을 위하여 타코정보를 수집할 필요가 있다'고 적시하고 있으나, 이는 관계법령에 대한 오인에 따른 것으로 보인다. 운행기록장치의 장착, 보관 및 제출 의무는 「교통안전법」에서 규정하고 있으므로 이하에서는 「교통안전법」으로 바로잡아 기술하기로 한다.

3) 원심의 추가인정사실에 따르면, "광주시 택시브랜드 운영위원회"(추진위원회가 2008년 6월.경 위 운영위원회를 설립하여 콜센터 운영 전반에 관한 업무를 처리하기로 함)가 2008년 7월 7일 콜센터에서 광주택시 사무실로 연결선을 설치하여 이 사건 콜관제 시스템과 타코정보 수집 시스템을 연동하기로 의결했다고 한다.

2. 판결의 요지

가. 1심판결(수원지방법원 성남지원 2013. 9. 24. 선고 2012가단49376 판결)

「위치정보의 보호 및 이용 등에 관한 법률」(이하 "위치정보법"이라 한다) 제15조 제1항은 누구든지 개인 또는 소유자의 동의를 얻지 아니하고 당해 개인 또는 이동성이 있는 물건[4]의 위치정보를 수집·이용 또는 제공하여서는 아니된다고 규정하고 있다. "위치정보의 수집·이용"은 행위자가 지속성이 유지되도록 위치정보를 저장하거나 저장할 수 있는 상태에 두는 것만을 의미하는 것은 아니고, 위치정보를 단순히 열람하거나 저장이 불가능한 이동위치를 실시간으로 화면상 모니터링하는 것도 "위치정보의 수집·이용"에 해당한다고 봄이 상당하므로, "피고 1"이 이 사건 콜 관제시스템을 이용하여 광주택시 사무실에서 원고들의 택시 위치정보를 열람한 것은 동법 제15조 제1항에서 금지하고 있는 동의 없는 위치정보의 수집·이용에 해당하여 불법행위를 구성한다고 보았다. 이에 피고들의 위법한 위치정보 수집으로 인해 원고들은 자신들의 택시 운행정보가 노출되는 등 상당한 정신적 고통을 입었을 것임이 경험칙상 추단되므로, 피고들은 원고들에게 원고들이 입은 정신적 손해를 금전으로 위자하기 위한 위자료를 지급하여야 한다고 판시하였다.

나. 원심판결(수원지방법원 2014. 7. 17.선고 2013나41513 판결)

이 사건 콜관제 시스템과 타코정보 수집 시스템이 연동되어 있어 타코정보 수집 시스템을 실행하면 이 사건 콜관제 시스템이 함께 구동되는바, 피고들은 광주택시가 「교통안전법」 등에 따라 타코정보를 수집할 필요가 있었기 때문에 타코정보 수집 시스템을 구동하는 과정에서 이 사건 콜관제 시스템의 구동상황을 보게 된 것에 불과한 점, 피고들이 원고들의 위치정보를 어떠한 형태로 수집하여 어떤 방법으로 이용하였는지가 구체적으로 특정되지 않는 점, 콜 서비스 회원들은 2010년 7월경 이 사건 콜관제 시스템과 타코정보 수집 시스템을 분리하는 방식으로 소프트웨어를 변경할 때까지 별다른 이의를 제기하지 아니한 채 지제이콜에 운영비 등을 납부하면서 콜센터를 이용하여 왔고, 원고들은 위와 같이 소프트웨어가 변경된 때로부터 약 2년 5개월이 경과한 후인 2012년 12월 10일에야 이 사건 소를 제기한 점 등을 종합하면 위자료로 배상할 만한 정신적 손해가 발생하였다고 인정하기 어렵다고 판단하였다.

---

4) 2018년 법률 제15608호로 개정되어 "이동성이 있는 물건"에 관한 부분은 삭제되었다.

다. 대법원 판결

광주택시의 전무인 "피고 1"은 위치정보의 수집에 대한 동의를 받지 아니하고 광주택시 사무실 컴퓨터에서 이 사건 콜 관제시스템을 통하여 원고들의 개인택시 위치정보를 차량번호와 함께 실시간으로 수집·열람하였음을 알 수 있고, 지제이콜의 대표이사인 "피고 2"는 광주택시가 원고들로부터 위치정보의 수집에 대한 동의를 받지 않은 사실을 알고 있음에도 "피고 1"이 원고들의 위치정보를 열람할 수 있도록 이 사건 콜 관제시스템을 연결시켜준 사실을 알 수 있으므로, 피고들의 위와 같은 행위는 「위치정보법」에 위반된 행위로서 원고들에 대한 불법행위를 구성한다고 판단했다. 나아가 이 사건 개인위치정보가 광주택시에 장기간 제공되어 원고들의 평소의 동향 확인에 이용됨으로써 원고들의 사생활의 비밀 등이 침해되었다고 할 것이므로, 특별한 사정이 없는 한 원고들은 피고들의 위법한 개인위치정보 수집행위로 인하여 정신적 고통을 입었다고 보는 것이 상당하다고 인정했다.

3. 해설

가. 위치정보와 개인위치정보

(1) 개인정보인 위치정보와 개인정보 아닌 위치정보

「개인정보 보호법」과 「위치정보법」은 일반법과 특별법의 관계에 있다고 이해되는 것이 일반적이지만, 「위치정보법」은 개인(위치)정보에 관한 사항뿐만 아니라 이른바 사물위치정보(개인위치정보가 아닌 위치정보)의 보호와 이용 등에 관한 사항도 규율하고 있다. 「위치정보법」은 개인위치정보를 '특정 개인의 위치정보(위치정보만으로는 특정 개인의 위치를 알 수 없는 경우에도 다른 정보와 용이하게 결합하여 특정 개인의 위치를 알 수 있는 것을 포함한다)'로 정의하는데(제2조제1호), 이때 위치정보는 '이동성이 있는 물건 또는 개인이 특정한 시간에 존재하거나 존재하였던 장소에 관한 정보로서 「전기통신사업법」 제2조 제2호에 따른 전기통신설비[5] 및 같은 조 제3호에 따른 전기통신회선설비[6]를 이용하여 수집[7]된 것'을 말한다(같은 조 제1호). 즉, 개인위치정보는 개인정보에 속하지만, 위치정보는 개인정보에 해당하지 않는 정보를 포함한다.

이렇듯 「위치정보법」의 위치정보는 (이동성이 있는) 물건에 관한 정보, 사람에 관한 정보

---

5) 전기통신을 하기 위한 기계·기구·선로 또는 그 밖에 전기통신에 필요한 설비를 말한다.

6) 전기통신설비 중 전기통신을 행하기 위한 송신·수신 장소 간의 통신로 구성설비로서 전송설비·선로설비 및 이것과 일체로 설치되는 교환설비와 이들의 부속설비를 말한다.

7) 2021년 개정으로 현행 「위치정보법」은 "수집된 것"이 아닌 "측위(側衛)된 것"으로 정의된다.

이지만 식별가능성이 없는 정보[8]와 식별가능성이 있는 개인위치정보를 포함하고, 「위치정보법」의 주된 규율하는 사항은 개인위치정보의 유출 · 오용 및 남용으로부터 사생활의 비밀 등을 보호하는 것이지만, 개인위치정보가 아닌 위치정보의 보호와 이용활성화[9] 등도 그 규율 대상으로 한다.[10]

(2) 개인위치정보의 민감성

대상판결과 원심판결 등은 개인위치정보와 위치정보를 혼용해서 사용하고 있으나, 전체 판결취지에 비추어보면 동의받지 않은 개인위치정보의 수집 · 이용의 위법성과 이에 따른 손해배상책임의 발생여부를 다루고 있음을 알 수 있다. 이 사건 콜 관제시스템은 가입회원들의 차량에 장착된 콜장비와 통신망을 통해서 원고를 포함한 가입회원의 차량 위치정보를 1분 단위로 수집하므로 「위치정보법」에 따른 위치정보에 해당한다. 이동성 있는 물건의 위치정보가 개인위치정보에 해당되는지 여부는 물건의 위치정보와 소지자의 개인정보가 용이하게 결합될 수 있느냐에 따라 판단될 수 있는데, 원고들은 자동차 1대를 직접 운전하여 여객을 운송하는 개인택시운송사업[11]을 하는 자들로서 해당 차량이 특정한 시간에 존재하였던 장소에 관한 정보는 원고들와의 견련성이 매우 높으므로 개인위치정보로 볼 수 있다.

일반적인 개인정보와 달리 개인위치정보는 이로부터 개인의 활동영역과 활동내용을 파악하거나 추측할 수 있으며, 이처럼 개인의 활동영역과 활동내용이 파악되는 경우에는 그 정도에 따라 개인의 행동의 자유와 양심의 자유가 심각하게 침해될 가능성이 있다.[12] 이에 「위치정보법」은 동의 없는 개인위치정보의 수집 · 이용 · 제공을 금지하고 있다(제15조 제1항).[13] 대상판결도 (개인)위치정보를 다른 정보와 종합적으로 분석하면 개인의 종교, 대

8) 객체로서 사람으로 인식할 수는 있으나 특정개인을 식별할 수 없는 누군가의 위치정보 또는 군집의 집합적 위치정보 등을 말한다(조용혁 · 남광우 · 반상권, 위치정보법의 이해, 한국전산원, 2005, 17면 참고).

9) 「개인정보 보호법」과 「위치정보법」의 차별성은 두 법률의 제명과 목적에서도 차이가 드러난다. 즉, 「개인정보 보호법」은 개인정보의 "보호"를 목적으로 하지만, 「위치정보의 보호 및 이용 등에 관한 법률」는 위치정보의 "보호"는 물론 "이용활성화"도 그 목적으로 한다.

10) 2018년 개정으로 "이동성이 있는 물건의 위치정보"애 대한 동의 없는 수집 · 이용 · 제공 금지 규정이 사라진 후에도 사물위치정보사업자(개인위치정보를 대상으로 하지 아니하는 위치정보사업의 신고를 한 자)는 위치정보의 보호조치(제16조)와 누설 · 변조 · 훼손 또는 공개 금지(제17조) 책무를 이행하여야 하고, 방송미디어통신위원회의 위치정보 이용촉진 사업(제35조) 등 위치정보의 이용 활성화에 관한 규정은 개인위치정보에 한정하지 않는다.

11) 「여객자동차 운수사업법」 제3조 제2항 및 같은 법 시행령 제3조제2호 라목.

12) 조용혁, "개인위치정보의 보호에 관한 법률적 고찰", 정보화정책 제12권 제2호, 2005, 124면.

13) 2018년 개정되기 전 「위치정보법」은 개인의 위치정보는 물론 "이동성이 있는 물건의 위치정보"애 대한 동의 없는 수집 · 이용 · 제공을 금지하고, 개인위치정보의 무단수집 등은 3년 이하의 징역 또는 3천만 원 이하의 벌금에 처하고, 사물위치정보의 무단수집 등은 2천만 원 이하의 과태료에 처하도록 규정하고 있었다. 2018년 개정으로 사물위치정보의 무단수집 등에 관한 규정은 사라졌으나, 개인위치정보 침해에 관한 본 사건의 판단에는 영향을 미치지 않는다.

인관계, 취미, 자주 가는 곳 등 주요한 사적 영역을 파악할 수 있어 (개인)위치정보가 유출 또는 오용·남용될 경우 사생활의 비밀 등이 침해될 우려가 매우 크다고 지적하고 있다.

나. 개인위치정보의 수집·이용

(1) 개인위치정보의 수집·이용 사실

대상판결은 '위치정보의 수집·이용은 행위자가 지속성이 유지되도록 위치정보를 저장하거나 저장할 수 있는 상태에 두는 것만을 의미하는 것은 아니고, 위치정보를 단순히 열람하거나 저장이 불가능한 이동위치를 실시간으로 화면상 모니터링하는 것도 위치정보의 수집·이용에 해당한다고 봄이 상당하다'고 판단하고 있다. 이와 같이 원고들의 개인위치정보를 수집·이용 사실이 있다는 점은 대상판결에서 명확하게 인정된다.[14)]

(2) 개인위치정보를 수집·이용한 자

개인위치정보의 위법한 수집·이용 행위를 한 자가 누구인지 여부는 상대적으로 불명료하다. 우선, 대상판결은 추진위원회가 인솔라인과 "콜 관제시스템 공급계약"을 체결했다고 적시하고 있지만, 동 계약의 실질이 HW와 SW 등이 결합된 정보통신체제를 개발·공급하는 도급계약인지, 해당 콜 관제시스템의 개발·공급과 유지·관리 등을 포괄하는 계약인지 또는 해당 콜 관제시스템을 이용한 콜 관제서비스를 제공하는 것을 내용으로 하는 역무제공계약인지 등은 분명하지는 않다.

인솔라인을 "콜 서비스 제공자"로 명시한 점, 인솔라인이 택시이용고객의 위치를 컴퓨터에 입력한다고 밝힌 점과 인솔라인이 2010년 7월경 원고들이 콜 서비스에서 탈퇴한 후 이 사건 콜 관제시스템과 타코정보 수집 시스템을 분리·변경하였다고 밝힌 점 등은 인솔라인을 위치정보의 수집주체로 인정할 근거가 된다. 반면, 추진위원회가 콜장비를 콜 서비스 가입회원들의 차량에 장착하고 콜서비스를 실시했다고 기술하고 있는 부분은 추진위원회(이후 지제이콜을 포함한다)를 위치정보의 수집주체로 인정할 근거가 된다. 그런데 인솔라인과 추진위원회 또는 지제이콜 간에 체결된 계약의 실질에 따라 동의 없는 개인위치정보의 수집, 이용 또는 제공 여부가 달라질 수 있다. 인솔라인이 콜 관제서비스를 제공하는 자로서 위치정보를 수집하는 자라면, 인솔라인은 위치정보사업자[15)] 또는 위치정보사업[16)]·위치기반서비스

14) 반면, 판시내용에 비추어보면 이 사건 콜 서비스는 택시이용고객의 위치정보를 정보통신설비 및 정보통신회선설비를 이용하여 수집 또는 측위(側衛)하지는 않는 것으로 보인다.

15) 위치정보사업의 등록을 한 자를 말한다(제5조 제2항).

16) 위치정보를 수집하여 위치기반서비스사업을 하는 자에게 제공하는 것을 사업으로 영위하는 것을 말한다(제2조 제6호).

사업[17] 겸영사업자이고, 지제이콜은 위치기반서비스사업자 또는 수집된 개인위치정보를 제공받는 제3자에 해당하고, "피고 1"은 수집된 개인위치정보를 제공받는 제3자에 해당한다. 반면, 추진위원회(또는 지제이콜)가 콜 관제서비스를 제공하는 자로서 위치정보를 수집하는 자에 해당한다면, 추진위원회(또는 지제이콜)는 위치정보사업 · 위치기반서비스사업 겸영사업자이고, "피고 1"은 수집된 개인위치정보를 제공받는 제3자에 해당한다. 즉 "피고 1"이 개인위치정보를 수집한 사실이 있다고 보기 어렵고, 인솔라인 또는 지제이콜이 수집한 개인위치정보를 무단으로 제3자(피고 1)에게 제공한 것으로 보아야 한다. 개인위치정보주체의 동의 없는 제3자에게 제공 또는 무단열람이 가능하도록 한 인솔라인 또는 지제이콜의 「위치정보법」 위반행위를 별론으로 한다면, 두 경우 모두 "피고 1"에게는 「위치정보법」에 대한 위반행위가 있다고 보기는 어렵다.[18]

반면, 대상판결이 "회원의 차량번호를 입력하면 개별 회원의 위치도 추적할 수 있어 정보주체를 바로 식별할 수 있다"고 본 점[19]과 동의 없이 개인위치정보 수집이 이루어졌고, "피고 1"과 "피고 2"에게 「위치정보법」 제15조에 위반한 행위로서 원고들에 대한 불법행위 성립을 인정한 점 등은 "피고 1"을 개인위치정보를 수집한 자로 판단한 것으로 해석된다. 즉, "피고 1"이 권한 없이 지제이콜 또는 인솔라인의 시스템을 이용하여 콜 서비스 가입회원의 위치정보를 동의 없이 수집한 것으로 본 것으로 추정된다.

다. 동의 없는 개인위치정보의 수집·이용의 허용

개인위치정보주체의 동의 없는 개인위치정보의 수집 · 이용 · 제공을 제한하는 「위치정보법」 제15조제1항은 단서 규정을 두고 "다른 법률에 특별한 규정이 있는 경우"에는 예외를 인정한다.[20] 원심은 이 사건 콜 관제시스템이 타코정보 수집 시스템과 연동되어 구동되는데 광주택시가 「교통안전법」 등에 따라 타코정보를 수집할 필요가 있었기 때문에 타코정보 수

---

17) 위치기반서비스(위치정보를 이용한 서비스)를 제공하는 것을 사업으로 영위하는 것을 말한다(제2조제7호).

18) 「위치정보법」은 「개인정보 보호법」의 "개인정보를 제공받은 자의 이용 · 제공 제한(제19조)", "정보주체 이외로부터 수집한 개인정보의 수집 출처 등 통지(제20조)", 업무상 알게 된 개인정보를 권한 없이 다른 사람이 이용하도록 제공한 사정을 알면서도 영리 또는 부정한 목적으로 개인정보를 제공받은 자를 처벌하는 제71조제9호 또는 "개인정보가 누설된 사정을 알면서도 영리 또는 부정한 목적으로 개인정보를 제공받아서는 아니 된다"고 규정한 2020년 2월 4일 개정 전 「정보통신망 이용촉진 및 정보보호 등에 관한 법률」 제28조의2제2항과 같은 규정을 두고 있지 않다. 또한 "피고 1"은 「개인정보 보호법」의 업무를 목적으로 "개인정보파일을 운용하기 위하여" 스스로 또는 다른 사람을 통하여 개인정보를 처리하는 개인정보처리자에 해당한다고 보기도 어렵다.

19) "피고1"이 권한 없이 지제이콜 또는 인솔라인의 시스템을 이용하여 콜 서비스 가입회원의 위치정보를 동의 없이 수집한 것으로 해석할 수 있다.

20) 같은 법 제29조에 따른 긴급구조기관 또는 경찰관서의 긴급구조를 위한 이용의 경우에도 예외가 인정된다.

집 시스템을 구동하는 과정에서 이 사건 콜 관제시스템의 구동상황을 보게 된 것에 불과하다고 인정했다. 그러나 2010년 7월경 이 사건 콜 관제시스템과 타코정보 수집 시스템을 분리한 사실에서 알 수 있듯이 이 사건 콜 관제시스템이 타코정보 수집 시스템의 연동이 필수불가결한 것으로 볼 수 없고, 「교통안전법」에 따른 의무는 운행기록장치의 장착과 해당 장치에 기록된 운행기록의 보관 의무, 그리고 일부 운행기록장치 장착의무자(25톤 이상 화물자동차 등) 대상의 주기적 제출의무에 한정되는데, 법인택시의 타코정보는 메인서버에 자동적으로 저장되므로, 광주택시의 사무실에 설치된 컴퓨터를 통해 열람할 필요성을 인정하기 어렵다. 따라서 「위치정보법」 제15조 제1항에 따른 예외 또는 법률에 따른 정당행위에 해당한다고 볼 수 없다.

한편, 위치정보사업 또는 위치기반서비스의 이용·제공을 위한 위치정보의 수집이 아니라, 여타 서비스의 이용을 위하여 부수적·소극적으로 수집되는 위치정보는 당해 서비스의 이용을 위하여 필수적인 경우 당사자의 묵시적 동의가 추정될 수 있다. 본연적·적극적으로 수집하는 위치정보와는 달리 본 서비스의 이용을 위해서 필수불가결하게 수반되는 위치정보 수집의 경우 당해 서비스의 내용에 대한 당사자의 충분한 이해와 동의를 전제로 하므로 동의의 추정이 인정될 수 있다.[21][22] 그러나 이 사건 콜 관제시스템, 특히 광주택시 사무실에 설치된 컴퓨터를 이용한 위치정보 열람은 타코정보 수집 시스템 이용을 위하여 부수적·소극적으로 수집된 것으로 보기 어렵다.

라. 입증책임의 전환

제1심판결은 개인위치정보주체가 「위치정보법」 위반으로 위치정보사업자등에게 손해배상을 청구하는 경우 그 위치정보사업자등은 고의 또는 과실이 없음을 입증하지 아니하면 책임을 면할 수 없다는 「위치정보법」 제27조를 언급하고 있다. 그러나 해당 규정은 개인위치정보주체와 위치정보사업자등 간에 있어서 입증책임전환을 규정하고 있는 것이므로, 개인위치정보주체인 원고들과 인솔라인 또는 지제이콜 간에는 적용가능성을 따져볼 여지가 있으나, 원고들과 "피고 1" 또는 "피고 2" 간에는 적용될 여지가 전혀 없다. 즉, 인솔라인 또는

21) 조용혁·남광우·반상권, 위치정보법의 이해(주 8), 105-106면 참조.

22) 2021년 개정 「위치정보법」은 위치정보의 개념요소를 수집에서 측위로 개정했다. 이때 측위는 이동성 있는 물건이나 개인의 위치를 파악하기 위해 의도적이고 능동적으로 위치를 측정하는 행위로서, 위치정보의 수집 목적 없이 부수적으로 파악되는 정보는 위치정보의 개념에서 제외된다는 점을 명확히 하기 위한 개정이다(방송통신위원회·한국인터넷진흥원, 위치정보의 보호 및 이용 등에 관한 법률 해설서, 2022, 20면 참조). 동 해설서는 "위치정보의 수집 목적 없이 부수적으로 파악되는 정보를 위치정보의 개념에서 제외하기 위하여" 수집을 측위로 개정했다고 설명하고 있으나, 종전 「위치정보법」의 해석에 있어서도 부수적으로 수집되는 정보는 「위치정보법」의 위치정보 개념에서 제외된다고 설명하고 있었다.

지제이콜이 위치정보사업자등으로서 위치정보를 수집·이용·제공하는 당사자인 경우로서 개인위치정보주체(원고들)이 이들에게 손해배상을 청구하는 경우에는 입증책임이 전환되나, 이 경우 "피고 1" 또는 "피고 2"는 그 대상에서 제외되므로 입증책임은 「위치정보법」을 위반한 불법행위에 따른 손해배상책임을 주장하는 원고가 부담한다.

마. 위법한 개인위치정보의 수집·이용에 따른 손해배상

개인정보자기결정권이 침해되더라도 바로 비재산적 손해에 대한 배상책임을 인정할 수 없다는 견해[23]와 개인정보자기결정권이 침해되면 비재산적 손해에 대한 배상책임을 인정해야 한다고 보는 견해[24]로 나뉜다.

대상판결은 개인위치정보의 침해로 인한 정신적 손해에 대한 배상책임을 인정하면서, "제3자가 정보주체의 동의를 얻지 아니하고 개인의 위치정보를 수집·이용 또는 제공한 경우, 그로 인하여 정보주체에게 위자료로 배상할 만한 정신적 손해가 발생하였는지는 위치정보 수집으로 정보주체를 식별할 가능성이 발생하였는지, 제3자가 수집된 위치정보를 열람 등 이용하였는지, 위치정보가 수집·이용된 기간이 장기간인지, 위치정보를 수집하게 된 경위와 그 수집한 정보를 관리해 온 실태는 어떠한지, 위치정보 수집·이용으로 인한 피해 발생 및 확산을 방지하기 위하여 어떠한 조치가 취하여졌는지 등 여러 사정을 종합적으로 고려하여 구체적 사건에 따라 개별적으로 판단하여야 한다"고 판시하면서, "개인위치정보가 광주택시에 장기간 제공되어 원고들의 평소의 동향 확인에 이용됨으로써 원고들의 사생활의 비밀 등이 침해되었다"는 점을 이유로 들었다.

대상판결은 피고들의 손해배상책임을 인정하면서도 동의 없는 개인위치정보의 수집·이용에 따라 개인정보자기결정권이 침해되는 경우 비재산적 손해에 대한 배상책임이 바로 발생하는지 여부에 대하여 명시적으로 밝히고 있지는 않다. 그러나 (개인)위치정보 역시 개인정보의 일종으로서 프라이버시 또는 개인정보자기결정권의 보호대상이 된다는 것을 전제로, 개인정보의 침해로 인하여 정보주체에게 위자료로 배상할 만한 정신적 손해가 발생하였는지

23) 권영준, "2018년 민법 판례 동향", 서울대학교 법학 제60권 제1호, 2018, 334-339면; 김병필, "위치정보의 개념과 수집 제한 – 개인택시차량의 위치정보 무단 열람 사건 – : 대법원 2016. 9. 28. 선고 2014다56652 판결", 개인정보 판례백선, 박영사, 2022, 548-549면; 배성호, "정보주체의 동의 없이 개인위치정보를 수집한 경우 손해배상책임의 인정기준 – 대법원 2018. 5. 30. 선고 2015다251539, 251546, 251553, 251560, 251577 판결을 소재로 하여 –", 민사법의 이론과 실무 제24권 제2호, 2021, 150면; 윤태영, "위치정보 침해에 대한 불법행위책임 – 대법원 2016. 9. 28. 선고 2014다56652 판결 –", 민사법학 제81호, 2017, 166면; 장병준, "정보주체의 동의 없이 개인위치정보 수집, 이용한 경우 정신적 손해배상책임이 인정되는지", 판례연구 제31집, 부산판례연구회, 2020, 30면.

24) 권태상, "개인위치정보의 수집으로 인한 손해배상책임 – 대법원 2018. 5. 30. 선고 2015다251539, 251546, 251553, 251560, 251577 판결", 이화여자대학교 법학논집 제24권 제4호, 2020, 19면.

에 관하여 종전에 대법원이 확인한 기준[25])을 개인위치정보의 침해에 대해서도 동일하게 적용하고 있는 것으로 볼 때, 비록 개인위치정보가 민감정보이지만 그 침해로 인하여 바로 비재산적 손해에 대한 배상책임을 인정할 수는 없다는 태도를 취하고 있다.[26])

4. 판결의 의의

2024년 기준 이동통신가입 회선은 우리 나라 전체 인구수를 훌쩍 초과하는 8천9백만이 넘는다.[27]) 거의 모든 국민이 한 두개의 핸드폰을 개통하여 다양한 형태의 위치기반서비스를 이용하고 있고, 핸드폰 이외에도 차량관제 등 다양한 형태의 IoT서비스가 제공되는 등 위치정보의 수집과 위치정보에 기반한 서비스는 현 시대의 필수 보편적인 요소가 되었다.

그러나 일반적인 개인정보는 비교적 장시간에 걸쳐 유지되는 정적정보(靜的情報)인 반면에 개인위치정보는 시간의 흐름에 따라 계속적으로 변화하는 동적정보(動的情報)로서 개인위치정보의 변경여부·변경량·변경시간·이력 등의 유동성 자체가 중요한 의미를 내포할 수 있다. 이 때문에 일반 개인정보와 달리 개인위치정보의 오용·남용 또는 누출은 생명·신체의 침해가능성, 침해의 즉시성 및 미래 위험의 유발 가능성 등 다른 일반 개인정보에 비하여 현저히 심각한 결과를 초래할 수 있다.[28])

대상판결은 이러한 (개인)위치정보의 침해에 대한 손해배상책임을 인정한 최초의 대법원판결로서 의미를 가진다. 대상판결은 개인위치정보가 사생활의 비밀과 자유에 의하여 보장되는 개인정보자기결정권의 보호대상이 된다는 점을 확인하고, 개인위치정보의 침해로 인한 정신적 손해에 대한 배상책임을 인정하면서 그 판단기준을 제시하고 있다는 점에서 큰 의의를 가진다. 그러나 사실관계에 따라서는 정당하게 수집된 개인위치정보를 목적 외로 이용하거나 무단으로 제3자에게 제공한 사건으로 볼 여지도 있다는 점에서, 비록 동의 없는 개인위치정보의 수집에 대한 손해배상책임을 "피고 1"을 상대로 구한 소송이지만, 이 사건에서 개인위치정보를 수집한 자가 누구인지 여부를 먼저 식별하지 않은 점은 아쉽다. 또한, 개인위치정보는 일반적인 개인정보에 비해 강화된 보호를 받아야 할 필요가 있다는 점에서 민감정보로서 개인위치정보의 특성을 달리 고려하여야 하는 것은 아닌지 하는 점은 추가적인 논의가 필요하다.

---

25) 대법원 2018. 12. 28. 선고 2018다214142 판결; 대법원 2012. 12. 26. 선고 2011다59834, 59858, 59841 판결 등 참조.

26) 이는 대법원 2018. 5. 30. 선고 2015다251539, 251546, 251553, 251560, 251577 판결에서 확인된다.

27) 지표누리 e-나라지표, https://www.index.go.kr/unity/potal/main/EachDtlPageDetail.do?idx_cd=2755, 2025. 10. 19.자

28) 조용혁, "개인위치정보의 보호에 관한 법률적 고찰"(주 12), 126면.

67 개인정보의 제3자 제공과 처리위탁의 구분
- 홈플러스 개인정보 필터링 사건 -

대법원 2017. 4. 7. 선고 2016도13263 판결[1)]

김진환·최문영 (법률사무소 웨일앤썬 변호사)

1. 사안의 개요

홈플러스 주식회사(이하 "홈플러스")는 여러 보험사와 고객들의 개인정보 1건당 일정한 대가를 받고 개인정보를 판매하는 내용의 업무제휴약정을 체결하였고, 그 즈음부터 온·오프라인 경품행사를 주최해 응모자들의 개인정보를 수집하였다. 홈플러스는 위 경품행사의 응모권 용지에 각종 개인정보의 수집과 제3자 제공에 관한 동의사항을 기재하고 고지사항 전부를 약 1mm의 크기로 출력 내지 인쇄하였다.[2)]

홈플러스와 여러 보험사 간에 체결된 위 업무제휴약정에 의하면 홈플러스가 제공한 개인정보 중 이미 보험계약이 되어있는 고객 등 보험사 영업에 불필요한 개인정보는 가격 산

1) [참조 및 관련 판례] 대법원 2011. 7. 14. 선고 2011도1960 판결(공2011하, 1675); 대법원 2020. 3. 12. 선고 2017도13793 판결.
[관련 평석 및 문헌] 이인석, "거짓이나 그 밖의 부정한 수단이나 방법에 의한 동의", 개인정보 판례백선, 박영사, 2022; 권창환, "개인정보의 제3자 제공과 처리위탁의 구별 기준", 개인정보 판례백선, 박영사, 2022; 권영준, "개인정보 자기결정권과 동의 제도에 대한 고찰", 전남대학교 법학논총 제36호, 2016, 673면; 임규철, "개인정보의 상업적 판매 및 조건에 대한 비판적 고찰", 법제연구 제52호, 2017; 김태오, 이재영, 성욱준, 이원태, 조성은, 송민선, "정보통신망법상의 개인정보보호 제도의 정책효과 분석", 2017, 정보통신정책연구원, 방통융합정책연구 KCC-2017-22, 방송통신위원회; 이제희, "개인정보의 제3자 제공과 처리위탁 간의 명확성에 대한 연구", 안암법학 제67호, 2023; 장준용, "개인정보 자기결정권 확대를 위한 동의제도 개선방안 연구", 연세대학교 법무대학원, 2024; 강태욱, "개인정보의 제3자 제공을 둘러싼 몇 가지 쟁점에 대하여", 네이버 프라이버시 백서, 2023; 전승재, "개인정보 처리위탁, 제3자 제공, 공동처리자", 정보법학 제29권 제1호, 2025; 전승재, 최경진, "개인정보 제3자 제공과 처리위탁", 정보법학 제29권 1호, 2025; 이동건, "디지털 무역과 개인정보 보호: 공동 컨트롤러 개념의 필요성을 중심으로", 국제법무연구, 2025; 이창범, 개인정보 보호법(1판), 법문사, 2012; 박노형, 개인정보 보호법(1판), 박영사, 2020; 최경진 외 12인, 개인정보 보호법(증판), 박영사, 2024.

2) 다만 온라인의 경우 위 응모권을 확대하여 열람할 수 있었고, 오프라인의 경우에는 응모함 옆에 해당 응모권을 4배 크기로 확대한 사진을 함께 게시하였다.

정 시 제외하기로 되어 있었다. 따라서 홈플러스가 수집한 개인정보의 정보주체들에게 먼저 전화하여 제3자 제공 동의를 받은 후(이하 '퍼미션 콜') 동의한 자의 개인정보만을 보험사에게 제공하면, 보험사는 그 중 영업에 불필요한 개인정보를 선별 및 제외하여 최종 정산 대상 개인정보를 확정하는 방식으로 업무를 진행하였다. 그러나 홈플러스는 퍼미션 콜에 소요되는 비용을 절감하고자 보험사에게 퍼미션 콜 단계 전에 먼저 영업에 불필요한 개인정보를 선별해 제외하는 방식을 제안하였고, 보험사는 이에 동의하였다. 따라서 보험사가 홈플러스의 웹하드를 통하여 개인정보 DB를 수령한 뒤 그 중 영업에 불필요한 개인정보를 사전에 제외하고(이하 '사전필터링') 다시 동일한 웹하드에 업로드하면, 이를 수령한 홈플러스가 사전필터링을 거친 개인정보에 한하여 퍼미션 콜을 진행한 후 사후필터링을 한번 더 거쳐 최종 대가를 정산하는 방식으로 업무 절차가 변경되었다.

검찰은 경품응모행사를 통해 개인정보 수집 및 제공 동의를 받은 행위는 '거짓이나 그 밖의 부정한 수단 또는 방법(이하 '거짓 등')으로 개인정보를 취득하거나 동의를 받는 행위'로서 개인정보 보호법 제72조 제2호, 제59조 제1호 위반죄, 홈플러스가 사전필터링 작업을 위해 정보주체로부터 제3자 제공 동의를 받지 않은 채 보험사에게 임의로 개인정보 DB를 제공한 행위는 개인정보 보호법 제71조 제1호, 제17조 제1항 제1호 위반죄로 홈플러스와 관계자들을 각각 기소하였다.

2. 판결의 요지

가. 1심판결(서울중앙지방법원 2016. 1. 8. 선고 2015고단510 판결): 무죄

제1심은 홈플러스가 경품행사를 통해 개인정보 수집 및 제공 동의를 받은 행위는 거짓 등으로 개인정보를 취득하거나 처리에 관한 동의를 받는 행위에 해당하지 않으며, 사전필터링 업무 또한 보험사가 아닌 홈플러스의 업무 목적과 이익을 위한 것으로 홈플러스는 해당 업무를 보험사에게 처리위탁한 것에 불과하여 정보주체의 제3자 제공 동의는 불요하다고 판시하였다.

특히, 제1심은 사전필터링 업무는 퍼미션 콜의 횟수를 줄여 홈플러스의 수익률을 향상시키기 위함이었던 점, 홈플러스가 사전필터링을 위한 개인정보 DB를 보험사들에게 제공하면서 대가를 수수한 바도 없었던 점, 보험사들이 사전필터링을 완료한 후 로컬에 저장된 개인정보를 삭제한 점 등에 비추어 볼 때 사전필터링은 홈플러스를 위한 업무라고 판단하였다.

나. 원심판결(서울중앙지방법원 2016. 8. 12. 선고 2016노223 판결): 무죄

원심 또한 제1심 판시를 수용하여 검사의 항소를 전부 기각하였다.

다. 대법원 판결: 유죄(파기환송)

대법원은 홈플러스가 경품행사를 통해 개인정보 수집 및 제공 동의를 받은 행위는 거짓 등으로 개인정보를 취득하거나 처리에 관한 동의를 받는 행위에 해당하며, 사전필터링 업무 또한 보험사의 업무 목적과 이익을 위한 것으로 홈플러스가 보험사에게 개인정보 DB를 제공한 행위는 동의를 받지 않은 제3자 제공에 해당한다고 판시하였다.

우선 '거짓 등'의 의미와 판단 방법에 관하여, '거짓 등'이란 개인정보를 취득하거나 그 처리에 관한 동의를 받기 위하여 사용하는 위계 기타 사회통념 상 부정한 방법이라고 인정되는 것으로서 개인정보 취득 또는 그 처리에 동의할지에 관한 정보주체의 의사결정에 영향을 미칠 수 있는 적극적 또는 소극적 행위를 뜻하며, 거짓 등을 사용하여 개인정보를 취득하거나 처리에 관한 동의를 받았는지 판단함에 있어서는 개인정보처리자가 개인정보를 취득하거나 처리에 관한 동의를 받게 된 전 과정을 살펴보아 거기에서 드러난 개인정보 수집의 동기와 목적 등 제반사정을 종합적으로 고려하여 사회통념에 따라 판단하여야 한다고 판시하였다. 해당 판단기준에 의하면, 홈플러스가 주최한 경품행사의 주된 목적이 경품 이벤트를 통하여 수집한 개인정보를 보험사 등 제3자에게 제공하는 데 있었음에도 이를 은폐한 채 사은행사인 것처럼 소비자를 오인하게 한 행위, 응모권에 1mm의 글씨로 동의 관련 사항을 기재한 행위 및 사생활의 비밀에 관한 정보나 고유식별정보 등 경품행사와 관계 없는 개인정보까지 수집한 행위는 거짓 등으로 개인정보를 취득하거나 처리에 관한 동의를 받은 행위에 해당한다고 보았다.

또한 개인정보의 제3자 제공과 처리위탁의 구별 기준에 관하여, '제3자 제공'은 본래의 개인정보 수집·이용 목적의 범위를 넘어 그 정보를 제공받는 자의 업무처리와 이익을 위하여 개인정보가 이전되는 경우인 반면, '처리위탁'은 본래의 개인정보 수집·이용 목적과 관련된 위탁자 본인의 업무처리와 이익을 위하여 개인정보가 이전되는 경우와 같다고 판시하면서, 수탁자는 위탁자로부터 대가를 지급 받는 것 외에는 개인정보 처리에 관한 독자적 이익을 가지지 않고 정보제공자의 관리 및 감독 아래 위탁받은 범위 내에서만 개인정보를 처리하게 된다고 하였다. 또한 어떠한 행위가 개인정보의 제공인지 아니면 처리위탁인지는 개인정보의 취득 목적과 방법, 대가 수수 여부, 수탁자에 대한 실질적인 관리·감독 여부, 정보주체 또는 이용자의 개인정보 보호 필요성에 미치는 영향 및 이러한 개인정보를 이용할 필요가 있는 자가 실질적으로 누구인지 등을 종합적으로 판단하여야 한다고 판시하였다.

해당 판단기준을 토대로 대법원은, 홈플러스가 사전필터링을 위해 이전한 개인정보는 실질적으로 보험 마케팅 영업을 하는데 필요한 것이라는 점, 보험사의 필터링 업무는 보험 텔레마케팅의 효율을 높이기 위한 것으로 사전필터링 또한 마찬가지인 점, 사전필터링을 퍼미션 콜의 부수업무로 보더라도 퍼미션 콜이 보험 마케팅 업무를 지원하는 성격을 띠는 한 이를 온전히 홈플러스의 업무라고 보기 어려운 점, 보험사가 사전필터링을 위해 이전받은 개인정보를 자유롭게 활용할 수 있었고 이를 홈플러스가 관리·감독한 사정 또한 확인되지 않는 점을 종합적으로 고려하면, 사전필터링 업무는 보험사의 업무임과 동시에 보험사가 업무처리에 관한 독자적인 이익을 가지는 것으로서, 홈플러스가 보험사에게 개인정보를 이전한 행위는 제3자 제공에 해당한다고 판단하였다.

이에 따라 대법원은 각 유죄 취지로 원심판결을 파기환송 하였고, 이후 사건은 제2심(서울중앙지방법원 2018. 8. 16. 선고 2017노1296 판결) 및 상고심(대법원 2019. 7. 25. 선고 2018도13694 판결)을 거쳐 각 유죄로 최종 확정되었다.

3. 해설

가. 거짓이나 그 밖의 부정한 수단이나 방법의 의미 및 판단 방법

본 평석의 주된 주제는 아니나 대상판결에서 주요 쟁점으로 다루어졌으므로 간단히 살펴보면, 대법원은 '거짓 등'은 위계 기타 사회통념 상 부정한 방법이라고 인식되는 것이라는 원심의 판단기준을 인용하면서도 한 걸음 더 나아가 개인정보처리자가 동의를 받게 된 전 과정에서 드러난 제반사정을 종합적으로 고려해 사회통념에 따라 판단하여야 한다고 하면서, 홈플러스 측의 행위를 거짓 등으로 개인정보를 취득하거나 처리에 관한 동의를 받은 행위에 해당한다고 판시하였다.

당시 개인정보 보호법 하에서는 개인정보 처리 및 제공과 관련된 실질적 동의요건이 마련되어 있지 않아 동의 자체가 형식적으로 변질되어 실제 동의 고지 내용을 확인하는 정보주체가 극히 적다는 점,[3] 당시 개인정보 보호법 상 실질적 동의를 보장할 수 있는 조항은 사실상 제72조 제2호, 제59조 제1호가 유일하다시피 하여 다소 적극적으로 적용할 필요성이 있었다는 점 등을 고려하면, 위와 같은 대법원의 판단은 일응 수긍할 만하다.[4] 다만, '거짓

3) 김태오, 이재영, 성욱준, 이원태, 조성은, 송민선, 정보통신망법상의 개인정보보호 제도의 정책효과 분석, 2017, 정보통신정책연구원, 방통융합정책연구 KCC-2017-22, 방송통신위원회, 87면.

4) 같은 견해로는 이인석, "거짓이나 그 밖의 부정한 수단이나 방법에 의한 동의", 개인정보 판례백선, 박영사, 2022, 218면. 다만 개인정보 처리 동의서가 약관으로서 기능하여 약관규제법이 적용되거나 유추적용된

등'은 위계 기타 사회통념 상 부정한 방법이어야 한다는 점에서 정보주체의 동의 내용에 대한 인지 가능성이 다소 낮다는 사정만으로 막바로 '거짓 등'에 해당한다고 평가해서는 안되고 그 행위가 실제로 부정한 수준에 달하여야 하므로 좀더 엄격하게 볼 필요도 있음을 첨언하고자 한다.

나. 개인정보의 제3자 제공과 처리위탁의 구분 기준

(1) 견해의 대립: 목적이익기준설과 책임기준설

개인정보의 제3자 제공과 처리위탁을 구분함에 있어서 목적이익기준설과 책임기준설이 대립한다. 목적이익기준설은 종래의 지배적 견해이고, 책임기준설은 목적이익기준설의 한계를 극복하고자 최근에 제기된 견해이다.

1) 목적이익기준설

목적이익기준설은 개인정보의 처리 및 이전으로 인하여 발생하는 이익과 업무처리 목적의 귀속주체를 기준으로 양자를 구별하며, 처리위탁의 경우는 이전하는 자, 제3자 제공의 경우는 이전받는 자의 각 업무처리 목적 및 이익을 위하여 개인정보를 이전하는 것으로 본다.[5] 대상판결을 포함한 판례 또한 같은 견해를 취하고 있는데,[6] 처리위탁의 수탁자는 위탁사무 처리에 따른 대가 외에는 개인정보 처리에 관하여 '독자적인 이익'을 가지지 않고 정보제공자의 관리·감독 하에 위탁받은 범위 아래에서만 개인정보를 처리한다고 하면서 목적 및 이익의 귀속 주체를 판단하기 위하여 개인정보 취득 목적, 방법, 대가 수수 여부, 수탁자에 대한 실질적 관리·감독 여부, 정보주체 또는 이용자의 개인정보 보호 필요성에 미치는 영향, 이러한 개인정보를 이용할 필요가 있는 자가 실질적으로 누구인지 등을 사안에 따라 종합적으로 고려해야 한다는 입장이다.

이와 같이 목적이익기준설은 아래에서 살펴볼 책임기준설에 비하여 '목적', '이익 귀속주체'라는 좀더 객관적인 판단 기준을 제시하고 있어 그 판단이 상대적으로 명확한 편이다. 다만, 판례의 입장과 같이 사안 별로 '목적' 및 '이익 귀속 주체'를 판단하기 위하여 매우 다양한 요소들을 종합적으로 고려할 경우, 본래의 목적이익기준설이 갖는 객관적 명확성을 상

다고 보는 견해에 의할 경우, 경품행사에서 보험 마케팅을 위한 목적으로 개인정보 처리 및 제공 동의를 받는 행위에서 약관규제법 상 설명의무 위반 혹은 의외조항 해당 여부가 문제 될 수 있는데, 이에 관하여는 장준용, "개인정보 자기결정권 확대를 위한 동의제도 개선방안 연구", 연세대학교 법무대학원, 2024, 35면; 권영준, "개인정보자기결정권과 동의 제도에 대한 고찰", 전남대학교 법학논총 제36권 제1호, 2016, 710면 등 참조.

5) 이창범, 개인정보 보호법(1판), 법문사, 2012, 144면; 박노형, 개인정보 보호법(1판), 박영사, 2020, 349면; 최경진 외 12인, 개인정보 보호법(중판), 박영사, 2024, 368면 등.

6) 대표적으로 대법원 2020. 3. 12. 선고 2017도13793 판결 등 참조.

실한 채 법관이나 해석자의 자의적 판단 도구로 전락할 우려가 있다는 점도 전적으로 부인하기는 어렵다. 본건만 보더라도 각 심급이 거의 동일한 판단 기준을 표명하고 있음에도 1심·원심과 대법원의 판단이 정반대로 갈린 점은 시사하는 바가 적지 않다. 또한 복잡다각화된 현대 사회의 산업 구조 특성 상 개인정보를 이전하는 자와 이전받는 자 모두가 이익을 향유하는 경우 혹은 업무의 직접적 이익과 간접적 이익이 혼재되는 경우 등에는 양자 간 구별이 모호해진다는 비판도 존재한다.[7]

2) 책임기준설

책임기준설은 정보주체에 대하여 책임을 부담하는 주체가 누구인지를 기준으로 양자를 구별하는 견해이다. 구체적으로는 개인정보가 이전된 후에도 이전하는 자가 책임을 부담할 경우에는 처리위탁, 이전받는 자가 책임도 함께 부담하는 경우에는 제3자 제공, 이전하는 자와 이전받는 자가 연대책임을 부담하는 경우에는 공동처리라는 새로운 개념을 도입하여 판단한다. 한편, 책임주체를 판단하기 위하여는 정보주체와 법률관계를 맺는 주체, 개인정보의 처리 목적, 기술적 통제 및 관리적 통제 여부 및 주체, 위탁의사의 존부, 이전된 개인정보 처리로 인하여 정보주체에게 영향이 새로이 발생하는지 여부, 요청한 업무 처리를 위하여 이전받는 자의 고유 목적으로 수집해 두었던 개인정보를 활용하여야 하는지 여부 등을 종합적으로 고려해야 한다는 입장이다.[8]

책임기준설은, 목적이익기준설이 이전하는 자와 이전받는 자의 이익이 혼재되는 경우 양자를 구별하기가 매우 어렵다는 문제점을 이론상 극복하기 위하여 제시된 견해라고 할 수 있다. 다만, 통상 양자를 구별하고자 하는 궁극적 목적이 정보주체에 대한 책임을 부담할 주체를 확정하는 데에 있다는 점을 고려하면 책임기준설이 구별의 핵심 정의 개념으로 사용하는 '책임'은 결국 결론(구별 목적) 자체와 동일한 것이 되어 논리적 순환에 빠지게 되고 그 경우 사실상 책임기준설은 상위의 명확한 판단기준 없이 다수의 판단기준을 병렬적으로 나열한 것에 불과하여 실질적인 기준을 제시하지 못한다는 비판을 피하기 어려워 보인다.[9] 또한 목적이익기준설의 경우와 같이 책임기준설도 다양한 추상적 판단 요소들을 도입하고 있어 자칫 법관 내지 해석자의 자의적 판단 도구로 자리매김할 우려가 상당하고, 그에 따라 법적 불안정성을 심화할 위험이 있다.

---

7) 강태욱, "개인정보의 제3자 제공을 둘러싼 몇 가지 쟁점에 대하여", 네이버 프라이버시 백서, 2023, 48면; 전승재, "개인정보 처리위탁, 제3자 제공, 공동처리자", 정보법학 제29권 제1호, 2025, 132면. 물론 법원의 판시에 의하면 목적이익기준설은 수탁자의 이익에 위탁 사무의 처리에 기한 '대가 수수' 자체는 포함되지 않는다고 판단하고 있으나, 이전받는 자가 이전하는 자의 업무를 처리하면서 위탁사무 처리에 따른 대가 이외에 간접적 이익까지 수혜하는 경우 여전히 양자를 구별하기 쉽지 않거나, 이를 모두 제3자 제공으로 보아야 하는 문제가 발생한다.

8) 전승재, 최경진, "개인정보 제3자 제공과 처리위탁", 정보법학 제29권 제1호, 2025, 132면.

9) 강태욱, "개인정보의 제3자 제공을 둘러싼 몇 가지 쟁점에 대하여"(주 7), 48면.

(2) 검토

1) 제3자 제공과 처리위탁의 구분에 관한 개인정보 보호법 상 표지(標識)

개인정보의 제3자 제공과 처리위탁 간의 구분의 기준을 본격적으로 논하기에 앞서 개인정보 보호법이 이 둘을 구분하고 있는 표지(標識)가 무엇인지를 우선 살펴보면, 개인정보 보호법이 상정하고 있는 양자 간의 규범적 차이에 대한 근본적인 입장을 파악할 수 있을 것으로 보인다. 그리고 이러한 표지를 통해 나타난 근본적인 입장에 기초하여 개인정보의 제3자 제공과 처리위탁의 구분의 적절한 기준이 무엇인지를 살펴보고자 한다.

개인정보 보호법 상 개인정보의 제3자 제공에 관한 규정인 제17조(목적 내 제공) 및 제18조(목적 외 이용 및 제공)는 개인정보를 이전하는 자로 하여금 정보주체의 동의를 비롯한 개인정보의 제공을 적법한 것으로 만드는 요건을 구비할 것을 요구하며, 이러한 요건을 충족함이 없이 개인정보를 제3자에게 제공한 경우에는 형사 및 행정제재의 대상으로 규정하고 있다. 반면, 개인정보 처리위탁에 관한 규정인 제26조는 이전하는 자(즉, 위탁자)에게 서면 계약 체결 의무 또는 수탁자와 위탁업무의 내용을 공개할 의무 등을 규정하고 있기는 하나, 이러한 의무는 개인정보 처리위탁이 이루어졌을 경우 비로소 이행하여야 하는 의무이지, 이러한 의무 내용 자체가 처리위탁을 적법한 것으로 만드는 요건에 해당하는 것은 아니다. 즉, 제3자 제공의 경우 정보주체의 동의 등과 같은 요건이 흠결되면 개인정보를 이전하는 자 뿐만 아니라 이전받는 자에 대하여도 당연히 불법성을 띠는 것이나, 처리위탁의 경우 그러한 요건이 달리 요구되지 않는다.

이와 같이 양자 모두 개인정보의 물리적 이전을 전제하고 있음에도 불구하고 위와 같은 차이를 보이는 것은, 제3자 제공에서의 이전받는 자는 이전하는 자와는 별개의 독립된 개인정보처리자로 보는 데 반해(따라서 기존에 개인정보처리자가 개인정보 수집·이용 등 처리를 위하여 보유한 적법 요건이나 근거에도 불구하고 제3자에 대한 개인정보 제공을 위하여 새로운 요건이나 근거가 필요함), 처리위탁에서의 이전받는 자(수탁자)는 규범적 차원에서 이전하는 자(위탁자)와 별개의 개인정보처리자로 보지 않고 이전하는 자의 기왕의 개인정보 처리 요건에 기반하여 개인정보를 처리할 수 있다고 평가되기 때문이다. 다시 말하자면, 제3자 제공의 경우에는 개인정보가 기존 개인정보처리자의 지배 내지 관리 범주를 넘은 '대외적 이전'인 반면, 처리위탁의 경우에는 기존 개인정보처리자(위탁자)의 지배 내지 관리 범주 이내의 '대내적 이전'에 해당하는 셈이다.

개인정보보호위원회도 "처리위탁은 위탁자가 … 개인정보 처리 업무를 위탁자의 책임하에 수탁자로 하여금 수행하도록 한 내부관계"라고 설명하며,[10] GDPR 제4조 제8호 또한

---

10) 개인정보보호위원회, 개인정보 처리 통합 안내서(2판), 2025, 166면.

개인정보 처리 수탁자 개념과 유사한 프로세서(processor)에 관하여 컨트롤러(controller)를 '대신해(on behalf of the controller)' 개인정보를 처리하는 자로 정의하고 있어 동일·유사한 입장으로 이해된다.

2) 개인정보 보호법 상 표지에 따른 구분 기준

이상 살펴본 바에 따르면, 제3자 제공과 처리위탁의 구분에 있어서는 개인정보를 이전하는 자의 지배나 관리 범주 내의 이른바 내부적 이전인지, 아니면 그를 넘어서는 외부적 이전인지가 중요한 기준이 될 수 있을 것이다. 한편, 개인정보를 이전하는 자의 지배나 관리 여부를 가장 잘 나타내는 요소는 '책임'의 귀속 여부라기보다는, 업무처리 '목적' 및 '이익'이 여전히 이전받는 자의 개인정보 처리에 규범적으로 영향을 미치거나 제한하는 역할을 하고 있는지 여부라고 할 것인바, 결국 개인정보 처리 및 이전의 목적이나 이익의 귀속에 따라 개인정보의 제3자 제공과 처리위탁을 구분하는 것이 가장 합리적으로 생각된다(목적이익기준설).

3) 목적 및 이익의 귀속 주체를 합리적으로 판단하기 위한 고려사항: "당사자 간 의사"

다만, 목적이익기준설(특히 판례의 태도)은 목적 및 이익의 귀속 주체를 판단하기 위하여 개인정보 취득 목적, 방법, 대가 수수 여부, 수탁자에 대한 실질적 관리·감독 여부, 정보주체 또는 이용자의 개인정보 보호 필요성에 미치는 영향, 이러한 개인정보를 이용할 필요가 있는 자가 실질적으로 누구인지 등을 사안에 따라 종합적으로 고려하여 최종 판단을 하여야 한다는 입장인데, 앞서 언급한 바도 있거니와 이러한 소위 '종합적 판단'을 너무 강조하는 입장에 서면 자칫 해석자마다 자의에 따라 결론을 달리하게 될 우려가 상당하다. 따라서 목적 및 이익의 귀속을 판단하기 위한 여러 요소들 중에서 해석상 경중(輕重)을 두어야 할 필요는 없을까? 만일 그럴 필요가 있다면, 가장 중(重)하게 비중을 두고 살펴야 할 요소는 무엇일까?

사견으로는 이전하는 자와 이전받는 자 사이에 형성된 것으로 객관적으로 추단되는 의사가 가장 중요한 요소로서 평가되어야 한다고 생각한다. 즉, 양자 간에 개인정보의 이전에 관하여 '외부적으로' 제3자 제공을 의도한 것인지, 아니면 '내부적으로' 개인정보 처리위탁을 의도한 것인지에 대해 어떠한 취지로 의사가 합치되었는지를 가장 먼저 비중 있게 검토할 필요가 있다는 것이다. 이와 같이 보아야 하는 이유는, 위에서 살펴본 바와 같이 개인정보의 제3자 제공의 경우에는 개인정보 보호법 상 적법하게 하는 요건을 충족하여야 하는 반면, 처리위탁의 경우에는 그러한 요건을 요구하지 않는 근본적인 차이점이 있으므로 이러한 요건의 이행 또는 불이행은 결국 이전하는 자와 이전받는 자의 의사결정에 따른 것이고, 이러한 의사결정은 양자 간의 협의 과정이나 계약 등에 자연스럽게 나타나기 마련이기 때문이다. 다만, 이전하는 자와 이전받는 자가 개인정보 보호법의 규제를 의식적으로 회피하기 위하여 합의를 가장할 가능성도 있으므로, 양자 간에 존재하는 것으로 보이는 의사가 다른 제반 요소들에 비추어 용인될 수 없을 때에는 그러한 의사 추단은 깨어지고 보다 합리적이고 실체에 부합하는 판단에 나아가는 것은 당연히 가능하다고 할 것이다.[11)]

나아가 위와 같이 당사자 간의 의사를 가장 중한 요소로서 평가의 기준으로 삼는다면, 아웃소싱과 업무제휴가 일상화된 고도화 산업사회에 있어서 업무처리의 주된 목적이나 이익이 이전하는 자(위탁자)에게 있는 이상, 이전받는 자(수탁자)에게 간접적·부수적 목적이나 이익이 귀속된다고 하더라도 이를 함부로 제3자 제공으로 평가하여서는 아니된다.[12)] 당사자 간에 객관적으로 처리위탁의 의사가 인정되는 상황에서 이전받는 자의 목적이나 이익을 감안하여 (처리위탁 이외에) 제3자 제공으로도 평가하기 위해서는 이전받는 자의 목적이나 이익이 이전하는 자의 목적이나 이익만큼 주된 것이거나 직접적인 것이어야 할 것이다.

4) 대상판결에 대한 평가

원심판결은 홈플러스가 개인정보 보호법 제26조의 요건을 일부 위반한 잘못은 있으나, 관련 증거 및 제반 사정을 고려할 때 관련자들은 모두 사전필터링 업무를 위하여 개인정보가 이전된 것으로 인식하고 해당 업무를 수행하기로 하는 합의에 따라 개인정보를 이전하여 구두에 의한 위수탁계약의 합의가 있던 것이라고 판단하였다. 이와 같이 사실관계 상 홈플러스와 각 보험사 간에는 사전필터링을 업무의 내용으로 하는 위수탁 의사의 합치가 일응 존재하고 있었던 것으로 보이므로, 달리 이를 뒤집을 만한 특단의 사정이 존재하지 않는 이상, 당사자 간 의사를 가장 중한 고려요소로 삼아 홈플러스가 보험사에게 개인정보를 이전한 행위는 개인정보의 처리에 관한 위탁에 기한 행위로 보는 것이 타당하다고 보인다. 게다가 홈플러스가 문제된 사전필터링 이후에도 여전히 보험사로의 개인정보 제3자 제공을 위한 동의를 받기 위하여 퍼미션콜을 시행하였다는 점에 비추어 보더라도 위와 같은 위수탁 의사는 여전히 유지되고 있었다고 평가하는 것이 합리적이다. 그러나, 아쉽게도 대상판결은 이와 정반대의 결론을 취하였는데, 향후 재검토를 통해 보다 합리적인 법리로 변모할 필요가 있다고 생각된다.

---

11) 예컨대, 위수탁계약의 외관을 가지고 있지만 실질적으로는 제3자 제공 요건을 회피하거나 우회하려는 내용의 계약을 체결한 경우 설정된 업무의 범위나 구체적인 사실관계 등에 비추어 계약당사자 간에 처리위탁 의사의 합치가 없었다고 보아 제3자 제공으로 판단할 수도 있을 것이다. 또한 개인정보의 제3자 제공과 처리위탁의 구별은 통상 형사제재 가부와 연결되기에 양 당사자의 사후 주장보다는 객관적인 간접사실을 우선시하여 계약 당시의 내심의 의사를 합리적으로 해석하여야 할 것이다.

12) 개인정보보호위원회, 개인정보 처리 통합 안내서(주 10), 167면도 "개인정보 처리 이익은 단순 경제적 이익과는 다르며, 수탁자가 위탁자로부터 위탁사무 처리 대가를 수령하거나 또는 기타 반사적으로 얻는 이익이 있다 하더라도 이는 수탁자의 개인정보 처리 이익에 해당하지는 않는다"고 되어 있는바, 같은 맥락으로 이해된다.

4. 판결의 의의

대상판결을 계기로 동의 방법에 관하여 개인정보 보호법 제22조 제2항이 신설되었고, 같은 항에서 위임한 바에 따라 개인정보 처리 방법에 관한 고시도 함께 제정되어 대상판결과 유사한 분쟁의 재발을 방지하는 방향으로의 법제 개선을 이끌어냈다는 점에서 중요한 의의를 가진다.13)

또한 대상판결은 개인정보의 제3자 제공 및 처리위탁의 구별 기준에 관하여 본격적이고 실질적으로 검토한 최초의 대법원 판결이며, 양자의 구분에 관하여는 현재까지도 활발한 논의가 이어지고 있는 상황이다. 다만, 대상판결이 원심판결을 파기하면서도 단지 양자의 추상적 구분 기준만을 제시한 채 사전필터링 업무의 목적과 이익이 보험사에 귀속된다는 점에 관하여 구체적이고 설득력 있는 논거를 제시하지 못한 점, 각 판단요소를 개별 사안에 구체적으로 포섭하지 않은 점, 더 나아가 당사자 간 처리위탁 의사의 합치가 있었는지 여부를 전혀 고려하지 않은 점은 아쉬움으로 남는다. 처리위탁 의사를 비롯하여 관련 당사자의 의사를 중한 요소로 삼아 구분하는 방식은 적법처리를 위한 요건의 요부를 양자의 주된 구별 표지로 제시하는 개인정보 보호법의 취지에도 부합하는 것이므로, 향후 이 점을 고려하여 보다 정교하고 합리적인 법적 판단의 기준이 정립되기를 기대한다.

---

13) 위와 같은 법제 개선이 바람직하다고 생각하는 견해로는 이인석, 거짓이나 그 밖의 부정한 수단이나 방법에 의한 동의"(주 4), 219면, 비판적인 견해로는 배건호, "개인정보 보호법의 동의 모델이 가지고 있는 한계와 그 극복방안에 대한 고찰", 서울대 법학석사 학위논문, 2022, 21면 및 강태욱, "개인정보의 제3자 제공을 둘러싼 몇 가지 쟁점에 대하여"(주 7), 46면을 각각 참조.

68 개인정보 보호법 제71조 제5호에 따른 개인정보를 제공받은 자의 범위

대법원 2018. 1. 24. 선고 2015도16508 판결[1)]

박민철 (김·장 법률사무소 변호사)

1. 사안의 개요

피고인1은 2006. 5. 1.경부터 2013. 4. 31.경까지 ○○○○택시운송사업조합 총무부장으로 재직하면서 조합원들의 개인정보를 업무상 취급하였던 사람으로서 2013. 4. 31. 위 조합에서 퇴사하면서 조합원들의 성명, 연령, 차량번호, 휴대전화번호, 주소 등이 기재된 조합원명부 엑셀파일을 피고인의 이메일 편지함으로 옮겨 보관하였다. 피고인은 위와 같이 ○○○○택시조합원의 조합원명부 엑셀파일을 보관하고 있던 중, 2013. 4. 18.경 피고인3으로부터 "앞으로 있을 ○○○○택시신용협동조합 이사장 후보자 선거에 이용하기 위해 필요하니 조합원명부를 보내달라"는 부탁을 받고, 피고인3이 사용하는 이메일 계정으로 위 조합원명부 엑셀파일을 전송하였다.

이상과 같은 방법으로 피고인1은 2013년 4월부터 2014년 1월까지 총 6회에 걸쳐 피고인2, 3, 4, 5, 6, 7에게 조합원 명부를 제공하였는데, 피고인3, 5는 택시신용협동조합 이사장 선거, 피고인2, 4는 택시운송사업조합 이사/이사장 선거 운동을 위해 명부를 요청하였고, 피고인6은 영업활동, 피고인7은 충전소 광고를 위해 명부를 요청하였다.

피고인2는 피고인1로부터 명부를 제공받은 후, 2013. 11. 11.경 피고인8에게 해당 명부를 다시 제공하였다. 즉 피고인8은 피고인1이 아닌 피고인1로부터 제공받은 피고인2로부터 명부를 제공받았다.

1) [관련 평석 및 문헌] 권현준, "개인정보 보호법 제71조 제5호의 '개인정보를 제공받은 자'는 개인정보를 처리하거나 처리하였던 자로부터 직접 개인정보를 제공받은 자에 한정되는지 여부 – 대법원 2018. 1. 24. 선고 2015도16508 판결", 개인정보 판례백선, 박영사, 2022, 337-344면.

2. 판결의 요지

가. 1심판결(광주지방법원 2014. 11. 20. 선고 2014고단2754 판결)

개인정보 보호법 제59조 제2호는 '개인정보를 처리하거나 처리하였던 자는 업무상 알게 된 개인정보를 누설하거나 권한 없이 다른 사람이 이용하도록 제공하는 행위를 하여서는 아니 된다'고 규정하고 있고, 제71조 제5호는 '제59조 제2호를 위반하여 업무상 알게 된 개인정보를 누설하거나 권한 없이 다른 사람이 이용하도록 제공한 자 및 그 사정을 알면서도 영리 또는 부정한 목적으로 개인정보를 제공받은 자'를 처벌하는 것으로 규정하고 있는바, 피고인 1은 개인정보를 권한 없이 제공하여 징역 10개월에 집행유예 2년을 선고받았고, 피고인 2, 3, 4, 5, 6, 7, 8은 개인정보를 부정하게 제공받아 각 벌금300만 원을 선고받았다.

특히, 피고인8은 개인정보 보호법 제71조 제5호,제59조 제2호는 개인정보를 처리하였던 자로부터 그 정을 알면서 개인정보를 직접 받은 경우에만 적용할 수 있다는 취지로 주장하였으나, 문언상 개인정보 보호법 제71조 제5호는 '그 사정을 알면서도 영리 또는 부정한 목적으로 개인정보를 제공받은 자'라고 기재되어 있고 개인정보 제공의 주체를 명시하지 않고 있으므로 개인정보를 제공받는 자가, 개인정보를 처리하였던 자가 동의 없이 제3자에게 제공된 개인정보라는 정을 알면서 그 개인정보를 제공받은 경우에도 개인정보 보호법 제71조 제5호를 위반한 경우에 해당된다고 해석함이 상당하므로 위 피고인의 주장은 받아들이지 않는다는 이유로 주문과 같이 판결하였다.

나. 원심판결(광주지방법원 2015. 10. 13. 선고 2014노3113 판결)

2심 법원 또한, 개인정보 보호법 제71조 제5호는 개인정보를 제공받은 사람이 누구로부터 정보를 제공받았는지 제한하지 않고, 다만 제공받은 사람이 해당 정보가 개인정보를 처리하거나 처리하였던 자가 업무상 알게 된 개인정보를 누설하거나 권한 없이 다른 사람이 사용하도록 제공한 것이라는 사정을 알 것을 요구하고 있을 뿐이다. 따라서 피고인이 개인정보를 처리하였던 피고인 1로부터 직접 개인정보를 제공받지 않았다고 하더라도 피고인 1이 권한 없이 다른 사람에게 제공한 정보라는 사정을 알고 있었던 이상 개인정보 보호법 제71조 제5호의 구성요건에 해당한다. 따라서 피고인 8의 법리오해 주장은 이유 없다고 판단하여 1심의 판단을 유지하였다.

다. 대법원 판결

대법원은 원심판결을 유지하면서, 개인정보를 처리하거나 처리하였던 자가 업무상 알게 된 개인정보를 누설하거나 권한 없이 다른 사람이 이용하도록 제공한 것이라는 사정을 알면서도 영리 또는 부정한 목적으로 개인정보를 제공받은 자라면, 개인정보를 처리하거나 처리하였던 자로부터 직접 개인정보를 제공받지 아니하더라도 개인정보 보호법 제71조 제5호의 '개인정보를 제공받은 자'에 해당한다고 판단하였다.

개인정보 보호법 제71조 제5호의 '개인정보를 제공받은 자'에 개인정보를 처리하거나 처리하였던 자로부터 직접 개인정보를 제공받지 아니한 자도 포함되는지 여부 : 개인정보 보호법 제59조 제2호는 '개인정보를 처리하거나 처리하였던 자는 업무상 알게 된 개인정보를 누설하거나 권한 없이 다른 사람이 이용하도록 제공하는 행위를 하여서는 아니 된다'고 규정하고 있고, 제71조 제5호는 '제59조 제2호를 위반하여 업무상 알게 된 개인정보를 누설하거나 권한 없이 다른 사람이 이용하도록 제공한 자 및 그 사정을 알면서도 영리 또는 부정한 목적으로 개인정보를 제공받은 자'를 처벌하는 것으로 규정하고 있다. 위에서 보듯이 개인정보 보호법 제71조 제5호 후단은 그 사정을 알면서도 영리 또는 부정한 목적으로 개인정보를 제공받은 자를 처벌하도록 규정하고 있을 뿐 개인정보를 제공하는 자가 누구인지에 관하여는 문언상 아무런 제한을 두지 않고 있는 점과 개인정보 보호법의 입법 목적 등을 고려할 때, 개인정보를 처리하거나 처리하였던 자가 업무상 알게 된 개인정보를 누설하거나 권한 없이 다른 사람이 이용하도록 제공한 것이라는 사정을 알면서도 영리 또는 부정한 목적으로 개인정보를 제공받은 자라면, 개인정보를 처리하거나 처리하였던 자로부터 직접 개인정보를 제공받지 아니하더라도 개인정보 보호법 제71조 제5호의 '개인정보를 제공받은 자'에 해당한다.

3. 해설

가. 개인정보의 영리 목적 취득 여부

개인정보법은 개인정보를 처리하거나 처리하였던 자가 업무상 알게 된 개인정보를 누설하거나 권한 없이 다른 사람이 이용하도록 제공한 경우, 그 사정을 알면서 영리 또는 부정한 목적으로 개인정보를 제공받은 자를 처벌하고 있는바, 이때 영리 목적인지 여부에 대해 본 판결은 개인정보 취득 경위, 사용 목적 등을 종합적으로 고려하여 판단하여야 한다고 제시하였다. 구체적으로 보면, 피고인은 자신에게서 차량을 구입한 개인택시 기사들뿐 아니라 모르는 개인택시 기사로부터 전화가 오더라도 AS에 관하여 도움을 주려는 의도로 조합원에 관한 정보를 요구하였던 것일 뿐 영리 또는 부정한 목적으로 조합원에 관한 정보를 취득한 것은 아니라는 주장을 하였는데, 피고인으로부터 택시를 구입한 조합원들은 피고인이 개인정보를 이미 알고 있었고, 피고인으로부터 택시를 구입하지 않았지만 AS를 부탁한 조합원들에 대해서는 차종 등을 직접 물어볼 수 있었으므로 피고인이 AS만을 위하여 개인정보를 전달받았다고 보기 어려운 점, 피고인이 먼저 조합원들의 개인정보를 요구하였고, △△자동차를 가지고 있지 않은 조합원들의 개인정보도 모두 받은 점 등을 종합하여 보면, 피고인은 영리 목적으로 개인정보를 제공받은 사실이 인정된다고 판시하였다.

나. 개인정보 간접 취득자의 처벌 여부

피고인은 항소심에서 개인정보 보호법 제71조 제5호는 개인정보를 처리하거나 처리하였던 자가 부정한 방법 등으로 개인정보를 누설·제공하는 사정을 알면서도 그로부터 직접 개인정보를 제공받은 자를 처벌하는 규정일 뿐, 부정한 방법으로 개인정보를 제공받은 자로부터 다시 개인정보를 제공받은 자를 처벌하는 규정은 아니라는 법리오해 주장을 하였으나, 개인정보 보호법 제71조 제5호는 '제59조 제2호를 위반하여 업무상 알게 된 개인정보를 누설하거나 권한 없이 다른 사람이 이용하도록 제공한 자 및 그 사정을 알면서도 영리 또는 부정한 목적으로 개인정보를 제공받은 자'를 처벌하는 것으로 규정하고 있고, 같은 법 제59조 제2호는 '개인정보를 처리하거나 처리하였던 자는 업무상 알게 된 개인정보를 누설하거나 권한 없이 다른 사람이 사용하도록 제공하여서는 아니 된다'고 규정하고 있다. 개인정보 보호법 제71조 제5호는 개인정보를 제공받은 사람이 누구로부터 정보를 제공받았는지 제한하지 않고, 다만 제공받은 사람이 해당 정보가 개인정보를 처리하거나 처리하였던 자가 업무상 알게 된 개인정보를 누설하거나 권한 없이 다른 사람이 사용하도록 제공한 것이라는 사정을 알 것을 요구하고 있을 뿐이다. 따라서 피고인이 개인정보를 처리하였던 피고인 1로부터 직접 개인정보를 제공받지 않았다고 하더라도 피고인 1이 권한 없이 다른 사람에게 제공한 정보라는 사정을 알고 있었던 이상 개인정보 보호법 제71조 제5호의 구성요건에 해당한다고 판시하여, 개인정보 처리자가 아닌 제공받은 자로부터 다시 간접적으로 취득한 자도 여기에 해당한다고 판시하였다.

다. 관련 판례(광주지방법원 2020. 2. 18. 선고 2019고정793 판결)

본 판결은 개인정보 보호법상 '업무상 알게 된 개인정보'의 범위에 대해 '개인정보를 처리하는 업무'와 관련하여 알게 된 정보로 한정하여 엄격하게 해석하였다.

'업무상' 알게 된 개인정보에 해당하는지 여부와 관련하여, 1) 형벌법규의 해석은 엄격하여야 하고, 명문의 형벌법규의 의미를 피고인에게 불리한 방향으로 지나치게 확장해석하거나 유추해석하는 것은 헌법이 정하고 있는 죄형법정주의의 원칙에 어긋나는 것으로서 허용되지 아니하는 점, 2) 개인정보 보호법 제59조는 개인정보처리자 이외에 개인정보를 처리하거나 처리하였던 자의 개인정보 침해행위를 금지하고자 하는 규정으로서, 제1호에서는 "거짓이나 그 밖의 부정한 수단이나 방법으로 개인정보를 취득하거나 처리에 관한 동의를 받는 행위"를 규정함으로써 '개인정보를 처리하거나 처리하였던 자'의 개인정보취득 및 처리과정에서의 개인 정보침해행위를, 제3호에서 "정당한 권한 없이 또는 허용된 권한을 초과하여 다른 사람의 개인정보를 훼손, 멸실, 변경, 위조 또는 유출하는 행위"를 규정하여 '개인정보를 처리하거나 처리하였던 자'의 개인정보 처리 과정에서의 권한 남용행위를 각 금지하면서, 제2호에서 업무상 알게 된 개인정보를 누설하거나 다른 사람에게 이용하도록 제공하는 행위를 금지하고 있는바, 위 제2호의 규정은 '개인정보를 처리하거나 처리하였던 자'가 범하기 쉬운 개인정보침해행위 중 제1, 3호에 의하여 포섭되지 못한 개인정보 누설 등과 관련된 부분을 금지하고자 하는 취지로 보이는 점, 3) 개인정보 보호법은 '개 인정보처리자'와 '개인정보를 처리하거나 처리하였던 자' 외의 사람에 대하여는 개인정보 누설 등과 관련한 별도의 처벌규정을 두고 있지 아니한 점, 4) 형사 관련 법규에서 '업무'란 통상 "직업 또는 계속적으로 종사하는 사무나 사업을 말하고, 여기서 '사무'또는 '사업'은 단순히 경제적 활동만을 의미하는 것이 아니라 널리 사람이 그 사회생활상의 지위에서 계속적으로 행하는 일체의 사회적 활동"의 의미하여(대법원 2009. 11. 19. 선고 2009도4166 전원합의체 판결 참조) 그 범위가 매우 넓은 상황에서, 위 제2호의 "업무상 알게 된 개인정보"를 '개인정보를 처리하거나 처리하였던 자'가 담당한 모든 업무 과정에서 알게 된 일체의 개인정보로 해석할 경우에는 '개인정보를 처리하거나 처리하였던 자'라는 신분을 가진 자에 대한 개인정보 누설행위에 대한 처벌범위가 지나치게 확대될 위험이 있을 뿐 아니라, '개인정보를 처리하거나 처리하였던 자'가 아닌 자가 업무상 알게 된 개인정보를 누설한 경우에는 별도의 처벌규정이 없는 것과 형평이 맞지 않는 점 등에 비추어 보면, 개인정보 보호법 제59조 제2호의 "업무상 알게 된 개인정보"란 '개인정보를 처리하거나 처리하였던 자'가 그 업무 즉 개인정보를 처리하는 업무와 관련하여 알게 된 개인정보만을 의미하는 것이지, 개인정보 처리와 관련없이 '개인정보를 처리하거나 처리하였던 자'가 담당한 모든 업무 과정에서 알게 된 일체의 개인정보를 의미하는 것은 아니라고 보아야 한다(대법원 2019. 6. 13. 선고 2019도1143 판결; 서울고등법원 2019. 1. 10. 선고 2018노2498 판결 참조)고 판시하였다.

4. 판결의 의의

법원은 1심부터 대법원까지 개인정보 보호법 제71조 제5호는 '제59조 제2호를 위반하여 업무상 알게 된 개인정보를 누설하거나 권한 없이 다른 사람이 이용하도록 제공한 자 및 그 사정을 알면서도 영리 또는 부정한 목적으로 개인정보를 제공받은 자'를 처벌하도록 규정하고 있는바, 이때 개인정보를 제공받은 자에는 피고인이 개인정보를 처리하였던 자로부터 직접 개인정보를 제공받은자 뿐 아니라 간접적으로 제공받은 자까지 포함하는 것으로 판시하였다. 해당 판시의 가장 일관된 논거는 문언적 해석이다. 즉 문언적으로는 개인정보를 제공받은 사람이 누구로부터 정보를 제공받았는지 제한하지 않고 있다는 것이다. 여기에 일반적인 개인정보 보호법상의 입법목적 등을 고려하였다고 판시하였다.

법해석의 목표는 어디까지나 법적 안정성을 저해하지 않는 범위 내에서 구체적 타당성을 찾는 데 두어야 한다. 그리고 그 과정에서 가능한 한 ① 법률에 사용된 문언의 통상적인 의미에 충실하게 해석하는 것을 원칙으로 하고, 나아가 ② 법률의 입법 취지와 목적, ③ 법질서 전체와의 조화, 다른 법령과의 관계 등을 고려하는 체계적·논리적 해석방법을 추가적으로 동원함으로써, 위와 같은 법해석의 요청에 부응하는 타당한 해석이 되도록 하여야 한다.[2)]

한편, 위 관련판례에서 살펴본 바와 같이 개인정보 보호법상 형사처벌이 있는 규정의 해석과 관련하여 죄형법정주의 원칙에 근거하여 지나치게 확정해석해서는 안된다는 근거로 법 규정의 범위를 제한하는 사례도 있다. 결국 법해석과 관련해서는 문언적, 목적적 해석의 종합적인 고려와 함께 죄형법정주의 원칙의 제한을 통해 합리적인 법해석과 적용을 해야 할 것이다. 본 판례에서 개인정보 간접 취득자의 처벌과 관련하여, 개인정보 보호법 제71조 제5호의 적용 범위가 직접적인 제공자로부터의 취득에 한정되지 않고, 권한 없이 제공된 정보임을 알면서 취득한 경우에도 처벌될 수 있음을 명확히 하였는데, 이는 개인정보 유통의 복잡성도 고려된 것으로 법해석의 원칙에 부합하는 판시라고 볼 수 있다.

---

2) 대법원 2010. 12. 23. 선고 2010다81254 판결.

69 정보통신망법상 기술적·관리적 보호조치 의무의 해석과 개인정보 안전성 확보조치의 적용기준

대법원 2018. 12. 28. 선고 2017다207994 판결[1)]

안정민 (한림대학교 교수)

1. 사안의 개요

피고 K기업(이하 '피고')은 전기통신사업자이자 정보통신서비스 제공자로서, 원고들은 피고와 이용계약을 체결했거나 피고의 서비스를 이용 중인 고객들이다. 피고는 고객정보의 등록·관리와 요금정산 등을 위해 2007년경 무선 전산영업시스템인 N-STEP을 기획·개발하여 2009년경 완성하였고, 이 시스템은 직원·대리점이 사용하는 클라이언트(UI)와 데이터센터에서 운용되는 포털·AUT·ESB·OM·OM DB 서버 등으로 구성되어 정상적 인증 절차를 거쳐 고객정보에 접근하도록 설계되어 있었다. 외부 대리점 등은 VPN 접속을 통해서만 시스템을 사용할 수 있었고, 인증은 N-STEP ID·비밀번호와 AUT 서버의 인증토큰을 통해 이루어졌다.

프로그래머 A는 2011년 B와 함께 텔레마케팅 사업을 하던 중 N-STEP 시스템을 분석하여 인증 절차를 우회하는 해킹 프로그램을 개발하였다. 2012년 2월 20일경 A는 'C 프로그램'을 제작하여 VPN 접속만으로 ESB 서버와 직접 통신할 수 있게 하였고, 대리점 PC 원격제어 계정을 확보해 이를 설치·실행하면서 약 8,129,090건(중복 제거 기준)의 개인정보를 추출하였다. 이어 같은 해 4월 12일에는 UI와 자동 전송 기능을 갖춘 'D 프로그램'을 개발하였고, J는 약 1,855,548건, K는 약 371,333건, L은 약 130,425건을 각자 추가로 조회·저장하여 영업에 활용하거나 제3자에게 제공하였다.

피고는 2012년 6월 29일 비정상적인 사용 패턴을 탐지한 후 특정 ID를 모니터링하였으

---

1) [참조 및 관련 판례] 대법원 2015. 2. 12. 선고 2013다43994, 2013다44003 판결(공2015상, 453)(이베이옥션 해킹 사건); 대법원 2018. 1. 25. 선고 2015다24904, 24911, 24928, 24935 판결(공2018상, 491)(네이트·싸이월드 개인정보 유출 사건).

며, 7월 11일 외부 유출 정황을 확인하자 경찰에 신고하였다. 이후 피고는 홈페이지에 사과문을 게시하고 유출 사실 확인 절차를 마련하는 등 사후 조치를 취하였다. 그러나 그 이전인 7월 13일까지 이미 A의 서버에는 총 8,730,435건(중복 제거 시 8,129,090건)의 개인정보가 전송·저장되었으며, 이 과정에서 일부 정보는 제3자에게도 제공되어 재유출되었고, 피해자들의 개인정보가 포함되어 있었다.

2. 판결의 요지

가. 1심판결(서울중앙지방법원 2014. 8. 22. 선고 2012가합533204 판결)

원심은 피고가 접근권한 관리(퇴직자 계정), 정기 모니터링, 주민등록번호 암호화·키관리 등 핵심 보안의무를 위반함으로써 개인정보가 통제권 밖으로 유출되었다고 보고, 원고 1인당 10만 원 위자료 및 지연손해금 지급 책임을 인정하였다.

나. 원심판결(서울고등법원 2017. 1. 13. 선고 2014나2032746 판결)

1심 법원은 피고가 개인정보 보호를 위해 법이 요구하는 기술적·관리적 보호조치를 다하지 않았다고 판단하였다. 반면, 항소심은 보안의 본질적 한계와 사회통념상 합리적 기대가능성을 기준으로 삼아 피고의 행위에서 구체적인 고시 위반이나 중대한 관리 소홀을 인정하기 어렵다고 보았다. 항소심은 보안기술이 본질적으로 공격 기술의 발전을 사후적으로 따라가는 특성을 가지므로, 완벽한 보안을 전제로 한 결과책임을 부과할 수는 없으며, 당시 상황에서 사회통념상 합리적으로 기대할 수 있는 수준의 보호조치가 이루어졌는지를 기준으로 판단해야 한다고 판시하였다.

항소심에서는 피고의 보안조치가 법령과 고시를 위반했는지를 항목별로 검토하면서, 먼저, 접근통제와 관련해 ESB 서버에 별도 인증 절차가 없더라도 포털·AUT 서버에서 인증토큰 검증이 이루어졌고, VPN·계정·MAC 주소·토큰 등 다단계 절차가 있었으므로 이를 곧바로 위반이나 무조치로 보기는 어렵다고 판단했다. 둘째, 퇴직자 계정이 유출 과정에서 사용되었으나 이미 AUT 서버에서 해당 계정의 인증이 차단된 상태였고, 해킹은 인증 절차를 우회하여 다른 계정까지 사용한 것으로 보아 직접적 원인으로 단정하기 어렵다고 판단했다. 모니터링 의무와 관해서도, 피고가 AUT 서버에서 접속기록 관리와 경고시스템을 운영하고 있었지만, 제3자가 서버를 우회해 로그를 남기지 않고 접근하는 상황까지는 예측하기 어려웠다고 보았다. 따라서 이러한 사정을 종합할 때, 이를 곧바로 고시상 보호조치 의무나 주의

의무 위반으로 단정하기는 어렵다고 판시하였다. 넷째, 암호화와 관련해 일부 주민등록번호가 평문으로 노출되었지만 이는 VPN을 거친 대리점 PC 내부 영역에서 발생한 것으로, 공중망 구간에 적용되는 암호화 의무(고시 제6조 제3항)에는 해당하지 않아 곧바로 법령 위반으로 보기는 어렵다고 판단했다.

결국 항소심 법원은 해킹사고 당시 보안 기술 수준, 피고가 운영한 다단계 인증 및 보안체계, 경제적 비용과 효용, 해커의 공격방식 등을 종합적으로 고려할 때 피고가 사회통념상 기대되는 수준의 보호조치를 다하지 않았다고 보기는 어렵다며 원고들의 청구를 모두 기각하였다.

다. 대법원 판결

대법원은 항소심과 마찬가지로 피고의 행위가 구체적인 고시 위반이나 중대한 관리 소홀에 해당한다고 보기 어렵다고 판단하였다. 접근통제·계정 관리·모니터링·암호화 어느 부분에서도 명백한 위반은 인정되지 않았으며, 당시 피고의 보안조치는 당시 사회통념상 합리적으로 기대할 수 있는 수준에 해당한다고 보아 상고를 기각하였다.

(1) 개인정보 보호조치 의무 위반 판단 기준

정보통신서비스 제공자는 구 정보통신망법 제28조 제1항에 따라 개인정보의 분실·도난·누출·변조·훼손을 방지하기 위한 기술적·관리적 조치를 취할 의무를 부담한다. 또한 이용약관 등을 통해 이용자로부터 개인정보를 수집한 경우에는 계약상으로도 개인정보 안전성 확보 조치를 이행할 의무가 있다. 이러한 의무 위반여부는 침해사고 당시의 사회통념상 합리적으로 기대할 수 있는 수준의 보호조치가 이루어졌는지를 기준으로 판단된다.

(2) 보호조치 기준(고시) 준수의 법적 효과

정보통신서비스 제공자가 개인정보 보호조치 의무를 위반했는지 여부는 단순히 개인정보 유출 사실만으로 판단할 수 없다. 해킹이 발생한 당시의 보안 기술 수준, 사업자의 업종과 규모, 이미 취하고 있던 보안조치의 내용, 보안조치에 필요한 비용과 그 효용, 해킹기술 및 보안기술의 발전 정도, 수집된 개인정보의 성격과 유출로 인한 피해 정도 등 여러 요소를 종합적으로 고려해야 한다.

또한 정보통신서비스 제공자가 방송통신위원회 고시인 「개인정보의 기술적·관리적 보호조치 기준」을 모두 준수한 경우에는 원칙적으로 법률상 또는 계약상 보호조치 의무를 위반한 것으로 볼 수 없다. 다만 동 고시는 사업자가 준수해야 할 최소한의 기준에 그치는 것이므로 사회통념상 합리적으로 요구되는 추가적인 보호조치를 이행하지 않은 경우에는 법적 책임이 인정될 수 있다.

(3) 손해배상 책임의 부정

해킹으로 이용자의 개인정보가 유출된 사건에서 정보통신서비스 제공자가 고시에서 정한 보호조치를 모두 이행하고 당시 보안기술 수준에 비추어 합리적인 보호조치를 다한 것으로 인정된 경우 손해배상 책임은 인정되지 않는다.

3. 해설

가. 「개인정보의 안전성 확보조치 기준」의 성격

「개인정보의 안전성 확보조치 기준」은 개인정보처리자의 안전조치 의무를 구체화한 고시로, 개인정보 보호법 제29조 및 동법 시행령 제30조에 근거하여 개인정보가 분실·도난·유출·변조·훼손되지 않도록 하기 위해 마련된 것이다. 제정 당시에는 「개인정보의 안전성 확보조치 기준」(2011. 9. 30. 제정 행정안전부 고시 제2011-43호)과 방송통신위원회의 「개인정보의 기술적·관리적 보호조치 기준」(2008. 5. 19. 제정 방송통신위원회 고시 제2008-3호)으로, 각각 일반 개인정보처리자와 정보통신서비스 제공자를 대상으로 별도의 고시를 운영하였으며,[2] 그 내용은 '세부적·구체적 기준'을 제시하는 성격이었다.[3] 그러나 2014년 「개인정보보호 정상화 대책」을 계기로 자율 규제 정책 기조로 전환되고, 2015년과 2016년 개정을 통해 고시의 목적이 구체적인 기준을 정하는 것에서 최소한의 기준을 제시하는 것으로 변경되었다.

2018년 대법원 네이트·싸이월드 판결[4]에서는 이러한 고시의 법적 성격을 명확히 하였으며, 고시는 개인정보 보호를 위한 최소한의 기준에 불과하므로 사업자가 사회통념상 합리적으로 기대되는 추가적 조치를 다하지 않은 경우에는 여전히 위법행위로 평가될 수 있다고 보았다. 네이트·싸이월드 판결이 '사회통념상 합리적으로 기대 가능한 보호조치'라는 법적 기준을 확립한 판결이라면, 본 판결은 그 기준을 구체적인 사안에 적용하여 개인정보처리자가 당시 기술수준과 여건에 비추어 사회통념상 합리적인 수준의 보안조치를 취했다면 위법

---

2) 2020년 데이터 3법 개정으로 개인정보보호위원회가 관련 고시 제정권을 일원화하였고, 2023년에는 두 고시가 완전히 통합되어 현재는 「개인정보의 안전성 확보조치 기준」 하나로 운영되고 있다.

3) 방송통신위원회 고시 제1조(목적)는 이 기준이 개인정보를 취급함에 있어서 개인정보가 분실·도난·누출·변조·훼손 등이 되지 아니하도록 안전성을 확보하기 위하여 취하여야 하는 기술적·관리적 보호조치의 구체적인 기준을 정하는 것을 목적으로 한다고 밝히고 있었다.

4) 대법원 2018. 1. 25. 선고 2015다24904, 24911, 24928, 24935 판결.

이 아니며, 합리적 조치를 이행한 경우 면책이 가능하다는 것을 명확히 한 것이다. 대법원은 또한 이 판결을 통해 보호조치 의무 위반 여부는 침해사고 당시 일반적으로 기대 가능한 수준의 조치 이행 여부를 기준으로 판단해야 한다는 원칙을 재확인하였다.

나. 사회통념상 합리적으로 기대 가능한 정도의 보호조치

판례가 제시한 '사회통념상 합리적으로 기대 가능한 보호조치' 기준은 개인정보 유출 사건에서 기업의 책임 범위를 설정하는 데 있어 현실적인 균형점을 제시한다는 점에서 의미가 크다. 기술 발전 속도와 사업 환경의 다양성을 감안할 때 일률적인 보안 수준을 강제하기보다 당시의 기술 수준과 사회적 인식에 비추어 합리적으로 기대할 수 있는 조치를 기준으로 판단하는 접근은 법리적으로 타당하며 일정 부분 공평성과 실효성을 확보한다.

그러나 이러한 기준은 표면적으로는 합리성과 객관성을 갖춘 듯 보이나, 실제 적용 과정에서는 여러 한계를 드러낸다. 우선, 이러한 접근은 자칫 사업자에게 책임 회피 여지를 제공할 수 있다는 우려가 있다. 보안조치 수준을 "합리적 기대"라는 추상적인 개념에 맞추면 일부 사업자는 충분한 보안투자를 하지 않고도 면책될 가능성이 있다. 특히 중소규모 사업자의 경우 자본력 한계를 이유로 보안 수준을 낮게 설정하는 최소기준 중심의 면책 논리가 확산될 위험이 있다.

또한 정보보안 환경은 랜섬웨어, 공급망 공격, 제로데이 취약점 등과 같이 급속히 진화하고 있다. 그런데 판례가 강조하는 "당시의 기술 수준"을 판단 기준으로 삼을 경우 변화 속도를 적시에 반영하기 어렵다는 한계가 있다. 사법적 판단은 필연적으로 사후적 평가의 성격을 지니므로, 최신 위협과 기술적 현실을 충분히 반영하지 못하고 결과적으로 이용자 보호 수준이 뒤처질 우려가 있다. 아울러 "사회통념상 합리적 기대 수준"이라는 개념 자체가 추상적이고 불확정적이어서 법적 예측 가능성을 저하시킨다는 문제도 있다. 구체적인 판단 기준이 명확히 제시되지 않으면 사업자는 어느 정도의 보안조치를 해야 법적 책임을 면할 수 있는지 판단하기 어렵고, 이러한 불확실성은 보안 투자 방향의 혼란으로 이어질 수 있다.

한편, 이러한 판례의 태도가 오히려 대규모 기업의 책임을 과도하게 완화하고 있다는 비판도 존재한다.[5] 막대한 개인정보를 수집·활용하는 통신사나 플랫폼 사업자는 충분한 기술적·재정적 역량을 갖추고 있으므로, 단순히 "합리적 기대 수준"이 아니라 보다 높은 수준

5) 홍석현, "[그때 그 IT] 개인정보 유출 판례 (1) 싸이월드·네이트 해킹 사건", 동아일보, https://www.donga.com/ news/It/article/all/20230207/117774665/1 (최종검색일 2025.12.28.); 김경환 "해킹에 관한 대법원 판결 변천으로 본 보호조치 의무", 전자신문, https://www.etnews.com/20211102000148 (최종검색일 2025.12.28.); 심석찬, "개인정보처리자의 합리적이고 기대가능한 보호조치 분석: 핸드공식을 적용하여", 법학연구 제27집 제3호, 2024 참조.

의 보호의무와 주의의무를 부담해야 한다는 것이다. 특히 최근 통신사 해킹사태 등 대규모 침해사건이 잇따르는 상황에서, 이용자 권익 보호의 실효성을 확보하기 위해서는 기업의 규모와 위험 노출 정도에 따라 차등적이고 강화된 책임 기준을 적용해야 한다는 의견도 제기되고 있다.[6)]

다. 유출로 인한 손해배상 책임

개인정보 누출로 인한 손해배상책임을 지우기 위해서는 개인정보가 피고의 지배영역을 떠나 정보주체의 의사에 반하여 이용될 수 있는 상태에 이르러 손해가 발생했다고 인정될 수 있으며, 단지 열람이 가능한 상태나 접근가능성만으로는 유출되었다고 볼 수 없다는 것이 우리 법원의 입장이다.[7)] 또한 판례는 개인정보 유출로 인한 정신적 손해의 발생 여부는 획일적으로 판단할 수 없으며, 유출된 개인정보의 종류와 민감성, 식별 가능성, 제3자의 열람 여부나 가능성, 유출 범위와 확산 정도, 추가적 피해 가능성, 관리 실태와 유출 경위, 사후 대응 조치 등 여러 요소를 종합적으로 고려해 사안별로 개별 판단하고 있다.[8)]

그동안 개인정보 유출 사건에서 법원은 기업의 책임을 비교적 제한적으로 인정해 왔으며, 손해배상액 역시 1인당 10만 원 수준에 머물렀다. 2011년 네이트·싸이월드 사건과 2014년 KT 사건에서는 대법원이 보호조치 위반을 인정하지 않아 기업의 손해배상 책임을 부정하였고, 2014년 카드 3사 사건에서 인정된 위자료는 1인당 7만~10만 원, 2016년 인터파크 사건에서는 인정된 위자료는 10만~20만 원에 불과했다.[9)] 최근에도 이러한 배상 수준에는 큰 변화가 없다. 다만 2023년 개정된 개인정보 보호법이 과징금 상한을 '전체 매출액의 3%'로 상향하면서,[10)] 피해자에 대한 민사 배상은 여전히 낮은 수준에 머무는 반면 기업에

6) 보안뉴스, "국회, 개인정보 유출 기업에 '칼' 빼든다", https://m.boannews.com/html/ detail.html?idx=137077 (최종검색일 2025.12.28.); 뉴시스, "개인정보 유출 사고 최대 매출 10% 과징금 부과·집단 손배 청구", https://www.newsis.com/view/NISX20251212_0003438968?utm_source=chatgpt.com (최종검색일 2025.12.28.), 최민수, "개인정보유출로 인한 손해배상책임 규정에 대한 비판적 고찰-개인정보 보호법상 손해배상책임 규정을 중심으로-", 민사법의 이론과 실무 제25권 제2호, 2022 참조. 한편 GDPR의 경우 제24조(관리자의 책임) 및 제32조(처리의 안전성)에서 정보처리자로 하여금 처리의 성격, 범위, 맥락 및 목적과 더불어 개인의 권리와 자유에 미치는 위험의 발생 가능성 및 심각성을 고려하여 적절한 기술적·조직적 조치를 시행할 것을 규정하고 있다.

7) 대법원 2012. 12. 26. 선고 2011다59834, 59858, 59841 판결(GS칼텍스 개인정보 유출사건); 대법원 2014. 5. 16. 선고 2011다24555, 24562 판결(LG유플러스 판결).

8) 대법원 2012. 12. 26. 선고 2011다59834 판결 참조.

9) (네이트싸이월드 판결) 대법원 2018. 1. 25. 선고 2015다216055 판결, (KT사건) 서울고등법원 2018. 11. 8. 선고 2017나2004100 판결, (카드3사) 서울중앙지방법원 2016. 10. 21. 선고 2014가합588581 판결; 대구지방법원 서부지원 2017. 12. 28. 선고 2014가합1820 판결 등, (인터파크) 서울고등법원 2018. 7. 11. 선고 2017나2055054 판결; 서울중앙지방법원 2019. 5. 15. 선고 2018나84531 판결 등.

10) 개인정보 보호법 제62조의2.

대한 행정적 제재는 점차 강화되는 추세를 보이고 있다.

4. 판결의 의의

본 판결에서 법원은 해킹 사고가 발생했다는 결과만으로 위법성을 단정할 수 없다고 보면서, 침해 당시를 기준으로 사회통념상 합리적으로 기대할 수 있는 수준의 보호조치를 이행했는지 여부를 책임 판단의 핵심 기준으로 제시하였다. 그러나 판례가 언급한 “사회통념상 합리적으로 기대 가능한 보호조치”나 “특별한 사정”의 개념은 구체적으로 제시되지 않아 다소 추상적이고 불명확하다는 한계가 있다. 특히 기술 발전 속도가 빠르고 위협 양상이 복잡한 정보보안 환경에서는 사회통념이나 평균적 주의 수준 자체가 불확정적이어서 예측 가능성과 판단의 일관성을 확보하기 어렵다.

이에 따른 한계를 보완하기 위해서는 「개인정보의 안전성 확보조치 기준」이나 표준화된 기술 규격 등 객관적 기준이 보완적 판단 근거로 활용될 필요가 있다. 본 판결은 행정기관의 기술적 보호조치 기준을 민사책임 판단의 절대적 기준으로 보지 않고, 법원이 독자적으로 판단기준을 제시함으로써 행정적 규제와 사법적 책임의 경계를 명확히 한 점에서 의의를 가진다.

나아가 데이터의 가치와 활용이 급속히 확대되는 AI 시대에는 정보보호가 곧 신뢰의 기반이 되므로, 이 판결이 제시한 ‘사회통념상 합리적 보호조치’ 기준은 한층 더 중요한 의미를 지닌다. 해킹이 발생했다는 사실만으로 위법을 단정하지 않고, 침해 당시 기술 수준과 환경을 종합적으로 고려하여 합리적 보호조치의 이행 여부를 판단해야 한다는 법원의 태도는 기술 발전과 위협 양상이 빠르게 변화하는 현실을 반영한 것이다. 이러한 판례의 태도는 기업과 규제기관 모두에게 해킹 기술의 고도화에 대응하기 위해 협력적 보호체계를 구축할 필요성을 시사한다. 기업은 자율적·선제적으로 보안 수준을 지속적으로 강화해야 하고, 규제기관은 기술 변화에 신속히 대응할 수 있도록 보호조치 기준의 구체성과 현실적 타당성을 함께 제고해야 한다. 결국 양측이 보호조치의 수준과 실행력을 지속적으로 끌어올릴 때에만 개인정보의 중요성에 상응하는 실질적 보호가 가능해질 것이다.

70 개인정보 유출에 따른 정신적 손해 발생 여부의 판단 - KB 국민카드 개인정보 유출 사건 -

대법원 2018. 12. 28. 선고 2018다214142 판결[1)]

양소연 (헌법재판소 헌법연구관)

1. 사안의 개요

피고 카드사는 이상거래 또는 부정사용을 탐지하는 카드사고분석시스템을 업그레이드하기 위하여, 피고 신용정보회사와 사이에 용역계약을 체결하였다. 피고 신용정보회사의 직원으로서 프로젝트 총괄 매니저였던 A는, 2013. 2.경 피고 카드사의 본사에서 개발 작업을 하던 중 보안프로그램이 설치되지 않은 업무용 컴퓨터에 자신의 USB 메모리를 접속하여 카드사 고객들의 개인정보를 저장한 뒤, 이를 반출하여 대출상품 위탁판매업체 등을 운영하는 B에게 전달하였다. A는 이어서 2013. 6.경 피고 카드사의 전산센터에서 개발 작업 중 동일한 방법으로 또 한 차례 정보를 유출하여 B에게 전달하였다.

위와 같이 유출된 개인정보에는 성명, 주민등록번호, 휴대전화번호와 이메일, 자택 및 직장의 주소와 전화번호, 주거상황, 소득정보, 결제계좌, 신용한도금액, 신용등급, 거래실적 금액 등의 전부 또는 일부가 포함되어 있었다. B는 이를 대출중개 등을 목적으로 개인정보를 구매하고자 하는 제3자들에게 제공하였다.

피고 카드사의 고객인 원고들은, 피고 카드사에 대해서는 민법 제390조, 제750조, 제756조, 개인정보 보호법 제39조 등에 따라, 피고 신용정보회사에 대해서는 민법 제756조에 따라 손해배상을 청구하였다.

---

1) [참조 및 관련 판례] 대법원 2008. 8. 21. 선고 2007다17888 판결; 대법원 2012. 12. 26. 선고 2011다59834, 59858, 59841 판결(공2013상, 219); 대법원 2018. 10. 25. 선고 2018다219352 판결; 대법원 2019. 9. 26. 선고 2018다222303, 222310, 222327 판결(공2019하, 2020) 등.

2. 판결의 요지

가. 1심판결(서울중앙지방법원 2016. 6. 7. 선고 2015가합508261 판결) 및 원심판결(서울고등법원 2018. 1. 12. 선고 2016나2049021 판결)

제1심 법원은, 피고 카드사가 업무용 컴퓨터에 USB 메모리 쓰기 기능을 제한하는 보안 프로그램을 설치하지 않는 등 개인정보 보호를 위하여 준수하여야 할 법령상·계약상 의무를 위반하였으므로 민법상 채무불이행책임, 불법행위책임, 사용자책임 및 구 개인정보 보호법 제39조에 따른 손해배상책임이 성립한다고 판단하였다. 피고 신용정보회사에 대해서는, 피용자 A의 유출행위에 대하여 사무집행 관련성을 인정하고, 선임·감독상 상당한 주의를 다하였다는 항변을 배척하며 사용자책임을 인정하였다.

손해배상책임의 범위와 관련하여, 위자료로 배상할 만한 정신적 손해를 인정하기 위해서는 개인정보의 유출로 인하여 개인정보자기결정권이 침해되었다는 사정이나 악용에 대한 막연한 불안감만으로는 부족하고 현실적인 손해가 발생하여야 한다고 설시하였다. 나아가 이 사건의 경우에는 현실적 손해 발생이 인정된다고 보았다.

피고들이 항소하였고, 정신적 손해와 관련하여서는 유출된 개인정보가 모두 압수·폐기되어 제3자에 의하여 추가로 열람되거나 사용될 가능성이 없다는 등의 주장을 하였으나, 항소심 법원은 이를 받아들이지 않고 항소를 모두 기각하였다.

나. 대법원 판결

피고들이 상고하였으나 대법원은 상고를 모두 기각하였다. 정신적 손해와 관련하여서는, 제1심 법원과 동일한 판결(대법원 2012. 12. 26. 선고 2011다59834, 59858, 59841 판결, 이른바 'GS 칼텍스 판결')을 인용하면서, 개인정보 유출로 인한 정신적 손해 발생 여부는 유출된 개인정보의 종류와 성격, 정보주체 식별가능성, 제3자의 열람 여부나 열람 가능성, 확산 범위, 추가적 법익 침해의 가능성, 관리 실태와 유출 경위, 피해 방지 조치 등을 종합적으로 고려하여 판단하여야 한다고 판시하였다. 나아가 이 사건에서 유출된 개인정보는 개인을 식별할 수 있을 뿐만 아니라 사생활과 밀접한 관련이 있고 2차 범죄에 악용될 수 있는 것들로서, 이미 제3자에 의해 열람되었거나 앞으로 열람될 가능성이 크므로 사회통념상 원고들에게 정신적 손해가 현실적으로 발생하였다고 본 원심의 판단은 정당하다고 하였다.

3. 해설

가. 불법행위에 따른 정신적 손해의 배상

(1) 손해배상의 기능

불법행위는 계약상의 의무와는 별개로 채권의 발생원인이 되는데, 이는 위법한 행위로 타인에게 손해를 발생시킨 경우 그 손해를 전보함으로써 가해행위가 없었더라면 존재하였을 상태를 회복하는 것이 정의에 부합한다고 보기 때문이다.[2] 이와 같이 불법행위에 따른 손해배상은 기본적으로 전보의 기능을 하지만, 나아가 제재적 기능 및 예방적 기능도 수반할 수 있다.

위자료의 법적 성질에 관해서도 발생한 손해에 대한 배상에 그친다고 보는 전보배상설과 가해자에 대한 제재의 성격을 가진다고 보는 제재설이 대립하는데, 전보배상설의 입장에서도 위자료가 부수적으로 제재 및 예방의 기능을 수행할 수 있다는 점은 인정하고 있다.[3] 고액의 위자료는 사실상 제재의 효과를 가질 수 있고,[4] 위법행위의 경위와 행위태양, 비난가능성 등 가해자 측의 사정을 고려하여 위자료를 산정하는 것 역시 손해배상의 제재적 기능을 반영한 결과라고 보기도 한다.[5]

한편, 환경오염, 제조물책임 등 집단적 손해의 가능성이 큰 경우일수록 손해배상의 예방적 기능이 강조된다.[6] 예컨대 법원은 항공기사고에 대한 위자료를 산정하면서 "항공사측의 중대하고 전적인 과실로 대형참사를 초래한 항공기사고에 대하여는 고액의 위자료를 부과함으로써 가해자를 제재하고 유사한 사고발생을 억제·예방할 필요"가 있다고 명시하기도 했다.[7]

---

2) 곽윤직, 채권각론(제6판), 2014, 377면 참조.

3) 박동진, "비재산적 손해의 배상과 위자료", 법학연구 제21권 제3호, 2011, 172-173면; 김상중, "손해배상책임과 위법행위의 억제-법원의 '불법행위 유형별 적절한 위자료 산정방안'을 계기로 한 손해배상 법리의 현대적 발전이라는 관점에서", 사법 통권 제43호, 2018, 41면; 김용덕 편, 주석 민법(제5판), 채권각칙(6), 한국사법행정학회, 2022, 33면(박동진 집필부분) 참조.

4) 이은영, 채권각론(제5판), 박영사, 2005, 764면.

5) 김상중, "손해배상책임과 위법행위의 억제"(주 3), 41-42면; 김용덕 편, 주석 민법(제5판), 채권각칙(6)(주 3), 28면. 반면, 가해자의 고의·과실의 정도에 따라 피해자의 정신적 고통의 정도가 달라질 수 있다는 전제하에, 가해자 측의 사정을 고려하여 위자료를 산정하는 것도 전보적 기능의 관점에서 충분히 설명할 수 있다고 보는 견해도 있다(권태상, "인격권 침해로 인한 비재산적 손해의 배상-언론 보도에 의한 인격권 침해를 중심으로-", 저스티스 통권 제178호, 2020, 191면).

6) 김용덕 편, 주석 민법(제5판), 채권각칙(6)(주 3), 28면.

7) 대법원 2009. 12. 24. 선고 2008다3527 판결.

(2) 손해의 의미와 손해배상의 범위

전보의 대상이 되는 손해의 의미와 관련하여서는 차액설, 구체적 손해설, 규범적 손해설 등이 대립한다. 차액설은 자연적 손해 개념에 따라 불법행위로 인해 발생한 총 재산의 감소를, 구체적 손해설은 구체적·현실적으로 발생한 손해를, 규범적 손해설은 법적 가치평가를 통해 규범적으로 파악된 것을 '손해'라고 본다.[8] 원칙적으로는 차액설에 의하여 손해를 인정하되, 개별 사건에서 손해배상법의 목적을 고려한 규범적 평가 등을 반영하여 보완하거나 수정할 수 있다.[9]

한편, 불법행위로 인한 손해배상의 대상이 되는 비재산적 손해는 정신상의 고통뿐만 아니라 그 밖에 명예나 신용 등 수량적으로 산정할 수 없으나 사회통념상 금전평가가 가능한 무형의 손해를 모두 포함한다.[10] 비재산적 손해는 객관적 가치를 평가하기 어려우므로 실손해를 그대로 전보하는 것이 쉽지 않고, 특히 정신적 고통의 경우에는 주관적인 고통의 정도가 사람마다 다르고 사후적인 금전배상을 통해서 돌이킬 수 있는 것이 아니므로 엄격한 의미에서의 전보가 가능하지 않다. 따라서 정신적 고통에 대한 배상액은 개별 사안에서 다양한 요소를 종합적으로 고려하여 사회통념에 비추어 산정할 수밖에 없다.[11] 이때, 정신적 고통의 정도가 클수록 사회적으로 이러한 가해행위를 예방할 필요성도 높다고 볼 수 있으므로, 손해배상의 예방적 기능도 보충적으로 고려될 수 있다.[12]

나. 개인정보 유출의 경우

(1) 개인정보 유출의 의미와 법률상 규율

개인정보자기결정권은 헌법 제10조 및 제17조에 의하여 보장되는 기본권으로서, 자신에 관한 정보가 언제 누구에게 어느 범위까지 알려지고 또 이용되도록 할 것인지를 그 정보주체가 스스로 결정할 수 있는 권리를 말한다.[13] 한편, 사권으로서의 개인정보자기결정권에 대하여 재산권적 성질을 인정할 수 있을 것인지 논의되기도 하는데, 통설은 개인정보가 재산권의 객체가 되기는 어렵다고 본다.[14] 결국 개인정보의 유출로 인하여 침해되는 권리는 일종의 인격권으로서, 개인정보가 영리 목적으로 무단활용되지 않도록 하는 재산적 이익도

---

8) 김용덕 편, 주석 민법(제5판), 채권각칙(6)(주 3), 216-220면(이연갑 집필 부분).
9) 곽윤직, 채권총론(제5판), 박영사, 2013, 107면; 위의 책, 220면.
10) 대법원 2008. 10. 9. 선고 2006다53146 판결 등.
11) 이은영, 채권각론(제5판)(주 4), 764면.
12) 정상조·권영준, "개인정보의 보호와 민사적 구제수단", 법조 제58권 제3호, 2009, 52면.
13) 헌법재판소 2005. 5. 26. 선고 99헌마513등 결정 등.
14) 정상조·권영준, "개인정보의 보호와 민사적 구제수단"(주 12), 16-19면 참조.

부수적으로 보호하는 특수한 성질의 인격권이다.[15)]

법률에서는 개인정보의 '유출'에 대한 정의규정을 두고 있지 않다. 대법원은 구 '정보통신망 이용촉진 및 정보보호 등에 관한 법률'상의 '누출'[16)]이란 "개인정보가 해당 정보통신서비스 제공자의 관리·통제권을 벗어나 제3자가 그 내용을 알 수 있는 상태에 이르게 된 것"[17)]이라고 파악하였다. 위 판결에 따르면, 실제로 제3자가 열람하거나 접근하지 않은 상태라면 기술적·관리적 보호조치에 미흡한 점이 있어서 제3자가 접근할 여지가 있다는 사실만으로 곧바로 누출에 해당한다고 단정할 수 없다.

개인정보 보호법은 개인정보의 분실, 도난, 유출 등을 방지하고 피해를 최소화하기 위한 규정들을 두고 있다. 개인정보처리자는 유출 등을 방지하기 위한 안전조치의무를 다하여야 하고(제29조), 유출 등이 발생한 경우 통지·신고하여야 한다(제34조). 안전성 확보 조치를 다하지 않은 상황에서 유출 등이 발생한 경우 과징금 부과의 대상이 될 수 있다(제64조의2). 제39조에는 손해배상책임에 관한 특칙을 두고 있다. 이 조항의 '손해'도 적극적 손해, 소극적 손해, 정신적 손해를 모두 포함하는 것으로 이해되고 있는데, 개인정보 유출에 따른 손해배상청구에서는 적극적 손해나 일실이익이 인정되기는 어렵고 주로 정신적 손해에 대한 위자료가 쟁점이 된다.[18)]

(2) 정신적 손해 발생 여부의 판단기준

개인정보가 유출되었다는 사실만으로 곧바로 손해를 인정할 수 있는지 여부와 관련하여, 학설의 대립이 있다.[19)] 긍정설은, 유출이 발생하여 개인정보자기결정권이 침해되었다는 사실 자체로 곧 인격적 법익이 침해되어 비재산적 손해가 발생하였다고 본다.[20)] 부정설은, 권리의 침해와 손해의 개념을 구별하면서 개인정보자기결정권이 침해되었다고 해서 당연히 손해가 인정되는 것은 아니라고 보거나,[21)] 개인정보의 유출로 인하여 직접 침해되는 것은

---

15) 위의 글, 20면.

16) 구 정보통신망법은 '누출'이라는 용어를 사용하다가 2016년 개정 시 이를 '유출'로 개정하였고, 이후 2020년에 이른바 '데이터 3법 개정'이 이루어지면서 정보통신망법에서 개인정보 보호조치의무 등에 관한 규정들이 삭제되고 개인정보 보호법으로 통합되었다. 누출과 유출의 의미에 실질적인 차이는 없다(김진환, "개인정보 유출 또는 누출의 의미", 한국정보법학회 편, 정보법 판례백선(Ⅱ), 박영사, 2016, 635면).

17) 대법원 2014. 5. 16. 선고 2011다24555, 24562 판결. '누출'의 의미를 최초로 상술한 것은 이른바 '리니지 Ⅱ 사건'의 항소심 판결(서울중앙지방법원 2007. 1. 26. 선고 2006나12182 판결)로, 그 이후 여러 판결에서 같은 취지로 설시되고 있다(이원우, "개인정보 보호를 위한 공법적 규제와 손해배상책임 – 개인정보 누출을 중심으로 –", 행정법연구 제30호, 2011, 267-268면 참조).

18) 전승재·권헌영, "개인정보 유출로 인한 손해배상 제도에 관한 고찰 – 신용카드 개인정보 유출 소송을 통해 드러난 제도적 한계를 중심으로 –", 경제규제와 법 제11권 제1호, 2018, 32면.

19) 관련 학설들에 대한 보다 상세한 정리는 이혜미, "개인정보 침해로 인한 손해배상책임", 민사판례연구 제41권, 박영사, 2019, 696-698면 참조.

20) 일례로 권태상, "개인정보 보호와 인격권 – 사법 측면에서의 검토 –", 법학논집 제17권 제4호, 2013, 103면.

위험 관리를 위한 절차적 권리일 뿐이고 손해가 인정되려면 더 나아가 명예권 등 실체적인 권리 침해가 있어야 한다고 본다.[22)]

개인정보 유출로 발생할 수 있는 비재산적 불이익은 (i) 유출 자체로 인한 신뢰의 침해와 (ii) 제3자의 열람·도용에 대한 우려로 나누어 볼 수 있다.[23)] 개인정보 유출에 따른 정신적 손해의 발생 여부에 대한 판단기준을 최초로 제시한 'GS 칼텍스 판결'에서 법원은 후자에 주목하여, 유출된 개인정보가 전량 회수되어 제3자에게 유통되지 않은 이상 위자료로 배상할 만한 정신적 손해가 발생하였다고 보기 어렵다고 판단했다.[24)] 위 판결은 손해 발생 여부를 판단하기 위하여 고려하여야 할 요소로 제3자의 열람 여부, 장래의 열람 가능성, 확산 범위 외에도 개인정보의 종류와 성격, 식별가능성, 추가적인 법익 침해의 가능성, 관리 실태와 유출 경위, 피해의 발생 및 확산을 방지하기 위한 조치 등을 제시하였다. 이후 이 기준은 대상판결을 비롯하여 같은 경위로 발생한 카드사 정보유출에 관한 사건들에서 반복적으로 원용되었다.[25)] 이에 관해서는, 제3자의 열람가능성, 확산 범위, 추가적인 법익 침해의 가능성, 관리 실태와 유출 경위, 피해방지조치 등은 손해 발생 여부의 판단을 좌우하는 요소가 아니라 손해액 산정에 참작할 사유로만 보아야 한다는 비판이 있다.[26)]

4. 판결의 의의

대상판결은 개인정보 유출에 따른 손해배상청구에서 정신적 손해의 발생 여부를 판단하기 위하여 기존 판례가 고려한 요소들을 재확인함으로써, 개인정보 유출로 인한 정신적 손해의 인정 여부에 관한 판단기준을 확립하였다.

개인정보 유출로 인한 개인정보자기결정권의 침해는 재산권이 아닌 인격권에 대한 침해인데, 인격권은 법적으로 보호받을 구체적인 내용을 확정하고 위법성을 판단하는 것이 어려운 측면[27)]이 있다. 또한, 정신적 손해는 무정형적이고 객관화하기 어려워 적절한 판단기준이 없으면 법관의 재량에 따라 범위가 지나치게 확장될 위험이 있다.[28)] 따라서 개인정보

---

21) 권영준, "개인정보 유출로 인한 손해발생 여부", 한국정보법학회 편, 정보법 판례백선(Ⅱ), 박영사, 2016, 608면.

22) 김진환, "개인정보 보호의 규범적 의의와 한계 - 법 영역에서의 두 가지 주요 쟁점을 중심으로 -", 저스티스 통권 제144호, 2014, 78-79면.

23) 전승재·권헌영, "개인정보 유출로 인한 손해배상 제도에 관한 고찰"(주 18), 33면.

24) 대법원 2012. 12. 26. 선고 2011다59834, 59858, 59841 판결.

25) 대법원 2018. 10. 25. 선고 2018다219352 판결; 대법원 2019. 9. 26. 선고 2018다222303, 222310, 222327 판결 등.

26) 최지현, "개인정보 유출과 손해배상책임", 법학논문집 제44집 제1호, 2020, 114-119면.

27) 양창수, "불법행위법의 변천과 가능성: 그 제도목적과 관련하여", 민법연구 제3권, 박영사, 1995, 332면.

28) 정상조·권영준, "개인정보의 보호와 민사적 구제수단"(주 12), 43면.

유출에 따른 정신적 손해 발생 여부를 판단하는 것은 유출된 정보의 종류와 유출 전후의 구체적인 상황을 둘러싼 다양한 객관적 요소들을 최대한 체계적으로 고려하여 그러한 경우에 일반적으로 정신적 손해가 실제로 발생하였다고 볼 수 있을지 평가하는 규범적인 판단이 될 수밖에 없다. 이러한 점에서 볼 때, 대상판결이 개인정보의 종류와 성격, 식별가능성, 제3자의 열람 여부나 열람 가능성, 확산 범위, 추가적 법익 침해의 가능성, 관리 실태와 유출 경위, 피해 확산 방지 조치 등의 다양한 요소를 손해 발생 여부의 판단에 고려한 것은 타당하다. 특히, 개인정보자기결정권이 자신에 관한 정보의 유통 범위를 통제함으로써 자신의 사회적 인격상을 자유롭게 형성할 수 있도록 하는 인격적 법익을 보호한다는 점, 대상판결의 사안과 같이 불특정 다수의 인적사항과 금융정보 등이 유출된 경우 이로 인한 정신적 고통의 핵심은 유출된 정보의 오·남용에 대한 불안감에 있는 점을 고려할 때, 손해 발생 여부의 판단에서 제3자에 대한 유통 가능성을 중요하게 고려한 것은 적절하다고 보인다.

나아가 위의 요소들은 손해 발생 여부의 판단기준일 뿐만 아니라 위자료 액수를 산정하는 기준이 되기도 한다. 제1심판결은 위의 요소들 외에도 기업이 소비자에게 서비스를 제공하기 위해서는 개인정보의 수집·보관이 필수적이므로 소비자로서도 유출의 위험을 어느 정도 감수할 수밖에 없다는 점 등을 함께 고려하였고, 항소심 판결 및 대상판결은 이와 같은 제1심의 판단을 유지하였다. 정보통신기술이 발달한 환경에서 개인정보 유출의 위험을 완벽하게 제거하는 것은 불가능에 가깝고, 개인정보의 보호만을 지나치게 강조하면 서비스 운영 등에 과도한 비용이 발생하여 정보화사회의 발전을 위축시킬 우려도 있다.[29] 따라서 위자료 산정에서 대규모의 개인정보를 취급하는 개인정보처리자에 대한 제재적·예방적 효과를 고려하는 한편, 대상판결과 같이 위험의 적절한 분배에 대한 고민도 충분히 반영될 수 있도록 하는 것이 바람직하다.

29) 이원우, "개인정보 보호를 위한 공법적 규제와 손해배상책임"(주 17), 265면.

71 개인정보취급자와 양벌규정

대법원 2021. 2. 4. 선고 2020도11559 판결[1)]

김영미 (법무부 형사사법공통시스템 운영단장, 검사)

1. 사안의 개요

피고인들은 전국금속노동조합 삼성전자서비스 지회(삼성전자서비스 협력업체 직원들로 구성된 노동조합, 이하 "이 사건 노조") 관련, 노조 대응 활동을 하던, 삼성전자서비스 인사팀, 삼성그룹 미래 전략실(이하 미전실) 등에서 근무하던 자들이다. 피고인들은 삼성전자서비스 협력업체 대표 등으로부터 3년여에 걸쳐 이 사건 노조 조합원들의 '성명, 사번, 연령, 경력, 작업분야, 출신학교, 결혼 유무, 이혼 여부, 이혼 사유 등 가족관계, 채무 등 재산상태, 성향 평가, 노조 탈퇴 등에 영향력을 미칠 수 있는 지인 등 친분 관계, 개인비리, 재판 진행상황 등 개인정보 및 노조 가입 및 탈퇴 사실, 노조 가입 및 탈퇴 동기, 노조 직책, 파업 참여 여부, 정신병력' 등 민감 정보를 제공받았다. 피고인들은 개인정보 보호법위반으로 기소되었다. (다양한 쟁점이 포함된 이 사건 관련 본건 쟁점에 국한하여 설명하기로 하겠다)

1) [참조 및 관련 판례] 대법원 1999. 7. 15. 선고 95도2870 전원합의체 판결[공1999.8.15.(88), 1696]; 대법원 2015. 12. 10. 선고 2015도3540 판결; 대법원 2007. 12. 28. 선고 2007도8401 판결(공2008상, 192); 대법원 2017. 11. 14. 선고 2017도7492 판결(공2017하, 2413).
[관련 평석 및 문헌] 권창환, "개인정보처리자의 직원으로부터 동의 없는 제공을 받은 행위에 대한 형사처벌－삼성전자서비스 근로자 사찰 사건", 개인정보판례백선, 박영사, 2022; 박상진, "양벌규정의 법적 성격", 최신중요 형법판례총론: 판례를 통한 형법의 이해(제2판), 박영사, 2024; 장준영, "'개인정보를 제공받은 자'와 '개인정보취급자'의 구분 기준", 개인정보 판례백선, 박영사, 2022.

2. 판결의 요지

가. 1심판결(서울중앙지방법원 2019. 12. 17. 선고 2018고합557 판결)

1심은 협력업체의 개인정보 및 민감정보 취득 제공 관련, 협력업체는 수리기사들을 고용한 사업주로서 인사 정보를 당연히 보유, 관리하므로 개인정보 파일을 운영하는 개인정보처리자에 해당하며, 삼성전자 서비스 각 지사에서는 주로 협력업체 사장을 통해 개인정보를 수집한 것으로 인정할 수 있고, 팀장들은 협력업체 관리자로서 사장과 공모하여 삼성전자서비스 지사에서 내려온 "그린화" 지시를 이행한 것이므로 사장이 제공한 것과 동일하게 볼 수 있다하였다.

삼성전자서비스에서 팀장들로부터 개인정보를 수집한 행위가 처벌대상이 되는지에 대하여, <개인정보 보호법 제2조 제5호는 '업무를 목적으로 개인정보 파일을 운용하기 위하여 스스로 또는 다른 사람을 통하여 개인정보를 처리하는 공공기관, 법인, 단체 및 개인 등'을 개인정보처리자로 규정하고, 제28조 제1항에서 '개인정보처리자는 개인 정보를 처리함에 있어서 개인정보가 안전하게 관리될 수 있도록 임직원, 파견근로자, 시간제 근로자 등 개인정보처리자의 지휘·감독을 받아 개인정보를 처리하는 자(이하 '개인정보취급자'라 한다)에 대하여 적절한 관리·감독을 행하여야 한다."고 하여 개인정보처리자와 개인정보취급자를 구별하고 있으므로 이 사건에서 수리기사들에 대한 개인정보처리자는 인사정보를 관리하는 '협력업체' 법인이고 팀장들은 개인정보취급자에 해당한다. 한편 개인정보 보호법 제71조 제1항은 '제17조 제1항 제2호에 해당하지 아니함에도 같은 항 제1호를 위반하여 정보주체의 동의를 받지 아니하고 개인정보를 제3자에게 제공한 자 및 그 사정을 알고 개인정보를 제공받은 자'를 처벌한다고 규정하고, 개인정보 보호법 제17조 제1항은 "개인정보처리자는 다음 각 호의 어느 하나에 해당되는 경우에는 정보주체의 개인정보를 제3자에게 제공할 수 있다."고 하여 개인정보처리자의 제공행위만을 처벌 대상으로 삼고 있기는 하다.

그러나 개인정보 보호법 제74조 제2항은 "법인의 대표자나 법인 또는 개인의 대리인, 사용인, 그 밖의 종업원이 그 법인 또는 개인의 업무에 관하여 제71조부터 제73조까지의 어느 하나에 해당하는 위반행위를 하면 그 행위자를 벌하는 외에 그 법인 또는 개인에게도 해당 조문의 벌금형을 과한다."고 규정하고 있다. 이는 개인정보처리자가 아닌 당해 업무를 실제로 집행하는 사람에게까지 벌칙규정의 적용대상자를 확장하는 것이므로(대법원 1999. 7. 15. 선고 95도2870 전원합의체판결, 대법원 2015. 12. 10. 선고 2015도3540 판결 등 참조), 이 사건 협력업체의 팀장들 모두 양벌규정의 취지에 따라 개인정보 보호법 제17조 제1항, 제71조 제1호의 적용대상자가 된다. 개인정보 보호법 제2조 제1호는 개인정보에 대하여 "살아 있는 개인에 관한 정보로서 성명, 주민등록번호 및 영상 등을 통하여 개인을 알아볼 수 있는 정보(해당 정보만으로는 특정 개인을 알아볼 수 없더라도 다른 정보와 쉽게 결합하여 알아볼 수 있는 것을 포함한다)를 말한다."고 규정하고 있다. 이 사건에서 수리기사들의 성향에 관한 정보는 성명이나 소속 사번 등 개인식별 정보뿐만 아니라 이와 결합하여 개인을 알아볼 수 있는 것으로 그 정의에 부합하므로 개인정보에 해당한다＞고 판시하였다. 아울러 '계열사 인사 담당 직원들 또한 개인 정보 보호법 제17조 제1항, 제71조 제1호의 적용 대상자가 되므로 계열사 인사 담당 직원들로부터 개인정보를 제공받은 행위 또한 처벌된다'고 하였다.

나. 원심판결(서울고등법원 2020. 8. 10. 선고 2020노115 판결)

항소심 또한, ＜벌칙규정에 선행하는 의무규정 또는 금지규정에서 적용대상자를 '업무주 등'으로 한정하거나 벌칙규정에서 비로소 적용대상자를 '업무주 등'으로 한정하는 경우 벌칙규정에 이어지는 양벌규정은 업무주 등 적용대상자가 아니면서 당해 업무를 실제로 집행하는 자가 있는 때에 벌칙규정의 실효성을 확보하기 위하여 그 적용대상자를 당해 업무를 실제로 집행하는 자에게까지 확장함으로써 그러한 자가 당해 업무집행과 관련하여 벌칙규정의 위반행위를 한 경우 양벌규정에 의하여 처벌할 수 있도록 한 행위자의 처벌규정임과 동시에 그 위반행위의 이익귀속주체인 업무주 등 적용대상자에 대한 처벌규정이라고 할 것이다(대법원 1999. 7. 15. 선고 95도2870 전원합의체 판결; 대법원 2007. 12. 28. 선고 2007도8401 판결; 대법원 2017. 11. 14. 선고 2017도7492 판결 등 참조)＞라고 하면서, ＜개인정보 보호법 제2조 제5호와 같은 법 제28조 제1항에서는 '개인정보처리자'와 '개인정보취급자'를 구별하고 있고, 개인정보 보호법 제71조 제1호, 제17조 제1항에서는 원칙적으로 개인정보처리자의 제공행위만을 처벌 대상으로 삼고 있다. 그러나 개인정보 보호법 제74조 제2항은 '법인의 대표자나 법인 또는 개인의 대리인, 사용인, 그 밖의 종업원이 그 법인 또는 개인의 업무에 관하여 제71조부터 제73조까지의 어느 하나에 해당하는 위반행위를 하면 그 행위자를 벌하는 외에 그 법인 또는 개인에게도 해당 조문의 벌금형을 과한다'고 규정하고 있는바, 위와 같은 양벌규정을 둔 취지에 비추어 보면, 벌칙규정인 개인정보 보호법 제71조 제1호의 적용대상자인 '제17조 제1항 제2호에 해당하지 아니함에도 같은 항 제1호를 위반하여 정보주체의 동의를 받지 아니하고 개인정보를 제3자에게 제공한 자'에는 위와 같은 위반행위를 한 '개인정보처리자'뿐만 아니라 개인정보처리자는 아니지만 '개인정보처리자의 지시나 위임에 따라 당해 업무를 실제로 집행하는 자'도 포함된다고 봄이 타당하다. 피고인들은, 개인정보 보호법 제74조 제2항에 따라 제71조 제1호, 제17조 제1항의 '개인정보를 제공한 자'에 개인정보처리자뿐만 아니라 그 대표자, 대리인, 사용인, 그 밖의 종업원이 포함된다고 하더라도, '그 사정을 알고 개인정보를 제공받은 자'에는 '개인정보처리자로부터 개인정보를 제공받은 자'만 이에 해당하고 '양벌규정에 따라 처벌되는 개인정보처리자의 대표자, 대리인, 사용인, 그 밖의 종업원으로부터 개인정보를 제공받은 자'는 이에 해당하지 않는다고 주장한다.

그러나 ㉮ 개인정보 보호법 제71조 제1호 후단의 죄는 '그 사정을 알고 개인정보를 제공받은 자'를 처벌하도록 규정하고 있을 뿐 누구로부터 제공받는지에 관하여는 문언상 아무런 제한을 두지 않고 있는 점, ㉯ 직접 개인정보처리자로부터 개인정보를 제공받았는지, 개인정보처리자의 지시나 위임에 따라 당해 업무를 실제로 집행하는 자로부터 개인정보를 제공받았는지에 따라 개인정보 보호법 제71조 제1호 후단의 죄의 성립 여부를 달리 해석하여야 할 합리적인 이유가 없는 점, ㉰ 피고인들의 주장에 따르면, 개인정보처리자가 '법인'인 경우에는 법인이 직접 개인정보를 제공하는 행위를 할 수는 없으므로 개인정보 보호법 제71조 제1호 후단의 행위에 있어 처벌의 공백이 발생하는 점, ㉱ 개인정보 보호법 제71조 제5호에서 개인정보취급자에 의한 개인정보 제공 및 제공받는 행위를 처벌하고 있으나, 위 조항의 적용대상자인 제59조 제2호의 의무주체인 '개인정보를 처리하거나 처리하였던 자'는 '개인정보처리자'에 한정되지 않고, 업무상 알게 된 개인정보를 처리하거나 처리하였던 자를 포함하고, 개인정보를 제공받는 경우에도 '영리 또는 부정한 목적'으로 제공받는 경우에 한정하여 처벌하는 등 개인정보 보호법 제71조 제1호와 그 적용대상과 구성요건을 달리하는 점, ㉲ 만일 피고인들의 주장과 같이 해석한다면 개인정보취급자로부터 비영리 등의 목적으로 개인정보를 제공받는 행위를 처벌할 수 없게 되는데, 이는 개인정보 보호법의 입법 목적이나 개인정보 보호 원칙에도 반하는 점 등의 사정들을 종합하여 보면, 개인정보 보호법 제71조 제1호 후단의 '그 사정을 알고 개인정보를 제공받은 자'에는 '그 사정을 알고 개인정보처리자로부터 직접 개인정보를 제공받은 자'뿐만 아니라 '그 사정을 알고 양벌규정에 따라 처벌되는 개인정보처리자의 대표자, 대리인, 사용인, 그 밖의 종업원으로부터 개인정보를 제공받은 자'도 포함된다고 봄이 타당하다. 따라서 이 사건에서 법인인 협력업체가 수리기사들을 고용한 사업주로서 업무 목적으로 소속 수리기사들의 이름, 성명, 주소 등 인사정보를 보유·관리하고 있으므로 개인정보처리자에 해당하고, 인사정보를 관리하는 협력업체 팀장들은 개인정보취급자에 해당한다. 협력업체 팀장들은 개인정보처리자의 개인정보를 제공하는 경우 개인정보 보호법 제74조 제2항의 양벌규정에 따라 개인정보 보호법 제71조 제1호, 제17조 제1항으로 처벌되고, 이들이 정보주체의 동의 없이 개인정보를 제공한다는 사정을 알면서도 이들로부터 개인정보를 제공받은 행위도 개인정보 보호법 제71조 제1호 후단의 죄에 해당한다.>라고 하여 1심 판단을 유지하였다.

다. 대법원 판결

대법원 또한 원심의 판단을 유지하였다.

3. 해설

가. 관련 법률

본건 관련 법률은 다음과 같이 구성되어 있다.

▣ 개인정보 보호법

제2조(정의)

5. '개인정보처리자'란 업무를 목적으로 개인정보파일을 운용하기 위하여 스스로 또는 다른 사람을 통하여 개인정보를 처리하는 공공기관, 법인, 단체 및 개인 등을 말한다.

제17조(개인정보의 제공)

① 개인정보처리자는 다음 각호의 어느 하나에 해당되는 경우에는 정보주체의 개인정보를 제3자에게 제공(공유를 포함한다. 이하 같다)할 수 있다.

1. 정보주체의 동의를 받은 경우
2. 제15조 제1항 제2호·제3호 및 제5호에 따라 개인정보를 수집한 목적 범위에서 개인정보를 제공하는 경우

제28조(개인정보취급자에 대한 감독)

① 개인정보처리자는 개인정보를 처리함에 있어서 개인정보가 안전하게 관리될 수 있도록 임직원, 파견근로자, 시간제근로자 등 개인정보처리자의 지휘·감독을 받아 개인정보를 처리하는 자(이하 '개인정보취급자'라 한다)에 대하여 적절한 관리·감독을 행하여야 한다.

제71조(벌칙)

다음 각호의 어느 하나에 해당하는 자는 5년 이하의 징역 또는 5천만 원 이하의 벌금에 처한다.

1. 제17조 제1항 제2호에 해당하지 아니함에도 같은 항 제1호를 위반하여 정보주체의 동의를 받지 아니하고 개인정보를 제3자에게 제공한 자 및 그 사정을 알고 개인정보를 제공받은 자

제74조(양벌규정)

② 법인의 대표자나 법인 또는 개인의 대리인, 사용인, 그 밖의 종업원이 그 법인 또는 개인의 업무에 관하여 제71조부터 제73조까지의 어느 하나에 해당하는 위반행위를 하면 그 행위자를 벌하는 외에 그 법인 또는 개인에게도 해당 조문의 벌금형을 과한다. 다만 법인 또는 개인이 그 위반행위를 방지하기 위하여 해당 업무에 관하여 상당한 주의와 감독을 게을리하지 아니한 경우에는 그러하지 아니하다.

나. 대법원 1999. 7. 15. 선고 95도2870 전원합의체 판결의 의미

대법원은 전원합의체 판결로, '구 건축법 제54조 내지 제56조 벌칙 규정에서 그 적용 대상자를 건축주, 공사감리자, 공사시공사 등 일정한 업무주로 한정한 경우에 있어서, 같은 법 제57조의 양벌규정은 업무주가 아니면서 당해 업무를 실제로 집행하는 자가 있는 때에 위 벌칙 규정의 실효성을 확보하기 위하여 그 적용 대상자를 당해 업무를 실제로 집행하는 자에게까지 확장함으로써 그러한 자가 당해 업무집행과 관련하여 위 벌칙규정의 위반행위를 한 경우 위 양벌규정에 의하여 처벌할 수 있도록 한 행위자의 처벌규정임과 동시에 그 위반행위의 이익귀속주체인 업무주에 대한 처벌규정이라 할 것이다'라고 판시하여 양벌규정의 대상을 실제 업무를 집행하는 자로 확대하였다.

다. 개인정보 보호법 제71조 제1호의 처벌 대상

위 대법원 전원합의체 판결에 의하면, 개인정보 보호법 제74조 제2항에 의해 제71조 제1호에 의해 처벌받는 자는, 개인정보처리자뿐만 아니라 해당 업무를 실제로 처리하는 개인정보취급자 등도 포함된다고 해석함이 상당하다. 또한 그러한 해석을 전제로 할 경우, 제71조 제1호는 개인정보처리자뿐만 아니라 개인정보취급자 등으로부터 개인정보를 '제공받은 자'도 처벌 대상이 된다고 봄이 상당하다.

다만 이 경우에도 개인정보취급자는 '개인정보처리자로부터 개인정보를 제공받은 자'에는 해당하지 않아 제3자 제공에 해당하지 않는 위와 같은 경우는 처벌 대상이 되지 않는다고 해석함이 상당하다. 대법원은 대학수학능력시험 고사장 감독업무를 수행하는 피고인이 업무상 알게 된 개인정보를 사적 용도로 사용한 경우, 개인정보처리자인 서울특별시교육청으로부터 수험생들의 전화번호 등 개인정보를 '제공' 받은 것으로 볼 수는 없다는 판시를 한 바 있다(대법원 2025. 2. 13. 선고 2020도14713 판결).

4. 판결의 의의

개인정보 보호법의 위와 같은 해석으로 개인정보처리자뿐만 아니라 그 업무를 실제 하는 자로부터 개인정보를 제공받은 자도 개인정보 보호법 제71조 제1호에 의해 처벌받을 수 있다할 것이고, 개인정보를 제공 받는 행위에 대해 처벌의 공백이 없게 되었다는 점에서 그 의의를 찾을 수 있겠다. 다만 보다 명확하게 법률로 명시함이 바람직해 보이므로 법률 개정도 아울러 검토함이 필요하다 할 것이다.

72 개인정보처리자의 정당한 이익과 정당행위

대법원 2023. 6. 29. 선고 2018도1917 판결[1)]

강태욱 (법무법인(유한) 태평양 변호사, 법학박사)

1. 사안의 개요

주식회사 A는 2015. 8.경 시설물 안전, 회재 감시 등을 이유로 회사 내 CCTV 설치공사를 하였다. 노조는 회사측에 근로자의 동의 및 노조와의 어떠한 협의도 없이 공사를 진행하는 것은 부당하다는 취지로 항의하며 공사 중지를 요구하였으나, 회사는 근로자들의 동의나 노사협의회 협의가 필요한 사항이 아니라고 주장하며 CCTV 설치공사를 계속하여 2015. 10. 말경 설치공사를 완료하였다.

이 사건 CCTV 카메라 32대는 공장부지의 외곽 울타리를 따라 설치되어 공장부지 외부와 내부를 함께 찍고, 부지 내 주요 시설물을 촬영하는 16대의 경우 근로자들의 직간접적인 근로 현장이 촬영대상에 포함되고 출입구에 설치된 3대의 경우 근로자들의 출퇴근 장면을 촬영하며, 줌 기능을 사용하지 않는 경우 작게 보이기는 하지만 그 사람을 아는 경우 누구인지 식별할 수 있을 정도의 개인영상정보가 수집되었다.

회사는 이 사건 CCTV 카메라 설치에 대하여 근로자들의 동의를 받거나 노사협의회의 협의를 거치지 아니하였다.

피고인들은 주식회사 A의 회사원으로, 2015. 11. 12. 사업장 내 시설물 보안 및 화재

---

1) [참조 및 관련 판례] 대법원 2000. 4. 25. 선고 98도2389 판결(공2000상, 1345); 대법원 2021. 3. 11. 선고 2020도16527 판결; 대법원 2023. 5. 18. 선고 2017도2760 판결(공2023하, 1103); 대법원 2021. 12. 30. 선고 2021도9680 판결(공2022상, 303).
[관련 평석 및 문헌] 장우찬, "사업장 내 감시카메라 설치, 운영의 정당성", 성균관법학 제35권 제4호, 2023; 박종탁, "사업장 내 CCTV 영상 자료 수집 및 활용을 둘러싼 법적 쟁점", 노동법률 제388호, 2023; 이진규, "사업장 내 CCTV 설치를 위해 반드시 근로자의 동의가 필요한가?", 노동법률 제398호, 2024.

감시 목적으로 공장 외국 울타리와 출입문, 출고장 등 주요시설물에 설치한 CCTV 카메라 51대와 검정색 비닐봉지를 씌워 5일 동안 촬영을 못하도록 하는 등 위력으로 회사 A의 운영과 관련한 시설물 관리 업무를 방해하였다는 내용으로 기소되었다.

2. 판결의 요지

가. 원심판결(전주지방법원 2018. 1. 12. 선고 2017노881 판결)

원심은 다음과 같은 이유로 피고인들에 대한 공소사실을 유죄로 판단한 제1심판결을 그대로 유지하였다.

회사가 피고인들이 근무하는 사업장에 개인영상정보를 처리할 수 있는 CCTV를 설치하면서 동의를 받거나 협의를 거치지 않아 개인정보 보호법(이하 '보호법') 내지 근로자참여 및 협력증진에 관한 법률(이하 '근참법')에 위배되는 면이 있다고 볼 여지는 있다. 그러나 이 사건 CCTV를 설치한 목적에 시설물 보안, 화재 감시 등이 포함된 것으로 보이는 점에 비추어, 위 사정만으로는 사회생활상 도저히 용인될 수 없는 정도로 반사회성을 띠는 데까지 이르렀다거나, 법적 보호라는 측면에서 그와 동등한 평가를 받을 정도에까지 이르렀다고 하기는 어려우므로, 피해자의 업무는 업무방해죄의 보호대상이 된다.

피고인들의 행위는 업무방해죄의 위력에 해당하고, 시설물 관리 업무를 방해할 위험성도 인정된다.

피고인들의 행위가 개인정보자기결정권에 대한 침해를 방어하기 위한 것으로서 그 행위의 동기나 목적이 정당하다고 보더라도, 피해자의 CCTV 설치, 운영을 통한 이익, 피고인들의 행위 내용, 다른 구제수단의 존재 등을 고려하면, 수단과 방법의 상당성, 법익균형성, 긴급성, 보충성 등과 같은 정당행위의 나머지 요건을 충족한다고 보기 어렵다.

피고인들이 일방적으로 이 사건 CCTV를 설치한 것이 위법하다고 확신하였다 하더라도, 나아가 그 CCTV를 비닐봉지로 가려 피해자의 업무를 방해하는 행위까지 법령에 의하여 허용된다고 오인한 데에 정당한 이유가 있다고 보기는 어렵다.

나. 대법원 판결

회사는 시설물 보안 및 화재 감시라는 정당한 이익을 위하여 이 사건 CCTV를 설치한 것으로 볼 수 있으므로, 비록 그 설치 과정에서 근로자들의 동의 절차나 노사협의회의 협의를 거치지 아니하였다 하더라도 그 업무가 법률상 보호할 가치가 없다고 평가할 수 없다. 따라서 이 사건 CCTV의 설치 및 운영을 통한 시설물 관리 업무는 업무방해죄의 보호대상에 해당한다. 피고인들의 공소사실 기재 각 행위는 이 사건 CCTV 카메라의 촬영을 불가능하게 하는 물적 상태를 만든 것으로 위력에 해당하고, 시설물 관리 업무를 방해할 위험성도 인정되므로, 구성요건 해당성을 인정한 원심판결은 정당하고, 여기에 상고이유 주장과 같은 잘못이 없다.

정당행위의 성립과 관련하여, 이 사건 회사가 CCTV를 작동시키지 않았거나 시험가동만 한 상태에서는 근로자들의 권리가 실질적으로 침해되었다고 단정하기 어렵고, 공장 부지의 외곽 울타리를 따라 설치되어 실질적으로 근로자를 감시하는 효과를 가진다고 보기 어려운 32대의 카메라를 포함하여 전체 CCTV의 설치 및 운영을 중단하라는 무리한 요구를 하고, 위 32대의 카메라에까지 검정색 비닐봉지를 씌웠던 점 등에 비추어 볼 때 위 각 행위가 정당행위에 해당하지 않는다고 본 원심판단에 법리오해의 잘못이 있다고 보기 어렵고, 그 밖에 정당방위, 법률의 착오 등에 관한 법리오해의 잘못도 없다.

나머지 공소사실(이미 작동하고 있는 주요 시설물을 촬영하는 CCTV에 검정색 비닐봉지를 씌운 부분)은 형법 제20조 사회상규에 위배되지 않는 행위라고 볼 여지가 있다.

1) 회사 공장부지는 불특정 다수인이 자유롭게 출입할 수 있는 공간이 아니므로 CCTV를 설치하여 개인을 식별할 수 있는 정보를 수집하는 경우에는 개인정보 보호법 제15조 제1항 각호의 수집 요건을 갖추어야 한다.

2) 본건은 6호의 요건 충족 여부가 문제되는바, 개인정보의 수집, 이용에 관한 규정은 정보주체의 개인정보자기결정권 제한에 대한 근거가 되므로, 개인정보처리자가 개인정보를 수집함에 있어서는 어디까지나 개인정보 보호법 제15조 제1항 제1호에 따른 정보주체의 동의를 받는 경우가 원칙적인 모습이 되어야 하고, 정보주체의 동의가 없는 개인정보의 수집은 예외적으로만 인정되어야 하므로 그 요건 또한 가급적 엄격히 해석되어야 한다. 따라서, 제15조 제1항 제6호의 개인정보처리자의 정당한 이익을 달성하기 위하여 필요한 경우로서 '명백하게 정보주체의 권리보다 우선하는 경우'에 해당하는지 여부는 개인정보처리자의 정당한 이익의 구체적인 내용과 성격, 권리가 제한되는 정보주체의 규모, 수집되는 정보의 종류와 범위, 정보주체의 동의를 받지 못한 이유, 개인정보처리자의 이익을 달성하기 위해 대체가능한 적절한 수단이 있는지 등을 종합적으로 고려하여 신중하게 판단하여야 한다.

3) 그런데, 이 사건 CCTV 카메라 중 주요 시설물에 설치된 16대와 출입구에 설치된 3대의 경우 시설물 보안 및 화재 감시를 위하여 설치된 것으로 개인정보처리자의 정당한 이익을 인정할 수 있다 하더라도, 다수 근로자들의 직간접적인 근로 현장과 출퇴근 장면을 찍고 있어 권리가 제한되는 정보주체의 수가 다수인 점, 직간접적인 근로 공간과 출퇴근 장면을 촬영하는 것은 정보주체의 개인정보자기결정권에 중대한 제한이 될 수 있는 점, CCTV

설치공사를 시작할 당시 근로자들의 동의가 없었던 점, 회사가 근로자들이 현장에서 작업을 하고 있는 주간에는 시설물 보안 및 화재 감시 목적을 달성하기 위하여 다른 방법을 강구하는 노력을 기울였다는 자료가 없는 점 등을 종합하여 보면, 회사의 정당한 이익을 달성하기 위하여 필요한 경우로서 명백하게 정보주체의 권리보다 우선하는 경우에 해당한다고 보기 어렵다.

4) 나아가 근참법 제20조 제1항 제14호는 노사협의회가 협의하여야 할 사항으로 사업장 내 근로자 감시 설비의 설치를 규정하는데, 여기서 말하는 근로자 감시 설비라 함은 사업장 내에 설치되어 실질적으로 근로자를 감시하는 효과를 갖는 설비를 의미하고, 설치의 주된 목적이 근로자를 감시하기 위한 것이 아니더라도 여기에 해당할 수 있다. 따라서 위 CCTV를 설치하는 것은 근참법이 정한 노사협의회의 협의를 거쳐야 하는 것으로 볼 수 있다.

5) 피고인들의 이 부분 공소사실 기재 행위는 위법한 CCTV 설치에 따른 기본권 침해를 방어하기 위한 목적으로 정당성이 있고, CCTV 카메라 자체를 떼어내거나 훼손하지 않고 비닐봉지를 씌워 임시로 촬영을 방해한 것으로 수단과 방법의 상당성도 인정되며, 전체 51대 카메라 중 근로자들의 작업모습이 찍히는 12대를 골라 비닐봉지를 씌우고 이후 작업 현장을 찍는 16대는 야간에만 작동시키는 방안도 제안하였으나 회사가 거부한 점에 비추어 보호이익과 침해이익 사이의 법익균형성도 갖추었다고 볼 수 있는 점, 근로자 대부분의 반대에도 불구하고 CCTV의 정식가동을 강행하여 피고인들의 의사에 반하여 근로 행위나 출퇴근 장면 등 개인정보가 위법하게 수집되는 상황이 현실화되고 있었고 개인정보자기결정권은 헌법상 기본권으로 일단 그에 대한 침해가 발생하면 사후적으로 이를 전보하거나 원상회복하는 것이 쉽지 않은 점을 고려하면 그 긴급성과 보충성의 요건도 갖추었다고 볼 여지가 있다.

3. 해설

가. 영상정보 처리를 위한 적법 근거

영상정보처리기기의 설치 및 운영에 대하여는 개인정보 보호법 제25조와 제25조의2에서 규정하고 있다. 영상정보는 그 자체로 개인정보를 포함할 수도 있고 아닐 수도 있는데, 법 제25조와 제25조의2가 적용되는 경우는 개인정보가 영상에 포함되어 처리되는 경우로 한정되는 것으로 대체로 해석하고 있다. 즉, 개인을 식별할 수 없는 영상을 촬영하는 경우(열감지 카메라가 그 예이다)에는 개인정보 보호법이 적용되지 아니한다.

한편, 고정형 영상정보처리기기에 대한 보호법 제25조가 적용되는 경우는 공개된 장소를 촬영하는 경우를 전제로 하고 있다. 여기서 '공개된 장소'의 의미에 대하여는 논란이 있을 수 있는데, 대상판결은 '회사 내 공장부지는 불특정 다수인이 자유롭게 출입할 수 있는 공간이 아니'라고 하여 보호법 제25조가 적용되지 아니한다고 판시하였다. 즉, 대상판결은 보호법상 '공개된 장소'의 의미에 대하여 '불특정 다수인이 자유롭게 출입할 수 있는 공간'[2)] 이라고 해석하였다.

대상판결은, 대상 사업장은 전체 부지가 약 187,000평 정도이고 부지 내 야외 작업장 실내 공장 등이 있으나 출입이 제한되고 있으므로 불특정 다수인이 자유롭게 출입할 공간이 아니라고 판단하였다. 따라서, CCTV 설치를 통하여 개인정보를 수집하기 위해서는 다른 적법 처리 근거를 확보하여야 한다. 이에 대하여는 보호법 제15조에서 주로 규정하고 있다.

나. 개인정보 수집을 위한 적법 처리 근거와 우열 관계

개인정보처리자가 정보주체의 개인정보를 수집하여 이용하기 위하여는 적법 처리 근거를 갖추어야 하는데, 우리 보호법은 제15조 제1항에서 모두 7가지의 적법 처리 근거를 제시하고 있다. 즉, 그 중 어느 하나의 적법 처리 근거를 갖추어야 개인정보를 적법하게 수집, 이용할 수 있다.

보호법 제15조 제1항에서 제시하고 있는 7가지의 적법 처리 근거들간의 관계를 어떻게 볼 것인가에 대하여는 논란이 있다. 헌법상의 개인정보자기결정권을 기준으로 보는 경우에는 동의를 원칙으로 보고 나머지 적법 처리 근거는 예외로 보게 된다(동의 원칙설). 이에 비하여 다양한 적법 처리 근거는 상호 간에 우열이 존재하는 것이 아니고 어느 하나의 적법 처리 근거를 확보하면 충분하다는 견해(동등설)도 존재한다.[3)] 한편, 각 적법 처리 근거는 독립적인 것이고, 서로 중첩될 수 있다.

대상판결은 제6호의 요건은 제1호(동의)의 예외에 해당하고, 따라서 그 요건을 "신중"하게 판단하여야 한다고 판시하여 일응 동의 원칙설의 입장에 선 것으로 보인다.[4)]

---

2) 예컨대, 도로교통법 제2조는 '도로'의 정의로서 '그 밖에 현실적으로 불특정 다수의 사람 또는 차마가 통행할 수 있도록 공개된 장소' (중략)라는 개념을 제시하고 있다. 그런데, 만약 대상판결과 같이 해석하는 경우 출입이 제한되어 특정 다수인만이 자유롭게 출입할 수 있는 공간이라면 그 다수인이 아무리 숫적으로 많더라도 법 제25조가 적용되는 '공개된 장소'에는 해당하지 아니하게 된다. 대표적으로 대형 강의실, 공연장 등을 생각해 볼 수 있다.

3) 최경진 외 12, 개인정보 보호법, 박영사, 2024, 148면. 한편, 2023년 개정전 보호법 제15조 제1항 제5호는 '정보주체 또는 그 법정대리인이 의사표시를 할 수 없는 상태에 있거나 주소불명 등으로 사전 동의를 받을 수 없는 경우'를 규정하고 있었으나 2023년 법 개정으로 해당 문구는 삭제되었다.

4) 그러나, 적법 처리 여부를 판단함에 있어서 모든 요소들이 '신중'하게 판단되어야 하는 것이지 동의 이외의 적법 처리 근거를 인정할 때에만 이를 신중하게 볼 것은 아니다.

다. 보호법 제15조 제1항 제6호(정당한 이익)의 판단 기준

보호법 제15조 제1항 제6호는 개인정보처리자의 정당한 이익을 달성하기 위하여 필요한 경우로서, ① 이익이 개인정보처리자를 위한 것이어야 하고, ② 이익이 정당해야 하며, ③ 이익이 명백하게 정보주체의 권리보다 우선해야 하고, ④ 해당 개인정보의 수집, 이용이 개인정보처리자의 정당한 이익과 상당한 관련이 있고 합리적인 범위를 초과하지 않아야 한다.[5] 개인정보보호위원회는 6호의 적용 여부를 판단하기 위한 기준으로, ① 목적의 정당성, ② 개인정보 처리의 필요성, ③ 정보주체의 권리와 이익 형량의 3가지 요소를 제시하고 있다.[6]

대상판결은, 제6호 해당 여부를 여러 요건을 종합적으로 고려하여 판단하여야 한다고 하면서, 그 고려 사항으로 ① 개인정보처리자의 정당한 이익의 구체적인 내용과 성격, ② 권리가 제한되는 정보주체의 규모, ③ 수집되는 정보의 종류와 범위, ④ 정보주체의 동의를 받지 못한 이유, ⑤ 개인정보처리자의 이익을 달성하기 위해 대체가능한 적절한 수단이 있는지를 그 일응의 기준으로 들고 있다.

대상판결에 따르면 보호법 제15조 제1항 제6호의 요건을 충족시키기 위해서는 여러 가지 사정을 종합적으로 고려하여야 하는바, 이러한 종합적 고려 기준은 위법성 조각의 범위를 매우 좁게 해석하고 있을 뿐만 아니라 사전적으로 제6호의 요건을 충족을 단언하기 어렵게 만들고 그에 따라 제6호를 적법 처리 근거로 삼기 어렵게 만든다.[7]

라. 근참법상 협의와 개인정보 적법 처리 근거

대상판결의 취지에 비추어 보면, 회사가 노조와 근참법상 협의 대상에 해당함에도 이를 하지 아니하였다는 점은 피고인들의 행위를 정당행위로 볼 근거로는 보았으나 보호법 제16조 제1항 제6호의 판단 기준으로는 삼지 아니한 것으로 보인다. 즉, 근참법상 협의 여부는 정당한 이익의 인정 여부 와는 무관한 것으로 판단한 것으로 해석될 여지가 있어 보인다.

한편, 개인정보보호위원회는 근참법에 따른 충분한 협의는 근로자 보호 측면에서 필요

---

5) 이창범, "개인정보처리자의 정당한 이익의 판단 기준", 개인정보 판례백선, 박영사, 2022, 271면. 한편, '명백하게 우선'한다는 의미에 대하여, 처리자의 이익이 월등해야 한다는 견해(개인정보보호위원회, 개인정보 보호법령 및 지침, 고시 해설서, 2020, 92면)도 있으나, 이익이 '명백'하게 '우선'하면 될 뿐 반드시 월등하다고 인정되어야 하는 것은 아니라 할 것이다(이창범, 같은 글, 같은 면). GDPR도 같은 취지이다.

6) 개인정보보호위원회, 개인정보 처리 통합 안내서, 2025. 7., 49-52면.

7) 장우찬, "사업장 내 감시카메라 설치, 운영의 정당성", 성균관법학 제35권 제4호, 2023, 93-94면; 이소은, "정보주체에 의하여 공개된 개인정보의 처리 요건", 법조 제73권 제2호, 2024, 316면. 이 글에서는 개인정보 보호법 시행 이후에도 일반적 이익형량 법리를 적용할 필요성이 있음을 시사한다고 설명한다.

할 뿐만 아니라 디지털 장치의 도입의 정당성을 뒷받침할 수 있는 근거가 될 수 있다고 설명하고 있는 점에서 그 궤를 달리하고 있다.[8] 또한, 수원고등법원 2021. 4. 8. 선고 2020나17579 판결은, 버스 회사가 운전자의 휴대전화 사용 등을 확인하기 위하여 노사 협의를 거쳐 버스 안에 운전 근로자쪽에 CCTV를 설치한 것은 근참법 제20조 제1항 제14호의 절차를 거친 것으로 보아 보호법 제15조 제1항 제2호(법률에 특별한 규정이 있는 경우)에 해당한다고 판단하였는바, 이러한 판시 역시 대상판결의 취지와는 다른 입장이라 볼 수 있다.[9]

4. 판결의 의의

대상판결은 사용자가 사업장에 CCTV를 설치하는 경우 어떠한 조치를 취하여야 정당성을 가질 수 있는지에 대하여 검토하고, 사업장의 출입이 통제되는 한 보호법 제25조의 공개된 장소에 해당하지 아니하고, 보호법 제15조에 따른 수집, 이용을 위한 적법 처리 근거를 갖추어야 한다고 판시한 점에 의의가 있다.

그리고, 대상판결은 보호법 제15조 제1항 각 호의 나열된 적법 처리 근거 중 정보주체의 동의가원칙이고 나머지 적법 처리 근거들은 예외에 해당하므로 제6호(정당한 이익)의 인정은 신중하게 판단하여야 한다는 입장을 밝혔으나, 이는 기존의 적법 처리 근거에 대한 해석과는 그 궤를 달리 하는 점에서 동의하기 어렵다.

마지막으로 제6호(정당한 이익)의 판단 기준과 근참법상 협의 여부의 관계에 대하여 대상판결은 근참법상의 협의 여부를 그 판단 기준으로 고려하지 아니한 것으로 보인다. 다만 이 부분의 판시의 취지가 명확하지 아니한바 후속 판단을 통하여 그 관계가 명확하게 정리될 필요가 있다.

8) 개인정보보호위원회, 개인정보보호 가이드라인[인사노무편], 2023, 21면.
9) 위 판결은 대법원 2021. 7. 21.자 2021다229908 판결로 심리불속행 기각 확정되었다.

73 개인정보 유출에 대한 과징금 산정과 행정 재량의 한계

대법원 2023. 10. 12. 선고 2022두68923 판결[1)]

권헌영 (고려대학교 정보보호대학원 교수)

1. 사안의 개요

온라인 쇼핑몰 "위메프"를 운영하는 정보통신서비스 제공자인 원고는 2018년 11월 1일 '블랙프라이스데이' 이벤트를 진행하였다. 원고는 모바일 이벤트 페이지의 캐시(cache) 정책을 '공유 캐시(Shared cache)' 방식으로 부주의하게 설정하여, 이용자별 세션이 독립적으로 생성되지 않고 이전 접속자의 개인정보가 서버 캐시에 그대로 저장 · 전달되는 기술적 문제가 발생하였다. 이로 인해 이벤트에 참여한 특정 이용자 20명의 이름, 이메일 주소, 휴대폰 번호, 배송지 주소 등 개인정보가 다른 이용자 29명에게 노출되는 사고가 발생하였다. 해당 캐시 정책 오류는 이벤트가 진행된 하루 동안만 적용되었고, 원고는 사고 직후인 11월 2일 이를 신속히 방송통신위원회(이하 "방통위")[2)]에 신고하였다. 이 사고로 주민등록번호, 비밀번호 등 고유 식별정보나 중요 개인정보는 유출되지 않았으며, 유출된 정보 역시 각 이용자별 제

1) [참조 및 관련 판례] 헌법재판소 2022. 5. 26. 선고 2020헌바259 결정.
[관련 평석 및 문헌] 권영준 · 이동진, "개인정보 유출에 대한 과실 및 손해 판단기준", 개인정보보호의 법과 정책, 박영사, 2016; 전승재 · 권헌영, "개인정보의 기술적 · 관리적 보호조치에 대한 공적집행과 사적 집행", 경제규제와 법 제11권 제2호, 2018; 조성규, "과징금의 법적 성격에 대한 시론적 고찰", 행정법연구 제55호, 2018; 전재승 · 권헌영, "해킹을 방지하지 못한 사업자의 과실책임에 관한 세 번째 대법원 판결에 부쳐", 한양대학교 법학논총 제36권 제3호 2019; 노윤경 · 오병철, "개인정보 보호법상 과징금의 활용에 관한 연구", 정보법학 제24권 제3호, 2020; 박주희, "개인정보 보호법 형벌규정의 문제점과 개선 방안", 미국헌법연구 제31권 제1호, 2020; 박미사, "개인정보 보호법상 제재규정의 문제점과 정비방안", 서강법률논총 제11권 제3호, 2022; 권건보, "개인정보 유출에 대한 과징금 부과요건에 대한 헌법적 검토", 비교법연구 제23권 제1호, 2023; 강지현, "개인정보 유출사고에 대한 과징금 부과 시 관련 매출액 산정이 문제된 사례 – 대형 온라인쇼핑몰사업자의 개인정보 유출 관련 판결을 중심으로 –", 경제규제와 법 제16권 제2호, 2023; 박규홍, "개인정보유출사고에 대한 과징금 부과의 근거규정상 법률요건에 대한 해석이 문제된 사례 – 헌법재판소 2022. 5. 26. 선고 2020헌바259 전원재판부 결정", 경제규제와 법 제16권 제1호, 2023; 박균성, 행정법 입문, 박영사, 2024 등.

2) 이 사건 당시에는 방통위가 개인정보보호 관련 감독 권한을 행사하였으나, 2020년 「개인정보 보호법」개정으로 그 권한은 개인정보보호위원회에 이관되었다.

한적으로 노출된 점이 확인되었다.

방통위는 원고가 「구 정보통신망 이용촉진 및 정보보호 등에 관한 법률(2020. 2. 4. 법률 제16955호로 개정되기 전의 것, 이하 '구 정보통신망법')」 제28조 제1항 제2호 안전조치 의무를 위반하였다고 판단하였다.[3] 이에 같은 법 시행령 제15조 제2항 제5호[4] 및 이를 구체화한 「구 개인정보의 기술적·관리적 보호조치 기준」 제4조 제9항에 근거하여 시정명령을 내리고,[5] 나아가 위 법 제64조 제3항에 따라 약 18억 5,200만 원의 과징금을 부과하였다.[6] 과징금 산정에 있어 방통위는 「구 개인정보보호 법규 위반에 대한 과징금 부과기준」(2020. 12. 10. 방통위 고시 제2020-9호로 폐지)에 따라 '위반행위와 관련된 서비스'의 매출액을 전체 쇼핑몰 연 매출로 보았다.

이에 원고는, 본 사안이 한정된 이벤트 페이지의 일시적인 기술적 오류에서 발생한 것으로, 전체 쇼핑몰 서비스에 구조적 결함이 존재한 것은 아니라는 점을 강조하였다. 또한 주민등록번호나 비밀번호 등은 유출되지 않았다는 사정을 들어, 과징금 산정기준이 잘못되었고 액수 역시 과도하다며 시정명령 및 과징금 부과처분의 취소를 구하는 소송을 제기하였다.

---

3) 「구 정보통신망 이용촉진 및 정보보호 등에 관한 법률」 제28조(개인정보의 보호조치) ① 정보통신서비스 제공자등이 개인정보를 처리할 때에는 개인정보의 분실·도난·유출·위조·변조 또는 훼손을 방지하고 개인정보의 안전성을 확보하기 위하여 대통령령으로 정하는 기준에 따라 다음 각 호의 기술적·관리적 조치를 하여야 한다.

2. 개인정보에 대한 불법적인 접근을 차단하기 위한 침입탐지시스템 등 접근 통제장치의 설치·운영

4) 「구 정보통신망 이용촉진 및 정보보호 등에 관한 법률 시행령」 제15조(개인정보의 보호조치) ② 법 제28조 제1항 제2호에 따라 정보통신서비스 제공자등은 개인정보에 대한 불법적인 접근을 차단하기 위하여 다음 각 호의 조치를 하여야 한다. 다만, 제3호의 조치는 전년도 말 기준 직전 3개월간 그 개인정보가 저장·관리되고 있는 이용자 수가 일일평균 100만명 이상이거나 정보통신서비스 부문 전년도(법인인 경우에는 전 사업연도를 말한다) 매출액이 100억원 이상인 정보통신서비스 제공자등만 해당한다.

5. 그 밖에 개인정보에 대한 접근통제를 위하여 필요한 조치

5) 「구 개인정보의 기술적·관리적 보호조치 기준」 제4조(접근통제) ⑨ 정보통신서비스 제공자등은 취급중인 개인정보가 인터넷 홈페이지, P2P, 공유설정 등을 통하여 열람권한이 없는 자에게 공개되거나 외부에 유출되지 않도록 개인정보처리시스템 및 개인정보취급자의 컴퓨터와 모바일 기기에 조치를 취하여야 한다.

6) 「구 정보통신망 이용촉진 및 정보보호 등에 관한 법률」 제64조(과징금의 부과 등) ③ 방송통신위원회는 제1항에 따른 과징금을 부과하려면 다음 각 호의 사항을 고려하여야 한다.

1. 위반행위의 내용 및 정도
2. 위반행위의 기간 및 횟수
3. 위반행위로 인하여 취득한 이익의 규모

2. 판결의 요지

가. 원심판결(서울고등법원 2022. 11. 18. 선고 2021누73975 판결, 제1심: 서울행정법원 2021. 11. 12. 선고 2020구합59628 판결)

원심(서울고등법원)은 제1심판결의 논리를 그대로 수용하였다. 즉, 이 사건 개인정보 유출은 이벤트 페이지의 일시적인 기술적 오류와 직원의 단순 실수에서 비롯되었고, 노출된 개인정보의 범위와 위험성 또한 제한적이었다는 점에 주목하였다. 따라서 과징금 산정의 기준이 되는 '관련 매출액'은 전체 쇼핑몰 매출이 아니라, 사고가 발생한 이벤트 페이지 매출에 한정해야 한다고 판단하였다. 또한 사고 발생 직후 사업자가 신속하게 자진신고를 하였고, 피해가 확산될 우려가 크지 않았으며, 위반행위의 경중에 비해 과징금 액수가 현저히 과도하다고 보았다. 이에 원심은 과징금 산정 법리와 비례원칙 모두에 위배된다며 과징금 처분을 취소하였다.

나. 대법원 판결

대법원은 먼저 과징금 산정의 기초가 되는 '관련 매출액'의 해석에 대하여, 개인정보가 실제로 보유·관리되고 유출된 서비스의 범위를 기준으로 삼아야 한다는 법리를 확인하였다. 이 사건에서는 유출된 개인정보가 특정 이벤트 페이지에 한정된 것이 아니라, 쇼핑몰 전체 데이터베이스에 통합적으로 저장·관리된 정보였으며, 이벤트 페이지만을 위한 독립적 데이터베이스 구조라고 보기 어려웠다. 따라서 관련 매출액은 이벤트별 매출이 아니라, 쇼핑몰 전체 서비스 매출을 기준으로 산정하는 것이 타당하다고 판시하였다.

그러나 대법원은 이러한 법리를 수용하면서도, 실제 산출된 과징금 액수(약 18억 5,200만원)가 사회 통념상 현저히 과도하다고 판단했다. 유출이 하루 동안의 기술적 오류에서 발생한 점, 주민등록번호나 비밀번호 등 고유 식별정보나 중요 개인정보가 포함되지 않았던 점, 노출 범위가 제한적이었던 점, 나아가 사업자가 사고 직후 자진신고와 신속한 사후 조치를 취해 피해 확산을 막은 점 등을 종합적으로 고려할 때, 부과한 과징금 처분은 비례의 원칙에 반하고 행정청의 재량권 범위를 벗어난 것으로 평가하였다.

따라서 대법원은 과징금 산정기준 자체는 전체 매출액 기준을 원칙으로 인정하였다. 그러나 구체적 금액 산정이 사회 통념상 현저히 과중하여 재량권을 일탈·남용한 위법이 있다고 판단하였다. 이에 대법원은 이를 취소한 원심의 판단을 그대로 유지하였으며, 본 건 과징금 부과 처분은 최종적으로 취소되어 원고가 승소하였다.

3. 해설

이 사건의 핵심 쟁점은 두 가지로 요약된다. 첫째, 과징금 산정의 기초가 되는 '관련 매출액'의 범위를 어디까지로 볼 것인가이다. 둘째, 그 범위를 기준으로 산정된 과징금이 비례성과 행정청의 재량 범위 내에서 정당하게 이루어졌는가이다. 대법원은 본 판결에서 이 두 문제에 대해 기존 판례의 입장을 계승하면서도 새로운 기준을 제시하였다.

개인정보 유출 사건에서 행정제재의 책임은 원칙적으로 '고의 또는 과실'에 근거한다. 고의는 침해 결과를 인식하고 이를 의도한 경우로서, 위법성 인식이 명확히 인정되는 상태를 말한다. 한편 개인정보 유출의 직접적 원인이 해킹 등 제3자의 불법행위인 경우라도, 사업자가 이에 대비한 기술적·관리적 보호조치를 다하지 않았다면 과실책임이 성립할 수 있다. 따라서 행정법상 제재의 대부분은 고의보다는 주의의무 위반, 즉 관리상의 과실을 중심으로 이루어진다고 보아야 한다.

이 사건의 경우 '직원의 단순 실수'라 표현된 부분은 기술적 설정의 부주의를 의미하나 이는 법학적 해석상 단순한 인적 과오가 아닌 기술적·관리적 보호조치의무 위반에 따른 과실로 이해될 수 있다.[7] 일반적으로 기술적 과실은 정보시스템의 설계·운영·보안 설정 등 기술적 관리 과정에서의 부주의 또는 예견 가능성 결여로 인해 법정 안전조치 의무를 위반한 경우를 지칭하는 개념으로 사용된다. 이는 인적 과실이 주관적 주의의무를 기준으로 판단되는 것과 달리, 기술적 과실은 객관화된 기술 표준에 따라 예측 가능성과 예방 가능성이 평가된다는 점에서 차이가 있다.

즉, 기술적 과실은 당사자의 개인적 주의 수준이 아니라 객관화된 기술 기준을 중심으로 판단된다. 따라서 단순히 "실수였다"는 사정만으로 면책되지 않는다. 시스템 설정의 위험성을 사전에 식별·통제할 기술적 조치 의무를 다하지 않았다면 과실이 인정된다. 이처럼 '기술적 과실'은 인적 과실보다 넓은 의미의 관리책임을 포함하며, 고의가 아니더라도 기술적·관리적 주의의무 위반이 있으면 제재가 가능하다는 점에서 과징금 부과의 법적 근거로 기능한다.

이러한 과실책임의 법리를 전제로 할 때, 과징금 제재는 단순한 행정벌에 그치는 것이 아니라, 행정상 제재금으로서 개인정보 보호체계 전반의 준수 의무를 실효적으로 확보하기 위한 제도적 수단으로 이해될 필요가 있다. 다음에서는 과징금의 법적 성격과 기능, 그리고 그 산정기준과 비례성 심사 원리를 단계적으로 검토한다.

---

7) 전재승·권헌영 "해킹을 방지하지 못한 사업자의 과실책임에 관한 세 번째 대법원 판결에 부쳐", 한양대학교 법학논총 제36권 제3호, 2019, 116면.

가. 과징금의 성격과 개인정보보호 영역에서의 기능

과징금은 본래 행정 질서 위반에 대한 제재 수단으로서, 위반행위를 통해 얻은 경제적 이익을 박탈함으로써 위반을 억제하는 기능을 가진다. 이는 과태료와 달리 단순히 금전적 불이익을 가하는 데 그치지 않고, 위법행위를 통해 얻은 경제적 이익을 환수하는 '경제적 이익의 박탈'이라는 본질적 성격을 갖는다는 점에서 응보적 · 예방적 기능을 동시에 수행한다.

특히 개인정보보호 영역에서 과징금은 단순히 법규 위반에 대한 처벌적 의미를 넘어선다. 개인정보 관리체계 전반에 내재하는 구조적 위험을 억제하고, 사업자로 하여금 관리 · 보호 체계를 강화하도록 유도하는 예방적 수단으로 작용한다. 이는 EU의 GDPR(General Data Protection Regulation) 제83조가 전 세계 매출액의 최대 4% 또는 2천만 유로 중 높은 금액을 과징금 상한으로 정한 것처럼, 개인정보 침해를 단순한 '사고'가 아닌 사회적 위험 행위로 인식하는 데서 비롯된다. 따라서 방통위가 사건 당시 전체 매출액을 기준으로 과징금을 산정한 것도, 비록 사고가 이벤트 페이지에서 발생했더라도 개인정보 관리체계 전체가 위험에 노출된 것으로 평가한 결과라 할 수 있다.

한편, 과징금 제도는 개인정보보호 영역에 한정된 특수한 제도가 아니라 행정제재 일반의 일환으로 이해되어야 한다. 「독점규제 및 공정거래에 관한 법률」, 「자본시장과 금융투자업에 관한 법률」, 「대기환경보전법」 등에서처럼, 경제 · 금융 · 환경 등 다양한 분야의 법령에서도 과징금은 위반행위를 통해 얻은 경제적 이익을 환수하고 위법행위를 억제하기 위한 수단으로 기능한다. 다만 이러한 분야의 과징금은 주로 시장 질서의 회복이나 경제적 이익의 환수를 목적으로 하는 반면, 개인정보 보호법상의 과징금은 기본권 침해를 방지하기 위한 보호 의무 불이행 제재라는 점에서 성격상 차이를 보인다. 즉, 전자는 경제질서 유지를 위한 규제이고, 후자는 헌법상 개인정보 자기결정권 보장을 위한 안전조치 확보 수단이라는 점에서 공익의 내용이 다르다. 이러한 비교를 통해 개인정보 과징금은 행정법상 일반 원리를 따르면서도, 기본권 보호라는 헌법적 맥락 속에서 보다 강화된 심사 기준이 적용됨을 알 수 있다.

나. 관련 매출액 산정 요건의 구체화

본 사건에서 원고는 개인정보 유출이 단순히 이벤트 페이지의 기술적 오류에서 비롯된 일회적 사건이라는 점을 강조하면서, 과징금 산정 역시 해당 이벤트의 매출액에 국한되어야 한다고 주장하였다. 반면 방통위는 사건 당시 개인정보가 이벤트 서비스에 한정되지 않고 쇼핑몰 전체 데이터베이스에 통합 관리 · 운영되고 있었다는 점을 들어, 관련 매출액은 전체 쇼핑몰 매출을 기준으로 삼아야 한다는 입장을 취하였다.

대법원은 이 같은 주장을 검토한 결과, 개인정보 유출이 통합된 데이터베이스 구조에서 발생하였고 실제로는 쇼핑몰 전체 서비스 차원의 관리체계와 직결된 위험이라는 점을 인정하였다. 따라서 사건 발생 지점이 이벤트 페이지로 한정된다는 이유만으로 관련 매출액을 제한하는 것은 타당하지 않으며, 전체 쇼핑몰 매출을 산정기준으로 삼는 것이 원칙적으로 정당하다고 판시하였다. 다만 대법원은 예외적 가능성도 명시하였다. 만일 사업자가 개인정보를 서비스별로 실질적으로 분리·독립적으로 관리하고 있다는 사실을 입증할 수 있다면, 해당 서비스의 매출액만을 관련 매출액으로 인정할 수 있다는 것이다. 이로써 대법원은 "통합 관리 시 전체 서비스 기준, 실질적 분리 시 제한적 서비스 기준"이라는 이중 기준을 처음으로 명확히 선언하였다.

이러한 판단은 개인정보 유출의 실질적 관리구조를 중시한 것으로, 과징금 산정의 실체적 합리성을 확보하려는 방향으로 해석된다. KT 올레 사건,[8] 인터파크 사건,[9] 인크루트 사건[10] 등은 모두 통합 관리된 데이터베이스 구조를 이유로 전체 매출액 기준을 인정하였다. 그러나 이들 사건은 예외 가능성을 인정하지 않았다는 점에서 한계를 가진다.

이번 판결은 기존 입장을 계승하면서도, "서비스 분리 입증 시 부분 매출 인정"이라는 예외 가능성을 처음으로 명시했다는 점에서 차별성을 지닌다. 나아가 개인정보 유출의 발생 지점이나 겉으로 드러난 서비스 구조만으로는 매출액 산정이 결정될 수 없으며, 실제 데이터베이스 운영 방식과 서비스 간 독립성 여부 등 실질적 관리 맥락을 종합적으로 고려해야 함을 분명히 하였다. 이는 사업자에게 서비스 분리 및 개인정보 관리 경계의 실질적 분리를 입증할 책임을 부과하는 동시에, 과징금 산정이 형식적 기준을 넘어 법리적 타당성과 현실적 적정성을 함께 충족해야 한다는 점을 제시한 것이다.

따라서, 본 판결은 "통합 관리 시 전체 매출액, 실질적 분리시 부분 매출액"이라는 이중 기준을 명문화하였다. 아울러 과징금의 비례성과 적정성 심사를 본격적으로 도입한 판례로서, 개인정보보호 제재 법리의 전환점을 마련하였다.

다. 과징금 제재의 비례성과 적정성

이 사건의 과징금 제재 적정성 판단에 있어 대법원이 주목한 점은, 행정제재의 목적과 실제 위반행위의 경중, 피해 규모, 사업자의 사후 대응 등 구체적 사정이 종합적으로 고려되

8) 대법원 2021. 8. 19. 선고 2018두56404 판결.
9) 서울고등법원 2019. 11. 1. 선고 2018누56291 판결.
10) 서울행정법원 2025. 3. 28. 선고 2023구합81091 판결.

어야 한다는 원칙이다. 즉, 단순히 법정 기준에 따른 기계적 산정이 아니라, 비례성 원칙에 따라 제재의 목적과 그 효과가 균형을 이루는지를 심사해야 한다는 것이다. 이를 대법원의 판단 요소별로 정리하면 다음과 같다.

판단 항목	법리적 내용	본 사건의 판단 내용	관련 법령
위반행위의 성격	고의성·반복성·관리체계상의 문제 여부	직원의 단순 설정 실수로 발생한 사건으로, 고의성이나 반복성은 인정되지 않으나 기술적·관리적 보호조치의무 위반으로 과실이 인정됨	• 「구 정보통신망 이용촉진 및 정보보호 등에 관한 법률」 제28조 제1항, 제64조의3 제1항 제6호 • 「구 정보통신망 이용촉진 및 정보보호 등에 관한 법률 시행령」 제69조의2 제1항
피해 규모 및 중대성	유출정보의 성격·범위·피해 확산 가능성	유출 정보에 민감정보 미포함, 피해 기간 1일로 단기간이며 피해 확산 없음	• 「구 정보통신망 이용촉진 및 정보보호 등에 관한 법률 시행령」 제69조의2 제1항
사후 조치 및 시정 노력	자진신고·피해 최소화 조치·재발방지 노력	사고 직후 자진신고 및 신속한 보완 조치로 피해 확산 차단	• 「구 정보통신망 이용촉진 및 정보보호 등에 관한 법률」 제28조 제1항 • 「구 정보통신망 이용촉진 및 정보보호 등에 관한 법률 시행령」 제69조의2 제1항
과징금의 비례성	위반행위의 경중과 행정제재 목적의 균형 여부	전체 매출액 기준 적용 시 18억 5,200만 원으로 과도, 사회 통념상 비례성 위반 판단	• 「구 정보통신망 이용촉진 및 정보보호 등에 관한 법률」 제64조의3 제1항 • 「구 정보통신망 이용촉진 및 정보보호 등에 관한 법률 시행령」 제69조의2 제1항 • 「행정소송법」 제27조
행정청 재량의 한계	재량권 일탈·남용 여부 및 사회 통념상 합리성	과징금 부과가 위반행위의 경중에 비해 과도하여 재량권 일탈·남용으로 평가되어 처분 취소 판시	• 「행정소송법」 제27조

실제로 이 사고는 하루 동안 일회적으로 발생했고, 민감정보가 포함되지 않았으며, 유출된 정보 역시 일부 제한적 범위에 국한되어 있었다. 원고는 사고 인지 직후 자진신고와 신속한 사후 조치를 통해 피해의 확산을 효과적으로 차단했다는 긍정적 사정도 인정받았다. 그러나 이러한 특수성을 반영하여, 이를 그대로 적용할 경우 산정된 금액(18억 5,200만 원)은 사회 통념상 과중하다고 판단하였다. 즉 위반행위의 규모와 피해 현실, 위법성의 정도 등과 견주었을 때, 고액의 과징금은 실제로 행정청에 부여된 재량권 범위 내에서 정당화될 수 없다고 보아 재량권 일탈·남용을 이유로 처분 취소를 명령한 것이다.

이 점은 앞선 개인정보 유출 사건과 본질적으로 차별화된다. 기존 사건들이 전체 매출액 기준을 일관되게 인정함과 동시에 실제 산정된 과징금의 액수에 대해선 별도의 비례성·적정성 판단을 하지 않고 처분의 적법성을 긍정하였다. 반면 이번 사건에서 대법원은 매출액 기준이라는 법리는 유지하되 구체적 과징금의 산정과 액수에 대해서는 '위반행위의 경중, 피해의 실제 규모, 사업자의 신속성 및 피해 최소화 노력' 등을 모두 종합적으로 고려해 과도한 과징금 부과라는 사정이 밝혀지면 처분 자체가 취소될 수 있다는 점을 선언하였다. 이로써 대법원은 과징금 제재의 법률적 타당성과 실질적 형평성을 동시에 충족해야 한다는 판단기준을 확립하였으며, 이는 개인정보보호 제재 실무의 전환점을 마련한 판례로 평가된다.

라. 비례성 원칙에 따른 국제적 흐름

본 판결은 국내 개인정보 유출 사고와 관련하여, 사법부가 비례성 원칙에 따른 통제를 적극적으로 도입함으로써 국제적 규범과의 조화를 이룬다는 점에서 의의를 갖는다. EU GDPR은 과징금 상한을 설정하는데 그치지 않고 실제 부과 시에는 침해 행위의 성격, 고의성, 피해 규모, 사후 조치 여부 등을 종합적으로 고려한다.

영국 정보위원회(ICO)는 British Airways 사건(2019)에서 대규모 유출에도 불구하고, 회사가 즉각적인 보안 강화와 고객 보호조치를 취한 점을 인정하여 과징금을 대폭 감액하였다.[11] 독일 H&M 사건(2020)에서는 직원 개인정보를 조직적으로 부실 관리한 사실이 드러났고, 감독 당국은 이 점을 중대하게 평가하여 과징금을 부과하되 관리 개선 노력 등을 반영해 금액을 조정하였다.[12] 미국 연방거래위원회(FTC)는 Facebook과 Equifax 사건(2019)에서 단순한 매출액 기준만 적용하지 않고, 위반행위의 경중, 고의성 여부, 은폐 여부, 사후 조치 등을 종합적으로 고려하여 고액의 과징금과 구체적인 시정명령을 병행하였다.[13]

이와 비교할 때 우리 대법원이 이번 사건에서 제시한 "비례성 요건에 따른 재량권 통제"는 국제적 흐름과 궤를 같이한다. 즉 매출액 기준이라는 형식적 법리를 유지하되, 사건의 특수성을 반영하여 과징금 액수의 적정성을 적극적으로 심사한 점에서 글로벌 개인정보 제재 체계와 동일한 방향성을 보여준다.

---

11) ICO British Airways Penalty Notice (Information Commissioner's Office).

12) "Hamburg Commissioner fines H&M 35.3 million" (European Data Protection Board, National News, 2020).

13) "FTC imposes $5 billion penalty and sweeping new privacy restrictions on Facebook" (Federal Trade Commission, 2019).

4. 판결의 의의

이 판결은 개인정보 보호법제에서 과징금 제도의 적용 범위와 그 한계를 동시에 드러낸다는 점에서 중요한 의미를 지닌다. 무엇보다도 대법원이 관련 매출액의 범위를 개인정보가 실제로 관리·운영되는 전체 서비스 차원으로 해석한 것은, 유출이 특정 이벤트나 기능에서 발생했더라도 관리체계가 통합되어 있다면 전체 서비스가 위험에 노출되었다고 평가할 수 있다는 법리를 재확인한 것이다.[14] 이는 기존 판례의 입장을 일관되게 확인하면서도, 사업자가 개인정보를 서비스별로 실질적으로 분리·독립적으로 관리하고 있다는 사실을 입증할 경우 예외적으로 제한된 서비스의 매출액만을 기준으로 삼을 수 있다는 가능성을 명시하였다는 점에서 진전된 의미를 갖는다.

아울러 이 판결은 과징금 제재에 대한 법원의 적극적인 비례성 심사를 보여주었다는 점에서 제도적 의의를 가진다. 대법원은 사고 발생 경위, 유출된 정보의 민감성, 피해의 규모와 범위, 사업자의 자진신고와 신속한 조치 등 구체적 사정을 종합적으로 고려하여, 전체 매출액을 기준으로 산정된 과징금이 사회 통념상 현저히 과중하다고 판단하였다. 그 결과 이를 행정청의 재량권 일탈·남용으로 보아 처분을 취소한 것이다. 이는 과징금이 단순히 행정청의 재량적 행정제재금에 그치지 않고, 헌법상 비례원칙의 통제를 받는 제재임을 명확히 한 판례로 평가된다. 기존의 유사 사건들이 전체 매출액 기준을 기계적으로 적용하면서 처분을 유지했던 것과 달리, 이 판결은 과징금의 법적 타당성과 실질적 형평성을 동시에 고려해야 한다는 점을 명시적으로 확인하였다.

정책적 관점에서 볼 때, 이번 판결은 현 개인정보보호위원회(당시 방통위)와 같은 행정청이 향후 과징금을 부과함에 있어 단순히 매출액 산정 공식만을 기계적으로 적용할 수 없다는 점을 시사한다. 위반행위의 성격과 고의·과실 여부, 침해된 개인정보의 민감성, 피해자의 수와 피해 확산 가능성, 그리고 사업자의 사후 대응 노력 등이 종합적으로 반영될 수 있는 구체적 기준과 가이드라인의 마련이 요구된다. 나아가 EU의 GDPR 제83조가 보여주듯, 매출액 상한뿐 아니라 위반행위의 경중에 따른 차등적 과징금 체계를 입법적으로 도입하는 방안도 검토할 필요가 있다.[15]

학문적으로 이 판결은 개인정보 보호법상 과징금의 성격을 재확인한 판례로 평가된다. 과징금은 단순히 행정 질서를 위한 경제적 제재 수단에 그치지 않고, 개인정보 자기결정권 보호라는 헌법적 가치를 실현하는 수단으로 기능한다.[16] 이번 판결은 과징금 제재가 응보적

14) 강지현, "개인정보 유출사고에 대한 과징금 부과 시 관련 매출액 산정이 문제된 사례 – 대형 온라인쇼핑몰 사업자의 개인정보 유출 관련 판결을 중심으로 –", 경제규제와 법 제16권 제2호, 2023, 233면.

15) 노윤경·오병철, "개인정보 보호법상 과징금의 활용에 관한 연구", 정보법학 제24권 제3호, 2020, 86면.

16) 박주희, "개인정보 보호법 형벌규정의 문제점과 개선 방안", 미국헌법연구 제31권 제1호, 2020, 73면.

이거나 억지적 성격을 넘어, 헌법적 비례원칙의 통제 아래에서만 정당화될 수 있다는 점을 분명히 하였다. 이는 개인정보보호 제재의 목적을 단순한 징벌에 한정하지 않고, 기본권 보장이라는 헌법적 맥락 속에서 재정립했다는 점에서 학술적으로도 중요한 의미를 가진다.

결국 이 판결은 개인정보 유출 사건에서 과징금 부과가 규범적 정당성과 실무적 합리성을 동시에 충족해야 한다는 기준을 명확히 제시하였다. 이는 향후 개인정보보호 제재 체계가 단순한 매출액 공식의 기계적 적용을 넘어, 구체적 사건의 특수성과 피해 현실, 그리고 헌법적 비례원칙을 조화롭게 반영하는 방향으로 발전해야 함을 보여주는 중요한 전환점이 된다.

74 개인정보자기결정권과 동의 없는 가명정보 처리

헌법재판소 2023. 10. 26. 선고 2020헌마1476 전원재판부 결정[1)]

문광진 (국립목포대학교 법·경찰학부 조교수)

1. 사안의 개요

청구인들은 국민건강보험공단 등을 비롯한 '개인정보 보호법'상 개인정보처리자에게 개인정보를 제공한 정보주체이자, 은행 및 신용카드 회사에 개인신용정보를 제공하고 서비스를 이용하고 있거나 의료 관련 보험에 가입한 사람들이다. 청구인들은 개인정보처리자는 통계작성, 과학적 연구, 공익적 기록보존 등을 위하여 정보주체의 동의 없이 가명정보를 처리할 수 있다고 규정한 '개인정보 보호법' 제28조의2, 신용정보제공·이용자, 신용정보회사, 신용정보집중기관(이하 "신용정보회사 등")이 통계작성, 연구, 공익적 기록보존 등을 위하여 가명정보를 제공하는 경우에는 신용정보주체로부터 개별적으로 동의를 받지 않아도 된다고 규정한 '신용정보의 이용 및 보호에 관한 법률'(이하 "신용정보법") 제32조 제6항 제9호의2, 제33조 제2항이 청구인들의 개인정보자기결정권을 침해한다고 주장하며 헌법소원심판을 청구하였다.

---

1) [참조 및 관련 판례] 헌법재판소 2005. 5. 26. 선고 99헌마513, 2004헌마190(병합) 결정; 헌법재판소 2012. 12. 27. 선고 2010헌마153 결정; 헌법재판소 2023. 10. 26. 선고 2020헌마1477, 2021헌마748(병합) 결정; 대법원 2025. 7. 18. 선고 2024다210554 판결(공2025하, 1496) 등.
[관련 평석 및 문헌] 김정수, "개인정보 보호법과 가명정보 및 가명처리에 관한 헌법적 검토 – 헌법재판소 2023. 10. 26. 선고 2020헌마1476 결정을 중심으로 –", 연세법학 제47호, 2025; 주민호, "개인정보처리의 연구특권에 관한 헌법적 연구", 경북대학교 법학논고 제84집, 2024; 김혜진, "가명정보와 개인정보자기결정권 – 동의 없이 가명처리된 민감정보의 상업적 이용은 정당한가? –", 헌법재판연구 제11권 제2호, 2024 등.

2. 결정의 요지

가. 제한되는 기본권 : 개인정보자기결정권

개인정보자기결정권은 자신에 관한 정보가 언제 누구에게 어느 범위까지 알려지고 또 이용되도록 할 것인지를 그 정보주체가 스스로 결정할 수 있는 권리이고, 개인정보자기결정권의 보호대상이 되는 개인정보는 개인의 신체, 신념, 사회적 지위, 신분 등과 같이 개인의 인격주체성을 특징짓는 사항으로서 그 개인의 동일성을 식별할 수 있게 하는 일체의 정보라고 할 수 있다. 가명정보는 원래의 상태로 복원하기 위한 추가 정보의 사용·결합을 통해서 특정 개인을 알아볼 수 있는 정보이므로 개인정보자기결정권의 보호대상이 되는 개인정보에 해당한다. 심판대상조항[2]은 신용정보회사 등을 포함하는 개인정보처리자로 하여금 통계작성 등을 위하여 정보주체의 동의 없이 가명정보를 처리할 수 있도록 하는데, 이러한 개인정보처리자의 행위는 정보주체의 개인정보자기결정권에 대한 제한에 해당한다.

나. 과잉금지원칙의 위배 여부

(1) 목적의 정당성 및 수단의 적합성

심판대상조항은 데이터의 이용을 활성화하여 신산업을 육성하고 통계작성, 연구, 공익적 기록보존을 보다 효과적으로 수행함으로써 궁극적으로는 데이터를 이용하는 주체뿐만 아니라 사회 전체의 편익에 기여한다는 차원에서 그 입법목적의 정당성이 인정된다. 또한 심판대상조항이 가명정보를 정보주체의 동의 없이 처리할 수 있도록 하는 것은 이와 같은 입법목적 달성을 위하여 적합한 수단이다.

---

2) 이 사건 심판대상조항은 ① '개인정보 보호법' 제28조의2 제1항, ② '신용정보의 이용 및 보호에 관한 법률'(2020. 2. 4. 법률 제16957호로 개정된 것) 제32조 제6항 제9호의2 중 같은 조 제1항 본문 및 제2항 전문을 적용하지 않는 부분이다.

[심판대상조항]

① '개인정보 보호법'(2020. 2. 4. 법률 제16930호로 개정된 것) 제28조의2(가명정보의 처리 등) ① 개인정보처리자는 통계작성, 과학적 연구, 공익적 기록보존 등을 위하여 정보주체의 동의 없이 가명정보를 처리할 수 있다.

② '신용정보의 이용 및 보호에 관한 법률'(2020. 2. 4. 법률 제16957호로 개정된 것) 제32조(개인신용정보의 제공·활용에 대한 동의) ⑥ 신용정보회사등(제9호의3을 적용하는 경우에는 데이터전문기관을 포함한다)이 개인신용정보를 제공하는 경우로서 다음 각 호의 어느 하나에 해당하는 경우에는 제1항부터 제5항까지를 적용하지 아니한다.

9의2. 통계작성, 연구, 공익적 기록보존 등을 위하여 가명정보를 제공하는 경우. 이 경우 통계작성에는 시장조사 등 상업적 목적의 통계작성을 포함하며, 연구에는 산업적 연구를 포함한다.

(2) 침해의 최소성

기술 발전에 따른 데이터 이용의 활성화와 정보주체의 개인정보자기결정권의 충분한 보호 사이의 균형을 도모할 필요가 있다. 이러한 배경에서 '개인정보 보호법'은 익명정보만으로 목적을 달성할 수 없는 경우에 한하여 개인정보를 가명처리할 수 있도록 하고 있다. 가명정보는 추가 정보의 사용·결합 없이는 개인 식별이 사실상 불가능하므로, 정보주체의 동의 없이도 가명정보를 활용함으로써 데이터 활용의 자유를 보장하면서도 정보주체의 인격권이나 사생활의 자유에 미치는 영향은 크지 않다. '개인정보 보호법'상 심판대상조항은 가명정보 처리 목적을 "통계작성, 과학적 연구, 공익적 기록보존"으로 한정하고, 가명정보 처리 과정에서의 안전조치, 가명정보를 이용한 특정 개인의 재식별 금지, 가명정보 결합 시 위험 최소화 조치 등 정보주체를 보호하기 위한 각종 의무를 규정할 뿐만 아니라 위반 시 제재를 가하도록 하여 개인정보자기결정권에 대한 제한을 최소화하고 있다.

'신용정보법'상 심판대상조항의 경우에도 '개인정보 보호법'상 심판대상조항과 마찬가지로 가명정보를 처리하는 신용정보회사 등에 대하여 유사한 의무를 부과하고 위반시 제재를 가하고 있으므로, 심판대상조항은 침해의 최소성을 갖추었다.

(3) 법익의 균형성

심판대상조항이 정보주체의 동의 없는 가명정보 처리를 허용함으로써 여러 분야에서 지식 축적과 사회 발전을 촉진하고자 하는 공익은 중대하지만, 정보주체는 가명정보가 자신의 동의 없이 통계작성, 연구, 공익적 기록보존의 제한된 목적으로 처리될 수 있는 불이익을 입을 뿐이다. 따라서 청구인들이 제한받는 사익의 정도가 달성하고자 하는 공익에 비하여 크다고 보기 어려우므로, 법익의 균형성도 인정된다.

다. 결론

헌법재판소는 재판관 전원의 일치된 의견으로 심판대상조항이 정보주체의 개인정보자기결정권을 제한함에 있어 과잉금지원칙에 위반되지 않으므로 합헌으로 판단하고, 이 사건 심판청구를 모두 기각하였다.

3. 해설

가. 판례선정의 이유

헌법재판소의 이 사건 결정은 오늘날 데이터 관련 신산업 육성이 중요한 과제로 떠오른 상황에서, 데이터 이용의 활성화를 위해 정보주체의 동의 없는 가명정보 처리의 필요성을 인정하고 있다. 그러나 가명정보는 헌법상 기본권인 개인정보자기결정권의 보호대상이 되는 개인정보의 범위에 포함되는데, 헌법재판소가 이러한 가명정보에 대한 정보주체의 동의 없는 처리의 한계를 검토하였다는 점에서 중요한 의미가 있다.

나. 가명정보 제도의 의미

(1) 가명정보 제도의 도입 배경

2010년대 중반 전 세계적으로 제4차 산업혁명 또는 디지털 전환과 같이 인공지능, 클라우드 컴퓨팅, 사물인터넷 등 새롭게 등장한 정보통신기술을 플랫폼으로 구축 및 활용함으로써 혁신적인 서비스를 창출하는 것에 대하여 관심이 집중되기 시작하였다. 이와 같은 신기술을 개발하고 관련 산업의 발전을 촉진하기 위해서는 무엇보다도 데이터의 이용을 활성화하는 것이 시급한 과제로 부상하였다. 대상결정에서 헌법재판소가 가명정보 제도를 개관하면서 언급한 바 있듯이 2016년 6월 30일 국무조정실, 행정자치부, 방송통신위원회, 금융위원회, 미래창조과학부, 보건복지부는 관계부처 합동으로 '개인정보 비식별조치 가이드라인'을 발표하였다.[3] 이 가이드라인은 당시 개인정보 보호 법령의 틀 내에서 빅데이터를 안전하게 활용할 수 있도록 하고자, 정보주체를 알아볼 수 없도록 비식별조치를 적정하게 한 비식별정보는 개인정보가 아니라는 것을 전제로 이러한 조치의 기준과 해당 정보의 활용 범위 등을 제시하였다. 이후 가명정보 제도의 도입 필요성이 제기되기 시작하였고, 실제 '개인정보 보호법'에 가명정보의 처리에 관한 특례를 도입하는 일부개정법률안이 다수 발의되면서 관련 논의가 본격화되었다.

특히, 유럽연합에서는 '일반 개인정보 보호법'(General Data Protection Regulation, 이하 "GDPR")이 2016년 제정되고 2018년 시행되면서 우리나라를 비롯한 각국의 개인정보 관련 법제에 많은 영향을 주었는데, 바로 GDPR 제89조가 개인정보의 가명처리에 관한 규정을 둔 것이 큰 의미가 있다. GDPR 역시 개인정보처리자가 개인정보를 처리하기 위해서는 동의 등 적법한

3) 국무조정실 외, 개인정보 비식별 조치 가이드라인 – 비식별 조치 기준 및 지원·관리체계 안내 –, 2016. 6. 30.

근거가 필요하고 당초 수집목적 외의 용도로 추가처리할 수 없지만, "공익적 기록보존 목적, 과학적 또는 역사적 연구 목적, 통계적 목적"을 위해서는 제89조 제1항이 정보주체의 권리와 자유를 위해 규정하는 안전장치, 즉 개인정보 최소화의 원칙 준수를 위한 기술적·관리적 조치를 확보하는 경우 추가처리가 가능한데, 가명처리를 통해 그 목적을 달성할 수 있다면 가명처리가 포함될 수 있고, 정보주체의 식별을 허용하지 않거나 더 이상 허용하지 않는 추가처리를 통해 그 목적을 달성할 수 있다면 그러한 방식으로 가능하도록 하였다. 이러한 규정은 GDPR의 전신이라고 할 수 있는 유럽연합 1995년 '개인정보 보호 지침'(Data Protection Direction)의 관련 규정과 기본적으로 유사하지만, 정보주체의 동의 없이도 공익적 목적으로 추가처리가 허용되는 안정장치에 가명처리가 포함되었다는 것은 큰 의미가 있다.[4] 이 규정은 우리나라의 개인정보 보호 관련 법령이 가명정보 제도를 도입하게 하는 데 큰 영향을 미쳤다.

(2) 데이터 3법 개정 : 가명정보의 처리에 관한 특례 도입

우리나라에서는 2020년 2월 4일 '개인정보 보호법', '신용정보법', '정보통신망 이용촉진과 정보보호 등에 관한 법률'(이하 "정보통신망법") 일부개정, 이른바 '데이터 3법' 개정을 통해 가명정보 제도가 도입되었다. 앞서 살펴보았듯이 '개인정보 보호법'에 가명정보의 처리에 관한 특례를 도입하는 일부개정법률안이 다수 발의되면서 관련된 본격적인 논의가 진행되었는데, 무엇보다도 당시 대통령 직속 4차산업혁명위원회 주관으로 산업계, 시민단체, 학계, 법조계, 관계부처 등이 참여하여 자유롭게 토론을 펼치는 '규제·제도 혁신 해커톤'이 큰 역할을 하였다. 2018년 2월 개최된 제2차 해커톤에서는 "개인정보의 보호와 활용의 균형 방안 마련"을 주제로 토론이 이루어져 '가명정보'에 대한 법적 근거를 마련하기로 합의했으며,[5] 같은 해 4월 개최된 제3차 해커톤에서는 "개인정보의 보호와 활용의 조화 방안 마련"을 주제로 토론이 이루어져 가명정보의 활용 목적과 범위 및 이를 위한 안전조치 마련의 필요성에 합의하였다.[6] 그 합의 내용은 2017년 말부터 6개월 동안 여야가 함께 참여한 국회 4차산업혁명특별위원회의 활동결과보고서인 '개인정보 보호와 활용을 위한 특별권고안'에 반영되었고 입법권고로 발표되었으며, 이어서 행정안전부를 중심으로 산업계와 시민단체의 의견수렴을 거쳐 2018년 11월 15일 국회에 발의된 '개인정보 보호법 일부개정법률안'(인재근의원안)

---

4) 박노형 외, EU 개인정보 보호법 – GDPR을 중심으로 –, 박영사, 2017, 442면.

5) 대통령직속 4차산업혁명위원회 보도자료, "'개인정보 관련 법적 개념 체계 정비 합의, 전자서명법 개정을 통한 다양한 전자서명 활성화 방안 논의' – 4차산업혁명위, 제2차 규제·제도혁신 해커톤 개최 –", 2018. 2. 5.

6) 대통령직속 4차산업혁명위원회 보도자료, "'가명정보의 활용 범위와 목적 등에 대한 합의, 클라우드 이용 활성화를 위한 정보등급 체계 개편, 드론산업 발전을 위한 업계의 애로 해소 방안 논의' – 4차산업혁명위, 제3차 규제·제도혁신 해커톤 개최 –", 2018. 4. 5.

에 반영되었다.[7)]

뿐만 아니라 '데이터 3법' 개정에 있어 '개인정보 보호법' 개정의 경우 가명정보의 처리에 관한 특례 도입 외에도 개인정보 보호위원회를 국무총리 소속 중앙행정기관으로 격상하는 한편, 현행법상 행정안전부 및 방송통신위원회의 개인정보 보호 관련 기능을 개인정보 보호위원회로 이관하여 개인정보 보호 컨트롤타워 기능을 강화하는 내용을 담고 있었다. 이에 대하여 '정보통신망법' 개정의 경우 온라인상의 개인정보 보호와 관련된 권한을 방송통신위원회에서 개인정보 보호위원회로 변경하고, 동법에 규정된 개인정보 보호 관련 사항을 '개인정보 보호법'으로 이관하기 위하여 삭제하였다. '신용정보법' 개정의 경우 신용정보산업 체계를 개편하는 동시에 개인인 신용정보주체의 신용관리를 지원하기 위하여 본인신용관리업을 도입하였고, 정보주체의 권리를 강화하기 위한 각종 조치를 신설하였으며, 무엇보다도 금융분야에서 가명정보의 개념을 도입하고 이에 관련된 안전장치를 마련하였음은 물론이다.

'데이터 3법' 개정 과정에서 시민단체로부터 가장 큰 저항에 직면했던 지점은 당연하게도 가명정보 제도의 도입과 관련된 부분이었다. 특히, 이는 대상결정에서도 검토된 바 있는데, '개인정보 보호법'이 가명정보를 정보주체의 동의 없이 '과학적 연구'[8)] 목적으로 활용할 수 있도록 하였고 그 범위를 '민간 연구 영역'까지 확대하였다는 것과 관련되어 있다.[9)] 가명정보는 재식별의 가능성이 있는 개인정보이므로, 상업적으로 무분별하게 판매 또는 공유되면서 정보주체의 권리가 침해될 수 있기 때문이다. 게다가 '신용정보법'은 해당 목적을 일반적인 '연구'로 더욱 확대하고 산업적 연구를 여기에 포함시키고 '통계작성'의 경우에도 "시장조사 등 상업적 목적의 통계작성을 포함"시켜 상업적·산업적 목적으로 정보주체의 동의 없이도 개인신용정보를 가명처리하여 활용·제공할 수 있도록 하였으므로, 그러한 우려가 증대되는 것은 당연한 결과이다.[10)] '데이터 3법'은 결국 데이터의 이용 활성화를 통한 신산업 육성이라는 범국가적 과제에 응답하기 위하여 2020년 2월 4일 개정되어 같은 해 8월 5일 시행되었지만, 정보주체의 개인정보자기결정권의 침해 문제가 헌법소원심사의 쟁점이 되는 것은 예정된 수순이었다.

---

7) 권헌영, "데이터 규제 3법 개정 전망과 과제", KISO저널 제36호, 2019, 17면.

8) 개인정보 보호위원회는 '과학적 연구'를 "과학적 방법을 적용한 연구로서 자연과학, 사회과학, 기초연구, 응용연구뿐만 아니라 새로운 기술·제품·서비스 개발 및 실증을 위한 산업적 연구를 포함한 과학적 연구"로 보고 있다(개인정보보호위원회, 가명정보 처리 가이드라인, 2024. 2, 62면).

9) 오병일, "빅데이터와 마이데이터 정책, 이대로 좋은가", https://slownews.kr/73491, 2019. 5. 31자.

10) 권헌영, "데이터 규제 3법 개정 전망과 과제", KISO저널 제36호, 2019, 19면.

(3) 가명정보 제도의 주요 내용

1) 가명정보의 개념

2020년 법 개정으로 '개인정보 보호법'상 개인정보의 개념은 ① 개인식별정보, ② 개인식별가능정보, ③ 가명정보로 분류되고, 이 중 '가명정보'는 개인식별정보나 개인식별가능정보를 가명처리[11]함으로써 원래의 상태로 복원하기 위한 추가 정보의 사용·결합 없이는 특정 개인을 알아볼 수 없는 정보를 의미한다(제2조 제1호 다목).

'신용정보법'의 경우 '가명정보'가 "가명처리한 개인신용정보"로 정의된다(제2조 제16호).

2) 가명정보 처리의 목적

'개인정보 보호법' 제28조의2는 정보주체의 동의 없이 가명정보를 처리하기 위한 목적을 "통계작성, 과학적 연구, 공익적 기록보존 등"으로 정하고 있다. '과학적 연구'의 경우 "기술의 개발과 실증, 기초연구, 응용연구 및 민간 투자 연구 등 과학적 방법을 적용하는 연구"로 정의된다(제2조 제8호). 그런데 여기에서의 가명정보 처리는 앞서 검토한 가명처리를 포함하는 개념이라고 할 수 있다.

한편 '신용정보법'의 경우 신용정보주체의 동의 없이 가명정보를 제공하기 위한 목적을 "통계작성, 연구, 공익적 기록보존 등"으로 정하고 있으나 "이 경우 통계작성에는 시장조사 등 상업적 목적의 통계작성을 포함하며, 연구에는 산업적 연구를 포함"(제32조 제6항 제9호의2)하여 그 목적의 범위가 '개인정보 보호법'보다 더 넓다고 하겠다.

3) 가명정보의 안전한 활용을 위한 보호조치

개인정보처리자가 '개인정보 보호법'상 특례규정에 따라 정보주체의 동의 없이 가명정보를 처리하는 경우에도, 가명정보를 제3자에게 제공할 때 추가 정보 등 개인식별가능정보를 제공하는 것은 금지된다(제28조의2 제2항). 서로 다른 개인정보처리자 간의 가명정보의 결합은 개인정보보호위원회 또는 관계 중앙행정기관의 장이 지정하는 전문기관이 수행하고, 해당 전문기관 외부로 결합된 정보를 반출하기 위해서는 가명 또는 익명처리한 뒤 전문기관의 장의 승인을 받도록 하고 있다(제28조의3). 또한 개인정보처리자는 가명정보 처리 시 원래의 상태로 해당 정보가 분실·도난·유출·위조·변조·훼손되지 않도록 안전성 확보에 필요한 기술적·관리적·물리적 조치 및 처리에 관한 기록의 작성·보관 등을 할 의무가 부과되고(제28조의4), 개인식별 목적의 가명정보 처리는 금지된다(제28조의5).

---

11) '가명처리'는 "개인정보의 일부를 삭제하거나 일부 또는 전부를 대체하는 등의 방법으로 추가 정보가 없이는 특정 개인을 알아볼 수 없도록 처리하는 것"을 말한다(개인정보 보호법 제2조 제1호의2).

'신용정보법'의 경우에도 제40조의2에서 이와 유사한 의무를 신용정보회사 등에게 부과하고 있다.

다. 개인정보자기결정권의 보호를 위한 가명정보 처리의 한계

(1) 의의

개인정보자기결정권은 "자신에 관한 정보가 언제 누구에게 어느 범위까지 알려지고 또 이용되도록 할 것인지를 그 정보주체가 스스로 결정할 수 있는 권리, 즉 정보주체가 개인정보의 공개와 이용에 관하여 스스로 결정할 권리"로서, 헌법재판소에 의해 사생활의 비밀과 자유와 인간의 존엄과 가치 및 행복추구권에 근거를 둔 일반적 인격권 등을 이념적 기초로 하는 독자적 기본권으로서 헌법에 명시되지 아니한 기본권으로 선언되었다.[12] 개인정보를 개인을 식별할 수 있는 정보로 이해한다면, 자신을 식별하게끔 하는 정보를 공개하고 이용하는 것은 사회적 인격상 형성에 관련된 것으로서, 이러한 개인정보 처리가 제3자인 개인정보처리자에 의하더라도 정보주체가 그 과정을 인지하고 참여 내지 개입할 수 있게 하는 것이 인격권으로서의 개인정보자기결정권이다. 이에 동의권, 접근권 내지 열람권, 정정·삭제·파기권, 처리정지권 등이 그 세부 권리로 도출될 수 있다.[13]

다만, 가명정보의 처리는 정보주체의 동의권이 박탈된다는 점에서 개인정보자기결정권의 제한 내지 침해 문제가 제기되는 것이고, 합헌적인 기본권 제한으로 인정되기 위해서는 기본권 제한의 한계, 즉 법률유보원칙과 과잉금지원칙 준수가 전제되어야 한다. 2020년 '데이터 3법' 개정으로 가명정보 처리에 관한 법률유보원칙이 충족되었으므로, 대상결정에서는 과잉금지원칙 준수 여부가 쟁점이 된 것이다. 심판대상조항이 정보주체의 동의 없는 가명정보의 처리를 허용한 까닭이 개인정보처리자의 경제적 이익만 고려한 것이 아니고 신산업을 육성하여 사회적·경제적 가치를 증진한다는 사회 전체의 편익에 기여하는 목적이 있으며, 가명정보 처리가 개인정보의 이용을 활성화하는 수단에 해당한다는 점에서 목적의 정당성과 수단의 적합성은 당연히 충족된다. 따라서 침해의 최소성과 법익의 균형성이 갖추어졌는지가 문제되며, 결국 법률규정에 가명정보의 처리 목적과 절차 및 방법에 관한 한계가 적절하게 설계되었는지 여부가 검토되어야 한다.

---

12) 헌법재판소 2005. 5. 26. 선고 99헌마513, 2004헌마190(병합) 결정.

13) 김현경, "정보주체의 권리 실효성 확보를 위한 법적 검토–개인정보에 대한 소유권 인정을 중심으로–", 이화여자대학교 법학논집 제26권 제3호, 2022, 194면.

(2) 가명정보의 처리 목적에 관한 한계

앞서 살펴보았듯이, 심판대상조항은 정보주체의 동의 없는 가명정보 처리가 가능한 경우를 '개인정보 보호법'은 "통계작성, 과학적 연구, 공익적 기록보존 등"으로, '신용정보법'은 "통계작성, 연구, 공익적 기록보존 등"으로 제한하고 있다. 정보주체의 동의를 받지 않고 가명정보를 처리하는 것은 개인정보자기결정권이라고 하는 정보주체의 기본권 제한이 수반되므로, 이러한 처리 목적이 과연 기본권 제한 사유로서의 공익 목적에 해당하는지가 문제된다. 연구의 범위에 민간의 산업적 목적의 연구가 포함되고 통계작성의 범위에도 시장조사 등 상업적 목적의 통계작성이 포함되므로, 엄격한 의미에서는 헌법 제37조 제2항에 따른 '공공복리'에 이들 목적까지도 포함된다고 보기는 어려울 것이다. 다만, 신기술을 개발·활용하는 민간의 각종 활동을 통한 사회적·경제적 가치의 창출에 따른 사회적 편익의 증진을 넓은 의미에서 '공공복리'로 포섭할 수는 있겠으나, 이 경우 가명정보 처리 과정에서의 재식별 위험성을 고려하여 가명정보가 안전하게 활용 및 보호되어야 하는 정보주체의 이익과 적정한 균형을 이룰 필요가 있다.[14)]

한편, 헌법재판소는 대상결정에서 심판대상조항이 가명정보 처리를 허용하는 목적범위를 각각 3가지로 열거하고 "등"이라는 표현을 사용하고 있으나, 이는 일반적인 열거된 예시사항이 아니므로 그에 준하는 다른 목적을 위해서도 정보주체의 동의 없는 가명정보 활용이 가능하도록 그 범위를 무한히 확장하는 취지가 아니라고 판시하였다. 입법과제에서 제시한 다양한 견해를 아우르기 위해 이러한 표현이 사용된 것일 뿐, 심판대상조항에 명시된 목적범위 외에 대해서도 특례를 인정하는 것은 정보주체의 기본권을 추가적으로 제한하는 결과로 나타나기 때문이다.

(3) 가명정보의 처리 절차 및 방법에 관한 한계

가명정보의 처리 절차 및 방법에 관한 한계는 결국 재식별됨으로써 정보주체의 권리 침해의 위험성이 내재하는 가명정보를 안전하게 보호하고자 개인정보처리자에게 그 처리 과정에서의 각종 안전조치와 관련된 의무를 부과함으로써 해결될 수 있는 문제이다. 이는 가명정보의 처리 목적에 관한 한계와도 긴밀한 관련이 있는데, 정보주체의 동의 없이도 가명정보가 1차적으로는 사적 목적으로 활용될 수도 있는 점에 비추어 가명정보의 안전한 관리의 중요성이 더욱 강조되는 것은 물론이다. 앞서 검토한 바와 같이, '개인정보 보호법'과 '신용정보법'은 공통적으로 개인정보처리자와 신용정보회사 등에게 제3자에 대한 가명정보 제공

14) 김혜진, "가명정보와 개인정보자기결정권 – 동의 없이 가명처리된 민감정보의 상업적 이용은 정당한가? –", 헌법재판연구 제11권 제2호, 2024, 378면.

시 개인식별가능정보의 제공 금지, 안전성 확보에 필요한 기술적·관리적·물리적 조치 및 처리에 관한 기록의 작성·보관, 개인식별 목적의 가명정보 처리 금지 등의 의무를 부과할 뿐만 아니라, 가명정보 결합을 전문기관이 수행하게 하고 결합된 정보의 반출 시에도 일정한 절차를 거치도록 하는 등 엄격한 절차와 방법을 제시하고 있다. 이러한 의무사항을 위반하는 경우 징역, 벌금 등의 형벌, 과태료, 과징금 등을 부과하는 벌칙규정도 마련되어 있다.

침해의 최소성 요건을 강하게 충족하기 위해서는 당연히 가명정보가 아닌 재식별 가능성이 사라진 익명정보를 활용해야 할 것이다. 개인정보 보호 원칙을 정하고 있는 '개인정보 보호법' 제3조에서도 "개인정보처리자는 개인정보를 익명 또는 가명으로 처리하여도 개인정보 수집목적을 달성할 수 있는 경우 익명처리가 가능한 경우에는 익명에 의하여, 익명처리로 목적을 달성할 수 없는 경우에는 가명에 의하여 처리될 수 있도록 하여야 한다"고 규정하고 있다(제7항). 그런데 익명정보는 정보손실로 인하여 다른 데이터와의 연계가 어렵고, 동일한 대상을 추적하는 데 이용하기 어렵다는 점에서 데이터로서의 활용 가치가 떨어지는 치명적인 약점이 있다. 물론 최신 이력이 포함된 개인정보의 원본데이터를 활용하는 것이 각종 시계열 분석 등에서 가장 효용이 크다고는 하겠지만, 이 경우 정보주체의 동의가 필요하므로 데이터 수집에 많은 비용과 시간이 노력이 들게 된다. 결국 가명정보 제도는 개인정보의 이용을 활성화하면서도 정보주체의 권리 보호를 동시에 달성하기 위한 조화와 균형의 산물이다. 통계작성, 연구, 공익적 기록보존의 효과적 수행은 물론이고 신산업의 육성을 통한 사회적·경제적 가치의 창출과 사회적 편익의 증진이라는 입법 목적을 달성하고자 정보주체의 동의 없는 가명정보 처리를 허용하면서도, 정보주체의 기본권 제한을 최소화하는 장치를 법률규정으로 마련하였다는 점에서 침해의 최소성과 법익의 균형성을 갖출 수 있을 것이다.

4. 결정의 의의

대상결정에서는 헌법재판소가 제4차 산업혁명 내지 디지털 전환의 흐름 속에서 신산업 육성이 국가 경쟁력으로 이어지는 시대적 상황을 고려하였고, 이에 데이터 보호와 활용의 조화와 균형의 시각에서 기본권 제한 법률의 위헌성 심사를 하였다는 점에서 큰 의의가 있다. '데이터 3법' 개정 과정에서 산업계와 시민단체는 개인정보의 활용과 보호라고 하는 두 가지 가치를 두고 크게 충돌하였으나, 이들과 함께 학계, 법조계, 정치계, 정부·공공기관 등을 포함한 다양한 이해관계자가 공론화를 통해 신산업 육성과 안전한 데이터 이용을 위한 타협의 결과물로서 제시되고 법제화된 것이 바로 가명정보 제도이다. 헌법재판소 역시 개인정보 보호와 관련된 기본권과 활용과 관련된 기본권 사이의 충돌 문제를 규범조화적 해석을 통해서 해결하고 있다는 점을 대상판결을 통해 확인하였다.

다만, 대상결정에서 헌법재판소가 다음의 쟁점에 대해서는 검토하지 않았다는 것이 아쉬운 점으로 남는다. 첫째는 청구인들은 심판대상조항이 건강이나 질병에 관한 민감한 정보까지 포함하는 모든 가명정보를 정보주체의 동의 없이 처리할 수 있도록 하는 법률조항이 기본권 침해라는 주장이 있었으나, 헌법재판소는 민감정보의 가명처리 문제를 따로 언급하지는 않았다는 점이다. 민감정보 역시 가명정보의 처리에 적용되는 법률상의 각종 한계에 따라 안전하게 보호될 것이라는 기대가 달라지는 것은 아니다. 그러나 '개인정보 보호법'이 민감정보를 다른 개인정보보다 엄격하게 보호하고 있고, 이는 민감정보가 공개되는 경우 사생활의 현저한 침해 우려가 있기 때문이므로, 별도의 이익형량을 고려하지 않은 아쉬움이 있다. 둘째는 대상결정이 개인정보자기결정권과 관련된 헌법재판소의 기존 결정들과는 기본권 관계에서 다른 구조를 보이고 있으나, 이에 대한 검토가 이루어지지 않았다는 점이다. '주민등록 지문정보DB 사건',[15] '교육정보시스템(NEIS) 사건',[16] '접견녹음파일송부요청취소 사건',[17] '문화·예술계 블랙리스트 사건'[18] 등 많은 결정은 국가가 개인의 개인정보자기결정권을 침해하는지 여부가 문제되었으나, 대상결정에서는 법률규정이 허용하는 가명정보 제도를 통해 개인정보처리자 내지 신용정보회사 등이 정보주체의 기본권 침해 여부, 즉 개인과 개인 간의 기본권 침해 여부가 문제된 것이다. 물론 이는 청구인들의 주장에 포함되지는 않은 내용이지만, 헌법재판소가 개인정보자기결정권 침해 여부에 관한 판단하는 데 있어, 과잉금지원칙 위반 여부 외에도 개인정보자기결정권의 대사인적 효력은 어떠한지, 이때 국가의 기본권 보호의무가 적용될 수 있는지의 쟁점 등에 대한 검토가 이루어지지 않은 아쉬움이 있다.

---

15) 헌법재판소 2005. 5. 26. 선고 99헌마513, 2004헌마190(병합) 결정.
16) 헌법재판소 2005. 7. 21. 선고 2003헌마282, 425(병합) 결정.
17) 헌법재판소 2012. 12. 27. 선고 2010헌마153 결정.
18) 헌법재판소 2020. 12. 23. 선고 2017헌마416 결정.

75 개인정보 보호법 위반에 대한 증명책임

대법원 2024. 5. 17. 선고 2018다262103 판결[1]

임현 (고려대학교 교수)

1. 사안의 개요

피고는 하이퍼마켓 상점의 개발과 운영 등을 비롯한 물류·유통 등을 목적으로 설립된 회사로 전국적으로 대형마트, 직영점, 물류유통센터, 인터넷 쇼핑몰 등을 운영하고 있다. 원고들은 피고의 패밀리 멤버십 카드 회원(이하 'FMC 회원'이라 한다) 중 개인정보 제3자 제공에 동의하지 않은 고객(이하 '미동의 FMC 회원'이라 한다)이다.[2]

피고는 FMC 회원 중 가입과정에서 개인정보 제3자 제공에 동의한 고객(이하 '동의 FMC 회원'이라 한다)의 정보를 보험회사들에 제공하여 왔는데, 미동의 FMC 회원에 대해서도 피고와 위탁계약이 체결된 소외 회사의 상담원들이 전화를 걸어 제3자 제공 동의를 얻은 후(이하 '퍼미션 콜'이라 한다) 제3자 제공에 동의한 고객들의 데이터베이스(이하 '퍼미션 DB'라 한다)를 보험회사들에 제공하여 왔다. 이후 보험회사들은 피고로부터 위와 같이 제공받은 고객 정보를 분석하여 그 중 보험상품 설명을 위한 전화 받기를 원하지 않는 고객, 이미 보험계약이 되어 있는 고객, 최근 텔레마케팅 통화를 한 적이 있는 고객, 기타 블랙리스트에 올라간 고객들을 걸러내는 이른바 '필터링' 작업을 수행하고, 남은 고객들에 대해서만 피고에게 수수료를 지급하고 그들을 대상으로 보험 텔레마케팅 영업을 하였다. 이러한 수수료 산정 방식으로 인하여 피고는 보험회사들에 제공한 퍼미션 DB 중 보험회사들이 필터링을 통하여 걸러내는 개인정보의 비율을 줄이기 위하여 보험회사들에 필터링 조건을 완화해 달라고 요구

1) [참조 및 관련 판례] 대법원 2010. 7. 8. 선고 2007다55866 판결(공2010하, 1533), 대법원 2024. 5. 17. 선고 2018다302957 판결.
[관련 평석 및 문헌] 권오상, "개인정보 보호법 제39조 제1항의 증명책임에 대한 짧은 고찰", 홍익법학 제25권 제3호, 2024; 이규호, "2024년 분야별 중요판례분석 (26) IT법", 법률신문, 2025. 10. 16.

2) 이 사건의 원고들은 피고의 FMC 회원이거나 경품행사의 응모자들인데, 이 판례평석에서는 개인정보 보호법상 증명책임을 쟁점으로 다룰 것이므로 이에 관련되는 미동의 FMC 회원만을 원고들로 제시함을 밝힌다.

하는 등 노력을 하였으나, 필터링을 거치고 남은 유효 데이터베이스의 비율이 점차 줄어드는 등 수익성이 악화되었다. 이에 피고는 보험회사들에 이른바 '사전 필터링'을 제안하게 되었는데, 그 내용은 보험회사들이 피고로부터 제3자 제공 동의를 받은 개인정보 데이터베이스를 건네받은 이후에 시행하던 필터링 절차를 고객들로부터 개인정보 제3자 제공 동의를 받기 이전에 시행하는 방식이다. 보험회사들은 피고의 요청을 받아들여 피고의 웹하드를 통하여 제공받은 개인정보 데이터베이스를 사전 필터링하여 다시 위 웹하드에 업로드하였고, 피고는 그 데이터베이스를 가지고 퍼미션 콜 작업을 수행한 후 동의를 받은 고객들의 개인정보를 다시 위 보험회사들에 제공하였다. 한편, 보험회사들은 사전 필터링을 마친 개인정보 데이터베이스를 피고의 웹하드에 업로드한 후 자신들의 시스템에서는 이를 모두 삭제하였다.

이에 원고들은 피고가 개인정보 보호법 등을 위반하였다고 주장하면서, 개인정보 보호법 제39조 제1항에 따른 손해배상을 청구하는 소를 제기하였다.

2. 판결의 요지

가. 1심판결(수원지방법원 안산지원 2017. 8. 31. 선고 2015가합1847 판결)

개인정보 보호법 제71조 제1호는 제17조 제1항 제1호를 위반하여 정보주체의 동의를 받지 아니하고 개인정보를 제3자에게 제공한 자 및 그 사정을 알고 개인정보를 제공받은 자를 5년 이하의 징역 또는 5천만 원 이하의 벌금에 처한다고 규정하고 있다. 이러한 법률 조항의 문언과 취지에 비추어볼 때, 피고가 원고들의 동의를 받지 아니한 채 사전 필터링을 위해 보험회사들에게 위 원고들의 개인정보를 이전해준 행위는 개인정보 보호법 제17조 제1항에 위배되고, 이로써 해당 원고들의 개인정보자기결정권을 침해한다고 1심 법원은 판단하였다.

한편, 1심은 미동의 FMC 회원 중 'FMC 회원, 사전 필터링 인정'란에 표시된('FMC 회원, 제3자 제공 미동의' 란에도 함께 ○ 표기되어 있다) 원고들을 제외한 나머지 원고들('FMC 회원, 제3자 제공 미동의'란에만 ○ 또는 ◎ 표기된 원고들)에 대해 피고가 이들로부터 개인정보 제3자 제공에 관한 동의를 받았거나, 이들의 개인정보를 사전 필터링을 위해 보험회사에 제공하지 않았다는 점에 관한 증명책임은 피고에게 있다고 보았다. 그 근거는 ① 원고들로서는 회원가입신청서를 포함한 개인정보 자료가 모두 피고에게 있는 상황에서 자신이 피고의 FMC 회원임을 증명하는 것에서 더 나아가 회원가입 당시 개인정보 제3자 제공에 동의하지 않았다는 사실, 자신의 개인정보가 사전 필터링을 위해 보험회사에 제공되었다는 사실까지 증명하기 어려운 점, ② 피고로서는 미동의 FMC 회원의 개인정보 중 어느 것을 사전 필터링을 위해 보험회사에게 제공하였는지, 어느 것을 퍼미션 콜을 먼저 받은 다음 사후필터링을 하였는지 등의 기록을 관리할 수 있는 지위에 있는 점, ③ 피고가 FMC 회원들로부터 개인정보를 수집한 주된 목적 중의 하나가 제휴업체에 대한 개인정보의 유상제공에 있었던 점, ④ 개인정보처리자가 개인정보 보호법을 위반한 경우의 손해배상책임에 있어서 개인정보처리자에게 무과실을 증명하도록 하여 증명책임을 전환하고 있는 개인정보 보호법 제39조 제1항의 입법 취지 등을 들었다.

나. 원심판결(서울고등법원 2018. 7. 11. 선고 2017나2055054 판결) 및 대법원 판결

원심판결에서는 미동의 FMC회원 중 'FMC 회원, 사전 필터링 인정' 란에 ○ 표기된 원고들의 경우, 자신들의 개인정보가 사전 필터링을 위해 보험회사에 제공된 사실 등에 관한 증명이 있으므로, 1심판결과 같이 불법행위로 인한 피해자에 해당한다고 볼 수 있다고 보았다. 한편, 미동의 FMC 회원 중 나머지 원고들('FMC 회원, 제3자 제공 미동의'란에만 ○ 또는 ◎ 표기된 원고들)에 대해서는 피고가 개인정보 보호법을 위반하여 원고들의 개인정보를 보험회사에 제공하였다는 사실 자체는 원고들이 주장·증명하여야 한다고 판단하였다. 즉, 피고가 불법행위책임을 면하기 위해서는 피고 스스로 위 원고들의 개인정보가 보험회사에 제공되지 않은 사실을 입증하여야 한다는 취지로 판단한 1심판결과 다른 입장을 취하였다.

원심은 「민법」 제750조 소정의 불법행위책임이 성립하기 위해서는 어떠한 가해행위의 존재, 가해자의 고의·과실 및 책임능력, 위법성, 손해 및 인과관계 등의 요건들이 모두 증명되어야 하고, 이는 개인정보 보호법 등 특별법상의 불법행위책임에 있어서도 고의·과실 등 일부 요건의 증명책임을 전환하거나 면제하는 것을 제외하고는 크게 다르지 않다고 전제하였다. 개인정보 보호법 제39조 제1항은 "정보주체는 개인정보처리자가 이 법을 위반한 행위로 손해를 입으면 개인정보처리자에게 손해배상을 청구할 수 있다. 이 경우 그 개인정보처리자는 고의 또는 과실이 없음을 입증하지 아니하면 책임을 면할 수 없다."라고 규정하고 있는바, 불법행위의 성립을 위한 여러 요건들 중 고의·과실 요건에 한하여 그 증명책임을 전환하거나 면제하고 있을 뿐, 나머지 요건들, 특히 위 고의·과실 등의 요건을 논하기 위한 전제로서의 어떠한 가해행위의 존재에 관한 증명책임은 여전히 피해를 주장하는 자에게 유보되어 있다고 판단하였다. 이는 개인정보처리자 등에 의해 저질러진 불법행위 사건에 있어 증거의 편재, 증명의 곤란 등 여러 특수한 사정들을 고려하여 고의·과실에 관한 증명책임을 전환 또는 면제하면서도 나머지 요건들에 관하여는 여전히 피해를 주장하는 자에게 그 증명책임을 지우고자 하는 입법자의 의사가 명확히 드러난 것으로서, 법원이 이러한 입법자의 의사 내지 입법 목적을 배제한 채 나머지 요건들에 관해서까지 그 증명책임을 전환 또는 면제함은 법 해석의 한계를 뛰어넘는 것이 된다고 보았다.

대법원 역시 원심과 같은 취지로 개인정보 보호법 제39조 제1항은 정보주체가 개인정보처리자의 개인정보 보호법 위반행위로 입은 손해의 배상을 청구하는 경우에 개인정보처리자의 고의나 과실을 증명하는 것이 곤란한 점을 감안하여 그 증명책임을 개인정보처리자에게 전환하는 것일 뿐이고, 개인정보처리자가 개인정보 보호법을 위반한 행위를 하였다는 사실 자체는 정보주체가 주장·증명하여야 한다고 판단하였다.

3. 해설

가. 증명책임 일반론

(1) 자유심증주의와 증명책임

법원은 변론 전체의 취지와 증거조사의 결과를 참작하여 자유로운 심증으로 사회정의와 형평의 이념에 입각하여 논리와 경험의 법칙에 따라 사실주장이 진실한지 아닌지를 판단한다(「민사소송법」 제202조). 이러한 자유심증주의는 법관에 대한 신뢰에 근거하며, 법관의 심증 형성은 사실인정에 대한 확신에 기반하여야 한다.[3] 그런데 법관이 다투어지는 사실관계의 진위에 대해 확신을 갖지 못하는 상황, 이른바, '진위불명'의 상황이 발생하면 법관은 객관적으로 존재하는 진위불명의 상황에도 불구하고 판결을 내리기 위해 어떠한 당사자에게 진위불명의 상황을 불리하게 또는 유리하게 고려할 것인지를 결정해야 한다.[4] 증명책임은 이러한 사실관계의 진위불명 상황에서, 해당 사실을 요건으로 하는 법규의 적용을 받지 못해 자신에게 유리한 법률효과를 얻을 수 없게 되는 당사자가 부담하게 되는 불이익 또는 패소의 위험을 뜻한다.[5]

(2) 증명책임의 분배와 법률요건분류설

증명책임의 분배는 증명이 필요한 사실이 진위불명 상태인 경우, 그에 대한 증명책임을 어떠한 당사자에게 부담시킬 것인지의 문제이다.[6] 증명책임에 있어 증명책임의 분배가 가장

---

3) 권오상, "개인정보 보호법 제39조 제1항의 증명책임에 대한 짧은 고찰"(주 1), 243-244면.

4) 정선주, "법률요건분류설과 증명책임의 전환", 민사소송 제11권 제2호, 2007, 134면.

5) 증명책임의 개념에 대한 논의를 상세하게 다룬 논문으로 피정현, "증명책임의 개념에 대한 검토", 원광법학 제26권 제3호, 2010, 343-375면.

6) 권오상, "개인정보 보호법 제39조 제1항의 증명책임에 대한 짧은 고찰"(주 1), 244-245면.

핵심적인 문제이며, 이에 대한 기준을 정함에 있어서는 공평의 이념이 중요하게 고려되어야 한다.[7] 증명책임에 대해서는 법률의 규정이 있는 경우도 있으나,[8] 대부분은 명문의 규정을 두고 있지 않으며, 판례와 다수견해는 법률요건분류설을 취하고 있다.

법률요건분류설은 당사자는 자신에게 유리한 법규의 요건사실을 증명해야 함을 내용으로 한다. 즉 권리를 주장하는 자는 그 권리를 근거짓는 권리근거규정의 요건사실을, 권리의 존재를 부인하는 자는 그 권리장애적 규정, 권리소멸적 규정, 권리 행사 배제·저지적 규정의 요건사실에 대한 증명책임을 부담한다.[9] 이러한 내용의 법률요건분류설은 법규의 구조에 따라 증명책임이 분배되므로 객관적이고 명확한 책임 분배를 목표로 한다고 이해할 수 있다.[10]

(3) 새로운 증명책임의 분배에 관한 논의

위험사회와 그에 따른 제조물책임, 환경책임 등 현대형 소송의 등장은 증명책임의 분배에 대한 새로운 논의의 계기를 제공하였다.[11] 새로운 논의들은 법률요건분류설을 전면 부정하는 것이 아니라, 공평의 이념에 비추어 그 적용을 수정하는 이론들인데, 주로 증거가 한쪽에 편재되어 있어 상대방이 사실을 증명하기 매우 곤란한 영역 등과 관련된다. 위험영역설은 피해자인 원고가 주장하는 권리에 대응하는 사실자료, 특히 손해의 사실자료 등이 가해자의 '위험영역' 내에 있는 경우에는 가해자인 피고가 자신에게 귀책사유가 없다는 점을 증명해야 한다는 것을 내용으로 한다. 증거거리설은 재판에서 증명되어야 할 증거와 원고와 피고와의 거리에 따라 증명책임을 분배하는 것으로 소송 당사자와 증거와의 거리, 증명의 난이도 등을 고려한다. 개연성설은 증명을 필요로 하는 것은 개연성이 덜한 사실이므로 이를 주장하는 자가 증명책임을 부담하는 것을 내용으로 한다.[12]

새로운 논의에서 제시되는 기준인 위험영역, 증거거리, 개연성은 모호하고 추상적이어서 이를 증명책임의 일반적인 분배원칙으로 하는 것에는 한계가 있다.[13] 기준이 비교적 명확한 법률요건분류설을 증명책임 분배의 일반원칙으로 하되, 새로운 논의를 참고하여 입증

7) 정선주, "법률요건분류설과 증명책임의 전환"(주 4), 135-136면.
8) 예컨대, 무권대리인의 상대방에 대한 책임에 관한 민법 제135조 제1항 등.
9) 양천수·우세나, "민사소송법상 증명책임분배론에 대한 법이론적 고찰-레오 로젠베르크의 규범설을 중심으로 하여-", 중앙법학 제10집 제3호, 2008, 12-13면.
10) 양천수·우세나, "민사소송법상 증명책임분배론에 대한 법이론적 고찰-레오 로젠베르크의 규범설을 중심으로 하여-", 15-16면.
11) 양천수·우세나, "민사소송법상 증명책임분배론에 대한 법이론적 고찰-레오 로젠베르크의 규범설을 중심으로 하여-", 19-25면.
12) 정선주, "법률요건분류설과 증명책임의 전환"(주 4), 136-137면, 양천수·우세나, "민사소송법상 증명책임분배론에 대한 법이론적 고찰-레오 로젠베르크의 규범설을 중심으로 하여-", 25-27면.
13) 권오상, "개인정보 보호법 제39조 제1항의 증명책임에 대한 짧은 고찰"(주 1), 246-247면.

책임의 전환 또는 완화를 통해 현대형 소송 등에 있어 구체적 타당성을 모색하는 것이 일반적인 방향이라고 할 수 있다.14)

(4) 현대형 소송과 증명책임의 전환 및 완화

① 증명책임의 전환 및 완화

법률요건분류설을 증명책임의 일반적 기준으로 전제할 때, 증명책임의 전환은 법률요건분류설에 따라 증명책임이 분배되지 않고 오히려 그 반대로 분배되는 경우를 뜻한다고 할 수 있다. 또한 이러한 증명책임의 전환은 입법에 의하는 것이 원칙이며, 해석에 의한 증명책임의 전환은 오남용에 대한 우려로 매우 예외적으로만 허용된다고 보는 것이 일반적인 견해이다.15)

증명책임의 완화는 당사자의 증명책임을 경감해주는 것으로 법률상 추정 또는 사실상 추정을 통해 행해진다. 사실상의 추정은 일반 경험칙을 적용하여 행하는 추정이며, 법률상 추정은 이미 법규화된 경험칙, 즉 법규정을 적용하여 행하는 추정을 뜻한다. 사실상 추정은 추정사실이 진실인가에 의심을 품게 할 반증으로 번복이 가능한 것에 비해 법률상 추정은 추정사실이 진실이 아니라는 적극적인 반대사실의 증명이 있어야 번복된다.16) 사실상 추정의 내용으로 이른바 일응의 추정은 간접사실을 증명하고 이로부터 고도의 개연성을 갖춘 경험칙을 통해 주요사실을 증명하는 것을 뜻하며, 이러한 추정의 전제사실과 모순되는 새로운 사실을 증명해서(간접반증) 이를 번복할 수 있다.17)

② 현대형 소송과 증명책임의 전환 및 완화

현대형 소송으로 주로 언급되는 것으로는 제조물의 결함, 의료과오, 공해에 대한 손해배상청구소송을 들 수 있다. 이들은 모두 손해의 발생과 원인 사이의 인과관계의 증명이 어렵다는 공통점을 갖는다. 제조물책임법은 제조물의 결함에 대해 무과실책임을 규정하고(제3조) 그동안의 대법원 판례18)의 취지를 반영한 2017년 제조물책임법의 개정을 통해 결함 등

---

14) 권오상, "개인정보 보호법 제39조 제1항의 증명책임에 대한 짧은 고찰"(주 1), 246-247면.

15) 권오상, "개인정보 보호법 제39조 제1항의 증명책임에 대한 짧은 고찰"(주 1), 247면. 그러나, 증명책임을 전환하는 입법의 대표적인 예로 "민법 제759조 (동물의 점유자의 책임) ① 동물의 점유자는 그 동물이 타인에게 가한 손해를 배상할 책임이 있다. 그러나 동물의 종류와 성질에 따라 그 보관에 상당한 주의를 해태하지 아니한 때에는 그러하지 아니하다"를 드는 것에 대해, 이는 당사자가 각자에게 유리한 요건사실을 증명해야 한다는 법률요건분류설에 따라 동물의 점유자가 권리장애규정의 요건사실에 대한 증명책임을 부담하는 것이어서 증명책임의 전환이라 볼 수 없고, 증명책임의 전환은 입법이 아닌 법관의 해석에 따라 행해진다고 보는 견해가 있다(정선주, "법률요건분류설과 증명책임의 전환"(주 4), 143-144면).

16) 박종준, 행정법상 법률의제에 관한 연구, 고려대학교 대학원 박사학위논문, 2014, 22-23면.

17) 권오상, "개인정보 보호법 제39조 제1항의 증명책임에 대한 짧은 고찰"(주 1), 248면.

18) 대법원 2013. 9. 26. 선고 2011다88870 판결 등.

의 추정에 관한 제3조의2[19]를 신설함으로써 피해자의 증명책임을 완화하였다.[20] 의료과오소송에 대해서는 피해자가 의료상의 과실 있는 행위 등을 증명하면 의료상 과실과 결과 사이의 인과관계를 추정하거나,[21] 피해자가 일정한 간접사실을 증명하면 의료상 과실과 인과관계를 동시에 추정하는 방법,[22] 개연성설의 적용을 통해 의료상 과실과 인과관계에 대한 증명책임을 완화하는 경우[23] 등이 판례에서 나타나고 있다.[24] 공해소송의 경우 대법원은 개연성설과 간접반증의 방법을 통해 증명책임의 분배를 도모하고,[25] 2014년 제정된 환경오염피해 및 배상책임 및 구제에 관한 법률은 사업자의 환경오염피해에 대한 무과실책임을 규정하고(제6조), 증명책임에 관한 별도의 규정을 두고 있다(제9조).[26]

나. 개인정보 보호법 위반에 대한 증명책임

(1) 개인정보 보호법 규정과 증명책임

개인정보 보호법은 손해배상책임에 관한 제39조 제1항에서 "정보주체는 개인정보처리

19) 제조물책임법 제3조의2(결함 등의 추정) 피해자가 다음 각 호의 사실을 증명한 경우에는 제조물을 공급할 당시 해당 제조물에 결함이 있었고 그 제조물의 결함으로 인하여 손해가 발생한 것으로 추정한다. 다만, 제조업자가 제조물의 결함이 아닌 다른 원인으로 인하여 그 손해가 발생한 사실을 증명한 경우에는 그러하지 아니하다.

1. 해당 제조물이 정상적으로 사용되는 상태에서 피해자의 손해가 발생하였다는 사실
2. 제1호의 손해가 제조업자의 실질적인 지배영역에 속한 원인으로부터 초래되었다는 사실
3. 제1호의 손해가 해당 제조물의 결함 없이는 통상적으로 발생하지 아니한다는 사실

20) 최우진, "제조물책임 성립요건으로서의 '결함'의 의미와 주장·증명책임 분배 : 이른바 '의도하지 않은 급발진 사고'를 계기로, 독일 규율 상황과의 비교를 중심으로", 민사법학 제104권, 2023, 272-273면.

21) 대법원 1995. 2. 10. 선고 93다52402 판결 등.

22) 대법원 2000. 7. 7. 선고 99다66328 판결 등.

23) 대법원 2023. 8. 31. 선고 2022다219427 판결.

24) 권오상, "의료과오소송에서 인과관계 증명책임의 완화 - 대법원 2023. 8. 31. 선고 2022다219427 판결을 중심으로 -", 법학연구 제44권 제3호, 2024, 301-310면.

25) 박철홍, "공해로 인한 손해배상소송에서의 인과관계에 대한 증명 부담 완화", 민사소송 제24권 제3호, 2020, 178-190면. 대법원 2012. 1. 12. 선고 2009다84608, 84615, 84622, 84639 판결; 대법원 2019. 11. 28. 선고 2016다233538, 233545 판결 등.

26) 환경오염피해 배상책임 및 구제에 관한 법률 제9조(인과관계의 추정) ① 시설이 환경오염피해 발생의 원인을 제공한 것으로 볼 만한 상당한 개연성이 있는 때에는 그 시설로 인하여 환경오염피해가 발생한 것으로 추정한다.

② 제1항에 따른 상당한 개연성이 있는지의 여부는 시설의 가동과정, 사용된 설비, 투입되거나 배출된 물질의 종류와 농도, 기상조건, 피해발생의 시간과 장소, 피해의 상태와 그 밖에 피해발생에 영향을 준 사정 등을 고려하여 판단한다.

③ 환경오염피해가 다른 원인으로 인하여 발생하였거나, 사업자가 대통령령으로 정하는 환경오염피해 발생의 원인과 관련된 환경·안전 관계 법령 및 인허가조건을 모두 준수하고 환경오염피해를 예방하기 위하여 노력하는 등 제4조제3항에 따른 사업자의 책무를 다하였다는 사실을 증명하는 경우에는 제1항에 따른 추정은 배제된다.

자가 이 법을 위반한 행위로 손해를 입으면 개인정보처리자에게 손해배상을 청구할 수 있다. 이 경우 그 개인정보처리자는 고의 또는 과실이 없음을 입증하지 아니하면 책임을 면할 수 없다."라고 규정하고 있다. 즉 고의·과실에 대한 증명책임을 개인정보처리자에게 전환하였고, 문언상 개인정보처리자가 개인정보 보호법을 위반한 행위를 하였다는 사실 자체에 대한 증명책임의 전환이나 완화에 대해 규정하지는 않고 있다. 대상판결은 이러한 개인정보 보호법 제39조 제1항을 문언에 따라 해석하고 증명책임에 관한 원칙적인 기준인 법률요건분류설을 적용하였다고 평가할 수 있다.

(2) 개인정보 보호법에 따른 손해배상청구소송의 현대형 소송으로서의 성격

개인정보 보호법에 따른 손해배상청구소송의 경우 현대형 소송에서 나타나는 성격, 즉 개인에게는 소액인 손해가 많은 사람에게 대량으로 발생하는 경우가 많다는 점, 증거가 가해자인 기업이나 국가에 편중되어 있고 피해자는 이를 얻기 어렵다는 점, 손해의 원인을 증명하기 위해서는 고도의 과학적·기술적 지식이 필요하다는 점 등이 동일하게 나타난다. 즉 정보의 처리나 수집이 국가나 기업에 의해 주로 행해지고 증거가 편중되어 있으며, 피해자가 다수인 경우가 많으며, 기술적·전문적 정보의 처리로 인해 정보주체는 손해의 특정이나 침해사실과 손해 간의 인과관계를 증명하기 매우 어려운 현대형 소송의 특성을 갖는다.[27] 이러한 개인정보 보호법에 따른 손해배상청구소송의 현대형 소송으로서의 특성을 감안하면 당사자의 증명책임의 완화에 대한 논의가 이루어질 필요가 있다.

4. 판결의 의의

대상판결은 개인정보 보호법 위반에 따른 손해배상책임의 성립요건 중 고의 또는 과실에 대한 증명책임만을 개인정보처리자에게 전환하고 있는 개인정보 보호법 제39조 제1항의 문언을 충실하게 해석하여, 법 위반 사실 자체에 대한 증명책임은 원고인 정보주체에게 있다고 판단하였다. 증명책임의 전환은 원칙적으로 법에 명시적 규정이 있을 경우에 허용되고, 해석에 의한 전환은 매우 예외적으로만 허용되어야 한다는 점에 비추어 볼 때, 개인정보 보호법 위반 사실에 대한 증명책임은 원고에게 있다고 판단한 대상판결은 타당하다.

동시에 대상판결은 개인정보 보호법에 따른 손해배상청구소송에서 증명책임의 분배에 관한 논의의 필요성을 제기하였다. 개인정보 보호법 위반 사실에 대한 증명책임이 피고에게 있다고 본 1심판결이 지적한 사항들, 즉 개인정보의 수집과 처리에 관한 자료가 모두 피고에게 있는 상황에서 필요한 사실을 증명하기 어려운 점, 피고는 개인정보의 처리를 관리할 수

27) 권오상, "개인정보 보호법 제39조 제1항의 증명책임에 대한 짧은 고찰"(주 1), 251-252면.

있는 지위에 있는 점 등을 포함하여 앞서 언급한 개인정보 보호법에 따른 손해배상청구소송의 현대형 소송으로서의 성격 등을 고려하여 피해자인 정보주체의 증명책임의 완화에 대한 입법과 해석에 대한 학문적·실무적 논의가 필요하다고 생각된다.

76 개인정보 불법 유통과 형사책임의 한계

대법원 2024. 6. 17. 선고 2019도3402 판결1)

정영수 (개인정보보호위원회 서기관, 법학박사)

1. 사안의 개요

이 사안에서 피고인 A, B, C는 텔레마케팅을 위해 제3자인 이른바 '개인정보 판매상'으로부터 고객들의 이름, 연락처, 주소, 직업, 소득 수준 등 대량의 개인정보를 매입하였으며, 해당 개인정보는 정보주체의 동의 없이 수집·유통된 것으로서 출처가 불명확한 상태였다. 또한, 피고인 A는 B에게, B는 C에게 각각 확보한 개인정보를 제공하였다.

검찰은 △ 피고인 A, B, C가 피고 외의 개인정보 판매상들로부터 개인정보를 제공받은 부분, △ 피고인 B, C가 개인정보처리자에 해당하는 공동피고인 각각 A, B로부터 개인정보를 제공받은 부분, △ 피고인 A, B가 개인정보를 제공한 사실에 대해 각 개인정보 보호법 제71조 제1호, 제17조 제1항 제2호, 제1호를 적용하여 기소하였다.

동 사안에서는 피고인 A, B, C가 개인정보 판매상들로부터 개인정보를 제공받은 부분과 관련하여, 거짓이나 그 밖의 부정한 수단이나 방법으로 개인정보를 취득하였다고 보아 형사책임을 물을 수 있는지가 쟁점(이하 '쟁점 사안'이라 한다)이 되었다.2) 본고에서는 쟁점사안 및 그 관련 규정을 중심으로 검토한다.

---

1) [참조 및 관련 판례] 대법원 2017. 4. 7. 선고 2016도13263 판결(공2017상, 1042).
[관련 평석 및 문헌] 최지아, "개인정보 보호법 제72조 제2호 전단의 '거짓이나 그 밖의 부정한 수단이나 방법으로 개인정보를 취득하는 행위'의 의미", 대법원 판례해설 제140호, 법원도서관, 2024년 상; 김경환, "정보주체의 동의 없이 취득한 개인정보를 구매한 행위의 위법성", 전자신문, 2024. 7. 17.자.

2) 대법원은 쟁점이 되는 피고인 A, B, C가 개인정보 판매상들로부터 개인정보를 제공받은 행위 외에는 검사가 원심판결을 상고하면서 상고장이나 상고이유서에 이에 대한 불복 이유의 기재가 없다며 별도로 판단하지 아니하였다며 별도로 판단하지 아니하였다. 이에 본고에서는 쟁점이 되는 행위와 관련하여 개인정보 보호법 제72조 제2호 전단 및 제59조 제1호의 적용 가능성을 중심으로 검토한다.

2. 판결의 요지

가. 원심판결(서울중앙지방법원 2019. 2. 14. 선고 2018노678 판결)

원심은 쟁점 사안과 관련하여, 구 개인정보 보호법(2020. 2. 4. 법률 제16930호로 개정되기 전의 것) 제72조 제2호는 개인정보를 처리하거나 처리하였던 자가 정보주체로부터 개인정보를 취득하거나 그 처리에 관한 동의를 받았지만 그 과정에서 거짓이나 그 밖의 부정한 수단이나 방법을 사용한 경우, 즉 위계 기타 사회통념상 부정한 방법이라고 인정되는 것으로서 개인정보 취득 또는 그 처리에 동의할지에 관한 정보주체의 의사결정에 영향을 미칠 수 있는 적극적 또는 소극적 행위를 한 경우에 처벌하는 규정이라고 하면서, 행위자가 정보주체로부터 개인정보를 취득하거나 그 처리에 관한 동의를 받은 사실 자체가 없는 경우에는 위 조항에 의하여 처벌할 수 없다고 하였다. 이에 따라, 피고인들은 개인정보 판매상으로부터 각각 개인정보를 제공받았을 뿐 정보주체들로부터 이를 취득하거나 그 처리에 관한 동의를 받은 사실을 인정할 증거가 없으므로 피고인들의 위 각 행위는 구 개인정보 보호법 제72조 제2호의 죄를 구성한다고 볼 수 없다고 판단하였다.

나. 대법원 판결

구 개인정보 보호법 제72조 제2호 전단의 '거짓이나 그 밖의 부정한 수단이나 방법'이란 개인정보를 취득하거나 그 처리에 관한 동의를 받기 위하여 사용하는 위계 기타 사회통념상 부정한 방법이라고 인정되는 일체의 행위를 말한다며, 그 중 개인정보 취득 과정에서 사용하는 '거짓이나 그 밖의 부정한 수단이나 방법'에는 정보주체나 개인정보 보유자의 의사결정에 영향을 미칠 수 있는 적극적 또는 소극적 행위는 물론 해킹과 같이 정보주체 등의 의사결정과 무관하게 그 자체로 위계 기타 사회통념상 부정한 방법이라고 인정되는 행위도 포함된다고 하였다.

아울러, 구 개인정보 보호법 제72조 제2호가 전단과 후단에서 '취득한 자'와 '제공받은 자'를 구별하여 정하고 있으므로 개인정보가 정보주체의 동의 등에 기하지 아니한 채 유통되고 있는 사정을 알면서 개인정보를 제공받은 것만으로는 구 개인정보 보호법 제72조 제2호 전단의 '거짓이나 그 밖의 부정한 수단이나 방법'을 사용하여 개인정보를 취득하였다고 보기는 어렵다고 하였다. 다만 개인정보를 제공받은 사람이 '개인정보를 처리하거나 처리하였던 자가 거짓이나 그 밖의 부정한 수단이나 방법을 사용하여 개인정보를 취득하거나 개인정보 처리에 관한 동의를 받았다는 사정'을 알면서도 영리 또는 부정한 목적으로 개인정보를 제공받은 경우에는 구 개인정보 보호법 제72조 제2호 후단에 해당될 수 있다고도 하였다.

결론적으로, 피고인들이 텔레마케팅 업무 등을 위해 개인정보 판매자로부터 대량의 개인정보를 그 출처를 확인하지 않은 채 수회에 걸쳐 유상으로 매입한 사실을 알 수 있으나, 위와 같은 사실만으로는 피고인들이 개인정보를 취득하기 위하여 위계 기타 사회통념상 부정한 방법을 사용하여 개인정보 판매자의 의사결정에 영향을 미쳤다거나 해킹 등 그 자체로 위계 기타 사회통념상 부정하다고 볼 수 있는 방법을 사용하였다고 보기는 어려우므로 피고인들이 '거짓 그 밖의 부정한 수단이나 방법으로 개인정보를 취득'하였다고 보기 어렵고, 나아가 매입한 개인정보가 그 전 단계에서 '개인정보를 처리하거나 처리하였던 자가 거짓이나 그 밖의 부정한 수단이나 방법을 사용하여 취득한 개인정보이거나 그와 같은 방법을 사용하여 개인정보 처리에 관한 동의를 받은 개인정보'인 사정을 알았다고도 보기 어려우므로 피고인들에 대하여 구 개인정보 보호법 제72조 제2호 후단이 적용될 수도 없다고 판단하였다.

3. 해설

개인정보 보호법 제59조 제1호는 '개인정보를 처리하거나 처리하였던 자는 거짓이나 그 밖의 부정한 수단이나 방법으로 개인정보를 취득하거나 개인정보 처리에 관한 동의를 받는 행위를 하여서는 아니 된다.'고 규정하고, 제72조 제2호는 '제59조 제1호를 위반하여 거짓이나 그 밖의 부정한 수단이나 방법으로 개인정보를 취득하거나 개인정보 처리에 관한 동의를 받는 행위를 한 자 및 그 사정을 알면서도 영리 또는 부정한 목적으로 개인정보를 제공받은 자'를 처벌하도록 하고 있다. 이 중 동 사안과 관련하여 문제가 된 제72조 제2호 전단과 관련된 부분, 즉, '제59조 제1호를 위반하여 거짓이나 그 밖의 부정한 수단이나 방법으로 개인정보를 취득하거나 개인정보 처리에 관한 동의를 받는 행위를 한 자'를 중심으로 살펴본다.

가. 수범 의무주체 - 개인정보를 처리하거나 처리하였던 자

(1) 참조 판례

개인정보 보호법은 일반적으로 개인정보 보호법 제2조 제5호에서 정한 '개인정보처리자[3]'를 수범자로 규율하면서도 보칙의 장에 제59조를 두어 금지행위에 관하여는 '개인정보를 처리하거나 처리하였던 자'를 의무주체로 하고 있다. 이와 관련하여, 관리사무소장인 업무상 알게 된 개인정보를 누설한 혐의와 관련된 사안에서 대법원은 개인정보 보호법 제59조 제2

3) "개인정보처리자"란 업무를 목적으로 개인정보파일을 운용하기 위하여 스스로 또는 다른 사람을 통하여 개인정보를 처리하는 공공기관, 법인, 단체 및 개인 등을 말한다.

호의 의무주체를 개인정보 보호법 제2조 제5호에서 정한 '개인정보처리자'에 국한되지 않고, 업무상 알게 된 제2조 제1호의 '개인정보'를 제2조 제2호 소정의 방법으로 '처리'하거나 '처리'하였던 자를 포함한다고 보아야 한다고 판시한 바 있다.[4)5)]

(2) 검토

쟁점 사안에서 원심은 제반 사실관계를 고려하여, 피고인들을 개인정보처리자라고 판단하였고 이를 달리 볼 사정이 없었던 바, 대법원은 피고인들이 개인정보 보호법 제59조의 의무주체에 해당하는지 여부에 관해 추가로 판단하지 아니하였다. 살피건대, 피고인들이 동 사안과 관련된 개인정보를 영업 목적으로 이용했다는 원심을 고려하면 개인정보 보호법 제59조는 물론이고 제17조 규정 등의 의무주체로 보는 데에 어려움이 없을 것으로 보인다.

나. 규율대상 행위 – 거짓이나 그 밖의 부정한 수단이나 방법으로 개인정보를 취득하거나 개인정보 처리에 관한 동의를 받는 행위

(1) 원심 및 참조판례

2016년 대법원은 경품행사의 목적이 고객들의 개인정보를 수집하여 이를 보험회사에 대가를 받고 판매하는 데 있었음에도 경품 응모권 용지에 개인정보 수집 및 제3자 제공에 관한 내용을 약 1mm 크기로 인쇄하여 사실상 읽을 수 없도록 하여 고객들의 개인정보를 취득하고 그 처리에 관한 동의를 받은 사안에서, 개인정보 보호법 제72조 제2호에 규정된 '거짓이나 그 밖의 부정한 수단이나 방법'이라 함은 개인정보를 취득하거나 또는 그 처리에 관한 동의를 받기 위하여 사용하는 위계 기타 사회통념상 부정한 방법이라고 인정되는 것으로서 개인정보 취득 또는 그 처리에 동의할 지에 관한 정보주체의 의사결정에 영향을 미칠 수 있는 적극적 또는 소극적 행위를 뜻한다고 봄이 타당하다[6)]고 판시한 바 있다.

이에 따라, 해당 사건의 피고인들이 광고 및 경품행사의 주된 목적을 숨긴 채 사은행사

---

4) 대법원 2016. 3. 10. 선고 2015도8766 판결.

5) 대법원은 개인정보 보호법 제59조의 의무주체가 개인정보 보호법 제2조 제5호에 따른 개인정보처리자로 한정되지 않는 이유로 ① '개인정보처리자'의 개인정보 무단 제공 행위 및 그로부터 개인정보를 무단으로 제공받는 행위에 관하여는 개인정보 보호법 제71조 제1호, 제17조 제1항에 의하여 별도로 규제되고 처벌될 수 있고, ② 제59조 제2호의 의무주체는 '개인정보를 처리하거나 처리하였던 자'로서 제15조, 제17조, 제18조 등 개인정보 보호법 일반의 의무주체인 '개인정보처리자'와는 법문에 있어서도 명백히 구별되며, ③ 개인정보 보호법이 금지 및 행위규범을 정함에 있어서 일반적으로 개인정보처리자 이외의 자에 의하여 이루어지는 개인정보 침해행위로 인한 폐해를 방지하여 사생활의 비밀 보호 등 개인정보 보호법의 입법 목적을 달성하려 한 것으로 볼 수 있는 점을 고려하면 제59조 제2호 소정의 의무주체인 '개인정보를 처리하거나 처리하였던 자'는 '개인정보처리자'로 한정되지 않는다고 하였다.

6) 대법원 2017. 4. 7. 선고 2016도13263 판결.

를 하는 것처럼 소비자들을 오인하게 한 다음 경품행사와는 무관한 고객들의 개인정보까지 수집하여 이를 제3자에게 제공한 점, 피고인들이 이와 같은 행위를 하면서 개인정보 보호법 상의 개인정보 보호 원칙 및 제반 의무를 위반한 점, 피고인들이 수집한 개인정보에는 사생활의 비밀에 관한 정보나 심지어는 고유식별정보 등도 포함되어 있는 점 및 피고인들이 수집한 개인정보의 규모 및 이를 제3자에게 판매함으로써 얻은 이익 등을 종합적으로 고려하여 보면, 피고인들은 개인정보 보호법 제72조 제2호에 규정된 '거짓이나 그 밖의 부정한 수단이나 방법으로 개인정보를 취득하거나 개인정보 처리에 관한 동의를 받는 행위를 한 자'에 해당한다고 보는 것이 옳다고 하였다.[7)]

한편, 원심은 개인정보를 제공받았을 뿐 정보주체들로부터 이를 취득하거나 그 처리에 관한 동의를 받은 사실을 인정할 증거가 없으므로 개인정보 보호법 제72조 제2호의 죄를 구성한다고 볼 수 없다고 판단하였다.

(2) 거짓이나 그 밖의 부정한 수단이나 방법의 상대방

쟁점 사안과 관련된 개인정보 보호법 제72조 제2호 규정 전단은 거짓이나 그 밖의 부정한 수단이나 방법으로 개인정보를 취득하거나 개인정보 처리에 관한 동의를 받는 행위를 처벌하도록 하면서, 그 상대방에 관하여 별도의 제한을 두고 있지 아니하다. 즉 거짓이나 그 밖의 수단이나 방법의 상대방은 개인정보 취득의 상대방과 개인정보 처리에 관한 동의의 상대방 모두를 포함하여 검토할 필요가 있을 것이다.

이러한 관점에서, 개인정보를 취득하거나 그 처리에 관한 동의를 받은 사실을 인정할 증거가 없다는 이유만으로 부정한 수단이나 방법에 해당하지 않는다고 판단한 원심에 대해서는 동의의 상대방인 정보주체 외에, 취득의 상대방에 대해서도 거짓이나 그 밖의 수단이나 방법이 있었는지 여부에 관한 추가적 고려가 필요한 것이다.

대법원은 개인정보 취득 과정에서 사용하는 '거짓이나 그 밖의 부정한 수단이나 방법'에는 정보주체뿐만 아니라 개인정보 보유자의 의사결정에 영향을 미칠 수 있는 적극적 또는 소극적 행위도 포함된다고 설시하였다.

(3) 거짓이나 그 밖의 부정한 수단이나 방법의 내용

쟁점 사안에 대해 대법원은 개인정보 취득 과정에서 사용하는 '거짓이나 그 밖의 부정한 수단이나 방법'에는 정보주체나 개인정보 보유자의 의사결정에 영향을 미칠 수 있는 적극적 또는 소극적 행위는 물론 해킹과 같이 정보주체 등의 의사결정과 무관하게 그 자체로 위계 기타 사회통념상 부정한 방법이라고 인정되는 행위도 포함된다고 하였다. 이는 동의의

7) 대법원 2017. 4. 7. 선고 2016도13263 판결.

적절성이 문제가 되었던 경품행사 목적의 개인정보 수집 사안의 판단에서의 판단 기준을 보완하여, 취득 과정에서의 거짓이나 그 밖의 부정한 수단이나 방법에 관해서도 의사결정에 영향을 미치거나 그 자체로 위계 또는 사회통념상 부정한 방법이라고 인정되는 행위도 포함된다고 판단한 것이다.

또한, 개인정보가 정보주체의 동의 등에 기하지 아니한 채 유통되고 있는 사정을 알면서 개인정보를 제공받은 것만으로는 구 개인정보 보호법 제72조 제2호 전단의 '거짓이나 그 밖의 부정한 수단이나 방법'을 사용하여 개인정보를 취득하였다고 보기는 어렵다고 하면서, 개인정보를 제공받은 사람이 '개인정보를 처리하거나 처리하였던 자가 거짓이나 그 밖의 부정한 수단이나 방법을 사용하여 개인정보를 취득하거나 개인정보 처리에 관한 동의를 받았다는 사정'을 알면서도 영리 또는 부정한 목적으로 개인정보를 제공받은 경우에는 구 개인정보 보호법 제72조 제2호 후단에 해당될 수 있다고 하였다.

(4) 검토

대법원은 쟁점 사안과 관련되어 적용될 수 있는 개인정보 보호법 제72조 제2호 전단의 의미를 보다 구체화하였다. 즉 '거짓이나 그 밖의 부정한 수단이나 방법으로 개인정보를 취득'의 의미를 개인정보 취득 또는 그 처리에 동의할지에 관한 정보주체의 의사결정에 영향을 미칠 수 있는 적극적 또는 소극적 행위로 검토했던 과거의 판결을 (1) 거짓이나 그 밖의 수단이나 방법의 상대방은 개인정보 취득의 상대방과 개인정보 처리에 관한 동의의 상대방을 각각 고려하고, (2) 의사결정에 영향을 미칠 수 있는 적극적 또는 소극적 행위는 물론 해킹과 같이 정보주체 등의 의사결정과 무관하게 그 자체로 위계 기타 사회통념상 부정한 방법이라고 인정되는 행위도 포함하는 취지로 그 의미를 명확히 하도록 보완하여 법 수범의 안정성이나 예측 가능성을 제고하였다.

다만, '취득한 자'와 '제공받은 자'의 문언상 차이가 실제로 어떻게 다르게 적용되는지, 거짓이나 그 밖의 부정한 수단이나 방법의 구체적 의미가 무엇인지 등에 – 예컨대, 매수자가 유통 경로를 알지 못한 경우에는 객관적 사실에 비추어 부정한 방법으로 유통될 가능성[8]을 합리적으로 의심가능한 어떤 경로를 통해 개인정보를 취득한 경우에도 거짓이나 부정한 수단이나 방법이 없다고 할 수 있는지 여부 등 – 관해 추후 구체적 사실관계에 기반하여 보다 면밀히 검토될 필요가 있다.

---

8) 예컨대, 매수한 개인정보의 양이나 질과 그와 같은 개인정보를 수집하는데 소요되는 비용을 고려할 때, 거래대금이 지나치게 낮은 것으로 보이는 경우 등에는 불법·부정 유통을 합리적으로 의심할 수 있는데, 이런 유통과정을 거쳐 취득한 개인정보의 경우에 처벌대상이 될 수 있는지 여부를 해당 판시 내용으로는 알기 어렵다.

4. 판결의 의의

가. 해석적 의의

금번 대법원 판결은 거짓이나 부정한 수단이나 방법을 통한 개인정보 취득의 의미를 보다 명확히 하여 사법적 제재의 대상에 관한 예측 가능성을 높였다. 동시에 해킹과 같이 사회통념상 위법하거나 부정한 방법을 통한 개인정보 취득은 '거짓 또는 부정한 수단'에 해당한다고 함으로써, 개인정보 취득 행위의 현실적 양상을 고려하여 부정한 기술적 취득을 처벌할 가능성을 열었다.

또한, 개인정보 보호법 제72조 전단과 후단을 취득자와 제공받은 자를 명확히 구별하여, 구성요건을 보다 명확히 하였다. 이는 불법 거래된 개인정보를 매입했다는 사실만으로는 '부정한 수단'의 사용을 단정할 수 없다고 모아 형벌 법규의 엄격해석 원칙을 지키면서 법적 경계를 명확히 하려는 시도가 드러난다고 평가된다.

다만, 정보주체가 모르게 해킹을 통해 수집된 개인정보가 유통되는 현실에서도 이를 구매하는 자는 그 유통과정을 알지 못하면 언제나 처벌대상에서 제외된다고 판단하는 것이 개인정보 자기 결정권을 보장하려는 법의 목적과 문언 및 죄형법정주의 취지에 따른 형사처벌 규정의 명확성 취지 등을 종합적으로 고려할 때 적절한지 등은 추후 제반 사실관계 등을 고려하여 구체화될 수도 있을 것이다.

나. 정책적 의의

아울러, 금번 판결을 통해 개인정보 불법 유통에 관한 사법적 제재 가능범위를 제시한 만큼, 이와 같이 사회적으로 비난받을 개인정보 매매 행위의 통제방안을 다각도로 모색해야 할 정책적 과제를 도출할 필요가 있다.

우선, 개인정보의 무단 유통으로 인한 피해가 증가하고 있는 현실을 고려하면 입법적 보완방안 검토가 필요하다. 이를 위해서는 어떤 개인정보 유통을 허용하고 반대로 어떤 유통은 제한할 것인지에 관한 사회적 합의가 선행될 필요가 있다.

아울러, 정보주체가 알지 못한 채 일어나는 여러 경로의 개인정보 불법 유통을 통제할 수 있는 정책적 수단을 강구할 필요가 있다. 예컨대, 개인정보처리자가 개인정보를 수집할 때부터 정당한 권원에 따라 수집하도록 하는데 필요한 사전적·사후적 보완대책을 강구할 필요가 있다. 이는 개인정보 보호위원회의 교육·홍보 등의 정책 수립·집행과 과징금 부과 등 행정적 제재기능을 강화하는 방안 등이 검토 가능하다.

77 공개된 개인정보에서 정보주체와 정보처리자간의 법익 충돌

대법원 2024. 6. 17. 선고 2020다239045 판결[1)]

오병철 (연세대학교 법학전문대학원 교수)

1. 사안의 개요

원고는 국립대학인 OO대학교 자연과학대학 화학부 교수로서 자신의 연구실을 운영하고 있고, 피고는 국내 주요 대학의 이공계 교수와 그 연구실에 관한 정보를 제공하는 인터넷 사이트를 무료로 운영하는 회사이다. 피고는 해당 교수의 소속 대학교 홈페이지와 포털 사이트 구글을 통해 공개된 개인정보를 수집 · 제공하고(이하 행위①), 각 대학의 재학생 및 졸업생들로부터 해당 대학 소속 교수와 그 연구실에 관한 정보와 평가를 입력[2)]받아 이를 사이트 방문자[3)]에게 공개(이하 행위②)[4)]하고 있다. 교수와 연구실에 대한 평가는 5개(연구실 분위기,

1) [참조 및 관련 판례] 대법원 2009. 4. 16. 선고 2008다53812 판결(공2009상, 626); 대법원 2011. 9. 2. 선고 2008다42430 판결; 대법원 2016. 8. 17. 선고 2014다235080 판결(공2016하, 1319); 대법원 2018. 10. 30. 선고 2014다61654 판결(공2018하, 2347) 등.
[관련 평석 및 문헌] 박진석, "공적인 성격을 가지는 개인정보에 관한 개인정보자기결정권과 알 권리 및 표현의 자유의 관계 - 대법원 2024. 6. 17. 선고 2020다239045 판결을 중심으로", 변호사 제57집, 서울지방변호사협회, 2024; 오병철, "적법하게 공개된 개인정보의 보호와 활용", 경희법학 제52권 제4호, 2017; 임효준, "공개된 개인정보의 동의 없는 수집 · 이용의 범위", 경제규제와 법 제11권 제1호, 2018; 박경신, "일반적으로 공개된 정보의 개인정보 보호법상의 규율 및 해외 입법례", 전남대학교 법학논총 제38권 제2호, 2018; 김판기, "개인정보자기결정권과 공개된 개인정보의 영리목적 활용", 법과 정책연구 제19집 제1호, 2019; 이권일, "일반에게 공개된 개인정보의 보호와 활용", 경북대학교 법학논고 제68집, 2020; 김법연/주문호, "공개된 개인정보의 활용 및 보호에 관한 법적 쟁점과 입법 동향", 정보보호학회지 제31권 제2호, 2021 등.

2) 교수와 연구실에 대한 평가는 연구실 소속이 아니어도 등록할 수 있으나, 교수 연구실이 속한 대학교의 재학생 또는 졸업생임을 해당 대학교 공식 이메일 계정을 통해 인증받아야만 가능하며 언제든지 덮어쓰기로 수정할 수 있다.

3) 해당 교수가 참여한 SCI급 논문의 편수, 해당 연구실의 석사 박사 졸업생 수, 연도별 졸업생 수와 연령은 회원가입을 해야 제공하였다.

4) 행위①과 행위②의 구분은 판결문에 표시된 것이 아니라, 판례평석의 이해를 돕기 위해 임의로 구별하여 붙인 것이다.

강의 전달력, 논문 지도력, 실질 인건비, 인품)로 구성된 항목에 A+에서 F까지 점수를 부여하거나 "잘 모르겠음"을 선택하고 한줄평 란에 의견 또는 평가를 기재하며, 5개 선택항목은 합산하여 5각형의 그래프로 표현하고 한줄평은 그대로 자동 노출하는 방법으로 제공하였다.[5)]

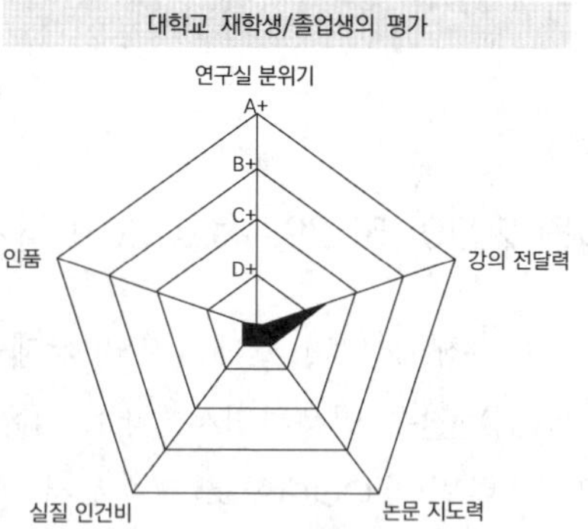

평가 그래프와 한줄평

원고는 자신에 대한 부정적인 평가가 사이트에 게재되자 피고에게 정보의 삭제를 요구하였고, 피고는 원고의 성명, 이메일, 사진을 삭제함과 아울러 한줄평 전부를 차단 조치하면서 '이 한줄평은 해당 교수의 요청으로 블락처리되었습니다'라는 문구를 게시하였으나, 평가 그래프의 삭제는 거부하였다. 이에 원고는 피고가 자신의 명예를 훼손하거나 인격권을 침해하였다고 주장하여 위자료의 지급과 민법 제864조에 따른 명예회복에 적당한 처분으로서 웹페이지 삭제를 요구하였다.

2. 판결의 요지

가. 1심판결(서울중앙지방법원 2019. 8. 21. 선고 2018가합583126 판결)

제1심판결은 행위②에 의한 원고의 명예훼손 및 모욕 주장에 관하여 피고의 역할은 제3자의 표현물에 대한 검색 접근 기능을 제공하는 것에 그쳤다고 볼 수밖에 없으므로 사이트의 운영이 불법행위가 되지 아니하며, 평가 그래프 삭제 거부행위는 구체적 사실을 적시하였다고 볼 여지가 없고 추상적 판단이나 감정을 표현하였다고 볼 수도 없으며 공연성을 충족하지 아니하므로 명예훼손 내지 모욕에 해당하지 않는다고 판단하였다. 또한 차단 처리 문구를 게시한 행위는 정보통신서비스제공자로서의 법률상 의무를 이행한 것이므로 불법행위를 구성하지 않는다고 하였다.

5) 현재는 사이트를 개편하여 한줄평에 대한 등록은 가능하지만 열람은 제공하지 않고 있다(https://phdkim.net/board/free/59670).

또한 원고의 정보통신망법 위반 불법행위 주장에 대하여도 대학원 연구 환경에 관한 정보로서 공공의 이익에 관한 것이므로 학생들의 대학원 진학 결정과 연구 환경 개선에 기여하는 점 등을 종합하여 볼 때 확립된 판례이론(대법원 2009. 4. 16. 선고 2008다53812 판결)에서 요구하는 '불법성이 명백한 정도'에 이르지는 아니하였다고 판단하여 불법행위의 성립을 부정하였다.

나. 원심판결(서울고등법원 2020. 5. 29. 선고 2019나2040377 판결)

원고는 제1심판결을 취소하고 손해배상 및 웹페이지의 삭제를 명할 것을 구하는 항소를 제기하였다. 원심판결 역시 제1심판결을 인용하면서, 항소 이유에 대해 다음과 같은 추가 판단을 하였다. 먼저 원고는 국립대학법인 OO대학교 교수로서 공적인 존재에 해당하고 인적 사항, 논문 등 업적, 졸업생 등 연구실 실적은 공개된 정보이거나 직업적 정보로서 정보수용자의 알권리 및 표현의 자유도 보호받는 법적 이익이라는 점 등에서 피고가 원고의 개인정보 등을 수집 제공하는 행위①에 대해 개인정보자기결정권이나 사생활의 자유를 침해하는 위법한 행위로 평가할 수 없다고 하였다.

행위②의 평가 그래프도 교수의 공적인 직무수행 영역에서 관련 이용자가 제출한 개인적, 주관적 의견 또는 평가에 해당하는 수치를 기초로 이용하는 것으로 의사표현의 자유 영역으로 두텁게 보호되어야 하고, 피고의 교수평가 항목과 방법이 현저히 합리성을 잃은 것도 아니며 교수평가의 방법과 그 불완전성 및 한계성이 공개가 되어 있는 이상, 피고가 평가 그래프를 통한 교수평가 결과를 제공함에 따라 원고의 사회적 직업적 평가가 심각하게 침해될 우려가 크다고 할 수 없다고 판단하였다.

결국 피고가 평가 그래프를 통하여 원고에 관한 교수평가 결과를 공개한 행위②로 말미암아 원고의 주관적 명예감정이 다소 침해되더라도 이를 두고 모욕적이고 경멸적인 인신공격에 해당하거나 혹은 타인의 신상에 관하여 사실을 왜곡하는 공표행위를 함으로써 원고의 인격권을 위법하게 침해하였다고 볼 수 없으므로 원고의 주장은 모두 이유없다고 판시하였다.

다. 대법원 판결

대법원은 이 사건 판단에 앞서 공개된 개인정보의 경우에는 정보주체의 인격권 보호를 통해 얻을 수 있는 이익과 정보처리자의 알권리와 이를 기반으로 한 정보수용자의 알권리 및 표현의 자유 등의 가치를 구체적으로 비교형량하여 최종적인 위법성 여부를 판단하여야 한다는 대법원 2016. 8. 17. 선고 2014다235080 판결과 타인에 대하여 비판적 의견을 표명하는 경우에는 극히 예외적인 사정이 없는 한 위법하다고 볼 수 없으나 표현행위의 형식과 내용이 모욕적이고 경멸적인 인신공격에 해당하거나 다소간의 과장을 넘는 사실을 왜곡하는 공표행위로 인격권을 침해하는 경우에는 의견 표명의 한계를 벗어나 불법행위가 될 수 있다는 표현의 자유의 한계에 대한 대법원 2018. 10. 30. 선고 2014다61654 판결의 법리를 설시하였다.

이에 비추어 원고의 공적인 존재로서의 지위, 개인정보의 공공성과 공익성, 피고가 정보처리로 얻은 이익과 처리절차 및 이용형태, 정보처리로 인하여 원고의 이익이 침해될 우려의 정도 등을 종합적으로 고려하면 피고가 원고의 개인정보 등을 수집·제공한 행위①은 원고의 개인정보자기결정권 등을 침해하는 위법한 행위로 평가할 수 없고, 피고의 인터넷 사이트에서 교수평가 결과를 제공한 행위②도 원고의 인격권을 위법하게 침해하였다고 볼 수는 없다고 판시하였다.

3. 해설

가. 공개된 개인정보의 동의 없는 수집

공개된 개인정보도 개인정보 보호법에 의해 보호되어야 할 개인정보라는 점은 헌법재판소 2005. 7. 21. 선고 2003헌마282, 425 결정과 대법원 2014. 7. 24. 선고 2012다49933 판결에 의해 확인된 바 있다. 정보주체가 직접 또는 제3자를 통하여 공개된 개인정보를 제3자가 영리 목적으로 수집·제공하는 것도 정보주체의 동의가 있었다고 객관적으로 인정되는 범위 내에서 수집·이용·제공 등 처리를 할 때에는 정보주체의 별도의 동의는 필요로 하지 않는다는 것이 대법원 2016. 8. 17. 선고 2014다235080 판결에서 천명한 법리이다. 대상판결도 기존 판례의 법리를 그대로 수용하여 원고의 공개된 개인정보 또는 직업적 정보를 정보 주체의 동의 없이 수집하여 제3자에게 제공한 행위①에 대해 위법한 행위로 평가하지 않았다.

또한 정보처리 행위로 침해되는 정보주체의 인격적 법익과 그 행위로 보호받을 수 있는 정보처리자나 정보수용자의 법적 이익이 충돌되는 경우에는 정보주체가 공적 존재인지, 개인정보의 공공성과 공익설, 개인정보 처리로 침해될 수 있는 이익의 성질과 내용 등을 종합적으로 고려하여 정보주체의 인격권 보호와 정보처리자 및 정보수용자의 표현의 자유나 영업의 자유 등을 구체적으로 비교형량하여 최종적인 위법성 여부를 판단하여야 한다는 대법원 2011. 9. 2. 선고 2008다42430 판결 이후 확립된 법리를 재확인하고 있다.

공개된 개인정보의 정보주체의 동의 없는 활용에 대해 학설들은 다양한 주장을 하고 있다. 먼저 공개된 개인정보는 정보주체의 동의가 있었다고 객관적으로 인정되는 범위에서는 묵시적인 동의를 인정하여 별도의 동의는 필요하지 않다는 견해,[6] 묵시적인 동의를 부정하는 견해,[7] 정보주체의 적극적인 공개의사가 있음이 명백한 경우에만 특별히 취급하여야 한다는 견해,[8] 영리적 목적으로 이용하는 것에 대하여까지 동의한 것으로 보기 어렵고 공개목적 범위 내의 활용으로도 볼 수 없으므로 별도의 동의가 필요하다는 견해[9], 일반적으로 공개가 이루어진 정보들에 대해서는 아예 개인정보자기결정권 자체를 인정하지 않아야 한다는 견해[10] 등이 있다. 대상판결은 영리적 목적이 있더라도 정보주체의 동의가 있었다고 객관적으로 인정되는 범위에서는 공개된 개인정보 처리에 정보주체의 별도 동의가 필요하지 않다는 기존의 판례이론을 유지하였다.

대상판결을 평석하면서, 개인정보의 성격을 구분하여 '공적인 성격을 가지는 개인정보'에 대해서는 사적인 영역에서 형성된 다른 개인정보보다 사회적 제도 또는 가치질서의 요소를 더 고려하는 것이 적절하다는 견해[11]도 있다. 그러나 '이미 공개된 개인정보'도 이미 공개되었다는 상황에 의하여 공개 시점 이후에는 그 정보를 공적 영역에 속하는 정보로서 보호 정도를 낮게 설정하는 주장[12]은 공감하기 어렵다. 이른바 '인격영역'의 구분은 개인정보 내용과 형식 그 자체로 판단되어야 하며, 공개되었다고 해서 모든 개인정보가 '공개적 영역'에 속한다고 단정할 수는 없다.

나. 비판적인 '표현의 자유'의 한계

타인에 대한 비판적 의견 표명은 그 타인의 사회적 가치를 훼손할 위험이 있으므로, 표현의 자유와 인격권의 보호는 상충하는 가치로 다루어진다. 그 한계에 대해 대상판결은 표현행위의 형식과 내용이 인신공격에 해당되는가 사실을 왜곡하는 공표행위인가 등의 기존의 판례에서 설정한 법리를 그대로 수용하고 있다. 원고 주장의 핵심을 이루는 행위②가 원고의 인격권을 침해하였는가에서 고려되어야 할 점은 평가의 공공성 및 공익성이나, 이는 원심판결에서 충분히 고려되었으므로 대상판결에서는 특별히 재론하지 않은 것으로 생각된다.

---

6) 오병철, "적법하게 공개된 개인정보의 보호와 활용", 경희법학 제52권 제4호, 2017, 196면.
7) 임효준, "공개된 개인정보의 동의 없는 수집·이용의 범위", 경제규제와 법 제11권 제1호, 2018, 21면.
8) 이권일, "일반에게 공개된 개인정보의 보호와 활용", 경북대학교 법학논고 제68집, 2020, 23면.
9) 김판기, "개인정보자기결정권과 공개된 개인정보의 영리목적 활용", 법과 정책연구 제19집 제1호, 2019, 190면.
10) 박경신, "일반적으로 공개된 정보의 개인정보 보호법상의 규율 및 해외 입법례", 전남대학교 법학논총 제38권 제2호, 2018, 16면.
11) 박진석, "공적인 성격을 가지는 개인정보에 관한 개인정보자기결정권과 알 권리 및 표현의 자유의 관계 – 대법원 2024. 6. 17. 선고 2020다239045 판결을 중심으로", 변호사 제57집, 서울지방변호사협회, 2024, 28면.
12) 위의 글, 33면.

다. 제3자의 주관적 의견의 개인정보성

대상판결에 대해서 '평가 그래프 및 한줄평이 개인정보에 해당하는지에 대한 판단을 받아보지 못한 것이 아쉬움으로 남는다'는 소회가 있다.[13] 대상판결에서는 이 문제를 전혀 다루지 않았으나, 제3자의 주관적 의견은 '살아있는 개인에 관한 정보로서 개인을 알아보거나 다른 정보와 쉽게 결합하여 알아볼 수 있는 식별정보'라고 할 수 없고, 개인에 대한 평가나 의견으로서의 '정보(information)'에 불과하다고 생각된다. 즉 제3자의 주관적인 비판적 의견을 게시하는 행위는 개인정보자기결정권이 아닌 또 다른 인격권 침해에 관한 문제라고 보아야 한다.

그러므로 행위②에 대해 집중적으로 다투었던 제1심에서는 전적으로 명예훼손이나 모욕 등의 인격권 침해만을 다루었고, 제2심에 이르러 피고가 원고의 개인정보 등을 수집·제공한 행위①에 대해서 공개된 개인정보의 처리 문제로 판단하였다. 그리고 대상판결도 개인정보 등을 수집·제공한 행위①은 공개된 개인정보의 처리 원칙에 대한 법리를 적용하였고, 평가 그래프와 한줄평의 행위②에 대해서는 인격권 보호와 표현의 자유의 한계에 대한 법리를 적용하였다.

4. 판결의 의의

인격권은 매우 추상적이면서 포괄적인 권리로서 구체적인 보호법익도 다양하고, 시대에 따라 크게 변화하는 유동적인 권리이다. 대상판결에서 다루어지는 인격권은 개인정보의 수집·제공에 따른 '정보주체의 개인정보자기결정권'과 '특정인에 대한 사회적 평가'인 인격권이다. 특히 대상판결에서는 명확히 설시하지 않고 있으나, 사실을 적시하는 것이 아니라 '순수하게 의견을 표명'하여 인신공격에 해당하거나 사실을 왜곡하는 공표행위로 인격권을 침해하면 '명예훼손과는 다른' 별개 유형의 불법행위를 구성한다는 대법원 2018. 10. 30. 선고 2014다61654 판결에 주목할 필요가 있다.

먼저 교수에 대한 공개된 개인정보 또는 포털사이트에서 검색되는 개인정보의 제공 행위①에 대해서는 개인정보자기결정권의 침해가 문제가 되는데, 원고의 요청에 따라서 소송제기 이전에 피고가 삭제하여서 제1심에서는 다루어지지 않았고, 제2심과 제3심에서는 공개된 개인정보에 대한 판례이론과 이익형량에 따라 위법하지 않다고 판단하여 기존의 공개된 개인정보에 대한 판례이론이 여전히 유효함을 재확인하였다.

소송상 주요 쟁점이 되었던 평가 그래프와 한줄평에 관한 행위②는 비판적 의견 표명에

---

13) 위의 글, 20면. 참고로 이 논문의 저자는 피고를 대리하여 제1심부터 상고심까지 소송을 수행한 바 있다.

대한 기존의 판례이론을 적용하여 위법하지 않다고 판단하였고, 비판적 의견 표명의 사회적 기능이나 공공성 및 공익성을 감안한다면 충분히 납득할 수 있는 결론이라고 할 수 있다. 다만 '사실의 적시'를 통해 타인의 사회적 가치 내지 평가를 침해하면 명예훼손이 성립하지만, 인신공격이나 사실을 왜곡하는 '의견의 표명'을 통해 타인의 사회적 가치 내지 평가를 침해하면 명예가 아닌 별개의 인격적 법익을 침해하는 것임을 명시하지 않은 점은 다소 아쉽다.

78 암호화된 개인정보의 식별가능성과 비재산적 손해배상책임

대법원 2024. 7. 11. 선고 2019다242045, 242052 판결[1)]

최정규 (법무법인(유한) 지평 변호사)

1. 사안의 개요

의사는 환자에게 처방전을 발행하고, 약사는 이에 따라 의약품을 조제한다. 약사가 요양급여 대상 의약품을 조제한 경우, 국민건강보험법에 따라 국민건강보험공단에 요양급여비용을 청구하게 된다. 이 과정에서 조제 사실을 증명하기 위해 환자의 성명, 주민등록번호, 질병분류기호 등이 포함된 처방 정보를 건강보험심사평가원에 전송해야 한다.

피고 사단법인 A(이하 '피고 A')는 위와 같은 요양급여비용 청구 업무를 전자적으로 처리하는 약국 관리 프로그램(이하 '이 사건 프로그램')을 개발하였고, 피고 재단법인 B(이하 '피고 B')에게 그 관리운영을 위탁하였다. 약국 개설자는 피고 A의 회원으로 가입하고 연회비를 납

---

1) [참조 및 관련 판례] 대법원 2012. 12. 26. 선고 2011다59834, 59858, 59841 판결(공2013상, 219); 대법원 2024. 7. 11. 선고 2022도415 판결 등.

[관련 평석 및 문헌] 이동진, "개인정보 보호법 제18조 제2항 제4호, 비식별화, 비재산적 손해 – 이른바 약학정보원 사건을 계기로", 정보법학 제21권 제3호, 2017; 전승재, 권헌영, "일방향 암호화와 개인정보 비식별화의 관계–약학정보원 민사 1심판결에 대한 비판적 검토", 한국IT서비스학회 학술대회 논문집, 2018; 양기진, "개인정보의 범위에 관한 연구 : GDPR의 비식별조치와 약학정보원 사건의 검토", 선진상사법률연구 제84호, 2018; 구영신, "개인정보유출에 따른 위자료 배상 연구 : 약학정보원 사건을 중심으로", 생명정책윤리연구 제13권 제1호, 2019; 김경우, "빅데이터 활용 활성화를 위한 입법방향과 사례 – 보건의료 빅데이터를 중심으로", LAW & TECHNOLOGY 제15권 제3호, 2019; 김유엘, "개인정보 유출에 따른 비재산적 손해 : 서울고등법원 2019. 5. 3. 선고 2017나2074963 판결과 '통제권의 상실'을 중심으로", 법조 제69권 제6호, 2020; 임규철, "의료정보 전자처방전(IMS health 사건)의 국외 이전에 비판적 소고 – 서울고법 2017나2074963 판결과 서울중앙지법 2014가합508066 판결을 중심으로", 비교법연구 제21권 제3호, 2021; 윤주호, "암호화된 개인정보의 개인정보 해당성 판단 – 약학정보원 사건 민사항소심 판결", 개인정보 판례백선, 박영사, 2022; 안정호, "개인정보의 요건인 '식별 가능성' 판단의 주체에 관한 소고 – 약학정보원 사건의 민사 판결들을 중심으로", 경제규제와 법 제17권 제2호, 2024; 이해원, "'약학정보원 사건' 무죄 판결의 함의", KISO 저널 제56호, 2024; 강태욱, "비식별화 조치와 형사 책임 그리고 개인정보법위반과 손해배상의 관계는? – 대법원 2024. 7. 11 선고 2019다242045, 2019다242052 판결", https://www.lawwave.kr/learn/415, 2024. 10. 2.자 등.

부한 다음 무료로 이 사건 프로그램을 제공받아 사용할 수 있었다. 의사가 환자에게 발행하는 처방전에는 환자의 성명 및 주민등록번호, 의료기관의 명칭 및 전화번호, 질병분류기호, 의료인의 성명, 면허종류 및 면허번호, 처방의약품의 명칭, 분량 및 용법, 처방전 발급 연월일 및 사용기간 등이 기재되어 있는데, 환자가 처방전을 받아 이를 약국에 제출하면 약국에서는 처방전에 기재된 사항을 각 약국에 설치되어 있는 이 사건 프로그램에 입력하여 그 정보를 토대로 건강보험심사평가원에 조제료, 복약지도료 등을 청구하게 된다.

피고 B는 2010. 12.경 글로벌 의료데이터 분석기업인 피고 C 주식회사(이하 '피고 회사')와 업무협약을 체결하였다. 그리고 2011. 1. 28.경 각 약국에 저장된 처방전 관련 정보를 피고 B의 중앙서버로 전송하는 기능을 추가한 이 사건 프로그램 업데이트를 하였고, 피고 회사와 체결한 업무협약에 따라 이를 통해 수집한 환자의 주민등록번호, 환자의 성별 및 생년월일, 처방전 발급기관, 의료인의 성명 및 면허번호, 질병분류기호, 처방의 약품의 명칭, 분량 및 용법, 처방전 발급 연월일 등의 정보(이하 '이 사건 정보')를 피고 회사에 제공하였다.

정보 제공 과정에서 피고 B는 시기별로 세 가지 암호화 조치를 적용하였다.

> 제1기 암호화 (2011. 1. ~ 2014. 6.): 환자의 주민등록번호 중 홀수 자리와 짝수 자리를 각 다른 암호화 규칙에 따라 영어 알파벳으로 치환한 다음 양끝 2자리에 임의의 알파벳으로 잡음(노이즈, noise)을 추가하는 방식의 양방향 암호화
>
> 제2기 암호화 (2014. 6. ~ 2014. 9.): 복호화가 불가능한 일방향 암호화 방식인 SHA-512 방식으로 환자의 주민등록번호 암호화
>
> 제3기 암호화 (2014. 10. ~ 2015. 1.): 주민등록번호 대신 성명, 생년월일, 성별로 환자를 특정한 후 일방향 암호화

2013. 12. 검찰의 압수수색으로 이러한 사실이 언론에 보도되자, 원고인 의사 및 환자들은 처방전에 기재된 개인정보가 무단으로 이용 및 제공되었다는 등의 이유로 손해배상을 청구하는 소송을 제기하였다.

이 사건 소송에서 주로 문제된 쟁점은 ① 암호화된 이 사건 정보가 개인정보에 해당하는지, ② 피고 B가 이 사건 정보를 수집하고 피고 회사에 제공한 행위가 위법한지, 이로 인해 원고들에게 손해가 발생하였는지 여부였다.

2. 판결의 요지

가. 1심판결(서울중앙지방법원 2017. 9. 11. 선고 2014가합508066, 538302 판결)

(1) 암호화된 정보의 개인정보 해당성

1) 개인정보는 해당 정보를 처리하는 자의 입장에서 특정 개인을 식별할 수 있는(identifiable) 정보이므로, 개인정보에 암호화 등 적절한 비식별화(de-identification) 조치를 취함으로써 특정 개인을 식별할 수 없는 상태에 이른다면 이는 식별성을 요건으로 하는 개인정보에 해당한다고 볼 수 없고, 따라서 정보 주체의 동의 없이 통계작성 등의 용도로 이용되거나 제3자에게 제공되더라도 개인정보 보호법을 위반한 것이라고 볼 수 없다. 다만, 비식별화 조치가 이루어졌다고 하더라도 재식별 가능성이 현저하다면 적절한 비식별화 조치가 이루어지지 않은 것이므로 여전히 개인정보 보호법이 적용되는 개인정보에 해당한다고 할 것이고 적절한 비식별화 조치가 이루어진 것인지 여부는 원본 데이터의 특성, 비식별화된 정보가 사용된 특정한 맥락이나 상황, 비식별화 조치에 활용된 기법 세부기술의 수준, 비식별화된 정보를 제공받은 자의 이용목적 및 방법, 이용기간, 전문지식이나 기술력 · 경제력에 따른 재식별화 능력, 비식별화된 정보를 제공받은 자가 재식별화로 얻을 수 있는 이익의 유무, 비식별화된 정보를 제공받은 자의 개인정보 보호 수준, 비식별화된 정보와 외부 정보 사이의 결합 가능성, 비식별화된 정보를 제공한 자와 제공받은 자의 관계, 비식별화된 정보에 대한 접근 권한 관리 및 접근통제 등을 종합적으로 고려하여 판단해야 할 것이다.

2) 1기 암호화 방식으로 암호화된 이 사건 정보는 여전히 개인정보에 해당한다. 피고 회사에서 이 업무를 전담한 직원이 이미 1기 암호화 방식을 알고 있었을 뿐만 아니라 1기 암호화 방식은 주민등록번호에 관한 암호화 규칙이 단순하여 복호화가 용이하게 이루어질 수 있었던 점, 수사기관에서도 이 사건 정보 중 1기 암호화 방식의 주민등록번호 부분을 쉽게 복호화하였던 점, 피고 B 서버에는 1기 암호화 방식의 주민등록번호에 대한 복호화 함수가 존재하였고 피고 B와 피고 회사의 관계 및 암호화에 관하여 논의해 온 상황에 비추어 피고 회사에서 복호화 함수에 접근하는 것이 어렵지 않았을 것으로 보이는 점, 피고 회사는 정보를 수집하여 통계분석 자료를 생성하는 회사로 피고 B로부터 정보를 받기 이전에도 암호화된 정보를 수집하여 처리해 왔는바 암호화에 관한 지식, 기술 등을 보유하고 있었던 것으로 보이는 점 등에 비추어 보면, 우리나라의 경우 활용이 제도적으로 광범위하게 허용되거나 일부에 있어서는 강제되기까지 하는 기본식별정보인 '주민등록번호'에 관하여 홀짝수 자리에 따라 영문자와 1:1로 대응하는 일종의 데이터 마스킹(data masking) 알고리즘이 적용

된 1기 암호화 방식은, 식별하지 않으면서 특정만 하는 방법으로는 충분하지 아니하여 특정한 값에 대한 다양한 추론을 통해 쉽게 복호화할 수 있어 개인이 식별될 우려가 크고, 위 알고리즘을 개발하여 피고 B와 공유하는 피고 회사에서는 직원 1인에게 전적으로 그 접근과 관리가 맡겨져 있어 이렇게 암호화된 이 사건 정보를 재식별하여 이용할 위험마저 잘 통제되고 있지도 아니하므로, 1기 암호화 방식으로 암호화된 이 사건 정보는 재식별 가능성이 현저하다고 보는 것이 타당하다.

3) 반면, 2, 3기 암호화 방식으로 암호화된 이 사건 정보의 경우에는 개인정보에 해당하지 않는다. 이론상 양방향 암호화에 비해 더욱 안전하고 효과적인 비식별 기술에 해당하는 일방향 암호화(one-way encryption 또는 hash)를 사용하여 난수를 생성하는 기법 등이 적용됨으로써 암호화의 기술적 수준이 높아 피고 회사가 자체적으로 복호화하는 것이 원칙적으로 불가능하였던 점, 피고 B로부터 1기 암호화 방식의 주민등록번호와 2, 3기 암호화 방식의 주민등록번호 또는 고유번호의 동일성을 파악하기 위해 필요한 매칭 테이블을 제공받았다고 하더라도 피고 회사에서는 최종적으로 통계분석자료를 생성하여 판매함으로써 이익을 얻게 되는 것이므로 암호화된 정보를 재식별화할 경제적 유인은 없었던 것으로 보이는 점, 피고 회사 또는 본사가 실제로 복호화 등을 시도하지도 않은 점 등에 비추어 적절한 비식별 조치가 이루어졌다고 보인다.

(2) 위법성과 손해배상책임

1) 피고 B가 이 사건 정보를 수집한 행위 및 1기 암호화를 통해 피고 회사에 제공한 행위는 개인정보 보호법을 위반하였으나, 2, 3기 암호화를 통해 피고 회사에 제공한 행위는 개인정보 보호법(2020. 2. 4. 법률 제16930호로 개정되기 전의 것) 제18조 제2항 제4호에 따라 허용된다.

2) 피고들 외 제3자의 입장에서는 이 사건 정보를 통해 특정 개인을 식별하는 것은 불가능하고, 이 사건 정보는 통계자료 작성에 활용되었을 뿐 정보주체가 범죄 피해의 대상이 되는 2차 피해가 발생하지 않았으며, 원고들도 언론보도를 통해 피고들이 이 사건 정보를 수집, 이용하게 된 사실을 알게 된 점 등을 고려할 때 원고들에게 위자료를 배상할만한 정신적 손해가 실제로 발생하였다고 보기 어렵다.

나. 원심판결(서울고등법원 2019. 5. 3. 선고 2017나2074963, 2074970 판결)

(1) 암호화된 정보의 개인정보 해당성

이 사건 정보는 1기 암호화 방식으로 암호화된 것뿐만 아니라 2, 3기 암호화방식으로 암호화된 것까지 모두 개인정보에 해당한다. 2, 3기 암호화 방식은 일방향 암호화를 적용한 방식으로 이론상 양방향 암호화에 비해 더욱 안전하고 효과적인 비식별 기술에 해당하고 암호화의 기술적 수준이 높아 그것만으로는 피고 회사가 자체적으로 복호화할 수 없을 것으로 보이나, 피고 B가 제공한 1기 암호화 방식의 주민등록번호를 기재한 매칭 테이블을 결합하면 주민등록번호에 대한 복호화가 가능하게 되고 실제로 피고 회사가 이를 통하여 별다른 어려움 없이 기존의 데이터를 새로운 환자ID로 변환하는 작업을 수행하여 마쳤다. 피고 B와 피고 회사가 복호화 방법에 관한 매칭 테이블을 모두 보유하였던 이상 해당 처방전정보에 취한 보안조치가 얼마나 높은 수준이었는지 여부는 개인정보성(식별가능성의 존재)의 규범적 판단에 있어서 의미가 없다. 피고 회사가 1기 암호화 방식을 2, 3기 암호화 방식으로 변환하는 과정에서 주민등록번호의 동일성을 파악하기 위해 매칭 테이블을 제공받은 것이고 2, 3기 암호화 방식으로 암호화된 정보를 복호화하려는 목적에서 제공받은 것이 아니며, 피고 B이나 피고 회사가 암호화된 주민등록번호를 복호화할 의도나 그럴만한 경제적인 유인이 없었고 실제로 복호화가 이루어진 바 없었다고 하더라도, 식별가능성을 판단함에 있어 정보수령자의 주관적 의도나 동기, 이익, 활용방법까지 고려하여야 한다고 볼 수는 없다.

(2) 위법성과 손해배상책임

(1) 이 사건 정보는 비식별화 조치에도 불구하고 여전히 개인정보에 해당하므로, 피고 B가 이 사건 정보를 수집하고, 이를 피고 회사에 제공한 행위는 개인정보 보호법에 위반된다. 개인정보 보호법 제18조 제2항 제4호는 개인정보 처리자가 개인정보를 적법하게 수집하였음을 전제로 한 것이라고 해석함이 타당하므로 이 사건과 같이 개인정보를 수집할 당시부터 정보주체의 동의를 받지 않아 위법한 경우에는 적용되지 않는다.

(2) 이 사건 정보는 피고 B를 거쳐 피고 회사에게 제공되었을 뿐 그밖에 제3자에게는 유출되지 않은 것으로 보이는데, 이 사건 정보의 유출 범위는 제한적이어서 통상의 제3자에게 유출된 경우와는 차이가 있다. 이 사건 정보는 환자의 주민등록번호와 처방 정보가 포함되어 있는 고유식별정보와 민감정보이지만, 이 사건 정보 중 위와 같이 개인을 식별할 수 있는 환자의 주민등록번호는 피고 B의 개인정보 수집 당시부터 암호화되었고, 제3자의 입장에서는 이 사건 정보를 통하여 특정 개인을 식별하는 것이 불가능하였을 것으로 보인다. 이 사건 정보가 피고 B에 의하여 수집되고 피고 회사에 제공되었다는 사정만으로는 원고들에게 위자료로 배상할 만한 정신적 손해가 실제로 발생하였다고 보기 어렵다.

다. 대법원 판결

대상판결에서 대법원은 "원심의 판단에 정신적 손해 발생에 대한 판단기준에 관한 법리를 오해하여 판결에 영향을 미친 잘못이 없다"며 원고들의 상고를 기각하였다.

3. 해설

가. 암호화된 정보의 개인정보 해당성 판단기준

2020년 개인정보 보호법이 전면개정되어 가명정보 등에 대한 정의가 신설되기 전 구 개인정보 보호법은 개인정보를 "살아 있는 개인에 관한 정보로서 성명, 주민등록번호 및 영상 등을 통하여 개인을 알아볼 수 있는 정보(해당 정보만으로는 특정 개인을 알아볼 수 없더라도 다른 정보와 쉽게 결합하여 알아볼 수 있는 것을 포함한다)"로만 규정하였다(동법 제2조 제1항 제6호). 2016년 국무조정실 등 관계부처 합동으로 '2016년 개인정보 비식별조치 가이드라인'(이하 '비식별조치 가이드라인')을 발간하였는데, 당시 비식별조치 가이드라인에서는 개인정보 해당 여부 판단 기준으로 "(개인을 알아볼 수 있는 정보)이므로 특정 개인을 알아보기 어려운 정보는 개인정보가 아님. 여기에서 '알아볼 수 있는'의 주체는 해당 정보를 처리하는 자(정보의 제공 관계에 있어서는 제공받은 자를 포함)이며, 정보를 처리하는 자의 입장에서 개인을 알아볼 수 없다면 그 정보는 개인정보에 해당하지 않음", "(다른 정보와 쉽게 결합하여)란 결합 대상이 될 다른 정보의 입수 가능성이 있어야 하고, 또 다른 정보와의 결합 가능성이 높아야 함을 의미함. 즉, 합법적으로 정보를 수집할 수 없거나 결합을 위해 불합리한 정도의 시간, 비용 등이 필요한 경우라면 '쉽게 결합'할 수 있는 상태라고 볼 수 없음"이라고 설명하고 있었다.

이 사건에서 제1심과 원심 모두 '해당 정보를 처리하는 자의 입장'에서 특정 개인을 식별할 수 있는 정보라는 전제에서 판단하고 있어 위 비식별조치 가이드라인의 해석론과 결을 같이 한다고 평가할 수 있다.

다만, 제1심과 원심은 2, 3기 암호화 방식에 따른 이 사건 정보에 대한 개인정보 해당성에 대해 판단을 달리하였다. 제1심은 일방향 암호화의 기술적 수준이 높고, 피고 회사가 암호화된 정보를 재식별화할 경제적 유인은 없었으며, 피고 회사가 실제로 복호화 등을 시도하지도 않은 사정 등 이를 제공받은 피고 회사의 의도와 현실적인 재식별 위험이 낮다는 점을 고려해 개인정보 해당성을 부정하였다. 반면, 원심은 피고 B와 피고 회사가 복호화 방법에 관한 '매칭 테이블을 보유'하고 있었다는 점에 주목하여 설령 매칭 테이블을 제공받은 목적이 2, 3기 암호화 방식으로 정보를 복호화하기 위한 것이 아니더라도 식별가능성을 판단함에 있어서는 정보 수령자의 주관적 의도나 동기, 이익, 활용방법까지 고려할 필요는 없다고 보았다. 즉 원심은 개인정보 해당성을 판단함에 있어 제공받은 자의 의도 등 실제 재식별이 될 현실적인 위험이 있는지 여부보다는 객관적 식별 가능성 여부 자체를 중시하는 접근법을 취하고 있는데, 법적 안정성 관점에서 타당한 해석론으로 볼 수 있다.

나. 개인정보 유출로 인한 비재산적 손해배상책임

제1심과 원심은 2, 3기 암호화 방식에 따른 이 사건 정보 처리행위의 위법성에 대한 판단 외에 피고 B와 피고 회사의 개인정보 보호법 위반행위를 모두 인정하였다. 다만, 개인정보처리자의 법위반사실이 입증되었다고 하더라도 정보주체는 손해가 발생한 사실과 손해 및 법위반 사이의 인과관계를 증명하여야 한다. 위법한 가해행위가 존재한다고 하더라도 그로 인하여 손해가 발생하였다는 증명이 없으면 손해배상책임이 인정될 수 없다.[2)]

개인정보 유출사고와 관련하여 이미 리딩 케이스가 존재하는데, 판례는 "개인정보를 처리하는 자가 수집한 개인정보를 그 피용자가 해당 개인정보의 정보주체의 의사에 반하여 유출한 경우, 그로 인하여 그 정보주체에게 위자료로 배상할 만한 정신적 손해가 발생하였는지 여부는, 유출된 개인정보의 종류와 성격이 무엇인지, 개인정보의 유출로 정보주체를 식별할 가능성이 발생하였는지, 제3자가 유출된 개인정보를 열람하였는지 또는 제3자의 열람 여부가 밝혀지지 않았다면 제3자의 열람 가능성이 있었거나 앞으로 그 열람 가능성이 있는지, 유출된 개인정보가 어느 범위까지 확산되었는지, 개인정보의 유출로 추가적인 법익침해의 가능성이 발생하였는지, 개인정보를 처리하는 자가 개인정보를 관리해온 실태와 개인정보가 유출된 구체적인 경위는 어떠한지, 개인정보의 유출로 인한 피해의 발생 및 확산을 방지하기 위하여 어떠한 조치가 취하여졌는지 등 여러 사정을 종합적으로 고려하여 구체적 사건에 따라 개별적으로 판단하여야 한다"고 판시하고 있었다.[3)]

제1심과 원심은 위와 같은 법리는 개인정보가 정보주체의 의사에 반하여 수집, 제공되어 그 정보주체에게 위자료로 배상할 만한 정신적 고통이 발생하였는지 여부를 판단할 때에도 유추 적용할 수 있다는 전제 하에, 이 사건 정보는 피고 B를 거쳐 피고 회사에게 제공되었을 뿐 제3자에게는 유출되지 않아 유출 범위는 제한적이므로, 통상의 제3자에게 유출된 경우와는 차이가 있다는 점, 피고 회사도 통계목적 외 다른 목적으로 이용하지 않았다는 점, 제3자의 입장에서는 이 사건 정보를 통하여 특정 개인을 식별하는 것이 불가능하였을 것으로 보인다는 점 등을 근거로 원고들에게 실제 손해가 발생하였다고 보기 어렵다고 판시하였

---

2) 대법원 2008. 11. 13. 선고 2006다22722 판결 등.
3) 대법원 2012. 12. 26. 선고 2011다59834, 59858, 59841 판결 등.

다. 대상판결인 대법원에서도 이와 같은 원심 판단을 지지함으로써, 유출사고가 아니더라도 정보주체의 의사에 반하여 개인정보가 수집, 제공되는 경우에도 위와 같은 판례법리가 동일하게 적용될 수 있다는 점을 명확히 밝혔다.

4. 판결의 의의

이른바 약학정보원 사건으로 잘 알려져 있는 이 사건이 대법원 선고까지 11년 정도 계류되어 있는 사이 2020년 개인정보 보호법이 전면개정되었다. "시간 · 비용 · 기술 등을 합리적으로 고려할 때 다른 정보를 사용하여도 더 이상 개인을 알아볼 수 없는 정보"는 개인정보 보호법이 적용되지 않는다(동법 제58조의2). 가명정보의 정의를 신설한 개정 개인정보 보호법에 따르면, 통계작성, 과학적 연구, 공익적 기록보전 등을 위하여 정보주체의 동의 없이 가명정보를 처리할 수 있다(동법 제2조 제1항 다목, 제28조의2). 또한 당초 수집 목적과 합리적으로 관련된 범위 내에서는 정보주체에게 불이익이 발생하는지 여부, 암호화 등 안전성 확보에 필요한 조치를 하였는지 여부 등을 고려하여 정보주체의 동의 없이 개인정보를 이용, 제공할 수 있다(동법 제15조 제3항, 제17조 제4항). 비식별조치 가이드라인에 따라 처리된 정보가 개인정보에 해당하는지에 대해 논란이 상당하였던 당시와 달리 이 사건 정보의 제공행위는 통계처리를 위한 것이고 암호화 처리를 거쳤으므로 현행 개인정보 보호법에 따를 때 적법한 개인정보 처리로 인정될 여지도 상당하다. 입법적 해결이 어느 정도 된 셈이다.

다만, 현행 개인정보 보호법은 개인식별가능정보의 합리성 요건을 도입하였을 뿐, 식별가능성의 판단 주체가 누구인지에 대해서는 규정하고 있지 않아 여전히 해석론의 영역으로 남아 있는데, 제1심 및 원심판결은 '해당 정보를 처리하는 자의 관점에서 특정 개인을 식별할 수 있는 정보'라고 명확히 판단한 점에 의미가 있다. 아직 이에 대한 대법원 판시는 없고, 하급심 판결은 통일되지 않은 상황인데, 상고심에서 이 부분이 구체적으로 쟁점화되지 않아 대법원이 명시적 판단을 내리지 못한 점은 아쉬운 부분이다.

79 개인정보 '제공'의 의미

대법원 2024. 8. 23. 선고 2020도18397 판결[1)]

이소은 (영남대학교 법학전문대학원 교수)

1. 사안의 개요

피고인은 2019. 2. 28.경 강원 양구군 (주소 생략)에 있는 (장례식장명 생략)장례식장에서 CCTV 영상을 통해 공소외 1이 도박 신고를 하였는지 확인하고자, 위 장례식장 관리실에서 근무하는 공소외 2에게 전일 촬영된 장례식장 CCTV 영상을 보여줄 것을 부탁하였다. 공소외 2는 위 장례식장 빈소 내부에 설치된 영상정보처리기기인 CCTV에 2019. 2. 27. 22:33 전후로 촬영된 공소외 1의 모습 등 영상자료(이하 '이 사건 영상'이라고 한다)를 재생하여 피고인이 볼 수 있도록 하고, 피고인은 이를 자신의 휴대전화기의 동영상 기능을 이용하여 촬영하였다. 이와 같이 공소외 2는 개인정보를 처리하거나 처리하였던 자로서 업무상 알게 된 개인정보가 포함된 이 사건 영상을 권한 없이 피고인이 이용하도록 제공하였고, 피고인은 공소외 1의 도박 신고 여부를 확인하기 위한 부정한 목적으로 개인정보가 포함된 이 사건 영상을 제공받았다.

검사는 구 개인정보 보호법(2020. 2. 4. 법률 제16930호로 개정되기 전의 것, 이하 '구 개인정보 보호법'이라 한다) 제59조 제2호, 제71조 제5호[2)]를 적용법조로 하여, 피고인을 기소하였다. 제1심법원은 피고인에게 벌금형을 선고하였다.[3)]

---

1) [참조 및 관련 판례] 대법원 2018. 1. 24 선고 2015도16508 판결(공2018상, 534); 대법원 2021. 2. 4. 선고 2020도11559 판결; 대법원 2025. 2. 13 선고 2020도14713 판결(공2025상, 576); 대법원 2025. 9. 4 선고 2022도16512 판결(공2025하, 1812).
[관련 평석 및 문헌] 최지아, "개인정보를 처리하거나 처리하였던 자가 CCTV 영상을 재생하여 시청할 수 있도록 해 준 경우 그 영상을 시청한 행위를 '개인정보를 제공받은 행위'로 볼 수 있는지 여부 (2024. 8. 23. 선고 2020도18397 판결: 공2024하, 1605)", 대법원판례해설 제142호, 2025; 이건주·박형건, "[2024년 분야별 중요판례분석](10) 형법각칙", 법률신문, 2025. 6. 28.자.

2) 현행 개인정보 보호법 제71조 제9호에 해당하는 조항이다.

3) 춘천지방법원 2019. 9. 26. 선고 2019고정89 판결.

2. 판결의 요지

가. 원심판결(춘천지방법원 2020. 12. 9. 선고 2019노869 판결)

원심판결은 ① 휴대폰의 동영상 기능을 이용하여 CCTV 영상을 촬영한 행위와 ② CCTV 영상을 시청한 행위를 나누어, 다음과 같이 판시하였다.

① 죄형법정주의는 국가형벌권의 자의적인 행사로부터 개인의 자유와 권리를 보호하기 위하여 범죄와 형벌을 법률로 정할 것을 요구한다. 그러한 취지에 비추어 보면 형벌법규의 해석은 엄격하여야 하고, 문언의 가능한 의미를 벗어나 피고인에게 불리한 방향으로 해석하는 것은 죄형법정주의의 내용인 확장해석금지에 따라 허용되지 않는다. 개인정보 보호법 제59조 제2호는 '개인정보를 처리하거나 처리하였던 자는 업무상 알게 된 개인정보를 누설하거나 권한 없이 다른 사람이 이용하도록 제공하는 행위를 하여서는 아니 된다'고 규정하고 있고, 제71조 제5호는 '제59조 제2호를 위반하여 업무상 알게 된 개인정보를 누설하거나 권한 없이 다른 사람이 이용하도록 제공한 자 및 그 사정을 알면서도 영리 또는 부정한 목적으로 개인정보를 제공받은 자'를 처벌하는 것으로 규정하고 있다. 위에서 보듯이 개인정보 보호법 제71조 제5호 후단은, 개인정보를 처리하거나 처리하였던 자가 업무상 알게 된 개인정보를 누설하거나 권한 없이 다른 사람이 이용하도록 제공한 것이라는 사정을 알면서도 영리 또는 부정한 목적으로 개인정보를 '제공'받은 행위를 처벌하고자 하는 것임이 문언상 명백하다. 이러한 문언의 형식에 비추어 볼 때, 개인정보를 보유·처리하던 제3자로부터 개인정보를 제공받은 것이 아니라, 제3자의 의사에 반하여 또는 제3자 모르게 거짓이나 부정한 수단 또는 방법으로 개인정보를 취득한 경우까지 개인정보 보호법 제71조 제5호, 제59조 제2호로 처벌할 수 있다고 보는 것은 법문의 가능한 의미를 벗어난 확장해석으로서 허용되지 않는다. 이는 개인정보 보호법이 제72조 제2호, 제59조 제1호에서 '개인정보를 처리하거나 처리하였던 자가 거짓이나 그 밖의 부정한 수단이나 방법으로 개인정보를 취득하는 행위'를 처벌하는 것으로 규정하거나, 제70조 제2호에서 개인정보를 처리하거나 처리하였던 자가 아니더라도 '거짓이나 그 밖의 부정한 수단이나 방법으로 다른 사람이 처리하고 있는 개인정보를 취득한 후 이를 영리 또는 부정한 목적으로 제3자에게 제공한 행위'를 처벌하도록 규정한 것 등을 비롯하여 거짓이나 부정한 수단 또는 방법으로 개인정보를 취득한 행위에 관하여 별도로 규율하고 있는 점을 고려하면 더욱 그러하다.

이 사건 공소사실에 따르면, 공소외 2가 CCTV에 촬영된 공소외 1의 모습이 담긴 영상자료를 재생하여 피고인으로 하여금 열람하도록 하였고 피고인은 이를 자신의 휴대폰의 동영상 기능을 이용하여 촬영함으로써, 피고인이 공소외 2로부터 개인정보가 포함된 CCTV 영상자료를 '제공'받았다는 것이다. 그런데 원심이 적법하게 채택하여 조사한 증거들에 의하면, 공소외 2는 2019. 2. 28. 장례식장 관리실에서 공소외 1의 모습이 담긴 CCTV 영상을 재생하여 피고인에게 열람하도록 해주었을 뿐이고, 공소외 2가 잠시 다른 일을 하는 사이에 피고인이 공소외 2 몰래 자신의 휴대폰 동영상 기능을 이용하여 무단으로 CCTV 영상을 촬영한 사실이 인정된다. 따라서 앞서 본 확장해석금지의 원칙에 비추어 볼 때, 피고인이 공소외 2 모르게 무단으로 CCTV 영상을 촬영한 행위를 공소외 2로부터 개인정보를 제공받은 행위라고 볼 수는 없으므로, 피고인을 개인정보 보호법 제71조 제5호, 제59조 제2호로 처벌할 수 없다.

② 개인정보 보호법은 제17조 등에서 '제공'을, 제35조 등에서 '열람'을 각각 별도로 규정하고 있다. 위와 같은 규정 형식과 제공 및 열람의 일반적인 의미를 고려할 때, 개인정보의 '제공'은 개인정보가 담긴 저장매체 또는 출력물이나 책자 등의 물리적 이전, 네트워크 등을 통한 개인정보의 전송, 개인정보에 대한 제3자의 접근권한 부여 등을 비롯하여 개인정보를 이전하거나 이용할 수 있는 상태를 초래하는 행위를 말하는 것이고, 개인정보의 '열람'은 개인정보가 담긴 문서, 파일, 영상 등을 죽 훑어보거나 검색·조사해보는 것을 의미한다고 해석함이 타당하다. 따라서 공소외 2가 CCTV 영상을 재생하여 피고인이 단순히 이를 시청한 행위는 '열람'에 해당할 뿐이고 '제공'에 해당하지 않는다(이 사건 공소사실에 따르더라도 이를 '열람' 행위라고 전제하고 있다).

그뿐만 아니라 개인정보 보호법 제2조 제1호 가목에 따르면, 개인정보는 '살아 있는 개인에 관한 정보로서 성명, 주민등록번호, 영상 등을 통하여 개인을 알아볼 수 있는 정보'를 의미한다. 이러한 규정 취지에 비추어 보면, 피고인이 CCTV 영상 시청을 통해서 '공소외 1이 전날 장례식장에서 조합장이 도박을 하는 장면을 목격한 사실'을 확인하였다고 하더라도 개인정보는 공소외 1의 모습이 담긴 CCTV 영상자료 그 자체를 의미하는 것이지 공소외 1이 조합장의 도박 장면을 목격하였다는 사실이 개인정보가 된다고 볼 수도 없다. 따라서 피고인이 공소외 1의 모습이 담긴 CCTV 영상 그 자체를 제공받지 않은 이상, CCTV 영상 시청을 통해 '공소외 1이 조합장의 도박 장면을 목격하였다'는 사실을 알게 되었다는 사정만으로 피고인이 '개인정보'를 제공받은 것이라고 볼 수도 없다.

나. 대법원 판결

위와 같은 이유에서 원심법원이 제1심판결을 파기하고 무죄를 선고하자, 검사가 상고하였다. 공소외 2가 피고인에게 이 사건 영상의 촬영을 허용한 사실이 인정되지 않아 대법원 판결에서는 ① 휴대폰의 동영상 기능을 이용하여 CCTV 영상을 촬영한 행위는 쟁점이 되지

않았고, ② CCTV 영상을 시청한 행위만이 쟁점으로 다루어졌다.[4)]

대법원은 다음과 같은 이유에서 피고인이 '개인정보를 제공받은 자'에 해당할 수 있다고 보아, 원심판결을 파기하였다.

구「개인정보 보호법」제59조 제2호는 '개인정보를 처리하거나 처리하였던 자는 업무상 알게 된 개인정보를 누설하거나 권한 없이 다른 사람이 이용하도록 제공하는 행위를 하여서는 아니 된다.'고 규정하고 있고, 제71조 제5호는 '제59조 제2호를 위반하여 업무상 알게 된 개인정보를 누설하거나 권한 없이 다른 사람이 이용하도록 제공한 자 및 그 사정을 알면서도 영리 또는 부정한 목적으로 개인정보를 제공받은 자'를 처벌하는 것으로 규정하고 있다.

구「개인정보 보호법」제71조 제5호 후단의 '개인정보를 제공받은 자'에 해당한다고 보기 위해서는 개인정보를 처리하거나 처리하였던 자가 누설하거나 권한 없이 다른 사람이 이용하도록 제공한 개인정보의 지배·관리권을 이전받을 것을 요한다. 영상정보처리기기에 의하여 촬영된 개인의 초상, 신체의 모습과 위치정보 등과 관련한 영상의 형태로 존재하는 개인정보의 경우, 영상이 담긴 매체를 전달받는 등 영상 형태로 개인정보를 이전받는 것 외에도 이를 시청하는 등의 방식으로 영상에 포함된 특정하고 식별할 수 있는 살아있는 개인에 관한 정보를 지득함으로써 지배·관리권을 이전받은 경우에도 구「개인정보 보호법」제71조 제5호 후단의 '개인정보를 제공받은 자'에 해당할 수 있다.

3. 해설

가. 개인정보 '제공'의 의미

개인정보 보호법은 개인정보 '제공'을 개인정보 '처리'의 한 유형으로 규정한다(제2조 제2호). 개인정보처리자가 개인정보를 제3자에게 제공할 때에는 개인정보 보호법 제17조 제1항의 적법 처리 근거를 갖추어야 하며, 개인정보처리자로부터 개인정보를 제공받은 제3자는 개인정보 보호법 제19조에 따라 그 개인정보를 이용하여야 한다. 한편 개인정보 보호법은 '업무상 알게 된 개인정보를 누설하거나 권한 없이 다른 사람이 이용하도록 제공하는 행위'를 금지하고(제59조), 이를 위반하여 개인정보를 제공한 자는 물론 개인정보를 제공받은 자도 형사처벌 대상으로 규정하고 있다(제71조 제9호). 따라서 어떤 개인정보 처리행위가 개인정보

4) 최지아, "개인정보를 처리하거나 처리하였던 자가 CCTV 영상을 재생하여 시청할 수 있도록 해 준 경우 그 영상을 시청한 행위를 '개인정보를 제공받은 행위'로 볼 수 있는지 여부", 대법원판례해설 제142호, 2005, 404면.

'제공'에 해당하는지에 관한 판단은 실무적으로 중요한 의미를 가진다.

'제공'의 사전적 의미는 '무엇을 내주거나 갖다 바친다'는 것이다.5) 개인정보를 내주거나 갖다 바친다는 것은 무엇을 의미하는가? 개인정보보호위원회는 개인정보 '제공'을 '개인정보처리자 외의 제3자에게 개인정보의 지배·관리권이 이전되는 것'이라고 정의한다.6) 표준 개인정보 보호지침(개인정보보호위원회 고시 제2025-4호)에 따르면, 개인정보 '제공'이란 '개인정보의 저장 매체나 개인정보가 담긴 출력물·책자 등을 물리적으로 이전하거나 네트워크를 통한 개인정보의 전송, 개인정보에 대한 제3자의 접근권한 부여, 개인정보처리자와 제3자의 개인정보 공유 등 개인정보의 이전 또는 공동 이용 상태를 초래하는 모든 행위'를 의미한다(제7조 제1항).

그런데 개인정보 '제공'의 의미가 반드시 명확한 것은 아니다. ① 먼저 개인정보 '수집'과 개인정보 '제공'이 명확히 구분되지 않는 경우가 있다. 가령 개인정보처리자 A가 정보주체에 관한 개인정보를 정보주체로부터 직접 수집하지 않고 다른 개인정보처리자 B로부터 수집하는 경우를 생각해보자. 위와 같은 행위는, A를 기준으로 보면 개인정보 '수집'에 해당하지만, B를 기준으로 보면 개인정보 '제공'으로 볼 여지가 있다.7) 이에 관한 판례는 찾아볼 수 없으나, 개인정보처리자 A와 B 가운데 누가 주도적인 지위에 있는지에 따라, A가 주도적인 지위에 있다면 개인정보 '수집'으로, B가 주도적인 지위에 있다면 개인정보 '제공'으로 보아야 한다는 견해가 유력하다.8) ② 개인정보 '처리위탁'과 개인정보 '제공'의 경계도 언제나 명확한 것은 아니다. 처리위탁과 제공 모두 개인정보가 제3자에 대한 개인정보 이전을 수반하기 때문이다. 이와 관련하여 판례는, 본래의 개인정보 수집·이용 목적의 범위를 넘어 정보를 제공받는 자의 업무처리와 이익을 위하여 개인정보가 이전된 경우는 개인정보 '제공'에 해당하는 반면, 본래의 개인정소 수집·이용 목적과 관련된 위탁자 본인의 업무 처리와 이익을 위하여 개인정보가 이전된 경우는 개인정보 '처리위탁'에 해당한다는 입장을 취한다.9) ③ 개인정보 '열람'과 개인정보 '제공'은 어떠한가? 대상판결은 바로 이 쟁점을 다루었다.

나. 개인정보 '열람'과 '제공'

'열람'의 사전적 의미는 '도서관 등에서 책이나 문서 따위를 본다'는 것이다.10) 앞서 살

5) 국립국어원 표준국어대사전.
6) 개인정보보호위원회, 개인정보 보호 법령 및 지침·고시 해설, 2022, 106면.
7) 최경진 외 12인, 개인정보 보호법, 박영사, 2024, 189면.
8) 최경진 외 12인, 위의 책, 189면; 이소은, "정보주체에 의하여 공개된 개인정보의 처리 요건 – 서울행정법원 2023. 10. 26. 선고 2021구합57117 판결에 대한 평석을 겸하여 –", 법조 제73권 제2호, 2004, 299-300면.
9) 개인정보보호위원회, 개인정보 보호 법령 및 지침·고시 해설(주 6), 107면.
10) 국립국어원 표준국어대사전 참조.

펴본 '제공'의 사전적 의미와 비교하여 보면, 개인정보 열람은 개인정보를 단순히 '보는' 행위를 의미하고, 개인정보 제공은 개인정보를 '내어줌'으로써 그 개인정보의 지배·관리권을 이전시키는 행위를 의미한다고 할 수 있을 것이다. 그런데 정보는 성질상 어떤 형식이나 형태에 구애되지 않으므로, 일정한 경우에는 개인정보 열람을 허용하는 것이 개인정보를 제공하는 것과 사실상 같은 의미를 가질 수 있다.[11] 가령 정보주체 A의 성명이 종이 형태의 명단에 기재되어 있는 경우, 그 명단을 열람한 B는 정보주체의 개인정보를 지득할 수 있고, 이를 컴퓨터 파일에 기록하거나 메모지에 적어두는 등으로 이용할 수 있다. 이러한 경우에는 개인정보를 볼 수 있도록 하는 것만으로 그 개인정보의 지배·관리권이 이전되는 결과가 되고, 개인정보 열람과 제공의 구별이 별다른 의미를 가지지 못한다.

반면 정보주체 A가 X와 대화를 하고 있는 장면이 영상으로 녹화되어 있는 경우, 그 영상을 열람한 B는 '정보주체 A가 X와 대화를 하였다'라는 내용의 정보를 지득할 수 있다. 그러나 이 경우 B가 이용할 수 있는 것은 영상 정보의 극히 일부분만을 추상화한 '정보주체 A가 X와 대화를 하였다'라는 정보에 불과하며, 이러한 정보는 본래의 영상 정보와는 양적으로 또한 질적으로 커다란 차이가 있다. 이러한 경우에는 개인정보를 볼 수 있도록 하는 것만으로 그 개인정보의 지배·관리권이 이전될 수 없다. 위와 같은 사안에서 개인정보 열람을 개인정보 제공으로 볼 수 없는 이유이다.[12] 결국 개인정보 열람을 허용하는 것이 곧 개인정보 제공에 해당하는지는, 본래 정보의 형태나 내용에 비추어 개별적인 사안에서 달리 판단될 문제이다.

다. 판결에 대한 검토

개인정보 보호법 제59조 제2호는 업무상 알게 된 개인정보를 권한 없이 다른 사람이 이용하도록 '제공'하는 행위를 금지한다. 이를 위반하여 개인정보를 '제공한 자'는 물론, 그 사정을 알면서도 영리 또는 부정한 목적으로 개인정보를 '제공받은 자'도 제71조에 따른 형사처벌 대상이다. 이러한 규정 형식은, 하나의 '제공' 행위를 매개로, 제공한 자와 제공받은 자를 처벌하는 것이 제71조 제9호의 입법 취지임을 시사한다.[13]

---

11) 최지아, "개인정보를 처리하거나 처리하였던 자가 CCTV 영상을 재생하여 시청할 수 있도록 해 준 경우 그 영상을 시청한 행위를 '개인정보를 제공받은 행위'로 볼 수 있는지 여부"(주 4), 407면.

12) 최경진 외 12인, 개인정보 보호법(주 7), 187면은, 개인정보의 '제공'은 제공받는 자에게 "동일한 내용의 개인정보가 전달되는 것을 상정한 구조"라고 설명한다. 이러한 견해에 따르면 본문의 사례는 개인정보 '제공'이 될 수 없다.

13) 대법원 2018. 1. 24 선고 2015도16508 판결은 "개인정보를 처리하거나 처리하였던 자가 업무상 알게 된 개인정보를 누설하거나 권한 없이 다른 사람이 이용하도록 제공한 것이라는 사정을 알면서도 영리 또는 부정한 목적으로 개인정보를 제공받은 자라면, 개인정보를 처리하거나 처리하였던 자로부터 직접 개인정

대상판결 사안에서 과연 개인정보 '제공' 행위가 있었는지에 관하여 본다. 대상판결 사안에서 공소외 2는 CCTV를 재생하여 피고인이 이 사건 영상을 볼 수 있도록 하였고, 피고인은 자신의 휴대전화기의 동영상 기능을 이용하여 이 사건 영상을 촬영하였다. 이와 관련하여 대법원은 '영상정보처리기기에 의하여 촬영된 개인의 초상, 신체의 모습과 위치정보 등과 관련한 영상의 형태로 존재하는 개인정보의 경우, 이를 시청하는 등의 방식으로 영상에 포함된 특정하고 식별할 수 있는 살아있는 개인에 관한 정보를 지득함으로써 지배·관리권을 이전받는 것'도 개인정보 제공에 해당한다고 보았다. 그러나 과연 영상 정보를 시청하여 개인에 관한 정보를 지득한 것을 두고, 그 영상 정보를 시청한 자가 개인정보의 지배·관리권을 이전받았다고 평가할 수 있는가? 대상판결 사안에서 피고인이 이 사건 영상을 시청하여 지득할 수 있었던 정보는 '공소외 1이 도박 신고를 한 것처럼 보이는 행동을 취하였다'라는 추상화된 정보에 불과하다. 이로써 피고인이 영상 정보의 형태로 존재하던 공소외 1의 개인정보의 지배·관리권을 이전받았다고 볼 수는 없다. 만약 이를 개인정보 '제공'으로 본다면, 모든 개인정보 '열람'은 '제공'에 해당하는 셈이 되어, 제공과 열람을 서로 구분되는 별개의 개념으로 규정하고 있는 개인정보 보호법의 체계와도 부합하지 않는다.

물론 대상판결 사안에서 피고인은 CCTV 영상을 시청하는 데 그치지 않고, 이를 자신의 휴대전화기의 동영상 기능을 이용하여 촬영한 바 있다. 이러한 촬영행위를 통하여 피고인은 본래의 개인정보(CCTV 영상)과 동일한 형태의 정보를 취득하였으며, 이와 같이 취득된 정보는 본래의 개인정보와 양적으로 또한 질적으로 크게 다르지 않다. 요컨대 CCTV 영상을 시청하는 것만으로는 공소외 1의 개인정보의 지배·관리권이 피고인에게 이전되었다고 볼 수 없지만, CCTV 영상을 피고인의 휴대전화기로 촬영함으로써 공소외 1의 개인정보의 지배·관리권이 피고인에게 이전되었다고 볼 여지는 있다. 그러나 이러한 상황은 CCTV 열람을 허용해준 공소외 2의 행위와 별개의 행위인 피고인의 촬영 행위가 개입되었기 때문에 발생한 것이고, 개인정보 보호법 제71조 제9호가 본래 상정하였던, 하나의 '제공' 행위를 매개로 제공한 자와 제공받은 자가 존재하는 상황과는 큰 차이가 있다. 만약 공소외 2가 CCTV 열람과 함께 피고인의 촬영 행위를 허용하였다면 이를 하나의 '제공' 행위로 볼 여지가 있을 것이다. 그러나 그와 같이 볼 수 있는 특별한 사정이 없는 한, 대상판결 사안의 피고인을 개인정보 보호법 제71조 제9호에 근거하여 처벌할 수는 없다.

보를 제공받지 아니하더라도 개인정보 보호법 제71조 제5호의 '개인정보를 제공받은 자'에 해당된다"라고 하여, 개인정보를 '제공한 자'에게서 개인정보를 제공받은 자로부터 다시 그 개인정보를 '제공받은 자'도 제71조 제9호의 구성요건에 해당한다고 보았다.

4. 판결의 의의

대상판결은 개인정보 '제공'의 개념을 다룬 몇 안 되는 대법원 판결이라는 점에서 의미가 깊다. 다만 대상판결에서 영상정보를 시청함으로써 개인정보를 지득한 것을 두고 개인정보의 관리·처분권을 이전받은 것, 즉 개인정보를 제공받은 것으로 평가한 부분은 선뜻 수긍하기 어렵다. 나아가 죄형법정주의에 원칙에 비추어보면, 위와 같이 개인정보 '제공'의 개념을 넓게 해석하는 것이 타당하다고는 생각되지 않는다. 대상판결의 결론에 아쉬움이 남는 이유이다.

80 법원과 개인정보처리자의 지위

대법원 2024. 12. 12. **선고** 2021도12868 **판결**[1)]

강영수 (개인정보 분쟁조정위원장, 법무법인(유한) 광장 변호사)

1. 사안의 개요

관련 가처분 사건의 신청인들(주식회사 및 개인)은 피신청인들(이 사건 피고인 및 그 남편)이 신청인들을 비방하는 내용의 유인물을 배포하고, 이를 인터넷 게시판에 게시하는 등 방법으로 신청인들의 영업을 방해하고 있다고 주장하며, 피신청인들을 상대로 법원에 영업방해금지 가처분 신청을 하였다. 이후 신청인들은 법원에 준비서면과 함께 A가 작성한 사실확인서를 소명자료로 제출하였는데, 그 사실확인서에 A의 개인정보가 기재되어 있는 운전면허증 사진이 첨부되어 있었다.[2)]

피신청인 중 1인인 피고인은 법원으로부터 위 준비서면 및 운전면허증 사진이 첨부된 사실확인서를 송달받은 후, 운전면허증 사본을 휴대전화로 사진촬영하여 입주자대표, 비상대책위원장 등에게 전송하였다.

피고인은 정보주체 A로부터 별도의 동의를 받지 아니하고, 개인정보처리자인 법원으로부터 제공받은 A의 개인정보를 제3자에게 제공하였다는, 개인정보 보호법 제19조 위반죄로 공소제기되었다.

---

1) [참조 및 관련 판례] 대법원 2025. 7. 18 선고 2023도3673 판결(공2025하, 1605) 등.
[관련 평석 및 문헌] 최지아, "재판사무 주체로서의 법원(수소법원)이 개인정보처리자에 해당하는지", 대법원판례해설 제142호, 법원도서관, 2025.

2) 재판실무에서 제3자의 사실확인서 등을 법원에 증거자료로 제출할 때 그 서면이 작성명의자에 의하여 진정하게 작성되었다는 취지로 통상 그 제3자의 신분증(주민등록증, 운전면허증 등) 사본이나 인감증명을 첨부하고 있다.

2. 판결의 요지

가. 1심판결(부산지방법원 서부지원 2020. 8. 13. 선고 2019고정1021 판결) 및 원심판결(부산지방법원 2021. 9. 10. 선고 2020노2688 판결)

제1심은 "피고인이 A의 개인정보를 취득하는 과정"을 개인정보처리자로부터 개인정보를 제공받았다고 볼 수 있는지를 살펴보면서, 다음과 같은 이유로 피고인에게 무죄를 선고하였다.

"A가 작성한 사실확인서에 자신의 신분증이 첨부되어 있기는 하나 법원은 채권자들이 제출한 소송서류의 부본을 기계적으로 소송상대방인 피고인에게 송달하였을 뿐이어서, 그 과정에서 법원이 A의 개인정보를 검색할 수 있도록 배열하거나 구성하여 개인정보파일을 운용하였다고 보기 어렵고, 달리 이를 인정할만한 증거가 없다.

따라서 법원이 A에 대한 개인정보에 대하여 개인정보처리자의 지위에 있다고 보기 어려우므로, 피고인이 법원에서 송달받은 서류를 통해 A의 개인정보를 알게 되어 이를 제3자에 제공하였다고 하더라도 개인정보 보호법 제19조를 위반하였다고 볼 수 없다."

원심은 제1심 판단을 그대로 원용하면서 검사의 항소를 기각하였다.

원심에서 검사는, 피고인이 업무상 알게 된 A의 개인정보를 누설하였다는, 개인정보 보호법 제59조 제2호 위반죄를 예비적 공소사실로 추가하였으나, 원심은 아파트 경리인 피고인의 직업 등에 비추어 A의 운전면허증 사본이 피고인이 개인정보를 처리하는 업무와 관련하여 알게 된 개인정보라는 점을 인정할 증거가 없다는 이유로 무죄를 선고하였다.[3)]

검사는 주위적 공소사실인 개인정보 보호법 제19조 위반 부분에 관하여만 상고하였다.

나. 대법원 판결

사법부 고유 업무인 재판사무와 법원의 행정사무는 업무 목적과 내용 등에서 구별되고, 개개의 사건에 대하여 재판사무를 담당하는 법원(수소법원)은 '개인정보처리자'에서 제외된다.

재판사무의 주체로서 법원이 재판에서 개별 사건을 단위로 당사자의 주장과 증거제출 등을 통해 심리를 진행한 다음 공권적 판단을 내림으로써 쟁송을 해결하거나 국가형벌권을 실현하기 위한 재판 과정에서 증거나 서면의 일부 등으로 개인정보를 처리하더라도, 다수의 개인정보 그 자체를 쉽게 검색할 수 있도록 일정한 규칙에 따라 체계적으로 배열하거나 구성한 집합물, 즉 개인정보파일을 운용하기 위하여 개인정보를 처리하는 것이라고 볼 수 없다.

3) 개인정보 보호법 제59조에 관하여는, 대법원 2025. 7. 3 선고 2023도5226 판결 등에 관한 평석 참조.

따라서 수소법원이 그 재판권에 기하여 법에서 정해진 방식에 따라 행하는 공권적 통지행위로서 여러 소송서류 등을 송달하는 경우에는 '개인정보처리자'로서 개인정보를 제공한 것으로 볼 수 없다.

3. 해설

가. 사건의 쟁점

개인정보 보호법[4] 제19조는 '개인정보처리자'로부터 개인정보를 '제공'받은 자는 정보주체로부터 별도의 동의를 받거나 다른 법률에 특별한 규정이 있는 경우를 제외하고는 개인정보를 제공받은 목적 외의 용도로 이용하거나 이를 제3자에게 제공하여서는 아니 된다고 규정하고 있고, 제71조 제2호는 제19조를 위반하여 개인정보를 이용하거나 제3자에게 제공한 자를 처벌하도록 규정하고 있다. 따라서, 개인정보 보호법 제71조 제2호, 제19조 위반죄는 피고인이 '개인정보처리자'로부터 개인정보를 '제공'받은 경우에 성립할 수 있다.

이 사건에서 피고인은 가처분사건의 피신청인으로서, 그 소송과정에서 법원으로부터 송달받은 신청인들의 준비서면에 첨부되어 있는 A의 운전면허증 사진에 기재된 개인정보를 동의 없이 제3자에게 보낸 것으로 공소제기되었다.

피고인에게 A의 개인정보가 포함된 준비서면을 송달의 방법으로 전달한 주체는 법원이다. 즉 법원이 개인정보 보호법의 '개인정보처리자'에 해당하고, 법원의 송달을 개인정보의 제공으로 볼 수 있어야만 제19조의 요건에 해당할 수 있는 것이다.

다. 대상판결의 의미

(1) 법원의 의미 : 사법행정상 법원과 수소법원

통상적으로 사법부를 지칭하는 법원은, 넓은 의미로는 재판권을 행사하는 국가기관을 총칭하는 것으로서 재판기관뿐 아니라 법원직원을 포함한 복합적 기관을 의미하고(사법행정상 법원, 조직법상 법원),[5] 좁은 의미로는 사법권 중 고유의 재판사무를 처리하기 위하여 법관으로 구성된 재판기관을 의미한다(수소법원, 소송법상 법원). 소송법상 법원인 재판기관은 수소법원으로서 소송사건을 접수·심리·판단하는 기능을 하고, 집행법원으로서 스스로 일정한

4) 이하 개인정보 보호법 규정을 언급할 때에는 단순히 해당 조문만을 기재한다.

5) 사법행정상 법원은 최고법원인 대법원과 각급 법원으로 조직되는데(헌법 제101조 제2항), 구체적으로 법원조직법 제3조에서 고등법원, 특허법원, 지방법원, 가정법원, 행정법원, 회생법원 등을 두도록 규정하고 있다.

강제집행을 실시하거나 집행관의 강제집행실시를 감독하는 기능을 한다.[6] 이처럼 기능적으로는 확연히 구별되지만, 외부적으로 드러나는 모습은 잘 구별되지 않는다.

사법행정상 법원에는 사법부 고유의 재판사무 이외에 여러 가지 일반 행정사무가 존재한다. 재판사무는 헌법에 의하여 사법부인 법원에 부여된 고유업무로서 판단작용이며, 일반 행정작용과는 그 성질을 달리한다. 즉, 법원에는 재판사무를 담당하는 재판부 외에도 대법원의 법원행정처, 사법연수원, 사법정책연구원, 법원도서관 등을 비롯하여 일선 법원의 사무국 등이 설치되어 각급 법원의 인사·예산·회계·시설·통계·송무·등기·가족관계등록·공탁·집행관·법무사·법령조사 및 사법제도연구에 관한 사무 등 다양한 사법행정사무를 관장하고 있다.[7]

(2) 수소법원은 개인정보처리자가 되지 아니함

1) 개인정보 보호법에서 공공기관도 '개인정보처리자'가 될 수 있음을 명시하고 있는데(제2조 제5호),[8] 그 '공공기관'을 국회, 법원, 헌법재판소, 중앙선거관리위원회의 '행정사무'를 처리하는 기관 등으로 규정하고 있다(제2조 제6호). 위 문언을 엄격히 해석하면, 법원의 행정사무를 처리하는 기관이 공공기관으로서 개인정보처리자가 될 수 있게 된다. 즉 법원의 고유작용인 재판사무는 행정사무와 구별되므로, 법원이 재판사무를 처리하는 기관으로서 작동하는 한 개인정보처리자에서 제외된다는 것이다.

대상판결은 위와 같은 입법취지와 법률 문언에 충실하게, 법원을 고유업무인 재판사무를 담당하는 기관으로서의 법원(수소법원)과 행정사무를 처리하는 기관으로서의 법원(조직법상 법원)을 구별한 후, 뒤의 행위에 대하여만 개인정보처리자로서의 규정이 적용된다고 보았다. 나아가 송달은 재판권의 작용으로서 행하여지는 명령적·공증적 통지행위로서, 법정의 방식에 따라 행하는 공권적 통지행위이므로,[9] 법원의 송달은 개인정보처리자로서의 행위가 아닌 것이 된다.

원심은 수소법원이라 하더라도 특정 개인정보와의 관계에서는 개인정보처리자가 될 수 있는 여지를 남겨두었는데, 그 결론에 이르는 논리 과정에 대상판결과 차이가 있다.

2) 한편, 개인정보 보호법에서는 법원뿐 아니라 국회, 헌법재판소, 선거관리위원회에 대하여는 헌법기관으로서의 독립성을 존중하여 다른 국가 공공기관과 달리 특별한 규정들을

6) 법원행정처, 법원실무제요 민사소송(Ⅰ), 2017, 17면 등 참조.

7) 법원조직법 제19조(법원행정처) 참조.

8) 현행 개인정보 보호법은 공공부문과 민간부문을 구분하지 않고 하나의 법률에 의하여 규율하는 단일법 주의를 채택하고 있다(최경진 외 12인, 개인정보 보호법, 박영사, 2024, 81면 등 참조).

9) 법원행정처, 법원실무제요 민사소송(Ⅱ), 2017, 822면 등 참조. 따라서, 적법하게 송달이 행하여진 이상 송달받을 사람이 현실적으로 서류의 내용을 알았는지 여부와 관계 없이 법적으로 정해진 효과가 발생하는데, 이런 점에서 사법상 의사표시의 도달과 구별된다.

두고 있다. 즉, 개인정보 보호를 위한 기본계획의 수립(제9조 제3항), 개인정보 보호지침의 수립 및 시행(제12조 제3항), 개인정보파일 등록 및 공개에 관한 독립된 규칙 제정(제32조 제6항), 개인정보 영향평가(제33조), 소속기관 등에 대한 의견제시 및 개선권고(제61조 제4항), 소속기관 등에 대한 시정조치(제64조 제2항) 등에 있어 일정한 정도 기관의 자율성을 부여하고 있다. 이처럼 법원 등에 관하여는 다른 공공기관과는 다른 독립성을 인정하는 전제에서 그 고유한 재판작용 등에 관하여는 개인정보처리자로서의 지위를 부여하지 않는 특별 규정을 둔 것으로 이해할 수도 있을 것이다.

3) 대상판결에서는 재판사무의 주체로서의 법원이 재판과정에서 증거나 서면의 일부 등으로 개인정보를 처리하더라도 이를 개인정보파일[10)]을 운용하기 위하여 개인정보를 처리하는 것이라고 볼 수 없다고 명확하게 판단하였다. 개인정보 보호법의 문언 해석을 엄격하게 함으로써 수소법원의 송달 등 개인정보 처리를 개인정보처리자의 범위에서 손쉽게 제외할 수 있음에도 이처럼 추가적으로 판시한 것은 법원의 재판사무 관련 개인정보 처리가 개인정보파일 운용하기 위함이 아니므로, 그 자체로도 개인정보처리자 본래의 의미에 해당하지 않는다는 그 실질적 근거를 제시한 것으로 볼 수 있다. 그러나 재판과정에서의 개인정보 처리도 일정한 경우 그 행위 자체만을 외형적·객관적으로 보면 개인정보파일의 운용이라고 볼 수도 있을 것이므로, 이렇게 획일적으로 단정하여 판단할 수 있는지에 관하여는 다소 의문이 있다.

4) 대상판결에 따르면, 수소법원은 개인정보처리자가 아니므로 그로부터 송달 등 방식으로 개인정보를 전달받아 제3자에게 다시 제공하더라도 이를 처벌할 수 없게 되어, 개인정보의 누설 등을 막지 못하는 흠결이 생기게 된다.[11)] 또한, 다른 공공기관이나 수소법원이 아닌 행정사무를 수행하는 법원으로부터 개인정보를 제공받은 경우와 달리 취급되어 형평에 어긋나 보이기도 하나, 현행법 해석상 불가피해 보인다.

최근 대법원에서 "재판 사무를 담당하는 법원이 피고인 신청에 따라 재판기록을 열람·복사할 수 있도록 했더라도 '개인정보 처리자'로서 개인정보를 제공한 것으로 볼 수 없다"고 판시하면서, 피고인이 자신의 형사사건 재판기록을 확인하기 위하여 열람, 복사 신청을 하여 받은 판결문 사본에 기재된 공동피고인의 개인정보를 개인적 용도로 이용한 경우에 처벌할 수 없다고 판단하였는데,[12)] 대상판결과 같은 취지를 선언한 것으로 이해할 수 있다.

---

10) "개인정보파일"이란 개인정보를 쉽게 검색할 수 있도록 일정한 규칙에 따라 체계적으로 배열하거나 구성한 개인정보의 집합물(集合物)을 말한다(개인정보 보호법 제2조 제4호).

11) 물론 민사소송법 제163조 제3항, 형사소송법 제35조 제3항에 의한 개인정보 보호조치가 이루어질 수 있으나, 그 효과는 제한적일 수밖에 없다.

12) 대법원 2025. 3. 13. 선고 2025도266 판결.

(3) 행정사무 처리기관으로서의 법원

대상판결에 따르더라도 고유의 재판사무가 아닌 사법행정사무를 담당하는 범위에서는 법원도 개인정보처리자가 될 수 있다. 예컨대, 법관 또는 법원직원을 채용하거나, 감정인 또는 국선변호인을 선정하기 위하여, 또는 학술행사 등을 개최하기 위하여 법원이 개인정보를 수집·정리하는 경우가 이에 해당한다. 법원이 소송기록이나 등기부, 가족관계등록부 등을 보관하는 공공기관 지위에서 다른 공공기관의 자료제출요구나 송부촉탁을 받아 자료를 보내는 경우에는 다른 공공기관과 마찬가지로 개인정보처리자가 될 수 있다.

법관이 아닌 사법보좌관의 업무라도 일정한 경우에는 법원의 재판사무로 볼 수 있을 것이다. 종래 법관의 업무가 과중함에도 법관의 대폭 증원이 어려운 상황에서 소송비용액 확정, 독촉 및 공시최고, 집행문 부여명령, 강제집행 절차 등 법관의 일부 업무를 사법보좌관에게 배분한 것이다.[13] 사법보좌관은 법관의 감독을 받아 업무를 수행하며, 사법보좌관의 처분에 대해서는 법관에게 이의신청을 할 수 있으므로(법원조직법 제54조 제3항), 사법보좌관의 사무처리라 할지라도 재판권의 작용으로 볼 수 있으면 개인정보처리자가 될 수 없다고 본다.

일선 법원의 재판을 담당하는 재판부라 하더라도 고유의 재판사무가 아닌 일반 행정사무를 처리한다면, 수소법원의 지위에서 한 것이 아니므로 개인정보처리자에 해당할 여지가 있고, 수소법원이라 하더라도 송달이 아닌 사적인 임의 방식으로 개인정보가 제공된 경우에는 위법할 수 있을 것이다.

(4) 송달과 개인정보의 '제공'

개인정보 보호법에서는 개인정보의 처리의 한 유형으로 '제공'을 규정하고 있을 뿐(제2조 제2호[14]) 그 개념을 정의하고 있지는 아니하나, 제12조에 따라 개인정보보호위원회가 제정한 표준 개인정보보호지침 제8조 제1항에서는 '제공'을 '개인정보의 저장 매체나 개인정보가 담긴 출력물·책자 등을 물리적으로 이전하거나 네트워크를 통한 개인정보의 전송, 개인정보에 대한 제3자의 접근권한 부여, 개인정보처리자와 제3자의 개인정보 공유 등 개인정보의 이전 또는 공동 이용 상태를 초래하는 모든 행위'라고 규정하고 있다.

이처럼 제공은 현실적으로 제3자에의 개인정보 지배·관리권의 이전 또는 공동 이용 상태를 초래하는 모든 사실적 및 법률적 행위를 포괄하는 개념으로 볼 수 있다.[15] 대상판결에

---

13) 법원행정처, 법원실무제요 민사소송(Ⅰ), 2017, 21면 등 참조.

14) "처리"란 개인정보의 수집, 생성, 연계, 연동, 기록, 저장, 보유, 가공, 편집, 검색, 출력, 정정(訂正), 복구, 이용, 제공, 공개, 파기(破棄), 그 밖에 이와 유사한 행위를 말한다.

15) 대법원 2024. 8. 23 선고 2020도18397 판결도 "'개인정보를 제공받은 자'에 해당한다고 보기 위해서는 개인정보를 처리하거나 처리하였던 자가 누설하거나 권한 없이 다른 사람이 이용하도록 제공한 개인정보의

서도 판단된 바와 같이 '송달'은 재판권에 기하여 법에서 정해진 방식에 따라 행하는 공권적 통지행위이다. 그렇지만, 송달의 법적 형식이나 성질 등은 별론으로 하고, 송달로 인하여 개인정보의 지배·관리권이 현실적으로 제3자에게 이전되는 이상 '제공'이라고 보아야 할 것이다.[16] 대상판결도 이를 전제로 하여 수소법원의 개인정보처리자 여부를 판단한 것으로 이해할 수 있을 것이다.

라. 대상판결의 적용범위 확대 검토

(1) 다른 헌법기관

개인정보 보호법은 법원뿐 아니라 다른 헌법기관인 국회, 헌법재판소, 중앙선거관리위원회에 관하여도 같은 취지의 규정을 두고 있다(제2조 제6호). 즉 국회, 헌법재판소, 중앙선거관리위원회의 경우에도 '행정사무'를 처리하는 기관, 즉 국회사무처, 국회도서관, 국회입법조사처, 국회예산정책처, 헌법재판소 사무처, 중앙선거관리위원회 사무처 등이 개인정보처리자가 될 수 있는 공공기관에 해당한다.[17]

대상판결과 같은 논리를 그대로 적용하면, 개인정보 보호법 규정에 따라, 입법부인 국회의 입법사무, 헌법재판소의 헌법재판업무, 중앙선거관리위원회의 선거관리업무 등 헌법기관인 각 기관의 고유업무는 일반 행정사무와 구별되는 한도에서는 그 고유업무를 처리하더라도 개인정보처리자에 해당하지 않을 수 있게 된다.

그러나 대상판결에서도 명시하였듯이, 위 개인정보 보호법 제2조 제6호의 형식적인 문언이나 규정체계 이외에도, 법원의 경우에 '행정사무를 처리하는 기관'으로서의 법원과 '재판사무를 처리하는 기관'으로서의 법원이 개념적으로 구별된다는 점도 개인정보처리자에서 제외하는 실질적 근거가 된다고 볼 수 있다.

헌법재판소의 경우에는 넓은 의미의 사법재판작용을 담당하는 재판부를 가지는 기관으로서 법원과 같이 '(헌법)재판사무'와 '행정사무'를 구별할 수 있으므로, 대상판결의 법리가 그대로 적용되어 헌법재판 과정에서의 송달이 있었다 하더라도 개인정보처리자로서의 행위가 되지 않을 것이다. 그러나, 국회나 중앙선거관리위원회의 경우에는 구체적 개별 행위에 대하여 고유의 입법사무 또는 선거관리사무인지 일반 행정사무인지를 준별하기가 어렵고, 법원과 같이 수소법원 개념을 상정하기도 어려우므로, 개인정보처리자에서 제외되는 범위를 명확하게 상정하기가 쉽지 않을 것이다.

지배·관리권을 이전받을 것을 요한다"고 판시하였다.

16) 개인정보보호위원회, 개인정보 보호 법령 및 지침·고시 해설, 2020, 106면 참조.

17) 개인정보보호위원회, 개인정보 보호 법령 및 지침·고시 해설, 2020, 23면 참조.

(2) 법원 이외의 독립된 심판기관

중앙행정기관 및 그 소속기관 등도 공공기관으로서 개인정보처리자가 될 수 있다. 그런데 중앙행정기관이나 그 소속기관 중에서 독립된 심판작용을 담당하는 경우, 예컨대 중앙노동위원회·금융위원회·공정거래위원회·개인정보보호위원회의 의결, 특허심판원·조세심판원 등의 심판, 대한상사중재원의 중재, 언론중재위원회·개인정보분쟁조정위원회·의료분쟁조정위원회 등의 조정 등 사법판단과 유사한 작용을 하는 과정에서 송달이 이루어진 경우에 대상판결이 적용될 수 있을지는 불분명하다.

우선 개인정보 보호법 제2조 제6호에서는 법원 등과 달리 '행정사무를 처리하는 기관'으로 한정하고 있지 않으므로, 위 기관의 모든 사무에 개인정보처리자 규정이 적용될 수 있다. 그러나 그 행위의 실질이 독립적으로 구성되고 운용되는 심판기관에서 심리 등을 진행한 다음 공권적 판단을 내림으로써 쟁송을 해결한다는 기능적 측면에서는 법원의 재판사무와 본질적으로 구별되지 않는다. 물론 법원의 재판사무는 공권적 판단으로 쟁송을 궁극적으로 해결하고 국가 형벌권을 실현한다는 측면에서 엄격한 법적 절차에 따라 이루어지는 강력한 것으로 다른 절차와는 평면적으로 비교되기 어렵고, 그렇기에 대상판결에서도 개인정보처리자로 보지 않은 것이다. 그렇지만, 각종 위원회 등의 심리과정에서 형식적이고 기계적으로 이루어지는 송달 등 통지행위를 달리 보아야 하는 실질적 차이를 찾기는 어려워 보인다. 결국 이는 필요하다면 입법으로 해결되어야 하는 부분이라고 본다.

4. 대상판결의 의의

(1) 대상판결은 법원을 고유업무인 재판사무를 담당하는 기관으로서의 법원과 행정사무를 담당하는 기관으로서의 법원을 구별한 후, 재판사무를 처리하면서 법령에 따라 공권적 통지행위로서 행하는 송달은 개인정보처리자로서의 행위가 아닌 것으로 보았다.

법원이 재판작용으로서 행하는 공권적 통지행위인 송달을 '개인정보처리자'의 정보제공으로 보는 것은 개인정보 보호법 제2조 제6호의 문언에 부합하지 않으며, 현실적으로도 수소법원이 심리를 진행하는 과정에서 아무런 가공 등 처리 없이 기계적으로 송달하는 것에 개인정보 보호법을 적용하는 것은 무리가 있다. 법원의 소송서류 등 송달은 개인정보의 제공을 본질적 목적으로 하는 것이 아니라 재판사무를 수행하기 위하여 법률에 따라 기계적으로 행하는 것이므로, 개인정보 보호법에서 예정하고 있는 규제 대상으로 보기도 어렵다. 이런 관점에서 대상판결을 이해할 수 있을 것이다.

종래 하급심에서는 소송과정에서 법원으로부터 송달받은 자료나 판결문에 기재된 개인정보를 제3자에 전달한 경우 제19조 위반으로 인정되어 그대로 확정된 사례가 많았는데,[18] 대상판결이 선고됨으로써 정리가 되었다.

(2) 어찌되었던, 대상판결은 수소법원이 재판사무를 수행하는 과정에는 개인정보 보호법이 개재될 여지를 대폭 줄여줌으로써 원활한 재판사무 수행을 기대할 수 있게 되었다. 다만, 정보주체의 입장에서는 수소법원의 송달 방식에 의한 자신의 개인정보 제공을 다른 행정기관에 의한 개인정보 제공과 달리 보아야 할 본질적 차이를 느끼지 못할 수도 있고, 어느 경우나 마찬가지로 정보주체의 개인정보 보호 필요성이 있을 수도 있지만, 현행법의 해석상 불가피해 보인다.

일정한 경우에는, 이 사건 원심에서 예비적으로 추가된 공소사실과 같이 개인정보의 누설에 관한 규정(제59조 제2호)이 적용되어 보호될 수 있을 것이나, 현실적으로 '업무상' 알게 된 개인정보라는 요건 등을 충족하기기 쉽지 않을 것이다.

(3) 나아가 향후 입법이나 판례 등을 통하여 개인정보 보호법의 적용범위를 명확하게 할 필요가 있다. 대상판결에 의하더라도 법원의 재판사무가 송달을 넘어 그 어디까지 해당하는지 그 영역이 명확하지 않은 경우도 많을 것이다. 이처럼 현행 개인정보 보호법의 문언이나 판례만으로 판단할 수 없는 불분명한 영역에 관하여는 그 행위의 실질적 작용과 정보주체에 미치는 영향을 고려하여 신중하게 적용범위를 설정해야 할 것이다.

18) 서울중앙지방법원 2022. 1. 12 선고 2021고정1657 판결; 수원지방법원 안양지원 2022. 11. 22 선고 2022고정297 판결 등.

81-1 '개인정보를 제공받은 자'의 의미

대법원 2025. 2. 13. 선고 2020도14713 판결[1)]

고학수 (서울대학교 교수)

1. 사안의 개요

고등학교 교사인 피고인은 서울특별시교육청으로부터 대학수학능력시험 고사장에서 시험감독업무를 수행하는 감독관으로 위촉되었다. 피고인은 업무 수행의 과정에서 수험생의 성명, 주민등록번호, 연락처, 주소 등의 개인정보가 포함된 응시원서를 제공받고 이를 각 수험생의 수험표와 대조하는 작업을 하였고, 이를 통해 파악한 정보를 이용하여 시험이 종료된 뒤 한 수험생의 연락처로 "사실 00씨가 맘에 들어서요" 등의 메시지를 발송하였다. 피고인은 구 개인정보 보호법(2020. 2. 4. 법률 제16930호로 개정되기 전의 것, 이하 '개인정보 보호법'이라 한다) 제19조 위반 혐의로 기소되었다. 피고인이 개인정보 보호법 제19조에서 규정하고 있는 수범주체인 '개인정보처리자로부터 개인정보를 제공받은 자'에 해당함을 전제로, 제공받은 목적 외의 용도로 개인정보를 이용한 것에 관하여 처벌조항인 제71조 제2호를 적용하여 공소가 제기된 것이다.

제1심 법원은 피고인에게 무죄를 선고하였다(서울중앙지방법원 2019. 12. 12. 선고 2019고단3278 판결). 피고인이 개인정보 보호법에서 정한 '개인정보취급자'에 불과할 뿐 제19조에 정한 '개인정보처리자로부터 개인정보를 제공받은 자'에 해당하지 않는다고 본 것이다. 하지만 항소심 법원은 이와 다르게 판단하였다. 항소심 법원은 피고인이 감독업무 수행을 위해 개인정보처리자인 서울특별시교육청으로부터 개인정보를 '제공' 받았으므로, 피고인이 제19조의 수범주체인 '개인정보처리자로부터 개인정보를 제공받은 자'에 해당한다고 보고 유죄로 판단하였다(서울중앙지방법원 2020. 10. 15. 선고 2019노4259 판결).

---

1) [관련 판례] 대법원 2020. 3. 12. 선고 2017도13793 판결; 대법원 2019. 10. 31. 선고 2019도11690 판결; 대법원 2017. 4. 7. 선고 2016도13263 판결; 대법원 2015. 12. 10. 선고 2015도3540 판결.
[관련 평석] 장준영, "'개인정보를 제공받은 자'와 '개인정보취급자'의 구분 기준", 개인정보 판례백선, 박영사, 2022.

대법원은 원심을 파기환송하면서, 임직원, 파견근로자, 시간제근로자 등 개인정보처리자의 지휘·감독을 받아 개인정보를 처리하는 자인 '개인정보취급자'가 개인정보처리자의 업무 수행을 위하여 개인정보를 이전받는 경우에는 제19조의 수범주체인 '개인정보처리자로부터 개인정보를 제공받은 자'에 해당하지 않는다고 판시하였다.

사안의 핵심 쟁점은, 개인정보취급자가 개인정보처리자의 업무 수행을 위하여 개인정보를 이전받는 경우에, 개인정보 보호법 제19조에 규정된 '개인정보처리자로부터 개인정보를 제공받은 자'에 해당하는지 여부이다. 이 중에서도 '제공받은 자'를 어떻게 특정할 것인지가 중요한 쟁점이다.

2. 판결의 요지

가. 원심판결(서울중앙지방법원 2020. 10. 15. 선고 2019노4259 판결)

원심은 피고인이 '개인정보처리자로부터 개인정보를 제공받은 자'에 해당한다고 보아 제1심판결을 파기하고 피고인에 대해 유죄를 선고하였다. 원심은, (1) 개인정보 보호법 제17조 제1항에 규정된 개인정보 제공의 태양에 '공유'가 포함되어 있어, 개인정보처리자가 개인정보를 공유할 정도로 밀접한 관계에 있는 자를 제3자에서 제외하고 있지 않은 점, (2) 개인정보 보호법상 개인정보를 제3자에게 제공할 수 있는 상황에 '공공기관이 법령 등에서 정하는 소관 업무의 수행을 위하여 불가피한 경우'가 포함된다고 해석된다는 점(제17조 제1항 제2호, 제15조 제1항 제3호), (3) 개인정보 보호법 제28조에 별도로 개인정보취급자 규정을 두고 있기는 하지만, 이는 개인정보처리자에게 개인정보취급자에 대한 적절한 관리·감독 및 교육 의무를 부과하는 규정이어서 개인정보처리자가 제3자에게 개인정보를 제공하는 경우에 부담하게 되는 의무사항과 명백히 구분되므로 이를 제19조의 '개인정보를 제공받은 자'의 범위를 제한하는 근거로 보기 어려운 점, (4) 개인정보취급자란 '다른 사람을 통하여' 개인정보를 처리하는 경우에 상응하는 개념으로서, 자신의 의사에 따라 개인정보를 처리할 수 없고 오로지 개인정보처리자의 지휘·감독을 받아 개인정보파일 운용에 관여하는 행위를 하는 자를 의미한다고 할 것인 점 등을 판단의 근거로 제시하였다. 이에 따라, 피고인이 개인정보 보호법 제28조에서 정한 '개인정보취급자'에 불과하여 제19조에서 정한 '개인정보처리자로부터 개인정보를 제공받은 자'에 해당하지 않는다고 판단한 제1심판결을 파기하고 유죄를 선고하였다.

나. 대법원 판결

대법원은 원심이 법리를 오해했다며 원심판결을 파기하였다. 임직원, 파견근로자, 시간제근로자 등 개인정보처리자의 지휘·감독을 받아 개인정보를 처리하는 자인 개인정보취급자가 개인정보처리자인 서울특별시교육청의 업무 수행을 위하여 개인정보를 이전받는 경우에, 해당 개인정보취급자는 '개인정보처리자로부터 개인정보를 제공받은 자'에 해당하지 않는다고 설시하였다.

대법원은, "개인정보의 '제3자 제공'은 본래의 개인정보 수집·이용 목적의 범위를 넘어 그 정보를 제공받는 자의 업무처리와 이익을 위하여 개인정보의 지배·관리권이 이전되는 것으로, 개인정보처리자가 개인정보의 지배·관리권을 그대로 유지하면서 개인정보처리자의 업무처리와 이익을 위하여 내부적으로 개인정보를 이용하는 것과 구별된다"고 설명하였다. 그리고 "개인정보처리자의 의사에 따라 개인정보처리 업무를 직접 수행하는 개인정보취급자가 개인정보처리자로부터 정보주체의 개인정보를 이전받더라도 이와 같은 이전은 '제3자 제공'에 해당한다고 볼 수 없다"고 판단하였다.

피고인은 "개인정보처리자인 서울특별시교육청의 지휘·감독 하에 수험생들의 개인정보를 처리한 자로 개인정보취급자에 해당할 뿐, 개인정보처리자인 서울특별시교육청으로부터 '개인정보를 제공받은 자'로 보기 어렵다"는 것이 대법원의 판단이었다.

3. 해설

가. '개인정보를 제공받은 자'의 개념

개인정보 보호법 체계상 '제3자 제공'의 개념은 실무적으로 상당히 중요한 개념이다. 개인정보처리자가 개인정보를 수집한 뒤, 이를 온전하게 스스로 처리하지 않고 제3자의 도움을 받아 처리하게 되는 상황이 흔하게 나타나기 때문이다. 이에 따라, 제3자에게 개인정보를 이전하여 처리하게 되는 상황을 법적으로 어떻게 해석해야 할지에 관한 질문이 반복적으로 나타난다. 제3자에게 개인정보를 이전하게 되는 상황 중에서 흔히 언급되는 것 하나는 '제3자 제공'이다. 대상판결은 '제3자 제공'의 법적 개념과 관련하여, '정보를 제공받는 자의 업무처리와 이익을 위하여 개인정보의 지배·관리권이 이전되는 것'을 핵심적인 개념 지표로 명확히 제시했다는 데 중요한 의의가 있다. 즉, (1) 개인정보를 이전받는 자의 '독자적 이익'이 존재하는지 여부와 (2) 개인정보의 '지배·관리권'이 이전되었는지 여부가 '제3자 제공'이 이루어졌는지를 판단함에 있어 중요한 기준이 되는 것이다.

대법원은 개인정보 보호법의 체계와 문언에도 주목하였다. 개인정보의 수집, 이용, 제공 등에 관한 사항은, 개인정보 보호법 제15조, 제16조, 제17조, 제18조, 제19조를 통해 주로 규율된다. 좀 더 구체적으로, 개인정보 보호법은 개인정보처리자의 개인정보 수집·이용에 관하여 규정한 다음(제15조, 제16조), 개인정보처리자가 수집한 개인정보를 제3자에게 제공할 수 있는 경우를 규정한다(제17조). 그리고 개인정보처리자가 개인정보를 목적 외의 용도로 이용하거나 이를 제3자에게 제공할 수 있는 상황에 관하여 규정한 뒤(제18조 제2항), '개인정보처리자로부터 개인정보를 제공받은 자'를 수범자로 하여 정보주체로부터 별도의 동의를 받거나 다른 법률에 특별한 규정이 있는 경우를 제외하고는 개인정보를 제공받은 목적 외의 용도로 이용하거나 이를 제3자에게 제공하여서는 아니 된다고 규정하는 체계(제19조)를 두고 있다. 이와 같은 법령의 체계와 문언에 비추어 보면, 개인정보 보호법 제19조에서 말하는 '개인정보처리자로부터 개인정보를 제공받은 자'라 함은 같은 법 제17조, 제18조 등에 규정된 바에 따라 개인정보처리자로부터 개인정보의 지배·관리권을 이전받은 그 제3자를 의미하는 것으로 봐야 한다는 것이 대법원의 설명이다.

다른 한편, 대법원의 설시에 따르면 개인정보 처리에 관한 '독자적 이익'이 존재하지 않거나 개인정보의 '지배·관리권'이 이전되지 않은 상황은 '제3자 제공'이라 보기 어렵다. 개인정보가 제3자에게 이전되기는 하지만 '제3자 제공'이라 보기 어려운 상황에 관해서는 별도의 법리가 적용되어야 한다.

나. '개인정보취급자'의 개념

실제로 개인정보를 처리하는 주체와 관련하여, 개인정보처리자와 구분되는 중요한 개념으로 개인정보취급자가 있다. 우선 개인정보처리자란 업무를 목적으로 개인정보파일을 운용하기 위하여 스스로 또는 다른 사람을 통하여 개인정보를 처리하는 공공기관, 법인, 단체 및 개인 등을 말한다(개인정보 보호법 제2조 제5호). 개인정보 보호법상 개인정보처리자는 개인정보를 처리하는 핵심적인 주체가 된다. 한편, 개인정보취급자란 '임직원, 파견근로자, 시간제근로자 등 개인정보처리자의 지휘·감독을 받아 개인정보를 처리하는 자'를 말한다(개인정보 보호법 제28조). 개인정보취급자는 '개인정보처리자의 지휘·감독을 받아' 개인정보를 처리한다는 점에서, 독자적으로 개인정보를 처리하는 주체가 되는 것이 아니라 개인정보처리자의 업무 일부를 부분적으로 수행하는 등의 제한적 역할을 하게 된다.

그런데 법조항만으로는 개인정보취급자의 개념이 상당히 다양하게 해석될 가능성이 있다. 예를 들어, 개인정보처리자 내부자에 국한되는 개념이라 해석될 수도 있고 개인정보처리자 외부자까지 포함될 수 있는 개념으로 볼 수도 있다. 다만 '임직원, 파견근로자, 시간제근로자' 등의 예시가 법에 제시되어 있는 것을 통해, 다양한 고용형태를 모두 아우르는 개념 그리고 내부자인지 외부자인지의 구분이 중요하지 않은 개념인 것으로 이해할 수 있다. 또한, 실제로 개인정보를 처리하는 자가 개인정보파일의 운용에 얼마나 적극적, 구체적으로 관여하는지 여부가 개인정보취급자 여부에 대한 판단에 있어 고려되어야 하는지에 관해서도 다양한 해석이 가능하다. 대법원은 이 사건 판결을 통해 개인정보취급자의 개념을 좀 더 명확히 하였다.

대법원은 개인정보취급자에 관하여 '직접 개인정보에 관한 업무를 담당하는 사람과 그 밖에 업무상 필요에 의해 개인정보에 접근하여 이를 처리하는 모든 사람'이 해당될 수 있다고 넓게 해석하고, '개인정보파일 운용에 직접 관여하는 업무를 하는 자'에 한정되는 것으로 해석할 것은 아니라고 설시하였다. '개인정보에 접근하여 이를 처리하는 모든 사람'이라는 설명을 통해, 업무상 개인정보에 대한 접근(access)이 가능한지 여부가 핵심적인 관건이라고 밝힌 것이다. 이를 통해 개인정보취급자의 개념이 매우 폭넓게 해석될 수 있음을 시사한 것으로 볼 수 있다.

이 사건의 피고인은 개인정보취급자인데,[2] 개인정보처리자인 서울특별시교육청 소속의 임직원은 아니지만, 제1심판결에 따르면 '교육부 또는 서울특별시교육청의 지휘·감독을 받는 교육공무원'의 지위에 있는 자이다. 이는, 개인정보취급자 여부에 관한 판단에 있어 개인정보처리자와 개인정보취급자 사이에 직접적인 고용관계가 있는지 여부는 중요하지 않고, 한편 개인정보처리자로부터 '지휘·감독을 받는' 지위에 있는지는 중요하다는 의미가 된다.

다. 대상판결이 다루지 않은 사안들

대상판결은 개인정보 보호법 제19조에 규정된 '개인정보처리자로부터 개인정보를 제공받은 자' 개념과 관련하여 판단 기준을 제공하는 중요한 선례로 작용할 것으로 보인다. 한편, 개인정보의 제3자 제공과 관련하여 함께 언급되기도 하는 몇 가지 개념에 대해서는 판결이 별도로 다루고 있지 않다.

(1) 개인정보취급자의 역할과 구분되는 '위탁'의 개념과 기준

개인정보의 처리와 관련하여, 제3자 제공을 통한 처리와 구분되는 개념으로 업무위탁을 들 수 있다. 개인정보 보호법은 업무위탁에 대해 별도의 조항을 두고 규율하고 있다(제26조). 대상판결은 업무위탁의 개념에 대해 별도로 다루고 있지 않다. 다만 제3자 제공의 개념과 관

---

2) 대법원 판결 및 제1심판결에서는 피고인이 개인정보취급자라고 판단을 하였다. 원심은 피고인이 개인정보취급자가 아니라고 판단하였다.

련하여 (1) '정보를 제공받는 자의 업무처리와 이익'을 위하여 (2) '개인정보의 지배 · 관리권이 이전'되는 상황인 것으로 설시한 것을 고려하면, 이러한 두 가지 개념 지표가 모두 충족되는 상황은 개인정보 업무위탁의 상황이라 보기 어려울 것이다.[3)]

(2) '본래의 개인정보 수집·이용 목적의 범위를 넘어' 이용하는 것이 허용되는 기준

개인정보를 제공받은 제3자가 해당 개인정보를 처리하고 이용하는 과정에서 어느 정도로 독자적인 판단을 할 수 있는지에 관해 현실적인 질문이 제기될 수 있다. 이는 법적으로는 개인정보의 '목적 외 이용' 개념과 관련하여, 목적 범위 이내의 이용과 목적 범위를 넘는 이용 사이의 경계를 어떻게 설정할 것인지의 문제와 관련된다.

개인정보 보호법 제19조는, 개인정보처리자로부터 개인정보를 제공받은 자는 정보주체로부터 별도의 동의를 받은 경우나 다른 법률에 특별한 규정이 있는 경우를 제외하고는 개인정보를 '제공받은 목적 외의 용도로 이용하거나' 이를 제3자에게 제공하지 않아야 한다고 규정한다. 대법원 또한 판결문을 통해 이 조항의 내용을 언급하고 있다. 한편, "개인정보의 '제3자 제공'은 본래의 개인정보 수집 · 이용 목적의 범위를 넘어 그 정보를 제공받는 자의 업무처리와 이익을 위하여 개인정보의 지배 · 관리권이 이전되는 것"이라는 것이 대법원의 설명이다.

다시 말해, 대법원 설시에 따르면, 제3자 제공을 통해 개인정보를 이전받게 된 자는 해당 개인정보를 제공받은 목적 외의 용도로 이용하는 것이 금지되지만, 다른 한편 '본래의 개인정보 수집 · 이용 목적의 범위를 넘어' 개인정보가 이용될 가능성은 열려 있는 것이다. 이를 조화롭게 해석하여, 개인정보를 제공받은 제3자가 개인정보를 '목적 외 이용' 하지 않는 동시에 '본래의 개인정보 수집 · 이용 목적의 범위를 넘어' 이용하는 것이 허용되는 범위를 어떻게 구체화할 수 있을 것인지의 과제는 아직 명확하게 해결되지 않은 상태이다.[4)]

---

3) 이와 관련하여, 원심이 개인정보취급자 개념에 관하여 설명한 내용은 추후 별도의 분석이 필요할 수 있다. 원심에 따르면, "법에서 정한 '개인정보취급자'란 스스로 개인정보를 처리하는 경우가 아니라 '다른 사람을 통하여' 개인정보를 처리하는 경우에 상응하는 개념으로서, 자신의 의사에 따라 개인정보를 처리할 수 없고 오로지 개인정보처리자의 지휘 · 감독을 받아 개인정보파일 운용에 직접 관여하는 행위를 하는 자를 의미한다고 할 것이다. 이 사건의 경우에서라면 개인정보처리자인 서울특별시교육청의 개인정보파일 운용을 위하여 서울특별시교육청의 위임을 받아 그의 지휘 · 감독하에 개인정보 수집이나 개인정보파일 관리 등의 일을 담당하는 자를 의미한다." 원심의 이와 같은 설명은 업무위탁과 관련한 수탁자 개념에 관한 설명과도 유사하다. 논리적으로는 수탁자인 동시에 개인정보취급자인 경우도 있을 수 있고, 수탁자가 아니면서 개인정보취급자인 경우도 상정할 수 있다. 개인정보보호위원회의 해석으로는 개인정보 처리업무 등을 수탁받아 처리하고 있는 수탁자도 개인정보취급자라고 할 수 있다. 개인정보 보호법령 및 지침 · 고시 해설, 개인정보보호위원회, 2020, 218면. 업무위탁 여부는 이 사건의 쟁점이 아니었고, 수탁자와 개인정보취급자 사이의 개념 구분에 관해서는 다루어지지 않았다.

4) 대법원 2018. 7. 12. 선고 2016두5517 판결 참조.

(3) 정책적 관점

정책적 관점에서 관련 사안을 어떻게 바라볼 것인지 또한 중요하다. 개인정보의 수집과 이용의 전반적인 과정이 갈수록 복잡해지는 경향이 있고, 그 과정에서 제3자의 역할이 필요한 상황도 지속적으로 늘어나고 있어서, 그러한 과정에서 개인정보의 오남용이 발생할 가능성을 방지하는 것이 더욱 중요해지고 있기 때문이다. 대상판결의 경우에, 개인정보처리자인 서울특별시교육청이 다수의 시험 감독관으로부터 도움을 받아야 했던 상황인 것은 자명해 보인다. 문제는 개별 감독관에게 전달된 개인정보가 오남용되지 않도록 어떻게 관리할 것인지 그리고 그와 관련된 역할과 책임을 어떻게 분배할 것인지에 관한 것이다. 수험생의 연락처 등 개인정보를 확보한 시험 감독관이 수험생에게 개인적인 메시지를 함부로 보낸 것에 대해 정당성을 부여하기는 어렵다. 법정책적 관점에서 중요한 것은, 이와 같은 개인정보의 오남용 가능성을 최소화할 수 있는 방법이 무엇인지에 관한 분석과 판단이다. 이는 개인정보취급자의 개인정보 보호법 위반행위에 대하여 양벌규정의 적용을 통한 형사처벌을 할 가능성을 포함하여, 민사적, 행정적, 형사적 제재수단을 어떻게 적절하게 활용할 것인지에 관한 제도설계의 문제와 맞닿아 있다.[5)]

4. 판결의 의의

대상판결은 개인정보의 '제3자 제공'의 개념과 관련하여, '정보를 제공받는 자의 업무처리와 이익을 위하여 개인정보의 지배·관리권이 이전되는 것'을 핵심적인 개념 지표로 명확히 제시했다는 데 중요한 의의가 있다. 즉, 개인정보를 이전받는 자의 '독자적 이익'이 존재하는지 여부와 개인정보에 관한 '지배·관리권'이 이전되었는지 여부가 개인정보의 제3자 제공 여부를 판단함에 있어 핵심적인 기준이 된다고 설시한 것이다.

이로부터, 임직원, 파견근로자, 시간제근로자 등 개인정보처리자의 지휘·감독을 받아 개인정보를 처리하는 자인 개인정보취급자의 법적 지위가 좀 더 명확해진 효과가 있다. 즉 개인정보취급자가 개인정보처리자의 업무 수행을 위하여 개인정보를 이전받는 경우에는, 개인정보취급자가 개인정보처리에 관한 독자적 이익을 위하여 개인정보를 이용하거나 제3자에

5) 2023년에 개인정보 보호법이 개정되면서, 개인정보를 처리하거나 처리했던 사람이 정당한 권한 없이 다른 사람의 개인정보를 이용하는 경우에 형사처벌의 대상이 될 수 있게 되었다. 구체적으로, 개인정보 보호법 제59조의 금지행위에 '정당한 권한 없이 또는 허용된 권한을 초과하여 개인정보를 이용'하는 행위가 추가되었고, 해당 벌칙 조항(제71조)에 5년 이하의 징역 또는 5천만 원 이하의 벌금이 신설되었다. 이에 따라, 개인정보취급자가 개인정보를 개인적 목적으로 무단 이용한 경우에 제59조에서 규정한 금지행위 위반이 될 수 있고, 제71조에 따른 형사처벌의 대상이 될 수 있다.

게 이를 제공할 수 있는 지위에 있다고 보기 어려우므로, 개인정보 보호법 제19조의 '개인정보를 제공받은 자'에 포함되지 않는다고 판시한 것이다.

81-2 '개인정보처리자로부터 개인정보를 제공받은 자'의 의미와 개인정보취급자와의 구분 필요성

대법원 2025. 2. 13. 선고 2020도14713 판결[1)]

김은영 (서울중앙지방법원 판사)

1. 사안의 개요

피고인은 서울특별시가 설립한 공립학교 교사(교육공무원)로서 대학수학능력시험 감독관으로 차출되어 2018. 11. 15.경 대학수학능력시험 고사장 감독업무를 수행하는 과정에서 서울특별시교육청으로부터 수험생의 성명, 주민등록번호, 주소 등 개인정보가 포함된 응시원서를 제공받았고, 이를 각 수험생의 수험표와 대조하는 과정에서 공소외인의 연락처를 알게 되었다. 피고인은 2018. 11. 25.경 위와 같이 알게 된 연락처를 이용하여 공소외인을 카카오톡 친구로 추가한 후 공소외인에게 카카오톡으로 "사실 (공소외인)씨가 맘에 들어서요" 등의 메시지를 발송하였다.

이에 검사는, 구 개인정보 보호법(2020. 2. 4. 법률 제16930호로 개정되기 전의 것, 이하 '법'이라고만 한다) 제19조에 따라 개인정보처리자로부터 개인정보를 제공받은 자는 정보주체로부터 별도의 동의를 받거나 다른 법률에 특별한 규정이 있는 경우가 아니면 개인정보를 제공받은 목적 외의 용도로 이용하여서는 아니 됨에도 불구하고, 피고인이 개인정보처리자로부터 제공받은 개인정보를 제공받은 목적 외 용도로 이용하였음을 이유로 피고인을 법 제71조 제2호의 개인정보보호법위반죄로 기소하였다.

---

1) [관련 평석] 장준영, "'개인정보를 제공받은 자'와 '개인정보취급자'의 구분 기준 -대학수학능력시험 감독관의 수험생 개인정보 무단 이용 사건- : 서울중앙지방법원 2020. 10. 15. 선고 2019노4259 판결", 개인정보 판례백선, 박영사, 2022, 199-208면.

2. 판결의 요지

가. 1심판결(서울중앙지방법원 2019. 12. 12. 선고 2019고단3278 판결)

제1심 법원은, 법이 ① 개인정보처리자로부터 개인정보를 제공받은 뒤 일정한 법정 요건을 충족할 경우 개인정보처리자의 지휘·감독 등의 개입 없이 그 개인정보를 이용하거나 다른 제3자에게 제공할 수 있는 지위에 있는 사람과 ② 개인정보처리자의 지휘·감독을 받아 종속적인 의미에서 단순히 개인정보 처리업무를 수행하는 사람으로 구분하고 있다고 해석하였다. 이는 법 제19조에서 정하고 있는 '개인정보처리자로부터 개인정보를 제공받은 자'란 개인정보처리자가 아닌 자로서 개인정보처리자에 속하지 않는 제3자, 즉 개인정보처리자의 지휘나 감독을 받지 아니하는, 개인정보처리자와 무관한 제3자를 의미하고(위 ①의 경우에 해당), 법 제28조 소정의 '개인정보취급자'(위 ②의 경우에 해당)는 위 제3자에서 제외되므로, '개인정보취급자'에게는 위 제19조가 적용될 수 없는 것으로 해석하는 것이 합리적이라는 취지이다.

이러한 견지에서 제1심 법원은, 이 사건에서 개인정보처리자는, 대학수학능력시험 응시생들의 개인정보 집합물을 운용하기 위해 개인정보를 처리하는 공공기관인 교육부 또는 교육청으로 보아야 하고, 대학수학능력시험의 감독관으로 차출되어 수험생의 동일성 확인 등 대학수학능력시험의 감독 업무를 수행한 피고인으로서는 위 업무 수행을 위하여 개인정보처리자로부터 제공받은 개인정보를 개인정보처리자의 지휘·감독을 받아 이용함으로써 개인정보를 처리하는 개인정보취급자에 불과하다고 판단하였다. 따라서 제1심 법원은 피고인이 법 제19조의 '개인정보처리자로부터 개인정보를 제공받은 자'에 해당하지 않는다고 보아 이를 전제로 한 공소사실에 대하여 무죄를 선고하였다.

나. 원심판결(서울중앙지방법원 2020. 10. 15. 선고 2019노4259 판결)

원심은, 제1심 법원의 판단이 개인정보 보호법의 입법취지는 물론 개인정보를 두텁게 보호하고자 하는 개인정보 보호법의 입법목적까지 저해하는 것으로서, 죄형법정주의 원칙상 문언의 가능한 의미를 벗어나 피고인에게 불리한 방향으로 해석하는 것은 확장해석금지에 따라 허용되지 않지만, 개인정보 보호법의 입법목적에 비추어 볼 때 개인정보 보호에 틈이 없도록 관련 규정을 체계적으로 해석하는 것이 보다 합리적이라는 전제에서 개인정보처리자가 소관 업무수행과 관련하여 내부의 구성원에게 자신이 수집한 개인정보를 공개하는 경우까지 법 제17조 제1항에서 규정하고 있는 '제공'의 태양에 포섭된다고 해석하였다. 즉, 피고인이 대학수학능력시험감독관으로 임명(위촉)되어 시험감독관 업무 수행을 위해 수험생들의 전화번호 등 개인정보를 받은 것은 법 제17조 제1항 제3호, 제15조 제1항 제3호의 "공공기관이 법령 등에서 정하는 소관업무의 수행을 위하여 불가피한 경우"에 해당하고, 피고인은 법 제19조 소정의 '개인정보처리자로부터 개인정보를 제공받은 자'에 포섭되므로 피고인의 행위는 개인정보처리자로부터 제공받은 개인정보를 제공받은 목적 외 용도로 이용한 것이라는 취지이다. 원심은 위와 같은 사유로 제1심판결을 파기하고 피고인에게 징역형의 집행유예 판결을 선고하였다.[2)]

다. 대법원 판결

대법원은 아래와 같은 사유에서 임직원, 파견근로자, 시간제근로자 등 개인정보처리자의 지휘·감독을 받아 개인정보를 처리하는 자인 개인정보취급자(법 제28조)가 개인정보처리자의 업무 수행을 위하여 개인정보를 이전받는 경우 위와 같은 개인정보취급자는 '개인정보처리자로부터 개인정보를 제공받은 자'에 해당하지 않는다고 판시하였다. 따라서 피고인은 개인정보처리자인 서울특별시교육청의 개인정보취급자에 해당할 뿐, 개인정보처리자인 서울특별시교육청으로부터 '개인정보를 제공받은 자'로 보기 어렵다고 판단하여, 대법원은 피고인에 대한 주위적 공소사실을 유죄로 판단한 원심판결에는 법 제19조의 '개인정보처리자로부터 개인정보를 제공받은 자'의 의미에 관한 법리를 오해하여 판결에 영향을 미친 잘못이 있다고 하여 원심판결을 파기·환송하였다.

1) 개인정보의 '제3자 제공'은 본래의 개인정보 수집·이용 목적의 범위를 넘어 그 정보를 제공받는 자의 업무처리와 이익을 위하여 개인정보의 지배·관리권이 이전되는 것으로, 개인정보처리자가 개인정보의 지배·관리권을 그대로 유지하면서 개인정보처리자의 업무처리와 이익을 위하여 내부적으로 개인정보를 이용하는 것과 구별된다. 개인정보처리자는 다른 사람을 통하여 개인정보를 처리하는 것도 가능하므로(법 제2조 제5호) 개인정보처리자의 의사에 따라 개인정보처리 업무를 직접 수행하는 개인정보취급자가 개인정보처리자로부터 정보주

2) 검사는 제1심 법원이 무죄로 판단한 개인정보 보호법위반의 공소사실을 주위적 공소사실로 유지하면서, 항소심인 원심 단계에서 적용법조를 '개인정보 보호법 제74조 제2항, 제71조 제2호, 제18조 제1항'으로 하여 '개인정보처리자로부터 개인정보를 제공받은 자는 정보주체로부터 별도의 동의를 받거나 다른 법률에 특별한 규정이 있는 경우가 아니면 개인정보를 제공받은 목적 외의 용도로 이용하여서는 아니 되는데, 피고인은 주위적 공소사실 기재와 같이 공소외인의 연락처를 알게 되었고, 이를 이용하여 주위적 공소사실 기재와 같이 메시지를 발송함으로써 피고인은 허용된 범위를 초과하여 공소외인의 개인정보를 이용하였다'는 내용으로 개인정보 보호법위반의 예비적 공소사실을 추가하였고 원심이 이를 허가하였다. 다만, 원심이 검사의 항소를 받아들여 주위적 공소사실을 유죄로 인정함에 따라 원심에서는 위 예비적 공소사실에 대하여는 판단이 이루어지지 아니하였다.

체의 개인정보를 이전받더라도 이와 같은 이전은 '제3자 제공'에 해당한다고 볼 수 없다.

2) 법은 제15조, 제16조에서 개인정보처리자의 개인정보 수집 · 이용에 관하여 규정하고, 제17조에서 개인정보처리자가 수집한 개인정보를 제3자에게 제공할 수 있는 경우를 규정하며, 제18조 제2항에서 개인정보처리자가 개인정보를 목적 외의 용도로 이용하거나 이를 제3자에게 제공할 수 있는 경우를 규정한 다음, 제19조에서 '개인정보처리자로부터 개인정보를 제공받은 자'를 수범자로 하여 정보주체로부터 별도의 동의를 받거나 다른 법률에 특별한 규정이 있는 경우를 제외하고는 개인정보를 제공받은 목적 외의 용도로 이용하거나 이를 제3자에게 제공하여서는 아니 된다고 규정하고 있다. 위와 같은 법령의 체계와 문언에 비추어 보면, 법 제19조에서 말하는 '개인정보처리자로부터 개인정보를 제공받은 자'라 함은 같은 법 제17조, 제18조 등에 규정된 바에 따라 개인정보처리자로부터 개인정보의 지배 · 관리권을 이전받은 그 제3자를 의미한다고 보는 것이 타당하다.

3) 법 제19조의 '개인정보처리자로부터 개인정보를 제공받은 자'는 정보주체로부터 별도의 동의를 받은 경우나 다른 법률에 특별한 규정이 있는 경우에는 개인정보를 제공받은 목적 외의 용도로 이용하거나 이를 다시 제3자에게 제공할 수 있으므로, '제공받은 개인정보'를 개인정보처리자의 의사와 무관하게 자신의 의사에 따라 이용하거나 이를 제3자에게 제공할 수 있는 지위에 있다. 반면 개인정보처리에 관한 독자적 이익을 위하여 개인정보를 이용하거나 제3자에게 이를 제공할 수 있는 지위에 있지 않는 개인정보취급자는 법 제19조의 '개인정보처리자로부터 개인정보를 제공받은 자'에 포함되지 않는다.

4) 한편, 개인정보취급자는 개인정보처리자의 지휘 · 감독을 받아 개인정보를 처리하는 사람으로서 직접 개인정보에 관한 업무를 담당하는 사람과 그 밖에 업무상 필요에 의해 개인정보에 접근하여 이를 처리하는 모든 사람을 말하고, 개인정보파일 운용에 직접 관여하는 업무를 하는 자에 한정된다고 볼 것은 아니다.

3. 해설

가. 쟁점

법 제71조 제2호는 "제19조를 위반하여 개인정보를 이용하거나 제3자에게 제공한 자"를 처벌하도록 규정하고, 제19조는 "개인정보처리자로부터 개인정보를 제공받은 자는 정보주체로부터 별도의 동의를 받은 경우나 다른 법률에 특별한 규정이 있는 경우를 제외하고는 개인정보를 제공받은 목적 외의 용도로 이용하거나 이를 제3자에게 제공하여서는 아니 된다."라고 규정하고 있으므로, 법 제19조가 적용되기 위하여서는 실제 구체적인 행위자가 '개인정보처리자로부터 개인정보를 제공받은 자'에 해당하여야 한다. 이 사건에서 피고인이 수험생의 개인정보를 수집된 목적 외의 용도로 사용하였는지 여부와 관련하여서는 특별한 다툼이 없고, 다만 주위적 공소사실의 유·무죄 여부가 달라진 까닭은 대학수학능력시험의 감독관으로서 피고인의 지위에 관한 판단이 상이하였기 때문이다.

피고인이 개인정보처리자에 해당하지 아니함은 명백하므로, 이하에서는 대법원 판결의 법리를 기본 토대로 하여, 과연 피고인이 법 제19조에서 정하고 있는 '개인정보처리자로부터 개인정보를 제공받은 자'에 해당하는지, 그렇다면 여기에서 개인정보처리자와 '개인정보를 제공받은 자' 상호간의 관계는 어떻게 정의되는지, '제공'은 어떤 의미로 이해되는지, 나아가 '개인정보를 제공받은 자'와 법 제28조에 따른 '개인정보취급자' 사이에는 어떠한 차이가 있는지 등에 관하여 제1심 및 원심판결의 논증 과정 등을 검토하면서 법 규정의 체계를 살피고, 처벌의 공백 등 미비점의 해결 방안 등을 아울러 검토하고자 한다.

나. 개인정보처리자와 개인정보취급자의 구별 필요성과 실익

개인정보처리자는 개인정보 보호를 위한 금지 및 행위규범의 수범자로서 다양한 금지의무의 주체가 되는 만큼, 그에 관하여는 법 제2조 제5호에서 명시적인 정의 규정을 마련하고 있고 개인정보 보호법이라는 규범 체계에서 개인정보처리자는 핵심적인 지위를 차지하고 있다. 개인정보처리자가 단독으로 위 처리 행위를 하는 데에는 제약이 있을 수 있으므로, 이를 극복할 수 있도록 법은 제28조를 두고 있다. 법 제28조 제1항에 의하면, 개인정보처리자는 개인정보를 처리함에 있어서 개인정보가 안전하게 관리될 수 있도록 임직원, 파견근로자, 시간제근로자 등 개인정보처리자의 지휘·감독을 받아 개인정보를 처리하는 자에 대하여 적절한 관리·감독을 행하여야 하고, 제2항에 의하면, 개인정보처리자는 개인정보의 적정한 취급을 보장하기 위하여 개인정보취급자에게 정기적으로 필요한 교육을 실시하여야 한다. 법은 위와 같이 개인정보처리자의 지휘·감독을 받아 개인정보를 처리하는 자를 "개인정보취급자"라 칭하고 있다.

개인정보취급자는 개인정보처리자와는 다르게 법상 금지의무의 주체로 설정되어 있지 아니하므로, 개인정보처리자가 아니라 개인정보취급자로 분류되는 이상 위 금지의무를 전제로 하는 다수의 벌칙규정이 적용되지 아니한다는 결과론적 실익이 있고 여기에 구별의 필요성이 있다. 다만, 법은 개인정보처리자를 제외하고도 '개인정보처리자로부터 개인정보를 제공받은 자'(제19조)를 비롯하여 '개인정보를 처리하거나 처리하였던 자'(제59조) 등도 금지의무의 주체로 두어 개인정보처리자 아닌 자에 의해서 이루어지는 개인정보 침해 행위를 방지하여 입법목적을 달성하려 하고 있으므로, 개인정보취급자와 위 각 수범자 간의 관계가 규명될 필요가 있는데, 이 부분에 관하여 특히 원심판결은 의견을 달리 하였다. 그와 같은 결론은 원심판결에서 설시하고 있는 바와 같이 입법의 미비점, 즉 설령 구체적인 법 위반행위를 저질렀다고 하더라도 개인정보취급자로 인정되면 처벌의 공백이 발생되는 문제점을 고려하고, '제공'의 의미 및 그 상대방 등을 법 제15조, 제17조 규정 등에 비추어 해석한 결과라고 보인다.

다. '개인정보처리자로부터 개인정보를 제공받은 자'의 의미

원심은 법 제17조 제1항에서 개인정보처리자가 정보주체의 개인정보를 제3자에게 제공할 수 있다고 규정하면서 '제공'의 태양에 '공유'를 포함하고 있다는 점에 주목하여, 개인정보처리자가 그 정보를 공유할 정도로 밀접한 관계에 있는 자도 제3자에서 제외하지 않고 개인정보를 제공받은 자에 포함시키는 것으로 보았다. 법 제17조 제1항 제2호에 의하면, '공공기관이 법령 등에서 정하는 소관 업무의 수행을 위하여 불가피한 경우'(제15조 제1항 제3호)에 개인정보처리자는 정보주체의 개인정보를 제3자에게 제공할 수 있으므로, 원심은 공공기관이 법령 등에서 정하는 소관 업무의 수행을 위하여 개인정보를 다른 사람에게 전달하는 행위는 개인정보의 제공에 당연히 포섭되고, 개인정보처리자가 소관 업무수행과 관련하여 내부의 구성원에게 자신이 수집한 개인정보를 공개하는 경우까지 법 제17조 제1항의 '제공'에 해당한다고 해석하였다. 비록 법 제28조가 개인정보처리자의 지휘·감독을 받아 개인정보를 처리하는 개인정보취급자에 관하여 규정함으로써 개인정보처리자 내부의 구성원에 관한 규율을 하고 있는 것으로 보이더라도, 원심은 위 규정이 개인정보처리자에게 적절한 관리·감독 및 개인정보취급에 관한 적절한 교육의무를 부과하는 것이므로 '개인정보처리자로부터 개인정보를 제공받은 자'의 범위를 제한하는 근거로 볼 수는 없다고 판단하였다. 원심의 위와 같은 해석론은 결국 개인정보가 '제공'되는 제3자의 범위를 확장시킴으로써 설령 개인정보처리자의 지휘·감독을 받아 개인정보를 처리하는 내부 구성원이라고 하더라도 개인정보를 부당하게 이용한 경우에는 제19조가 적용되게끔 하였다. 즉 일견 개인정보취급자로 인정될 여지가 있다고 하더라도[3] 법 제19조의 수범자가 될 수 있고 따라서 벌칙규정에 따른 처벌이 가능한 것이다.

그러나 대법원은 앞서 살핀 바와 같이, 개인정보의 '제3자 제공'은 개인정보의 지배·관리권이 이전되는 것으로서, 개인정보취급자가 개인정보처리자로부터 정보주체의 개인정보를

3) 다만, 원심은 법 제2조 제5호에서 개인정보처리자를 "업무를 목적으로 개인정보파일을 운용하기 위하여 스스로 또는 다른 사람을 통하여 개인정보를 처리하는 공공기관, 법인, 단체 및 개인 등을 말한다."라고 규정하고 있으므로, 이 사건에서 피고인이 '개인정보파일 운용을 목적으로' 수험생들의 개인정보를 받은 것이 아닌 이상 피고인은 '개인정보취급자'에 해당한다고 보지 아니하였다.

이전받더라도 그와 같은 이전은 '제3자 제공'에 해당한다고 볼 수 없고, 법 제19조에서 말하는 '개인정보처리자로부터 개인정보를 제공받은 자'는 법령의 체계와 문언에 비추어 개인정보처리자로부터 개인정보의 지배·관리권을 이전받은 그 제3자를 의미함을 전제로, 개인정보취급자와 법 제19조의 '개인정보처리자로부터 개인정보를 제공받은 자'는 독자성 내지 독립성의 측면에서 분명히 구분되고, 개인정보취급자는 위 '개인정보처리자로부터 개인정보를 제공받은 자'에 포함되지 아니함을 분명히 하였다. 나아가 대법원은 개인정보취급자에 해당하는지 여부를 판단할 때, 개인정보파일 운용에 직접 관여하는 업무를 하는 자에 한정된다고 보지 아니하여, 피고인은 개인정보처리자인 교육청의 개인정보취급자에 해당할 뿐이라고 판단하였다.

법 제17조 제1항에서 '제공'의 태양에 '공유'를 포함시킨 것은, 제공을 받는 상대방의 범위를 제한하기 위한 까닭이라기보다는, 개인정보를 저장한 매체나 수기문서를 전달하는 경우뿐만 아니라 DB시스템에 대한 접속권한을 허용하여 열람·복사가 가능하게 하여 개인정보를 '공유'하는 경우 등도 '제공'에 포함시키기 위함이었다고 보인다.[4] 개인정보의 지배·관리권이 물리적으로 이전되는 것이 기본적으로 상정 가능한 사례겠으나, 개인정보가 전자적으로 저장·관리되는 경우에는 기존 개인정보처리자의 지배·관리권이 탈락되지 아니한 상태에서 개인정보에 대한 지배·관리권이 중첩적으로 인정될 수 있으므로, 위 지배·관리권이 확장되는 경우까지 규정이 포섭할 수 있도록 예비한 것이라 하겠다.

라. 개인정보 보호법의 입법 목적을 달성할 수 있는 방안에 관한 검토

1) 이 사건의 원심판결은 피고인의 행위가 개인정보 보호법의 입법 목적에 비추어 처벌의 필요성이 있다고 보아 구체적 타당성을 강조하였다고 평가할 수 있다. 그러나 대법원이 명확하게 밝힌 바와 같이, 법 제19조의 '개인정보처리자로부터 개인정보를 제공받은 자'와 개인정보취급자는 명백히 구분되는 주체로서 개인정보취급자에 해당하는 피고인을 법 제19조의 수범자로 보는 것은 타당하지 아니하다. 그렇다면 현실적으로 실무자인 개인정보취급자가 개인정보 보호법을 위반하는 경우가 다수인 상황에서 개인정보취급자에 대한 처벌의 공백은 어떻게 해소될 수 있는가?

2) 구체적 타당성을 도모하기 위한 방편으로는, 우선 양벌규정을 검토할 수 있다. 대법원 판결이 선고된 이후 파기환송심 판결에서는 당초의 원심이 허가하였던 검사의 공소장변경을 전제로 예비적 공소사실에 관하여도 판단하였는데, 해당 공소사실은 법 제74조의 양벌규정을 근거로 하고 있다. 법 제71조 제2호는 법 제18조 제1항을 위반하여 이용 범위를 초

4) 개인정보 보호법령 및 지침·고시 해설, 개인정보 보호위원회, 2020, 106면.

과하여 개인정보를 이용한 개인정보처리자를 처벌하도록 규정하고 있으므로 그 적용대상자는 개인정보처리자에 한정되어 있기는 하나, 법 제74조 제2항의 양벌규정[5]은 그러한 업무를 실제로 처리하는 자가 있을 때 벌칙규정의 실효성을 확보하기 위하여 적용대상자를 실제 해당 업무를 처리한 그 행위자까지 확장하고 있다. 그러나 법 제2조 제5호, 제6호에서는 공공기관 중 법인격이 없는 '중앙행정기관 및 그 소속 기관' 등을 개인정보처리자 중 하나로 규정하고 있으면서도, 법 제74조 제2항의 양벌규정으로 처벌되는 개인정보처리자로는 '법인 또는 개인'만을 규정하고 있다. 따라서 법인격 없는 공공기관에 대하여도 위 양벌규정을 적용할 것인지 여부에 대하여는 명문의 규정을 두고 있지 아니하여 죄형법정주의의 원칙상 '법인격 없는 공공기관'을 위 양벌규정에 따라서 처벌할 수는 없고, 결과적으로 행위자 역시 위 양벌규정으로 처벌할 수 없다.[6] 파기환송심 판결은 이 사건에서 개인정보처리자가 서울특별시교육청으로서 법인격 없는 공공기관(지방교육행정기관)에 해당하는 이상 피고인 역시 법 제74조 제2항의 양벌규정에 의하여 처벌할 수 있는 행위자로 볼 수 없다고 판단하였다.

3) 근본적으로는 개인정보취급자라는 지위의 특수성으로 인해 촉발되는 문제 상황이므로, 또다른 금지의무의 주체인 법 제59조 소정의 '개인정보를 처리하거나 처리하였던 자'에 피고인이 해당하는지 여부를 검토해 본다. 법이 개인정보처리자를 일반적인 규범준수자로 두면서도 제8장 보칙의 장에 따로 '제59조'를 두어 '개인정보처리자' 외에 '개인정보를 처리하거나 처리하였던 자'를 의무주체로 하는 금지행위에 관하여 규정한 것은 개인정보처리자 이외의 자에 의한 침해행위를 포섭하기 위함이었다고 보인다. 따라서 법 제59조의 의무주체인 '개인정보를 처리하거나 처리하였던 자'는 개인정보처리자에 한정되지 않고, 업무상 알게 된 법 제2조 제1호의 '개인정보'를 법 제2조 제2호의 방법으로 '처리'하거나 '처리'하였던 자를 포함한다.[7] 위 법리에 따라 피고인은 개인정보를 처리한 실무자로서 법 제59조 소정의 '개인정보를 처리하거나 처리하였던 자'에 해당한다. 현행 개인정보 보호법 제59조 제3호에서는 "정당한 권한 없이 또는 허용된 권한을 초과하여 다른 사람의 개인정보를 이용, 훼손, 멸실, 변경, 위조 또는 유출하는 행위"를 금지하고 있으므로, 이 사건에서 피고인의 행위는 업무상 이유로 지득한 수험생의 개인정보를 허용된 권한을 초과하여 이용한 것이라고 할 수 있다. 그런데 현행 규정은 2023. 3. 14. 개정된 것으로서 이 사건 발생 당시 법 제59조 각 호에서는 '거짓이나 그 밖의 부정한 수단이나 방법에 의한 개인정보 취득 및 처리에 관한 동

5) "법인의 대표자나 법인 또는 개인의 대리인, 사용인, 그 밖의 종업원이 그 법인 또는 개인의 업무에 관하여 제71조부터 제73조까지의 어느 하나에 해당하는 위반행위를 하면 그 행위자를 벌하는 외에 그 법인 또는 개인에게도 해당 조문의 벌금형을 과한다. 다만, 법인 또는 개인이 그 위반행위를 방지하기 위하여 해당 업무에 관하여 상당한 주의와 감독을 게을리하지 아니한 경우에는 그러하지 아니하다."

6) 대법원 2021. 10. 28. 선고 2020도1942 판결 참조.

7) 대법원 2016. 3. 10. 선고 2015도8766 판결 참조.

의를 받는 행위', '업무상 알게 된 개인정보의 누설 및 권한 없이 다른 사람이 이용하도록 제공하는 행위', '정당한 권한 없이 또는 허용된 권한을 초과하여 타인의 개인정보를 훼손, 멸실, 변경, 위조 또는 유출하는 행위'만을 금지하고 있었을 뿐이다. 결론적으로 이 사건에서 피고인의 행위 태양에 해당하는 개인정보의 부당한 '이용'에 대하여는 당시의 법 제59조가 적용되기 어렵다고 보인다. 피고인이 '개인정보를 처리하거나 처리하였던 자'에 해당하기는 하나 법 제59조로 피고인의 행위를 포섭할 수 없어 이를 전제로 하는 벌칙규정 역시 적용할 수 없다.[8)]

4. 판결의 의의

이 사건에서 피고인의 행위 자체는 명백히 개인정보 보호법에서 보호하고자 하는 법익을 침해하는 것으로서 비난가능성이 크고 도덕적으로도 매우 부적절하다는 점에는 이론의 여지가 없다. 그러나 피고인의 행위에 대하여 형사정책적 측면 등에서 처벌의 필요성이 있는 것과는 별개로 형사법 체계에서 죄형법정주의와 그 파생 원칙으로서 엄격해석의 원칙, 확장해석 금지의 원칙, 형벌불소급의 원칙 등은 마땅히 준수될 필요가 있다. 대법원 판결은 이러한 기조에서 법령의 체계와 문언을 종합적으로 살펴 법 제19조의 '개인정보처리자로부터 개인정보를 제공받은 자'의 의미를 선언하고, 나아가 위 개념이 '개인정보취급자'와는 분명히 구분된다는 점을 밝혔다는 데 의의가 있다.

이 사건에 법 제74조 제2항의 양벌규정을 적용하여 피고인을 처벌할 수 있는지 여부, 나아가 피고인의 행위가 법 제59조에 포섭되는지 여부에 관한 판단 역시 위 죄형법정주의 원칙에 입각하여 대법원의 선례를 바탕으로 법문에 쓰인 용어와 표현 등이 섬세하게 분별될 필요가 있다. 적용상의 불합리가 발생한 부분의 경우, 법 제59조 제3호에 '이용'이 추가되는 개정이 이루어진 바와 같이 개인정보 보호법의 입법 목적과 위 법 운용상의 현실적인 문제점 등을 종합적으로 고려하여 향후로도 입법을 통해서 교정함으로써 개인정보 보호법을 정교하게 발전시켜 나가야 할 것이다.

---

8) 제1심판결은 가정적으로 피고인에 대한 법 제59조의 적용 여부를 검토하여 적용될 수 없다는 판단을 하였다.

82 개인정보 '이용'의 의미

대법원 2025. 6. 26. **선고** 2023**도**18539 **판결**[1)]

윤아리 (김·장 법률사무소 변호사)

1. 사안의 개요

본 사안의 피고인들은 구립 어린이집의 사무를 위탁받은 법인(이하 "피고인 2 회사"이라 한다) 및 해당 어린이집의 원장(이하 "피고인 1"이라 한다)이다.

피고인 1은 2021. 7.경 어린이집에서 근무하는 보육교사(이하 "피해자"라 한다)의 근무 시간 중 휴대전화 사용 여부를 확인할 목적으로, 어린이집 내부에 아동학대 방지 등 영유아의 안전과 어린이집 보안을 이유로 설치·관리 중인 CCTV 영상을 확인하였다. 구체적으로 피고인 1은, 실시간으로 촬영되는 CCTV로 피해자의 근무형태를 지켜보고, 피해자가 2021. 7. 5.경, 2021. 7. 21.경, 2021. 7. 27.경 근무 시간 중 휴대전화를 사용한 사실을 파악하여 위와 같은 정보를 메모하였다가, 2021. 7.말경 피고인 2 회사의 보육 사업 담당자에게 구두로 전달하였고, 피고인 2 회사는 해당 정보를 근거로 피해자에 대한 징계 심의를 개시하고자 하였다.

이에 대하여, 피고인 1은 개인정보를 수집 목적 범위를 초과하여 이용하였다는 내용으로(개인정보 보호법 제71조 제2호), 피고인 2 회사는 사용자인 피고인 1이 업무에 관하여 위와 같은 위법행위를 하였다는 내용으로 기소되었다(개인정보 보호법 제74조 제2항).

2. 판결의 요지

가. 1심판결(서울동부지방법원 2023. 5. 17. 선고 2022고정433 판결) 및 원심판결(서울동부지방법원 2023. 11. 30. 선고 2023노612 판결)

본 사안의 주요 쟁점은 구립 어린이집 원장인 피고인 1이 CCTV 영상을 통해 확인한 피

1) 최신 판결로 관련 판례나 관련 평석 및 문헌을 찾지 못하였다.

해자의 근무 행태에 관한 내용을 피고인 2 회사의 보육 사업 담당자에게 전달하여 징계에 사용하고자 한 것이 개인정보 보호법상 '개인정보'의 목적 외 '이용' 행위에 해당하는지 여부였다.

이에 대하여 1심 법원은, 개인정보 보호법 제71조 제2호에 따라 처벌되는 "제18조 제1항, 제2항을 위반하여 '개인정보를 이용'하는 경우"는 개인정보처리자가 취득한 '성명, 주민등록번호, 영상'에 해당하는 정보 '그 자체', 또는 위와 같이 개인정보처리자가 취득한 정보 '그 자체'를 통하여 '개인을 알아볼 수 있는 정보'로서 '특정 개인의 인적사항 등 개인을 식별할 수 있는 정보'를 (목적 외 용도로) 이용한 경우에 한정한다고 해석해야 한다고 보았다.

그리고 위 해석에 기초하여 피고인 1의 행위가 CCTV 영상을 통해 나타나는 피해자의 근무 행태에 관한 정보를 피고인 2 회사의 보육 사업 담당자에게 구술로 전달한 것인 이상, 이는 (i) 개인정보처리자로서 취득한 정보 '그 자체'를 이용한 것에 해당하지 않고, (ii) 해당 정보를 통해 '피해자의 인적사항 등 특정 개인을 알아볼 수 있는 정보'를 이용한 것에도 해당하지 않으므로, 피고인 1의 행위를 개인정보 보호법 제71조 제2호에 따른 개인정보처리자의 개인정보 목적 외 이용 행위로 처벌할 수 없다고 판단하였다. 또한, 피고인 1에 대하여 무죄를 선고하는 이상 피고인 2 회사도 양벌규정에 의해 처벌할 수 없다고 판단하였다.

이러한 판단은 항소심 법원에서도 유지되었다.

나. 대법원 판결

그러나 대법원은 구 개인정보 보호법 제18조 제1항에 규정된 개인정보 '이용'은 개인정보처리자가 개인정보의 지배·관리권을 이전하지 않은 채 스스로 개인정보를 쓰는 행위를 의미한다고 보면서, 개인정보의 이용에는 (i) 개인정보를 수집된 형태 그대로 쓰는 행위뿐만 아니라 (ii) 수집된 개인정보를 가공, 편집하여 쓰거나 (iii) 그로부터 정보를 추출하여 쓰는 행위도 포함된다고 보았다. 또한, 개인정보 이용에 해당하는지는 개인정보를 쓰는 일련의 행위를 전체적으로 보아 판단해야 한다고 판시하였다.

위와 같은 해석에 기초하여, 대법원은 피고인 1이 시청한 CCTV 영상은 피해자의 초상, 신체의 모습 등이 촬영되어 영상을 통하여 피해자를 알아볼 수 있는 정보로서, 정보주체인 피해자의 개인정보에 해당한다고 판단하면서, 피고인 1은 CCTV 영상을 시청하여 피해자의 휴대전화 사용 부분을 추출하여 분석·기록한 뒤 이에 기초한 정보를 피해자의 업무지시 불이행 사례로 피고인 2 회사에 전달한바, 이와 같이 CCTV 영상에 포함된 휴대전화 사용에 관한 정보를 징계 심의의 자료로 활용하는 것은 전체적으로 보아 개인정보처리자가 개인정보의 지배·관리권을 이전하지 않은 채 스스로 개인정보를 쓰는 행위로서 CCTV 영상을 이용한 행위에 해당한다고 판단하였다. 또한, 이러한 일련의 행위 과정에서 피고인 1이 전달한 정보가 피해자의 초상, 신체의 모습 등이 촬영된 CCTV 영상 자체가 아니라 그로부터 추출한 정보라는 사정만으로 다르게 볼 이유가 없다고 판시하였다.2)

3. 해설

개인정보 보호법에 의하면, 적법처리근거 하에 수집한 개인정보는 그 수집 목적의 범위에서 이용할 수 있으며(제15조 제1항), 그 범위를 초과하여 목적 외의 용도로 이용하기 위해서는 정보주체로부터 별도의 동의를 받거나 다른 법률에 특별한 규정이 있는 등 별도의 적법처리근거가 존재해야 한다(제18조 제1항).

이와 관련하여, 본 사안에서는 주로 개인정보의 '이용'의 의미가 무엇인지가 문제되었다.

우선, 개인정보 보호법은 '이용' 행위의 의미를 정의하고 있지 않으며, 개인정보 '처리' 행위의 한 태양으로서 '이용'을 나열하고 있을 뿐이다(제2조 제2호). 다만, 개인정보 보호법은 적법처리근거 등에 관해 규정하고 있는 제3장 이하에서 개인정보의 처리 행위를 수집·이용, 제3자 제공 등으로 구분하고 있는바, 일반적으로 개인정보의 '이용'은 (개인정보의 제3자 제공과는 구분되는 의미에서) 개인정보처리자 내에서 개인정보에 대한 지배·관리권의 이전 없이 스스로의 목적으로 쓰는 것을 의미하는 것으로 이해되고 있다. 본 판결에서도 개인정보의 '이용'은 "개인정보처리자가 개인정보의 지배·관리권을 이전하지 않은 채 스스로 개인정보를 쓰는 행위"라고 판시하였다.

나아가, 본 판결은 개인정보의 '이용'의 구체적인 범위에 대하여도 판단을 하였다. 즉 원심은 개인정보의 이용은 개인정보처리자가 취득한 정보 그 자체를 직접 이용하거나 해당 정보를 통하여 개인을 식별할 수 있는 정보를 이용한 경우로 제한 해석해야 한다는 전제에서 (i) 피고인 1은 CCTV 영상 그 자체를 전달한 것이 아니고, (ii) 피고인 1이 구두 전달한 정보(피해자의 근무 행태에 관한 정보)에는 피해자의 인적사항 등 피해자를 식별할 수 있는 정보가 포함되어 있지 않아, 개인정보를 이용한 것으로 볼 수 없다고 판단함으로써 개인정보 이용의 범위를 좁게 해석하였다. 반면, 대법원은 개인정보의 이용에 해당하는지 여부는 개인정보를 쓰는 일련의 행위를 전체적으로 보아 판단하여야 한다고 하면서, 피고인 1이 CCTV 영상을 시청하여 피해자의 휴대전화 사용에 관한 정보를 분석·기록하여 전달하는 것은 '개인정보인 CCTV 영상을 이용한 행위'에 해당한다고 판단하였다. 또한, 개인정보의 '이용'에는

2) 한편, 대법원은 원심판결을 파기환송하면서, 어린이집에 CCTV가 설치된 근거가 된 영유아보육법의 CCTV 관련 규정의 취지와 내용, 피고인 1의 개인정보 이용 목적과 경위에 비추어 볼 때 개인정보 이용이 CCTV에 의한 개인정보 수집 목적 범위를 초과한 이용인지, 피고인 1이 개인정보처리자로 평가될 수 있는지에 대하여 추가로 심리할 필요가 있다는 취지를 덧붙였다.

단순히 (i) 개인정보를 수집된 형태 그대로 쓰는 행위뿐만 아니라, (ii) 수집된 개인정보를 가공, 편집하여 쓰거나, (iii) 그로부터 정보를 추출하여 쓰는 행위도 포함된다고 판시하였다.

4. 판결의 의의

본 판결은 개인정보 '이용'의 구체적인 범위를 제시하였다는 점에서 의미가 있다. 즉, 개인정보처리자가 취득한 정보 그 자체를 유형적으로 이용하는 것에 초점을 맞춘 원심과 달리, 대법원은 개인정보를 쓰는 행위의 범위를 폭넓게 해석함으로써, 취득한 정보 그 자체를 직접적·물리적으로 이용하는 것뿐 아니라, 무형적으로 이용하는 것도 개인정보의 이용에 해당할 수 있다는 점을 명확히 하였다. 이는 유체물과 달리 '정보'는 정보가 담긴 매체나 최초의 취득·보관 형태보다는 정보의 내용에 의미가 있다는 점을 시사한다.

또한, 개인정보 보호법 제2조 제2호가 개인정보 '처리'의 개념을 정의하면서, 개인정보의 '가공, 편집, 검색' 등을 개인정보의 '이용'과는 별개의 행위 태양으로 규정하고 있음에 반하여,[3] 대법원은 원 정보로부터의 가공, 편집, 추출 행위까지 개인정보의 이용으로 포섭함으로써 개인정보의 이용의 범위를 폭넓게 인정하였다는 점에서 유의할 필요가 있겠다.

3) "처리"란 개인정보의 수집, 생성, 연계, 연동, 기록, 저장, 보유, 가공, 편집, 검색, 출력, 정정, 복구, 이용, 제공, 공개, 파기, 그 밖에 이와 유사한 행위를 말한다.

83 개인정보 보호법 제59조의 의무주체의 범위(='업무상' 개인정보를 처리하거나 처리하였던 자)

대법원 2025. 7. 3. 선고 2023도5226 판결[1)]

이기숙 (SK텔레콤 주식회사 변호사, 법학박사(행정법))

1. 사안의 개요

강원도에서 휴대전화 대리점을 운영하는 피고인 A는 2018년 3월 甲에게 신규 휴대전화를 판매하면서, 甲이 기존에 사용하던 기기를 반납 받았다. 피고인 A는 휴대전화를 초기화하여 사용하겠다고 하였으나, 초기화 하지 않았고 그대로 가지고 있다가 같은 해 8월 경찰인 피고인 B, C가 甲의 휴대전화를 요청하자 넘겨줬다.

경찰인 피고인 B, C가 甲의 범죄 정보를 수집하기 위해 휴대전화 대리점에 甲의 휴대전화를 달라고 요청한 것으로 확인되었고, 휴대전화에는 甲이 기존에 사용하였던 상태 그대로의 사진, 연락처 정보, 골프장의 예약 및 이용에 관하여 주고받은 문자메시지 등 정보가 남아 있었다.

이 사안에 대해 검사는 휴대전화 대리점 운영자인 피고인 A가 업무상 알게 된 개인정보를 권한없이 제공한 것이고, 휴대전화를 요청하여 제공받은 경찰인 피고인 B, C는 그 사정을 알면서도 이를 영리 또는 부정한 목적으로 제공받은 것이라고 보아 피고인 A, B, C를 구 개인정보 보호법(2020. 2. 4. 법률 제16930호로 개정되기 전의 것, 이하 '법'[2)]이라 한다) 제59조 제2호를 위반하였다는 이유로 기소하였으나 1심에서 피고인들 모두 무죄판결을 하였다.

한편, 검사는 항소심에서 주위적 공소사실이 인정되지 않는 경우를 대비하여, 예비적

1) [참조 및 관련 판례] 대법원 2025. 6. 26 선고 2025도3153 판결(공2025하, 1371); 대법원 2015. 7. 9. 선고 2013도13070 판결; 헌법재판소 2025. 7. 17. 선고 2023헌나3 결정; 대법원 2025. 7. 18 선고 2023도3673 판결(공2025하, 1605).

2) 본 사안의 적용 법률 조문인 제59조는 2020. 2. 4. 법률 제16930호로 개정시 개정 대상이 아니었고, 2023. 3. 14. 법률 제19234호로 일부개정시에도 제59조 제3호의 행위태양에 '이용'을 추가하는 외에 그 취지나 내용이 변경되지 않아 이 글에서 구(舊)법 임을 추가로 표기하지 않기로 하며, 구분이 필요한 조문에 한하여 구법조문 임을 추가로 표기하기로 한다.

공소사실로 경찰인 피고인 B, C를 개인정보 유출에 대한 교사로, 피고인 A를 개인정보 유출의 정범으로 하여 개인정보 보호법 제59조 제3호의 위반을 추가하였으나, 항소심에서는 주위적 공소사실에 대해 1심판결을 유지하고, 예비적 공소사실에 대하여도 모두 무죄판결을 하였다.

검사가 상고하였으나 대법원에서는 원심에 경험법칙과 상고이유 주장과 같은 논리 위반으로 자유심증주의의 한계를 벗어나거나 관련 법리를 오해하는 등으로 판결에 미친 잘못이 없고 원심의 판단은 정당한 것으로 검사의 상고를 기각하였다.

2. 판결의 요지

가. 원심판결(춘천지방법원 2023. 4. 7. 선고 2020노968 판결)

원심은 공소사실 기재의 휴대전화 단말기의 교부 경위 등을 고려하면, 검사가 제출한 증거만으로는 기존의 휴대전화에 남아있던 甲의 사진, 연락처, 정보, 골프장 예약 등에 관하여 지인과 주고받은 문자메시지 등의 개인정보를 휴대전화 대리점을 운영하는 피고인 A입장에서 업무와 관련하여 보유하였다거나, 취득하였다는 사실을 인정하기에 부족하다고 보아 공소사실을 무죄로 판단하고, 경찰인 피고인 B, C에 대해서도 무죄로 판단하였다.

원심에서는 휴대전화 대리점을 운영하는 피고인 A가 ① 신형 휴대전화 단말기를 판매한 것이 휴대전화 대리점 운영자로서의 업무로 볼 수 있으나, 구형 휴대전화 단말기의 반환이 통상적인 판매행위에 수반되는 행위는 아니라는 것, ② 구형 휴대전화 단말기를 건네받은 것이 피고인 A의 요청에 의하여 건네받은 것도 아닐 뿐 아니라, 이 사건 정보를 파기하는 비용을 받았다는 등의 사정도 보이지 않는 점, ③ 구형 휴대전화 단말기를 건네받는 과정에 별도의 개인정보 수집· 보관 절차를 진행하지도 않았던 점, ④ 구형 휴대전화 단말기에 남아있던 개인정보를 파기하는 것은 그저 호의관계에서 부담하는 단순한 협조의무에 불과한 것으로 보이는 점 등을 종합하여 보면, 피고인 A가 휴대전화 대리점을 운영한다는 사정만으로 甲의 구형 휴대전화 단말기에 남아있던 개인정보를 보관하는 것이 피고인 A의 '개인정보를 처리하는 업무'였다고 보기 어렵고, 따라서 구형 휴대전화 단말기에 남아있는 개인정보가 피고인 A의 '개인정보를 처리하는 업무와 관련하여 알게 된 개인정보'라고 볼 수 없다고 판단하였다.

예비적 공소사실에 관하여도 법 제59조 제3호에는 동조 제2호와는 달리 '업무상 알게 된' 이라는 문구가 없기는 하나, 제59조의 주체는 '개인정보를 처리하거나, 처리하였던 자'에 한정되고 그에 따라 업무와 무관하게 우연히 취득하게 된 정보에 대하여 까지 법 제 59조 제3호를 적용할 수 없고 따라서, 피고인 A가 취득한 구형 휴대전화 단말기 속 개인정보는 법 제59조의 적용대상에 해당하지 아니하므로 예비적 공소사실 또한 인정되지 아니한다고 판단하였다.

나. 대법원 판결

법 제59조에서 '개인정보를 처리하거나 처리하였던 자는 다음 각호의 어느 하나에 해당하는 행위를 하여서는 아니 된다'고 규정하면서, 각 호에서는 금지행위들을 열거하고, 각 호의 금지하는 행위를 한 자에 대하여는 법제71조, 제72조를 통해 처벌하는 규정을 두고 있다.

(1) 법 제59조의 '개인정보를 처리하거나 처리하였던 자'는 단순히 개인정보를 처리하거나 처리하였던 모든 자를 의미하는 것이 아니라 '업무상' 개인정보를 처리하거나 처리하였던 자로 한정하여야 한다. 그 이유는 다음과 같다.

1) 법 제59조 제1호는 '거짓이나 그 밖의 부정한 수단이나 방법으로 개인정보를 취득하거나 처리에 관한 동의를 받는 행위'를 제2호는 '업무상 알게 된 개인정보를 누설하거나 권한없이 다른 사람이 이용하도록 제공하는 행위'를 제3호는 '정당한 권한 없이 또는 허용된 권한을 초과하여 다른 사람의 개인정보를 훼손, 멸실, 변경, 위조 또는 유출하는 행위'를 금지하고 있다. 비록, 위 제1, 3호 규정의 경우 업무 처리와 관련된 개인정보 임을 명시하고 있지 않지만, 이 법조문의 위반행위의 주체, 금지의무의 대상, 처벌규정의 체계 등에 비추어 보면, 이러한 금지행위의 유형은 업무와 관련하여 또는 업무 수행 과정에서 개인정보 처리가 수반되면서 일어나는 다양한 형태의 침해 행위를 몇 가지 유형으로 분류하여 규정하고 있는 것으로 봄이 타당하다.

2) 처벌규정의 체계를 살펴보면 법 제71조 제5호, 제6호 및 제72조 제2호는 '개인정보를 처리하거나 처리하였던 자'의 제59조 위반행위, 즉 거짓이나 그 밖의 부정한 수단이나 방법으로 개인정보를 취득하거나 처리에 관한 동의를 받는 행위, 개인정보를 누설하거나 권한없이 다른 사람이 이용하도록 제공, 유출하는 행위 등을 처벌하는 반면, '개인정보를 처리하거나 처리하였던 자'가 아닌 경우에는 위와 같은 행위를 처벌하지 않는다. 나아가 법 제71조는 정보주체의 동의 등이 없이 개인정보가 제공되는 경우에는 '개인정보처리자'에 의한 행위(제1호, 제2호)와 '개인정보를 처리하거나 처리하였던 자'에 의한 행위(제5호, 제6호)를 구별하지 않고 동일한 법정형으로 처벌한다. 이러한 처벌 규정의 내용과 체계에 비추어 보면, '개인정보를 처리하거나 처리하였던 자'는 일반 개인과는 구별되고, '개인정보처리자'와 동일한 정도로 정보주체의 개인정보자기결정권을 보호할 책무가 있는 자라고 보아야 한다.

3) 만약, 법 제59조의 수범자에 관하여 '업무상' 개인정보를 처리하거나 처리하였을 것

의 요건이 필요하지 않다고 본다면, 개인들이 일상생활 전반에 걸쳐 업무와 무관하게 개인정보를 수집 이용 파기 등으로 처리하는 경우에도, 법 제59조의 금지의무가 부과되고, 이를 위반하는 경우 형사처벌 대상이 되는 결과가 되어 불합리하다.

(2) 법 제59조 각호의 금지행위의 객체가 되는 개인정보는 '개인정보를 처리하거나 처리하였던 자'가 '업무상' 법 제2조 제2호에서 정의하고 있는 바와 같이 '처리'하거나 '처리'하였던 개인정보이다. 여기서 개인정보를 처리하였거나 처리하였던 자의 '업무'는 정보주체들의 개인정보를 수집하여 처리하는 것을 주된 내용으로 하는 업무에 한정되지 않고, 개인정보의 수집, 처리 외의 일반적인 업무를 주된 내용으로 하면서 그 업무와 밀접한 관련이 있는 부수적 업무로서 개인정보의 수집, 처리가 이루어지는 경우도 포함한다. 그 이유는 다음과 같다.

1) 법 제59조 제2호는 '개인정보를 처리하거나 처리하였던 자'에 대하여 '업무상 알게 된 개인정보'의 누설, 제공행위를 금지하고 있을 뿐 그 업무의 내용을 한정하는 규정을 두고 있지 않고, 제1호나 제3호의 규정에 의하더라도 달리 업무의 내용을 한정할 근거는 없다.

2) '개인정보처리자'는 업무를 목적으로 개인정보 파일을 운용하기 위하여 스스로 또는 다른 사람을 통하여 개인정보를 처리하는 공공기관, 법인, 단체 및 개인 등(법 제2조 제5호)을 의미하며, 이때 업무의 주된 내용이 개인정보의 처리에 한정되지 않는다. 법 제59조의 입법 목적, 취지를 고려하여 보면 '개인정보를 처리하거나 처리하였던 자'도 마찬가지로 일반적 업무를 주된 내용으로 하면서 부수적으로 개인정보를 수집, 처리하더라도 그로 인하여 알게 된 개인정보의 누설행위, 개인정보의 유출행위 등을 금지하는 것으로 보는 것이 타당하다.

3) 해당 개인정보를 '업무상' 처리하여야 누설, 제공, 유출 등의 행위가 금지되므로, 업무와 무관하게 사적 영역에서 개인정보를 처리하고 그 과정에서 알게 된 개인정보를 누설 또는 제공하거나 수집, 보유한 개인정보를 유출하는 행위 등은 처벌되지 않는다. 이와 같이 업무와 무관한 사적 영역을 제외하면, '개인정보 처리를 주된 업무로 하는 과정에서 처리하는 개인정보'와 '업무 과정에서 부수적으로 또는 업무에 수반하여 처리하는 '개인정보'의 보호 필요성을 달리 볼 필요도 없다.

(3) 한편 사적 영역에서 처리하는 개인정보에 대한 누설, 제공, 유출 행위 등은 형사 처벌의 대상으로 삼을 수 없는 것이고, 형벌에 관한 법규는 엄격하게 해석되어야 하므로 업무상 개인정보를 처리하였다는 것은 업무 처리나 업무 수행과 개인정보 처리 사이에 직접적이고도 밀접한 인과관계가 있다는 의미로 새겨야 한다.

(4) 원심은 휴대전화 대리점 영업 중인 피고인 A가 甲의 구형 휴대전화 단말기에 저장되어 있는 공소사실 기재 각 개인정보를 업무와 관련하여 보유하거나 취득하였다는 사실을 인정하기에 부족하다고 보았다. 이와 같이 각 개인정보를 '업무상' 보유하거나 취득한 것이

아니라는 전제에서 피고인들에 대한 각 주위적, 예비적 공소사실을 모두 무죄로 판단한 것은 정당하고 판결에 영향을 미친 잘못이 없음을 이유로 상고를 기각하였다.

3. 해설

가. 법 제59조의 의무주체(='업무상' 개인정보를 처리하거나 처리하였던 자)

법 제59조는 금지행위를 정하고, 이를 위반하는 경우에는 제71조(법 제59조 제2호, 제3호 위반시)에 따라서 5년 이하의 징역 또는 5천만 원 이하의 벌금에 처하도록 하는 형벌 규정이 적용되게 된다.[3)]

이러한 형벌 규정은 죄형법정주의 원칙에 의거하여 국가 형벌권이 자의적으로 행사되지 않도록 개인의 자유와 권리를 보호하기 위하여 엄격하게 해석되어야 하고, 명문의 형벌 법규의 의미를 피고인에게 불리한 방향으로 지나치게 확장해석하거나 유추해석하는 것은 허용되지 않는다.[4)]

법 제59조는 '개인정보를 처리하거나 처리하였던 자'의 행위일 것을 정하면서 제2호에서 '업무상 알게 된 개인정보'를 누설하거나 권한 없이 다른 사람이 이용하도록 제공하는 행위를 금지하고 있을 뿐, 업무상 개인정보를 처리하거나 처리하였던 자일 것인지에 대하여는 명확히 규정하고 있지 않다.

비록 법 제59조 제1호와 제3호에서는 '업무'와 관련한 것인지를 명시하고 있지는 않지만, 형벌을 정하고 있는 법 제71조의 체계를 살펴보면 '개인정보처리자'에 의한 행위(제1호, 제2호)와 '개인정보를 처리하거나 처리하였던 자'에 의한 행위(제5호, 제6호)를 구별없이 동일한 법정형으로 처벌하고 있는 반면 일반 개인들의 제59조의 행위에 대해서는 처벌규정이 적용되지 않도록 하고 있어서, 제59조의 '개인정보를 처리하거나 처리하였던 자'는 일반적인 개인과는 구별이 되고, 오히려 법 제2조 제5호에서 정의하는 '개인정보처리자'와 동일한 수준으로 정보주체의 개인정보 자기결정권을 보호할 책무가 있는 자로 한정되어야 할 것이다.

즉 제59조 각호에서 열거하고 있는 금지행위의 유형은 업무와 관련하여 또는 업무 수행 과정에서 개인정보 처리가 수반되면서 일어나는 다양한 형태의 침해행위를 몇 가지의 유형으로 분류를 해서 규정하고 있는 것으로 해석되어야 하고, 행위자가 업무와 관련된 것이 아닌 단순히 혹은 우연한 상황에서 다른 누군가의 개인정보가 포함된 물건을 보유하게 되었다가 물건을 제3자에게 제공하였을 경우, 그 행위자가 설령 그 물건에 개인정보가 포함되어 있

---

3) 법 제59조 제1호 위반의 경우 법 제72조에서 의율한다.

4) 대법원 2013. 11. 28. 선고 2012도4230 판결 등.

었음을 알고 있었다 하더라도, 그 행위자는 법 제59조의 수범자에 해당하지 않고, 따라서 법 위반으로 의율할 수는 없다는 것이다.

나. 법 제59조 각호 금지행위의 객체가 되는 '개인정보'의 의미(='업무상' 처리하거나 처리하였던 개인정보)/'업무상'의 범위(=개인정보 처리가 부수적이고 수반된 행위인 때에도 '업무상'에 포함됨)

법 제59조의 수범자가 '업무상' 개인정보를 처리하거나 처리하였던 자에 한정되기 때문에 그 금지행위의 객체가 되는 '개인정보' 또한 '업무상' 처리하거나 처리하였던 개인정보로 한정된다 하겠다. 다만, 이때의 '업무상'을 적용하는 범위는 그 업무가 오로지 개인정보를 수집하고 이용하는 것만을 목적으로 하거나 이를 주된 내용으로 하는 업무로 한정되지 않고, 개인정보의 수집, 처리 외의 일반적인 업무를 주된 내용으로 하면서 그 업무와 밀접한 관련이 있는 부수적 업무로서 개인정보의 수집, 처리가 이루어지는 경우를 포함한다.

일단 업무와 관련이 있는 '개인정보'의 '처리'라 하면 '개인정보의 보호필요성' 자체의 측면만을 놓고 볼 때 이를 주된 업무로 처리되는 개인정보인지, 부수적 또는 수반된 업무로 처리되는 개인정보인지에 따라 그 보호필요성이 달라지는 것은 아니어서 이를 구분하여 달리 취급할 것은 아니다. 법 제59조 및 제71조에서도 '업무'가 무엇을 의미하는지, 특히 '업무의 내용'이 어떤 것인지에 대하여 규정하고 있지 않아서 특정한 업무로 한정되지도 않는다.

이는 '개인정보처리자'에 대한 정의 규정에서도 '업무를 목적으로 개인정보파일을 운용하기 위하여 스스로 또는 다른 사람을 통하여 개인정보를 처리하는 공공기관, 법인, 단체 및 개인 등을 의미하는 것(법 제2조 제5호)으로 규정하며, '개인정보처리자' 해당 여부를 정하게 되는 '업무' 또한 그 주된 내용이 개인정보의 처리에 한정되지는 않는 것에 비추어 보아도 법 제59조의 '개인정보를 처리하거나 처리하였던 자'는 일반적인 업무를 주된 내용으로 하면서 부수적으로 개인정보를 수집, 이용하였다 하더라도 그로 인해 알게 된 개인정보의 누설, 유출 행위는 금지하고 있는 취지로 해석하는 것이 합리적이다.

따라서, 업무상 처리되던 대상인 개인정보를 누설, 제공, 유출 등의 행위가 금지되는 것이고 업무와 무관하게 사적인 영역에서 개인정보를 처리하고 그 과정에서 알게 된 개인정보를 누설 또는 제공하거나 수집, 보유한 개인정보를 유출하는 행위는 처벌할 수 없다.

다. 사안의 경우

우리 대법원은 이러한 법리에 기초하여 볼 때 이 사건에서 휴대전화 대리점을 운영하던 피고인 A는 구형 휴대전화 단말기를 판매하였던 것이 업무일 뿐, 기존 단말기를 반환받는 것이 통상적인 것이 아니며, 구형 휴대전화 단말기에 포함된 개인정보와 관련하여 피고인 A가 수집, 이용에 관한 요청을 한 것이 아니고 파기에 대한 계약을 하였거나 그에 관한 비용을 받았다는 사정도 없으며 그에 따라 단말기를 건네받는 과정에서 甲으로부터 개인정보 수집, 보관에 관한 절차를 진행한 것도 아니어서 피고인 A가 구형 휴대전화 단말기에 들어있던 개인정보를 '업무상' 보유하였거나, 취득, 처리하였다고 할 수 없다고 판단한 원심은 정당하다고 판단 한 것이다.

4. 판결의 의의

법 제59조는 다른 조문들과 달리 '개인정보처리자'를 수범자로 규정하지 않고, '개인정보를 처리하거나 처리하였던 자'라고 규정하고 있어 수범자의 범위가 자칫 일반 국민들의 사적 영역까지 확장되는 것으로 해석될 우려가 있었다. 법 제59조는 위반시 형사처벌 규정이 연계되어 있기 때문에 죄형법정주의 원칙에 따를 때에도 엄격 해석이 요구된다 하겠다.

판결에서는 법 제59조의 수범자는 '개인정보처리자'와 정확하게 일치하지는 않더라도 '개인정보처리자'와 동일한 정도의 개인정보 관련 책무를 갖는 자로 한정되며, 법 제59조의 수범자의 '업무상'의 범위를 정하는 기준 또한 '개인정보처리자' 여부를 정하는 기준인 업무 목적의 범위와 동일하게 업무의 주된 내용이 개인정보의 처리에 있는 경우 뿐 아니라, 일반적인 업무를 주된 내용으로 하면서 그와 밀접한 관련이 있는 부수적 업무로 개인정보 처리가 이루어지는 경우를 포함한다고 해석하고 있다.

우리 개인정보 보호법의 '개인정보' '처리'의 개념을 기반으로 '개인정보처리자'를 법률 전체의 수범자로 규정하고 있으면서도 '개인정보'의 의미 및 '처리'의 의미에 대하여 명확히 규정하고 있지 않아 법률의 적용여부에 관하여는 법원의 법률해석을 통해 구체화될 수 밖에 없는 현실이다. 이 판결은 특히 형벌 규정으로 연결되는 금지행위 규정인 법 제59조의 수범자(의무주체)의 범위 및 법 제59조의 보호대상에 관하여 구체적으로 판단한 첫 판례로서 의미가 크다 하겠다.

84 가명정보 처리 특례와 개인정보 처리정지 요구권

대법원 2025. 7. 18. 선고 2024다210554 판결[1)]

최경진 (가천대학교 교수)

1. 사안의 개요

원고들은 이동통신사인 피고와 이동통신서비스 이용계약을 체결한 사람들이고, 피고는 원고들과 본건 계약을 체결하면서 원고들로부터 개인정보의 수집·이용 및 제3자 제공에 관한 동의서를 징구한 후 원고들의 개인정보를 수집한 개인정보처리자이자 정보통신서비스 제공자이다. 원고 A는 피고에게 가명처리 사실 여부 및 가명처리했다면 그 대상이 된 A의 개인정보 일체에 대한 열람을 요구하면서 향후 A의 개인정보를 피고 혹은 제3자의 과학적 연구, 통계, 공익적 기록보존의 목적으로 가명처리하는 것에 대한 처리정지를 요구하였다. 이에 대하여 피고는 아래와 같이 회신하였다.

> 1. 가명처리는 정보주체를 특정하여 처리하지 않기 때문에 누구의 정보가 포함되어 있는지를 피고가 확인할 수 없다. 특히 가명처리가 완료된 정보를 다시 재식별 시도를 하는 것은 법률에서 금지되어 있으며, 이러한 이유로 현행 개인정보 보호법에서는 개인정보의 열람(제35조), 개인정보의 정정/삭제(제36조), 개인정보의 처리정지 등(제37조)의 규정을 가명정보에 대하여는 적용하지 않는다고 규정하고 있다.
> 2. 원고 A의 개인정보가 가명처리된 정보에 포함되어 있는지 확인할 수 없어 그 가명처리 대상이 된 정보도 확인이 불가능하다.
> 3. 현행 개인정보 보호법(제28조의2)에서는 개인정보처리자는 통계작성, 과학적 연구, 공익적 기록보존 등을 위하여 정보주체의 동의없이 가명정보를 처리하여 이용하고, 제3자가 제공할 수 있도록 법에서 인정하고 있다.

1) [참조 및 관련 판례] 헌법재판소 2023. 10. 26. 선고 2020헌마1477, 2021헌마748(병합) 결정 [개인정보 보호법 제28조의7 등 위헌확인].

이에 원고들은 "피고는 원고들에 대한 개인정보를 개인정보 보호법 제28조의 2(가명정보의 처리 등)에 의한 가명정보로 처리하여서는 아니된다."는 청구취지로 서울중앙지방법원에 소를 제기하였다.

2. 판결의 요지

가. 1심판결(서울중앙지방법원 2023. 1. 19. 선고 2021가합509722 판결)

피고가 원고들과 이 사건 계약을 체결함으로써 원고들로부터 수집한 원고들의 개인정보를 그 일부 또는 전부를 대체하는 등의 방법으로 처리하는 '가명처리' 행위 역시 개인정보 보호법 제2조 제2호에서 규정하고 있는 개인정보의 '생성, 가공, 편집' 또는 '그 밖에 이와 유사한 행위'로써 '개인정보의 처리'에 해당한다고 봄이 타당하다(따라서 이와 달리 '가명처리'가 '개인정보의 처리'에 해당하지 않는다는 취지의 피고의 주장은 받아들이지 않는다). 따라서 원고들은 정보주체로서 개인정보 보호법 제37조 제1항에 따라 개인정보처리자인 피고에게 원고들의 개인정보에 대한 가명처리를 정지할 것을 요구할 수 있으므로, 피고는 같은 법 제37조 제2항 본문에 따라 원고들의 처리정지 요구의 의사표시가 기재된 이 사건 소장 부본을 송달받음으로써 향후 원고들의 개인정보에 대한 가명처리를 하지 아니할 의무가 있고, 피고가 이와 같은 의무의 존부에 관하여 다투고 있는 이상 원고들은 피고에게 원고들의 개인정보에 대한 가명처리를 하지 아니할 의무의 이행을 미리 청구할 필요가 있다고 하여, 제1심 법원은 판결 주문을 "피고는 원고들에 대한 개인정보를 개인정보 보호법 제2조 제1호의2에 따라 가명처리하여서는 아니된다."로 하여 원고 승소 판결을 내렸다.

나. 원심판결(서울고등법원 2023. 12. 20. 선고 2023나2009236 판결)

제1심판결과 동일하게 원고들의 각 청구는 이유 있어 모두 인용하되, 제1심판결 중 원고의 청구취지를 초과하여 피고에게 원고들의 개인정보에 대한 모든 가명처리의 정지를 명한 부분(피고가, 개인정보 보호법 제28조의2에 의하여 가명정보를 처리하기 위한 목적과 무관하게, '그 이외의 목적 내지 사유로' 원고들의 개인정보를 가명처리하는 것의 정지를 명하는 부분)은 처분권주의를 위반한 잘못이 있어 부당하다고 하여 판결 주문을 "피고는 원고들의 개인정보에 대하여, '개인정보 보호법 제28조의2(가명정보의 처리 등)에 따른 가명정보의 처리'를 위하여, 가명처리를 하여서는 아니 된다."고 변경하였다.

다. 대법원 판결

대법원은 아래와 같은 이유로 원심이 가명처리가 「개인정보 보호법」 제37조 제1항 제1문의 처리정지 요구의 대상에 포함된다고 판단한 것은 「개인정보 보호법」 제37조 제1항 제1문의 적용범위에 관한 법리를 오해하여 판결에 영향을 미친 잘못이 있다고 하여 원심판결을 파기·환송하였다.

1) 「개인정보 보호법」 제37조 제1항 제1문은 "정보주체는 개인정보처리자에 대하여 자신의 개인정보 처리의 정지를 요구하거나 개인정보 처리에 대한 동의를 철회할 수 있다."라고 하여 처리정지의 대상이 개인정보에 대한 "처리"임을 전제로 하고 있고, 2020. 2. 4. 법률 제16930호로 개정되기 전의 구 「개인정보 보호법」 제2조 제2호는 "처리"를 '개인정보의 수집, 생성, 연계, 연동, 기록, 저장, 보유, 가공, 편집, 검색, 출력, 정정, 복구, 이용, 제공, 공개, 파기, 그 밖에 이와 유사한 행위'로 정의하였다. 그런데 2020. 2. 4. 법률 제16930호로 개정된 구 「개인정보 보호법」(2023. 3. 14. 법률 제19234호로 개정되기 전의 것) 제28조의2 제1항은 "개인정보처리자는 통계작성, 과학적 연구, 공익적 기록보존 등을 위하여 정보주체의 동의 없이 가명정보를 처리할 수 있다."라고 규정하여 가명정보의 활용범위를 정하였고, 같은 법 제2조는 "가명정보"를 '가명처리함으로써 원래의 상태로 복원하기 위한 추가 정보의 사용·결합 없이는 특정 개인을 알아볼 수 없는 정보'(제1호 다목)로, "가명처리"를 '개인정보의 일부를 삭제하거나 일부 또는 전부를 대체하는 등의 방법으로 추가 정보가 없이는 특정 개인을 알아볼 수 없도록 처리하는 것'(제1호의2)으로 정의함으로써 "가명처리"를 같은 법 제2조 제2호의 "처리"와는 별도로 규정하였다.

2) "가명처리"는 그 개념적 정의에 의하더라도 개인정보에 대한 식별의 위험성을 낮추는 방법이므로, 정보주체에 대한 권리 또는 사생활 침해의 위험을 발생시킬 수 있는 「개인정보 보호법」 제2조 제2호에서 규정한 여러 유형의 개인정보 "처리"와는 구별된다. 같은 법 제3조 제7항에서 "개인정보처리자는 개인정보를 익명 또는 가명으로 처리하여도 개인정보 수집목적을 달성할 수 있는 경우 익명처리가 가능한 경우에는 익명에 의하여, 익명처리로 목적을 달성할 수 없는 경우에는 가명에 의하여 처리될 수 있도록 하여야 한다."라고 규정한 것은 가명처리를 익명처리에 준하는 개인정보 보호조치로 분류한 것으로 볼 수 있다. 또한 "가명처리"는 더 이상의 처리가 가능하지 않도록 개인정보 자체를 삭제하거나 파쇄 또는 소각하는 개인정보의 파기와도 개념적으로 구분이 되는 행위이다. 이러한 사정에다가 데이터 관련 신산업 육성이 범국가적 과제로 대두되고 인공지능, 클라우드, 사물인터넷 등 신기술을 활용한 데이터 이용이 필요한 상황에서 데이터의 이용을 활성화하기 위한 가명정보조항의 입법취지를 고려하면, "가명처리"는 「개인정보 보호법」 제37조 제1항 제1문에서 처리정지

요구의 대상으로 정한 개인정보 "처리"에 해당하지 않는다고 보아야 한다.

3. 해설

가. 쟁점

개인정보 보호법 제28조의2 제1항은 개인정보처리자가 통계작성, 과학적 연구, 공익적 기록보존 등을 위하여 정보주체의 동의 없이 가명정보를 처리할 수 있다고 하여 가명정보 처리 특례를 규정하는 한편, 동법 제37조는 정보주체가 자신의 개인정보 처리의 정지를 개인정보처리자에게 요구할 수 있도록 개인정보 처리정지 요구권을 규정하였다. 그런데 동법 제2조 제1항에서 가명정보(제2조 제1호 다목)와 가명처리(제2조 제1호의2)를 구분하여 정의하고 제2조 제1호에서 가명정보도 개인정보의 한 유형으로 규정함에 따라 가명정보의 처리 특례를 규정한 제28조의2가 가명정보 처리 전 단계인 개인정보의 가명처리에까지도 적용될 수 있는가와 개인정보 처리정지 요구권의 대상에 '개인정보의 가명처리'도 포함되는가가 본건 판결의 실질적 쟁점이다.

나. 가명정보 처리 특례 제도의 도입배경 및 입법이유

가명정보 처리 특례를 규정한 개인정보 보호법 제3장 제3절이 신설된 2020년 2월 4일 개정 법률(법률 제16930호, 2020년 8월 5일 시행)은 소위 '데이터 3법' 개정의 한 축으로서 데이터의 안전한 활용 방법의 하나로 가명정보 개념을 도입하였다. 당시 입법과정에서의 가장 중요한 방향성은 데이터 경제 활성화를 위해서 개인정보 보호법 상의 규제를 합리화하여, 특히 안전한 개인정보 활용 방안의 하나로 가명정보 처리 특례 제도를 도입하자는 것이었고,[2] 그 과정에서 EU GDPR이 선행법제로서 많은 참조가 되었지만 우리법은 GDPR의 구성과는 다르게 독립된 특례 규정으로 입법되었다.[3]

---

2) 제안이유를 보면, "4차 산업혁명 시대를 맞아 핵심 자원인 데이터의 이용 활성화를 통한 신산업 육성이 범국가적 과제로 대두되고 있으며, 특히, 신산업 육성을 위해서는 인공지능(AI), 클라우드, 사물인터넷(IoT) 등 신기술을 활용한 데이터 이용이 필요한 바, 안전한 데이터 이용을 위한 사회적 규범 정립이 시급한 상황"이라는 인식 하에 "개인정보의 개념을 명확히 하여 혼란을 줄이고, 안전하게 데이터를 활용하기 위한 방법과 기준 등을 새롭게 마련하여 데이터를 기반으로 하는 새로운 기술·제품·서비스의 개발 등 산업적 목적을 포함하는 과학적 연구, 통계작성, 공익적 기록보존 등의 목적으로도 가명정보를 이용할 수 있도록" 하기 위하여 가명정보 처리 특례를 도입하였다고 설명한다.

3) GDPR이 규정하는 가명처리 및 가명정보 처리와의 비교에 대해서는 최경진 외 12인 공저, 개인정보 보호법, 박영사, 2024, 311면, 314면 참조.

다. 개인정보의 가명처리와 가명정보의 처리

개인정보의 안전한 활용 방안으로 도입된 가명정보 처리 특례는 규정 체계 상 개인정보로부터 가명정보를 만드는 가명처리와 가명처리된 가명정보를 처리하는 2단계로 나뉘어 규정되었다. 가명처리는 개인정보 보호법 제2조 제1의2호에서 "개인정보의 일부를 삭제하거나 일부 또는 전부를 대체하는 등의 방법으로 추가 정보가 없이는 특정 개인을 알아볼 수 없도록 처리하는 것"으로 규정한다. 이렇게 가명처리함으로써 원래의 상태로 복원하기 위한 추가 정보의 사용·결합 없이는 특정 개인을 알아볼 수 없는 정보, 즉 가명정보가 된다(제2조 제1호 다목). 개인정보 보호법 제2조 제1호에 의하면 가명정보도 개인정보의 한 유형이다.

라. 가명정보 처리 특례 규정의 적용 대상범위

개인정보 보호법 제4장 제3절에 규정된 가명정보 처리 특례는 기본적으로 "통계작성, 과학적 연구, 공익적 기록보존 등"의 제한된 목적을 위하여 "정보주체의 동의 없이" 가명정보를 이용하거나 제3자에게 제공하는 등 "처리"할 수 있도록 허용한다(제28조의2 제1항). 이 특례 규정에 의하여 동의 없이도 제한된 목적으로 처리가 허용되는 대상이 가명정보라는 점은 명확하다. 문제는 이 특례규정이 가명정보를 만들기 위한 이전 단계에서도 정보주체의 통제권을 배제할 수 있을 것인가 하는 점이다. 즉 가명정보를 만들기 위해 개인정보를 가명처리하는 경우에도 가명정보 처리 특례에 의하여 동의가 필요하지 않은가 하는 점이다.[4] 문언적으로만 따지면, 가명정보는 개인정보이고 제28조의2 제1항에서 동의 없이 처리할 수 있는 대상으로 명시한 대상이 가명정보이기 때문에 가명정보 처리 특례 규정은 '가명정보'의 처리 단계에서만 적용되어야 한다고 해석할 수도 있다. 그러나 ① 가명처리를 통해 만들어진 가명정보의 처리에 대해 제한된 특정 목적을 위하여 정보주체의 동의 없이도 데이터 경제 활성화를 위해서 '특례' 규정을 도입한 취지, ② 제28조의2 제1항 등 특례 규정에서 가명정보의 처리를 규정하고 있지만 가명정보를 처리하기 위해서는 불가피한 일체적 전제로서 개인정보의 가명처리가 선행 또는 병행되어야 하는 점, ③ 만약 개인정보의 가명처리에 특례 규정이 적용되지 않는다면 정보주체의 개인정보 가명처리에 대한 사전적 'opt-out' 혹은 개인정보 처리정지 요구를 통해 동의 없이도 제한된 목적으로 가명정보 처리 특례를 허용하려는 입법목적이 사실상 무의미해질 수밖에 없는 점[5] 등을 고려하면 가명정보 처리 특례 규

4) 이 글은 가명정보 처리 특례 규정의 해석에 초점을 맞추고 있는 점과 지면의 한계를 고려하여 개인정보 보호법 제28조의2 이하에 따른 가명정보의 처리와 관련되는 개인정보의 가명처리를 중심으로 논의를 진행하고, 특례 규정을 전제로 하지 않는 일반적인 식별성 저감조치 혹은 안전조치로서의 가명처리에 대해서는 별도로 논의하지 않는다.

정은 그 목적을 달성하기 위한 범위 내에서 단순히 가명정보의 처리뿐만 아니라 가명처리까지 포괄하는 것으로 해석하는 것이 타당하다.[6)7)]

마. 정보주체의 처리정지 요구권과의 관계

가명정보 처리 특례 규정이 개인정보의 가명처리에까지도 적용할 수 있는가의 문제와 별개로 개인정보 처리정지 요구권을 규정한 개인정보 보호법 제37조에 따라 정보주체가 개인정보의 가명'처리'나 개인정보 보호법 제2조의 문언상 개인정보에 해당하는 '가명정보'[8)]의 처리에 대해서도 처리정지를 요구할 수 있는가라는 문제가 제기될 수 있다. 다만, 가명정보에 대해서는 본건 처리정지 요구 당시의 개인정보 보호법 제28조의7에 따르면, "가명정보는 … 제35조부터 제37조까지, …의 규정을 적용하지 아니한다"고 하여 가명정보 처리는 처리정지 요구권의 대상이 아님이 명백하다.[9)] 반면 개인정보의 가명처리에 대해서는 단순히 문언상 표현만으로 보면 처리정지 요구가 허용되어야 한다는 해석이 불가능한 것은 아니다. 그러나 앞서 라.에서 설명한 ①~③의 근거에 더하여, 개인정보 보호법 제28조의2를 비롯한 제3장 제3절의 규정은 제37조와의 관계에서도 "특례"로서의 의미가 있는 점, 만약 본건에서 원고가 요구한 장래의 가명처리의 정지뿐만 아니라 이미 행한 가명처리의 정지(혹은 열람[10)]) 요구를 허용하게 되면 가명처리 결과 생성된 가명정보가 누구의 것인지를 다시 식별해서 이미 가명처리가 완료된 가명정보의 정보주체별로 처리정지를 해야 하는데 이는 재식

5) AI 시대의 경쟁력은 데이터의 양과 질에 좌우되는데, 가명정보 처리 특례의 적용범위가 제한되어 데이터셋의 품질이 저하된다면 결국 특례 규정의 도입 취지는 무색하게 된다.

6) 같은 취지로 최경진 외 12인 공저, 『개인정보 보호법』(주 3), 315-316면.

7) 이러한 논란을 없애기 위해서 2021. 1. 6. 개인정보보호위원회가 입법예고하고 정부가 2021. 9. 28. 국회에 제출한 개인정보 보호법 일부개정법률안은 제28조의2 제1항의 "가명정보"를 "개인정보를 가명처리하거나 가명정보"로 개정하는 사항을 담았지만, 최종적으로 2023. 3. 14. 개정된 개인정보 보호법에는 해당 내용이 반영되지 못하였다.

8) 개인정보 보호법 제2조 제1호 다목에 규정된 가명정보는 동법 제2조 제1호의2에 따른 가명처리된 개인정보를 의미하는데, 이는 동법 제28조의2 이하의 특례 규정만을 전제로 한 것이 아니기때문에 그 구체적인 의미와 법적 취급에 대해서는 보다 심층적인 논의가 필요할 수 있으나, 이 글에서는 앞서 설명한 것처럼 특례와의 관련성이 인정되는 범위 내에서만 논의를 진행한다.

9) 2020. 2. 4. 개정 개인정보 보호법 제28조의7은 "가명정보는 제20조, 제21조, 제27조, 제34조제1항, 제35조부터 제37조까지, 제39조의3, 제39조의4, 제39조의6부터 제39조의8까지의 규정을 적용하지 아니한다."고 규정한 반면, 2023. 3. 14. 개정 개인정보 보호법 제28조의7은 "제28조의2 또는 제28조의3에 따라 처리된 가명정보는 제20조, 제20조의2, 제27조, 제34조제1항, 제35조, 제35조의2, 제36조 및 제37조를 적용하지 아니한다."로 규정함으로써 정보주체의 권리에 관한 규정이 적용되지 않는 가명정보의 범위가 특정되었기 때문에 현행법에 따르면 제28조의2 또는 제28조의3에 따라 처리되지 않는 가명정보에 대한 처리정지 요구의 문제는 상존할 수 있지만, 주8)에서 밝힌 것처럼 이 글의 논의에서는 제외한다.

10) 본건에서 원고가 열람을 요구한 내용에 "가명처리했다면 그 대상이 된 원고 A의 개인정보 일체"가 포함되어 있다.

별을 금지하는 제28조의5나 이를 뒷받침하기 위한 안전조치의무를 규정한 제28조의4를 위반하게 되는 문제가 발생하는 점 등을 종합적으로 고려할 때 제28조의2의 특례가 이를 위한 개인정보의 가명처리에까지 적용되는 것으로 해석하는 이상 제28조의7의 가명정보 처리 특례규정도 제28조의2에 따른 가명정보 처리 특례의 실효성을 보장하기 위한 논리적·체계적 일관성이 유지되는 범위 내에서 개인정보의 가명처리에까지 적용되는 것으로 해석하는 것이 타당하고, 결과적으로 그러한 범위 내에서 개인정보의 가명처리에 대해서도 제37조에 따른 개인정보의 처리정지 요구권이 배제되는 것으로 해석하는 것이 바람직하다. 나아가 개인정보 처리정지 요구권은 어떠한 예외도 인정되지 않는 절대적 권리가 아니고 특히 제37조 제1항에서 "법률에 특별한 규정이 있거나 법령상 의무를 준수하기 위하여 불가피한 경우"에는 처리정지를 거절할 수 있도록 규정하고 있는데 특례에 해당하는 제28조의2는 그러한 특별한 규정으로 볼 수 있으며, 제28조의2가 개인정보의 가명처리에도 적용되는 것으로 해석하는 이상 특례의 입법 목적을 달성하기 위한 범위 내에서 위에서 설명한 여러 근거를 바탕으로 제37조 제1항 제1호에 따라 개인정보처리자가 거절할 수 있고 결과적으로 정보주체의 처리정지 요구는 제한되는 것으로 해석할 여지도 있다.[11)]

바. 판결에 대한 검토

대상판결이 문언적 의미를 중시한 하급심 판결과는 달리 입법취지를 고려하여 정보주체의 처리정지 요구권을 받아들이지 않은 결론은 타당하다. 그러나 개인정보 보호법상 일반적으로 활용되는 '처리'와 '가명처리'를 구분하는 이유로 가명처리는 식별 위험성을 낮추는 방법이어서 "정보주체에 대한 권리 또는 사생활 침해의 위험을 발생시킬 수 있는" 개인정보의 "처리"와 구분된다고 설시하는데 식별 위험성이 낮아졌다고 해도 위험이 완전히 제거된 것과는 다른데도 "가명처리를 익명처리에 준하는 개인정보 보호조치로 분류한 것으로 볼 수 있다"고 판단한 것은 익명처리와 가명처리를 사실상 동일시 하는 것으로서 개인정보 보호법의 전체 규율 체계에 비추어 볼 때 받아들이기 어려운 점, 가명처리를 개인정보의 "처리"와는 구분하여 다르게 파악하는 것은 개인정보 보호법의 최초 제정 목적의 하나인 개인정보 보호의 사각지대 제거와 기술의 발전에 따라 다양한 처리 형태를 포섭하기 위한 포괄적 개념으로서 도입된 "처리" 개념의 취지와 상충된다는 점,[12)] 판결의 결론으로서 "가명처리"는 「개인정보 보호법」제37조 제1항 제1문에서 처리정지 요구의 대상으로 정한 개인정보 "처리"

---

11) 이러한 관점에서 항소심에서 검토했던 처리정지 요구권의 제한사유로서의 "법률에 특별한 규정이 있거나 법령상 의무를 준수하기 위하여 불가피한 경우"를 대법원이 판단하지 않은 점은 아쉬움을 남긴다.

12) GDPR은 가명처리(pseudonymisation)를 정의하면서 "… 개인정보의 처리(the processing of personal data) … "로 규정한다(Article 4(5)).

에 해당하지 않는다고 보아야 한다"고 판시하는 것은 처리정지 요구권의 적용 대상에서 추가적인 논의가 필요한 '특례를 전제로 하지 않는 가명처리'13)까지도 모두 완전히 제외하게 되어 결과적으로 특례의 범위를 넘어 모든 유형의 가명처리에 대해서 제37조의 적용 자체가 배제됨으로써 사실상 정보주체의 권리를 과도하게 제약한다는 점에서 타당하지 않다. 개인정보 보호법이 '처리' 개념을 포괄적으로 규정한 취지, '처리' 개념의 체계적 일관성 유지, 가명정보 처리 특례 규정의 실효성 확보, 가명처리를 처리 개념과 구분하게 되면 제35조에 따른 열람 요구의 대상이 되는 '처리하는 개인정보'에서도 제외될 수 있어서 자칫 개인정보의 가명처리와 관련한 정보주체의 권리가 과도하게 제한될 우려, 정보주체의 권리와 개인정보처리자의 가명정보 처리 사이의 균형 등을 고려할 때 대상판결과 같이 가명처리 개념을 제2조 제2호의 "처리" 개념과 구분하고 나아가 제37조의 "처리" 개념에서 "가명처리" 개념을 일괄적으로 배제하는 해석론은 타당하지 않고, 오히려 개인정보 보호법 상의 일반적 "처리" 개념에는 가명처리가 포함되지만 이상에서 살펴본 다양한 근거에 비춰볼 때 특례 규정인 제28조의2의 적용 대상 및 제28조의7에 따라 적용 제외되는 제37조의 적용 대상은 제28조의2에 따른 가명정보 처리뿐만 아니라 이를 위한 개인정보의 가명처리도 포섭하는 것으로 해석하고, 결과적으로 제37조와의 관계에서 특례 규정의 실효성 확보와 논리적 · 체계적 일관성 유지를 위하여 처리정지 요구권의 대상에서 특례 규정에 따른 가명정보의 처리와 이를 위한 개인정보의 가명처리를 제외하는 것으로 해석함이 개인정보 보호법의 전체 취지와 체계적 해석에도 부합한다.

4. 판결의 의의

대상판결은 데이터 경제 활성화를 위한 안전한 개인정보 활용의 수단으로 도입된 가명정보 처리 특례 규정의 입법취지를 고려한 합리적 해석으로 그동안의 논란을 종국적으로 해소하였다는 점에서 큰 의의가 있다. 다만, 결론에 이르게 된 해석은 개인정보 보호법의 전체 취지나 체계적 해석에 부합하지 않고, 개인정보처리자와 정보주체 사이의 이익의 균형이라는 관점에서도 타당하지 않은 면이 있다. 향후 보다 깊이 있는 논의를 통해 대상판결의 해석론이 보다 더 정치하게 발전하기를 바라며, 아울러 대상판결의 결론을 고려할 때 가명정보 처리 특례 제도를 둘러싼 논란을 종국적으로 해결하기 위한 개인정보 보호법 개정을 추진할 필요가 있다.

---

13) 2023년 개인정보 보호법 개정에 따라 제28조의7의 문구가 "제28조의2 또는 제28조의3에 따라 처리된 가명정보는 … "으로 수정됨으로써 제2조와의 관계에서 가명정보의 유형이 특례의 적용을 받는 것과 그렇지 않은 것으로 구분되는 것으로(가명처리도 마찬가지임) 해석될 여지를 남겼기 때문에 추가적인 심층 논의의 필요성은 더욱 커졌다.

85 개인정보 보호법 위반에 대한 형사상 정당행위 법리의 적용 기준

대법원 2025. 7. 18. 선고 2023도3673 판결[1)]

권창환 (부산회생법원 부장판사, 법학박사)

1. 사안의 개요

가. 이 사건 공소사실

피고인은 이 사건 아파트의 동대표 회장으로 이 사건 아파트의 관리소장인 윤○식과 공모하여 2020. 6. 15. 이 사건 가처분 사건(입주자대표회의 회장 및 동대표의 직무집행정지를 구하는 가처분 사건)의 담당 재판부에 입주자들의 동의를 받지 아니한 채 이 사건 아파트 관리사무소에서 보관 중이던 세대주, 직업, 차량번호, 가족 사항, 세대원 생년월일, 전화번호 및 주소 등의 개인정보가 기재된 입주자카드 총 584장을 제출함으로써 정보주체의 동의를 받지 아니하고 개인정보를 제3자에게 제공함과 동시에 업무상 알게 된 개인정보를 누설하였다.

나. 이 사건 공소에 이르게 된 경위

이 사건 아파트의 일부 주민들은 관리비의 절감과 관리운영의 개선을 요구한 것 등을

1) [참조 및 관련 판례] (정당행위 인정 사안) 대법원 2025. 1. 9. 선고 2020도15579 판결(조합원의 부동노동행위 구제를 위하여 보관 중이던 조합원의 노동조합가입신청서를 중앙노동위원회에 제출한 국립해양생물자원관 노조전임자 사안); 대법원 2024. 3. 12. 선고 2020도15929 판결(뇌물수수 혐의 고발을 위해 정보통신망 침입하여 취득한 이메일 등 자료를 수사기관에 제출한 사안); 대법원 2023. 6. 29. 선고 2020도10564 판결(대리수술을 고발하면서 환자진료기록을 수사기관에 제출한 전공의 사안); 대법원 2023. 6. 15. 선고 2021도9346 판결(경찰 내부망 신원조회를 통해 알아낸 휴대전화번호를 고소장에 기재한 사안) 등 / (정당행위 부정 사안) 대법원 2024. 11. 14. 선고 2021도7661 판결(학생 인성검사자료 등을 손해배상청구의 소에서 증거자료로 제출한 교사 사안); 대법원 2024. 2. 8. 선고 2023도16916 판결(보관하고 있던 직원의 가족관계증명서 등을 부친의 별개 회사 관련 가처분 소송에 사용하기 위해 변호사에게 제공한 회사 대표이사 사안) 등.

계기로 이 사건 아파트 입주자대표회의 및 관리사무소 측과 갈등을 빚게 되자, "입주자대표회의가 고의 또는 중과실로 입주자 등에게 재산상의 손실 등을 끼친 때에는 입주자 등은 그 해산 및 개선을 입주자 등의 과반수 서면 동의로 결의할 수 있다."라는 이 사건 아파트의 관리규약에 근거하여 이 사건 아파트의 입주자대표회의를 해산하기 위하여 비상대책위원회를 구성하였다.

비상대책위원회 측은 이 사건 아파트의 총 940세대 중 과반수가 넘는 606세대로부터 입주자대표회의의 해산에 관한 서면동의를 받았음을 이유로 2020. 4. 6. 기존 입주자대표회의가 해산되었음을 주장하면서 피고인을 비롯한 동대표들을 상대로 이 사건 가처분 사건을 신청하였다. 이 사건 가처분 사건에서 피고인 등 채무자들은 무효인 서면동의나 서면동의를 철회한 세대수를 제외하면 입주자대표회의 해산에 동의하는 세대수는 과반수에 미달한다고 주장하였다.

이 사건 가처분 사건의 담당 재판부는 2020. 6. 2. 심문을 종결하면서 피고인 등 채무자들에게 2주일 이내에 세대주나 세대구성원 등을 확인할 수 있는 자료를 제출할 것을 요구하였다. 피고인은 윤○식으로부터 이 사건 아파트 관리사무소에서 보관 중이던 입주자카드 총 584장을 받아 2020. 6. 15. 담당 재판부에 제출하였다. 제출된 입주자카드에는 주민등록번호의 뒷자리가 삭제되어 있었으나 세대주 생년월일, 직업, 차량번호, 가족 사항, 세대원 생년월일, 전화번호 및 주소 등의 개인정보는 여전히 그대로 기재되어 있었다.

2. 판결의 요지

가. 원심판결(대전지방법원 2023. 2. 15. 선고 2021노2102 판결)

원심은 피고인과 개인정보처리자인 윤○식이 재판부로부터 석명을 받아 입주자카드를 증거로 제출하였더라도 그 행위는 개인정보의 '제3자 제공' 및 '누설'에 해당하고, 구 「개인정보 보호법」(2020. 2. 4. 법률 제16930호로 개정되어 2020. 8. 5.부터 시행되기 전의 것, 이하 '개인정보 보호법'이라 한다) 제18조 제2항 각호에 따라 허용되는 행위에 해당한다고 볼 수 없으며, 형법 제20조의 정당행위에 해당하지도 않는다고 보아 이 사건 공소사실을 유죄로 판단하였다.

나. 대법원 판결(파기환송: 정당행위 인정)

대법원은 아래와 같은 법리를 선언하면서 피고인이 입주자카드를 담당 재판부에 제출한 행위는 사회상규에 위배되지 않는다고 볼 여지가 충분하다고 보아 원심판결을 파기환송하였다.

「개인정보처리자는 정보주체의 동의를 받거나 법률에 특별한 규정이 있는 등 개인정보 보호법이 정하는 예외 사유가 있는 경우에만 개인정보를 제3자에게 제공할 수 있고(제17조, 제18조), 개인정보를 처리하거나 처리하였던 자는 업무상 알게 된 개인정보를 누설하거나 권한 없이 다른 사람이 이용하도록 제공하는 행위 등을 하여서는 아니 된다(제59조). 그러나 재판과정에서 소송상 필요한 주장의 증명이나 범죄혐의에 대한 방어권 행사를 위하여 개인정보가 포함된 소송서류나 증거를 법원에 제출하는 경우, 고소·고발 또는 수사절차에서 범죄혐의의 소명이나 방어권의 행사를 위하여 개인정보가 포함된 증거자료를 수사기관에 제출하는 경우에는 사회상규에 위배되지 않는 행위에 해당하여 형법 제20조에 따라 위법성이 조각될 수 있다. 이때 정당행위에 해당하는지 여부는 개인정보 제출자가 개인정보를 수집·보유하고 제출하게 된 경위 및 목적, 개인정보를 제출한 상대방, 제출 행위의 목적 달성에 필요한 최소한의 정보 제출인지 여부, 비실명화 등 개인정보의 안전성 확보에 필요한 조치 가능성 및 조치 여부와 내용, 제출한 개인정보의 내용, 성질(민감정보 여부 등) 및 양, 침해되는 정보주체의 법익 내용, 성질 및 침해의 정도, 개인정보를 제출할 다른 수단이나 방식의 존재 여부, 다른 수단이나 방식을 취하지 않고 개인정보를 제출하게 된 불가피한 사정의 유무 등 개별적인 사안에서 나타난 여러 사정을 종합적으로 고려하여 객관적이고 합리적으로 판단하여야 한다.」

3. 해설

가. 개인정보 보호법의 기본적 얼개와 문제점

2011년 제정된 개인정보에 관한 기본법인 「개인정보 보호법」은 개인정보 보호의 사각지대 발생 및 개인정보침해 사례 확대를 방지하기 위하여 마련되었고, 그간 공공부문과 민간부분을 망라하여 국제 수준에 부합하는 개인정보 법률 체계로서 기능하는 데에 크나큰 기여를 하고 있다.

개인정보 보호법은 기본적으로 개인정보로 정의되는 개인식별정보, 개인식별가능정보, 가명정보를 보호대상으로 하고, 개인정보처리자 즉 업무를 목적으로 개인정보파일을 하기 위하여 스스로 또는 다른 사람을 통하여 개인정보를 처리하는 공공기관, 법인, 단체 및 개인 등을 대상으로 하는데,[2] 개인정보처리자가 아닌 경우에도 '개인정보를 처리하거나 처리하였

---

2) 공공기관 중 국회, 법원, 헌법재판소, 중앙선거관리위원회는 '행정사무를 처리하는 기관'으로 한정하고 있고(법 제2조 제6호 가.목), 독자적인 개인정보 보호지침을 정하여 시행할 수 있도록 하고 있는바(법 제12

던 자'의 일정한 행위에 대해서는 개인정보 보호법 제59조에서 금지행위를 규정하고 있다. 개인정보 보호법을 위반한 행위에 대해서는 시정조치(제64조), 과징금부과(제64조의2)를 할 수 있는 외에도 거의 모든 행위위반에 대해 형사처벌(제70조 내지 제74조) 및 과태료(법 제75조)에 따른 제재조치를 예정하고 있고, 민사상 손해배상책임으로서 입증책임의 전환과 징벌적 손해배상책임(제39조) 및 법정손해배상책임(제39조의2)도 부담하게 된다.

이와 같은 개인정보 보호법의 규율체계에 대해서는 개인정보 개념의 불명확성 및 면책규정의 엄격성(제15조, 제17조, 제18조 등)[3]과 더불어 형사처벌규정의 광범위성으로 인해 일상생활상 필요한 개인정보의 활용행위까지도 범죄화하는 과잉형벌의 문제가 있다는 지적이 적지 않게 제기된다.[4]

우리 대법원은 이러한 문제점을 해결하기 위한 다양한 해석론을 제시해왔는데 최근 개인정보 보호법 제59조의 합리적 적용을 위해 그 수범자는 "단순히 '개인정보를 처리하거나 처리하였던 자'가 아니라 '업무상' 개인정보를 처리하거나 처리하였던 자를 말하고",[5] "업무상 개인정보를 처리하였다는 것은 업무처리나 업무수행과 개인정보 처리 사이에 직접적이고 밀접한 인과관계가 있다는 의미로 새겨야 하고 업무상 개인정보를 처리하였다는 사실은 범죄구성요건이므로 검사가 증명하여야 한다"고 판시하였고,[6] 한편 "제3자에 대한 누설 등으로 개인정보 보호법의 처벌 대상이 되는 개인정보는 특별한 사정이 없는 한 정보주체의 사적 영역에 대한 정보로 제한되어야 할 것이다."고 판시하여 그 보호대상도 합리적으로 제한하고 있다.[7]

조 제3항), 이는 행정부와 다른 국가기능을 수행한다는 점 등을 고려한 것으로 이해할 수 있고, 각 기관의 고유한 기능을 수행하는 경우에는 개인정보처리자에 해당하지 않아(대법원 2024. 12. 12. 선고 2021도12868 판결) 개인정보 보호법의 적용대상이 되지 않는다고 볼 것이며, 개인정보 보호법 제59조 등의 적용에 있어서도 이러한 점을 고려할 필요가 있다.

3) 김진환, "공개된 개인정보의 적법처리에 관한 소고", 개인정보 판례백선, 박영사, 2022, 23-26면(로마켓 사건에서의 대법원 판결은 개인정보 보호법상 합법적 처리근거를 규정한 제15조, 제17조, 제18조 등의 취지에 반하는 결론이다) 참조.

4) 박민우, "개인정보 보호법상 불확정 개념에 있어 형법의 보장적 기능을 확인해주는 해석과 사회상규의 역할", 형사정책연구 제28권 제1호, 한국형사법무정책연구원, 2017, 85면, 110면.

5) 대법원 2025. 7. 3. 선고 2023도5226 판결.

6) 대법원 2025. 7. 3. 선고 2023도5226 판결; 대법원 2025. 6. 26. 선고 2025도3153 판결은 위와 같은 판시 외에도 "여기서 '업무상 알게 된 개인정보'는 정보주체들의 개인정보를 수집하여 처리하는 것을 주된 내용으로 하는 업무와 관련하여 알게 된 개인정보에 한정되지 않고, 개인정보의 수집·처리 외의 일반적인 업무를 주된 내용으로 하면서 그 업무와 밀접한 관련이 있는 부수적 업무로서 개인정보의 수집·처리가 이루어지는 업무와 관련하여 알게 된 개인정보도 포함한다."고 하여 그 범위가 지나치게 축소되지 않도록 균형있는 해석을 전개하고 있다.

7) 대법원 2025. 6. 26. 선고 2025도3153 판결.

나. 개인정보 보호법의 합리적 운용을 위한 법적 장치로서의 정당행위 법리

개인정보 보호법 위반 행위에 대하여 민사상 손해배상청구가 제기된 경우에는 개인정보 보호법상 합법처리근거가 없는 경우에도 해당 행위를 모두 위법하다고 보기는 어렵고 정보주체와 정보이용자 사이의 이해관계를 합리적으로 조정하기 위하여 개인정보 보호법 이전부터 적용되던 '이익형량'의 법리가 적용된다는 것이 판례의 태도이고,[8] 많은 학설이 이를 지지하고 있다.[9]

마찬가지로 개인정보 보호법 위반 행위에 대한 형사사건의 경우에도 우리 법원은 과잉 형사처벌의 문제를 합리적으로 해결하기 위하여 정당행위의 법리를 적용하여 위법성 조각 여부를 판단하고 있다.[10]

그런데 대법원은 개인정보 보호법 위반의 형사사건에서 형법 제20조의 정당행위 법리가 적용된다는 전제에서 대다수의 사례에서 정당행위의 적용을 부정한 하급심을 수긍하는 판단을 하였으나,[11] 최근 정당행위의 일반요건을 다소 완화하는 판시를 한 이후[12] 대상판결에서 개인정보 보호법 위반 사안에 대한 구체적인 법리를 제시하기에 이르렀다.

즉 판례는 형법 제20조의 정당행위의 요건으로 ① 그 행위의 동기나 목적의 정당성, ② 행위의 수단이나 방법의 상당성, ③ 보호이익과 침해이익과의 법익균형성, ④ 긴급성, ⑤ 그 행위 외에 다른 수단이나 방법이 없다는 보충성을 요구하여 왔는데, 대법원 2023. 5. 18. 선고 2017도2760 판결에서는 "행위의 긴급성과 보충성은 수단의 상당성을 판단할 때 고려요소의 하나로 참작하여야 하고 이를 넘어 독립적인 요건으로 요구할 것은 아니고, 또한 그 내용 역시 다른 실효성 있는 적법한 수단이 없는 경우를 의미하고 '일체의 법률적인 적법한 수단이 존재하지 않을 것'을 의미하는 것은 아니라고 보아야 한다."고 판시하면서 정당행위 인정과 관련한 경직성을 완화한 바가 있다.

---

8) 대법원은 로마켓 사건(대법원 2011. 9. 2. 선고 2008다42430 전원합의체 판결)에서 적용되던 이익형량의 법리를 개인정보 보호법 제정 이후의 사안인 로앤비 사건(대법원 2016. 8. 17. 선고 2014다235080 판결)에도 적용하고 있다.

9) 강신욱, "개인정보자기결정권의 보호대상이 되는 개인정보의 범위", 개인정보 판례백선, 박영사, 2022, 32-34면; 최경진, "공개된 개인정보를 동의 없이 처리할 수 있는지의 판단기준", 개인정보 판례백선, 박영사, 2022, 242면 등.

10) 안정민, "개인정보의 목적외 이용이 정당방위로 인정되는지의 판단기준", 개인정보 판례백선, 박영사, 2022, 326면(판례는 개인정보 유출의 경우, 상대방이 누구였는지, 유출하게 된 이유나 목적 경위 등 제반 사정 및 개인정보 보호의 필요성과 개인정보를 사용할 정당한 이익 사이의 균형을 종합하여 사회상규에까지 위배되는 행위가 아니라면 처벌하지 않는 경향도 볼 수 있다).

11) 대법원 2017. 4. 13. 선고 2014도7598 판결; 대법원 2020. 8. 20. 선고 2020도7003 판결 등.

12) 대법원 2023. 5. 18. 선고 2017도2760 판결(부정입학 관련 금품수수 혐의로 구속되었던 이사장의 총장 복귀에 반대한 총학생회 간부인 피고인들이 총장실 진입을 시도한 행동 등에 대하여 업무방해로 기소되었으나 정당행위 성립을 인정한 사안).

이러한 판례의 전향적인 태도로 인해 개인정보 보호법 위반의 경우에도 형법 제20조의 적용가능성이 넓어지게 되었는데,[13] 대상판결은 개인정보 보호법 위반 사안에 대한 형법 제20조의 정당행위 판단의 고려요소를 나열하면서 긴급성과 보충성의 요건에 해당하는 요소를 나열하기는 하였으나 실제 사안포섭에 있어서는 다소 완화된 판단을 적용하여 정당행위의 적용을 인정한 것으로 보인다.

대상판결은 '재판과정에서 소송서류를 제출하거나 수사기관에 증거자료를 제출하는 경우' 형법 제20조의 정당행위에 따라 위법성이 조각될 수 있다고 하면서, "이때 정당행위에 해당하는지 여부는 개인정보 제출자가 개인정보를 수집·보유하고 제출하게 된 경위 및 목적(☞ 목적의 정당성), 개인정보를 제출한 상대방, 제출 행위의 목적 달성에 필요한 최소한의 정보 제출인지 여부, 비실명화 등 개인정보의 안전성 확보에 필요한 조치 가능성 및 조치 여부와 내용, 제출한 개인정보의 내용, 성질(민감정보 여부 등) 및 양(☞ 수단의 상당성), 침해되는 정보주체의 법익 내용, 성질 및 침해의 정도(☞ 법익의 균형성), 개인정보를 제출할 다른 수단이나 방식의 존재 여부(☞ 보충성), 다른 수단이나 방식을 취하지 않고 개인정보를 제출하게 된 불가피한 사정의 유무(☞ 긴급성) 등 개별적인 사안에서 나타난 여러 사정을 종합적으로 고려하여 객관적이고 합리적으로 판단하여야 한다."고 판시하면서, '담당 재판부가 피고인 등에게 2주일 이내에 세대주 등을 확인할 수 있는 자료의 제출을 명하였는데, 이 사건 아파트의 세대수 등에 비추어 볼 때 피고인이 그 기간 내에 정보주체인 입주자들로부터 개인정보 제공에 대한 개별적인 동의를 받기는 사실상 어려워 보인다는 점'을 고려하여 정당행위를 인정하였다.

이러한 대법원의 판단은 1심의 판단과 비교해볼 때 보충성과 긴급성 요건을 완화하여 적용되었다고 평가하기에 충분하다고 보인다. 즉 1심은 "피고인들은 민사소송법 제294조, 제352조가 정하는 '문서송부의 촉탁' 등을 신청함으로써 필요한 한도 내의 자료를 적법하게 증거로 제출할 수 있었음에도 이를 하지 않은 채 만연히 위 가처분 사건과 별다른 관련이 없는 개인정보까지 기재된 입주자 카드를 그대로 법원에 제출한 점, 피고인들에게 입주자 카드를 그대로 제출했어야 할 긴박한 사정이 있었다고 보기도 어려운 점 등을 들면서" 피고인들의 정당행위 주장을 배척하였다.

13) 김진환, "공개된 개인정보의 적법처리에 관한 소고"(주 3), 23-26면에서는 로마켓 사건에 대해 적어도 긴급성, 보충성을 충족하기 어렵다고 분석하고 있으나, 2017도2760 판결의 법리를 적용하면 로마켓 사건에 대한 대법원의 결론은 충분히 수긍할 수 있다.

4. 판결의 의의

개인정보 보호법에서의 개인정보 정의의 불명확성과 면책규정의 엄격성, 그리고 광범위한 형벌규정으로 인한 과도한 국가형벌권은 국민의 일상적인 개인정보 활용까지도 형사범죄화하는 문제가 있어, 그 합리적 제한을 위해서는 형법 제20조의 사회상규를 적극적으로 활용할 필요가 크다고 할 것이다.

대상판결은 개인정보 보호법 위반의 경우에도 형법 제20조의 정당행위 법리가 적용가능하다는 점을 명확히 하면서도 긴급성과 보충성의 요건을 완화하는 구체적인 법리 제시와 사안포섭을 한 선례로서, 개인정보 보호법의 합리적 운용을 위한 법적 장치로서의 정당행위 법리의 구체적 적용기준을 제시하였다는 점에서 큰 의의가 있다고 할 것이다.

대법원이 개인정보 보호법 위반에 대한 정당행위의 적용을 재판과 수사과정에 한정하여 법리제시를 한 것에는 아쉬움이 남지만, 반드시 위와 같은 경우로만 한정한 것으로 보이지는 않고,[14] 또한 엄격한 면책요건(제15조, 제17조, 제18조 등)을 가진 개인정보 보호법에 대하여 형법 제20조의 정당행위 규정의 무분별한 적용을 경계하는 취지라고 이해할 수도 있다.

14) 대법원 2025. 1. 9. 선고 2020도15579 판결 등.

제 4 편

디지털금융, 전자금융, AI 등 신기술 분야

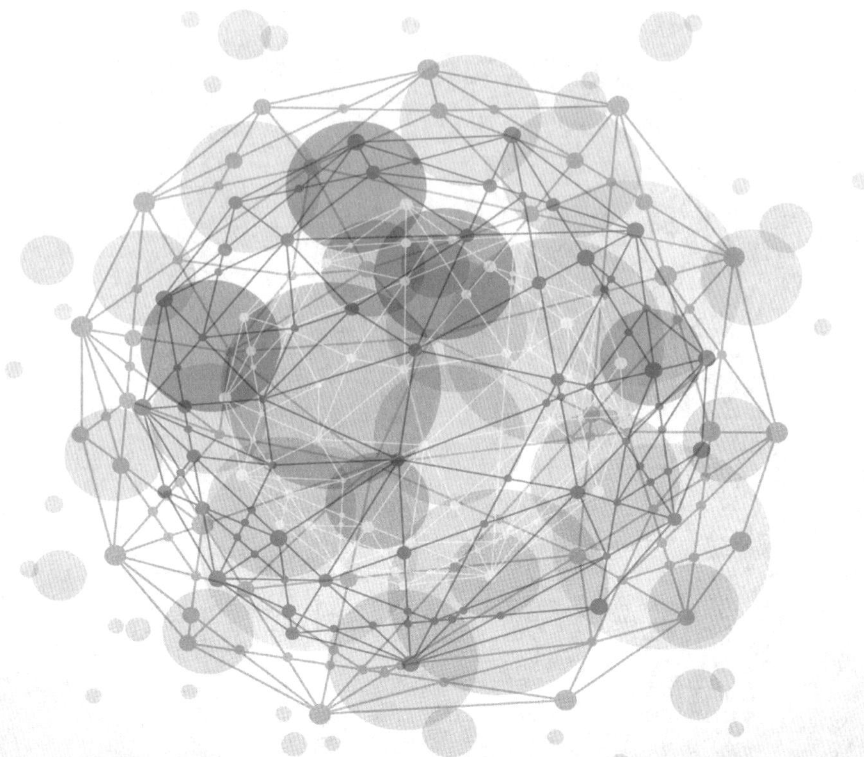

86 공인인증서를 이용한 전자거래에서 본인의 의사에 반하여 체결된 대부계약의 효력

대법원 2018. 3. 29. 선고 2017다257395 판결[1)]

이성엽 (고려대학교 교수)

1. 사안의 개요

원고들이 취업알선을 가장한 보이스피싱 사기단에 속아 보이스피싱 사기단에게 주민등록번호, 주소, 휴대폰번호 등 개인정보가 담긴 근로계약서 및 운전면허증을 촬영한 사진, 신분증 사본 등을 이메일과 휴대전화로 전송하였고, 급여통장 명목의 예금계좌를 개설하였다. 보이스피싱 사기단은 발신자변경서비스를 이용하여 A 은행 대표전화인 것처럼 원고들에게 전화를 걸어 계좌번호, 보안카드번호, 공인인증서 비밀번호 등을 알아내고, 원고들의 개인정보를 이용해 원고들 명의의 휴대폰을 개통하였다.

그리고 보이스피싱 사기단은 원고들 명의의 공인인증서를 재발급받은 다음, 2015. 4. 15.~2015. 7. 25. 위 공인인증서를 이용하여 대부회사인 피고들의 전산시스템에 접근하여 원고들의 은행 계좌번호와 비밀번호, 공인인증서 비밀번호와 보안카드번호를 정확히 입력하고 신분증 사본을 팩스로 전송하는 방법으로 인터넷 대출을 신청하였다. 피고들이 위 각 일시에 원고들 명의의 예금계좌로 대출을 실행하자, 보이스피싱 사기단은 위 예금계좌에서 예금을 인출하였다.

원고들이 피고들을 상대로, 이 사건 소를 제기하여 "이 사건 대출계약은 모두 제3자가 취업을 빌미로 원고들을 기망하여 제공받은 금융거래 관련 인적정보를 토대로 부정한 방법으로 원고들 명의의 공인인증서를 재발급받아 체결한 것으로서 원고들에 대하여 효력이 없다."라고 주장하면서, 이 사건 대출계약에 따른 원고들의 채무가 존재하지 아니한다는 확인

1) [관련 평석 및 문헌] 김상중, "명의도용에 의한 전자금융거래의 효력과 책임: 대법원 2018. 3. 29. 선고 2017다257395 판결, 서울중앙지방법원 2021. 1. 13. 선고 2019가합575672 판결에 대한 평석을 겸하여", 민사법학 99호, 한국사법행정학회, 2022, 279-311면.

을 구하였다.

결국은 이 사건은 공인인증서를 이용한 전자거래에서 본인의 의사에 반하여 체결된 대부계약의 효력에 관한 사건이다. 사실관계는 원고들이 보이스피싱 사기단에 의해 개인정보를 탈취당한 후, 사기단이 원고들 명의로 공인인증서를 재발급받아 대부업체인 피고들과 대출계약을 체결한 사안이다. 이 사건의 핵심 쟁점은 전자문서에 의한 거래에서 공인인증기관이 발급한 공인인증서에 의하여 본인임이 확인된 자에 의하여 전자문서가 송신된 경우, 본인의 의사에 반하여 작성·송신되었더라도 전자문서 및 전자거래 기본법(이하 '전자문서법') 제7조 제2항 제2호[2]에 해당하는지 여부이다.

구체적으로 보면 전자문서의 수신자가 전화 통화나 면담 등의 추가적인 본인확인절차 없이도 전자문서에 포함된 의사표시를 작성자의 것으로 보아 법률행위를 할 수 있는지 여부와 이러한 법리가 대부계약에도 그대로 적용되는지 여부이다.

2. 판결의 요지

가. 원심판결(서울중앙지방법원 2017. 8. 9. 선고 2016나 80085 판결)

이 사건 대출 시에 사용된 원고들 명의의 공인인증서가 직접 대면에 의한 본인 확인 없이 재발급된 것으로 보이고, 「전기통신금융사기 피해 방지 및 피해금 환급에 관한 특별법」 제2조의4 제1항, 같은 법 시행령 제2조의3 제1항에서 금융회사로 하여금 대출 시 본인확인조치를 하도록 규정하고, 「대부업 등의 등록 및 금융이용자 보호에 관한 법률(이하 '대부업법')」 제6조 제1항에서 대부업체로 하여금 대부 시 본인확인조치를 하도록 규정하고 있음에도 피고들이 이 사건 대출 당시 원고들에 대한 본인확인을 하였다고 볼만한 아무런 자료가 없는 등 사정을 종합하면, 이 사건 대출 당시 수신한 대출계약서가 원고들 또는 그 대리인과의 관계에 의하여 그것이 원고들 또는 그 대리인의 의사에 기한 것이라고 믿을 만한 정당한 이유가 있는 자에 의하여 송신된 경우에 해당한다고 보기 어려워 전자문서법 제7조 제2항 제2호 규정이 적용된다고 할 수 없고, 따라서 이 사건 대출 계약이 원고들에 대하여 유효하다고 할 수 없다는 이유로, 원고들의 청구를 인용하였다.[3]

2) ② 전자문서의 수신자는 다음 각 호의 어느 하나에 해당하는 경우에는 전자문서에 포함된 의사표시를 작성자의 것으로 보아 행위할 수 있다. 2. 수신된 전자문서가 작성자 또는 그 대리인과의 관계에 의하여 수신자가 그것이 작성자 또는 그 대리인의 의사에 기한 것이라고 믿을 만한 정당한 이유가 있는 자에 의하여 송신된 경우.

3) 한편 1심판결은 서울중앙지방법원 2017. 8. 9. 선고 2016나80085 판결이다.

나. 대법원 판결

(1) 전자문서법 제7조 제2항 제2호, 제11조, 전자서명법 제3조 제2항, 제18조의2의 내용과 전자문서 및 전자거래의 안전성과 신뢰성을 확보하고자 하는 입법 목적 등을 종합하여 보면, 전자문서에 의한 거래에서 공인인증기관이 발급한 공인인증서에 의하여 본인임이 확인된 자에 의하여 송신된 전자문서는, 설령 본인의 의사에 반하여 작성·송신되었다고 하더라도, 특별한 사정이 없는 한 전자문서법 제7조 제2항 제2호에 규정된 '수신된 전자문서가 작성자 또는 그 대리인과의 관계에 의하여 수신자가 그것이 작성자 또는 그 대리인의 의사에 기한 것이라고 믿을 만한 정당한 이유가 있는 자에 의하여 송신된 경우'에 해당한다고 봄이 타당하다. 따라서 이러한 경우 전자문서의 수신자는 전화 통화나 면담 등의 추가적인 본인확인절차 없이도 전자문서에 포함된 의사표시를 작성자의 것으로 보아 법률행위를 할 수 있다.

(2) 나아가 대부업법의 아래와 같은 규정들까지 더하여 보면, 위와 같은 법리는 대부계약에도 그대로 적용된다. 즉 대부업법은 공인인증서를 이용한 본인 확인을 제한하고 있지 아니할 뿐만 아니라, 제6조의2 제3항 제1호에서 '대부계약 또는 이와 관련된 보증계약을 체결할 때 전자서명법 제2조 제8호에 따른 공인인증서를 이용하여 거래상대방 또는 보증인이 본인인지 여부를 확인하고, 인터넷을 이용하여 대부계약 또는 보증계약상 자필로 기재해야 할 중요사항을 거래상대방 또는 보증인이 직접 입력하게 하는 경우에는, 대부업자는 위 중요사항을 거래상대방 또는 보증인이 자필로 기재하게 한 것으로 본다'고 규정하고 있다.

(3) 이에 원심판결을 파기하고, 사건을 다시 심리·판단하도록 원심법원에 환송하기로 하여, 관여 대법관의 일치된 의견으로 주문과 같이 판결한다.

3. 해설

가. 판결의 의의

대상판결은 전자문서의 수신자가 전화 통화나 면담 등의 추가적인 본인확인절차 없이도 전자문서에 포함된 의사표시를 작성자의 것으로 보아 법률행위를 할 수 있으며, 이 법리가 대부계약에도 그대로 적용된다고 보았다. 대법원은 적어도 전자문서법 제7조 제2항 제2호를 적용함에 있어서는, i) 모용자 및 명의자 간 생활을 같이하는 관계 또는 계약에 따른 대리관계의 존부와 같은 인적 요건을 따지지 않으며, ii) 오로지 '전자문서의 수신자가 권리외관을 신뢰한 데 대한 정당한 이유'라는 물적 요건만이 효과귀속의 요건이라는 해석을 명확히 하였다.[4]

---

4) 전승재, "비대면 명의도용 대출사고에 관한 전자문서법 제7조 제2항 및 전자금융거래법 제9조의 해석", 선

현행 전자문서법은 UNCITRAL(유엔국제상거래법위원회)의 전자상거래 모델법(이하 '모델법') 제13조 제3항 (b)호를 차용한 것인데, 모델법에 따르면 "i) 송신자(명의자)가 자신의 전자문서임을 표시하는데 사용하는 방법(이하 '인증수단')을 ii) 송신자 또는 그 대리인과의 관계에 기하여 입수할 수 있었던 자(이하 '행위자')의 행위(위 인증수단을 가지고 한 전자문서 생성 행위)로 인하여 생겨난 것인 경우" 그 법률효과가 명의자에게 귀속된다. i)에서의 인증수단이란, ID와 비밀번호, PKI 전자서명 인증서 등이 여기에 해당할 것이다. 한편, ii)의 경우 '인적 요건'을 규정하고 있으며 우리 전자문서법과 모델법에 차이가 있다. 모델법의 경우 "행위자가 인증수단을 송신자 또는 (적법한) 대리인(이하 '명의자측')과의 관계에 있어서 입수할 수 있었을 것"이라는 요건을 명시하고 있다. 이는 비대면 명의도용 대출사고에 관한 전자문서법 제7조 제2항 및 전자금융거래법 제9조의 해석 관련해서 보면 명의자측과의 가족관계, 동거관계, 고용관계, 여타의 계약관계 등에 따른 것이어야만 한다는 것이며, 이와 달리 행위자가 명의자측과의 아무런 인적관계 없이 해킹이나 절취 등을 통하여 인증수단을 입수한 경우에는 그 요건이 구비되지 않는다는 뜻으로 해석된다. 이처럼 모델법은 명의자와 행위자 간 인적관계를 요구한다는 점에서 일반법상 표현대리에서 '기본대리권'을 요구하는 것과 같다.[5]

나. 판결의 영향

첫째, 이 판결은 공인인증서를 통한 본인확인의 법적 효력을 대폭 강화했다. 전자문서에 의한 거래에서 공인인증기관이 발급한 공인인증서에 의하여 본인임이 확인된 자에 의하여 송신된 전자문서는, 설령 본인의 의사에 반하여 작성·송신되었다고 하더라도, 특별한 사정이 없는 한 전자문서법 제7조 제2항 제2호에 해당한다고 판시했다. 또한 이 판결로 인해 전자문서의 수신자는 전화 통화나 면담 등의 추가적인 본인확인절차 없이도 전자문서에 포함된 의사표시를 작성자의 것으로 보아 법률행위를 할 수 있게 되었다.

둘째, 전자거래 당사자의 책임이 변화되었다. 공인인증서를 통한 거래에서 거래 상대방은 공인인증서의 진정성만 확인하면 되고, 추가적인 본인확인 의무를 부담하지 않게 되었다. 이는 전자거래의 안전성과 신뢰성을 확보하고자 하는 입법 목적을 반영한 것이다. 특히, 금융기관 등 전자거래 사업자들은 공인인증서를 통한 본인확인만으로도 충분한 주의의무를 다한 것으로 인정받을 수 있게 되었다. 실제로 하급심 판례들에서도 이러한 법리가 적용되고 있다.[6]

진상사법률연구 통권 제104호, 2023. 10., 12면.

5) 위의 글, 6-7면.

6) 서울중앙지방법원 2021. 2. 5 선고 2020나42837 판결; 부산지방법원 2023. 6. 16. 선고 2022나65863 판결.

한편 공인인증서 명의자의 책임이 강화되었다. 공인인증서 명의자는 자신의 공인인증서와 관련 정보를 더욱 철저히 관리해야 할 의무를 부담하게 되었다. 공인인증서를 명의자가 아닌 타인이 이용하는 것은 매우 이례적인 상황으로, 이에 대한 관리부실 책임이 명의자에게 귀속된다. 또한 공인인증서를 통해 체결된 거래의 효력을 부정하려는 명의자는 "특별한 사정"이 있음을 입증해야 하는 부담을 지게 되었다.

다. 비판적 검토와 반론

대상판결은 특별한 사정이 없는 한 공인인증서 수신자가 그것이 작성자 또는 그 대리인의 의사에 기한 것이라고 믿을 만한 정당한 이유가 있다고 본 이유에 대해 첫째, 공인인증서 발급/재발급은 일정한 절차를 수반하고 공인전자서명에 강한 추정력이 부여된다는 점, 둘째, 거래의 안정 · 신속성이라는 정책목적상 대량 · 비대면 전자거래에서 추가적 대면확인을 항상 요구하기 어렵다는 점을 들고 있다. 다만, 대상판결이 전자문서법 제7조 제2항 제2호의 정당한 이유를 사실상 공인인증서 존재만으로 추정해 버려, 민법상 표현대리(권한외관) 법리와 균형을 잃었다면서, 수신자가 작성자와 어떤 관계에서 정당한 신뢰를 갖게 되었는지(인적 관계 · 교섭 경과 등)를 따지지 않고, 물적 인증 절차만으로 귀속을 인정했다는 문제 제기가 있다.[7)]

이에 대해서는 전자문서법 제7조 제2항 제2호와 전자금융거래법 제9조 제2항[8)]의 관계를 근거로 반론을 제기한다. 전자는 '계약의 효력 발생', 후자는 '사후의 손해배상'이라는 두 단계를 나누어 규율한다는 견해이다. 이에 따르면, 먼저 본인(명의자)에 대한 효과귀속 단계에서는 전자문서의 수신자인 금융기관의 관점에서 '권리외관을 신뢰한 데 대한 정당한 이유' 요건을 가지고 판단하는 반면(1단계), 다음으로 대출계약의 효과귀속으로 인하여 본인에게 발생한 손해(명의도용 대출 채무 원리금 상당액)를 배분하는 단계에서는 본인의 사고발생에 대한

7) 김기창, "전자문서법 제7조와 표현대리 - 대법원 2017다257395 판결의 문제점", 정보법학 제22권 제2호, 2018. 참조. 또한 동 견해는 행위자에게 대리권이 있는 듯한 외관을 창출함에 있어서 본인의 '의식적인' 기여나 개입이 전혀 없었고, 본인을 대리할 어떠한 기본적 대리권도 없는 자가 오로지 절도, 강도, 사기 등의 수단에만 의존하여 본인 행세를 하거나, 자신에게 본인을 대리할 권한이 있는 듯한 외관을 스스로 만들어낼 경우, 거래의 상대방이 보기에 그러한 외관이 아무리 완벽하더라도 본인에게 책임을 지울 수는 없다는 것이 표현대리 법리를 관통하는 대원칙이라는 점에서 본 판결을 비판한다(같은 글, 114-115면).

8) 전자금융거래법 제9조는 접근매체의 위변조 또는 부정한 방법으로 획득된 접근매체의 이용으로 발생한 전자금융사고로 인하여 이용자에게 손해가 발생한 경우에는 금융회사가 그 손해를 배상할 책임을 지되(제1항), 이용자가 접근매체 또는 보안강화를 위하여 전자금융거래 시 요구되는 추가적인 보안수단을 스스로 누설·노출 또는 방치하는 등 시행령 제8조에서 열거한 고의·중과실이 있는 경우에는 그 책임의 전부 또는 일부를 이용자가 부담하게 할 수 있다고 규정하고 있다(제2항). 즉, 전자금융거래법 제9조가 적용되는 전자금융사고에 대하여는 원칙적으로 금융회사가 무과실책임을 지되, 이용자의 고의·중과실이 입증된 경우에는 금융회사의 책임이 감경된다.

관여 여부와 정도를 참작하는(2단계) 구조가 구현된다.9)

또 다른 견해는 전자거래 효력의 귀속 문제와 손해배상 문제는 그 국면이 다르다고 한다. 전자거래 성립 내지 효력의 귀속 문제가 전자거래의 특성 등을 고려하여 거래 안전을 도모하고 전자거래의 법률관계를 명확히 할 필요에 따라 다루어져야 할 것이고, 그로 인해 발생하는 손해의 분담에 관해서는 손해배상 문제로 해결함이 타당하다고 본다.10)

이로써 전자서명 인증서의 기술적 신뢰성 및 본인 확인 절차의 충실성 등(물적 요건)은 1단계에서 판단되고, 명의자와 도용자의 관계 및 명의자의 기여도 등(인적 요건)은 2단계에서 판단됨으로써 개별 사안에서 구체적 타당성을 기하고 거래의 안정성과 소비자의 보호라는 두 법익 간 조화를 이룰 수 있다는 것이다.11)

라. 향후 과제와 전망

대상판결로 인해 공인인증서의 법적 효력이 강화됨에 따라 전자거래의 안전성과 신뢰성이 제고되어 전자상거래 활성화에 기여할 것으로 예상된다. 2020년 전자서명법 개정으로 공인인증서 제도가 폐지되었으나,12) 기존에 발급된 공인인증서를 통한 거래에 대해서는 여전히 이 판례의 법리가 적용될 것으로 보인다. 개정 전자서명법 부칙 제2조 및 제3조에 따르면, 구 전자서명법에 따라 발급된 유효한 공인인증서 및 그에 기초한 전자서명의 효력은 종전의 규정에 따르게 되어 있으므로 기존에 발급된 공인인증서(현 공동인증서)를 사용한 거래에 대해서는 여전히 대법원 2017다257395 판결의 법리가 적용될 수 있다.

다만, 개정 전자서명법 시행 이후 새로 발급된 공동인증서의 경우, 과거와 같은 강력한 추정적 효력을 인정받기 어렵다는 것이 하급심 판례의 경향이다. 즉, "과학기술정보통신부장관이 지정하는 공인인증기관이 발급하는 공인인증서 제도가 2020. 6. 9. 시행된 개정 전자서명법(법률 제17354호)에서 위 조항들이 모두 삭제되었는바, 이 사건 대출약정이 이 사건 공동인증서를 통한 본인확인절차를 거쳐 체결되었다는 사정만을 들어 곧바로 그 효력이 원고에게 미친다고 보기 어렵다."13)

"국가가 '공인'한 공인인증서에 의한 전자거래에 있어서는 구 전자서명법 제3조 제2항,

9) 김상중, "명의도용에 의한 전자금융거래의 효력과 책임", 민사법학 제99호, 2022, 292-293면.

10) 이양희, "공인인증서에 의한 전자금융거래의 경우 '작성자 또는 그 대리인의 의사에 기한 것이라고 믿을 만한 정당한 이유'의 존부(2018. 3. 29. 선고 2017다257395 판결: 공2018상, 808)", 대법원 판례해설, 제115호, 2018년 상, 법원도서관, 266면

11) 전승재, "비대면 명의도용 대출사고에 관한 전자문서법 제7조 제2항 및 전자금융거래법 제9조의 해석"(주 4), 14면.

12) 신종철, 개인정보 보호법과 신용정보법, 박영사(2025), 116면 참조.

13) 울산지방법원 2023. 1. 12. 선고 2022나13117 판결.

제18조의2에 그 계약상대방이 그 거래를 공인인증서 명의인의 행위로 간주할 수 있는 근거 규정이 있었으나, 구 전자서명법이 2020. 6. 9. 법률 제17354호로 개정되면서 위 근거조항이 모두 삭제된 점, 그렇다면, 현재의 법령 하에서는, 대출기관으로서는 사기업인 금융기관 등이 단순히 기존 공인인증서와 유사한 형태로 발급한 전자인증서(공동인증서 등)를 통해 본인 여부를 확인하는 것만으로는 그 인증서 명의인을 본인으로 간주하여 거래할 수 없다고 보아야 할 것"이다.[14)]

결론적으로 이 판결은 전자거래 시대에 공인인증서의 법적 효력을 명확히 하고, 전자거래의 안전성과 신뢰성을 확보하는 중요한 이정표가 되었다고 할 수 있다. 다만, 개정 전자서명법 체계하에서는 그 적용이 제한적이며, 새로운 법리의 정립이 필요한 상황이다. 향후 대법원의 명확한 판단과 "정당한 이유"에 대한 입법적 구체화 등 법제도 정비가 요구된다.

---

14) 부산지방법원 2023. 3. 9. 선고 2022가단342149 판결.

87 가상자산의 몰수

대법원 2018. 5. 30. 선고 2018도3619 판결[1)]

남현 (법무법인 세움 변호사)

1. 사안의 개요

가. 사실관계

피고인은 2013. 12. 4.경부터 미국에 서버를 둔 성인물 제공 웹사이트를 개설하여 운영하며 1,227,313명의 회원들을 모집하고, 모집한 회원들을 무료회원이나 유료회원으로 구분하여 관리하며 회원등급에 따라 게시글 열람 권한을 달리 부여하고, 위 사이트 내 '성인 토렌트' 게시판에 하위 게시판을 두어 음란 동영상을 유형별로 분류하여 게시 및 검색, 다운로드 등이 가능하게 관리하고, 유료회원들로 하여금 미리 컬쳐랜드 상품권이나 비트코인 등으로 결제하여 위 웹사이트 내 포인트를 적립케 한 다음 유료회원들이 원하는 영상이나 사진 등을 내려받기(download) 하는 경우 위와 같이 미리 적립하여 둔 포인트를 차감시키는 방법으로 회원들로부터 대가를 지급받으며 위 웹사이트를 운영하였다.

피고인은 위와 같이 웹사이트를 운영하면서, 음란한 화상 또는 영상을 배포 · 판매하거나 공공연하게 전시하고, 위 웹사이트에 접속하는 불특정 다수인들로 하여금 불법 인터넷도박 사이트인 광고 배너를 볼 수 있도록 함으로써 인터넷 도박개장 범행을 방조하였다.[2)]

---

1) [관련 평석 및 문헌] 김정훈, "비트코인을 범죄수익으로 취득한 경우 몰수 · 추징이 가능한지 여부", 대법원 판례해설 제116호, 법원도서관, 2018, 530-559면; 이정훈, "블록체인과 가상화폐의 형사법적 문제와 전망", 형사재판의 제문제 제9권, 사법발전재단, 2019, 428-460면; 이대희, "비트코인의 몰수에 대한 판결", 지식재산정책 Vol.37, 한국지식재산연구원, 2018, 74-89면; 선종수, "가상화폐의 몰수 · 추징에 관한 형사법적 검토", IT와 법연구 18집, 경북대학교 IT와 법연구소, 2019, 225-251면; 김태균, "비트코인을 중대범죄로 인한 범죄수익으로 취득한 경우 몰수가 가능한지 여부", 특별형법 판례100선, 박영사, 2022, 439-443면; 김현서 · 송문호, "가상화폐의 몰수", 동북아법연구 제12권 제2호, 전북대학교 동북아법연구소, 2018, 397-416면; 백대열 · 송희권, "형법상 재물과 재산상의 이익 간 구분 기준으로서의 관리가능성에 대한 전면적 재검토: 동등관리가능성으로서의 전환 가능성", 법학평론 제9권, 서울대학교 법학평론 편집위원회, 2019, 499-541면 등.

나. 사안의 경과

피고인은 위와 같은 행위 등으로 인하여 정보통신망이용촉진및정보보호등에관한법률위반(음란물유포)죄, 도박개장방조죄 등으로 공소제기되어 제1심에서 유죄 판결을 받았다. 유죄 판결 받은 죄들 중 위 두 죄는 「범죄수익은닉의 규제 및 처벌 등에 관한 법률」(이하 '범죄수익은닉규제법')상 '중대범죄'에 해당하므로[3] 위 법에 따른 몰수·추징이 문제되었는데, 검사가 몰수를 구형한 약 216 비트코인에 관하여 제1심판결[4]은, 객관적 기준가치를 상정할 수 없는 216 비트코인 중 위 범죄수익에 해당하는 부분만을 특정하기 어려울 뿐만 아니라 비트코인은 현금과는 달리 물리적 실체 없이 전자화된 파일의 형태로 되어 있어 몰수하는 것이 적절하지 아니하므로, 몰수보다는 범죄수익을 추징함이 타당하다고 판단하여 위 비트코인을 몰수하지는 아니하였다.

그런데 원심(항소심)에서는, 가상화폐인 '비트코인'이 범죄수익은닉규제법에서 규정하는 '재산'에 해당하여 몰수의 대상이 된다는 이유로, 압수된 216.1249474비트코인 중 범죄수익에 해당하는 부분(191.32333418비트코인)에 대하여 몰수를 선고하였다.

다. 이 사건의 주요 쟁점

이 사건의 핵심 쟁점은 범죄행위로 취득한 가상자산을 범죄수익은닉규제법에 따라 몰수할 수 있는지 여부이다. 구체적으로는, 범죄수익은닉규제법이 규정하는 몰수 대상인 '재산'에 비트코인과 같은, 형태가 없는 디지털 자산이 포함되는지 여부이다.

2. 판결의 요지

가. 원심판결(수원지방법원 2018. 1. 30. 선고 2017노7120 판결)

이 사건 원심은, 범죄수익은닉의 규제 및 처벌 등에 관한 법령상 몰수의 대상이 되는 범죄수익을 이루는 '재산'이란 사회통념상 경제적 가치가 인정되는 이익 일반을 의미하는데, '비트코인'은 예정된 발행량이 정해져 있고 P2P(Peer-To-Peer) 네트워크 및 블록체인 기술에

---

2) 피고인은 위 웹사이트 운영과 관련하여 다른 범죄들도 범하였으나, 여기에는 이 사건 쟁점과 관련된 부분만 기재하였다.

3) 구 범죄수익은닉규제법 [별표] 제1호 (사)목에서는 형법 제247조의 죄를, [별표] 제24호에서는 「정보통신망 이용촉진 및 정보보호 등에 관한 법률」 제74조 제1항 제2호의 죄를 중대범죄로 규정하고 있다.

4) 수원지방법원 2017. 9. 7. 선고 2017고단2884 판결.

의하여 생성, 보관, 거래가 공인되는 가상화폐로서, 무한정 생성·복제·거래될 수 있는 디지털 데이터와는 차별화되는 점, 물리적 실체가 없이 전자화된 파일 형태로 되어있다는 사정만으로 재산적 가치가 인정되지 않는다고 단정할 수 없는 점, 수사기관은 피고인이 보유하고 있던 비트코인을 특정한 다음 위 비트코인을 수사기관이 생성한 전자지갑에 이체하여 보관하는 방법으로 압수하였고, 위와 같은 이체기록이 블록체인을 통해 공시되어 있으므로 비트코인의 블록체인 정보가 10분마다 갱신된다는 점만으로 수사기관에 의해 압수된 비트코인의 동일성이 상실되었다고 보기 어려운 점, 현실적으로 비트코인에 일정한 경제적 가치를 부여하는 것을 전제로 다양한 경제활동이 이루어지고 있는 점 등을 종합하면, 비트코인은 범죄수익은닉규제법에서 규정하는 '재산'에 해당하여 몰수의 대상이 된다는 이유로, 이와 달리 본 제1심판결을 파기하고 압수된 비트코인 중 범죄수익에 해당하는 부분에 대하여 몰수를 선고하였다.

나. 대법원 판결

1) 범죄수익은닉규제법은 국제적 기준에 맞는 자금세탁방지 제도를 마련하고 범죄수익의 몰수·추징에 관한 특례를 규정함으로써 특정범죄를 조장하는 경제적 요인을 근원적으로 제거하여 건전한 사회질서의 유지에 이바지함을 목적으로 제정된 법률이다. 특정범죄를 직접 처벌하는 형법 등을 보충함으로써 중대범죄를 억제하기 위한 형사법 질서의 중요한 일부를 이루고 있다.

범죄수익은닉규제법은 "중대범죄에 해당하는 범죄행위에 의하여 생긴 재산 또는 그 범죄행위의 보수로 얻은 재산"을 범죄수익으로 규정하고(제2조 제2호 가목), 범죄수익을 몰수할 수 있다고 규정한다(제8조 제1항 제1호). 그리고 범죄수익은닉규제법 시행령은 "은닉재산이란 몰수·추징의 판결이 확정된 자가 은닉한 현금, 예금, 주식, 그 밖에 재산적 가치가 있는 유형·무형의 재산을 말한다."라고 규정하고 있다(제2조 제2항 본문).

위와 같은 범죄수익은닉규제법의 입법 취지 및 법률 규정의 내용을 종합하여 보면, 범죄수익은닉규제법에 정한 중대범죄에 해당하는 범죄행위에 의하여 취득한 것으로 재산적 가치가 인정되는 무형재산도 몰수할 수 있다.

2) 비트코인은 경제적인 가치를 디지털로 표상하여 전자적으로 이전, 저장 및 거래가 가능하도록 한, 이른바 '가상화폐'의 일종인 점, 피고인은 음란사이트를 운영하면서 사진과 영상을 이용하는 이용자 및 음란사이트에 광고를 원하는 광고주들로부터 비트코인을 대가로 지급받아 재산적 가치가 있는 것으로 취급한 점에 비추어 비트코인은 재산적 가치가 있는 무형의 재산이라고 보아야 하고, 몰수의 대상인 비트코인이 특정되어 있으므로, 피고인이 취

득한 비트코인을 몰수할 수 있다고 본 원심판단은 정당하다.[5)]

3. 해설

가. 몰수의 의의 및 법적 성격

전통적으로 '몰수'라 함은 형법 제48조 제1항에 규정된 것을 말하는바, 위 법조항은 '범죄행위에 제공하였거나 제공하려고 한 물건', '범죄행위로 인하여 생하였거나 이로 인하여 취득한 물건', '위 두 가지 물건의 대가로 취득한 물건'은 그 전부 또는 일부를 몰수할 수 있다고 규정하고 있다(단, 그 물건이 범인 이외의 자의 소유에 속하는 경우에는 몰수할 수 없음이 원칙이다[6)]). 위 형법 총칙 규정에 의한 몰수 외에 특정한 범죄를 전제로 하여 별도로 몰수를 규정한 경우가 있다(이른바 '특별몰수'). 이러한 특별몰수는 형법 각칙에 규정된 경우도 있고,[7)] 변호사법이나 정치자금법과 같은 특별법에 규정된 경우도 있다.

몰수의 법적 성격은, 범죄의 반복을 막거나 범죄로부터 이득을 얻지 못하게 할 목적으로 범죄행위와 관련된 재산을 박탈하여 국고에 귀속시키는 재산형으로 이해되고 있다(다수설). 대법원도 기본적으로 형법 제48조 등의 몰수·추징은 이익박탈적 몰수·추징에 해당한다고 보고 있다.[8)] 범죄수익은닉규제법은 국제적 기준에 맞는 자금세탁방지 제도를 마련하고 범죄수익의 몰수·추징에 관한 특례를 규정함으로써 특정범죄를 조장하는 경제적 요인을 근원적으로 제거하여 건전한 사회질서의 유지에 이바지함을 목적으로 제정된 법률이므로,[9)] 범죄수익은닉규제법상 몰수·추징도 이익박탈적 몰수·추징에 해당할 것이다.

나. 몰수의 대상에 관한 법률 규정

(1) 형법 등

몰수의 대상은 기본적으로는 '물건'이다. 위에서 본 바와 같이 형법 제48조 제1항은 "물

5) 대상판결은 원심의 몰수 및 추징액 판단의 당부에 관하여도 판단하였으나, 이 부분은 원심의 사실인정에 관한 판단에 불과한 것으로 보이므로 본고의 평석 대상에서는 제외하였다.

6) 다만, 범인 이외의 자의 소유에 속하는 경우라 하더라도, 범죄 후 범인 이외의 자가 그 정을 알면서 취득한 물건이라면 예외의 예외로서 다시 몰수의 대상이 된다.

7) 뇌물 관련 죄에 관한 제134조, 아편 관련 죄에 관한 제206조, 배임수재죄에 관한 제357조 제3항.

8) 예를 들어, 대법원 2017. 5. 17. 선고 2016도11941 판결은, 형법 제357조 제3항에서 필요적 몰수 또는 추징을 규정한 것은 범행에 제공된 재물과 재산상 이익을 박탈하여 부정한 이익을 보유하지 못하게 하기 위한 것이라고 설시하였다. 한편, 관세법, 밀항단속법 등 일부 특별법에서 규정한 몰수·추징은 징벌적 몰수·추징에 해당한다고 한다.

9) 대법원 2018. 10. 25. 선고 2016도11429 판결 등 참조.

건"을 몰수할 수 있는 것으로 규정하고 있다. 그런데 뇌물 관련 죄에 관한 형법 제134조는 "뇌물 또는 뇌물로 제공하려고 한 금품"을 몰수한다고 규정하고 있는바, '뇌물'은 물건뿐만 아니라 이익도 포함하는 개념이므로[10] 이익이 뇌물로 제공된 경우 그 '재산상 이익'도 몰수의 대상이 된다.[11]

「특정경제범죄 가중처벌 등에 관한 법률」 제10조는, 재산국외도피의 죄의 경우 도피시키거나 도피시키려고 한 "재산"을, 금융회사등 임직원의 수재 등 죄의 경우 받은 "금품이나 그 밖의 이익"을 몰수한다고 규정하고 있다. 「공공단체등 위탁선거에 관한 법률」 제60조는 매수 및 이해유도죄 또는 기부행위의 금지·제한 등 위반죄를 범한 자가 받은 "이익"을 몰수한다고 규정하고 있다. 「성매매알선 등 행위의 처벌에 관한 법률」 제25조는 제18조부터 제20조까지에 규정된 죄를 범한 사람이 그 범죄로 인하여 얻은 "금품이나 그 밖의 재산"을, 「정치자금법」 제45조 제3항은 정치자금부정수수죄의 경우 그 제공된 "금품 그 밖에 재산상의 이익"을 몰수의 대상으로 규정하고 있다.

후술하듯이 범죄수익은닉규제법은 몰수의 대상을 "재산"으로 규정하고 있는데, 이처럼 재산을 몰수의 대상으로 규정하고 있는 예는, 위 「특정경제범죄 가중처벌 등에 관한 법률」 외에도 「공무원범죄에 관한 몰수 특례법」 제3조, 「특정범죄 가중처벌 등에 관한 법률」 제13조, 「마약류 불법거래 방지에 관한 특례법」 제13조 제1항 등이 있다.

(2) 범죄수익은닉규제법

범죄수익은닉규제법 제8조 제1항은 "다음 각 호의 재산"을 몰수할 수 있다고 하면서, 각 호에서 "범죄수익"(제1호), "범죄수익에서 유래한 재산"(제2호), "제3조 또는 제4조의 범죄행위에 관계된 범죄수익등"(제3호), "제3조 또는 제4조의 범죄행위에 의하여 생긴 재산 또는 그 범죄행위의 보수로 얻은 재산"(제4호), "제3호 또는 제4호에 따른 재산의 과실 또는 대가로 얻은 재산 또는 이들 재산의 대가로 얻은 재산, 그 밖에 그 재산의 보유 또는 처분에 의하여 얻은 재산"을 규정하고 있다.

여기서 '범죄수익'이란 기본적으로 "중대범죄에 해당하는 범죄행위에 의하여 생긴 재산 또는 그 범죄행위의 보수(報酬)로 얻은 재산"을 말하고, '범죄수익에서 유래한 재산'이란 "범죄수익의 과실(果實)로 얻은 재산, 범죄수익의 대가(對價)로 얻은 재산 및 이들 재산의 대가로

---

10) 뇌물죄에서 뇌물의 내용인 이익이라 함은 금전, 물품 기타의 재산적 이익뿐만 아니라 사람의 수요 욕망을 충족시키기에 족한 일체의 유형, 무형의 이익을 포함한다고 해석된다(대법원 2002. 11. 26. 선고 2002도3539 판결 등 참조).

11) 한편, 배임수재죄에 관한 형법 제357조 제3항은 "재물"을 몰수한다고 규정하고 있으므로 배임수재죄로 취득한 재물은 몰수의 대상이 되지만 재산상 이익은 추징의 대상이 된다고 볼 수밖에 없다. 배임수재죄는 "재산상의 이익을 취득"한 경우에도 성립하는바(형법 제357조 제1항), 그럼에도 뇌물죄와 달리 몰수의 대상에서 재산상의 이익을 규정하지 않는 이유는 불분명하다.

얻은 재산, 그 밖에 범죄수익의 보유 또는 처분에 의하여 얻은 재산"을 말하며, '범죄수익등' 이란 "범죄수익, 범죄수익에서 유래한 재산 및 이들 재산과 그 외의 재산이 합쳐진 재산"을 말하므로,12) "다음 각 호의 재산"이라는 문언에 상응하게 모두 '재산'을 몰수의 대상으로 하고 있는 것이다.

다. 범죄수익은닉규제법상 몰수의 대상으로서의 '재산'

그러면 여기서 말하는 '재산'은 어떻게 새겨야 할까. 먼저 사전적 의미를 보자면, 국립국어원의 표준국어대사전에는, '재산'의 일반적인 뜻풀이는 "재화와 자산을 통틀어 이르는 말"이라고 되어 있고, 법률용어로서는 "동산, 부동산 외에 금전적 가치를 지니는 권리 및 의무의 총체"를 뜻하는 것으로도 풀이되어 있다.

법령에도 '재산'이라는 단어는 무수히 많이 등장한다. 특히 민법 제43조에서 규정하는 재단법인의 '출연재산'에 관한 해석론으로는, 부동산, 동산의 소유권을 비롯한 각종의 물권뿐만 아니라 지명채권 · 지시채권 · 무기명채권 또는 무체재산권과 같은 재산권 등은 모두 출연재산이 될 수 있다고 보는 것이 일반적이다.13) 또한 수증자의 채무를 면제하기로 한 경우도 증여계약(민법 제554조 이하)에 있어서의 '재산' 수여에 해당할 수 있다고 하고,14) 형법 제327조의 강제집행면탈죄에 있어서 '재산'에는 동산 · 부동산뿐만 아니라 재산적 가치가 있어 민사소송법에 의한 강제집행 또는 보전처분이 가능한 특허 내지 실용신안 등을 받을 수 있는 권리도 포함된다.15)

한편, 범죄수익은닉규제법 시행령은 '은닉재산'을 "몰수 · 추징이 확정된 자가 은닉한 현금, 예금, 주식, 그 밖에 재산적 가치가 있는 유형 · 무형의 재산"으로 정의하는 규정을 두고 있다(제2조 제2항 본문).16)

이처럼 '재산'이라는 단어는 일상생활에서나 법률 영역에서나 모두 동산 · 부동산뿐만 아니라 재산적 가치를 가지는 권리와 의무를 폭넓게 일컫는 말로 사용되고 있는바, 범죄수익은닉규제법에서 몰수의 대상으로 규정하고 있는 '재산'에는 재산적 가치가 인정되는 유형 · 무형의 재산이 모두 포함된다고 보아야 할 것이다.

---

12) 범죄수익은닉규제법 제2조 제2호, 제3호, 제4호.
13) 집필대표 김용덕, 주석 민법(제5판), 민법 총칙 제1권, 한국사법행정학회, 2019, 734면[송호영 집필부분].
14) 집필대표 김용덕, 주석 민법(제5판), 채권각칙 제2권, 한국사법행정학회, 2021, 64면[손철우 집필부분].
15) 대법원 2001. 11. 27. 선고 2001도4759 판결.
16) 이 점은 대상판결도 언급하고 있다.

라. 비트코인의 법적 성격

(1) 비트코인의 특성

비트코인의 특성은, 대상판결의 원심판결에 아래와 같이 잘 정리되어 있다.

① 가상화폐는 '자연인 또는 법인이 교환수단으로 사용하는 경제적인 가치의 디지털 표상으로 그 경제적인 가치가 전자적으로 이전, 저장 또는 거래될 수 있는 것'[17]으로 이해된다. 비트코인은 2009년경 탄생한, 비트코인 단위로 거래되는 암호화된 디지털 가상화폐로서, 기존의 가상화폐와 달리 발행이나 거래의 승인 등을 담당하는 일정한 발행기관이나 감독기관이 존재하지 않는 대신 P2P(Peer-To-Peer) 네트워크와 '블록체인' 기술을 이용하여 거래기록의 보관, 승인 등을 네트워크 참가자들이 공동으로 수행하는 점에 그 특이성이 있다.

② 비트코인의 거래자는 자신의 비트코인을 디지털 공간에 구현된 전자지갑에 보관할 수 있으며, 보관 중인 비트코인은 일종의 계좌번호에 해당하는 '공개주소'와 비밀번호에 해당하는 '비밀키'를 통해 거래된다. 거래자가 수취자의 '공개주소'와 이체할 비트코인의 액수를 입력하면, 수취자는 '비밀키'를 입력함으로써 위 비트코인을 수취하게 되는데, 이러한 모든 비트코인 거래는 약 10분마다 생성되는 '블록(block)'에 기록되어 기존 '블록'에 덧붙여짐으로써 확정되며(거래가 미확정된 상태에서 수취자는 이체 받은 비트코인을 사용할 수 없다), 이러한 거래기록의 집합을 '블록체인'이라 한다. 비트코인의 모든 거래는 일종의 공개 장부인 위 '블록체인'을 통해 네트워크상에 기록되어 공유되므로 비트코인의 복제 내지 이중사용은 사실상 불가능하다.

③ 비트코인은 비트코인 거래기록들을 이용하여 일종의 수학문제를 푸는 작업이라 할 수 있는 '채굴'을 통해 생성된다. '채굴'에 참여하는 사람들은 그 채굴과정에서 비트코인 네트워크 시스템의 운영에 기여하게 되며, '채굴'에 성공하는 자에게는 새로 발행된 비트코인이 주어진다. 비트코인은 총 2,100만 비트코인까지만 생성될 수 있도록 자체 설계되어 있고, 이에 따라 '채굴'의 성공에 따른 비트코인 보수도 계속하여 감소하고 있다.

④ 비트코인은 개별적인 거래 내지 '채굴' 작업을 통해 획득하는 것 외에도 거래소를 통해 획득하는 것이 가능하며, 거래소의 중개를 통해 수요와 공급의 상대적인 규모에 의해 정해진 교환비율에 따라 법정통화로 비트코인을 구입할 수 있다.

---

17) "VCs are defined as a digital representation of value that is neither issued by a central bank or public authority nor necessarily attached to a FC, but is used by natural or legal persons as a means of exchange and can be transferred, stored or traded electronically." [European Banking Authority, "EBA Opinion on 'Virtual currencies'"(2014), p. 11].

(2) 비트코인의 법적 지위

위와 같은 비트코인의 특성상, 비트코인이 형법 제48조 제1항에서 말하는 '물건'에 해당하지 아니함은 명백하다. 위 조항에서 말하는 '물건'의 의미는 민법 제98조와 동일하게 '유체물 및 전기 기타 관리할 수 있는 자연력'이라고 새기는 것이 타당한데, 비트코인은 물리적 실체가 없는 디지털 데이터의 집합이므로 유체물에도 해당하지 아니하고 관리할 수 있는 '자연력'이라고 볼 수도 없기 때문이다.[18)19)] 따라서 위 조항에 의하여 몰수를 하는 경우에는 비트코인 등 가상자산은 몰수를 할 수 없다는 결론에 이르게 된다.

그러나 비트코인은 거래소를 통해 법정화폐로 환전이 가능하고 일정한 교환비율과 시장가격을 가지는 등 경제적 거래를 통해 교환가치를 가지므로 무체물로서 재산권의 객체가 된다. 기업회계상으로도, 비트코인과 같은 가상자산은 재고자산 또는 무형자산으로 분류되고 있다.[20)] 따라서 비트코인은 범죄수익은닉규제법상 몰수의 대상으로서의 '재산'에 포함될 수 있다.

마. 이 사건에의 적용

이 사건에서 피고인은 정보통신망이용촉진및정보보호등에관한법률위반(음란물유포)죄, 도박개장방조죄 등으로 유죄판결을 받았는데, 위 두 죄는 범죄수익은닉규제법상 '중대범죄'에 해당하므로, 피고인이 위 중대범죄의 범죄행위로 얻은 재산(범죄수익)은 같은 법 제8조 제1항에 따라 몰수 할 수 있다.

그런데 피고인은 성인물 제공 웹사이트를 운영하면서 이용자들이 그 사용을 위한 포인트를 구매하는 결제수단의 하나로서 비트코인을 선택할 수 있게 하는 등 범죄행위의 대가 중 일부를 비트코인으로 취득하였다. 상술한 바와 같이 비트코인은 '재산'의 일종이므로, 이와 같이 취득한 비트코인은 재산적 가치가 있는 것으로서 범죄행위로 얻은 재산(범죄수익)에 해당한다고 할 것이어서, 위 법조에 따른 몰수의 대상이 된다고 보아야 한다.

한편, 이 사건에서 범죄수익인 비트코인이 특정되어 있는지 여부도 문제가 되었다. 수사기관은 피고인이 진술한 전자지갑의 주소 및 '비밀키'를 근거로 피고인이 보유하고 있던

---

18) 가상자산을 물건으로 보거나 보아야 한다고 하는 견해도 다수 있고, 가상자산을 민법상 동산으로 분류할 수 있다는 전제에서 금전으로 볼 수 있는지에 관한 논의도 있는데, 그 상세는 성덕근, "가상자산의 법적 성격과 민사집행에 대한 고찰 – 비트코인에 관한 논의를 중심으로 –", 성균관법학 제34권 제4호, 2022. 12., 92–95면 참조.

19) 한편, 비트코인 등 가상자산을 보유함으로써 가지는 권리를 준물권이나 일종의 채권으로 보기도 어렵다(위의 글, 95–97면).

20) IFRS 해석위원회 논의결과 [201906C].

비트코인을 특정한 다음 위 비트코인을 수사기관이 생성한 전자지갑으로 옮겨 보관하는 방법으로 압수하였는바, 그 트랜잭션(transaction) 기록은 블록체인을 통해 공시되어 있게 된다. 위와 같은 이유에서 대상판결의 원심은 위 비트코인이 특정되어 있다고 보았고, 대상판결도, 별다른 근거의 설시는 없었으나, 위 비트코인은 특정되어 있다고 판단하였다.

피고인은, 비트코인의 블록체인은 10분마다 거래기록이 갱신되므로 피고인이 보관하고 있던 비트코인과 압수된 비트코인의 동일성을 인정할 수 없다고도 주장하였다. 그러나 비트코인은 '파일'처럼 고정된 형태로 존재하는 것이 아니라, 블록체인 상에 거래(transaction)의 연속 기록으로 존재하는 것으로서, 특정 주소가 일정량의 비트코인 잔액을 보유하고 있다는 사실은 이전 거래들의 누적 결과로서 연산적으로 확정된 상태(state)일 뿐이다. 따라서 "10분마다 블록이 갱신된다"는 것은 새로운 거래들이 블록체인에 추가된다는 뜻이지, 기존 비트코인의 정체성이나 주소의 잔액이 바뀐다는 뜻이 아니므로, 피고인의 위와 같은 주장은 타당하지 않다.

4. 판결의 의의

대상판결은 가상자산(암호화폐)의 재산적 가치를 인정하고, 이를 범죄수익으로서 몰수할 수 있다고 판단한 대법원의 첫 판결로서, 이전까지 법적 성격이 불분명했던 가상자산에 대해, 적어도 형사법적 관점에서는 '재산적 가치가 있는 무형의 재산'으로 취급될 수 있다는 명확한 기준을 제시한 점에서 중요한 의미를 가진다.

특히, 디지털 경제의 발전과 함께 등장한 새로운 형태의 자산을 이용한 범죄에 대해, 기존 법률을 문언의 한계에 갇히지 않고 적극적으로 해석하여 대응했다는 점에서 의의가 크다. 대상판결을 통해 범죄자들이 범죄수익을 가상자산 형태로 은닉하더라도 이를 박탈할 수 있는 법적 근거가 확립되었고, 지금까지 신종 디지털 자산 관련 범죄수익 환수에 중요한 선례가 되고 있다. 변화하는 사회·경제적 현실에 법이 어떻게 적응해야 하는지에 대해 보여준 선도적 판결로 평가할 수 있다.

88 전자지급결제대행업의 요건

대법원 2018. 7. 12. 선고 2016도2649 판결[1)]
조수한 (넥스트증권 변호사)

1. 사안의 개요

피고인 A는 수원시 팔달구에 있는 주식회사 G 대표이사로서 전자지급결제대행업 등록을 하지 아니하고 직접 또는 제휴업체들을 통해 G, H, T 등 일명 캐시카드를 발행하는 영업을 수행하면서, 합계 1,019,966,790,200원의 자금을 수신하여 이용자들의 계정에 충전하여 주고, 이용자들 간에 자금을 이체하고 잔액을 출금하는 등의 서비스를 제공하고, 가맹점에서 대금 결제시마다 결제대금의 10%, 충전 또는 이체 시마다 300 내지 500원 상당의 수수료를 받아 399,619,980원에 이르는 수익을 거두었다.

피고인 B는 광주 남구에 있는 주식회사 H 대표이사로서 피고인 A와 제휴하여 유통업자인 일명 'K'등과 함께 H카드를 발행하여, 마찬가지로 전자지급결제대행업 등록을 하지 아니하고 합계 782,735,871,149원의 자금을 수신하여 피고인 A와 같은 영업 방식으로 1,163,727,200원에 이르는 수익을 거두었다.

피고인들은 이와 같이 전자금융업인 전자지급결제대행업을 등록하지 아니하고 캐시카드 발급, 가상계좌로 충전한 포인트의 이전 및 정산 업무를 반복적으로 영위함으로써 미등록 전자금융업행위 및 가상계좌의 접근매체인 캐시카드를 이용자들에게 양도행위로 인해 기소되었고, 1심 및 항소심 유죄판단을 거쳐 대법원의 판단을 받게 되었다.

---

1) [관련 평석 및 문헌] 정경영, 전자금융거래와 법, 박영사, 2007; 한국은행 금융결제국 금융정보화추진협의회, 전자금융총람, 2015. 2.; 김홍식, "전자지급결제대행(Payment Gateway)업에 관한 법적 고찰", 경영법률, 2007.

2. 판결의 요지

가. 원심판결(대구지방법원 2016. 1. 29. 선고 2015노3298 판결)

1심 법원[2)]은 위 사실관계를 피고인들의 전자금융거래법 상 전자지급결제대행업 미등록 행위 범죄사실로 인정하여, 피고인 A를 징역 1년 6월, 피고인 B를 징역 1년 2월에 각 처하는 판결을 선고하였다. 반면 피고인들이 캐시카드를 유통한 것을 전자금융거래법 제6조 제3항 제1호에서 금지하는 접근매체의 양도라고 판단한 검사의 주장에 대해, 캐시카드에는 가상계좌번호만이 부여되어 있고, 그 가상계좌에 금원을 입금하여 거래할 뿐 고객들이 캐시카드만으로는 어떠한 거래지시도 할 수 없으며 피고인들만이 금융기관에 대해 거래지시를 할 수 있다는 점을 지적하여, 캐시카드가 접근매체가 아님을 전제로 해당 공소사실에 대해 범죄의 증명이 없는 경우로서 무죄를 선고하였다.

원심에서는 ① 캐시카드에 카드마다 카드번호와 은행 가상계좌번호가 부여되어 있고, ② 캐시카드를 받은 고객이 피고인들이 운영한 업체에 카드에 기재된 가상계좌번호의 예금주와 카드비밀번호를 지정하고 회원등록을 한 뒤, ③ 캐시카드를 받은 고객이 가상계좌에 돈을 입금하면 그 금액만큼의 포인트가 자동으로 충전되고, 충전된 포인트로 가맹점에서 대금을 결제하거나 포인트를 송금하거나 수수료를 공제하고 포인트를 현금으로 환급받을 수 있음을 전제로, 피고인들의 행위는 전자적 방법으로 재화의 구입 또는 용역의 이용에 있어서 가상계좌를 통하여 그 대가의 정산을 대행하거나 매개한 것에 해당한다고 판단하고, 본인들의 행위가 선불전자지급수단의 발행 및 관리업에 해당한다는 피고인들의 주장도 배척하여 피고인들의 항소를 기각하였다. 한편, 1심의 무죄 부분인 접근매체의 양도에 대해서도 1심과 마찬가지로 항소를 기각하였다.

나. 대법원 판결

대법원은 아래와 같은 이유로 피고인들의 상고를 기각하여, 유죄를 인정한 원심이 확정되었다. 아울러 원심과 마찬가지로, 캐시카드에는 가상계좌번호와 비밀번호만을 부여하였을 뿐 접근매체의 처분권을 확정적으로 이전하지 않았으므로 이용자들에게 접근매체를 양도하였다고 볼 수 없고, 캐시카드가 거래를 지시할 수 있는 수단인 접근매체라고 볼 수 없어 검사의 상고를 기각하고 접근매체 양도로 인한 전자금융거래법 위반의 점을 무죄로 판단하였다.

---

2) 대구지방법원 서부지원 2015. 8. 7. 선고 2014고단1639 판결.

(1) 캐시카드가 선불전자지급수단에 해당하는지 여부

피고인들은 발행하여 유통시킨 캐시카드가 전자금융거래법 제2조 제14호에 정한 선불전자지급수단에 해당하며, 피고인들의 행위는 선불지급수단의 발행·관리에 해당하며 총 발행잔액이 30억 원에 미달하므로 금융위원회에 등록할 의무가 없다고 주장하였는바, 대법원은 선불전자지급수단이 발행인 외의 제3자로부터 재화 또는 용역을 구입하고 그 대가를 지급하는 데 사용되는 것으로서, 이전 가능한 금전적 가치가 전자적 방법으로 저장되어 발행된 증표 또는 그 증표에 관한 정보를 말하므로, 매체 자체에 금전적 가치가 전자적 방법으로 저장되어 있지 않은 경우에는 선불전자지급수단에 해당하지 않는다고 판단하였다.

따라서 이 사건 캐시카드는 금전적 가치가 저장되어 있지 않고 가상계좌번호와 비밀번호 정보만 제공하는 역할을 하고 있으므로 선불전자지급수단에 해당하지 않는다고 판단하였다.

(2) 전자지급결제대행업의 영위에 있어 다른 전자지급수단이 존재해야 하는지 여부

피고인들은 전자금융거래법 제2조 제19호에 정한 전자지급결제대행업은 반드시 신용카드와 같은 기존 결제수단이 있어야 하므로, 기존 결제수단 없이도 재화의 구입 또는 용역의 이용 대가에 대한 정산 대행 또는 매개가 가능하도록 한 행위는 전자지급결제대행업을 영위한 것이라고 할 수 없다고 주장하나, 대법원은 전자지급결제대행은 그 대가의 정산을 대행하거나 매개하는 행위만 전자적 방법으로 이루어지면 충분하다고 보아야 하고, 다른 전자지급수단이 존재해야 하는 것은 아니라고 판단하였다.

따라서 이 사건 시스템을 이용한 포인트 이전의 방법으로 재화를 구입하거나 용역을 이용하는 대가의 정산이나 매개가 가능하므로, 이 사건 시스템을 운영한 피고인들의 행위는 전자지급결제대행업에 해당한다고 판단하였다.

(3) 전자지급결제대행업 등록 의무가 없는지 여부

피고인들은 설령 자신들의 업무가 전자지급결제대행업이라고 하더라도, 자금이동에 직접 관여하지 않고 전자지급거래의 전자적 처리를 위한 정보만을 전달하는 업무를 수행하였으므로, 전자금융거래법 제28조 제3항 제2호에 따라 금융위원회에 등록할 의무가 없다고 주장하였으나, 대법원은 재화를 구입하거나 용역을 이용하는 대가 정산을 대행하거나 매개하기 위하여 이용되는 가상의 지급수단을 이전하는 방식으로도 전자지급결제대행업무를 할 수 있고, 이러한 업무를 계속적으로 한 자는, 부수적으로 가상의 지급수단을 다시 통화로 전환하여 이용자들에게 이체하는 과정에서 다른 지급결제대행업자로 하여금 일부 업무를 대행하도록 하였더라도, 자금이동에 직접 관여하고 있다고 볼 수 있어 전자금융거래법 제28조 제3

항 제2호에 해당하지 않는다고 판단하였다.

따라서 피고인들이 이 사건 시스템 이용자들의 환급신청에 따라 이용자들이 지정한 계좌로 자금을 이체하는 과정에서 전자지급결제대행사인 공소외 주식회사로 하여금 대규모 자금이체업무를 대행하도록 하였더라도, 피고인들이 자금이동에 직접 관여하지 않고 전자지급거래의 전자적 처리를 위한 정보만을 전달하는 업무만 수행하였다고 할 수 없다고 보았다.

3. 해설

가. 전자지급결제대행업 상 등록의 예외

(1) 전자지급결제대행업의 의의

전자지급결제대행은 전자적 방법으로 재화의 구입 또는 용역의 이용에 있어서 지급결제정보를 송신하거나 수신하는 것 또는 그 대가의 정산을 대행하거나 매개하는 것"을 의미한다(전자금융거래법 제2조 제19호). 전자지급결제대행업은 인터넷쇼핑몰 등의 전자상거래에서 구매자로부터 대금을 수취하여 가맹점(판매자)에게 최종적으로 지급될 수 있도록 지급결제정보를 송신하거나 수신하는 것 또는 그 대가의 정산을 대행하거나 매개하는 것을 주된 업무로 하고, 전자금융업계에서는 흔히 PG업(Payment Gateway)으로 일컬어진다.

전자지급결제대행업은 대금 결제 시 이용되는 지급수단별로 분류하는 경우 지급카드 PG, 계좌이체 PG, 가상계좌 PG, 상품권 PG로 구분할 수 있으며, 주로 지급카드 결제대행을 중심으로 제공되고 있다.[3]

〈지급수단별 전자지급결제대행 업무의 종류〉[4]

구분	내용
지급카드 PG	가맹점(인터넷쇼핑몰 등)을 대신하여 카드사에 거래내역 및 승인정보 등 지급결제정보를 전송하고 카드사로부터 대금을 지급받아 일정 수수료 공제 후 가맹점에 지급
계좌이체 PG	은행과 구매자 사이에서 계좌이체에 필요한 지급결제정보를 중계하고, 구매자로부터 대금을 받아 수수료 공제 후 가맹점의 계좌로 이체 (다만 단순 결제정보의 중계만 수행하는 경우 전자금융업자에서 제외)

3) 한국은행 금융결제국 금융정보화추진협의회, 전자금융총람, 2015. 2., 136면.
4) 위의 글, 136면.

가상계좌 PG	계좌이체 PG와 유사하지만 구매자의 결제 요청시마다 PG업자가 은행에 갖고 있는 모계좌와 연계된 가상계좌로 입금되는 것이 다름 (PG업자는 수수료를 제외한 나머지 금액을 가맹점에 지급)
상품권 PG	상품권 발행업체와 연계하여 온라인상에서 상품권으로 결제할 수 있도록 지급결제정보를 중계하고 상품권 발행업체로부터 대금을 받아 수수료를 제외하고 가맹점에 지급

이와 관련하여, 대상판결에서 대법원은 전자지급결제대행업의 영위에 있어 반드시 신용카드와 같은 결제수단이 있어야 한다는 피고인들의 주장을 배척하였는바, 위와 같이 대표적인 결제수단인 신용카드(여신전문금융업법상 신용카드나 선불카드 등)를 이용하여 지급결제정보를 전송하는 지급카드 PG 외의 영업방식(위 표 나머지)으로도 전자지급결제대행업을 영위할 수 있다는 통설적 견해와 맥을 같이하는 것이다.

다만 금융위원회는 대상판결 이전인 2015. 6. 22. 계좌이체 PG 거래에 대하여 전자금융감독규정 제34조 제1항 상 전자금융업인 전자자금이체 거래에 해당하지 않는다고 법령해석을 하였고 이를 철회하지 않고 있는바,[5] 이는 본 판결에서 인정한 피고인들의 범죄사실과 크게 다르지 않다는 점(온라인 계좌이체 방식을 통한 지급결제대행)에서 다소의 검토를 요한다.

본 사건에서는 고객들이 가상계좌에 입금한 현금을 가맹점에서 구입한 서비스를 결제할 포인트로 간주하여 이를 이체할 수 있게 도와주고, 가맹점이 포인트를 환급신청할 시 가상계좌에서 자금을 이체하고 있으므로 계좌이체 PG와 같은 영업방식을 취하고 있다. 이에 대해 대법원은 재화의 구입 또는 용역의 정산 대가에 대한 정산 대행 또는 매개하는 행위만으로도 전자자금이체업무라고 판시하였으므로, 위 금융위원회 법령해석은 판례에 따라 결론이 수정되어야 할 필요가 있다.

(2) 전자지급결제대행업의 등록 예외

전자지급결제대행업의 영위를 위하여는 금융위원회의 등록을 요한다(전자금융거래법 제28조 제2항 제4호). 다만, 전자금융거래와 관련된 자금을 수수하거나 수수를 대행하지 아니하고 전자지급거래에 관한 정보만을 단순히 전달하는 업무를 수행하는 경우, 전자지급결제대행업에 해당함에도 불구하고 금융감독원에 등록하지 않을 수 있다(전자금융거래법 제28조 제3항 제2호 및 동법 시행령 제15조 제7항).

이와 관련하여 전자상거래업계에서의 소위 오픈마켓 등 사업자들이 전자지급결제대행

5) 금융위원회 법령해석 회신문(일련번호 없음), 온라인 계좌이체 방식을 통한 지급결제대행(이하 '계좌이체 PG'라 한다) 거래가 「전자금융감독규정」 제34조제1항의 '전자자금이체' 거래에 해당하여 보안카드를 포함한 일회용 비밀번호를 적용하여야 하는지 여부, 2015. 6. 22.

업의 등록이 필요한지 여부가 주로 문제되고 있다. 금융당국은 통신판매중개업자들이 일반 상품 판매거래에서의 결제대금을 정산하는 과정에 관여한다면 전자지급결제대행업 등록이 필요하다고 유권해석을 한 바 있고,[6] 본 유권해석 이래로 주로 영세한 통신판매중개업자들이나 전자상거래업자들은 전자지급거래의 전자적 처리를 위한 정보만을 단순히 전달하는 업무만을 수행하여 본 업무의 등록을 회피하는 방식으로 업무 관행이 자리 잡아가고 있다.[7]

관련하여 금융위원회는 ① 사업자가 지급인의 각종 비용 정보(입항료, 화물입출항료, 물류비 등)만을 갖고 있는 경우,[8] ② 온라인 플랫폼이 상품판매를 위탁받아 "자기"의 명의로 상품을 판매하고 판매금액을 수령하는 경우[9]에는 전자지급결제대행업으로 등록할 의무가 없다고 보았다.

반면 ① 온라인 플랫폼이 "판매자"의 명의로 상품 판매를 중개하고 대가의 정산을 대행하는 경우에는 전자지급결제대행으로 판단하고 있으며,[10] ② 기업 고객이 회사 명의 계좌에 미리 사전예치금을 예치한 후 소비자가 재화의 구입 또는 용역의 이용을 취소하는 경우 기업고객이 API 연동을 통해 회사에 거래지시를 내리고, 회사가 해당 금액을 소비자 계좌로 입금하는 방식으로 정산을 대행하는 경우 전자지급결제대행업을 긍정하였다.[11] ③ 한편으로는 지급결제정보를 열람할 뿐 직접 전송하지 않으나, 외부 PG사를 통해 결제된 구매자의 결제자금은 회사의 계좌를 통해 고객사로 정산하며 정산대행 수수료를 받을 경우에도 등록이 필요하다고 보았다.[12]

대상판결에서도 그동안의 '자금 수수 또는 수수의 대행'과 관련하여 등록의무 유무를 판단한 해석례와 마찬가지로, 피고인들이 고객들에게 App을 통해 포인트를 이체할 수 있도록 한 점 등을 감안하여, 대가 정산을 대행하거나 매개하기 위하여 이용되는 가상의 지급수

---

6) 금융위원회 법령해석 회신문(일련번호 160862), 2018. 10. 5.

7) 금융위원회는 이와 같이 일관되게 정산업무에 관여하는지를 기준으로 유통업자 등의 전자지급결제대행업 등록 여부를 판단하고 있다.
(참고) 금융위원회, [보도설명] 결제대금 정산에 관여하는 경우 전자지급결제대행업(PG)으로 등록하여야 합니다. - 한국경제 6월 24일자 기사에 대한 설명, 2024. 6. 24.

8) 금융감독원 IT·핀테크전략국, 비조치의견서, 甲사는 지급인의 각종 비용(입항료,화물입출항료,물류비 등) 정보를 가지고 있는 업체인데, 이 업체의 역할이 전자금융거래법상 '전자지급결제대행'에 해당하는지, 2020. 6. 26.

9) 금융위원회 법령해석 회신문(일련번호 240064), 2025. 1. 22.

10) 위의 법령해석 회신문.

11) 금융위원회 법령해석 회신문(일련번호 없음), 전자금융거래법 상 전자금융업자인 회사의 "지급대행API 서비스"가 '전자지급결제대행'에 해당하는지 여부, 2016. 3. 31.

12) 금융감독원 IT·핀테크전략국, 비조치의견서, A사는 홈페이지를 통해 콘텐츠 판매를 기획하고 결제관리시스템은 당사가 직접 제작·관리하지만 결제관리시스템중 자금결제를 PG사 통해 이용하려고 합니다. 그리고 다수의 외부 PG사의 결제대행시스템을 B사를 통해 계약하고 이 과정에서 B사는 지급결제정보를 열람할 뿐 직접 전송하지 않으나, 외부 PG사를 통해 결제된 구매자의 결제자금은 B사의 계좌를 통해 A사로 전달하며, B사는 정산대행 수수료를 받습니다, 2020. 8. 3.

단을 이전하는 방식으로도 전자지급결제대행업무를 할 수 있다고 보았으므로 피고인들의 위 범죄사실이 전자지급결제대행업무에 해당한다고 판시한 것이다.

(3) 전자지급결제대행업자와 전자금융보조업자의 구별

한편, 금융회사 또는 전자금융업자를 위하여 전자금융거래를 보조하거나 그 일부를 대행하는 업무를 행하는 자 또는 결제중계시스템의 운영자로서, ① 정보처리시스템을 통하여 여신전문금융업법상 신용카드업자의 신용카드 승인 및 결제 그 밖의 자금정산에 관한 업무를 지원하는 사업자, ② 정보처리시스템을 통하여 은행업을 영위하는 자의 자금인출업무, 환업무 및 그 밖의 업무를 지원하는 사업자, ③ 전자금융업무와 관련된 정보처리시스템을 해당 금융회사 또는 전자금융업자를 위하여 운영하는 사업자 및 ④ 위 각 사업자와 제휴, 위탁 또는 외부주문에 관한 계약을 체결하고 정보처리시스템을 운영하는 사업자인 사업자를 전자금융보조업자로 하고, 전자금융거래법 상 전자금융업자와 구별하고 있다(전자금융거래법 제2조 제5호, 전자금융감독규정 제3조).

금융위원회는 전자지급결제대행업자와 전자금융보조업자를 구별하여 전자지급결제대행업자는 원칙적으로 금융감독원에 등록하여야 하며, 전자금융보조업자는 전자금융업무의 일부를 대행하는 자로서 전자금융거래법상 등록의무가 없다는 것을 확인한 바 있다.[13] 다만 이 경우에도 전자금융거래법 제40조 및 전자금융감독규정 제31조에 의하여, 전자금융업자가 전자금융보조업자와의 계약 체결 등에 준수해야 할 사항과 검사, 감독 등의 규율을 받는다.

이 경우, 등록의무가 없는 전자지급결제대행업자는 전자금융보조업자로 보아야 하는지의 문제가 도출된다. 즉 전자적 방법으로 재화의 구입 또는 용역의 이용에 있어서 지급결제정보를 송신하거나 수신하는 사업을 영위하면서도 관련 자금을 수수하거나 수수를 대행하지 아니하는 사업자를 전자지급결제사업자로 간주하되 등록이 필요하지 않은 사업자로 보아야 하는지, 위 ① 등과 같이 정보처리시스템을 통하여 신용카드업자의 신용카드 승인 및 결제 그 밖의 자금정산에 관한 업무를 지원하는 사업자로서 전자금융보조업자로 보아야 하는지의 문제이다.[14] 위 금융위원회의 해석(전자금융보조업자는 전자금융거래법상 등록의무가 없음)도 고려하면, 양 법적 지위는 중첩될 수 없는 것처럼 보인다. 대상판결의 경우, 피고인들이 등록을 요하는 전자지급결제대행업자라고 판시함으로써 이 부분 판단이 이루어지지는 않았다. 한편으로, 등록을 요하지 않는 전자지급결제대행업자는 선불전자지급수단 발행 및 관리업자(제28조 제4항)와 달리 전자금융보조업자보다 무거운 규제가 적용되지는 않으며,[15] 각 규제가 등

13) 금융위원회 법령해석 회신문(일련번호 100212), 회신일자 미상.

14) 대표적으로 VAN(Value Added Network) 사업자가 있다. 신용카드 결제를 위한 전산시스템을 제공하고, 전문을 송수신하는 역할을 한다.

15) 가령 전자금융거래법 제31조 및 동 시행령 제30조, 전자금융감독규정 제48조에 따른 자본금(50억원 이상)

록을 전제로 하고 있기 때문에 구별의 실익이 크지는 않다.

생각건대 전자금융거래법 제2조 제19호는 "전자적 방법으로 재화의 구입 또는 용역의 이용에 있어서 지급결제정보를 송신하거나 수신하는" 업무 자체가 대가의 정산을 매개하지 않더라도 전자지급결재대행업자로 정의되는 것으로 해석할 것이다. 다만 전자금융보조업자와는 전자금융 이용자와의 관계, 단순한 송수신업무인지 여부, 실질적으로 지급결제대행에 해당하는 업무를 영위하는지 여부를 중심으로 구별하는 것이 적절할 것으로 보인다. 나아가 이용자 대금의 정산 업무까지 나아간다면 등록을 요하는 전자지급결제대행업자로 간주되므로 자명하다.[16]

나. 선불전자지급수단 발행·관리업 해당성

선불전자지급수단이라 함은 이전 가능한 금전적 가치가 전자적 방법으로 저장되어 발행된 증표(전자적 방법으로 변환되어 저장된 증표를 포함한다) 또는 그 증표에 관한 정보로서 발행인(대통령령으로 정하는 특수관계인을 포함한다) 외의 제3자로부터 재화 또는 용역을 구입하고 그 대가를 지급하는데 사용되는 것을 말하며, 다만, 전자화폐를 제외하는 것이다(전자금융거래법 제2조 제14호). 대상판결은 피고인들이 발급한 캐시카드가 가상계좌번호와 비밀번호 정보만 제공하는 역할을 수행할 뿐 이전 가능한 금전적 가치가 전자적 방법으로 저장되어 발행된 증표가 아니므로, 피고인들이 선불전자지급수단 발행·관리업무를 영위한 것이 아니라고 판단하였다.

그러나 규제실무에 있어서는 종종 피고인들이 유통시킨 포인트와 유사한 사례들에 대해 선불전자지급수단이라고 판단하는 경향이 있다. 금융위원회는 본 판결과 비슷한 사례[17]에서, ① 이용자가 수강료 납부를 위해 회사의 모계좌와 연결된 본인의 가상계좌에서 수강료를 입금(e-머니 충전)하고, ② 이용자가 수강신청 완료 시 이용자의 가상계좌에 납입된 수강료가 회사의 모계좌에 이체되며, ③ 수강신청기간 만료 시 회사는 각 대학교에 모계좌에 있는 수강료를 이체하고, ④ 수강신청기간 만료 후 대학교들이 수강료의 80%를 회사에 반환하며, ⑤ 회사는 대학으로부터 지급받은 가액을 이용자에게 환급하는 사업 방법을 영위할 경우, 회사가 발행하는 e-머니는 선불전자지급수단에 해당한다고 보았다.

나아가 같은 사례에서, ① 회사가 각 이용자에게 12만 원 상당의 가상포인트를 지급하고, ② 이용자가 제휴사에게 물품대금 결제 시 이용자는 총 구매대금의 80%를 가상포인트로

또는 대주주 요건 등.

16) 이준희, 김계정, 온주 전자금융거래법 주석서 제2조 제19호도 같은 취지.

17) 금융위원회 법령해석 회신문(240356), 2025. 2. 17.

결제하고 20%는 직접 결제하며, ③ 회사가 월별로 이용자가 각 제휴사에서 사용한 가상포인트를 취합하여 다른 사업자에게 지급을 청구하면 그 다른 사업자가 심사 후 이를 회사에 지급하고, ④ 회사는 다른 사업자로부터 지급받은 가상포인트에 상응하는 금액을 각 제휴사에게 지급함으로써, 이용자-회사-가맹점 사이 현금을 충전하고 포인트를 결제 수단으로 이용하며 정산을 목적으로 현금을 지급하는 관계에 있어 가상포인트가 선불전자지급수단에 해당하므로 등록할 의무가 있다는 해석을 내렸다. 이와 같은 해석은 동 사례의 e-머니 혹은 가상 포인트 자체가 이전 가능한 금전적 가치(현금으로 충전한 만큼 발행됨)가 전자적 방법으로 저장되어 유통(이체)을 목적으로 발행되는 것이라는 판단을 전제한다.

실무에서는 선불전자지급수단의 판단에 있어 자금의 이체 또는 결제수단인 실물카드의 존재가 요구되지 않는다. 접근매체가 전자식 카드뿐 아니라 이에 준하는 전자적 정보인 경우도 가능하고(법 제2조 제10호), 선불전자지급수단의 경우 금전적 가치가 전자적 방법으로 저장되어 발행된 증표로서 가치가 전자적 방법으로 변환되어 저장된 증표인 경우도 가능(법 제2조 제14호)한 점을 감안하면, 실물카드에 대하여만 지급수단인지 여부를 판단할 필요는 없어 보인다.

대상판결의 사실관계를 보면, 캐시카드가 가상계좌번호와 비밀번호만을 알려주는 기능을 함에 불과하므로 거래지시 기능을 수행할 수 없어 지급수단이 아니라는 원심과 대법원의 판단은 적절할 것이다. 그러나 '포인트'는 이전 가능한 금전적 가치가 전자적 방법으로 저장되고, 이 포인트가 가상계좌와 모계좌를 통하여 피고인들이 관리하는 계좌에 있는 현금의 환급청구권을 표상하는 권리로 작용하므로, 규제실무에서 다루는 선불전자지급수단과 크게 다르지 않아 보이는 점이 있다.

다만 선불전자지급수단의 개념을 널리 인정할 경우, 본 판결에서의 피고인들과 마찬가지로 등록의 예외(전자금융거래법 제28조 제3항 제1호 각목)가 인정될 여지가 넓어 지급결제의 안정성을 제고하고 탈세 등 불법행위 조장, 거래내역의 불투명성, 이용자 환불 애로 등의 범법행위나 이용자 피해를 방지하기 위한[18] 전자금융업 등록제를 잠탈할 우려 또한 있다. 대법원은 도박 등 범죄에 이용되는 피고인들의 캐시카드 영업을 규제할 정책적 필요성을 고려하여 본 판결과 같은 판단을 한 것으로 보이며, 향후 사법부와 금융당국 간 선불전자지급수단 및 접근매체에 관한 명확한 법적 해석을 내리고, 필요한 경우 입법을 통해 등록제를 회피할 여지를 줄일 필요가 있다.

---

18) 금융위원회, [보도설명] 결제대금 정산에 관여하는 경우 전자지급결제대행업(PG)으로 등록하여야 합니다. - 한국경제 6월 24일자 기사에 대한 설명, 2024. 6. 24.

4. 판결의 의의

대상판결은 그동안 오픈마켓이나 영세한 통신판매중개업자들에게 금융당국이 법령해석을 하거나 비조치의견 회신 등으로 행정지도를 해오던, 등록을 요하는 전자지급결제대행업의 요건, 전자지급결제대행업의 영위 시 지급결제수단의 요부 등에 대하여 명확한 법적 해석을 하였다는 점에서 의의가 있다. 특히 도박 등 불법행위를 은닉하기 위하여 가상계좌를 발급하고, 그 계좌에 입금된 돈을 가맹점에게 지급하거나 입금자에게 환급하는 과정에서 이용자의 실지명의를 파악하기 어렵게 만드는 방식의 영업에 대해 전자지급결제대행업 미등록으로 처벌함으로써 같은 영업방식을 근절하기 위한 중요한 법적 판단을 내렸다는 점에도 의의가 있다. 다만, 선불전자지급수단으로 취급할 여지가 있는 모바일 앱 포인트 등에 대하여는 추후 판결 등을 통해 명확히 판단하고, 그를 위한 면밀한 법률해석과 연구가 필요할 것으로 보인다.

89 재산범죄에 있어서 가상자산의 성격

대법원 2021. 11. 11. 선고 2021도9855 판결[1)]

신용우 (법무법인(유한) 지평 변호사)

1. 사안의 개요

피해회사는 2015. 11.경 설립되었으며, 2017년 스위스에 재단을 설립하고 ICO를 실시해 비트코인 총 6,902 BTC를 모집했고, 모집된 자금은 피해회사의 최고운영책임자인 피고인, 피해회사의 주요 주주인 E 및 F 3명 중 2명이 동의해야 출금이 가능한 다중서명계좌에 보관하였다.

피고인과 경영진 사이에 갈등이 심해지자, 피고인은 2017. 5. 24.경 E와 F에게 다중서명계좌의 비트코인을 위 3명에 피고인의 아버지인 B를 추가한 4인 명의 다중서명계좌로 이체해줄 것을 요구했으나 거절당했다.

이후 피고인은 2017. 6. 9. K 이벤트에 단독명의계좌로만 참가할 수 있고 다중서명계좌로는 불가능하다고 하면서 E와 F를 설득해 K 이벤트 참가 명목으로 3인 계좌의 비트코인 중 6,000 BTC를 자신의 단독 계좌로 지급받았다. 피고인은 K 이벤트에 참가한 다음 곧바로 위 비트코인을 3인 계좌로 복귀시키겠다고 약속했으나 반환을 거절하였고, 피해회사 측에서 피고인에게 만족할만한 제안을 하여 합의가 이루어지기 전까지는 6,000 BTC를 자신이 보유하겠다고 밝혔다

검찰은 비트코인을 재물로 평가하여 197억 원 상당의 비트코인(6000 BTC) 자체를 편취한 것으로서 피고인의 행위가 특정경제범죄 가중처벌 등에 관한 법률(이하 '특정경제범죄법')

---

1) [참조 및 관련 판례] 대법원 2021. 12. 16. 선고 2020도9789 판결(공2022상, 223).
[관련 평석 및 문헌] 김민수, "가상화폐의 재물성에 관한 형사법적 검토 - 대법원 2021. 12. 16. 선고 2020도9789 판결을 중심으로", 사법 통권 제66호, 2023; 박준, 한민, 금융거래와 법(3판), 박영사, 2022; 조성훈, "가상자산 관련 형사법적 문제와 대응 방안", 인권과 정의 통권 516호, 2023; 이정훈, "블록체인과 가상화폐의 형사법적 문제와 전망 - 대법원 2018. 5. 30. 선고 2018도3619 판결을 중심으로", 홍익법학 제20권 제1호, 2019; 이홍열, "가상자산의 법적 성격 - 형사사건을 중심으로", 법률신문, 2022. 9. 8.자 등.

제3조 제1항의 사기죄에 해당한다고 보아 기소하였다.

이 사건의 핵심 쟁점 중 하나는 가상자산인 비트코인이 형법상 사기죄의 객체, 즉 '재물 또는 재산상의 이익'에 해당하여 기망을 통해 이를 취득한 행위를 사기죄로 처벌할 수 있는지 여부였다.

2. 판결의 요지

가. 1심판결(서울중앙지방법원 2020. 1. 31. 선고 2019고합420 판결)

1심은, 비트코인은 재산적 가치가 있는 디지털 전자정보로서 유체물과 동일한 정도의 물리적 관리가 불가능하여 형법상 '재물' 해당한다고 보기는 어렵고, 피고인은 비트코인 자체가 아닌 범행 당시 비트코인의 가치에 상당하는 재산상 이익을 취득한 것으로 봄이 타당하다고 하면서 직권으로 공소사실을 수정하였다.

1심은 피고인이 다른 이사들(E, F)을 속여 3인 공동 계좌에서 자신의 단독 계좌로 비트코인을 이체하도록 승낙을 얻은 행위를 사기죄의 처분행위로 인정했다. 피고인은 K 이벤트 참가 후 곧바로 비트코인을 돌려주겠다고 약속했지만, 실제로는 B와의 경영권 갈등을 해결하기 위한 협상 카드로 삼으려 했으며, 이러한 기망과 약속 불이행 때문에 피해회사 측의 의사에 기초한 처분행위가 있다고 보았고, 재산상 이익을 편취한 사기죄가 성립한다고 보았다.

피고인이 ICO로 모집된 자금의 대부분에 해당하는 197억 원 상당의 재산상 이익을 편취한 것으로 죄질이 가볍지 않고, 피고인의 범행으로 피해회사 구성원들이 큰 충격에 빠졌으며, 피해회사 구성원들과 투자자들 중 상당수가 피고인의 엄벌을 탄원하고 있고, 피고인이 범행을 부인하고 있는 점에서 반성하고 있다고 보기 어려운 반면, 피고인은 피해회사를 설립했던 자신의 아버지가 피해회사로부터 부당한 대우를 받는다고 생각하여 이 사건 범행에 이른 것으로 보이고, 이 사건 범행으로 피고인이 개인적 이익을 취득한 바 없으며, 피고인의 이 사건 범행으로 인한 피해가 대부분 회복된 것으로 보이는 점을 감안하여 징역 2년 6개월에 집행유예 3년을 선고하였다.

나. 원심판결(서울고등법원 2021. 7. 9. 선고 2020노357 판결)

피고인은 'K 이벤트는 단독명의계좌로만 참가할 수 있고 다중서명계좌로는 불가능하다'고 거짓말한 사실이 없고, 6,000 BTC를 이 사건 3인 계좌로부터 피고인의 단독명의계좌로 이체받아 실제로 K 이벤트에 참가하였으므로, 피고인이 E와 F를 기망하였다고 할 수 없다고 주장하였다. 그리고 6,000 BTC의 소유권은 스위스재단에 있어 이 사건 3인 계좌를 사용한 것은 그 보존·관리방법의 일환일 뿐이고, 이 사건 3인 계좌에서 피고인의 단독명의계좌로 위 6,000 BTC를 전송한 것 역시 일시적으로 보존·관리방법을 변경한 것일 뿐이며, 비트코인의 전송은 '정보의 기록이나 변경'에 불과하여 이를 그 자체로 재산상 이익의 이전이라고 볼 수도 없으므로, 이 사건의 경우 사기죄에서 말하는 처분행위가 있었다고 볼 수 없다고 주장하였다.

아울러, 피고인이 K 이벤트 참가 이후 6,000 BTC를 이 사건 3인 계좌로 즉시 반환하지 않은 것은 비트코인의 소유자인 스위스재단의 관리와 통제가 가능한 방안을 찾기 위한 취지였을 뿐 개인적 이익을 취하려고 의도한 것이 아니므로, 피고인에게는 편취의 범위 내지 불법영득의사가 없었다고 주장하였다.

원심은, 1심판결과 같은 이유를 들어 비트코인이 재물로 볼 수 없고 재산상 이익으로 평가되는 점을 인정하였으며, 기망행위를 통해 승낙을 얻어 비트코인을 이전한 것은 사기죄의 처분행위로서 재산상 이익을 편취한 것이라고 보고, 1심의 유죄 판단을 유지하였다.

다. 대법원 판결

대법원은, 비트코인은 경제적인 가치를 디지털로 표상하여 전자적으로 이전, 저장과 거래가 가능하도록 한 가상자산의 일종으로 사기죄의 객체인 재산상 이익에 해당한다고 판단하였다.

그리고 대법원은, 원심이 사기죄의 성립 요건인 기망행위, 처분행위, 인과관계, 고의, 불법영득의사 등에 관한 법리를 오해하지 않았으며, 자유심증주의의 한계를 벗어나는 등의 위법이 없다고 판단하면서 상고를 기각하였다.

3. 해설

가. 가상자산에 재산적 가치가 있는지 여부

피고인은 이 사건에서 비트코인의 전송이 '정보의 기록이나 변경'에 불과하여 그 자체로 재산상 이익의 이전이라고 볼 수 없다고 주장하였다.

그러나 법원은 대상판결 이전부터 비트코인의 재산적 가치를 인정하였다. 하급심은 온라인 게임업체가 발급하는 '게임머니'도 '재산적 가치가 있는 모든 유체물과 무체물'을 의미하는 구 부가가치세법상의 '재화'에 해당하므로, 물리적 실체가 없이 전자화된 파일의 형태로 되어있다는 사정만으로 재산적 가치가 인정되지 않는다고 단정할 수 없고, 현재 비트코인은 거래소를 통해 일정한 교환비율에 따라 법정화폐로 환전하는 것이 가능하며, 법정화폐 대신 비트코인을 지급수단으로 인정하는 비트코인 가맹점이 존재하는 등 현실적으로 비트코인에 일정한 경제적 가치를 부여하는 것을 전제로 하는 다양한 경제활동이 이루어지고 있는 점 등을 고려하면 '범죄수익은닉의 규제 및 처벌 등에 관한 법률'에서 규정하고 있는 '재산'에 해당한다고 하였다.[2] 해당 판결의 상고심 또한 ① 비트코인은 경제적인 가치를 디지털로 표상하여 전자적으로 이전, 저장 및 거래가 가능하도록 한, 이른바 '가상화폐'의 일종이며, ② 피고인은 음란사이트를 운영하면서 이용자 및 광고주들로부터 비트코인을 대가로 지급받아 재산적 가치가 있는 것으로 취급하였으므로, 재산적 가치가 있는 무형의 재산이라고 보았다.[3]

이처럼 법원은 비트코인에 재산적 가치가 있다는 점을 명확히 하였으며, 현실적으로도 가상자산이 대중에게 친숙한 자산 중 하나로 거래가 활발하게 이루어지고 있고, 거래계에서 결제의 수단으로도 사용되고 있으므로,[4] 비트코인 외 가상자산 전반에 대하여 재산적 가치가 있다고 인정할 수 있을 것이다.

나. 가상자산이 재산상 이익에 해당하는지 여부

대상판결은 비트코인에 대하여 "경제적인 가치를 디지털로 표상해 전자적으로 이전, 저장과 거래가 가능하도록 한 가상자산의 일종"으로 보고 사기죄의 객체인 재산상 이익에 해당한다고 명확하게 판시하였다.[5]

한편, 비트코인이 재산상 이익에 해당한다는 대상판결의 취지에는 동의하면서도 비판적 관점을 제시한 견해가 있다.[6] 즉 대상판결이 비트코인을 경제적 가치가 있는 재산으로 파악한 것은 타당하지만, 그 근거로 '비트코인이 경제적 가치를 디지털로 표상'하였다는 점은 설득력이 약하다고 하면서, 비트코인이 재산적 가치가 있는 것으로 취급되어 거래되고 있지만 그 재산적 가치는 비트코인을 거래하는 사람들이 부여한 것일 뿐, 비트코인이 일정한 경제적 가치를 디지털 정보로 나타낸 것은 아니라는 주장이다. 반면, 비트코인과는 달리 법정통

---

2) 수원지방법원 2018. 1. 30. 선고 2017노7120 판결.
3) 대법원 2018. 5. 30. 선고 2018도3619 판결.
4) 김민수, "가상화폐의 재물성에 관한 형사법적 검토 - 대법원 2021. 12. 16. 선고 2020도9789 판결을 중심으로", 사법 통권 제66호, 2023, 519면.
5) 김연희, "중앙은행 디지털화폐에 관한 소고 - 형법적 관점을 중심으로 -", 법학연구 제24권 제4호, 2021, 414면; 김형진, "가상자산과 관련한 공직 부패의 우려와 개선과제", 국회입법조사처 NARS 현안분석 제270호, 2022, 4면 등.
6) 박준, 한민, 금융거래와 법(3판), 박영사, 2022, 1210면.

화 또는 실물자산으로 뒷받침되는 스테이블코인은 일정한 경제적 가치를 디지털정보로 나타낸 것이라는 주장이다.

다. 가상자산이 재물에 해당하는지 여부

가상자산은 유체물이 아니고 관리 가능한 동력에도 해당하지 않기 때문에 형법상 '재물'로 인정할 수 없다는 견해가 일반적이다.[7] 형법상 물건의 개념은 민법 제98조에 따라 해석해야 할 것이고 전통적인 민법 해석에 따르면 비트코인과 같은 암호자산은 물건에 해당하지 않으므로 형법 제48조에 따른 몰수의 대상이 되지 않으며, 범죄행위에 제공되었거나 범죄행위로 취득한 암호자산을 형법에 따라 몰수하기 위해서는 입법적 보완이 필요하다는 것이다.[8]

반면, 형법상 재물의 개념을 가상공간에서는 관리가능성 내지 배타적 지배가능성의 의미로 보고, 현행법에서도 가상자산을 재물로 볼 수 있다는 견해도 제시된다.[9] 비트코인 정보는 이미 블록체인 시스템에 의하여 시스템에 참여하는 자의 작업증명 절차를 통해 타인에게 이전되었음을 확인할 수 있으며, 암호화된 공개키와 비밀키를 통해 해당 정보가 일치하게 되면 자동적으로 해당 비트코인의 거래 확인과 더불어 상대방에게 소유권이 이전되므로, 기존 비트코인 소지자의 점유와 이용가능성은 완전히 차단되고 배타적으로 상대방이 이를 획득하게 되는 결과, 이는 물리적 관리가능하다는 것이 확인된 것이므로, 기술적으로 구현가능한 범위 내에서는 재산적 가치가 있는 전자 정보도 '재물'에 해당된다고 볼 여지가 있다는 것이다.

또한, 가상자산의 '배타적 지배'가 가능하다는 점도 설명될 수 있다.[10] 즉, 가상자산은 블록체인 시스템에 의하여 그 거래가 분산된 원장에 기록되고, 어떤 개인이 상대방의 동의 없이 그 거래 기록을 변경하거나 거래기록을 위·변조할 수 없으므로 전자지갑에 새로운 가상화폐가 이체되더라도 기존의 가상화폐와 구별될 수 있으며, 블록체인 기반 가상화폐는 국가나 특정 회사 등과 계약관계에 의존하지 않고 독립하여 존재한다는 것이다. 이에 따라, 기존에 재물성을 부정해왔던 온라인게임 아이템 등과는 그 성질이 다르며, 가상화폐가 보관된 전자지갑에 부여된 개인키는 현실적으로 해킹될 수 없고, 그 전자지갑의 개인키를 가진 가

---

7) 조성훈, "가상자산 관련 형사법적 문제와 대응 방안", 인권과 정의 통권 516호, 2023, 51면.

8) 박준, 한민, 금융거래와 법(3판)(주 6), 1210-1211면.

9) 이정훈, "블록체인과 가상화폐의 형사법적 문제와 전망 – 대법원 2018. 5. 30. 선고 2018도3619 판결을 중심으로", 홍익법학 제20권 제1호, 2019, 67면.

10) 김민수, "가상화폐의 재물성에 관한 형사법적 검토 – 대법원 2021. 12. 16. 선고 2020도9789 판결을 중심으로"(주 4), 519-520면.

상화폐 보유자만이 가상화폐의 이체를 지시할 수 있으며, 블록체인에 모든 거래내역이 기록되어 이중지불의 가능성도 없으므로, 가상화폐의 보유는 채권보다는 물권에 가까운 실질을 갖는다고 설명한다. 결국 가상화폐를 보유하고 있는 사람은 그 가상화폐를 '배타적으로 지배'하는 것이고, 따라서 가상화폐를 형법상 '재물'에 해당한다고 해석할 수 있다는 주장이다.

과학기술이 발달함에 따라 과거에는 존재하지 않았거나 인간이 관리할 수 없었던 무체물도 오늘날에는 배타적으로 관리할 수 있게 되었고 그에 따라 경제적인 가치가 창출되고 있음을 부정할 수 없다. 또한 배타적으로 사용·수익·처분할 수 있는 것이라면 유체물이 아니더라도 소유권의 대상이 될 수도 있고, 형법상 재물로 보호해야 할 필요도 있을 것이다. 이에 따라, 비록 모든 가상자산이 재물에 해당하지는 않더라도, 관리가능하고 재산적 가치가 있는 가상자산을 '재물'로 보는 것을 고려할 수 있다고 판단된다.

4. 판결의 의의

대상판결은 가상자산이 형법상 재물은 아니지만 재산상 이익에 해당한다는 점을 명확히 하였다. 이는 사기죄나 배임죄 등 재산범죄에 가상자산을 적용할 수 있는 법리적 토대를 마련한 반면, 횡령죄 등 재물죄에는 적용하기 어려운 한계를 나타낸다. 이 판결을 통해 가상자산에 대한 형법적 포섭 논의가 진전되었다고 평가할 수 있으며, 향후 가상자산의 가치 평가 방법, 전통적 재산범죄 구성요건의 수정 등을 고려할 필요가 있다. 대상판결을 출발점으로 하여 기초법령을 중심으로 한 가상자산의 법적 성격에 관한 논의를 발전시킬 필요가 있다. 특히, 가상자산은 변동성이 매우 크고 일반 상장주식과 달리 다수의 거래소에서 유통되며 각 거래소마다 특정 시간의 거래 가액이 모두 다르기 때문에, 향후 실무적으로 가상자산의 편취액 내지 이득액을 객관적으로 어떻게 특정할 것인지에 대한 해결이 필요하다.[11)]

---

11) 이홍열, "가상자산의 법적 성격 – 형사사건을 중심으로", 법률신문, 2022. 9. 8.자.

90 신기술에 대한 행정기관의 규제와 사법심사

헌법재판소 2021. 11. 25. 선고 2017헌마1384 등 전원재판부 결정[1)]

홍은표 (법무법인(유한) 광장 변호사)

1. 사안의 개요

가. 2017년 암호자산 시장 과열과 정부의 대응

2017년 하반기, 대한민국은 암호자산 투자 열풍에 휩싸였다. 비트코인을 비롯한 암호자산 가격이 급등하면서 투기적 수요가 시장으로 대거 유입되었고, 이는 자금세탁 및 사기 등 범죄 행위에 악용될 수 있다는 우려를 낳으며 사회적 불안감을 증폭시켰다.

정부는 이러한 상황에 대처하기 위해 2017년 12월 13일과 12월 28일 두 차례에 걸쳐 국무조정실장 주재로 관계부처 차관회의를 개최하여 암호자산 관련 긴급 대책 마련에 착수했다. 회의에서는 투기 과열을 진정시키고 거래의 투명성을 확보하기 위한 방안으로 가상계좌를 이용한 신규 진입 제한과 거래 실명제 도입이 집중적으로 논의되었다.

나. 금융위원회의 가상자산 규제

정부의 정책 방향에 따라 금융위원회(이하 '금융위')는 두 가지 구체적인 조치를 실행했으며, 이 조치들이 헌법소원의 심판대상이 되었다.

---

1) [참조 및 관련 판례] 헌법재판소 2001. 3. 21. 선고 99헌마139 등 결정(판례집 13-1, 676, 692); 헌법재판소 2003. 12. 18. 선고 2001헌마754 결정(판례집 15-2하, 609, 624-625); 헌법재판소 2005. 3. 31. 선고 2003헌마87 결정(판례집 17-1, 437, 446-447); 헌법재판소 2008. 1. 17. 선고 2007헌마700 등 결정(판례집 20-1상, 139, 154-155); 헌법재판소 2023. 10. 26. 선고 2019헌마164 전원재판부 결정(헌공제325, 1676); 헌법재판소 2024. 4. 25. 선고 2020헌마1738 전원재판부 결정(헌공제331호, 724).
[관련 평석 및 문헌] 유진식, "정부의 가상통화 관련 긴급대책 등 위헌확인 : 2021. 11. 25. 선고 2017헌마1384, 2018헌마90 · 145 · 391 (병합) 결정", 행정판례연구 제27권 제2집, 박영사, 2022, 419-443면.

첫째는 가상계좌 신규 제공 중단 조치(2017. 12. 28.)이다. 금융위는 2017년 12월 28일, 부위원장 주재로 '가상통화 관련 금융권 점검회의'를 개최했다. 이 자리에서 금융위는 암호자산 거래소에 가상계좌 서비스를 제공하던 시중 은행의 부행장 등 임원들에게 현행 가상계좌 서비스의 신규 제공을 중단해 줄 것을 '요청'했다. 즉 종전에는 거래소가 은행에 법인계좌를 개설하면 개인은 위 계좌에 원화를 입금하여 암호자산 거래가 가능하였으나 더 이상 이러한 거래가 허용되지 않음을 의미한다. 이 조치는 사실상 신규 투자자의 시장 진입을 차단하는 효과를 가져왔다.

둘째는 가상통화 거래 실명제 시행 조치(2018. 1. 23.)이다. 금융위는 2018년 1월 23일, '가상통화 투기근절을 위한 특별대책 중 금융부문 대책 시행'이라는 제목의 보도자료를 배포했다. 이를 통해 2018년 1월 30일부터 '실명확인 입출금계정 서비스'(이하 '거래 실명제')를 시행할 예정임을 공표했다. 이와 함께 금융정보분석원(FIU)이 마련한 '가상통화 관련 자금세탁방지 가이드라인'도 같은 날부터 시행된다고 밝혔다. 이 조치는 기존의 불투명한 가상계좌를 통한 입출금을 금지하고, 본인 확인이 완료된 은행 계좌와 거래소의 동일 은행 계좌 간의 입출금만을 허용하는 것을 골자로 했다. 이는 거래소가 특정 은행과 실명확인 입출금 서비스 계약을 체결하면 개인은 그 특정은행에 자신의 명의로 된 입출금 계좌를 개설하고 거래소와 그 계좌로만 거래를 해야 함을 의미한다.

다. 청구인들의 주장

청구인들은 암호자산에 이미 투자했거나 투자를 준비하던 국민들로서, 금융위의 위 두 가지 조치가 자신들의 헌법상 기본권을 침해했다고 주장하며 헌법소원심판을 청구했다. 주장은 크게 두 가지로 요약된다.

우선 정부의 조치로 인해 암호자산 거래소에 대한 신규 가입 및 원화 입금이 사실상 불가능해졌고, 이는 암호자산의 교환가치 하락으로 이어져 재산권을 침해했다. 또한 자유로운 경제 활동을 통해 행복을 추구할 권리 및 합리적 이유 없이 다른 금융 투자자와 차별받지 않을 평등권 등이 침해되었다고 주장했다.

청구인들은 거래 실명제와 같이 국민의 경제적 자유와 재산권 행사에 중대한 제한을 가하는 규제는 마땅히 주권자인 국민의 대표기관인 국회가 제정한 법률에 근거해야 한다고 주장했다. 그럼에도 불구하고 금융위가 법률적 근거 없이 행정지도라는 형식을 빌려 사실상의 강제력을 동원한 것은 법률유보원칙에 정면으로 위배되는 위헌적 '관치금융'(官治金融)의 전형이라고 비판했다.

2. 결정의 요지

헌법재판소는 2021년 11월 25일, 재판관 5:4의 의견으로 청구인들의 심판청구를 모두 각하하는 결정을 선고했다. 다수의견은 심판대상 조치가 헌법소원의 대상이 되는 공권력 행사에 해당하지 않는다고 보아 본안 판단에 나아가지 않았고, 소수의견은 공권력 행사성을 인정한 뒤 본안에서 법률유보원칙 위반으로 위헌이라고 판단했다.

가. 다수의견(재판관 5인): 공권력 행사성 부정을 이유로 한 각하

다수의견은 금융위의 조치가 헌법소원의 대상이 될 수 있는 요건을 갖추지 못했다고 판단하여 심판청구를 부적법 각하했다.

우선 다수의견은 금융위의 조치가 법적 구속력을 갖는 강제적 처분이 아니라, 금융기관의 '자발적 호응'을 유도하기 위한 '단계적 가이드라인'에 불과하다고 보았다. 즉, 당시 암호자산 시장의 과열과 자금세탁 위험성에 대한 우려를 금융기관에 주지시키고, 향후 제도화될 거래 실명제 시스템이 시장에 연착륙할 수 있도록 정책 방향을 제시한 비권력적 작용이라고 보았다.

다수의견은 금융위의 조치가 '당국의 우월적인 지위에 따라 일방적으로 강제된 것'으로 볼 수 없다고 판단했다. 당시 대한민국의 암호자산 거래 규모가 이례적으로 높고 가격 변동성이 극심했던 현실, 그리고 자금세탁방지에 대한 국제적 공조 요청이 강화되던 상황 등을 고려할 때, 금융기관 스스로도 이러한 위험을 관리하고 정부의 정책 방향을 존중할 충분한 유인이 있었다고 보았다. 따라서 은행들의 협조는 강제에 의한 것이라기보다는 자발적인 판단의 결과라고 보았다.

나. 반대의견(재판관 4인): 공권력 행사성 인정 및 법률유보원칙 위반

반대의견은 다수의견에 반대하며, 심판대상 조치가 헌법소원의 대상이 될 뿐만 아니라 본안에서도 위헌이라고 판단했다.

반대의견은 조치의 형식이 '요청'이나 '발표'일지라도 그 실질과 효과에 주목해야 한다고 강조했다. 금융위가 금융기관에 대해 가지는 포괄적인 감독 권한과 검사 및 제재 권한을 고려할 때, 금융위의 '요청'은 사실상 따르지 않을 경우 불이익을 받을 수 있다는 강력한 압박으로 작용한다. 따라서 이 조치들은 '단순한 행정지도의 한계를 넘어 규제적·구속적 성격을 상당히 강하게 갖는 것'으로서 헌법소원의 대상이 되는 공권력 행사에 해당한다고 판단했다. 은행의 협조는 자발적인 것이 아니라 사실상 강제된 결과라는 것이다.

반대의견은 공권력 행사성을 인정한 후 본안 판단으로 나아가, 금융위의 조치가 헌법에 위반된다고 결론 내렸다. 암호자산 거래 실명제는 국민의 재산권, 계약의 자유, 직업수행의 자유 등 중요 기본권을 중대하게 제한하는 조치이므로, 이러한 규제는 반드시 국회가 제정한 구체적인 법률에 근거해야 한다고 보았다. 그럼에도 불구하고 명확한 법적 근거 없이 행정부의 사실상의 힘에 의존하여 시행된 이 사건 조치들은 민주주의 원리와 법치주의의 핵심인 법률유보원칙(특히 의회유보원칙)에 위반하여 청구인들의 기본권을 침해했다고 판시했다.

3. 해설

가. 들어가며

이 사건은 신기술에 대한 행정기관의 규제 시도를 사법심사를 통해서 어느 정도 통제할 수 있는지를 보여주는 사건으로 주목할 만하다. 신기술 발전에 따라 새롭게 발생하는 사회경제적 위험에 대응하려는 행정의 적극적 역할과 그 한계 그리고 이에 대한 사법통제 가능성을 둘러싼 논쟁을 다루고 있다.

암호자산과 블록체인이라는 파괴적 신기술의 등장은 기존의 법체계와 규제 패러다임에 중대한 도전 과제를 제기했다. 2017년 대한민국 사회를 휩쓴 암호자산 투자 광풍은 정부로 하여금 신속하고 과감한 대응을 하도록 하였다. 어쩌면 정부의 조치는 국제자금세탁방지기구가 요구하는 국제 표준안을 받아들인 것으로 시의적절한 조치로 평가할 수도 있다.[2] 그러나 이러한 행정적 필요성은 시민의 기본권을 제한하는 국가작용은 반드시 법률에 근거해야 한다는 헌법의 대원칙, 즉 법치주의 및 법률유보원칙과 필연적으로 충돌한다.

본 결정은 두 가지 핵심적인 헌법적 질문을 던진다. 첫째, 비권력적 사실행위의 외관을 띤 '행정지도'가 실질적으로 국민의 권리·의무에 영향을 미칠 때, 어느 지점에서 헌법소원의 대상이 되는 '공권력의 행사'로 볼 수 있는가? 둘째, 암호자산 거래라는 새로운 형태의 경제 활동과 재산권 행사에 관한 규율이 과연 의회가 법률로써 직접 정해야만 하는 '본질적 사항'에 해당하는가? 이 두 질문은 각각 헌법소원의 대상적격과 법률유보원칙의 적용 범위라는 쟁점과 맞닿아 있다.

---

2) 김선광, "가상자산거래 실명제에 관한 고찰 – 헌법재판소 2021. 11. 25. 선고 2017헌마1384 결정을 중심으로 –", 지급결제학회지, 제13권 제2호, 2021, 211면.

나. 공권력 행사성 판단: 형식과 실질의 괴리

헌법재판소 다수의견의 가장 핵심적인 논거는 금융위 조치의 공권력 행사성을 부정한 것이다. 그러나 이러한 판단은 행정지도의 실질적 구속력을 인정한 기존 판례의 경향과 금융감독 현실이라는 측면에서 비판적으로 검토될 필요가 있다.

헌법재판소는 행정상의 사실행위에 대해서 '권력적'인지에 따라 공권력인지를 판단해 왔다. 경고, 권고, 시사와 같은 정보제공행위나 단순한 지식표시행위인 행정지도와 같이 대외적 구속력이 없는 '비권력적 사실행위'와 행정청이 우월적 지위에서 일방적으로 강제하는 '권력적 사실행위'로 나눌 수 있고, 이 중에서 권력적 사실행위는 헌법소원의 대상이 되는 공권력의 행사에 해당한다고 본 것이다.[3]

다수의견은 형식적인 논리만으로 공권력 행사성의 범위를 협소하게 해석하는 결과를 낳았고 헌재 자신이 확립해 온 행정지도에 대한 헌법소원의 대상성을 판단하는 논리에도 반한다.[4] 위와 같은 판례의 태도는 국민의 기본권에 미친 실질적인 영향력을 무시한 것이다.[5]

특히 금융감독 분야에서 행정지도와 권력 작용의 경계는 매우 모호하다. 금융당국은 금융기관에 대한 인허가, 검사, 제재 등 막강한 권한을 보유하고 있으며, 이러한 권한을 배경으로 한 '요청'이나 '권고'는 사실상 구속력 있는 명령으로 받아들여지는 것이 현실이다. 이러한 현상은 '그림자 규제(Shadow Regulation)' 또는 '관치금융'이라는 용어로 비판받아 왔으며, 정부 스스로도 그 문제점을 인식하고 '금융규제 운영규정' 등을 통해 행정지도 불이행을 이유로 한 제재를 금지하는 등 통제를 시도해왔다. 다수의견이 내세운 '자발적 호응'이라는 것은 금융감독의 구조적 권력관계를 간과한 형식논리에 가깝다. 금융기관 입장에서 감독당국의 가이드라인을 따르지 않는 것은 잠재적인 검사나 인허가 과정에서의 불이익을 감수해야 하는 매우 위험한 선택이다. 따라서 은행들의 조치는 자발적 협력이라기보다는, 우월적 지위에 있는 감독기관의 의사에 대한 사실상 복종으로 해석하는 것이 현실에 부합한다.

다. 법률유보원칙과 신기술 규제의 도전

반대의견이 지적한 법률유보원칙 위반 문제는 이 사건의 또 다른 핵심 쟁점이다. 법률유보원칙, 특히 그 중에서도 국민의 기본권과 관련된 본질적 사항은 입법자가 스스로 결정

---

3) 헌법재판소 1994. 5. 6. 선고 89헌마35 결정; 헌법재판소 2005. 3. 31. 선고 2003헌마87 결정.

4) 유진식, "정부의 가상통화 관련 긴급대책 등 위헌확인 – 2021. 11. 25. 2017헌마1384, 2018헌마90, 145, 391 (병합) –", 행정판례연구, 제27권 제2호, 2022, 425면.

5) 배상준, "연성규범의 쟁점과 과제 – 공법적 통제의 문제를 중심으로 –", 법학연구, 제32권 제1호, 2022, 145면.

해야 한다는 의회유보원칙은 민주주의와 법치주의의 근간을 이룬다.

암호자산 거래 실명제는 단순히 금융거래의 방식을 일부 변경하는 것을 넘어, 새로운 유형의 자산에 대한 접근권을 통제하고 사실상의 시장 진입 장벽을 설정하는 중대한 규제 체계이다. 이는 국민의 재산권, 직업의 자유, 계약의 자유 등 헌법상 기본권에 직접적인 영향을 미치는 사안임이 명백하다. 따라서 이러한 규제의 도입 여부, 그 내용과 한계는 다양한 이해관계를 수렴하고 사회적 합의를 도출하는 민주적 입법 과정을 통해 결정되는 것이 헌법의 정신에 부합한다. 물론, 암호자산 시장의 급격한 변동성에 대응해야 하는 행정부의 정책적 필요성을 무시할 수는 없다. 그러나 행정의 효율성이라는 명목이 헌법상 법률유보원칙을 무시할 명분이 될 수는 없다.

다수의견이 공권력 행사성을 부정함으로써 본안 판단을 회피한 것은, 결과적으로 행정부가 법률의 근거 없이 신기술 분야에서 선제적으로 규제를 형성하고 사후에 입법이 이를 추인하는 '선(先)규제, 후(後)입법' 관행을 용인하는 효과를 낳았다. 법률은 행정의 활동을 정당화하는 사후적 수단이 되어서는 안 된다. 반대의견이 법률유보원칙 위반을 지적한 것은 바로 이러한 헌법적 질서의 중요성을 환기시킨 것이라 할 수 있다.

라. 결정 이후의 경과

2020년 3월 '특정 금융거래정보의 보고 및 이용 등에 관한 법률'(이하 '특정금융정보법') 개정안이 국회를 통과하여 2021년 3월 25일부터 본격적으로 시행되었다. 이는 암호자산에 대한 최초의 입법이다.

개정된 특정금융정보법은 암호자산사업자(VASP)에게 자금세탁방지 의무를 부과하고 금융정보분석원에 대한 신고를 의무화했다. 특히 주목할 점은, 신고 요건의 하나로 '실명확인이 가능한 입출금 계정'을 사용하도록 명시적으로 규정한 것이다. 이는 2018년 금융위가 행정지도를 통해 시행했던 바로 그 거래 실명제를 법률의 차원에서 공식화한 것이다. 이로써 은행은 법적 근거 하에 암호자산사업자의 자금세탁 위험 등을 평가하여 실명확인 입출금 계정 발급 여부를 결정하게 되었고, 암호자산 규제는 행정지도라는 비공식적 수단에서 벗어나 법률에 기반한 제도적 틀 안으로 편입되었다.

입법부인 국회가 암호자산 거래 실명제를 법률로 직접 규율하기로 결정했다는 것은 해당 사안이 행정부의 재량에 맡길 수 없는 '본질적이고 중요한 사항'임을 반증한다. 만약 다수의견의 논리대로 금융위의 조치가 단순한 비구속적 가이드라인에 불과했다면, 국회가 굳이 법률을 개정하여 이를 강제할 필요는 없었을 것이다.

4. 결정의 의의

이 사건 결정은 인공지능(*AI*), 바이오 기술 등 새로운 기술 분야의 규제 형성에 중요한 의미를 가진다. 기술 발전의 속도가 입법의 속도를 앞지르는 상황에서 행정부가 선제적으로 대응해야 할 필요성은 분명히 존재한다. 그러나 현실에서는 정부는 명확한 입법을 하기보다는 행정지도 등에 의존할 유인을 가질 수밖에 없다.

대한민국에서 신기술은 이를 꽃피워보지도 못한 채 부작용만 강조되어 사실상 금지되다가 뒤늦게 해외의 발전속도를 따라가지 못하는 경우가 빈번하다. 기업의 입장에서는 명확히 규제되지 않은 상태에서도 여러 실질적 제약을 극복하지 못하고 사업화에 좌절을 겪는 경우가 많다.

이러한 부작용을 막기 위해서는 국민의 기본권을 중대하게 제약하는 경우 반드시 입법을 거쳐야 하고 명확한 입법 이전에는 자유롭게 기본권을 행사할 수 있어야 한다. 법적 안정성과 예측 가능성을 담보하고, 행정권의 자의적 행사를 통제할 필요가 있다.

다수의견은 행정 현실의 복잡성을 고려한 신중한 접근을 시도했지만, 결과적으로는 형식논리에 치우쳐 행정권에 대한 사법적 통제라는 헌법재판소의 핵심적 책무를 다하지 못했다는 비판을 피하기 어렵다.

기술이 급변하고 사회가 복잡해질수록, 행정부가 법률의 테두리를 넘어 신속하게 대응하려는 유혹은 더욱 커질 것이다. 대상결정은 바로 그러한 순간에 법치주의와 권력분립이라는 헌법의 근본 가치를 수호하는 것이 사법부의 가장 중요한 책무임을 다시 한번 일깨워준다.

91 착오이전 된 가상자산의 임의사용과 배임죄의 성부

대법원 2021. 12. 16. 선고 2020도9789 판결[1)]

김성인 (창원지방법원 밀양지원 판사)

1. 사안의 개요

피고인은 2018. 6. 20.경 알 수 없는 경위로 피해자의 A 거래소 가상지갑에 들어 있던 200BTC 중 199.999BTC(이하 '이 사건 비트코인')를 자신의 B 거래소 계정으로 이체 받아 보관하게 되었음에도 2018. 6. 21. 그중 29.998BTC를 자신의 C 거래소 계정으로, 나머지 169.996BTC를 자신의 D 거래소 계정으로 각 이체하고 그중 일부는 매도해 현금화 하여 개인용도로 사용하였다. 이후 피고인은 A 거래소 측으로부터 이 사건 비트코인에 대해 반환요구를 받았음에도 이를 반환하지 않았다.

이에 검사는 피고인을 주위적으로는 특정경제범죄가중처벌등에관한법률위반(횡령)으로, 예비적으로는 특정경제범죄가중처벌등에관한법률위반(배임)[2)]으로 공소제기 하였다.

---

1) [참조 및 관련 판례] 대법원 2010. 12. 9. 선고 2010도891 판결; 대법원 2020. 2. 20. 선고 2019도9756 전원합의체 판결(공2020상, 723면); 대법원 2021. 11. 11. 선고 2021도9855 판결(공2022상, 56).
[관련 평석 및 문헌] 권지혜, "가상자산 거래의 법제화와 착오이체의 법적판단에 관한 시론 – 대법원 2021. 12. 16. 선고 2020도9789 판결을 대상으로 –", 법학연구 통권 제68집, 전북대학교 법학연구소, 2022, 87-107면; 김경수, "원인관계 없이 이체받은 가상자산을 사용·처분한 경우 배임죄의 성립 여부 – 대법원 2021. 12. 16. 선고 2020도9789 판결 –", 판례연구 제35호, 2024, 421-471면; 김동윤·윤상훈, "착오송금 사안에서 위탁관계의 존부 및 횡령·배임죄 성부에 대한 비판적 검토", 법학평론 13권, 서울대학교 법학평론 편집위원회, 2023, 227-276면; 김민수, "가상화폐의 재물성에 관한 형사법적 검토 – 대법원 2021. 12. 16. 선고 2020도9789 판결을 중심으로", 사법 제1권 제66호, 사법발전재단, 2023, 501-535면; 김혜정, "2021년도 형법판례 회고", 형사판례연구[30], 한국형사판례연구회, 2022, 552-555면; 류경은, "디지털자산의 착오이전과 이른바 '착오송금 법리'의 적용 가능성", 은행법연구 제16권 제1호, 은행법학회, 2023, 75-120면; 류동훈, "착오로 이체된 가상자산의 임의 소비와 횡령·배임죄", 연세법학 41호, 연세법학회, 2023, 645-662면; 송문호, "가상자산 착오이체와 횡령죄·배임죄의 성부 – 대법원 2021. 12. 16. 선고 2020도9789 판결 –", 동북아법연구 제16권 제1호, 전북대학교 동북아법연구소, 2022, 243-263면; 이승준, "착오이체된 비트코인의 임의 소비와 배임죄의 성부", 저스티스 통권 196호, 한국법학원, 2023, 37-60면; 장성원, "가상자산의 착오이체와 배임죄", 형사판례연구 제30권, 한국형사판례연구회, 2022, 423- 464면.
2) 이하에서는 각 죄명을 '횡령', '배임'이라고만 칭한다.

2. 판결의 요지

가. 1심판결(수원지방법원 평택지원 2020. 2. 14. 선고 2019고합56 판결) 및 원심판결(수원고등법원 2020. 7. 2. 선고 2020노171 판결)

제1심법원은 ① 주위적 공소사실에 대하여는, 비트코인은 횡령죄의 객체인 '재물'에 해당하지 않는다고 보아 무죄로 판단하였으나, ② 예비적 공소사실에 대하여는 피고인이 '타인의 사무를 처리하는 자'에 해당하며, 피고인이 2018. 6. 21. B 거래소 계정에서 자신의 C, D 거래소 각 계정으로 이 사건 비트코인을 모두 이체한 때 피해자에게 당일 기준 각 거래소의 거래시세 상당의 재산상 손해가 발생하고, 피고인은 같은 금액 상당의 이익을 얻었다고 보아 예비적 공소사실에 대하여 유죄를 선고하였다(주위적 공소사실 부분에 대하여는 그와 동일체의 관계에 있는 예비적 공소사실을 유죄로 선고하여 따로 주문에서 무죄 선고를 하지는 않았다).

이에 피고인과 검사가 모두 각 유죄 부분과 무죄 부분에 대하여 항소하였는데, 원심은 제1심판결의 판단 및 근거로 든 사정들이 모두 정당하다고 보아 피고인과 검사의 항소를 모두 기각하였고, 이에 대해 피고인만 상고하였다.

나. 대법원 판결

대법원은 아래와 같은 이유를 들어 이 사건 비트코인이 법률상 원인관계 없이 피해자로부터 피고인 명의의 전자지갑으로 이체되었더라도 피고인이 신임관계에 기초하여 피해자의 사무를 맡아 처리하는 것으로 볼 수 없어 예비적 공소사실인 배임에 관하여 무죄로 판단하면서, 예비적 공소사실 부분과 주위적 공소사실 부분은 동일체의 관계에 있으므로 원심판결 전부를 파기하였다.

1) 가상자산 권리자의 착오나 가상자산 운영 시스템의 오류 등으로 법률상 원인관계 없이 다른 사람의 가상자산 전자지갑에 가상자산이 이체된 경우, 가상자산을 이체받은 자는 가상자산의 권리자 등에 대한 부당이득반환의무를 부담하게 될 수 있다. 그러나 이는 당사자 사이의 민사상 채무에 지나지 않고 이러한 사정만으로 가상자산을 이체받은 사람이 신임관계에 기초하여 가상자산을 보존하거나 관리하는 지위에 있다고 볼 수 없다. 또한 피고인과 피해자 사이에는 아무런 계약관계가 없고 피고인은 어떠한 경위로 이 사건 비트코인을 이체받은 것인지 불분명하여 부당이득반환청구를 할 수 있는 주체가 피해자인지 아니면 거래소인지 명확하지 않다. 설령 피고인이 피해자에게 직접 부당이득반환의무를 부담한다고 하더라도 곧바로 가상자산을 이체받은 사람을 피해자에 대한 관계에서 배임죄의 주체인 '타

인의 사무를 처리하는 자'에 해당한다고 단정할 수는 없다.

2) 대법원은 타인의 사무를 처리하는 자라고 하려면, 타인의 재산관리에 관한 사무의 전부 또는 일부를 타인을 위하여 대행하는 경우와 같이 당사자 관계의 전형적·본질적 내용이 통상의 계약에서의 이익대립관계를 넘어서 그들 사이의 신임관계에 기초하여 타인의 재산을 보호하거나 관리하는 데에 있어야 한다고 함으로써(대법원 2020. 2. 20. 선고 2019도9756 전원합의체 판결 등 참조), 배임죄의 성립 범위를 제한하고 있다. 이 사건과 같이 가상자산을 이체받은 경우에는 피해자와 피고인 사이에 신임관계를 인정하기가 쉽지 않다.

3) 가상자산은 국가에 의해 통제받지 않고 블록체인 등 암호화된 분산원장에 의하여 부여된 경제적인 가치가 디지털로 표상된 정보로서 재산상 이익에 해당한다(대법원 2021. 11. 11. 선고 2021도9855 판결 참조). 가상자산은 보관되었던 전자지갑의 주소만을 확인할 수 있을 뿐 그 주소를 사용하는 사람의 인적사항을 알 수 없고, 거래 내역이 분산 기록되어 있어 다른 계좌로 보낼 때 당사자 이외의 다른 사람이 참여해야 하는 등 일반적인 자산과는 구별되는 특징이 있다.

이와 같은 가상자산에 대해서는 현재까지 관련 법률에 따라 법정화폐에 준하는 규제가 이루어지지 않는 등 법정화폐와 동일하게 취급되고 있지 않고 그 거래에 위험이 수반되므로, 형법을 적용하면서 법정화폐와 동일하게 보호해야 하는 것은 아니다.

4) 원인불명으로 재산상 이익인 가상자산을 이체받은 자가 가상자산을 사용·처분한 경우 이를 형사처벌하는 명문의 규정이 없는 현재의 상황에서 착오송금 시 횡령죄 성립을 긍정한 판례(대법원 2010. 12. 9. 선고 2010도891 판결 등 참조)를 유추하여 신의칙을 근거로 피고인을 배임죄로 처벌하는 것은 죄형법정주의에 반한다.

3. 해설

가. 서설

대상판결은 대표적인 가상자산[3]인 비트코인의 착오이전 사안이다. 대부분의 가상자산이 가상자산거래소를 통해 이전되고 있는 현실에서 금전의 착오송금과 유사하게 송신인이 수신주소를 잘못 지정하여 가상자산이 이전되는 착오이전이 발생할 수 있다.[4] 제1심과 원심

3) 가상자산의 용어에 대하여는 비트코인 등장 초기부터 현재까지 국내뿐만 아니라 전 세계적으로도 통일되지 않은 채 가상화폐, 암호화폐, 암호자산, 전자화폐, 디지털 통화, 디지털 자산 등 다양한 용어로 불리고 있다. 다만, 본 글에서는 가상자산 이용자 보호에 관한 법률에서 정의하고 있고, 대상판결도 사용한 '가상자산'이라는 용어를 사용하기로 한다.

4) 류경은, "디지털자산의 착오이전과 이른바 '착오송금 법리'의 적용 가능성", 은행법연구 제16권 제1호, 은

은, 가상자산은 재물이 아니라는 이유로 횡령죄의 성립은 부정하였으나, 가상자산이 배임죄의 객체인 재산상의 이익에는 해당하고, 형법상 보호가치도 있으며, 구조와 죄질 등이 유사한 금전의 착오송금에 관한 대법원 판례의 법리를 적용하여 착오이전을 받은 피고인에게 피해자와의 관계에서 신의칙상 신임관계를 인정할 수 있다면서 배임죄를 유죄로 판단하였다. 그러나 대법원은 전술한 바와 같은 이유로 피고인은 타인의 사무를 처리하는 자에 해당하지 않는다고 보아 배임에 관하여 무죄로 판단하였는데, 특히 배임죄 성립에 관한 최근 대법원의 경향과 금전과 가상자산의 차이를 주된 근거로 들었다.

나. 재산범죄의 객체로서의 가상자산의 법적 성격

형법상 재산범죄의 객체는 재물과 재산상 이익으로 대별된다. 그중 횡령죄는 재물을, 배임죄는 재산상 이익을 각 그 대상으로 하는데, 양 죄는 모두 신임관계를 기본으로 하는 재산범죄로써,[5] 그 본질에 대하여 이른바 배신설을 전제로 특별법과 일반법 관계에 있다고 보는 것이 일반적인 견해이다.[6]

가상자산이 재산상 가치가 있다는 점에 대하여는 이론이 없는 것으로 보이나, 형법상 재물에 해당하는지에 관하여는 이를 긍정하는 견해와 부정하는 견해가 있다.

가상자산을 형법상 재물에 해당한다고 보는 견해들은, 배타적 지배 가능성 여부가 재물 여부를 판단하는 핵심적인 기준으로 보면서, 가상자산의 기술적 특성(위·변조의 불가능성, 구별성, 독립성, 해킹 및 이중지불의 불가능성 등)에 비추어 가상자산에 대한 배타적 지배가 가능하므로 가상자산도 재물에 해당한다고 본다.[7] 그러나, 가상자산이 개인키를 통한 배타적인 관리가 가능하다고 하더라도 가상자산 자체는 전자적 정보에 불과하고, 용어의 의미상 자연력이나 동력이라고 보기도 어려우므로, 별도의 입법이 없는 한 가상자산을 재물로 보기는 어렵다는 것이 다수의 견해로 보인다.[8]

행법학회, 2023, 78면.

5) 원심이 업무상배임죄와 업무상횡령죄는 다같이 신임관계를 기본으로 하고 있는 재산범죄로서 그 형벌에 있어서도 같은 조문에 규정되어 경중의 차이가 없으므로 공소사실 제1의 나항 사실이 업무상배임죄에 해당하는데도 이를 업무상횡령죄로 처벌하였다 하더라도 그와 같은 법령적용의 잘못은 판결결과에 영향을 미치는 것이 아니라고 판단한 것은 정당하고 거기에 업무상횡령죄와 업무상배임죄에 관한 법리오해의 위법이 없다(대법원 1990. 11. 27. 선고 90도1335 판결).

6) 송문호, "가상자산 착오이체와 횡령죄·배임죄의 성부－대법원 2021. 12. 16. 선고 2020도9789 판결－", 동북아법연구 제16권 제1호, 전북대학교 동북아법연구소, 2022, 257면.

7) 김민수, "가상화폐의 재물성에 관한 형사법적 검토－대법원 2021. 12. 16. 선고 2020도9789 판결을 중심으로", 사법 제1권 제66호, 사법발전재단, 2023, 518-521면; 이정훈, "블록체인과 가상화폐의 형사법적 문제와 전망－대법원 2018. 5. 30. 선고 2018도3619 판결을 중심으로－", 홍익법학 20권 1호, 홍익대학교 법학연구소, 2019, 68면.

8) 김경수, "원인관계 없이 이체받은 가상자산을 사용·처분한 경우 배임죄의 성립 여부－대법원 2021. 12.

이에 관한 대법원의 판시내용을 살펴본다. 대법원은 ① 대법원 2018. 5. 30. 선고 2018도3619 판결을 통해 최초로 "비트코인은 재산적 가치가 있는 무형의 재산"이라고 보면서 "비트코인은 경제적인 가치를 디지털로 표상하여 전자적으로 이전, 저장 및 거래가 가능하도록 한, 이른바 '가상화폐'의 일종이다"라고 판시하였다.[9] 이후 ② 대법원 2021. 11. 11. 선고 2021도9855 판결은 "비트코인은 경제적인 가치를 디지털로 표상하여 전자적으로 이전, 저장과 거래가 가능하도록 한 가상자산의 일종으로 사기죄의 객체인 재산상 이익에 해당한다"고 판시하였다.[10] ③ 대상판결은 위 2021도9855 판결을 인용하며 "가상자산은 국가에 의해 통제받지 않고 블록체인 등 암호화된 분산원장에 의하여 부여된 경제적인 가치가 디지털로 표상된 정보로서 재산상 이익에 해당한다"고 판시하여 가상자산이 사기죄나 배임죄의 객체가 되는 '재산상 이익'에 해당한다는 점을 재확인하였다. 특히 대상판결의 원심과 제1심판결은 비트코인의 재물성에 관하여 명시적인 판단을 하며 횡령죄의 객체가 되지 않는다고 판단하였다. 즉, 이 사건 비트코인은 유체물에 해당하지 않고, 자연력의 이용에 의한 에너지를 의미하는 것으로 이해되는 '동력'에 해당한다고 보기도 어려우며, 통설과 대법원[11]의 입장인 물리적 관리가능성설의 전제하에 가상자산은 사무적 관리의 대상일 뿐 물리적 관리의 대상이 아니고, 예금채권과 달리 거래시세에 대응하는 특정한 금액의 금원을 법률상 지배하고 있는 것으로 평가하기 어렵다면서, 비트코인의 재물성을 부정하였다.

현재까지 대법원이 가상자산의 재물성을 부정하는 판시를 명시적으로 한 적은 없는 것으로 보이나, 횡령죄와 배임죄의 관계, 위와 같은 대법원의 일련의 판시내용, 대상판결의 하급심과 대상판결의 내용 등을 고려하면, 대법원 역시 가상자산의 재물성을 부정하고, 가상자산을 재산상의 이익으로 파악하고 있는 것으로 보인다.

---

16. 선고 2020도9789 판결-", 판례연구 제35호, 2024, 438면; 류경은, "디지털자산의 착오이전과 이른바 '착오송금 법리'의 적용 가능성"(주 4), 94면; 류동훈, "착오로 이체된 가상자산의 임의 소비와 횡령·배임죄", 연세법학 41호, 연세법학회, 2023, 651면; 이승준, "착오이체된 비트코인의 임의 소비와 배임죄의 성부", 저스티스 통권 196호, 한국법학원, 2023, 46-47면.

9) 위 판결은 비트코인이 범죄수익은닉의 규제 및 처벌 등에 관한 법률상 몰수의 대상인 '재산적 가치가 인정되는 무형의 재산'에 해당한다고 판단하여, 위 법에 따른 몰수를 긍정하였다.

10) 위 판결은 가상자산을 처음으로 법제화한 특정 금융거래정보의 보고 및 이용 등에 관한 법률이 2021. 3. 25. 시행된 후의 판결로서 해당 법률의 내용을 반영해 종전 '가상화폐'라는 용어 대신 '가상자산'이라는 용어를 사용하였고, 나아가 명시적으로 가상자산이 사기죄의 객체인 '재산상 이익'에 해당한다고 판단하였다.

11) 대법원 1994. 3. 8. 선고 93도2272 판결 등.

다. 가상자산을 착오이전 받은 자가 '타인의 사무를 처리하는 자'에 해당하는지 여부

(1) 신임관계의 존부

배임죄는 '타인의 사무를 처리하는 자'만을 처벌하는 진정신분범이다. 타인의 사무를 처리하는 자에 해당하기 위해서는 행위자와 그 타인, 즉 본인과 사이에 신임관계가 존재하여야 한다. 이러한 신임관계는 법령, 계약 또는 법률행위, 관습 또는 사무관리 뿐만 아니라 거래의 신의칙이나 사회윤리적 신임관계 또는 순수한 사실상 신임관계에서도 발생할 수 있다.[12] 그러나 신임관계의 발생근거를 확대하면 배임죄 적용의 확대가능성이 커지게 되므로 그 경계설정이 매우 중요하다.

대법원은 채권 담보를 위한 대물 변제예약 사안에서 대법원 2014. 8. 21. 선고 2014도3363 전원합의체 판결을 통해 배임죄의 성립을 인정한 종전 대법원 2000. 12. 8. 선고 2000도4293 판결 등을 폐기하고 무죄를 선고하여 타인의 사무처리자에 대한 더욱 제한된 해석을 한 이래로 부동산 이중매매 사례를 제외하고는 계약관계에서 그동안 배임죄의 성립여부가 문제되었던 거의 대부분의 사례에서 타인의 사무처리자 지위를 부정하여 배임죄의 성립을 제한하는 경향을 보이고 있다.[13]

대상판결 역시 동산 양도담보설정 계약 사례에서 배임죄의 성립을 인정한 종전 판례를 변경하고 무죄를 선고한 대법원 2020. 2. 20. 선고 2019도9756 전원합의체 판결과 관련 법리를 인용하며 대법원이 최근 배임죄의 성립 범위를 제한하고 있음을 직접 언급하면서, 대상판결의 사안에서도 이러한 경향을 유지·적용하겠음을 밝히고 있다.

형법의 최후 수단성, 죄형법정주의 등을 고려하면, 대법원의 위와 같은 경향성은 타당하다. 대상판결이 이러한 변화경향과 같은 맥락에서 아무런 거래관계가 없는 상태에서 원인불명으로 가상자산을 착오이전 받은 자에게 신임관계를 인정할 수 없다고 판단한 것은 타당하다고 보인다.

(2) 착오송금 법리의 유추적용 가부

대법원은 오랜 기간 이른바 착오송금 된 금전, 특히 아무런 거래관계가 없는 상태에서 금전을 수취한 수취인에 대하여도 송금인과의 관계에서 위 금전에 대한 신의칙상 보관자의

12) 집필대표 노태악, 주석 형법각칙(5), 제6판, 한국사법행정학회, 2024, 187면.

13) 최근 대법원이 배임죄에 관하여 타인의 사무처리자 범위를 제한해 무죄로 판단한 사안에 대하여는 김경수, "원인관계 없이 이체받은 가상자산을 사용·처분한 경우 배임죄의 성립 여부 – 대법원 2021. 12. 16. 선고 2020도9789 판결 –"(주 8), 442면 이하 참조.

지위를 인정하여 횡령죄를 인정해 오고 있다.[14] 이러한 대법원의 착오송금 법리에 대하여는 많은 비판이 있다.[15] 다만, 착오송금 법리의 당부와는 별개로, 대법원의 착오송금 법리를 가상자산의 착오이전 사안에도 유추적용할 수 있는지에 관하여는 견해의 대립이 있다.

유추적용을 긍정하는 견해는 횡령죄와 배임죄의 본질이 동일하고, 착오송금과 가상자산의 착오이전은 구조가 유사하며, 법정화폐의 거래와 유사해진 가상자산의 거래현실, 제도화 변화양상 등을 고려하면 가상자산도 형법상 보호가치가 있어 착오송금 법리를 유추적용하는 것이 정합적이라는 점 등을 근거로 한다.[16] 반면, 유추적용을 부정하는 견해는 금전과 예금채권, 은행 및 전자금융거래시스템과 이에 대응되는 가상자산, 가상자산거래소, 가상자산 이전 등에 관한 거래시스템 등은 차이가 있어 양자를 동일하게 보기 어려우므로, 착오송금 법리를 유추적용할 수 없다고 한다.[17]

생각건대, 대법원이 착오송금에 관하여 특별히 신의칙상 보관자의 지위를 인정하는 것은 결국 금전의 기능 및 역할과 그 중요성, 은행 및 예금채권과 관련 거래시스템에 대한 거래 참가자들의 신뢰에 대한 보호의 필요성 때문으로 보인다. 즉 금전은 국가에 의해 강제통용력을 부여받아 지급결제수단으로 사용되는 법정화폐이고, 금전의 보관, 이체에 관한 은행과 전자자금이체 등 금융시스템에 대하여 거래참여자인 일반국민들이 높은 신뢰를 보이고 있으며, 예금채권은 언제나 그에 상응하는 금액의 법정화폐로 교환될 수 있다는 신뢰가 있고, 예금보험제도와 중앙은행의 최종대부자 기능 등 공적 안전망이 이러한 신뢰를 뒷받침하고 있다.[18] 따라서 이러한 공적 시스템에 근거한 거래 당사자의 신뢰는 형법상으로 특별히 보호할 필요가 있다.[19] 반면 가상자산의 경우, 금전과 같은 지위나 인식이 없으며, 거래시스

---

14) 대법원 2010. 12. 9. 선고 2010도891 판결; 대법원 2018. 7. 19. 선고 2017도17494 전원합의체 판결 등.

15) 김동윤·윤상훈, "착오송금 사안에서 위탁관계의 존부 및 횡령·배임죄 성부에 대한 비판적 검토", 법학평론 13권, 서울대학교 법학평론 편집위원회, 2023, 249면 이하; 류경은, "디지털자산의 착오이전과 이른바 '착오송금 법리'의 적용 가능성"(주 4), 106면; 송진경, "착오로 송금된 금전을 임의로 소비한 경우와 재산범죄", 형사법연구 제23권 제1호, 한국형사법학회, 2011, 396면 이하; 이승준, "원인관계 없이 착오로 송금된 금전의 임의인출과 횡령죄의 성부", 법학논고 제53집, 경북대 법학연구소, 2016, 143면 이하. 아무런 거래관계가 없었고, 부당이득반환의무를 위탁관계의 발생 근거로 인정하게 되면 횡령죄의 성립범위가 지나치게 넓어진다는 것 등을 주된 근거로 한다.

16) 권지혜, "가상자산 거래의 법제화와 착오이체의 법적판단에 관한 시론 – 대법원 2021. 12. 16. 선고 2020도9789 판결을 대상으로 –", 법학연구 통권 제68집, 전북대학교 법학연구소, 2022, 102면; 김민수, "가상화폐의 재물성에 관한 형사법적 검토 – 대법원 2021. 12. 16. 선고 2020도9789 판결을 중심으로"(주 7), 521면; 류동훈, "착오로 이체된 가상자산의 임의 소비와 횡령·배임죄"(주 8), 657면; 이승준, "착오이체된 비트코인의 임의 소비와 배임죄의 성부"(주 8), 52면.

17) 김경수, "원인관계 없이 이체받은 가상자산을 사용·처분한 경우 배임죄의 성립 여부 – 대법원 2021. 12. 16. 선고 2020도9789 판결 –"(주 8), 457면 이하; 류경은, "디지털자산의 착오이전과 이른바 '착오송금 법리'의 적용 가능성"(주 4), 104면 이하; 장성원, "가상자산의 착오이체와 배임죄", 형사판례연구 제30권, 한국형사판례연구회, 2022, 450면 이하.

18) 류경은, "디지털자산의 착오이전과 이른바 '착오송금 법리'의 적용 가능성"(주 4), 107면.

템의 안정성 면에서의 신뢰 수준도 동일한 수준이라고 보기 어렵다. 현재 가상자산거래소에 대해 고객확인의무, ISMS 정보보호관리체계 인증, 트래블룰 등 일정 의무가 부과되기는 하나 이는 주로 자금세탁방지를 위한 규제에 불과하다. 공적 안전망도 존재하지 않는다. 결국 현재까지도 가상자산, 가상자산거래소가 금전이나 은행, 예금채권과 같은 정도의 지위나 인식, 시스템에 대한 신뢰가 있다고 보기는 어려워, 법정화폐와 동일한 형법적 보호를 하여야 한다고 보기는 어렵다.[20)]

대상판결이 가상자산에 대해 법정화폐인 금전과 같은 수준의 보호가치가 있다고 보기는 어렵다면서 착오송금 법리를 유추적용 하지 않은 것은 이러한 국면에서 이해될 수 있고, 타당한 결론으로 보인다.

4. 판결의 의의

대상판결은 원인불명으로 착오이전 된 가상자산의 임의사용에 대한 첫 형법적 판단이 이루어진 판결이다. 대상판결은 이 사건 비트코인을 배임죄의 객체가 되는 재산상 이익으로 평가하고, 배임죄에 관한 최근의 대법원 판결의 경향과 가상자산의 기술적 특성, 법정화폐인 금전과의 차이 등을 고려해 송금인에 대한 관계에서 착오이전 받은 자의 신임관계를 부정하고, 금전에 관한 착오송금 법리도 유추적용 해서는 안 된다고 판시하였는데, 대상판결의 결론은 수긍할 만하다.

다만, 향후 중앙은행이 발행하는 CBDC나 지급결제수단으로서의 기능을 인정할 수 있는 스테이블 코인이 발행되고, 가상자산거래소에 지급결제시스템 참여자에 준하는 규제가 이루어진다면, 착오송금의 법리가 적용될 가능성도 존재한다. 한편으로 배임·횡령에 관한 대법원의 최근 경향성에 비추어 보면, 착오송금 법리 자체가 변화할 가능성도 배제할 수 없다. 어느 경우에나 착오이전 된 가상자산을 임의사용 하는 경우 처벌의 필요성이 인정되므로, 이를 분명하게 하기 위한 별도의 처벌조항의 입법도 고려해볼 만하다.

---

19) 장성원, "가상자산의 착오이체와 배임죄"(주 17), 455면.

20) 류경은, "디지털자산의 착오이전과 이른바 '착오송금 법리'의 적용 가능성"(주 4), 108면.

92 선불전자지급수단의 분실·도난과 선불업자의 면책 요건

대법원 2022. 6. 30. 선고 2018다248275 판결[1)]

천창민 (서울과학기술대학교 교수)

1. 사안의 개요

가. 당사자

원고 한국소비자연맹은 우리나라 최초의 소비자운동 전문 민간단체로서 소비자 상담, 소비자 조사, 소비자 교육, 소비자 피해구제 등을 통한 소비자의 권익 증진을 목적으로 소비자기본법 제29조에 따라 설립된 사단법인이다. 피고는 전자금융거래법(이하, '법'이라 한다) 제2조 제14호에 따른 선불전자지급수단의 일종인 T-money 카드(이하, '티머니카드'라 한다)[2)]를 발행하여 유통·관리하는 선불전자지급수단 발행·유통업자(이하, '선불업자'라 한다)[3)]이다.

원고는 이용자가 티머니카드를 분실·도난 시 피고가 해당 이용자의 분실·도난 신고 접수와 잔액환불을 거부하는 것이 소비자기본법 제70조에 따른 소비자단체소송의 요건에 해당한다고 보아 소를 제기하였다. 소비자기본법 제70조는 피고와 같은 사업자가 제20조(소비자 권익증진 관련기준 준수의무)를 위반하여 소비자의 생명·신체 또는 재산에 대한 권익을 직접적으로 침해하고 그 침해가 계속되는 경우 원고와 같은 일정한 단체가 소비자권익침해행위의 금지·중지를 구하는 단체소송을 제기할 수 있도록 규정한다. 이 사건은 대법원이 소비자기본법 제70조에 따른 소비자단체소송에 대해 내린 최초의 판결이다.[4)]

---

1) [관련 평석 및 문헌] 서희석, "티머니카드의 분실신고접수 및 잔액환불 거부에 대한 소비자단체소송 – 대법원 2022. 6. 30. 선고 2018다248275 판결에 대한 비판적 검토 –", 법률신문, 2022. 9. 20.
2) 티머니카드를 구매한 고객은 이를 사용하여 교통요금을 지불하거나 가맹점에서 대금을 결제할 수 있다.
3) 피고의 정확한 상호는 주식회사 티머니(변경전 상호: 주식회사 한국스마트카드)이다.
4) 서희석, "티머니카드의 분실신고접수 및 잔액환불 거부에 대한 소비자단체소송 – 대법원 2022. 6. 30. 선고 2018다248275 판결에 대한 비판적 검토 –", 법률신문, 2022. 9. 20.

나. 사실관계와 원고의 주장[5)]

(1) 사실관계

법 제10조 제1항은 이용자의 접근매체의 분실 또는 도난으로 인한 책임배분과 관련한 규정이다. 법 제10조 제1항 본문은 이용자의 분실·도난 통지 이후부터 금융회사 또는 전자금융업자가 제3자의 분실·도난된 접근매체의 사용으로 인해 이용자에게 발생한 손해를 배상할 책임을 지도록 하되, 동항 단서는 선불전자지급수단 또는 전자화폐의 분실·도난 등으로 발생하는 손해로서 대통령령으로 정하는 경우에는 선불업자와 전자화폐업자가 책임을 지지 않을 수 있도록 규정한다. 그리고 법 시행령 제9조는 그 책임 배제의 요건으로서 금융회사 또는 전자금융업자와 이용자가 그 손해에 대한 책임을 이용자의 부담으로 할 수 있다는 취지의 약정을 체결할 것을 규정한다.

한편, 티머니카드는 원칙적으로 무기명으로 발행되나, 고객이 티머니카드 사용금액에 대한 소득공제를 받기 위하여 해당 티머니카드 사용자의 이름 등 개인정보와 카드번호를 피고의 홈페이지에 등록한 경우 또는 어린이나 청소년이 교통요금할인을 받기 위하여 피고의 서버에 해당 티머니 카드 사용자의 이름 등 개인정보와 카드번호를 등록한 경우에는 피고가 위와 같이 등록한 고객들의 개인정보와 티머니 카드번호를 서버 내에 저장한다. 또한 피고의 티머니 서비스 약관(이하 '이 사건 약관'이라 한다) 제7조 제2항은 "고객의 티머니 카드 분실 또는 도난 시 기 저장된 금액과 카드 값은 지급 받으실 수 없습니다. 단, 회사가 별도로 정한 기준의 금액을 환급해 주는 특정 카드상품의 경우 별도로 공지하는 서비스 안내 자료에 따릅니다."라고 규정하고 있다. 이에 근거하여 피고는 이용자가 '모바일 티머니' 분실·도난 안심서비스에 가입한 경우 또는 대중교통안심카드 서비스에 가입한 경우 외에는 고객이 소득공제나 교통요금할인을 받기 위해 카드명의자의 이름과 카드번호 등을 등록한 티머니카드를 분실하거나 도난당한 경우에도 해당 카드에 저장된 금액을 환급해 주지 않을 뿐만 아니라 환급 조치가 불가능하여 실익이 없다는 이유로 고객의 분실신고 자체를 접수하지 않고 있다.[6)] 이에 원고는 고객이 소득공제 또는 교통요금할인을 받기 위하여 카드명의자의 이름과 카드번호 등을 등록한 티머니 카드에 대하여도 분실·도난 시 잔액의 환급을 거부하고 고

---

5) 사실관계와 원고의 주장은 제1심판결(서울중앙지방법원 2017. 7. 18. 선고 2015가합27137 판결)문이 상세하게 소개하고 있고, 원심과 대법원에서 이를 인용하고 있으므로, 여기서는 제1심판결문에서 밝히고 있는 사실관계와 원고의 주요 주장을 중심으로 소개하기로 한다.

6) 다만, 피고는 교통카드 기능만을 가지고 있으면서 고객이 카드분실 신고를 할 경우에는 잔액의 환불이 가능한 선불카드인 '대중교통안심카드'를 판매하고 있고, 휴대전화에 티머니 사용이 가능한 금융USIM을 장착하여 해당 휴대폰을 일반적인 티머니카드와 마찬가지로 사용하는 '모바일 티머니'를 사용하는 고객에게도 분실·도난 안심서비스를 제공하고 있다.

객의 분실신고 접수를 방해하는 것은 법 제10조 제1항 등에 반한다는 이유로 이를 중지할 것을 구하는 이 사건 소를 제기한 것이다.

(2) 원고의 주장 요지

티머니카드의 고객이 자신의 개인정보와 카드번호 등을 피고의 홈페이지를 통해 등록하면 그 카드의 성질이 '무기명식'이 아니라 '기명식'으로 전환되고, 법 제10조 제1항 단서에 따른 선불업자 및 전자화폐업자의 면책은 무기명식에만 적용받으므로 등록을 통해 실지명의가 확인되는 기명식 티머니카드에는 적용되지 않는다. 그러므로 기명식 티머니카드를 분실하거나 도난 당한 경우 잔액환급을 거부하는 것은 법 제10조 제1항 본문에 반한다.

또한, 법 제10조 제1항 단서는 결국 소비자의 해제권을 제한하는 것이므로, 이는 약관의 규제에 관한 법률(이하 '약관규제법'이라 한다) 제6조 또는 제9조에 반하고,[7] 법 제10조 제2항[8]에 따라 효력이 없거나 제한된다. 따라서 기명식 티머니카드의 분실 또는 도난 시 잔액환급 거부는 법 제10조 제1항 본문에 반한다.

마지막으로, 이 같은 피고의 기명식 티머니카드의 분실 또는 도난과 관련한 잔액환급 거부는 위법하기 때문에 피고가 분실신고의 접수 자체를 거부하는 행위도 위법하게 되므로, 이는 소비자기본법 제20조 제4항, 제12조 제2항, 공정거래위원회의 「사업자의 부당한 소비자거래행위 지정 고시」 제6조 제1호에 반하기 때문에, 원고는 소비자기본법 제70조에 따라 피고에 대하여 이를 중지할 것을 이 사건 소로써 구할 수 있다.

(3) 피고의 주장 요지

티머니카드는 선불전자지급수단으로서 접근매체의 일종이고, 이 사건 약관 제7조 제2항은 법 제10조 제1항 단서 및 동법 시행령 제9조에 따른 것이므로, 티머니카드의 분실·도난 시 피고가 면책된다는 취지의 이 사건 약관 조항은 합법적인 규정이므로 원고의 주장은 이유 없다.

---

7) 약관규제법 제6조는 약관의 공정성 기준에 관한 일반원칙을 규정하고, 제9조는 계약의 해제·해지와 관련한 무효 기준을 규정한다.

8) 법 제10조 제2항은 다른 법령에서 이용자에게 유리한 규정을 두고 있는 경우에는 그 법령을 우선 적용하게 함으로써 이용자를 보다 두텁게 보호하기 위한 규정이다. 예컨대, 여신전문금융업법 제16조 제2항 및 동법 시행령 제6조의9 제1항은 신용카드회원의 분실·도난 통지 60일 전까지 기간 동안 발생한 손해에 대해서도 신용카드업자가 책임을 지도록 한다.

2. 판결의 요지

가. 1심판결(서울중앙지방법원 2017. 7. 18. 선고 2015가합27137 판결)

서울중앙지법은 명의자가 등록된 선불전자지급수단도 선불전자지급수단으로서의 성질을 잃지 않으므로, 여전히 법 제10조 제1항 단서가 적용되므로, 원고의 주장은 이유가 없다고 판단하였다. 그 이유로서 제1심은 크게 다음의 두 가지 이유를 설시한다. 첫째, 법 제2조 제14호는 선불전자지급수단을 정의하면서 해당 지급수단이 '기명식'인지 또는 '무기명식'인지에 따라 법적 규율을 달리하도록 규정하지 않으므로, '기명식'인지 '무기명식'인지는 선불전자지급수단으로서의 법적 규율을 행할 것인지 여부를 판가름하는 본질적 특성으로 볼 수 없고, 법 제10조 제1항 단서 및 법 시행령 제9조에 따른 면책은 선불전자지급수단의 명의자를 확인할 수 있는지 여부와 상관이 없다. 둘째, 선불전자지급수단의 사용자가 개인정보와 카드번호를 등록한 경우에도 선불전자지급수단으로서의 특성, 즉 거래금액이 소액이고, 접근매체 자체가 전자적 증표로서의 기능을 가지며, 간이·신속한 이용을 위하여 개별 거래마다 승인절차를 거치지 않으므로 전자금융업자가 분실·도난 신고를 받더라도 거래정지 등의 조치를 취할 수 없다는 점은 다른 선불전자지급수단의 경우와 동일하다.

아울러, 제1심은 약관규제법 제9조의 위반 여부와 관련하여, 카드의 분실·도난 시 카드 소유자의 티머니카드 사용계약 해제·해지의 권리가 제한되지만, 이 사건 약관 제7조 제2항 자체가 '법률에 따른 고객의 해제권 또는 해지권을 배제하거나 그 행사를 제한하는 조항'이라고 볼 수는 없다고 판단하였다. 그리고 약관규제법 제6조의 위반 여부와 관련하여, (1) 피고가 등록된 티머니카드에 대하여 고객으로부터 분실·도난 신고를 받았을 경우 결제 중단 조치를 취하여 카드 소유자를 보호하고 이중지급을 막는 시스템을 갖추기 위해서는 막대한 비용(약 1,600억 원)이 필요한데, 이는 티머니카드의 발행·유통으로 얻는 피고의 수익에 비하여 지나치게 과다하다고 보이고, (2) 피고가 대중교통안심카드나 모바일 티머니의 경우 도난·분실 시 카드 잔액을 환급받을 수 있는 서비스를 제공하고 있지만, 이 경우에도 실시간 통신을 통한 거래승인절차를 통하여 카드 소유자를 보호하는 것이 아니므로, 피고가 위와 같은 서비스를 제공하고 있다고 하여 다른 일반 티머니카드에 대해서도 곧바로 같은 서비스를 제공할 수 있는 것은 아니며, (3) 분실·도난된 티머니카드에 대하여 되도록 잔액 환급이 보장되도록 하는 것이 바람직하기는 하나, 그러한 시스템을 갖추는 데 소요되는 막대한 비용은 결국 카드 이용 고객들에게 전가될 수밖에 없으므로 카드 잔액의 환급 제한이 반드시 전체 고객에게 불리하다고만 볼 수도 없고, (4) 피고가 분실·도난 티머니카드의 잔액 환급 서비스를 제공하지 못하는 것은 결국 티머니카드의 결제방식 때문인데, 티머니카드는 원래 다른 접근매체보다 결제를 신속·편리하게 할 목적으로 고안되었고 그 단말기 역시 이러한 목적에 부합하도록 설계·배포된 것이므로, 피고가 티머니카드의 결제방식을 다른 접근매체와 같은 방식으로 변경하지 않는 것을 비난할 수는 없는 등의 사정이 있으므로, 이를 종합적으로 고려할 때 이 사건 약관 제7조 제2항이 고객에 대하여 부당하게 불리한 조항으로서 '신의성실의 원칙에 반하여 공정을 잃은 조항'에 해당하여 무효라고 볼 수 없다고 판단하며, 원고의 청구를 기각하였다.

나. 원심판결(서울고등법원 2018. 6. 5. 선고 2017나2040809 판결)

(1) 추가판단사항: 항소인(원고) 주장의 요지

원심은 제1심판결의 설시를 그대로 인용하면서, 다음의 두 가지 원고의 주장에 대해 추가적인 판단을 하였는데, 사실상 제1심의 설시와 그 취지가 동일하나 첫 번째 원고의 주장은 제1심의 주장을 조금 더 명확히 한 것이고, 두 번째 원고의 주장은 입증책임과 관련하여 원고가 원심에서 주장한 것으로 보인다. 추가판단사항인 원고의 주장을 살펴보면 다음과 같다.

우선, 피고 시스템에 이용자등록을 한 선불전자지급수단으로서 실지명의가 확인되는 티머니카드는 모두 그 분실 또는 도난의 경우에 법 제10조 제1항 단서가 아니라 동항 본문이 적용되어야 한다.

둘째, 피고의 이 사건 약관 제7조 제2항은 고객에게 부당하게 불리한 조항이므로 무효이다. 즉, 티머니카드의 분실 또는 도난 시에 기 저장된 금액(잔액)과 카드 자체에 대한 값을 지급받지 못하는 것을 원칙으로 규정하는 이 사건 약관 제7조 제2항은 고객에게 부당하게 불리한 조항이므로, 이는 약관규제법 제6조 제2항 제1호, 제1항에 따라 무효이다. 이 약관조항이 무효인지 여부의 판단과 관련하여, '피고가 티머니카드의 분실·도난에 따른 사용중지 조치를 통해 이중지급을 막는 시스템을 갖추는 데는 막대한 비용이 필요하고, 이는 티머니카드의 발행·유통으로 얻는 피고의 수익에 비하여 과다한 것이므로 티머니카드의 분실·도난 시 그 가액을 반환하지 않도록 정한 이 사건 약관 조항이 고객에게 부당하게 불리한 것은 아니다'라는 점의 입증책임은 피고에게 있는데, 피고는 이를 입증하지 못하였다.

(2) 판단

원심은 원고가 주장하는 것이 제1심에서 이미 원고가 주장한 내용과 크게 다르지 않다고 판단하고, 제1심에서 제출된 증거들과 원심에 제출된 증거들을 모두 살펴보아도 원고의 주장을 배척한 제1심의 판단은 정당하다고 판단하였다. 특히, 약관규제법 제6조가 규정하고 있는 내용 및 그 규정의 형식에 비추어 약관의 내용이 '신의성실의 원칙을 위반하여 공정성을 잃었다'거나 '고객에게 부당하게 불리하다'는 점은 그 약관의 무효를 주장하는 원고에게 입증책임이 있으므로, 그 입증책임이 피고에게 있다는 원고의 주장을 받아들이지 않았다.

그리고 원고는 "편의점에서는 하나의 단말기를 가지고 교통카드 및 신용카드를 동시에 사용하는 것이 가능하고 포스시스템도 함께 사용하고 있는바, 이와 같은 전산환경 하에서는 단말기의 추가 없이도 피고가 VAN사와 기존의 전산환경을 이용하기로 하는 새로운 계약만 체결하면 현재의 단말기를 가지고 티머니카드의 정상 여부를 확인하고 결제할 수 있으므로, 피고가 티머니 카드의 분실·도난 시 그 가액을 반환하도록 하는 데에 큰 비용이 드는 것이 아니다"는 구체적인 주장을 하나, 앞서 채택한 증거들만으로는 원고의 이 부분 주장을 그대로 인정하기 부족하고, 달리 이를 인정할 만한 증거가 없다고 판시하며 원고의 항소를 기각하였다.

다. 대법원 판결

대법원은 (1) 법 제10조 제1항 단서가 적용되는지 여부와 (2) 이 사건 약관 제7조 제2항의 유효성에 대해 판단하면서 원심의 결론이 정당하다고 판단하고, 원고의 상고를 기각하였다.

위 (1)의 쟁점과 관련하여, 대법원은 법 제10조 제1항 단서 및 법 시행령 제9조는 선불전자지급수단의 경우 현금과 유사한 성질이 있고 금융회사 또는 전자금융업자가 이용자에게서 분실·도난 신고를 받더라도 별다른 조치를 취할 수 없는 현실을 고려하여 금융회사 또는 전자금융업자를 면책할 수 있도록 하기 위한 취지에서 분실·도난 통지를 하기 전에 선불전자지급수단에 저장된 금액과 관련한 손해에 대하여 그 책임을 이용자의 부담으로 할 수 있다는 취지의 약정을 금융회사 또는 전자금융업자와 이용자 사이에 미리 체결한 경우에는 분실·도난으로 발생하는 손해에 대해 금융회사 또는 전자금융업자가 배상할 책임을 지지 않는다고 규정하고 있고, 법 제10조 제1항 단서는 문언상 기명식과 무기명식을 구분하지 않고 있고, 선불전자지급수단은 그 특성에 비추어 기명식이든 무기명식이든 금융회사 또는 전자금융업자를 면책시키는 약정을 할 필요가 있으므로, 법 제10조 제1항 단서의 선불전자지급수단에는 기명식과 무기명식이 모두 포함된다고 판단하였다.

위 (2)의 쟁점과 관련하여, 대법원은 원심이 이 사건 약관 제7조 제2항이 무효라고는 볼 수 없다고 판단하면서도, 결과적으로 카드 소유자의 해제권이나 해지권을 제한한다는 취지의 판단을 한 것에 대해, 이 사건 약관 제7조 제2항은 티머니 카드 소유자가 카드를 도난당하거나 분실한 경우를 대비하여 그 위험부담에 관하여 정하고 있을 뿐 카드 소유자의 해제권이나 해지권을 제한하고 있지 않는데도 원심이 이 사건 약관 제7조 제2항이 결과적으로 카드 소유자의 해제권이나 해지권을 제한한다고 판단한 부분은 부적절하다고 판단하였다. 그러나 대법원은 이 사건 약관 제7조 제2항이 약관규제법 제6조 제1항이나 제9조 제1호에 해당하여 무효라는 원고의 주장을 배척한 원심의 결론은 정당하다고 보고, 원고의 상고를 기각하였다.

3. 해설

가. 전자금융거래법 제10조 제1항의 입법 취지

이 사건 원고와 피고의 주장이 정면으로 대립되는 지점은 법 제10조에 대한 해석이다. 원고는 티머니카드 중에서 고객이 개인정보와 카드번호를 피고 회사에 등록한 경우에는 기명식으로 그 성격이 변하므로, 법 제10조 제1항 단서가 적용될 수 없고 법 제10조 제1항 본문만 적용된다고 주장한다. 이에 반해, 피고의 주장과 제1심과 원심 및 대법원의 판단은 원고의 주장은 이유 없고, 법 제10조 제1항 단서는 기명식, 무기명식 카드 유무와 관계없이 적용된다는 점이다.

이 같은 견해의 대립에 대해서는, 전자금융거래법의 제정 당시 국회에서의 정부안에 대한 심사보고서[9]를 살펴보면 제10조 제1항의 입법 취지가 보다 명확해진다. 정부안은 당시 동일한 내용이 제9조 1항에서 제10조 제1항 본문의 내용을, 제9조 제2항에서 제10조 제1항 단서의 내용을 담고 있었다. 아울러 제9조 제3항이 현재의 제10조 제2항의 규정과 동일한 취지의 내용을 규정하고 있었다.

정부안 제9조 제1항(현 제10조 제1항 본문)에 대해 심사보고서는 "제1항에서 규정한 손해배상범위와 관련하여 이용자를 보다 충실히 보호하기 위해서는 여신전문금융업법과 같이 접근매체 분실후 통지이전에 발생한 손해에 대하여도 금융기관 등이 일부 책임을 배상해야 한다는 견해가 있을 수 있으나, 제정안과 같이 분실·도난의 통지를 접수한 후에 발생한 손해에 대하여만 금융기관 등이 전부 책임을 지도록 하는 것이 이용자의 조속한 통지 및 금융기관 등의 신속한 사고처리를 유도할 수 있다는 점에서 합리적이라고 사료[된다]"[10]는 의견을 제시하고 있다. 즉, 제9조 제1항(현 제10조 제1항 본문)은 통지 이전의 손해에 대해서는 이용자에게 부담하도록 하되, 통지 이후에는 금융회사 등이 책임을 지도록 함으로써, 이용자에게는 조속한 통지를 유도하고, 통지를 받은 금융회사 등에 대해서는 신속하게 사고에 대응하게 함으로써 더 이상 피해가 확산되지 않도록 하려는 취지가 반영되어 있다.

9) 현성수, 전자금융거래법안 심사보고서, 재정경제위원회, 2006. 4.
10) 현성수, 위의 글, 14-15면.

정부안 제9조 제2항(현 제10조 제1항 단서)에 대해 심사보고서는 "선불전자지급수단이나 전자화폐의 분실 또는 도난 시의 손해에 대하여 금융기관 등의 책임을 면책토록 한 것은 기본적으로 현금거래와 유사한 선불지급수단의 특성상 금융기관이 신고를 받더라도 별도의 조치를 취하기 어렵다는 현실을 감안한 불가피한 규정이지만 소비자 보호 측면에서 다소 문제의 소지가 있으므로 전자화폐 및 선불지급수단의 발행 및 이용한도 제한 강화 등 관련규정의 보완이 필요하다고 사료된다"[11]는 의견을 제시하는데, 제1심과 원심 및 대법원도 이러한 취지와 동일한 입장에 서 있다고 할 수 있다. 특히, 주목할 만한 것은 입법 당시에도 법 제10조 제1항 단서에 대해 기명식·무기명식 구분 없이 논의가 진행되었다는 점이다.

이와 관련하여, 원고는 법 제10조 제1항 단서는 "현금거래와 유사한 선불전자지급수단의 특성상 금융기관이 신고를 받더라도 별도의 조치를 취하기 어렵다는 현실"은 무기명식 선불카드에 적용되는 것이지 피고가 인지하고 있는 이용자의 카드와 같이 기명식 선불카드에는 적용될 수 없다고 주장하나, 이는 선불전자지급수단에서의 이른바, '기명식', '무기명식' 선불카드는 기명식 유가증권이나 무기명식 유가증권의 개념과 다르다는 점에서 이를 구분할 필요가 있다. 이에 대해서는 다음 항에서 해설하기로 한다.

나. 이른바 '기명식' 선불카드의 법적 의미

유가증권에서 무기명식이란 채무자에 대한 별도의 통지 없이 유가증권상 권리가 화체된 해당 실물 유가증권을 양도함으로써 그 권리가 유가증권과 같이 이전되는 방식을 말한다. 이에 반해 기명식은 별도의 규정이 없는 한 해당 유가증권의 양도만으로 그 권리가 이전되지 않고, 지명채권 양도방식에 따라 그 권리가 이전하는 방식을 말한다. 그러나 전자금융거래법에서의 기명식, 무기명식 선불카드의 구분은 유가증권에서의 구분과는 관련이 없고, 굳이 민사법적 관점에서 구분하자면 모든 선불전자지급수단은 무기명식이라고 할 수 있다. 실제 전자금융거래법은 '기명식', '무기명식'이라는 용어를 사용하지 않는다. 이는 실무에서 편의상 부르는 명칭이지, 유가증권 개념에서의 구분과 전혀 관련이 없다. 법 제18조가 전자화폐와 선불전자지급수단의 양도와 관련하여 실지명의가 확인되지 않는 경우를 제외하고는 반드시 그 양도 또는 담보제공 시 발행자의 중앙전산시스템을 경유하도록 하고 있는 점에서 양자를 구분하고, 법 시행령 제13조 제1항에서 선불전자지급수단은 발행권면 최고한도가 50만 원이나, 실지명의가 확인되면 200만 원까지 그 최고한도를 높일 수 있도록 규정한다.[12]

11) 현성수, 위의 글, 15면.

12) 실지명의 외, 재난 및 안전관리 기본법에 따른 지원금을 지급하기 위해 발행하는 경우에는 300만 원, 외국인관광객이 일정한 본인확인을 거친 경우에는 100만 원까지 선불전자지급수단을 발행할 수 있다.

하지만, 이 같은 전자금융거래법상 구분은 이용자 보호와 자금세탁방지 등과 같은 규제법적 목적에 따른 것이지 양자의 민사법적 의미의 양도방법이나 책임을 달리 정하기 위한 것이 아니다. 문리해석뿐만 아니라 그 입법취지와 거래현실을 보아도 법 제10조 제1항 단서가 '무기명식' 선불전자지급수단에는 적용되지 않는다는 피고의 주장은 받아들이기 어렵다. 물론, 소비자 보호라는 입법론적 관점에서는 충분히 수용 가능하나, 제1심의 판단에서도 설시된 바와 같이, 이와 관련해서는 과다한 비용이 수반되기 때문에 향후에도 입법적인 교정 또한 쉽지 않은 과제라고 생각된다.

4. 판결의 의의

이 사건 판결과 관련하여 소비자 보호라는 관점에서 비판적 의견이 제기된 바 있다.[13] 그러나 선불카드 보유자의 개인정보와 카드번호가 피고의 서버에 저장되어 있다는 사실로부터 선불카드가 기명증권과 유사하게 취급되어 본질적으로 무기명식과 같이 취급되는 선불전자지급수단이 그 양도와 이용에 채무자인 피고의 인지를 거친다는 당위가 도출되지 않고, 개인정보와 카드번호 등이 피고의 서버에 저장된다고 하여 책임과 관련하여 법 제10조 본문이 적용되어야 한다는 당위 또한 도출되지 않는다.

법관의 법획득은 법발견(Rechtsfindung)과 법형성(Rechtsfortbildung)이라는 두 가지 방법이 있는데, 전자는 법문의 가능한 의미 안에서 법률로부터 해당 사안에 적용할 법을 찾아내는 해석이고, 후자는 규율되어야 할 사안에 대한 법적 기준이 존재하지 않는 법의 흠결을 보충하는 것으로서, 법해석은 법문언의 가능한 의미 안으로 들어가는 해석 즉, 법발견이다.[14] 이 사건은 법의 흠결이 있는 것이 아니므로 법형성이 필요한 사안은 아니다. 이 경우 법의 해석은 법의 창조가 아니라 입법 취지와 법문 안에서 조화로운 해결점을 찾아내는 것이다. 이 사건의 핵심은 법 제10조 제1항의 본질적인 취지와 이른바, 기명식 카드의 규정이 갖는 '규제법'적 취지를 파악하는 것인데, 대법원은 그 핵심을 잘 파악했고, 그에 따라 적절한 결론을 도출했다고 평가한다.

---

13) 서희석, "티머니카드의 분실신고접수 및 잔액환불 거부에 대한 소비자단체소송 – 대법원 2022. 6. 30. 선고 2018다248275 판결에 대한 비판적 검토 –"(주 4).

14) 석광현, "매매협약(CISG)이 적용되는 국제물품매매계약상 손해배상의 몇 가지 논점", 국제거래법 연구 제27집 제1호, 2018, 11면.

93 가상화폐 거래소에 대한 반환청구의 법적 성격

서울고등법원 2022. 10. 20. 선고 2021나2047876 판결[1)]

홍준호 (김·장 법률사무소 변호사)

1. 사안의 개요

가. 피고 회사는 가상화폐 거래소를 운영하는 회사이고, 원고들은 그 거래소에 계정을 개설하고 이를 통해 다른 이용자들과 가상화폐 등을 거래하였다. 이 사건 거래소는 이용자가 예치한 가상화폐 중 상당 부분을 피고가 관리하는 서버의 데이터베이스에 저장되어 있는 해당 이용자의 입금주소와 연결된 전자지갑에, 나머지는 같은 DB에 저장되어 있는 출금전용 전자지갑에 보관하였다.

나. 거래소는 2018년에 해킹사고를 당하여 가상화폐 중 일부가 외부로 유출되었고, 그 직후에 거래를 중단하고 거래소를 폐쇄한 다음 서버를 점검하였다. 그로부터 약 한 달 뒤에 이 사건 거래소의 서비스를 재개하면서 펀디엑스 84.2%, 비트코인 34.8%, 엔퍼 89.4%가 위 해킹사고로 유출되었다고 밝혔고, 장차 가상화폐를 단계적으로 매입하여 유출된 가상화폐를 갚거나 피고가 발행하는 가상화폐로 교환해 주겠다고 공지하였다.

다. 서비스 재개 이후, 원고 10명 중 6명은 해킹사고로 유출되지 않고 남아있던 보유 가상화폐 전부를 출금했고, 원고 1명은 비트코인 전부를 출금했다. 그 중 펀디엑스를 출금한 원고들은 에어드롭[2)]도 함께 출금하였다. 피고는 위 공지 이후 약 3년 이후에 가상화폐 거래 서비스 지원을 종료하였다.

라. 원고들은 제1주장으로, 피고가 이용자의 가상화폐를 이용자 고유의 전자지갑에 보

---

1) 대상판결의 제1심판결은 서울중앙지방법원 2021. 11. 5. 선고 2018가합567582 판결이고, 대상판결의 경우 상고되지 않은 채 2022. 11. 8. 확정되었다.
[참조 및 관련 판례] 대법원 2021. 12. 16. 선고 2020도9789 판결; 서울중앙지방법원 2012. 2. 21. 선고 2011고합403 판결; 의정부지법 남양주지원 2024. 7. 26. 선고 2022가합50780 판결.

2) 가상화폐 펀디엑스의 발행인은 매월 1일 펀디엑스 보유자들에게 전월 말일 기준의 펀디엑스 보유수량에 따라 일정 비율로 계산한 펀디엑스를 추가 지급하면서 이를 에어드롭이라고 불렀다.

관할 의무를 부담함에도 원고들의 동의 없이 피고의 전자지갑으로 인출하여 보관하였고, 보안 관리체계를 갖추지 않는 등 피고의 고의·과실로 해킹사고가 발생하여 원고들 가상화폐 중 일부가 유출되었으니 손해를 배상해야 한다고 주장했다. 또한 원고들은 제2주장으로, 피고는 해킹사고 발생일에 거래소 서비스 일체를 중단하여 가상화폐를 원고들이 원하는 시기에 매도할 수 있는 기회를 상실하였으니 이러한 이행지체로 인한 손해를 배상하라고 주장하였다.

2. 판결의 요지

[제1주장에 대한 판단] 대상판결은, 피고 회사의 이용약관에 의하더라도 이용자가 이 사건 거래소에서 가상화폐 거래 서비스를 이용할 수 있도록 전자지갑을 이용할 수 있는 서비스를 제공하면 되고, 이용자 고유의 전자지갑을 제공하고 그곳에 가상화폐를 보관할 의무는 없으며, 또한 피고회사가 해킹사고를 당함에 있어서 고의·과실이 있다고 볼 수 없다고 판단하여, 제1주장을 기각했다.

[제2주장에 대한 판단] 대상판결은, 피고는 이용자들이 예치한 가상화폐를 그 요구에 따라 동종·동량의 가상화폐로 반환할 의무가 있으므로, 피고의 반환의무는 한정 종류채무와 유사한 성질을 갖는다고 판단하면서, 해킹사고로 인해 이 사건 거래소의 서비스가 제공되지 않았던 기간(해킹사고일 ~ 운영 재개일) 동안 원고들이 가상화폐 출금을 희망하더라도 피고가 그 반환의무를 즉시 이행할 수 없었으니, 위 거래소가 24시간 쉼 없이 운영되었다는 점 및 가상화폐는 단기간에 큰 폭으로 그 시가가 등락할 수 있다는 점을 고려하면, 피고의 이행지체로 인하여, 원고들이 가상화폐를 자유롭게 거래하지 못함에 따라 얻을 수 있으리라고 합리적으로 기대하였던 시세차익을 얻지 못하는 손해를 입었다고 판단하였다. 또한, 해킹사고로 유출된 가상화폐는 해킹사고 시점에 이행불능이 되었다고 판단하여, 그에 대한 손해배상 책임도 인정하였다.[3] 위와 같은 이행지체에 따른 손해배상액은, 해킹사고 시점보다 운영 재개일에 시가가 하락하였으므로 그 시가하락분 상당의 금액으로 인정했다. 위 유출 가상화폐로 인한 손해는 해킹사고일 당시의 시가 상당액으로 인정하였다.

3) 다만, 원고들 중 1명은 피고가 발행한 가상화폐로 보상하겠다는 내용의 합의안을 받아 들여 피고 발행의 가상화폐를 모두 지급 받았으므로, 모든 손해를 배상 받은 것으로 보아야 한다고 판단하여, 그의 청구를 기각하였다.

3. 해설

가. 가상화폐의 법적 성격

가상화폐는 분산원장 기술(블록체인)을 활용하여 네트워크 참여자들(=노드)이 거래들을 검증하고 각자 동시에 저장하여 위·변조가 불가하며, 네트워크 참여자들의 참여 인센티브 제공을 위한 경제적 보상으로 가상화폐를 부여한다. 예컨대, 비트코인은 해시 퍼즐을 가장 먼저 푼 노드가 블록을 형성(=작업 증명)하고 그 보상으로 비트코인을 획득(=채굴)한다. 이와 같이 가상화폐는 물리적 실체 없이 거래기록에 의해 존재가 증명되는 디지털 자산을 말한다.

가상자산 이용자 보호 등에 관한 법률 제2조 제1호는 "가상자산이란 경제적 가치를 지닌 것으로서 전자적으로 거래 또는 이전될 수 있는 전자적 증표(그에 관한 일체의 권리를 포함한다)를 말한다"라고 정의하면서, 화폐, 재화, 용역 등으로 교환될 수 없는 전자적 증표 또는 그 증표에 관한 정보로서 발행인이 사용처와 그 용도를 제한한 것, 게임물의 이용을 통하여 획득한 유무형의 결과물, 선불전자지급수단, 전자등록주식, 전자어음, 전자선하증권, 한국은행이 발행한 전자적 형태의 화폐(CBDC), NFT 등을 제외하고 있다. 그리고, 대법원 2021. 12. 16. 선고 2020도9789 판결, 대법원 2021. 11. 11. 선고 2021도9855 판결 등은 "가상자산은 국가에 의해 통제 받지 않고 블록체인 등 암호화된 분산원장에 의하여 부여된 경제적인 가치가 디지털로 표상된 정보로서 재산상 이익에 해당한다."라고 판시하였다.

가상화폐는 가상자산(Virtual Asset), 디지털자산(Digital Asset), 암호화폐(Cryptocurrency), 토큰(token) 등 다양한 이름으로 불리면서 그 법적 성격을 규정 받아 왔는데, 위와 같은 현행 법령과 판례의 태도는 가상화폐를 민법상 물건으로 보지는 않고,[4] 전자적으로 거래되는 증표로서 재산장 이익에 해당한다고 보고 있다.

가상화폐는 전자지갑에 담겨서 그에 대한 지배권을 지갑의 지배권을 가지고 있는 사람에게 부여하게 되는데, 전자지갑이란 블록체인 상에 있는 가상화폐를 이전할 때 필요한 정보(=Key)를 보관하고 관리하는 도구이며, 가상화폐를 이전할 때 필요한 정보는 공개키(Public Key, 지갑 주소. 은행 예금에 비유한다면 계좌번호라고 할 수 있다) 및 개인키(Private Key, 지갑에 접근하고 거래를 승인하는 데 필요한 비밀키. 은행 예금에 비유한다면 계좌 비밀번호라고 할 수 있다)

---

4) 서울고등법원 2021. 12. 8. 선고 2021나2010775 판결(상고취하로 확정)은, "(생략) '물건'은 유체물 및 전기 기타 관리할 수 있는 자연력을 의미하는데(민법 제98조 참조), 비트코인은 물리적인 실체 없이 경제적 가치를 디지털로 표상하여 전자적으로 이전, 저장 및 거래가 가능하도록 한 가상화폐의 일종으로서 디지털 정보에 해당하므로, 현행법상 물건이라고 볼 수는 없다(대법원 2002. 7. 12. 선고 2002도745 판결 등 참조). 결국 비트코인 보관에 관한 법률관계를 민법상의 임치계약관계 그 자체로 볼 수는 없고, 원고와 피고 사이의 계약은 유상임치계약의 성질을 가지는 비전형계약이라고 봄이 상당하다."라고 판시하였다.

의 두 가지이고, 모두 보유하고 있어야 가상화폐를 이전하는 등의 처분행위를 할 수 있으며 어느 하나라도 분실하면 지배권을 상실한다. 이러한 전자지갑 중 온라인으로 연결된 것을 핫월렛(Hot Wallet)이라고 부르고, 연결되지 않은 것을 콜드월렛(Cold Wallet, USB 등 별도 보관장치에 보관하는 것)이라고 부른다.

위와 같이 가상화폐를 민법상 물건으로 보지 않고 재산상 이익으로 평가하며, 금전 또는 화폐로서의 성격도 부정하고 있으므로,[5] 실제의 분쟁 사건에서는 다음과 같은 처리가 논의되고 있다. (1) 가상화폐의 이전, 반환을 청구하는 경우 청구취지 기재 방식은 통상 가상화폐에 대한 인도청구를 하면서 이와 함께 집행불능에 대비하여 대상청구를 하는 것이 적절할 것이다. 피고가 가상화폐를 개인키까지 보유하면서 관리하는 경우에는 본안소송에서도 간접강제를 신청하는 것이 가능할 것이다.[6] (2) 강제집행을 하는 단계에서는, 채무자가 가지고 있는 거래소 가상화폐에 대해서는 개인키를 거래소가 관리하고 있으므로 채무자의 제3채무자인 거래소에 대하여 가상화폐 이전청구권을 압류하는 방법으로 진행하며, 블록체인상 직접거래의 경우에는 개인키를 채무자가 관리하고 있으므로 가상화폐 자체를 집행대상으로 삼아야 할 것이지만 현실적으로는 채무자의 순순한 협조 없이는 집행이 불가능하다는 점도 고려해야 한다. 채무자에 대한 가상화폐 이전청구권을 집행권원으로 하여 대체집행이나 간접강제를 진행하는 것도 고려해 볼 수 있으나, 이 방법도 채무자의 협조가 관건이다. 국세징수법에서는 제55조 제3항에서 가상화폐에 대한 집행을 그 밖의 재산권압류절차로 규정하면서 징수가 가능한 것으로 보고 있는데, 체납자 또는 가상자산사업자 등 제3자에게 이전 요구를 하는 방식을 상정하고 있다. (3) 형사적으로도 대법원 판례[7]가 가상화폐를 재산상 이익으로 보고 있으므로, 전기통신금융사기범행의 객체인 '자금'에 해당하지 아니하며(서울고등법원 2023. 6. 22. 선고 2023노303 판결 등), 형법 제48조 제1항의 몰수 대상인 '물건'에 해당하지 않는다.[8] 다만, 가상화폐는 무형의 재산으로 범죄수익은닉규제법상 '재산'에 해당하므로 몰수가 가능하다고 보고 있는데,[9] 그 실무상 압수 방법은 수사기관이 피의자 등으로부터 해당

---

5) 서울중앙지방법원 2021. 7. 9.자 2021카불668 결정 채무불이행자명부등재 신청 각하 사안 등 참조.

6) 서울북부지방법원 2018. 9. 20. 선고 2018가합21610 판결.

7) 대법원 2021. 12. 16. 선고 2020도9789 판결. 피고인이 알 수 없는 경위로 갑의 특정 거래소 가상지갑에 들어 있던 비트코인을 자신의 계정으로 이체 받은 후 이를 자신의 다른 계정으로 이체하여 특경법위반(배임)의 예비적 공소사실로 기소된 사안에서, "가상자산은 국가에 의해 통제 받지 않고 블록체인 등 암호화된 분산원장에 의하여 부여된 경제적인 가치가 디지털로 표상된 정보로서 재산상 이익에 해당한다(사기죄 관련 대법원 2021. 11. 11. 선고 2021도9855 판결 참조). 가상자산은 보관되었던 전자지갑의 주소만을 확인할 수 있을 뿐 그 주소를 사용하는 사람의 인적사항을 알 수 없고, 거래 내역이 분산 기록되어 있어 다른 계좌로 보낼 때 당사자 이외의 다른 사람이 참여해야 하는 등 일반적인 자산과는 구별되는 특징이 있다. 이와 같은 가상자산에 대해서는 현재까지 관련 법률에 따라 법정화폐에 준하는 규제가 이루어지지 않는 등 법정화폐와 동일하게 취급되고 있지 않고 그 거래에 위험이 수반되므로, 형법을 적용하면서 법정화폐와 동일하게 보호해야 하는 것은 아니다.

8) 형법상 몰수 대상에 해당한다는 대법원 판례는 아직 없다.

지갑의 공개키와 개인키를 알아낸 다음, 해당 지갑에 접근하여 잔고를 확인하고, 수사기관이 전자지갑을 만들어, 피의자 등의 가상자산을 수사기관이 보유한 지갑으로 전송하는 방식을 취하고 있고, 개인키가 저장된 PC 하드디스크, 스마트폰, USB, 콜드월렛 등 하드웨어를 압수함으로써 처분권능을 박탈하는 방식도 사용하고 있다. 그런데, 범죄사실과 무관한 가상화폐가 함께 보관되어 있는 전자지갑에 대해서는 가상자산을 다른 주소로 이체하거나 환전할 수 있도록 조치한 후 지갑을 압수하거나 위 전자지갑과 별도로 피고인이 그 무관한 가상화폐 처분에 지장이 없다는 사정이 없는 이상 지갑 자체를 몰수하는 것은 불가하다.[10)]

나. 거래소의 역할과 의무

가상화폐 거래소는, 독립적인 각각의 거래소들이 365일 24시간 동안 운영되면서, 이용자 및 외부(다른 거래소 포함) 지갑과 거래소 지갑 간 입출금만 블록체인에 기록하고, 이용자 간 매매거래는 경쟁매매 방식으로 매매거래 체결하게 하면서 블록체인을 통한 것이 아니라 단순히 장부에 숫자만 바뀌는 일종의 장부거래를 진행하는 역할을 하고 있다. 즉, 매도인, 매수인 모두 가상자산과 법정통화를 블록체인 상 거래소가 관리하는 전자지갑과 법인 금융계좌에 수탁해 놓은 상황에서, 거래소 내에서 자체 거래 시스템을 통해 매도인과 매수인 간의 거래를 중개한다. 비트코인, 이더리움 등 주요 가상화폐는 블록체인상 이체 후 거래 완료까지 상당한 시간이 소요되므로, 거래소 내 장부거래를 통해 주식처럼 빠른 매매가 가능하며, 거래소 내의 거래 수수료는 실제 전자지갑 사이에 진행되는 거래에 비하여 훨씬 저렴하다는 점이 거래소가 존재하는 이유이다. 각 거래소가 독립적으로 운영되기 때문에, 동일한 가상화폐에 대해 거래소 간 시세 차이가 발생하기도 한다.

우리나라 소송에서 주로 다루어지는 원화마켓 거래소[11)]의 회원가입 절차는, 거래소 전자거래시스템에 계정(=ID 및 비밀번호)를 생성하고 본인 인증(KYC)을 해야 하고, 실명확인 입출금계좌를 개설해야 한다(거래소 제휴 은행에 실명 확인 입출금계좌 개설 후 거래소 계정과 연결). 법인은 원칙적으로 계좌를 개설하거나 거래를 할 수 없는데, 예외적으로 수사기관 등 극히 일부 법인에 한하여 개설 가능하다. 거래소에서 거래를 시작하려면, 연동된 실명계좌 통해 거래소 계정(=화 지갑)으로 송금해야 하고, 그러면 거래소 내 가상화폐 지갑(입출금 주소)이 생성되며, 거래소 시스템 내 회원별로 입금된 원화 포인트가 충전되고 나면, 회원은 원하는 가상화폐를 선택하여 매수할 수 있다. 이러한 절차를 거쳐서 보유한 가상화폐 포인트를 자

9) 대법원 2018. 5. 30. 선고 2018도3619 판결.
10) 서울고등법원 2022. 6. 3. 선고 2022노580 판결(상고취하 확정).
11) 대표적인 원화마켓 거래소로는 업비트, 빗썸, 코인원, 코빗, 고팍스 등이 있다.

신의 거래소 외부 전자지갑에 실제 가상화폐로 이전해 줄 것을 거래소에 요청할 수도 있고, 원화 지갑에 보유한 원화를 자신의 은행 계좌로 인출해 달라고 요청할 수도 있다. 거래소는 이용약관에서 정한 바에 따라, 회원의 이와 같은 인출요청에 응하여 가상화폐 인도 의무 또는 원화 송금 의무를 부담하게 된다.

다. 거래소에 대한 반환청구의 법적 성격

가상화폐 거래소가 회원의 위와 같은 반환(인출) 요청에 응하지 않을 경우, 회원은 거래소를 상대로 하여 법원에 반환(인출) 청구를 할 수 있을 것인데, 그 법적 성격에 대해 대상판결은 "거래소는 이용자들이 예치한 가상화폐를 그 요구에 따라 동종 · 동량의 가상화폐로 반환할 의무가 있으므로 그 반환의무는 한정 종류채무와 유사한 성질을 갖는다"라고 판시하였다. 종류채권이란 채권의 목적을 특정하지 않고 종류로만 정한 경우를 말하는 것으로서, 채무자가 이행에 필요한 행위를 완료하거나 채권자의 동의를 얻어서 이행할 물건을 지정한 때에는 그 물건을 채권의 목적물로 한다.[12] 그러므로 거래소가 가상화폐 반환에 필요한 행위를 완료하거나 회원 동의 하에 반환할 가상화폐를 지정하면 그것이 목적물이 되며, 그러한 단계에 이르지 않았을 때에는 가상화폐 거래의 성격상 해당 가상화폐를 같은 수량으로 반환하면 채무이행을 완료했다고 보는 것이다.

한편, 1심판결 중에서는 회원과 가상화폐 거래소 간에 가상화폐 보관과 관련하여 물건을 보관하는 민법상 임치계약과 유사한 비전형계약에 해당한다는 것이 있다.[13] 이렇게 본다면 거래소는 회원이 맡긴 가상화폐를 회원 동의 없이 사용할 수 없다고 볼 것이다.[14]

이를 단계별로 본다면, (1) 회원이 가상화폐거래소에 원화를 송금하였지만 아직 원화 포인트가 충전되지 않은 상태에서 반환을 구한다면 민법상 임치인의 수치인에 대한 반환청구라고 볼 수 있고, (2) 송금한 원화 상당의 원화 포인트를 부여 받은 상태에서, 또는 거래소 내에서 보유하고 있던 가상화폐를 원화로 교환하여 취득한 원화 포인트를 반환할 때에는 이용약관에 따른 약정금 청구로 볼 수 있으며, (3) 거래소 내에서 보유한 가상화폐 포인트를 거래소 외부의 전자지갑에 실제 가상화폐로 출고하는 청구를 하는 것은 위에서 본 바와 같이 한정적 종류채무의 이행을 구하는 것 또는 수치인의 임치인에 대한 반환[15] 또는 이용약

12) 민법 제375조 ① 채권의 목적을 종류로만 지정한 경우에 법률행위의 성질이나 당사자의 의사에 의하여 품질을 정할 수 없는 때에는 채무자는 중등품질의 물건으로 이행하여야 한다. ② 전항의 경우에 채무자가 이행에 필요한 행위를 완료하거나 채권자의 동의를 얻어 이행할 물건을 지정한 때에는 그때로부터 그 물건을 채권의 목적물로 한다.

13) 서울중앙지방법원 2022. 4. 14. 선고 2021가단5068564 판결.

14) 민법 제694조(수치인의 임치물사용금지) 수치인은 임치인의 동의없이 임치물을 사용하지 못한다.

15) 민법 제700조(임치물의 반환장소) 임치물은 그 보관한 장소에서 반환하여야 한다.

관에서 정한 바에 따라 재산상 이익의 형태를 변경하여(거래소 내에서 통용되는 포인트에서 가상화폐로) 이행할 의무로 볼 것이다. (4) 만약 가상화폐 포인트를 보유하고 있는 회원이 원화로 청구한다면, 거래소는 이용약관에서 예정하고 있지 아니한 방법으로 보고 거부할 수 있고, 한정적 종류채무에서 채무의 목적물이 정해지지 않았다는 이유로 이행을 거절할 수도 있을 것이며, 임치하지 않은 물건의 반환을 구하는 것과 유사하다고 주장하면서 이행을 거부할 수도 있을 것이지만, 특별한 사정이 있는 경우(예컨대 가상화폐 거래소가 파산하거나 운영중지된 경우)에는 그 가상화폐 포인트 상당의 원화를 대상물로서 지급 청구할 수 있는 권리가 있다고 보아야 할 것이다.[16)]

4. 판결의 의의

가상화폐 거래소에 관한 최근의 주요 분쟁 사례는 거래소 서버 오류 등 기술적 문제로 인한 손실 관련 손해배상청구, 거래소 해킹사고 관련 손해배상청구, 거래소 상장폐지(거래지원 종료결정) 관련 분쟁, 거래소의 이용제한조치(이상거래 감지, 자금세탁 의심, 전산장애 등 이유로 거래소가 취하는 조치) 등이 있는데, 대상판결은 해킹사고로 인하여 회원이 보유하고 있던 가상화폐가 유출된 경우 거래소가 이행불능으로 인하여 회원에게 손해를 배상해야 하는데 그 때 이행하지 못한 채무의 법적 성격이 한정적 종류채무라는 것을 판시함으로써 거래소의 회원에 대한 가상화폐 포인트를 가상화폐로 출고처리할 의무에 대해 판시를 하였다는 데에 의미가 있고, 또한 해킹사고로 회원이 자신이 보유한 가상화폐에 관한 거래를 상당 기간 수행하지 못하여 시세가 하락하는 것을 보고만 있어야 했던 경우에 그 손해를 배상할 의무가 있다는 판단을 내림으로써 거래소 관련 분쟁의 한 형태에 대해 명확하게 판단을 내렸다는 데에도 의미가 있다.

참고로, 대상판결과 같이 가상자산 관련 손해배상이 문제되는 경우 어떤 기준으로 손해를 산정할 것인지가 문제되는데, 가상자산거래소는 주식처럼 한국증권거래소 등으로 일원화되어 있지 않고 여러 개가 독립적으로 운영되며, 24시간 거래가 이루어지는 특징도 있고, 급격한 가격 변동성도 존재하므로, 손해 산정의 기준이 무엇이며 기준시는 언제인지에 따라 배상금액에 큰 차이가 생기기 때문이다. 채무불이행 또는 불법행위로 인한 손해배상은 불이

---

16) 판례가 인정하는 대상청구권(대법원 2012. 6. 28 선고 2010다71431 판결; 대법원 1992. 5. 12. 선고 92다4581, 4598 판결 등)에 해당하거나, 민법 제377조 ②항(채권의 목적이 어느 종류의 다른 나라 통화로 지급할 것인 경우에 그 통화가 변제기에 강제통용력을 잃은 때에는 그 나라의 다른 통화로 변제하여야 한다) 또는 제385조 ①항(채권의 목적으로 선택할 수개의 행위 중에 처음부터 불능한 것이나 또는 후에 이행불능하게 된 것이 있으면 채권의 목적은 잔존한 것에 존재한다)을 준용하여 재산상 이익에 대한 반환채권을 행사하는 것으로 볼 수 있다.

행시 또는 손해발생시(대상판결은 이행불능시로 판단했음)를 기준으로 할 것이며, 부당이득반환 청구는 원물반환 불능시를 기준으로 할 것이고, 대상청구는 사실심 변론종결시가 될 것이다. 그리고 어느 거래 가격을 기준으로 산정할 것인지도 문제 되는데, 해당 거래소의 손해산정 시의 거래 가격으로 하거나, 대상판결처럼 미국의 거래소의 거래가격을 손해산정시의 환율로 원화로 환산하는 방식을 취할 수 있을 것이다.

94 전자금융거래법상 보이스피싱 '인출 알바'와 목적범의 해석

대법원 2023. 1. 12. 선고 2021도10861 판결1)

김현경 (서울과학기술대학교 교수)

1. 사안의 개요

본 사건은 전기통신금융사기(보이스피싱) 조직의 현금 인출책으로 활동한 피고인이 타인 명의의 접근매체(체크카드)를 보관한 행위가 전자금융거래법(이하 '전금법') 제6조 제3항을 위반했는지 여부가 쟁점이 된 사례이다. 이 사안은 피고인의 접근매체 취득 과정에 함정수사적 요소가 개입되어 있었다는 특성이 있다.

피고인은 성명불상자(B)로부터 타인 명의 체크카드를 전달받아 현금을 인출해 달라는 요청을 받고, 그 대가로 인출 금액의 10%를 받기로 약속했다. 이 체크카드는 실제로는 수사협조자(A)가 경찰과 공모하여 보이스피싱 조직을 검거하기 위한 함정수사의 일환으로 준비된 것이었고, 체크카드가 실제 범죄에 사용되거나 기여할 수 있는 상황은 아니었다. 피고인은 퀵서비스를 통해 이 체크카드를 수령하였는데, "대가를 수수하기로 약속함과 동시에 범죄에 이용할 목적으로 접근매체를 보관하였다"는 혐의(전금법 제6조 제3항 제2호, 제3호 위반)로 기소된 사건이다.

전금법 제6조 제3항 제2호는 "대가를 수수(授受)·요구 또는 약속하면서 접근매체를 대여받거나 대여하는 행위 또는 보관·전달·유통하는 행위"를, 같은 항 제3호는 "범죄에 이용할 목적으로 또는 범죄에 이용될 것을 알면서 접근매체를 대여받거나 대여하는 행위 또는 보관·전달·유통하는 행위"를 금지하고, 같은 법 제49조 제4항 제2호는 이를 위반한 행위를 처벌하도록 규정하고 있다. 이와 관련하여 전금법 제6조 제3항 제2호에서 정한 접근매체의 '보관' 및 '대가'의 의미와 전금법 제6조 제3항 제3호 위반죄 성립에 필요한 '범죄에 이용할 목적'에 대한 인식의 정도 및 이를 판단할 때 고려하여야 할 사항등이 쟁점이 된 사안이다.

---

1) [참조 및 관련 판례] 대법원 2019. 6. 27. 선고 2017도16946 판결(공2019하, 1507); 대법원 2021. 12. 30. 선고 2020도9972 판결 등.

2. 판결의 요지

가. 원심판결(인천지방법원 2021. 7. 22. 선고 2020노4371, 2021노1317 판결)

원심은 인출 대가에 대한 약속만 있었을 뿐 보관 자체에 대한 대가 약속이 없었고, 접근매체 또한 객관적으로 범죄에 이용될 수 없는 수단이었다는 이유로 이 부분 공소사실에 대해 무죄를 선고하였다. 원심은 주요 근거로 첫째, '대가' 가 부재한 것으로 보았다. 피고인과 성명불상자 사이의 약속은 접근매체의 '보관' 대가가 아니라 '인출' 대가일 뿐이며, 보관 자체에 대한 대가 약속이 없다고 본 것이다. 둘째, 범죄 목적 역시 부재하다고 보았다. 해당 체크카드는 경찰과 수사협조자가 준비한 것으로 객관적으로 실제 범죄의 실행에 직접 사용되거나 범죄 수행에 실질적으로 기여할 수 있는 접근매체가 아니므로, '범죄에 이용할 목적'이 있었다고 볼 수 없다고 판단했다. 즉 피고인의 행위가 '인출 행위의 대가'로 수수료를 받기로 했을 뿐 '보관 행위의 대가'를 받는다고 약속한 게 아니며, 체크카드가 실제 범죄에 쓰인 것도 아니니 '범죄에 이용할 목적'도 없다는 피고인 측 주장을 받아들인 것이다.

나. 대법원 판결

대법원은 원심의 판단에 법리 오해의 위법이 있다고 보아 원심판결을 파기하고 사건을 환송하였다. 첫째, '보관' 및 '대가'의 의미를 해석하기를 "보관"이라 함은 타인 명의 금융계좌를 불법적으로 거래하거나 이용할 수 있도록 타인 명의 접근매체를 점유 또는 소지하는 행위라고 할 수 있는데, 여기서 "대가"는 접근매체의 보관에 대응하는 경제적 이익을 말하며, 타인 명의 금융계좌를 불법적으로 이용하는 행위에 대하여 대가를 받기로 약속하고 그 불법적인 이용을 위하여 접근매체를 보관한 경우라면, 접근매체의 보관에 대응하는 경제적 이익을 약속받은 것으로 볼 수 있다고 판단하여 원심의 '인출 대가'와 '보관 대가'의 엄격한 구분을 배격했다.

둘째, '범죄에 이용할 목적'에 대한 판단과 관련하여 전금법 제6조 제3항 제3호의 '범죄에 이용할 목적'은 이른바 '초과주관적 위법요소'로서, 그 목적에 대하여는 미필적 인식이 있으면 족하고 목적의 대상이 되는 범죄의 구체적인 내용까지 인식하여야 하는 것은 아니라고 하였다. 목적이 있는지는 접근매체를 보관하는 구성요건적 행위를 할 당시 피고인이 가지고 있던 주관적 인식을 기준으로 판단해야 하며, 거래 상대방이 접근매체를 범죄에 이용할 의사가 있었는지 또는 피고인이 인식한 것과 같은 범죄가 실제로 실행되었는지는 고려할 필요가 없다고 보았다. 즉 함정수사로 인해 실제 범죄가 불가능했더라도 피고인의 주관적

인식(범죄에 이용될 것이라는 미필적 인식)이 있었다면 죄가 성립한다고 본 것이다.

3. 해설

가. 전자금융거래법상 '대가' 해석의 기능적 확장

전금법 제6조 제3항은 전기통신금융사기 등 각종 범죄에 타인 명의 금융계좌가 이용되는 것을 근절하기 위해 2015년 개정을 통해 접근매체의 '보관, 전달, 유통' 행위까지 금지하도록 규제 범위를 확대하였다. 이처럼 법이 접근매체 관련 행위를 초기 단계에서부터 광범위하게 처벌하도록 한 취지를 고려할 때, '대가'의 해석 역시 이러한 개정 취지에 부합하게 한 것으로 보인다.

대법원은 '보관' 행위가 궁극적으로 '불법적 이용'이라는 목적을 위한 수단적 행위(필요조건)라는 점에 주목하였다. 현금 인출책이 인출 대가를 약속받고 접근매체를 보관하는 경우, 인출 대가는 그 불법적인 인출을 가능하게 하는 접근매체 확보 및 보관 행위에 대한 포괄적인 보상으로 기능한다고 보는 것이 타당하다. 만일 보관과 인출의 대가를 엄격하게 구분한다면, 범죄 조직은 계약 조건을 조작하여 인출 대가만 약속하는 방식으로 법망을 쉽게 회피할 수 있게 되어 입법취지가 희석화될 수 있다. 대법원의 해석은 이러한 구조적 악용 가능성을 차단하고, 분업화된 조직범죄의 각 단계 행위를 일관되게 처벌할 수 있는 기반을 제공할 것으로 보인다.

나. '범죄 이용 목적'의 초과주관적 위법요소의 법리

(1) 초과주관적 위법요소에 대한 판단

목적범의 경우 '목적'은 고의의 인식대상을 능가하는(정확하게는 그와 관련이 없는, 그런 의미에서 '초과주관적') 내심의 태도에 해당한다고 하며, 일반적으로 목적범이란 객관적 구성요건요소에 대한 행위자의 인식 및 의사(인용)인 고의 외에 목적이라는 주관적 심리상태가 더 요구되는 범죄유형으로 지칭되고 있다.[2] 따라서 '범죄에 이용할 목적'은 행위자가 구성요건적 행위를 넘어선 특정한 범죄적 목적을 가지고 있음을 요구하는 '초과주관적 위법요소'다. 판례도 목적범의 목적과 고의의 관계에서 고의로부터 목적을 곧바로 추정하지 않고 별도의 입증 필요하다고 판시하고 있다. 다만 목적의 인식은 적극적 의욕이나 확정적 인식까지는 필요 없고 미필적 인식으로 족하다.[3]

---

2) 김성돈, 형법총론 제5판, SKKUP(2017. 2), 242면 참조.

또한 대법원은 명예훼손죄(형법 제309조) 등에서 '사람을 비방할 목적'이 있는지 여부는 행위자의 주관적 의도에 따라 결정되며, 만약 주요한 동기가 공공의 이익을 위한 것이라면 부수적인 사익적 동기가 있더라도 비방할 목적은 부인된다고 하며 행위자의 주관적 목적을 중심으로 범죄 성립을 판단하는 경향을 보여준다.[4] 그러나 목적범이 미수에 그쳤을 때, 특히 불능미수(不能未遂)의 가벌성 판단에서는 행위자의 주관적 의도만으로 처벌할 수 없으며, 객관적인 위험성을 요구한 바 있다.[5]

앞선 선례에 비추어 볼 때 '접근매체를 보관하는 행위'라는 구성요건에 대한 인식에서 곧바로 범죄에 이용할 목적이 추정되는 것이 아니라, 피고인의 주관적 의도와 객관적 위험성에 대한 인식가능성이 있는지에 대한 추가적 입증이 요구된다고 볼 수 있다. 이 사건에서 대법원은 목적의 유무를 접근매체 보관 당시 피고인이 가지고 있던 주관적 인식(내심의 의사)을 기준으로 판단해야 함을 명확히 하면서 이러한 인식은 미필적 인식(가능성을 인식하고 그 결과를 용인하는 것)으로 충분하며, 적극적으로 범죄를 도와주려는 의사는 없었더라도, 해당 접근매체가 범죄에 사용될 가능성을 알면서도 이를 용인했다면 목적이 인정된다고 보았다. 이는 금융거래의 안전성을 해치고자 하는 행위자의 불법 의도가 객관적 행위(보관)로 표출된 순간 이미 전금법의 보호법익에 대한 침해 또는 위험이 발생하였다고 평가하는 것으로 보인다. 그러나 타인 명의 금융계좌를 불법적으로 거래하거나 이용할 수 있도록 타인 명의 접근매체를 점유 또는 소지하는 행위는 '구성요건에 대한 인식'이며 여기서 범죄에 이용할 목적이라는 '초과주관적 위법요소'가 바로 추론되는 것이 아니므로 이에 대한 명확한 판단이 여전히 아쉬운 점으로 남아있다.

(2) 함정수사와 목적범 해석

원심이 이 사건 체크카드가 경찰 통제 하에 있어 객관적으로 범죄에 이용될 수 없었다는 이유로 무죄를 선고한 것은, 목적범의 성립을 판단함에 있어 결과범에 적용되는 불능미수(不能未遂)의 법리를 적용한 것으로 보인다. 그러나 전금법 제6조 제3항 제3호는 접근매체 보관 행위 자체를 금지하고 처벌하는 독립된 완성된 구성요건이며, 미수범 규정이 아니다.

---

3) 대법원 2010. 7. 23. 선고 2010도1189 전원합의체 판결(공 2010, 1696): "목적범에서의 목적은 범죄 성립을 위한 초과주관적 위법요소로서 고의 외에 별도로 요구되는 것이므로, 행위자가 표현물의 이적성을 인식하고 [국가보안법 제7조] 제5항 소정의 행위를 하였다고 하더라도 이적행위를 할 목적이 인정되지 아니하면 그 구성요건은 충족되지 아니하는 것이다."고 하면서 법원은 본 판례에서 이적표현물 소지의 고의로부터 이적행위의 목적을 곧바로 추정하였던 종래의 판례를 폐기하면서, '이적행위를 할 목적'은 검사가 증명해야 한다고 판시하였다.

4) 대법원 2005. 10. 14. 선고 2005도5068 판결.

5) 대법원 2019. 3. 28. 선고 2018도16002 전원합의체 판결에서 피고인이 피해자를 항거불능 상태로 오인하고(주관적 목적) 간음했으나 실제는 아니었던 경우, 피고인의 착오된 인식을 바탕으로 객관적 위험성을 긍정하여 불능미수 성립을 인정한 바 있다.

따라서 행위자가 범죄에 이용할 목적을 가지고 접근매체를 점유하는 행위를 완성했다면, 그 접근매체가 실제로 유효한지 또는 이후 범죄가 실행 가능했는지 여부는 구성요건의 성립에 영향을 미치지 않는다. 대법원의 판단은 행위자의 불법적인 주관적 의도를 가지고 구성요건적 행위가 이미 완성된 이상, 외부적이고 객관적인 사정(함정수사) 때문에 결과가 발생하지 않았다고 하여 무죄로 판단해서는 안 된다고 본 것이다.

4. 판결의 의의

대상판결은 전금법 제6조 제3항의 해석에 있어 법의 입법 목적, 즉 금융거래의 안전성 확보와 전기통신금융사기 근절을 강력하게 실현할 수 있는 해석론을 확립하였다는 데 의의가 있다. 특히, 금융 범죄 조직의 말단 역할을 수행하는 현금 수거책에 대한 처벌 기준을 명확히 제시했다. 현금 수거책이 인출 금액의 일정 비율을 대가로 받기로 약정하는 경우, 이 약속은 접근매체의 불법적인 보관이라는 선행 행위에도 대가성을 부여하는 것으로 보아, 범죄 사슬의 초기 단계에서부터 유죄를 인정할 수 있게 되었다. 금융 범죄가 고도화되고 분업화되는 현실에서, 최종 결과 발생 이전에 물적 수단 확보 단계를 차단하는 예방적 형사 정책을 구현하는 중요한 근거가 될 것으로 보인다. 특히 최근 문제가 되고 있는 '인출 알바' 등을 포섭하는 행위를 실효적으로 규율할 수 있을 것으로 보인다.

또한 대상판결은 형법 이론적으로 초과주관적 위법요소를 가진 범죄에 대한 해석을 제시하였다는 점에서 중요한 의미를 지닌다. 법원은 '범죄 이용 목적'의 판단을 행위자의 주관적 인식에 맡기고, 접근매체의 객관적인 유효성 여부(함정수사로 인한 불능성)를 배제함으로써, 목적범의 구성요건 판단에서 행위반가치를 중시하는 입장을 견지하였다. 이는 행위자의 주관적 지향이 이미 구성요건적 불법을 충족시킨 이상, 결과발생 불가능성을 이유로 무죄를 선고할 수 없음을 분명히 한 것이다. 다만, 목적범의 취지상 초과주관적 위법요소인 '목적'에 대한 판단을 '고의'와 명확히 구분하지 않을 경우 과도한 처벌로 이어질 수 있다는 비판의 여지가 있을 수 있다. 특히 '인출 알바' 가 대부분 궁박·곤궁 및 무지한 상황을 악용하는 경우가 다반사인 만큼 함정수사와 결합하여 궁박자의 범죄자 양산이라는 비난도 간과할 수 없을 것이다. 다만 전금법 위반죄와 같이 사회적 법익을 보호하고 예방적 성격이 강한 추상적 위험범에서는 주관적 위법요소에 대한 본 판결의 기준이 법익 보호의 절박성을 반영하는 정당한 해석으로 평가될 수도 있다.

대상판결의 법리 해석은 수사 및 재판 실무에 직접적인 영향을 미칠 것으로 예상된다. 수사기관은 현금 수거책 검거 시 접근매체의 객관적 유효성(실제 피해금 이체 여부 등)에 얽매이지 않고, 피고인이 불법적인 인출 행위를 목적으로 대가를 약속받았다는 주관적 인식 및 약정 사실을 입증하는 데 집중하게 될 것이다. 다만, 본 판결에 따라 현금 수거책에 대한 유죄 판결이 증가할 것으로 보이지만, 이 사건과 같이 접근매체가 객관적으로 무효였던 상황(불능미수적 상황)의 경우, 피고인의 불법 행위가 실제로 현실적 위험을 초래하지 않았다는 점은 양형 단계에서 충분히 고려되어야 할 과제로 남는다. 이러한 양형상의 고려는 형사 제재의 공평성을 확보하고, 목적범 해석론의 확장으로 인해 발생할 수 있는 처벌 범위의 과도한 확대를 방지하는 데 중요하다.

95 인공지능 발명자 인정여부에 대한 검토

서울고등법원 2024. 5. 16. 선고 2023누52088 판결[1)2)]

김경석 (한국방송통신대학교 전임대우강의교수)

1. 사안의 개요

대상판결은 인공지능(AI)을 발명자로 명시한 특허출원이 현행 특허법 체계에서 허용되는지 여부를 다룬 국내 최초의 사례이다. 대상판결에서 다룬 사례는 현행 특허제도에서 사람이 아닌 인공지능(AI)이 발명자로서 특허출원을 할 수 있는지에 대해 법률적 판단을 받으려는 '다부스 프로젝트(DABUS Project)'[3)]의 일환이다.

원고는 미국의 인공지능 개발자로 자신이 개발한 인공지능시스템인 '다부스(DABUS)'가 식품용기 등 2개의 서로 다른 발명을 했다고 주장하며 2019년 9월, 다부스를 발명자로 명시한 국제특허출원(PCT)을 제출했고, 2021년 5월 17일 국내 진입(출원)이 완료되었다.

특허청은 해당 특허출원에 대한 심사 후, 2021년 5월과 2022년 2월, 두 차례에 걸쳐 원고에게 자연인이 아닌 인공지능을 발명자로 기재한 것은 특허법에 위배된다는 이유로 발명자를 자연인으로 보정할 것을 요구하였다. 그러나 원고는 이를 거부하고 다부스의 표기법만 수정하였으며, 이에 특허청은 2022년 10월, 특허출원의 주체를 자연인으로 제한하는 특허법의 규정과 인공지능은 권리능력이 없는 비자연인이라는 점을 근거로 해당 특허출원을 '방식위반'으로 무효 처분하였다.

특허청의 무효처분에 불복한 원고는 2022년 12월 20일 행정소송을 제기하였으나 1심인 서울행정법원은 2023년 6월 30일, 원고 패소 판결을 내렸고, 이어진 항소심에서도 서울고등

---

1) [관련 평석 및 문헌] 권보원, "인공지능을 발명자로 볼 수 있을까? – DABUS 판결에 부쳐", 사법 통권 제59호, 사법발전재단, 2022; 신상훈, "특허법상 인공지능(AI) 발명의 주요 쟁점 재검토", 동아법학 제108호, 동아대학교 법학연구소, 2025; 선우정, "1심에 이어 2심법원도 인공지능을 발명자로 '불인정", 특허뉴스, 2024. 6. 등.

2) 해당 사건은 현재 상고되어 계속 중에 있다.

3) 다부스 프로젝트(DABUS Project)는 Stephan Thaler가 본인이 개발한 AI시스템 'DABUS'를 발명자로 기재하여 미국, 영국, 유럽특허청 등에 특허출원을 한 사건이다.

법원 행정7부는 2024년 5월 16일, 1심판결을 그대로 유지하며 원고의 항소를 기각하였다.

2. 판결의 요지

가. 1심판결(서울행정법원 2023. 6. 30. 선고 2022구합895224 판결)

특허법 제2조 제1호는 "발명이라 함은 자연법칙을 이용한 기술적 사상의 창작으로서 고도한 것을 말한다."고 규정하고 있다. 그런데 '기술' 자체가 아닌 '기술적 사상'이란 결국 인간의 사유를 전제로 하는 것이고, '창작' 역시 인간의 정신적 활동을 전제로 하는 것이다. 또한 발명행위는 이른바 사실행위로써, 발명행위를 하게 되면 특허법상 발명자 지위가 부여되고 특허권이 발명자에게 원시적으로 귀속되므로(특허법 제33조 제1항, 소위 '발명자주의'), 발명자의 지위는 원칙적으로 권리능력이 전제되어야 한다. 그런데 민법에서는 "사람은 생존한 동안 권리와 의무의 주체가 된다."고 규정하여 원칙적으로 자연인에게만 권리능력이 부여된다는 점을 명시하고 있고(제3조), 다만 제한된 범위 내에서 법인에게도 권리능력을 부여하고 있는데(제34조), 인공지능은 법령상 자연인과 법인 모두에 포섭되지 않으므로, 현행 법령상으로 인공지능에게 권리능력을 인정할 수도 없다.

그리고 인공지능을 발명자로 인정할 경우 향후 인간 지성의 위축을 초래하여 미래 인간의 혁신에 부정적인 영향을 미칠 우려, 연구 집약적인 산업 자체가 붕괴될 우려, 발명이나 그 결과물과 관련된 법적 분쟁이 발생할 경우 인공지능의 개발자인 인간이 책임을 회피함으로써 책임 소재가 불분명해질 우려 등이 엄존하고, 소수 거대 기업 등이 강력한 인공지능을 독점함으로써 특허법이 소수의 권익만을 보호하는 수단으로 전락할 위험성도 있는바, 인공지능을 발명자로 인정하는 것이 우리 사회의 기술 및 산업발전의 도모에 궁극적으로 기여할 것이라고 단정하기도 어렵다.

또한 발명자는 자연인이어야 한다는 것은 특허법상 현재까지 확립된 법리로서, 이와 같은 법리를 그대로 유지할지 또는 기술의 변화에 따라 일부 변경할 것일지는 향후 기술의 발전 및 그에 대한 사회적 논의에 따라 이루어지는 것이며, 현재 특허법 체계 내에서 피고가 이에 대한 대안 제시 없이 보정을 명하였다고 하여 이를 부당하다고 볼 수는 없다.

나. 대상판결(서울고등법원 2024. 5. 16. 선고 2023누52088 판결)

고등법원은 1심판결을 유지하며 원고의 새로운 주장에 대해 다음과 같이 판단하였다.

인공지능의 출현 및 발전 정도, 현재까지의 기술 수준, 인공지능에 대한 사회의 인식 등에 비추어 현재의 특허법 규정만으로 인공지능을 발명자에 포함시키는 것은 정당한 법률 해석의 한계를 벗어나며, 향후 인공지능의 발명으로 보호받아야 할 대상이 존재한다면 이는 사회적 논의를 거쳐 입법을 통해 보완해 나가야 할 것이다.

또한 특허법 제33조 제1항에서 발명자주의를 채택하고 있어 인공지능이 생성한 결과물에 대한 권리 및 의무를 인공지능의 소유자 또는 관리운영자에게 귀속시키는 것이 가능하다는 주장은 아무런 근거가 없고 현행 특허법의 체계와도 전혀 부합하지 않는다.

3. 해설

가. 특허법상 발명자 요건

(1) 관련 규정

우리나라 특허법은 특허권을 취득하기 위한 요건과 관련하여 특허법 제2조 제1호에서 규정한 발명의 성립성을 만족하면서, 특허법 제33조 제1항의 특허를 받을 수 있는 자에 해당하는 발명을 한 사람 또는 그 승계인이 특허를 받을 수 있는 권리를 가지는 것으로 규정하고 있다.

1) 발명의 요건

우리 특허법 제2조 제1호는 정의에서 "발명이란 자연법칙을 이용한 기술적 사상의 창작으로서 고도(高度)한 것을 말한다."고 규정하고 있다. 해당 조문을 바탕으로 특허를 받을 수 있는 '발명'의 요건으로 제시되는 것은 '자연법칙의 이용', '기술적 사상', '창작성', '고도성'이다. 이 중 '기술적 사상', '창작성'이라는 두 가지 요건이 발명이 인간의 활동을 전제로 하는 것인지에 대한 논의의 대상이 되고 있다.

구체적인 표현은 조금씩 다르지만, '기술적 사상'이란 결국 인간의 사유를 전제로 하는 것이고, '창작'도 인간의 정신적 활동을 전제로 하는 것이라든가[4], 특허법 제2조 제1호의 정의는 기본적으로 인간의 발명을 염두에 두고 있는 것으로 이해한다든가[5] 또는 '창작'은 인간의 인위적인 정신활동에 의한다[6]고 설명하며 발명은 인간의 활동이라고 판단하고 있다.[7]

---

4) 서울행정법원 2023. 6. 30. 선고 2022구합895224 판결.

5) 최승재, AI 발명에 대한 법적 보호 방안에 대한 연구, 특허청, 2022, 27-28면.

6) 오승택, 특허법 제4판, 박문각, 2016, 111면.

7) 제2조 제1호의 규정이 오해의 소지가 있으므로 인간에 의한 발명에 대해서만 특허적격성을 인정한다는 것을 명확히 하는 개정이 필요하다는 견해도 있다(함영욱, "AI에 의한 창작물인 발명의 권리 귀속", 법학논

2) 발명자의 요건

특허법 제33조 제1항 전단에서는 “발명을 한 사람 또는 그 승계인이 특허를 받을 수 있는 권리를 가진다.”고 규정하고 있다. 따라서 특허를 받을 수 있는 권리의 주체는 발명자나 승계인이며, 발명자란 자연법칙을 이용한 기술적 사상을 창작한 자로 자연인을 말한다.[8)]

(2) 검토

우리 특허법은 발명이란 자연의 법칙을 이용한 기술적 사상의 창작으로서 고도한 것을 말한다고 규정하고 있다. 이러한 정의는 독일의 코올로(KŐhle)의 정의에 기초한 것으로, 코올러는 “발명이라 함은 기술적으로 표시된 인간의 정신적 창작으로서 자연을 억제하고 자연력을 이용하여 일정한 효과를 발생시키는 것을 말한다.”고 정의하였다.[9)]

1심판결에서 특허법 제33조 제1항 규정이 2014년 개정을 통해 ‘발명을 한 자(者)’에서 ‘발명을 한 사람’으로 변경된 것은 발명자의 개념이 자연인을 전제로 하는 것임을 보다 명확히 하였다고 지적한 것처럼 현행 특허법 규정상 발명자는 자연인에 한정된다고 보는 것에 의문은 없는 것으로 보인다.

나. 다부스 프로젝트와 주요국에서의 논의

이번 판결은 다부스 프로젝트와 관련된 국제적인 흐름과 궤를 같이하고 있다. 미국, 영국, 호주, 유럽특허청(EPO) 등 대부분의 주요국 법원은 인공지능을 발명자로 인정하지 않는 최종 판결을 내렸다.

다만, 유일하게 남아프리카공화국만이 다른 국가들과 달리 특허를 부여했으나, 남아공의 경우 발명자에 대한 정의규정이 없고 실체 심사를 거치지 않는 제도의 특성상 아무런 요건이 없음에도 특허를 등록해준 것과 다름없으므로 큰 의미는 없다고 보아야 할 것이다.[10)]

주요국에서 관련 논의 진행과정은 [특허출원 ⇒ 거절 ⇒ 거절결정에 대한 취소소송 ⇒ 상급법원에 대한 항소]라는 절차로 진행된다는 점에서 동일하다고 할 수 있으며, 최종판단을 중심으로 간략히 정리해 본다.

총 제40집 제3호, 한양대학교 법학연구소, 2023, 221-222면).

8) 오승택, 특허법 제4판(주 6), 179면.

9) 오승택, 특허법 제4판(주 6), 108면.

10) 최승재, AI 발명에 대한 법적 보호 방안에 대한 연구(주 5), 25면.

(1) 미국

2022년 8월, 미국 연방순회항소법원(CAFC)은 다부스(DABUS) 프로젝트와 관련하여 인공지능(AI)은 미국 특허법상 발명자로 인정될 수 없다는 판결[11]을 내렸으며, 대법원은 2023년 4월 출원인의 상고허가신청을 기각하였다.

미국 연방순회항소법원의 판결 내용은 아래와 같이 3가지로 정리할 수 있다.

1) 인공지능의 발명자 여부

미국 특허청(PTO)은 특허법이 '발명자(inventor)'를 '개인(individual)'이라고 명시적으로 규정하고 있으며, '개인(individual)'은 '자연인(natural person)', 즉 인간으로 한정된다고 결론지었으며 법원 역시 이 결론에 동의한다고 판결하였다.[12]

2) 'whoever'에 인공지능이 포함되는지 여부

원고(Thaler)는 '발명자(inventor)'에 AI 소프트웨어가 포함하도록 광범위하게 해석해야 한다고 지적했지만, 법원은 특허법 규정에서 '누구든지(whoever)'가 사용되는 것은 비인간(non-human)이 특허를 침해할 수 있다는 것과 관련되어 사용되며, 비인간이 특허를 침해할 수 있다는 사실은 비인간이 특허 발명자가 될 수 있다는 것과 아무 관계가 없다고 판단하였다.[13]

3) 정책적 주장과 남아공 사례에 대한 판단

원고(Thaler)는 인공지능이 생성한 발명이 혁신과 대중 공개를 장려하기 위해 특허를 받을 수 있어야 한다고 주장했으나, 이에 대해 법원은 해당 주장은 사변적(思辨的)이며 특허법에 근거가 없다고 판단하였다. 또한 남아프리카공화국이 DABUS에 특허를 부여했다고 지적했지만 해당 결정이 미국 법원의 결정을 바꾸지는 않는다고 판단하였다.[14]

---

11) Thaler v. Vidal, 50 F.4th 1210 (Fed. Cir. 2022).

12) Case: 21-2347, p. 5-6(판결문 원문은 아래를 참조).https://www.cafc.uscourts.gov/opinions-orders/21-2347.OPINION.8-5-2022_1988142.pdf

13) Case: 21-2347, p. 7-8. https://www.cafc.uscourts.gov/opinions-orders/21-2347. OPINION. 8-5-2022_1988142.pdf

14) Case: 21-2347, p. 10-11.https://www.cafc.uscourts.gov/opinions-orders/21-2347.OPINION. 8-5-2022_1988142.pdf

(2) 영국

1) 특허 출원 및 경과

탈러(Thaler)는 2018년 10월 17일과 11월 7일, 두 건의 특허[15]를 자신의 이름으로 출원했으며, 출원서(Patent Form 1)에는 탈러 자신이 발명가가 아니라고 기재되어 있었다. 영국 지식재산권청(IPO)은 탈러에게 출원일로부터 16개월 이내에 발명가 및 특허 부여 권리에 대한 진술서(Patent Form 7)를 제출할 것을 통지했다. 이에 탈러는 2019년 7월 23일 두 출원에 대해 각각 발명가 진술서(Statements of inventorship)를 제출하였으며, 진술서에는 발명가가 DABUS라는 인공지능 기계이며, 탈러는 DABUS의 소유권을 통해 특허 부여 권리를 획득했다고 기재하고 있었다. 영국 지식재산권청은 2019년 12월 4일, DABUS가 1977년 특허법상 발명가가 될 수 없으며, 탈러가 단순히 DABUS의 소유권을 가지고 있다는 것만으로는 특허를 신청할 자격이 없다는 결정을 내렸다. 탈러는 특허청의 결정에 대해 항소했으나, 기각되면서 대법원에 이르게 되었다.[16]

2) 대법원의 판단

대법원의 판단 내용은 크게 2가지로 볼 수 있다.[17]

먼저, 1977년 특허법에서 '발명가'라는 용어의 범위와 의미에 대해서 법원은 1977년 특허법 제7조[18]와 제13조[19]의 해석에 따르면 발명가는 자연인이어야 한다고 판단했다. 그리

---

15) GB1816909.4와 GB1818161.0.

16) PRESS SUMMARY, 2023. 12. 20., p. 1-2(원문은 아래를 참조)(2025년 9월 15일 검색). https://supremecourt.uk/uploads/uksc_2021_0201_press_summary_b736b90ccf.pdf

17) 대법원의 쟁점사항은 3가지(① 1977년 특허법에서 발명가라는 용어의 범위와 의미, ② 원고가 DABUS의 소유자이며 특허신청자로서 자격이 있는가, ③ 특허청이 규칙 제10조(3)에 명시된 16개월 기간 만료 시 신청서가 철회된 것으로 간주된 것으로 판단한 부분이 옳은가)이지만, 본 고에서는 AI가 발명자가 될 수 있는지에 대해 논의하므로 ③에 대해서는 생략한다.

18) Sections 7(1) and 7(2) grant the right to apply for and obtain a patent to any person who is either:
a. the inventor or joint inventor (s7(2)(a));
b. legally entitled to the whole property in the invention (the most common example being an employer and employee scenario, where the employer owns the employee's creative output) (s7(2)(b)); or
c. any successor of those listed above (s7(2)(c)).

19) Mention of inventor
(1) A person shall not be granted a patent for an invention unless he has been mentioned as the inventor or joint inventor of the invention in the application for the patent or a statement under this section or in any other statement or document in accordance with the rules.
(2) An application for a patent must be accompanied by a statement–
(a) identifying the inventor or inventors to the best of the applicant's knowledge at the time of the application; and

고 원고가 DABUS의 소유권을 근거로 각 신청서에 설명되고 공개된 발명품에 대한 특허를 신청하고 얻을 자격이 있는가에 대해서는, 1977년 특허법 제7조에 따라 특허를 신청하기 위해서는 발명가가 존재해야 하며, 발명가는 사람이어야 한다고 판단하였다. 또한 DABUS의 소유자라는 사실만으로는 특허를 받을 권리를 가진다고 보기에 부족하며, 기계는 권리능력이 없으므로 재산을 양도할 수도 없다고 하여 자연인이 아닌 AI 기계를 발명자로 명명한 특허출원이 무효라고 판단하며 만장일치로 상고를 기각했다.[20]

(3) 일본

2024년 5월 동경지방재판소에서 특허법상의 발명자는 자연인에 한정된다며 출원자의 청구를 기각하는 판결[21]이 있었으며, 해당 판결에 항소하여 제기된 항소심에서도 2025년 1월 지적재산고등재판소는 원심의 판결[22]을 지지하며 원고의 청구를 기각하였다.[23] 일본의 경우 우리나라와 마찬가지로 고등법원 단계까지 판단이 이루어진 상황이다.

일본 지적재산고등재판소는 발명자는 자연인에 한정되는가에 대해, 특허권은 특허법에 의하여 창설되어 부여되는 권리이며, 특허를 받을 권리 또한 같은 법에 의하여 창설되어 부여되는 권리로 특허의 요건을 정한 특허법 제29조 제1항[24] 및 직무발명에 관한 제35조 제3항[25]에 따라 특허법상 '특허를 받을 권리'는 자연인이 발명자인 경우에만 발생하는 권리라

(b) if the applicant is not the sole inventor or the joint inventors, giving an indication of the derivation of his or their right to be granted a patent.

(3) If it appears to the comptroller that the information provided under subsection (2) is incorrect, he may require the applicant to provide a corrected statement.

(4) The name of the inventor shall be mentioned in any patent granted for the invention and in any document published by the comptroller or the European Patent Office relating to the patent, unless the inventor requests in writing that he is not to be so mentioned.

(5) The comptroller may make rules as to the circumstances in which and the procedure by which a person may be mentioned as the inventor in any patent or document relating to a patent.

20) PRESS SUMMARY, 2023. 12. 20., p. 2-4.

21) 東京地方裁判所 令和5年(行ウ) 第5001号.

22) 令和６年(行コ)第10006号 出願却下処分取消請求控訴事件, 令和7年1月30日 判決言渡

23) 항소심 판결 전문은 아래를 참조(2025년 9월 22일 검색). https://www.courts.go.jp/assets/hanrei/hanrei-pdf-93757.pdf

24) (特許の要件) 第二十九条　産業上利用することができる発明をした者は、次に掲げる発明を除き、その発明について特許を受けることができる。
　一　特許出願前に日本国内又は外国において公然知られた発明
　二　特許出願前に日本国内又は外国において公然実施をされた発明
　三　特許出願前に日本国内又は外国において、頒布された刊行物に記載された発明又は電気通信回線を通じて公衆に利用可能となつた発明

25) (職務発明) 第三十五条　3　従業者等がした職務発明については、契約、勤務規則その他の定めにおいてあらかじめ使用者等に特許を受ける権利を取得させることを定めたときは、その特許を受ける権利は、その発生した時から当該使用者等に帰属する。

고 판단하였다. 또한 특허출원 등의 절차도 발명자가 자연인인 것을 전제로 마련되어 있으며, '특허를 받을 권리' 이외의 권리에 근거해서 특허를 부여하기 위한 절차를 정한 규정이나 자연인 이외의 자가 발명자가 되는 것을 전제로 하여 특허를 부여하기 위한 절차를 정한 규정도 없다고 하였다. 이에 더해 인공지능이 발명에 대해서는 현행 특허법에 근거하여 특허를 부여할 수 없다고 판단하였다.[26]

4. 판결의 의의

우리나라를 비롯하여 다부스 프로젝트에 따른 법적 판단을 내린 모든 나라[27]가 인공지능 발명자를 부정하는 동일한 결론에 도달하였으나, 이러한 결론은 '현재의 기술수준'과 '현행 특허법 하에서' 이루어진 판단이라는 공통점을 가지고 있다. 그런데 동일한 결론에 이른 모든 나라의 법원은 공통적으로 새로운 발명자 자격에 대한 논의 필요성에 대해 언급하고 있다.

대상판결은 현재의 기술 수준과 특허법에 기반하여 이루어진 것이지만, 인공지능 기술의 발전에 따라 인간의 개입이 거의 없는 '강한 인공지능'이 등장하는 시대와 같이 기술적으로 현재 보다 발전된 시대가 도래한다면 특허법상의 '발명'의 개념과 '발명자'의 지위는 변화하게 될 수도 있다.

우리나라를 비롯한 다수의 국가에서 인공지능 발명자에 대한 법적 대응방안에 대해 논의하고 있다. 대상판결은 현재의 기술 수준과 특허법 하에서는 당연한 결론이라고 할 수 있으나 인공지능 발명자 문제에 대한 법적 논의의 종착점이 아닌 시작점으로 삼아 인공지능을 활용한 발명에 대한 심도 있는 논의가 이루어져야 할 것이다.

---

26) 항소심 판결 요약본, 1면(원문은 아래를 참조)(2025년 9월 22일 검색). https://www.courts.go.jp/assets/hanrei/hanrei-point_pdf-93757.pdf

27) 남아프리카공화국은 논의의 대상에서 제외한다.

96 가상자산 계정 보유금 지급청구의 소에서 가상자산의 정의, 국제재판관할 및 준거법

대법원 2024. 11. 28. **선고** 2024다281808 **판결**[1)]
이규호 (중앙대학교 법학전문대학원 교수)

1. 사안의 개요

원고는 외국국적동포 국내거소신고를 한 미국 국적자로서 2017. 12. 11. '업비트' 이용약관에 동의하여 회원에 가입한 후 2021. 11월경까지 가상자산을 거래하였으며, 2023. 12. 4. 현재 업비트 계정에 4,645,834원을 보유하고 있었다. 원고는 「특정 금융거래정보의 보고 및 이용 등에 관한 법률」(이하 '특정금융정보법')[2)] 제5조의2에서 정한 고객의 신원에 관한 사항의 확인을 마친 '업비트'의 고객이다.

피고 두나무 주식회사(이하 '피고')는 2012. 4. 3. 전자상거래와 관련 유통업, 온라인정보제공업 등을 영위할 목적으로 설립된 회사로, 2017. 10월경부터 블록체인 기술을 기반으로 비트코인 등 가상자산을 거래할 수 있는 가상화폐 거래소 '업비트'를 운영하고 있다. 피고는 2020. 3. 24. 개정된 특정금융정보법으로 신설된 제7조의 가상자산사업자[3)] 신고제도에 따라 금융정보분석원장에게 가상자산사업자 신고를 하였고, 2021. 10. 6. 위 신고가 수리되었다. 이 사안은 실명확인 입출금계정 서비스 정책이 시행된 이후에 발생한 사건으로서, 업비트의 회원인 원고의 금원 반환청구에 대하여 피고는 외국인인 원고에 대하여 케이뱅크의 실명확

1) [관련 문헌] 석광현, "한국국제사법학회 30년의 회고와 과제: 국제재판관할법의 정립을 넘어 준거법규정의 개정을 향하여", 국제사법연구, 제29권 제1호, 2023. 6., 70면; 이석준, "2004년 가상자산 중요판례평석", 인권과 정의, 2025.5., 329면; 천창민, "디지털자산 거래의 물권적 측면에 관한 준거법", 국제사법연구 제20권 제2호, 한국국제사법학회, 2023, 174면 각주 3 유정한/이재영, 「가상자산 이용자 보호 등에 관한 법률」 시행, 법률신문, 2024. 7. 22., https://www.lawtimes.co.kr/LawFirm-NewsLetter/200046 (최신방문일: 2025.10.1.); 김우성, "가상자산의 법적 성격", 서울대학교 법학 제64권 제1호, 2023, 129면 이하 등.
2) 법률 제17113호, 시행 2021. 3. 25.
3) 가산자산과 관련하여 가상자산을 매도, 매수하는 행위, 가상자산을 다른 가상자산과 교환하는 행위 등을 영업으로 하는 자를 의미한다.

인계좌를 통하지 않고 금원을 반환하는 것은 특정금융정보법에 위반한다는 이유를 들어 다투었다.[4)]

2. 판결의 요지

가. 1심판결(서울중앙지방법원 2023. 10. 12. 선고 2022가소123160 판결)

피고는 원고에게 4,645,834원 및 이에 대하여 2022. 10. 1부터 다 갚는 날까지 연 12%의 비율로 계산한 돈을 지급하라는 판결을 선고하였다.

나. 원심판결(서울중앙지방법원 2024. 8. 20. 선고 2023나65916 판결)

항소심 법원은 아래의 사실관계를 인정하였다.

(i) 피고는 특정금융정보법 제7조가 정한 신고를 마친 가상자산사업자로서 실명확인이 가능한 입출금계정[동일 금융회사등(대통령령으로 정하는 금융회사등에 한정한다)에 개설된 가상자산사업자의 계좌와 그 가상자산사업자의 고객의 계좌 사이에서만 금융거래등을 허용하는 계정을 말한다]을 통해서만 금융거래등을 하여야 하고,[5)] 피고는 케이뱅크에 개설된 계좌를 이용하여 고객의 실명확인이 가능한 입출금 계정을 확인하고 있으므로 고객이 피고와 금융거래 등을 하기 위해서는 업비트에 개설된 본인의 계정에서 케이뱅크에 개설된 본인의 계좌를 인증하여 업비트 계정과 케이뱅크 계좌를 연동하는 절차를 거쳐야 하며, 피고는 피고의 가상자산사업자 신고에 따른 고객확인제도 시행(2021. 10. 6. 00:00) 전 이와 같은 내용을 수차례 고지하였다.

(ii) 그럼에도 불구하고 원고가 케이뱅크에 실명확인이 가능한 입출금 계좌를 개설하지 않고 있었다.

(iii) 원고와 같은 미국 국적자는 비대면 실명인증을 할 수 없어 케이뱅크에 계좌개설을 하는 것이 불가능하였다.

(iv) 원고는 피고의 가상자산사업자 신고 이전인 2017. 12. 11. 업비트 회원으로 가입하여 업비트에서 가상자산을 거래하였으며, 국내거소신고를 한 외국국적동포로서 피고의 가상자산사업자 신고에 따른 특정금융정보법 제5조의2에서 정한 고객의 신원에 관한 사항의 확인을 마쳤다.

---

4) 이석준, "2024년 가상자산 중요판례평석", 인권과정의, 2025. 5., 329면.
5) 특정금융정보법 제7조 제3항 제2호.

(v) 특정금융정보법은 금융거래 등을 이용한 자금세탁행위와 공중협박자금조달행위를 규제하는 데 필요한 특정금융거래정보의 보고 및 이용 등에 관한 사항을 규정함으로써 범죄행위를 예방하고 나아가 건전하고 투명한 금융거래 질서를 확립하는 데 이바지함을 목적으로 한다.[6)]

이 사실관계의 인정을 바탕으로, 항소심 법원은 “피고는 원고에게 원고가 업비트 계정에 보유하고 있는 4,645,834 KRW를 대한민국 원화로 환산한 4,645,834원과 이에 대하여 이 사건 소장 부본이 피고에게 송달된 다음 날인 2022. 10. 1.부터 피고가 그 이행의무의 존부에 관하여 항쟁함이 타당하다고 인정되는 이 법원 판결 선고일까지 상법에 정한 연 6%, 그 다음 날부터 다 갚는 날까지 소송촉진 등에 관한 특례법에 정한 연 12%의 각 비율로 계산한 지연손해금을 지급할 의무가 있다.”고 판시하였다. 결론 부분에서 항소심 법원은 “원고의 청구는 위 인정 범위 내에서 이유 있어 이를 인용하고 나머지 청구는 이유 없어 이를 기각하여야 한다. 이와 결론을 일부 달리한 제1심판결 중 위 인정 금액을 초과하여 지급을 명한 피고 패소 부분은 부당하므로 피고의 항소를 일부 받아들여 이를 취소하고 그 취소 부분에 해당하는 원고의 청구를 기각하며 피고의 나머지 항소는 이유 없어 이를 기각”하기로 판시하였다.

다. 대법원 판결

이 사안은 소액사건심판법 제3조에 규정한 사유가 있는 경우에 한하여 대법원에 상고할 수 있는데, 상고인의 상고이유 주장은 이 규정에서 정한 사유에 해당하지 않아 적법한 상고이유를 될 수 없다고 보아 상고인의 상고를 기각하였다.

3. 해설

가. 가상자산 및 디지털자산의 정의

유럽과 일본에서는 암호자산이라는 용어를 법률용어를 채택하고 있고, 미국에서는 대체로 디지털자산이라는 용어를 많이 사용한다.[7)]

대법원 2018. 5. 30. 선고 2018도3619 판결은 피고인이 압수된 전자지갑 내에 있던 비

6) 특정금융정보법 제1조.
7) 천창민, “디지털자산 거래의 물권적 측면에 관한 준거법”, 국제사법연구 제29권 제2호, 한국국제사법학회, 2023, 174면.

트코인을 중대범죄로 취득하였고, 재산상 가치가 인정되므로, 범죄수익으로 몰수할 수 있다고 판시하였다. 이 사안에서 비트코인은 "경제적인 가치를 디지털로 표상하여 전자적으로 이전, 저장 및 거래가 가능하도록 한, 이른바 '가상화폐'의 일종이다."라고 판시하였다. 이 사안에서 비트코인이 가상화폐의 일종임을 인정하였다. 이는 비트코인이라는 디지털 자산이 가상화폐란 용어로 표현되고 있으나, 법정통화가 아닌 관계로 화폐로서의 지위를 갖지 못하며, 자산적 가치를 지닌 무형재산으로 취급됨을 의미한다.

서울고등법원 2022. 10. 12.자 2022라20276 결정에서는 "1) 암호화폐란 컴퓨터 등에 전자적 형태로 기록되어 실물 없이 인터넷을 통해 거래되는 일종의 전자화폐로서 블록체인 기술을 활용하는 분산형 시스템으로 운영되는 특징을 가지고 있고, 대표적으로 비트코인, 이더리움 등이 있다. 암호화폐는 독자적인 메인넷(Mainnet)을 구축한 후 발행하기도 하지만, 기존에 존재하는 다른 블록체인 메인넷을 이용하여 발행하기도 한다. 즉, 암호화폐는 ① 기존에 존재하는 다른 블록체인 메인넷을 기반으로 하는 토큰 발행 → ② 독자적인 메인넷 개발·구축 → ③ 다른 메인넷을 기반으로 한 토큰을 새로 구축한 독자적인 메인넷을 기반으로 한 코인으로 전환하는 절차를 거쳐서 발행할 수도 있다. 한편, 독자적인 메인넷을 개발·구축하는 데는 상당한 시간과 자금이 소요되기 때문에 위 ①단계와 ②단계 사이에 토큰 세일(프라이빗, 퍼블릭) 또는 토큰 상장 등을 통해 자금을 조달하기도 한다.

2) 암호화폐에 관한 법제가 아직 미비하여, 암호화폐 관련 용어들의 용례가 명확하게 통일되어 있지는 않으나, 일반적으로 자체 메인넷을 구축한 암호화폐 즉, 위 ③단계에서 전환된 암호화폐를 '코인'이라고 부르고, 이와 달리 자체 메인넷을 구축하지 못해 이더리움, 퀀텀 등 다른 암호화폐의 메인넷을 차용하는 암호화폐 즉, 위 ①단계에서 발행된 암호화폐를 '토큰'이라 부르고 있다."는 점을 인정하였다. 이 사안에서 암호화폐는 가상화폐 중 블록체인 기술 등 암호화 기술을 이용하는 것임을 알 수 있다. 그런데, 대법원 2021. 12. 16. 선고 2020도9789 판결은 가상자산이란 블록체인 기술 등 암호화된 분산원장에 의하여 부여된 경제적인 가치가 디지털로 표상된 정보로서 재산상 이익에 해당한다고 판시하여 암호화된 분산원장에 의하여 부여되지 않는 자산은 배제하는 것으로 판단된다.

즉 대법원 2021. 12. 16. 선고 2020도9789 판결에서는 "가상자산은 국가에 의해 통제받지 않고 블록체인 등 암호화된 분산원장에 의하여 부여된 경제적인 가치가 디지털로 표상된 정보로서 재산상 이익에 해당한다(대법원 2021. 11. 11. 선고 2021도9855 판결 참조). 가상자산은 보관되었던 전자지갑의 주소만을 확인할 수 있을 뿐 그 주소를 사용하는 사람의 인적사항을 알 수 없고, 거래 내역이 분산 기록되어 있어 다른 계좌로 보낼 때 당사자 이외의 다른 사람이 참여해야 하는 등 일반적인 자산과는 구별되는 특징이 있다. 이와 같은 가상자산에 대해서는 현재까지 관련 법률에 따라 법정화폐에 준하는 규제가 이루어지지 않는 등 법정화폐와 동일하게 취급되고 있지 않고 그 거래에 위험이 수반되므로, 형법을 적용하면서 법정화폐와 동일하게 보호해야 하는 것은 아니다."라고 판시하였다.

이에 반해, 특정금융정보법 및 「가상자산 이용자 보호 등에 관한 법률」(이하 '가산자산이용자보호법')에 따른 '가상자산'은 암호화기술을 활용할 것을 강제하지 않기 때문에 대법원 2021. 12. 16. 선고 2020도9789 판결이 정의한 '가상자산'의 개념보다 넓게 정의하였다.

국제자금세탁방지기구(Financial Action Task Force; FATF)는 2018년 'virtual asset(가상자산)'이라는 새로운 용어 정의를 도입하며, 암호화폐를 포함한 디지털 자산을 전자적으로 이전·거래될 수 있는 가치의 표현으로 넓게 규정하였다. 이러한 국제기준을 반영하여 우리나라도 2020년 3월 국회에서 특정금융정보법 개정안을 통과시켜 이 용어를 수용하였다. 특융금융정보법은 "경제적 가치를 지닌 것으로서 전자적으로 거래 또는 이전될 수 있는 전자적 증표"를 가상 자산으로 정의하면서, 법령상 예외 대상을 둬 이미 다른 법률로 규율되는 게임 아이템, 선불 전자 지급 수단, 전자 화폐 등은 가상자산의 범위에서 제외하였다. 그 이후 2024년 7월 19일에 가산자산이용자보호법이 시행되어 '가상자산'이라는 명칭이 법률용어로 완전하게 확립되었다.[8)]

즉 특정금융정보법 제2조 제3호에 따르면, "가상자산"이란 「가상자산 이용자 보호 등에 관한 법률」 제2조 제1호에 따른 가상자산을 말한다. 가상자산이용자보호법 제2조 제1호에 따르면, "'가상자산'이란 경제적 가치를 지닌 것으로서 전자적으로 거래 또는 이전될 수 있는 전자적 증표(그에 관한 일체의 권리를 포함한다)를 말한다. 다만, 다음 각 목의 어느 하나에 해당하는 것은 제외한다.

가. 화폐·재화·용역 등으로 교환될 수 없는 전자적 증표 또는 그 증표에 관한 정보로서 발행인이 사용처와 그 용도를 제한한 것

나. 「게임산업진흥에 관한 법률」 제32조 제1항 제7호에 따른 게임물의 이용을 통하여 획득한 유·무형의 결과물

다. 「전자금융거래법」 제2조 제14호에 따른 선불전자지급수단 및 같은 조 제15호에 따른 전자화폐

라. 「주식·사채 등의 전자등록에 관한 법률」 제2조제4호에 따른 전자등록주식등

마. 「전자어음의 발행 및 유통에 관한 법률」 제2조제2호에 따른 전자어음

바. 「상법」 제862조에 따른 전자선하증권

사. 「한국은행법」에 따른 한국은행(이하 "한국은행"이라 한다)이 발행하는 전자적 형태의 화폐 및 그와 관련된 서비스

아. 거래의 형태와 특성을 고려하여 대통령령으로 정하는 것"이라고 규정하고 있다.

---

8) https://www.lawtimes.co.kr/opinion/209159(최신방문일: 2025. 9. 30.).

가상자산이용자보호법은 구(舊) 특정금융정보법에서 정의하고 있던 가상자산의 개념[경제적 가치를 지닌 것으로서 전자적으로 거래 또는 이전될 수 있는 전자적 증표(그에 관한 일체의 권리를 포함함)]을 기본적으로 유지하고 있다. 가상자산이용자보호법은 구(舊) 특정금융정보법에서 정하고 있던 바와 같이 게임을 통해 획득한 결과물, 선불전자지급수단, 전자화폐, 전자등록주식, 전자어음, 전자선하증권 등을 가상자산의 범위에서 제외하면서,[9] 이에 더하여 한국은행이 발행하는 전자적 형태의 화폐 및 그와 관련된 서비스도 가상자산의 범위에서 제외하였다.[10] 이는 세계 각국에서 논의 중인 중앙은행 디지털 화폐(CBDC, Central Bank Digital Currency) 도입을 염두에 둔 것으로 이해된다.[11]

그리고 구(舊) 특정금융정보법상 가상자산의 개념에 NFT가 포함되는지에 대해 여러 논의가 있었는데, 가상자산이용자보호법은 일정한 요건을 충족하는 NFT를 가상자산의 범위에서 제외함으로써,[12] 이를 입법적으로 해결하였다.[13]

나. 업비트 약관의 검토

(1) 가상자산의 법적 성격

비트코인은 개인암호키를 가진 자에 의하여 비트코인 주소에서 관리되므로 배타적 지배가 가능한 자연력의 범위에 포함하는 것이 불가능하지 않다는 점, 경합성·배제성·존립성이 있으므로 비트코인과 같은 디지털자산도 민법상 물건으로 포섭가능하다는 긍정설이 존재한다.[14] 이러한 긍정설의 취지에는 공감하나, 디지털자산의 배타적 지배가능성이 동산에서 의미하는 것과 상이하므로 현행 민법의 해석으로 디지털자산은 물건이 아니며 물권법의 대상이 아니라고 보는 견해도 존재한다.[15] 그런데 본 사안은 디지털자산 그 자체가 아니라 투자금 반환청구의 소라고 판단하여야 하므로 그 법적 성격을 채권으로 분류하는 것이 타당할 것이다.

(2) 현행 업비트 이용약관상 가상자산의 정의, 국제재판관할 및 준거법

2025년 7월 18일부터 적용된 업비트 이용약관[16] 제2조 제5호에 따르면, "'디지털 자산'

---

9) 가상자산이용자보호법 제2조 제1호 가목 내지 바목.

10) 가상자산이용자보호법 제2조 제1호 사목.

11) 유정한/이재영, 「가상자산 이용자 보호 등에 관한 법률」 시행, 법률신문, 2024. 7. 22., https://www.law times.co.kr/LawFirm-NewsLetter/200046(최신방문일: 2025. 10. 1.).

12) 가상자산이용자보호법 제2조 제1호 아목; 가상자산이용자보호법 시행령 제2조 제4호.

13) 유정한/이재영, 「가상자산 이용자 보호 등에 관한 법률」 시행(주 11).

14) 김우성, "가상자산의 법적 성격", 서울대학교 법학 제64권 제1호, 2023, 129면 이하.

15) 천창민, "디지털자산 거래의 물권적 측면에 관한 준거법"(주 7), 181면.

이라 함은 서비스에서 거래할 수 있는 비트코인, 이더리움 등 블록체인에서 전자적으로 존재하는 정보로 서비스의 대상물을 말합니다. 본 약관에서 별도로 정함이 없는 한 "디지털 자산"은 「가상자산 이용자 보호 등에 관한 법률」(이하 '가상자산이용자보호법'이라고 합니다)에서 정의하는 "가상자산"과 동일한 의미를 갖습니다. 이하 본 약관에서 "가상자산"이라고도 합니다. 회원은 회사에 대하여 계정 내 "디지털 자산"의 수량만큼의 출금 청구권을 보유합니다." 라고 규정하고 있고, 준거법 및 재판관할에 대해서는 이 약관 제26조에서 "제26조 (준거법 및 재판관할) ① 회사와 회원간 발생한 분쟁에 대하여는 대한민국 법을 준거법으로 합니다.

② 회사와 회원간 발생한 분쟁에 관한 소송의 관할법원은 당사자들이 합의하여 결정하는 법원으로 하며 합의가 이루어지지 않을 때에는 민사소송법에 의한 법원으로 합니다."라고 규정하고 있다.

(3) 업비트 이용약관의 연혁

2017년 9월 25일 시행된 업비트 이용약관[17]에 따르면, 제2조 제5호는 "5. '가상화폐'라 함은 서비스에서 거래할 수 있는 비트코인, 이더리움 및 기타 암호화된 화폐를 말합니다."라고 규정하고, 같은 조 제6호는 "'KRW 가상화폐(KRW)'라 함은 회원이 서비스 내에서 가상화폐 거래 등에 사용할 수 있고, 현금으로 교환이 가능한 가상의 화폐를 말합니다."라고 규정하고 있다.

그리고, 2017년 9월 25일 시행된 업비트 이용약관 제29조에서는 준거법 및 재판관할과 관련해서는 "제29조 준거법 및 재판관할

1. 회사와 회원간 발생한 분쟁에 대하여는 대한민국법을 준거법으로 합니다.

2. 회사와 회원간 발생한 분쟁에 관한 소송은 서울중앙지방법원을 전속 관할로 합니다."라고 규정하였다. 2017년 9월 25일 시행된 업비트 이용약관에 따르면, 이용자와 두나무간 발생한 분쟁에 대해서는 우리나라 법을 준거법으로 하기로 합의하였고, 서울중앙지방법원이 전속적 국제재판관할을 가지는 것으로 합의하였다.

그 이후, 2018년 5월 3일부터 시행된 업비트 이용약관[18]에서는 제29조를 개정하여 "제29조 준거법 및 재판관할

1. 회사와 회원간 발생한 분쟁에 대하여는 대한민국법을 준거법으로 합니다.

2. 회사와 회원간 발생한 분쟁에 관한 소송의 관할법원은 당사자들이 합의하여 결정하는 법원으로 하며 합의가 이루어지지 않을 경우에는 민사소송법에 의한 법원으로 합니다."

---

16) https://static.upbit.com/terms/service_terms.html(최신방문일: 2025. 9. 30.).
17) https://static.upbit.com/terms/legacy/service_terms_20170925.html (최신방문일: 2025. 9. 30.).
18) https://static.upbit.com/terms/legacy/service_terms_20180503.html (최신방문일: 2025. 9. 30.).

라고 규정하였다. 즉, 이 약관은 관할의 합의를 허용하되, 당사자 간 합의가 이루어지지 않을 경우에 민사소송법에 의한 법정관할의 지정을 인정하였다. 이 조문은 국제사법상 국제재판관할에 대한 고려를 충분히 하지 못하였다.

2018년 9월 21일 시행된 업비트 이용약관[19] 제2조 제5호는 "제2조 (정의)

[중략]

5. "암호화폐"라 함은 서비스에서 거래할 수 있는 비트코인, 이더리움 등 블록체인에서 전자적으로 존재하는 정보로 서비스의 대상물을 말합니다."라고 규정하여 암호화폐의 정의를 수정하였다.

2020년 3월 23일부터 시행된 업비트 이용약관[20]은 '암호화폐'란 용어 대신에 '디지털 자산'이라는 용어를 정의하였다. 이 약관 제2조 제5호는 "제2조 (정의)

[중략]

5. "디지털 자산"이라 함은 서비스에서 거래할 수 있는 비트코인, 이더리움 등 블록체인에서 전자적으로 존재하는 정보로 서비스의 대상물을 말합니다."라고 규정하였고, 이 약관 제4조는 "제4조 (약관의 해석)

① 회사는 이 약관 외에 별도의 운영정책을 둘 수 있습니다.

② 이 약관에서 정하지 아니한 사항이나 해석에 대해서는 운영정책, 이용안내, 관련 법령에 따릅니다."라고 규정하였다.

2021년 4월 7일 시행된 업비트 이용약관[21] 제2조 제5호는 "제2조 (정의)

[중략]

5. "디지털 자산"이라 함은 서비스에서 거래할 수 있는 비트코인, 이더리움 등 블록체인에서 전자적으로 존재하는 정보로 서비스의 대상물을 말합니다. 회원은 회사에 대하여 계정 내 "디지털자산"의 수량 만큼의 출금 청구권을 보유합니다."라고 규정하여 회원의 출금청구권을 신설하였다. 또한, 2021년 4월 7일 시행된 업비트 이용약관의 해석과 관련하여 제4조 제2항은 "제4조 (약관의 해석)

[중략]

② 이 약관에서 정하지 아니한 사항이나 해석에 대해서는 운영정책, 이용안내(웹), 이용가이드(앱), 관련 법령에 따릅니다."라고 규정하여 이용안내, 이용가이드를 앱으로 열람할 수 있도록 개정하였다.

2023년 1월 1일부터 시행된 업비트 이용약관[22] 제4조는 "제4조 (약관의 해석)

---

19) https://static.upbit.com/terms/legacy/service_terms_20180921.html (최신방문일: 2025. 9. 30.).
20) https://static.upbit.com/terms/legacy/service_terms_20200323.html (최신방문일: 2025. 9. 30.).
21) https://static.upbit.com/terms/legacy/service_terms_20210407.html (최신방문일: 2025. 9. 30.).
22) https://static.upbit.com/terms/legacy/service_terms_20230101.html (최신방문일: 2025. 9. 30.).

회사는 서비스 이용과 관련하여 이 약관에서 정한 범위 내에서 이용자 가이드에 세부적인 사항을 명시할 수 있습니다.

이 약관에서 정하지 아니한 사항이나 해석에 대해서는 관련 법령에 따릅니다."라고 규정하게 되었다.

2024년 07월 19일부터 시행된 업비트 이용약관[23] 제2조 제5호는 "제2조 (정의)

본 약관에서 사용하는 용어의 정의는 다음과 같습니다.

[중략]

5. "디지털 자산"이라 함은 서비스에서 거래할 수 있는 비트코인, 이더리움 등 블록체인에서 전자적으로 존재하는 정보로 서비스의 대상물을 말합니다. 본 약관에서 별도로 정함이 없는 한 "디지털 자산"은 「가상자산 이용자 보호 등에 관한 법률」(이하 '가상자산이용자보호법'이라고 합니다)에서 정의하는 "가상자산"과 동일한 의미를 갖습니다. 이하 본 약관에서 "가상자산"이라고도 합니다. 회원은 회사에 대하여 계정 내 "디지털 자산"의 수량만큼의 출금청구권을 보유합니다."라고 규정하여 디지털 자산의 개념을 도입하고, 디지털 자산이 가상자산이용자보호법상 가상자산과 동의어를 밝히고 있다.

4. 판결의 의의

서울중앙지방법원 2022. 4. 14. 선고 2021가단5068564 판결에서는 회원 A와 가상화폐 거래소 B간에는 암호화폐, 가상화폐 보관과 관련하여 물건을 보관하는 민법상 임치계약[24]으로 볼 수 없지만 이와 유사한 비전형계약에 해당하므로 거래소 B는 A에게 암호화폐, 가상화폐를 반환 내지 인도할 의무를 부담한다고 판시하였다. 가상자산의 처분의 준거법과 관련하여 물권법적 접근방식에 따라 법률관계를 성질결정하려는 국제적 노력이 있지만, 가상자산의 국제적 거래에 대한 법률관계 성질결정을 하려는 것은 아니다.[25] 이러한 하급심 판례와 학설적 논의사항을 감안할 때 아래와 같이 정리할 수 있다.

대상판결은 국제재판관할과 준거법에 대해 침묵하였다. 하지만, 업비트 이용약관에 따르면, 국제재판관할의 합의와 준거법에 대한 합의 조항이 존재한다. 특히, 본 사안은 디지털 자산 그 자체가 아니라 투자금 반환청구의 소라고 판단하여야 하므로 그 법적 성격을 채권으로 분류하는 것이 타당할 것이다. 그리고, 업비트 이용약관의 준거법은 당사자 자치를 전제로 한 것이므로 당사자들은 업비트 이용약관상 계정 보유금 반환청구를 채권의 일환으로

23) https://static.upbit.com/terms/legacy/service_terms_20240719.html(최신방문일: 2025. 9. 30.).

24) 민법 제693조.

25) 석광현, "한국국제사법학회 30년의 회고와 과제: 국제재판관할법의 정립을 넘어 준거법규정의 개정을 향하여", 국제사법연구, 제29권 제1호, 2023. 6., 70면.

법률관계 성질결정한 것으로 판단된다.

(1) 업비트 회원이 가상화폐거래소에 원화를 송금하여 임치하는 경우, (2) 업비트 회원이 가상화폐거래소에 가상화폐 포인트를 입고하여 임치하는 경우, (3) 업비트 회원이 가상화폐거래소에 원화를 송금하여 임치하여 그 원화 상당의 '원화 포인트'를 부여받는 경우, (4) 원화 포인트를 가상화폐를 표징하는 포인트와 교환하여 가상화폐 포인트를 보유하는 경우, (5) 가상화폐 포인트를 그대로 가상화폐로 출고하는 청구를 하는 경우[26] 등의 경우는 이 사안에서 다루지 못하였다. 이에 대한 보다 종합적인 후속연구가 필요해 보인다.

26) 홍준호, "가상자산 계정 보유금 지급청구 소에서 가상자산의 정의, 국제재판관할 및 준거법에 대한 지정토론문", 정보법의 최근 판례 동향, 한국정보법학회 2025년 추계 정기학술대회(2025. 10. 25)(ES제천리조트 세미나실), 2면.

97 재정거래(차익거래)에서 가상자산사업자의 판단 기준

대법원 2024. 12. 12. 선고 2024도10710 판결1)

송도영 (법무법인 비트 변호사)

1. 사안의 개요

공소외 1, 공소외 2, 공소외 3 등은 2021. 7.경 이전부터 그 역할을 분담하여 일본 가상자산거래소에서 매수한 가상자산을 한국 가상자산거래소에서 매도하고 그 매도대금을 공소외 4 회사 등 회사 명의로 다시 일본으로 송금하는 방식으로 재정거래(차익거래)를 반복하면서, 그 시세차익은 전주(錢主)들에 지급하고 그 대가로 수수료를 받기를 계속하였다.

피고인은 2021. 7.경 공소외 1로부터 공소외 5 회사의 계좌로 송금되는 돈의 0.3~0.5%를 수수료로 지급하겠다는 제안을 수락하고 자신이 1인 주주이자 대표이사로 있는 일본 회사인 주식회사 △△의 계좌 사용을 허락하였다. 피고인은 공소외 5 회사의 계좌로부터 주식회사 △△의 계좌로 자금이 들어오면 그 받은 자금을 이용해서 일본 가상자산거래소에서 가상자산을 매수한 다음 공소외 3 등이 지정하고 공소외 1이 피고인에게 알려준 국내 거래소의 가상화폐 전자지갑으로 보내주는 역할을 반복하기로 하였다.

공소외 3 등은 위 공모에 따라 □□은행 ◇◇◇센터 지점 및 ☆☆은행 ▽▽▽지점에서 피고인, 공소외 1 등으로부터 △△ 관련 정보를 제공받아 임의로 작성한 허위의 인보이스 등과 함께 실제 수입한 물품 대금을 송금하는 것처럼 허위의 외환 송금신청서를 제출하여 이를 믿은 □□은행 직원 및 ☆☆은행 직원으로 하여금 △△에 외환을 송금하도록 하였

1) [참조 및 관련 판례] 대법원 2023. 11. 9. 선고 2023도10719 판결; 대법원 2025. 9. 11. 선고 2024도12420 판결.
[관련 평석 및 문헌] 조기정 외2, "김치프리미엄과 환율 변동 예측을 활용한 가상화폐의 통계적 차익거래 연구", 한국산학기술학회논문지, vol. 24, no. 10, 2023; 양철원, "비트코인의 국내외 가격차이를 이용한 차익거래에 관한 연구", 자산운용연구, vol. 7, no. 2, 2019; Myung Hwan Seo 외2, "Nonlinear dynamics of Kimchi premium", Economic modelling, v. 135, 2024; Igor Makarov,, AntoinetteSchoar, "Trading and Arbitrage in Cryptocurrency Markets", Journal of financial economics, v. 135 no. 2, 2020; 금융정보분석원 · 금융감독원, 가상자산사업자 신고 매뉴얼, 2024. 7.

는데, 평균 3.36일(= 259일/77일)에 하루꼴로 수억 원 내지 수십억 원 상당 규모의 금액을 송금받았고, 송금받은 돈으로 일본 거래소에서 가상자산을 매수한 뒤 이를 또 다시 위 가상화폐 전자지갑으로 이전하였다.

피고인은 위 기간 동안 공소외 5 회사로부터 77회에 걸쳐 총 1,778억 원을 송금받았고, 재정거래 과정에서 송금받는 금원 중 일부를 '수수료'로 취득하였다.

2. 판결의 요지

가. 원심판결(대구지방법원 2024. 6. 18. 선고 2023노5518 판결)

피고인은 「특정 금융거래정보의 보고 및 이용 등에 관한 법률」(이하 '특정금융정보법'이라 한다)상 신고의무를 부담하는 가상자산사업자에 해당하지 않는다는 주장에 대하여, ① 피고인은 공소외 1로부터 이른바 재정거래의 제안을 받고, 자신의 법인인 △△회사의 계좌 사용을 허락하여 2021. 9. 27.부터 2022. 6. 13.까지 77회에 걸쳐 총 1,778억 원을 송금받았는바, 거래횟수, 거래기간, 거래규모 등에 비추어 볼 때 이를 단순한 가상자산거래소 고객 또는 이용자 간 거래로 보기 어려운 점, ② 가상화폐 거래를 통하여 얻는 수수료가 피고인의 주된 수입원이었을 것으로 보이는바, 피고인이 영리를 목적으로 가상화폐를 매수하고 위 가상화폐 전자지갑으로 위 가상화폐를 이전한 것이라고 봄이 상당한 점, ③ 실제로도 가상자산 거래를 통해 상당한 규모의 수익을 얻었던 것으로 보이는 점, ④ 피고인은 '시세차익'으로 인한 금원 자체가 아니라 재정거래 과정에서 송금받는 금원 중 일부를 '수수료'로 취득하였다는 것인 점, ⑤ 피고인은 위 기간 동안 평균 3.36일(= 259일/77일)에 하루꼴로 수억 원 내지 수십억 원 상당 규모의 금액을 송금받았고, 송금받은 돈으로 일본 거래소에서 가상자산을 매수한 뒤 이를 또 다시 위 가상화폐 전자지갑으로 이전하였던 것으로 보이는데, 이와 같은 거래의 태양에 비추어 보면, 피고인이 자신의 필요에 따라 본인을 위한 거래를 하였다기보다는 불특정 고객들의 요청(의뢰)에 따라 가상자산 거래를 한 것이라고 평가함이 상당한 점 등에다가 앞서 본 법리를 더하여 보면, 피고인이 영업으로 가상자산의 매수 및 이전하는 행위를 하였음을 충분히 인정할 수 있고, 이는 특정금융정보법에서 규정하고 있는 가상자산사업자에 해당한다고 봄이 타당하다.

나. 대법원 판결

특정금융정보법은 자금세탁행위나 공중협박자금조달행위 규제에 필요한 조치를 할 의무를 부담하도록 하는 등 자금세탁 및 공중협박자금조달 방지 체계를 규정하고 있다. 2020. 3. 24. 법률 제17113호로 개정되어 2023. 7. 18. 법률 제19563호로 개정되기 전의 구 특정금융정보법(이하 '구 특정금융정보법'이라 한다) 제17조 제1항, 제7조 제1항이 정한 가상자산거래를 영업으로 한 가상자산사업자에 해당하는지를 판단할 때에는 영리를 목적으로 같은 법 제2조 제1호 (하)목 1)부터 6)에 규정된 가상자산 관련 거래를 계속·반복하는 자인지를 살펴보아야 하고, 여기에 해당하는지 여부는 가상자산사업자를 자금세탁 및 공중협박자금조달 방지 체계 내로 편입한 구 특정금융정보법의 개정 취지에다가 가상자산 관련 거래의 목적, 종류, 규모, 횟수, 기간, 태양 등 개별사안에 드러난 여러 사정을 종합적으로 고려하여 사회통념에 따라 합리적으로 판단하여야 한다. 자기의 계산으로 오로지 자기의 이익을 위하여 가상자산거래소를 통해서만 가상자산의 매매나 교환을 계속·반복하는 가상자산거래소의 일반적인 이용자는 특별한 사정이 없는 한 가상자산사업자로 보기 어려울 것이나, 불특정 다수인 고객이나 이용자의 편익을 위하여 가상자산거래를 하고 그 대가를 받는 행위를 계속·반복하는 자는 원칙적으로 가상자산사업자로 볼 수 있을 것이다.

3. 해설

가. 가상자산 재정거래(arbitrage)의 의미와 유형

일물일가의 법칙(law of one price)은 효율적인 시장에서 모든 개별적인 상품이 하나의 고정된 가격을 공유해야 한다는 법칙이다. 하지만 현실에서는 시장의 비효율성이나 정보의 부족으로 인해 같은 상품이라도 다른 시간이나 장소에서 서로 다른 가격을 갖는 경우가 발생하게 되는데, 이러한 가격의 차이를 이용해 수익을 내는 거래인 재정거래 또는 차익거래(arbitrage, 이하 '재정거래'라 한다)는 금융시장에서 오랜 기간 투자의 수단으로 활용되어 왔다.[2] 이러한 재정거래는 가상자산 시장에도 발생하고 있다. 국내의 가상자산거래소마다 동일한 가상자산의 가격이 다르고, 특히 비트코인을 비롯한 가상자산의 가격이 급등하는 상황에서 우리나라 정부의 폐쇄적 정책으로 인해 국내 가상자산거래소에서의 원화 가격이 해외 가상자산거래소의 달러화 가격보다 높은 현상, 소위 '김치프리미엄'이 발생함에 따라 이러한 상황을 이용하려는 재정거래가 발생한다.[3] 아래 그림은 19년 이후 비트코인을 기준으로 한국

2) 조기정 외2, "김치프리미엄과 환율 변동 예측을 활용한 가상화폐의 통계적 차익거래 연구", 한국산학기술학회논문지, vol. 24, no. 10, 2023, 355면.

3) 재정거래 또는 김치프리미엄 현상에 관한 연구에 관하여는 양철원, "비트코인의 국내외 가격차이를 이용한 차익거래에 관한 연구", 자산운용연구, vol. 7, no. 2, 2019; Myung Hwan Seo 외2, "Nonlinear dynamics of Kimchi premium", Economic modelling, v. 135, 2024; Igor Makarov, AntoinetteSchoar, "Trading and

시장과 국제 시장에서의 가격 스프레드 및 김치프리미엄의 추이를 보여준다.[4)]

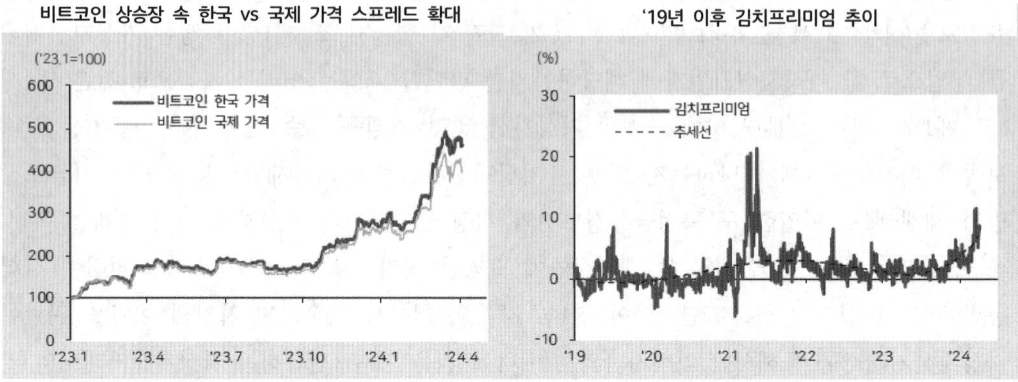

자료: Bloombert, Upbit, 메리츠증권 리서치센터

가상자산 재정거래의 유형을 살펴보면, 가장 대표적인 유형은 거래소 간 가격차이를 이용하는 거래소 간 재정거래(Exchange Arbitrage)이다. 구조가 단순하고 명확하다는 장점이 있으나 송금 지연, 거래수수료 부담, 전송 기간 동안의 가격변동 등이 리스크로 작용한다. 이러한 거래소 간 재정거래는 국내 가상자산거래소들을 이용하기 보다는 해외 가상자산거래소를 이용한 국경 간 재정거래(Cross-Border Arbitrage)가 주로 이용된다. 이러한 국경 간 재정거래는 김치 프리미엄이 클수록 참여자의 이익이 크다는 장점이 있으나 거래소를 관할하는 국가의 외환 및 자본 통제·규제 등으로 인한 제재 등이 위험 요소로 작용한다. 이외에도 한 거래소 내에서 여러 거래쌍 사이의 가격이나 환율 차이를 활용한 삼각 재정거래(Triangular Arbitrage), 스테이블 코인의 페깅(Pegging)에 일시적 괴리가 생겼을 때 이를 이용하는 스테이블 코인 재정거래(Stable coin Arbitrage) 등이 있다.

재정거래는 같은 상품이 서로 다른 가격을 갖는 상황을 활용하여 수익을 내는 것이므로 그 자체가 위법인 것은 아니다. 그러나 국경 간 재정거래를 이행하기 위해서는 주로 FIAT 통화를 가상자산 가격이 낮은 나라로 송금을 하게 되는데 이 과정에서 외국환거래, 조세, 국제자금세탁방지기구(FATF)의 권고에 따른 Travel Rule, 가상자산 거래 관련 라이선스, 각종 보고 의무 위반으로 행정 제재를 받거나 형사처벌을 받을 수 있다. 가상자산 재정거래의 전체 규모에 대한 정확한 통계는 존재하지 않고, 개별 재정거래에 대한 단속을 통해 대략적인 상황을 알 수 있을 뿐이다. 관련 기사에 따르면, 관세청 서울본부세관은 비트코인 등 가상자산을 이용한 불법외환거래를 조사하여 불법 환치기 8,122억 원 등을 적발한바 있고,[5)] 검찰

Arbitrage in Cryptocurrency Markets", Journal of financial economics, v. 135 no. 2, 2020 등 참조

4) 이상현, '비트코인 상승세 속 김치프리미엄 확대', 메리츠리서치(2024. 4. 4), 1면.

5) 안광호, "'김치 프리미엄' 노린 1조7000억원 규모 가상자산 환치기 적발", 경향신문, 2021. 7. 8.자. https://

과 서울본부세관은 허위 무역 대금을 명목으로 256명의 계좌에서 돈을 모아 9개 은행을 통해 총 4조 3,000억 원 상당을 해외로 불법 송금한 다음 중국, 일본, 홍콩, 호주 등 해외 코인 거래소에서 가상자산을 구입한 뒤 국내 코인거래소로 전송해 김치 프리미엄이 붙은 가격에 매각한 건을 적발하여 재판에 넘긴바 있으며,[6] 관세청에 따르면 23년 한해 적발된 가상자산 환치기의 규모가 1조 4,454억원으로 전체 외환범죄의 80%, 환치기의 95%에 달하는 것으로 알려져 있다.[7] 2025. 9월말 현재에도 비트코인의 김치 프리미엄은 2%를 웃돌고 있고 특정 가상자산의 경우 10%에 달하기도 하는 등 재정거래가 발생할 가능성은 여전히 남아 있다.

나. 가상자산사업자의 의미와 범위

(1) 가상자산사업자의 정의

구 특정금융정보법(2023. 7. 18., 법률 제19563호로 개정되기 전의 것)은 '가상자산사업자'를 '금융회사등'의 하나로 규정하면서, 경제적 가치를 지닌 것으로서 전자적으로 거래 또는 이전될 수 있는 전자적 증표(그에 관한 일체의 권리를 포함한다)와 관련하여 ① 가상자산을 매도, 매수하는 행위, ② 가상자산을 다른 가상자산과 교환하는 행위, ③ 가상자산을 이전하는 행위 중 대통령령으로 정하는 행위, ④ 가상자산을 보관 또는 관리하는 행위, ⑤ 위 ① 및 ②의 행위를 중개, 알선하거나 대행하는 행위, ⑥ 그 밖에 가상자산과 관련하여 자금세탁행위와 공중협박자금조달행위에 이용될 가능성이 높은 것으로서 대통령령으로 정하는 행위 중 어느 하나에 해당하는 행위를 영업으로 하는 자라고 정의하였고, '금융거래등'의 범위에 가상자산사업자가 수행하는 위 행위에 해당하는 것을 포함시키고 있었다(동법 제2조 제1호부터 제3호).[8] 이와 관련하여 구 특정금융정보법 시행령(2024. 3. 26., 대통령령 제34363호로 개정되기 전의 것) 제1조의2는 법 제2조 제1호 하목 3)에서 "대통령령으로 정하는 행위"란 '고객의 요청에 따라 가상자산의 매매, 교환, 보관 또는 관리 등을 위해 가상자산을 이전하는 모든 행위'를 말한다고 규정하였다. 한편 구 특정금융정보법은 가상자산사업자에게 불법재산 등으로 의심되는 거래의 보고 및 고액 현금거래 보고 등에 관한 의무를 부과하고, 상호 및 대표자의 성명, 사업장의 소재지, 연락처 등 대통령령으로 정하는 사항을 금융정보분석원장에게 신고하도록 하면서(제4조 제1항, 제4조의2 제1항, 제7조 제1항, 제2항), 이를 위반한 경우 형사처벌을

---

www.khan.co.kr/article/202107071508001

6) 박선정, "코인 시세차익 '김치 프리미엄' 노리고 4조원대 외화 불법송금 혐의 20명 기소", 법률신문, 2023. 1. 18.자. https://www.lawtimes.co.kr/news/184659

7) 홍혜진, "코인 '불법 환치기'에 1조 뚫려…"김프로 꿀 달달하게 빨았네"", 매일경제, 2024. 1. 15.자, https://www.mk.co.kr/news/economy/10921803

8) 위 규정들은 「가상자산 이용자 보호 등에 관한 법률」이 제정·시행됨에 따라 동법상 정의 규정을 준용하는 것으로 각각 개정되었다.

할 수 있도록 규정하고 있다(제17조). 결국 구 특정금융정보법상 가상자산사업자에 해당하는지 여부는 ① 법 제2조 제1호 (하)목에서 정하고 있는 행위에 해당하는지 여부와 ② 이러한 행위를 영업으로 하였는지 여부에 따라 판단하여야 한다.

(2) 가상자산사업자의 유형

가상자산사업자의 대표적인 유형으로는 가상자산 거래업자, 가상자산 보관·관리업자, 가상자산 지갑서비스업자 등이 있는데, 단순히 P2P 거래플랫폼이나 지갑서비스 플랫폼만 제공하거나 하드웨어 지갑을 제공할 경우에는 사업자에 해당하지 않는다.[9] ① 가상자산 거래업자는 일반적으로 가상자산 매매·교환 등을 중개·알선하기 위하여 플랫폼을 개설하고 운영하는 사업자로서 가상자산 취급업, 교환업, 거래소 등으로 통용되고[일반적으로 가상자산의 매도·매수(예: 현금과의 교환) 및 가상자산간 교환을 중개, 알선하거나 대행, 가상자산을 이전하는 행위 등의 기능을 함께 수행], ② 가상자산 보관·관리업자는 타인을 위하여 가상자산을 보관·관리하는 행위를 영업으로 하는자로서 가상자산 커스터디, 수탁사업 등으로 통용되며(가상자산을 보관·관리하는 행위를 주요 업무로 수행), ③ 가상자산 지갑서비스업자는 다양한 사업 형태가 있을 수 있으나 일반적으로 가상자산의 보관·관리 및 이전 서비스 등을 제공하는 사업자로서, 중앙화 지갑서비스, 수탁형 지갑서비스, 월렛 서비스 등으로 통용된다(법상 가상자산의 이전, 가상자산의 보관관리 행위를 주요 업무로 수행).[10]

(3) 가상자산사업자 해당 여부 판단 기준

구 특정금융정보법상 가상자산사업자에 해당하는지 여부는 가상자산의 매도, 매수, 교환, 이전, 보관·관리 행위, 매도·매수·교환 행위를 중개·알선·대행하는 행위에 해당하는지와 관련하여 영리 추구 목적 및 행위의 반복·계속성 유무 등을 종합적으로 고려하여 해당 행위의 영업성 유무를 검토한 후 개별적으로 판단하여야 할 것이다.[11] 여기서 영업으로 한다는 것은 영리를 목적으로 동종의 행위를 계속하여 반복하는 것을 의미하고, 이에 해당하는지 여부는 단순히 그에 필요한 인적 또는 물적 시설을 구비하였는지 여부와는 관계없이 가상자산의 매도, 매수, 교환, 이전, 보관·관리 행위 등의 반복·계속성 여부, 영업성의 유무, 그 행위의 목적이나 규모·횟수·기간·태양 등의 여러 사정을 종합적으로 고려하여 사

---

9) 금융정보분석원·금융감독원, 가상자산사업자 신고 매뉴얼, 2024. 7., 1면.
10) 금융정보분석원·금융감독원, 가상자산사업자 신고 매뉴얼, 2024. 7., 2-3면.
11) 금융위원회·금융감독원, 가상자산 발행회사가 가상자산사업자에 해당하는지 여부에 관한 비조치의견서, 법령해석 회신문(220064). 참고로, FATF 국제기준상 가상자산사업자의 주요 요소는 ① 영업으로, ② 고객을 대신하여, ③ 가상자산 관련 활동을 적극적으로 촉진하는 것임(금융정보분석원·금융감독원, 가상자산사업자 신고 매뉴얼, 2024. 7., 2면).

회통념에 따라 판단하여야 한다.12)

재정거래는 작게는 개인이 국내 가상자산거래소와 해외 가상자산거래소에 각각 계정을 만들고 각 거래소의 가격 차이를 활용하여 이익을 얻는 경우부터, 불특정 다수의 이익을 위해 일정한 대가를 받고 지속적·반복적으로 행하는 경우까지 다양한 유형이 있을 수 있다. (1) 구 특정금융정보법은 가상자산사업자를 정의하면서 '가상자산과 관련하여 법정된 행위를 영업(營業)으로 하는 자라고 규정하고 있으므로 자기의 계산으로 오로지 자기의 이익을 위하여 가상자산거래소를 통해서만 가상자산의 매매나 교환을 계속·반복하는 가상자산거래소의 일반적인 이용자는 동법상 가상자산사업자에 해당하지 않는다. 재정거래 자체가 위법하거나 반사회적 행위가 아니라는 점에서 당연한 내용이라고 할 수 있다. (2) 문제는 불특정 다수인 고객이나 이용자의 편익을 위하여 가상자산거래를 하고 그 대가를 받는 행위를 계속·반복하는 자인데, 이 경우에도 타인을 위해서 일정한 대가를 받았다고 하여 항상 동법상 가상자산사업자가 된다고 하면 동법의 규율 범위와 처벌 범위가 지나치게 확대될 가능성이 있으므로, 구체적인 사실과 증거를 바탕으로 엄격히 판단할 필요가 있다. 실제 대상판결과 원심판결도 피고인의 행위가 영업성을 가지고 있는 근거로 ① 공범들과의 재정거래로 볼 수 있는 거래 구조에 참여하기로 합의한 점, ② 송금되는 돈의 0.3~0.5%를 수수료 지급하기로 하였고 실제 거래금액에 비추어 보면 수수료 금액이 상당했을 것으로 보이는 점, ③ 총 77회에 걸쳐 합계 1,778억 원 가량 입금되는 등 거래의 횟수 및 금액의 규모가 적지 않았던 점, ④ 피고인이 1인 주주이자 대표이사로 있는 주식회사의 계좌 이용을 허락하였는데 해당 주식회사는 코로나가 시작된 이후 재정거래 이외에 특별한 수입원이 없었기 때문에 수수료가 피고인의 주된 수입원이었을 것으로 보이는 점, ⑤ 피고인은 위 기간 동안 평균 3.36일에 하루꼴로 수억 원 내지 수십억 원 상당 규모의 금액을 송금받은 다음 일본 거래소에서 가상자산을 매수한 뒤 이를 또 다시 가상화폐 전자지갑으로 이전하였던 점 등을 자세히 설시하고 있다.

4. 판결의 의의

대한민국의 경우 가상자산에 대한 엄격한 규제와 그로 인한 시장의 폐쇄성 등으로 인해

---

12) 참고로, 해외 가상자산거래소를 온라인으로 소개하여 불특정 다수의 고객을 회원가입 시킨 후, 해당 고객이 거래소에서 발생시키는 거래수수료의 일정비율을 수령하는 사업자가 「가상자산이용자보호법」 제2조 제2호에서 정의하고 있는 가상자산사업자에 해당하는지에 대하여, 금융위원회·금융감독원은 해외 가상자산거래소를 불특정 다수에게 소개하는 행위를 영업으로 하는 경우에는 「가상자산이용자보호법」 제2조제2호에서 정의하는 가상자산사업자에 해당할 소지가 있다고 답변하였다. 금융위원회·금융감독원, 가상자산사업자 해당 유무에 관한 비조치의견서, 법령해석 회신문(250098).

동일한 가상자산임에도 한국 가상자산거래소에서의 거래시세가 해외 거래소의 그것보다 월등히 높아 소위 '김치 프리미엄'이 발생하는 경우가 빈번하다(경우에 따라서는 역프리미엄이 발생하기도 한다). 이러한 상황을 활용하여 이익을 얻고자 하는 재정거래가 빈번하게 발생하여 왔는데, 그 동안은 특정금융정보법 및 「가상자산 이용자 보호 등에 관한 법률」상 '가상자산사업자'에 해당하는지 여부, 특히 '영리성'의 판단 기준이 불분명하여 사건마다 결론이 상이한 경우가 발생하였다.

대상판결은 가상자산사업자의 핵심 요건인 '영리성' 또는 '영업성'을 판단함에 있어, 자금세탁 및 공중협박자금조달 방지 체계 내로 편입한 구 특정금융정보법의 개정 취지에다가 가상자산 관련 거래의 목적, 종류, 규모, 횟수, 기간, 태양 등 개별사안에 드러난 여러 사정을 종합적으로 고려하여 사회통념에 따라 합리적으로 판단해야 한다는 기준을 제시하면서, 구체적인 사안에 있어 자기의 계산으로 오로지 자기의 이익을 위하여 가상자산거래소를 통해서만 가상자산의 매매나 교환을 계속·반복하는 가상자산거래소의 일반적인 이용자는 특별한 사정이 없는 한 가상자산사업자로 보기 어려울 것이나, 불특정 다수인 고객이나 이용자의 편익을 위하여 가상자산거래를 하고 그 대가를 받는 행위를 계속·반복하는 자는 원칙적으로 가상자산사업자로 볼 수 있다는 구체적인 기준을 제시하였다는 점에 의의가 있다고 하겠다.

98 가상자산의 자본시장법상 투자계약증권성 여하

대법원 2025. 1. 23.자 2023모451 결정[1)]

김상순 (법무법인 도울 변호사)

1. 사안의 개요

서울남부지방검찰청은 자본시장과 금융투자업에 관한 법률(이하 '자본시장법') 위반 피의사건과 관련하여, 2022. 10. 28. 서울남부지방법원에 몰수·부대보전명령에 의한 재산처분금지를 청구하였다. 서울남부지방법원은 2022. 11. 15. '보전대상재산이 부패범죄의 범죄행위에 의하여 생긴 재산 또는 그 범죄행위의 보수로서 얻은 재산이라거나 이로부터 유래한 재산이라는 점에 대한 소명이 부족'하다는 이유로 몰수및부대보전청구 청구를 기각하였다(서울남부지방법원 2022초기3272 결정). 이에 대하여 검사는 2022. 11. 24. 항고하였고, 서울남부지방법원은 2023. 2. 16. 항고를 기각하였다(서울남부지방법원 2022로97 결정. 이 사건 원심 결정). 검사는 2023. 2. 23. 재항고하였고, 대법원은 2025. 1. 23. 재항고를 기각하였다.

2. 판결의 요지

가. 원심결정(서울남부지방법원 2023. 2. 16.자 2022로97 결정)

1) 검사 항고이유의 요지는 아래와 같았다. ▲본건 범죄[2)]는 자본시장법에서 규율하는 사기적 부정거래 범죄에 해당할 뿐만 아니라 특정경제범죄 가중처벌 등에 관한 법률(이하 '특

1) [관련 평석 및 문헌] 이석준, "2024년 가상자산 중요판례평석", 인권과 정의 529호, 2025; 이정엽, "가상자산 판례백선", 박영사, 2024, 61면; 이정수, "가상자산의 증권성 판단기준", 상사판례연구 제36권 제2호, 2023.

2) 본건 피의 범죄사실은 '피의자는 2019. 5. 7.경부터 2022. 5. 18.경까지 허위 또는 과장되거나 중요사항이 누락된 대외 홍보 활동을 하고 투자계약증권인 루나 코인의 매매, 그 밖의 거래와 관련하여 부정한 수단, 계획 또는 기교를 사용해 루나 코인이 판매되게 함으로써 루나 코인 가격을 상승시켜 실현이익 최소 1,400억 원 이상의 부당이득을 취득'하여 자본시장법위반 행위를 하였다는 것이다.

정경제범죄법')에서 규율하는 사기 범죄에도 해당한다. 사기 범죄로 인한 범죄수익은 범죄피해재산에 해당하고, 범죄수익은닉의 규제 및 처벌 등에 관한 법률(이하 '범죄수익은닉규제법') 제8조 제3항은 범죄피해재산에 대해서는 몰수할 수 없다고 규정하고 있으므로 이를 몰수하려면 부패재산의 몰수 및 회복에 관한 특례법(이하 '부패재산몰수특례법')을 적용하여야 하는 것은 맞다. ▲한편, 대법원은 "범죄수익은닉규제법 제8조 제3항, 제10조 제2항은 범죄수익 등의 재산이 범죄피해재산인 경우에는 이를 몰수하거나 추징할 수 없다고 규정하고 있으나, 이는 재산에 관한 죄 외에 범죄단체가입·활동죄와 같이 독자적 법익을 함께 침해한 경우까지 적용되는 것은 아니다"라고 판시(대법원 2012. 10. 11. 선고 2010도7129 판결 등)하고 있어, 사기죄 외에 독자적 법익을 침해하는 다른 죄가 함께 성립하는 경우에는 범죄피해재산에 해당하더라도 범죄수익은닉규제법에 따른 몰수를 허용하고 있다. ▲본건 범죄사실은 자본시장법 위반행위이기도 하다. 자본시장법 제443조 제1항 위반행위는 범죄수익은닉규제법 제2조 제1호 가목이 정하는 동법이 적용되는 중대범죄(사형, 무기 또는 장기 3년 이상의 징역이나 금고에 해당하는 죄)에 해당한다. 자본시장법은 자본시장법을 위반하여 사기적 부정거래 행위를 한 자가 취득한 재산에 대해 필요적 몰수·추징규정을 두고 있다. ▲자본시장법 제443조의 보호법익은 '자본시장에 대한 국민의 신뢰와 공정성'이라 할 수 있고, 이러한 보호법익은 재산에 관한 죄 외의 독자적 법익에 해당함은 명백하다. 따라서, 이를 침해하는 자본시장법위반죄에 대해서는 당연히 범죄수익은닉규제법에 따라 몰수 및 몰수보전을 할 수 있다.

2) 원심결정의 판시는 아래와 같았다. ▲범죄수익은닉규제법 제8조 제3항은 '범죄수익 등의 재산이 범죄피해재산(재산에 관한 죄에 해당하는 범죄행위로 인하여 그 피해자로부터 취득한 재산 또는 그 재산의 보유처분에 의하여 얻은 재산)인 경우에는 이를 몰수할 수 없다'고 규정하고 있다. 그런데 검사가 주장하는 피의자의 범죄는 특정경제범죄법위반(사기)죄와 특정경제범죄법위반(배임)죄이고 이는 재산에 관한 죄인바, 검사의 주장과 같이 이 사건 재산이 피의자가 피의자의 범죄로 인하여 피해자들로부터 취득한 재산 또는 그 재산의 보유·처분에 의하여 얻은 재산이라고 하더라도 이는 범죄피해재산에 해당하므로, 이를 몰수할 수 없다. ▲이에 대하여 검사는, 재산에 관한 죄 외에 별개의 독자적 법익을 함께 침해하는 경우에는 범죄피해재산에 해당하더라도 범죄수익은닉규제법에 따른 몰수를 할 수 있는데, 피의자는 자본시장법위반죄를 범함으로 인해 '자본시장에 대한 국민의 신뢰와 공정성'이라는 독자적인 법익을 함께 침해하였으므로, 피의자의 재산을 몰수할 수 있다고 주장한다. 그런데 위 자본시장법위반죄는 피의자가 사기적 부정거래의 방법으로 가상화폐(암호화폐)인 루나코인을 발행, 유통하였다는 내용인데, 검사가 제출한 자료만으로는 위 가상화폐(암호화폐)가 자본시장법에서 규제하는 '금융투자상품'에 해당한다고 보기 어렵고, 달리 피의자가 재산에 관한 죄 외에 별개의 독자적 법익을 함께 침해하였다고 볼 만한 사정도 없으므로, 검사의 위 주장은 이유 없다.

나. 대법원 결정

재항고심에서 검사와 변호인 간의 치열한 법리 공방이 이어졌던바, 대법원은 '원심은 이 사건 몰수보전청구를 기각한 제1심결정을 유지하였는데, 관련 법리와 기록에 비추어 살펴보면, 원심의 판단은 정당하고, 거기에 재판에 영향을 미친 법령의 위반이 없다.'는 취지로 재항고를 기각하였다.

3. 해설

가. 주된 쟁점 – 자본시장법상 투자계약증권에 해당하는지 여부

검사는 대법원 판례(대법원 2012. 10. 11. 선고 2010도7129 판결 등)를 들어, 사기죄 외에 독자적 법익의 침해가 있는 경우에는 범죄피해재산에 해당하더라도 범죄수익은닉규제법에 따른 몰수가 가능하다고 이론구성하였다. 즉 "사기적 부정거래 행위를 하여 자본시장법을 위반하였으므로 범죄수익은닉규제법에따라 위 범죄로 취득한 범죄 수익 등을 몰수보전할 수 있다"는 것이다. 결국 검사의 몰수 및 부대보전청구가 받아들여지기 위해서는, (1) 범죄수익은닉규제법이 적용되어야 하고, (2) 범죄수익은닉규제법이 적용되기 위해서는, 자본시장법 위반이라는 독자적 법익의 침해가 있어야 하고, (3) 독자적 법익 침해를 인정하기 위해서는, 테라-루나 코인이 자본시장법상의 금융투자상품에 해당하여 자본시장법의 적용범위에 포함되어야 한다.

요컨대, 테라-루나 코인이 자본시장법 상의 금융투자상품에 해당하지 않는다면 자본시장법이 적용되지 않게 되어 범죄수익은닉규제법에 따른 몰수를 할 수 없게 되므로 몰수보전청구가 이유 없게 되므로, 투자계약증권에 해당하는지 여부가 핵심 쟁점이 되었다.

나. 재항고심에서 등장한 이른바 '스테이킹 보상' 쟁점

(1) 쟁점

검사의 재항고 이유는 ① 자본시장법의 입법목적·보호법익에 관한 해석 및 이로 인한 범죄수익은닉규제법상 범죄피해재산에 대한 몰수가 가능한 '독자적 법익 침해'의 해석에 관한 법리오해, ② 자본시장법상 '금융투자상품'의 해석에 관한 법리오해 등 크게 2가지로 나눌 수 있는데, 이하에서는 후자의 부분에 관하여 살펴보겠다.

(2) 중대범죄의 범죄수익 등에 해당 여부 – 본건 가상화폐의 '금융투자상품' 해당성

▲본건 가상화폐의 백서, 사업설명, 수익구조, 피의자가 추진한 사업내용 등에 의하면, 본건 가상화폐의 구매자는 계약상 피의자가 추진한 '테라 프로젝트'의 사업 성과인 테라코인 결제에 따른 수수료 등 수익을 귀속받을 권리가 있고 원금 손실의 위험을 부담하는바, 본건 가상화폐는 이익을 얻거나 손실을 회피할 목적으로 금전 등을 지급하기로 약정함으로써 취득하는 권리로서 원금손실의 위험이 있는 것을 의미하는 자본시장법 제3조 소정의 '금융투자상품'에 해당한다. ▲본건 가상화폐는 금융투자상품 중에서도 투자자가 취득과 동시에 지급한 금전 등 외에 추가 지급의무를 부담하지 않는다는 점에서 자본시장법상 '증권'에 해당하고(자본시장법 제4조 제1항), 특히 피의자가 추진한 '테라 프로젝트' 의 사업성과인 테라코인 결제에 따른 수수료 등 수익을 귀속받을 권리가 표시되어 있는 점에서 투자자가 그 투자자와 타인 간의 공동사업에 금전 등을 투자하고 주로 타인이 수행한 공동사업의 결과에 따른 손익을 귀속받는 계약상의 권리가 표시된 것인 자본시장법 상 '투자계약증권'의 요건을 충족한다(자본시장법 제4조 제6항). ▲따라서, 본건 가상화폐는 자본시장법상 '금융투자상품'에 해당함이 명백하고, 미국증권거래위원회(SEC)도 최근 본건 가상화폐가 증권에 해당함을 명시적으로 인정하고 관련자들을 '증권의 미등록 공모 및 판매행위, 사기적 부정행위' 등으로 제소한 사실도 있는바, 본건 가상화폐가 금융투자상품에 해당한다고 보기 어렵다고 본 항고심의 판단은 자본시장법상 '금융투자상품' 의 해석에 관한 법리를 오해하여 본건 몰수보전청구 재판에 영향을 미친 헌법·법률·명령 또는 규칙의 위반이 있는 경우에 해당한다. ▲또한 본건 가상화폐에 대해서는 미국 증권거래위원회의 조사를 거쳐서 위와 같이 증권법 위반에 대한 미국 연방법원 제소에 이르렀고, 미국 수사당국의 수사도 별도로 진행되고 있으므로 금융투자상품 해당 여부에 대하여 구체적인 판단이 이루어질 필요가 있고, 자본시장법과 관련한 동일한 규율체계를 갖고 있는 유럽과 싱가포르 등 해외 각국의 금융당국은 물론 우리나라 금융위원회의 해석론에 따르더라도 금융투자상품(증권성)에 해당한다는 판단이 가능한 사안이므로 금융투자상품에 대한 대한민국 법원의 판단이 하나의 기준이 될 수 있다는 점에서도 중요한 의미를 가진다. 그럼에도 항고심이 아무런 이유나 근거조차 설시하지 않았다는 점에서 항고심의 재판에 영향을 미친 헌법·법률·명령 또는 규칙의 위반은 명확하게 드러난다고 볼 수 있다.

(3) 이른바 스테이킹 보상

당 사건의 재항고심에서 검사는 ① 루나 코인 보유자가 스테이킹[3]을 통해 이익을 귀속

3) 검사는, 루나 코인의 증권성 관련 스테이킹 보상이 피고인 측의 주장과 같이, '검증인 업무'에 대한 보상

받을 수 있는 점, 그리고 ② 루나 코인을 2차 시장에서 매각하여 전매차익을 취할 수 있는 점을 들어 투자계약증권에서 말하는 '손익'이 존재한다는 취지의 주장을 추가하였다.[4)]

아울러, 가상자산의 증권성 기준과 이른바 스테이킹 보상을 설명[5)]하면서, 루나 코인의 스테이킹 보상성이 긍정[6)]되므로 증권성을 가진다는 취지로 주장하였다.

당 사건의 재항고심에서 변호인은 아래와 같은 취지로 검사의 주장에 반박하였다. ▲루나 코인은 자본시장법상 금융투자상품에 해당하지 않으므로, 피의자가 자본시장법위반죄를 범하였음을 전제로 '자본시장에 대한 국민의 신뢰와 공정성'이라는 독자적인 법익이 침해되어 몰수가 가능하다는 검사의 주장은 부당하다. ▲미국의 Investment contract 개념은 대한민국 자본시장법에 따른 투자계약증권과 명칭만 유사할 뿐, 실질 면에서는 개념과 요건을

이 아니라 수익금의 분배라는 점을 설명하기 위해, 보도 자료를 통해 피고인이 2019. 12. ~ 2022. 4.경 검증인 역할을 하지 않았음에도 루나 코인 스테이킹 보상으로 80억 6,965만 원 상당의 루나 코인, UST 등을 지급받은 사실을 기소 시에 보도자료를 통해 공개하기도 하였다.

4) 피의자는 2023. 4. 25. 불구속 기소되었는데, 주요 공소사실 요지는 ① 피고인 등 테라폼랩스 일당 8명이 2018. 7. ~ 2022. 5. 테라 코인 가격 고정의 알고리즘의 허구성을 숨기고 테라 블록체인 기반 플랫폼 사업(결제서비스 등)이 성공리에 추진되고 있는 것처럼 허위홍보를 하고 거래조작 등 부정한 수단을 동원하여 테라루나 코인이 거래되도록 함으로써 4,629억 원 상당의 부당이익을 챙기는 등 자본시장법위반(사기적부정거래) 및 특정경제범죄법위반(사기), ② 2020. 12. ~ 2022. 5. 증권신고서 제출없이 투자계약증권인 루나 코인을 주조, 투자자들에게 배분 판매하여 증권의 모집·매출행위 영위 등 자본시장법위반(공모규제위반), ③ 2020. 2. ~ 2021. 12. 차이페이 결제시스템에 테라 블록체인 기술이 이용되는 것처럼 속여 투자사들에게 차이 상환우선주에 투자하게 함으로써 약 1,221억 원 상당의 부당이익 취득 및 동액 상습 편취하여 자본시장법위반(사기적부정거래) 및 특정경제범죄법위반(사기) 등이다.

5) ▲스테이킹 보상의 손익 귀속 요건 충족 여부와 관련하여 현재 논의되고 있는 내용을 구체적으로 살펴보면, 금융감독원은 '공동사업 결과에 따른 손익을 귀속받는 계약상 권리'는 수익분배에 대한 명시적 계약뿐만 아니라 묵시적 약속도 수익청구권에 포함되고, 투자자에 대한 지급이 투자자 활동보다 사업성과에 비례하는 경우를 증권성이 인정될 수 있다고 보고 있다. ▲Dpos방식 가상자산의 스테이킹보상은 (1) 스테이킹 보상의 재원이 공동사업에 따른 손익일 것 (2) 스테이킹 보상을 발행인이 직접 분배하겠다는 약속이 있을 것 (3) 스테이킹 보상이 (투자자 활동의 대가라기 보다는) 사업손익 분배 수단으로 설계되고 인식될 것 등 위 3가지 요건을 충족하면 증권성이 인정될 수 있다.

6) ▲스테이킹 보상의 재원 관점에서, 테라 프로젝트는 테라 코인이 화폐처럼 사용되는 테라 블록체인 기반 플랫폼 사업으로, 테라 블록체인 기반 플랫폼 사용에 따른 '수수료 , 테라코인 발행에 따른 '주조차익' 등을 수익으로 추구하고 이를 루나 코인 스테이킹 보상의 재원으로 사용한다(구체적으로 테라폼랩스는 차이페이 결제사업 등 플랫폼 사업을 통해 테라코인 거래를 확대하고자 하였고, 테라코인을 결제수단으로 하는 거래가 증가할수록 루나 코인보유자에게 더 많은 수수료가 지급되므로 루나 코인 보유자는 보유 지분 비율에 따라 수수료를 배분받는 지분권을 가지게 되는바, 결국 루나 코인 보유자의 위 손익은 테라폼랩스의 플랫폼 사업에 따른 결과이다). ▲스테이킹 방법의 관점에서, 피고인 등 테라폼랩스 운영자들은 테라 백서 및 투자 설명 등을 통해 테라 코인 거래수수료 및 주조 차익 등 테라 블록체인 플랫폼 사업의 수익이 루나 코인 보유자들에게 지급되어 루나 코인의 가치를 제고한다는 점을 명확히 하였고, 루나 코인 보유자에 대한 스테이킹 보상은 제3자가 아닌 테라폼랩스가 개발한 테라 블록체인에서 지급되는 것이다. ▲스테이킹 보상의 속성 관점에서, 블록체인 소스코드 분석 결과와 개발자 진술 등에 의하면, 검증 업무에 대한 수수료와 별개로 루나코인을 스테이킹한 보유자는 모두 지분 비율에 따른 테라 블록체인 기반 플랫폼 사업의 수익을 지급받은 것으로 확인되었다. 즉 루나 코인 보유자는 자신의활동에 대한 대가로 스테이킹 보상을 지급받는 것이 아니라 테라 블록체인에 적립된 수수료를 지분 비율에 따라 지급받는 것일 뿐이다.

달리[7]하는 별개의 개념이다. 미국에서는 '투자자의 기대'만으로도 Investment contract의 요건을 충족한다고 보지만 자본시장법상 투자계약증권은 투자자에게 '계약상의 권리'가 있어야 성립한다. ▲루나 보유와 관련된 이익은 전매차익과 스테이킹 보상뿐인데, ① 전매차익은 투자계약증권에서 상정하는 손익이 아니고, ② 스테이킹 보상은 보유자의 공여에 따라 다른 투자자로부터 발생하는 것이지 '주로 사업을 수행하는 타인'의 노력에 따라 발생하는 것도, '사업수익'으로부터 발생하는 것도 아니다.[8] 참고로, 법원 역시 이러한 전제에서, 거래소를 운영하는 피고 회사가 자체 토큰을 발행해 해당 토큰 보유자에게 당해 가상자산 거래소에서 발생하는 수익의 일부를 지급한 사안에서, 토큰 자체의 매매로 발생하는 시세차익 취득이 토큰 매수의 가장 큰 동기인 점을 들어 해당 토큰을 투자계약증권으로 볼 수 없다고 판시한 사례[9][10]가 있다.

---

7) Investment contract의 범위에 관한 SEC의 입장과 투자계약증권 개념 간 구체적 차이를 살펴보자면, 이익에 관하여, SEC 기준은 '투자자의 기대'(이익에 대한 합리적 기대, Reasonable Expectation of Profit)만으로 충족되는 반면, 자본시장법상 투자계약증권은 투자자의 단순한 기대를 넘어 '발행인의 약속' 즉 계약상의 권리를 가지고 있어야 충족된다. 또한 SEC는 '이익'(Profit)에 전매차익이 포함된다는 입장인 반면, 자본시장법상 투자계약증권의 '손익'에 전매차익은 포함되지 않는다.

8) ▲스테이킹 보상은 보유자 자신의 개별적/구체적 공여에 대한 보상이므로, '타인이 주로 수행한 공동사업'에서 발생한 이익이 아니라, 스테이킹 보상은 루나 코인이 21일동안 인출제한(락업, lock-up)되는 불이익을 감수하고 이를 예치(스테이킹)해 온체인 거래의 검증작업에 쓰이도록 공여한 '검증인'에게 각 거래에 대한 검증작업의 대가로 지급되는 것으로서, 스테이킹은 루나가 채택한 지분증명(PoS) 합의 알고리즘의 작동을 위해 존재하는 핵심 기능이므로 타당하지 않다. ▲또한, 시세변동(전매차익)은 투자계약증권의 문언구조상 '손익' 개념에 포함되지 않는다. 투자자가 발행인이 아닌 2차 시장에서의 매수인으로부터 사실상의 이익을 취하는 것일 뿐이고, 투자자가 발행인에 대해 보유하는 '계약상의 권리'가 아닌 점 역시 명백하므로, 투자계약증권의 요건인 '손익'에 해당하지 않는다. 투자자가 발행인이 아닌 2차 시장에서의 매수인으로부터 사실상의 이익을 취하는 것일 뿐이고, 투자자가 발행인에 대해 보유하는 '계약상의 권리'가 아닌 점 역시 명백하므로, 투자계약증권의 요건인 '손익'에 해당하지 않는다.

9) 의정부지방법원 고양지원 2021. 9. 10. 선고 2019가단78506 판결(의정부지방법원 2022. 10. 20. 선고 2021나219018 판결로 항소기각되었음): 피고들은 이 사건 거래소 수수료의 일부를 H코인 보유자들에게 배당하기로 하였고, 그에 따라 일부 수익이 실제 H코인 보유자들에게 배당되기는 하였음은 앞서 본 바와 같으나, 앞서 인정한 사실에 의하여 인정되는 다음과 같은 사정, 즉 ① 그러한 수익 분배는 피고 회사가 H코인의 거래를 활성화하기 위하여 H코인 보유자에게 부수적으로 제공하는 이익일 뿐 H코인에 내재된 구체적인 계약상 권리라거나 본질적 기능이라고 볼 수 없는 점, ② 이용자들이 이 사건 거래소를 H코인 거래를 한 것은 H코인 자체 거래로 발생하는 시세차익의 취득이 가장 큰 동기이고, 이에 관하여 H코인 보유자(투자자) 사이에 이해관계가 상충하는 점 등에 비추어 볼 때, H코인을 자본시장법상 투자계약증권이라고 볼 수 없다. 따라서 H코인이 자본시장법상 투자계약증권임을 전제로 하는 원고들의 자본시장법상의 증권발행절차 위반 및 사기적 부정거래 행위 주장은 더 나아가 살필 필요 없이 이유 없다.

10) 서울남부지방법원 2020. 3. 25. 선고 2019가단225099 판결: A토큰을 보유함으로써 피고 회사가 운영하는 거래소의 수익을 분배받기는 하지만, 그러한 수익 분배는 피고 회사가 A토큰의 거래를 활성화하기 위하여 토큰 보유자에게 부수적으로 제공하는 이익일 뿐 A토큰에 내재된 구체적인 계약상 권리라거나 본질적 기능이라고 볼 수 없는 점, 토큰 자체 거래로 발생하는 시세차익의 취득이 A토큰 매수의 가장 큰 동기이고, 이에 관하여 토큰보유자(투자자) 사이에 이해관계가 상충하는 점 등에 비추어 볼 때, A토큰을 자본시장법상 투자계약증권이라고 볼 수 없다.

다. 소결

이 사건 재판이 진행되는 과정에서, 금융위원회의 STO 가이드라인 발표, 미국의 이른바 리플 판결 등이 선고되면서, 이를 반영한 치열한 공방이 이어졌다. 하급심에서 가상자산이 투자계약증권에 해당하지 않는다는 판결들이 등장하기 시작함에 따라 종래의 투자계약증권 해당 여부에 대한 법적 포섭 논리를 넘어서 루나 코인의 이른바 스테이킹 보상으로 재판의 주된 쟁점이 옮겨가기도 하였다.

4. 판결의 의의

당 사건은 결정문에서 설시한 내용 자체는 아주 간명하다. 구체적 이유 설시는 없지만, 테라-루나 코인이라는 "위 가상화폐(암호화폐)가 자본시장과금융투자업에관한법률에서 규제하는 '금융투자상품'에 해당한다고 보기 어렵고"라고 명시적으로 선언하고 대법원에서 최종 확정되었다는 점에서 원심 결정의 의의를 찾을 수 있다. 한편, 당 사건의 공방 과정은 정의감에 입각한 검사의 청구와 이에 대한 변호인의 논리정연한 대응이 각 돋보이는 멋진 법리 대결이었다.

99 가상자산 관련 불법행위 손해배상액의 산정기준

대법원 2025. 3. 13.자 2024다320529 판결[1)]

조동관 (연세대학교 겸임교수)

1. 사안의 개요

가상자산 투자자인 원고는 2015년경부터 친구이자 투자전문가인 피고에게 그 소유의 이더리움(Ethereum) 가상자산의 개인키가 저장된 하드월렛[2)]을 맡겼다. 2018년경 피고는 원고가 맡긴 하드월렛 모델이 단종되어 업데이트가 불가능해지자,[3)] 새로운 하드월렛을 구매하여 복구코드 등을 설정하고 원고의 가상자산을 매수 또는 매도하면서 관리하였다. 2019년 여름경 원고가 베트남 이민 계획 등으로 하드월렛 반환을 요청하자, 피고는 하드월렛을 원고에 교부하고 24개의 영어 단어, 총 123개의 알파벳으로 된 복구코드와 함께 하드월렛의 업데이트 방법 및 문제 발생시 조치방법 등을 종이로 전달하였다. 2021. 3. 22. 22:38경부터 다음 날인 23일 04:37경까지 원고는 피고에게 하드월렛 업데이트 중 문제가 생겨서 사용하지 못하게 되었고 복구코드 종이도 잃어버렸으니 혹시 복구코드를 가지고 있는지 문의하였다. 피고는 일단 찾아보겠다고 답한 후 피고의 이메일 등에서 복구코드를 확인하였음에도 불구하고 같은 날 17:08경 원고에게 복구코드를 찾지 못하였다는 취지의 메시지를 보냈다.

---

1) [관련 평석 및 문헌] 이석준, "2024년 가상자산 중요판례평석", 인권과 정의 제529호, 대한변호사협회, 2025. 5.

2) 하드웨어 월렛을 말하는 것으로, 블록체인에 접속할 수 있는 사용자의 개인키를 콜드월렛 방식으로 안전하게 보관하는 USB드라이브와 유사한 물리적 형태이다. 사용자의 코인이 보관된 것이 아니라 개인키만 보관하며, 일반적으로 거래소에서 사용자에게 제공하는 핫월렛보다 안전한 것으로 여겨지기 때문에 대량의 가상자산을 보유한 사용자가 주로 이용한다. 하드웨어 월렛은 여러 블록체인에서 동시에 작동할 수 있으므로 사용자는 하나의 하드웨어 월렛을 가지고 여러 거래소의 다양한 유형의 코인을 관리할 수 있다. 하드웨어 월렛에 저장된 모든 데이터는 복구 문구 또는 PIN코드 하나로 백업할 수 있어서 하드웨어 월렛을 분실하여도 복구문구나 PIN코드로 하드웨어 월렛을 복구할 수 있다, https://www.kaspersky.co.kr/resource-center/definitions/what-is-a-hardware-wallet, 2025. 9. 27.

3) 하드웨어 월렛은 스마트폰과 마찬가지로 컴퓨터나 모바일앱과 연동되기 위한 지속적 소프트웨어 업데이트가 필요한데, 단종으로 업데이트가 종료된 후에는 일정 기간 사용이 가능하지만 시간이 지남에 따라서 컴퓨터나 모바일앱과 연동이 끊어지게 되고, 하드웨어 월렛을 사용할 수 없는 상황이 된다.

그 이후 피고는 이메일에서 찾은 복구코드를 이용하여 원고의 가상자산을 몰래 탈취할 의사로 같은 달인 29일 10:10경 피고의 USB에 원고 소유의 가상자산 복구코드를 저장하였다. 몇 일 후 4. 1. 03:35경 피고는 복구코드를 새로 구입한 하드월렛에 입력하여 원고의 하드월렛을 복구한 후 컴퓨터에 연결하여 이더리움 블록체인에 접속하고, 총 6회에 걸쳐 원고 소유의 이더리움 약 1,698개를 피고 및 피고가 관리하는 타인 명의의 전자지갑 6개로 전송하여, 시가 약 41억 원 상당의 재산상 이익을 취득하였다. 피고는 동 사안으로 정보통신망 이용 촉진 및 정보보호 등에 관한 법률 위반(정보통신망침해등)과 특정경제범죄 가중 처벌 등에 관한 법률 위반(사기) 등 혐의로 기소되어 징역 3년에 집행유예 5년의 유죄판결을 선고받았고, 검사가 항소하였으나 기각되어 최종확정되었다.[4]

대상판결은 상기 형사판결 인정사실에 의하여 원고가 피고에 대하여 불법행위로 인한 손해배상을 청구한 사안이다.

2. 판결의 요지

가. 1심판결(의정부지방법원 남양주지원 2024. 2. 1. 선고 2023가합50961 판결) 및 원심판결(서울고등법원 2024. 11. 20. 선고 2024나2010189 판결)

1심 법원은, 불법행위로 인한 손해배상의 범위는 원칙적으로 불법행위 시를 기준으로 산정해야 하므로, 피고가 원고의 이더리움을 피고의 전자지갑으로 전송하였을 때 즉시 완성되었고, 원고에게 발생한 손해는 탈취 당시의 이더리움 시가 상당액으로 보았다. 쟁점은 가상자산의 중앙거래소가 존재하지 않아서 여러 가상자산 거래소별로 동일 시간대에 거래 가격이 다르다는 점이었는데, 1심 법원은 C거래소가 가상자산 거래량이 가장 많고 원고 및 피고도 주로 이용하였다는 점에서, 탈취 당시의 이더리움 시가를 2021. 4. 1. 03:00부터 04:00까지 C거래소의 이더리움 종가인 2,238,000원으로 보았다. 이는 상기 형사판결에서 이더리움 가액을 개당 2,422,000원으로 인정한 것과 차이가 있었다. 또한 원고에게 환부된 이더리움 400.216개에 대해서는 환부 당일인 2022. 7. 13. 시가 1,467,000원으로 보았다.

원심 법원은 1심 법원에서 결정한 손해배상액 산정의 기준을 명시적으로 변경하지 않으면서, 탈취 당시의 이더리움 시가는 1심 법원과 동일하게 유지하였으나, 환부 당시 이더리움 400.216개의 시가에 대해서는 2022. 7. 13. 종가인 1,399,000원으로 변경하였다. 다만 환부 당시 이더리움 시가의 변경 사유를 증거와 변론 전체의 취지를 고려한다고 언급하였을 뿐이며 별다른 근거를 제시하지는 않았다.

---

4) 서울동부지방법원 2022. 10. 28. 선고 2022고합200 판결; 서울고등법원 2023. 5. 25. 선고 2022노2974 판결.

나. 대법원 판결

대법원에서는 심리불속행으로 기각되어 원심판결이 확정되었다.

3. 해설

가. 문제의 소재

가상자산은 시시각각 시장 가격의 변동성이 매우 심하기 때문에 불법행위로 인한 손해배상액의 산정 기준을 어떤 방식으로 정하는지 여부에 따라 손해배상액이 크게 달라져서 문제가 된다. 이 사안에서도 대상판결 이전의 형사판결에서는 탈취 시점의 이더리움 가액을 개당 2,422,000원으로 보았으나, 대상판결의 1심에서는 2,238,000원으로 보았고, 다시 대상판결에서는 환부 당시 이더리움 가액을 1심의 1,467,000원에서 1,399,000원으로 변경하여, 동일한 사실 관계에서 손해배상액의 산정 기준에 따른 이더리움 가액의 변화를 현저히 보여주었다. 이러한 차이는 아래의 도표1과 같이 24시간 이루어지는 가상자산 거래로 이루어지는 가격 중 특정 시점을 선택한 결과이다.

〈업비트 거래소[5]에서 이더리움 시가: 2021년 4월 1일(좌측), 2022년 7월 13일(우측)〉

또한 가상자산의 경우에는 한국거래소와 같이 유통가격의 표준으로 삼을 수 있는 중앙거래소가 없기 때문에 다양한 거래소 별로 동일한 시점에 가상자산의 가격이 다르다는 점도 문제가 된다. 실제로 대상판결의 형사재판에서는 인베스팅닷컴 거래소의 2021. 4. 1. 이

5) 업비트 거래소 이더리움 시세 참조, https://upbit.com/exchange?code=CRIX.UPBIT.KRW-ETH, 2025. 9. 27.

더리움 가액 기준으로 개당 2,422,000원을 인정하였으나, 대상판결에서는 형사판결에서 인정된 가액 또는 2021. 4. 1. 당시 거래가격이 가장 높았던 코인원 거래소 이더리움 개당 2,422,000원을 기준으로 해야한다는 원고의 주장을 배척하고, ① 업비트는 다른 거래소에 비해 2 내지 3배 이상 많은 거래가 이루어지는 점, ② 피고가 탈취한 이더리움을 매도한다고 가정할 경우 실제 거래가 가능한 유일한 거래소로 보이는 점, ③ 원고 및 피고도 위 거래소를 주로 이용한 점 등을 이유로 탈취 당시 업비트 거래소의 이더리움 거래가액인 개당 2,238,000원을 기준으로 산정하였다.[6)]

결국 가상자산의 탈취로 인한 불법행위 손해배상액 산정기준은 ① 손해배상액 산정의 기준 시점을 언제로 할 것인지(시간적 기준), ② 어느 거래소의 시가를 기준으로 할 것인지(장소적 기준)가 쟁점이 된다.

나. 손해배상액 산정의 시간적 기준

대상판결은 형사판결로 인정된 구체적 사실관계에서 분단위로 불법행위 시가 비교적 명확하게 규명되어 있으므로, 상기 도표1(좌측)에 따르면 피고가 원고의 이더리움을 탈취한 2021. 4. 1. 03:35경 업비트 거래소의 이더리움 개당 가격은 2,240,000원 내외였다는 점에서 대상판결이 형사재판에서 인정하였던 2,422,000원이 아닌 2,238,000원으로 본 것은 불법행위 시 손해배상액 산정의 법리를 정밀하게 적용한 것으로 타당하게 보인다.

그렇다면 구체적 사실관계를 분단위로 알 수 없거나 대상판결의 환부와 같이 절차상 손해배상액의 산정이 필요한 경우에 시간적 기준을 어떻게 정할 것인지 생각해보아야 한다. 만일 불법행위 시를 시간단위 또는 새벽·오전·정오·오후·저녁·심야로 구분할 수 있다면 그에 따르는 것이 당연히 타당할 것이다. 그렇지 않고 불법행위 시를 일단위로 밖에 알 수 없거나 절차상 손해배상액의 산정이 필요한 경우에는 결국 해당일 가상자산의 시가·고가·저가·종가 중에서 선택할 수밖에 없는지 검토해야 한다. 업비트 거래소에 따르면 대상판결의 환부일인 2022. 7. 13.의 이더리움 개당 시가는 1,380,500원, 고가는 1,468,000원, 저가는 1,345,500원, 종가는 1,466,500원이었고,[7)] 대상판결의 1심법원은 고가에 근접한 1,467,000원으로 채택한 반면, 대상판결에서는 시가에 근접한 1,399,000원을 기준으로 삼았다. 한편 상기 도표1(우측)을 살펴보면, 환부일인 2022. 7. 13. 21:30 내지 22:00 사이에 급격한 매도세가 형성되며 약 36,725개의 이더리움이 거래되었는데, 이는 당일 전체 거래량 중 가장 많은 비중을 자치하기 때문에 가상자산의 가격에 거래량을 반영한다면(즉 시가×거래량),

6) 이석준, "2024년 가상자산 중요판례평석"(주 1), 330면.
7) 업비트 거래소 이더리움 시세(주 5) 참조.

1,360,000원 내지 1,400,000원 사이에서 가격 기준을 잡아야 할 수도 있다. 이러한 점에서 미루어 볼 때, 대상판결은 단순히 시가에 근접한 가액을 선정하였다기보다는 시가에 거래량을 반영한 것으로 보여지고, 단순히 시가·고가·저가·종가 중에서 선택하는 것보다 타당하다고 생각되며, 이러한 접근 방식이 사건의 구체적 사실 관계에 가장 근접한 형태로 보인다.

참고로 최근 영국 고등법원은 변동성이 큰 가상자산의 특성을 고려하여 손해배상액의 가격 산정시점을 사건 사실에 맞추어 유연하게 적용해야 한다는 판결을 내렸다.[8] 이 사안에서 영국 고등법원은 손해배상액의 산정시점에 대하여 행위일 원칙을 고집하지 말고 사건 사실에 맞추어 판결일로 유연하게 변경할 수 있다고 하였다. 비록 행위일의 변경에 관한 사안이지만, 가상자산의 변동성을 고려하여 손해배상액의 산정 시점을 사건 사실에 맞추어 유연하게 법률의 적용을 해야 한다는 법원의 입장은 참고할 만하다고 생각된다.

또한 최근 미국의 델라웨어주 대법원은 가상자산 반환 불이행에 따른 계약 위반으로 인한 손해배상액 산정에 관하여, 손해배상액은 '최고중간가'(Highest intermediate value)를 원용해서 평가해야 한다고 판시하였다.[9] 최고중간가 방식은 뉴욕주 법원에서 주식 반환 불이행 사건에서 발전된 법리로써, 반환시점으로부터 합리적 기간(약 3개월) 동안의 시장가격을 살펴서 그 기간 중 최고가(Highest value)를 손해액 계산 기준으로 삼는 것이다.[10] 최고중간가 법리를 대상판결의 환부일에 적용하면, 아마도 당일 최고가에 근접한 1심법원의 1,467,000원이 기준이 되겠지만, 합리적 기간을 얼마로 정할 것인지 문제가 남고 최고가를 손해액의 기준으로 삼기에는 우리 민법과 자본시장법상 통상의 손해배상 법리와 차이가 있어 보인다.

다. 손해배상액 산정의 장소적 기준

대상판결은 가상자산 거래소 내에서 발생한 불법행위가 아니라 거래소 밖에서 일어난 불법행위에 대한 가상자산의 가액 산정에 관한 것으로, 다양한 거래소 별로 동일한 시점에 동일한 가상자산의 가격이 다르다는 점에서 어떠한 기준으로 거래소를 선정하여야 하는가에 대한 국내법상 논의가 필요하지만, 이에 대해서는 이미 관련 평석에서 거래량이 가장 많은 거래소의 가격을 기준으로 양도소득세법령을 참고하여 가상자산사업자들의 평균 가격을 기준으로 하자는 의견이 있다.[11]

---

8) Southgate v Graham[2024] EWHC 1692 (Ch), https://lexlaw.co.uk/wp-content/uploads/Southgate-v-Graham-CH-2023-000212-Approved-judgment-02-07-2024.pdf?utm_source=chatgpt.com, 2025. 9. 28.
9) Diamond Fortress Techs., Inc. v. EverID, Inc. (Delaware Super. Ct., 2022), https://cases.justia.com/delaware/superior-court/2022-n21c-05-048-prw-ccld.pdf?ts=1649961097, 2025. 9. 28.
10) 앞의 판결, 33면 및 35면.
11) 자세한 사항은 이석준, "2024년 가상자산 중요판례평석"(주 1), 331-333면 참조.

한편 앞서 언급한 델라웨어주 대법원은 가상자산 반환 불이행으로 계약 위반에 따른 손해배상액 산정에 관하여, 법원은 우선 신뢰할 수 있는 시세의 출처를 먼저 선택해야 한다고 하면서,[12] CoinMarketCap의 과거 시세를 신뢰하여야 한다고 판시하였다.[13] 그 근거로는 미국 선물상품위원회(CFTC)와 증권감독위원회(SEC)가 가상자산에 관한 자료를 공표할 때 적절한 공개 자료로 CoinMarketCap을 참고하였고,[14] 이미 일부 사건에서 법원들이 Coin-MarketCap의 자료를 인용하였기 때문이라고 한다.[15] 이러한 법리는 대상판결에서 거래량이 가장 많은 거래소이면서 원고와 피고도 주로 이용했다는 점에서 업비트 거래소를 선택했다는 논거와 유사한 측면이 있다.

4. 판결의 의의

대상판결은 거래소 밖에서 일어난 가상자산의 탈취로 인한 불법행위 손해배상액 산정 기준에 대하여 시간적으로 사건 사실에 가장 근접한 방식을 적용하였으며, 장소적으로 여러 거래소 중 거래량이 가장 많고 원고와 피고도 주로 이용한 거래소를 선정하는 방식을 적용하여, 24시간 거래되면서 시시각각 변동성이 심한 가상자산 관련 손해배상액 산정 기준의 마련에 기초를 제공하였다는 점에서 의의가 있다.

12) Diamond Fortress Techs., Inc. v. EverID, Inc.(Delaware Super. Ct., 2022)(주 9), 31면.
13) 앞의 판결, 38면.
14) 앞의 판결, 17면.
15) 앞의 판결, 31면.

100 미신고 가상자산거래 영업 및 무등록 외국환업무

대법원 2025. 9. 4. 선고 2025도4431 판결[1)]

전우정 (한국과학기술원 교수)

1. 사안의 개요

대상판결인 대법원 2025. 9. 4. 선고 2025도4431 판결은 ① 미신고 장외거래(OTC) 영업의 '가상자산사업' 해당 여부, ② 가상자산을 이용한 환치기의 외국환거래법 적용 문제, ③ 범죄 조직 내 역할 분담에 따른 형사책임의 범위(특히 공동정범)를 종합적으로 다룬 대법원 판결이라는 점에서 중요한 의미를 지닌다. 대상판결은 특정금융거래정보의 보고 및 이용 등에 관한 법률(이하 '특정금융정보법')상 "가상자산사업자"의 판단 기준을 구체화하고, 가상자산을 이용한 신종 환치기 행위가 외국환거래법상 타발송금(他發送金) 업무와 기능적으로 동일하다는 법리를 제시하였다. 또한, 가상자산사업자의 직원이 단순 노무제공자를 넘어 기능적 행위지배를 통해 범죄에 본질적으로 기여한 경우 신분범의 공동정범이 성립할 수 있음을 명확히 하였다. 이 사건의 중심에는 피고인 5가 실질적으로 운영한 미신고 가상자산 환전소 T가 있다. T는 제도권 거래소 밖에서 불특정 다수 고객을 상대로 미국 달러와 가치가 연동되는 스테이블 코인인 테더(Tether, USDT)를 현금으로 매매하는 장외거래(OTC) 영업을 영위하였다. 범죄구조는 크게 두 갈래로 나뉜다.

가. 미신고 가상자산거래 영업 및 무등록 외국환업무(환치기)

피고인 5는 금융정보분석원장에게 신고하지 않고 가상자산 거래소 T를 운영하면서 가상자산 거래를 영업으로 영위하였고,[2)] 기획재정부장관의 인가나 등록 없이 외국환 취급 업

1) [참조 및 관련 판례] 대법원 2024. 12. 12. 선고 2024도10710 판결(공2025상, 346); 대법원 2015. 7. 23. 선고 2015도3703 판결; 대법원 2008. 5. 8. 선고 2005도1603 판결(공2008상, 860); 대법원 2004. 12. 10. 선고 2004도5652 판결(공2005상, 157).

2) 특정금융정보법 제7조 제1항, 제17조 제1항.

무를 수행하였다.[3] 구체적으로 대만에 거점을 둔 비거주자 조직(공소외 2 등)이 해외에서 조달한 자금으로 취득한 스테이블 코인 테더(USDT)를 T의 전자지갑으로 지속적으로 송금하였고, 2023년 6월부터 11월까지 그렇게 공급된 테더의 총액은 약 1억 770만 USDT(한화 약 1,413억 원 상당)에 달했다. 피고인 5와 직원인 피고인 2는 공급받은 테더를 T의 국내 고객들에게 매도하여 원화 현금을 확보한 뒤, 그 대금을 테더 공급의 대가 명목으로 국내에서 활동하는 전달책인 피고인 1, 3, 4 등에게 지급하였다. 예컨대, 2023년 8월 1일부터 9월 13일까지 약 1,327만 USDT(한화 약 175억 5,000만 원 상당)가 T를 통해 공급되고 그에 상응하는 원화 현금을 피고인 3, 4 등이 국내에서 수령한 바 있다. 대법원은 피고인 5가, 비거주자로부터 테더를 넘겨받아 그 지시에 따라 국내에서 비거주자의 사자(使者)나 대리인에게 원화를 교부한 행위가, 외국은행의 타발송금(외국 자금을 국내 수취인에게 원화로 지급하는 송금)과 실질적으로 동일한 기능을 수행한 것으로서 인가·등록 없이 이루어진 무등록 외국환업무에 해당한다고 판단하였다.

나. 사기 방조 및 범죄수익 은닉 (보이스피싱 자금세탁)

한편 환전소 T는 국내 보이스피싱 범죄조직의 범죄수익을 세탁하여 해외로 반출하는 데에도 이용되었다. 보이스피싱 조직원들은 피해자들로부터 편취한 현금을 상품권 등으로 일차 세탁한 후, 그 현금을 환전소 T에 가져와 피고인 2 등에게 건넸다. 피고인 2는 피고인 5의 지시에 따라 이렇게 전달된 현금을 받아 해당 금액에 상당하는 테더 코인을 보이스피싱 조직이 지정한 해외 가상자산 지갑 주소로 송금하였다. 실제로 2023년 8월 8일부터 8월 11일까지 나흘간 총 5회에 걸쳐 약 3억 1,797만 7,610원 상당의 원화가 합계 227,552 USDT로 환전되어 해외로 송금되었다. 피고인 5와 피고인 2는 이 현금의 출처가 보이스피싱으로 인한 불법 자금임을 미필적이나마 인식하고도 이러한 테더 전환과 송금을 수행함으로써, 보이스피싱 사기 범행을 방조하고 나아가 범죄수익의 취득·처분에 관한 사실을 가장하는 범죄수익 은닉 행위를 한 것으로 인정되었다.

참고로, 위 범행 과정에서 환전소 T로 피해금을 전달한 보이스피싱 조직원 중 한 명인 중국인 AA는 이미 별도의 사기죄로 처벌을 받았다. 그는 2023년 8월 8일부터 11일까지 피해자들로부터 약 4,000만 원 상당의 현금을 편취하여 T에 전달한 이른바 "3차 수거책"(환전소 전달책)이었는데, 2023년 8월 11일 사기 혐의로 체포되어 같은 해 11월 9일 서울북부지방법원에서 사기죄로 징역 3년을 선고받았고(2023고단3831), 2024년 2월 7일 그 판결이 확정되었다. 결국 본 사건 대상판결(대법원 2025도4431)은 환전소 운영자 및 관계자들인 피고인들의

3) 외국환거래법 제8조 제1항, 제3항, 제27조의2 제1항 제1호.

형사책임을 다투는 것이며, 한편 환전소를 통해 자금세탁에 가담한 보이스피싱 조직원 AA는 위와 같이 이미 별건의 사기죄로 유죄 확정판결을 받은 상태였다.

다. 관련 당사자의 역할

본 사건은 각기 다른 국적과 역할을 가진 행위자들이 국제적으로 연계된 조직범죄의 전형적인 형태를 띤다. 환전소 운영, 실무, 자금 전달 등 각자의 행위가 전체 범죄 구조 속에서 어떠한 법적 의미를 갖는지 개별적으로 평가하는 것이 쟁점의 핵심이다. 각 관련자의 역할은 아래 표와 같이 정리할 수 있다.

역할 구분	피고인 번호 (대법원)	국적/ 거주지위	핵심 행위	관련 혐의
환전소 실제 운영자	피고인 5	한국인 (거주자)	T의 운영 총괄, 범행 지시	특정금융정보법 위반, 외국환거래법 위반, 사기방조, 범죄수익은닉규제법 위반
환전소 직원	피고인 2	한국인 (거주자)	피고인 5의 지시에 따른 테더 거래 및 현금 수수 실무	특정금융정보법 위반(공동정범), 외국환거래법 위반, 사기방조, 범죄수익은닉규제법 위반
테더 공급 조직	공소외 2 등	대만인 (비거주자)	해외에서 T로 테더 공급, 원화 대금 수령 지시	(기소되지 않음)
대금 전달책	피고인 3, 4	대만인 (비거주자)	T로부터 테더 대가(원화)를 수령하여 피고인 1에게 전달	외국환거래법 위반
국내 관리책	피고인 1	대만인 (비거주자)	피고인 3, 4로부터 전달받은 자금을 총괄·관리	외국환거래법 위반

라. 피고인별·심급별 판결 요지 비교표

피고인	범죄 종류	1심판결 (서울북부지방법원 2023고단4232)	2심 판결 (서울북부지방법원 2024노1830)	3심(대법원) 판결 (2025도4431)
피고인 5	특정금융정보법 위반	유죄	유죄	상고 기각 (원심 확정)
	외국환거래법 위반	유죄 (일부 무죄)	유죄 (일부 무죄)	상고 기각 (원심 확정)

	사기방조	무죄	유죄	상고 기각 (원심 확정)
	범죄수익은닉규제법 위반	유죄	유죄	상고 기각 (원심 확정)
	선고 형량	징역 3년 6월	징역 3년 10월	원심(2심) 형량 확정
피고인 2	특정금융정보법 위반	유죄	무죄	파기환송 (유죄 취지) (원심의 무죄 판단에 법리 오해 지적)
	외국환거래법 위반	유죄	유죄	상고 기각 (원심 확정 취지) (경합범 관계로 판결 자체는 파기됨)
	사기방조	무죄	유죄	상고 기각 (원심 확정 취지) (경합범 관계로 판결 자체는 파기됨)
	범죄수익은닉규제법 위반	유죄	유죄	상고 기각 (원심 확정 취지) (경합범 관계로 판결 자체는 파기됨)
	선고 형량	징역 1년 6월, 집행유예 3년	징역 1년 6월, 집행유예 3년	원심(2심) 판결 전부 파기환송
피고인 1	외국환거래법 위반	유죄	유죄 (항소 기각)	파기환송 (무죄 취지)
	특정금융정보법 위반	무죄	무죄 (항소 기각)	상고 대상 아님
	선고 형량	징역 2년 6월	징역 2년 6월	파기환송
피고인 3	외국환거래법 위반	유죄	유죄 (항소 기각)	파기환송 (무죄 취지)
	특정금융정보법 위반	무죄	무죄 (항소 기각)	상고 대상 아님
	선고 형량	징역 1년 4월	징역 1년 4월	파기환송
피고인 4	외국환거래법 위반	유죄	유죄 (항소 기각)	파기환송 (무죄 취지)
	특정금융정보법 위반	무죄	무죄 (항소 기각)	상고 대상 아님
	선고 형량	징역 1년 6월	징역 1년 6월	파기환송

2. 판결의 요지

가. 1심판결(서울북부지방법원 2024. 9. 25. 선고 2023고단4232, 4908 판결)

제1심 법원은 피고인 5와 2의 특정금융정보법 및 외국환거래법 위반, 범죄수익은닉규제법 위반 혐의와 피고인 1, 3, 4의 외국환거래법 위반 혐의에 대해 유죄를 인정하였다. 그러나 일부 핵심 혐의에 대해서는 무죄를 선고하였다.

사기방조 (피고인 5, 2) 무죄: 법원은 피고인들이 거래 자금이 보이스피싱 범행으로 편취된 돈이라는 점을 확정적으로 인식했거나 미필적으로나마 예견했다고 단정할 증거가 부족하다고 보았다. 즉, 현금 출처가 불법 자금일 수 있다는 막연한 인식을 넘어, 그것이 특정 범죄인 사기 편취금이라는 구체적 인식까지 있었다고 보기 어렵다고 판단하였다.

특정금융정보법 위반 (피고인 1, 3, 4) 무죄: 법원은 이들이 가상자산사업자인 T의 거래 상대방, 즉 '가상자산이용자' 측에 해당할 뿐, 가상자산거래를 영업으로 한 주체로 볼 수 없다고 판단하여 무죄를 선고하였다.

나. 원심판결(서울북부지방법원 2025. 2. 19. 선고 2024노1830 판결)

항소심은 1심판결의 일부를 파기하고 유무죄 판단을 달리하였다.

사기방조 유죄 전환: 항소심은 피고인 5와 2에 대해 사기방조죄 유죄를 선고하였다. 제1심과 달리, 항소심은 간판 없는 사무실의 은밀한 운영 방식, 거액의 현금을 정상적인 금융기관을 통하지 않고 직접 수수하는 비정상적 거래 형태, 고객 신원 확인 절차(KYC)의 부재 등 여러 정황을 종합할 때, 거래 자금이 사기 편취금이라는 점에 대한 미필적 고의가 충분히 인정된다고 판단하였다.

특정금융정보법 위반 무죄 전환 (피고인 2): 제1심과 달리, 항소심은 피고인 2의 특정금융정보법 위반 혐의에 대해 무죄를 선고하였다. 그 이유는 피고인 2가 사업의 권리·의무 귀속 주체가 아닌 단순 직원이므로, 법률이 규정하는 '가상자산거래를 영업으로 한 자'에 해당하지 않는다고 보았기 때문이다. 이 판단은 이후 대법원에서 다시 파기되는 핵심 쟁점이 되었다.

기타 혐의: 피고인 1, 3, 4의 특정금융정보법 위반 혐의에 대해서는 검사의 항소를 기각하며 제1심의 무죄 판단을 유지하였다.

다. 대법원 판결

대상판결인 대법원 2025도4431 판결은 하급심의 판단을 일부 파기하며 가상자산 관련 신종 범죄에 대한 중요한 법리를 설시하였다.

(1) 피고인 5(환전소 운영자)에 대한 판단(상고기각)

대법원은 원심이 피고인 5를 특정금융정보법상 '가상자산사업자'로 보고, 그의 행위를 외국환거래법상 '무등록 외국환업무'로 판단한 것은 정당하다고 보아 피고인 5의 상고를 기각하였다. 이로써 장외거래(OTC) 사업자 역시 특정금융정보법상 신고 의무를 부담하는 규제 대상임이 대법원 판례로 확립되었다.

(2) 피고인 2(직원)에 대한 판단(파기환송)

대법원은 원심이 피고인 2가 '가상자산거래를 영업으로 한 자'가 아니라는 이유만으로 특정금융정보법 위반 혐의를 무죄로 판단한 것은 법리 오해라고 지적하였다. 대법원은 피고인 2가 단순히 노무를 제공한 직원을 넘어, 범행에 본질적 기여를 통한 기능적 행위지배가 인정된다면, '가상자산사업자'라는 신분이 없더라도 신분범의 공동정범으로서 죄책을 질 수 있다고 판시하였다. 따라서 공동정범 성립 여부를 다시 심리하라는 취지로 원심판결을 파기하고 사건을 환송하였다. 대법원은 특정금융정보법 위반 혐의에 대해서만 법리 오해를 지적하였으나, 유죄로 확정된 나머지 세 혐의와의 경합범 관계에 따라 단일한 형을 다시 선고할 필요가 있어 피고인 2에 대한 원심판결 전부를 파기환송하였다. 주목할 점은, 대법원이 외국환거래법 위반, 사기방조, 범죄수익은닉규제법 위반 혐의에 대한 원심의 유죄 판단은 그 결론이 정당하고 법리 오해가 없다고 확인하였다는 점이다.

(3) 피고인 1, 3, 4(자금 전달책)에 대한 판단(파기환송)

대법원은 이들이 테더 매매대금을 국내에서 수령한 행위 자체는 외국환은행이 취급하는 외국환업무와 기능적으로 동일하다고 보기 어렵다고 판단하였다. 또한, 이들이 피고인 5의 외국환업무 범행에 공동정범으로 가담했다고 단정할 증거도 부족하다고 보았다. 즉, 이들은 피고인 5가 제공하는 환치기 서비스의 이용자 또는 그 대리인의 지위에 있을 뿐, 범행의 주체로 보기 어렵다는 취지에서 원심판결을 파기하고 사건을 환송하였다.

3. 해설

가. 특정금융정보법상 "가상자산사업자"의 범위와 판단 기준

대상판결에서 대법원은 특정금융정보법상 "가상자산사업자"에 해당하는지를 판단하는 구체적인 기준을 제시하였다. 법원은 ① 영리를 목적으로, ② 특정금융정보법 제2조 제1호 (하)목에 규정된 가상자산 관련 행위를, ③ 계속·반복하는 자인지를 살펴보아야 한다고 설시했다. 특히, 가상자산 관련 거래의 목적, 종류, 규모, 횟수, 기간, 양태 등 여러 사정을 종합적으로 고려하여 사회통념에 따라 합리적으로 판단해야 함을 강조하며, '불특정 다수인 고객이나 이용자의 편익을 위하여' 거래하는 행위를 가상자산거래소의 일반 이용자와 구별되는 핵심적인 판단 기준으로 제시하였다. 이러한 기준은 가상자산사업자의 범위를 해석함에 있어 거래 플랫폼의 유무와 같은 형식적 요건이 아닌, 행위의 실질적인 영업성에 초점을 맞춘 것이다. 이 판결에 따르면 공식적인 거래소를 운영하지 않는 개인 간 거래(P2P) 중개인, 장외거래(OTC) 딜러 등 다양한 비정형적 영업 형태도 특정금융정보법상 신고 의무를 부담하는 규제 대상에 포함될 수 있다.[4] 이는 기술 변화에 대응하여 법의 실효성을 확보하려는 법원의 의지를 보여주는 것으로, 향후 유사 신종 사업에 대한 규제 방향을 예측할 수 있는 중요한 단초를 제공한다.

나. 신분범의 공동정범 성립요건으로서 기능적 행위지배

대상판결은 피고인 2(직원)에 대한 판단에서 형법 총론의 중요한 법리를 재확인하였다. 특정금융정보법 위반죄는 '가상자산사업자'라는 신분을 요건으로 하는 진정신분범에 해당한다. 항소심은 피고인 2가 직원에 불과하여 이러한 신분이 없다는 이유로 무죄를 선고하였다. 그러나 대법원은 이를 법리 오해라고 지적하며, 신분이 없는 자라도 범죄 실행에 대한 본질적 기여를 통한 기능적 행위지배가 인정된다면 형법 제33조 본문에 따라 신분범의 공동정범이 성립할 수 있다고 판단하였다.[5] 이러한 대법원의 판단은 조직범죄에서 하위 구성원의 형사책임을 묻는 중요한 기준을 제시한 것이다. 핵심은 행위자의 형식적 직위가 아니라, 전체 범죄 계획에서 차지하는 실질적 역할과 기여도이다. 즉, 단순한 지시 이행과 범죄의 핵심적 역할 수행을 구별해야 한다는 것이다. 피고인 2가 테더 거래와 현금 수수의 실무를 전담하며 범죄의 필수적인 부분을 담당했다면, 이는 단순 노무 제공을 넘어선 '본질적 기여'로 평가될

---

4) 대법원 2024. 12. 12. 선고 2024도10710 판결 참조.
5) 대법원 2015. 7. 23. 선고 2015도3703 판결 등 참조.

수 있다. 이는 범죄 조직의 '몸통'뿐만 아니라 범죄 수행에 없어서는 안 될 '핵심 팔다리' 역할까지 공동정범으로 처벌하여 범죄 네트워크 전체를 효과적으로 와해시키려는 형사정책적 고려가 반영된 것으로 볼 수 있다.

다. 외국환거래법상 무등록 외국환업무의 실질적 해석론

대상판결의 가장 주목할 만한 부분 중 하나는 가상자산을 이용한 신종 환치기에 대한 외국환거래법의 적용 논리이다. 피고인 측은 테더가 외국환거래법상 "지급수단"이나 "외국환"에 해당하지 않는다는 형식적·문언적 주장을 펼쳤다. 그러나 대법원은 이러한 주장을 우회하여, 개별 자산(테더)의 법적 성격이 아니라 전체 거래 과정이 수행하는 경제적 기능에 집중하였다.

대법원은 피고인 5의 행위, 즉 비거주자(대만 조직)로부터 가상자산을 받고 그 지시에 따라 국내에서 제3자(전달책)에게 원화를 지급한 것이, "외국은행으로부터 지급지시를 받아 외국의 자금으로 국내 수취인에게 원화를 지급하는 외국환은행의 타발송금(他發送金) 업무와 실질적으로 동일한 기능을 수행"했다고 판단하였다. 이는 가상자산이라는 새로운 수단을 사용했더라도 그 경제적 실질과 효과가 전통적인 외국환업무와 같다면 규제 대상이 된다고 판단하였다.

외국환거래법에 가상자산이 명시적으로 규정되어 있지 않더라도, 법의 목적인 외국환거래의 건전한 관리를 달성하기 위해 그 기능과 효과를 중심으로 법을 적용함으로써 법이 기술 발전에 뒤처져 사문화되는 것을 방지하였다. 향후 어떠한 신종 자산이나 기술을 이용한 환치기라도 그 기능이 기존 외국환업무와 같다면 규제할 수 있는 강력한 법리적 도구를 마련한 셈이다.

다만, 대법원은 피고인 1, 3, 4(전달책)에 대해서는 이들이 단순히 대금을 수령하는 자로서 서비스 이용자의 지위에 가깝다고 보아, 외국환업무를 업으로 한 피고인 5의 행위와는 구별하였다. 외국환거래법 제3조 제1항 제16호 나목의 외국환업무(대한민국과 외국 간의 지급·추심(推尋) 및 수령)에 직접적으로 필요하고 밀접하게 관련된 부대업무는 위 마목의 외국환업무에 해당한다고 전제하면서도,[6] 피고인 1, 3, 4의 행위는 이에 해당한다고 단정할 수 없다고 판시하였다. 이는 범죄 행위의 주체와 객체를 엄격히 구분하여 책임의 범위를 한정한 것으로, 죄형법정주의 원칙을 고려한 균형 잡힌 판단으로 평가된다.

---

6) 외국환거래법 시행령 제6조 제4호. 대법원 2008. 5. 8. 선고 2005도1603 판결 등 참조.

라. 사기방조 및 범죄수익은닉죄의 미필적 고의 인정 기준

제1심은 사기방조 혐의에 대해 무죄를 선고했으나, 항소심은 이를 파기하고 유죄를 인정하였다. 항소심이 미필적 고의를 인정한 핵심 근거는 피고인들이 조성하고 운영한 '위험한 영업 환경' 그 자체였다. 즉 ① 간판도 없이 은밀하게 운영되는 사무실, ② 거액의 현금을 쇼핑백이나 캐리어 등으로 운반하는 비정상적 거래 형태, ③ 고객에 대한 최소한의 신원 확인(KYC) 절차조차 부재한 점 등을 종합할 때, 피고인들은 자신들의 영업이 범죄수익의 세탁 통로로 사용될 수 있다는 가능성을 충분히 인식하고도 이를 용인했다고 판단한 것이다. 이는 가상자산 사업자에게 높은 수준의 주의의무와 자금세탁방지(AML) 시스템 구축의 필요성을 간접적으로 요구하는 중요한 판결이다. '나는 구체적인 범죄 내용은 몰랐다'는 주장이 더 이상 통용되기 어렵다는 점을 명확히 한 것이다. 사업자가 비정상적인 거래의 명백한 위험 징후를 인식하고도 수익을 위해 의도적으로 외면했다면, 이는 단순한 과실을 넘어 미필적 고의에 의한 방조 행위로 평가될 수 있다. 이 판결은 향후 자금세탁 관련 범죄에서 금융기관 및 가상자산 사업자의 형사책임을 판단하는 중요한 선례가 될 것이다.

4. 판결의 의의

대상판결은 가상자산이라는 새로운 기술을 매개로 한 신종 금융범죄에 대해 기존 법률을 창의적으로 해석·적용하여 사법적 공백을 메운 선도적 판례이다. 이는 기술 발전에 뒤처진 입법을 사법부가 적극적인 법 해석을 통해 보완하고, 법의 규범력을 실질적으로 확보하려는 노력을 보여준 중요한 사례로 평가할 수 있다.

대상판결은 첫째, 특정금융정보법상 '가상자산사업자'의 범위를 플랫폼 유무가 아닌 실질적인 영업 행위를 기준으로 판단하는 구체적인 기준을 제시하였다. 둘째, 외국환거래법을 기능적 동일성의 관점에서 해석하여 가상자산을 이용한 신종 환치기 수법에 적용할 수 있는 길을 열었다. 셋째, 조직범죄에서 하위 가담자의 형사책임 범위를 기능적 행위지배라는 형법 총론의 이론을 통해 구체화했다는 점에서 학술적·실무적 기여를 하였다.

사항색인

ㅇ

판례색인

■ 대법원

■ 고등법원

■ 특허법원

■ 지방법원

■ 헌법재판소

한국정보법학회

1996년 한국 인터넷 도입 초창기에 법과 IT 양쪽 분야에 관심이 많은 판사, 검사, 변호사, 교수, 행정부, 산업계 인사들이 주축이 되어 황찬현(법무법인 클라스한결 대표변호사, 전 감사원장)을 초대 회장으로 하여 출범하였다. 1997년 국제심포지엄을 개최한 것을 비롯하여 현재 연 6회 사례연구회, 연 2회 정기학술세미나를 개최 중이며 학술진흥재단 등재지로 '정보법학' 학회지를 꾸준히 발간하고 있다. 2대 최성준(법무법인 양헌 대표변호사, 전 방송통신위원회 위원장), 방석호(법무법인 린 고문, 전 홍익대학교 법과대학 교수) 공동회장, 3대 강민구(법무법인 도울 대표변호사, 전 법원도서관 관장), 김병일(한양대학교 법학전문대학원 교수) 공동회장, 4대 김용대(김 · 장 법률사무소 변호사, 전 서울가정법원장), 이인호(중앙대학교 법학전문대학원 교수) 공동회장, 5대 강영수(법무법인 광장 변호사, 개인정보 분쟁조정위원장), 이규호(중앙대학교 법학전문대학원 교수) 공동회장, 6대 이규홍(사법정책연구원 수석연구위원, 고등법원 부장판사), 황창근(홍익대학교 법과대학 교수) 공동회장 체제로 운영 중이다. 법과 IT 양쪽 분야에 관심이 많은 법조계, 학계, 산업계 인사들이 골고루 포진하고 있고, 약 300명 가까운 회원을 두고 있다.

학회 홈페이지 http://kafil.or.kr/

학회 이메일 주소 staff@kafil.or.kr

정보법 판례백선(Ⅲ)

초판발행 2026년 2월 10일
편저자 한국정보법학회
(공동회장 : 이규홍, 황창근)
펴낸이 안종만

편 집 김선민
기획/마케팅 조성호
표지디자인 벤스토리
제 작 고철민·김원표

펴낸곳 (주) 박영사
서울특별시 금천구 가산디지털2로 53, 210호(가산동, 한라시그마밸리)
등록 1959. 3. 11. 제300-1959-1호(倫)
전 화 02)733-6771
f a x 02)736-4818
e-mail pys@pybook.co.kr
homepage www.pybook.co.kr
ISBN 979-11-303-9919-5 93360

정 가 75,000원